C COMO PROGRAMAR

SEXTA EDIÇÃO

C COMO PROGRAMAR

SEXTA EDIÇÃO

PAUL DEITEL
HARVEY DEITEL

Tradução:
Daniel Vieira

Revisão técnica:
César Augusto Cardoso Caetano
Doutorado em Física Aplicada à Medicina e
Biologia pela Universidade de São Paulo (USP)
Professor e Coordenador do Curso de Sistemas de Informação
na Faculdade de Informática e Administração Paulista (FIAP)

Pearson

Diretor editorial: Roger Trimer
Gerente editorial: Sabrina Cairo
Editor de aquisição: Vinícius Souza
Coordenadora de produção editorial: Thelma Babaoka
Editora de texto: Sabrina Levensteinas
Preparação: Beatriz Garcia
Revisão: Maria Alice da Costa e Marilu Tasseto
Capa: Celso Blanes
Diagramação: Globaltec Editorial & Marketing

Dados Internacionais de Catalogação na Publicação (CIP)
(Câmara Brasileira do Livro, SP, Brasil)

Deitel, P. J.
C: como programar / Paul Deitel, Harvey Deitel ; tradução Daniel Vieira ; revisão técnica César Caetano. -- 6. ed. -- São Paulo : Pearson Prentice Hall, 2011.

Título original: C: how to program.
ISBN 978-85-7605-934-9

C (Linguagem de programação para computadores) I. Deitel, Harvey. II. Título.

11-03300 CDD-005.133

Índice para catálogo sistemático:
1. C: Linguagem de programação : Computadores : Processamento de dados 005.133

Printed in Brazil by Reproset RPSZ 219268

Direitos exclusivos cedidos à
Pearson Education do Brasil Ltda.,
uma empresa do grupo Pearson Education
Avenida Francisco Matarazzo, 1400
Torre Milano – 7o andar
CEP: 05033-070 -São Paulo-SP-Brasil
Telefone 19 3743-2155
pearsonuniversidades@pearson.com

Distribuição
Grupo A Educação
www.grupoa.com.br
Fone: 0800 703 3444

Marcas registradas

Em memória de Clifford Stephens:

Sentiremos muita falta de sua amizade, sorriso brilhante e risada contagiante.

Paul e Harvey Deitel

Sumário

Prefácio XIX

1 Introdução aos computadores, à Internet e à Web 1

1.1 Introdução 2
1.2 Computadores: hardware e software 3
1.3 Organização dos computadores 3
1.4 Computação pessoal, distribuída e cliente/servidor 4
1.5 A Internet e a World Wide Web 4
1.6 Linguagens de máquina, simbólicas e de alto nível 5
1.7 A história de C 6
1.8 A biblioteca-padrão de C 6
1.9 C++ 7
1.10 Java 7
1.11 Fortran, COBOL, Pascal e Ada 8
1.12 BASIC, Visual Basic, Visual C++, C# e .NET 8
1.13 Tendência-chave em software: tecnologia de objetos 8
1.14 Ambiente de desenvolvimento de programa típico em C 9
1.15 Tendências de hardware 11
1.16 Notas sobre C e este livro 12
1.17 Recursos na Web 12

2 Introdução à programação em C 19

2.1 Introdução 20
2.2 Um programa em C simples: imprimindo uma linha de texto 20
2.3 Outro programa em C simples: somando dois inteiros 23
2.4 Conceitos de memória 28

2.5 Aritmética em C 28

2.6 Tomada de decisões: operadores relacionais e de igualdade 31

3 Desenvolvimento estruturado de programas em C 44

3.1 Introdução 45

3.2 Algoritmos 45

3.3 Pseudocódigo 45

3.4 Estruturas de controle 46

3.5 A estrutura de seleção `if` 47

3.6 A estrutura de seleção `if...else` 48

3.7 A estrutura de repetição `while` 52

3.8 Formulando algoritmos: estudo de caso 1 (repetição controlada por contador) 53

3.9 Formulando algoritmos com refinamentos sucessivos top-down: estudo de caso 2 (repetição controlada por sentinela) 55

3.10 Formulando algoritmos com refinamentos sucessivos top-down: estudo de caso 3 (estruturas de controle aninhadas) 60

3.11 Operadores de atribuição 64

3.12 Operadores de incremento e decremento 65

4 Controle de programa em C 79

4.1 Introdução 80

4.2 Aspectos essenciais da repetição 80

4.3 Repetição controlada por contador 80

4.4 A estrutura de repetição `for` 82

4.5 Estrutura `for`: notas e observações 84

4.6 Exemplos do uso da estrutura `for` 85

4.7 A estrutura de seleção múltipla `switch` 88

4.8 A estrutura de repetição `do...while` 93

4.9 Os comandos `break` e `continue` 94

4.10 Operadores lógicos 95

4.11 Confundindo os operadores de igualdade (==) com os de atribuição (=) 97

4.12 Resumo da programação estruturada 99

5 Funções em C 113

5.1 Introdução 114

5.2 Módulos de programa em C 114

5.3 Funções da biblioteca matemática 115

5.4 Funções 116

5.5 Definições de funções 117

5.6 Protótipos de funções 121

5.7 Pilha de chamada de funções e registros de ativação 123

5.8 Cabeçalhos 124

5.9 Chamando funções por valor e por referência 124
5.10 Geração de números aleatórios 125
5.11 Exemplo: um jogo de azar 129
5.12 Classes de armazenamento 132
5.13 Regras de escopo 135
5.14 Recursão 137
5.15 Exemplo de uso da recursão: a série de Fibonacci 140
5.16 Recursão *versus* iteração 144

6 ARRAYS EM C 160

6.1 Introdução 161
6.2 Arrays 161
6.3 Declarando arrays 162
6.4 Exemplos de arrays 163
6.5 Passando arrays para funções 175
6.6 Ordenando arrays 178
6.7 Estudo de caso: calculando média, mediana e moda usando arrays 180
6.8 Pesquisando arrays 184
6.9 Arrays multidimensionais 188

7 PONTEIROS EM C 208

7.1 Introdução 209
7.2 Declarações e inicialização de variáveis-ponteiro 209
7.3 Operadores de ponteiros 210
7.4 Passando argumentos para funções por referência 212
7.5 Usando o qualificador `const` com ponteiros 215
7.6 Bubble sort usando chamada por referência 221
7.7 Operador `sizeof` 223
7.8 Expressões com ponteiros e aritmética de ponteiros 226
7.9 A relação entre ponteiros e arrays 228
7.10 Arrays de ponteiros 232
7.11 Estudo de caso: uma simulação de embaralhamento e distribuição de cartas 232
7.12 Ponteiros para funções 237

8 CARACTERES E STRINGS EM C 256

8.1 Introdução 257
8.2 Fundamentos de strings e caracteres 257
8.3 Biblioteca de tratamento de caracteres 259
8.4 Funções de conversão de strings 264
8.5 Funções da biblioteca-padrão de entrada/saída 268
8.6 Funções de manipulação de strings da biblioteca de tratamento de strings 271

8.7 Funções de comparação da biblioteca de tratamento de strings 273
8.8 Funções de pesquisa da biblioteca de tratamento de strings 275
8.9 Funções de memória da biblioteca de tratamento de strings 280

9 Entrada/saída formatada em C 296

9.1 Introdução 297
9.2 Streams 297
9.3 Formatação da saída com `printf` 297
9.4 Impressão de inteiros 298
9.5 Impressão de números em ponto flutuante 299
9.6 Impressão de strings e caracteres 301
9.7 Outros especificadores de conversão 302
9.8 Impressão com larguras de campo e precisão 303
9.9 Uso de flags na string de controle de formato de `printf` 305
9.10 Impressão de literais e de sequências de escape 307
9.11 Leitura da entrada formatada com `scanf` 308

10 Estruturas, uniões, manipulações de bits e enumerações em C 319

10.1 Introdução 320
10.2 Declarações de estruturas 320
10.3 Inicialização de estruturas 322
10.4 Acesso aos membros da estrutura 322
10.5 Uso de estruturas com funções 324
10.6 `typedef` 324
10.7 Exemplo: uma simulação de alto desempenho de embaralhamento e distribuição de cartas 325
10.8 Uniões 327
10.9 Operadores sobre bits 330
10.10 Campos de bit 337
10.11 Constantes de enumeração 340

11 Processamento de arquivos em C 349

11.1 Introdução 350
11.2 Hierarquia de dados 350
11.3 Arquivos e streams 351
11.4 Criação de um arquivo de acesso sequencial 352
11.5 Leitura de dados de um arquivo de acesso sequencial 357
11.6 Arquivos de acesso aleatório 360
11.7 Criação de um arquivo de acesso aleatório 361
11.8 Escrita aleatória de dados em um arquivo de acesso aleatório 362
11.9 Leitura de dados de um arquivo de acesso aleatório 365
11.10 Estudo de caso: programa de processamento de transações 366

12 ESTRUTURAS DE DADOS EM C 379

12.1 Introdução 380
12.2 Estruturas autorreferenciadas 380
12.3 Alocação dinâmica de memória 381
12.4 Listas encadeadas 382
12.5 Pilhas 390
12.6 Filas 395
12.7 Árvores 400

13 O PRÉ-PROCESSADOR EM C 414

13.1 Introdução 415
13.2 A diretiva `#include` do pré-processador 415
13.3 A diretiva `#define` do pré-processador: constantes simbólicas 415
13.4 A diretiva `#define` do pré-processador: macros 416
13.5 Compilação condicional 417
13.6 As diretivas `#error` e `#pragma` do pré-processador 418
13.7 Operadores # e ## 419
13.8 Números de linhas 419
13.9 Constantes simbólicas predefinidas 419
13.10 Asserções 420

14 OUTROS TÓPICOS SOBRE C 424

14.1 Introdução 425
14.2 Redirecionamento de entrada/saída 425
14.3 Listas de argumentos de tamanhos variáveis 426
14.4 Uso de argumentos na linha de comando 428
14.5 Notas sobre a compilação de programas de múltiplos arquivos-fonte 429
14.6 Término de programas com `exit` e `atexit` 430
14.7 O qualificador de tipo `volatile` 431
14.8 Sufixos para constantes inteiras e de ponto flutuante 432
14.9 Mais sobre arquivos 432
14.10 Tratamento de sinais 434
14.11 Alocação dinâmica de memória: funções `calloc` e `realloc` 436
14.12 Desvio incondicional com `goto` 436

15 C++: UM C MELHOR – INTRODUÇÃO À TECNOLOGIA DE OBJETO 442

15.1 Introdução 443
15.2 C++ 443
15.3 Um programa simples: somando dois inteiros 443
15.4 Biblioteca-padrão de C++ 445

15.5 Arquivos de cabeçalho 446
15.6 Funções inline 448
15.7 Referências e parâmetros de referência 450
15.8 Listas de parâmetros vazios 454
15.9 Argumentos default 455
15.10 Operador unário de resolução de escopo 457
15.11 Sobrecarga de função 458
15.12 Templates de função 461
15.13 Introdução à tecnologia de objetos e a UML 463
15.14 Conclusão 465

16 Introdução a classes e objetos 470

16.1 Introdução 471
16.2 Classes, objetos, funções-membro e dados-membro 471
16.3 Definição de uma classe com uma função-membro 472
16.4 Definição de uma função-membro com um parâmetro 474
16.5 Dados-membro, funções `set` e funções `get` 477
16.6 Inicialização de objetos com construtores 483
16.7 Introdução de uma classe em um arquivo separado para reutilização 486
16.8 Separação da interface de implementação 489
16.9 Validação de dados com funções `set` 494
16.10 Conclusão 498

17 Classes: uma visão mais detalhada, parte 1 504

17.1 Introdução 505
17.2 Estudo de caso da classe time 505
17.3 Escopo de classe e acesso a membros de classes 511
17.4 Separação de interface e implementação 513
17.5 Funções de acesso e funções utilitárias 513
17.6 Estudo de caso da classe `time`: construtores com argumentos default 516
17.7 Destrutores 521
17.8 Quando construtores e destrutores são chamados 521
17.9 Estudo de caso da classe `time`: uma armadilha sutil — retorno de uma referência a um dado-membro private 524
17.10 Atribuição usando cópia membro a membro default 526
17.11 Conclusão 528

18 Classes: uma visão mais detalhada, parte 2 534

18.1 Introdução 535
18.2 Objetos `const` (constantes) e funções-membro `const` 535
18.3 Composição: objetos como membros de classes 543

18.4 Funções `friend` e classes `friend` 549
18.5 Uso do ponteiro `this` 551
18.6 Membros de classe `static` 556
18.7 Abstração de dados e ocultação de informações 560
18.8 Conclusão 562

19 Sobrecarga de operadores 567

19.1 Introdução 568
19.2 Fundamentos da sobrecarga de operadores 568
19.3 Restrições na sobrecarga de operadores 569
19.4 Funções operador como membros de classe *versus* funções operador como funções globais 571
19.5 Sobrecarga dos operadores de inserção em stream e de extração de stream 572
19.6 Sobrecarga de operadores unários 575
19.7 Sobrecarga de operadores binários 575
19.8 Gerenciamento dinâmico de memória 576
19.9 Estudo de caso: classe `Array` 577
19.10 Conversão de tipos 587
19.11 Criação de uma classe `String` 588
19.12 Sobrecarga de ++ e -- 589
19.13 Estudo de caso: uma classe `Date` 590
19.14 Classe `string` da biblioteca-padrão 595
19.15 Construtores `explicit` 597
19.16 Classes proxy 600
19.17 Conclusão 603

20 Programação orientada a objetos: herança 614

20.1 Introdução 615
20.2 Classes-base e classes derivadas 616
20.3 Membros `protected` 618
20.4 Relação entre classe-base e classe derivada 618
 20.4.1 Criação e uso de uma classe `FuncionarioComissao` 619
 20.4.2 Criação e uso de uma classe `FuncionarioBaseMaisComissao` sem o uso de herança 623
 20.4.3 Criação de uma hierarquia de herança `FuncionarioComissao` — `FuncionarioBaseMaisComissao` 628
 20.4.4 Hierarquia de herança `FuncionarioComissao` — `FuncionarioBaseMaisComissao` usando dados `protected` 631
 20.4.5 Hierarquia de herança `FuncionarioComissao` — `FuncionarioBaseMaisComissao` usando dados `private` 638
20.5 Construtores e destrutores em classes derivadas 644
20.6 Heranças `public, protected e private` 651
20.7 Engenharia de software com herança 652
20.8 Conclusão 653

21 Programação orientada a objeto: polimorfismo 658

21.1 Introdução 659
21.2 Exemplos de polimorfismo 660
21.3 Relações entre objetos em uma hierarquia de herança 661
21.3.1 Chamada de funções de classe-base por objetos de classe derivada 661
21.3.2 Visando ponteiros de classe derivada em objetos de classe-base 667
21.3.3 Chamadas de função-membro de classe derivada com ponteiros de classe-base 668
21.3.4 Funções `virtuais` 670
21.3.5 Resumo das atribuições permitidas entre objetos e ponteiros de classe-base e derivada 675
21.4 Campos de tipo e comandos `switch` 676
21.5 Classes abstratas e funções `virtuais` puras 676
21.6 Estudo de caso: um sistema de folha de pagamento usando polimorfismo 678
21.6.1 Criação da classe-base abstrata `Funcionario` 679
21.6.2 Criação da classe derivada concreta `FuncionarioSalario` 682
21.6.3 Criação da classe derivada concreta `FuncionarioHora` 684
21.6.4 Criação da classe derivada concreta `FuncionarioComissao` 686
21.6.5 Criação da classe derivada concreta indireta `FuncionarioBaseMaisComissao` 688
21.6.6 Demonstração do processamento polimórfico 689
21.7 Polimorfismo, funções virtuais e vinculação dinâmica 'vistos por dentro' 693
21.8 Estudo de caso: sistema de folha de pagamento usando polimorfismo e informação de tipo em tempo de execução com downcasting, `dynamic_cast`, `typeid` e `type_info` 696
21.9 Destrutores virtuais 699
21.10 Conclusão 699

22 Templates 704

22.1 Introdução 705
22.2 Templates de função 705
22.3 Sobrecarga de templates de função 708
22.4 Templates de classe 708
22.5 Parâmetros não tipo e tipos default para templates de classe 714
22.6 Notas sobre templates e herança 715
22.7 Notas sobre templates e friends 715
22.8 Notas sobre templates e membros `static` 716
22.9 Conclusão 716

23 Entrada e saída de streams 720

23.1 Introdução 721
23.2 Streams 722
23.2.1 Streams clássicos *versus* streams-padrão 722
23.2.2 Arquivos de cabeçalho da biblioteca `iostream` 723
23.2.3 Classes e objetos de entrada/saída de streams 723

23.3 Saída de streams 725
23.3.1 Saída de variáveis char * 725
23.3.2 Saída de caracteres usando a função-membro put 725
23.4 Entrada de streams 726
23.4.1 Funções-membro get e getline 726
23.4.2 Funções-membro peek, putback e ignore de istream 728
23.4.3 E/S segura quanto ao tipo 728
23.5 E/S não formatada com read, write e gcount 728
23.6 Introdução a manipuladores de streams 729
23.6.1 Base do stream de inteiros: dec, oct, hex e setbase 729
23.6.2 Precisão em ponto flutuante (precision, setprecision) 730
23.6.3 Largura de campo (width, setw) 731
23.6.4 Manipuladores de stream de saída definidos pelo usuário 733
23.7 Tipos de formato do stream e manipuladores de stream 734
23.7.1 Zeros à direita e pontos decimais (showpoint) 734
23.7.2 Alinhamento (left, right e internal) 735
23.7.3 Preenchimento (fill, setfill) 736
23.7.4 Base do stream de inteiros (dec, oct, hex, showbase) 737
23.7.5 Números em ponto flutuante; notações científica e fixa (scientific, fixed) 738
23.7.6 Controle de maiúsculas/minúsculas (uppercase) 739
23.7.7 Especificação do formato booleano (boolalpha) 739
23.7.8 Inicialização e reinicialização do estado original com função-membro flags 740
23.8 Estados de erro do stream 741
23.9 Vinculação de um stream de saída a um stream de entrada 743
23.10 Conclusão 743

24 TRATAMENTO DE EXCEÇÕES 752

24.1 Introdução 753
24.2 Visão geral do tratamento de exceção 753
24.3 Exemplo: tratando uma tentativa de divisão por zero 754
24.4 Quando o tratamento de exceção deve ser usado 759
24.5 Indicação de uma exceção 760
24.6 Especificações de exceção 762
24.7 Processamento de exceções inesperadas 762
24.8 Desempilhamento 763
24.9 Construtores, destrutores e tratamento de exceções 764
24.10 Exceções e herança 765
24.11 Processamento de falhas de new 765
24.12 Classe auto_ptr e alocação dinâmica de memória 768

24.13 Hierarquia de exceções da biblioteca-padrão 770
24.14 Outras técnicas de tratamento de erros 771
24.15 Conclusão 772

A Tabelas de precedência dos operadores 777

B Conjunto de caracteres ASCII 780

C Sistemas numéricos 781

C.1 Introdução 782
C.2 Abreviação de números binários como números octais e hexadecimais 784
C.3 Conversão de números octais e hexadecimais em números binários 785
C.4 Conversão de binário, octal ou hexadecimal em decimal 786
C.5 Conversão de decimal em binário, octal ou hexadecimal 786
C.6 Números binários negativos: notação de complemento de dois 788

D Programação de jogos: solução de Sudoku 792

D.1 Introdução 792
D.2 Deitel Sudoku Resource Center 793
D.3 Estratégias de solução 793
D.4 Programação de soluções para o Sudoku 797
D.5 Criação de novos quebra-cabeças de Sudoku 797
D.6 Conclusão 799

Índice remissivo 800

Prefácio

Bem-vindo à linguagem de programação C — e C++ também! Este livro apresenta tecnologias de computação de ponta para alunos, professores e profissionais de desenvolvimento de software.

No núcleo do livro está a assinatura de Deitel: a 'técnica de código vivo'. Os conceitos são apresentados no contexto de programas funcionais completos em vez de trechos de código. Cada exemplo de código é imediatamente seguido por uma ou mais execuções de exemplo. Todos os códigos-fonte estão disponíveis em <`www.deitel.com/books/chtp6/`> (em inglês).

Acreditamos que este livro e o material de apoio que ele oferece proporcione uma introdução informativa, interessante, desafiadora e divertida à linguagem C.

Se surgirem dúvidas durante a leitura, envie um e-mail para `deitel@deitel.com`; responderemos o mais rápido possível. Para obter atualizações deste livro e do software de apoio em C e em C++, além de notícias mais recentes sobre todas as publicações e serviços Deitel, visite <`www.deitel.com`> (em inglês).

Recursos novos e atualizados

A seguir, listamos as atualizações que fizemos em *C: Como Programar, 6ª edição*:

- ***Conjunto de exercícios 'Fazendo a diferença'.*** Encorajamos você a usar computadores e a Internet para pesquisar e resolver problemas que realmente fazem a diferença. Esses novos exercícios servem para aumentar a conscientização sobre questões importantes que o mundo vem enfrentando. Esperamos que você as encare com seus próprios valores, políticas e crenças.
- ***Testes de todo o código do Windows e do Linux.*** Testamos cada programa (os exemplos e os exercícios) usando tanto Visual C++ 2008 quanto o GNU GCC 4.3. Os exemplos e as soluções de código de exercício também foram testados usando o Visual Studio 2010 Beta.
- ***Novo projeto***. O livro possui um novo projeto gráfico, que organiza, esclarece e destaca as informações, além de aprimorar o ensino do conteúdo do livro.
- ***Seções de terminologia melhoradas.*** Acrescentamos números de página ao lado de todos os termos que aparecem nas listas de terminologia, para facilitar a sua localização no texto.
- ***Cobertura atualizada da programação em C++ e programação orientada a objeto.*** Atualizamos os capítulos 15 a 24, sobre programação orientada a objeto em C++, com material de nosso livro recém-publicado *C++ How to Program, 7/e*.
- ***Exercícios de programação intitulados.*** Intitulamos todos os exercícios de programação. Isso ajuda os instrutores a ajustar as tarefas para suas aulas.
- ***Novos apêndices na Web.*** Os capítulos 15 a 17 da edição anterior agora se transformaram nos apêndices E-G, pesquisáveis em PDF, disponíveis no site de apoio do livro.
- ***Novos apêndices do depurador.*** Também acrescentamos novos apêndices de depuração para Visual C++® 2008 e GNU `gdb`.
- ***Ordem de avaliação.*** Acrescentamos avisos sobre questões de ordem de avaliação.

- Substituímos todos os usos de `gets` (de `<stdio.h>`) por `fgets`, pois `gets` foi desaprovado.
- ***Exercícios adicionais.*** Incluímos mais exercícios de ponteiro de função. Também incluímos o projeto de exercício de Fibonacci, que melhora o exemplo de recursão de Fibonacci (recursão da cauda).
- ***Secure C Programming Resource Center.*** Postamos um novo Secure C Programming Resource Center em <`www.deitel.com/SecureC/`> (em inglês). Também acrescentamos notas sobre programação segura em C nas introduções dos capítulos 7 e 8.
- ***Programação de jogos com Allegro.*** Atualizamos o capítulo sobre programação de jogos com a biblioteca de C Allegro. Em particular, incluímos instruções sobre a instalação de bibliotecas Allegro para uso com Visual C++® 2008 e GNU GCC 4.3.
- ***Cobertura do padrão C99.*** Atualizamos e melhoramos o apêndice detalhado sobre C99, que foi revisado por John Benito, convocador do ISO WG14 — o Grupo de Trabalho responsável pelo Padrão da Linguagem de Programação C. Agora, cada conceito da C99 é ligado à seção em que pode ser ensinada no livro. C99 não está incorporada em todo o livro porque a Microsoft ainda não tem suporte para ele, e uma grande porcentagem de cursos sobre C utiliza o compilador Visual C++® da Microsoft. Para obter outras informações, verifique a seção C99 Standard em nosso C Resource Center, em <`www.deitel.com/C/`> (em inglês). Você encontrará recursos de C99, artigos escritos por especialistas, as diferenças entre C padrão e C99, FAQs, downloads e muito mais.
- ***Comentários // ao estilo C++.*** Abordamos os comentários // no estilo C++ desde o começo do livro pensando em professores e alunos que preferem utilizá-los. Embora a Microsoft C ainda não tenha suporte para C99, ela tem suporte para comentários de C99, que vieram de C++.
- ***Biblioteca-padrão de C.*** A Seção 1.8 cita o Web site Dinkumware de P. J. Plauger (<www.dinkumware.com/manuals/default.aspx>, em inglês), onde os alunos podem encontrar documentação pesquisável completa para as funções da biblioteca-padrão de C.

Outros recursos

Outros recursos deste livro incluem:

Programação de jogos com a biblioteca de C para programação de jogos Allegro. O Apêndice E apresenta a biblioteca de C para programação de jogos Allegro. Essa biblioteca — originalmente desenvolvida pelo programador de jogos da Climax, Shawn Hargreaves — foi criada como uma ferramenta poderosa na programação de jogos em C, porém, mantendo uma relativa simplicidade em comparação a outras bibliotecas gráficas mais complicadas, como DirectX e OpenGL. No Apêndice E, usamos as capacidades do Allegro para criar o jogo simples de Pong. Ao longo do livro, demonstramos como exibir gráficos, tocar sons, receber entrada do teclado e criar eventos temporizados — recursos que você poderá usar para criar jogos por conta própria. Alunos e professores vão achar o Allegro desafiador e divertido. Incluímos muitos recursos na Web, em nosso Allegro Resource Center (<`www.deitel.com/allegro`>, em inglês), um dos quais oferece mais de 1000 jogos de código-fonte aberto em Allegro.

Classificação: uma visão mais detalhada. A classificação coloca dados em ordem, com base em uma ou mais chaves de classificação. Começamos nossa apresentação da classificação com um algoritmo simples no Capítulo 6. No Apêndice F, apresentamos uma visão mais detalhada da classificação. Consideramos vários algoritmos e os comparamos com relação ao seu consumo de memória e demandas do processador. Para essa finalidade, apresentamos a notação 'Big O', que indica o quanto um algoritmo precisa trabalhar para solucionar um problema. Por meio de exemplos e exercícios, o Apêndice F discute as classificações por seleção, por inserção, por mesclagem recursiva, por seleção recursiva, por buckets e o Quicksort recursivo.

Gráficos de dependência

Os gráficos de dependência nas figuras 1 e 2 mostram as dependências entre os capítulos para ajudar os professores a preparar seus planos de estudos. Este livro é apropriado para cursos de programação científica 1 e 2, além de cursos de programação em C e em C++ de nível intermediário. A parte C++ do livro considera que você já tenha estudado a parte C.

Técnica de ensino

Este livro contém uma coleção muito rica de exemplos. Nós nos concentramos em demonstrar os princípios da boa engenharia de software e enfatizar a clareza do programa.

Abordagem de código vivo. Este livro está carregado de exemplos de 'código vivo'. A maioria dos novos conceitos é apresentada no contexto de aplicações completas em C, que funcionam seguidas por uma ou mais execuções, mostrando as entradas e saídas do programa.

Formatação da sintaxe. Por uma questão de legibilidade, formatamos a sintaxe de formas diferentes no código, assemelhando-se ao modo como a maioria dos ambientes de desenvolvimento integrados e editores de código formatam a sintaxe. Nossas convenções de formatação de sintaxe são:

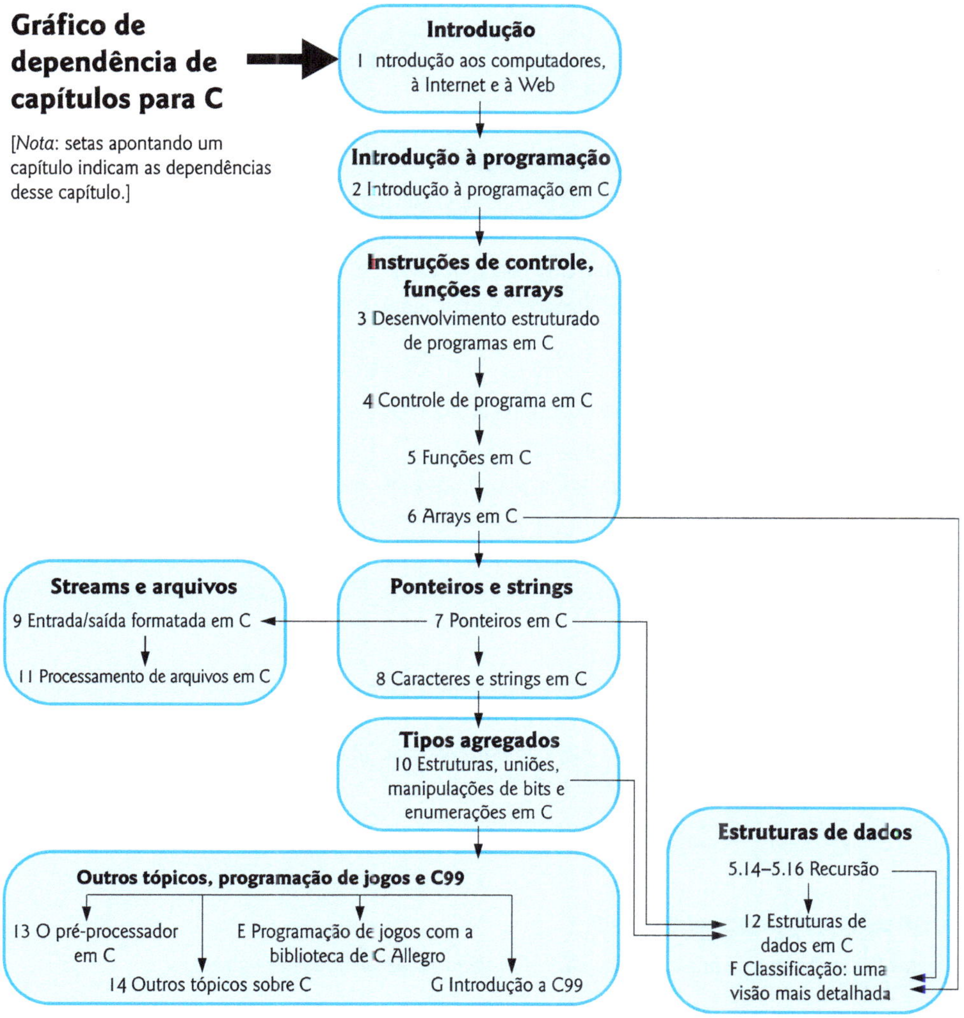

Figura 1 ■ Gráfico de dependência de capítulos para C.

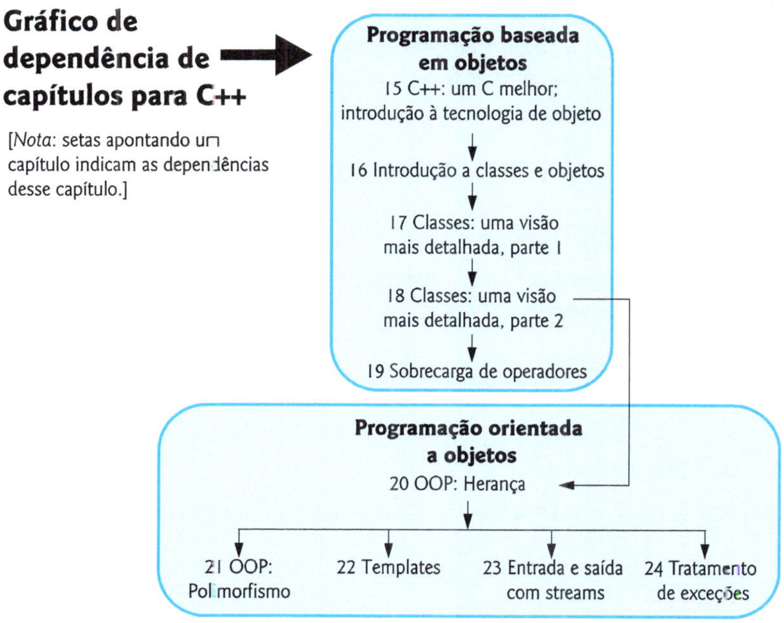

Figura 2 ■ Gráfico de dependência de capítulos para C++.

```
comentários aparecem dessa forma
palavras-chave aparecem dessa forma
valores constantes e literais aparecem dessa forma
todo o restante do código aparece em preto
```

Destaques do código. Colocamos retângulos cinza em torno do código-chave.

Usando fontes para enfatizar. Colocamos os principais termos e a referência de página no índice para cada ocorrência de definição com o texto **em negrito azul**, para facilitar a referência. Enfatizamos os componentes da tela com fonte **Garamond negrito** (por exemplo, o menu **Arquivo**) e o texto do programa em C na fonte `Lucida` (por exemplo, `int x = 5;`).

Acesso à web. Todos os exemplos de código-fonte estão disponíveis para serem baixados (em inglês) em:

```
www.deitel.com/books/chtp6/
```

Citações. Todo capítulo começa com citações. Esperamos que você aprecie sua relação com o material do capítulo.

Objetivos. As citações são seguidas por uma lista de objetivos do capítulo.

Ilustrações/figuras. Inúmeros gráficos, tabelas, desenhos de linha, diagramas UML, programas e saída de programa foram incluídos no texto.

Dicas de programação. Incluímos dicas de programação para ajudá-lo a focalizar os aspectos importantes do desenvolvimento do programa. Essas dicas e práticas representam o melhor que pudemos compilar de sete décadas de experiência conjunta de programação e ensino.

Boa prática de programação

As Boas práticas de programação *chamam a atenção para técnicas que vão ajudá-lo a produzir programas mais claros, mais inteligíveis e mais fáceis de serem mantidos.*

Erro comum de programação

Apontar esses Erros comuns de programação *reduz a probabilidade de que você os cometa.*

Dica de prevenção de erro

Essas dicas contêm sugestões de exposição e remoção de bugs dos seus programas; muitas descrevem aspectos da linguagem em C que impedem a entrada de bugs nos programas.

Dica de desempenho

Essas dicas destacam oportunidades para fazer seus programas rodarem mais rapidamente ou minimizar a quantidade de memória que eles ocupam.

Dica de portabilidade

As Dicas de portabilidade *o ajudam a escrever o código que funcionará em diversas plataformas.*

Observação sobre engenharia de software

As Observações sobre engenharia de software *destacam questões de arquitetura e projeto que afetam a construção de sistemas de software, especialmente sistemas em grande escala.*

Tópicos de resumo. Apresentamos um resumo do capítulo em forma de tópicos, seção por seção.

Terminologia. Incluímos uma lista dos termos importantes, definidos em cada capítulo, em ordem alfabética, com o número de página da ocorrência da definição de cada termo para facilitar a consulta.

Exercícios de autorrevisão e respostas. Diversos exercícios de autorrevisão e respostas estão incluídos para estudo.

Exercícios. Todos os capítulos são concluídos com um conjunto substancial de exercícios, que incluem:

- revisão simples da terminologia e conceitos importantes;
- identificação dos erros nos exemplos de código;
- escrita de instruções C individuais;
- escrita de pequenas partes de funções e classes;
- escrita de funções, classes e programas completos em C;
- projetos importantes.

Os professores podem usar esses exercícios para elaborar deveres de casa, pequenos testes, provas importantes e projetos semestrais. Consulte nosso Programming Projects Resource Center (<`www.deitel.com/ProgrammingProjects/`>, em inglês) para obter muitos exercícios e possibilidades de projeto adicionais.

Índice remissivo. Incluímos um extenso índice, que é especialmente útil quando o livro é usado como referência. Ocorrências de definição de termos-chave estão destacadas com um número de página **em negrito azul**.

Recursos para alunos

Existem muitas ferramentas de desenvolvimento disponíveis para C e C++. Escrevemos este livro usando principalmente Visual C++® Express Edition gratuito da Microsoft (que está disponível para download em <`www.microsoft.com/express/vc/`>) e o GNU C++ gratuito (<`gcc.gnu.org/install/binaries.html`>), que já vem instalado na maioria dos sistemas Linux e pode ser instalado em sistemas Mac OS X e Windows. Você poderá aprender mais sobre o Visual C++® Express em <`msdn.microsoft.com/vstudio/express/visualc`>. Você poderá descobrir mais sobre GNU C++ em <`gcc.gnu.org`>. A Apple inclui GNU C++ em suas ferramentas de desenvolvimento Xcode, que os usuários do Mac OS X podem baixar em <`developer.apple.com/tools/xcode`>.

Você pode baixar os exemplos do livro e recursos adicionais em:

```
www.deitel.com/books/chtp6/
```

Para obter recursos adicionais e downloads de software, consulte nosso C Resource Center em:

```
www.deitel.com/c/
```

Para outros compiladores, C e C++ que estão disponíveis gratuitamente para download:

```
www.thefreecountry.com/developercity/ccompilers.shtml
www.compilers.net/Dir/Compilers/CCpp.htm
```

Software para o livro

Você poderá baixar a versão mais recente do Visual C++ Express Edition em:

```
www.microsoft.com/express/vc
```

De acordo com o site da Microsoft, as Express Editions são, 'para o desenvolvedor amador, para o iniciante e para o aluno, ferramentas leves, fáceis de usar e aprender'. Elas são apropriadas para cursos acadêmicos e para profissionais que não têm acesso a uma versão completa do Visual Studio 2008.

Com exceção de um exemplo no Capítulo 9 e os exemplos no Apêndice G, todos os exemplos neste livro compilam e são executados no Visual C++® 2008 e na versão beta do Visual C++® 2010. Todos os exemplos podem ser compilados e executados no GNU GCC 4.3. GCC está disponível para a maioria das plataformas, incluindo Linux, Mac OS X (por Xcode) e Windows — via ferramentas como Cygwin (<`www.cygwin.com`>) e MinGW (<`www.mingw.org`>).

Boletim on-line gratuito por e-mail **Deitel® Buzz**

O boletim por e-mail *Deitel® Buzz Online* (em inglês) o manterá informado sobre assuntos relacionados a este livro. Ele também inclui comentários, tendências e desenvolvimentos da indústria, links para artigos e recursos gratuitos dos nossos livros publicados e das próximas publicações, programações de versão de produto, errata, desafios, anedotas, informações sobre nossos cursos de treinamento realizados por professor corporativo e mais. Para assinar, visite

```
www.deitel.com/newsletter/subscribe.html
```

Os Resource Centers on-line de Deitel

Nosso Web site <`www.deitel.com`> (em inglês) oferece mais de 100 Resource Centers sobre diversos assuntos, incluindo linguagens de programação, desenvolvimento de software, Web 2.0, Internet business e projetos de código-fonte aberto — visite <`www.deitel.com/ResourceCenters.html`>. Encontramos muitos recursos excepcionais on-line, incluindo tutoriais, documentação, downloads de software, artigos, blogs, podcasts, vídeos, exemplos de código, livros, e-books e outros — a maioria deles gratuita. A cada semana, anunciamos nossos Resource Centers mais recentes em nosso boletim, o *Deitel® Buzz Online*. Alguns dos Resource Centers que poderão ser úteis enquanto estuda este livro são C, C++, C++ Boost Libraries, C++ Game Programming, Visual C++, UML, Code Search Engines and Code Sites, Game Programming e Programming Projects.

Siga Deitel no Twitter e no Facebook

Para receber atualizações sobre as publicações de Deitel, Resource Centers, cursos de treinamento, ofertas de parceria e outros, siga-nos no Twitter®

```
@deitel
```

e junte-se ao grupo Deitel & Associates no Facebook®

```
www.deitel.com/deitelfan/
```

Agradecimentos

É um prazer agradecer os esforços de pessoas cujos nomes não aparecem na capa, mas de quem o trabalho duro, a cooperação, a amizade e a compreensão foram fundamentais para a produção do livro. Muitas pessoas na Deitel & Associates, Inc. dedicaram longas horas a este projeto — obrigado especialmente a Abbey Deitel e Barbara Deitel.

Também gostaríamos de agradecer aos participantes de nosso programa Honors Internship, que contribuíram para esta publicação — Christine Chen, estudante de Engenharia de Pesquisa de Operações e Informação pela Cornell University; e Matthew Pearson, formado em Ciências da Computação pela Cornell University.

Tivemos a felicidade de ter trabalhado neste projeto com a equipe editorial dedicada da Pearson (EUA). Agradecemos os esforços de Marcia Horton, gerente editorial da Divisão de Engenharia e Ciências da Computação, e Michael Hirsch, editor-chefe de Ciências das Computação. Carole Snyder recrutou a equipe de revisão do livro e administrou o processo de revisão. Francesco Santalucia (um artista autônomo) e Kristine Carney, da Pearson, projetaram a capa do livro — fornecemos o conceito e eles fizeram isso acontecer. Scott Disanno e Bob Engelhardt administraram a produção do livro. Erin Davis e Margaret Waples comercializaram o livro por meio de canais acadêmicos e profissionais.

Revisores da 6ª edição

Queremos reconhecer os esforços de nossos revisores. Aderindo a um cronograma apertado, eles inspecionaram atentamente o texto e os programas, fornecendo inúmeras sugestões para tornar a apresentação mais exata e completa:

- John Benito, Blue Pilot Consulting, Inc. e convocador do grupo de trabalho ISO WG14 — responsável pelo padrão da linguagem de programação C.

- Xiaolong Li, Indiana State University.
- Tom Rethard, University of Texas, Arlington.

Revisores da 5ª edição

- Alireza Fazelpour (Palm Beach Community College)
- Don Kostuch (consultor independente)
- Ed James Beckham (Altera)
- Gary Sibbitts (St. Louis Community College em Meramec)
- Ian Barland (Radford University)
- Kevin Mark Jones (Hewlett Packard)
- Mahesh Hariharan (Microsoft)
- William Mike Miller (Edison Design Group, Inc.)
- Benjamin Seyfarth (University of Southern Mississippi)
- William Albrecht (University of South Florida)
- William Smith (Tulsa Community College)

Revisores do Allegro da 5ª edição

- Shawn Hargreaves (Software Design Engineer, Microsoft Xbox)
- Matthew Leverton (fundador e webmaster do Allegro.cc)
- Ryan Patterson (consultor independente)
- Douglas Walls (engenheiro sênior, compilador C, Sun Microsystems)

Revisores do C99 da 5ª edição

- Lawrence Jones (UGS Corp.)
- Douglas Walls (engenheiro sênior, compilador C, Sun Microsystems)

Bem, aí está! C é uma linguagem de programação poderosa, que o ajudará a escrever programas de modo rápido e eficiente. C se expande muito bem no âmbito do desenvolvimento de sistemas empresariais, ajudando as organizações a montarem seus sistemas de negócios e missão essenciais. Enquanto você lê o livro, gostaríamos que nos enviasse comentários, críticas, correções e sugestões para o aperfeiçoamento do texto. Por favor, enderece toda a correspondência para:

```
deitel@deitel.com
```

Responderemos o mais rápido possível, e postaremos correções e esclarecimentos em:

```
www.deitel.com/books/chtp6/
```

Esperamos que você goste de trabalhar com este livro tanto quanto nós gostamos de escrevê-lo!

Paul Deitel
Harvey Deitel
Maynard, Massachusetts
Agosto de 2009

Sobre os autores

Paul J. Deitel, Vice-Presidente Executivo da Deitel & Associates, Inc., é diplomado pela Sloan School of Management do Massachusetts Institute of Technology, onde estudou Tecnologia de Informação. Por meio da Deitel & Associates, Inc., deu cursos de programação C, C++, Java, C#, Visual Basic e Internet para clientes da indústria, incluindo Cisco, IBM, Sun Microsystems, Dell, Lucent Technologies, Fidelity, NASA no Kennedy Space Center, National Severe Storm Laboratory, White Sands Missile Range, Rogue Wave Software, Boeing, SunGard Higher Education, Stratus, Cambridge Technology Partners, Open Environment Corporation, One Wave, Hyperion Software, Adra Systems, Entergy, Cable-Data Systems, Nortel Networks, Puma, iRobot, Invensys e muitas outras organizações. Possui certificações Java Certified Programmer e Java Certified Developer, e foi designado pela Sun Microsystems como Java Champion. Também tem lecionado Java e C++ para o Boston Chapter da Association for Computing Machinery. Ele e o co-autor, Dr. Harvey M. Deitel, são os autores de livros sobre linguagens de programação mais vendidos do mundo.

Dr. Harvey M. Deitel, presidente da Deitel & Associates, Inc., tem uma experiência de 48 anos no campo da computação, incluindo extensa experiência acadêmica e na indústria. Dr. Deitel recebeu os graus de B.S. e M.S. do MIT (Massachusetts Institute of Technology) e um Ph.D. da Boston University. Tem uma vasta experiência na área acadêmica, como professor assalariado e Presidente do Departamento de Ciências da Computação no Boston College antes de fundar a Deitel & Associates, Inc. com seu filho, Paul J. Deitel. Ele e Paul são co-autores de dezenas de livros e pacotes de multimídia, e, atualmente, estão escrevendo muitos outros. Com traduções publicadas em japonês, alemão, russo, chinês elementar, chinês avançado, espanhol, coreano, francês, polonês, italiano, português, grego, urdu e turco, os textos dos Deitel alcançaram o reconhecimento internacional. Dr. Deitel realizou centenas de seminários nas mais importantes corporações, instituições acadêmicas, organizações do governo e militares.

Sobre a Deitel & Associates, Inc.

A Deitel & Associates, Inc., é uma organização internacionalmente reconhecida nos campos de treinamento corporativo e de publicações, especializada na educação em linguagens de programação, Internet e tecnologia de software para a Web, educação em tecnologia de objeto e desenvolvimento de aplicações para iPhone. A empresa oferece cursos dados por professores que vão até o cliente, no mundo inteiro, sobre as principais linguagens de programação e plataformas, como C, C++, Visual C++®, Java™, Visual C#®, Visual Basic®, XML®, Python®, tecnologia de objeto, Internet e programação Web, programação para iPhone e uma lista crescente de outros cursos relacionados a programação e desenvolvimento de software. Os fundadores da Deitel & Associates, Inc., são Paul J. Deitel e Dr. Harvey M. Deitel. Entre os clientes da empresa estão algumas das maiores empresas do mundo, agências governamentais, órgãos militares e instituições acadêmicas. Por meio de uma parceria com a Prentice Hall/Pearson que já dura 33 anos, a Deitel & Associates, Inc. publica livros de ponta sobre programação, livros profissionais, *Cyber Classrooms* interativas com multimídia, cursos em vídeo *LiveLessons* (on-line em <www.safaribooksonline.com>, e por DVD em www.deitel.com/books/livelessons/) e e-content para sistemas populares de gestão de cursos.

A Deitel & Associates, Inc., e os autores podem ser contatados via e-mail:

`deitel@deitel.com`

Para conhecer mais sobre a Deitel & Associates, Inc., suas publicações e sobre seus currículos de treinamento corporativo *Dive Into® Series*, oferecidos aos clientes no mundo inteiro, visite:

`www.deitel.com/training/`

e assine o boletim digital gratuito *Deitel® Buzz Online* em:

`www.deitel.com/newsletter/subscribe.html`

Os indivíduos que desejarem adquirir livros de Deitel e cursos de treinamento *LiveLessons* em DVD e baseados na Web podem fazer isso por meio de <www.deitel.com> (em inglês). Pedidos em massa de empresas, governo, militares e instituições acadêmicas devem ser feitos diretamente na Pearson. Para obter mais informações, visite <www.prenhall.com/mischtm/support.html#order>.

Material de apoio do livro

No site www.grupoa.com.br professores e alunos podem acessar os seguintes materiais adicionais:

Para professores:

- Apresentações em PowerPoint®.
- Manual de soluções(em inglês).

Esse material é de uso exclusivo para professores e está protegido por senha. Para ter acesso a ele, os professores que adotam o livro devem entrar em contato através do e-mail divulgacao@grupoa.com.br.

Para alunos:

- Exemplos de códigos em C.
- Banco de exercícios de múltipla escolha.
- Apêndices E, F, G, H e I:

- Apêndice E: programação de jogos com a biblioteca de C Allegro.
- Apêndice F: classificação — uma visão mais detalhada.
- Apêndice G: introdução a C99.
- Apêndice H: usando o depurador do Visual Studio.
- Apêndice I: usando o depurador GNU.

INTRODUÇÃO AOS COMPUTADORES, À INTERNET E À WEB

Capítulo 1

O principal mérito da linguagem é a clareza.
— Galen

Nossa vida é desperdiçada com detalhes. ... Simplifique, simplifique.
— Henry David Thoreau

Ele tinha um talento maravilhoso para resumir o pensamento e torná-lo portável.
— Thomas B. Macaulay

O homem ainda é o computador mais extraordinário de todos.
— John F. Kennedy

Objetivos

Neste capítulo, você aprenderá:

- Conceitos básicos do computador.
- Os diferentes tipos de linguagens de programação.
- A história da linguagem de programação C.
- A finalidade da Standard Library de C.
- Os elementos de um ambiente de desenvolvimento de um típico programa escrito em C.
- Como C oferece um alicerce para o estudo complementar das linguagens de programação em geral, em especial, da C++, Java e C#.
- A história da Internet e da World Wide Web.

Conteúdo

1.1 Introdução
1.2 Computadores: hardware e software
1.3 Organização dos computadores
1.4 Computação pessoal, distribuída e cliente/servidor
1.5 A Internet e a World Wide Web
1.6 Linguagens de máquina, simbólicas e de alto nível
1.7 A história de C
1.8 A biblioteca-padrão de C
1.9 C++
1.10 Java
1.11 Fortran, COBOL, Pascal e Ada
1.12 BASIC, Visual Basic, Visual C++, C# e .NET
1.13 Tendência-chave em software: tecnologia de objetos
1.14 Ambiente de desenvolvimento de programa típico em C
1.15 Tendências de hardware
1.16 Notas sobre C e este livro
1.17 Recursos na Web

Resumo | Terminologia | Exercícios de autorrevisão | Respostas dos exercícios de autorrevisão | Exercícios | Fazendo a diferença

1.1 Introdução

Bem-vindo a C e a C++! Trabalhamos bastante para criar o que esperamos que seja uma experiência de aprendizado informativa, divertida e desafiadora. C é uma linguagem de programação de computador poderosa, apropriada para pessoas com nível técnico, com pouca ou nenhuma experiência em programação, e para programadores experientes, que podem usar este livro na montagem de sistemas de informação substanciais. Ele é uma ferramenta de aprendizado eficaz para todos os tipos de leitor.

O conteúdo do livro enfatiza a obtenção de clareza nos programas por meio de técnicas comprovadas da programação estruturada. Você aprenderá programação do modo correto desde o início, pois tentamos escrever de uma maneira clara e direta. O livro traz vários exemplos. Talvez o fato mais importante seja que centenas de programas completos que funcionam são apresentados aqui, e mostram-se as saídas produzidas quando esses programas são executados em um computador. Chamamos isso de 'técnica de código vivo'. Você pode fazer o download de todos esses programas-exemplo em nosso site, em <`www.deitel.com/books/chtp6/`>.

A maioria das pessoas está familiarizada com as tarefas excitantes que os computadores realizam. Ao usar este livro, você aprenderá o que fazer para que eles cumpram essas tarefas. É o **software** (ou seja, os comandos que você escreve para instruir o computador sobre como executar **ações** e tomar **decisões**) que controla os computadores (frequentemente chamados de **hardware**). Este texto introduz a programação em C, que foi padronizada em 1989 como ANSI X3.159-1989 nos Estados Unidos, por meio do **American National Standards Institute (ANSI)**, e depois no mundo, por meio dos esforços da **International Standards Organization (ISO)**. Chamamos isso de C Padrão. Também apresentamos a C99 (ISO/IEC 9899:1999), a versão mais recente do padrão C. A C99 ainda não foi adotada universalmente e, portanto, escolhemos discuti-la no Apêndice G (opcional). Um novo padrão C, que foi chamado informalmente de C1X, está em desenvolvimento e provavelmente será publicado por volta de 2012.

O Apêndice E, opcional, apresenta a biblioteca C de programação de jogos **Allegro**. Além disso, mostra como usar o Allegro para criar um jogo simples. Mostramos como exibir gráficos e animar objetos de forma suave, e explicamos recursos adicionais como som, entrada pelo teclado e saída em arquivo texto. O apêndice inclui links da Web e recursos que apontam para mais de 1.000 jogos Allegro e tutoriais sobre técnicas avançadas do Allegro.

O uso do computador vem aumentando na maioria dos campos de trabalho. Os custos com computação diminuíram tremendamente devido ao rápido desenvolvimento de tecnologias de hardware e software. Os computadores que teriam ocupado grandes salas e custado milhões de dólares há algumas décadas agora podem ser embutidos em chips de silício menores que uma unha, custando apenas alguns dólares cada um. Esses grandes computadores eram chamados de **mainframes**, e as versões atuais são muito utilizadas no comércio, no governo e na indústria. Felizmente, o silício é um dos materiais mais abundantes na Terra — ele é um componente da areia comum. A tecnologia do chip de silício tornou a computação tão econômica que mais de um bilhão de computadores de uso geral são utilizados no mundo inteiro, ajudando pessoas no comércio, na indústria e no governo, e também em sua vida pessoal. Outros bilhões de computadores de uso especial são usados em dispositivos eletrônicos inteligentes, como sistemas de navegação de automóveis, dispositivos economizadores de energia e controladores de jogos.

C++ é uma linguagem de programação orientada a objetos baseada em C, é de tal interesse hoje em dia que incluímos uma introdução detalhada a C++ e à programação orientada a objetos nos Capítulos 15 a 24. No mercado de linguagens de programação, muitos dos principais vendedores comercializam um produto combinado C/C++ em vez de oferecer produtos separadamente. Isso permite que os usuários continuem programando em C se quiserem, e depois migrem gradualmente para C++, quando for apropriado.

Para que você se mantenha atualizado com os desenvolvimentos em C e C++ pela Deitel & Associates, registre-se gratuitamente e receba nosso boletim por e-mail, *Deitel® Buzz Online*, em:

```
<www.deitel.com/newsletter/subscribe.html>
```

Verifique nossa lista crescente de Resource Centers relacionados a C em:

```
<www.deitel.com/ResourceCenters.html>
```

Alguns dos 'Resource Centers' que serão valiosos enquanto você lê a parte de C deste livro são C, Code Search Engines and Code Sites, Computer Game Programming e Programming Projects. A cada semana, anunciamos nossos Resource Centers mais recentes no boletim. Erratas e atualizações para este livro são postadas em:

```
<www.deitel.com/books/chtp6/>
```

Você está começando a trilhar um caminho desafiante e recompensador. À medida que for avançando, caso queira se comunicar conosco, envie um e-mail para:

```
deitel@deitel.com
```

Nós responderemos imediatamente. Esperamos que você aprecie a ajuda deste livro.

1.2 Computadores: hardware e software

Um **computador** é um dispositivo capaz de realizar cálculos e tomar decisões lógicas em velocidades bilhões de vezes mais rápidas que os seres humanos. Por exemplo, muitos dos computadores pessoais de hoje podem executar bilhões de adições por segundo. Uma pessoa que utilizasse uma calculadora de mesa portátil poderia gastar uma vida inteira realizando cálculos e, mesmo assim, não completaria o mesmo número de cálculos que um computador pessoal poderoso pode executar em um segundo! (Pontos a serem considerados: como você saberia se a pessoa somou os números corretamente? Como você saberia se o computador somou os números corretamente?) Os **supercomputadores** mais rápidos de hoje podem executar *milhares de trilhões* (*quatrilhões*) de instruções por segundo! Para se ter uma ideia, um computador que executa um quatrilhão de instruções por segundo pode realizar mais de 100.000 cálculos por segundo para cada pessoa no planeta!

Computadores processam **dados** sob o controle de conjuntos de instruções chamados **programas de computador**. Esses programas guiam o computador por meio de conjuntos ordenados de ações especificadas por pessoas a quem chamamos de **programadores de computador**.

Um computador é composto de vários dispositivos (por exemplo, teclado, tela, mouse, disco rígido, memória, DVDs e unidades de processamento) que são denominados hardware. Os programas executados em um computador são chamados de software. Os custos de hardware têm diminuído drasticamente nos últimos anos, a ponto de os computadores pessoais terem se tornado um artigo comum. Neste livro, você aprenderá métodos de desenvolvimento de software comprovados que podem reduzir os custos do desenvolvimento de software — programação estruturada (nos capítulos de C) e programação orientada a objetos (nos capítulos de C++).

1.3 Organização dos computadores

Não importam as diferenças em aparência física; praticamente todo computador pode ser dividido em seis **unidades lógicas** ou seções:

1. **Unidade de entrada**. Essa é a seção 'receptora' do computador. Ela obtém informações (dados e programas) de vários **dispositivos de entrada** e as coloca à disposição das outras unidades, de forma que possam ser processadas. A maioria das informações, hoje, é inserida nos computadores por meio de dispositivos como teclados e mouses. As informações também podem ser inseridas de muitas outras maneiras, incluindo comandos de voz, varredura de imagens e códigos de barras, leitura de dispositivos de armazenamento secundários (como disco rígidos, unidades de CD, unidades de DVD e unidades USB — também chamadas de 'pen-drives') e recebimento de informações pela Internet (por exemplo, quando você baixa vídeos do YouTube™, e-books da Amazon e outros meios similares).
2. **Unidade de saída**. Essa é a seção de 'expedição' do computador. Ela pega as informações que foram processadas pelo computador e as coloca em vários **dispositivos de saída** para torná-las disponíveis ao uso fora dele. A maior parte das informações que saem de computadores hoje em dia é exibida em telas, impressa, tocada em players de áudio (como os populares iPods® da Apple®) ou usada para controlar outros dispositivos. Os computadores também podem enviar suas informações para redes como a Internet.

3. **Unidade de memória.** Essa é a seção de 'armazenamento' de acesso rápido do computador, que tem uma capacidade relativamente baixa. Retém informações obtidas por meio da unidade de entrada, de forma que elas possam estar imediatamente disponíveis para processamento quando forem necessárias. A unidade de memória retém também informações processadas até que elas possam ser colocadas em dispositivos de saída pela unidade de saída. As informações na unidade de memória são **voláteis**: elas normalmente se perdem quando o computador é desligado. A unidade de memória é frequentemente chamada de **memória** ou **memória primária**.
4. **Unidade lógica e aritmética** (**ULA**, ou ALU, Arithmetic and Logic Unit). Essa é a seção de 'processamento' do computador. Ela é responsável por executar cálculos como adição, subtração, multiplicação e divisão. Também contém os mecanismos de decisão que permitem ao computador, por exemplo, comparar dois itens na unidade de memória e determinar se eles são ou não iguais. Nos sistemas atuais, a ULA está próxima a UC, dentro da CPU.
5. **Unidade central de processamento** (**CPU**, Central Processing Unit). Essa é a seção 'administrativa' do computador. Ela coordena e supervisiona o funcionamento das outras seções. A CPU diz à unidade de entrada quando as informações devem ser lidas para a unidade de memória, diz à ALU quando as informações da unidade de memória devem ser utilizadas em cálculos e diz à unidade de saída quando enviar as informações da unidade de memória para certos dispositivos de saída. Muitos dos computadores de hoje possuem várias CPUs e, portanto, podem realizar muitas operações simultaneamente — esses computadores são chamados de **multiprocessadores**. Um **processador multi-core** executa o multiprocessamento em um único chip integrado — por exemplo, um processador dual-core tem duas CPUs e um processador quad-core tem quatro CPUs.
6. **Unidade de armazenamento secundário**. Essa é a seção de 'depósito' de grande capacidade e de longo prazo do computador. Os programas ou dados que não estão sendo ativamente utilizados pelas outras unidades são normalmente colocados em dispositivos de armazenamento secundário (por exemplo, os discos rígidos) até que sejam novamente necessários, possivelmente horas, dias, meses ou até anos mais tarde. Portanto, as informações nos dispositivos de armazenamento secundário são consideradas **persistentes** — elas são preservadas mesmo quando o computador é desligado. As informações no armazenamento secundário levam muito mais tempo para serem acessadas do que as informações na memória primária, mas o custo por unidade de armazenamento secundário é muito menor que o custo por unidade de memória primária. Alguns exemplos de dispositivos de armazenamento secundário são os CDs, os DVDs e as unidades flash (algumas vezes chamadas de cartões de memória), que podem guardar centenas de milhões ou bilhões de caracteres.

1.4 Computação pessoal, distribuída e cliente/servidor

Em 1977, a Apple Computer popularizou a **computação pessoal**. Os computadores se tornaram tão econômicos que as pessoas podiam comprá-los para uso pessoal ou comercial. Em 1981, a IBM, o maior vendedor de computadores do mundo, introduziu o IBM Personal Computer (PC). Isso rapidamente disponibilizou a computação pessoal nas organizações comerciais, industriais e do governo, onde os mainframes da IBM eram muito utilizados.

Esses computadores eram unidades 'isoladas'; as pessoas transportavam discos para lá e para cá a fim de compartilhar informações (isso era frequentemente chamado de 'sneakernet'). Essas máquinas poderiam ser conectadas para formar redes de computadores, às vezes por linhas telefônicas e às vezes em **redes locais (LANs,** local area networks**)** dentro de uma organização. Isso levou ao fenômeno da **computação distribuída**, no qual a informática de uma organização, em vez de ser realizada apenas na instalação central de informática, é distribuída por redes até locais em que o trabalho da organização é realizado. Os computadores pessoais eram poderosos o suficiente para lidar com os requisitos de computação dos usuários individuais, bem como com as tarefas de comunicação básicas de passagem eletrônica de informações entre os computadores.

Os computadores pessoais de hoje são tão poderosos quanto as máquinas milionárias de apenas algumas décadas atrás. As informações são facilmente compartilhadas entre as redes, onde computadores chamados de **servidores** (servidores de arquivos, servidores de banco de dados, servidores Web etc.) oferecem capacidades que podem ser utilizadas pelos computadores clientes distribuídos pela rede; daí o termo **computação cliente/servidor**. C é bastante usada para escrever os softwares para sistemas operacionais, redes de computadores e aplicações cliente/servidor distribuídas. Os sistemas operacionais populares de hoje, como o UNIX, o Linux, o Mac OS X e os sistemas baseados no Microsoft Windows oferecem os tipos de capacidades discutidos nessa seção.

1.5 A Internet e a World Wide Web

A **Internet** — rede global de computadores — foi introduzida no final da década de 1960, patrocinada pelo Departamento de Defesa dos Estados Unidos (U.S. Department of Defense). Originalmente projetada para conectar os principais sistemas de computação de cerca de doze universidades e organizações de pesquisa, a Internet, hoje, pode ser acessada por computadores no mundo inteiro.

Com a introdução da **World Wide Web** — que permite que os usuários de computadores localizem e vejam documentos baseados em multimídia sobre quase todos os assuntos pela Internet —, a Internet explodiu e tornou-se o principal mecanismo de comunicação do mundo.

A Internet e a World Wide Web certamente estão entre as criações mais importantes e profundas da humanidade. No passado, a maioria das aplicações era executada em computadores não conectados uns aos outros. As aplicações de hoje podem ser escritas para que se comuniquem com computadores espalhados pelo mundo inteiro. A Internet mistura tecnologias de computação e de comunicações. Ela torna nosso trabalho mais fácil e a informação acessível, de modo instantâneo e conveniente, a partir de qualquer lugar. Ela permite a exposição, em nível mundial, de indivíduos e pequenas empresas locais. Ela está mudando o modo como os negócios são realizados. As pessoas podem procurar os melhores preços de praticamente qualquer produto ou serviço. Comunidades de interesse especial podem permanecer em contato umas com as outras. Os pesquisadores podem instantaneamente ficar cientes das descobertas mais recentes.

1.6 Linguagens de máquina, simbólicas e de alto nível

Os programadores escrevem instruções em várias linguagens de programação; algumas claramente compreensíveis por meio do computador e outras que exigem passos de **tradução** intermediários. Centenas de linguagens de computador estão em uso hoje em dia. Elas podem ser divididas em três tipos gerais:

1. Linguagens de máquina.
2. Linguagens simbólicas.
3. Linguagens de alto nível.

Um computador pode entender com clareza somente sua própria **linguagem de máquina**. A linguagem de máquina é a 'linguagem natural' de um computador em particular, e é definida pelo projeto de hardware daquela máquina. [*Nota:* a linguagem de máquina normalmente é chamada de código objeto. Esse termo é anterior à 'programação orientada a objetos'. Esses dois usos de 'objeto' não estão relacionados.] As linguagens de máquina consistem geralmente em sequências de números (em última instância, reduzidos a 1s e 0s) que instruem os computadores a executar suas operações mais elementares, uma de cada vez. As linguagens de máquina são **dependentes da máquina**, isto é, uma linguagem de máquina em particular só pode ser usada em um tipo de computador. As linguagens de máquina são incômodas para as pessoas, como pode ser visto na seguinte seção de um dos primeiros programas de linguagem de máquina que soma horas extras ao salário básico a pagar e armazena o resultado em pagamento bruto.

```
+1300042774
+1400593419
+1200274027
```

A programação em linguagem de máquina era muito lenta, tediosa e sujeita a erros para a maioria dos programadores. Em vez de usar as sequências de números que os computadores podiam entender com clareza, os programadores começaram a usar abreviações semelhantes às das palavras inglesas para representar as operações elementares do computador. Essas abreviações formaram a base das **linguagens simbólicas** (ou *assembly*). **Programas tradutores,** chamados de **assemblers** (montadores), foram desenvolvidos para converter os programas, à velocidade do computador, em linguagem simbólica na linguagem de máquina. A seção de um programa em linguagem simbólica mostrada a seguir também soma horas extras ao salário básico a pagar e armazena o resultado em pagamento bruto:

```
load     salario
 add     horaExtra
store    valorTotal
```

Embora tal código seja mais claro para as pessoas, ele será incompreensível para os computadores até que seja traduzido para a linguagem de máquina.

O uso de computadores aumentou rapidamente com o advento das linguagens simbólicas, mas ainda eram exigidas muitas instruções para realizar até as tarefas mais simples. Para acelerar o processo de programação, foram desenvolvidas as **linguagens de alto nível**, por meio das quais uma única instrução realizaria tarefas significativas. Programas tradutores, chamados **compiladores**, convertem os programas em linguagem de alto nível na linguagem de máquina. As linguagens de alto nível permitem que os programadores escrevam instruções que se parecem muito com o inglês comum e contêm notações matemáticas comumente usadas. Um programa de folha de pagamento escrito em uma linguagem de alto nível pode conter um comando como:

```
valorTotal = salario + horaExtra;
```

Obviamente, as linguagens de alto nível são muito mais desejáveis do ponto de vista do programador do que as linguagens de máquina ou as linguagens simbólicas. C, C++, as linguagens .NET da Microsoft (como o Visual Basic o Visual C++ e o Visual C#) e Java estão entre as mais poderosas e amplamente utilizadas linguagens de programação de alto nível.

O processo de compilar um programa em linguagem de alto nível na linguagem de máquina pode tomar um tempo considerável do computador. Por isso, foram desenvolvidos programas **interpretadores** que podem executar diretamente programas em linguagem de alto nível (sem o atraso da compilação), embora mais lentamente do que ocorre com os programas compilados.

1.7 A história de C

C evoluiu de duas linguagens de programação anteriores, BCPL e B. A BCPL foi desenvolvida em 1967 por Martin Richards como uma linguagem para escrever software de sistemas operacionais e compiladores. Ken Thompson modelou muitas das características de sua linguagem B inspirado por suas correspondentes em BCPL, e utilizou B para criar as primeiras versões do sistema operacional UNIX no Bell Laboratories, em 1970. Tanto a BCPL como a B eram linguagens 'sem tipo', ou seja, sem definição de tipos de dados — todo item de dados ocupava uma 'palavra' na memória, e o trabalho de tratar um item de dados como um número inteiro ou um número real, por exemplo, era de responsabilidade do programador.

A linguagem C foi deduzida de B por Dennis Ritchie no Bell Laboratories, e originalmente implementada em um computador DEC PDP-11 em 1972. C usa muitos conceitos importantes de BCPL e B, ao mesmo tempo que acrescenta tipos de dados e outras características poderosas. Inicialmente, C tornou-se conhecida como a linguagem de desenvolvimento do sistema operacional UNIX. Hoje, quase todos os sistemas operacionais são escritos em C e/ou C++. Atualmente, C está disponível para a maioria dos computadores. C é independente de hardware. Com um projeto cuidadoso, é possível escrever programas em C que sejam **portáveis** para a maioria dos computadores.

No final dos anos 1970, C evoluiu para o que agora é chamado de 'C tradicional'. A publicação do livro de Kernighan e Ritchie, *The C Programming Language*, pela Prentice Hall, em 1978, chamou muita atenção para a linguagem. Ele se tornou um dos livros de ciência da computação mais bem-sucedidos de todos os tempos.

A rápida expansão de C por vários tipos de computadores (às vezes chamados de **plataformas de hardware**) levou a muitas variações da linguagem que, embora semelhantes, eram frequentemente incompatíveis. Era um problema sério para os programadores que precisavam escrever programas portáveis que seriam executados em várias plataformas. Tornou-se claro que uma versão padrão de C era necessária. Em 1983, foi criado o comitê técnico X3J11 do American National Standards Committee on Computers and Information Processing (X3) para que se 'produzisse uma definição da linguagem que não fosse ambígua, mas que fosse independente de máquina'. Em 1989, o padrão foi aprovado; esse padrão foi atualizado em 1999. O documento de padronização é chamado de *INCITS/ISO/IEC 9899-1999*. Cópias desse documento podem ser solicitadas ao ANSI, American National Standards Institute (`<www.ansi.org>`), no endereço `<webstore.ansi.org/ansidocstore>`.

C99 é um padrão revisado para a linguagem de programação C, que aperfeiçoa e expande as capacidades da linguagem. Nem todos os compiladores C populares admitem C99. Daqueles que admitem, a maioria implementa apenas um subconjunto dos novos recursos. Os capítulos 1 a 14 deste livro se baseiam no padrão internacional C (ANSI/ISO), amplamente adotado. O Apêndice G apresenta o C99 e oferece links para os principais compiladores e IDEs C99.

Dica de portabilidade 1.1

Como C é uma linguagem independente de hardware amplamente disponível, os aplicativos escritos em C podem ser executados com pouca ou nenhuma modificação em uma grande variedade de sistemas de computação diferentes.

1.8 A biblioteca-padrão de C

Como veremos no Capítulo 5, os programas em C consistem em módulos ou peças chamadas **funções**. Você pode programar todas as funções de que precisa para formar um programa em C, mas a maioria dos programadores de C aproveita as ricas coleções de funções existentes na **biblioteca-padrão de C**. Nesse caso, existem realmente duas fases para se aprender a programar em C. A primeira é aprender a linguagem C propriamente dita, e a segunda é aprender como utilizar as funções da biblioteca-padrão de C. Ao longo deste livro discutiremos muitas dessas funções. O livro de P. J. Plauger, *The Standard C Library*, é leitura obrigatória para programadores que precisam de uma compreensão profunda das funções da biblioteca, como implementá-las e utilizá-las para escrever o código portável. Usamos e explicamos muitas funções da biblioteca de C no decorrer deste livro. Visite o site indicado a seguir para obter a documentação completa da biblioteca-padrão de C, incluindo os recursos da C99:

```
<www.dinkumware.com/manuals/default.aspx#Standard%20C%20Library>
```

Este livro encoraja uma **abordagem de blocos de montagem** (isto é, programação estruturada) para a criação de programas. Evite reinventar a roda. Em vez disso, use as partes existentes — isso se chama **reutilização de software**, e é uma solução para o campo da programação orientada a objetos, conforme veremos em nossa explicação de C++, a partir do Capítulo 15. Ao programar em C, você normalmente utilizará os seguintes blocos de montagem:

- Funções da biblioteca-padrão de C.
- Funções que você mesmo criar.
- Funções que outras pessoas criaram e tornaram disponíveis para você.

A vantagem de criar suas próprias funções é que você saberá exatamente como elas funcionam. Você poderá examinar o código em C. A desvantagem é o consumo de tempo e esforço para projetar, desenvolver e depurar novas funções.

Se você utilizar funções existentes, poderá evitar a reinvenção da roda. No caso das funções em C ANSI ou C padrão, você sabe que elas foram cuidadosamente escritas, e sabe que, como está usando funções que estão disponíveis em praticamente todas as execuções de C padrão, seus programas terão uma chance maior de serem portáveis e livres de erros.

Dica de desempenho 1.1

Usar funções da biblioteca-padrão de C em vez de escrever suas próprias versões equivalentes pode melhorar o desempenho do programa, porque essas funções foram cuidadosamente escritas para serem executadas de modo eficaz.

Dica de desempenho 1.2

Usar funções e classes de bibliotecas-padrão, em vez de escrever suas próprias versões equivalentes, pode melhorar a portabilidade do programa, porque essas funções estão incluídas em praticamente todas as implementações-padrão de C.

1.9 C++

C++ foi desenvolvida por Bjarne Stroustrup no Bell Laboratories. C++ tem suas raízes em C e apresenta várias características que melhoram a linguagem C, mas o mais importante é que fornece recursos para a **programação orientada a objetos**. C++ tornou-se uma linguagem dominante na indústria e no setor acadêmico.

Objetos são, essencialmente, **componentes** de software reutilizáveis que modelam itens do mundo real. O uso de uma abordagem de implementação e projeto modulares orientada a objetos pode tornar os grupos de desenvolvimento de software muito mais produtivos do que é possível, utilizando técnicas de programação que não suportam orientação a objetos.

Muitas pessoas acreditam que a melhor estratégia educacional é dominar C, para depois estudar C++. Portanto, nos capítulos 15 a 24 deste livro, apresentamos um tratamento resumido de C++, selecionado de nosso livro *C++: Como Programar, 7/e*. Ao estudar C++, verifique o conteúdo sobre C++ em nosso Resource Center on-line em `<www.deitel.com/cplusplus/>`.

1.10 Java

Microprocessadores vêm provocando um impacto profundo nos aparelhos eletrodomésticos e eletrônicos de consumo. Reconhecendo isso, em 1991, a Sun Microsystems financiou um projeto corporativo interno de desenvolvimento a que deu o codinome Green. O projeto resultou no desenvolvimento de uma linguagem baseada em C++, que seu criador, James Gosling, denominou Oak ('carvalho', em inglês, em homenagem a uma árvore que ele via através da janela de seu escritório na Sun). Mais tarde, descobriram que já existia uma linguagem de computador denominada Oak. Quando um grupo de pessoas da Sun visitava uma cafeteria local, o nome **Java** foi sugerido e pegou.

Mas o projeto Green enfrentou algumas dificuldades. Na década de 1990, o mercado para aparelhos eletrônicos de consumo inteligentes não se desenvolvia tão rapidamente quanto a Sun havia previsto. O projeto corria o risco de ser cancelado. Por pura sorte, a popularidade da World Wide Web explodiu em 1993, e o pessoal da Sun viu o potencial imediato de usar a Java para criar páginas da Web com o chamado **conteúdo dinâmico** (por exemplo, interatividade, animações e coisas desse gênero). Isso deu nova vida ao projeto.

A Sun anunciou a Java formalmente em uma conferência em maio de 1995. Ela atraiu a atenção da comunidade comercial devido ao interesse fenomenal na World Wide Web. A Java agora é usada para desenvolver aplicativos empresariais de grande porte, para aumentar a funcionalidade de servidores Web (os computadores que oferecem o conteúdo que vemos em nossos navegadores da Web), para oferecer aplicativos a aparelhos eletrônicos de consumo (tais como telefones celulares, pagers e assistentes pessoais digitais) e muitas outras finalidades.

1.11 Fortran, COBOL, Pascal e Ada

Centenas de linguagens de alto nível foram desenvolvidas, mas só algumas obtiveram ampla aceitação. A **FORTRAN** (FORmula TRANslator) foi desenvolvida pela IBM Corporation, em meados da década de 1950, para ser usada no desenvolvimento de aplicativos científicos e de engenharia que exigem cálculos matemáticos complexos. Ainda é amplamente usada, especialmente em aplicativos de engenharia.

A **COBOL** (COmmon Business Oriented Language) foi desenvolvida no final da década de 1950 por fabricantes de computadores, pelo governo dos EUA e por usuários de computadores industriais. A COBOL é utilizada principalmente em aplicativos comerciais que exigem manipulação precisa e eficiente de grandes quantidades de dados. Muitos softwares para aplicações comerciais ainda são programados em COBOL.

Durante a década de 1960, o esforço para desenvolvimento de softwares de grande porte encontrou sérias dificuldades. As entregas de software sofriam atrasos frequentes, os custos ultrapassavam em muito os orçamentos e os produtos finais não eram confiáveis. As pessoas se deram conta de que o desenvolvimento de software era uma atividade mais complexa do que tinham imaginado. Durante essa década, a pesquisa resultou na evolução da **programação estruturada** — um enfoque disciplinado para a escrita de programas mais claros e mais fáceis de testar, depurar e modificar do que os grandes programas produzidos com técnicas anteriores.

Um dos resultados mais tangíveis dessa pesquisa foi o desenvolvimento da linguagem de programação **Pascal**, pelo professor Niklaus Wirth, em 1971. Em homenagem ao matemático e filósofo do século XVII, Blaise Pascal, ela foi projetada para o ensino de programação estruturada e logo se tornou a linguagem de programação preferida na maioria das faculdades. Pascal não tinha muitos dos recursos necessários nas aplicações comerciais, industriais e do governo, de modo que não foi muito bem aceita fora dos círculos acadêmicos.

A linguagem **Ada** foi desenvolvida com o patrocínio do Departamento de Defesa (DoD) dos Estados Unidos durante a década de 1970 e início dos anos 1980. Centenas de linguagens separadas eram usadas para produzir os maciços sistemas de software de comando e controle do DoD. O departamento queria uma linguagem que se ajustasse à maior parte de suas necessidades. A linguagem Ada recebeu esse nome em homenagem à Lady Ada Lovelace, filha do poeta Lord Byron. O primeiro programa de computador do mundo, datado do início do século XIX (para o Analytical Engine Mechanical Computing Device, projetado por Charles Babbage), foi escrito por ela. Um recurso importante da Ada é chamado de **multitarefa**; ela permite que os programadores especifiquem que muitas atividades devem acontecer em paralelo. Embora a multitarefa não faça parte do C padrão ou C ANSI, ela está disponível em diversas bibliotecas complementares.

1.12 BASIC, Visual Basic, Visual C++, C# e .NET

A linguagem de programação **BASIC** (Beginner's All-purpose Symbolic Instruction Code) foi desenvolvida em meados da década de 1960 no Dartmouth College, como um meio para escrever programas simples. A principal finalidade do BASIC era familiarizar os iniciantes com as técnicas de programação. A linguagem Visual Basic da Microsoft, introduzida no início da década de 1990 para simplificar o desenvolvimento de aplicações para Microsoft Windows, tornou-se uma das linguagens de programação mais populares do mundo.

As ferramentas de desenvolvimento mais recentes da Microsoft fazem parte de sua estratégia corporativa de integrar a Internet e a Web em aplicações de computador. Essa estratégia é implementada na **plataforma .NET** da Microsoft, que oferece as capacidades que os responsáveis pelo desenvolvimento precisam para criar e executar aplicações de computador que possam funcionar em computadores que estão distribuídos pela Internet. As três principais linguagens de programação da Microsoft são **Visual Basic** (baseada originalmente na linguagem de programação BASIC), **Visual C++** (baseada no C++) e **Visual C#** (uma nova linguagem baseada em C++ e Java, desenvolvida exclusivamente para a plataforma .NET). Visual C++ também pode ser usada para compilar e executar programas em C.

1.13 Tendência-chave em software: tecnologia de objetos

Um dos autores, Harvey Deitel, lembra da grande frustração que era sentida pelas organizações de desenvolvimento de software na década de 1960, especialmente por aquelas que desenvolviam projetos de grande porte. Nos anos de universidade, durante os verões, ele teve o privilégio de trabalhar em uma empresa fabricante de computadores líder de mercado, fazendo parte da equipe que desenvolvia sistemas operacionais para compartilhamento de tempo, com memória virtual. Era uma ótima experiência para um estudante universitário. Mas, no verão de 1967, uma nova realidade se impôs quando a companhia 'desistiu' de fornecer, como produto comercial, o sistema particular no qual centenas de pessoas vinham trabalhando por muitos anos. Era difícil de fazer esse software funcionar corretamente — software é 'coisa complexa'.

Melhorias na tecnologia de software começaram a aparecer com os benefícios da chamada programação estruturada (e as disciplinas relacionadas de análise e projeto de sistemas estruturados), comprovada na década de 1970. Mas, somente quando a tecnologia de programação orientada a objetos tornou-se amplamente utilizada, na década de 1990, os desenvolvedores de software finalmente sentiram que tinham as ferramentas de que precisavam para obter importantes progressos no processo de desenvolvimento de software.

Na verdade, a tecnologia de objetos existe desde, pelos menos, meados da década de 1960. A linguagem de programação C++, desenvolvida na AT&T por Bjarne Stroustrup no início da década de 1980, é baseada em duas linguagens: C e Simula 67, uma linguagem de programação de simulação desenvolvida no Norwegian Computing Center e lançada em 1967. C++ absorveu as características da C e acrescentou as capacidades da Simula para a criação e a manipulação de objetos. Nem C nem C++ tiveram a intenção inicial de serem usadas além dos limites dos laboratórios de pesquisa da AT&T. Porém, o suporte de base para cada uma delas foi rapidamente desenvolvido.

A tecnologia de objeto é um esquema de empacotamento que ajuda a criar unidades de software significativas. Existem objetos de data, de hora, de contracheque, de fatura, de áudio, de vídeo, de arquivo, de registro, e assim por diante. Na verdade, quase todo *substantivo* pode ser representado de forma razoável como um objeto.

Vivemos em um mundo de objetos. Existem carros, aviões, pessoas, animais, prédios, semáforos, elevadores etc. Antes do surgimento das linguagens orientadas a objetos, as linguagens de programação procedural (como Fortran, COBOL, Pascal, BASIC e C) focalizavam as ações (verbos) em vez das coisas ou objetos (substantivos). Os programadores, vivendo em um mundo de objetos, programavam usando verbos, principalmente. Isso tornava a escrita de programas complicada. Agora, com a disponibilidade de linguagens orientadas a objetos bastante populares, como C++, Java e C#, os programadores continuam a viver em um mundo orientado a objetos e podem programar de uma maneira orientada a objetos. Esse é um processo mais natural do que a programação procedural, e resultou em ganhos de produtividade importantes.

Um problema significativo da programação procedural é que as unidades de programa não espelham as entidades reais de maneira eficaz, de modo que essas unidades não são particularmente reutilizáveis. Não é incomum que os programadores 'comecem do nada' a cada novo projeto e tenham que escrever um software semelhante a partir 'do zero'. Isso desperdiça tempo e dinheiro, pois as pessoas 'reinventam a roda' repetidamente. Com a técnica de programação orientada a objeto, as entidades de software criadas (chamadas **classes**), se projetadas corretamente, tendem a ser reutilizáveis em projetos futuros. O uso de bibliotecas de componentes reutilizáveis pode reduzir bastante o esforço exigido para implementar certos tipos de sistemas (em comparação com o esforço que seria necessário para reinventar essas capacidades em novos projetos).

Observação sobre engenharia de software 1.1

Grandes bibliotecas de classes com componentes de software reutilizáveis estão disponíveis na Internet. Muitas dessas bibliotecas são gratuitas.

Algumas organizações relatam que o principal benefício da programação orientada a objetos não é a reutilização de software, mas sim que o software que elas produzem é mais inteligível, mais bem organizado e mais fácil de manter, modificar e depurar. Isso pode ser significativo, pois talvez até 80 por cento dos custos do software estejam associados não com os esforços originais para desenvolver o software, mas com a evolução e a manutenção contínuas desse software por todo o seu tempo de vida. Quaisquer que sejam os benefícios percebidos, é evidente que a programação orientada a objetos será a metodologia-chave de programação por muitas décadas.

1.14 Ambiente de desenvolvimento de programa típico em C

Os sistemas de C++ geralmente consistem em várias partes: um ambiente de desenvolvimento de programas, a linguagem e a biblioteca-padrão de C. A discussão a seguir explica um ambiente de desenvolvimento de programas em C típico, mostrado na Figura 1.1.

Normalmente, os programas em C percorrem seis passos até que possam ser executados (Figura 1.1). São os seguintes: **editar**, **pré-processar**, **compilar**, '**ligar**', **carregar** e **executar**. Nós nos concentramos aqui em um sistema de C sob Linux típico, embora este seja um livro genérico sobre C. [*Nota*: os programas expostos neste livro executarão com pouca ou nenhuma modificação na maioria dos sistemas C atuais, inclusive em sistemas baseados no Microsoft Windows.] Se você não estiver usando um sistema Linux, consulte os manuais de seu sistema ou pergunte a seu instrutor como realizar essas tarefas em seu ambiente. Verifique nosso Resource Center de C em <`www.deitel.com/C`> para localizar tutoriais referentes a compiladores e ambientes de desenvolvimento em C populares para iniciantes.

Fase 1: Criando um programa

A Fase 1 consiste em editar um arquivo. Isso é realizado por um **programa editor**. Dois editores bastante usados em sistemas Linux são `vi` e `emacs`. Pacotes de software para os ambientes de desenvolvimento de programa integrados C/C++, como Eclipse e Microsoft Visual Studio, possuem editores bastante integrados ao ambiente de programação. Você digita um programa em C utilizando o editor e, se necessário, faz correções. O programa, então, é 'guardado' em um dispositivo de armazenamento secundário como, por exemplo, um disco rígido. Os nomes dos arquivos de programas em C deverão terminar com a extensão `.c`.

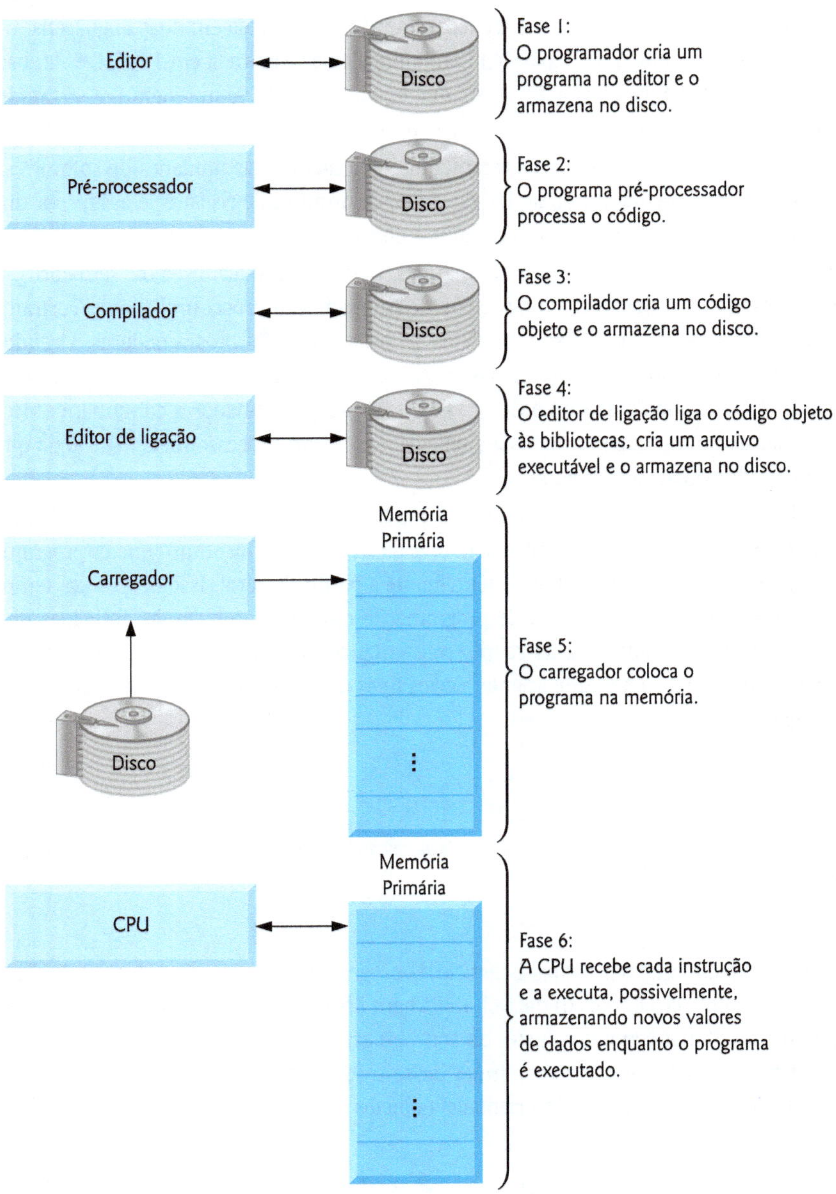

Figura 1.1 ■ Ambiente típico de desenvolvimento em C.

Fases 2 e 3: Pré-processando e compilando um programa em C

Na Fase 2, você dá o comando para **compilar** o programa. O compilador traduz o programa em C para um código em linguagem de máquina (também chamado de **código objeto**). Em um sistema C, um programa **pré-processador** é executado automaticamente, antes de começar a fase de tradução pelo compilador. O **pré-processador C** obedece a comandos especiais, chamados de **diretivas do pré-processador**, que indicam que certas manipulações devem ser feitas no programa antes da compilação. Essas manipulações normalmente consistem em incluir outros arquivos de texto no arquivo a ser compilado e executar substituições de texto variadas. As diretivas mais comuns do pré-processador serão discutidas nos capítulos iniciais; uma discussão detalhada de todas as características do pré-processador aparecerá no Capítulo 13. Na Fase 3, o compilador traduz o programa C para um código em linguagem de máquina.

Fase 4: Link

A próxima fase é chamada de **ligação (link)**. Os programas em C normalmente contêm referências a funções definidas em outro lugar, como nas bibliotecas-padrão ou nas bibliotecas privadas de grupos de programadores que trabalham juntos em um projeto particular. O código objeto produzido pelo compilador C normalmente contém 'buracos' por causa dessas partes que faltam. Um **editor**

de ligação (ou *linker*) liga o código objeto com o código das funções que estão faltando para produzir uma **imagem executável** (sem pedaços faltando). Em um sistema Linux típico, o comando para compilar e 'ligar' um programa é chamado de `cc` (ou `gcc`). Para compilar e 'ligar' um programa chamado `bem-vindo.c`, digite:

```
cc bem-vindo.c
```

no prompt do Linux e pressione a tecla *Enter* (ou *Return*). [*Nota:* os comandos do Linux diferenciam maiúsculas de minúsculas; não se esqueça de digitar o `c` minúsculo e cuide para que as letras no nome do arquivo estejam corretas.] Se o programa compilar e 'ligar' corretamente, é produzido um arquivo chamado `a.out`. Essa é a imagem executável de nosso programa `bem-vindo.c`.

Fase 5: Carregando

A próxima fase é chamada de **carga** (ou *loading*). Antes de um programa ser executado ele deve ser colocado na memória. Isso é feito pelo **carregador** (ou *loader*), que pega a imagem executável do disco e a transfere para a memória. Componentes adicionais de bibliotecas compartilhadas que oferecem suporte ao programa do usuário também são carregados.

Fase 6: Execução

Finalmente, o computador, sob o controle de sua CPU, executa o programa, uma instrução por vez. Para carregar e executar o programa em um sistema Linux, digite `./a.out` no prompt e pressione *Enter*.

Problemas que podem ocorrer durante a execução

Os programas nem sempre funcionam na primeira tentativa. Cada uma das fases precedentes pode falhar por causa de vários erros que abordaremos a seguir. Por exemplo, um programa, ao ser executado, poderia tentar dividir por zero (uma operação ilegal em computadores, da mesma maneira que é um valor não definido em aritmética). Isso faria o computador exibir uma mensagem de erro. Você, então, retornaria à **fase de edição**, faria as correções necessárias e passaria novamente pelas fases restantes para determinar se as correções estariam funcionando de maneira apropriada.

A maioria dos programas em C faz entrada e/ou saída de dados. Certas funções de C recebem sua entrada de **`stdin`** (**fluxo de entrada padrão**), o qual normalmente é o teclado, porém `stdin` pode ser conectado a outro fluxo. Os dados geralmente são enviados para saída em **`stdout`** (**fluxo de saída padrão**), que normalmente é a tela do computador, mas `stdout` pode ser conectado a outro fluxo. Quando dizemos que um programa imprime um resultado, normalmente queremos dizer que o resultado é exibido na tela. Os dados podem ser enviados para a saída por meio de outros dispositivos, como discos e impressoras. Existe também um **fluxo de erros padrão**, chamado de **`stderr`**. O fluxo `stderr` (normalmente conectado à tela) é usado para exibir mensagens de erro. É comum que os usuários direcionem os dados de saída normais, isto é, `stdout`, para um dispositivo diferente da tela ao mesmo tempo que mantêm `stderr` direcionado para a tela, de maneira que o usuário possa ser imediatamente informado de erros.

Erro comum de programação 1.1

Erros como os de divisão por zero acontecem quando um programa está sendo executado; por isso, esses erros são chamados de 'erros durante a execução' (ou erros de 'runtime'). Dividir por zero é geralmente um erro fatal, isto é, um erro que causa o término imediato do programa sem que ele tenha executado seu trabalho com sucesso. Os erros não fatais permitem que os programas sejam executados até a conclusão, geralmente produzindo resultados incorretos.

1.15 Tendências de hardware

A cada ano, as pessoas normalmente esperam ter de pagar pelo menos um pouco mais pela maioria dos produtos e serviços. No caso das áreas de computação e comunicação tem acontecido o contrário, especialmente no que diz respeito ao custo do hardware que mantém essas tecnologias. Há muitas décadas, os custos de hardware vêm caindo rapidamente, para não dizer de maneira acentuada. A cada um ou dois anos, as capacidades dos computadores quase dobraram sem que houvesse qualquer aumento no preço. Isso normalmente é chamado de **Lei de Moore**, que recebeu esse nome em homenagem à pessoa que identificou e explicou essa tendência, Gordon Moore, cofundador da Intel, a empresa que fabrica a grande maioria dos processadores usados nos computadores pessoais atuais. A Lei de Moore e tendências semelhantes são especialmente verdadeiras em relação à quantidade de memória para o armazenamento de programas que os computadores possuem, à quantidade de espaço para armazenamento secundário (tal como armazenamento em disco), que é utilizado para armazenar programas e dados em longo prazo, e às velocidades de seus processadores — as velocidades nas quais os computadores executam seus programas (isto é, fazem seu trabalho). O mesmo tem acontecido no campo das comunicações, no qual os custos despencaram com a demanda por largura de banda nas comunicações, que atraiu uma enorme competição. Não conhecemos nenhum outro campo em que a tecnologia evolua tão depressa e os custos caiam tão rapidamente. Essa melhoria nos campos da computação e das comunicações está promovendo, verdadeiramente, a chamada Revolução da Informação.

1.16 Notas sobre C e este livro

Os programadores experientes em C às vezes se orgulham de poder criar algum uso misterioso, contorcido e 'enrolado' da linguagem. Essa é uma prática ruim de programação. Ela torna os programas mais difíceis de serem lidos, mais propensos a apresentar comportamentos estranhos, mais difíceis de testar e depurar e mais difíceis de serem adaptados a mudanças de requisitos. Este livro é dirigido aos programadores novatos e, portanto, enfatizamos a **clareza do programa**. Nossa primeira 'boa prática de programação' é a seguinte:

Boa prática de programação 1.1

Escreva seus programas em C de uma maneira simples e direta. Às vezes, isso é chamado de KIS ('Keep It Simple' — 'mantenha a simplicidade'). Não 'force' a linguagem tentando usos estranhos.

Você ouviu dizer que C é uma linguagem portável, e que os programas escritos em C podem ser executados em muitos computadores diferentes. *Portabilidade é um objetivo difícil de ser atingido.* O documento padrão C contém uma longa lista de problemas relacionados à portabilidade, e foram escritos livros inteiros que discutem a portabilidade.

Dica de portabilidade 1.2

Embora seja possível escrever programas portáveis em C, existem muitos problemas entre compiladores C diferentes e computadores diferentes, que podem tornar a portabilidade difícil de ser alcançada. Simplesmente escrever programas em C não garante portabilidade. Você, com frequência, precisará lidar diretamente com variações de computador.

Fizemos uma análise cuidadosa do documento padrão C e comparamos nossa apresentação em relação à completude e precisão. Porém, C é uma linguagem rica, e existem algumas sutilezas na linguagem e alguns assuntos avançados que não abordamos. Se você precisar de detalhes técnicos adicionais sobre C, sugerimos que leia o documento padrão C ou o livro de Kernighan e Ritchie: *The C Programming Language, Second Edition*.

Observação sobre engenharia de software 1.2

Leia os manuais para a versão de C que você está usando. Consulte-os com frequência, para se certificar de que está ciente da rica relação de recursos que C oferece e de que está usando esses recursos corretamente.

Observação sobre engenharia de software 1.3

Seu computador e seu compilador são bons professores. Se você não tiver certeza de como funciona um recurso de C, experimente compilar e executar o programa e veja o que acontece.

1.17 Recursos na Web

Esta seção oferece links para nossos Resource Centers de C, entre outros relacionados a ele, que serão úteis em seu aprendizado de C. Esses Resource Centers incluem diversos recursos para C, incluindo blogs, artigos, informes, compiladores, ferramentas de desenvolvimento, downloads, FAQs, tutoriais, webcasts, wikis e links de recursos para programação de jogos em C com as bibliotecas do Allegro.

Deitel & Associates Websites

<www.deitel.com/books/chtp6/>

O site Deitel & Associates *C How to Program, 6/e*. Aqui você encontrará links para os exemplos do livro e outros recursos.

<www.deitel.com/C/>

<www.deitel.com/visualcplusplus/>

<www.deitel.com/codesearchengines/>

<www.deitel.com/programmingprojects/>

Procure compiladores, downloads de código, tutoriais, documentação, livros, e-books, artigos, blogs, RSS feeds e outros, que o ajudarão a desenvolver as aplicações C.

<www.deitel.com>

Nesse site, verifique as atualizações, correções e recursos adicionais para todas as publicações de Deitel.

<www.deitel.com/newsletter/subscribe.html>

Assine o boletim de e-mail *Deitel® Buzz Online* para acompanhar o programa de publicação da Deitel & Associates, incluindo atualizações e erratas deste livro.

Resumo

Seção 1.1 Introdução

- O software (ou seja, instruções que você dá aos computadores para que realizem ações e tomem decisões) controla os computadores (normalmente chamados de hardware).
- C foi padronizada em 1989 nos Estados Unidos por meio do American National Standards Institute (ANSI), e depois no mundo inteiro pela International Standards Organization (ISO).
- A tecnologia do chip de silício tornou a computação tão econômica que há mais de um bilhão de computadores de uso geral no mundo inteiro.

Seção 1.2 Computadores: hardware e software

- Um computador é capaz de realizar cálculos e tomar decisões lógicas em velocidades bilhões de vezes mais rápidas que os seres humanos podem fazê-lo.
- Computadores processam dados sob o controle de conjuntos de instruções chamados de programas, que orientam o computador por meio de conjuntos ordenados de ações especificadas pelos programadores.
- Os diversos dispositivos que abrangem um sistema de computador são conhecidos como hardware.
- Os programas executados em um computador são chamados de software.

Seção 1.3 Organização dos computadores

- A unidade de entrada é a seção de 'recepção' do computador. Ela obtém informações dos dispositivos de entrada e as coloca à disposição das outras unidades para processamento.
- A unidade de saída é a seção de 'remessa' do computador. Ela pega a informação processada pelo computador e a coloca nos dispositivos de saída para torná-la disponível para o uso fora dele.
- A unidade de memória é a seção de 'depósito' de acesso rápido com capacidade relativamente baixa do computador. Ela retém informações que foram inseridas pela unidade de entrada, tornando-as imediatamente disponíveis para processamento quando necessárias, e retém informações que já foram processadas até que possam ser colocadas em dispositivos de saída pela unidade de saída.
- A unidade lógica e aritmética (ALU) é a seção de 'processamento' do computador. Ela é responsável pela realização de cálculos e tomada de decisões.
- A unidade central de processamento (CPU) é a seção 'administrativa' do computador. Ela coordena e supervisiona o funcionamento de outras seções.
- A unidade secundária de armazenamento é a seção de 'depósito' em longo prazo e de alta capacidade do computador. Programas ou dados que não estejam sendo usados pelas outras unidades normalmente são colocados em dispositivos de armazenamento secundário (por exemplo, discos) até que sejam necessários, possivelmente horas, dias, meses ou, até mesmo, anos depois.

Seção 1.4 Computação pessoal, distribuída e cliente/servidor

- A Apple Computer popularizou a computação pessoal.
- O Personal Computer da IBM levou rapidamente a computação pessoal para o comércio, indústria e organizações do governo, onde os mainframes IBM são muito utilizados.
- Os primeiros computadores pessoais podiam ser interligados por redes de computadores. Isso levou ao fenômeno da computação distribuída.
- A informação é compartilhada facilmente por meio das redes, onde computadores chamados servidores (servidores de arquivo, servidores de banco de dados, servidores Web etc.) oferecem capacidades que podem ser usadas por computadores cliente distribuídos pela rede, por isso o termo computação cliente/servidor.
- C tornou-se bastante usada na escrita de software de sistemas operacionais para redes de computadores e aplicações cliente/servidor distribuídas.

Seção 1.5 A Internet e a World Wide Web

- A Internet — rede global de computadores — foi iniciada há quase quatro décadas com o patrocínio do Departamento de Defesa dos Estados Unidos (U.S. Department of Defense).

- Com a introdução da World Wide Web — que permite que os usuários de computador localizem e vejam documentos baseados em multimídia sobre quase qualquer assunto pela Internet —, a Internet explodiu e se tornou o principal mecanismo de comunicação do mundo.

Seção 1.6 Linguagens de máquina, simbólicas e de alto nível

- Um computador pode entender com clareza somente sua própria linguagem de máquina, que geralmente consiste em strings de números que os instruem a realizar suas operações mais elementares.
- Abreviações em inglês formam a base das linguagens simbólicas (assembly). Programas tradutores, chamados de assemblers, convertem programas em linguagem simbólica na linguagem de máquina.
- Compiladores traduzem os programas em linguagem de alto nível para programas em linguagem de máquina. Linguagens de alto nível (como C) contêm palavras em inglês e notações matemáticas convencionais.
- Programas interpretadores executam diretamente os programas em linguagem de alto nível, eliminando a necessidade de compilá-los para a linguagem de máquina.

Seção 1.7 A história de C

- C evoluiu de duas linguagens anteriores, BCPL e B. BCPL foi desenvolvida em 1967 por Martin Richards como uma linguagem para a escrita do software de sistemas operacionais e compiladores. Ken Thompson modelou muitos recursos em sua linguagem B de seus correspondentes em BCPL, e usou B para criar as primeiras versões do sistema operacional UNIX.
- A linguagem C foi deduzida de B por Dennis Ritchie na Bell Laboratories. C utiliza muitos dos importantes conceitos de BCPL e B, e acrescenta tipos de dados e outros recursos poderosos.
- Inicialmente, C tornou-se muito conhecido como a linguagem de desenvolvimento do sistema operacional UNIX.
- C está disponível para a maioria dos computadores. C é, principalmente, independente de hardware.
- A publicação do livro de Kernighan e Ritchie, em 1978, *The C Programming Language*, atraiu a atenção para a linguagem.
- Em 1989, o padrão C foi aprovado; esse padrão foi atualizado em 1999. O documento de padrões é conhecido como INCITS/ISO/IEC 9899-1999.
- C99 é um padrão revisado da linguagem de programação C que refina e expande suas capacidades, mas que não foi adotado universalmente.

Seção 1.8 A biblioteca-padrão de C

- Ao programar em C, você normalmente usará as funções da biblioteca-padrão de C, funções que você mesmo criar e funções que outras pessoas criaram e que foram colocadas à sua disposição.

Seção 1.9 C++

- C++ foi desenvolvida por Bjarne Stroustrup na Bell Laboratories. Ela tem suas raízes em C e oferece capacidades para a programação orientada a objetos.
- Os objetos são, basicamente, componentes de software reutilizáveis que modelam itens no mundo real.
- O uso de uma técnica de projeto e implementação modulares, orientada a objetos, torna os grupos de desenvolvimento de software muito mais produtivos do que seria possível a partir das técnicas de programação convencionais.

Seção 1.10 Java

- Java é utilizada para criar conteúdos dinâmicos e interativos para páginas Web, desenvolver aplicações, melhorar a funcionalidade do servidor Web, oferecer aplicações para dispositivos de consumo, e muito mais.

Seção 1.11 Fortran, COBOL, Pascal e Ada

- FORTRAN foi desenvolvida pela IBM Corporation na década de 1950 para aplicações científicas e de engenharia que exigem cálculos matemáticos.
- COBOL foi desenvolvida na década de 1950 para aplicações comerciais que exigem uma manipulação de dados precisa e eficiente.
- Pascal foi projetada para o ensino da programação estruturada.
- Ada foi desenvolvida sob o patrocínio do United States Department of Defense (DoD) durante a década de 1970 e início dos anos 1980. Ela oferece multitarefa, permitindo que os programadores especifiquem que muitas atividades devem ocorrer em paralelo.

Seção 1.12 BASIC, Visual Basic, Visual C++, C# e .NET

- A BASIC foi desenvolvida na década de 1960, no Dartmouth College, para iniciantes em programação.
- A Visual Basic foi introduzida na década de 1990 para simplificar o desenvolvimento de aplicações Windows.
- A Microsoft possui uma estratégia corporativa para integrar a Internet e a Web às aplicações de computador. Essa estratégia é implementada na plataforma .NET da Microsoft.
- As três principais linguagens de programação da plataforma .NET são Visual Basic (baseada originalmente na linguagem de programação BASIC), Visual C++ (baseada na C++) e Visual C# (uma nova linguagem baseada em C++ e Java, que foi desenvolvida exclusivamente para a plataforma .NET).

Seção 1.13 Tendência-chave em software: tecnologia de objetos

- Somente depois que a programação orientada a objetos passou a ser utilizada na década de 1990 é que os desenvolvedores de software puderam sentir que tinham as ferramentas de que precisavam para fazer grandes avanços no processo de desenvolvimento de software.

- C++ absorveu os recursos da C e acrescentou as capacidades de objeto da Simula.
- A tecnologia de objetos é um esquema de empacotamento que ajuda a criar unidades de software significativas.
- Com a tecnologia de objeto, as entidades de software criadas (chamadas de classes), se projetadas corretamente, tendem a ser reutilizáveis em projetos futuros.
- Algumas organizações relatam que o principal benefício da programação orientada a objetos é a produção de um software mais inteligível, mais bem organizado e mais fácil de ser mantido e depurado.

Seção 1.14 Ambiente de desenvolvimento de programa típico em C

- Você cria um programa ao editar um arquivo com um programa editor. Pacotes de software para os ambientes de desenvolvimento de programas integrados C/C++, como o Eclipse e o Microsoft Visual Studio, possuem editores que são integrados ao ambiente de programação.
- Os nomes dos arquivos de programa C devem terminar com a extensão `.c`.
- Os compiladores traduzem programas para o código em linguagem de máquina (também conhecido como código objeto).
- Um programa pré-processador é executado automaticamente antes do início da fase de tradução do compilador. O pré-processador de C obedece a comandos especiais, chamados de diretivas do pré-processador, que normalmente consistem na inclusão de outros arquivos no arquivo a ser compilado e na realização de várias substituições de texto.
- Um editor de ligação liga o código objeto ao código para as funções de biblioteca, produzindo uma imagem executável.
- Antes que um programa possa ser executado, ele precisa ser colocado na memória. Isso é feito pelo carregador. Outros componentes das bibliotecas compartilhadas, que dão suporte ao programa, também são carregados.
- O computador, sob o controle de sua CPU, executa um programa, uma instrução por vez.

Seção 1.15 Tendências de hardware

- Todos os anos as pessoas esperam pagar pelo menos um pouco mais por produtos e serviços. O oposto tem acontecido nos campos de computação e comunicações, especialmente com relação aos custos do hardware, que dá suporte a essas tecnologias. Por muitas décadas, os custos de hardware vêm caindo rapidamente, de maneira acentuada.
- A cada um ou dois anos, as capacidades dos computadores quase dobram sem que haja qualquer aumento no preço. Isso normalmente é chamado de Lei de Moore, em homenagem à pessoa que identificou e explicou essa tendência, Gordon Moore, cofundador da Intel, a empresa que fabrica a grande maioria dos processadores nos computadores pessoais atuais.
- A Lei de Moore é especialmente verdadeira em relação à quantidade de memória que os computadores têm para programas, à quantidade de armazenamento secundário que eles têm para manter programas e dados por longos períodos e às velocidades de seus processadores — as velocidades nas quais os computadores executam seus programas.

Terminologia

abordagem de blocos de montagem 7
ações (computadores realizam) 2
Ada, linguagem de programação 8
Allegro 2
American National Standards Institute (ANSI) 2
assemblers 5
BASIC (Beginner's All-purpose Symbolic Instruction Code) 8
biblioteca-padrão de C 6
carregador 11
carga 11
carregar 9
`cc`, comando de compilação 11
clareza do programa 12
classes 9
clientes 4
COBOL (COmmon Business Oriented Language) 8
código-objeto 10
compiladores 5
compilar 10
componentes (software) 7
computação cliente/servidor 4
computação distribuída 4
computação pessoal 4
computador 3
computadores clientes 4
conteúdo dinâmico 7
dados 3
decisões (tomadas pelos computadores) 2
dependentes de máquina 5
diretivas de pré-processador 10
dispositivos de entrada 3
dispositivos de saída 3
editar 9
editor de ligação 11
executar 9
fase de edição 1

fluxo de entrada padrão (`stdin`) 11
fluxo de erro padrão (`stderr`) 11
fluxo de saída padrão (`stdout`) 11
FORTRAN (FORmula TRANslator) 8
funções 6
`gcc`, comando de compilação 11
hardware 2
imagem executável 11
informações persistentes 4
informações voláteis 4
International Standards Organization (ISO) 2
Internet 4
interpretadores 6
Java 7
Lei de Moore 12
ligar 9
ligação (link) 10
linguagem de máquina 5
linguagens de alto nível 5
linguagens simbólicas 5
mainframes 2
memória 4
memória primária 4
multiprocessadores 4
multitarefa 8
objetos 7
Pascal 8
plataforma .NET 8
plataformas de hardware 6
pré-processa 9
pré-processador C 10
processador multicore 4
programa editor 9
programação estruturada 8
programação orientada a objetos (OOP) 7
programadores de computador 3
programas de computador 3
programas portáveis 6
programas tradutores 5
redes locais (LAN) 4
reutilização de software 7
servidores 4
software 2
supercomputadores 3
tradução 5
unidade central de processamento (CPU) 4
unidade de armazenamento secundária 4
unidade de entrada 4
unidade de memória 4
unidade de saída 3
unidade lógica 4
unidade lógica e aritmética (ALU) 4
Visual Basic 8
Visual C++ 8
Visual C# 8
World Wide Web 5

Exercícios de autorrevisão

1.1 Preencha os espaços em cada uma das seguintes sentenças:

a) A empresa que popularizou a computação pessoal foi _______.

b) O computador que tornou a computação pessoal possível no comércio e na indústria foi o _______.

c) Computadores processam dados sob o controle de conjuntos de instruções chamadas _______ de computador.

d) As seis unidades lógicas do computador são _______, _______, _______, _______, _______ e _______.

e) Os três tipos de linguagem que discutimos são _______, _______ e _______.

f) Os programas que traduzem programas em linguagem de alto nível na linguagem de máquina são chamados de _______.

g) C é bastante conhecida como a linguagem de desenvolvimento do sistema operacional _______.

h) O Department of Defense (Departamento de Defesa) desenvolveu a linguagem Ada com uma capacidade chamada de_______, que permite que os programadores especifiquem as atividades que podem ocorrer em paralelo.

1.2 Preencha os espaços em cada uma das sentenças a respeito do ambiente C.

a) Programas em C são normalmente digitados em um computador utilizando-se um programa _______.

b) Em um sistema C, um programa _______ é executado automaticamente antes que se inicie a fase de tradução.

c) Os tipos mais comuns de diretivas de pré-processador são utilizados para _______ e _______.

d) O programa _______ combina a saída do compilador com várias funções de biblioteca para produzir uma imagem executável.

e) O programa _______ transfere a imagem executável do disco para a memória.

f) Para carregar e executar o programa compilado mais recentemente em um sistema Linux, digite _______.

Respostas dos exercícios de autorrevisão

1.1 a) Apple. b) IBM Personal Computer. c) programas. d) unidade de entrada, unidade de saída, unidade de memória, unidade lógica e aritmética, unidade central de processamento, unidade de armazenamento secundário. e) linguagens de máquina, linguagens simbólicas e linguagens de alto nível. f) compiladores. g) UNIX. h) multitarefa.

1.2 a) editor. b) pré-processador. c) incluir outros arquivos no arquivo a ser compilado e substituir símbolos especiais por texto de programa. d) editor de ligação (ou *linker*). e) carregador. f) `./a.out`.

Exercícios

1.3 Categorize os seguintes itens como hardware ou software:

a) CPU

b) compilador C++

c) ALU

d) pré-processador C++

e) unidade de entrada

f) um programa editor

1.4 Por que você escreveria um programa em uma linguagem independente de máquina em vez de em uma linguagem dependente da máquina? Por que uma linguagem dependente de máquina poderia ser mais apropriada para a escrita de certos tipos de programas?

1.5 Preencha os espaços em cada uma das seguintes sentenças:

a) Qual unidade lógica do computador recebe informações de fora para serem usadas por ele? _______.

b) O processo de instruir o computador para resolver problemas específicos é chamado de _______.

c) Que tipo de linguagem de computador usa abreviações em inglês para as instruções em linguagem de máquina? _______.

d) Qual unidade lógica do computador envia informações que já foram processadas por ele para diversos dispositivos, de modo que as informações possam ser usadas fora dele? _______.

e) Quais unidades lógicas do computador retêm informações? _______.

f) Qual unidade lógica do computador realiza cálculos? _______.

g) Qual unidade lógica do computador toma decisões lógicas? _______.

h) O nível de linguagem de computador mais conveniente para a elaboração rápida e fácil de programas é _______.

i) A única linguagem que um computador entende com clareza é a chamada _______ desse computador.

j) Qual unidade lógica do computador coordena as atividades de todas as outras unidades lógicas? _______.

1.6 Indique se as sentenças a seguir são *verdadeiras* ou *falsas*. Explique sua resposta caso a resposta seja *falsa*.

a) Linguagens de máquina geralmente são dependentes da máquina.

b) Assim como outras linguagens de alto nível, C geralmente é considerada como independente da máquina.

1.7 Explique o significado dos termos a seguir:

a) `stdin`

b) `stdout`

c) `stderr`

1.8 Por que tanta atenção é dada hoje à programação orientada a objetos?

1.9 Qual linguagem de programação é mais bem descrita por cada uma das seguintes sentenças?

a) Desenvolvida pela IBM para aplicações científicas e de engenharia.

b) Desenvolvida especificamente para aplicações comerciais.

c) Desenvolvida para o ensino de programação estruturada.

d) Seu nome homenageia a primeira pessoa a programar um computador no mundo.

e) Desenvolvida para familiarizar iniciantes com as técnicas de programação.

f) Desenvolvida especificamente para ajudar os programadores a migrar para .NET.

g) Conhecida como a linguagem de desenvolvimento do UNIX.

h) Formada, principalmente, pela inclusão da programação orientada a objetos à linguagem C.

i) Inicialmente, teve sucesso devido à sua capacidade de criar páginas Web com conteúdo dinâmico.

Fazendo a diferença

1.10 ***Test-drive: Calculadora de emissão de carbono.*** Alguns cientistas acreditam que as emissões de carbono, especialmente as ocorridas pela queima de combustíveis fósseis, contribuem de modo significativo para o aquecimento global, e que isso pode ser combatido se os indivíduos tomarem medidas que limitem seu uso de combustíveis com base no carbono. Organizações e indivíduos estão cada vez mais preocupados com suas 'emissões de carbono'. Sites da Web como o TerraPass:

`<www.terrapass.com/carbon-footprint-calculator/>`

e Carbon Footprint:

`<www.carbonfootprint.com/calculator.aspx>`

oferecem calculadoras de emissão de carbono. Faça o teste dessas calculadoras para estimar sua emissão de carbono. Exercícios de outros capítulos pedirão que você programe a sua própria calculadora de emissão de carbono. Para se preparar, utilize a Web para pesquisar as fórmulas usadas no cálculo.

1.11 ***Test-drive: Calculadora de índice de massa corporal.*** De acordo com estimativas recentes, dois terços da população dos Estados Unidos estão acima do peso, e cerca de metade dela é obesa. Isso causa aumentos significativos na incidência de doenças como diabetes e problemas cardíacos. Para determinar se uma pessoa está com excesso de peso ou sofre de obesidade, você pode usar uma medida chamada índice de massa corporal (IMC). Nos Estados Unidos, o Department of Health and Human Services oferece uma calculadora de IMC em `<www.nhlbisupport.com/bmi/>`. Use-a para calcular seu IMC. Um exercício no Capítulo 2 lhe pedirá para programar sua própria calculadora de IMC. Para se preparar, pesquise a Web para procurar as fórmulas utilizadas no cálculo.

1.12 ***Neutralidade de gênero.*** Muitas pessoas desejam eliminar o sexismo em todas as formas de comunicação. Foi pedido que você crie um programa que possa processar um parágrafo de texto e substituir palavras com gênero específico por outras sem gênero. Supondo que você tenha recebido uma lista de palavras de gênero específico e suas substitutas com gênero neutro (por exemplo, substitua 'esposa' por 'cônjuge', 'homem' por 'pessoa', 'filha' por 'prole', e assim por diante), explique o procedimento que você usaria para ler um parágrafo de texto e realizar essas substituições manualmente. Como o seu procedimento trataria um termo como 'super-homem'? No Capítulo 4, você descobrirá que um termo mais formal para 'procedimento' é 'algoritmo', e que um algoritmo especifica as etapas a serem cumpridas e a ordem em que se deve realizá-las.

INTRODUÇÃO À PROGRAMAÇÃO EM C

2

Capítulo

O que há em um simples nome? Aquilo que chamamos de rosa,
Mesmo com outro nome, cheiram igualmente bem.
— **William Shakespeare**

Quando tenho de tomar uma decisão, sempre me pergunto: 'O que seria mais divertido?'
— **Peggy Walker**

'Tome mais um chá', disse a Lebre de Março a Alice, muito seriamente. 'Eu ainda não tomei nada', respondeu Alice, em um tom de ofensa: 'então, não posso tomar mais.' 'Você quer dizer que não pode tomar menos', disse a Lebre: 'é muito fácil tomar mais do que nada'.
— **Lewis Carroll**

Pensamentos elevados devem ter uma linguagem elevada.
— **Aristófanes**

Objetivos

Neste capítulo, você aprenderá:

- A escrever programas de computador em C.
- A usar instruções simples de entrada e de saída.
- A usar os tipos de dados fundamentais.
- Conceitos de memória do computador.
- A usar operadores aritméticos.
- A ordem de precedência dos operadores aritméticos.
- A escrever instruções simples de tomada de decisão.

Conteúdo

2.1 Introdução
2.2 Um programa em C simples: imprimindo uma linha de texto
2.3 Outro programa em C simples: somando dois inteiros
2.4 Conceitos de memória
2.5 Aritmética em C
2.6 Tomada de decisões: operadores relacionais e de igualdade

Resumo | Terminologia | Exercícios de autorrevisão | Respostas dos exercícios de autorrevisão | Exercícios | Fazendo a diferença

2.1 Introdução

A linguagem C facilita uma abordagem estruturada e disciplinada do projeto de um programa de computador. Neste capítulo, introduzimos a programação em C e apresentamos vários exemplos que ilustram muitas características importantes de C. Cada exemplo é analisado, uma instrução por vez. Nos capítulos 3 e 4, apresentaremos uma introdução à **programação estruturada** em C. Depois, usaremos a abordagem estruturada nas outras partes de C, nos capítulos subsequentes.

2.2 Um programa em C simples: imprimindo uma linha de texto

C usa notações que podem parecer estranhas para aqueles que não tenham programado computadores. Podemos começar considerando um programa em C simples, que imprime uma linha de texto. O programa e sua saída na tela são mostrados na Figura 2.1.

Embora esse programa seja simples, ele ilustra várias características importantes da linguagem C. As linhas 1 e 2

```
/* Figura 2.1: fig02_01.c
Primeiro programa em C */
```

começam cada uma com /* e terminam com */, o que indica que essas duas linhas são um **comentário**. Você insere comentários para **documentar programas** e melhorar a legibilidade deles. Os comentários não levam o computador a executar nenhuma ação quando o programa está sendo executado. Eles são ignorados pelo compilador C e não geram nenhum tipo de código-objeto em linguagem de máquina. O comentário simplesmente descreve o número da figura, o nome do arquivo e o propósito do programa. Os comentários também ajudam outras pessoas a ler e entender seu programa, mas, quando são demais, podem dificultar a sua leitura.

Erro comum de programação 2.1

*Esquecer de encerrar um comentário com */.*

```
1  /* Figura 2.1: fig02_01.c
2     Primeiro programa em C */
3  #include <stdio.h>
4
5  /* função main inicia execução do programa */
6  int main( void )
7  {
8     printf( "Bem-vindo a C!\n" );
9
10    return 0; /* indica que o programa terminou com sucesso */
11 } /* fim da função main */
```

```
Bem-vindo a C!
```

Figura 2.1 ■ Primeiro programa em C.

Erro comum de programação 2.2

*Iniciar um comentário com os caracteres */ ou encerrá-lo com /*.*

C99 também inclui os **comentários de linha única** // em que tudo, desde // até o fim da linha, é um comentário. Eles podem ser usados como comentários isolados, em suas próprias linhas, ou como comentários de fim de linha, à direita de uma linha de código parcial. Alguns programadores preferem os comentários com //, pois são mais curtos e eliminam os erros comuns de programação que ocorrem com o uso de /* */.

A linha 3

```
#include <stdio.h>
```

é uma diretiva do **pré-processador C**. As linhas que começam com # são verificadas pelo pré-processador antes de o programa ser compilado. A linha 3 diz ao pré-processador que inclua no programa o conteúdo do **cabeçalho-padrão de entrada/saída** (`<stdio.h>`). Esse cabeçalho contém informações usadas pelo compilador quando a compilação solicita as funções da biblioteca-padrão de entrada/saída, como `printf`. Explicaremos o conteúdo dos cabeçalhos com mais detalhes no Capítulo 5.

A linha 6

```
int main( void )
```

faz parte de todo programa em C. Os parênteses depois de `main` indicam que `main` é um bloco de construção de programa chamado de **função**. Os programas em C contêm uma ou mais funções, uma das quais deve ser a `main`. Todos os programas em C começam a executar na função `main`. As funções podem retornar informações. A palavra-chave `int` à esquerda de `main` indica que `main` 'retorna' um valor numérico inteiro. Explicaremos o que 'retornar um valor' quer dizer no caso de uma função quando demonstrarmos como você pode criar suas próprias funções no Capítulo 5. Por enquanto, simplesmente inclua a palavra-chave `int` à esquerda de `main` em cada um de seus programas. As funções também podem receber informações quando são chamadas para execução. Aqui, o `void` entre parênteses significa que `main` não recebe informação nenhuma. No Capítulo 14, 'Outros tópicos sobre C', mostraremos um exemplo de `main` recebendo informações.

Boa prática de programação 2.1

Toda função deveria começar com um comentário e a descrição da finalidade da função.

A chave à esquerda, {, inicia o **corpo** de qualquer função (linha 7). Uma **chave à direita** correspondente, }, encerra o corpo de cada função (linha 11). Esse par de chaves e a parte do programa entre as chaves é o que chamamos de bloco. O bloco é uma unidade de programa importante em C.

A linha 8

```
printf( "Bem-vindo a C!\n" );
```

instrui o computador a realizar uma **ação**, a saber, imprimir na tela a **string de caracteres** marcada pelas aspas. Uma string também é chamada de **mensagem**, ou de **literal**. A linha inteira, incluindo `printf`, seu **argumento** dentro dos parênteses e o ponto e vírgula (;), é denominada **instrução** (ou comando). Cada instrução precisa terminar com um ponto e vírgula (também conhecido como **terminador de instrução**). Quando a instrução `printf` anterior é executada, ela imprime a mensagem `Bem-vindo a C!` na tela. Na instrução `printf`, os caracteres normalmente são impressos exatamente como eles aparecem entre as aspas. Note, porém, que os caracteres `\n` não são exibidos na tela. A barra invertida (\) é chamada de **caractere de escape**. Ela indica que `printf` deve fazer algo fora do comum. Quando uma barra invertida é encontrada em uma string de caracteres, o compilador examina o próximo caractere e o combina com a barra invertida para formar uma **sequência de escape**. A sequência de escape `\n` significa **nova linha** (*newline*). Quando uma sequência de nova linha aparece na string de saída por um `printf`, a nova linha faz com que o cursor se posicione no início da próxima linha na tela. Algumas sequências de escape comuns são listadas na Figura 2.2.

As duas últimas sequências de escape mostradas na Figura 2.2 podem parecer estranhas, visto que a barra invertida tem um significado especial em uma string, ou seja, o compilador a reconhece como um caractere de escape, usamos uma dupla barra invertida

Sequência de escape	Descrição
\n	Nova linha. Posiciona o cursor da tela no início da próxima linha.
\t	Tabulação horizontal. Move o cursor da tela para a próxima posição de tabulação.
\a	Alerta. Faz soar o alarme do sistema.
\\	Barra invertida. Insere um caractere de barra invertida em uma string.
\"	Aspas. Insere um caractere de aspas em uma string.

Figura 2.2 ■ Algumas sequências comuns de escape.

(\\) para colocar uma única barra invertida em uma string. A impressão do caractere de aspas também apresenta um problema, pois as aspas marcam o limite de uma string — mas essas aspas não são impressas. Usando a sequência de escape \" em uma string a ser enviada para a saída por `printf`, indicamos que `printf` deverá exibir o caractere de aspas.

A linha 10

```
return 0; /* indica que o programa foi concluído com sucesso */
```

é incluída no fim de toda função `main`. A palavra-chave `return` de C é um dos vários meios que usaremos para **sair de uma função**. Quando a instrução `return` for usada no fim de `main`, como mostramos aqui, o valor 0 indica que o programa foi concluído com sucesso. No Capítulo 5, discutiremos as funções em detalhes, e as razões pelas quais incluímos essa instrução se tornarão claras. Por enquanto, simplesmente inclua essa instrução em cada programa, ou o compilador poderá gerar uma mensagem de advertência em alguns sistemas. A chave à direita, } (linha 12), indica o final de `main`.

Boa prática de programação 2.2

Inclua um comentário na linha que contém a chave à direita, }, e que fecha cada função, inclusive a `main`.

Dissemos que `printf` faz com que o computador realize uma ação. Quando qualquer programa é executado, ele realiza uma série de ações e toma decisões. Ao final deste capítulo, discutiremos a tomada de decisão. No Capítulo 3, discutiremos esse **modelo de ação/decisão** da programação em detalhes.

Erro comum de programação 2.3

Em um programa, digitar o nome da função de saída, `printf`, *como* `print`.

As funções da biblioteca-padrão, como `printf` e `scanf`, não fazem parte da linguagem da programação em C. Por exemplo, o compilador não pode encontrar um erro de ortografia em `printf` ou `scanf`. Quando compila uma instrução `printf`, ele simplesmente oferece espaço no programa-objeto para uma 'chamada' à função da biblioteca. Mas o compilador não sabe onde estão as funções da biblioteca; o linker sabe. Quando o linker é executado, ele localiza as funções da biblioteca e insere as chamadas apropriadas nessas funções do programa-objeto. Agora, o programa-objeto está completo e pronto para ser executado. Por esse motivo, o programa vinculado é chamado **executável**. Se o nome da função estiver escrito de forma errada, é o linker que acusará o erro, pois não poderá combinar o nome no programa em C com o nome de qualquer função conhecida nas bibliotecas.

Boa prática de programação 2.3

Recue em um nível o corpo inteiro de cada função (recomendamos três espaços) dentro das chaves que definem o corpo da função. Esse recuo destaca a estrutura funcional dos programas e ajuda a torná-los mais fáceis de serem lidos.

Boa prática de programação 2.4

Estabeleça uma convenção de sua preferência para o tamanho dos recuos; depois, aplique uniformemente essa convenção. A tecla de tabulação pode ser usada para criar recuos, mas pontos de tabulação podem variar. Recomendamos que sejam usados três espaços por nível de recuo.

A função `printf` pode imprimir `Bem-vindo a C!` de vários modos. Por exemplo, o programa da Figura 2.3 produz a mesma saída do programa da Figura 2.1. Isso funciona porque cada `printf` retoma a impressão do ponto em que a instrução `printf` anterior havia parado. O primeiro `printf` (linha 8) imprime `Bem-vindo` seguido por um espaço, e o segundo `printf` (linha 9) começa a imprimir na mesma linha, imediatamente após o espaço.

Um único `printf` pode imprimir múltiplas linhas usando caracteres de uma nova linha, como na Figura 2.4. Sempre que a sequência de escape `\n` (nova linha) é encontrada, a saída continua no início da próxima linha.

```
1  /* Figura 2.3: fig02_03.c
2     Imprimindo em uma linha com duas instruções printf */
3  #include <stdio.h>
4
5  /* função main inicia execução do programa */
6  int main( void )
7  {
8     printf( "Bem-vindo " );
9     printf( "a C!\n" );
10
11    return 0; /* indica que o programa foi concluído com sucesso */
12 } /* fim da função main */
```

```
Bem-vindo a C!
```

Figura 2.3 ■ Imprimindo em uma linha com duas instruções `printf`.

```
/* Figura 2.4: fig02_04.c
   Imprimindo várias linhas com uma única instrução printf */
#include <stdio.h>

/* função main inicia execução do programa */
int main( void )
{
 printf( "Bem-vindo\na\nC!\n" );

   return 0; /* indica que o programa foi concluído com sucesso */
} /* fim da função main */
```

```
Bem-vindo
a
C!
```

Figura 2.4 ■ Imprimindo várias linhas com um único `printf`.

2.3 Outro programa em C simples: somando dois inteiros

Nosso próximo programa utiliza a função `scanf` da biblioteca-padrão para obter dois inteiros digitados no teclado pelo usuário, calcula a soma desses valores e imprime o resultado usando `printf`. O programa e um exemplo de saída aparecem na Figura 2.5. [No diálogo de entrada/saída da Figura 2.5, enfatizamos os números inseridos pelo usuário em negrito.]

Os comentários nas linhas 1 e 2 descrevem o nome do arquivo e a finalidade do programa. Como já dissemos, todo programa começa sua execução com a função `main`. A chave à esquerda { (linha 7) marca o início do corpo de `main`, e a chave à direita } (linha 24) correspondente marca o fim de `main`.

```
 1  /* Figura 2.5: fig02_05.c
 2     Programa de adição */
 3  #include <stdio.h>
 4
 5  /* função main inicia execução do programa */
 6  int main( void )
 7  {
 8     int inteiro1; /* primeiro número a ser informado pelo usuário */
 9     int inteiro2; /* segundo número a ser informado pelo usuário */
10     int soma; /* variável em que a soma será mantida */
11
12     printf( "Digite o primeiro inteiro\n" ); /* prompt */
13     scanf( "%d", &inteiro1 ); /* lê um inteiro */
14
15     printf( "Digite o segundo inteiro\n" ); /* prompt */
16     scanf( "%d", &inteiro2 ); /* lê um inteiro */
17
18     soma = inteiro1 + inteiro2; /* atribui o total à soma */
19
20     printf( "A soma é %d\n", soma ); /* print soma */
21
22     return 0; /* indica que o programa foi concluído com sucesso */
23  } /* fim da função main */
```

```
Digite o primeiro inteiro
45
Digite o segundo inteiro
72
A soma é 117
```

Figura 2.5 ■ Programa de adição.

As linhas 8–10

```
int inteiro1; /* primeiro número a ser informado pelo usuário */
int inteiro2; /* segundo número a ser informado pelo usuário */
int soma; /* variável em que a soma será mantida */
```

são **declarações**. `Inteiro1`, `inteiro2` e `soma` são nomes de **variáveis**. Uma variável é um local na memória do computador em que um valor pode ser armazenado para ser usado por um programa. Essa declaração especifica que as variáveis `inteiro1`, `inteiro2` e `soma` são dados do tipo `int`, o que significa que guardarão valores **inteiros**, isto é, números inteiros tais como 7, –11, 0, 31914. Antes de poderem ser usadas, todas as variáveis devem ser declaradas por um nome e um tipo de dado imediatamente após a chave à esquerda que inicia o corpo de `main`. Existem outros tipos de dados além de `int` em C. As declarações anteriores poderiam ter sido combinadas em uma única instrução de declaração, da seguinte forma:

```
int inteiro1, inteiro2, soma;
```

mas isso dificultaria a descrição das variáveis nos comentários correspondentes, como fizemos nas linhas de 8 a 10.

Um nome de variável em C é qualquer **identificador** válido. Um identificador consiste em uma série de caracteres composta por letras, dígitos e o caractere sublinhado (_) que não começa por um dígito. Um identificador pode ter qualquer comprimento, mas apenas os 31 primeiros caracteres precisam ser reconhecidos pelos compiladores C, conforme o padrão C. C é **sensível a maiúsculas e minúsculas**, isto é, elas são diferentes em C; assim, `a1` e `A1` são identificadores diferentes.

Erro comum de programação 2.4

Usar uma letra maiúscula onde deveria ter sido usada uma minúscula (por exemplo, digitar `Main` *no lugar de* `main`*).*

Dica de prevenção de erro 2.1

Evite identificadores que comecem por sublinhado (_) simples ou duplo, porque aqueles gerados pelo compilador e os da biblioteca-padrão podem usar nomes semelhantes.

Dica de portabilidade 2.1

Use identificadores compostos por, no máximo, 31 caracteres. Isso ajuda a garantir a portabilidade e pode evitar alguns erros de programação sutis.

Boa prática de programação 2.5

A escolha de nomes significativos de variáveis favorecerá a elaboração de um programa 'autodocumentado', isto é, que necessitará de menos comentários.

Boa prática de programação 2.6

A primeira letra de um identificador usado como um nome de variável simples deverá ser uma letra minúscula. Adiante, atribuiremos um significado especial aos identificadores que começam com letra maiúscula e aos que usam somente letras maiúsculas.

Boa prática de programação 2.7

Nomes de variável com várias palavras podem ajudar a tornar um programa mais legível. Evite juntar as palavras como em `comissõestotais`*. Em vez disso, separe as palavras com sublinhado, como em* `comissões_totais`*, ou, se preferir juntar as palavras, inicie cada uma, a partir da segunda, com uma letra maiúscula, como em* `comissõesTotais`*. O segundo estilo é o melhor.*

As declarações precisam ser colocadas após a chave à esquerda de uma função e antes de *quaisquer* instruções executáveis. Por exemplo, no programa ilustrado na Figura 2.5, a inserção das declarações após o primeiro `printf` causaria um erro de sintaxe. O **erro de sintaxe** ocorre quando o compilador não consegue reconhecer uma instrução. O compilador normalmente emite uma mensagem de erro para ajudá-lo a localizar e a consertar a instrução incorreta. Os erros de sintaxe são violações da linguagem. Os erros de sintaxe também são chamados **erros de compilação** ou **erros no tempo de compilação**.

Erro comum de programação 2.5

A inclusão de declarações de variáveis entre as instruções executáveis causa erros de sintaxe.

Boa prática de programação 2.8

Separe as declarações e as instruções executáveis em uma função com uma linha em branco, para enfatizar onde as definições terminam e as instruções executáveis começam.

A linha 12

```
printf( "Digite o primeiro inteiro\n" ); /* prompt */
```

imprime a literal `Digite o primeiro inteiro` na tela e posiciona o cursor no início da próxima linha. Essa mensagem é um **prompt**, porque ela pede ao usuário que tome uma atitude específica.

A instrução seguinte

```
scanf( "%d", &inteiro1 ); /* lê um inteiro */
```

usa `scanf` para obter um valor do usuário. A função `scanf` lê o dado de entrada-padrão, que normalmente é o teclado. Esse `scanf` tem dois argumentos, `"%d"` e `&inteiro1`. O primeiro argumento, a **string de controle de formato**, indica o tipo de dado que deve ser digitado pelo usuário. O **especificador de conversão %d** indica que os dados devem ser um inteiro (a letra d significa 'inteiro decimal'). O `%`, nesse contexto, é tratado pelo `scanf` (e pelo `printf`, como veremos adiante) como um caractere especial, que inicia um especificador de conversão. O segundo argumento de `scanf` começa com um (&) — chamado de **operador de endereço** em C —, seguido pelo nome da variável. O (&), quando combinado com o nome da variável, informa à `scanf` o local (ou endereço) na memória em que a variável `inteiro1` está armazenada. O computador, então, armazena o valor de `inteiro1` nesse local. O uso de (&) normalmente confunde os programadores iniciantes e pessoas que tenham programado em outras linguagens que não exigem essa notação. Por enquanto, basta que você se lembre de iniciar cada variável em todas as chamadas à `scanf` com o símbolo (&). Algumas exceções a essa regra serão discutidas nos capítulos 6 e 7. O uso do (&) se tornará mais claro depois que estudarmos os ponteiros, no Capítulo 7.

Boa prática de programação 2.9

Inclua um espaço após cada vírgula, para que os programas fiquem mais legíveis.

Quando o computador executa o `scanf`, ele espera o usuário digitar um valor para a variável `inteiro1`. O usuário responde digitando um inteiro e apertando a **tecla *Enter*** para enviar o número ao computador. O computador, então, atribui esse número (ou valor) à variável `inteiro1`. Quaisquer referências posteriores a `inteiro1` nesse programa usarão esse mesmo valor. As funções `printf` e `scanf` facilitam a interação entre o usuário e o computador. Como essa interação se assemelha a um diálogo, ela é frequentemente chamada de **computação conversacional** ou **computação interativa**.

A linha 15

```
printf( "Digite o segundo inteiro\n" ); /* prompt */
```

exibe a mensagem `Digite o segundo inteiro` na tela, e depois posiciona o cursor no início da próxima linha. Esse `printf` também solicita ao usuário que ele execute uma ação.

A instrução

```
scanf( "%d", &inteiro2 ); /* lê um inteiro */
```

obtém um valor fornecido pelo usuário para a variável `inteiro2`. A **instrução de atribuição** na linha 18:

```
soma = inteiro1 + inteiro2; /* atribui total à soma */
```

calcula a soma das variáveis `inteiro1` e `inteiro2` e atribui o resultado à variável `soma` usando o operador de atribuição =. A instrução é lida como "`soma` *recebe* o valor de `inteiro1 + inteiro2`". A maioria dos cálculos é executada em instruções de atribuição. O operador = e o operador + são chamados de operadores binários porque cada um tem dois **operandos**. Os dois operandos do operador + são `inteiro1` e `inteiro2`. Os dois operandos do operador = são `soma` e o valor da expressão `inteiro1 + inteiro2`.

Boa prática de programação 2.10

Insira espaços dos dois lados de um operador binário. Isso faz com que o operador se destaque, tornando o programa mais legível.

Erro comum de programação 2.6

Um cálculo em uma instrução de atribuição deve ficar do lado direito do operador =. É um erro de compilação colocar um cálculo no lado esquerdo de um operador de atribuição.

A linha 20

```
printf( "A soma é %d\n", soma ); /* print soma */
```

chama a função `printf` para imprimir a literal. A `soma` é seguida pelo valor numérico da variável `soma`. Esse `printf` tem dois argumentos, "A `soma` é `%d\n`" e `soma`. O primeiro argumento é a string de controle de formato. Ela contém alguns caracteres literais a serem exibidos e o especificador de conversão %d, indicando que um inteiro será exibido. O segundo argumento especifica o valor a ser exibido. Observe que o especificador de conversão para um inteiro é o mesmo em `printf` e `scanf`. Este é o caso para a maioria dos tipos de dados em C.

Os cálculos também podem ser realizados dentro das instruções `printf`. Poderíamos ter combinado as duas instruções anteriores na instrução:

```
printf( "A soma é %d\n", inteiro1 + inteiro2 );
```

A linha 22

```
return 0; /* indica que o programa foi concluído com sucesso */
```

passa o valor 0 para o ambiente do sistema operacional no qual o programa está sendo executado. Esse valor indica ao sistema operacional que o programa foi executado com sucesso. Para obter mais informações sobre como relatar uma falha do programa, consulte os manuais do ambiente específico de seu sistema operacional. A chave à direita, }, na linha 24, indica que o final da função `main` foi alcançado.

Erro comum de programação 2.7

Esquecer de uma ou de ambas as aspas para a string de controle de formato em um `printf` *ou* `scanf`.

Erro comum de programação 2.8

Esquecer do % em uma especificação de conversão na string de controle de formato de um `printf` *ou* `scanf`.

Erro comum de programação 2.9

Colocar uma sequência de escape como `\n` *fora da string de controle de formato de um* `printf` *ou* `scanf`.

Erro comum de programação 2.10

Esquecer de incluir as expressões cujos valores devem ser impressos pelo `printf` *contendo especificadores de conversão.*

Erro comum de programação 2.11

Não fornecer um especificador de conversão quando isso for necessário, em uma string de controle de formato de `printf`*, para exibir o valor de uma expressão.*

Erro comum de programação 2.12

Colocar dentro da string de controle de formato a vírgula que deveria separar essa string das expressões a serem exibidas.

Erro comum de programação 2.13

Usar o especificador de conversão de formato incorreto ao ler dados com `scanf`.

Erro comum de programação 2.14

Esquecer de colocar (&) antes de uma variável em uma instrução `scanf` *quando isso deveria ocorrer.*

Em muitos sistemas, o erro no tempo de execução causa uma 'falha de segmentação' ou 'violação de acesso'. Esse erro ocorre quando o programa de um usuário tenta acessar uma parte da memória do computador à qual ele não tem privilégios de acesso. A causa exata desse erro será explicada no Capítulo 7.

Erro comum de programação 2.15

Colocar (&) antes de uma variável incluída em uma instrução `printf` *quando, na verdade, isso não deveria ocorrer.*

2.4 Conceitos de memória

Nomes de variáveis, tais como `inteiro1`, `inteiro2` e `soma`, correspondem, na realidade, a posições na memória do computador. Toda variável tem um nome, um **tipo** e um **valor**.

No programa de adição da Figura 2.5, quando a instrução (linha 13):

```
scanf( "%d", &inteiro1 ); /* lê um inteiro */
```

é executada, o valor digitado pelo usuário é colocado em uma posição de memória à qual o nome `inteiro1` foi designado. Suponha que o usuário forneça o número 45 como o valor de `inteiro1`. O computador colocará `45` na posição `inteiro1`, como mostrado na Figura 2.6.

Sempre que um valor é colocado em uma posição de memória, ele substitui o valor que ocupava esse local anteriormente; assim, a colocação de um novo valor em uma posição da memória é chamada de operação **destrutiva**.

Retornando ao nosso programa de adição, quando a instrução (linha 16):

```
scanf( "%d", &inteiro2 ); /* lê um inteiro */
```

é executada, suponha que o usuário digite o valor `72`. Esse valor é colocado na posição `inteiro2`, e a memória se apresenta como mostra a Figura 2.7. Estas não são, necessariamente, posições adjacentes na memória.

Uma vez que o programa tenha obtido os valores para `inteiro1` e `inteiro2`, ele soma esses valores e coloca o resultado da soma na variável `soma`. A instrução (linha 18):

```
soma = inteiro1 + inteiro2; /* atribui o total à soma */
```

que executa a adição também substitui qualquer valor que esteja armazenado em `soma`. Isso acontece quando a `soma` calculada de `inteiro1` e `inteiro2` é colocada na posição `soma` (destruindo o valor já existente em `soma`). Depois que soma é calculada, a memória se apresenta como mostra a Figura 2.8. Os valores de `inteiro1` e `inteiro2` são exatamente os que eram antes de serem usados no cálculo. Esses valores foram usados, mas não destruídos, quando o computador executou o cálculo. Desse modo, quando um valor é lido de uma posição de memória, o processo é chamado de **não destrutivo**.

Figura 2.6 ■ Posição de memória que mostra o nome e o valor de uma variável.

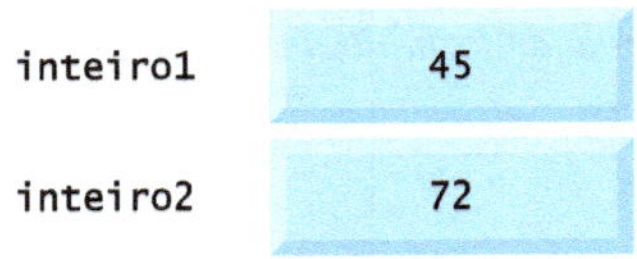

Figura 2.7 ■ Posições de memória depois de os valores para as duas variáveis terem sido fornecidos como entrada.

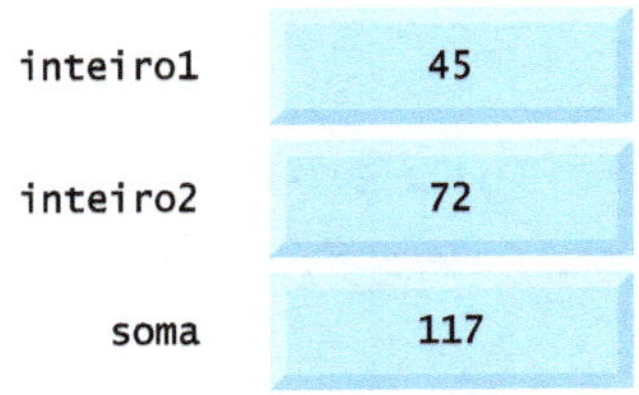

Figura 2.8 ■ Posições de memória após um cálculo.

2.5 Aritmética em C

A maioria dos programas em C executa cálculos aritméticos. Os **operadores aritméticos** em C estão resumidos na Figura 2.9. Note o uso de vários símbolos especiais que não são usados em álgebra. O **asterisco** (`*`) indica multiplicação, e o **sinal de porcentagem** (`%`) é o operador-módulo que será discutido adiante. Em álgebra, se quisermos multiplicar *a* por *b*, podemos simplesmente colocar esses nomes de variáveis expressos em uma única letra lado a lado, como em *ab*. Porém, se fizéssemos isso em C, `ab` seria

Operação em C	Operador aritmético	Expressão algébrica	Expressão em C
Adição	+	$f + 7$	f + 7
Subtração	–	$p - c$	p – c
Multiplicação	*	bm	b * m
Divisão	/	x / y ou $\frac{x}{y}$ ou $x \div y$	x / y
Módulo ou resto da divisão entre 2 inteiros	%	$r \bmod s$	r % s

Figura 2.9 ■ Operadores aritméticos.

interpretado como um único nome (ou identificador) de duas letras. Portanto, C (e outras linguagens de programação, em geral) exige que a multiplicação seja indicada explicitamente com o uso do operador *, como em `a * b`.

Todos os operadores aritméticos são operadores binários. Por exemplo, a expressão `3 + 7` contém o operador binário + e os operandos `3` e `7`.

A **divisão inteira** gera um resultado inteiro. Por exemplo, a expressão `7 / 4` é avaliada como `1`, e a expressão `17 / 5` é avaliada como `3`. C oferece o **operador de módulo**, **%**, que gera o resto após a divisão inteira. O operador de módulo só pode ser usado com operandos inteiros. A expressão `x % y` produz o resto depois de x ser dividido por y. Assim, `7 % 4` resulta em `3` e `17 % 5` resulta em `2`. Mais à frente, discutiremos muitas aplicações interessantes do operador de módulo.

Erro comum de programação 2.16

A tentativa de dividir por zero normalmente é indefinida em sistemas de computador, e em geral resulta em um erro fatal, ou seja, um erro que faz com que o programa seja encerrado imediatamente sem ter realizado sua tarefa com sucesso. Os erros não fatais permitem que os programas sejam executados até o fim e, normalmente, produzem resultados incorretos.

Expressões aritméticas no formato em linha

As expressões aritméticas em C precisam ser escritas no **formato em linha** para facilitar a entrada de programas no computador. Assim, expressões como 'a dividido por b' devem ser escritas como `a/b`, para que todos os operadores e operandos apareçam em uma linha reta. Geralmente, a notação algébrica

$$\frac{a}{b}$$

não é aceita pelos compiladores, embora alguns pacotes de software de uso especial admitam uma notação mais natural para expressões matemáticas complexas.

Parênteses para agrupamento de subexpressões

Os parênteses são usados em expressões em C da mesma maneira que em expressões algébricas. Por exemplo, para multiplicar `a` pela quantidade `b + c`, escrevemos `a * (b + c)`.

Regras de precedência de operadores

C aplica os operadores nas expressões aritméticas em uma sequência precisa, determinada pelas seguintes **regras de precedência de operadores**, que geralmente são iguais às regras da álgebra:

1. Operadores em expressões contidas dentro de pares de parênteses são calculados primeiro. Assim, *os parênteses podem ser usados para forçar a ordem de cálculo a acontecer em uma sequência desejada qualquer*. Dizemos que os parênteses estão no 'nível mais alto de precedência'. Em casos de **parênteses aninhados**, ou **embutidos**, como

```
( ( a + b ) + c )
```

os operadores no par mais interno de parênteses são aplicados primeiro.

2. As operações de multiplicação, divisão e módulo são aplicadas primeiro. Se uma expressão contém várias operações de multiplicação, divisão e módulo, a avaliação prossegue da esquerda para a direita. Dizemos que as três operações estão no mesmo nível de precedência.
3. As operações de adição e de subtração são avaliadas em seguida. Se uma expressão contém várias operações de adição e subtração, a avaliação prossegue da esquerda para a direita. Ambas as operações têm o mesmo nível de precedência, que é menor do que a precedência das operações de multiplicação, divisão e módulo.

As regras de precedência de operadores especificam a ordem que C utiliza para avaliar expressões.[1] Quando dizemos que a avaliação prossegue da esquerda para a direita, estamos nos referindo à **associatividade** dos operadores. Veremos que alguns operadores se associam da direita para a esquerda. A Figura 2.10 resume essas regras de precedência de operadores.

Operador(es)	Operação(ões)	Ordem de avaliação (precedência)
( )	Parênteses	Avaliados em primeiro lugar. Se os parênteses forem aninhados, a expressão no par mais interno é a primeira a ser avaliada. Se houver vários pares de parênteses 'no mesmo nível' (ou seja, não aninhados), eles serão avaliados da esquerda para a direita.
* / %	Multiplicação Divisão Módulo	Avaliados em segundo lugar. Se houver vários, serão avaliados da esquerda para a direita.
+ –	Adição Subtração	Avaliados por último. Se houver vários, serão avaliados da esquerda para a direita.

Figura 2.10 ■ Precedência de operadores aritméticos.

Exemplo de expressões algébricas e em C

Vamos agora considerar várias expressões levando em conta as regras de precedência de operadores. Cada exemplo lista uma expressão algébrica e seu equivalente em C. O exemplo a seguir é uma média aritmética de cinco termos:

Álgebra: $m = \frac{a+b+c+d+e}{5}$

Java: `m = ( a + b + c + d + e ) / 5;`

Os parênteses são necessários porque a divisão tem precedência sobre a adição. O valor inteiro `(a + b + c + d + e)` é dividido por `5`. Se os parênteses são erroneamente omitidos, obtemos `a + b + c + d + e / 5`, que é calculado incorretamente como

$$a + b + c + d + \frac{e}{5}$$

O exemplo a seguir é a equação de uma linha reta:

Álgebra: $y = mx + b$

C: `y = m * x + b;`

Nenhum parêntese é necessário. A multiplicação é aplicada em primeiro lugar porque ela tem precedência sobre a adição.

O exemplo seguinte contém as operações módulo (%), multiplicação, divisão, adição e subtração:

Álgebra: $z = pr\%q + w/x - y$

C:
```
z = p * r % q + w / x - y;
      6   1   2   4   3   5
```

Os números circulados indicam a ordem em que C avalia os operadores. Os de multiplicação, módulo e divisão são avaliados e executados em primeiro lugar, da esquerda para a direita (isto é, eles são resolvidos da esquerda para a direita), uma vez que eles têm precedência sobre a adição e a subtração. Os de adição e subtração são aplicados em seguida. Eles também são resolvidos da esquerda para a direita.

1 Usamos exemplos simples para explicar a ordem de avaliação das expressões. Problemas sutis acontecem em expressões mais complexas, que você encontrará adiante no livro. Discutiremos esses problemas à medida que forem aparecendo.

Nem todas as expressões com vários pares de parênteses contêm parênteses aninhados. Por exemplo, a expressão a seguir não contém parênteses aninhados; nesse caso, dizemos que os parênteses estão 'no mesmo nível'.

```
a * ( b + c ) + c * ( d + e )
```

Avaliação de um polinômio de segundo grau

Para compreender melhor as regras de precedência de operadores, vejamos como C avalia um polinômio de segundo grau:

```
y = a * x * x + b * x + c;
 6    1   2   4   3   5
```

Os números dentro dos círculos e abaixo da instrução indicam a ordem em que C realiza as operações. Não há um operador aritmético para exponenciação em C; por isso, representamos x^2 como `x * x`. A biblioteca-padrão de C inclui a função `pow` ('power', ou potência) para realizar a exponenciação. Por causa de alguns problemas sutis relacionados aos tipos de dados exigidos por `pow`, deixaremos uma explicação detalhada de `pow` para o Capítulo 4.

Suponha que as variáveis `a`, `b`, `c` e `x`, no polinômio de segundo grau apresentado, sejam inicializadas da seguinte forma: `a = 2`, `b = 3`, `c = 7` e `x = 5`. A Figura 2.11 ilustra a ordem em que os operadores são aplicados.

Assim como na álgebra, é aceitável colocar parênteses desnecessários em uma expressão para que ela fique mais clara. Estes são chamados de **parênteses redundantes**. Por exemplo, a instrução anterior poderia utilizar parênteses da seguinte forma:

```
y = ( a * x * x ) + ( b * x ) + c;
```

Boa prática de programação 2.11

O uso de parênteses redundantes em expressões aritméticas mais complexas pode tornar as expressões mais claras.

Etapa 1. y = 2 * 5 * 5 + 3 * 5 + 7; *(Multiplicação da esquerda)*
2 * 5 é **10**

Etapa 2. y = 10 * 5 + 3 * 5 + 7; *(Multiplicação da esquerda)*
10 * 5 é **50**

Etapa 3. y = 50 + 3 * 5 + 7; *(Multiplicação antes da adição)*
3 * 5 é **15**

Etapa 4. y = 50 + 15 + 7; *(Adição da esquerda)*
50 + 15 é **65**

Etapa 5. y = 65 + 7; *(Última adição)*
65 + 7 é **72**

Etapa 6. y = 72 *(Última operação coloca 72 em y)*

Figura 2.11 ■ Ordem em que um polinômio de segundo grau é avaliado.

2.6 Tomada de decisões: operadores relacionais e de igualdade

As instruções executáveis em C tanto realizam ações (como cálculos ou entrada/saída de dados) quanto tomam **decisões** (em breve, veremos alguns exemplos disso). Por exemplo, em um programa, poderíamos tomar a decisão de determinar se a nota de uma pessoa em uma prova seria maior ou igual a 60, e, se fosse, imprimir a mensagem 'Parabéns! Você foi aprovado'. Essa seção introduz uma versão simples da **estrutura if** (ou **instrução if**), a qual permite que um programa tome decisões com base na veracidade ou falsidade de uma **condição**. Se a condição é satisfeita (ou seja, se ela for **true** — verdadeira), a instrução no corpo da estrutura `if` é executada. Se a condição não for satisfeita (ou seja, se for **false** — falsa), a instrução do corpo não é executada. Não importa se o corpo da estrutura é executado ou não; depois que a estrutura `if` termina, a execução prossegue com a próxima instrução após a estrutura `if`.

As condições em estruturas `if` podem ser definidas com o uso dos **operadores de igualdade** e dos **operadores relacionais**, resumidos na Figura 2.12. Os operadores relacionais têm o mesmo nível de precedência, e são associados da esquerda para a direita. Os dois operadores de igualdade têm o mesmo nível de precedência, mais baixo que o nível de precedência dos relacionais, e são associados da esquerda para a direita. [*Nota:* em C, uma condição pode ser, realmente, qualquer expressão que resulte em um valor zero (falsa) ou diferente de zero (verdadeira). Veremos muitas aplicações disso no decorrer do livro.]

Erro comum de programação 2.17

Ocorrerá um erro de sintaxe se os dois símbolos em um dos operadores ==, !=, >= e <= forem separados por espaços.

Erro comum de programação 2.18

Ocorrerá um erro de sintaxe se os dois símbolos em um dos operadores !=, >= e <= forem invertidos, como em =!, => e =<, respectivamente.

Erro comum de programação 2.19

Confundir o operador de igualdade == com o operador de atribuição.

Para evitar essa confusão, o operador de igualdade deve ser lido como '2 iguais', e o operador de atribuição deve ser lido como 'recebe' ou 'recebe o valor de'. Como veremos em breve, confundir esses operadores não causará, necessariamente, um erro de compilação fácil de ser reconhecido, mas poderá causar erros lógicos extremamente sutis.

Erro comum de programação 2.20

Colocar ponto e vírgula imediatamente à direita do parêntese à direita após a condição em uma estrutura `if`.

A Figura 2.13 usa seis instruções `if` para comparar dois números informados pelo usuário. Se a condição em qualquer uma dessas instruções `if` for verdadeira, então a instrução `printf` associada a esse `if` é executada. O programa e três exemplos de execução aparecem na figura.

Operador de igualdade ou relacional na álgebra	Operador de igualdade ou relacional em C	Exemplo de condição em C	Significado da condição em C
Operadores de igualdade			
$=$	==	x == y	x é igual a y
$\neq$	!=	x != y	x não é igual a y
Operadores relacionais			
$>$	>	x > y	x é maior que y
$<$	<	x < y	x é menor que y
$\geq$	>=	x >= y	x é maior ou igual a y
$\leq$	<=	x <= y	x é menor ou igual a y

Figura 2.12 ■ Operadores de igualdade e relacionais.

```c
/* Figura 2.13: fig02_13.c
   Usando instruções if, operadores relacionais
   e operadores de igualdade */
#include <stdio.h>

/* função main inicia execução do programa */
int main( void )
{
   int num1; /* primeiro número do usuário a ser lido */
   int num2; /* segundo número do usuário a ser lido */

   printf( "Entre com dois inteiros e eu lhe direi\n" );
   printf( "as relações que eles satisfazem: " );

   scanf( "%d%d", &num1, &num2 ); /* lê dois inteiros */

   if ( num1 == num2 ) {
      printf( "%d é igual a %d\n", num1, num2 );
   } /* fim do if */

   if ( num1 != num2 ) {
      printf( "%d não é igual a %d\n", num1, num2 );
   } /* fim do if */

   if ( num1 < num2 ) {
      printf( "%d é menor que %d\n", num1, num2 );
   } /* fim do if */

   if ( num1 > num2 ) {
      printf( "%d é maior que %d\n", num1, num2 );
   } /* fim do if */

   if ( num1 <= num2 ) {
      printf( "%d é menor ou igual a %d\n", num1, num2 );
   } /* fim do if */

   if ( num1 >= num2 ) {
      printf( "%d é maior ou igual a %d\n", num1, num2 );
   } /* fim do if */

   return 0; /* indica que o programa foi concluído com sucesso */
} /* fim da função main */
```

```
Entre com dois inteiros e eu lhe direi
as relações que eles satisfazem: 3 7
3 não é igual a 7
3 é menor que 7
3 é menor ou igual a 7
```

```
Entre com dois inteiros e eu lhe direi
as relações que eles satisfazem: 22 12
22 não é igual a 12
22 é maior que 12
22 é maior ou igual a 12
```

```
Entre com dois inteiros e eu lhe direi
as relações que eles satisfazem: 7 7
7 é igual a 7
7 é menor ou igual a 7
7 é maior ou igual a 7
```

Figura 2.13 ■ Usando instruções `if`, operadores relacionais e operadores de igualdade.

O programa utiliza a `scanf` (linha 15) para inserir dois números. Cada especificador de conversão tem um argumento correspondente em que um valor será armazenado. O primeiro `%d` converte um valor a ser armazenado na variável `num1`, e o segundo `%d` converte um valor a ser armazenado na variável `num2`. O recuo do corpo de cada instrução `if` e a inclusão de linhas em branco acima e abaixo de cada estrutura melhora a legibilidade do programa.

Boa prática de programação 2.12

Recue a(s) instrução(ões) no corpo de uma estrutura `if`.

Boa prática de programação 2.13

Insira uma linha em branco antes e depois de cada estrutura `if` *em um programa, por questão de legibilidade.*

Boa prática de programação 2.14

Embora seja permitido, não deve haver mais de uma instrução por linha em um programa.

Erro comum de programação 2.21

Incluir vírgulas (quando nenhuma é necessária) entre os especificadores de conversão na string de controle de formato de uma instrução `scanf`.

Uma chave à esquerda, {, inicia o corpo de cada estrutura `if` (por exemplo, na linha 17). Uma chave à direita correspondente, }, encerra o corpo de cada estrutura `if` (por exemplo, na linha 19). Qualquer quantidade de instruções pode ser colocada no corpo de uma estrutura `if`.[2]

O comentário (linhas 1-3) na Figura 2.13 é dividido em três linhas. Em programas em C, os caracteres de **espaço em branco** como tabulações, novas linhas e espaços normalmente são ignorados. Assim, instruções e comentários podem ser divididos em várias linhas. Porém, não é correto separar identificadores.

Boa prática de programação 2.15

Uma instrução extensa pode se espalhar por várias linhas. Se uma instrução for dividida em várias linhas, escolha pontos de quebra que façam sentido (por exemplo, após uma vírgula em uma lista separada por vírgulas). Se uma instrução for dividida por duas ou mais linhas, recue todas as linhas seguintes.

A Figura 2.14 lista a precedência dos operadores apresentados neste capítulo. Os operadores aparecem de cima para baixo em ordem decrescente de precedência. O sinal de igual também é um operador. Todos esses operadores, com exceção do operador de atribuição =, são associados da esquerda para a direita. O operador de atribuição (=) avalia da direita para a esquerda.

Operadores	Associatividade
()	esquerda para direita
* / %	esquerda para direita
+ -	esquerda para direita
< <= > >=	esquerda para direita
== !=	esquerda para direita
=	direita para esquerda

Figura 2.14 ■ Precedência e associatividade dos operadores discutidos até aqui.

2 O uso de chaves para delimitar o corpo de uma estrutura `if` é opcional quando esse corpo contém apenas uma instrução. Muitos programadores consideram o uso constante dessas chaves uma boa prática. No Capítulo 3, explicaremos essas questões.

Boa prática de programação 2.16

Consulte o quadro de precedência de operadores ao escrever expressões contendo muitos operadores. Confirme se os operadores estão empregados em ordem correta na expressão. Se você não tiver certeza da ordem de avaliação em uma expressão complexa, use parênteses para agrupar as expressões ou quebre a instrução em várias instruções mais simples. Não se esqueça de observar que alguns dos operadores em C, como o operador de atribuição (=), são associados da direita para a esquerda, e não da esquerda para a direita.

Neste capítulo, algumas das palavras que usamos nos programas em C — em particular, `int`, `return` e `if` — são **palavras-chave**, ou palavras reservadas da linguagem. A Figura 2.15 contém as palavras-chave em C. Essas palavras têm significado especial para o compilador C, de modo que você precisa ter cuidado para não usá-las como identificadores, como em nomes de variáveis. Neste livro, abordamos todas essas palavras-chave.

Neste capítulo, apresentamos muitos recursos importantes da linguagem de programação em C, incluindo a exibição de dados na tela, a entrada de dados do usuário, a realização de cálculos e a tomada de decisões. No próximo capítulo, vamos nos basear nessas técnicas para apresentar a programação estruturada. Você se familiarizará um pouco mais com as técnicas de recuo. Estudaremos como especificar a ordem em que as instruções são executadas — isso é chamado **fluxo de controle**.

Palavras-chave			
`auto`	`double`	`int`	`struct`
`break`	`else`	`long`	`switch`
`case`	`enum`	`register`	`typedef`
`char`	`extern`	`return`	`union`
`const`	`float`	`short`	`unsigned`
`continue`	`for`	`signed`	`void`
`default`	`goto`	`sizeof`	`volatile`
`do`	`if`	`static`	`while`
Palavras-chave acrescentadas na C99			
`_Bool _Complex _Imaginary inline restrict`			

Figura 2.15 ■ Palavras-chave em C.

Resumo

Seção 2.1 Introdução

- A linguagem C facilita uma abordagem estruturada e disciplinada ao projeto do programa de computador.

Seção 2.2 Um programa C simples: imprimindo uma linha de texto

- Os comentários começam com /* e terminam com */. Comentários documentam programas e melhoram sua legibilidade. C99 também aceita os comentários de linha única da C++, que começam com //.
- Os comentários não geram nenhuma ação por parte do computador quando o programa é executado. Eles são ignorados pelo compilador C e não geram a criação de nenhum código-objeto em linguagem de máquina.
- As linhas que começam com # são verificadas pelo pré-processador antes que o programa seja compilado. A diretiva #include pede ao pré-processador que ele inclua o conteúdo de outro arquivo (normalmente, um arquivo de cabeçalho como `<stdio.h>`).
- O cabeçalho `<stdio.h>` contém informações usadas pelo compilador quando compila chamadas para funções de biblioteca-padrão de entrada/saída, como `printf`.
- A função `main` faz parte de todo programa em C. Os parênteses depois de `main` indicam que `main` é um bloco de montagem de programa chamado função. Os programas em C contêm uma ou mais funções, uma das quais precisa ser `main`. Todo programa em C começa sua execução na função `main`.

- As funções podem retornar informações. A palavra-chave `int` à esquerda de `main` indica que `main` 'retorna' um valor inteiro (não fracionário).
- Funções podem receber informações quando são chamadas para a execução. O `void` entre parênteses após a `main` indica que `main` não recebe nenhuma informação.
- Uma chave à esquerda, `{`, inicia o corpo de cada função. Uma chave à direita correspondente, `}`, encerra cada função. Esse par de chaves e a parte do programa entre as chaves são chamados de bloco.
- A função `printf` instrui o computador a exibir informações na tela.
- Uma string, às vezes, é chamada de string de caracteres, mensagem ou literal.
- Toda instrução (ou comando) deve terminar com um ponto e vírgula (também conhecido como terminador de instrução).
- Os caracteres `\n` não exibem caracteres na tela. A barra invertida (\) é chamada de caractere de escape. Ao encontrar uma barra invertida em uma string, o compilador examina o próximo caractere e o combina com a barra invertida para formar uma sequência de escape. A sequência de escape `\n` significa nova linha (newline).
- Quando uma nova linha aparece na string gerada por um `printf`, a nova linha faz com que o cursor se posicione no início da próxima linha na tela.
- A sequência de escape da dupla barra invertida (\\) pode ser usada para colocar uma única barra invertida em uma string.
- A sequência de escape \" representa um caractere de aspas literal.
- A palavra-chave `return` é um dos vários meios de encerrar uma função. Quando a instrução `return` é usada no final da `main`, o valor 0 indica que o programa foi concluído com sucesso.

Seção 2.3 Outro programa C simples: somando dois inteiros

- Uma variável é uma posição na memória onde um valor pode ser armazenado para uso por um programa.
- Variáveis do tipo `int` mantêm valores inteiros, ou seja, números inteiros como 7, –11, 0, 31914.
- Antes que possam ser usadas em um programa, todas as variáveis precisam ser definidas por um nome e um tipo de dado imediatamente após a chave à esquerda que inicia o corpo do `main`.
- Um nome de variável em C é qualquer identificador válido. Um identificador consiste em uma série de caracteres compostos por letras, dígitos e o caractere sublinhado (_) e que não começa com um dígito. Um identificador pode ter qualquer comprimento, mas apenas os 31 primeiros caracteres precisam ser reconhecidos pelos compiladores C, de acordo com o padrão C.
- C diferencia letras minúsculas e maiúsculas — elas são diferentes em C.
- As declarações precisam ser colocadas após a chave à esquerda de uma função e antes de *quaisquer* instruções executáveis.
- Um erro de sintaxe ocorre quando o compilador não reconhece uma instrução. O compilador normalmente emite uma mensagem de erro para ajudá-lo a localizar e consertar a instrução incorreta. Os erros de sintaxe são violações da linguagem. Os erros de sintaxe também são chamados de erros de compilação, ou erros no tempo de compilação.
- A função da biblioteca-padrão `scanf` pode ser usada para obter dados da entrada-padrão, que normalmente é o teclado.
- A string de controle de formato de `scanf` indica os tipos de dados que devem ser digitados.
- O especificador de conversão `%d` indica que os dados devem ser um inteiro (a letra `d` significa 'inteiro decimal'). Nesse contexto, o símbolo % é tratado por `scanf` (e `printf`) como um caractere especial que inicia um especificador de conversão.
- Os outros argumentos de `scanf` começam com um símbolo (&) — chamado de operador de endereço em C —, seguido por um nome de variável. O símbolo (&), quando combinado com um nome de variável, informa à `scanf` a posição na memória em que a variável está localizada. O computador, então, armazena o valor para a variável nesse local.
- A maioria dos cálculos é realizada em instruções de atribuição.
- O operador = e o operador + são operadores binários — ambos têm dois operandos.
- A função `printf` também pode usar uma string de controle de formato como seu primeiro argumento. Essa string contém alguns caracteres literais a serem exibidos e especificadores de conversão que indicam marcadores de lugar para os dados a serem exibidos.

Seção 2.4 Conceitos de memória

- Os nomes de variáveis correspondem a posições na memória do computador. Cada variável tem um nome, um tipo e um valor.
- Sempre que um valor é colocado em uma posição da memória, ele substitui o valor que ocupava essa posição anteriormente; assim, o processo de colocar um novo valor em uma posição da memória é chamado de destrutivo.
- Quando um valor é lido de uma posição da memória, o processo é considerado não destrutivo.

Seção 2.5 Aritmética em C

- Em álgebra, se quisermos multiplicar *a* por *b*, podemos simplesmente colocar esses nomes de variáveis de letra única lado a lado, como em *ab*. Em C, porém, se fizéssemos isso, `ab` seria interpretado como um único nome (ou identificador) de duas letras. Portanto, C (como outras linguagens de programação, em geral) exige que a multiplicação seja indicada explicitamente com o uso do operador *, como em `a * b`.
- Todos os operadores aritméticos são operadores binários.

- A divisão inteira produz um resultado inteiro. Por exemplo, a expressão `7 / 4` é avaliada como `1`, e a expressão `17 / 5` é avaliada como `3`.
- C oferece o operador módulo, `%`, que produz o resto após a divisão inteira. O operador módulo é um operador inteiro que só pode ser usado com operandos inteiros. A expressão `x % y` produz o resto após `x` ser dividido por `y`. Assim, `7 % 4` resulta em `3`, e `17 % 5` resulta em `2`.
- Uma tentativa de dividir por zero normalmente é indefinida em sistemas de computador, e geralmente resulta em um erro fatal que faz com que o programa seja encerrado imediatamente. Erros não fatais permitem que os programas sejam executados até o fim, e frequentemente produzem resultados incorretos.
- Expressões aritméticas em C precisam ser escritas no formato em linha para facilitar a entrada dos programas no computador. Assim, expressões como '`a` dividido por `b`' precisam ser escritas como `a/b`, de modo que todos os operadores e operandos apareçam em linha reta.
- Os parênteses são usados para agrupar termos em expressões C de uma maneira semelhante às expressões algébricas.
- C avalia expressões aritméticas em uma sequência precisa, determinada por regras de precedência de operadores, que geralmente são as mesmas seguidas na álgebra.
- Operações de multiplicação, divisão e módulo (resto da divisão entre inteiros) são aplicadas primeiro. Se uma expressão contém várias operações de multiplicação, divisão e módulo resto, a avaliação prossegue da esquerda para a direita. Essas operações estão no mesmo nível de precedência.
- Operações de adição e subtração são avaliadas a seguir. Se uma expressão contém várias operações de adição e subtração, a avaliação prossegue da esquerda para a direita. Ambas as operações têm o mesmo nível de precedência, que é menor que a precedência dos operadores de multiplicação, divisão e módulo.
- As regras de precedência de operadores especificam a ordem que C utiliza para avaliar expressões. Quando dizemos que a avaliação prossegue da esquerda para a direita, estamos nos referindo à associatividade dos operadores. Alguns operadores se associam da direita para a esquerda.

Seção 2.6 Tomada de decisões: operadores relacionais e de igualdade

- Instruções executáveis em C realizam ações ou tomam decisões.
- A estrutura `if` em C permite que um programa tome uma decisão com base na veracidade ou falsidade de uma declaração do fato, chamada de condição. Se a condição é satisfeita (ou seja, se ela for verdadeira), a instrução no corpo da estrutura `if` é executada. Se a condição não for satisfeita (ou seja, se for falsa), a instrução do corpo não é executada. Não importa se a instrução do corpo da estrutura é executada ou não; depois que a estrutura `if` é concluída, a execução prossegue com a próxima instrução após a estrutura `if`.
- As condições nas estruturas `if` são formadas com o uso dos operadores de igualdade e dos operadores relacionais.
- Todos os operadores relacionais têm o mesmo nível de precedência, e são avaliados da esquerda para a direita. Os operadores de igualdade têm um nível de precedência menor que os operadores relacionais, e também são avaliados da esquerda para a direita.
- Para evitar confusão entre atribuição (`=`) e relação de igualdade (`==`), o operador de atribuição deve ser lido como 'recebe', e o operador de igualdade deve ser lido como 'é igual a'.
- Nos programas em C, os caracteres de espaço em branco, como tabulações, novas linhas e espaços, normalmente são ignorados. Assim, instruções e comentários podem ser divididos em várias linhas. Não é correto dividir os identificadores.
- Algumas palavras nos programas em C — como `int`, `return` e `if` — são palavras-chave ou palavras reservadas da linguagem. Essas palavras têm um significado especial para o compilador C, de modo que você não pode usá-las como identificadores, como em nomes de variáveis.

Terminologia

%, operador módulo 29
`%d`, especificador de conversão 25
ação 21
argumento 21
associatividade 30
asterisco 28
cabeçalho <`stdio.h`> 21
cabeçalho-padrão de entrada/saída 21
caractere de escape 21
chave à direita (}) 21
comentário (/* */) 20
comentário de linha única (//) 21
computação conversacional 26
computação interativa 26
condição 32
corpo 21
decisões 31
declarações 24
destrutiva 28
divisão inteira 29

documentar programas 20
erro de compilação 25
erro de sintaxe 25
erro no tempo de compilação 25
espaço em branco 34
executável 22
false 32
fluxo de controle 35
formato em linha 29
função 21
identificador 24
instrução 21
instrução de atribuição 26
instrução `if` 32
inteiros 24
literal 21
mensagem 21
modelo de ação/decisão 22
não destrutivo 28
nova linha (`\n`) 21
operador de endereço (&) 25
operadores aritméticos 28
operadores de igualdade 32
operadores relacionais 32
operandos 26
palavras-chave 35
parênteses aninhados 29
parênteses aninhados (embutidos) 29
parênteses redundantes 31
pré-processador C 21
programação estruturada 20
prompt 25
regras de precedência de operador 29
sair de uma função 22
sensível a maiúsculas/minúsculas 24
sequência de escape 21
sinal de porcentagem (%) 28
string de caracteres 21
string de controle de formato 25
tecla *Enter* 26
terminador de instrução (;) 21
tipo 28
true 32
valor 28
variáveis 24

Exercícios de autorrevisão

2.1 Preenche os espaços nas seguintes frases:

a) Todo programa em C inicia sua execução pela função _______ .

b) O(a) _______ inicia o corpo de cada função, e o(a) _______ encerra o corpo de cada função.

c) Toda instrução termina com um(a) _______ .

d) A função _______ da biblioteca-padrão exibe informações na tela.

e) A sequência de escape `\n` representa o caractere de _______, que faz com que o cursor se posicione no início da próxima linha na tela.

f) A função _______ da biblioteca-padrão é usada para obter dados do teclado.

g) O especificador de conversão _______ é usado em uma string de controle de formato de `scanf` para indicar que um inteiro será digitado, e em uma string de controle de formato de `printf` para indicar que um inteiro será exibido.

h) Sempre que um novo valor é colocado em uma posição da memória, ele anula o valor que ocupava essa mesma posição anteriormente. Esse processo é chamado de _______.

i) Quando um valor é lido de uma posição da memória, o valor nessa posição é preservado; esse processo é chamado de _______.

j) A instrução _______ é usada na tomada de decisões.

2.2 Indique se cada uma das sentenças a seguir é *verdadeira* ou *falsa*. Explique sua resposta no caso de alternativas *falsas*.

a) A função `printf` sempre começa a imprimir no início de uma nova linha.

b) Comentários fazem com que o computador imprima na tela o texto delimitado por /* e */ quando o programa é executado.

c) A sequência de escape `\n`, quando usada em uma string de controle de formato de `printf`, faz com que o cursor se posicione no início da próxima linha na tela.

d) Todas as variáveis precisam ser declaradas antes de serem usadas.

e) Todas as variáveis precisam receber um tipo ao serem declaradas.

f) C considera as variáveis `número` e `NúMeRo` idênticas.

g) Declarações podem aparecer em qualquer parte do corpo de uma função.

h) Todos os argumentos após a string de controle de formato em uma função `printf` precisam ser precedidos por (&).

i) O operador módulo (%) só pode ser usado com operandos inteiros.

j) Os operadores aritméticos *, /, %, + e – têm o mesmo nível de precedência.

k) Os nomes das variáveis a seguir são idênticos em todos os sistemas C padrão.

```
esteéumnúmerosuperhiperlongo1234567
esteéumnúmerosuperhiperlongo1234568
```

l) Um programa que exibe três linhas de saída precisa conter três instruções `printf`.

2.3 Escreva uma única instrução C para executar cada uma das seguintes alternativas:

a) Declarar as variáveis `c`, `estaVariável`, `q76354` e `número` para que tenham o tipo `int`.

b) Pedir que o usuário digite um inteiro. Terminar a mensagem com um sinal de dois pontos (:) seguido por um espaço, e deixar o cursor posicionado após o espaço.

c) Ler um inteiro do teclado e armazenar o valor digitado na variável inteira `a`.

d) Se o `número` não for igual a 7, exibir "`A variável número não é igual a 7`".

e) Imprimir a mensagem "`Este é um programa em C.`" em uma linha.

f) Imprimir a mensagem "`Este é um programa em C.`" em duas linhas, de modo que a primeira linha termine em C.

g) Imprimir a mensagem "`Este é um programa em C.`" com cada palavra em uma linha separada.

h) Imprimir a mensagem "`Este é um programa em C.`" com as palavras separadas por tabulações.

2.4 Escreva uma instrução (ou comentário) para realizar cada um dos seguintes:

a) Indicar que um programa calculará o produto de três inteiros.

b) Declarar as variáveis `x`, `y`, `z` e `resultado` para que tenham o tipo `int`.

c) Pedir ao usuário que digite três inteiros.

d) Ler três inteiros do teclado e armazená-los nas variáveis `x`, `y` e `z`.

e) Calcular o produto dos três inteiros contidos nas variáveis `x`, `y` e `z`, e atribuir o resultado à variável `resultado`.

f) Exibir "`O produto é`" seguido pelo valor da variável inteira `resultado`.

2.5 Usando as instruções que você escreveu no Exercício 2.4, escreva um programa completo que calcule o produto de três inteiros.

2.6 Identifique e corrija os erros em cada uma das seguintes instruções:

a)
```
printf( "O valor é %d\n", &número );
```

b)
```
scanf( "%d%d", &número1, número2 );
```

c)
```
if ( c < 7 );{
   printf( "C é menor que 7\n" );
}
```

d)
```
if ( c => 7 ) {
   printf( "C é igual ou menor que
   7\n" );
}
```

Respostas dos exercícios de autorrevisão

2.1 a) `main`. b) chave à esquerda ({), chave à direita (}). c) ponto e vírgula. d) `printf`. e) nova linha. f) `scanf`. g) `%d`. h) destrutivo. i) não destrutivo. j) `if`.

2.2 a) Falso. A função `printf` sempre começa a imprimir onde o cursor estiver posicionado, e isso pode ser em qualquer lugar de uma linha na tela.

b) Falso. Os comentários não causam qualquer ação quando o programa é executado. Eles são usados para documentar programas e melhorar sua legibilidade.

c) Verdadeiro.

d) Verdadeiro.

e) Verdadeiro.

f) Falso. C diferencia maiúsculas de minúsculas, de modo que essas variáveis são diferentes.

g) Falso. As definições precisam aparecer após a chave à esquerda do corpo de uma função e antes de quaisquer instruções executáveis.

h) Falso. Os argumentos em uma função `printf` normalmente não devem ser precedidos por um (&). Os argumentos após a string de controle de formato em uma função `scanf` normalmente devem ser precedidos por um (&). Discutiremos as exceções a essas regras nos capítulos 6 e 7.

i) Verdadeiro.

j) Falso. Os operadores *, / e % estão no mesmo nível de precedência, e os operadores + e – estão em um nível de precedência mais baixo.

k) Falso. Alguns sistemas podem distinguir os identificadores com mais de 31 caracteres.

l) Falso. Uma instrução `printf` com várias sequências de escape `\n` pode exibir várias linhas.

2.3 a) `int c, estaVariável, q76354, número;`

b) `printf( "Digite um inteiro:" );`

c) `scanf( "%d", &a );`

d)
```
if ( número != 7 )
{
   printf( "A variável número não é igual a 7.\n" );
}
```

e) `printf( "Este é um programa em C.\n" );`

f) `printf( "Este é um programa em\nC.\n" );`

g) `printf( "Este\né\num\nprograma\nem\nC.\n" );`

h) `printf( "Este\té\tum\tprograma\tem\tC.\n" );`

2.4 a) `/* Calcula o produto de três inteiros */`

b) `int x, y, z, resultado;`

c) `printf( "Digite três inteiros: " );`

d) `scanf( "%d%d%d", &x, &y, &z );`

e) `result = x * y * z;`

f) `printf( "O produto é %d\n", resultado );`

2.5 Veja a seguir.

```
/* Calcula o produto de três inteiros */
#include <stdio.h>

int main( void )
{
   int x, y, z, resultado; /* declara variáveis */

   printf( "Digite três inteiros: " ); /* prompt */
   scanf( "%d%d%d", &x, &y, &z ); /* lê três inteiros */
   result = x * y * z; /* multiplica os valores */
   printf( "O produto é %d\n", result ); /* exibe o resultado */
   return 0;
} /* fim da função main */
```

2.6 a) Erro: `&número`. Correção: elimine o (&). Discutiremos as exceções mais à frente.

b) Erro: `número2` não tem um (&). Correção: `número2` deveria ser `&número2`. Adiante no texto, discutiremos as exceções.

c) Erro: o ponto e vírgula após o parêntese direito da condição na instrução `if`. Correção: remova o ponto e vírgula após o parêntese direito. [*Nota*: o resultado desse erro é que a instrução `printf` será executada, sendo ou não verdadeira a condição na instrução `if`. O ponto e vírgula após o parêntese direito é considerado uma instrução vazia, uma instrução que não faz nada.]

d) Erro: o operador relacional => deve ser mudado para >= (maior ou igual a).

Exercícios

2.7 Identifique e corrija os erros cometidos em cada uma das instruções. (*Nota*: pode haver mais de um erro por instrução.)

a) `scanf( "d", valor );`

b) `printf( "O produto de %d e %d é %d"\n, x, y );`

c) `primeiroNúmero + segundoNúmero = somaDosNúmeros`

d)
```
if ( número => maior )
   maior == número;
```

e) `*/ Programa para determinar o maior dentre três inteiros /*`

f) `Scanf( "%d", umInteiro );`

g) `printf( "Módulo de %d dividido por %d é\n", x, y, x % y );`

h)
```
if ( x = y );
   printf( %d é igual a %d\n", x, y );
```

i) `print( "A soma é %d\n," x + y );`

j) `Printf( "O valor que você digitou é: %d\n, &valor );`

2.8 Preencha os espaços nas seguintes sentenças:

a) _______ são usados para documentar um programa e melhorar sua legibilidade.

b) A função usada para exibir informações na tela é _______.

c) Uma instrução C responsável pela tomada de decisão é _______.

d) Os cálculos normalmente são realizados por instruções _______.

e) A função _______ lê valores do teclado.

2.9 Escreva uma única instrução em C, ou linha única, que cumpra os comentários a seguir:

a) Exiba a mensagem '`Digite dois números`.'

b) Atribua o produto das variáveis `b` e `c` à variável `a`.

c) Indique um programa que realize um cálculo de folha de pagamento (ou seja, use um texto que ajude a documentar um programa).

d) Informe três valores inteiros usando o teclado e coloque esses valores nas variáveis inteiras a, b e c.

2.10 Informe quais das seguintes sentenças são *verdadeiras* e quais são *falsas*. Explique sua resposta no caso de sentenças falsas.

a) Os operadores em C são avaliados da esquerda para a direita.

b) Os seguintes nomes de variáveis são válidos: `_sub_barra_, m928134, t5, j7, suas_vendas, total_sua_conta, a, b, c, z, z2`.

c) A instrução `printf("a = 5;");` é um exemplo típico de uma instrução de atribuição.

d) Uma expressão aritmética válida sem parênteses é avaliada da esquerda para a direita.

e) Os seguintes nomes de variáveis são inválidos: `3g, 87, 67h2, h22, 2h`.

2.11 Preencha os espaços de cada sentença:

a) Que operações aritméticas estão no mesmo nível de precedência da multiplicação? _______

b) Quando os parênteses são aninhados, qual conjunto de parênteses é avaliado em primeiro lugar em uma expressão aritmética? _______.

c) Uma posição na memória do computador que pode conter diferentes valores em vários momentos durante a execução de um programa é chamada de _______.

2.12 O que é exibido quando cada uma das seguintes instruções é executada? Se nada for exibido, então responda 'Nada'. Considere que x = 2 e y = 3.

a) `printf( "%d", x );`

b) `printf( "%d", x + x );`

c) `printf( "x=" );`

d) `printf( "x=%d", x );`

e) `printf( "%d = %d", x + y, y + x );`

f) `z = x + y;`

g) `scanf( "%d%d", &x, &y );`

h) `/* printf( "x + y = %d", x + y ); */`

i) `printf( "\n" );`

2.13 Quais das seguintes instruções em C contêm variáveis cujos valores são substituídos?

a) `scanf( "%d%d%d%d%d", &b, &c, &d, &e, &f );`

b) `p = i + j + k + 7;`

c) `printf( "Valores são substituídos" );`

d) `printf( "a = 5" );`

2.14 Dada a equação $y = ax^3 + 7$, quais das seguintes alternativas são instruções em C corretas para essa equação (se houver alguma)?

a) `y = a * x * x * x + 7;`

b) `y = a * x * x * ( x + 7 );`

c) `y = ( a * x ) * x * ( x + 7 );`

d) `y = ( a * x ) * x * x + 7;`

e) `y = a * ( x * x * x ) + 7;`

f) `y = a * x * ( x * x + 7 );`

2.15 Indique a ordem de avaliação dos operadores em cada uma das instruções em C a seguir, e mostre o valor de x após a execução de cada instrução.

a) `x = 7 + 3 * 6 / 2 - 1;`

b) `x = 2 % 2 + 2 * 2 - 2 / 2;`

c) `x = ( 3 * 9 * ( 3 + ( 9 * 3 / ( 3 ) ) ) );`

2.16 ***Aritmética.*** Escreva um programa que peça ao usuário que digite dois números, obtenha esses números e imprima a soma, o produto, a diferença, o quociente e o módulo (resto da divisão).

2.17 ***Imprimindo valores com*** `printf`. Escreva um programa que imprima os números de 1 a 4 na mesma linha. Escreva o programa utilizando os métodos a seguir.

a) Uma instrução `printf` sem especificadores de conversão.

b) Uma instrução `printf` com quatro especificadores de conversão.

c) Quatro instruções `printf`.

2.18 ***Comparando inteiros.*** Escreva um programa que peça ao usuário que digite dois inteiros, obtenha os números e depois imprima o maior número seguido das palavras '`é maior`'. Se os números forem iguais, imprima a mensagem "`Esses números são iguais`". Use apenas a forma de seleção única da instrução `if` que você aprendeu neste capítulo.

2.19 ***Aritmética, maior e menor valor.*** Escreva um programa que leia três inteiros diferentes do teclado, depois apresente a soma, a média, o produto, o menor e o maior desses números. Use apenas a forma de seleção única da instrução `if` que você aprendeu neste capítulo. O diálogo na tela deverá aparecer da seguinte forma:

```
Digite três inteiros diferentes: 13 27 14
A soma é 54
A média é 18
O produto é 4914
O menor é 13
O maior é 27
```

2.20 ***Diâmetro, circunferência e área de um círculo.*** Escreva um programa que leia o raio de um círculo e informe o diâmetro, a circunferência e a área do círculo. Utilize o valor constante 3,14159 para π. Realize cada um desses cálculos dentro das instruções `printf` e use o especificador de conversão `%f`. [*Nota:* neste capítulo, discutimos apenas constantes e variáveis inteiras. No Capítulo 3, discutiremos os números em ponto flutuante, ou seja, valores que podem ter pontos decimais.]

2.21 ***Formas com asteriscos.*** Escreva um programa que imprima as seguintes formas com asteriscos.

```
*********   ***      *        *
*       *  *   *    ***      * *
*       * *     *  *****    *   *
*       * *     *    *     *     *
*       * *     *    *    *       *
*       * *     *    *     *     *
*       * *     *    *      *   *
*       *  *   *     *       * *
*********   ***      *        *
```

2.22 O que o código a seguir imprime?

```
printf( "*\n**\n***\n****\n*****\n" );
```

2.23 ***Maiores e menores inteiros.*** Escreva um programa que leia cinco inteiros e depois determine e imprima o maior e o menor inteiro no grupo. Use apenas as técnicas de programação que você aprendeu neste capítulo.

2.24 ***Par ou ímpar.*** Escreva um programa que leia um inteiro, determine e imprima se ele é par ou ímpar. [*Dica:* use o operador módulo. Um número par é um múltiplo de dois. Qualquer múltiplo de dois gera resto zero quando dividido por 2.]

2.25 Imprima as suas iniciais em letras em bloco no sentido vertical da página. Construa cada letra em bloco a partir da letra que ele representa, como mostramos a seguir.

```
PPPPPPPPP
     P   P
     P   P
     P   P
      PP

   JJ
  J
J
  J
   JJJJJJJ

DDDDDDDDD
D       D
D       D
 D     D
  DDDDD
```

2.26 ***Múltiplos.*** Escreva um programa que leia dois inteiros, determine e imprima se o primeiro for um múltiplo do segundo. [*Dica:* use o operador módulo.]

2.27 ***Padrão de asteriscos alternados.*** Apresente o seguinte padrão de asteriscos alternados com oito instruções `printf`, e depois apresente o mesmo padrão com o mínimo de instruções `printf` possível.

```
* * * * * * * *
 * * * * * * * *
* * * * * * * *
 * * * * * * * *
* * * * * * * *
 * * * * * * * *
* * * * * * * *
 * * * * * * * *
```

2.28 Faça a distinção entre os termos erro fatal e erro não fatal. Por que seria preferível experimentar um erro fatal em vez de um erro não fatal?

2.29 ***Valor inteiro de um caractere.*** Vamos dar um passo adiante. Neste capítulo, você aprendeu sobre inteiros e o tipo `int`. C também pode representar letras maiúsculas, letras minúsculas e uma grande variedade de símbolos especiais. C usa inteiros pequenos internamente para representar diferentes caracteres. O conjunto de caracteres que um computador utiliza, juntamente com as representações de inteiros correspondentes a esses caracteres, é chamado de conjunto de caracteres desse computador. Você pode imprimir o equivalente da letra A maiúscula, por exemplo, executando a instrução

```
printf( "%d", 'A' );
```

Escreva um programa em C que imprima os equivalentes inteiros de algumas letras maiúsculas, letras minúsculas, dígitos e símbolos especiais. No mínimo, determine os equivalentes inteiros de `A B C a b c 0 1 2 $ * + /` e o caractere de espaço em branco.

2.30 ***Separando dígitos em um inteiro.*** Escreva um programa que leia um número de cinco dígitos, separe o número em dígitos individuais e imprima os dígitos separados um do outro por três espaços cada um. [*Dica:* use combinações da divisão inteira e da operação módulo.] Por exemplo, se o usuário digitar `42139`, o programa deverá exibir

```
4 2 1 3 9
```

2.31 ***Tabela de quadrados e cubos.*** Usando apenas as técnicas que você aprendeu neste capítulo, escreva um programa que calcule os quadrados e os cubos dos números 0 a 10, e use tabulações para imprimir a seguinte tabela de valores:

```
número    quadrado    cubo
0         0           0
1         1           1
2         4           8
3         9           27
4         16          64
5         25          125
6         36          216
7         49          343
8         64          512
9         81          729
10        100         1000
```

Fazendo a diferença

2.32 ***Calculadora de Índice de Massa Corporal.*** Apresentamos a calculadora do índice de massa corporal (IMC) no Exercício 1.11. A fórmula para calcular o IMC é

$$IMC = \frac{pesoEmQuilos}{alturaEmMetros \times alturaEmMetros}$$

Crie uma aplicação para a calculadora de IMC que leia o peso do usuário em quilogramas e a altura em metros, e que depois calcule e apresente o seu índice de massa corporal. Além disso, a aplicação deverá exibir as seguintes informações do Ministério da Saúde para que o usuário possa avaliar seu IMC:

```
VALORES DE IMC
Abaixo do peso:  menor que 18,5
Normal:          entre 18,5 e 24,9
Acima do peso:   entre 25 e 29,9
Obeso:           30 ou mais
```

[*Nota:* neste capítulo, você aprendeu a usar o tipo `int` para representar números inteiros. Os cálculos de IMC, quando feitos com valores `int`, produzirão resultados em números inteiros. No Capítulo 4, você aprenderá a usar o tipo `double` para representar números fracionários. Quando os cálculos de IMC são realizados com `doubles`, eles produzem números com pontos decimais; estes são os chamados números de 'ponto flutuante'.]

2.33 ***Calculadora de economias com o transporte solidário.*** Pesquise diversos websites sobre transporte solidário com carros de passeio. Crie uma aplicação que calcule a sua despesa diária com o automóvel, para que você possa estimar quanto dinheiro poderia economizar com o transporte solidário, que também tem outras vantagens, como reduzir as emissões de carbono e os congestionamentos. A aplicação deverá solicitar as seguintes informações, e exibir os custos com o trajeto diário ao trabalho:

a) Total de quilômetros dirigidos por dia.
b) Custo por litro de combustível.
c) Média de quilômetros por litro.
d) Preço de estacionamento por dia.
e) Gastos diários com pedágios.

DESENVOLVIMENTO ESTRUTURADO DE PROGRAMAS EM C

3

Capítulo

Vamos todos dar um passo à frente.
— **Lewis Carroll**

A roda completa um círculo inteiro.
— **William Shakespeare**

Quantas maçãs caíram sobre a cabeça de Newton antes que ele entendesse a dica!
— **Robert Frost**

Toda a evolução que conhecemos procede do incerto ao definido.
— **Charles Sanders Peirce**

Objetivos

Neste capítulo, você aprenderá:

- Técnicas básicas para a solução de problemas.
- A desenvolver algoritmos por meio do processo de refinamento top-down, com melhorias sucessivas.
- A utilizar a estrutura de seleção `if` e a estrutura de seleção `if...else` para selecionar ações.
- A usar a estrutura de repetição `while` para executar instruções em um programa repetidamente.
- Repetição controlada por contador e repetição controlada por sentinela.
- Programação estruturada.
- Operadores de incremento, decremento e atribuição.

Conteúdo

3.1 Introdução
3.2 Algoritmos
3.3 Pseudocódigo
3.4 Estruturas de controle
3.5 A estrutura de seleção `if`
3.6 A estrutura de seleção `if...else`
3.7 A estrutura de repetição `while`
3.8 Formulando algoritmos: estudo de caso 1 (repetição controlada por contador)
3.9 Formulando algoritmos com refinamentos sucessivos top-down: estudo de caso 2 (repetição controlada por sentinela)
3.10 Formulando algoritmos com refinamentos sucessivos top-down: estudo de caso 3 (estruturas de controle aninhadas)
3.11 Operadores de atribuição
3.12 Operadores de incremento e decremento

Resumo | Terminologia | Exercícios de autorrevisão | Respostas dos exercícios de autorrevisão | Exercícios | Fazendo a diferença

3.1 Introdução

Antes de escrever um programa a fim de resolver um problema em particular, é essencial que se tenha uma compreensão plena e profunda desse problema, e que se faça uso de uma abordagem cuidadosamente planejada para resolvê-lo. Os dois capítulos seguintes discutem técnicas que facilitam o desenvolvimento de programas de computador estruturados. Na Seção 4.12, apresentaremos um resumo da programação estruturada que une as técnicas desenvolvidas aqui e as que serão abordadas no Capítulo 4.

3.2 Algoritmos

Podemos resolver qualquer problema de computação ao executarmos uma série de ações em uma ordem específica. Um dos **procedimentos** utilizados para resolver um problema em termos

1. das **ações** a serem executadas e
2. da **ordem** em que essas ações devem ser executadas

é chamado de **algoritmo**. O exemplo a seguir demonstra que é importante especificar corretamente a ordem em que as ações serão executadas.

Considere o algoritmo 'preparar-se para ir trabalhar', seguido de um executivo júnior saindo da cama e indo para o trabalho: (1) sair da cama, (2) tirar o pijama, (3) tomar banho, (4) vestir-se, (5) tomar o café da manhã e (6) dirigir até o trabalho. Essa rotina faz com que o executivo chegue ao trabalho bem preparado para tomar decisões críticas. Suponha que os mesmos passos sejam executados em uma ordem ligeiramente diferente: (1) sair da cama, (2) tirar o pijama, (3) vestir-se, (4) tomar banho, (5) tomar o café da manhã e (6) dirigir até o trabalho. Nesse caso, nosso executivo se apresentaria para trabalhar literalmente ensopado. Especificar a ordem em que os comandos devem ser executados em um programa de computador é chamado de **controle do programa**. Neste capítulo, investigaremos os recursos do controle do programa em C.

3.3 Pseudocódigo

O **pseudocódigo** é uma linguagem artificial e informal que ajuda os programadores a desenvolver algoritmos. O pseudocódigo que apresentamos aqui é útil para desenvolver algoritmos que serão convertidos em programas estruturados em C. Ele é semelhante à linguagem do dia a dia; é conveniente e fácil de usar, embora não seja realmente uma linguagem de programação para computadores.

Os programas em pseudocódigo não são executados em computadores. Em vez disso, ele ajuda o programador a 'conceber' um programa antes de tentar escrevê-lo em uma linguagem de programação, tal como C. Neste capítulo, daremos vários exemplos de como o pseudocódigo pode ser usado de modo eficaz no desenvolvimento de programas estruturados em C.

O pseudocódigo consiste puramente em caracteres, de modo que você pode escrever programas em pseudocódigo convenientemente usando apenas um programa editor. O computador pode exibir uma nova cópia de um programa em pseudocódigo quando necessário. Um programa em pseudocódigo cuidadosamente preparado pode ser convertido facilmente em um programa correspondente em C. Isso é feito, em muitos casos, com a simples substituição dos comandos de pseudocódigo pelos seus equivalentes em C.

O pseudocódigo consiste somente em comandos executáveis — aqueles que são executados quando o programa é convertido de pseudocódigo para C e, depois, executado em C. As definições não são comandos executáveis. Elas são mensagens para o compilador.

Por exemplo, a definição

```
int i;
```

simplesmente diz ao compilador o tipo da variável `i`, e instrui o compilador a reservar espaço na memória para essa variável, mas essa declaração não provoca nenhuma ação — entrada, saída ou cálculo — que deverá ocorrer quando o programa for executado. Alguns programadores escolhem listar as variáveis e mencionar brevemente o propósito de cada uma no início de um programa em pseudocódigo.

3.4 Estruturas de controle

Em um programa, normalmente, os comandos são executados um após do outro, na sequência em que estiverem escritos. Isso é chamado de **execução sequencial**. Vários comandos em C, que discutiremos em breve, permitem ao programador especificar que o próximo comando a ser executado pode ser outro que não o próximo na sequência. Isso é chamado de **transferência de controle**.

Durante a década de 1960, ficou claro que o uso indiscriminado de transferências de controle era a raiz de muitas das dificuldades experimentadas por grupos de desenvolvimento de software. O **comando goto** foi considerado culpado, porque permite ao programador especificar uma transferência de controle para uma variedade muito grande de destinos possíveis em um programa. A noção da chamada programação estruturada tornou-se quase sinônimo de '**eliminação de goto**'.

A pesquisa de Bohm e Jacopini[1] demonstrou que os programas podiam ser escritos sem quaisquer comandos `goto`. O desafio para os programadores daquela época era mudar o estilo de programação: 'escrever programas sem usar o comando `goto`'. Foi somente na década de 1970 que os programadores começaram a levar a programação estruturada a sério. Os resultados foram impressionantes, como perceberam grupos de desenvolvimento de software: houve reduções no tempo de desenvolvimento, os sistemas passaram a ser entregues dentro do prazo e os projetos de software começaram a ser concluídos dentro do orçamento com mais frequência. Os programas produzidos com técnicas estruturadas eram mais claros, fáceis de depurar e modificar, e a probabilidade de serem isentos de erros desde o início era maior.

O trabalho de Bohm e Jacopini demonstrou que todos os programas podiam ser escritos nos termos de somente três **estruturas de controle**: **estrutura de sequência**, **estrutura de seleção** e **estrutura de repetição**. A primeira está embutida na linguagem em C. A menos que seja instruído de outra forma, o computador executará os comandos de C um após do outro, na sequência em que eles estiverem escritos. O segmento de **fluxograma** da Figura 3.1 mostra uma estrutura de sequência típica em C.

Um fluxograma é uma representação gráfica de um algoritmo, ou de uma parte de um algoritmo. Fluxogramas são desenhados a partir de certos símbolos especiais, tais como retângulos, losangos, elipses e pequenos círculos; esses símbolos são conectados por setas chamadas **linhas de fluxo**.

Assim como o pseudocódigo, os fluxogramas são úteis no desenvolvimento e na representação de algoritmos, embora o pseudocódigo seja o preferido da maioria dos programadores. Fluxogramas demonstram claramente como operam as estruturas de controle; é por isso resolvemos usá-los aqui.

Considere o fluxograma para a estrutura de sequência na Figura 3.1. Usamos o **retângulo**, também chamado de **símbolo de ação**, para indicar qualquer tipo de ação, inclusive um cálculo ou uma operação de entrada/saída. As linhas de fluxo na figura indicam a

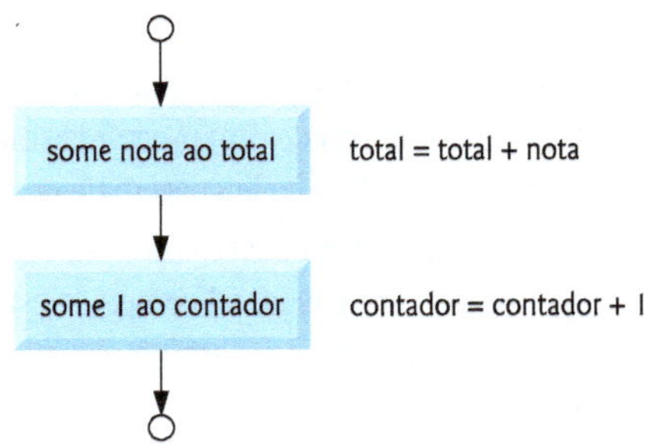

Figura 3.1 ■ Colocando a estrutura de sequência em C em um fluxograma.

---

1 Bohm, C., e G. Jacopini, 'Flow Diagrams, Turing Machines, and Languages with Only Two Formation Rules', *Communications of the ACM*, v. 9, n. 5, maio de 1966, p. 336–371.

sequência em que as ações deverão ser executadas — em primeiro lugar, `nota` deve ser somado a `total`, e depois `1` deve ser somado a `contador`. C permite que, em uma estrutura de sequência, tenhamos tantas ações quantas quisermos. Como veremos adiante, onde quer que uma única ação seja colocada, poderemos também colocar várias ações em sequência.

Ao desenhar um fluxograma que represente um algoritmo completo, uma **elipse** contendo a palavra 'Início' será o primeiro símbolo a ser usado; uma elipse contendo a palavra 'Fim' será o último símbolo a ser utilizado. Ao desenhar somente uma parte de um algoritmo, como na Figura 3.1, as elipses serão omitidas; em seu lugar, usaremos **pequenos círculos**, também chamados de **conectores**.

Talvez o mais importante símbolo na elaboração de fluxogramas seja o **losango**, também chamado de **símbolo de decisão**, que indica a necessidade de tomar uma decisão. Discutiremos o losango na próxima seção.

C oferece três tipos de estruturas de seleção em forma de comandos. A estrutura de seleção `if` (Seção 3.5) tanto executa (seleciona) uma ação, se uma condição for verdadeira, quanto 'pula' a ação, se a condição for falsa. A estrutura de seleção `if...else` (Seção 3.6) executa uma ação, se uma condição for verdadeira, e executa uma ação diferente, se a condição for falsa. O comando de seleção `switch` (a ser discutido no Capítulo 4) executa uma das muitas ações diferentes que dependem do valor de uma expressão. O comando `if` é chamado de **comando de seleção única**, pois seleciona ou ignora uma única ação. O comando `if...else` é um **comando de seleção dupla**, pois seleciona uma dentre duas ações diferentes. O comando `switch` é chamado de **comando de seleção múltipla**, pois seleciona a ação a ser executada dentre muitas ações diferentes.

C fornece três tipos de estruturas de repetição em forma de comandos, a saber: `while` (Seção 3.7), `do...while` e `for` (esses dois últimos serão abordados no Capítulo 4).

Bem, isso é tudo! C tem apenas sete estruturas de controle: sequência, três tipos de seleção e três tipos de repetição. Cada programa em C é formado pela combinação de muitas estruturas de controle, de acordo com o que for apropriado para o algoritmo que o programa esteja implementando. Assim como ocorre com a estrutura de sequência da Figura 3.1, veremos que cada estrutura de controle representada por um fluxograma contém dois círculos pequenos, um no ponto de entrada do comando de controle e um no ponto de saída. Esses **comandos de controle de entrada e saída únicas** facilitam a construção de programas. Os segmentos do fluxograma do comando de controle podem ser ligados um ao outro ao conectarmos o ponto de saída de um comando ao ponto de entrada do seguinte. Isso é muito parecido com o modo como as crianças empilham peças de montagem, e, por isso, chamamos esse processo de **empilhamento do comando de controle**. Veremos que só existe outra maneira de conectar os comandos de controle — um método chamado de aninhamento do comando de controle. Assim, qualquer programa em C que tenhamos de montar pode ser construído a partir de apenas sete tipos de comandos de controle combinados de duas maneiras. Isso é a essência da simplicidade.

3.5 A estrutura de seleção `if`

As estruturas de seleção são usadas na escolha entre cursos de ação alternativos. Por exemplo, suponha que a nota de corte em um exame seja 60. O comando em pseudocódigo

Se a nota do aluno for maior ou igual a 60
Imprima 'Aprovado'

determina se a condição 'nota do aluno é maior ou igual a 60' é verdadeira ou falsa. Se a condição é verdadeira, então a palavra 'Aprovado' é impressa, e o próximo comando na sequência do pseudocódigo é 'executado' (lembre-se de que o pseudocódigo não é uma autêntica linguagem de programação). Se a condição é falsa, o comando de impressão é ignorado e o próximo comando na sequência do pseudocódigo é executado. Há um recuo na segunda linha dessa estrutura de seleção. Tal recuo é opcional, mas altamente recomendado, pois enfatiza a estrutura inerente aos programas estruturados. É aconselhável aplicar as convenções de recuo no texto. O compilador de C ignora **caracteres de espaçamento**, como caracteres em branco, pontos de tabulação e caracteres de nova linha, usados para recuo e espaçamento vertical.

Boa prática de programação 3.1

Aplicar consistentemente convenções razoáveis de recuo faz com que a legibilidade do programa seja muito maior. Sugerimos uma marca de tabulação com um tamanho fixo de cerca de 1/4 de polegada, ou três espaços, por nível de recuo.

O comando *Se* do pseudocódigo apresentado pode ser escrito em C como

```
if ( nota >= 60 ) {
   printf( "Aprovado\n" );
} /* fim do if */
```

Note que o código em C corresponde de maneira aproximada ao pseudocódigo. Esta é uma das propriedades do pseudocódigo que o torna uma ferramenta tão útil no desenvolvimento de programas.

Boa prática de programação 3.2

Frequentemente, o pseudocódigo é usado na 'criação' de um programa durante o processo de planejamento. Depois disso, o programa em pseudocódigo é convertido em C.

O fluxograma da Figura 3.2 mostra a estrutura `if` de seleção única. Ele contém o que talvez seja o símbolo mais importante na elaboração de fluxogramas — o **losango**, também é conhecido como símbolo de decisão, pois indica que uma decisão deve ser tomada. O símbolo de decisão contém uma expressão — uma condição — que pode ser verdadeira ou falsa. Duas linhas de fluxo têm sua origem no símbolo de decisão. Uma indica a direção a ser seguida quando a expressão dentro do símbolo é verdadeira; a outra indica a direção a ser tomada quando a expressão é falsa. As decisões podem ser baseadas em condições que contêm operadores relacionais ou de igualdade. Na verdade, uma decisão pode ser tomada com base em qualquer expressão; se o valor da expressão é zero, ela é tratada como falsa, e se o valor da expressão não é zero, ela é tratada como verdadeira.

A estrutura `if` também é uma estrutura de entrada e saída únicas. Adiante aprenderemos que os fluxogramas das demais estruturas de controle podem conter (além dos pequenos círculos e linhas de fluxo) somente retângulos para indicar as ações que deverão ser executadas, e losangos, para indicar as decisões que deverão ser tomadas. Este é o modelo de programação de ação/decisão que temos enfatizado até agora.

Podemos imaginar sete caixas, cada uma contendo somente estruturas de controle de um dos sete tipos. Esses segmentos de fluxograma estão vazios; nada está escrito nos retângulos ou nos losangos. Sua tarefa é montar um programa que junte as peças de cada tipo de estrutura de controle de que o algoritmo necessita, combinando esses comandos de controle dos dois únicos modos possíveis (empilhamento ou aninhamento), e depois preenchendo-os com ações e decisões convenientes ao algoritmo. Discutiremos os vários modos em que as ações e decisões podem ser escritas.

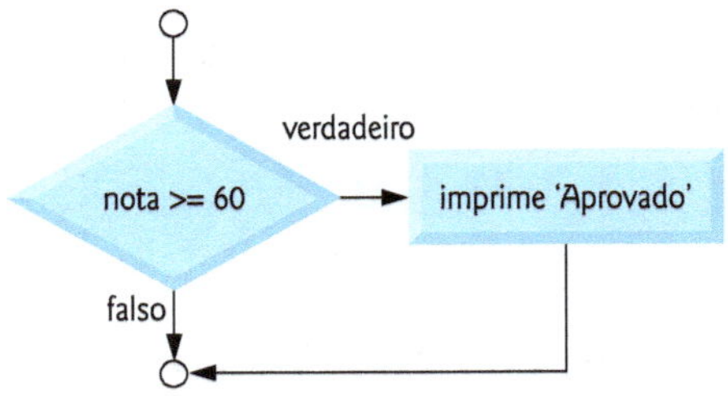

Figura 3.2 ■ Elaboração do fluxograma do comando `if` de seleção única.

3.6 A estrutura de seleção `if...else`

O comando de seleção `if` executa uma ação indicada somente quando a condição é verdadeira; caso contrário, a ação é desprezada. A estrutura de seleção `if...else` permite que você determine que uma ação deve ser executada quando a condição for verdadeira, e não quando a condição for falsa. Por exemplo, o comando de pseudocódigo

Se a nota do aluno for maior ou igual a 60
    Imprima 'Aprovado'
se não
    Imprima 'Reprovado'

imprime *Aprovado* se a nota do aluno é maior ou igual a 60, e imprime *Reprovado* se a nota do aluno é menor que 60. Em ambos os casos, depois de ocorrida a impressão, o próximo comando de pseudocódigo da sequência é 'executado'. O corpo do *se não* também é recuado. Qualquer que seja a convenção de recuo que você escolha, ela deverá ser aplicada cuidadosamente ao longo de todos os seus programas. É difícil ler programas que não obedecem a convenções de espaçamento uniformes.

Boa prática de programação 3.3

Recuar ambos os comandos do corpo de uma estrutura `if...else`.

Boa prática de programação 3.4

Se existem vários níveis de recuo, cada nível deve ser recuado pelo mesmo espaço adicional.

A estrutura de pseudocódigo *Se...se não* pode ser escrita em C como

```
if ( nota >= 60 ) {
   printf( "Aprovado\n" );
} /* fim do if */
else {
   printf( "Reprovado\n" );
} /* fim do else */
```

O fluxograma da Figura 3.3 mostra bem o fluxo de controle na estrutura `if...else`. Uma vez mais, note que (além de círculos pequenos e setas) os únicos símbolos no fluxograma são retângulos (para ações) e um losango (para uma decisão). Continuaremos a enfatizar esse modelo de computação com ação/decisão. Imagine novamente uma caixa grande contendo tantas estruturas vazias de seleção dupla quantas poderiam ser necessárias para a construção de qualquer programa em C. Seu trabalho, novamente, é juntar esses comandos de seleção (empilhando e aninhando) com quaisquer outros comandos de controle exigidos pelo algoritmo, e preencher os retângulos e losangos vazios com ações e decisões apropriadas no caso do algoritmo que está sendo implementado.

C oferece o **operador condicional** (`?:`), que é muito semelhante ao comando `if...else`. O operador condicional é o único operador ternário de C — ele aceita três operandos. Os operandos, com o operador condicional, formam uma **expressão condicional**. O primeiro operando é uma condição; o segundo operando é o valor para a expressão condicional inteira, se a condição for verdadeira; e o terceiro operando é o valor para a expressão condicional inteira se a condição for falsa. Por exemplo, o comando `printf`

```
printf( "%s\n", nota >= 60 ? "Aprovado" : "Reprovado" );
```

contém uma expressão condicional que resulta na string literal "Aprovado" se a condição nota >= 60 for verdadeira, e resulta na string "Reprovado" se a condição for falsa. A string de controle de formato do `printf` contém a especificação de conversão `%s` para imprimir uma string de caracteres. Desse modo, esse comando `printf` executa essencialmente o mesmo que o comando `if...else` anterior.

O segundo e o terceiro operandos em uma expressão condicional também podem ser ações a serem executadas. Por exemplo, a expressão condicional

```
nota >= 60 ? printf( "Aprovado\n" ) : printf( "Reprovado\n" );
```

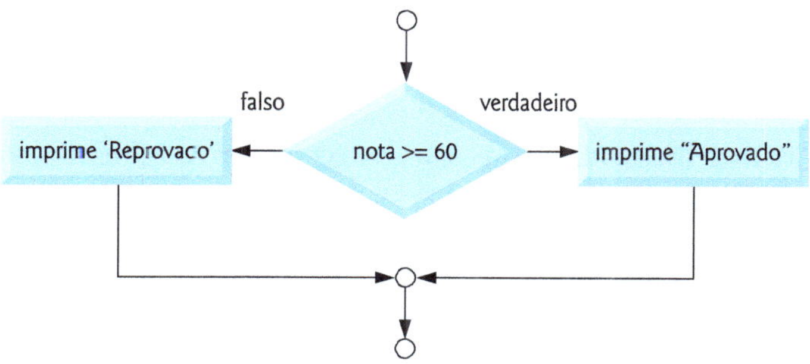

Figura 3.3 ■ Fluxograma da estrutura de seleção dupla `if...else`.

é lida como "Se nota é maior ou igual a 60, então `printf("Aprovado\n")`, caso contrário, `printf("Reprovado\n")`". Isso também é comparável à estrutura `if...else` anterior. Veremos que os operadores condicionais podem ser usados em algumas situações em que as estruturas `if...else` não podem.

Estruturas `if...else` aninhadas testam vários casos, colocando estruturas `if...else` dentro de estruturas `if...else`. Por exemplo, a estrutura de pseudocódigo a seguir imprimirá `A` para notas de exame maiores ou iguais a `90`, `B` para notas maiores ou iguais a `80`, `C` para notas maiores ou iguais a `70`, `D` para notas maiores ou iguais a `60`, e `F` para todas as outras notas.

```
Se a nota do aluno é maior ou igual a 90
    Imprime 'A'
se não
    Se a nota do aluno é maior ou igual a 80
        Imprime 'B'
    se não
        Se a nota do aluno é maior ou igual a 70
            Imprime 'C'
        se não
            Se a nota do aluno é maior ou igual a 60
                Imprime 'D'
            se não
                Imprime 'F'
```

Esse pseudocódigo pode ser escrito em C como

```
if ( nota >= 90 )
   printf( "A\n" );
else
   if ( nota >= 80 )
      printf("B\n");
   else
      if ( nota >= 70 )
         printf("C\n");
      else
         if ( nota >= 60 )
            printf( "D\n" );
         else
            printf( "F\n" );
```

Se a variável `nota` for maior ou igual a 90, as quatro primeiras condições serão verdadeiras, mas somente o `printf` após o primeiro teste será executado. Depois que esse `printf` é executado, a parte else da estrutura `if...else` 'externa' é desprezada. Muitos programadores em C preferem escrever a estrutura `if` anterior como

```
if ( nota >= 90 )
   printf( "A\n" );
else if ( nota >= 80 )
   printf( "B\n" );
else if ( nota >= 70 )
   printf( "C\n" );
else if ( nota >= 60 )
   printf( "D\n" );
else
   printf( "F\n" );
```

Para o compilador C, as duas formas são equivalentes. A última forma é popular porque evita o recuo profundo do código para a direita. Esse recuo normalmente deixa pouco espaço em uma linha, forçando uma divisão de linhas, diminuindo a legibilidade do programa.

A estrutura de seleção `if` espera que exista apenas uma instrução em seu corpo. Para incluir várias instruções no corpo de um `if`, delimite o conjunto de instruções com chaves ({ e }). Um conjunto de instruções contidas dentro de um par de chaves é chamado de **instrução composta** ou **bloco**.

Observação sobre engenharia de software 3.1

Uma instrução composta pode ser colocada em qualquer lugar de um programa em que uma única instrução pode ser colocada.

O exemplo a seguir inclui uma instrução composta na parte `else` de uma estrutura `if...else`.

```
if ( nota >= 60 ) {
   printf( "Aprovado.\n" );
} /* fim do if */
else {
   printf( "Reprovado.\n" );
   printf( "Você precisa fazer esse curso novamente.\n" );
} /* fim do else */
```

Nesse caso, se a nota for menor que 60, o programa executará as duas instruções `printf` no corpo do `else`, e imprimirá:

```
Reprovado.
Você precisa fazer esse curso novamente.
```

Observe as chaves ao redor das duas instruções na cláusula `else`. Essas chaves são importantes. Sem elas, a instrução

```
printf( "Você precisa fazer esse curso novamente.\n" );
```

ficaria fora do corpo da parte `else` do `if`, e seria executada não importando se a nota fosse menor que 60.

Erro comum de programação 3.1

Esquecer-se de uma ou de ambas as chaves que delimitam uma instrução composta.

Um erro de sintaxe é detectado pelo compilador. Um erro lógico tem seu efeito durante a execução. Um erro lógico fatal faz com que o programa falhe e seja encerrado prematuramente. Um erro lógico não fatal permite que o programa continue executando, mas produzindo resultados incorretos.

Observação sobre engenharia de software 3.2

Assim como uma instrução composta pode ser colocada em qualquer lugar em que uma única instrução pode ser colocada, também é possível não haver instrução nenhuma, ou seja, uma instrução vazia. A instrução vazia é representada por um ponto e vírgula (;) no local em que uma instrução normalmente estaria.

Erro comum de programação 3.2

Colocar um ponto e vírgula após a condição de uma estrutura `if`*, como em (nota >= 60);, ocasiona um erro lógico nas estruturas* `if` *de seleção única e um erro de sintaxe nas estruturas* `if` *de seleção dupla.*

Dica de prevenção de erro 3.1

Digitar as chaves de início e de fim das instruções compostas antes de digitar as instruções individuais dentro das chaves ajuda a evitar a omissão de uma ou de ambas as chaves, o que impede erros de sintaxe e erros lógicos (onde as duas chaves realmente forem necessárias).

3.7 A estrutura de repetição `while`

Uma **estrutura de repetição** permite que você especifique que uma ação deverá ser repetida enquanto alguma condição permanecer verdadeira. A estrutura em pseudocódigo

Enquanto houver mais itens na minha lista de compras
Comprar próximo item e riscá-lo da minha lista

descreve a repetição que ocorre durante uma ida às compras. A condição 'existem mais itens na minha lista de compras' pode ser verdadeira ou falsa. Se for verdadeira, então a ação 'Comprar próximo item e riscá-lo da minha lista' será realizada. Essa ação será realizada repetidamente enquanto a condição permanecer verdadeira. A instrução (ou instruções) contida na estrutura de repetição *while* (*enquanto*) constitui o corpo do *while*. O corpo da estrutura *while* pode ser uma única instrução ou uma instrução composta.

Eventualmente, a condição se tornará falsa (quando o último item tiver sido comprado e riscado da lista). Nesse ponto, a repetição terminará e a primeira instrução do pseudocódigo após a estrutura de repetição será executada.

Erro comum de programação 3.3

Não fornecer o corpo de uma estrutura `while` *com uma ação que eventualmente fará com que a condição no* `while` *se torne falsa. Normalmente, essa estrutura de repetição nunca termina — esse erro é chamado de 'loop infinito'.*

Erro comum de programação 3.4

Escrever a palavra-chave `while` *com um W maiúsculo, como em* `While` *(lembre-se de que C é uma linguagem que diferencia maiúsculas de minúsculas). Todas as palavras-chave reservadas de C, como* `while`, `if` *e* `else`, *contêm apenas letras minúsculas.*

Como exemplo de um `while` real, considere um segmento de programa projetado para encontrar a primeira potência de 3 maior que 100. Suponha que a variável inteira `produto` tenha sido inicializada com 3. Quando a seguinte estrutura de repetição `while` acabar de ser executada, `produto` terá a resposta desejada:

```
produto = 3;
while ( produto <= 100 ) {
   produto = 3 * produto;
}  /* fim do while */
```

O fluxograma da Figura 3.4 ilustra bem o fluxo de controle na estrutura de repetição `while`. Mais uma vez, observe que (além de pequenos círculos e setas) o fluxograma contém apenas um retângulo e um losango. O fluxograma mostra claramente a repetição. A linha de fluxo que sai do retângulo volta para a decisão, que é testada toda vez que o loop é repetido, até que a decisão, por fim, torne-se falsa. Nesse ponto, a estrutura `while` termina, e o controle passa para a próxima instrução no programa.

Quando a estrutura `while` é iniciada, o valor de `produto` é 3. A variável `produto` é multiplicada repetidamente por 3, assumindo os valores 9, 27 e 81, sucessivamente. Quando `produto` chega a 243, a condição na estrutura `while`, `produto <= 100`, torna-se falsa. Isso encerra a repetição, e o valor final de `produto` será 243. A execução do programa continuará com a instrução seguinte ao `while`.

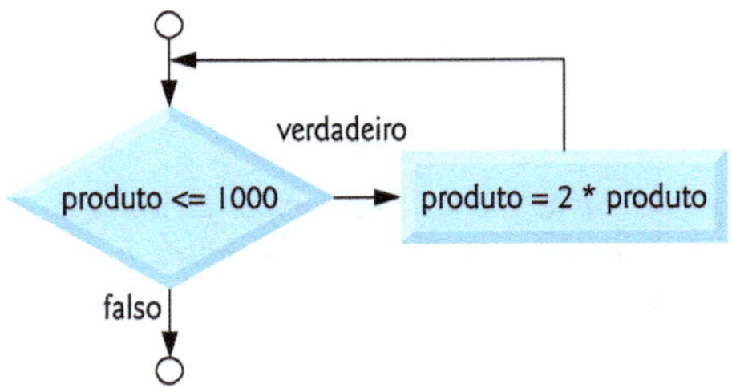

Figura 3.4 ■ Fluxograma da estrutura de repetição `while`.

3.8 Formulando algoritmos: estudo de caso 1 (repetição controlada por contador)

Para ilustrar como os algoritmos são desenvolvidos, resolveremos diversas variantes do problema de calcular a média de uma turma. Considere o seguinte problema:

> *Uma turma de dez alunos realiza um teste. As notas (inteiros, no intervalo de 0 a 100) dadas aos alunos estão à sua disposição. Determine a média das notas da turma.*

A média da turma é igual à soma das notas dividida pelo número de alunos. O algoritmo para resolver esse problema em um computador deve inserir cada uma das notas, executar o cálculo da média e imprimir o resultado.

Usemos o pseudocódigo para listar as ações que deverão ser executadas e especificar a ordem em que essas ações deverão ser executadas. Usamos uma **repetição controlada por contador** para inserir as notas, uma de cada vez. Essa técnica usa uma variável chamada **contador** para especificar o número de vezes que um conjunto de comandos será executado. Nesse exemplo, a repetição termina quando o contador exceder 10. Nesta seção, apresentamos um algoritmo em pseudocódigo (Figura 3.5) e o programa correspondente em C (Figura 3.6). Na próxima seção, mostraremos como algoritmos em pseudocódigo são desenvolvidos. A repetição controlada por contador é chamada, frequentemente, de **repetição definida**, porque o número de repetições é conhecido antes que o loop comece a ser executado.

Observe as referências no algoritmo à variável total e à variável contador. A variável **total** é usada para acumular a soma de uma série de valores. Contador é uma variável usada para contar — nesse caso, contar o número de notas informadas. As variáveis utilizadas para armazenar totais normalmente devem ser inicializadas com zero antes de serem usadas em um programa; caso contrário, a soma incluiria o valor anterior armazenado na posição de memória do total. As variáveis contadoras normalmente são inicializadas com zero ou um, a depender de seu uso (apresentaremos exemplos que demonstram cada um desses usos). Uma variável não inicializada contém um **valor de 'lixo'** — o último valor armazenado na posição de memória reservada para essa variável.

Erro comum de programação 3.5

Se um contador ou total não for inicializado, os resultados de seu programa provavelmente serão incorretos. Este é um exemplo de um erro lógico.

Dica de prevenção de erro 3.2

Inicialize todos os contadores e totais.

```
Define total como zero
Define contador de notas como um

Enquanto contador de notas é menor ou igual a dez
   Lê a próxima nota
   Soma a nota ao total
   Soma um ao contador de notas

Define a média da turma como o total dividido por dez
Imprime a média da turma
```

Figura 3.5 ■ Algoritmo de pseudocódigo que usa a repetição controlada por contador para resolver o problema da média da turma.

```
/* Figura 3.6: fig03_06.c
   Programa de média da turma com repetição controlada por contador */
#include <stdio.h>

/* função main inicia execução do programa */
int main( void )
{
   int contador; /* número da nota a digitar em seguida */
   int nota;     /* valor da nota */
   int total;    /* soma das notas inseridas pelo usuário */
   int média;    /* média das notas */

   /* fase de inicialização */
   total = 0;    /* inicializa total */
   contador = 1; /* inicializa contador do loop */

   /* fase de processamento */
   while ( contador <= 10 ) {        /* loop 10 vezes */
      printf( "Digite a nota: " ); /* prompt para inserção */
      scanf( "%d", &nota );         /* lê a nota do usuário */
      total = total + nota;         /* soma nota ao total */
      contador = contador + 1;      /* incrementa contador */
   } /* fim do while */

   /* fase de término */
   média = total / 10; /* divisão de inteiros */

   printf( "Média da turma é %d\n", média ); /* exibe resultado */
   return 0; /* indica que programa foi concluído com sucesso */
} /* fim da função main */
```

```
Digite a nota: 98
Digite a nota: 76
Digite a nota: 71
Digite a nota: 87
Digite a nota: 83
Digite a nota: 90
Digite a nota: 57
Digite a nota: 79
Digite a nota: 82
Digite a nota: 94
Média da turma é 81
```

Figura 3.6 ■ Programa em C e exemplo de sua execução para o problema de média da turma com repetição controlada por contador.

O cálculo da média no programa produziu o número inteiro 81. Na realidade, a soma das notas nesse exemplo é 817, que, ao ser dividido por 10, deveria gerar 81,7, ou seja, um número com uma parte fracionária. Veremos como lidar com esses números (chamados números em ponto flutuante) na próxima seção.

3.9 Formulando algoritmos com refinamentos sucessivos top-down: estudo de caso 2 (repetição controlada por sentinela)

Vamos generalizar o problema da média da turma. Considere o seguinte problema:

> *Desenvolva um programa que calcule a média da turma e que processe um número arbitrário de notas cada vez que o programa for executado.*

No primeiro exemplo de média da turma, o número de notas (10) era conhecido com antecedência. Nesse exemplo, não há nenhuma indicação de quantas notas serão digitadas. O programa deve processar um número qualquer de notas. Como o programa pode determinar quando parar a leitura de notas? Como ele saberá quando calcular e imprimir a média da turma?

Um modo de resolver esse problema é usar um valor especial, chamado de **valor de sentinela** (também chamado de **valor sinalizador**, **valor artificial** ou **valor de flag**), para indicar o 'fim de inserção de dados'. O usuário, então, digita as notas até que todas as que são válidas sejam inseridas. A seguir, digita o valor de sentinela para indicar que a última nota foi inserida. A repetição controlada por sentinela é frequentemente chamada de **repetição indefinida**, porque o número de repetições não é conhecido antes de o loop começar a ser executado.

Naturalmente, o valor de sentinela deve ser escolhido de forma a não ser confundido com um valor aceitável fornecido como entrada. Como as notas de um teste normalmente são inteiros não negativos, –1 é um valor de sentinela aceitável para esse problema. Desse modo, uma execução do programa para calcular a média da turma poderia processar uma sequência de dados de entrada tal como 95, 96, 75, 74, 89 e –1. O programa, então, calcularia e imprimiria a média da turma para as notas 95, 96, 75, 74 e 89 (–1 é o valor de sentinela, e por isso, ele não deve entrar no cálculo da média).

Erro comum de programação 3.6

Escolher um valor de sentinela que também seja um valor de dado legítimo.

Abordaremos o programa que calcula a média da turma com uma técnica chamada **refinamentos sucessivos top-down**, uma técnica essencial para o desenvolvimento de programas bem-estruturados. Começaremos com uma representação do pseudocódigo de **cima para baixo**:

Determinar a média da turma para o teste

O topo é uma única afirmação que expõe a função global do programa. Como tal, o topo é, na realidade, uma representação completa de um programa. Infelizmente, o topo raramente traz uma quantidade suficiente de detalhes para que se escreva um programa em C. Assim, começaremos agora o processo de refinamento. Temos de dividir o topo em uma série de tarefas pequenas, e depois listar essas tarefas na ordem em que precisam ser executadas. Isso resulta no seguinte **primeiro refinamento**:

Inicializar variáveis
Ler, somar e contar as notas do teste
Calcular e imprimir a média da turma

Aqui, foi usada somente a estrutura de sequência — as etapas listadas devem ser executadas na ordem, uma depois da outra.

Observação sobre engenharia de software 3.3

Cada refinamento, bem como o próprio topo, é uma especificação completa do algoritmo; só o nível de detalhe varia.

Para prosseguir, chegando ao próximo nível de refinamento, o **segundo refinamento**, adicionamos variáveis específicas. Precisamos de um total acumulado dos números, uma contagem de quantos números foram processados, uma variável para receber o valor de cada nota enquanto ela é inserida e uma variável para conter a média calculada. O comando de pseudocódigo

Inicializar variáveis

pode ser refinado da seguinte forma:

```
Inicializar total como zero
Inicializar contador como zero
```

Observe que somente o total e o contador precisam ser inicializados; as variáveis média e nota (média calculada e entrada do usuário, respectivamente) não precisam ser inicializadas, pois seus valores serão modificados pelo processo de leitura destrutiva, discutido no Capítulo 2. A instrução de pseudocódigo

Ler, somar e contar as notas do teste

requer uma estrutura de repetição (ou seja, um loop) que leia cada nota sucessivamente. Como não sabemos com antecedência quantas notas deverão ser processadas, usaremos a repetição controlada por sentinela. O usuário digitará notas válidas, uma de cada vez. Depois que a última nota válida for informada, o usuário digitará o valor de sentinela. O programa testará esse valor depois que cada nota for lida e terminará o loop quando a sentinela for digitada. O refinamento da instrução de pseudocódigo apresentada será, então,

```
Inserir a primeira nota
Enquanto o usuário ainda não tiver digitado a sentinela
    Somar essa nota ao total acumulado
    Somar um ao contador de notas
    Ler a próxima nota (possivelmente a sentinela)
```

Note que, em pseudocódigo, não usamos chaves em torno do conjunto de comandos que forma o corpo da estrutura *while*. Simplesmente recuamos todos esses comandos sob *while* para mostrar que eles pertencem à estrutura. Novamente, o pseudocódigo é somente uma ajuda informal para o desenvolvimento de programas.

O comando de pseudocódigo

Calcular e imprimir a média da turma

pode ser refinado da seguinte forma:

```
Se o contador não é igual a zero
    Definir a média como total dividido pelo contador
    Imprimir a média
se não
    Imprimir 'Nenhuma nota foi informada'
```

Note que estamos sendo cuidadosos aqui, testando a possibilidade de divisão por zero — um **erro fatal** de lógica que, se não for detectado, fará com que o programa seja encerrado prematuramente (diz-se, frequentemente, que programa '**abortaria**' ou '**falharia**'). O segundo refinamento completo é mostrado na Figura 3.7.

Erro comum de programação 3.7

Uma tentativa de dividir por zero causa um erro fatal.

Boa prática de programação 3.5

Ao executar uma divisão por uma expressão cujo valor poderia ser zero, teste explicitamente essa possibilidade e trate-a de forma apropriada em seu programa (por exemplo, imprimindo uma mensagem de erro) em vez de permitir que o erro fatal aconteça.

```
Inicializar total como zero
Inicializar contador como zero

Ler a primeira nota
Enquanto o usuário não tiver digitado a sentinela
        Somar essa nota ao total acumulado
        Somar um ao contador de notas
        Ler a próxima nota (possivelmente a sentinela)

Se o contador não é igual a zero
        Definir a média como total dividido pelo contador
        Imprimir a média
se não
        Imprimir "Nenhuma nota foi informada"
```

Figura 3.7 ■ Algoritmo de pseudocódigo que usa a repetição controlada por sentinela para resolver o problema de média da turma.

Nas figuras 3.5 e 3.7, incluímos algumas linhas em branco no pseudocódigo para aumentar a legibilidade. As linhas em branco, na verdade, separam esses programas em suas várias fases.

Observação sobre engenharia de software 3.4

Muitos programas podem ser logicamente divididos em três fases: uma fase de inicialização, que inicializa as variáveis do programa; uma fase de processamento, que recebe como entrada valores de dados e ajusta as variáveis do programa adequadamente; e uma fase de finalização, que calcula e imprime os resultados finais.

O algoritmo em pseudocódigo na Figura 3.7 resolve a classe mais geral de problemas de cálculo da média. Esse algoritmo foi desenvolvido após somente dois níveis de refinamento. Às vezes, mais níveis são necessários.

Observação sobre engenharia de software 3.5

Você termina o processo de refinamento sucessivo top-down quando o algoritmo em pseudocódigo estiver especificado em detalhes suficientes para que você possa converter o pseudocódigo em C. Implementar o programa em C normalmente será um processo direto.

O programa em C e um exemplo de sua execução são mostrados na Figura 3.8. Embora somente notas com números inteiros sejam fornecidas, é provável que o cálculo da média produza um número decimal (com uma parte inteira e outra fracionária). O tipo `int` não pode representar números reais. O programa introduz o tipo de dados `float` para tratar números com ponto decimal (também chamados de **números em ponto flutuante**) e introduz um operador especial chamado de operador de conversão (*cast*) para tratar do cálculo da média. Esses recursos são explicados em detalhes depois de o programa ser apresentado.

```c
/* Figura 3.8: fig03_08.c
   Programa de média da turma com repetição controlada por sentinela */
#include <stdio.h>

/* função main inicia execução do programa */
int main( void )
{
```

Figura 3.8 ■ Programa em C e exemplo de sua execução para o problema da média da turma com repetição controlada por sentinela. (Parte 1 de 2.)

```c
   int contador; /* número de notas digitadas */
   int nota; /* valor da nota */
   int total; /* soma das notas */

   float média; /* número em ponto flutuante para a média */

   /* fase de inicialização */
   total = 0; /* inicializa total */
   contador = 0; /* inicializa contador do loop */

   /* fase de processamento */
   /* recebe primeira nota do usuário */
   printf( "Digite a nota, -1 no fim: " ); /* prompt para entrada */
   scanf( "%d", &nota ); /* lê nota do usuário */

   /* loop enquanto valor da sentinela não foi lido */
   while ( nota != -1 ) {
      total = total + nota;      /* soma nota ao total */
      contador = contador + 1;  /* incrementa contador */

      /* recebe próxima nota do usuário */
      printf( "Digite a nota, -1 para finalizar: " ); /* prompt para entrada */
      scanf("%d", &nota); /* lê próxima nota */
   } /* fim do while */

   /* fase de finalização */
   /* se o usuário digitou pelo menos uma nota */
   if ( contador != 0 ) {

      /* calcula média de todas as notas lidas */
      média = ( float ) total / contador; /* evita truncar */

      /* exibir média com dois dígitos de precisão */
      printf( "Média da turma é %.2f\n", média );
   } /* fim do if */
   else { /* se nenhuma nota foi informada, envia mensagem */
      printf( "Nenhuma nota foi informada\n" );
   } /* fim do else */

   return 0; /* indica que o programa foi concluído com sucesso */
} /* fim da função main */
```

```
Digite a nota, -1 para finalizar: 75
Digite a nota, -1 para finalizar: 94
Digite a nota, -1 para finalizar: 97
Digite a nota, -1 para finalizar: 88
Digite a nota, -1 para finalizar: 70
Digite a nota, -1 para finalizar: 64
Digite a nota, -1 para finalizar: 83
Digite a nota, -1 para finalizar: 89
Digite a nota, -1 para finalizar: -1
Média da turma é 82,50
```

```
Digite a nota, -1 no fim: -1
Nenhuma nota foi informada
```

Figura 3.8 ■ Programa em C e exemplo de sua execução para o problema da média da turma com repetição controlada por sentinela. (Parte 2 de 2.)

Note o comando composto no loop `while` (linha 24) na Figura 3.8. Mais uma vez, as chaves são necessárias para as quatro instruções a serem executadas dentro do loop. Sem as chaves, os últimos três comandos no corpo do loop cairiam para fora dele, fazendo com que o computador interpretasse incorretamente esse código, como a seguir:

```
while ( nota != -1 )
    total = total + nota;      /* soma nota ao total */
contador = contador + 1;       /* incrementa contador */
printf( "Digite a nota, -1 no fim: " );  /* prompt da entrada */
scanf( "%d", &nota );          /* lê próxima nota */
```

Isso causaria um loop infinito se o usuário não fornecesse −1 como entrada para a primeira nota.

Boa prática de programação 3.6

Em um loop controlado por sentinela, os prompts que solicitam a entrada de dados deveriam lembrar explicitamente ao usuário qual o valor de sentinela.

Cálculos de médias nem sempre produzem valores inteiros. Frequentemente, uma média é um valor que contém uma parte fracionária, como 7,2 ou −93,5. Esses valores são chamados de números em ponto flutuante, e são representados pelo tipo de dados `float`. A variável `média` é declarada para ser do tipo `float` (linha 12) para capturar o resultado de nosso cálculo em ponto flutuante. Porém, o resultado do cálculo `total` / `contador` é um número inteiro, porque `total` e `contador` são ambas variáveis inteiras. Dividir dois inteiros resulta em uma **divisão inteira** em que qualquer parte fracionária do cálculo é perdida (isto é, **truncada**). Como o cálculo é executado primeiro, a parte fracionária é perdida antes de o resultado ser atribuído à `média`. Para produzir um cálculo de ponto flutuante com valores inteiros, devemos criar valores temporários que sejam números em ponto flutuante. C fornece o **operador** unário **de conversão** para realizar essa tarefa. A linha 38

```
média = ( float ) total / contador;
```

inclui o operador de conversão (`float`), que cria uma cópia de ponto flutuante temporária de seu operando, `total`. O valor armazenado em `total` ainda é um inteiro. O uso de um operador de conversão dessa maneira é chamado de **conversão explícita**. O cálculo agora consiste em um valor de ponto flutuante (a versão `float` temporária de `total`) dividido pelo inteiro `contador`. A maioria dos computadores só pode avaliar expressões aritméticas em que os tipos de dados dos operandos são idênticos. Para assegurar que os operandos sejam do mesmo tipo, o compilador executa uma operação chamada **promoção** (também denominada **conversão implícita**) sobre operandos selecionados. Por exemplo, em uma expressão contendo os tipos de dados `int` e `float`, cópias de operandos `int` são promovidas a `float`, o cálculo é executado e o resultado da divisão em ponto flutuante é atribuído à `média`. C oferece um conjunto de regras para a promoção de operandos de tipos diferentes. O Capítulo 5 apresenta uma discussão de todos os tipos de dados-padrão e sua ordem de promoção.

Os operadores de conversão estão disponíveis para qualquer tipo de dados. O operador de conversão é formado colocando-se parênteses em torno do nome de um tipo de dados. O operador de conversão é um **operador unário**, ou seja, um operador que aceita somente um operando. No Capítulo 2, estudamos os operadores aritméticos binários. C também suporta versões unárias dos operadores mais (+) e menos (−), de modo que você possa escrever expressões como `-7` ou `+5`. Operadores de conversão são avaliados da direita para a esquerda, e têm a mesma precedência de outros operadores unários, como o + unário e o − unário. Essa precedência é mais alta que a dos **operadores multiplicativos** *, / e %.

A Figura 3.8 usa o especificador de conversão de `printf`, `%.2f` (linha 41) para imprimir o valor de `média`. O `f` especifica que um valor de ponto flutuante será impresso. O `.2` é a **precisão** com que o valor será exibido — com 2 dígitos à direita do ponto decimal. Se o especificador de conversão `%f` for usado (sem especificar a precisão), a **precisão default** de 6 é usada — exatamente como se o especificador de conversão `%.6f` tivesse sido usado. Quando os valores de ponto flutuante são impressos com precisão, o valor impresso é **arredondado** para o número de posições decimais indicado. O valor na memória não é alterado. Quando as seguintes instruções são executadas, os valores 3,45 e 3,4 são impressos.

```
printf( "%.2f\n", 3,446 ); /* imprime 3,45 */
printf( "%.1f\n", 3,446 ); /* imprime 3,4 */
```

Erro comum de programação 3.8

Usar precisão em uma especificação de conversão na string de controle de formato de uma instrução `scanf` *é errado. As precisões são usadas apenas nas especificações de conversão de* `printf`*.*

Erro comum de programação 3.9

Usar números em ponto flutuante de uma maneira que sugira que eles sejam representados com precisão pode ocasionar resultados incorretos. Os números em ponto flutuante são representados apenas aproximadamente pela maioria dos computadores.

Dica de prevenção de erro 3.3

Não compare valores em ponto flutuante quanto à igualdade ou desigualdade.

Apesar do fato de os números em ponto flutuante não serem sempre '100 por cento precisos', eles têm inúmeras aplicações. Por exemplo, quando dizemos que a temperatura 'normal' do corpo é 36,7 °C, não temos de ser precisos em um grande número de dígitos. Quando olhamos a temperatura em um termômetro e lemos 36,7, ela realmente poderia ser 36.6999473210643. A questão a ser destacada aqui é que chamar esse número simplesmente de 36,7 é suficiente para a maioria das aplicações. Falaremos mais sobre isso em outra oportunidade.

Números em ponto flutuante também surgem por meio da divisão. Quando dividimos 10 por 3, o resultado é 3,3333333... com a sequência de 3 repetindo-se infinitamente. O computador aloca uma quantidade fixa de espaço para guardar esse valor; assim, obviamente, o valor armazenado em ponto flutuante só pode ser uma aproximação.

3.10 Formulando algoritmos com refinamentos sucessivos top-down: estudo de caso 3 (estruturas de controle aninhadas)

Estudaremos agora outro problema completo. Uma vez mais, formularemos o algoritmo usando pseudocódigo e refinamentos sucessivos top-down, e escreveremos um programa correspondente em C. Vimos que estruturas de controle podem ser empilhadas umas sobre as outras (em sequência) da mesma maneira que uma criança empilha blocos de montagem. Nesse estudo de caso, veremos outro modo estruturado pelo qual estruturas de controle podem ser conectadas em C: o **aninhamento** de uma estrutura de controle dentro de outra.

Considere a seguinte definição de problema:

> *Uma escola oferece um curso que prepara alunos para o exame estadual de licenciamento de corretores de imóveis. No último ano, dez dos alunos que completaram esse curso fizeram o exame de licenciamento. Naturalmente, a escola quer saber como os alunos se saíram no exame. Você recebeu a missão de escrever um programa que resuma os resultados. Você recebeu uma lista com os nomes dos dez alunos. Ao lado de cada nome, lê-se 1 se o aluno passou no exame, ou 2, se o aluno foi reprovado.*
>
> *Seu programa deve analisar os resultados do exame da seguinte forma:*
>
> 1. *Forneça como entrada cada resultado do teste (isto é, 1 ou 2). Exiba a mensagem 'Digite o resultado' na tela cada vez que o programa pedir outro resultado do teste.*
> 2. *Conte o número de resultados de teste de cada tipo.*
> 3. *Exiba um resumo dos resultados de teste que indique o número de alunos que passaram e o número de alunos que foram reprovados.*
> 4. *Se mais de oito alunos tiverem passado no exame, imprima a mensagem 'Bônus para o instrutor!'*

Depois de ler a definição do problema cuidadosamente, temos as seguintes observações:

1. O programa deve processar 10 resultados do teste. Um loop controlado por contador deverá ser usado.
2. Cada resultado do teste é um número — 1 ou 2. Cada vez que o programa lê um resultado, ele deve determinar se o número é 1 ou 2. Em nosso algoritmo, testamos se ele é 1. Se o número não for 1, iremos supor que ele seja 2 (um exercício ao fim do capítulo aborda as consequências dessa suposição).
3. Dois contadores são usados: um para contar o número de alunos que passaram no exame, e outro para contar o número de alunos que foram reprovados.
4. Depois de o programa ter processado todos os resultados, ele deve decidir se mais de 8 alunos passaram no exame.

Continuaremos com o refinamento sucessivo top-down e com uma representação em pseudocódigo de auto nível:

Analisar os resultados do exame e decidir se o instrutor deve receber um bônus

Uma vez mais, é importante enfatizar que o topo é uma representação completa do programa, mas, provavelmente, vários refinamentos serão necessários antes que o pseudocódigo possa ser naturalmente convertido em um programa em C. Nosso primeiro refinamento é

Inicializar variáveis
Obter as dez notas do teste e contabilizar aprovações e reprovações
Imprimir um resumo dos resultados do teste e decidir se o instrutor deve receber um bônus

Um refinamento adicional é necessário nesse ponto, embora tenhamos uma representação completa de todo o programa. Agora definiremos variáveis específicas. Serão necessários contadores para registrar aprovações e reprovações, um contador será usado para controlar o loop de processamento, e é preciso que haja uma variável que armazene a entrada fornecida pelo usuário. O comando de pseudocódigo

Inicializar variáveis

pode ser refinado da seguinte maneira:

Inicializar aprovações como zero
Inicializar reprovações como zero
Inicializar aluno como um

Note que somente os contadores e totais são inicializados. O comando de pseudocódigo

Obter as dez notas do teste e contabilizar aprovações e reprovações

exige um loop, que sucessivamente recebe como entrada o resultado de cada exame. Nesse momento, sabemos com antecedência que existem exatamente dez resultados do teste; assim, um loop controlado por contador é adequado. Dentro do loop (ou seja, aninhada dentro do loop), uma estrutura de seleção dupla determinará se cada resultado do teste é uma aprovação ou uma reprovação e, consequentemente, incrementará o contador apropriado de modo adequado. O refinamento do comando de pseudocódigo apresentado, então, toma a seguinte forma:

```
Enquanto o contador de alunos é menor ou igual a dez
    Lê o próximo resultado do exame

    Se o aluno passou
        Soma um às aprovações
    se não
        Soma um às reprovações

    Soma um ao contador de alunos
```

Note o uso de linhas em branco para separar a estrutura de controle *se...se não* para melhorar a legibilidade do programa. O comando de pseudocódigo

Imprimir um resumo dos resultados do teste e decidir se o instrutor deve receber um bônus

pode ser refinado da seguinte forma:

```
Imprimir o número de aprovações
Imprimir o número de reprovações
Se mais de oito alunos passaram
    Imprimir "Bônus ao instrutor!"
```

O segundo refinamento completo aparece na Figura 3.9. Observe que linhas em branco também são usadas aqui para separar a estrutura `while` e melhorar a legibilidade do programa.

Agora, esse pseudocódigo está suficientemente refinado para a conversão em C. O programa em C e dois exemplos de execução aparecem na Figura 3.10. Tiramos proveito de um recurso da linguagem C que permite que a inicialização seja incorporada nas declarações. Essa inicialização ocorre durante a compilação.

Dica de desempenho 3.1

Inicializar variáveis quando elas são declaradas pode ajudar a reduzir o tempo de execução de um programa.

Dica de desempenho 3.2

Muitas das dicas de desempenho que mencionamos no texto resultam em melhorias nominais, de modo que o leitor pode se sentir tentado a ignorá-las. O efeito acumulado de todas essas melhorias de desempenho pode fazer um programa ser executado muito mais rapidamente. Além disso, uma melhoria significativa é observada quando uma melhoria supostamente nominal é colocada em um loop que pode se repetir um grande número de vezes.

```
Inicializa aprovações como zero
Inicializa reprovações como zero
Inicializa aluno como um

Enquanto contador de alunos for menor ou igual a dez
      Lê o próximo resultado do exame

      Se o aluno passou
          Soma um às aprovações
      se não
          Soma um às reprovações

      Soma um ao contador de alunos

Imprimir o número de aprovações
Imprimir o número de reprovações
Se mais de oito alunos passaram
      Imprimir 'Bônus ao instrutor!'
```

Figura 3.9 ■ Pseudocódigo para o problema de resultados do exame.

```c
/* Figura 3.10: fig03_10.c
   Análise de resultados de exame */
#include <stdio.h>

/* função main inicia execução do programa */
int main( void )
{
   /* inicializa variáveis nas declarações */
   int aprovados = 0; /* número de aprovações */
   int reprovados = 0; /* número de reprovações */
   int aluno = 1; /* contador de alunos */
   int resultado; /* um resultado de exame */

   /* processa 10 alunos usando loop controlado por contador */
   while ( aluno <= 10 ) {

      /* pede entrada do usuário e lê o valor digitado */
      printf( "Forneça resultado ( 1=aprovado,2=reprovado): " );
      scanf( "%d", &resultado );

      /* se resultado 1, incrementa aprovados */
      if ( resultado == 1 ) {
      aprovados = aprovados + 1;
      } /* fim do if */
      else {/* senão, incrementa reprovados */
      reprovados = reprovados + 1;
      } /* fim do else */

      aluno = aluno + 1; /* incrementa contador de alunos */
   } /* fim do while */

   /* fase de finalização; exibe número de aprovados e reprovados */
   printf( "Aprovados %d\n", aprovados );
   printf( "Reprovados %d\n", reprovados );

   /* se mais de oito aprovados, imprime 'Bônus ao instrutor!' */
   if ( aprovados > 8 ) {
   printf( "Bônus ao instrutor!\n" );
   } /* fim do if */

   return 0; /* indica que o programa foi concluído com sucesso */
} /* fim da função main */
```

```
Forneça resultado (1=aprovado, 2=reprovado):  1
Forneça resultado (1=aprovado, 2=reprovado):  2
Forneça resultado (1=aprovado, 2=reprovado):  2
Forneça resultado (1=aprovado, 2=reprovado):  1
Forneça resultado (1=aprovado, 2=reprovado):  1
Forneça resultado (1=aprovado, 2=reprovado):  1
Forneça resultado (1=aprovado, 2=reprovado):  2
Forneça resultado (1=aprovado, 2=reprovado):  1
Forneça resultado (1=aprovado, 2=reprovado):  1
Forneça resultado (1=aprovado, 2=reprovado):  2
Aprovados 6
Reprovados 4
```

Figura 3.10 ■ Programa em C e exemplos de sua execução para o problema dos resultados de exame. (Parte 1 de 2.)

```
Forneça resultado (1=aprovado, 2=reprovado):  1
Forneça resultado (1=aprovado, 2=reprovado):  1
Forneça resultado (1=aprovado, 2=reprovado):  1
Forneça resultado (1=aprovado, 2=reprovado):  2
Forneça resultado (1=aprovado, 2=reprovado):  1
Forneça resultado (1=aprovado, 2=reprovado):  1
Forneça resultado (1=aprovado, 2=reprovado):  1
Forneça resultado (1=aprovado, 2=reprovado):  1
Forneça resultado (1=aprovado, 2=reprovado):  1
Forneça resultado (1=aprovado, 2=reprovado):  1
Aprovados 9
Reprovados 1
Bônus ao instrutor!
```

Figura 3.10 ■ Programa em C e exemplos de sua execução para o problema dos resultados de exame. (Parte 2 de 2.)

Observação sobre engenharia de software 3.6

A experiência tem mostrado que a parte mais difícil da solução de um problema em um computador é desenvolver o algoritmo dessa solução. Uma vez que o algoritmo correto tiver sido especificado, o processo de produção de um programa funcional em C normalmente será simples.

Observação sobre engenharia de software 3.7

Muitos programadores escrevem programas sem sequer usar ferramentas de desenvolvimento, tais como o pseudocódigo. Eles acham que seu objetivo final é resolver o problema em um computador, e que escrever pseudocódigos simplesmente atrasa a obtenção do resultado final.

3.11 Operadores de atribuição

C oferece vários operadores de atribuição que abreviam as expressões de atribuição. Por exemplo, a instrução

```
c = c + 3;
```

pode ser abreviada com o **operador de atribuição com adição +=** para

```
c += 3;
```

O operador += soma o valor da expressão à direita do operador ao valor da variável à esquerda do operador, e armazena o resultado na variável à esquerda do operador. Qualquer instrução da forma

variável = *variável operador expressão*;

onde *operador* é um dos operadores binários +, –, *, / ou % (ou outros que serão discutidos no Capítulo 10), pode ser escrita na forma

variável operador = *expressão*;

Assim, a atribuição `c += 3` soma 3 a `c`. A Figura 3.11 mostra os operadores aritméticos de atribuição e exemplos de expressões que usam esses operadores e explicações.

Operador de atribuição	Exemplo de expressão	Explicação	Atribui
Considere: `int c = 3, d = 5, e = 4, f = 6, g = 12;`			
+=	`c += 7`	`c = c + 7`	10 a c
-=	`d -= 4`	`d = d - 4`	1 a d
*=	`e *= 5`	`e = e * 5`	20 a e
/=	`f /= 3`	`f = f / 3`	2 a f
%=	`g %= 9`	`g = g % 9`	3 a g

Figura 3.11 ■ Operadores aritméticos de atribuição.

3.12 Operadores de incremento e decremento

C também fornece o **operador unário de incremento ++** e o **operador unário de decremento −−**, que estão resumidos na Figura 3.12. Se uma variável `c` é incrementada em 1, o operador de incremento ++ pode ser usado no lugar das expressões `c = c + 1` ou `c + = 1`. Se um operador de incremento ou de decremento for colocado antes de uma variável (ou seja, se ele for prefixado), ele é chamado de **operador de pré-incremento** ou de **pré-decremento**, respectivamente. Se um operador de incremento ou decremento é colocado depois de uma variável, ele é chamado de **operador de pós-incremento** ou de **pós-decremento**, respectivamente. Pré--incrementar (ou pré-decrementar) uma variável faz com que a variável seja incrementada (ou decrementada) em 1, sendo o novo valor da variável, então, usado na expressão em que ela aparece. Pós-incrementar (ou pós-decrementar) uma variável faz com que o valor corrente da variável seja primeiramente usado na expressão em que ela aparece, para depois ser incrementado (ou decrementado) por 1.

O programa da Figura 3.13 mostra a diferença entre a versão de pré-incremento e a versão de pós-incremento do operador ++. Pós-incrementar a variável `c` faz com que ela seja incrementada depois de ser usada no comando de `printf`. Pré-incrementar a variável `c` faz com que ela seja incrementada antes de ser usada no comando `printf`.

Operador	Exemplo de expressão	Explicação
++	++a	Incrementa a em 1, e então usa o novo valor de a na expressão em que a estiver.
++	a++	Usa o valor corrente de a na expressão em que a estiver, e então incrementa a em 1.
--	--b	Decrementa b em 1, e então usa o novo valor de b na expressão em que b estiver.
--	b--	Usa o valor corrente de b na expressão em que b estiver, e então decrementa b em 1.

Figura 3.12 ■ Operadores de incremento e decremento.

```
/* Figura 3.13: fig03_13.c
   Pré-incrementando e pós-incrementando */
#include <stdio.h>

/* função main inicia a execução do programa */
int main( void )
{
   int c; /* define variável */

   /* demonstra pós-incremento */
   c = 5; /* atribui 5 a c */
   printf( "%d\n", c ); /* imprime 5 */
   printf( "%d\n", c++ ); /* imprime 5 e depois pós-incrementa*/
   printf( "%d\n\n", c ); /* imprime 6 */

   /* demonstra pré-incremento */
   c = 5; /* atribui 5 a c */
   printf( "%d\n", c ); /* imprime 5 */
```

Figura 3.13 ■ Diferenciando pré-incrementação de pós-incrementação. (Parte 1 de 2.)

```
    printf( "%d\n", ++c ); /* pré-incrementa e depois imprime 6 */
    printf( "%d\n", c ); /* imprime 6 */
    return 0; /* indica que o programa foi concluído com sucesso */
} /* fim da função main */
```

```
5
5
6
 s
5
6
6
```

Figura 3.13 ■ Diferenciando pré-incrementação de pós-incrementação. (Parte 2 de 2.)

O programa exibe o valor de `c` antes e depois que o operador ++ é usado. O operador de decremento (−−) funciona de modo semelhante.

Boa prática de programação 3.7

Operadores unários devem ser colocados perto de seus operandos, e espaços intermediários não devem ser usados.

Os três comandos de atribuição na Figura 3.10

```
aprovados = aprovados + 1;
reprovados = reprovados + 1;
aluno = aluno + 1;
```

poderão ser escritos de forma mais concisa se usarmos operadores de atribuição, tais como

```
aprovados += 1;
reprovados += 1;
aluno += 1;
```

usando operadores de pré-incremento como

```
++aprovados;
++reprovados;
++aluno;
```

ou usando operadores de pós-incremento como

```
aprovados++;
reprovados++;
aluno++;
```

Note que, ao incrementar ou decrementar uma variável sozinha em uma instrução, as formas de pré-incremento e pós-incremento têm o mesmo efeito. Somente quando uma variável aparece no contexto de uma expressão maior é que os efeitos são diferentes (e, similarmente, para pré-decrementar e pós-decrementar). Das expressões que estudamos até aqui, somente um nome de variável simples pode ser usado como operando de um operador de incremento ou decremento.

Erro comum de programação 3.10

Tentar usar um operador de incremento ou decremento em uma expressão que não seja um nome de variável simples é um erro de sintaxe; escrever `++(x + 1)`*, por exemplo.*

Dica de prevenção de erro 3.4

C geralmente não especifica a ordem em que os operandos de um operador serão avaliados (veremos exceções a essa regra para alguns operadores no Capítulo 4). Portanto, você deve evitar usar instruções com operadores de incremento ou decremento em que uma variável em particular, sendo incrementada ou decrementada, aparece mais de uma vez.

A Figura 3.14 mostra a precedência e a associatividade dos operadores apresentados até aqui. Os operadores são mostrados de cima para baixo em ordem decrescente de precedência. A segunda coluna descreve a associatividade dos operadores em cada nível de precedência. Observe que o operador condicional (?:), os operadores unários incremento (++) e decremento (−−), mais (+), menos (−) e de conversão, e os operadores de atribuição =, +=, −=, *=, /= e %= se associam da direita para a esquerda. A terceira coluna nomeia os vários grupos de operadores. Todos os outros operadores na Figura 3.14 se avaliam da esquerda para a direita.

Operadores	Associatividade	Tipo
++ (*pós-fixo*) -- (*pós-fixo*)	direita para esquerda	pós-fixo
+ - (*tipo*) ++ (*prefixo*) -- (*prefixo*)	direita para esquerda	unário
* / %	esquerda para direita	multiplicativo
+ -	esquerda para direita	aditivo
< <= > >=	esquerda para direita	relacional
== !=	esquerda para direita	igualdade
?:	direita para esquerda	condicional
= += -= *= /= %=	direita para esquerda	atribuição

Figura 3.14 ■ Precedência e associatividade dos operadores encontrados até agora no texto.

Resumo

Seção 3.1 Introdução

- Antes de escrever um programa para resolver um problema em particular é essencial ter conhecimento pleno desse problema e uma abordagem cuidadosamente planejada para resolvê-lo.

Seção 3.2 Algoritmos

- A solução para qualquer problema de computação envolve a execução de uma série de ações em uma ordem específica.
- O procedimento para resolver um problema em termos das ações a serem executadas, e a ordem em que essas ações são executadas, é chamado algoritmo.
- A ordem em que as ações devem ser executadas é importante.

Seção 3.3 Pseudocódigo

- Pseudocódigo é uma linguagem artificial e informal que o ajuda a desenvolver algoritmos.
- O pseudocódigo é semelhante à linguagem do dia a dia; ele não é realmente uma linguagem de programação de computador.
- Programas em pseudocódigo ajudam você a 'pensar' em um programa antes de tentar escrever em uma linguagem de programação, como C.
- O pseudocódigo consiste unicamente de caracteres; você pode digitar o pseudocódigo usando um editor.
- Programas em pseudocódigo cuidadosamente preparados podem ser convertidos facilmente em programas em C correspondentes.
- O pseudocódigo consiste apenas em comandos de ação.

Seção 3.4 Estruturas de controle

- Normalmente, as instruções em um programa são executadas uma após a outra na ordem em que são escritas. Isso é chamado de execução sequencial.
- Diversas instruções em C permitem que você especifique que a próxima instrução a ser executada pode ser outra que não a próxima na sequência. Isso é chamado de transferência de controle.
- A programação estruturada se tornou quase um sinônimo de 'eliminação de `goto`'.
- Os programas estruturados são mais claros, mais fáceis de depurar e de modificar, e provavelmente apresentarão menos falhas.
- Todos os programas podem ser escritos nos termos de apenas três estruturas de controle — sequência, seleção e repetição.

- A menos que seja instruído de outra forma, o computador, automaticamente, executará as instruções em C em sequência.
- Um fluxograma é uma representação gráfica de um algoritmo. Eles são desenhados a partir de retângulos, losangos, elipses e pequenos círculos conectados por setas chamadas linhas de fluxo.
- O símbolo de retângulo (ação) indica qualquer tipo de ação, incluindo um cálculo ou uma operação de entrada/saída.
- Linhas de fluxo indicam a ordem em que as ações são realizadas.
- Ao desenhar um fluxograma que representa um algoritmo completo, um símbolo de elipse contendo a palavra 'início' será o primeiro símbolo usado no fluxograma; uma elipse contendo a palavra 'fim' será o último. Ao desenhar apenas uma parte de um algoritmo, as elipses são omitidas em favor do uso de pequenos símbolos circulares, também chamados de símbolos conectores.
- O losango (decisão) indica que uma decisão deve ser tomada.
- C oferece três tipos de estruturas de seleção. A estrutura de seleção `if` realiza (seleciona) uma ação se uma condição for verdadeira, ou despreza a ação se a condição for falsa. A estrutura de seleção `if...else` realiza uma ação se uma condição for verdadeira, e realiza uma ação diferente se a condição for falsa. A estrutura de seleção `switch` realiza uma de muitas ações diferentes a depender do valor de uma expressão.
- A estrutura `if` é chamada estrutura de seleção única, pois seleciona ou ignora uma única ação.
- A estrutura `if...else` é chamada estrutura de seleção dupla, pois seleciona uma dentre duas ações diferentes.
- A estrutura `switch` é chamada estrutura de seleção múltipla, pois avalia uma opção dentre várias ações diferentes.
- C oferece três tipos de estruturas de repetição, a saber `while`, `do...while` e `for`.
- Segmentos do fluxograma de estrutura de controle podem ser conectados uns aos outros com o empilhamento da estrutura de controle, conectando o ponto de saída de uma estrutura de controle ao ponto de entrada da seguinte.
- Existe apenas um modo diferente de conectar as estruturas de controle: por aninhamento.

Seção 3.5 A estrutura de seleção `if`

- Estruturas de seleção são usadas para escolher cursos de ação alternativos.
- O símbolo de decisão contém uma expressão, por exemplo, uma condição, que pode ser verdadeira ou falsa. O símbolo de decisão tem duas linhas de fluxo que partem dele. Uma indica a direção a ser tomada quando a expressão é verdadeira; a outra, quando a expressão é falsa.
- Uma decisão pode ser baseada em qualquer expressão; se a expressão for avaliada como zero, ela será tratada como falsa, e se for avaliada como algo diferente de zero, ela será tratada como verdadeira.
- A estrutura `if` é uma estrutura de entrada e saída únicas.

Seção 3.6 A estrutura de seleção `if...else`

- C oferece o operador condicional (?:), que está profundamente relacionado à estrutura `if...else`.
- O operador condicional é o único operador ternário da linguagem em C — ele usa três operandos. Os operandos, com o operador condicional, formam uma expressão condicional. O primeiro operando é uma condição. O segundo, o valor para a expressão condicional, se a condição for verdadeira; e o terceiro, o valor para a expressão condicional se a condição for falsa.
- Os valores em uma expressão condicional também podem ser ações a executar.
- Estruturas `if...else` aninhadas testam vários casos ao dispor estruturas `if...else` dentro de estruturas `if...else`.
- A estrutura de seleção `if` espera ter apenas uma instrução em seu corpo. Para incluir várias instruções no corpo de um `if`, delimite o conjunto de instruções com chaves ({ e }).
- Um conjunto de instruções contidas dentro de um par de chaves é chamado de instrução composta, ou bloco.
- Um erro de sintaxe é descoberto pelo compilador. Um erro lógico tem seu efeito durante a execução. Um erro lógico fatal faz com que um programa falhe e seja encerrado prematuramente. Um erro lógico não fatal permite que um programa continue a ser executado, mas produz resultados incorretos.

Seção 3.7 A estrutura de repetição `while`

- A estrutura de repetição `while` especifica que uma ação deve ser repetida enquanto uma condição for verdadeira. Por fim, a condição deverá se tornar falsa. Nesse ponto, a repetição termina e a primeira instrução após a estrutura de repetição é executada.

Seção 3.8 Formulando algoritmos: estudo de caso 1 (repetição controlada por contador)

- A repetição controlada por contador usa uma variável chamada contador para especificar o número de vezes que um conjunto de instruções deverá ser executado.
- A repetição controlada por contador normalmente é chamada de repetição definida, porque o número de repetições é conhecido antes que o loop inicie sua execução.
- Um total é uma variável usada para acumular a soma de uma série de valores. As variáveis usadas para armazenar totais normalmente devem ser inicializadas em zero antes de serem usadas em um programa; caso contrário, a soma incluiria o valor anterior armazenado na posição de memória do total.

- Um contador é uma variável usada para contar. As variáveis contadoras normalmente são inicializadas em zero ou um, a depender de seu uso.
- Uma variável não inicializada contém um valor de 'lixo' — o último valor armazenado na posição da memória reservada para essa variável.

Seção 3.9 Formulando algoritmos com refinamentos sucessivos top-down: estudo de caso 2 (repetição controlada por sentinela)

- Um valor de sentinela (também chamado de valor de sinal, valor fictício ou valor de chave) é usado em um loop controlado por sentinela para indicar o 'final da entrada de dados'.
- A repetição controlada por sentinela normalmente é chamada de repetição indefinida, pois o número de repetições não é conhecido antes do início do loop.
- O valor de sentinela precisa ser escolhido de modo a não ser confundido com um valor de entrada aceitável.
- O refinamento sucessivo top-down é essencial para o desenvolvimento de programas bem estruturados.
- O topo é uma instrução que descreve a função geral do programa. Ele é uma representação completa de um programa. Ele raramente transmite uma quantidade suficiente de detalhes para escrever um programa em C. No processo de refinamento, dividimos o topo em tarefas menores e as listamos na ordem de execução.
- O tipo `float` representa números com pontos decimais (chamados de números em ponto flutuante).
- Ao dividir dois inteiros, qualquer parte fracionária do resultado será truncada.
- Para produzir um cálculo de ponto flutuante com valores inteiros, você precisa converter os inteiros em números em ponto flutuante. C oferece o operador de conversão unária `(float)` para realizar essa tarefa.
- Os operadores de conversão realizam conversões explícitas.
- A maioria dos computadores pode avaliar expressões aritméticas somente nos tipos de dados dos operandos que são idênticos. Para garantir isso, o compilador realiza uma operação chamada promoção (também chamada de conversão implícita) sobre os operandos selecionados. Por exemplo, em uma expressão contendo os tipos de dados `int` e `float`, cópias de operandos `int` são feitas e promovidas para `float`.
- Operadores de conversão estão disponíveis para a maioria dos tipos de dados. Um operador de conversão é formado pela inclusão de parênteses em torno do nome de um tipo de dado. O operador de conversão é um operador unário, ou seja, ele usa apenas um operando.
- Os operadores de conversão se associam da direita para a esquerda e têm a mesma precedência de outros operadores, como o + e o – unários. Essa precedência é um nível mais elevado que o de *, / e %.
- O especificador de conversão `%.2f` de `printf` especifica que um valor de ponto flutuante será exibido com dois dígitos à direita do ponto decimal. Se o especificador de conversão `%f` for usado (sem que se especifique a precisão), a precisão default de 6 é utilizada.
- Quando os valores de ponto flutuante são impressos com precisão, o valor impresso é arredondado para o número de posições decimais indicado para fins de exibição.

Seção 3.11 Operadores de atribuição

- C oferece vários operadores de atribuição para abreviar expressões de atribuição.
- O operador += soma o valor da expressão à direita do operador ao valor da variável à esquerda do operador, armazenando o resultado nessa mesma variável.
- Qualquer instrução na forma

  variável = variável operador expressão;

  onde *operador* é um dos operadores binários +, –, *, / ou % (ou outros que discutiremos no Capítulo 10), pode ser escrita na forma

  variável operador= expressão;

Seção 3.12 Operadores de incremento e decremento

- C oferece o operador de incremento unário, ++, e o operador de decremento unário, – –.
- Se os operadores de incremento ou de decremento forem colocados antes de uma variável, eles serão chamados de operadores de pré-incremento ou de pré-decremento, respectivamente. Se os operadores de incremento ou de decremento forem colocados após uma variável, eles serão chamados de operadores de pós-incremento ou de pós-decremento, respectivamente.
- Pré-incrementar (ou pré-decrementar) uma variável faz com que a variável seja incrementada (ou decrementada) em 1, e depois o novo valor da variável será usado na expressão em que ela aparece.
- Pós-incrementar (ou pós-decrementar) uma variável usa o valor atual da variável na expressão em que ela aparece, e depois o valor da variável será incrementado (decrementado) em 1.
- Ao incrementar ou decrementar uma variável em uma instrução isolada, as formas de pré-incremento e de pós-incremento têm o mesmo efeito. Quando uma variável aparece no contexto de uma expressão maior, o pré-incremento e o pós-incremento têm efeitos diferentes (o mesmo ocorre nos casos de pré-decremento e de pós-decremento).

Terminologia

?:, operador condicional 49
*, operadores multiplicativos 59
/, operador de divisão 59
%, operador de módulo 59
− −, operador unário de decremento 65
+ +, operador unário de incremento 65
+ =, operador de atribuição com adição 64
'abortar' 56
ações 45
algoritmo 45
aninhamento 60
arredondado 59
bloco 50
caracteres de espaçamento 47
cima para baixo 55
comando de controle de entrada e saída únicas 47
comando de seleção dupla 47
comando de seleção múltipla 47
comando de seleção única 47
conectores 47
contador 53
controle do programa 45
conversão explícita 59
conversão implícita 59
divisão inteira 59
elipse 47
empilhamento do comando de controle 47
erro fatal 56
estrutura de repetição 46, 52
estrutura de seleção 46
estruturas if...else aninhadas 50
estruturas de controle 46
estrutura de sequência 46
execução sequencial 46
expressão condicional 49
'falha' 56
`float` 57
fluxograma 46
`goto`, eliminação de 46
`goto`, comando 46
`if...else`, estrutura aninhada 50
instrução composta 50
linhas de fluxo 46
losango 47, 48
números em ponto flutuante 57
operador condicional (?:) 49
operador de atribuição com adição (+ =) 64
operador de conversão 59
operador de pós-decremento (− −) 65
operador de pós-incremento (+ +) 65
operador de pré-decremento (− −) 65
operador de pré-incremento (+ +) 65
operador unário 59
operadores multiplicativos 59
ordem 45
pequenos círculos 47
precisão 59
precisão default 59
primeiro refinamento 55
procedimentos 45
promoção 59
pseudocódigo 45
refinamentos sucessivos top-down 55
repetição controlada por contador 53
repetição definida 53
repetição indefinida 55
retângulo 46
segundo refinamento 55
símbolo de ação 46
símbolo de decisão 47
total 53
transferência de controle 46
truncada 59
valor artificial 55
valor de flag 55
valor de 'lixo' 53
valor de sentinela 55
valor sinalizador 55
`while`, estrutura de repetição 52

Exercícios de autorrevisão

3.1 Preencha os espaços nas seguintes sentenças:

a) O procedimento para resolver um problema em termos das ações a serem executadas e da ordem em que essas ações devem ser executadas é chamado de _______.

b) Especificar a ordem de execução das instruções pelo computador é chamado de _______.

c) Todos os programas podem ser escritos nos termos de três tipos de estruturas de controle: _______, _______ e _______.

d) A estrutura de seleção _______ é usada para executar uma ação quando uma condição é verdadeira e outra ação quando essa condição é falsa.

e) Várias instruções agrupadas com chaves ({ e }) são chamadas de _______.

f) A estrutura de repetição _______ especifica que uma instrução ou grupo de instruções deve ser executada repetidamente enquanto alguma condição permanecer verdadeira.

g) A repetição de um conjunto de instruções por um número específico de vezes é chamada de repetição _______.

h) Quando não se sabe com antecedência quantas vezes um conjunto de instruções será repetido, um valor de _______ pode ser usado para encerrar a repetição.

3.2 Escreva quatro instruções diferentes em C; cada uma deve somar 1 à variável inteira `x`.

3.3 Escreva uma única instrução em C que possibilite realizar as seguintes tarefas:

a) atribuir a soma de `x` e `y` a `z` e incrementar o valor de `x` em 1 após o cálculo.

b) multiplicar a variável `produto` por 2 usando o operador `*=`.

c) multiplicar a variável `produto` por 2 usando os operadores `=` e `*`.

d) testar se o valor da variável `contador` é maior do que 10. Se for, imprimir '`Contador é maior do que 10`'.

e) decrementar a variável `x` em 1, depois subtraí-la da variável `total`.

f) somar a variável `x` à variável `total`, depois decrementar `x` por 1.

g) calcular o resto após `q` ser dividido por `divisor` e atribuir o resultado a `q`; escreva essa instrução de duas maneiras diferentes.

h) imprimir o valor `123.4567` com 2 dígitos de precisão. Que valor é impresso?

i) imprimir o valor de ponto flutuante `3.14159` com três dígitos à direita do ponto decimal. Que valor é impresso?

3.4 Escreva uma instrução em C que possibilite realizar as seguintes tarefas:

a) declarar variáveis `soma` e `x` para que sejam do tipo `int`.

b) inicializar variável `x` em 1.

c) inicializar variável `soma` em 0.

d) somar variável `x` à variável `soma` e atribuir o resultado à variável `soma`

e) imprimir '`A soma é:`' seguido pelo valor da variável `soma`.

3.5 Combine as instruções que você escreveu no Exercício 3.4 em um programa que calcule a soma dos inteiros de 1 a 10. Use a estrutura `while` para realizar um loop pelas instruções de cálculo e incremento. O loop deverá terminar quando o valor de `x` chegar a 11.

3.6 Determine os valores das variáveis `produto` e `x` depois que o cálculo a seguir for realizado. Suponha que `produto` e `x` tenham o valor 5 quando a instrução começar a ser executada.

```
produto *= x++;
```

3.7 Escreva instruções em C que:

a) leiam a variável inteira `x` com `scanf`.

b) leiam a variável inteira `y` com `scanf`.

c) inicializem a variável inteira `i` em 1.

d) inicializem a variável inteira `potência` em 1.

e) multipliquem a variável `potência` por `x` e atribua o resultado à potência.

f) incrementem a variável `i` em 1.

g) testem `i` para verificar se ele é maior ou igual a `y` na condição de uma estrutura `while`.

h) exibam a variável inteira `potência` com `printf`.

3.8 Escreva um programa em C que use as instruções do Exercício 3.7 para calcular `x` elevado à potência `y`. O programa deverá ter uma estrutura de controle de repetição `while`.

3.9 Identifique e corrija os erros em cada um dos itens:

a)
```
while ( c <= 5 ) {
   produto *= c;
   ++c;
```

b)
```
scanf( "%.4f", &valor );
```

c)
```
if ( sexo == 1 )
   printf( "Mulher\n" );
se não
   printf( "Homem\n" );
```

3.10 O que está errado na estrutura de repetição `while` a seguir (considere z com valor 100), que supõe-se calcular a soma dos inteiros de 100 para 1?

```
while (z > = 0)
soma + = z;
```

Respostas dos exercícios de autorrevisão

3.1 a) Algoritmo. b) Controle do programa. c) Sequência, seleção, repetição. d) `if...else`. e) Instrução composta. f) `while`. g) Controlada por contador. h) Sentinela.

3.2 x = x + 1;

x + = 1;

++x;

x++;

3.3 a) `z = x++ + y;`

b) `produto *= 2;`

c) `produto = produto * 2;`

d)
```
if ( contador > 10 )
   printf( "Contador é maior que 10.\n" );
```

e) `total -= --x;`

f) `total += x--;`

g)
```
q %= divisor;
q = q % divisor;
```

h) `printf( "%.2f", 123.4567 );`
`123.46` é exibido.

i) `printf( "%.3f\n", 3.14159 );`
`3.142` é exibido.

3.4 a) `int soma, x;`

b) `x = 1;`

c) `soma = 0;`

d) `soma += x;` ou `soma = soma + x;`

e) `printf( "A soma é: %d\n", soma );`

3.5 Veja na listagem de programa a seguir.

```
/* Calcula a soma dos inteiros de 1 a 10 */
#include <stdio.h>

int main( void )
{
  int soma, x; /* declara variáveis soma e x */

  x = 1; /* inicializa x */
  soma = 0; /* inicializa soma */

  while ( x <= 10 ) { /* loop while x é menor ou igual a 10 */
    soma += x; /* soma x à variável soma */
    ++x; /* incrementa x */
  } /* fim do while */

    printf( "A soma é: %d\n", soma ); /* exibe a soma */
    return 0;
  } /* fim da função main */
```

3.6 `produto = 25, x = 6;`

3.7 a) `scanf( "%d", &x );`

b) `scanf( "%d", &y );`

c) `i = 1;`

d) `potência = 1;`

e) `potência *= x;`

f) `i++;`

g) `if ( i <= y )`

h) `printf( "%d", potência );`

3.8 Veja a seguir.

```
/* eleva x à potência y */
#include <stdio.h>

int main( void )
{
  int x, y, i, potência; /* declara variáveis */

  i = 1; /* inicializa i */
  potência = 1; /* inicializa potência */
  scanf( "%d", &x ); /* lê do usuário o valor para x */
  scanf( "%d", &y ); /* lê do usuário o valor para y */

  while ( i <= y ) { /* loop while i é menor ou igual a y */
    potência *= x; /* multiplica potência por x */
    ++i; /* incrementa i */
  } /* fim do while */

  printf( "%d", potência ); /* exibe potência */
  return 0;
} /* fim da função main */
```

3.9 a) Erro: Falta a chave à direita do `while`.
Correção: Adicione a chave à direita depois da estrutura ++c;.

b) Erro: Precisão usada na especificação de conversão `scanf`.
Correção: Retire `.4` da especificação de conversão.

c) Erro: Ponto e vírgula depois de else em uma estrutura `if...else` resulta em um erro lógico. O segundo `printf` continuará a ser executado.

Correção: Retire o ponto e vírgula que parece depois de `else`.

3.10 O valor da variável `z` nunca muda na estrutura `while`. Portanto, cria-se um loop infinito. Para impedir que isso aconteça, `z` precisa ser decrementado, de modo que seu valor chegue a `0`.

Exercícios

3.11 Identifique e corrija os erros dos seguintes trechos e códigos: [*Nota:* pode haver mais de um erro em cada um.]

a)
```
if ( idade >= 65 );
   printf( "Idade é maior ou igual a 65\n" );
else
   printf( "Idade é menor que 65\n" );
```

b)
```
int x = 1, total;

while ( x <= 10 ) {
   total += x;
   ++x;
}
```

c)
```
while ( x <= 100 )
   total += x;
   ++x;
```

d)
```
while ( y > 0 ) {
   printf( "%d\n", y );
   ++y;
}
```

3.12 Preencha os espaços em cada sentença:

a) A solução para qualquer problema envolve realizar uma série de ações em um(a) _______ específico(a).

b) Um sinônimo para procedimento é _______.

c) Uma variável que acumula a soma de vários números é um(a) _______.

d) A definição de certas variáveis com valores específicos no início de um programa é chamada de _______.

e) Um valor especial usado para indicar o 'fim da entrada de dados' é chamado de valor _______, _______, _______ ou _______.

f) Um(a) _______ é uma representação gráfica de um algoritmo.

g) Em um fluxograma, a ordem em que as etapas devem ser realizadas é indicada por símbolos _______.

h) O símbolo de finalização indica o(a) _______ e _______ de cada algoritmo.

i) Retângulos correspondem a cálculos que normalmente são realizados por instruções e operações de entrada/saída que normalmente são realizadas por chamadas às funções _______ e _______ da biblioteca-padrão.

j) O item escrito dentro de um símbolo de decisão é chamado de _______.

3.13 O que o programa a seguir imprime?

```
#include <stdio.h>

int main( void )
{
  int x = 1, total = 0, y;

  while ( x <= 10 ) {
    y = x * x;
    printf( "%d\n", y );
    total += y;
    ++x;
  } /* fim do while */

  printf("Total is %d\n", total);
  return 0;
} /* fim do main */
```

3.14 Escreva uma única instrução em pseudocódigo que indique cada um dos seguintes comandos:

a) Apresente a mensagem 'Digite dois números'.

b) Atribua a soma das variáveis x, y e z à variável p.

c) A seguinte condição deve ser testada em uma estrutura de seleção if…else: o valor atual da variável m é maior que o dobro do valor atual da variável v.

d) Obtenha valores para as variáveis s, r e t pelo teclado.

3.15 Formule um algoritmo em pseudocódigo para cada um dos seguintes comandos:

a) Obter dois números a partir do teclado, calcular sua soma e exibir o resultado.

b) Obter dois números a partir do teclado, determinar e exibir qual deles (se houver algum) é o maior dos dois números.

c) Obter uma série de números positivos a partir do teclado, determinar e exibir sua soma. Suponha que o usuário digite um valor de sentinela -1 para indicar o 'fim da entrada de dados'.

3.16 Indique quais das sentenças seguintes são *verdadeiras* e quais são *falsas*. Caso haja uma afirmação *falsa*, explique.

a) A experiência tem mostrado que a parte mais difícil da solução de um programa em um computador é a produção de um programa em C funcional.

b) Um valor de sentinela deve ser um valor que não possa ser confundido com um valor de dados legítimo.

c) Linhas de fluxo indicam as ações a serem realizadas.

d) Condições escritas dentro de símbolos de decisão sempre contêm operadores aritméticos (ou seja, +, −, *, / e %).

e) Nos refinamentos sucessivos top-down, cada refinamento é uma representação completa do algoritmo.

Para os exercícios 3.17 a 3.21, realize cada uma destas etapas:

1. Leia o enunciado do problema.
2. Formule o algoritmo usando pseudocódigo e refinamentos sucessivos top-down.
3. Escreva um programa em C.
4. Teste, depure e execute o programa em C.

3.17 ***Consumo de gasolina.*** Os motoristas se preocupam com o consumo de combustível de seus automóveis. Um motorista manteve um registro do número de abastecimentos que fez, registrando também o número de quilômetros rodados e de litros obtidos a cada abastecimento. Desenvolva um programa que peça o número de quilômetros dirigidos e a quantidade de litros obtidos a cada abastecimento. O programa deverá calcular e exibir a quantidade de quilômetros rodados por litros usados. Depois de processar toda a informação, o programa deverá calcular e exibir o total combinado de quilômetros por litro para todos os abastecimentos. Veja um exemplo do diálogo de entrada/saída:

```
Informe quantos litros abasteceu (-1 para ter-
minar): 25,6
Informe quantos km dirigiu: 287
O consumo atual é de 11,210937 km/l

Informe quantos litros abasteceu (-1 para ter-
minar): 20,6
Informe quantos km dirigiu: 200
O consumo atual é de 9,708738 km/l

Informe quantos litros abasteceu (-1 para ter-
minar): 10
Informe quantos km dirigiu: 120
O consumo atual é de 12,000000 km/l

Informe quantos litros abasteceu (-1 para ter-
minar): -1

O consumo geral foi de 10,800712 km/l
```

3.18 ***Calculadora de limite de crédito.*** Desenvolva um programa em C que determine se um cliente de uma loja de departamentos excedeu seu limite de crédito. Os seguintes fatos estão disponíveis para cada cliente:

a) Número de conta.
b) Saldo no início do mês.
c) Total de todos os encargos desse cliente nesse mês.
d) Total de todos os créditos aplicados à conta desse cliente nesse mês.
e) Limite de crédito autorizado.

O programa deverá ler cada um desses fatos, calcular o novo saldo (= *saldo inicial* + *encargos* − *créditos*) e determinar se o novo saldo é superior ao limite de crédito do cliente. Para os clientes cujo limite de crédito foi ultrapassado, o programa deverá exibir o número de conta do cliente, o limite de crédito, o novo saldo e a mensagem 'Limite de crédito ultrapassado'. Veja um exemplo do diálogo de entrada/saída:

```
Informe o número da conta (-1 para terminar):
100
Informe o saldo inicial: 5394,78
Informe o total de encargos: 1000,00
Informe o total de créditos: 500,00
Informe o limite de crédito: 5500,00
Conta: 100
Limite de crédito: 5500,00
Saldo: 5894,78
Limite de crédito ultrapassado.

Informe número da conta (-1 para terminar): 200
Informe o saldo inicial: 1000,00
Informe o total de encargos: 123,45
Informe o total de créditos: 321,00
Informe o limite de crédito: 1500,00

Informe número da conta (-1 para terminar): 300
Informe o saldo inicial: 500,00
Informe o total de encargos: 274,73
Informe o total de créditos: 100,00
Informe o limite de crédito: 800,00

Informe número da conta (-1 para terminar): -1
```

3.19 ***Calculadora de comissão de vendas.*** Uma grande companhia química paga seus vendedores por comissão. Os vendedores recebem R$ 200,00 por semana, mais 9 por cento de suas vendas brutas nessa semana. Por exemplo, um vendedor que comercialize R$ 5.000,00 em produtos químicos em uma semana receberá R$ 200,00 e mais 9 por cento de R$ 5.000,00, ou seja, receberá um total de R$ 650,00. Desenvolva um programa que peça os valores brutos de cada vendedor na semana que passou, calcule e apresente o valor que esse vendedor deverá receber. Processe os valores referentes a um vendedor por vez. Veja um exemplo do diálogo de entrada/saída:

```
Informe a venda em reais (-1 para terminar):
5.000,00
O pagamento é de: R$650,00

Informe a venda em reais (-1 para terminar):
1.234,56
O pagamento é de: R$311,11

Informe a venda em reais (-1 para terminar):
1.088,89
O pagamento é de: R$298,00

Informe a venda em reais (-1 para terminar): -1
```

3.20 ***Calculadora de juros.*** Os juros simples sobre um empréstimo são calculados a partir da fórmula

```
juros = principal * taxa * dias / 365;
```

Essa fórmula considera que `taxa` seja a taxa de juros anual e, portanto, inclui a divisão por 365 (dias). Desenvolva um programa que aceite `principal`, `taxa` e `dias` para vários empréstimos, calcule e apresente os juros simples para cada empréstimo, usando a fórmula apresentada. Veja um exemplo do diálogo de entrada/saída:

```
Informe o valor principal do empréstimo
(-1 para terminar): 1.000,00
Informe a taxa de juros: 0,1
Informe o prazo do empréstimo em dias: 365
O valor dos juros é de R$100,00

Informe o valor principal do empréstimo
(-1 para terminar): 1.000,00
Informe a taxa de juros: 0,08375
Informe o prazo do empréstimo em dias: 224
O valor dos juros é de R$51,40

Informe o valor principal do empréstimo
(-1 para terminar): 10.000,00
Informe a taxa de juros: 0,09
Informe o prazo do empréstimo em dias: 1460
O valor dos juros é de R$3600,00

Informe valor principal do empréstimo
(-1 para terminar): -1
```

3.21 ***Calculadora de salário.*** Desenvolva um programa que determine o salário semanal bruto de vários funcionários. A empresa paga 'uma hora normal' para cada funcionário pelas primeiras 40 horas trabalhadas, 'uma hora normal e meia' por hora trabalhada a partir de 40 horas. Você recebe uma lista de funcionários da empresa, o número de horas que cada funcionário trabalhou na semana anterior e o valor ganho por hora de cada funcionário. Seu programa deverá ler essas informações para cada funcionário e determinar e exibir o salário que cada um deverá receber. Aqui está um exemplo do diálogo de entrada/saída:

```
Digite # de horas trabalhadas (-1 para termi-
nar): 39
Digite o salário por hora do funcionário
(R$00,00): 10,00
Salário é de R$390,00

Digite # de horas trabalhadas (-1 para termi-
nar): 40
Digite o salário por hora do funcionário
(R$00,00): 10,00
Salário é de R$400,00

Digite # de horas trabalhadas (-1 para termi-
nar): 41
Digite o salário por hora do funcionário
(R$00,00): 10,00
Salário é de R$415,00

Digite # de horas trabalhadas (-1 para termi-
nar): -1
```

3.22 ***Pré-incrementando*** **versus** ***pós-incrementando.*** Escreva um programa que demonstre a diferença entre pré-decrementar e pós-decrementar usando o operador de decremento `--`.

3.23 ***Imprimindo números por um loop.*** Escreva um programa que utilize o looping para imprimir os números de 1 a 10 lado a lado na mesma linha, com três espaços entre os números.

3.24 ***Ache o número maior.*** O processo de achar o número maior (ou seja, o máximo de um grupo de números) é usado com frequência nas aplicações de computador. Por exemplo, um programa que determina o vencedor de uma disputa de vendas lerá o número de unidades vendidas por vendedor. O vendedor que tiver vendido mais unidades vence a disputa. Escreva um programa em pseudocódigo e depois um programa que leia uma série de 10 números, determine e imprima o maior dos números. [*Dica*: seu programa deverá usar três variáveis da seguinte forma]:

`contador`: Um contador para contar até 10 (ou seja, registrar quantos números foram informados e determinar quando os 10 números foram processados)

`número`: O número da entrada atual no programa

`maior`: O maior número achado até o momento

3.25 ***Saída tabular.*** Escreva um programa que use o looping para imprimir a tabela de valores a seguir. Use a sequência de escape de tabulação, `\t`, na instrução `printf` para separar as colunas com tabulações.

```
N       10*N    100*N   1000*N

1       10      100     1000
2       20      200     2000
3       30      300     3000
4       40      400     4000
5       50      500     5000
6       60      600     6000
7       70      700     7000
8       80      800     8000
9       90      900     9000
10      100     1000    10000
```

3.26 ***Saída tabular.*** Escreva um programa que use o looping para produzir a seguinte tabela de valores:

```
A       A+2     A+4     A+6
3       5       7       9
6       8       10      12
9       11      13      15
12      14      16      18
15      17      19      21
```

3.27 ***Ache os dois maiores números.*** Usando uma técnica semelhante à do Exercício 3.24, ache os *dois* maiores valores dos 10 números. [*Nota:* você poderá informar cada número apenas uma vez.]

3.28 ***Valide a entrada do usuário.*** Modifique o programa da Figura 3.10 para validar suas entradas. Em qualquer entrada, se o valor inserido for diferente de 1 ou 2, continue o looping até que o usuário informe um valor correto.

3.29 O que o programa a seguir exibe?

```
#include <stdio.h>

int main( void )
{
  int contador = 1; /* inicializa contador */

  while ( contador <= 10 ) { /* loop 10 vezes */

    /* exibe linha de texto */
    printf( "%s\n", contador % 2 ? "****" : "++++++++" );
    contador++; /* incrementa contador */
  } /* fim do while */

  return 0; /* indica que o programa terminou com sucesso */
} /* fim da função main */
```

3.30 O que o programa a seguir exibe?

```
#include <stdio.h>

 int main( void )
 {
     int linha = 10; /* inicializa linha */
     int coluna; /* declara coluna */

     while ( linha >= 1 ) { /* loop até linha < 1 */
    coluna = 1; /* define coluna como 1 quando a iteração começa */

      while ( coluna <= 10 ) { /* loop 10 vezes */
        printf( "%s", linha % 2 ? "<": ">" ); /* saída */
        coluna++; /* incrementa coluna */
     } /* fim do while interno */

     linha--; /* decrementa linha */
     printf( "\n" ); /* inicia nova linha de saída */
 } /* fim do while externo */

 return 0; /* indica que o programa foi concluído com sucesso */
} /* fim da função main */
```

3.31 ***Problema do else pendurado.*** Determine a saída para cada um dos seguintes códigos quando `x` for `9` e `y` for `11`, e quando `x` for `11` e `y` for `9`. O compilador ignora o recuo em um programa em C. Além disso, o compilador sempre associa um `else` com o `if` anterior, a menos que seja informado de que deve proceder de outra forma pela colocação das chaves { }. Visto que, à primeira vista, você pode não saber ao certo a que `if` um `else` corresponde, isso é conhecido como o problema do 'else pendurado'. Eliminamos o recuo do código a seguir para tornar o problema mais desafiador. [*Dica:* aplique as convenções de recuo que você aprendeu.]

a)
```
if ( x < 10 )
if ( y > 10 )
printf( "*****\n" );
else
printf( "#####\n" );
printf( "$$$$$\n" );
```

b)
```
if ( x < 10 ) {
if ( y > 10 )
printf( "*****\n" );
}
else {
printf( "#####\n" );
printf( "$$$$$\n" );
}
```

3.32 ***Outro problema do else pendurado.*** Modifique o seguinte código para produzir a saída mostrada. Use as técnicas de recuo apropriadas. Você pode não precisar fazer mudança alguma, além de inserir as chaves. O compilador ignora os recuos em um programa. Eliminamos o recuo do código a seguir para tornar o problema mais desafiador. [*Nota:* é possível que nenhuma modificação seja necessária.]

```
if ( y == 8 )
if ( x == 5 )
printf( "@@@@@\n" );
else
printf( "#####\n" );
printf( "$$$$$\n" );
printf( "&&&&&\n" );
```

a) Supondo que `x = 5` e `y = 8`, a seguinte saída será produzida.

```
@@@@@
$$$$$
&&&&&
```

b) Supondo que `x = 5` e `y = 8`, a seguinte saída será produzida.

```
@@@@@
```

c) Supondo que `x = 5` e `y = 8`, a seguinte saída será produzida.

```
@@@@@
&&&&&
```

d) Supondo que `x = 5` e `y = 7`, a seguinte saída será produzida. [*Nota:* as três últimas instruções `printf` fazem parte de uma instrução composta.]

```
#####
$$$$$
&&&&&
```

3.33 ***Quadrado de asteriscos.*** Escreva um programa que leia o lado de um quadrado e depois exiba esse quadrado a partir de asteriscos. Seu programa deverá funcionar para quadrados de todos os tamanhos de lado entre 1 e 20. Por exemplo, se o programa ler um tamanho 4, ele deverá exibir.

```
****
****
****
****
```

3.34 ***Quadrado de asteriscos vazio.*** Modifique o programa que você escreveu no Exercício 3.33 para que ele exiba um quadrado vazio. Por exemplo, se seu programa ler um tamanho 5, ele deverá exibir

```
*****
*   *
*   *
*   *
*****
```

3.35 ***Testador de palíndromo.*** Um palíndromo é um número, ou uma frase textual, que pode ser lido da mesma forma da esquerda para a direita e vice-versa. Por exemplo, cada um dos seguintes inteiros de cinco dígitos é um palíndromo: 12321, 55555, 45554 e 11611. Escreva um programa que leia um inteiro de cinco dígitos e determine se ele é ou não um palíndromo. [*Dica:* use os operadores de divisão e módulo para separar o número em seus dígitos individuais.]

3.36 ***Imprimindo o equivalente decimal de um número binário.*** Leia um inteiro contendo apenas 0s e 1s (ou seja, um inteiro 'binário') e imprima seu equivalente decimal. [*Dica:* use os operadores de módulo e divisão para apanhar os dígitos do número 'binário' um de cada vez, da direita para a esquerda. Assim como no sistema numérico decimal, em que o dígito mais à direita tem um valor posicional de 1, e o próximo dígito à esquerda tem um valor posicional de 10, depois de 100, depois de 1.000, e assim por diante, no sistema binário, o dígito mais à direita tem um valor posicional de 1, o próximo dígito à esquerda tem um valor posicional de 2, depois de 4, depois de 8 e assim por diante. Assim, o número 234 pode ser interpretado como 4 * 1 + 3 * 10 + 2 * 100. O equivalente decimal do binário 1101 é 1 * 1 + 0 * 2 + 1 * 4 + 1 * 8 ou 1 + 0 + 4 + 8 ou 13.]

3.37 ***Qual é a velocidade do seu computador?*** Como você pode determinar a velocidade com que seu computador realmente opera? Escreva um programa com um loop `while` que conte de 1 até 300.000.000 em intervalos de 1. Toda vez que o contador atingir um múltiplo de 100.000.000, mostre esse número na tela. Use seu relógio para marcar o tempo gasto entre cada repetição do loop por 100 milhões de vezes.

3.38 Escreva um programa que imprima 100 asteriscos, um de cada vez. Após cada décimo asterisco, seu programa deverá imprimir um caractere de nova linha. [*Dica:* conte de 1 até 100. Use o operador de módulo para reconhecer cada vez que o contador atingir um múltiplo de 10.]

3.39 ***Contando 7s.*** Escreva um programa que leia um inteiro e determine e imprima quantos dígitos no inteiro são algarismos 7.

3.40 ***Padrão de asteriscos em xadrez.*** Escreva um programa que apresente o seguinte padrão de tabuleiro de xadrez:

```
* * * * * * * *
 * * * * * * * *
* * * * * * * *
 * * * * * * * *
* * * * * * * *
 * * * * * * * *
* * * * * * * *
 * * * * * * * *
```

Seu programa deverá usar apenas três instruções de saída, uma de cada das seguintes formas:

```
printf( "* " );
printf( " " );
printf( "\n" );
```

3.41 ***Múltiplos de 2 com um loop infinito.*** Escreva um programa que continue imprimindo os múltiplos do inteiro 2, a saber 2, 4, 8, 16, 32, 64 e assim por diante. Seu loop não deverá terminar (ou seja, você deverá criar um loop infinito). O que acontece quando você executa esse programa?

3.42 ***Diâmetro, circunferência e área de um círculo.*** Escreva um programa que leia o raio de um círculo (como um valor `float`) e calcule e imprima o diâmetro, a circunferência e a área. Use o valor 3.14159 para π.

3.43 O que há de errado com a instrução a seguir? Reescreva-a para obter o resultado que o programador provavelmente tentava obter.

```
printf( "%d", ++( x + y ) );
```

3.44 ***Lados de um triângulo.*** Escreva um programa que leia três valores `float` diferentes de zero, determine e imprima se eles poderiam representar os lados de um triângulo.

3.45 ***Lados de um triângulo retângulo.*** Escreva um programa que leia três inteiros diferentes de zero e determine e imprima se eles poderiam ser os lados de um triângulo retângulo.

3.46 ***Fatorial.*** O fatorial de um inteiro não negativo n é escrito como $n!$ (pronuncia-se 'n fatorial') e é definido da seguinte forma:

$n! = n \cdot (n - 1) \cdot (n - 2) \cdot \ldots \cdot 1$ (para valores de n maiores ou iguais a 1)

e

$n! = 1$ (para $n = 0$).

Por exemplo, $5! = 5 \cdot 4 \cdot 3 \cdot 2 \cdot 1$, que é 120.

a) Escreva um programa que leia um inteiro não negativo e calcule e imprima seu fatorial.

b) Escreva um programa que calcule o valor da constante matemática e usando a fórmula:

$$e = 1 + \frac{1}{1!} + \frac{1}{2!} + \frac{1}{3!} + ..$$

c) Escreva um programa que calcule o valor de e^x usando a fórmula

$$e^x = 1 + \frac{x}{1!} + \frac{x^2}{2!} + \frac{x^3}{3!} + ..$$

Fazendo a diferença

3.47 ***Calculadora de crescimento populacional mundial.*** Use a Web para determinar a população mundial atual e sua taxa de crescimento anual. Escreva uma aplicação que leia esses valores, depois apresente a população mundial estimada após um, dois, três, quatro e cinco anos.

3.48 ***Calculadora da frequência cardíaca.*** Ao se exercitar, você pode usar um monitor de batimentos cardíacos para ver se seus batimentos estão dentro de uma faixa segura sugerida por seus instrutores e médicos. De acordo com a American Heart Association (AHA) (<www.americanheart.org/presenter.jhtml?identifier=4736>), a fórmula para calcular sua *frequência cardíaca máxima* em batimentos por minuto é 220 menos sua idade em anos. Sua *frequência cardíaca* está em uma faixa que é 50 a 85 por cento da máxima. [*Nota:* essas fórmulas são estimativas fornecidas pela AHA. As frequências cardíacas normal e máxima podem variar com base na saúde, condição física e sexo do indivíduo. Sempre consulte um médico ou profissional qualificado antes de iniciar ou modificar um programa de exercícios.] Crie um programa que leia a data de nascimento do usuário e o dia atual (consistindo cada um em dia, mês e ano). Seu programa deverá calcular e exibir a idade da pessoa (em anos), sua frequência cardíaca máxima e sua frequência cardíaca normal.

3.49 ***Impondo privacidade com criptografia.*** O crescimento explosivo das comunicações pela Internet e do armazenamento de dados nos computadores conectados à Internet aumentou muito a preocupação com a privacidade. O campo da criptografia trata da codificação de dados para torná-los difíceis (ou impossíveis, com os esquemas mais avançados) de serem lidos por usuários não autorizados. Nesse exercício, você investigará um esquema simples de codificação e decodificação de dados. Uma empresa que queira enviar dados pela Internet lhe pediu que escrevesse um programa que os codificasse para que pudessem ser transmitidos com mais segurança. Todos os dados são transmitidos como inteiros de quatro dígitos. Sua aplicação deverá ler um inteiro de quatro dígitos informado pelo usuário e codificá-lo da seguinte forma: substitua cada dígito pelo resultado da soma de 7 ao dígito e calcular o módulo depois de dividir o novo valor por 10. Depois, troque o primeiro dígito pelo terceiro e troque o segundo dígito pelo quarto. A seguir, imprima o inteiro codificado. Escreva outra aplicação que receba um inteiro de quatro dígitos codificado e o decodifique (invertendo o esquema de codificação) para formar o número original. [*Projeto de leitura opcional:* pesquise 'criptografia de chave pública' em geral e o esquema de chave pública PGP (Pretty Good Privacy) específico. Você também poderá querer investigar o esquema RSA, que é bastante usado em aplicações de peso industrial.]

CONTROLE DE PROGRAMA EM C

4

Capítulo

Nem tudo que pode ser contado conta, e nem tudo que conta pode ser contado.
— **Albert Einstein**

Quem pode controlar seu próprio destino?
— **William Shakespeare**

A chave usada é sempre brilhante.
— **Benjamin Franklin**

Toda vantagem no passado é julgada em relação ao resultado final.
— **Demóstenes**

Objetivos

Neste capítulo, você aprenderá:

- Os aspectos essenciais da repetição controlada por contador.
- A usar as estruturas de repetição `for` e `do...while` para executar instruções repetidamente.
- A entender a seleção múltipla usando a estrutura de seleção `switch`.
- A usar os comandos `break` e `continue` para alterar o fluxo de controle.
- A usar os operadores lógicos para formar expressões condicionais complexas nas estruturas de controle.
- A evitar as consequências de confundir os operadores de igualdade com os de atribuição.

Conteúdo

4.1 Introdução
4.2 Aspectos essenciais da repetição
4.3 Repetição controlada por contador
4.4 A estrutura de repetição `for`
4.5 Estrutura `for`: notas e observações
4.6 Exemplos do uso da estrutura `for`
4.7 A estrutura de seleção múltipla `switch`
4.8 A estrutura de repetição `do...while`
4.9 Os comandos `break` e `continue`
4.10 Operadores lógicos
4.11 Confundindo os operadores de igualdade (==) com os de atribuição (=)
4.12 Resumo da programação estruturada

Resumo | Terminologia | Exercícios de autorrevisão | Respostas dos exercícios de autorrevisão | Exercícios | Fazendo a diferença

4.1 Introdução

Você já deve estar acostumado a escrever simples, porém completos, programas em C. Neste capítulo, a repetição é analisada com mais detalhes, e outras estruturas de controle de repetição, como o `for` e o `do...while`, são apresentadas. Introduziremos a estrutura de seleção múltipla `switch`. Discutiremos o comando `break` como modo de sair imediatamente de certas estruturas de controle, e o comando `continue` para saltar o restante do corpo de uma estrutura de repetição e prosseguir com a próxima iteração do loop. Discutiremos os operadores lógicos usados para combinar condições e resumiremos os princípios da programação estruturada, conforme apresentada nos capítulos 3 e 4.

4.2 Aspectos essenciais da repetição

A maior parte dos programas envolve alguma repetição, ou looping. Um loop (também chamado de *laço*) é um grupo de instruções que o computador executa repetidamente, enquanto alguma **condição de continuação do loop** permanece verdadeira. Já discutimos dois meios de repetição:

1. Repetição controlada por contador.
2. Repetição controlada por sentinela.

A repetição controlada por contador, às vezes, é chamada de **repetição definida**, pois sabemos exatamente, e com antecedência, quantas vezes o loop será executado. A repetição controlada por sentinela, às vezes, é denominada **repetição indefinida**, visto que não se sabe com antecedência quantas vezes o loop será executado.

Na repetição controlada por contador, uma **variável de controle** é usada para contar o número de repetições. A variável de controle é incrementada (normalmente em 1) toda vez que o grupo de instruções é executado. Quando o valor da variável de controle indica que o número correto de repetições foi realizado, o loop é concluído e o computador continua a executar a instrução após a estrutura de repetição.

Os valores de sentinela são usados para controlar a repetição quando:

1. O número exato de repetições não é conhecido com antecedência.
2. O loop inclui instruções que obtêm dados toda vez que é executado.

O valor de sentinela indica o 'fim dos dados'. A sentinela é informada depois que todos os itens de dados normais foram fornecidos ao programa. As sentinelas precisam ser distintas dos itens de dados normais.

4.3 Repetição controlada por contador

A repetição controlada por contador exige:

1. O **nome** de uma variável de controle (ou contador do loop).
2. O **valor inicial** da variável de controle.
3. O **incremento** (ou **decremento**) pelo qual a variável de controle é modificada a cada execução do loop.
4. A condição que testa o **valor final** da variável de controle (isto é, se o looping deve continuar).

Considere o programa simples mostrado na Figura 4.1, que imprime os números de 1 até 10. A declaração

```
int contador = 1; /* inicialização */
```

```
/* Figura 4.1: fig04_01.c
   Repetição controlada por contador */
#include <stdio.h>

/* função main inicia a execução do programa */
int main( void )
{
   int contador = 1; /* inicialização */

   while ( contador <= 10 ) { /* condição de repetição */
      printf ( "%d\n", contador ); /* exibe contador */
      ++contador; /* incrementa */
   } /* fim do while */

   return 0; /* indica que o programa foi concluído com sucesso */
} /* fim da função main */
```

```
1
2
3
4
5
6
7
8
9
10
```

Figura 4.1 ■ Repetição controlada por contador.

dá nome à variável de controle (contador), a declara como um inteiro, reserva espaço de memória para ela e lhe atribui o valor inicial 1. Essa declaração não é um comando executável.

A declaração e a inicialização do contador também poderiam ter sido escritas como

```
int contador;
contador = 1;
```

A declaração não é executável, mas a atribuição, sim. Usamos os dois métodos de inicialização de variáveis.

A instrução

```
++contador;  /*  incrementa  */
```

incrementa o contador do loop em 1 toda vez que é executado. A condição de continuação de loop na estrutura while testa se o valor da variável de controle é menor ou igual a 10 (o último valor para o qual a condição é verdadeira). O corpo desse while é executado mesmo quando a variável de controle é 10. O loop termina quando a variável de controle é maior que 10 (ou seja, quando o contador passa a 11).

O programa na Figura 4.1 poderia ficar mais conciso com a inicialização do contador em 0 e a substituição da estrutura while por

```
while ( ++contador <= 10 )
   printf( "%d\n", contador );
```

Esse código economiza uma instrução, porque o incremento é feito diretamente na condição do while, antes que a condição seja testada. Assim, o código elimina a necessidade das chaves em torno do corpo do while, pois ele agora contém apenas uma instrução. A codificação nessa forma condensada exige um pouco de prática. Alguns programadores acham que isso torna o código muito enigmático e passível de erros.

Erro comum de programação 4.1

Valores de ponto flutuante podem ser aproximados, de modo que controlar loops com variáveis de ponto flutuante pode resultar em valores de contador imprecisos e testes de finalização imprecisos.

Dica de prevenção de erro 4.1

Controle a contagem de loops com valores inteiros.

Boa prática de programação 4.1

Muitos níveis de aninhamento podem tornar um programa difícil de ser entendido. Como regra, tente evitar o uso de mais de três níveis de aninhamento.

Boa prática de programação 4.2

A combinação de espaçamento vertical antes e depois das estruturas de controle e recuo do corpo das estruturas de controle dentro dos respectivos cabeçalhos dá aos programas uma aparência bidimensional, que melhora bastante sua legibilidade.

4.4 A estrutura de repetição `for`

A estrutura de repetição `for` trata de todos os detalhes da repetição controlada por contador. Para ilustrar seu poder, reescreveremos o programa da Figura 4.1. O resultado aparece na Figura 4.2.

O programa opera da seguinte forma: quando a estrutura `for` começa a ser executada, a variável de controle `contador` é declarada e inicializada com 1. Então, é verificada a condição de continuação do loop, `contador <= 10`. Como o valor inicial do `contador` é 1, a condição é satisfeita; assim, a instrução `printf` (linha 13) imprime o valor de `contador`, ou seja, 1. A variável de controle `contador` é, então, incrementada na expressão `contador++`, e o loop começa novamente com o teste de continuação do loop. Como a variável de controle agora é igual a 2, o valor final não é excedido, e, assim, o programa executa novamente a instrução `printf`. Esse processo se estende até que a variável de controle `contador` seja incrementada ao seu valor final, que é `11`; isso faz com que o teste de continuação do loop não seja satisfeito, e a repetição termine. O programa recomeça com a execução do primeiro comando depois da estrutura `for` (nesse caso, o comando `return` no fim do programa).

```
1  /* Fig. 4.2: fig04_02.c
2     Repetição controlada por contador com a estrutura for */
3  #include <stdio.h>
4
5  /* função main inicia a execução do programa */
6  int main( void )
7  {
8     int contador; /* declara o contador */
9
10    /* inicialização, condição de repetição e incremento
11      são todos incluídos no cabeçalho da estrutura for. */
12    for ( contador = 1; contador <= 10; contador++ ) {
13      printf( "%d\n", contador );
14    } /* fim do for */
15
16    return 0; /* indica que o programa terminou com sucesso */
17 } /* fim da função main */
```

Figura 4.2 ■ Repetição controlada por contador com a estrutura `for`.

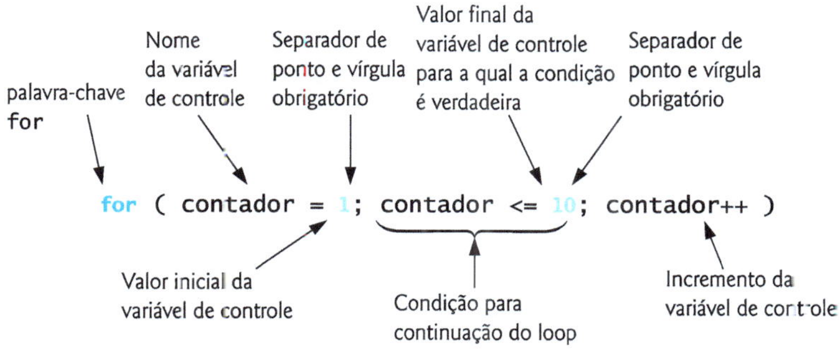

Figura 4.3 ■ Componentes do cabeçalho da estrutura `for`.

A Figura 4.3 examina mais de perto a estrutura `for` da Figura 4.2. Observe que a estrutura `for` 'faz tudo'; ela especifica cada um dos itens necessários para uma repetição controlada por contador com uma variável de controle. Se existir mais de um comando no corpo de `for`, serão necessárias chaves para definir o corpo do loop.

Observe que a Figura 4.2 usa a condição de continuação de loop `contador <= 10`. Se você escrevesse, incorretamente, `contador < 10`, então o ciclo seria executado somente 9 vezes. Esse é um erro de lógica comum, chamado de **erro de diferença por um**.

Erro comum de programação 4.2

Usar um operador relacional incorreto, ou usar um valor inicial ou final incorreto, para um contador de loop na condição de uma estrutura `while` *ou* `for` *pode causar erros de diferença por um.*

Dica de prevenção de erro 4.2

Usar o valor final na condição de uma estrutura `while` *ou* `for`, *e utilizar o operador relacional* `<=`, *ajudará a evitar erros de diferença por um. Para um loop usado para imprimir os valores de 1 a 10, por exemplo, a condição de continuação do loop deve ser* `contador <= 10`, *e não* `contador < 11` *ou* `contador < 10`.

O formato geral da estrutura `for` é

```
for ( expressão1; expressão2; expressão3 )
    instrução
```

onde *expressão1* inicializa a variável de controle de loop, *expressão2* é a condição de continuação do loop e *expressão3* incrementa a variável de controle. Na maior parte dos casos, a estrutura `for` pode ser representada com uma estrutura `while` equivalente, da seguinte forma:

```
expressão1;
while ( expressão2 ) {
   instrução
   expressão3;
}
```

Existe uma exceção a essa regra, que veremos na Seção 4.9.

Normalmente, *expressão1* e *expressão3* são listas de expressões separadas por vírgulas. As vírgulas usadas aqui, na realidade, são **operadores de vírgula**, que garantem que as listas de expressões sejam avaliadas da esquerda para a direita. O valor e o tipo de uma lista separada por vírgulas são o valor e o tipo da expressão mais à direita na lista. O operador de vírgula é mais usado na estrutura `for`. Essencialmente, seu uso permite que você utilize várias expressões de inicialização e/ou incremento. Por exemplo, pode haver duas variáveis de controle em uma única estrutura `for`, que devem ser inicializadas e incrementadas.

Observação sobre engenharia de software 4.1

Nas seções de inicialização e incremento de uma estrutura `for`, *inclua apenas expressões que envolvam as variáveis de controle. Manipulações de outras variáveis deverão aparecer antes do loop (se forem executadas apenas uma vez, como instruções de inicialização), ou no corpo do loop (se forem executadas uma vez a cada repetição, como instruções de incremento ou decremento).*

As três expressões na estrutura `for` são opcionais. Se a *expressão2* for omitida, C considerará que a condição é verdadeira, criando assim um loop infinito. Pode-se omitir a *expressão1* se a variável de controle for inicializada em outro lugar no programa. A *expressão3* pode ser omitida se o incremento for calculado pelas instruções no corpo da estrutura `for`, ou se nenhum incremento for necessário. A expressão de incremento na estrutura `for` atua como uma instrução em C isolada no final do corpo de `for`. Portanto, as expressões

```
contador = contador + 1
contador += 1
++contador
contador++
```

são equivalentes na parte de incremento da estrutura `for`. Muitos programadores em C preferem a forma `contador++`, pois o incremento ocorre após o corpo do loop ser executado, e o formato de pós-incremento parece mais natural. Aqui, como a variável, pré-incrementada ou pós-incrementada, não aparece em uma expressão maior, as duas formas de incremento têm o mesmo efeito. Os dois sinais de ponto e vírgula na estrutura `for` são obrigatórios.

Erro comum de programação 4.3

Usar vírgula no lugar de ponto e vírgula em um cabeçalho `for` *é um erro de sintaxe.*

Erro comum de programação 4.4

Colocar um ponto e vírgula imediatamente à direita de um cabeçalho `for` *torna o corpo dessa estrutura uma instrução vazia. Normalmente, isso resulta em um erro lógico.*

4.5 Estrutura for: notas e observações

1. A inicialização, a condição de continuação do loop e o incremento podem conter expressões aritméticas. Por exemplo, se `x = 2` e `y = 10`, a estrutura

```
for ( j = x; j <= 4 * x * y; j += y / x )
```

é equivalente à estrutura

```
for ( j = 2; j <= 80; j += 5 )
```

2. O 'incremento' pode ser negativo (nesse caso, na realidade, ele é um decremento, e o loop conta no sentido decrescente).
3. Se a condição de continuação do loop for inicialmente falsa, o corpo do loop não será executado. Em vez disso, a execução prosseguirá com a instrução seguinte à estrutura `for`.
4. A variável de controle normalmente é impressa ou usada em cálculos no corpo de um loop, mas isso não é necessário. É comum usar a variável de controle para controlar a repetição, mas ela nunca é mencionada no corpo do loop.
5. A estrutura `for` é representada por fluxograma de modo muito semelhante à estrutura `while`. Por exemplo, a Figura 4.4 mostra o fluxograma da estrutura `for`

```
for ( contador = 1; contador <= 10; contador++ )
   printf( "%d", contador );
```

Esse fluxograma deixa claro que a inicialização ocorre somente uma vez, e que o incremento ocorre após a execução da instrução no corpo.

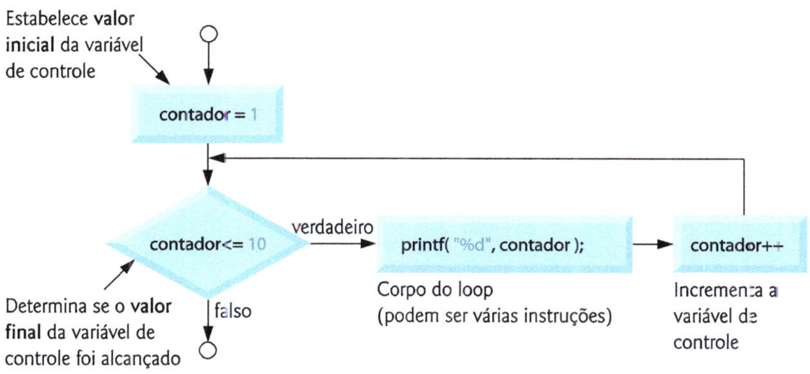

Figura 4.4 ■ Fluxograma de uma estrutura de repetição `for` típica.

Dica de prevenção de erro 4.3

Embora o valor da variável de controle possa ser alterado no corpo de um loop, isso pode ocasionar erros sutis. É melhor não alterá-lo.

4.6 Exemplos do uso da estrutura for

Os exemplos a seguir mostram métodos para a alteração da variável de controle em uma estrutura `for`.

1. Alterne a variável de controle de `1` a `100` em incrementos de `1`.

```
for ( i = 1; i <= 100; i++ )
```

2. Alterne a variável de controle de `100` a `1` em incrementos de `-1` (decrementos de `1`).

```
for ( i = 100; i >= 1; i-- )
```

3. Alterne a variável de controle de `7` a `77` em intervalos de `7`.

```
for ( i = 7; i <= 77; i += 7 )
```

4. Alterne a variável de controle de `20` a `2` em intervalos de `-2`.

```
for ( i = 20; i >= 2; i -= 2 )
```

5. Alterne a variável de controle na seguinte sequência de valores: `2`, `5`, `8`, `11`, `14`, `17`.

```
for ( j = 2; j <= 17; j += 3 )
```

6. Alterne a variável de controle na seguinte sequência de valores: `44`, `33`, `22`, `11`, `0`.

```
for ( j = 44; j >= 0; j -= 11 )
```

Os dois exemplos a seguir oferecem aplicações simples para a estrutura `for`. A Figura 4.5 a utiliza para somar todos os inteiros pares de `2` a `100`.

Na realidade, o corpo da estrutura `for` na Figura 4.5 poderia ser incluído na parte mais à direita do cabeçalho de `for` usando o operador de vírgula da seguinte forma:

```
for ( número = 2; número <= 100; soma += número, número += 2 )
   ; /* instrução vazia */
```

A inicialização `soma = 0` também poderia ser incluída na seção de inicialização do `for`.

```c
/* Fig. 4.5: fig04_05.c
   Somatório com for */
#include <stdio.h>

/* função main inicia a execução do programa */
int main( void )
{
   int soma = 0; /* inicializa soma */
   int número; /* número a ser acrescido à soma */

   for ( número = 2; número <= 100; número += 2 ) {
      soma += número; /* adiciona número à soma */
   } /* fim do for */

   printf( "Soma é %d\n", soma ); /* exibe soma */
   return 0; /* indica que o programa foi concluído com sucesso */
} /* fim da função main */
```

```
A soma é 2550
```

Figura 4.5 ■ Usando `for` para somar números.

Boa prática de programação 4.3

Embora as instruções que precedem um `for` e as instruções no corpo de um `for` possam ser incluídas no cabeçalho de `for`, evite fazê-lo, pois isso torna o programa mais difícil de ser lido.

Boa prática de programação 4.4

Limite o tamanho dos cabeçalhos de estrutura de controle a uma única linha, se possível.

O próximo exemplo calcula juros compostos usando a estrutura `for`. Considere o seguinte problema:

Uma pessoa investe R$ 1.000,00 em uma conta de poupança que rende juros de 5 por cento. Supondo que os juros sejam deixados na conta, calcule e apresente o valor existente na conta ao final de cada ano em um período de dez anos. Use a fórmula a seguir para determinar esses valores:

$$vf = vp(1 + t)^n$$

em que:

vp é o valor original investido (ou seja, o principal);

t é a taxa de juros anual;

n é o número de anos;

vf é o valor do depósito ao final do n-ésimo ano.

Esse problema envolve um loop que realiza o cálculo indicado para cada um dos dez anos em que o dinheiro permanece na conta. A solução aparece na Figura 4.6.

A estrutura `for` executa o corpo do loop 10 vezes, alternando uma variável de controle de 1 a 10 em incrementos de 1. Embora C não inclua um operador de exponenciação, podemos usar a função `pow` da biblioteca-padrão para essa finalidade. A função `pow(x, y)` calcula o valor de `x` elevado à potência `y`. Ela utiliza dois argumentos do tipo `double` e retorna um valor `double`. O tipo `double` é um tipo de ponto flutuante, semelhante a `float`, mas normalmente uma variável do tipo `double` pode armazenar um valor muito maior e com mais precisão do que `float`. O cabeçalho `<math.h>` (linha 4) deve ser incluído sempre que uma função matemática como `pow` é utilizada. Na realidade, esse programa não funcionaria corretamente sem a inclusão de `math.h`, pois o linker não encontraria a função `pow`.[1] A função `pow` exige dois argumentos `double`, porém a variável `ano` é um inteiro. O arquivo `math.h` inclui informações que dizem ao compilador para converter o valor de `ano` a uma representação `double` temporária antes de chamar a função. Essa informação está contida em algo chamado **protótipo de função** de `pow`. Os protótipos de função serão explicados no Capítulo 5. Também nesse capítulo, será oferecido um resumo da função `pow` e de outras funções da biblioteca matemática.

1 Em muitos compiladores C para Linux/UNIX, é preciso incluir a opção `-lm` (por exemplo, `cc -lm fig04_06.c`) ao compilar o programa da Figura 4.6. Isso vincula a biblioteca matemática ao programa.

```c
/* Fig. 4.6: fig04_06.c
   Calculando juros compostos */
#include <stdio.h>
#include <math.h>

/* função main inicia a execução do programa */
int main( void )
{
   double valor; /* valor em depósito */
   double principal = 1000.0; /* principal inicial */
   double taxa = .05; /* taxa anual de juros */
   int ano; /* contador do ano */

   /* cabeçalho de coluna da tabela de resultados */
   printf( "%4s%21s\n", "Ano", "Valor na conta" );

   /* calcula valor em depósito para cada um dos dez anos */
   for ( ano = 1; ano <= 10; ano++ ) {

      /* calcula novo valor para o ano especificado */
      valor = principal * pow( 1.0 + taxa, ano );

      /* exibe uma linha da tabela */
      printf( "%4d%21.2f\n", ano, valor );
   } /* fim do for */

   return 0; /* indica que o programa foi concluído com sucesso */
} /* fim da função main */
```

```
 Ano       Valor na conta
   1              1050.00
   2              1102.50
   3              1157.63
   4              1215.51
   5              1276.28
   6              1340.10
   7              1407.10
   8              1477.46
   9              1551.33
  10              1628.89
```

Figura 4.6 ■ Cálculo de juros compostos com `for`.

Observe que definimos as variáveis `valor`, `principal` e `taxa` para que fossem do tipo `double`. Fizemos isso para simplificar, pois estamos lidando com partes fracionárias do valor.

Dica de prevenção de erro 4.4

Não use variáveis do tipo `float` *ou* `double` *para realizar cálculos monetários. A falta de precisão dos números em ponto flutuante pode causar erros que resultarão em valores monetários incorretos. [Nos exercícios deste capítulo, exploramos o uso de inteiros para realizar cálculos monetários.]*

Aqui está uma explicação do que pode sair errado quando se usa `float` ou `double` para representar valores monetários. Considere dois valores monetários `float` armazenados na máquina, 14,234 (que, com `%.2f`, apareceria como 14,23) e 18,673 (que, com `%.2f`, apareceria como 18,67). Somados, eles produzem 32,907, que com `%.2f`, apareceria como 32,91. Assim, seu resultado apareceria como

```
  14,23
+ 18,67
-------
  32,91
```

Logicamente, a soma dos números individuais deveria ser 32,90! Nós avisamos!

O especificador de conversão `%21.2f` é usado para exibir o valor da variável `valor` no programa. O `21` no especificador de conversão indica a largura do campo em que o valor será impresso. Um campo com largura `21` especifica que o valor a ser exibido aparecerá em `21` posições de impressão. O `2` especifica a precisão (ou seja, o número de casas decimais). Se o número de caracteres exibido for menor que a largura do campo, então o valor será automaticamente alinhado à direita no campo. Isso é útil, principalmente, para alinhar valores de ponto flutuante com a mesma precisão (de modo que seus pontos decimais sejam alinhados verticalmente). Para alinhar um valor à esquerda em um campo, coloque um – (sinal de menos) entre o `%` e a largura do campo. O sinal de menos também pode ser usado para alinhar inteiros à esquerda (como em `%-6d`) e strings de caracteres (como em `%-8s`). Discutiremos as poderosas capacidades de formatação de `printf` e `scanf` em detalhes no Capítulo 9.

4.7 A estrutura de seleção múltipla `switch`

No Capítulo 3, discutimos a estrutura de seleção única `if` e a estrutura de seleção dupla `if...else`. Ocasionalmente, um algoritmo conterá uma série de decisões em que uma variável, ou expressão, será testada separadamente para cada um dos valores inteiros constantes que ela possa vir a assumir, e diferentes ações serão tomadas. Isso é chamado de seleção múltipla. C nos oferece a estrutura de seleção múltipla `switch` para lidar com essa tomada de decisão.

A estrutura `switch` consiste em uma série de rótulos `case`, um caso `default` opcional e instruções para executar cada caso. A Figura 4.7 usa `switch` para contar o número de diferentes notas, classificadas por letra, que alunos receberam em um exame.

```
/* Fig. 4.7: fig04_07.c
   Contando notas de letra */
#include <stdio.h>

/* função main inicia a execução do programa */
int main( void )
{
   int nota; /* uma nota */
   int aCont = 0; /* número de As */
   int bCont = 0; /* número de Bs */
   int cCont = 0; /* número de Cs */
   int dCont = 0; /* número de Ds */
   int fCont = 0; /* número de Fs */

   printf(  "Digite as notas em letra.\n"  );
   printf(  "Digite o caractere EOF para encerrar a entrada.\n"  );

   /* loop até que o usuário digite sequência de fim de arquivo */
   while ( ( nota = getchar() ) != EOF ) {

      /* determina qual nota foi digitada */
      switch ( nota ) { /* switch aninhado no while */

         case 'A':   /* nota foi 'A' maiúsculo */
         case 'a':   /* ou 'a' minúsculo */
            ++aCount; /* incrementa aCount */
            break;   /* necessário para sair do switch */

         case 'B':   /* nota foi 'B' maiúsculo */
         case 'b':   /* ou 'b' minúsculo */
            ++bCount; /* incrementa bCount */
            break;   /* sai do switch */

         case 'C':   /* nota foi 'C' maiúsculo */
         case 'c':   /* ou 'c' minúsculo */
            ++cCount; /* incrementa cCount */
            break;   /* sai do switch */

         case 'D':   /* nota foi 'D' maiúsculo */
```

Figura 4.7 ■ Exemplo de `switch` (Parte 1 de 2.)

```
         case 'd':   /* ou 'd' minúsculo */
            ++dCount; /* incrementa dCount */
            break;   /* sai do switch */

         case 'F':   /* nota foi 'F' maiúsculo */
         case 'f':   /* ou 'f' minúsculo */
            ++fCount; /* incrementa fCount */
            break;   /* sai do switch */

         case '\n': /* ignora caracteres de nova linha, */
         case '\t': /* tabulações, */
         case ' ':  /* e espaços na entrada */
            break;  /* sai do switch */

         default: /* apanha todos os outros caracteres */
            printf( "Letra de nota incorreta." );
            printf( " Digite nova nota.\n" );
            break; /* opcional; sairá do switch de qualquer forma */
      } /* fim do switch */
   } /* fim do while */

   /* saída de resumo dos resultados */
   printf( "\nTotais para cada nota são:\n" );
   printf( "A: %d\n", aCont ); /* exibe número de notas A */
   printf( "B: %d\n", bCont ); /* exibe número de notas B */
   printf( "C: %d\n", cCont ); /* exibe número de notas C */
   printf( "D: %d\n", dCont ); /* exibe número de notas D */
   printf( "F: %d\n", fCont ); /* exibe número de notas F */c
   return 0; /* indica que o programa foi concluído com sucesso */
} /* fim da função main */
```

```
Digite as notas em letra.
Digite o caractere EOF para encerrar a entrada.
a
b
c
C
A
d
f
C
E
Nota em letra incorreta. Digite nova nota.
D
A
b
^Z
Os totais de cada nota são:
A: 3
B: 2
C: 3
D: 2
F: 1
```

^Z ——— Nem todos os sistemas exibem uma representação do caractere de EOF

Figura 4.7 ■ Exemplo de switch (Parte 2 de 2.)

No programa, o usuário digita as notas em letra para uma turma. No cabeçalho do `while` (linha 19),

```
while ( ( nota = getchar( ) ) != EOF )
```

a atribuição entre parênteses (`nota = getchar( )`) é executada em primeiro lugar. A função `getchar` (de `<stdio.h>`) lê um caractere do teclado e armazena esse caractere na variável inteira `nota`. Os caracteres normalmente são armazenados em variáveis do tipo `char`. Porém, um recurso importante da linguagem em C é que os caracteres podem ser armazenados em qualquer tipo de dado inteiro, pois eles normalmente são representados como inteiros de um byte no computador. Assim, podemos tratar um caractere como um inteiro ou um caractere, a depender de seu uso. Por exemplo, a instrução

```
printf( "O caractere (%c) tem o valor %d.\n", 'a', 'a' );
```

usa os especificadores de conversão `%c` e `%d` para imprimir o caractere `a` e seu valor inteiro, respectivamente. O resultado é

```
O caractere (a) tem o valor 97.
```

O inteiro 97 é a representação numérica do caractere no computador. Hoje em dia, muitos computadores usam o **conjunto de caracteres ASCII (American Standard Code for Information Interchange)**, no qual 97 representa a letra minúscula `'a'`. Uma lista de caracteres ASCII e seus valores decimais constam do Apêndice B. Os caracteres podem ser lidos com `scanf` utilizando-se o especificador de conversão `%c`.

Na realidade, as atribuições como um todo possuem um valor. Esse valor é atribuído à variável do lado esquerdo de `=`. O valor da expressão de atribuição `nota = getchar( )` é o caractere que é restituído pelo `getchar` e atribuído à variável `nota`.

O fato de as atribuições possuírem valores pode ser útil na definição de diversas variáveis com o mesmo valor. Por exemplo,

```
a = b = c = 0;
```

avalia, em primeiro lugar, a atribuição `c = 0` (pois o operador `=` se associa da direita para a esquerda). A variável `b` recebe então o valor da atribuição `c = 0` (que é 0). Depois, a variável `a` recebe o valor da atribuição `b = (c = 0)` (que também é 0). No programa, o valor da atribuição `nota = getchar( )` é comparado com o valor de `EOF` (acrônimo para 'end of file' — fim de arquivo). Usamos `EOF` (que normalmente tem o valor `-1`) como um valor de sentinela. O usuário digita uma combinação de toque de tecla dependente do sistema para indicar o 'fim de arquivo' — ou seja, 'Não tenho mais dados para informar'. `EOF` é uma constante inteira simbólica definida no cabeçalho `<stdio.h>` (no Capítulo 6, veremos como as constantes simbólicas são definidas). Se o valor atribuído à `nota` for igual a `EOF`, o programa é encerrado. Nesse programa, escolhemos representar caracteres como `interfaces`, pois `EOF` tem um valor inteiro (normalmente, também, `-1`).

Dica de portabilidade 4.1

As combinações de toque de tecla para a entrada de `EOF` *(fim de arquivo) dependem do sistema.*

Dica de portabilidade 4.2

Testar a constante simbólica `EOF` *em vez de –1 torna os programas mais portáveis. O padrão em C indica que* `EOF` *é um valor inteiro negativo (mas não necessariamente –1). Assim,* `EOF` *poderia ter valores diferentes em diferentes sistemas.*

Nos sistemas Linux/UNIX/Mac OS X, o identificador `EOF` é inserido digitando-se

<Ctrl> d

em uma linha isolada. Essa notação *<Ctrl> d* significa que se deve pressionar a tecla *Enter* e depois, simultaneamente, as teclas *Ctrl* e *d*. Em outros sistemas, como no Microsoft Windows, o indicador de `EOF` pode ser inserido digitando-se

<Ctrl> z

Você também pode ter de pressionar *Enter* no Windows.

O usuário digita as notas no teclado. Quando a tecla *Enter* é pressionada, os caracteres são lidos pela função `getchar`, um caractere por vez. Se o caractere inserido não for igual a `EOF`, a estrutura `switch` (linha 22) será executada. A palavra-chave `switch` é seguida pelo nome de variável `nota` entre parênteses. Isso é chamado de **expressão de controle**. O valor dessa expressão é comparado a cada um dos **rótulos `case`**. Suponha que o usuário tenha digitado a letra `C` como nota. `C` é automaticamente comparado a cada `case` no `switch`. Se houver uma correspondência (`case 'C':`), as instruções para esse `case` serão executadas. No caso da letra `C`, `cCount` é incrementado em `1` (linha 36), e a estrutura `switch` termina imediatamente com o comando `break`.

O comando `break` faz com que o controle do programa continue com a primeira instrução após a estrutura `switch`. O comando `break` é usado porque, de outra forma, os `case`s em uma estrutura `switch` seriam executados juntos. Se o `break` não for usado em nenhum ponto da estrutura `switch`, então, toda vez que houver uma correspondência na estrutura, as instruções para todos os `case`s restantes serão executadas. (Esse recurso raramente é útil, embora seja perfeito para a programação da canção iterativa *Mariana conta dez*!) Se não houver correspondência, o caso `default` será executado, e uma mensagem de erro será exibida.

Cada `case` pode ter uma ou mais ações. A instrução `switch` é diferente de todas as outras estruturas de controle no sentido de que as chaves não são exigidas em torno de várias ações em um `case` de um `switch`. A estrutura de seleção múltipla `switch` geral (usando um `break` em cada `case`) é representada na forma de um fluxograma na Figura 4.8. O fluxograma deixa claro que cada comando `break` no final de um `case` faz com que o controle saia imediatamente da estrutura `switch`.

Erro comum de programação 4.5

Esquecer-se de um comando `break` *quando ele é necessário em uma instrução* `switch` *é um erro lógico.*

Boa prática de programação 4.5

Forneça um caso `default` *em estruturas* `switch`*. Os casos não testados explicitamente em um* `switch` *são ignorados. O caso* `default` *ajuda a impedir que isso aconteça ao fazer com que o programador focalize a necessidade de processar condições excepcionais. Às vezes, nenhum processamento* `default` *é necessário.*

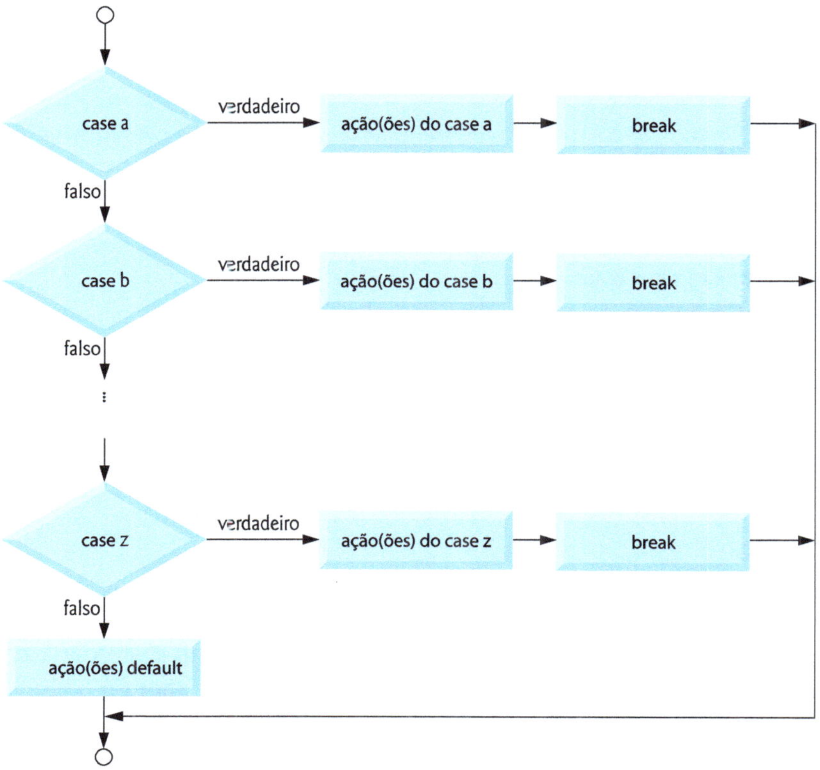

Figura 4.8 ■ Estrutura de seleção múltipla switch com break.

Boa prática de programação 4.6

Embora as cláusulas `case` *e a cláusula do caso* `default`*, em uma estrutura* `switch`*, possam ocorrer em qualquer ordem, é considerada boa prática de programação colocar a cláusula* `default` *por último.*

Boa prática de programação 4.7

Em uma estrutura `switch`*, quando a cláusula* `default` *é a última, a instrução* `break` *não é obrigatória. Alguns programadores incluem esse* `break` *por clareza e simetria com outros* `cases`*.*

Na estrutura `switch` da Figura 4.7, as linhas

```
case '\n': /* ignora caracteres de nova linha, */
case '\t': /* tabulações, */
case ' ':  /* e espaços na entrada */
   break;  /* fim do switch */
```

fazem com que o programa omita caracteres de nova linha, tabulação e espaço. A leitura de caracteres, um por vez, pode causar alguns problemas. Para que o programa leia os caracteres, eles precisam ser enviados ao computador por meio da tecla *Enter*. Isso gera um caractere de nova linha na entrada, após o caractere que queremos processar. Normalmente, esse caractere de nova linha precisa ser especialmente processado para que o programa funcione de modo correto. Ao incluir esses casos em nossa estrutura `switch`, evitamos que a mensagem de erro no caso `default` seja exibida toda vez que um caractere de nova linha, tabulação ou espaço forem encontrados na entrada.

Erro comum de programação 4.6

Não processar caracteres de nova linha na entrada quando estiver lendo caracteres um por vez pode causar erros lógicos.

Dica de prevenção de erro 4.5

Lembre-se de fornecer capacidades de processamento para caracteres de nova linha (e, possivelmente, outros caracteres de espaço) na entrada ao processar caracteres um por vez.

Listar vários rótulos case juntos (como em `case 'D': case 'd':` na Figura 4.7) simplesmente significa que o mesmo conjunto de ações deve ocorrer para todos esses casos.

Ao usar a instrução `switch`, lembre-se de que cada `case` individual pode testar apenas uma **expressão inteira constante** — ou seja, qualquer combinação de constantes de caracteres e constantes de inteiros que seja avaliada como um valor inteiro constante. Uma constante de caractere é representada como um caractere específico entre apóstrofos, como `'A'`. Os caracteres devem ser delimitados por aspas simples para serem reconhecidos como constantes de caractere — caracteres entre aspas duplas são reconhecidos como strings. As constantes inteiras são simplesmente valores inteiros. Em nosso exemplo, usamos constantes de caractere. Lembre-se de que os caracteres são representados como valores inteiros pequenos.

Notas sobre tipos inteiros

Linguagens portáveis como C precisam ter tamanhos flexíveis de tipos de dados. Diferentes aplicações podem precisar de inteiros de diferentes tamanhos. C oferece vários tipos de dados para representar inteiros. O intervalo de valores para cada tipo depende do hardware do computador em questão. Além de `int` e `char`, C oferece os tipos `short` (uma abreviação de `short int`) e `long` (uma abreviação de `long int`). C especifica que o intervalo mínimo dos valores para inteiros `short` é -32768 a $+32767$. Para a grande maioria dos cálculos com inteiros, inteiros `long` são suficientes. O padrão especifica que o intervalo mínimo de valores para inteiros `long` é -2147483648 a $+2147483647$. O padrão indica que o intervalo de valores para um `int` é pelo menos o mesmo que o intervalo para inteiros `short`, e não mais do que o intervalo para inteiros `long`. O tipo de dado `signed char` pode ser usado para representar inteiros no intervalo -128 a $+127$, ou qualquer um dos caracteres no conjunto de caracteres do computador.

4.8 A estrutura de repetição do...while

A estrutura de repetição `do...while` é semelhante à estrutura `while`. Na instrução `while`, a condição da continuação de loop é testada no início do loop, antes que seu corpo seja executado. A estrutura `do...while` testa a condição da continuação do loop *depois* que o corpo do loop é executado. Portanto, o corpo do loop será executado pelo menos uma vez. Quando uma `do...while` é encerrada, a execução continua com a instrução após a cláusula `while`. Não é necessário usar chaves na estrutura `do...while` se houver apenas uma instrução no corpo. Porém, as chaves normalmente são incluídas para evitar confusão entre as estruturas `while` e `do...while`. Por exemplo,

```
while ( condição )
```

normalmente é considerada como o cabeçalho de uma estrutura `while`. Uma `do...while` sem chaves em torno do corpo de instrução única aparece como

```
do
   instrução
while ( condição );
```

o que pode ser confuso. A última linha — `while( condição );` — pode ser mal interpretada como uma estrutura `while` com uma instrução vazia. Assim, para evitar confusão, a `do...while` com uma instrução normalmente é escrita da seguinte forma:

```
do {
   instrução
} while ( condição );
```

Boa prática de programação 4.8

Para eliminar o potencial para a ambiguidade, alguns programadores sempre incluem chaves em uma estrutura `do...while`*, mesmo que elas sejam desnecessárias.*

Erro comum de programação 4.7

Loops infinitos ocorrem quando a condição de continuação de loop em uma estrutura `while`*,* `for` *ou* `do...while` *nunca se torna falsa. Para evitar isso, cuide para que não haja um ponto e vírgula imediatamente após o cabeçalho de uma estrutura* `while` *ou de uma estrutura* `for`*. Em um loop controlado por contador, cuide para que a variável de controle seja incrementada (ou decrementada) no loop. Em um loop controlado por sentinela, cuide para que o valor de sentinela seja eventualmente inserido.*

A Figura 4.9 usa uma estrutura `do...while` para imprimir os números de 1 a 10. A variável de controle `contador` é pré-incrementada no teste de continuação do loop. Observe também o uso das chaves para delimitar o corpo de instrução única do `do...while`.

```
/* Fig. 4.9: fig04_09.c
   Usando a estrutura de repetição do/while */
#include <stdio.h>

/* função main inicia a execução do programa */
int main( void )
{
   int contador = 1; /* inicializa contador */

   do {
      printf( "%d  ", contador ); /* exibe contador */
   } while ( ++contador <= 10 ); /* fim de do...while */

   return 0; /* indica que o programa foi concluído com sucesso */
} /* fim da função main */
```

```
1  2  3  4  5  6  7  8  9  10
```

Figura 4.9 ■ Exemplo de estrutura do...while.

A Figura 4.10 mostra o fluxograma da estrutura `do...while`, o qual deixa claro que a condição de continuação do loop não é executada antes que a ação seja executada pelo menos uma vez.

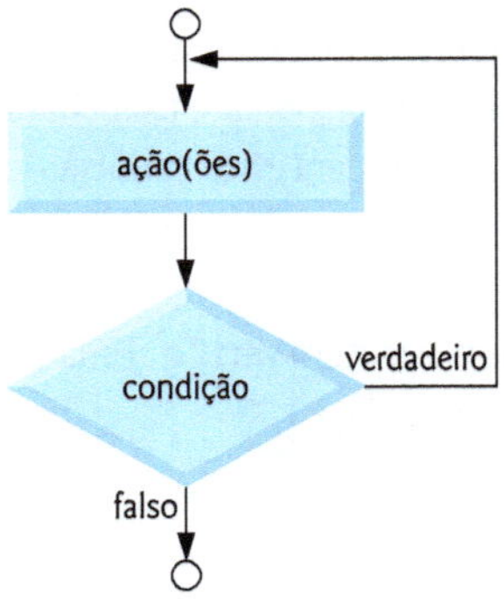

Figura 4.10 ■ Fluxograma da estrutura de repetição **do...while**.

4.9 Os comandos break e continue

Os comandos **break** e **continue** são usados para alterar o fluxo de controle. O comando **break**, quando executado em uma estrutura **while**, **for**, **do...while** ou **switch** causa uma saída imediata dessa estrutura. A execução do programa continua com a próxima instrução. Os usos comuns do comando **break** são para escapar mais cedo de um loop ou para 'pular' o restante de uma estrutura **switch** (como na Figura 4.7). A Figura 4.11 demonstra o comando **break** em uma estrutura de repetição **for**. Quando a estrutura **if** detecta que **x** chegou a **5**, **break** é executado. Isso encerra a estrutura **for**, e o programa continua com o **printf** após o **for**. O loop é executado totalmente apenas quatro vezes.

O comando **continue**, quando executado em uma estrutura **while**, **for** ou **do...while**, 'pula' as instruções restantes no corpo dessa estrutura de controle e realiza a próxima iteração do loop. Nas estruturas **while** e **do...while**, o teste de continuação do loop é avaliado imediatamente após o comando **continue** ser executado. Na estrutura **for**, a expressão de incremento é executada e, depois, o teste de continuação do loop é avaliado. Já dissemos que a estrutura **while** poderia ser usada, na maioria dos casos, para representar a estrutura **for**. A única exceção ocorre quando a expressão de incremento na estrutura **while** vem após o comando **continue**.

```c
/* Fig. 4.11: fig04_11.c
   Usando o comando break em uma estrutura for */
#include <stdio.h>

/* função main inicia a execução do programa */
int main( void )
{
   int x; /* contador */

   /* loop por 10 vezes */
   for ( x = 1; x <= 10; x++ ) {

      /* se x é 5, encerra o loop */
      if ( x == 5 ) {
         break; /* sai do loop somente se x é 5 */
      } /* fim do if */

      printf( "%d ", x ); /* exibe valor de x */
   } /* fim de for */

   printf( "\nSaiu do loop em x == %d\n", x );
   return 0; /* indica que o programa foi concluído com sucesso */
} /* fim da função main */
```

```
1 2 3 4
Saiu do loop em x == 5
```

Figura 4.11 ■ Usando o comando **break** em uma estrutura **for**.

Nesse caso, o incremento não é executado antes de a condição de continuação da repetição ser testada, e o `while` não é executado da mesma maneira que o `for`. A Figura 4.12 usa o comando `continue` em uma estrutura `for` para 'pular' a instrução `printf` e iniciar a próxima repetição do loop.

```
/* Fig. 4.12: fig04_12.c
   Usando o comando continue em uma estrutura for */
#include <stdio.h>

/* função main inicia a execução do programa */
int main( void )
{
   int x; /* contador */

   /* loop por 10 vezes */
   for ( x = 1; x <= 10; x+- ) {

      /* se x é 5, continua com a próxima iteração do loop */
      if ( x == 5 ) {
         continue; /* salta código restante no corpo do loop */
      } /* fim do if */

      printf( "%d ", x ); /* exibe valor de x */
   } /* fim do for */

   printf( "\nUsou continue para pular a exibição do valor 5\n" );
   return 0; /* indica que o programa foi concluído com sucesso */
} /* fim da função main */
```

```
1 2 3 4 6 7 8 9 10
Usou continue para pular a exibição do valor 5
```

Figura 4.12 ■ Usando o comando `continue` em uma estrutura `for`.

Observação sobre engenharia de software 4.2

Alguns programadores pensam que `break` *e* `continue` *violam as normas da programação estruturada. Os efeitos desses comandos podem ser alcançados por técnicas de programação estruturada que veremos em breve, de modo que não se tenha de usar* `break` *e* `continue`.

Dica de desempenho 4.1

Os comandos `break` *e* `continue`*, quando usados corretamente, funcionam mais rapidamente que as técnicas estruturadas correspondentes que veremos em breve.*

Observação sobre engenharia de software 4.3

Há uma confrontação envolvida em conseguir engenharia de software com qualidade e obter o software com melhor desempenho. Constantemente, um desses objetivos é alcançado em detrimento do outro.

4.10 Operadores lógicos

Até aqui, estudamos apenas condições simples, como `contador <= 10`, `total > 1000`, e `número != valorSentinela`. Expressamos essas condições em termos dos operadores relacionais, >, <, >= e <=, e dos operadores de igualdade, == e !=. Cada decisão testou exatamente uma condição. Para testar várias condições no processo de tomada de decisão, tínhamos de realizar esses testes em instruções separadas ou em estruturas `if` ou `if...else` aninhadas.

C oferece operadores lógicos, que podem ser usados para formar condições mais complexas ao combinar condições simples. Os operadores lógicos são **&& (AND lógico)**, **|| (OR lógico)** e **! (NOT lógico**, também chamado de **negação lógica**). Vejamos alguns exemplos de cada um desses operadores.

Suponha que queiramos garantir que duas condições *sejam* verdadeiras antes de escolher certo caminho de execução. Nesse caso, podemos usar o operador lógico && da seguinte forma:

```
if ( sexo == 1 && idade >= 65 )
++idosoFeminino;
```

Essa estrutura `if` contém duas condições simples. A condição `sexo == 1` poderia ser avaliada, por exemplo, para determinar se uma pessoa é do sexo feminino. A condição `idade >= 65` é avaliada para determinar se uma pessoa é idosa. As duas condições simples são avaliadas primeiro, pois as precedências de == e >= são ambas maiores que a precedência de &&. A estrutura `if`, então, considera a condição combinada

```
sexo == 1 && idade >= 65
```

Essa condição é verdadeira se, e somente se, as duas condições simples forem verdadeiras. Por fim, se essa condição combinada for realmente verdadeira, então a contagem de `idosoFeminino` será incrementada em `1`. Se uma ou ambas as condições simples forem falsas, então o programa saltará o incremento e prosseguirá com a instrução seguinte ao `if`.

A Figura 4.13 resume o **operador &&**. A tabela mostra as quatro combinações possíveis de zero (falso) e não zero (verdadeiro) para expressão1 e expressão2. Essas tabelas normalmente são chamadas **tabelas verdade**. C avalia todas as expressões que incluem operadores relacionais, operadores de igualdade e/ou operadores lógicos como 0 ou 1. Embora C defina um valor verdadeiro como 1, a linguagem aceita *qualquer* valor não zero como verdadeiro.

expressão1	expressão2	expressão1 && expressão2
0	0	0
0	não zero	0
não zero	0	0
não zero	não zero	1

Figura 4.13 ■ Tabela verdade para o operador AND lógico (&&).

Agora, consideremos o operador || (OR lógico). Suponha que queiramos garantir em algum ponto de um programa que uma *ou* ambas as condições sejam verdadeiras antes de escolher certo caminho de execução. Nesse caso, usamos o operador || como neste segmento de programa:

```
if ( médiaSemestre >= 90 || exameFinal >= 90 )
printf( "Nota do aluno é A\n" );
```

Essa instrução também contém duas condições simples. A condição `médiaSemestre >= 90` é avaliada para determinar se o aluno merece uma nota 'A', devido a um desempenho sólido durante o semestre. A condição `exameFinal >= 90` é avaliada para determinar se o aluno merece uma nota 'A' por um desempenho excelente no exame final. A estrutura `if`, então, considera a condição combinada

```
médiaSemestre >= 90 || exameFinal >= 90
```

e concede um 'A' ao aluno se uma ou ambas as condições simples forem verdadeiras. A mensagem '`A nota do aluno é A`' não é impressa somente se as duas condições simples forem falsas (zero). A Figura 4.14 é uma tabela verdade para o operador OR lógico (||).

expressão1	expressão2	expressão1 || expressão2
0	0	0
0	não zero	1
não zero	0	1
não zero	não zero	1

Figura 4.14 ■ Tabela verdade para o operador OR lógico (||).

O operador && tem uma precedência mais alta que ||. Os dois operadores se associam da esquerda para a direita. Uma expressão contendo os operadores && ou || é avaliada somente até que sua veracidade ou sua falsidade seja conhecida. Assim, a avaliação da condição

```
sexo == 1 && idade >= 65
```

terminará se `sexo` não for igual a `1` (ou seja, se a expressão inteira for falsa), e continuará se `sexo` for igual a `1` (ou seja, a expressão inteira ainda poderia ser verdadeira se `idade >= 65`). Esse recurso de desempenho para a avaliação de expressões AND e OR lógicas é chamado de **avaliação em curto-circuito**.

Dica de desempenho 4.2

Em expressões nas quais se use o operador &&, ponha a condição com mais chances de ser falsa no lado esquerdo. Nas expressões em que se use o operador `||`*, ponha a condição com mais chances de ser verdadeira no lado esquerdo. Isso pode reduzir o tempo de execução de um programa.*

C oferece `!` (negação lógica) para permitir que um programador 'inverta' o significado de uma condição. Diferentemente dos operadores && e `||`, que combinam duas condições (e que, portanto, são operadores binários), o operador de negação lógica tem apenas uma única condição como operando (e, portanto, é um operador unário). O operador de negação lógica é colocado antes de uma condição quando estamos interessados em escolher um caminho de execução se a condição original (sem o operador de negação lógica) for falsa, como neste segmento de programa:

```
if ( !( nota == valorSentinela ) )
   printf( "A próxima nota é %f\n", nota );
```

Os parênteses em torno da condição `nota == valorSentinela` são necessários porque o operador de negação lógica tem uma precedência maior que o operador de igualdade. A Figura 4.15 é uma tabela verdade para o operador de negação lógica.

expressão	!expressão
0	1
não zero	0

Figura 4.15 ■ Tabela verdade para o operador `!` (negação lógica).

Na maioria dos casos, você pode evitar o uso da negação lógica ao expressar a condição de modo diferente com um operador relacional apropriado. Por exemplo, a instrução anterior também poderia ser escrita da seguinte forma:

```
if ( nota != valorSentinela )
   printf( "A próxima nota é %f\n", nota );
```

A Figura 4.16 mostra a precedência e a associatividade dos operadores apresentados até agora. Os operadores aparecem de cima para baixo, e em ordem decrescente de precedência.

Operadores	Associatividade	Tipo
`++` (*pós-fixo*) `--` (*pós-fixo*)	direita para esquerda	pós-fixo
`+ - ! ++` (*prefixo*) `--` (*prefixo*) (*tipo*)	direita para esquerda	unário
`* / %`	esquerda para direita	multiplicativo
`+ -`	esquerda para direita	aditivo
`< <= > >=`	esquerda para direita	relacional
`== !=`	esquerda para direita	igualdade
`&&`	esquerda para direita	AND lógico
`||`	esquerda para direita	OR lógico
`?:`	direita para esquerda	condicional
`= += -= *= /= %=`	direita para esquerda	atribuição
`,`	esquerda para direita	vírgula

Figura 4.16 ■ Precedência e associatividade dos operadores.

4.11 Confundindo os operadores de igualdade (==) com os de atribuição (=)

Existe um tipo de erro que os programadores em C, por mais experientes que sejam, tendem a cometer com tanta frequência que achamos que ele merecia uma seção separada. Esse erro é a troca acidental dos operadores == (igualdade) e = (atribuição). O que torna essas trocas tão prejudiciais é o fato de elas normalmente não causarem erros de compilação. Em vez disso, instruções com esses erros normalmente são compiladas corretamente e permitem a execução dos programas até o fim, mas é provável que gerem resultados incorretos por causa de erros lógicos durante a execução.

Dois aspectos da linguagem em C causam esses problemas. O primeiro é que qualquer expressão em C que produza um valor pode ser utilizada na parte de decisão de qualquer estrutura de controle. Se o valor é 0, ele é tratado como falso, e se for diferente de zero, é tratado como verdadeiro. O segundo é que as atribuições em C produzem um valor, a saber, o valor que é atribuído à variável no lado esquerdo do operador de atribuição. Por exemplo, suponha que queiramos escrever

```
if ( codPgto == 4 )
   printf( "Você ganha um bônus!" );
```

porém, por engano, escrevemos

```
if ( codPgto = 4 )
   printf( "Você ganha um bônus!" );
```

A primeira estrutura `if` gera corretamente um aviso de bônus à pessoa cujo código de pagamento é igual a 4. A segunda estrutura `if` — aquela com o erro — avalia a expressão de atribuição na condição `if`. Essa expressão é uma atribuição simples cujo valor é a constante 4. Como qualquer valor diferente de zero é interpretado como 'verdadeiro', a condição nesse `if` sempre será verdadeira, e não apenas o valor de `codPgto` inadvertidamente é definido como 4, mas a pessoa sempre receberá um bônus, independentemente do valor real do código de pagamento!

Erro comum de programação 4.8

Usar o operador == para atribuição ou usar o operador = para a comparação de igualdade são erros lógicos.

Os programadores normalmente escrevem condições como `x == 7` com o nome da variável à esquerda e a constante à direita. Ao inverter esses termos, de modo que a constante fique na esquerda e o nome da variável, à direita, como em `7 == x`, o programador que acidentalmente substitui o operador `==` por `=` está protegido pelo compilador. O compilador tratará isso como um erro de sintaxe, pois somente um nome de variável pode ser colocado no lado esquerdo de uma expressão de atribuição. Pelo menos, isso impedirá a devastação em potencial de um erro lógico durante a execução.

Os nomes de variáveis são chamados de **`lvalues`** (de 'left values', ou valores da esquerda), pois podem ser usados no lado esquerdo de um operador de atribuição. As constantes são chamadas de **`rvalues`** (de 'right values', ou valores da direita), pois somente podem ser usadas no lado direito de um operador de atribuição. *Lvalues* também podem ser utilizados como *rvalues*, mas o contrário não ocorre.

Boa prática de programação 4.9

Quando uma expressão de igualdade tem uma variável e uma constante, como em x == 1, alguns programadores preferem escrever a expressão com a constante à esquerda e o nome da variável à direita (por exemplo, 1 == x como uma proteção contra o erro lógico que ocorre quando você acidentalmente substitui o operador == por =).

O outro lado da moeda pode ser igualmente desagradável. Suponha que você queira atribuir um valor a uma variável com uma instrução simples como

```
x = 1;
```

porém, em vez disso, escreve

```
x == 1;
```

Isso tampouco é um erro de sintaxe. O compilador simplesmente avalia a expressão condicional. Se `x` é igual a `1`, a condição é verdadeira e a expressão restitui o valor 1. Se `x` não é igual a `1`, a condição é falsa e a expressão restitui o valor 0. Independentemente do valor devolvido, não existe operador de atribuição, de modo que o valor é simplesmente perdido, e o valor de `x` permanece inalterado, o que causa, provavelmente, um erro lógico durante a execução. Infelizmente, não há um truque prático disponível para ajudá-lo com esse problema! Muitos compiladores, porém, emitirão uma advertência ao encontrar tal situação.

Dica de prevenção de erro 4.6

Depois de escrever um programa, faça uma busca em todos os = e verifique se estão sendo usados corretamente.

4.12 Resumo da programação estruturada

Da mesma maneira que os arquitetos projetam construções empregando a sabedoria coletiva de sua profissão, assim deveriam os programadores projetar seus programas. Nosso campo é mais jovem que a arquitetura, e nossa sabedoria coletiva é consideravelmente mais escassa. Aprendemos bastante em apenas seis décadas. Talvez, o mais importante foi aprendermos que a programação estruturada produz programas que são mais fáceis de entender que programas não estruturados e, portanto, mais fáceis de testar, depurar, modificar; até provar sua exatidão no sentido matemático é mais fácil.

Este capítulo, assim como o Capítulo 3, concentrou-se nas estruturas de controle da linguagem em C. Cada estrutura foi apresentada, representada em um fluxograma e discutida separadamente, com exemplos. Agora, vamos resumir os resultados desses dois capítulos e apresentar um conjunto de regras simples para a formação e as propriedades dos programas estruturados.

A Figura 4.17 resume as estruturas de controle discutidas. Os círculos pequenos são usados na figura para indicar o ponto único de entrada e o ponto único de saída de cada estrutura.

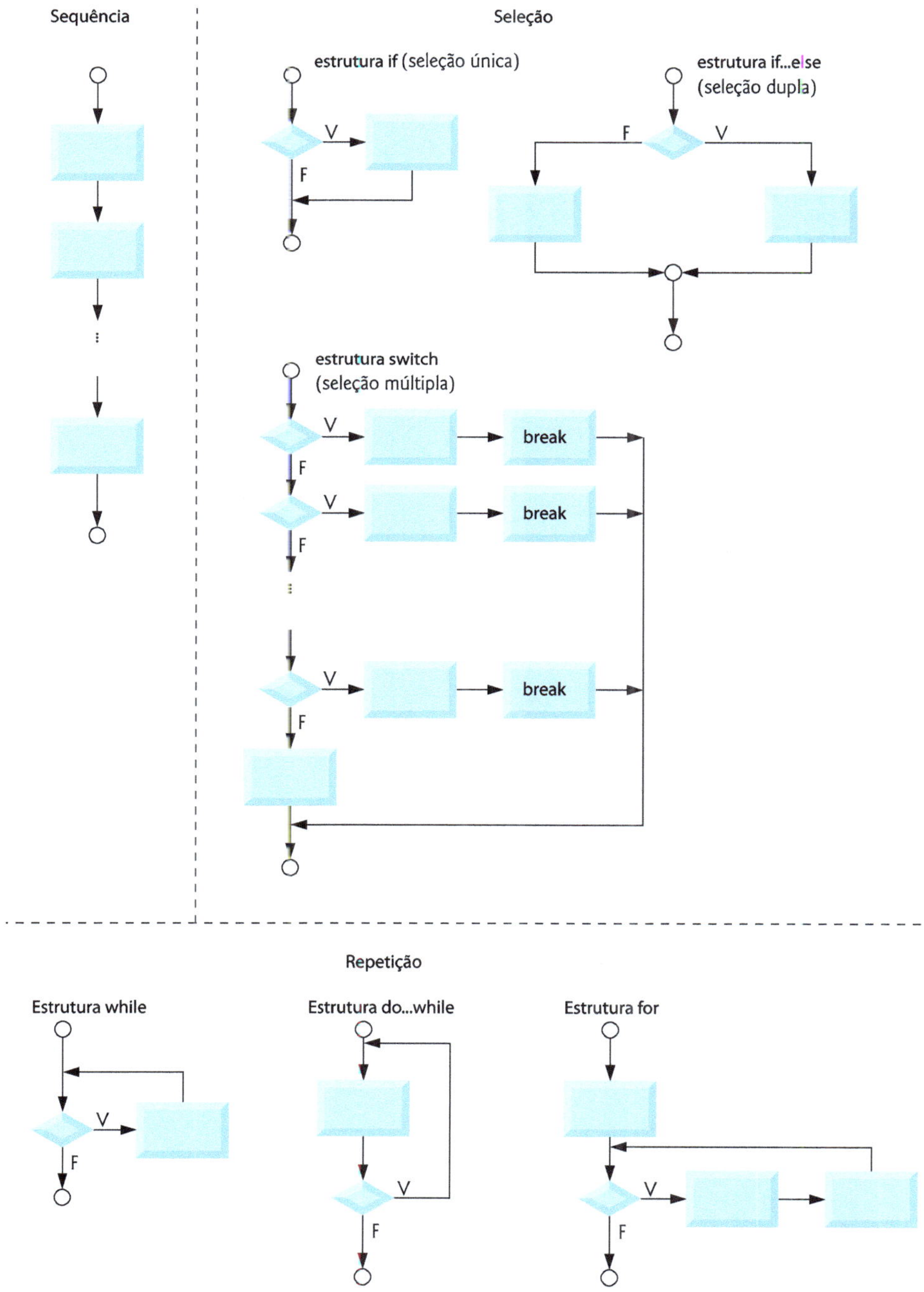

Figura 4.17 ■ Estruturas de sequência, seleção e repetição com entrada e saída únicas em C.

Conectar símbolos individuais de fluxograma arbitrariamente pode levar a programas não estruturados. Portanto, os profissionais de programação decidiram combinar símbolos de fluxograma de forma a compor um conjunto limitado de estruturas de controle e construir programas estruturados corretamente combinando estruturas de controle de duas maneiras simples. Para simplificar, são usadas somente estruturas de controle de entrada e saída únicas — existe uma única maneira para entrar, bem como uma única maneira para sair de cada estrutura de controle. Conectar estruturas de controle em sequência para formar programas estruturados é simples: o ponto de saída de uma estrutura de controle é conectado ao ponto de entrada da próxima estrutura de controle, ou seja, as estruturas de controle são simplesmente colocadas uma depois da outra em um programa. Chamamos isso de 'empilhamento de estruturas de controle'. As regras para criar programas estruturados também permitem que as estruturas de controle sejam aninhadas.

A Figura 4.18 mostra as regras a serem seguidas para formar programas corretamente estruturados. As regras admitem que o retângulo de um fluxograma possa ser usado para indicar qualquer ação, inclusive entrada/saída. A Figura 4.19 mostra o fluxograma mais simples.

Aplicar as regras da Figura 4.18 sempre resulta em um fluxograma estruturado, com uma aparência limpa como a de blocos de construção. Por exemplo, aplicar repetidamente a regra 2 ao fluxograma mais simples (Figura 4.19) resulta em um fluxograma estru-

Regras para a formação de programas estruturados
1) Comece com o 'fluxograma mais simples' (Figura 4.19).
2) Qualquer retângulo (ação) pode ser substituído por dois retângulos (ações) em sequência.
3) Qualquer retângulo (ação) pode ser substituído por qualquer estrutura de controle (sequência, `if`, `if...else`, `switch`, `while`, `do...while` ou `for`).
4) As regras 2 e 3 podem ser aplicadas com a frequência que você desejar, e em qualquer ordem.

Figura 4.18 ■ Regras para a formação de programas estruturados.

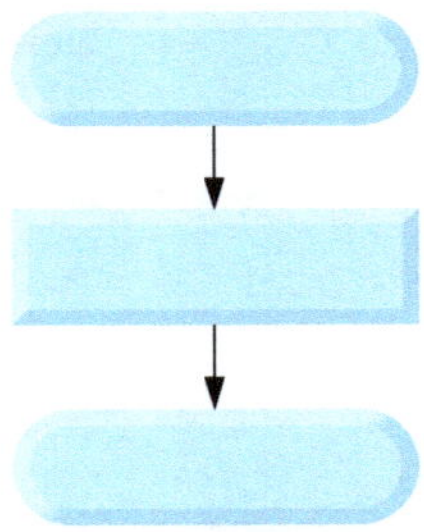

Figura 4.19 ■ Fluxograma mais simples.

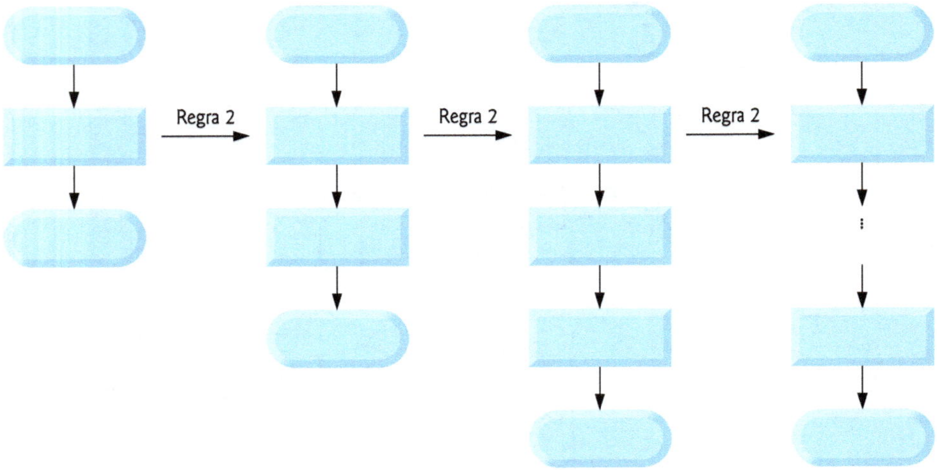

Figura 4.20 ■ Aplicação repetida da regra 2 da Figura 4.18 ao fluxograma mais simples.

turado que contém muitos retângulos em sequência (Figura 4.20). Observe que a regra 2 gera uma pilha de estruturas de controle; portanto, chamamos a regra 2 de **regra de empilhamento**.

A regra 3 é chamada de **regra de aninhamento**. Aplicar repetidamente a regra 3 ao fluxograma mais simples resulta em um fluxograma com estruturas de controle nitidamente aninhadas. Por exemplo, na Figura 4.21, o retângulo no fluxograma mais simples é primeiro substituído por uma estrutura de seleção dupla (`if...else`). Depois, a regra 3 é novamente aplicada a ambos os retângulos na estrutura de seleção dupla, substituindo cada um deles por estruturas de seleção dupla. As caixas tracejadas ao redor de cada estrutura de seleção dupla representam o retângulo que foi substituído no fluxograma original mais simples.

A regra 4 gera estruturas maiores, mais complicadas e mais profundamente aninhadas. Os fluxogramas que surgem da aplicação das regras na Figura 4.18 constituem o conjunto de todos os fluxogramas estruturados possíveis e, consequentemente, o conjunto de todos os programas estruturados possíveis.

Devido à eliminação do comando `goto`, esses blocos de montagem nunca se sobrepõem um ao outro. A beleza da abordagem estruturada está no fato de usar somente um pequeno número de peças simples de entrada/saída únicas e as montarmos somente de duas maneiras simples. A Figura 4.22 mostra os tipos de blocos de construção empilhados que surgem da aplicação da regra 2 e os tipos de blocos de construção aninhados que surgem da aplicação da regra 3. A figura também mostra o tipo de blocos de construção sobrepostos que não pode aparecer em fluxogramas estruturados (por causa da eliminação do comando `goto`).

Se as regras na Figura 4.18 forem seguidas, não será possível criar um fluxograma não estruturado (como o da Figura 4.23). Se você não tiver certeza se determinado fluxograma é estruturado ou não, aplique as regras da Figura 4.18 na ordem inversa, para tentar reduzi-lo ao fluxograma mais simples. Se você conseguir, então o fluxograma original é estruturado; se não conseguir, ele é não estruturado.

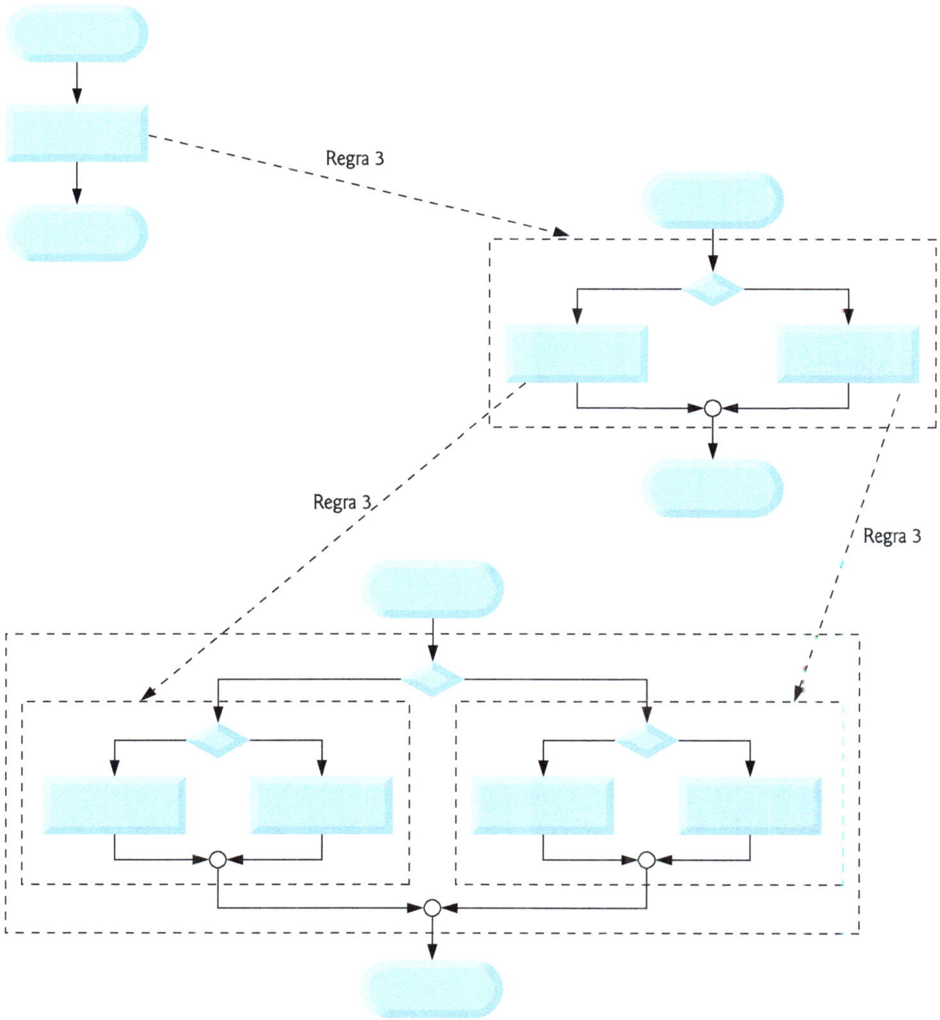

Figura 4.21 ■ Aplicação da Regra 3 da Figura 4.18 ao fluxograma mais simples.

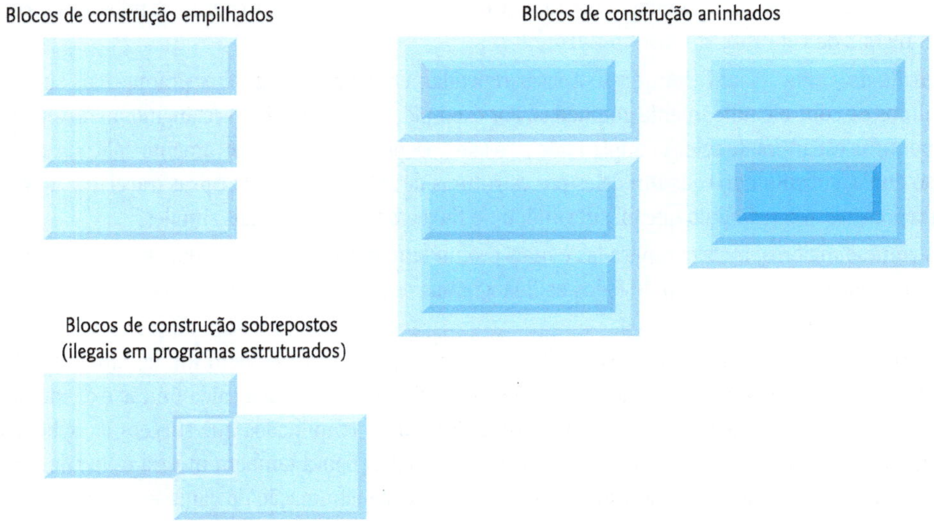

Figura 4.22 ■ Blocos de construção empilhados, aninhados e sobrepostos.

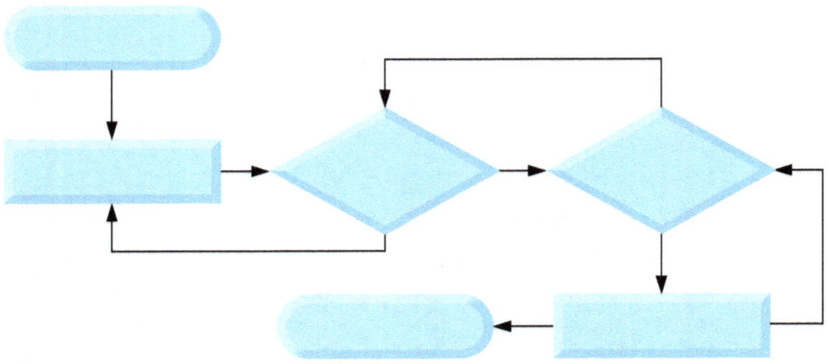

Figura 4.23 ■ Um fluxograma não estruturado.

A programação estruturada promove a simplicidade. Bohm e Jacopini demonstraram que somente três formas de controle são necessárias:

- Sequência.
- Seleção.
- Repetição.

A sequência é trivial. A seleção é implementada em uma de três formas:

- Estrutura `if` (seleção única).
- Estrutura `if...else` (seleção dupla).
- Estrutura `switch` (seleção múltipla).

De fato, é fácil provar que a estrutura `if` simples é suficiente para satisfazer qualquer forma de seleção — tudo o que pode ser feito com a estrutura `if...else` e com a estrutura `switch` pode ser implementado pela combinação de uma ou mais estruturas `if`.

A repetição é implementada em uma de três maneiras:

- Estrutura `while`.
- Estrutura `do...while`.
- Estrutura `for`.

É simples provar que a estrutura `while` é suficiente para implementar qualquer forma de repetição. Tudo o que pode ser feito com a estrutura `do...while` e com a estrutura `for` pode ser feito com a estrutura `while`.

A combinação desses resultados mostra que qualquer forma de controle que venha a ser necessária em um programa C pode ser expressa apenas em termos de três formas de controle:

- Sequência.
- Estrutura `if`(seleção).
- Estrutura `while`(repetição).

E essas estruturas de controle podem ser combinadas somente de duas maneiras: empilhamento e aninhamento. A programação estruturada realmente promove a simplicidade.

Nos capítulos 3 e 4, discutimos como compor programas a partir de estruturas de controle que contêm ações e decisões. No capítulo 5, introduziremos outra unidade de estruturação de programa, denominada função. Aprenderemos a compor programas grandes combinando funções que, por sua vez, são compostas por estruturas de controle. Também discutiremos como as funções promovem a reutilização de software.

Resumo

Seção 4.2 Aspectos essenciais da repetição

- A maioria dos programas envolve repetição, ou looping. Um loop é um grupo de instruções que o computador executa repetidamente enquanto uma condição de continuação do loop permanece verdadeira.
- A repetição controlada por contador às vezes é chamada de repetição definida, pois sabemos com antecedência quantas vezes exatamente o loop será executado.
- A repetição controlada por sentinela às vezes é chamada de repetição indefinida, pois não sabemos com antecedência quantas vezes o loop será executado.
- Na repetição controlada por contador, uma variável de controle é usada para contar o número de repetições. A variável de controle é incrementada (normalmente em 1) toda vez que o grupo de instruções é executado. Quando o número correto de repetições tiver sido executado, o loop termina e o programa continua a execução com a instrução seguinte à estrutura de repetição.
- Os valores de sentinela são usados para controlar a repetição quando o número de repetições não é conhecido com antecedência, e o loop inclui instruções que obtêm dados toda vez que o loop é executado.
- O valor de sentinela indica o 'fim dos dados'. A sentinela é inserida após todos os itens de dados normais terem sido incluídos no programa. As sentinelas precisam ser distintas dos itens de dados normais.

Seção 4.3 Repetição controlada por contador

- A repetição controlada por contador exige o nome de uma variável de controle (ou contador de loop), o valor inicial da variável de controle, o incremento (ou decremento) pelo qual a variável de controle é modificada a cada passagem do loop e a condição que testa o valor final da variável de controle (ou seja, se o looping deve continuar).

Seção 4.4 A estrutura de repetição **`for`**

- A estrutura de repetição `for` trata de todos os detalhes da repetição controlada por contador.
- Quando a estrutura `for` inicia a execução, sua variável de controle é inicializada. Depois, a condição de continuação do loop é verificada. Se a condição for verdadeira, o corpo do loop é executado. A variável de controle é, então, incrementada, e o loop começa novamente com a condição de continuação do loop. Esse processo se estende até que a condição de continuação do loop se torne falsa.
- O formato geral da estrutura `for` é

```
for ( expressão1; expressão2; expressão3 )
    instrução
```

onde *expressão1* inicializa a variável do controle de loop, *expressão2* é a condição de continuação do loop e *expressão3* incrementa a variável de controle.

- Na maioria dos casos, a instrução `for` pode ser representada por uma instrução `while` equivalente, como em

```
expressão1;
while ( expressão2 ) {
    instrução
    expressão3;
}
```

- O operador vírgula garante que listas de expressões sejam avaliadas da esquerda para a direita. O valor da expressão inteira é aquele da expressão mais à direita.
- As três expressões na estrutura `for` são opcionais. Se a *expressão2* for omitida, C considerará que a condição é verdadeira, criando assim um loop infinito. Pode-se omitir a *expressão1* se a variável de controle for inicializada em algum outro ponto no programa. A *expressão3* poderia ser omitida se o incremento for calculado por instruções no corpo da estrutura `for`, ou se nenhum incremento for necessário.
- A expressão de incremento na estrutura `for` atua como uma instrução em C independente no final do corpo do `for`.
- Os dois sinais de ponto e vírgula na estrutura `for` são obrigatórios.

Seção 4.5 Estrutura **for***: notas e observações*

- A inicialização, a condição de continuação do loop e o incremento podem conter expressões aritméticas.
- O 'incremento' pode ser negativo (então, na realidade, seria um decremento, e a contagem do loop seria feita de modo decrescente).
- Se a condição de continuação do loop for inicialmente falsa, a parte do corpo do loop não será executada. Em vez disso, a execução prosseguirá com a instrução após a estrutura `for`.

Seção 4.6 Exemplos do uso da estrutura **for**

- A função `pow` realiza a exponenciação. A função `pow(x, y)` calcula o valor de `x` elevado à potência `y`. São necessários dois argumentos do tipo `double`, e o resultado é um valor `double`.
- O tipo `double` é um tipo de ponto flutuante semelhante a `float`, mas normalmente uma variável do tipo `double` pode armazenar um valor muito maior e mais preciso do que `float`.
- O cabeçalho `<math.h>` deve ser incluído sempre que uma função matemática como `pow` é utilizada.
- O especificador de conversão `%21.2f` indica que um valor de ponto flutuante será exibido alinhado à direita em um campo de 21 caracteres, com dois dígitos à direita do ponto decimal.
- Em um campo, para alinhar um valor à esquerda inclua um sinal de menos (–) entre o `%` e a largura do campo.

Seção 4.7 A estrutura de seleção múltipla **switch**

- Ocasionalmente, um algoritmo conterá uma série de decisões a partir das quais uma variável, ou expressão, será testada separadamente para cada um dos valores inteiros constantes que ela possa vir a assumir, e diferentes ações serão tomadas. Isso é chamado de seleção múltipla. C oferece a estrutura `switch` para nos ajudar a tratar disso.
- A estrutura `switch` consiste em uma série de rótulos `case`, um caso `default` opcional e instruções a serem executadas em cada caso.
- A função `getchar` (das bibliotecas-padrão de entrada e de saída) lê e retorna um caractere do teclado.
- Os caracteres normalmente são armazenados em variáveis do tipo `char`. Os caracteres podem ser armazenados em qualquer tipo de dado inteiro, pois normalmente são representados como inteiros de um byte no computador. Assim, podemos tratar um caractere como um inteiro ou um caractere, a depender de seu uso.
- Hoje em dia, muitos computadores utilizam o conjunto de caracteres ASCII (American Standard Code for Information Interchange), em que o número 97 representa a letra minúscula `'a'`.
- Os caracteres podem ser lidos com `scanf`, usando o especificador de conversão `%c`.
- As expressões de atribuição como um todo, na realidade, possuem um valor. Esse valor é atribuído à variável no lado esquerdo do sinal `=`.
- O fato de as instruções de atribuição terem valores pode ser útil para a definição de diversas variáveis com o mesmo valor, como em `a = b = c = 0;`.
- `EOF` normalmente é usado como valor de sentinela. `EOF` é uma constante inteira simbólica definida em `<stdio.h>`.
- Em sistemas Linux/UNIX, e em muitos outros, o indicador `EOF` é inserido digitando-se *<Ctrl> d*. Em outros sistemas, como no Microsoft Windows, o indicador de `EOF` pode ser inserido digitando-se *<Ctrl> z*.
- A palavra-chave `switch` é seguida pela expressão de controle entre parênteses. O valor dessa expressão é comparado a cada um dos rótulos `case`. Se houver uma correspondência, as instruções para esse `case` serão executadas. Se não houver correspondência, o case `default` será executado.
- O comando `break` faz com que o controle do programa continue com a instrução após o `switch`. O comando `break` impede que os `case`s em uma estrutura `switch` sejam executados juntos.
- Cada `case` pode ter uma ou mais ações. A estrutura `switch` é diferente de todas as outras estruturas de controle, porque as chaves não são necessárias ao redor das várias ações em um `case` do `switch`.
- Listar vários rótulos `case` juntos significa simplesmente que o mesmo conjunto de ações deverá ocorrer para qualquer um desses casos.
- Lembre-se de que a instrução `switch` só pode ser usada para testar uma expressão inteira constante — ou seja, qualquer combinação de constantes de caractere e de constantes de inteiro que seja avaliada como um valor inteiro constante. Uma constante de caractere é representada como um caractere específico entre aspas simples, como `'A'`. Os caracteres devem ser delimitados por aspas simples para serem reconhecidos como constantes de caractere. As constantes de inteiro são simplesmente valores inteiros.
- C oferece vários tipos de dados para representar inteiros. O intervalo dos valores inteiros para cada tipo depende do hardware do computador em questão. Além dos tipos `int` e `char`, C oferece os tipos `short` (uma abreviação de `short int`) e `long` (uma abreviação de `long int`). O intervalo mínimo de valores para inteiros `short` é de –32768 a +32767. Para a grande maioria dos cálculos com inteiros, os inteiros `long` são suficientes. O padrão especifica que o intervalo mínimo dos valores para inteiros `long` seja de –2147483648 a +2147483647. O padrão indica que o intervalo de valores para um `int` deve ser pelo menos o mesmo intervalo para inteiros `short`, e não mais que o intervalo para inteiros `long`. O tipo de dado `signed char` pode ser usado para representar inteiros no intervalo de –128 a +127, ou qualquer um dos caracteres no conjunto de caracteres do computador.

Seção 4.8 A estrutura de repetição do...`while`

- A estrutura `do...while` testa a condição de continuação do loop *depois* que o corpo do loop é executado. Portanto, o corpo será executado pelo menos uma vez. Quando um `do...while` termina, a execução continua com a instrução após a cláusula `while`.

Seção 4.9 Os comandos `break` e `continue`

- O comando `break`, quando executado em uma estrutura `while`, `for`, `do...while` ou `switch`, causa a saída imediata dessa estrutura. A execução do programa continua com a instrução seguinte.
- O comando `continue`, quando executado em uma estrutura `while`, `for` ou `do...while`, despreza as instruções restantes no corpo dessa estrutura de controle e executa a próxima repetição do loop. Em estruturas `while` e `do...while`, o teste de continuação do loop é avaliado imediatamente após o comando `continue` ser executado. Na estrutura `for`, a expressão de incremento é executada para, somente depois, o teste de continuação do loop ser avaliado.

Seção 4.10 Operadores lógicos

- Os operadores lógicos podem ser usados para formar condições complexas que combinam condições simples. Os operadores lógicos são && (AND lógico), `||` (OR lógico) e `!` (NOT lógico, ou negação lógica).
- Uma condição que contém o operador && (AND lógico) é verdadeira se, e somente se, as duas condições simples forem verdadeiras.
- C avalia todas as expressões que incluem operadores relacionais, operadores de igualdade e/ou operadores lógicos como 0 ou 1. Embora C defina um valor verdadeiro como 1, ela aceita *qualquer* valor diferente de zero como verdadeiro.
- Uma condição contendo o operador `||` (OR lógico) é verdadeira se uma ou ambas as condições simples forem verdadeiras.
- O operador && tem uma precedência mais alta que `||`. Os dois operadores são avaliados da esquerda para a direita.
- Uma expressão contendo operadores && ou `||` é avaliada somente até que a veracidade ou falsidade seja conhecida.
- C oferece `!` (negação lógica) para permitir que um programador 'inverta' o significado de uma condição. Ao contrário dos operadores binários && e `||`, que combinam duas condições, o operador unário de negação lógica tem apenas uma única condição como operando.
- O operador de negação lógica é colocado antes de uma condição, quando estamos interessados em escolher um caminho de execução, se a condição original (sem o operador de negação lógica) for falsa.
- Na maioria dos casos, você pode evitar o uso da negação lógica expressando a condição de forma diferente, com um operador relacional apropriado.

Seção 4.11 Confundindo os operadores de igualdade (==) com os de atribuição (=)

- Os programadores costumam trocar acidentalmente os operadores == (igualdade) e = (atribuição). O que torna essas trocas tão prejudiciais é que elas normalmente não causam erros de sintaxe. Em vez disso, as instruções com esses erros normalmente são compiladas corretamente, permitindo que os programas sejam executados até o fim, mas que provavelmente produzirão resultados incorretos por causa de erros lógicos durante o tempo de execução.
- Os programadores normalmente escrevem condições como `x == 7` com o nome da variável à esquerda e a constante à direita. Ao inverter esses termos, de modo que a constante fique à esquerda e o nome da variável à direita, como em `7 == x`, o programador que acidentalmente trocar o operador == por = estará protegido pelo compilador. O compilador tratará isso como um erro de sintaxe, pois somente um nome de variável pode ser colocado no lado esquerdo de uma instrução de atribuição.
- Os nomes de variáveis são considerados *lvalues* (de 'left values', ou valores da esquerda), pois *podem* ser usados no lado esquerdo de um operador de atribuição.
- As constantes são consideradas *rvalues* (de 'right values', ou valores da direita), pois *somente* podem ser usadas no lado direito de um operador de atribuição. *Lvalues* também podem ser utilizados como *rvalues*, mas o contrário não ocorre.

Terminologia

ASCII (American Standard Code for Information Interchange), conjunto de caracteres 90
avaliação em curto-circuito 97
`case`, rótulo 92
`char`, tipo primitivo 90
condição de continuação do loop 80
decremento de uma variável de controle 80
erro de diferença por um 83
expressão de controle 91
expressão inteira constante 92
incremento de uma variável de controle 80
lvalue ('left value') 98
nome de uma variável de controle 80
operador AND lógico (&&) 95
operador de negação lógica (!) 95
operador NOT lógico (!) 95
operador OR lógico (||) 95
operadores de vírgula 83

pow (power), função 86
protótipo de função 86
regra de aninhamento 101
regra de empilhamento 100
repetição definida 80
repetição indefinida 80
rvalue ('right value') 98
tabelas verdade 96
valor final de uma variável de controle 80
valor inicial de uma variável de controle 80
variável de controle 80

Exercícios de autorrevisão

4.1 Preencha os espaços nas sentenças.

a) A repetição controlada por contador também é conhecida como repetição _______, pois sabemos com antecedência quantas vezes o loop será executado.

b) A repetição controlada por sentinela também é conhecida como repetição _______, pois não sabemos com antecedência quantas vezes o loop será executado.

c) Na repetição controlada por contador, um(a) _______ é usado(a) para contar o número de vezes que um grupo de instruções deve ser repetido.

d) O comando _______, quando executado em uma estrutura de repetição, faz com que a próxima iteração do loop seja realizada imediatamente.

e) O comando _______, quando executado em uma estrutura de repetição ou em um `switch`, causa uma saída imediata da estrutura.

f) A _______ é usada para testar uma variável ou expressão em particular para cada um dos valores inteiros constantes que ela pode assumir.

4.2 Indique se as seguintes sentenças são *verdadeiras* ou *falsas*. Explique sua resposta no caso de haver sentenças *falsas*.

a) O caso `default` é obrigatório na estrutura de seleção `switch`.

b) O comando `break` é obrigatório no caso `default` de uma estrutura de seleção `switch`.

c) A expressão `(x > y && a < b)` é verdadeira se `x > y` for verdadeiro ou `a < b` for verdadeiro.

d) Uma expressão contendo o operador `||` é verdadeira se um ou ambos os seus operandos forem verdadeiros.

4.3 Escreva uma instrução ou um conjunto de instruções para realizar cada uma das seguintes tarefas:

a) Somar os inteiros ímpares entre 1 e 99 usando uma estrutura `for`. Considere que as variáveis inteiras `soma` e `contador` tenham sido declaradas.

b) Imprima o valor `333,546372` em uma largura de campo de `15` caracteres com precisões de `1`, `2`, `3`, `4` e `5`. Alinhe a saída à esquerda. Quais são os cinco valores impressos?

c) Calcule o valor de `2.5` elevado à potência `3` usando a função `pow`. Imprima o resultado com uma precisão de `2` em uma largura de campo de `10` posições. Qual é o valor impresso?

d) Imprima os inteiros de 1 a 20 usando um loop `while` e a variável contadora `x`. Considere que a variável `x` tenha sido declarada, mas não inicializada. Imprima somente cinco inteiros por linha. [*Dica:* use o cálculo `x % 5`. Quando o resultado for 0, imprima um caractere de nova linha, senão imprima um caractere de tabulação.]

e) Repita o Exercício 4.3 (d) usando uma estrutura `for`.

4.4 Encontre o erro em cada um dos segmentos de código a seguir, e explique como corrigi-lo.

a)
```
x = 1;
while ( x <= 10 );
   x++;
}
```

b)
```
for( y = .1; y != 1.0; y += .1)
printf( "%f\n", y );
```

c)
```
switch( n ) {
   case 1:
      printf( "O número é 1\n" );
   case 2:
      printf( "O número é 2\n" );
      break;
   default:
      printf( "O número não é nem 1 nem 2\n" );
      break;
}
```

d) O código a seguir deveria imprimir os valores de 1 a 10.

```
n = 1;
while ( n < 10 )
   printf( "%d ", n++ );
```

Respostas dos exercícios de autorrevisão

4.1 a) definida. b) indefinida. c) variável de controle ou contador. d) `continue`. e) `break`. f) estrutura de seleção `switch`.

4.2 a) Falso. O caso `default` é opcional. Se nenhuma ação default for necessária, então um caso `default` não é necessário.

b) Falso. A instrução `break` é usada para sair da estrutura `switch`. O comando `break` não é exigido quando o caso `default` é o último caso.

c) Falso. As duas expressões relacionais deverão ser verdadeiras para que a expressão inteira seja verdadeira quando se usa o operador &&.

d) Verdadeiro.

4.3 a)
```
soma = 0;
for ( contador = 1; contador <= 99; contador += 2 ) {
    soma += contador;
}
```

b)
```
printf( "%-15.1f\n", 333.546372 ); /* imprime 333.5 */
printf( "%-15.2f\n", 333.546372 ); /* imprime 333.55 */
printf( "%-15.3f\n", 333.546372 ); /* imprime 333.546 */
printf( "%-15.4f\n", 333.546372 ); /* imprime 333.5464 */
printf( "%-15.5f\n", 333.546372 ); /* imprime 333.54637 */
```

c)
```
printf( "%10.2f\n", pow( 2.5, 3 ) ); /* imprime 15.63 */
```

d)
```
x = 1;
while ( x <= 20 ) {
   printf( "%d", x );
   if ( x % 5 == 0 ) {
       printf( "\n" );
   }
   else {
       printf( "\t" );
   }
   x++;
}
```

ou

```
x = 1;
while ( x <= 20 ) {
    if ( x % 5 == 0 ) {
        printf( "%d\n", x++ );
    }
    else {
        printf( "%d\t", x++ );
    }
}
```

ou

```
x = 0;
while ( ++x <= 20 ) {
    if ( x % 5 == 0 ) {
        printf( "%d\n", x );
    }
    else {
        printf( "%d\t", x );
    }
}
```

e)
```
for ( x = 1; x <= 20; x++ ) {
    printf( "%d", x );
    if ( x % 5 == 0 ) {
        printf( "\n" );
    }
    else {
        printf( "\t" );
    }
}
```

ou

```
for ( x = 1; x <= 20; x++ ) {
    if ( x % 5 == 0 ) {
        printf( "%d\n", x );
    }
    else {
        printf( "%d\t", x );
    }
}
```

4.4 a) Erro: o ponto e vírgula após o cabeçalho do `while` causa um loop infinito.

Correção: substitua o ponto e vírgula por { ou remova o ; e o }.

b) Erro: usar um número em ponto flutuante para controlar uma estrutura de repetição `for`.

Correção: use um inteiro e realize o cálculo apropriado para obter os valores que você desejar.

```
for ( y = 1; y != 10; y++ )
    printf( "%f\n", ( float ) y / 10 );
```

c) Erro: falta o comando `break` nas instruções para o primeiro `case`.

Correção: inclua um comando `break` ao final das instruções para o primeiro `case`. Isso não constitui necessariamente um erro se você quiser que a instrução do `case 2:` seja executada toda vez que a instrução do `case 1:` for executada.

d) Erro: uso do operador relacional impróprio na condição de continuação de repetição do `while`.

Correção: use <= no lugar de <.

Exercícios

4.5 Ache o erro em cada um dos seguintes trechos de códigos. (*Nota:* pode haver mais de um erro.)

a)
```
For ( x = 100, x >= 1, x++ )
    printf( "%d\n", x );
```

b) O código a seguir deveria imprimir se determinado inteiro é ímpar ou par:

```
switch ( valor % 2 ) {
  case 0:
    printf( "Inteiro par\n" );
case 1:
printf( "Inteiro ímpar\n" );
}
```

c) O código a seguir deveria ler um inteiro e um caractere e imprimi-los. Suponha que o usuário digite `100 A`.

```
scanf( "%d", &intVal );
charVal = getchar();
printf( "Inteiro: %d\nCaractere: %c\n",
intVal, charVal );
```

d)
```
for ( x = .000001; x == .0001; x += .000001
) {
   printf( "%.7f\n", x );
}
```

e) O código a seguir deveria exibir os inteiros ímpares de 999 a 1:

```
for ( x = 999; x >= 1; x += 2 ) {
   printf( "%d\n", x );
}
```

f) O código a seguir deveria exibir os inteiros pares de 2 a 100:

```
contador = 2;
Do {
if ( contador % 2 == 0 ) {
      printf( "%d\n", contador );
   }
   contador += 2;
} While ( contador < 100 );
```

g) O código a seguir deveria somar os inteiros de 100 a 150 (supondo que `total` seja inicializado com 0):

```
for ( x = 100; x <= 150; x++ ); {
  total += x;
}
```

4.6 Indique quais valores da variável de controle `x` são impressos por cada uma das seguintes estruturas `for`:

a)
```
for( x =2; x <=13; x +=2) {
    printf( "%d\n", x );
}
```

b)
```
for ( x = 5; x <= 22; x += 7 ) {
    printf( "%d\n", x );
}
```

c)
```
for( x =3; x <=15; x +=3) {
    printf( "%d\n", x );
}
```

d)
```
for( x =1; x <=5; x +=7) {
    printf( "%d\n", x );
}
```

e)
```
for( x =12; x >=2; x -=3) {
    printf( "%d\n", x );
}
```

4.7 Escreva estruturas `for` que imprimam a seguinte sequência de valores:

a) 1, 2, 3, 4, 5, 6, 7

b) 3, 8, 13, 18, 23

c) 20, 14, 8, 2, –4, –10

d) 19, 27, 35, 43, 51

4.8 O que o programa a seguir faz?

```
#include <stdio.h>

/* função main inicia a execução do programa */
int main( void )
{
   int x;
   int y;
   int i;
   int j;

   /* solicita a entrada do usuário */
   printf( "Digite dois inteiros no intervalo 1-20: " );
   scanf( "%d%d", &x, &y ); /* lê valores para x e y */

   for ( i = 1; i <= y; i++ ) { /* conta de 1 a y */

      for ( j = 1; j <= x; j++ ) { /* conta de 1 a x */
         printf( "@" ); /* exibe @ */
      } /* fim do for interno */

      printf( "\n" ); /* inicia nova linha */
   } /* fim do for externo */

   return 0; /* indica que o programa foi concluído com sucesso */
} /* fim da função main */
```

4.9 ***Soma de uma sequência de inteiros.*** Escreva um programa que some uma sequência de inteiros. Considere que o primeiro inteiro lido com `scanf` especifique o número de valores restantes a serem inseridos. Seu programa deve ler apenas um valor toda vez que `scanf` for executado. Uma sequência de entrada típica poderia ser

```
5 100 200 300 400 500
```

onde o 5 indica que os cinco valores subsequentes devem ser somados.

4.10 ***Média de uma sequência de inteiros.*** Escreva um programa que calcule e imprima a média de vários inteiros. Considere que o último valor lido com `scanf` seja a sentinela 9999. Uma sequência de entrada típica poderia ser

```
10 8 11 7 9 9999
```

indicando que é preciso calcular a média de todos os valores anteriores a 9999.

4.11 ***Ache o menor.*** Escreva um programa que encontre o menor de vários inteiros. Considere que o primeiro valor lido especifique o número de valores restantes.

4.12 ***Calculando a soma de inteiros pares.*** Escreva um programa que calcule e imprima a soma dos inteiros pares de 2 a 30.

4.13 ***Calculando o produto de inteiros ímpares.*** Escreva um programa que calcule e imprima o produto dos inteiros ímpares de 1 a 15.

4.14 ***Fatoriais.*** A função *fatorial* é usada com frequência nos problemas de probabilidade. O fatorial de um inteiro positivo *n* (escrito como *n*! e pronunciado como 'fatorial de *n*') é igual ao produto dos inteiros positivos de 1 a *n*. Escreva um programa que avalie os fatoriais dos inteiros de 1 a 5. Imprima os resultados em formato tabular. Que dificuldade poderia impedi-lo de calcular o fatorial de 20?

4.15 ***Programa de juros compostos modificado.*** Modifique o programa de juros compostos da Seção 4.6 e repita suas etapas para taxas de juros de 5, 6, 7, 8, 9 e 10 por cento. Use um loop `for` para variar a taxa de juros.

4.16 ***Problema de impressão de triângulo.*** Escreva um programa que imprima os padrões a seguir separadamente, um abaixo do outro. Use loops `for` para gerar os padrões. Todos os asteriscos (*) devem ser impressos por uma única instrução `printf` na forma `printf("*");` (isso faz com que os asteriscos sejam impressos lado a lado). [*Dica:* os dois últimos padrões exigem que cada linha comece com um número de espaços apropriado.]

```
(A)          (B)           (C)           (D)

*            **********    **********             *
**           *********      *********            **
***          ********        ********           ***
****         *******          *******          ****
*****        ******            ******         *****
******       *****              *****        ******
*******      ****                ****       *******
********     ***                  ***      ********
*********    **                    **     *********
**********   *                      *    **********
```

4.17 ***Calculando limites de crédito.*** Poupar dinheiro vem se tornando algo cada vez mais difícil de se fazer durante períodos de recessão, de modo que as empresas podem estreitar seus limites de crédito para impedir que suas contas a receber (dinheiro devido a elas) se tornem muito grandes. Em resposta a uma recessão prolongada, uma empresa cortou os limites de crédito de seus clientes pela metade. Assim, se um cliente em particular tinha um limite de crédito de R$ 2.000,00, agora ele é de R$ 1.000,00. Se um cliente tinha um limite de R$ 5.000,00, agora ele é de R$ 2.500,00. Escreva um programa que analise o status de crédito de três clientes dessa empresa. Você receberá as seguintes informações:

a) O número de conta do cliente.
b) O limite de crédito do cliente antes da recessão.
c) O saldo atual do cliente (ou seja, o valor que o cliente deve à empresa).

Seu programa deve calcular e imprimir o novo limite de crédito para cada cliente e deve determinar (e imprimir) quais clientes têm saldo atual superior a seus novos limites de crédito.

4.18 ***Programa de exibição de gráfico de barras.*** Uma aplicação interessante dos computadores é a de desenhar gráficos e gráficos de barras (às vezes, chamados 'histogramas'). Escreva um programa que leia cinco números (entre 1 e 30). Para cada número lido, seu programa deverá exibir uma linha contendo esse número de asteriscos adjacentes. Por exemplo, se seu programa ler o número sete, ele deverá exibir *******.

4.19 ***Calculando vendas.*** Um varejista on-line vende cinco produtos diferentes cujos preços de revenda aparecem na tabela a seguir:

Número do produto	Preço de revenda
1	R$ 2,98
2	R$ 4,50
3	R$ 9,98
4	R$ 4,49
5	R$ 6,87

Escreva um programa que leia uma série de pares de números da seguinte forma:

a) Número do produto.
b) Quantidade vendida durante um dia.

Seu programa deverá usar uma estrutura `switch` para ajudar a determinar o preço de revenda para cada produto. O programa deverá calcular e exibir o valor de revenda total de todos os produtos vendidos na semana anterior.

4.20 ***Tabelas verdade.*** Complete as tabelas verdade a seguir preenchendo cada espaço com 0 ou 1.

Condição1	Condição2	Condição1 && Condição2
0	0	0
0	não zero	0
não zero	0	_____
não zero	não zero	_____

Condição1	Condição2	Condição1 || Condição2
0	0	0
0	não zero	1
não zero	0	_____
não zero	não zero	_____

Condição1	!Condição1
0	1
não zero	_____

4.21 Reescreva o programa da Figura 4.2 de modo que a inicialização da variável `contador` seja feita na declaração, e não na estrutura `for`.

4.22 ***Nota média.*** Modifique o programa da Figura 4.7 de modo que seja possível calcular a nota média da classe.

4.23 ***Calculando juros compostos com inteiros.*** Modifique o programa da Figura 4.6 de modo que ele use apenas inteiros para calcular os juros compostos. [*Dica:* trate todos os valores monetários como números inteiros de centavos. Depois 'quebre' o resultado em sua parte de real e em sua parte de centavos usando as operações de divisão e módulo, respectivamente. Insira uma vírgula.]

4.24 Considere `i = 1`, `j = 2`, `k = 3` e `m = 2`. O que cada uma das seguintes instruções imprime?

a) `printf( "%d", i == 1 );`
b) `printf( "%d", j == 3 );`
c) `printf( "%d", i >= 1 && j < 4 );`
d) `printf( "%d", m < = 99 && k < m );`
e) `printf( "%d", j >= i || k == m );`
f) `printf( "%d", k + m < j || 3 - j >= k );`
g) `printf( "%d", !m );`
h) `printf( "%d", !( j - m ) );`
i) `printf( "%d", !( k > m ) );`
j) `printf( "%d", !( j > k ) );`

4.25 ***Tabela de equivalência decimal, binária, octal e hexadecimal.*** Escreva um programa que imprima uma tabela dos equivalentes binário, octal e hexadecimal dos números decimais no intervalo de 1 a 256. Se você não estiver acostumado com esses sistemas numéricos, leia o Apêndice C antes de tentar realizar esse exercício.

4.26 ***Calculando o valor de π.*** Calcule o valor de π a partir da série infinita

$$\pi = 4 - \frac{4}{3} + \frac{4}{5} - \frac{4}{7} + \frac{4}{9} - \frac{4}{11} + \ldots$$

Imprima uma tabela que mostre o valor de π aproximado por um termo dessa série, e depois por dois termos, três termos, e assim por diante. Quantos termos dessa série você precisa usar antes de obter 3,14? 3,141? 3,1415? 3,14159?

4.27 ***Triplas de Pitágoras.*** Um triângulo retângulo pode ter lados que são valores inteiros. O conjunto de três valores inteiros para os lados de um triângulo retângulo é chamado de tripla de Pitágoras. Esses três lados precisam satisfazer o relacionamento de que a soma dos quadrados de dois catetos é igual ao quadrado da hipotenusa. Ache todas as triplas de Pitágoras não superiores a 500 para cateto1, cateto2 e hipotenusa. Use um loop `for` triplamente aninhado que simplesmente teste todas as possibilidades. Este é um exemplo de computação por 'força bruta'. Isso não é esteticamente atraente para muitas pessoas. Mas existem muitos motivos para essas técnicas serem importantes. Em primeiro lugar, com o poder da computação aumentando em um ritmo tão fenomenal, soluções que levariam anos, ou mesmo séculos, para serem produzidas com a tecnologia de alguns anos atrás agora podem ser produzidas em horas, minutos ou mesmo segundos. Os chips microprocessadores recentes podem processar um bilhão de instruções por segundo! Em segundo lugar, como você descobrirá em cursos de ciência da computação mais avançados, existem inúmeros problemas interessantes para os quais não existe uma técnica algorítmica conhecida além da simples força bruta. Investigamos muitos tipos de metodologias de solução de problemas neste livro. Consideraremos muitas técnicas de força bruta para diversos problemas interessantes.

4.28 ***Calculando o pagamento semanal.*** Uma empresa paga a seus funcionários como gerentes (que recebem um salário semanal fixo), trabalhadores por hora (que recebem um salário fixo por hora até as 40 primeiras horas de trabalho e 'hora e meia' — ou seja, 1,5 vez o salário por hora — para horas extras trabalhadas), trabalhadores comissionados (que recebem R$ 250,00 mais 5,7 por cento de suas vendas brutas semanais) ou trabalhadores por unidade (que recebem um valor fixo para cada um dos itens que eles produzem — cada trabalhador por unidade nessa empresa trabalha apenas em um tipo de item). Escreva um programa que calcule o pagamento semanal de cada empregado. Você não sabe o número de empregados com antecedência. Cada tipo de empregado tem seu próprio código de pagamento: gerentes têm código 1, trabalhadores por hora têm código 2, trabalhadores comissionados têm código 3 e trabalhadores por unidade têm código 4. Use um `switch` para calcular o pagamento de cada empregado com base no seu código de pagamento. Dentro do `switch`, peça ao usuário (ou seja, o funcionário administrativo da folha de pagamento) que informe os fatos apropriados que seu programa precisa para calcular o pagamento de cada empregado com base no código.

4.29 ***Leis de De Morgan.*** Neste capítulo, discutimos os operadores lógicos `&&`, `||` e `!`. Às vezes, as Leis de De Morgan podem tornar mais conveniente a indicação de uma expressão lógica. Essas leis afirmam que a expressão `!(`*condition1* `&&` *condition2*`)` é logicamente equivalente à expressão `(!`*condition1* `||` `!`*condition2*`)`. Além disso, a expressão `!(`*condition1* `||` *condition2*`)` é logicamente equivalente à expressão `(!`*condition1* `&&` `!`*condition2*`)`. Use as Leis de De Morgan para escrever expressões equivalentes para cada um dos seguintes itens, e depois escreva um programa para mostrar que a expressão original e a nova expressão em cada caso são equivalentes.

a) `!( x < 5 ) && !( y >= 7 )`
b) `!( a == b ) || !( g != 5 )`
c) `!( ( x <= 8 ) && ( y > 4 ) )`
d) `!( ( i > 4 ) || ( j <= 6 ) )`

4.30 ***Substituindo*** **`switch`** ***por*** **`if...else`.** Reescreva o programa da Figura 4.7 substituindo a estrutura `switch` pela estrutura `if...else` aninhada; tenha o cuidado de tratar do caso `default` corretamente. Depois, reescreva essa nova versão substituindo a estrutura `if...else` aninhada por uma série de estruturas `if`; aqui, também tenha o cuidado de lidar com o caso `default` corretamente (isso é mais difícil do que na versão do `if...else` aninhado). Esse exercício demonstra que `switch` é uma conveniência, e que qualquer estrutura `switch` pode ser escrita apenas com instruções de seleção única.

4.31 ***Programa de impressão de losango.*** Escreva um programa que imprima a forma de losango a seguir. Você pode usar instruções `printf` que exibem um único asterisco (*) ou um espaço em branco. Maximize o uso da repetição (com estruturas `for` aninhadas) e minimize o número de instruções `printf`.

```
    *
   ***
  *****
 *******
*********
 *******
  *****
   ***
    *
```

4.32 ***Programa de impressão de losango modificado.*** Modifique o programa que você escreveu no Exercício 4.31 para ler um número ímpar no intervalo de 1 a 19, para especificar o número de linhas no losango. Seu programa deverá, então, exibir um losango com o tamanho apropriado.

4.33 ***Equivalente de valores decimais em números romanos.*** Escreva um programa que imprima uma tabela de todos os equivalentes em números romanos dos números decimais no intervalo de 1 a 100.

4.34 Descreva o processo que você usaria para substituir um loop `do...while` por um loop `while` equivalente. Que problema ocorre quando você tenta substituir um loop `while` por um loop `do...while` equivalente? Suponha que você tenha sido informado sobre a necessidade de remoção de um loop `while` e sua substituição por um `do...while`. Que instrução de controle adicional você precisaria usar, e como a usaria para garantir que o programa resultante se comportasse exatamente como o original?

4.35 Uma crítica ao comando `break` e ao comando `continue` é que eles não são estruturados. Na realidade, comandos `break` e comandos `continue` sempre podem ser substituídos por comandos estruturados, embora isso possa ser complicado. Descreva, em geral, como você removeria qualquer comando `break` de um loop em um programa e substituiria esse comando por algum equivalente estruturado. [*Dica:* o comando `break` sai de um loop de dentro do corpo do loop. A outra maneira de sair é falhando no teste de continuação do loop. Considere o uso de um segundo teste no teste de continuação do loop, que indique 'saída antecipada devido a uma condição de interrupção'.] Use a técnica que você desenvolveu aqui para remover o comando `break` do programa da Figura 4.11.

4.36 O que o seguinte segmento de programa faz?

```
for ( i = 1; i <= 5; i++ ) {
   for ( j = 1; j <= 3; j++ ) {
      for ( k = 1; k <= 4; k++ )
         printf( "*" );
      printf( "\n" );
   }
   printf( "\n" );
}
```

4.37 Descreva, de modo geral, como você removeria qualquer comando `continue` de um loop em um programa e substituiria esse comando por algum equivalente estruturado. Use a técnica que você desenvolveu aqui para remover o comando `continue` do programa da Figura 4.12.

Fazendo a diferença

4.38 ***Crescimento da população mundial.*** A população mundial tem crescido consideravelmente no decorrer dos séculos. O crescimento continuado poderia, por fim, desafiar os limites do ar respirável, da água potável, do solo arável e de outros recursos limitados. Evidências indicam que, nos últimos anos, houve uma redução do crescimento, e que a população mundial poderia chegar a um pico em algum ano deste século, para depois começar a diminuir.

Para este exercício, pesquise sobre questões de crescimento populacional on-line. *Não se esqueça de investigar diversos pontos de vista.* Encontre estimativas para a população mundial atual e sua taxa de crescimento (sua porcentagem de crescimento neste ano). Escreva um programa que calcule o crescimento da população mundial para os próximos 75 anos, *considerando a suposição simplificada de que a taxa de crescimento permanecerá constante*. Imprima os resultados em uma tabela. A primeira coluna deverá mostrar o ano, de 1 a 75. A segunda coluna deverá mostrar a população mundial antecipada ao final desse ano. A terceira coluna deverá mostrar o aumento numérico na população mundial que ocorreria nesse ano. Usando os resultados obtidos, determine o ano em que a população dobraria o tamanho da população de hoje, se a taxa de crescimento desse ano persistisse.

4.39 ***Alternativas de plano de imposto; a 'FairTax'.*** Existem muitas propostas para tornar a taxação mais justa. Verifique a iniciativa FairTax nos Estados Unidos em

`<www.fairtax.org/site/PageServer?pagename=calculator>`

Descubra como funciona a proposta FairTax. Uma sugestão é eliminar o imposto de renda e a maioria dos outros impostos em favor de uma taxa de consumo de 23 por cento sobre todos os produtos e serviços que você compra. Alguns oponentes da FairTax questionam o valor de 23 por cento e dizem que, devido ao modo como o imposto é calculado, seria mais exato dizer que a taxa é de 30 por cento — verifique isso cuidadosamente. Escreva um programa que leve o usuário a informar os gastos em diversas categorias (por exemplo, moradia, alimentação, vestuário, transporte, educação, saúde, férias), e depois imprima a FairTax estimada que essa pessoa pagaria.

Funções em C

5

Capítulo

A forma sempre segue a função.
— **Louis Henri Sullivan**

E pluribus unum. (De muitos, um.)
— **Virgil**

Chamem de volta o ontem; o tempo de apostar está de volta.
— **William Shakespeare**

Responda-me em uma palavra.
— **William Shakespeare**

Há um ponto em que os métodos destroem a si mesmos.
— **Frantz Fanon**

Objetivos

Neste capítulo, você aprenderá:

- A construir programas de forma modular a partir de pequenas partes chamadas funções.
- As funções matemáticas comuns na biblioteca-padrão em C.
- A criar novas funções.
- Os mecanismos usados para passar informações entre funções.
- Como o mecanismo de chamada/retorno de função é aceito pela pilha de chamada de função e pelos registros de ativação.
- Técnicas de simulação a partir da geração de números aleatórios.
- Como escrever e usar funções que chamam a si mesmas.

Conteúdo

5.1 Introdução
5.2 Módulos de programa em C
5.3 Funções da biblioteca matemática
5.4 Funções
5.5 Definições de funções
5.6 Protótipos de funções
5.7 Pilha de chamada de funções e registros de ativação
5.8 Cabeçalhos
5.9 Chamando funções por valor e por referência
5.10 Geração de números aleatórios
5.11 Exemplo: um jogo de azar
5.12 Classes de armazenamento
5.13 Regras de escopo
5.14 Recursão
5.15 Exemplo de uso da recursão: a série de Fibonacci
5.16 Recursão *versus* iteração

Resumo | Terminologia | Exercícios de autorrevisão | Respostas dos exercícios de autorrevisão | Exercícios | Fazendo a diferença

5.1 Introdução

Quase todos os programas de computador que resolvem problemas do mundo real são muito maiores que os programas que foram apresentados nos primeiros capítulos. A experiência vem mostrando que a melhor maneira de desenvolver e manter um programa grande é construí-lo a partir de partes menores, ou de **módulos**, cada um mais facilmente administrável que o programa original. Essa técnica é chamada de **dividir e conquistar**. Este capítulo descreve os recursos da linguagem em C que facilitam o projeto, a implementação, a operação e a manutenção de programas de grande porte.

5.2 Módulos de programa em C

Os módulos em C são chamados de **funções**. Os programas em C normalmente são escritos combinando-se novas funções com funções 'pré-definidas', disponíveis na **biblioteca-padrão de C**. Discutiremos os dois tipos de funções neste capítulo. A biblioteca-padrão de C oferece uma rica coleção de funções para a realização de cálculos matemáticos comuns, manipulação de strings, manipulação de caracteres, entrada/saída e muitas outras operações úteis. Isso torna seu trabalho mais fácil, pois essas funções oferecem muitas das capacidades de que você precisa.

Boa prática de programação 5.1

Familiarize-se com a rica coleção de funções da biblioteca-padrão de C.

Observação sobre engenharia de software 5.1

Evite reinventar a roda. Quando possível, use as funções da biblioteca-padrão de C em vez de escrever novas funções. Isso pode reduzir o tempo de desenvolvimento do programa.

Dica de portabilidade 5.1

O uso das funções da biblioteca-padrão de C ajuda a tornar os programas mais portáveis.

Embora tecnicamente as funções da biblioteca-padrão não façam parte da linguagem em C, elas são fornecidas pelos sistemas em C padrão. As funções `printf`, `scanf` e `pow`, que discutimos nos capítulos anteriores, são funções da biblioteca-padrão.

Você pode escrever funções que definam tarefas específicas que poderão ser usadas em muitos pontos de um programa. Elas também são chamadas de **funções definidas pelo programador**. As instruções reais que definem a função são escritas apenas uma vez e ficam escondidas de outras funções.

As funções são **chamadas** (ou **invocadas**) por uma **chamada de função**, que especifica o nome da função e oferece informações (como **argumentos**) de que a função chamada precisa para realizar sua tarefa designada. Uma analogia comum para isso é a forma hierárquica de gerência. Uma chefia (a **função chamadora**) pede a uma trabalhadora (a **função chamada**) que realize uma tarefa e informe quando ela tiver sido concluída (Figura 5.1). Por exemplo, uma função que precise exibir informações na tela chama a função trabalhadora `printf` para realizar essa tarefa, depois `printf` exibe a informação e informa de volta — ou **retorna** — à função chamadora quando sua tarefa é concluída. A função chefia não sabe como a função trabalhadora realiza suas tarefas designadas. A trabalhadora pode chamar outras funções trabalhadoras, e a chefia não saberá disso. Logo veremos como essa 'ocultação' de detalhes da implementação promove a boa engenharia de software. A Figura 5.1 mostra a função `Chefia` comunicando-se com várias funções trabalhadoras de maneira hierárquica. Observe que `Trabalhadora1` atua como uma função chefia para `Trabalhadora4` e `Trabalhadora5`. Os relacionamentos entre as funções podem diferir da estrutura hierárquica mostrada nessa figura.

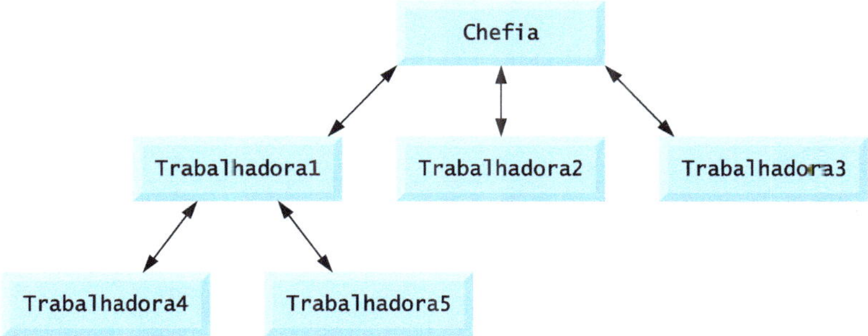

Figura 5.1 ■ Relacionamento hierárquico entre função chefia e função trabalhadora.

5.3 Funções da biblioteca matemática

Muitas das funções da biblioteca matemática permitem realizar vários cálculos matemáticos comuns. Usamos diversas funções dessa biblioteca para apresentar os conceitos de funções. Adiante, discutiremos muitas das outras funções na biblioteca-padrão de C.

Normalmente, as funções são usadas em um programa ao escrevermos o nome da função seguido de um parêntese à esquerda, seguido do **argumento** (ou uma lista de argumentos separados por vírgula) da função, seguido do parêntese à direita. Por exemplo, um programador que queira calcular e exibir a raiz quadrada de `900.0` poderia escrever

```
printf( "%.2f", sqrt( 900.0 ) );
```

Quando esse comando é executado, a função `sqrt` da biblioteca matemática é chamada para calcular a raiz quadrada do número contido nos parênteses (`900.0`). O número `900.0` é o argumento da função `sqrt`. Esse comando mostraria `30.00`. A função `sqrt` pede um argumento do tipo `double`, e retorna um resultado do tipo `double`. Todas as funções na biblioteca matemática que retornam valores de ponto flutuante retornam o tipo de dados `double`. Observe que valores `double`, assim como valores `float`, podem ser exibidos ao usarmos a especificação de conversão `%f`.

Dica de prevenção de erro 5.1

Inclua o cabeçalho math usando a diretiva do pré-processador `#include <math.h>` ao usar funções na biblioteca matemática.

Os argumentos de função podem ser constantes, variáveis ou expressões. Se `c1 = 13.0`, `d = 3.0` e `f = 4.0`, então a instrução

```
printf( "%.2f", sqrt( c1 + d * f ) );
```

calcula e exibe a raiz quadrada de `13.0 + 3.0 * 4.0 = 25.0`, a saber, `5.00`.

Algumas funções da biblioteca matemática de C estão resumidas na Figura 5.2. Na figura, as variáveis `x` e `y` são do tipo `double`.

Função	Descrição	Exemplo
`sqrt( x )`	raiz quadrada de **x**	`sqrt( 900,0 )` é `30,0` `sqrt( 9,0 )` é `3,0`
`exp( x )`	função exponencial e^x	`exp( 1,0 )` é `2,718282` `exp( 2,0 )` é `7,389056`
`log( x )`	logaritmo natural de **x** (base ***e***)	`log( 2,718282 )` é `1,0` `log( 7,389056 )` é `2,0`

`log10( x )`	logaritmo de **x** (base 10)	`log10( 1,0 )` é `0,0`
		`log10( 10,0 )` é `1,0`
		`log10( 100,0 )` é `2,0`

`fabs( x )`	valor absoluto de **x**	`fabs( 13,5 )` é `13,5`
		`fabs( 0,0 )` é `0,0`
		`fabs( -13,5 )` é `13,5`

`ceil( x )`	arredonda **x** ao menor inteiro não menor que **x**	`ceil( 9,2 )` é `10,0` `ceil( -9,8 )` é `-9,0`
`floor( x )`	arredonda **x** ao maior inteiro não maior que **x**	`floor( 9,2 )` é `9,0` `floor( -9,8 )` é `-10,0`
`pow( x, y )`	**x** elevado à potência **y** (x^y)	`pow( 2, 7 )` é `128,0` `pow( 9, 0,5 )` é `3,0`
`fmod( x, y )`	módulo (resto) de **x/y** como um número em ponto flutuante	`fmod( 13,657, 2,333 )` é `1,992`
`sin( x )`	seno trigonométrico de **x** (**x** em radianos)	`sin( 0,0 )` é `0,0`
`cos( x )`	cosseno trigonométrico de **x** (**x** em radianos)	`cos( 0,0 )` é `1,0`
`tan( x )`	tangente trigonométrica de **x** (**x** em radianos)	`tan( 0,0 )` é `0,0`

Figura 5.2 ■ Funções da biblioteca matemática comumente usadas.

5.4 Funções

As funções permitem a criação de um programa em módulos. Todas as variáveis descritas nas definições de função são **variáveis locais** — elas são conhecidas apenas na função em que são definidas. A maioria das funções possui uma lista de **parâmetros** que oferecem meios de transmissão de informações entre as funções. Os parâmetros de uma função também são variáveis locais dessa função.

Observação sobre engenharia de software 5.2

Nos programas que contêm muitas funções, `main` *normalmente é implementada como um grupo de chamadas para funções que realizam a maior parte do trabalho no programa.*

Existem várias motivações para se 'funcionalizar' um programa. A técnica de dividir e conquistar torna o desenvolvimento do programa mais administrável. Outra motivação é a **reutilização do software** — o uso de funções existentes como blocos de montagem para criar novos programas. A reutilização do software é um fator importante no movimento da programação orientada a objeto, a respeito da qual você aprenderá mais quando estudarmos as linguagens derivadas da C, como C++, Java e C# (diz-se 'C sharp'). Com uma boa nomeação e definição de função, os programas podem ser criados a partir de funções padronizadas que realizam tarefas específicas, em vez de serem criados a partir do uso de um código personalizado. Isso é chamado de **abstração**. Utilizamos a abstração toda vez que usamos funções da biblioteca-padrão, como `printf`, `scanf` e `pow`. A terceira motivação é evitar a repetição do código em um programa. Empacotar o código como uma função permite que ele seja executado a partir de diversos locais em um programa, bastando para isso que a função seja chamada.

Observação sobre engenharia de software 5.3

Cada função deve ser limitada a realizar uma única tarefa bem-definida, e o nome dela deve expressar essa tarefa. Isso facilita a abstração e promove a reutilização do software.

Observação sobre engenharia de software 5.4

Se você não puder escolher um nome curto que expresse o que a função faz, é possível que sua função esteja tentando realizar muitas tarefas diversas. Normalmente, é melhor quebrar essa função em várias funções menores — às vezes chamamos isso de decomposição.

5.5 Definições de funções

Os programas que apresentamos até agora consistem em uma função chamada `main` que chama as funções da biblioteca-padrão para realizar suas tarefas. Agora, refletiremos sobre como escrever funções personalizadas. Considere um programa que use uma função `square` para calcular e exibir os quadrados dos inteiros de 1 a 10 (Figura 5.3).

Boa prática sobre programação 5.2

Insira uma linha em branco entre as definições de função para separar as funções e melhorar a legibilidade do programa.

```c
/* Fig. 5.3: fig05_03.c
   Criando e usando uma função definida pelo programador */
#include <stdio.h>

int square( int y ); /* protótipo da função */

/* função main inicia execucão do programa */
int main( void )
{
   int x; /* contador */

   /* loop 10 vezes e calcula e exibe quadrado de x a cada vez */
   for ( x = 1; x <= 10; x++ ) {
      printf( "%d  ", square( x ) ); /* chamada da função */
   } /* fim do for */

   printf( "\n" );
   return 0; /* indica conclusão bem-sucedida */
} /* fim do main */

/* definição de função square retorna quadrado do parâmetro */
int square( int y ) /* y é uma cópia do argumento à função */
{
   return y * y; /* retorna o quadrado de y como um int */
} /* fim da função square */
```

```
1    4    9    16    25    36    49    64    81    100
```

Figura 5.3 ■ Usando uma função definida pelo programador.

A função `square` é **invocada** ou **chamada** em `main` dentro da instrução `printf` (linha 14)

```
printf( "%d ", square( x ) ); /* chamada da função */
```

A função `square` recebe uma cópia do valor de `x` no parâmetro `y` (linha 22). Depois, `square` calcula `y * y` (linha 24). O resultado é passado de volta à função `printf` em `main`, onde `square` foi chamada (linha 14), e `printf` exibe o resultado. Esse processo é repetido 10 vezes, usando a estrutura de repetição `for`.

A definição da função `square` mostra que `square` espera por um parâmetro inteiro `y`. A palavra-chave `int` antes do nome da função (linha 22) indica que `square` retorna um resultado inteiro. A instrução `return` dentro de `square` passa o resultado do cálculo de volta à função chamadora.

A linha 5

```
int square( int y ); /* protótipo da função */
```

é um **protótipo de função**. O `int` nos parênteses informa ao compilador que `square` espera receber um valor inteiro da chamadora. O `int` à esquerda do nome da função `square` informa ao compilador que `square` retorna um resultado inteiro à chamadora. O compilador se refere ao protótipo da função para verificar se as chamadas a `square` (linha 14) contêm o tipo de retorno correto, o número correto de argumentos, os tipos corretos de argumentos e se eles estão na ordem correta. Os protótipos de função serão discutidos com detalhes na Seção 5.6.

O formato de uma definição de função é

tipo-valor-retorno nome-função(lista de parâmetros)
{
    definições
    instruções
}

O *nome-função* é qualquer identificador válido. O **tipo-valor-retorno** é o tipo de dado do resultado retornado à chamadora. O *tipo-valor-retorno* `void` indica que uma função não retorna um valor. Juntos, *tipo-valor-retorno*, *nome-função* e *lista de parâmetros* às vezes são chamados de **cabeçalho** da função.

Erro comum de programação 5.1

Esquecer de retornar um valor de uma função que deveria retornar um valor pode gerar erros inesperados. O padrão em C indica que o resultado dessa omissão é indefinido.

Erro comum de programação 5.2

Retornar um valor de uma função com um tipo de retorno `void` *é um erro de compilação.*

A **lista de parâmetros** é uma lista separada por vírgula que especifica os parâmetros recebidos pela função quando ela é chamada. Se uma função não recebe nenhum valor, a *lista de parâmetros* é `void`. Um tipo precisa ser listado explicitamente para cada parâmetro.

Erro comum de programação 5.3

Especificar parâmetros de função do mesmo tipo como `double x, y` *em vez de* `double x, double y`*, resulta em um erro de compilação.*

Erro comum de programação 5.4

Colocar um ponto e vírgula após o parêntese à direita que delimita a lista de parâmetros de uma definição de função é um erro de sintaxe.

Erro comum de programação 5.5

Definir, novamente, um parâmetro como uma variável local em uma função é um erro de compilação.

Boa prática de programação 5.3

Embora não seja errado, não use os mesmos nomes para os argumentos de uma função e para os parâmetros correspondentes na definição da função. Isso ajuda a evitar ambiguidades.

As *definições* e *instruções* dentro das chaves formam o **corpo da função**. O corpo da função também é chamado de **bloco**. As variáveis podem ser declaradas em qualquer bloco, e os blocos podem ser aninhados. *Uma função não pode ser definida dentro de outra função.*

Erro comum de programação 5.6

Definir uma função dentro de outra função é um erro de sintaxe.

Boa prática de programação 5.4

Escolher nomes de função e de parâmetro significativos torna os programas mais legíveis e evita o uso excessivo de comentários.

Observação sobre engenharia de software 5.5

Geralmente, uma função não deve ocupar mais que uma página. Melhor ainda, as funções não devem ocupar mais que meia página. Funções pequenas promovem a reutilização do software.

Observação sobre engenharia de software 5.6

Os programas devem ser escritos como coleções de pequenas funções. Isso os torna mais fáceis de serem escritos, depurados, mantidos e modificados.

Observação sobre engenharia de software 5.7

Uma função que exige um grande número de parâmetros pode estar realizando tarefas demais. Considere dividi-la em funções menores, que realizem as tarefas separadamente. O cabeçalho da função deverá caber em uma linha, se possível.

Observação sobre engenharia de software 5.8

O protótipo da função, o cabeçalho da função e as chamadas de função devem combinar em número, tipo e ordem de argumentos e de parâmetros, e também no tipo do valor de retorno.

Existem três maneiras de retornar o controle de uma função para o ponto em que uma função foi invocada. Se a função não retornar um resultado, simplesmente, quando a chave direita de término da função for alcançada, ou ao se executar o comando.

```
return;
```

Se a função retornar um resultado, o comando

```
return expressão;
```

retorna o valor da *expressão* à chamadora.

Função maximum

Nosso segundo exemplo utiliza uma função definida pelo programador, `maximum`, para determinar e retornar o maior de três inteiros (Figura 5.4). Os três inteiros são incluídos com `scanf`[1] (linha 15). Em seguida, os inteiros são passados a `maximum` (linha 19), que determina o maior inteiro. Esse valor é retornado a `main` pelo comando `return` em `maximum` (linha 37). O valor retornado é, então, exibido na instrução `printf` (linha 19).

```
1  /* Fig. 5.4: fig05_04.c
2     Achando o máximo de três inteiros */
3  #include <stdio.h>
4
5  int maximum( int x, int y, int z ); /* protótipo de função */
6
7  /* função main inicia a execução do programa */
8  int main( void )
9  {
10    int number1; /* primeiro inteiro */
11    int number2; /* segundo inteiro */
12    int number3; /* terceiro inteiro */
13
14    printf( "Digite três inteiros: " );
15    scanf( "%d%d%d", &number1, &number2, &number3 );
16
17    /* number1, number2 e number3 são argumentos
18       da chamada da função maximum */
19    printf( "Máximo é: %d\n", maximum( number1, number2, number3 ) );
20    return 0; /* indica conclusão bem-sucedida */
21 } /* fim do main */
22
23 /* Definição da função maximum */
24 /* x, y e z são parâmetros */
25 int maximum( int x, int y, int z )
26 {
```

Figura 5.4 ■ Encontrando o máximo de três inteiros. (Parte 1 de 2.)

1 Muitas funções da biblioteca de C, como `scanf`, retornam valores que indicam se realizaram sua tarefa com sucesso. No código de produção, você deverá testar esses valores de retorno para garantir que seu programa esteja operando corretamente. Leia a documentação para a função de biblioteca que você utiliza e descubra quais são os seus valores de retorno. O site <`wpollock.com/CPlus/PrintfRef.htm#scanfRetCode`> discute como processar valores de retorno da função `scanf`.

```
27       int max = x; /* considera que x é o maior */
28
29       if ( y > max ) { /* se y é maior que max, atribui y a max */
30          max = y;
31       } /* fim do if */
32
33       if ( z > max ) { /* se z é maior que max, atribui z a max */
34          max = z;
35       } /* fim do if */
36
37       return max; /* max é o maior valor */
38    } /* fim da função maximum */
```

```
Digite três inteiros: 22 85 17
Máximo é: 85
```

```
Digite três inteiros: 85 22 17
Máximo é: 85
```

```
Digite três inteiros: 22 17 85
Máximo é: 85
```

Figura 5.4 ■ Encontrando o máximo de três inteiros. (Parte 2 de 2.)

5.6 Protótipos de funções

Um dos recursos mais importantes de C é o protótipo de função. Esse recurso foi emprestado pelo comitê do padrão em C dos desenvolvedores em C++. O protótipo de função diz ao compilador o tipo de dado retornado pela função, o número de parâmetros que a função espera receber, os tipos dos parâmetros e a ordem em que esses parâmetros são esperados. O compilador utiliza protótipos de função para validar as chamadas de função. As versões anteriores de C não realizavam esse tipo de verificação, de modo que era possível chamar funções incorretamente sem que o compilador detectasse os erros. Essas chamadas poderiam resultar em erros fatais no tempo de execução, ou em erros não fatais que causavam erros lógicos sutis e difíceis de detectar. Os protótipos de função corrigem essa deficiência.

Boa prática de programação 5.5

Inclua protótipos de função em todas as funções para tirar proveito das capacidades de verificação de tipo da C. Utilize diretivas do pré-processador `#include` *para obter protótipos de função para as funções da biblioteca-padrão a partir dos cabeçalhos para as bibliotecas apropriadas, ou para obter cabeçalhos que contenham protótipos de função para funções desenvolvidas por você e/ou pelos membros do seu grupo.*

O protótipo de função para `maximum` na Figura 5.4 (linha 5) é

```
int maximum( int x, int y, int z ); /* protótipo de função */
```

Esse protótipo de função indica que `maximum` utiliza três argumentos do tipo `int` e retorna um resultado do tipo `int`. Observe que o protótipo de função é igual à primeira linha da definição da função `maximum`.

Boa prática de programação 5.6

Às vezes, os nomes de parâmetros são incluídos nos protótipos de função (nossa preferência) para fins de documentação. O compilador ignora esses nomes.

Erro comum de programação 5.7

Esquecer de colocar o ponto e vírgula ao final de um protótipo de função é um erro de sintaxe.

Uma chamada de função que não corresponde ao protótipo de função consiste em um erro de compilação. Outro erro também é gerado se o protótipo de função e a definição da função divergirem. Por exemplo, na Figura 5.4, se o protótipo de função tivesse sido escrito como

```
void maximum( int x, int y, int z );
```

o compilador geraria um erro, pois o tipo de retorno `void` no protótipo de função seria diferente do tipo de retorno `int` no cabeçalho da função.

Outro recurso importante dos protótipos de função é a **coerção de argumentos**, ou seja, forçar os argumentos para o tipo apropriado. Por exemplo, a função `sqrt` da biblioteca matemática pode ser chamada com um argumento inteiro, embora o protótipo de função em `<math.h>` especifique um argumento `double`, e, ainda assim, ela desempenhará seu papel corretamente. A instrução

```
printf( "%.3f\n", sqrt( 4 ) );
```

avalia corretamente `sqrt( 4 )`, e imprime o valor `2.000`. O protótipo de função faz com que o compilador converta o valor inteiro `4` para o valor `double` `4.0` antes que o valor seja passado para `sqrt`. Em geral, os valores de argumento que não correspondem exatamente aos tipos de parâmetro no protótipo de função são transformados no tipo apropriado antes que a função seja chamada. Essas conversões podem gerar resultados incorretos se as **regras de promoção** da C não forem seguidas. As regras de promoção especificam como os tipos podem ser convertidos para outros tipos sem que haja perda de dados. Em nosso exemplo de `sqrt`, um `int` é convertido automaticamente para um `double` sem mudar seu valor. Porém, um `double` convertido para um `int` trunca a parte fracionária do valor `double`. Converter tipos inteiros grandes para tipos inteiros pequenos (por exemplo, `long` para `short`) também pode resultar em valores alterados.

As regras de promoção se aplicam automaticamente a expressões que contenham valores de dois ou mais tipos de dados (também chamados de **expressões de tipo misto**). O tipo de cada valor em uma expressão de tipo misto é automaticamente promovido para o tipo 'mais alto' na expressão (na realidade, uma versão temporária de cada valor é criada e usada na expressão; os valores originais permanecem inalterados). A Figura 5.5 lista os tipos de dados na ordem do mais alto para o mais baixo, com as especificações de conversão `printf` e `scanf` de cada tipo.

Tipo de dados	Especificação de conversão de `printf`	Especificação de conversão de `scanf`
`long double`	`%Lf`	`%Lf`
`double`	`%f`	`%lf`
`float`	`%f`	`%f`
`unsigned long int`	`%lu`	`%lu`
`long int`	`%ld`	`%ld`
`unsigned int`	`%u`	`%u`
`int`	`%d`	`%d`
`unsigned short`	`%hu`	`%hu`
`short`	`%hd`	`%hd`
`char`	`%c`	`%c`

Figura 5.5 ■ Hierarquia de promoção para tipos de dados.

A conversão de valores em tipos inferiores normalmente resulta em um valor incorreto. Portanto, um valor pode ser convertido em um tipo inferior somente pela atribuição explícita do valor a uma variável do tipo inferior, ou usando-se um operador de coerção. Os valores de argumento de função são convertidos para tipos de parâmetro de um protótipo de função como se estivessem sendo atribuídos diretamente às variáveis desses tipos. Se nossa função `square`, que usa um parâmetro inteiro (Figura 5.3), for chamada com um argumento de ponto flutuante, o argumento será convertido em `int` (um tipo inferior), e `square` normalmente retornará um valor incorreto. Por exemplo, `square( 4.5 )` retorna `16`, e não `20.25`.

Erro comum de programação 5.8

Converter um tipo de dado mais alto na hierarquia de promoção em um tipo inferior pode alterar o valor do dado. Muitos compiladores emitem advertências nesses casos.

Se não há protótipo de função para uma função, o compilador forma seu próprio protótipo, usando a primeira ocorrência da função — ou a definição de função, ou uma chamada para a função. Normalmente, isso causa advertências ou erros, a depender do compilador.

Dica de prevenção de erro 5.2

Sempre inclua protótipos de função nas funções que você define ou usa em seu programa; isso ajuda a evitar erros e advertências na compilação.

Observação sobre engenharia de software 5.9

Um protótipo de função colocado fora de qualquer definição de função se aplica a todas as chamadas para a função que aparecem após o protótipo de função no arquivo. Um protótipo de função colocado dentro de uma função se aplica apenas às chamadas feitas nessa função.

5.7 Pilha de chamada de funções e registros de ativação

Para entender como C realiza chamadas de função, precisamos, em primeiro lugar, considerar uma estrutura de dados (ou seja, a coleção de itens de dados relacionados) conhecida como **pilha**. Os estudantes podem pensar na pilha como algo semelhante a uma pilha de pratos. Quando um prato é colocado na pilha, ele normalmente é colocado no topo (chamamos isso de **empilhar**). De modo semelhante, quando um prato é removido da pilha, ele sempre é removido do topo (chamamos isso de **desempilhar**). As pilhas são conhecidas como estruturas de dados **last-in, first-out (LIFO)** — o último item empilhado (inserido) na pilha é o primeiro item a ser desempilhado (retirado) da pilha.

Quando um programa chama uma função, a função chamada precisa saber como retornar ao chamador, de modo que o endereço de retorno da função chamadora é colocado na **pilha de execução do programa** (às vezes chamada de **pilha de chamada de função**). Se houver uma série de chamadas de função, os endereços de retorno sucessivos são empilhados na ordem 'último a entrar, primeiro a sair', de modo que cada função possa retornar à sua chamadora.

A pilha de execução do programa também contém a memória para as variáveis locais usadas em cada chamada de função durante a execução do programa. Esses dados, armazenados como uma parte da pilha de execução do programa, são conhecidos como **registros de ativação** ou **quadros de pilha** da chamada de função. Quando uma chamada de função é feita, o registro de ativação para essa chamada de função é colocado na pilha de execução do programa. Quando a função retorna ao seu chamador, o registro de ativação para essa chamada de função é retirado da pilha, e essas variáveis locais não são mais conhecidas do programa.

Naturalmente, a quantidade de memória em um computador é finita, de modo que apenas certa quantidade de memória pode ser usada para armazenar registros de ativação na pilha de execução do programa. Se houver mais chamadas de função do que é possível armazenar nos registros de ativação da pilha de execução do programa, um erro conhecido como **estouro de pilha (stack overflow)** ocorrerá.

5.8 Cabeçalhos

Cada biblioteca-padrão tem um **cabeçalho** correspondente que contém os protótipos de função para todas as funções nessa biblioteca, e definições de vários tipos de dados e constantes necessárias a essas funções. A Figura 5.6 lista alfabeticamente alguns dos cabeçalhos da biblioteca-padrão que podem ser incluídos nos programas. O termo 'macros', que é usado várias vezes na Figura 5.6, será discutido com detalhes no Capítulo 13, Pré-processador em C.

Você pode criar cabeçalhos personalizados. Os cabeçalhos definidos pelo programador também devem usar a extensão de nome de arquivo `.h`. Um cabeçalho definido pelo programador pode ser incluído utilizando-se a diretiva do pré-processador `#include`. Por exemplo, se o protótipo de nossa função `square` estivesse localizado no cabeçalho `square.h`, incluiríamos esse cabeçalho em nosso programa usando a diretiva a seguir do código do programa:

```
#include "square.h"
```

A Seção 13.2 traz informação adicional sobre cabeçalhos inclusivos.

Cabeçalho	Explicação
`<assert.h>`	Contém macros e informações que acrescentam diagnósticos que auxiliam a depuração do programa.
`<ctype.h>`	Contém protótipos de função para funções que testam certas propriedades dos caracteres, e protótipos de função para funções que podem ser usadas para converter letras minúsculas em maiúsculas, e vice-versa.
`<errno.h>`	Define macros que são úteis na comunicação de condições de erro.
`<float.h>`	Contém os limites de tamanho de ponto flutuante do sistema.
`<limits.h>`	Contém os limites de tamanho de inteiros do sistema.
`<locale.h>`	Contém protótipos de função e outras informações que permitem que um programa seja modificado para o local em que estiver sendo executado. A noção de local permite que o sistema de computação trate de diferentes convenções que expressam dados como datas, horas, valores monetários e números grandes em qualquer lugar do mundo.
`<math.h>`	Contém protótipos de função para funções da biblioteca matemática.
`<setjmp.h>`	Contém protótipos de função para funções que permitem evitar a sequência normal de chamada e de retorno de função.
`<signal.h>`	Contém protótipos de função e macros que lidam com diversas condições que podem surgir durante a execução do programa.
`<stdarg.h>`	Define macros que lidam com uma lista de argumentos para uma função cujo número e cujo tipo são desconhecidos.
`<stddef.h>`	Contém as definições comuns de tipo usadas pela C para realizar cálculos.
`<stdio.h>`	Contém protótipos de função para as funções da biblioteca-padrão de entrada/saída, e informações usadas por eles.
`<stdlib.h>`	Contém protótipos de função para conversões de números em texto e de texto em números, alocação de memória, números aleatórios e outras funções utilitárias.
`<string.h>`	Contém protótipos de função para funções de processamento de strings.
`<time.h>`	Contém protótipos de função e tipos para manipulação de hora e data.

Figura 5.6 ■ Alguns dos cabeçalhos da biblioteca-padrão.

5.9 Chamando funções por valor e por referência

Em muitas linguagens de programação, existem duas maneiras de se chamar funções — a **chamada por valor** e a **chamada por referência**. Quando os argumentos são passados por valor, uma *cópia* do valor do argumento é feita e passada para a função chamada. As mudanças na cópia não afetam o valor original da variável na chamadora. Quando um argumento é passado por referência, o chamador permite que a função chamada modifique o valor da variável original.

A chamada por valor deverá ser usada sempre que a função chamada não precisar modificar o valor da variável original da chamadora. Isso evita **efeitos colaterais** (modificações de variável) acidentais que tanto atrapalham o desenvolvimento de sistemas de software corretos e confiáveis. A chamada por referência deve ser usada apenas nos casos de funções chamadas confiáveis, que precisam modificar a variável original.

Em C, todas as chamadas são feitas por valor. Como veremos no Capítulo 7, é possível **simular** a chamada por referência usando operadores de endereço e operadores de indireção. No Capítulo 6, veremos que os arrays são automaticamente passados por referência. Teremos de esperar até o Capítulo 7 para entender completamente essa questão complexa. Por enquanto, devemos nos concentrar na chamada por valor.

5.10 Geração de números aleatórios

Agora, faremos um rápido e divertido (ao menos, é o que esperamos) desvio em direção a uma aplicação de programação popular: a simulação e os jogos. Nesta e na próxima seção, desenvolveremos um interessante programa de jogo estruturado que inclui várias funções. O programa usa a maior parte das estruturas de controle que estudamos. O elemento da sorte pode ser introduzido nas aplicações de computador com o uso da função `rand` da biblioteca-padrão de C a partir do cabeçalho `<stdlib.h>`.

Considere a seguinte instrução:

```
i = rand( );
```

A função `rand` gera um inteiro entre 0 e `RAND_MAX` (uma constante simbólica definida no cabeçalho `<stdlib.h>`). A C padrão indica que o valor de `RAND_MAX` deve ser pelo menos 32767, que é o valor máximo para um inteiro de dois bytes (ou seja, 16 bits). Os programas nesta seção foram testados em um sistema em C com um valor máximo de 32767 para `RAND_MAX`. Se `rand` realmente produz inteiros aleatórios, cada número entre 0 e `RAND_MAX` tem a mesma chance (ou probabilidade) de ser escolhido toda vez que `rand` é chamada.

O intervalo de valores produzidos diretamente por `rand`, normalmente, é diferente daquele que é necessário em uma aplicação específica. Por exemplo, um programa que simula o lançamento de uma moeda poderia exigir apenas 0 para 'cara' e 1 para 'coroa'. Um programa de jogo de dados, que simula o rolar de um dado de seis lados, exigiria inteiros aleatórios de 1 a 6.

Lançando um dado de seis lados

Para demonstrar `rand`, desenvolveremos um programa que simulará 20 lançamentos de um dado de seis lados e exibirá o valor de cada lançamento. O protótipo de função para a função `rand` está em `<stdlib.h>`. Usaremos o operador de módulo (%) em conjunto com `rand` da seguinte forma:

```
rand( ) % 6
```

para produzir inteiros no intervalo de 0 a 5. Isso é chamado de **escala**. O número 6 é chamado de **fator de escala**. Depois, **deslocamos** o intervalo de números produzidos somando 1 ao nosso resultado anterior. A saída da Figura 5.7 confirma que os resultados estão no intervalo de 1 a 6 — a saída poderia variar conforme o compilador.

```
/* Fig. 5.7: fig05_07.c
   Inteiros escalados e deslocados, produzidos por 1 + rand() % 6 */
#include <stdio.h>
#include <stdlib.h>

/* função main inicia a execução do programa */
int main( void )
{
   int i; /* contador */

   /* loop 20 vezes */
   for ( i = 1; i <= 20; i++ ) {

      /* escolhe número aleatório de 1 a 6 e imprime na tela */
      printf( "%10d", 1 + ( rand() % 6 ) );

      /* se contador é divisível por 5, inicia nova linha de impressão */
      if ( i % 5 == 0 ) {
```

Figura 5.7 ■ Números inteiros escalados e deslocados produzidos por 1 + rand( ) % 6. (Parte 1 de 2.)

```
        printf( "\n" );
      } /* fim do if */
   } /* fim do for */

   return 0; /* indica conclusão bem-sucedida */
} /* fim do main */
```

```
  6         6         5         5         6
  5         1         1         5         3
  6         6         2         4         2
  6         2         3         4         1
```

Figura 5.7 ■ Números inteiros escalados e deslocados produzidos por 1 + rand( ) % 6. (Parte 2 de 2.)

Lançando um dado de seis lados seis mil vezes

Para mostrar que esses números ocorrem com, aproximadamente, a mesma probabilidade, simularemos 6000 lançamentos de um dado usando o programa da Figura 5.8. Cada inteiro de 1 a 6 deverá aparecer, aproximadamente, 1000 vezes.

Como vemos na saída do programa, ao escalar e deslocar, usamos a função `rand` para simular de modo realista o lançamento de um dado de seis lados. *Nenhum* caso `default` é fornecido na estrutura `switch`. Observe também o uso do especificador de conversão `%s` para imprimir as strings de caracteres "`Face`" e "`Frequency`" como cabeçalhos de coluna (linha 53). Depois de estudarmos os arrays no Capítulo 6, mostraremos como substituir a estrutura `switch` inteira por uma instrução de linha única de modo elegante.

```
1  /* Fig. 5.8: fig05_08.c
2     Lançando um dado de seis lados 6000 vezes */
3  #include <stdio.h>
4  #include <stdlib.h>
5
6  /* função main inicia a execução do programa */
7  int main( void )
8  {
9     int frequency1 = 0; /* contador de lançamento 1 */
10    int frequency2 = 0; /* contador de lançamento 2 */
11    int frequency3 = 0; /* contador de lançamento 3 */
12    int frequency4 = 0; /* contador de lançamento 4 */
13    int frequency5 = 0; /* contador de lançamento 5 */
14    int frequency6 = 0; /* contador de lançamento 6 */
15
16    int roll; /* contador de lançamento, valor de 1 a 6000 */
17    int face; /* representa o valor de um dado lançado, de 1 a 6 */
18
19    /* loop 6000 vezes e resume resultados */
20    for ( roll = 1; roll <= 6000; roll++ ) {
21       face = 1 + rand() % 6; /* número aleatório de 1 a 6 */
22
23       /* determina valor da face e incrementa contador apropriado */
24       switch ( face ) {
25
26          case 1: /* valor foi 1 */
27             ++frequency1;
28             break;
29
```

Figura 5.8 ■ Lançando um dado de seis lados 6000 vezes. (Parte 1 de 2.)

```
         case 2: /* valor foi 2 */
            ++frequency2;
            break;

         case 3: /* valor foi 3 */
            ++frequency3;
            break;

         case 4: /* valor foi 4 */
            ++frequency4;
            break;

         case 5: /* valor foi 5 */
            ++frequency5;
            break;

         case 6: /* valor foi 6 */
            ++frequency6;
            break; /* opcional */
      } /* fim do switch */
   } /* fim do for */

   /* exibe resultados em formato tabular */
   printf( "%s%13s\n", "Face", "Frequência" );
   printf( "   1%13d\n", frequency1 );
   printf( "   2%13d\n", frequency2 );
   printf( "   3%13d\n", frequency3 );
   printf( "   4%13d\n", frequency4 );
   printf( "   5%13d\n", frequency5 );
   printf( "   6%13d\n", frequency6 );
   return 0; /* indica conclusão bem-sucedida */
} /* fim do main */
```

```
Face    Frequência
   1          1003
   2          1017
   3           983
   4           994
   5          1004
   6           999
```

Figura 5.8 ■ Lançando um dado de seis lados 6000 vezes. (Parte 2 de 2.)

Tornando aleatório o gerador de números aleatórios

A execução do programa da Figura 5.7 novamente produz

```
6    6    5    5    6
5    1    1    5    3
6    6    2    4    2
6    2    3    4    1
```

Observe que foi impressa exatamente a mesma sequência de valores. Como eles podem ser números aleatórios? Ironicamente, esse recurso de repetição é uma característica importante da função `rand`. Ao depurar um programa, isso é essencial para provar que as correções em um programa funcionam de modo apropriado.

A função `rand`, na verdade, gera **números pseudoaleatórios**. Chamar `rand` repetidamente produz uma sequência de números que parece aleatória. Porém, a sequência se repete toda vez que o programa é executado. Quando um programa tiver sido totalmente depurado, ele poderá ser condicionado a produzir uma sequência diferente de números aleatórios a cada execução. Isso é chamado de **randomização**, e ocorre na função `srand` da biblioteca-padrão. A função `srand` usa um argumento inteiro `unsigned` e **semeia** a **função rand** para que ela produza uma sequência diferente de números aleatórios a cada execução do programa.

Demonstramos `srand` na Figura 5.9. No programa, usamos o tipo de dado `unsigned`, que é uma abreviação de `unsigned int`. Um `int` é armazenado em pelo menos dois bytes de memória, e pode ter valores positivos e negativos. Uma variável do tipo `unsigned` também é armazenada em pelo menos dois bytes da memória. Um `unsigned int` de dois bytes só pode ter valores positivos no intervalo de 0 a 65535. Um `unsigned int` de quatro bytes só pode ter valores positivos no intervalo de 0 a 4294967295. A função `srand` usa um valor `unsigned` como um argumento. O especificador de conversão `%u` é usado para ler um valor `unsigned` com `scanf`. O protótipo de função para `srand` é encontrado em `<stdlib.h>`.

```c
/* Fig. 5.9: fig05_09.c
   Randomizando o programa de lançamento de dado */
#include <stdlib.h>
#include <stdio.h>

/* função main inicia a execução do programa */
int main( void )
{
   int i; /* contador */
   unsigned seed; /* número usado para criar semente do gerador de número aleatório */

   printf( "Digite a semente: " );
   scanf( "%u", &seed ); /* observe o %u de unsigned */

   srand( seed ); /* inicia gerador de número aleatório */

   /* loop 10 vezes */
   for ( i = 1; i <= 10; i++ ) {

      /* escolhe número aleatório de 1 a 6 e o imprime */
      printf( "%10d", 1 + ( rand() % 6 ) );

      /* se o contador é divisível por 5, inicia nova linha de impressão */
      if ( i % 5 == 0 ) {
         printf( "\n" );
      } /* fim do if */
   } /* fim do for */

   return 0; /* indica conclusão bem-sucedida */
} /* fim do main */
```

```
Digite a semente: 67
         6         1         4         6         2
         1         6         1         6         4
```

```
Digite a semente: 867
         2         4         6         1         6
         1         1         3         6         2
```

```
Digite a semente: 67
         6         1         4         6         2
         1         6         1         6         4
```

Figura 5.9 ■ Randomizando o programa de lançamento de um dado.

Execute o programa várias vezes e observe os resultados. Note que uma sequência *diferente* de números aleatórios é obtida toda vez que o programa é executado, desde que uma semente diferente seja fornecida.

Para randomizar sem incluir uma semente a cada vez, use um comando como

```
srand( time( NULL ) );
```

Isso faz com que o computador leia seu clock para obter o valor da semente automaticamente. A função time retorna o número de segundos que se passaram desde a meia-noite de 1º de janeiro de 1970. Esse valor é convertido em um inteiro não sinalizado, e é usado como semente do gerador de números aleatórios. A função time recebe NULL como um argumento (time é capaz de lhe oferecer uma string que represente o valor que ela retorna; NULL desativa essa capacidade para uma chamada específica a time). O protótipo de função para time está em <time.h>.

Escala e deslocamento generalizado dos números aleatórios

Os valores produzidos diretamente por rand sempre estão no intervalo:

```
0 ≤ rand( ) ≤ RAND_MAX
```

Como você já sabe, o comando a seguir simula o lançamento de um dado de seis lados:

```
face = 1 + rand( ) % 6;
```

Essa instrução sempre atribui um valor inteiro (aleatório) à variável face no intervalo 1 ≤ face ≤ 6. A largura desse intervalo (ou seja, o número de inteiros consecutivos no intervalo) é 6, e o número inicial do intervalo é 1. Com relação ao comando anterior, vemos que a largura do intervalo é determinada pelo número usado para escalar rand com o operador de módulo (ou seja, 6), e que o número inicial do intervalo é igual ao número (ou seja, 1) que é somado a rand % 6. Podemos generalizar esse resultado da seguinte forma:

```
n = a + rand( ) % b;
```

onde a é o **valor de deslocamento** (que é igual ao primeiro número do intervalo desejado de inteiros consecutivos) e b é o fator de escala (que é igual à largura do intervalo desejado de inteiros consecutivos). Nos exercícios, veremos que é possível escolher inteiros aleatoriamente a partir de conjuntos de valores fora dos intervalos dos inteiros consecutivos.

Erro comum de programação 5.9

Usar srand *no lugar de* rand *para gerar números aleatórios.*

5.11 Exemplo: um jogo de azar

Um dos jogos de azar mais populares é o jogo de dados conhecido como 'craps', que é jogado em cassinos e becos no mundo inteiro. As regras do jogo são simples:

Um jogador lança dois dados. Cada dado tem seis faces. Essas faces contêm 1, 2, 3, 4, 5 e 6 pontos. Depois que os dados param, a soma dos pontos nas duas faces voltadas para cima é calculada. Se a soma for 7 ou 11 na primeira jogada, o jogador vence. Se a soma for 2, 3 ou 12 na primeira jogada (chamado 'craps'), o jogador perde (ou seja, a 'casa' vence). Se a soma for 4, 5, 6, 8, 9 ou 10 na primeira jogada, então a soma se torna o 'ponto' do jogador. Para vencer, o jogador precisa continuar lançando os dados até que 'faça seu ponto'. O jogador perde lançando um 7 antes de fazer o ponto.

A Figura 5.10 simula o jogo de craps, e a Figura 5.11 mostra vários exemplos de execução.

```c
/* Fig. 5.10: fig05_10.c
   Craps */
#include <stdio.h>
#include <stdlib.h>
#include <time.h> /* contém protótipo para função time */

/* constantes de enumeração representam status do jogo */
enum Status { CONTINUE, WON, LOST };

int rollDice( void ); /* protótipo de função */

/* função main inicia a execução do programa */
int main( void )
{
   int sum; /* soma dos dados lançados */
   int myPoint; /* ponto ganho */

   enum Status gameStatus; /* pode conter CONTINUE, WON ou LOST */

   /* randomiza gerador de número aleatório usando hora atual */
   srand( time( NULL ) );

   sum = rollDice(); /* primeiro lançamento dos dados */

   /* determina status do jogo com base na soma dos dados */
   switch( sum ) {

      /* vence na primeira jogada */
      case 7:
      case 11:
         gameStatus = WON;
         break;

      /* perde na primeira jogada */
      case 2:
      case 3:
      case 12:
         gameStatus = LOST;
         break;

      /* lembra ponto */
      default:
         gameStatus = CONTINUE;
         myPoint = sum;
         printf( "Ponto é %d\n", myPoint );
         break; /* optional */
   } /* fim do switch */

   /* enquanto jogo não termina */
   while ( gameStatus == CONTINUE ) {
      sum = rollDice(); /* joga dados novamente */

      /* determina status do jogo */
      if ( sum == myPoint ) { /* vence fazendo ponto */
         gameStatus = WON; /* jogo termina, jogador vence */
      } /* fim do if */
     else {
```

Figura 5.10 ■ Programa que simula o jogo de craps. (Parte 1 de 2.)

```
            if ( sum == 7 ) { /* perde por lançar 7 */
               gameStatus = LOST; /* jogo termina, jogador perde */
            } /* fim do if */
         } /* fim do else */
      } /* fim do while */

      /* mostra mensagem de vitória ou perda */
      if ( gameStatus == WON ) { /* jogador venceu? */
         printf( "Jogador vence\n" );
      } /* fim do if */
      else { /* jogador perdeu */
         printf( "Jogador perde\n" );
      } /* fim do else */

      return 0; /* indica conclusão bem-sucedida */
   } /* fim do main */

   /* lança dados, calcula soma e exibe resultados */
   int rollDice( void )
   {
      int die1; /* primeiro dado */
      int die2; /* segundo dado */
      int workSum; /* soma dos dados */

      die1 = 1 + ( rand() % 6 ); /* escolhe valor aleatório die1 */
      die2 = 1 + ( rand() % 6 ); /* escolhe valor aleatório die2 */
      workSum = die1 + die2; /* soma die1 e die2 */

      /* exibe resultados dessa jogada */
      printf( "Jogador rolou %d + %d = %d\n", die1, die2, workSum );
      return workSum; /* retorna soma dos dados */
   } /* fim da função rollRice */
```

Figura 5.10 ■ Programa que simula o jogo de craps. (Parte 2 de 2.)

```
Jogador lançou 5 + 6 = 11
Jogador vence
```

```
Jogador lançou 4 + 1 = 5
Ponto é 5
Jogador lançou 6 + 2 = 8
Jogador lançou 2 + 1 = 3
Jogador lançou 3 + 2 = 5
Jogador vence
```

```
Jogador lançou 1 + 1 = 2
Jogador perde
```

```
Jogador lançou 6 + 4 = 10
Ponto é 10
Jogador lançou 3 + 4 = 7
Jogador perde
```

Figura 5.11 ■ Exemplos de jogadas de craps.

Observe que, de acordo com as regras, o jogador deve começar o jogo lançando dois dados, e deverá fazer o mesmo em todos os lançamentos seguintes. Definimos uma função `rollDice` para lançar os dados e calcular e imprimir sua soma. A função `rollDice` é definida uma vez, mas é chamada em dois lugares no programa (linhas 23 e 51). O interessante é que `rollDice` não usa argumentos, de modo que indicamos `void` na lista de parâmetros (linha 76). A função `rollDice` retorna a soma dos dois dados, de modo que um tipo de retorno `int` é indicado no cabeçalho da função.

O jogo é razoavelmente complicado. O jogador pode vencer ou perder no primeiro lançamento, ou pode vencer ou perder em qualquer um dos lançamentos seguintes. A variável `gameStatus`, definida para ser de um novo tipo — `enum Status` —, armazena o status atual. A linha 8 cria um tipo definido pelo programador, chamado de **enumeração**. Uma enumeração, introduzida pela palavra-chave **`enum`**, é um conjunto de constantes inteiras representadas por identificadores. Às vezes, **constantes de enumeração** são chamadas de constantes simbólicas. Os valores em um `enum` começam com `0` e são aumentados em `1`. Na linha 8, a constante `CONTINUE` tem o valor `0`, `WON` tem o valor `1` e `LOST` tem o valor `2`. Também é possível atribuir um valor inteiro para cada identificador em um `enum` (ver Capítulo 10). Os identificadores em uma enumeração devem ser exclusivos, mas os valores podem ser duplicados.

Erro comum de programação 5.10

Atribuir um valor a uma constante de enumeração depois de ela ter sido definida é um erro de sintaxe.

Erro comum de programação 5.11

Use apenas letras maiúsculas nos nomes de constantes de enumeração para fazer com que elas se destaquem em um programa e indicar que as constantes de enumeração não são variáveis.

Quando se vence o jogo, seja no primeiro lançamento seja em outro qualquer, o `gameStatus` é definido como `WON`. Quando se perde o jogo, seja no primeiro lançamento seja em outro qualquer, o `gameStatus` é definido como `LOST`. Caso contrário, o `gameStatus` é definido como `CONTINUE` e o jogo continua.

Depois do primeiro lançamento, se o jogo terminar, a estrutura `while` (linha 50) é desprezada, pois o `gameStatus` não é `CONTINUE`. O programa prossegue para a estrutura `if...else` na linha 65, que exibe `'Jogador vence'`, se o `gameStatus` for `WON`, e `'Jogador perde'`, se o `gameStatus` for `LOST`.

Depois do primeiro lançamento, se o jogo não terminar, então `sum` é salva em `myPoint`. A execução prossegue com a estrutura `while` (linha 50), pois o `gameStatus` é `CONTINUE`. Toda vez que o `while` se repete, `rollDice` é chamada para produzir uma nova `sum`. Se `sum` combinar com `myPoint`, o `gameStatus` é definido como `WON` para indicar que o jogador venceu, o teste do `while` falha, a estrutura `if...else` (linha 65) exibe `'Jogador vence'` e a execução é concluída. Se `sum` é igual a `7` (linha 58), o `gameStatus` é definido como `LOST` para indicar que o jogador perdeu, o teste de `while` falha, a estrutura `if...else` (linha 65) exibe `'Jogador perde'` e a execução é concluída.

Observe a arquitetura de controle interessante do programa. Usamos duas funções — `main` e `rollDice` —, e as estruturas `switch`, `while`, `if...else` aninhada e `if` aninhada. Nos exercícios, investigaremos diversas características interessantes do jogo de craps.

5.12 Classes de armazenamento

Nos capítulos 2 a 4, usamos identificadores para nomes de variáveis. Os atributos das variáveis incluem nome, tipo, tamanho e valor. Neste capítulo, também usamos identificadores para nomes de funções definidas pelo usuário. Em um programa, na realidade, os identificadores têm outros atributos, como **classe de armazenamento**, **duração do armazenamento**, **escopo** e **vinculação**.

C oferece quatro classes de armazenamento, indicadas pelos **especificadores de classe de armazenamento**: `auto`, `register`, `extern` e **`static`**. A **classe de armazenamento** de um identificador determina sua duração de armazenamento, escopo e vinculação. A **duração de armazenamento** de um identificador é o período durante o qual o identificador existe na memória. Alguns existem por pouco tempo, alguns são criados e destruídos repetidamente e outros existem por toda a execução de um programa. O **escopo** de um identificador é o *local* em que o identificador pode ser referenciado em um programa. Alguns podem ser referenciados por um programa; outros, apenas por partes de um programa. A **vinculação de um identificador** é determinante em um programa de múltiplos arquivos-fonte (assunto que veremos no Capítulo 14), seja o identificador conhecido apenas no arquivo-fonte atual, seja em qualquer arquivo-fonte com declarações apropriadas. Esta seção discute as classes de armazenamento e a duração do armazenamento. A Seção 5.13 abordará o escopo. O Capítulo 14 discutirá sobre a vinculação do identificador e a programação com múltiplos arquivos-fonte.

Os quatro especificadores de classe de armazenamento podem ser divididos em duas durações de armazenamento: **duração de armazenamento automático** e **duração de armazenamento estático**. As palavras-chave `auto` e `register` são usadas para declarar variáveis de duração de armazenamento automático. As variáveis com duração de armazenamento automático são criadas quando o bloco em que estão definidas é iniciado; elas existirão enquanto o bloco estiver ativo, e serão destruídas quando o bloco terminar sua execução.

Variáveis locais

Apenas variáveis podem ter duração de armazenamento automático. As variáveis locais de uma função (aquelas declaradas na lista de parâmetros ou no corpo da função) normalmente possuem duração de armazenamento automático. A palavra-chave `auto` declara explicitamente variáveis de duração de armazenamento automático. Por exemplo, a declaração a seguir indica que as variáveis `double` `x` e `y` são variáveis locais automáticas, e existem apenas no corpo da função em que a declaração aparece:

```
auto double x, y;
```

As variáveis locais possuem duração de armazenamento automático como padrão, de modo que a palavra-chave `auto` raramente é usada. A partir de agora, passaremos a nos referir a variáveis com duração de armazenamento automático simplesmente como **variáveis automáticas**.

Dica de desempenho 5.1

O armazenamento automático é um meio de economizar memória, pois as variáveis automáticas existem apenas quando são necessárias. Elas são criadas quando uma função é iniciada, e são destruídas quando a função termina.

Observação sobre engenharia de software 5.10

O armazenamento automático é um exemplo do **princípio do menor privilégio** *— ele permite o acesso aos dados somente quando eles são realmente necessários. Por que ter variáveis acessíveis e armazenadas na memória quando, na verdade, elas não são necessárias?*

Variáveis de registrador

Os dados na versão da linguagem de máquina de um programa normalmente são carregados em registradores para cálculos e outros tipos de processamento.

Dica de desempenho 5.2

O especificador de classe de armazenamento `register` *pode ser colocado antes de uma declaração de variável automática para sugerir que o compilador mantenha a variável em um dos registradores de hardware de alta velocidade do computador. Se variáveis muito utilizadas, como contadores ou totais, puderem ser mantidas nos registradores do hardware, poderemos eliminar o overhead da carga repetitiva das variáveis da memória para os registradores e o armazenamento dos resultados na memória.*

É possível que o compilador ignore declarações `register`. Por exemplo, pode não haver um número suficiente de registradores disponíveis para o compilador utilizar. A declaração a seguir sugere que a variável inteira `contador` seja colocada em um dos registradores do computador e inicializada em 1:

```
register int contador = 1;
```

A palavra-chave `register` só pode ser usada com variáveis de duração de armazenamento automática.

Dica de desempenho 5.3

Normalmente, declarações `register` são desnecessárias. Os compiladores otimizados de hoje são capazes de reconhecer as variáveis usadas com frequência, e podem decidir colocá-las nos registradores sem que uma declaração `register` seja necessária.

Classe de armazenamento estático

As palavras-chave `extern` e `static` são usadas nas declarações de identificadores para variáveis e funções de duração de armazenamento estático. Os identificadores de duração de armazenamento estático existem a partir do momento em que um programa inicia sua execução. Para variáveis estáticas, o armazenamento é alocado e inicializado uma vez, quando o programa é iniciado. Para funções, o nome da função existe quando o programa inicia sua execução. Embora as variáveis e os nomes de funções existam desde o início da execução do programa, isso não significa que esses identificadores possam ser acessados do começo ao fim do programa. A duração do armazenamento e o escopo (onde um nome pode ser usado) são duas questões diferentes, como veremos na Seção 5.13.

Existem dois tipos de identificadores com duração de armazenamento estático: identificadores externos (como variáveis globais e nomes de funções) e variáveis locais declaradas com o especificador de classe de armazenamento `static`. Variáveis globais e nomes de funções são da classe de armazenamento `extern`, como padrão. As variáveis globais são criadas a partir da colocação das declarações de variável fora de qualquer definição de função, e elas reterão os seus valores durante toda a execução do programa. As variáveis globais e funções podem ser referenciadas por qualquer função que siga suas declarações ou definições no arquivo. Este é um motivo para que se use protótipos de função — ao incluirmos `stdio.h` em um programa que chama `printf`, o protótipo de função é colocado no início de nosso arquivo para tornar o nome `printf` conhecido do restante do arquivo.

Observação sobre engenharia de software 5.11

Descrever uma variável como global em vez de local permite que efeitos colaterais involuntários ocorram quando uma função que não precisa de acesso à variável acidentalmente, ou intencionalmente, a modifica. Em geral, o uso de variáveis globais deve ser evitado, exceto nas situações em que um desempenho exclusivo é requerido (conforme discutiremos no Capítulo 14).

Observação sobre engenharia de software 5.12

As variáveis usadas em apenas uma função em particular devem ser definidas como variáveis locais, e não variáveis externas, nessa mesma função.

Variáveis locais declaradas que contenham a palavra-chave `static` também são conhecidas apenas na função em que são definidas, porém, diferentemente das variáveis automáticas, variáveis locais `static` retêm seu valor quando a função termina. Da próxima vez em que a função for chamada, a variável local `static` conterá o valor que ela tinha quando a função foi executada pela última vez. O comando a seguir declara a variável local `cont` uma `static`, e ela será inicializada em 1.

```
static int cont = 1;
```

Todas as variáveis numéricas de duração de armazenamento estático são inicializadas em zero se não forem inicializadas explicitamente.

As palavras-chave `extern` e `static` possuem um significado especial quando aplicadas explicitamente a identificadores externos. No Capítulo 14, discutiremos o uso explícito de `extern` e `static` com identificadores externos e programas com múltiplos arquivos-fonte.

5.13 Regras de escopo

O **escopo de um identificador** é a parte do programa em que o identificador pode ser referenciado. Por exemplo, ao definirmos uma variável local em um bloco, ela só poderá ser referenciada após sua definição nesse bloco, ou em blocos aninhados dentro desse bloco. Os quatro escopos de identificador são **escopo de função**, **escopo de arquivo**, **escopo de bloco** e **escopo de protótipo de função**.

Os labels (identificadores seguidos por um sinal de dois pontos, como `start:`) são os únicos identificadores com **escopo de função**. Eles podem ser usados em qualquer lugar na função em que aparecerem, mas não podem ser referenciados fora do corpo da função. Os labels são usados em estruturas `switch` (como nos labels de `case`) e em comandos `goto` (ver Capítulo 14). Eles são detalhes de implementação que as funções ocultam uma da outra. Essa ocultação — mais formalmente chamada **ocultação de informações** — é um meio de implementar o **princípio do menor privilégio**, um dos princípios mais fundamentais da boa engenharia de software.

Um identificador declarado fora de qualquer função tem **escopo de arquivo**. Esse identificador é 'conhecido' (ou seja, acessível) em todas as funções, a partir do ponto em que é declarado até o final do arquivo. Todas as variáveis globais, definições de função e protótipos de função colocados fora de uma função possuem escopo de arquivo.

Os identificadores definidos dentro de um bloco têm **escopo de bloco**. O escopo de bloco termina na chave direita (}) do bloco. As variáveis locais definidas no início de uma função possuem escopo de bloco, assim como os parâmetros de função, que são considerados variáveis locais pela função. Qualquer bloco pode conter definições de variável. Quando os blocos são aninhados e um identificador em um bloco mais externo tem o mesmo nome de um identificador em um bloco interno, o identificador no bloco externo é 'ocultado' até que o bloco interno termine. Isso significa que, ao executar no bloco interno, este vê o valor de seu próprio identificador local, e não o valor do identificador com o mesmo nome no bloco que o delimita. As variáveis locais declaradas `static` ainda possuem escopo de bloco, embora existam desde o momento em que o programa iniciou sua execução. Assim, a duração do armazenamento não afeta o escopo de um identificador.

Os únicos identificadores com **escopo de protótipo de função** são aqueles usados na lista de parâmetros de um protótipo de função. Como já dissemos, os protótipos de função não exigem nomes na lista de parâmetros — apenas os tipos são obrigatórios. Se um nome for usado na lista de parâmetros de um protótipo de função, o compilador desprezará esse nome. Os identificadores usados em um protótipo de função podem ser reutilizados em qualquer lugar no programa sem causar ambiguidades.

Erro comum de programação 5.12

Usar acidentalmente o mesmo nome para um identificador em um bloco interno e em um bloco externo, quando na verdade você deseja que o identificador no bloco externo esteja ativo durante a execução do bloco interno.

Dica de prevenção de erro 5.3

Evite nomes de variáveis que ocultem nomes em escopos externos. Isso pode ser feito simplesmente ao evitar o uso de identificadores duplicados em um programa.

A Figura 5.12 demonstra os problemas de escopo com as variáveis globais, variáveis locais automáticas e variáveis locais `static`. Uma variável global `x` é definida e inicializada em 1 (linha 9). Essa variável global é ocultada em qualquer bloco (ou função) em que um nome de variável `x` é definido. Em `main`, uma variável local `x` é definida e inicializada em 5 (linha 14). Essa variável é então exibida para mostrar que o `x` global está ocultado em `main`. Em seguida, um novo bloco é definido em `main` com outra variável local `x` inicializada em 7 (linha 19). Essa variável é exibida para mostrar que ela oculta `x` no bloco externo de `main`. A variável `x` com valor 7 é automaticamente destruída quando o bloco termina, e a variável local `x` no bloco externo de `main` é exibida novamente para mostrar que ela não está mais oculta. O programa define três funções que não utilizam nenhum argumento, nem retornam nada. A função `useLocal` define uma variável automática `x` e a inicializa em 25 (linha 40). Quando `useLocal` é chamada, a variável é exibida, incrementada e exibida novamente antes da saída da função. Toda vez que essa função é chamada, a variável automática `x` é reinicializada em 25. A função `useStaticLocal` define uma variável `static` `x` e a inicializa em 50 (linha 53). As variáveis locais declaradas como `static` retêm seus valores mesmo quando estão fora do escopo. Quando `useStaticLocal` é chamada, `x` é exibida, incrementada e exibida novamente antes da saída da função. Da próxima vez em que essa função for chamada, a variável local `static` `x` terá o valor 51. A função `useGlobal` não define variável alguma. Portanto, quando ela se refere à variável `x`, o `x` global (linha 9) é usado. Quando `useGlobal` é chamada, a variável global é exibida, multiplicada por

10 e exibida novamente antes da saída da função. Da próxima vez em que a função `useGlobal` for chamada, a variável global ainda terá seu valor modificado, 10. Por fim, o programa exibe a variável local `x` em `main` novamente (linha 33) para mostrar que nenhuma das chamadas de função modificou o valor de `x`, pois todas as funções se referiam a variáveis em outros escopos.

```
1  /* Fig. 5.12: fig05_12.cC
2     Um exemplo de escopo */
3  #include <stdio.h>
4
5  void useLocal( void ); /* protótipo de função */
6  void useStaticLocal( void ); /* protótipo de função */
7  void useGlobal( void ); /* protótipo de função */
8
9  int x = 1; /* variável global */
10
11 /* função main inicia a execução do programa */
12 int main( void )
13 {
14    int x = 5; /* variável local para main */
15
16    printf(“x local no escopo externo de main é %d\n”, x );
17
18    { /* inicia novo escopo */
19       int x = 7; /* variavel local para novo escopo */
20
21       printf( “x local no escopo interno de main é %d\n”, x );
22    } /* fim do novo escopo */
23
24    printf( “x local no escopo externo de main é %d\n”, x );
25
26    useLocal(); /* useLocal tem x local automática */
27    useStaticLocal(); /* useStaticLocal tem x local estática */
28    useGlobal(); /* useGlobal usa x global */
29    useLocal(); /* useLocal reinicializa x local automática */
30    useStaticLocal(); /* x local estática retém seu valor anterior */
31    useGlobal(); /* x global também retém seu valor */
32
33    printf( “\nx local em main é %d\n”, x );
34    return 0; /* indica conclusão bem-sucedida */
35 } /* fim do main */
36
37 /* useLocal reinicializa variável local x durante cada chamada */
38 void useLocal( void )
39 {
40    int x = 25; /* inicializada toda vez que useLocal é chamada */
41
42    printf( “\nx local em useLocal é %d após entrar em useLocal\n”, x );
43    x++;
44    printf( “x local em useLocal é %d antes de sair de useLocal\n”, x );
45 } /* fim da função useLocal */
46
47 /* useStaticLocal inicializa variável local estática x somente na
48    primeira vez em que essa função é chamada; o valor de x é
49    salvo entre as chamadas a essa função */
50 void useStaticLocal( void )
```

Figura 5.12 ■ Exemplo de escopo. (Parte 1 de 2.)

```
{
   /* inicializada apenas na primeira vez que useStaticLocal é chamada */
   static int x = 50;

   printf( "\nx estática local é %d na entrada de useStaticLocal\n", x );
   x++;
   printf( "x estática local é %d na saída de useStaticLocal\n", x );
} /* fim da função useStaticLocal */

/* função useGlobal modifica variável global x durante cada chamada */
void useGlobal( void )
{
   printf( "\nx global é %d na entrada de useGlobal\n", x );
   x *= 10;
   printf( "x global é %d na saída de useGlobal\n", x );
} /* fim da função useGlobal */
```

```
x local no escopo externo de main é 5
x local no escopo interno de main é 7
x local no escopo externo de main é 5

x local em useLocal é 25 após entrar em useLocal
x local em useLocal é 26 antes de sair de useLocal

x local estática é 50 na entrada de useStaticLocal
x local estática é 51 na saída de useStaticLocal

x global é 1 na entrada de useGlobal
x global é 10 na saída de useGlobal

x local em useLocal é 25 após entrar em useLocal
x local em useLocal é 26 antes de sair de useLocal

x local estática é 51 na entrada de useStaticLocal
x local estática é 52 na saída de useStaticLocal

x global é 10 na entrada de useGlobal
x global é 100 na saída de useGlobal

x local em main é 5
```

Figura 5.12 ■ Exemplo de escopo. (Parte 2 de 2.)

5.14 Recursão

Os programas que discutimos geralmente são estruturados como funções que chamam umas às outras de maneira disciplinada, hierárquica. Para alguns tipos de problemas, é útil ter funções que chamam a si mesmas. Uma **função recursiva** é uma função que chama a si mesma direta ou indiretamente, por meio de outra função. A recursão é um assunto complexo, discutido em detalhes em cursos de ciência da computação de nível mais alto. Nesta e na próxima seção, apresentaremos exemplos simples de recursão. Este livro trata extensivamente da recursão, que é abordada nos capítulos 5 a 8, 12 e no Apêndice F. A Figura 5.17, na Seção 5.16, resume os 31 exemplos e exercícios de recursão encontrados neste livro.

Em primeiro lugar, consideramos a recursão conceitualmente, e depois examinamos vários programas que contêm funções recursivas. As técnicas recursivas para solução de problemas possuem diversos elementos em comum. Uma função recursiva é chamada para resolver um problema. Na verdade, a função sabe somente como resolver os casos mais simples, ou os chamados **casos básicos**. Se a função é chamada com um caso básico, ela simplesmente retorna um resultado. Se uma função é chamada com um problema mais complexo, ela divide o problema em duas partes conceituais: uma parte que ela sabe como fazer e uma parte que ela não sabe como fazer. Para tornar a recursão viável, a segunda parte precisa ser semelhante ao problema original, mas uma versão ligeiramente mais simples ou ligeiramente menor. Como esse novo problema se parece com o problema original, a função inicia (chama) uma nova cópia de si mesma para atuar sobre o problema menor — esse processo é conhecido como **chamada recursiva**, e também como **etapa de recursão**. A etapa de recursão também inclui a palavra-chave `return`, pois seu resultado será combinado com a parte do problema que a função sabia como resolver para formar um resultado que será passado de volta a quem a chamou originalmente, possivelmente, `main`.

A etapa de recursão é executada enquanto a chamada original à função está aberta, ou seja, enquanto sua execução ainda não foi concluída. A etapa de recursão pode resultar em muito mais dessas chamadas recursivas, pois a função continua dividindo cada problema com que é chamada em duas partes conceituais. Para que a recursão termine, toda vez que a função chama a si mesma dentro de uma versão ligeiramente mais simples do problema original, essa sequência de problemas menores, eventualmente, deverá convergir no caso básico. Nesse ponto, a função reconhece o caso básico, retorna um resultado para a cópia anterior da função e a sequência de retornos segue na fila até que a chamada original da função finalmente retorne o resultado final a `main`. Tudo isso parece bastante exótico em comparação com o tipo de solução que temos dado às chamadas de função convencionais até agora. Na realidade, é preciso muita prática na escrita de programas recursivos até que o processo pareça natural. Como exemplo desses conceitos em funcionamento, escreveremos um programa recursivo para realizar um cálculo matemático popular.

Calculando fatoriais recursivamente

O fatorial de um inteiro não negativo n, escrito como $n!$ (diz-se 'n fatorial'), é o produto

$$n \cdot (n-1) \cdot (n-2) \cdot \ldots \cdot 1$$

com 1! igual a 1, e 0! definido como 1. Por exemplo, 5! é o produto 5 * 4 * 3 * 2 * 1, que é igual a 120.

O fatorial de um inteiro, `numero`, maior ou igual a 0, pode ser calculado iterativamente (não recursivamente) usando uma estrutura `for` da seguinte forma:

```
fatorial = 1;
for ( contador = numero; contador >= 1; contador-- )
    fatorial *= contador;
```

Uma definição recursiva da função de fatorial é obtida observando-se o seguinte relacionamento:

$$n! = n \cdot (n-1)!$$

Por exemplo, 5! é nitidamente igual a 5 * 4!, como mostramos em:

$$5! = 5 \cdot 4 \cdot 3 \cdot 2 \cdot 1$$
$$5! = 5 \cdot (4 \cdot 3 \cdot 2 \cdot 1)$$
$$5! = 5 \cdot (4!)$$

A avaliação de 5! prosseguiria como se pode ver na Figura 5.13. A Figura 5.13(a) mostra como a sucessão de chamadas recursivas prossegue até 1! ser avaliado como 1, o que encerra a recursão. A Figura 5.13(b) apresenta os valores retornados de cada chamada recursiva para a função que a chamou até que o valor final seja calculado e retornado.

A Figura 5.14 usa a recursão para calcular e exibir os fatoriais dos inteiros de 0 a 10 (a escolha do tipo `long` será explicada em breve). A função recursiva `fatorial` primeiro testa se uma condição de término é verdadeira, ou seja, se `number` é menor ou igual a 1. Se `number` é realmente menor ou igual a 1, `fatorial` retorna 1, nenhuma outra recursão é necessária e o programa é encerrado. Se `number` é maior que 1, o comando

```
return number * fatorial( number - 1 );
```

expressa o problema como o produto de `number` e de uma chamada recursiva a `fatorial` avaliando o fatorial de `number - 1`. A chamada `fatorial( number - 1 )` é um problema ligeiramente mais simples do que o cálculo original `fatorial( number )`.

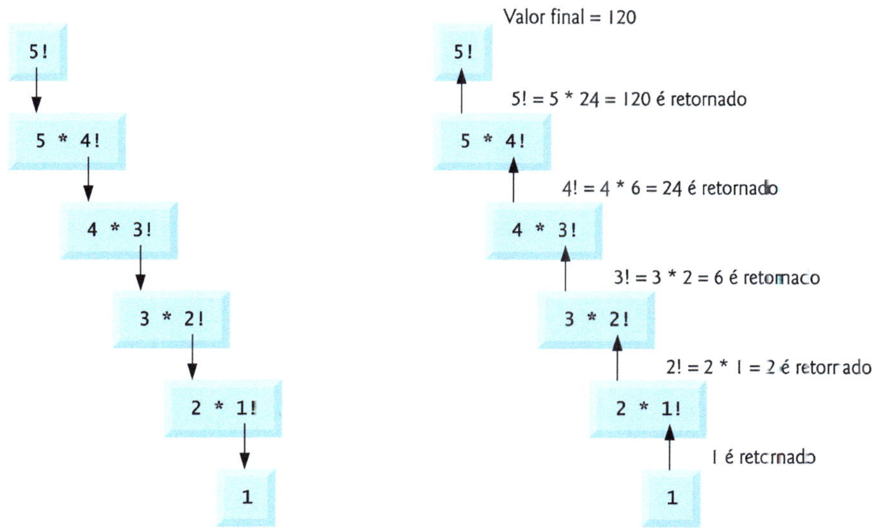

(a) Sequência de chamadas recursivas. (b) Valores retornados a partir de cada chamada recursiva.

Figura 5.13 ■ Avaliação recursiva de 5!.

```
/* Fig. 5.14: fig05_14.c
   Função recursiva fatorial */
#include <stdio.h>

long factorial( long number ); /* protótipo de função */

/* função main inicia a execução do programa */
int main( void )
{
   int i; /* contador */

   /* loop 11 vezes; durante cada iteração, calcula
      fatorial( i ) e mostra o resultado */
   for ( i = 0; i <= 10; i++ ) {
      printf( "%2d! = %ld\n", i, fatorial( i ) );
   } /* fim do for */

   return 0; /* indica conclusão bem-sucedida */
} /* fim do main */

/* definição recursiva da função fatorial */
long factorial( long number )
{
   /* caso básico */
   if ( number <= 1 ) {
      return 1;
   } /* fim do if */
   else { /* etapa recursiva */
      return ( number * factorial( number - 1 ) );
   } /* fim do else */
} /* fim da função fatorial */
```

Figura 5.14 ■ Calculando fatoriais com uma função recursiva. (Parte 1 de 2.)

```
0! = 1
1! = 1
2! = 2
3! = 6
4! = 24
5! = 120
6! = 720
7! = 5040
8! = 40320
9! = 362880
10! = 3628800
```

Figura 5.14 ■ Calculando fatoriais com uma função recursiva. (Parte 2 de 2.)

A função `fatorial` (linha 22) foi declarada para receber um parâmetro do tipo `long` e retornar um resultado do tipo `long`. Essa é uma notação abreviada para `long int`. O padrão em C especifica que uma variável do tipo `long int` é armazenada em pelo menos 4 bytes, e que, portanto, pode manter um valor tão grande quanto +2147483647. Como podemos ver na Figura 5.14, os valores fatoriais crescem rapidamente. Escolhemos o tipo de dado `long` para que o programa possa calcular fatoriais maiores que 7! em computadores com inteiros pequenos (como 2 bytes). O especificador de conversão `%ld` é usado para exibir valores `long`. Infelizmente, a função `fatorial` produz valores grandes tão rapidamente que até mesmo `long int` não nos ajuda a exibir muitos valores fatoriais antes que o tamanho de uma variável `long int` seja excedido.

Ao explorar os exercícios, é possível que o usuário que queira calcular fatoriais de números maiores precise de `double`. Isso mostra uma fraqueza na C (e na maioria das outras linguagens de programação procedurais), já que a linguagem não é facilmente estendida a ponto de lidar com os requisitos exclusivos de diversas aplicações. Como veremos adiante, C++ é uma linguagem extensível que, por meio de 'classes', permite que criemos inteiros arbitrariamente grandes, se quisermos.

Erro comum de programação 5.13

Esquecer de retornar um valor de uma função recursiva quando isso é necessário.

Erro comum de programação 5.14

Omitir o caso básico, ou escrever a etapa de recursão incorretamente, de modo que ela não convirja no caso básico, causará recursão infinita, o que, eventualmente, esgotará toda a memória. Esse problema é semelhante ao de um loop infinito em uma solução iterativa (não recursiva). A recursão infinita também pode ser causada por uma entrada não esperada.

5.15 Exemplo de uso da recursão: a série de Fibonacci

A série de Fibonacci

0, 1, 1, 2, 3, 5, 8, 13, 21, ...

começa com 0 e 1 e tem a propriedade de estabelecer que cada número de Fibonacci subsequente é a soma dos dois números de Fibonacci anteriores.

A série ocorre na natureza e, em particular, descreve uma forma de espiral. A razão de números de Fibonacci sucessivos converge para um valor constante 1,618... Esse número, também, ocorre repetidamente na natureza, e tem sido chamado de razão áurea, ou proporção áurea. As pessoas tendem a considerar a proporção áurea esteticamente atraente. Os arquitetos normalmente projetam janelas, salas e prédios cujo comprimento e largura estão na razão da proporção áurea. Cartões-postais normalmente são desenhados com uma razão comprimento/largura da proporção áurea.

A série de Fibonacci pode ser recursivamente definida da seguinte forma:

fibonacci(0) = 0
fibonacci(1) = 1
fibonacci(n) = fibonacci(n – 1) + fibonacci(n – 2)

A Figura 5.15 calcula recursivamente o n-ésimo número de Fibonacci, usando a função `fibonacci`. Observe que os números da série de Fibonacci tendem a crescer rapidamente. Portanto, escolhemos o tipo de dado `long` para os tipos de parâmetro e de retorno na função `fibonacci`. Na Figura 5.15, cada par de linhas de saída mostra uma execução separada do programa.

```
/* Fig. 5.15: fig05_15.c
   Função recursiva fibonacci */
#include <stdio.h>

long fibonacci( long n ); /* protótipo de função */

/* função main inicia a execução do programa */
int main( void )
{
   long result; /* valor de fibonacci */
   long number; /* número fornecido pelo usuário */

   /* obtém inteiro do usuário */
   printf( "Digite um inteiro: " );
   scanf( "%ld", &number );

   /* calcula valor de fibonacci para número informado pelo usuário */
   result = fibonacci( number );

   /* mostra resultado */
   printf( "Fibonacci( %ld ) = %ld\n", number, result );
   return 0; /* indica conclusão bem-sucedida */
} /* fim do main */

/* Definição recursiva da função fibonacci */
long fibonacci( long n )
{
   /* caso básico */
   if ( n == 0 |n == 1 ) {
      return n;
   } /* fim do if */
   else { /* etapa recursiva */
      return fibonacci( n - 1 ) + fibonacci( n - 2 );
   } /* fim do else */
} /* fim da função fibonacci */
```

```
Digite um inteiro:  0
Fibonacci( 0 ) = 0
```

```
Digite um inteiro:  1
Fibonacci( 1 ) = 1
```

Figura 5.15 ■ Gerando números de Fibonacci por meio de recursão. (Parte 1 de 2.)

```
Digite um inteiro: 2
Fibonacci( 2 ) = 1
```

```
Digite um inteiro: 3
Fibonacci( 3 ) = 2
```

```
Digite um inteiro: 4
Fibonacci( 4 ) = 3
```

```
Digite um inteiro: 5
Fibonacci( 5 ) = 5
```

```
Digite um inteiro: 6
Fibonacci( 6 ) = 8
```

```
Digite um inteiro: 10
Fibonacci( 10 ) = 55
```

```
Digite um inteiro: 20
Fibonacci( 20 ) = 6765
```

```
Digite um inteiro: 30
Fibonacci( 30 ) = 832040
```

```
Digite um inteiro: 35
Fibonacci( 35 ) = 9227465
```

Figura 5.15 ■ Gerando números de Fibonacci por meio de recursão. (Parte 2 de 2.)

A chamada para `fibonacci` a partir de `main` não é uma chamada recursiva (linha 18), mas todas as outras chamadas para `fibonacci` são recursivas (linha 33). Toda vez que `fibonacci` é chamada, ela imediatamente testa o caso básico — `n` é igual a 0 ou 1. Se isso for verdadeiro, `n` é retornado. É interessante que, se `n` for maior que 1, a etapa de recursão gerará *duas* chamadas recursivas, cada uma para um problema ligeiramente mais simples do que a chamada original para `fibonacci`. A Figura 5.16 mostra como a função `fibonacci` avaliaria `fibonacci(3)`.

Ordem de avaliação dos operandos

Essa figura levanta algumas questões interessantes sobre a ordem em que os compiladores em C avaliarão os operandos dos operadores. Este é um assunto diferente do da ordem em que os operadores são aplicados aos seus operandos, a saber, a ordem ditada pelas regras de precedência de operadores. Pela Figura 5.16, parece que, enquanto `fibonacci(3)` é avaliada, duas chamadas recursivas serão feitas, a saber, `fibonacci(2)` e `fibonacci(1)`. Mas em que ordem essas chamadas serão feitas? A maioria dos programadores simplesmente supõe que os operandos serão avaliados da esquerda para a direita. Estranhamente, o padrão em C não especifica a ordem em que os operandos da maioria dos operadores (incluindo +) devem ser avaliados. Portanto, você não deve fazer qualquer suposição sobre a ordem em que essas chamadas serão executadas. As chamadas poderiam realmente executar `fibonacci(2)` primeiro e, depois, `fibonacci(1)`, ou então poderiam executar na ordem contrária, `fibonacci(1)` e depois `fibonacci(2)`. Nesse programa, e na maioria dos outros, o resultado final seria o mesmo. Porém, em alguns programas, a avaliação de um operando pode ter efeitos colaterais que podem afetar o resultado final da expressão. Dos muitos operadores da C, o padrão em C especifica a ordem de avaliação dos operandos de apenas quatro operadores — a saber, &&, ||, vírgula (`,`) e `?:`. Os três primeiros são operadores binários cujos dois

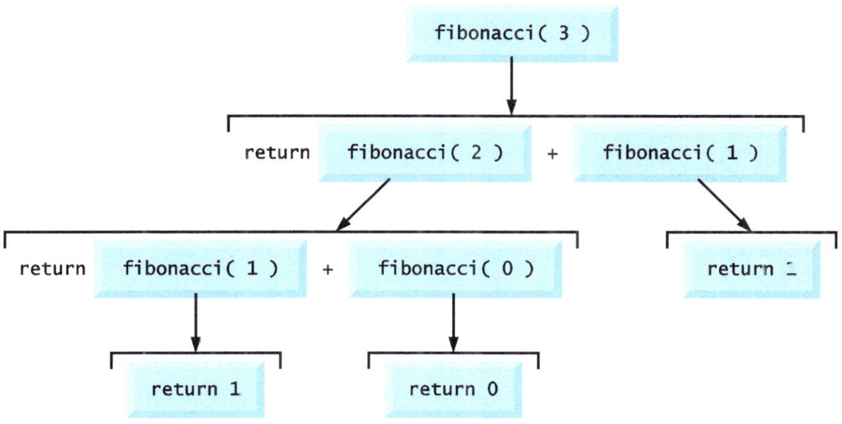

Figura 5.16 ■ Conjunto de chamadas recursivas para fibonacci(3).

operandos, garantidamente, serão avaliados da esquerda para a direita. [*Nota:* as vírgulas usadas para separar os argumentos em uma chamada de função não são operadores de vírgula.] O último operador é o único operador ternário da C. Seu operando mais à esquerda sempre é avaliado primeiro; se o operando mais à esquerda for avaliado como diferente de zero, o operando do meio será avaliado em seguida, e o último será ignorado; se o operando mais à esquerda for avaliado como zero, o terceiro será avaliado em seguida, e o operando do meio será ignorado.

Erro comum de programação 5.15

Escrever programas que dependem da ordem de avaliação dos operandos dos operadores diferentes de `&&`, `||`, `?:` *e do operador de vírgula (,) pode ocasionar erros, pois não há garantia de que os compiladores avaliarão os operandos na ordem em que você espera.*

Dica de portabilidade 5.2

Os programas que dependem da ordem de avaliação dos operandos dos operadores diferentes de `&&`, `||`, `?:` *e do operador de vírgula (,) podem funcionar de modos diferentes em compiladores distintos.*

Complexidade exponencial

Um aviso deve ser dado sobre programas recursivos como aquele que usamos aqui para gerar os números de Fibonacci. Cada nível de recursão na função `fibonacci` tem um efeito duplo sobre o número de chamadas; ou seja, o número de chamadas recursivas que serão executadas para calcular o n-ésimo número de Fibonacci está na ordem de 2^n. Isso fica fora de controle rapidamente. Calcular apenas o 20º número de Fibonacci exigiria 2^{20}, ou cerca de um milhão de chamadas, e calcular o 30º número de Fibonacci exigiria 2^{30}, ou cerca de um bilhão de chamadas, e assim por diante. Os cientistas da computação chamam isso de complexidade exponencial. Problemas dessa natureza humilham até mesmo os computadores mais poderosos! Questões de complexidade em geral e de complexidade exponencial em particular são discutidas em detalhes em uma cadeira do curso de nível superior de ciências da computação, geralmente chamada de 'Algoritmos'.

Dica de desempenho 5.4

Evite programas recursivos no estilo Fibonacci, que resultam em uma 'explosão' exponencial de chamadas.

O exemplo que mostramos nesta seção usou uma solução intuitivamente atraente para calcular os números de Fibonacci, mas existem técnicas melhores. O Exercício 5.48 pede que você investigue a recursão com mais profundidade e propõe técnicas alternativas de implementação do algoritmo de Fibonacci recursivo.

5.16 Recursão *versus* iteração

Nas seções anteriores, estudamos duas funções que podem ser facilmente implementadas, recursiva ou iterativamente. Nesta seção, compararemos as duas técnicas e discutiremos por que você deveria escolher uma ou outra técnica em uma situação em particular.

Tanto a iteração quanto a recursão se baseiam em uma estrutura de controle: a iteração usa uma estrutura de repetição; a recursão usa uma estrutura de seleção. Ambas envolvem repetição: a iteração usa explicitamente uma estrutura de repetição; a recursão consegue a repetição por meio de chamadas de função repetitivas. Tanto uma quanto a outra envolvem testes de término: a iteração termina quando a condição de continuação do loop falha; a recursão termina quando um caso básico é reconhecido. A iteração continua a modificar um contador até que ele passe a ter um valor que faça com que a condição de continuação do loop falhe; a recursão continua a produzir versões mais simples do problema original até que o caso básico seja alcançado. Tanto a iteração quanto a recursão podem ocorrer infinitamente: um loop infinito ocorre com iteração se o teste de continuação do loop nunca se tornar falso; a recursão infinita ocorre se a etapa de recursão não reduzir o problema a cada vez, de maneira que ele convirja para o caso básico.

A recursão tem muitos pontos negativos. Ela chama o mecanismo repetidamente, e, por conseguinte, também gera um `overhead` (sobrecarga) com as chamadas de função. Isso pode ser dispendioso em tempo de processador e espaço de memória. Cada chamada recursiva faz com que outra cópia da função (na realidade, apenas as variáveis da função) seja criada; isso pode consumir uma memória considerável. A iteração normalmente ocorre dentro de uma função, de modo que o overhead de chamadas de função repetidas e a atribuição extra de memória sejam omitidos. Logo, por que escolher a recursão?

Observação sobre engenharia de software 5.13

Qualquer problema que pode ser resolvido recursivamente também pode ser resolvido iterativamente (não recursivamente). A técnica iterativa normalmente é preterida em favor da técnica recursiva quando esta espelha o problema mais naturalmente e resulta em um programa mais fácil de entender e depurar. Outro motivo para escolher uma solução recursiva é que uma solução iterativa pode não ser aparente.

Dica de desempenho 5.5

Evite usar a recursão em situações de desempenho. As chamadas recursivas gastam tempo e consomem memória adicional.

Erro comum de programação 5.16

Ter, acidentalmente, uma função não recursiva chamando a si mesma, direta ou indiretamente, por meio de outra função.

A maioria dos livros de programação introduz a recursão muito mais tarde do que fizemos aqui. Achamos que a recursão é um tópico suficientemente rico e complexo, e por isso é melhor introduzi-lo mais cedo e distribuir os exemplos ao longo do texto. A Figura 5.17 resume, por capítulo, os 31 exemplos e exercícios de recursão no texto.

Capítulo	Exemplos e exercícios com recursão
Capítulo 5	Função fatorial
	Função de Fibonacci
	Máximo divisor comum
	Soma de dois inteiros
	Multiplicação de dois inteiros
	Elevar um inteiro a uma potência inteira
	Torres de Hanói
	`main` recursivo
	Imprimir entradas via teclado na ordem inversa
	Visualizando a recursão
Capítulo 6	Soma dos elementos de um array
	Impressão de um array
	Impressão de um array na ordem inversa
	Impressão de uma string na ordem inversa
	Verificar se uma string é um palíndromo
	Valor mínimo em um array
	Busca linear
	Busca binária
Capítulo 7	Oito rainhas
	Travessia de labirinto
Capítulo 8	Impressão de uma entrada de string via teclado na ordem inversa
Capítulo 12	Inserção em lista encadeada
	Exclusão de lista encadeada
	Busca em uma lista encadeada
	Impressão de uma lista encadeada na ordem inversa
	Inserção em árvore binária
	Percurso em pré-ordem de uma árvore binária
	Percurso em ordem de uma árvore binária
	Percurso em pós-ordem de uma árvore binária
Apêndice F	Classificação de seleção
	Quicksort

Figura 5.17 ■ Exemplos e exercícios de recursão no texto.

Encerraremos este capítulo com algumas observações que fazemos repetidamente ao longo do livro. A boa engenharia de software é importante. O alto desempenho é importante. Infelizmente, esses objetivos normalmente estão em conflito um com o outro. A boa engenharia de software é a chave para tornar mais controlável a tarefa de desenvolver os sistemas de software maiores e mais complexos de que precisamos. Alto desempenho é a chave para realizar os sistemas do futuro, que aumentarão as demandas de computação do hardware. Onde as funções se encaixam aqui?

Dica de desempenho 5.6

Criar programas utilizando funções de uma maneira elegante e hierárquica promove a boa engenharia de software. Mas isso tem um preço. Um programa rigorosamente dividido em funções — em comparação a um programa monolítico (ou seja, em uma parte) sem funções — cria, potencialmente, grandes quantidades de chamadas de função, que consomem tempo de execução no(s) processador(es) de um computador. Assim, embora os programas monolíticos possam funcionar melhor, eles são mais difíceis de programar, testar, depurar, manter e desenvolver.

Resumo

Seção 5.1 Introdução

- A melhor maneira de desenvolver e manter um programa grande é dividi-lo em módulos de programa menores, cada um mais fácil de administrar do que o programa original. Os módulos são escritos como funções em C.

Seção 5.2 Módulos de programa em C

- Uma função é invocada por uma chamada de função. A chamada de função menciona a função pelo nome, e oferece informações (como argumentos) que a função chamada precisa para realizar sua tarefa.
- A finalidade da ocultação de informação é que as funções tenham acesso somente à informação de que precisam para completar suas tarefas. Este é um meio de implementar o princípio do menor privilégio, um dos princípios mais importantes da boa engenharia de software.

Seção 5.3 Funções da biblioteca matemática

- As funções normalmente são invocadas em um programa escrevendo-se o nome da função seguido por um parêntese à esquerda, seguido pelo argumento (ou uma lista de argumentos separada por vírgula) da função, seguido por um parêntese à direita.
- O tipo de dado `double` é um tipo de ponto flutuante, como `float`. Uma variável do tipo `double` pode armazenar um valor de magnitude e precisão muito maior que um `float` pode armazenar.
- Cada argumento de uma função pode ser uma constante, uma variável ou uma expressão.

Seção 5.4 Funções

- Uma variável local é conhecida somente em uma definição de função. Outras funções não têm permissão para conhecer os nomes das variáveis locais de uma função, e nenhuma função tem permissão para saber os detalhes de implementação de qualquer outra função.

Seção 5.5 Definições de funções

- O formato geral para uma definição de função é

```
tipo-valor-retorno nome-função( lista de parâmetros )
{
   definições
   instruções
}
```

O *tipo-valor-retorno* indica o tipo do valor retornado para a função chamadora. Se uma função não retornar um valor, o *tipo-valor-retorno* é declarado como `void`. O *nome-função* é qualquer identificador válido. A *lista de parâmetros* é uma lista separada por vírgula que contém as definições das variáveis que serão passadas à função. Se uma função não receber qualquer valor, a *lista de parâmetros será* declarada como `void`. O *corpo-função* é o conjunto de definições e instruções que constitui a função.

- Os argumentos passados a uma função devem combinar em número, tipo e ordem com os parâmetros na definição da função.
- Quando um programa encontra uma chamada de função, o controle é transferido do ponto de chamada para a função chamada, as instruções da função chamada são executadas e o controle retorna à chamadora.
- Uma função chamada pode retornar o controle à chamadora de três maneiras. Se a função não retornar um valor, o controle é retornado quando a chave à direita que encerra a função é alcançada, ou pela execução do comando

```
return;
```

Se a função retorna um valor, o comando

```
return expressão;
```

retorna o valor de *expressão*.

Seção 5.6 Protótipos de funções

- Um protótipo de função declara o tipo de retorno da função e declara o número, os tipos e a ordem dos parâmetros que a função espera receber.
- Protótipos de função permitem que o compilador verifique se as funções estão sendo chamadas corretamente.
- O compilador ignora os nomes de variáveis mencionados no protótipo de função.

Seção 5.7 Pilha de chamada de funções e registros de ativação

- As pilhas são conhecidas como estruturas de dados last-in, first-out (LIFO) — o último item empilhado (inserido) na pilha é o primeiro item a ser desempilhado (removido) da pilha.
- Uma função chamada deve saber como retornar à chamadora, de modo que o endereço de retorno é colocado na pilha de execução do programa quando a função é chamada. Se houver uma série de chamadas de função, os endereços de retorno sucessivos serão colocados na pilha na ordem LIFO, para que a última função a ser executada seja a primeira a retornar à chamadora.
- A pilha de execução do programa contém a memória para as variáveis locais usadas em cada chamada de uma função durante a execução do programa. Esses dados são conhecidos como registros de ativação ou quadros de pilha da chamada de função. Quando uma função é chamada, o registro de ativação dessa chamada de função é colocado na pilha de execução do programa. Quando a função retorna à chamadora, o registro de ativação dessa chamada de função é removido da pilha e essas variáveis locais não são mais reconhecidas pelo programa.

- A quantidade de memória em um computador é finita, de modo que apenas certa quantidade de memória pode ser usada para armazenar registros de ativação na pilha de execução do programa. Se houver mais chamadas de função do que registros de ativação armazenados na pilha de execução do programa, ocorre um erro conhecido como estouro de pilha (stack overflow). A aplicação será compilada corretamente, mas sua execução causa um estouro de pilha.

Seção 5.8 Cabeçalhos

- Cada biblioteca-padrão tem um cabeçalho correspondente que contém os protótipos de função para todas as funções nessa biblioteca, além de definições de várias constantes simbólicas das quais essas funções precisam.
- Você pode criar e incluir seus próprios cabeçalhos.

Seção 5.9 Chamando funções por valor e por referência

- Quando um argumento é passado por valor, uma cópia do valor da variável é feita, e a cópia é passada à função chamada. As mudanças na cópia da função chamada não afetam o valor da variável original.
- Todas as chamadas em C são chamadas por valor.
- É possível simular a chamada por referência usando operadores de endereço e operadores de indireção.

Seção 5.10 Geração de números aleatórios

- A função `rand` gera um inteiro entre 0 e `RAND_MAX`, que é definido pelo padrão em C para que seja pelo menos 32767.
- Os protótipos de função para `rand` e `srand` estão contidos em `<stdlib.h>`.
- Os valores produzidos por `rand` podem ser escalados e deslocados para produzir valores em um intervalo específico.
- Para randomizar um programa, use a função `srand` da biblioteca-padrão de C.
- A chamada de função `srand` normalmente é inserida em um programa somente depois de ter sido totalmente depurada. Enquanto estiver depurando, é melhor omitir `srand`. Isso garante a repetição, que é essencial para provar que as correções em um programa com geração de número aleatório funcionaram corretamente.
- Para randomizar sem a necessidade de entrar com uma semente a cada vez, usamos `srand(time(NULL))`.
- A equação geral para escalar e deslocar um número aleatório é

```
n = a + rand( ) % b;
```

onde `a` é o valor do deslocamento (ou seja, o primeiro número do intervalo desejado de inteiros consecutivos) e `b` é o fator de escala (ou seja, a largura do intervalo desejado de inteiros consecutivos).

Seção 5.11 Exemplo: um jogo de azar

- Uma enumeração, introduzida pela palavra-chave `enum`, é um conjunto de constantes inteiras representadas por identificadores. Os valores em um `enum` começam com `0` e são incrementados por `1`. Também é possível atribuir um valor inteiro a cada identificador em um `enum`. Os identificadores em uma enumeração devem ser exclusivos, mas os valores podem ser duplicados.

Seção 5.12 Classes de armazenamento

- Em um programa, todos os identificadores possuem os atributos classe de armazenamento, duração de armazenamento, escopo e vinculação.
- C oferece quatro classes de armazenamento indicadas pelos especificadores de classe de armazenamento: `auto`, `register`, `extern` e `static`; somente um especificador de classe de armazenamento pode ser usado em determinada declaração.
- A duração do armazenamento de um identificador ocorre quando esse identificador existe na memória.

Seção 5.13 Regras de escopo

- O escopo de um identificador é o local em que o identificador pode ser referenciado em um programa.
- A vinculação de um identificador determina, em um programa com múltiplos arquivos-fonte, se um identificador é conhecido apenas no arquivo-fonte corrente ou em qualquer arquivo-fonte com declarações apropriadas.
- As variáveis com duração de armazenamento automático são criadas quando o bloco em que estão definidas é iniciado, existem enquanto o bloco está ativo e são destruídas quando o bloco é encerrado. As variáveis locais de uma função normalmente têm duração de armazenamento automático.
- O especificador de classe de armazenamento `register` pode ser colocado antes de uma declaração de variável automática para sugerir que o compilador deve manter a variável em um dos registros de hardware de alta velocidade do computador. O compilador pode ignorar as declarações `register`. A palavra-chave `register` só pode ser usada com variáveis de duração de armazenamento automático.
- As palavras-chave `extern` e `static` são usadas para declarar identificadores de variáveis e funções de duração de armazenamento estático.
- Variáveis com duração de armazenamento estático são alocadas e inicializadas uma vez, quando o programa inicia sua execução.
- Existem dois tipos de identificadores com duração de armazenamento estático: identificadores externos (como variáveis globais e nomes de função) e variáveis locais, declaradas com o especificador de classe de armazenamento `static`.
- Variáveis globais são criadas colocando-se definições de variável fora de qualquer definição de função. Variáveis globais retêm seus valores por toda a execução do programa.
- Variáveis locais declaradas como `static` retêm seu valor entre as chamadas à função em que são definidas.

- Todas as variáveis numéricas da duração de armazenamento estático são inicializadas em zero se você não as inicializar explicitamente.
- Os quatro escopos para um identificador são escopo de função, escopo de arquivo, escopo de bloco e escopo de protótipo de função.
- Labels são os únicos identificadores com escopo de função. Os labels podem ser usados em qualquer outro lugar na função em que aparecem, mas não podem ser referenciados fora do corpo da função.
- Um identificador declarado fora de qualquer função tem escopo de arquivo. Esse identificador é 'conhecido' em todas as funções a partir do ponto em que o identificador é declarado até o final do arquivo.
- Os identificadores definidos dentro de um bloco têm escopo de bloco. O escopo de bloco termina na chave à direita de término (}) do bloco.
- Variáveis locais definidas no início de uma função têm escopo de bloco, assim como os parâmetros de função, que são considerados variáveis locais pela função.
- Qualquer bloco pode conter definições de variável. Quando os blocos são aninhados e um identificador em um bloco externo tem o mesmo nome de um identificador em um bloco interno, o identificador no bloco externo é 'ocultado' até que o bloco interno seja encerrado.
- Os únicos identificadores com escopo de protótipo de função são aqueles usados na lista de parâmetros de um protótipo de função. Os identificadores usados em um protótipo de função podem ser reutilizados em qualquer outro lugar no programa, sem ocorrência de ambiguidade.

Seção 5.14 Recursão

- Uma função recursiva é uma função que chama a si mesma direta ou indiretamente.
- Se uma função recursiva é chamada com um caso básico, a função simplesmente retorna um resultado. Se a função é chamada com um problema mais complexo, ela divide o problema em duas partes conceituais: uma parte que a função sabe como fazer e uma versão ligeiramente menor do problema original. Como esse novo problema se parece com o problema original, a função inicia uma chamada recursiva para trabalhar com um problema menor.
- Para que a recursão termine, toda vez que a função recursiva chama a si mesma com uma versão ligeiramente mais simples do problema original, a sequência de problemas cada vez menores precisa convergir no caso básico. Quando a função reconhece o caso básico, o resultado é retornado à chamada de função anterior, e uma sequência de retornos segue na fila até que a chamada original da função retorne o resultado final.
- A C padrão não especifica a ordem em que os operandos da maioria dos operadores (incluindo +) deve ser avaliada. Dos muitos operadores em C, o padrão especifica a ordem de avaliação apenas dos operandos dos operadores `&&`, `||`, vírgula (`,`) e `?:`. Os três primeiros são operadores binários, cujos dois operandos são avaliados da esquerda para a direita. O último operador é o único operador ternário em C. Seu operando mais à esquerda é avaliado primeiro; se o operando mais à esquerda for avaliado como diferente de zero, o operando do meio é avaliado em seguida, e o último é ignorado; se o operando mais à esquerda for avaliado como zero, o terceiro é avaliado em seguida, e o operando do meio é ignorado.

Seção 5.16 Recursão* versus *iteração

- Tanto a iteração quanto a recursão se baseiam em uma estrutura de controle: a iteração usa uma estrutura de repetição; a recursão utiliza uma estrutura de seleção.
- Tanto a iteração quanto a recursão envolvem repetição: a iteração usa explicitamente uma estrutura de repetição; a recursão consegue a repetição por meio de chamadas de função repetidas.
- Iteração e recursão envolvem testes para finalizar a interação quando a condição de continuação do loop falha; a recursão termina quando um caso básico é reconhecido.
- Iteração e recursão podem ocorrer infinitamente: um loop infinito ocorre com a iteração se o teste de continuação do loop nunca se tornar falso; a recursão infinita ocorre se a etapa de recursão não reduzir o problema de uma maneira que ele convirja no caso básico.
- A recursão invoca o mecanismo repetidamente, e, consequentemente, também invoca o overhead das chamadas de função. Isso pode ser dispendioso em tempo de processador e em espaço de memória.

Terminologia

abstração 116
argumento (de uma função) 115
biblioteca-padrão C 114
bloco 119
cabeçalho 118
cabeçalho da biblioteca-padrão 124
casos básicos 138
chamada 118
chamada de função 115
chamada de função 115
chamada por referência 124
chamada por valor 124

chamada recursiva 138
chamadas 115
chamadora, função 115
classe de armazenamento 132
classe de armazenamento de um identificador 132
coerção de argumentos 122
constante de enumeração 132
corpo de função 119
desempilhar 123
deslocamento 125
dividir e conquistar 114
duração de armazenamento automático 133
duração de armazenamento estático 133
duração do armazenamento 132
efeitos colaterais 124
empilhar 123
`enum` 132
enumeração 132
escala 125
escopo 132
escopo de arquivo 135
escopo de bloco 135
escopo de função 135
escopo de protótipo de função 135
escopo de um identificador 135
especificadores de classe de armazenamento 132
estouro de pilha 123
etapa de recursão 138
expressões de tipo misto 122
fator de escala 125
função 114
função chamada 115
função chamadora 115
função recursiva 137
funções definidas pelo programador 114
invocar uma função 115
last-in-first-out (LIFO) 123
lista de parâmetros 118
módulo 114
números pseudoaleatórios 128
ocultação de informações 135
parâmetros 116
pilha 123
pilha de chamada de função 123
pilha de execução do programa 123
princípio do menor privilégio 135
protótipo de função 118
quadros de pilha 123
randomização 128
registros de ativação 123
regras de promoção 122
retorno de uma função 115
reutilização do software 116
semeia a função `rand` 128
simulação 125
static 132
tipo-valor-retorno 118
valor de deslocamento 129
variáveis automáticas 133
variáveis locais 116
vinculação 132
vinculação de um identificador 132

Exercícios de autorrevisão

5.1 Preencha os espaços nas seguintes sentenças:

a) Um módulo de programa em C é chamado de _______.

b) Uma função é invocada com um(a) _______.

c) Uma variável conhecida apenas dentro da função em que é definida é chamada de _______.

d) O comando _______ em uma função chamada é usado para passar o valor de uma expressão de volta à função chamadora.

e) A palavra-chave _______ é usada em um cabeçalho de função para indicar que uma função não retorna um valor ou para indicar que uma função não contém parâmetros.

f) O(A) _______ de um identificador é a parte do programa em que o identificador pode ser usado.

g) As três maneiras de retornar o controle de uma função chamada à chamadora são _______, _______ e _______.

h) Um(a) _______ permite que o compilador verifique o número, os tipos e a ordem dos argumentos passados a uma função.

i) A função _______ é usada para produzir números aleatórios.

j) A função _______ é usada para definir a semente do número aleatório para randomizar um programa.

k) Os especificadores de classe de armazenamento são _______, _______, _______ e _______.

l) Supõe-se que as variáveis declaradas em um bloco ou na lista de parâmetros de uma função pertençam à classe de armazenamento _______, a menos que especificadas de outra maneira.

m) O especificador de classe de armazenamento _______ é uma recomendação ao compilador para que armazene uma variável em um dos registradores do computador.

n) Uma variável não `static` definida fora de qualquer bloco ou função é uma variável _______.

o) Para que uma variável local em uma função retenha seu valor entre as chamadas a uma função, ela precisa ser declarada com o especificador de classe de armazenamento _______.

p) Os quatro escopos possíveis de um identificador são _______, _______, _______ e _______.

q) Uma função que chama a si mesma, direta ou indiretamente, é uma função _______.

r) Uma função recursiva normalmente tem dois componentes: aquele que oferece um meio para a recursão terminar ao testar um caso _______ e um que expressa o problema como uma chamada recursiva para um problema ligeiramente mais simples que a chamada original.

5.2 Para o programa a seguir, indique o escopo (de função, de arquivo, de bloco ou de protótipo de função) de cada um dos seguintes elementos:

a) A variável `x` em `main`.
b) A variável `y` em `cube`.
c) A função `cube`.
d) A função `main`.
e) O protótipo de função para `cube`.
f) O identificador `y` no protótipo de função para `cube`.

```
#include <stdio.h>
int cube( int y );

int main( void )
{
   int x;

   for ( x = 1; x <= 10; x++ )
      printf( "%d\n", cube( x ) );
   return 0;
}

int cube( int y )
{
   return y * y * y;
}
```

5.3 Escreva um programa que teste se os exemplos das chamadas de função da biblioteca matemática mostrados na Figura 5.2 realmente produzem os resultados indicados.

5.4 Indique o cabeçalho de função para as funções a seguir.

a) Função `hypotenuse`, que utiliza dois argumentos de ponto flutuante e precisão dupla, `side1` e `side2`, e retorna um resultado de ponto flutuante e precisão dupla.

b) Função `smallest`, que utiliza três inteiros, `x`, `y`, `z`, e retorna um inteiro.

c) Função `instructions`, que não recebe argumento algum e não retorna um valor. [*Nota:* essas funções normalmente são usadas para exibir instruções a um usuário.]

d) Função `intToFloat`, que utiliza um argumento inteiro, `number`, e retorna um resultado de ponto flutuante.

5.5 Dê o protótipo de função para cada um dos seguintes itens:

a) A função descrita no Exercício 5.4(a).
b) A função descrita no Exercício 5.4(b).
c) A função descrita no Exercício 5.4(c).
d) A função descrita no Exercício 5.4(d).

5.6 Escreva uma declaração para cada um dos seguintes itens:

a) Inteiro `count` que deve ser mantido em um registrador. Inicialize `count` em `0`.

b) Variável de ponto flutuante `lastVal` que deve reter seu valor entre as chamadas para a função em que é definida.

c) Inteiro externo `number` cujo escopo deve ser restringido ao restante do arquivo em que está definido.

5.7 Encontre o erro em cada um destes segmentos de programa, e explique como ele pode ser corrigido (ver também o Exercício 5.46):

a)

```
int g( void )
{
   printf( "Dentro da função g\n" );
   int h( void )
   {
      printf( "Dentro da função h\n" );
   }
}
```

b)

```
int sum( int x, int y )
{
   int result;
   result = x + y;
}
```

c)

```
int sum( int n )
{
   if ( n == 0 ) {
      return 0;

   else {
      n + sum( n - 1 );
   }
}
```

d)

```
void f( float a );
{
   float a;
   printf( "%f", a );
}
```

e)

```
void product( void )
{
   int a, b, c, result;
   printf( "Digite três inteiros: " )
   scanf( "%d%d%d", &a, &b, &c );
   result = a * b * c;
   printf( "Resultado é %d", result );
   return result;
}
```

Respostas dos exercícios de autorrevisão

5.1 a) Função. b) Chamada de função. c) Variável local. d) `return`. e) `void`. f) Escopo. g) `return;` `return` expressão; ou encontrando a chave direita de fechamento de uma função. h) Protótipo de função. i) `rand`. j) `srand`. k) `auto`, `register`, `extern`, `static`. l) `auto`. m) `register`. n) Externa, global. o) `static`. p) Escopo de função, escopo de arquivo, escopo de bloco, escopo de protótipo de função. q) Recursiva. r) Básico.

5.2 a) Escopo de bloco. b) Escopo de bloco. c) Escopo de arquivo. d) Escopo de arquivo. e) Escopo de arquivo. f) Escopo de protótipo de função.

5.3 Veja a seguir. [*Nota:* na maior parte dos sistemas Linux, é preciso usar a opção `-lm` ao compilar esse programa.]

```
/* ex05_03.c */
/* Testando as funções da biblioteca matemática */
#include <stdio.h>
#include <math.h>

/* função main inicia a execução do programa */
int main( void )
{
   /* calcula e informa a raiz quadrada */
    printf( "sqrt(%.1f) = %.1f\n", 900.0, sqrt( 900.0 ) );
  printf( "sqrt(%.1f) = %.1f\n", 9.0, sqrt( 9.0 ) );

  /* calcula e informa a função exponencial e elevada a x */
   printf( "exp(%.1f) = %f\n", 1.0, exp( 1.0 ) );
   printf( "exp(%.1f) = %f\n", 2.0, exp( 2.0 ) );

   /* calcula e informa o logaritmo (base e) */
   printf( "log(%f) = %.1f\n", 2.718282, log( 2.718282 ) );
   printf( "log(%f) = %.1f\n", 7.389056, log( 7.389056 ) );

  /* calcula e apresenta o logaritmo (base 10) */
   printf( "log10(%.1f) = %.1f\n", 1.0, log10( 1.0 ) );
   printf( "log10(%.1f) = %.1f\n", 10.0, log10( 10.0 ) );
  printf( "log10(%.1f) = %.1f\n", 100.0, log10( 100.0 ) );

  /* calcula e apresenta o valor absoluto */
   printf( "fabs(%.1f) = %.1f\n", 13.5, fabs( 13.5 ) );
 printf( "fabs(%.1f) = %.1f\n", 0.0, fabs( 0.0 ) );
   printf( "fabs(%.1f) = %.1f\n", -13.5, fabs( -13.5 ) );

  /* calcula e informa ceil( x ) */
 printf( "ceil(%.1f) = %.1f\n", 9.2, ceil( 9.2 ) );
   printf( "ceil(%.1f) = %.1f\n", -9.8, ceil( -9.8 ) );
```

```

   /* calcula e informa floor( x ) */
   printf( "floor(%.1f) = %.1f\n", 9.2, floor( 9.2 ) );
   printf( "floor(%.1f) = %.1f\n", -9.8, floor( -9.8 ) );

   /* calcula e informa pow( x, y ) */
   printf( "pow(%.1f, %.1f) = %.1f\n", 2.0, 7.0, pow( 2.0, 7.0 ) );
   printf( "pow(%.1f, %.1f) = %.1f\n", 9.0, 0.5, pow( 9.0, 0.5 ) );

   /* calcula e informa fmod( x, y ) */
   printf( "fmod(%.3f/%.3f) = %.3f\n", 13.675, 2.333,
   fmod( 13.675, 2.333 ) );

   /* calcula e informa sin( x ) */
   printf( "sin(%.1f) = %.1f\n", 0.0, sin( 0.0 ) );

   /* calcula e informa cos( x ) */
   printf( "cos(%.1f) = %.1f\n", 0.0, cos( 0.0 ) );

   /* calcula e informa tan( x ) */
   printf( "tan(%.1f) = %.1f\n", 0.0, tan( 0.0 ) );
   return 0; /* indica conclusão bem-sucedida */
} /* fim do main */
```

```
sqrt(900.0) = 30.0
sqrt(9.0) = 3.0
exp(1.0) = 2.718282
exp(2.0) = 7.389056
log(2.718282) = 1.0
log(7.389056) = 2.0
log10(1.0) = 0.0
log10(10.0) = 1.0
log10(100.0) = 2.0
fabs(13.5) = 13.5
fabs(0.0) = 0.0
fabs(-13.5) = 13.5
ceil(9.2) = 10.0
ceil(-9.8) = -9.0
floor(9.2) = 9.0
floor(-9.8) = -10.0
pow(2.0, 7.0) = 128.0
pow(9.0, 0.5) = 3.0
fmod(13.675/2.333) = 2.010
sin(0.0) = 0.0
cos(0.0) = 1.0
tan(0.0) = 0.0
```

5.4

a) `double hypotenuse( double side1, double side2 )`

b) `int smallest( int x, int y, int z )`

c) `void instructions( void )`

d) `float intToFloat( int number )`

5.5

a) `double hypotenuse( double side1, double side2 );`

b) `int smallest( int x, int y, int z );`

c) `void instructions( void );`

d) `float intToFloat( int number );`

5.6

a) `register int count = 0;`

b) `static float lastVal;`

c) `static int number;`

[*Nota:* isso apareceria fora de qualquer definição de função.]

5.7

a) Erro: A função `h` é definida na função `g`. Correção: Mova a definição de `h` para fora da definição de `g`.

b) Erro: O corpo da função deveria retornar um inteiro, mas não o faz. Correção: Exclua a variável `result` e coloque o seguinte comando na função:

```
return x + y;
```

c) Erro: O resultado de `n + sum( n - 1 )` não é retornado; `sum` retorna um resultado impróprio. Correção: Reescreva o comando na cláusula `else` como

```
return n + sum( n - 1 );
```

d) Erro: Ponto e vírgula após o parêntese à direita que delimita a lista de parâmetros, e redefinição do parâmetro `a` na definição da função. Correção: Retire o ponto e vírgula após o parêntese à direita na lista de parâmetros e exclua a declaração `float a;` no corpo da função.

e) Erro: A função retorna um valor quando não deveria. Correção: Elimine o comando `return`.

Exercícios

5.8 Mostre o valor de x após a execução de cada uma das seguintes instruções:

a) `x = fabs( 7.5 );`
b) `x = floor( 7.5 );`
c) `x = fabs( 0.0 );`
d) `x = ceil( 0.0 );`
e) `x = fabs( -6.4 );`
f) `x = ceil( -6.4 );`
g) `x = ceil( -fabs( -8 + floor( -5.5 ) ) );`

5.9 ***Tarifa de estacionamento.*** Um estacionamento cobra uma tarifa mínima de R$ 2,00 por uma permanência de até três horas, e R$ 0,50 adicionais por hora para cada hora, *ou parte dela*, por até três horas. A tarifa máxima para qualquer período de 24 horas é de R$ 10,00. Suponha que nenhum carro estacione por mais de 24 horas de cada vez. Escreva um programa que calcule e imprima as tarifas de estacionamento para cada um dos três clientes que utilizaram esse estacionamento ontem. Você deverá informar as horas de permanência de cada cliente. Seu programa deverá imprimir os resultados em um formato tabular e deverá calcular e imprimir o total recebido ontem. O programa deverá usar a função `calcularTaxas` para determinar o valor devido por cliente. Sua saída deverá aparecer no seguinte formato:

```
Carro    Horas    Taxa
1        1,5      2,00
2        4,0      2,50
3        24,0     10,00

TOTAL    29,5     14,50
```

5.10 ***Arredondando números.*** Uma das aplicações da função `floor` é arredondar um valor para o inteiro mais próximo. A instrução

```
y = floor( x + .5 );
```

arredondará o número x para o inteiro mais próximo e atribuirá o resultado a y. Escreva um programa que leia vários números e use o comando anterior para arredondar cada um desses números para o inteiro mais próximo. Para cada número processado, imprima o número original e o número arredondado.

5.11 ***Arredondando números.*** A função `floor` pode ser usada para arredondar um número até uma casa decimal específica. A instrução

```
y = floor( x * 10 + .5 ) / 10;
```

arredonda x até a posição de décimos (a primeira posição à direita do ponto decimal). A instrução

```
y = floor( x * 100 + .5 ) / 100;
```

arredonda x até a posição de centésimos (a segunda posição à direita do ponto decimal). Escreva um programa que defina quatro funções que arredondem um número x de várias maneiras:

a) `arredInteiro( número )`
b) `arredDecimos( número )`
c) `arredCentesimos( número )`
d) `arredMilesimos( número )`

Para cada valor lido, seu programa deverá imprimir o valor original, o número arredondado até o próximo inteiro, o número arredondado até o próximo décimo, até o próximo centésimo e até o próximo milésimo.

5.12 Responda cada uma das seguintes perguntas.

a) O que significa escolher números 'aleatoriamente'?
b) Por que a função `rand` é útil para simular jogos de azar?
c) Por que você randomizaria um programa usando `srand`? Sob que circunstâncias é desejável não randomizar?
d) Por que normalmente é necessário escalar e/ou deslocar os valores produzidos por `rand`?
e) Por que a simulação computadorizada de situações do mundo real é uma técnica útil?

5.13 Escreva instruções que atribuam inteiros aleatórios à variável n nos seguintes intervalos:

a) $1 \leq n \leq 2$
b) $1 \leq n \leq 100$
c) $0 \leq n \leq 9$
d) $1000 \leq n \leq 1112$
e) $-1 \leq n \leq 1$
f) $-3 \leq n \leq 11$

5.14 Para cada um dos conjuntos de inteiros a seguir, escreva uma única instrução que imprima um número aleatoriamente a partir do conjunto.

a) 2, 4, 6, 8, 10.
b) 3, 5, 7, 9, 11.
c) 6, 10, 14, 18, 22.

5.15 ***Cálculos de hipotenusa.*** Defina uma função chamada `hipotenusa` que calcule o tamanho da hipotenusa de um triângulo retângulo quando os outros dois lados são conhecidos. Use essa função em um programa para determinar o tamanho da hipotenusa de cada um dos triângulos da tabela a seguir. A função deverá usar dois argumentos do tipo `double` e retornar a hipotenusa como um `double`. Teste seu programa com os valores de lado especificados na Figura 5.18.

Triângulo	Lado 1	Lado 2
1	3,0	4,0
2	5,0	12,0
3	8,0	15,0

Figura 5.18 ■ Valores de lado do triângulo para o Exercício 5.15.

5.16 ***Exponenciação*** Escreva uma função `potenciaInt(base, expoente)` que retorne o valor de

$\texttt{base}^{\text{expoente}}$

Por exemplo, `potenciaInt( 3, 4 ) = 3 * 3 * 3 * 3`. Suponha que `expoente` seja um inteiro positivo, diferente de zero, e `base` seja um inteiro. A função `potenciaInt` deve usar `for` para controlar o cálculo. Não use funções da biblioteca matemática.

5.17 ***Múltiplos.*** Escreva uma função `multiple` que determine para um par de inteiros, se o segundo inteiro é um múltiplo do primeiro. A função deve apanhar dois argumentos inteiros e retornar `1` (verdadeiro), se o segundo for um múltiplo do primeiro, e `0` (falso), caso contrário. Use essa função em um programa que inclua uma série de pares de inteiros.

5.18 ***Par ou ímpar.*** Escreva um programa que inclua uma série de inteiros e os passe um de cada vez à função `even`, que usa o operador de módulo para determinar se um inteiro é par. A função deverá usar um argumento inteiro e retornar `1` se o inteiro for par, e retornar `0` se o inteiro for ímpar.

5.19 ***Exibindo um quadrado de asteriscos.*** Escreva uma função que apresente um quadrado sólido de asteriscos cujo lado é especificado no parâmetro inteiro `side`. Por exemplo, se `side` é `4`, a função exibe:

```
****
****
****
****
```

5.20 ***Exibindo o quadrado de um caractere.*** Modifique a função criada no Exercício 5.19 para formar um quadrado a partir de qualquer caractere contido no parâmetro de caractere `fillCharacter`. Assim, se `side` é `5` e `fillCharacter` é '#', então essa função deverá imprimir:

```
#####
#####
#####
#####
#####
```

5.21 ***Projeto: desenhando formas com caracteres.*** Use técnicas semelhantes às que foram desenvolvidas nos exercícios 5.19 a 5.20 para produzir um programa que represente graficamente uma grande variedade de formas.

5.22 ***Separando dígitos.*** Escreva segmentos de programa que realizem, cada um, o seguinte:

a) O cálculo da parte inteira do quociente quando o inteiro `a` é dividido pelo inteiro `b`.

b) O cálculo do módulo inteiro quando o inteiro `a` é dividido pelo inteiro `b`.

c) Use as partes do programa desenvolvidas em a) e b) para escrever uma função que peça um inteiro entre `1` e `32767` e o imprima como uma série de dígitos, com dois espaços entre cada dígito. Por exemplo, o inteiro `4562` deverá ser impresso como:

```
4 5 6 2
```

5.23 ***Tempo em segundos.*** Escreva uma função que considere a hora como três argumentos inteiros (horas, minutos e segundos) e retorne o número de segundos desde a última vez em que o relógio 'bateu 12 horas'. Use essa função para calcular a quantidade de tempo em segundos entre duas horas, ambas dentro de um ciclo de 12 horas do relógio.

5.24 ***Conversões de temperatura.*** Implemente as seguintes funções com inteiros:

a) Função `celsius` retorna o equivalente Celsius de uma temperatura em Fahrenheit.

b) Função `fahrenheit` retorna o equivalente Fahrenheit de uma temperatura em Celsius.

c) Use essas funções para escrever um programa que imprima gráficos mostrando os equivalentes em Fahrenheit de todas as temperaturas Celsius de 0 a 100 graus, e os equivalentes em Celsius de todas as temperaturas fahrenheit de 32 a 212 graus. Imprima as saídas em um formato tabular que reduza o número de linhas de saída enquanto continua sendo legível.

5.25 ***Achar o mínimo.*** Escreva uma função que retorne o menor de três números em ponto flutuante.

5.26 ***Números perfeitos.*** Um número inteiro é considerado um *número perfeito* se a soma de seus fatores, incluindo 1 (mas não o próprio número) for igual ao próprio número. Por exemplo, 6 é um número perfeito porque 6 = 1 + 2 + 3. Escreva uma função `perfect` que determine se o parâmetro `number` é um número perfeito. Use essa função em um programa que determine e imprima todos os números perfeitos entre 1 e 1000. Imprima os fatores de cada número perfeito para confirmar se o número é realmente perfeito. Desafie o poder de seu computador testando números muito maiores que 1000.

5.27 ***Números primos.*** Um inteiro é considerado *primo* se for divisível apenas por 1 e por ele mesmo. Por exemplo, 2, 3, 5 e 7 são primos, mas 4, 6, 8 e 9 não são.

a) Escreva uma função que determine se um número é primo.

b) Use essa função em um programa que determine e imprima todos os números primos entre 1 e 10000. Quantos desses 10000 números você realmente precisa testar antes de ter certeza de que encontrou todos os primos?

c) Inicialmente, você poderia pensar que $n/2$ é o limite superior dentro do qual deveria testar para ver se um número é primo, mas você só precisa ir até a raiz quadrada de n. Por quê? Reescreva o programa e execute-o das duas maneiras. Estime a melhoria do desempenho.

5.28 ***Invertendo dígitos.*** Escreva uma função que leia um valor inteiro e retorne o número com seus dígitos invertidos. Por exemplo, dado o número 7631, a função deverá retornar 1367.

5.29 ***Máximo divisor comum.*** O *máximo divisor comum* (*MDC*) de dois inteiros é o maior inteiro que divide cada um dos dois números sem deixar resto. Escreva a função `mdc` que retorna o máximo divisor comum de dois inteiros.

5.30 Escreva uma função `qualityPoints` que peça a média de um estudante e retorne 4 se a média for 90-100, 3 se a média for 80-89, 2 se a média for 70-79, 1 se a média for 60-69 e 0 se a média for menor que 60.

5.31 ***Jogando uma moeda.*** Escreva um programa que simule o lançamento de uma moeda. Para cada lançamento da moeda, o programa deverá imprimir `Cara` ou `Coroa`. Deixe o programa jogar a moeda 100 vezes e conte o número de vezes que cada lado da moeda aparece. Imprima os resultados. O programa deverá chamar uma função `flip` separada, que não utilize argumentos e retorne `0` para cara e `1` para coroa. [*Nota:* se o programa realisticamente simula o lançamento de uma moeda, então cada lado da moeda deve aparecer aproximadamente em metade do tempo para um total de aproximadamente 50 caras e 50 coroas.]

5.32 ***Descubra o número.*** Escreva um programa em C que contenha o jogo 'descubra o número', da seguinte forma: seu programa escolhe o número a ser descoberto, selecionando um inteiro aleatório na faixa de 1 a 1000. O programa então exibe:

```
Eu tenho um número entre 1 e 1000.
Você consegue descobrir qual é?
Digite sua primeira tentativa.
```

O jogador, então, digita uma primeira tentativa. O programa responde com uma das seguintes sentenças:

```
1  Excelente! Você descobriu o número!
   Gostaria de jogar novamente (s ou n)?
2  Muito baixo. Tente novamente.
3  Muito alto. Tente novamente.
```

Se a escolha do jogador estiver incorreta, seu programa deverá realizar um loop até que o jogador finalmente acerte o número. Seu programa deverá continuar informando ao jogador `Muito alto` ou `Muito baixo` para ajudá-lo a 'mirar' na resposta correta. [*Nota:* a técnica de pesquisa empregada nesse problema é chamada de pesquisa binária. Falaremos mais sobre isso no próximo problema.]

5.33 ***Modificação de 'Descubra o número'.*** Modifique o programa do Exercício 5.32 para contar o número de tentativas que o jogador fez. Se o número for 10 ou menos, imprima `Ou você conhece o segredo ou teve sorte!` Se o jogador acertar o número em 10 tentativas, então imprima `Ahah! Você conhece o segredo!` Se o jogador conseguir em mais de 10 tentativas, então imprima `Você deveria se sair melhor!` Por que não deveria passar de 10 tentativas? Bem, com cada 'escolha boa', o jogador deveria poder eliminar metade dos números. Agora, mostre por que qualquer número de 1 a 1000 pode ser descoberto em 10 ou menos tentativas.

5.34 ***Exponenciação recursiva.*** Escreva uma função recursiva `power( base, expoente )` que, quando chamada, retorna

$\texttt{base}^{\text{expoente}}$

Por exemplo, `power( 3, 4 ) = 3 * 3 * 3 * 3`. Suponha que `expoente` seja um inteiro maior ou igual a 1. *Dica:* a etapa de recursão usaria o relacionamento

$\texttt{base}^{\text{expoente}} = \texttt{base} * \texttt{base}^{\text{expoente}-1}$

e a condição de término ocorre quando `expoente` é igual a `1`, pois

$\texttt{base}^{1} = \texttt{base}$

5.35 ***Fibonacci.*** A série de Fibonacci

0, 1, 1, 2, 3, 5, 8, 13, 21, ...

começa com os termos 0 e 1, e tem a propriedade de estabelecer que o termo seguinte é a soma dos dois termos anteriores. a) Escreva uma função *não recursiva* `fibonacci(n)` que calcule o *n-ésimo* número de Fibonacci. b) Determine o maior número de Fibonacci que pode ser impresso no seu sistema. Modifique o programa da parte a) para usar `double` em vez de `int` para calcular e retornar números de Fibonacci. Faça com que o programa se repita até que falhe devido a um valor excessivamente alto.

5.36 ***Torres de Hanói.*** Todo cientista da computação iniciante precisa lutar contra certos problemas clássicos, e as Torres de Hanói (ver Figura 5.19) é um dos problemas mais famosos. A lenda diz que, em um templo no Extremo Oriente, sacerdotes estão tentando mover uma pilha de discos de um pino para outro. A pilha inicial tinha 64 discos dispostos em um pino e arrumados de baixo para cima por tamanho decrescente. Os sacerdotes estão tentando mover a pilha desse pino para um segundo pino sob as restrições de que apenas um disco é movido de cada vez, e em momento algum um disco maior pode ser colocado sobre um disco menor. Um terceiro pino está disponível para apoiar os discos temporariamente. Supostamente, o mundo terminará quando os sacerdotes completarem sua tarefa, de modo que não temos muito incentivo para facilitar seus esforços.

Vamos supor que os sacerdotes estejam tentando mover os discos do pino 1 ao pino 3. Queremos desenvolver um algoritmo que imprimirá a sequência exata de transferências de pino, disco a disco.

Se tivéssemos que resolver esse problema com a ajuda de métodos convencionais, ficaríamos presos na administração dos discos rapidamente. Em vez disso, se atacarmos o problema com a recursão em mente, ele imediatamente se tornará mais resolúvel. Mover n discos pode ser visto em termos de mover apenas $n - 1$ discos (e daí a recursão) da seguinte forma:

a) Mova $n - 1$ discos do pino 1 para o pino 2, usando o pino 3 como área de manutenção temporária.

b) Mova o último disco (o maior) do pino 1 para o pino 3.

c) Mova os $n - 1$ discos do pino 2 para o pino 3, usando o pino 1 como área de manutenção temporária.

O processo termina quando a última tarefa envolver mover $n = 1$ disco, ou seja, o caso básico. Isso é feito movendo o disco de modo trivial, sem a necessidade de uma área de manutenção temporária.

Escreva um programa que resolva o problema das Torres de Hanói. Use uma função recursiva com quatro parâmetros:

a) O número de discos a serem movidos.

b) O pino no qual esses discos estão empilhados inicialmente.

c) O pino para o qual a pilha de discos deve ser movida.

d) O pino a ser usado como área de manutenção temporária.

Seu programa deverá imprimir as instruções exatas que ele usará para mover os discos do pino inicial para o pino de destino. Por exemplo, para mover uma pilha de três discos do pino 1 ao pino 3, seu programa deverá imprimir a seguinte série de movimentos:

1 → 3 (Isso significa mover um disco do pino 1 ao pino 3.)

1 → 2

3 → 2

1 → 3

2 → 1

2 → 3

1 → 3

Figura 5.19 ■ Torres de Hanói para o caso dos quatro discos.

5.37 ***Torres de Hanói: solução iterativa.*** Qualquer programa que possa ser implementado recursivamente pode ser implementado iterativamente, embora, às vezes, com muito mais dificuldade e muito menos clareza. Tente escrever uma versão iterativa das Torres de Hanói. Se obtiver sucesso, compare sua versão iterativa com a versão recursiva desenvolvida por você no Exercício 5.36. Investigue as questões de desempenho, clareza e sua capacidade de demonstrar a exatidão dos programas.

5.38 ***Visualizando a recursão.*** É interessante observar a recursão 'em ação'. Modifique a função fatorial da Figura 5.14 para imprimir sua variável local e o parâmetro de chamada recursiva. Para cada chamada recursiva, apresente as saídas em uma linha separada e acrescente um nível de recuo. Faça o máximo para tornar as saídas claras, interessantes e significativas. Seu objetivo aqui é projetar e implementar um formato de saída que ajude uma pessoa a entender melhor a recursão. Você pode querer acrescentar essas capacidades de exibição a muitos outros exemplos e exercícios de recursão no decorrer do livro.

5.39 ***Máximo divisor comum recursivo.*** O máximo divisor comum dos inteiros `x` e `y` é o maior inteiro que divide `x` e `y` sem gerar resto. Escreva uma função recursiva `mdc` que retorne o máximo divisor comum de `x` e `y`. O `mdc` de `x` e `y` é definido recursivamente da seguinte forma: se `y` é igual a `0`, então `mdc(x, y)` é `x`; caso contrário, `mdc(x, y)` é `mdc(y, x % y)`, onde `%` é o operador de módulo (ou resto da divisão).

5.40 **`main`** ***recursiva.*** `main` pode ser chamada recursivamente? Escreva um programa que contenha uma função `main`. Inclua a variável local `static count` inicializada como 1. Pós-incremente e imprima o valor de `count` cada vez que `main` for chamada. Execute seu programa. O que acontece?

5.41 ***Distância entre pontos.*** Escreva a função `distance` que calcula a distância entre dois pontos $(x1, y1)$ e $(x2, y2)$. Todos os números e valores de retorno devem ser do tipo `double`.

5.42 O que o programa a seguir faz?

```
#include <stdio.h>

/* função main inicia a execução do pro-
grama */
int main( void )
{
   int c; /* variável para manter entra-
   da de caractere pelo usuário */

   if ( ( c = getchar() ) != EOF ) {
      main();
      printf( "%c", c );
   } /* fim do if */

   return 0; /* indica conclusão bem-
   -sucedida */
} /* fim do main */
```

5.43 O que o programa a seguir faz?

```
#include <stdio.h>

int mystery( int a, int b ); /* protóti-
po de função */

/* função main inicia a execução do pro-
grama */
int main( void )
{
   int x; /* primeiro inteiro */
   int y; /* segundo inteiro */

   printf( "Digite dois inteiros: " );
   scanf( "%d%d", &x, &y );

   printf( "O resultado é %d\n", mys-
   tery( x, y ) );
   return 0; /* indica conclusão bem-
   -sucedida */
} /* fim do main */

/* Parâmetro b deve ser um inteiro po-
sitivo,
   para impedir recursão infinita */
int mystery( int a, int b )
{
   /* caso básico */
   if ( b == 1 ) {
      return a;
   } /* fim do if */
   else { /* etapa recursiva */
      return a + mystery( a, b - 1 );
   } /* fim do else */
} /* fim da função mystery */
```

5.44 Depois de determinar o que o programa do Exercício 5.43 faz, modifique-o para que funcione devidamente depois de removida a restrição que estabelece que o segundo argumento não pode ser negativo.

5.45 ***Testando funções da biblioteca matemática.*** Escreva um programa que teste o maior número possível de funções de biblioteca da Figura 5.2. Exercite cada uma dessas funções fazendo com que o programa imprima tabelas de valores de retorno para uma diversidade de valores de argumento.

5.46 Encontre o erro em cada um dos segmentos de programa a seguir e explique como corrigi-los:

a)
```
double cube( float ); /* protótipo de função */
cube( float number ) /* function definition */
{
     return number * number * number;
}
```

b)
```
register auto int x = 7;
```

c)
```
int randomNumber = srand();
```

d)
```
double y = 123.45678;
int x;
x = y;
printf( "%f\n", (double) x );
```

e)
```
double square( double number )
{
     double number;
     return number * number;
}
```

f)
```
int sum( int n )
{
   if ( n == 0 ) {
      return 0;
   }
   else {
      return n + sum( n );
   }
}
```

5.47 ***Modificação do jogo 'craps'.*** Modifique o programa do jogo 'craps' da Figura 5.10 para que ele permita apostas. Inicialize a variável `saldoBanca` como 1.000 reais. Peça ao jogador que informe uma `aposta`. Use um loop `while` para verificar se a `aposta` é menor ou igual a `saldoBanca` e, se não for, peça ao usuário que informe `aposta` novamente até uma `aposta` válida ser informada. Depois que a `aposta` correta tiver sido informada, execute um jogo de craps. Se o jogador vencer, aumente `saldoBanca` em `aposta` e imprima o novo `saldoBanca`. Se o jogador perder, diminua `saldoBanca` em `aposta`, imprima o novo `saldoBanca`, verifique se `saldoBanca` chegou a zero e, nesse caso, imprima a mensagem: `"Sinto muito. Você está quebrado!"` Conforme o jogo progride, imprima diversas mensagens com o intuito de criar uma "conversa", como `"Ei, assim você quebra!"` ou `"Vamos lá, continue tentando!"` ou `"Você está ganhando. Agora é hora de aproveitar suas fichas!"`

5.48 ***Projeto de pesquisa: aperfeiçoando a implementação de Fibonacci recursiva.*** Na Seção 5.15, o algoritmo recursivo que usamos para calcular números de Fibonacci foi intuitivamente atraente. Porém, lembre-se de que o algoritmo resultou na explosão exponencial das chamadas de função recursivas. Pesquise a implementação de Fibonacci recursiva on-line. Estude as diversas técnicas, incluindo a versão iterativa do Exercício 5.35 e as versões que usam apenas a chamada 'recursão de cauda' (*tail recursion*). Discuta os méritos relativos de cada uma.

Fazendo a diferença

5.49 ***Teste sobre o aquecimento global.*** A controvertida questão do aquecimento global tem sido bastante alardeada pelo filme *An Inconvenient Truth* (*Uma verdade inconveniente*), estrelado pelo ex-vice presidente Al Gore. Gore e um grupo de cientistas das Nações Unidas, o Intergovernmental Panel on Climate Change, compartilharam o Prêmio Nobel da Paz em 2007 em reconhecimento por 'seus esforços para construir e disseminar um conhecimento mais amplo sobre a mudança do clima ocasionada pelo homem'. Pesquise os *dois* lados da questão do aquecimento global on-line (você pode procurar frases como 'global warming skeptics' — céticos do aquecimento global). Crie um teste de múltipla escolha com cinco perguntas sobre o aquecimento global, com cada pergunta tendo quatro respostas possíveis (numeradas de 1 a 4). Seja objetivo e tente representar de forma imparcial os dois lados da questão. Em seguida, escreva uma aplicação que administre o teste, calcule o número de respostas corretas (de zero a cinco) e retorne uma mensagem ao usuário. Se o usuário responder corretamente as cinco perguntas, imprima 'Excelente'; se acertar quatro, imprima 'Muito bom'; se forem três ou menos, imprima 'Hora de aumentar seus conhecimentos sobre aquecimento global', e inclua uma lista de alguns dos sites em que encontrou as informações usadas.

Instrução auxiliada por computador

Com o preço dos computadores em queda, vai-se tornando viável a todo estudante, independentemente de sua situação econômica, ter um computador e usá-lo na escola. Isso cria possibilidades interessantes de melhora da experiência educacional de todos os alunos no mundo inteiro, conforme sugerimos nos próximos cinco exercícios. [*Nota:* verifique iniciativas como One Laptop Per Child Project (<`www.laptop.org`>). Além disso, pesquise laptops 'verdes' — quais são algumas das características-chave desses dispositivos que estão 'esverdeando'? Examine a Electronic Product Environmental Assessment Tool (<www.epeat.net>), que poderá ajudá-lo a avaliar o 'grau de verde' dos desktops, notebooks e monitores, ajudando-o a decidir quais produtos comprar.]

5.50 ***Instrução auxiliada por computador.*** O uso de computadores na educação é conhecido como *Instrução Auxiliada por Computador* (*IAC*). Escreva um programa que ajude um aluno do ensino fundamental a aprender a tabuada. Use a função `rand` para produzir dois inteiros positivos de um dígito. O programa deverá então fazer uma pergunta ao usuário, tal como

```
Quanto é 6 vezes 7?
```

O aluno, então, entra com a resposta. Em seguida, o programa verifica a resposta do aluno. Se estiver correta, mostre a mensagem `'Muito bom!'` e faça outra pergunta de tabuada. Se a resposta estiver errada, mostre a mensagem `'Não. Tente novamente.'` e deixe que o aluno tente responder à mesma pergunta repetidamente, até que ele finalmente acerte a resposta. Uma função separada deverá ser usada para gerar cada nova pergunta. Essa função deverá ser chamada uma vez, quando a aplicação iniciar a execução, e toda vez que o usuário responder à pergunta corretamente.

5.51 ***Instrução auxiliada por computador: reduzindo a fadiga do estudante.*** Um problema nos ambientes de IAC é a fadiga do estudante. Modifique o programa do Exercício 5.50 de modo que vários comentários sejam exibidos para cada resposta da seguinte forma:

Possíveis mensagens para uma resposta correta:

```
Muito bom!
Excelente!
Bom trabalho!
Continue assim!
```

Possíveis mensagens para uma resposta incorreta:

```
Não. Tente novamente.
Errado. Tente mais uma vez.
Não desista!
Não. Continue tentando.
```

Use a geração de número aleatório para escolher um número de 1 a 4, que será usado para selecionar uma das respostas apropriadas para cada resposta correta ou incorreta. Use uma estrutura `switch` para emitir as respostas.

5.52 ***Instrução auxiliada por computador: monitorando o desempenho do estudante.*** Sistemas mais sofisticados de instrução auxiliada por computador monitoram o desempenho do estudante por um período. A decisão de iniciar um novo tópico normalmente é baseada no sucesso do estudante com os tópicos anteriores. Modifique o programa do Exercício 5.51 para contar o número de respostas corretas e incorretas digitadas pelo estudante. Depois que o estudante digitar 10 respostas, seu programa deverá calcular sua porcentagem correta. Se a porcentagem for menor que 75 por cento, mostre a mensagem `'Por favor, peça ajuda a seu professor.'`, depois reinicie o programa para que outro estudante possa responder. Se a porcentagem for 75 por cento ou maior, mostre a mensagem `'Parabéns, você está pronto para o próximo nível!'`, e depois reinicie o programa para que outro estudante possa responder.

5.53 ***Instrução auxiliada por computador: níveis de dificuldade.*** Os exercícios 5.50 a 5.52 desenvolveram um programa de instrução auxiliada por computador para ajudar a ensinar multiplicação a um aluno do ensino fundamental. Modifique o programa de modo a permitir que o usuário entre com um nível de dificuldade. Em um nível de dificuldade 1, o programa deverá usar apenas números de um dígito nos problemas; em um nível de dificuldade 2, os números podem ter dois dígitos e assim por diante.

5.54 ***Instrução auxiliada por computador: variando os tipos de problemas.*** Modifique o programa do Exercício 5.53 de modo a permitir que o usuário escolha um tipo de problema aritmético para estudar. Uma opção `1` significa problemas de adição, `2` significa problemas de subtração, `3` significa problemas de multiplicação e `4` significa uma mistura aleatória de todos esses tipos.

6 Arrays em C

Capítulo

Vai, pois, agora, escreve isto em uma tábua perante eles e registra-o em um livro.
— **Isaías 30:8**

Seguir além é tão errado quanto não alcançar.
— **Confúcio**

Comece pelo início, ... e prossiga até chegar ao fim: então, pare.
— **Lewis Carroll**

Objetivos

Neste capítulo, você aprenderá:

- A usar a estrutura de dados do array para representar listas e tabelas de valores.
- A definir um array, inicializá-lo e referir-se a seus elementos individuais.
- A definir constantes simbólicas.
- A passar arrays para funções.
- A usar arrays para armazenar, classificar e pesquisar listas e tabelas de valores.
- A definir e manipular arrays multidimensionais.

Conteúdo

6.1 Introdução
6.2 Arrays
6.3 Declarando arrays
6.4 Exemplos de arrays
6.5 Passando arrays para funções
6.6 Ordenando arrays
6.7 Estudo de caso: calculando média, mediana e moda usando arrays
6.8 Pesquisando arrays
6.9 Arrays multidimensionais

Resumo | Terminologia | Exercícios de autorrevisão | Respostas dos exercícios de autorrevisão | Exercícios | Exercícios de recursão | Seção especial: Sudoku

6.1 Introdução

Este capítulo serve como introdução ao importante assunto das estruturas de dados. **Arrays** são estruturas de dados que consistem em itens de dados relacionados do mesmo tipo. No Capítulo 10, discutiremos a noção de `struct` (estrutura) — uma estrutura de dados que consiste em itens de dados relacionados, possivelmente de tipos diferentes. Arrays e estruturas são entidades 'estáticas' porque permanecem do mesmo tamanho ao longo de toda a execução do programa (elas podem, é claro, ser de uma classe de armazenamento automática e, portanto, ser criadas e destruídas sempre que os blocos em que estiverem definidas forem iniciados e finalizados). No Capítulo 12, apresentaremos estruturas de dados dinâmicas como listas, filas, pilhas e árvores, que podem crescer e encolher à medida que o programa é executado.

6.2 Arrays

Um array é um conjunto de espaços de memória que se relacionam pelo fato de que todos têm o mesmo nome e o mesmo tipo. Para se referir a um local ou elemento em particular no array, especificamos o nome do array e o **número da posição** do elemento em particular no array.

A Figura 6.1 mostra um array de inteiros chamado `c`. Esse array contém 12 **elementos**. Qualquer um desses elementos pode ser referenciado com o nome do array seguido pelo número de posição do elemento em particular entre colchetes (`[ ]`). O primeiro elemento em cada array é identificado pela posição **elemento zerésimo**. Assim, o primeiro elemento do array `c` é referenciado como `c[0]`, o segundo elemento, como `c[1]`, o sétimo elemento, como `c[6]`, e, em geral, o *i*-ésimo elemento do array `c` é referenciado como `c[i - 1]`. Os nomes do array, como outros nomes de variável, só podem conter letras, dígitos e sublinhados. Nomes de array não podem começar por um dígito.

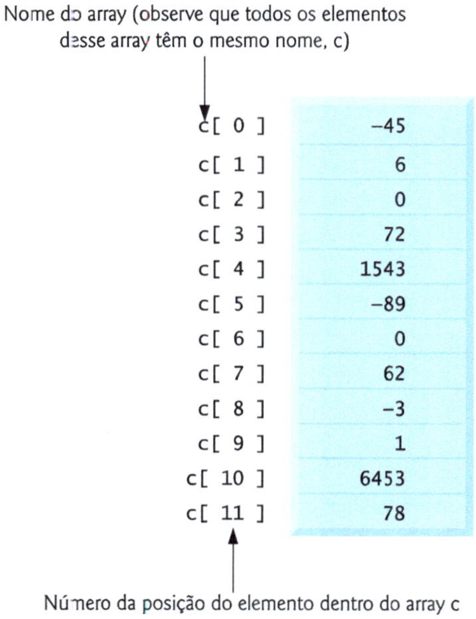

Figura 6.1 ■ Array de 12 elementos.

O número da posição contido dentro dos colchetes é formalmente chamado de **subscrito** (ou **índice**). Um subscrito precisa ser um inteiro ou uma expressão inteira. Se um programa usa uma expressão como um subscrito, então a expressão é avaliada para determinar o subscrito. Por exemplo, se `a = 5` e `b = 6`, então a instrução

```
c[ a + b ] += 2;
```

soma 2 ao elemento de array `c[11]`. Um nome de array subscritado é um *lvalue* — ele pode ser usado no lado esquerdo de uma atribuição.

Examinemos o array `c` (Figura 6.1) mais de perto. O **nome** do array é `c`. Seus 12 elementos são referenciados como `c[0]`, `c[1]`, `c[2]`, ..., `c[11]`. O **valor** armazenado em `c[0]` é `-45`, o valor de `c[1]` é `6`, o valor de `c[2]` é `0`, o valor de `c[7]` é `62` e o valor de `c[11]` é `78`. Para imprimir a soma dos valores contidos nos três primeiros elementos do array `c`, escreveríamos

```
printf( "%d", c[ 0 ] + c[ 1 ] + c[ 2 ] );
```

Para dividir o valor do sétimo elemento do array `c` por `2` e atribuir o resultado à variável `x`, escreveríamos

```
x = c[ 6 ] / 2;
```

Erro comum de programação 6.1

É importante observar a diferença entre o 'sétimo elemento do array' e o 'elemento de array sete'. Como os subscritos de array começam em 0, o 'sétimo elemento do array' tem um subscrito 6, enquanto o 'elemento de array sete' tem um subscrito 7 e, na realidade, é o oitavo elemento do array. Esta é uma fonte de erros de 'diferença por um'.

Os colchetes usados para delimitar o subscrito de um array são realmente considerados como um operador em C. Eles têm o mesmo nível de precedência do operador de chamada de função (ou seja, os parênteses que são colocados após o nome da função para chamar essa função). A Figura 6.2 mostra a precedência e a associatividade dos operadores introduzidos até agora.

Operadores	Associatividade	Tipo
`[] ()`	esquerda para direita	mais alta
`++ -- !` *(tipo)*	direita para esquerda	unário
`* / %`	esquerda para direita	multiplicativo
`+ -`	esquerda para direita	aditivo
`< <= > >=`	esquerda para direita	relacional
`== !=`	esquerda para direita	igualdade
`&&`	esquerda para direita	AND lógico
`||`	esquerda para direita	OR lógico
`?:`	direita para esquerda	condicional
`= += -= *= /= %=`	direita para esquerda	atribuição
`,`	esquerda para direita	vírgula

Figura 6.2 ■ Precedência e associatividade de operadores.

6.3 Declarando arrays

Os arrays ocupam espaço na memória. Você especifica o tipo de cada elemento e o número de elementos exigidos por array de modo que o computador possa reservar a quantidade de memória apropriada. A declaração

```
int c[ 12 ];
```

é usada para pedir ao computador que reserve 12 elementos para o array de inteiros `c`. A declaração a seguir

```
int b[ 100 ], x[ 27 ];
```

reserva 100 elementos para o array de inteiros `b` e 27 elementos para o array de inteiros `x`.

Os arrays podem conter outros tipos de dados. Por exemplo, um array do tipo `char` pode ser usado para armazenar uma string de caracteres. As strings de caracteres e sua semelhança com os arrays serão discutidos no Capítulo 8. A relação entre ponteiros e arrays é discutida no Capítulo 7.

6.4 Exemplos de arrays

Esta seção apresenta vários exemplos que demonstram como declarar e inicializar arrays, e também como realizar muitas das manipulações comuns de array.

Definição de um array e a utilização um loop para inicializar os elementos do array

A Figura 6.3 usa estruturas `for` para inicializar os elementos de um array n de 10 elementos do tipo inteiro com zeros e imprimir o array em formato tabular. A primeira instrução `printf` (linha 16) apresenta os cabeçalhos de coluna para as duas colunas impressas na estrutura `for` subsequente.

```
1  /* Figura 6.3: fig06_03.c
2     Inicializando um array */
3  #include <stdio.h>
4
5  /* função main inicia a execução do programa */
6  int main( void )
7  {
8     int n[ 10 ]; /* n é um array de 10 inteiros */
9     int i; /* contador */
10
11    /* inicializa elementos do array n como 0 */
12    for ( i = 0; i < 10; i++ ) {
13       n[ i ] = 0; /* define elemento no local i como 0 */
14    } /* fim do for */
15
16    printf( "%s%13s\n", "Elemento", "Valor" );
17
18    /* saída na tela de conteúdo do array n em formato tabular */
19    for ( i = 0; i < 10; i++ ) {
20       printf( "%7d%13d\n", i, n[ i ] );
21    } /* fim do for */
22
23    return 0; /* indica conclusão bem-sucedida */
24 } /* fim do main */
```

```
Elemento        Valor
       0            0
       1            0
       2            0
       3            0
       4            0
       5            0
       6            0
       7            0
       8            0
       9            0
```

Figura 6.3 ■ Inicializando os elementos de um array com zeros.

Inicialização de um array em uma definição com uma lista de inicializadores

Os elementos de um array também podem ser inicializados quando o array é declarado a partir de uma declaração com um sinal de igual e chaves, `{ }`, que contenha uma lista de **inicializadores** separados por vírgula. A Figura 6.4 inicializa um array de inteiros com 10 valores (linha 9) e imprime o array em formato tabular.

Se houver menos inicializadores que elementos no array, os elementos restantes serão inicializados em zero. Por exemplo, os elementos do array `n` na Figura 6.3 poderiam ter sido inicializados com zero, da seguinte forma:

```
int n[ 10 ] = { 0 };
```

Isso inicializa explicitamente o primeiro elemento em zero e inicializa os nove elementos restantes em zero, pois existem menos inicializadores que elementos no array. É importante lembrar que os arrays não são automaticamente inicializados em zero. Você precisa, pelo menos, inicializar o primeiro elemento em zero para que os elementos restantes sejam automaticamente zerados. Esse método de inicialização dos elementos do array em `0` é posto em prática na compilação dos arrays `static` e no tempo de execução de arrays automáticos.

Erro comum de programação 6.2

Esquecer-se de inicializar os elementos de um array cujos elementos deveriam ser inicializados.

```
1  /* Figura 6.4: fig06_04.c
2     Inicializando um array com uma lista de inicializadores */
3  #include <stdio.h>
4
5  /* função main inicia a execução do programa */
6  int main( void )
7  {
8     /* usa lista de inicializadores para inicializar array n */
9     int n[ 10 ] = { 32, 27, 64, 18, 95, 14, 90, 70, 60, 37 };
10    int i; /* contador */
11
12    printf( "%s%13s\n", "Elemento", "Valor" );
13
14    /* lista conteúdo do array em formato tabular */
15    for ( i = 0; i < 10; i++ ) {
16       printf( "%7d%13d\n", i, n[ i ] );
17    } /* fim do for */
18
19    return 0; /* indica conclusão bem-sucedida */
20 } /* fim do main */
```

```
Elemento        Valor
       0           32
       1           27
       2           64
       3           18
       4           95
       5           14
       6           90
       7           70
       8           60
       9           37
```

Figura 6.4 ■ Inicializando os elementos de um array com uma lista de inicializadores.

A declaração de array

```
int n[ 5 ] = { 32, 27, 64, 18, 95, 14 };
```

causa um erro de sintaxe porque existem seis inicializadores e apenas cinco elementos de array.

Erro comum de programação 6.3

Fornecer mais inicializadores em uma lista de inicializadores de array que a quantidade de elementos existentes no array é um erro de sintaxe

Se o tamanho do array for omitido de uma declaração com uma lista de inicializadores, o número de elementos no array será o número de elementos na lista de inicializadores. Por exemplo,

```
int n[ ] = { 1, 2, 3, 4, 5 };
```

criaria um array de cinco elementos.

Especificação do tamanho de um array com uma constante simbólica e inicialização dos elementos de array com cálculos

A Figura 6.5 inicializa os elementos de um array de 10 elementos `s` com os valores `2`, `4`, `6`, ..., `20` e imprime o array em formato tabular. Os valores são gerados ao se multiplicar o contador do loop por `2` e somar `2`.

```
/* Figura 6.5: fig06_05.c
   Inicializa elementos do array s como inteiros pares de 2 a 20 */
#include <stdio.h>
#define SIZE 10 /* tamanho máximo do array */

/* função main inicia a execução do programa */
int main( void )
{
   /* constante simbólica SIZE pode ser usada para especificar tamanho do array */
   int s[ SIZE ]; /* array s tem SIZE elementos */
   int j; /* contador */

   for ( j = 0; j < SIZE; j++ ) { /* define os elementos */
      s[ j ] = 2 + 2 * j;
   } /* fim do for */

   printf( "%s%13s\n", "Elemento", "Valor" );

   /* lista de impressão do conteúdo do array s em formato tabular */
   for ( j = 0; j < SIZE; j++ ) {
      printf( "%7d%13d\n", j, s[ j ] );
   } /* fim do for */

   return 0; /* indica conclusão bem-sucedida */
} /* fim do main */
```

```
Elemento        Valor
       0            2
       1            4
       2            6
       3            8
       4           10
       5           12
       6           14
       7           16
       8           18
       9           20
```

Figura 6.5 ■ Inicializando os elementos do array s com inteiros pares de 2 a 20.

A diretiva do pré-processador `#define` é introduzida nesse programa. A linha 4

```
#define SIZE 10
```

define uma **constante simbólica** `SIZE` cujo valor é `10`. Uma constante simbólica é um identificador substituído com o **texto substituto** pelo pré-processador C antes de o programa ser compilado. Quando o programa é pré-processado, todas as ocorrências da constante simbólica `SIZE` são substituídas com o texto substituto `10`. O uso de constantes simbólicas para especificar tamanhos de array torna os programas mais **escaláveis**. Na Figura 6.5, poderíamos fazer o primeiro loop `for` (linha 13) preencher um array de 1000 elementos simplesmente mudando o valor de `SIZE` na diretiva `#define` de `10` para `1000`. Se a constante simbólica `SIZE` não tivesse sido usada, teríamos de mudar o programa em três lugares separados para fazer com que ele tratasse de 1000 elementos de array. À medida que os programas se tornam maiores, essa técnica se torna mais útil na elaboração de programas claros.

Erro comum de programação 6.4

Terminar uma diretiva de pré-processador `#define` ou `#include` com um ponto e vírgula. Lembre-se de que as diretivas de pré-processador não são comandos da linguagem C.

Se, na linha 4, a diretiva de pré-processador `#define` terminar com um ponto e vírgula, todas as ocorrências da constante simbólica `SIZE` no programa serão substituídas com o texto `10;` pelo pré-processador. Isso pode gerar erros de sintaxe durante a compilação ou erros lógicos durante a execução. Lembre-se de que o pré-processador não é C; ele é apenas um manipulador de texto.

Erro comum de programação 6.5

Atribuir um valor a uma constante simbólica em uma instrução executável é um erro de sintaxe. Uma constante simbólica não é uma variável. Nenhum espaço é reservado para ela pelo compilador, como ocorre nas variáveis, que mantêm valores em tempo de execução.

Observação sobre engenharia de software 6.1

Definir o tamanho de cada array como uma constante simbólica torna os programas mais escaláveis.

Boa prática de programação 6.1

Use apenas letras maiúsculas para nomes de constantes simbólicas. Isso faz com que essas constantes se destaquem em um programa, além de lembrá-lo de que as constantes simbólicas não são variáveis.

Boa prática de programação 6.2

Nos nomes de constantes simbólicas com várias palavras, use sublinhados para separar as palavras e aumentar a legibilidade.

Soma dos elementos de um array

A Figura 6.6 soma os valores contidos no array de inteiros de 12 elementos `a`. O corpo da estrutura `for` (linha 16) realiza o cálculo.

```
/* Figura 6.6: fig06_06.c
   Calcula a soma dos elementos do array */
#include <stdio.h>
#define SIZE 12

/* função main inicia a execução do programa */
int main( void )
{
   /* usa lista inicializadora para inicializar array */
   int a[ SIZE ] = { 1, 3, 5, 4, 7, 2, 99, 16, 45, 67, 89, 45 };
   int i; /* contador */
   int total = 0; /* soma do array */

   /* conteúdo da soma do array a */
   for ( i = 0; i < SIZE; i++ ) {
      total += a[ i ];
   } /* fim do for */

   printf( "Total de valores dos elementos do array é %d\n", total );
   return 0; /* indica conclusão bem-sucedida */
} /* fim do main */
```

```
Total de valores dos elementos do array é 383
```

Figura 6.6 ■ Cálculo da soma dos elementos de um array.

Uso de arrays para resumir resultados de pesquisa

Nosso próximo exemplo usa arrays para resumir os resultados dos dados coletados em uma pesquisa. Considere um problema com o seguinte enunciado:

Pedimos a 40 alunos que avaliassem a comida da cantina estudantil e dessem notas que fossem de 1 a 10 (1 significaria horrorosa e 10 significaria excelente). Coloque as 40 respostas em um array de inteiros e resuma os resultados da pesquisa.

Esta é uma aplicação típica de arrays (ver Figura 6.7). Queremos resumir o número de respostas de cada tipo (ou seja, de 1 a 10). O array `responses` (linha 17) consiste em um array de 40 elementos com as respostas dos alunos. Usamos um array `frequency` com 11 elementos (linha 14) para contar o número de ocorrências de cada resposta. Ignoramos `frequency[0]` porque é mais lógico fazer com que a resposta 1 incremente `frequency[1]` que `frequency[0]`. Isso permite o uso direto de cada resposta como subscritas do array `frequency`.

Boa prática de programação 6.3

Empenhe-se em obter o máximo de clareza para o programa. Às vezes, vale a pena trocar o uso mais eficiente da memória, ou o tempo do processador, por uma escrita de programas mais clara.

Dica de desempenho 6.1

Às vezes, considerações de desempenho superam considerações de clareza.

O loop `for` (linha 24) obtém as respostas uma de cada vez do array `responses` e incrementa um dos 10 contadores (`frequency[1]` a `frequency[10]`) no array `frequency`. A instrução-chave do loop está na linha 25

```
++frequency[ responses[ answer ] ];
```

```c
/* Figura 6.7: fig06_07.c
   Programa de pesquisa com estudantes */
#include <stdio.h>
#define RESPONSE_SIZE 40 /* define tamanhos de array */
#define FREQUENCY_SIZE 11

/* função main inicia a execução do programa */
int main( void )
{
   int answer; /* contador para percorrer 40 respostas */
   int rating; /* contador para percorrer frequências 1-10 */

   /* inicializa contadores de frequência em 0 */
   int frequency[ FREQUENCY_SIZE ] = { 0 };

   /* coloca as respostas da pesquisa no array responses */
   int responses[ RESPONSE_SIZE ] = { 1, 2, 6, 4, 8, 5, 9, 7, 8, 10,
      1, 6, 3, 8, 6, 10, 3, 8, 2, 7, 6, 5, 7, 6, 8, 6, 7, 5, 6, 6,
      5, 6, 7, 5, 6, 4, 8, 6, 8, 10 };

   /* para cada resposta, seleciona valor de um elemento do array responses
      e usa esse valor como subscrito na frequência do array para
      determinar elemento a ser incrementado */
   for ( answer = 0; answer < RESPONSE_SIZE; answer++ ) {
      ++frequency[ responses [ answer ] ];
   } /* fim do for */

   /* mostra resultados */
   printf( "%s%17s\n", "Avaliação", "Frequência" );

   /* listas de impressão das frequências em um formato tabular */
   for ( rating = 1; rating < FREQUENCY_SIZE; rating++ ) {
      printf( "%6d%17d\n", rating, frequency[ rating ] );
   } /* fim do for */

   return 0; /* indica conclusão bem-sucedida */
} /* fim do main */
```

```
Avaliação          Frequência
1                  2
2                  2
3                  2
4                  2
5                  5
6                  11
7                  5
8                  7
9                  1
10                 3
```

Figura 6.7 ■ Programa de análise de pesquisa de alunos.

que incrementa o contador `frequency` apropriado, dependendo do valor de `responses[answer]`. Quando a variável contadora `answer` é 0, `responses[answer]` é 1, de modo que `++frequency[ responses[answer]];` é interpretado como

```c
++frequency[ 1 ];
```

que incrementa o elemento de array um. Quando `answer` é 1, `responses[answer]` é 2, de modo que `++frequency[responses[answer]];` é interpretado como

```c
++frequency[ 2 ];
```

que incrementa o elemento de array dois. Quando `answer` é `2`, `responses[answer]` é `6`, de modo que `++frequency[responses[answer]];` na verdade é interpretado como

```
++frequency[ 6 ];
```

que incrementa o elemento de array seis e assim por diante. Independentemente do número de respostas processadas na pesquisa, somente um array de 11 elementos é necessário (ignorando o elemento zero) para resumir os resultados. Se os dados contivessem valores inválidos, como 13, o programa tentaria somar `1` a `frequency[13]`. Isso estaria fora dos limites do array. *C não tem verificação de limites de array para impedir que o programa se refira a um elemento que não existe*. Assim, um programa em execução pode ultrapassar o final de um array sem aviso. Você deverá garantir que todas as referências de array permaneçam dentro dos limites do array.

Erro comum de programação 6.6

Referir-se a um elemento fora dos limites do array.

Dica de prevenção de erro 6.1

Ao realizar o percurso por um laço de repetição (looping) por um array, o subscrito do array nunca deverá ser menor que 0, e sempre deverá ser menor que o número total de elementos no array (tamanho – 1). Cuide para que a condição de término do loop impeça o acesso a elementos fora desse intervalo.

Dica de prevenção de erro 6.2

Os programas deverão validar a exatidão de todos os valores de entrada, para impedir que informações errôneas afetem os cálculos de um programa.

Representação gráfica dos elementos do array com histogramas

Nosso próximo exemplo (Figura 6.8) lê os números de um array e apresenta a informação graficamente na forma de um gráfico de barras, ou histograma — cada número é impresso, e, depois, uma barra que consiste na quantidade de asteriscos correspondente é impressa ao lado do número. A estrutura `for` aninhada (linha 20) desenha as barras. Observe o uso de `printf( "\n" )` para encerrar uma barra do histograma (linha 24).

```
1  /* Figura 6.8: fig06_08.c
2     Programa de impressão de histograma */
3  #include <stdio.h>
4  #define SIZE 10
5
6  /* função main inicia a execução do programa */
7  int main( void )
8  {
9     /* usa lista de inicializadores para inicializar array n */
10    int n[ SIZE ] = { 19, 3, 15, 7, 11, 9, 13, 5, 17, 1 };
11    int i; /* contador do for externo para elementos do array */
12    int j; /* contador do for interno conta *s em cada barra do histograma */
13
14    printf( "%s%13s%17s\n", "Elemento", "Valor", "Histograma" );
15
16    /* para cada elemento do array n, mostra uma barra do histograma */
17    for ( i = 0; i < SIZE; i++ ) {
```

Figura 6.8 ■ Impressão do histograma. (Parte 1 de 2.)

```
      printf( "%7d%13d", i, n[ i ]) ;

      for ( j = 1; j <= n[ i ]; j++ ) { /* imprime uma barra */
         printf( "%c", '*' );
      } /* fim do for interno */

      printf( "\n" ); /* fim de uma barra do histograma */
   } /* fim do for externo */

   return 0; /* indica conclusão bem-sucedida */
} /* fim do main */
```

```
Elemento          Valor        Histograma
       0          19           *******************
       1          3            ***
       2          15           ***************
       3          7            *******
       4          11           ***********
       5          9            *********
       6          13           *************
       7          5            *****
       8          17           *****************
       9          1            *
```

Figura 6.8 ■ Impressão do histograma. (Parte 2 de 2.)

6000 lançamentos de um dado e resumo dos resultados em um array

No Capítulo 5, dissemos que mostraríamos um método mais elegante de escrever um programa de lançamento de dados que o da Figura 5.8. O problema era lançar um único dado de seis lados 6000 vezes para testar se o gerador de números aleatórios realmente produziria números aleatórios. Uma versão de array desse programa aparece na Figura 6.9.

```
/* Figura 6.9: fig06_09.c
   Lança um dado de 6 lados 6000 vezes */
#include <stdio.h>
#include <stdlib.h>
#include <time.h>
#define SIZE 7

/* função main inicia a execução do programa */
int main( void )
   {
   int face; /* valor aleatório de 1 - 6 do dado */
   int roll; /* contador de lançamentos de 1-6000 */
   int frequency[ SIZE ] = { 0 }; /* limpa contadores */

   srand( time( NULL ) ); /* semente do gerador de números aleatórios */

   /* rola dado 6000 vezes */
   for ( roll = 1; roll <= 6000; roll++ ) {
      face = 1 + rand() % 6;
      ++frequency[ face ]; /* substitui switch de 26 linhas da Fig. 5.8 */
   } /* fim do for */

   printf( "%s%17s\n", "Face", "Frequency" );

   /* mostra elementos de frequência 1-6 em formato tabular */
```

Figura 6.9 ■ Programa de lançamento de dados que usa um array no lugar de switch. (Parte 1 de 2.)

```
    for ( face = 1; face < SIZE; face++ ) {
        printf( "%4d%17d\n", face, frequency[ face ] );
    } /* fim do for */

    return 0; /* indica conclusão bem-sucedida */
} /* fim do main */
```

```
Face      Frequência
1         1029
2         951
3         987
4         1033
5         1010
6         990
```

Figura 6.9 ■ Programa de lançamento de dados que usa um array no lugar de switch. (Parte 2 de 2.)

Uso de arrays de caracteres no armazenamento e na manipulação de strings

Até agora, discutimos apenas arrays inteiros. Porém, os arrays são capazes de manter dados de qualquer tipo. Agora, discutiremos o armazenamento de strings em arrays de caracteres. Até aqui, a única capacidade de processamento de strings que temos é a de exibir uma string com `printf`. Uma string como "`olá`" é, na realidade, um array `static` de caracteres individuais em C.

Os arrays de caracteres possuem vários recursos exclusivos. Um array de caracteres pode ser inicializado com uma string literal. Por exemplo,

```
char string1[ ] = "first";
```

inicializa os elementos do array `string1` com os caracteres individuais na string literal "`first`". Nesse caso, o tamanho do array `string1` é determinado pelo compilador com base no comprimento da string. A string "`first`" contém cinco caracteres e *mais* um caractere de término de string, chamado **caractere nulo**. Assim, o array `string1`, na realidade, contém seis elementos. A constante de caractere que representa o caractere nulo é `'\0'`. Todas as strings em C terminam com esse caractere. Um array de caracteres que represente uma string sempre deverá ser definido com tamanho suficiente para manter o número de caracteres na string e o caractere nulo de finalização.

Os arrays de caracteres também podem ser inicializados com constantes de caractere individuais em uma lista de inicializadores. A definição anterior é equivalente a

```
char string1[ ] = { 'f', 'i', 'r', 's', 't', '\0' };
```

Como uma string é, na realidade, um array de caracteres, podemos acessar diretamente os caracteres individuais em uma string usando a notação de subscrito de array. Por exemplo, `string1[0]` é o caractere `'f'` e `string1[3]` é o caractere `'s'`.

Também podemos entrar com uma string diretamente em um array de caracteres a partir do teclado, usando `scanf` e o especificador de conversão `%s`. Por exemplo,

```
char string2[ 20 ];
```

cria um array de caracteres capaz de armazenar uma string de no máximo 19 caracteres e um caractere nulo de finalização. A instrução

```
scanf( "%s", string2 );
```

lê uma string do teclado para `string2`. O nome do array é passado para `scanf` sem o `&` anterior, usado com variáveis não string. O `&` normalmente é utilizado para dar a `scanf` o local de uma variável na memória, para que um valor possa ser armazenado ali. Na Seção 6.5, discutiremos a passagem de arrays a funções, e veremos que o valor de um nome de array é o endereço do início do array; portanto, o `&` não é necessário. A função `scanf` lerá caracteres até encontrar um espaço, uma tabulação, uma nova linha ou um indicador de fim de arquivo. A string não deverá ter mais de 19 caracteres, para que possa deixar espaço para o caractere nulo de finalizaçao. Se o usuário digitar 20 ou mais caracteres, seu programa falhará! Por esse motivo, use o especificador de formato `%19s`, para que `scanf` não escreva caracteres na memória além do final do array `s`.

Você é responsável por garantir que o array em que a string será lida seja capaz de manter qualquer string que o usuário digitar no teclado. A função `scanf` lê caracteres do teclado até que o primeiro caractere de espaço em branco seja encontrado; ele não verifica o tamanho do array. Assim, `scanf` pode continuar escrevendo mesmo depois de o array terminar.

Erro comum de programação 6.7

Não fornecer a `scanf` com um array de caracteres grande o suficiente para armazenar uma string digitada no teclado pode resultar em destruição de dados em um programa e outros erros em tempo de execução. Isso também pode tornar o sistema suscetível a ataques de worm e vírus.

Um array de caracteres que represente uma string pode ser exibido com `printf` e o especificador de conversão `%s`. O array `string2` é exibido com a instrução

```
printf( "%s\n", string2 );
```

A função `printf`, assim como `scanf`, não verifica o tamanho do array de caracteres. Os caracteres da string são impressos até que seja encontrado um caractere nulo de finalização.

A Figura 6.10 demonstra a inicialização de um array de caracteres com uma string literal, com a leitura de uma string em um array de caracteres, com a exibição de um array de caracteres como uma string e com o acesso de caracteres individuais de uma string.

```
/* Figura 6.10: fig06_10.c
   Tratando arrays de caracteres como strings */
#include <stdio.h>

/* função main inicia a execução do programa */
int main( void )
{
   char string1[ 20 ]; /* reserva 20 caracteres */
   char string2[] = "string literal"; /* reserva 15 caracteres */
   int i; /* contador */

   /* lê substring do usuário para array string1 */
   printf("Digite uma string: ");
   scanf( "%s", string1 ); /* entrada terminada com espaço em branco */

   /* mostra strings */
   printf( "string1 é: %s\nstring2 is: %s\n"
           "string1 com espaços entre caracteres é:\n",
           string1, string2 );

   /* mostra caracteres até o caractere nulo ser alcançado */
   for ( i = 0; string1[ i ] != '\0'; i++ ) {
      printf( "%c ", string1[ i ] );
   } /* fim do for */

   printf( "\n" );
   return 0; /* indica conclusão bem-sucedida */
} /* fim do main */
```

```
Digite uma string: Olá
string1 é: Olá
string2 é: string literal
string1 com espaços entre caracteres é:
O l á
```

Figura 6.10 ■ Tratando arrays de caracteres como strings.

A Figura 6.10 usa uma estrutura `for` (linha 22) para percorrer do array `string1` e imprimir os caracteres individuais separados por espaços, usando o especificador de conversão `%c`. A condição para a estrutura `for`, `string1[i] != '\0'`, é verdadeira enquanto o caractere nulo de finalização não tiver sido encontrado na string.

Arrays locais estáticos e arrays locais automáticos

O Capítulo 5 discutiu o especificador de classe de armazenamento `static`. Uma variável local `static` existe enquanto durar o programa, mas é visível apenas no corpo da função. Podemos aplicar `static` a uma definição de array local para que o array não seja criado e inicializado toda vez que a função for chamada, e o array não seja destruído toda vez que a função for concluída no programa. Isso reduz o tempo de execução do programa, principalmente no caso de programas que contenham arrays grandes e tenham funções usadas com frequência.

Dica de desempenho 6.2

Nas funções que contêm arrays automáticos, em que a função entra e sai do escopo com frequência, torne o array `static` *para que ele não seja criado toda vez que a função for chamada.*

Arrays `static` são inicializados uma vez, no período de compilação. Se você não inicializar explicitamente um array `static`, os elementos desse array serão inicializados em zero pelo compilador.

A Figura 6.11 demonstra a função `staticArrayInit` (linha 22) com um array local `static` (linha 25), e a função `automaticArrayInit` (linha 44) com um array automático local (linha 47). A função `staticArrayInit` é chamada duas vezes (linhas 12 e 16). O array `static` local, na função, é inicializado em zero pelo compilador (linha 25). A função exibe o array, adiciona 5 em cada elemento e exibe o array novamente. Na segunda vez que a função é chamada, o array `static` contém os valores armazenados durante a primeira chamada de função. A função `automaticArrayInit` também é chamada duas vezes (linhas 13 e 17). Os elementos do array local automático na função são inicializados com os valores 1, 2 e 3 (linha 47). A função exibe o array, adiciona 5 em cada elemento e exibe o array novamente. Na segunda vez que a função é chamada, os elementos do array são inicializados em 1, 2 e 3 novamente, pois o array tem duração de armazenamento automática.

Erro comum de programação 6.8

Pressupor que os elementos de um array local `static` *sejam inicializados em zero toda vez que a função em que o array é definido for chamada.*

```
1  /* Figura 6.11: fig06_11.c
2     Arrays estáticos são inicializados em zero */
3  #include <stdio.h>
4
5  void staticArrayInit( void ); /* protótipo de função */
6  void automaticArrayInit( void ); /* protótipo de função */
7
8  /* função main inicia a execução do programa */
9  int main( void )
10 {
11    printf( "Primeira chamada para cada função:\n" );
12    staticArrayInit();
13    automaticArrayInit();
14
15    printf( "\n\nSegunda chamada para cada função:\n" );
16    staticArrayInit();
17    automaticArrayInit();
18    return 0; /* indica conclusão bem-sucedida */
19 } /* fim do main */
20
```

Figura 6.11 ■ Arrays estáticos são inicializados em zero se não forem inicializados explicitamente. (Parte 1 de 2.)

```
/* função para demonstrar um array local estático */
void staticArrayInit( void )
{
   /* inicializa elementos em 0 na primeira vez que a função é chamada */
   static int array1[ 3 ];
   int i; /* contador */

   printf( "\nValores na entrada de staticArrayInit:\n" );

   /* mostra conteúdo de array1 */
   for ( i = 0; i <= 2; i++ ) {
      printf( "array1[ %d ] = %d  ", i, array1[ i ] );
   } /* fim do for */

   printf( "\nValores na saída de staticArrayInit:\n" );

   /* modifica e mostra conteúdo de array1 */
   for ( i = 0; i <= 2; i++ ) {
      printf( "array1[ %d ] = %d  ", i, array1[ i ] += 5 );
   } /* fim do for */
} /* fim da função staticArrayInit */

/* função para demonstrar um array lógico automático */
void automaticArrayInit( void )
{
   /* inicializa elementos toda vez que a função é chamada */
   int array2[ 3 ] = { 1, 2, 3 };
   int i; /* contador */

   printf( "\n\nValores na entrada de automaticArrayInit:\n" );

   /* exibe conteúdo de array2 */
   for ( i = 0; i <= 2; i++ ) {
      printf("array2[ %d ] = %d  ", i, array2[ i ] );
   } /* fim do for */

   printf( "\nValores na saída de automaticArrayInit:\n" );

   /* modifica e exibe conteúdo de array2 */
   for ( i = 0; i <= 2; i++ ) {
      printf( "array2[ %d ] = %d  ", i, array2[ i ] += 5 );
   } /* fim do for */
} /* fim da função automaticArrayInit */
```

```
Primeira chamada para cada função:
Valores na entrada de staticArrayInit:
array1[ 0 ] = 0 array1[ 1 ] = 0 array1[ 2 ] = 0
Valores na saída de staticArrayInit:
array1[ 0 ] = 5 array1[ 1 ] = 5 array1[ 2 ] = 5
Valores na entrada de automaticArrayInit:
array2[ 0 ] = 1 array2[ 1 ] = 2 array2[ 2 ] = 3
Valores na saída de automaticArrayInit:
array2[ 0 ] = 6 array2[ 1 ] = 7 array2[ 2 ] = 8
Segunda chamada para cada função:
Valores na entrada de staticArrayInit:
array1[ 0 ] = 5 array1[ 1 ] = 5 array1[ 2 ] = 5
Valores na saída de staticArrayInit:
array1[ 0 ] = 10 array1[ 1 ] = 10 array1[ 2 ] = 10
Valores na entrada de automaticArrayInit:
array2[ 0 ] = 1 array2[ 1 ] = 2 array2[ 2 ] = 3
Valores na saída de automaticArrayInit:
array2[ 0 ] = 6 array2[ 1 ] = 7 array2[ 2 ] = 8
```

Figura 6.11 ■ Arrays estáticos são inicializados em zero se não forem inicializados explicitamente. (Parte 2 de 2.)

6.5 Passando arrays para funções

Para passar um argumento de array a uma função, especifique o nome do array sem qualquer colchete. Por exemplo, se o array `tempPorHora` tiver sido definido como

```
int tempPorHora[ 24 ];
```

a chamada de função

```
modifyArray( tempPorHora, 24 )
```

passa o array `tempPorHora` e seu tamanho à função `modifyArray`. Diferente de arrays `char` que contêm strings, outros tipos de array não possuem um valor finalizador especial. Por esse motivo, o tamanho de um array é passado à função, de modo que a função possa processar o número apropriado de elementos.

C passa arrays a funções por referência automaticamente — as funções chamadas podem modificar os valores de elemento nos arrays originais das funções que os utilizam. O nome do array é avaliado como o endereço do primeiro elemento do array. Visto que o endereço inicial do array é passado, a função chamada sabe exatamente onde o array está armazenado. Portanto, quando a função chamada modifica os elementos do array no corpo de sua função, ela está modificando os elementos reais do array em seus locais de memória originais.

A Figura 6.12 demonstra que um nome de array é, na realidade, o endereço do primeiro elemento de um array, exibindo `array`, `&array[0]` e `&array` usando o especificador de conversão `%p` — um especificador de conversão especial para imprimir endereços. O especificador de conversão `%p` normalmente exibe endereços como números hexadecimais. Os números hexadecimais (base 16) consistem nos dígitos de 0 a 9 e nas letras de A até F (essas letras são os equivalentes hexadecimais dos números de 10 a 15). Elas normalmente são usadas como notação abreviada para grandes valores inteiros. O Apêndice C, Sistemas de Numeração, oferece uma discussão detalhada dos relacionamentos entre inteiros binários (base 2), octais (base 8), decimais (base 10; inteiros-padrão) e hexadecimais. A saída mostra que tanto `array` quanto `&array[0]` têm o mesmo valor, a saber, `0012FF78`. A saída desse programa depende do sistema, mas os endereços são sempre idênticos para determinada execução desse programa em um computador em particular.

Dica de desempenho 6.3

Passar arrays por referência faz sentido por motivo de desempenho. Se os arrays fossem passados por valor, uma cópia de cada elemento seria passada. Para arrays grandes e passados com frequência, isso seria demorado, e consumiria espaço de armazenamento para as cópias dos arrays.

Observação sobre engenharia de software 6.2

É possível passar um array por valor (usando um truque simples que explicaremos no Capítulo 10).

```
/* Figura 6.12: fig06_12.c
   O nome do array é o mesmo que o endereço de &array[ 0 ] */
#include <stdio.h>

/* função main inicia a execução do programa */
int main( void )
{
   char array[ 5 ]; /* define um array de tamanho 5 */

   printf( "   array = %p\n&array[0] = %p\n   &array = %p\n",
      array, &array[ 0 ], &array );
   return 0; /* indica conclusão bem-sucedida */
} /* fim do main */
```

```
array = 0012FF78
&array[0] = 0012FF78
&array = 0012FF78
```

Figura 6.12 ■ O nome do array é o mesmo que o endereço do primeiro elemento do array.

Embora arrays inteiros sejam passados por referência, elementos individuais do array são passados por valor, exatamente como as variáveis simples. Esses pedaços de dados simples isolados (como `ints`, `floats` e `chars` individuais) são chamados de **escalares**. Para passar um elemento de um array para uma função, use o nome subscritado do elemento de array como um argumento na chamada de função. No Capítulo 7, mostraremos como passar escalares (ou seja, variáveis e elementos individuais de array) para funções por referência.

Para uma função receber um array por meio de uma chamada de função, a lista de parâmetros da função precisa mencionar que um array será recebido. Por exemplo, o cabeçalho da função `modifyArray` (que mencionamos anteriormente nessa seção) poderia ser escrito como

```
void modifyArray( int b[ ], int tamanho )
```

indicando que `modifyArray` espera receber um array de inteiros no parâmetro `b` e o número de elementos de array no parâmetro `tamanho`. O tamanho do array não precisa estar entre os colchetes. Se ele for incluído, o compilador verificará se ele é maior que zero, e depois o excluirá. Especificar um tamanho negativo é um erro de compilação. Visto que os arrays são automaticamente passados por referência, quando a função chamada usa o nome de array `b`, ela estará referenciando o array na função chamadora (array `tempPorHora` na chamada anterior). No Capítulo 7, apresentaremos outras notações para indicar que um array está sendo recebido por uma função. Como veremos, essas notações são baseadas no relacionamento íntimo entre arrays e ponteiros em C.

A Figura 6.13 demonstra a diferença entre passar um array inteiro e passar um elemento do array. Primeiro, o programa exibe os cinco elementos do array de inteiros `a` (linhas 20-22). Em seguida, `a` e seu tamanho são passados para a função `modifyArray` (linha 27), onde cada um dos elementos de `a` é multiplicado por 2 (linhas 54-55). Depois, `a` é reimpresso em `main` (linhas 32-34). Como vemos na saída, os elementos de `a` são realmente modificados por `modifyArray`. Agora, o programa exibe o valor de `a[3]` (linha 38) e o passa para a função `modifyElement` (linha 40). A função `modifyElement` multiplica seu argumento por 2 (linha 64) e exibe o novo valor. `a[3]` não é modificado ao ser reimpresso em `main` (linha 43), pois os elementos individuais do array são passados por valor.

Em seus programas, haverá situações em que uma função não deverá ter permissão para modificar elementos do array. Como os arrays são sempre passados por referência, a modificação dos valores em um array é difícil de controlar. C oferece o qualificador de tipo `const` para impedir a modificação dos valores do array em uma função. Quando um parâmetro de array é precedido pelo qualificador `const`, os elementos do array se tornam constantes no corpo da função, e qualquer tentativa de

```
1  /* Figura 6.13: fig06_13.c
2     Passando arrays e elementos individuais do array para funções */
3  #include <stdio.h>
4  #define SIZE 5
5
6  /* protótipos de função */
7  void modifyArray( int b[], int size );
8  void modifyElement( int e );
9
10 /* função main inicia a execução do programa */
11 int main( void )
12 {
13    int a[ SIZE ] = { 0, 1, 2, 3, 4 }; /* inicializa a */
14    int i; /* contador */
15
16    printf( "Efeitos da passagem do array inteiro por referência:\n\nOs "
17       "valores o array original são:\n" );
18
19    /* imprime na tela array original */
20    for ( i = 0; i < SIZE; i++ ) {
21       printf( "%3d", a[ i ] );
22    } /* fim do for */
23
24    printf( "\n" );
25
26    /* passa array a um modifyArray por referência */
27    modifyArray( a, SIZE );
```

Figura 6.13 ■ Passagem de arrays e de elementos individuais do array para funções. (Parte 1 de 2.)

```
   printf( "Os valores do array modificado são:\n" );

   /* array modificado na saída */
   for ( i = 0; i < SIZE; i++ ) {
      printf( "%3d", a[ i ] );
   } /* fim do for */

   /* valor de saída de a[ 3 ] */
   printf( "\n\n\nEfeitos de passar elemento do array "
      "por valor:\n\nO valor de a[3] é %d\n", a[ 3 ] );

   modifyElement( a[ 3 ] ); /* passa elemento do array a[ 3 ] por valor */

   /* mostra valor de a[ 3 ] */
   printf( "O valor de a[ 3 ] é %d\n", a[ 3 ] );
   return 0; /* indica conclusão bem-sucedida */
} /* fim do main */

/* na função modifyArray, "b" aponta para o array original "a"
   na memória */
void modifyArray( int b[], int size )
{
   int j; /* contador */

   /* multiplica cada elemento do array por 2 */
   for ( j = 0; j < size; j++ ) {
      b[ j ] *= 2;
   } /* fim do for */
} /* fim da função modifyArray */

/* na função modifyElement, "e" é uma cópia local do elemento
   do array a[ 3 ] passado de main */
void modifyElement( int e )
{
   /* multiplica parâmetro por 2 */
   printf( "Valor em modifyElement é %d\n", e *= 2 );
} /* fim da função modifyElement */
```

```
Efeitos da passagem do array inteiro por referência:

Os valores do array original são:
  0  1  2  3  4
Os valores do array modificado são:
  0  2  4  6  8

Efeitos da passagem do elemento do array por valor:
O valor de a[3] é 6
Valor em modifyElement é 12
O valor de a[ 3 ] é 6
```

Figura 6.13 ■ Passagem de arrays e de elementos individuais do array para funções. (Parte 2 de 2.)

modificar um elemento do array no corpo da função resulta em um erro no tempo de compilação. Isso permite que você corrija um programa para que ele não tente modificar os elementos do array.

A Figura 6.14 demonstra o qualificador `const`. A função `tryToModifyArray` (linha 20) é definida com o parâmetro `const int b[ ]`, que especifica que o array `b` é constante e não pode ser modificado. A saída mostra as mensagens de erro produzidas pelo compilador — os erros podem ser diferentes no seu sistema. Cada uma das três tentativas da função de modificar os elementos do array resulta no erro do compilador "`l-value specifies a const object`". O qualificador `const` será discutido novamente no Capítulo 7.

```c
/* Figura 6.14: fig06_14.c
   Demonstrando o qualificador de tipo const com arrays */
#include <stdio.h>

void tryToModifyArray( const int b[] ); /* protótipo de função */

/* função main inicia a execução do programa */
int main( void )
{
   int a[] = { 10, 20, 30 }; /* inicializa a */

   tryToModifyArray( a );

   printf("%d %d %d\n", a[ 0 ], a[ 1 ], a[ 2 ] );
   return 0; /* indica conclusão bem-sucedida */
} /* fim do main */

/* na função tryToModifyArray, array b é const, de modo que não pode ser
   usado para modificar o array original a em main. */
void tryToModifyArray( const int b[] )
{
   b[ 0 ] /= 2; /* erro */
   b[ 1 ] /= 2; /* erro */
   b[ 2 ] /= 2; /* erro */
} /* fim da função tryToModifyArray */
```

```
Compiling...
FIG06_14.C
fig06_14.c(22) : error C2166: l-value specifies const object
fig06_14.c(23) : error C2166: l-value specifies const object
fig06_14.c(24) : error C2166: l-value specifies const object
```

Figura 6.14 ■ Qualificador de tipo const.

Observação sobre engenharia de software 6.3

O qualificador de tipo `const` *pode ser aplicado a um parâmetro de array em uma definição de função para impedir que o array original seja modificado no corpo da função. Este é outro exemplo do princípio do menor privilégio. As funções não devem ter a capacidade de modificar um array, a menos que seja absolutamente necessário.*

6.6 Ordenando arrays

A ordenação de dados (ou seja, a classificação dos dados em uma ordem em particular, crescente ou decrescente) é uma das aplicações mais importantes da computação. Um banco ordena (ou classifica) todos os cheques por número de conta, para que possa preparar relatórios bancários individuais ao fim de cada mês. Empresas de telefonia ordenam suas listas de contas por sobrenome e, dentro da lista de sobrenomes, há uma sublista ordenada por nomes, para facilitar a localização de números de telefone. Praticamente toda organização precisa ordenar alguns dados e, em muitos casos, quantidades enormes de dados. A ordenação de dados é um problema fascinante, que tem atraído os esforços de pesquisa mais intensos no campo da ciência da computação. Neste capítulo, discutimos aquele que talvez seja o esquema de ordenação mais simples que se conheça. No Capítulo 12 e no Apêndice F, investigaremos esquemas mais complexos, que geram um desempenho superior.

Dica de desempenho 6.4

Normalmente, os algoritmos mais simples oferecem o pior desempenho. Sua virtude é que eles são fáceis de escrever, testar e depurar. Algoritmos mais complexos normalmente são necessários para que se obtenha o máximo de desempenho.

A Figura 6.15 ordena os valores nos elementos do array de dez elementos a (linha 10) em ordem crescente. A técnica que usamos é chamada de **bubble sort** ou **sinking sort**, pois os valores menores gradualmente sobem como 'bolhas' até o topo do array como bolhas de ar que sobem para a superfície da água, enquanto os valores maiores vão para o fundo do array. A técnica é fazer várias passadas pelo array. A cada passada, pares sucessivos de elementos são comparados. Se um par está em ordem crescente (ou se os valores forem idênticos), deixamos os valores como estão. Se um par está em ordem decrescente, seus valores são trocados no array.

```
1  /* Figura 6.15: fig06_15.c
2     Esse programa ordena os valores de um array em ordem crescente */
3  #include <stdio.h>
4  #define SIZE 10
5
6  /* função main inicia a execução do programa */
7  int main( void )
8  {
9     /* inicializa a */
10    int a[ SIZE ] = { 2, 6, 4, 8, 10, 12, 89, 68, 45, 37 };
11    int pass; /* contador de passada */
12    int i; /* contador de comparação */
13    int hold; /* local temporário usado para trocar elementos do array */
14
15    printf( "Itens de dados na ordem original\n" );
16
17    /* imprime array original */
18    for ( i = 0; i < SIZE; i++ ) {
19       printf( "%4d", a[ i ] );
20    } /* fim do for */
21
22    /* bubble sort */
23    /* loop para controlar número de passadas */
24    for ( pass = 1; pass < SIZE; pass++ ) {
25
26       /* loop para controlar número de comparações por passada */
27       for ( i = 0; i < SIZE - 1; i++ ) {
28
29          /* compara elementos adjacentes e os troca se o primeiro
30          elemento for maior que o segundo elemento */
31          if ( a[ i ] > a[ i + 1 ] ) {
32             hold = a[ i ];
33             a[ i ] = a[ i + 1 ];
34             a[ i + 1 ] = hold;
35          } /* fim do if */
36       } /* fim do for interno */
37    } /* fim do for externo */
38
39    printf( "\nItens de dados em ordem crescente\n" );
40
41    /* imprime array ordenado */
42    for ( i = 0; i < SIZE; i++ ) {
43       printf( "%4d", a[ i ] );
44    } /* fim do for */
45
46    printf( "\n" );
47    return 0; /* indica conclusão bem-sucedida */
48 } /* fim do main */
```

```
Itens de dados na ordem original
   2   6   4   8  10  12  89  68  45  37
Itens de dados em ordem crescente
   2   4   6   8  10  12  37  45  68  89
```

Figura 6.15 ■ Ordenando um array com o bubble sort.

Em primeiro lugar, o programa compara `a[0]` com `a[1]`, depois `a[1]` com `a[2]`, depois `a[2]` com `a[3]`, e assim por diante, até completar a passada comparando `a[8]` com `a[9]`. Embora existam 10 elementos, somente nove comparações são realizadas. Devido ao modo como as comparações sucessivas são feitas, um valor grande pode descer muitas posições no array em uma única passada, mas um valor pequeno pode subir apenas uma posição. Na primeira passada, o maior valor certamente afundará para o elemento do fundo do array, `a[9]`. Na segunda passada, o segundo maior valor certamente afundará para `a[8]`. Na nona passada, o nono maior valor afundará para `a[1]`. Isso coloca o menor valor em `a[0]`, de modo que apenas nove passadas do array serão necessárias para classificar o array, embora existam dez elementos.

A ordenação é realizada pelo loop `for` aninhado (linhas 24-37). Se uma troca for necessária, ela será realizada pelas três atribuições

```
hold = a[ i ];
a[ i ] = a[ i + 1 ];
a[ i + 1 ] = hold;
```

em que a variável extra `hold` armazena temporariamente um dos dois valores que estão sendo trocados. A troca não pode ser realizada somente com as duas atribuições

```
a[ i ] = a[ i + 1 ];
a[ i + 1 ] = a[ i ];
```

Se, por exemplo, `a[i]` é `7` e `a[i + 1]` é `5`, após a primeira atribuição, os dois valores serão `5` e o valor `7` será perdido. Daí a necessidade da variável extra `hold`.

A principal virtude do bubble sort é que ele é fácil de programar. Porém, o bubble sort é muito lento, pois cada troca move o elemento apenas uma posição mais próxima de seu destino final. Isso se torna aparente quando se ordena arrays grandes. Na seção de exercícios, iremos desenvolver versões mais eficientes do bubble sort. Ordenações muito mais eficientes do que o bubble sort vêm sendo desenvolvidas. Investigaremos algumas delas na seção de exercícios. Cursos mais avançados investigam a ordenação e a pesquisa em maior profundidade.

6.7 Estudo de caso: calculando média, mediana e moda usando arrays

Consideraremos agora um exemplo maior. Os computadores normalmente são usados para **análise de dados de pesquisa**, para compilar e analisar os resultados de pesquisas comuns e pesquisas de opinião. A Figura 6.16 usa o array `response` inicializado com 99 respostas de uma pesquisa. Cada resposta corresponde a um número de 1 a 9. O programa calcula a média, a mediana e a moda dos 99 valores.

A média é a média aritmética dos 99 valores. A função `mean` (linha 40) calcula a média totalizando os 99 elementos e dividindo o resultado por 99.

A mediana é o 'valor intermediário'. A função `median` (linha 61) determina a mediana chamando a função `bubbleSort` (definida na linha 133) para classificar o array de respostas em ordem crescente, depois escolhendo o elemento do meio, `answer[SIZE / 2]`, do array classificado. Quando existe um número par de elementos, a mediana deve ser calculada como a média dos dois elementos do meio. A função `median` atualmente não oferece essa capacidade. A função `printArray` (linha 156) é chamada para exibir o array `response`.

A moda é o valor que ocorre com mais frequência entre as 99 respostas. A função `mode` (linha 82) determina a moda contando o número de respostas de cada tipo, depois selecionando o valor que aparece mais vezes. Essa versão da função `mode` não suporta um empate (ver Exercício 6.14). A função `mode` também produz um histograma que ajuda a determinar a moda graficamente. A Figura 6.17 contém um exemplo da execução desse programa. Esse exemplo inclui a maioria das manipulações comuns normalmente exigidas nos problemas de array, incluindo a passagem de arrays para funções.

```c
/* Figura 6.16: fig06_16.c
   Esse programa introduz o tópico da análise de dados de pesquisa.
   Ele calcula a média, a mediana e a moda dos dados */
#include <stdio.h>
#define SIZE 99

/* protótipo de funções */
void mean( const int answer[] );
void median( int answer[] );
void mode( int freq[], const int answer[] ) ;
void bubbleSort( int a[] );
void printArray( const int a[] );

/* função main inicia a execução do programa */
int main( void )
{
   int frequency[ 10 ] = { 0 }; /* inicializa frequência do array */

   /* inicializa resposta do array */
   int response[ SIZE ] =
      { 6, 7, 8, 9, 8, 7, 8, 9, 8, 9,
        7, 8, 9, 5, 9, 8, 7, 8, 7, 8,
        6, 7, 8, 9, 3, 9, 8, 7, 8, 7,
        7, 8, 9, 8, 9, 8, 9, 7, 8, 9,
        6, 7, 8, 7, 8, 7, 9, 8, 9, 2,
        7, 8, 9, 8, 9, 8, 9, 7, 5, 3,
        5, 6, 7, 2, 5, 3, 9, 4, 6, 4,
        7, 8, 9, 6, 8, 7, 8, 9, 7, 8,
        7, 4, 4, 2, 5, 3, 8, 7, 5, 6,
        4, 5, 6, 1, 6, 5, 7, 8, 7 };

   /* processa respostas */
   mean( response );
   median( response );
   mode( frequency, response );
   return 0; /* indica conclusão bem-sucedida */
} /* fim do main */

/* calcula média de todos os valores de resposta */
void mean( const int answer[] )
{
   int j; /* contador para totalizar os elementos do array */
   int total = 0; /* variável para manter a soma dos elementos do array */

   printf( "%s\n%s\n%s\n", "*********", "  Média", "*********" );

   /* valores totais de respostas */
   for ( j = 0; j < SIZE; j-+ ) {
      total += answer[ j ];
   } /* fim do for */

   printf( "A média é o valor médio dos itens de dados.\n"
           "A média é igual ao total de todos\n"
           "os itens de dados divididos pelo número\n"
           "de itens de dados ( %d ). O valor médio para esta\n"
           "execução é: %d / %d = %.4f\n\n",
           SIZE, total, SIZE, ( double ) total / SIZE );
} /* fim da função mean */

/* ordena array e determina valor do elemento mediano */
void median( int answer[] )
{
   printf( "\n%s\n%s\n%s\n%s",
           "*********", " Mediana", "*********",
           "O array de respostas, não ordenado, é" );

```

Figura 6.16 ■ Programa de análise de dados para pesquisa. (Parte 1 de 3.)

```
   printArray( answer ); /* exibe array não ordenado */

   bubbleSort( answer ); /* ordena array */

   printf( "\n\nO array ordenado é" );
   printArray( answer ); /* exibe array ordenado */

   /* exibe elemento mediano */
   printf( "\n\nA mediana é o elemento %d do\n"
           "array ordenado de %d elementos.\n"
           "Para essa execução, a mediana é %d\n\n",
           SIZE / 2, SIZE, answer[ SIZE / 2 ] );
} /* fim da função median */

/* determina a resposta mais frequente */
void mode( int freq[], const int answer[] )
{
   int rating; /* contador para acessar os elementos 1-9 do array freq */
   int j; /* contador para resumir os elementos 0-98 do array answer */
   int h; /* contador para exibir histogramas dos elementos no array freq */
   int largest = 0; /* representa maior frequência */
   int modeValue = 0; /* representa resposta mais frequente */

   printf( "\n%s\n%s\n%s\n",
           "********", "  Moda", "********" );

   /* inicializa frequências em 0 */
   for ( rating = 1; rating <= 9; rating++ ) {
      freq[ rating ] = 0;
   } /* fim do for */

   /* frequências de resumo */
   for ( j = 0; j < SIZE; j++ ) {
      ++freq[ answer[ j ] ];
   } /* fim do for */

   /* cabeçalhos de impressão para colunas do resultado */
   printf( "%s%11s%19s\n\n%54s\n%54s\n\n",
           "Resposta", "Frequência", "Histograma",
           "1    1    2    2", "5    0    5    0    5" );

   /* exibe resultados */
   for ( rating = 1; rating <= 9; rating++ ) {
      printf( "%8d%11d ", rating, freq[ rating ] );

      /* acompanha valor da moda e valor da maior frequência */
      if ( freq[ rating ] > largest ) {
         largest = freq[ rating ];
         modeValue = rating;
      } /* fim do if */

      /* barra de histograma de saída de impressão que representa valor de frequência */
      for ( h = 1; h <= freq[ rating ]; h++ ) {
         printf( "*" );
      } /* fim do for interno */

      printf( "\n" ); /* sendo nova linha de saída */
   } /* fim do for externo */

   /* exibe o valor da moda */
   printf( "A moda é o valor mais frequente.\n"
           "Para essa execução, a moda é %d, que ocorreu"
           " %d vezes.\n", modeValue, largest );
} /* fim da função mode */

/* função que ordena um array com o algoritmo bubble sort */
```

Figura 6.16 ■ Programa de análise de dados para pesquisa. (Parte 2 de 3.)

```c
void bubbleSort( int a[] )
{
   int pass; /* contador de passada */
   int j; /* contador de comparação */
   int hold; /* local temporário usado para troca de elementos */

   /* loop para controlar número de passadas */
   for ( pass = 1; pass < SIZE; pass++ ) {

      /* loop para controlar número de comparações por passada */
      for ( j = 0; j < SIZE - 1; j++ ) {

         /* troca elementos se estiverem fora de ordem */
         if ( a[ j ] > a[ j + 1 ] ) {
            hold = a[ j ];
            a[ j ] = a[ j + 1 ];
            a[ j + 1 ] = hold;
         } /* fim do if */
      } /* fim do for interno */
   } /* fim do for externo */
} /* fim da função bubbleSort */

/* imprime conteúdo do array de resultados (20 valores por linha) */
void printArray( const int a[] )
{
   int j; /* contador */

   /* imprime conteúdo do array */
   for ( j = 0; j < SIZE; j++ ) {

      if ( j % 20 == 0 ) { /* inicia nova linha a cada 20 valores */
         printf( "\n" );
      } /* fim do if */

      printf( "%2d", a[ j ] );
   } /* fim do for */
} /* fim da função printArray */
```

Figura 6.16 ■ Programa de análise de dados para pesquisa. (Parte 3 de 3.)

```
********
Média
********
A média é o valor médio dos itens de dados.
A média é igual ao total de todos
os itens de dados dividido pelo número
de itens de dados ( 99 ). O valor médio para essa
execução é: 681 / 99 = 6.8788

********
Mediana
********

O array não ordenado de respostas é
6 7 8 9 8 7 8 9 8 9 7 8 9 5 9 8 7 8 7 8
6 7 8 9 3 9 8 7 8 7 7 8 9 8 9 8 9 7 8 9
6 7 8 7 8 7 9 8 9 2 7 8 9 8 9 8 9 7 5 3
5 6 7 2 5 3 9 4 6 4 7 8 9 6 8 7 8 9 7 8
7 4 4 2 5 3 8 7 5 6 4 5 6 1 6 5 7 8 7
```

Figura 6.17 ■ Exemplo de execução para o programa de análise de dados para pesquisa. (Parte 1 de 2.)

```
O array ordenado é
1 2 2 2 3 3 3 3 4 4 4 4 4 5 5 5 5 5 5 5
5 6 6 6 6 6 6 6 6 6 7 7 7 7 7 7 7 7 7 7
7 7 7 7 7 7 7 7 7 7 7 7 7 8 8 8 8 8 8 8
8 8 8 8 8 8 8 8 8 8 8 8 8 8 8 8 8 8 8 8
9 9 9 9 9 9 9 9 9 9 9 9 9 9 9 9 9 9 9

A mediana é o elemento 49 do
array ordenado de 99 elementos.
Para essa execução, a mediana é 7

********
Moda
********
Resposta   Frequência     Histograma
                                   1    1    2    2
                               5   0    5    0    5
       1            1     *
       2            3     ***
       3            4     ****
       4            5     *****
       5            8     ********
       6            9     *********
       7           23     ***********************
       8           27     ***************************
       9           19     *******************
A moda é o valor mais frequente.
Para essa execução, a moda é 8, o que ocorreu 27 vezes.
```

Figura 6.17 ■ Exemplo de execução para o programa de análise de dados para pesquisa. (Parte 2 de 2.)

6.8 Pesquisando arrays

Você trabalhará constantemente com grandes quantidades de dados armazenados em arrays. Talvez seja necessário determinar se um array contém um valor que combina com certo **valor de chave**. O processo de encontrar determinado elemento de um array é chamado **pesquisa**. Nesta seção, discutiremos duas técnicas de pesquisa — a **pesquisa linear** simples e, a mais eficiente (porém mais complexa), **pesquisa binária**. O Exercício 6.32 e o Exercício 6.33 ao final deste capítulo pedem a você que implemente versões recursivas da pesquisa linear e da pesquisa binária.

A pesquisa linear de um array

A pesquisa linear (Figura 6.18) compara cada elemento do array com a **chave de pesquisa**. Como o array não está em uma ordem em particular, o valor pode ser encontrado tanto no primeiro elemento quanto no último. Na média, portanto, o programa terá de comparar a chave de pesquisa com metade dos elementos do array.

```
/* Figura 6.18: fig06_18.c
   Pesquisa linear de um array */
#include <stdio.h>
#define SIZE 100

/* protótipo de função */
int linearSearch( const int array[], int key, int size );

/* função main inicia a execução do programa */
int main( void )
{
   int a[ SIZE ]; /* cria array a */
   int x; /* contador para inicializar elementos 0-99 do array a */
   int searchKey; /* valor para localizar no array a */
```

Figura 6.18 ■ Pesquisa linear de um array. (Parte 1 de 2.)

```
   int element; /* variável para manter local de searchKey or -1 */

   /* criar dados */
   for ( x = 0; x < SIZE; x++ ) {
      a[ x ] = 2 * x;
   } /* fim do for */

   printf( "Digite chave de pesquisa de inteiro:\n" );
   scanf( "%d", &searchKey );

   /* tenta localizar searchKey no array a */
   element = linearSearch( a, searchKey, SIZE );

   /* exibe resultados */
   if ( element != -1 ) {
      printf( "Valor encontrado no elemento %d\n", element );
   } /* fim do if */
   else {
      printf( "Valor não encontrado\n" );
   } /* fim do else */

   return 0; /* indica conclusão bem-sucedida */
} /* fim do main */

/* Compara chave com cada elemento do array até o local ser encontrado
   ou até o final do array ser alcançado; retorna subscrito do elemento
   se chave foi encontrada ou -1 se chave não encontrada */
int linearSearch( const int array[], int key, int size )
{
   int n; /* contador */

   /* loop pelo array */
   for ( n = 0; n < size; ++n ) {

      if ( array[ n ] == key ) {
         return n; /* retorna local da chave */
      } /* fim do if */
   } /* fim do for */

   return -1; /* chave não encontrada */
} /* fim da função linearSearch */
```

```
Digite chave de pesquisa de inteiro:
36
Valor encontrado no elemento 18
```

```
Digite chave de pesquisa de inteiro:
37
Valor não encontrado
```

Figura 6.18 ■ Pesquisa linear de um array. (Parte 2 de 2.)

A pesquisa binária de um array

O método de pesquisa linear funciona bem para arrays pequenos ou não ordenados. Entretanto, para arrays grandes, a pesquisa linear é ineficaz. Se o array estiver ordenado, a técnica de pesquisa binária de alta velocidade poderá ser utilizada.

O algoritmo de pesquisa binária desconsidera metade dos elementos em um array ordenado após cada comparação. O algoritmo localiza o elemento do meio do array e o compara com a chave de pesquisa. Se eles são iguais, a chave de pesquisa é encontrada, e o subscrito do array desse elemento é retornado. Se eles não são iguais, o problema fica reduzido à pesquisa da metade do array. Se a chave de pesquisa for menor que o elemento do meio do array, a primeira metade do array é pesquisada; caso contrário, a segunda metade do array é pesquisada. Se a chave de pesquisa não é encontrada no subarray especificado (parte do array original), o algoritmo é repetido em um quarto do array original. A pesquisa continua até que a chave de pesquisa seja igual ao elemento do meio do subarray, ou até que o subarray consista em um elemento que não seja igual à chave de pesquisa (ou seja, a chave de pesquisa não foi localizada).

No cenário da pior das hipóteses, a pesquisa de um array de 1023 elementos exige apenas 10 comparações usando uma pesquisa binária. Dividir 1024 repetidamente por 2 gera os valores 512, 256, 128, 64, 32, 16, 8, 4, 2 e 1. O número 1024 (2^{10}) é dividido por 2 apenas 10 vezes para chegar ao valor 1. Dividir por 2 é equivalente a uma comparação no algoritmo de pesquisa binária. Um array de 1048576 (2^{20}) elementos exige um máximo de 20 comparações para que a chave de pesquisa seja encontrada. Um array de um bilhão de elementos exige no máximo 30 comparações para que a chave de pesquisa seja encontrada. É um progresso tremendo em termos de desempenho em relação à pesquisa linear, que exige a comparação de uma chave de pesquisa a uma média de metade dos elementos do array. Para um array de um bilhão de elementos, esta é uma diferença entre uma média de 500 milhões de comparações e um máximo de 30 comparações! As comparações máximas para qualquer array podem ser determinadas ao se encontrar a primeira potência de 2 maior que o número de elementos do array.

A Figura 6.19 apresenta a versão iterativa da função `binarySearch` (linhas 44-74). A função recebe quatro argumentos — um array inteiro `b` a ser pesquisado, um inteiro `searchKey`, o subscrito de array `low` e o subscrito de array `high` (eles definem a parte do array a ser pesquisada). Se a chave de pesquisa não combina com o elemento do meio de um subarray, o subscrito `low` ou o subscrito `high` é modificado, de modo que um subarray menor possa ser pesquisado. Se a chave de pesquisa for menor que o elemento do meio, o subscrito `high` é definido como `middle - 1`, e a pesquisa continua nos elementos de `low` até `middle - 1`. Se a chave de pesquisa for maior que o elemento do meio, o subscrito `low` é definido como `middle + 1`, e a pesquisa continua nos elementos de `middle + 1` até `high`. O programa usa um array de 15 elementos. A primeira potência de 2 maior que o número de elementos nesse array é 16 (2^4), de modo que são necessárias, no máximo, 4 comparações para que a chave de pesquisa seja encontrada. O programa usa a função `printHeader` (linhas 77-96) para mostrar os subscritos do array, e a função `printRow` (linhas 100-120) para mostrar cada subarray durante o processo de pesquisa binária. O elemento do meio em cada subarray é marcado com um asterisco (*) para indicar o elemento ao qual a chave de pesquisa será comparada.

```
1  /* Figura 6.19: fig06_19.c
2     Pesquisa binária de um array ordenado */
3  #include <stdio.h>
4  #define SIZE 15
5
6  /* protótipo de funções */
7  int binarySearch( const int b[], int searchKey, int low, int high );
8  void printHeader( void );
9  void printRow( const int b[], int low, int mid, int high );
10
11 /* função main inicia a execução do programa */
12 int main( void )
13    {
14    int a[ SIZE ]; /* cria array a */
15    int i; /* contador para inicializar elementos 0-14 do array a */
16    int key; /* valor a localizar no array a */
17    int result; /* variável para manter local da chave ou -1 */
18
19    /* cria dados */
20    for ( i = 0; i < SIZE; i++ ) {
21       a[ i ] = 2 * i;
22    } /* fim do for */
23
24    printf( "Digite um número entre 0 e 28: " );
25    scanf( "%d", &key );
26
27    printHeader();
28
29    /* procura chave no array a */
30    result = binarySearch( a, key, 0, SIZE - 1 );
31
32    /* mostra resultados */
33    if ( result != -1 ) {
```

Figura 6.19 ■ Pesquisa binária de um array ordenado. (Parte 1 de 3.)

```
      printf( "\n%d encontrados no elemento de array %d\n", key, result );
   } /* fim do if */
   else {
      printf( "\n%d não encontrados\n", key );
   } /* end else */

   return 0; /* indica conclusão bem-sucedida */
} /* fim do main */

/* função para realizar pesquisa binária de um array */
int binarySearch( const int b[], int searchKey, int low, int high )
{
   int middle; /* variável para manter elemento do meio do array */

   /* loop até subscrito baixo ser maior que o subscrito alto */
   while ( low <= high ) {

      /* determina elemento do meio do subarray sendo pesquisado */
      middle = ( low + high ) / 2;

      /* exibe subarray usado nessa iteração de loop */
      printRow( b, low, middle, high );

      /* se searchKey combinou com elemento do meio, retorna middle */
      if ( searchKey == b[ middle ] ) {
         return middle;
      } /* fim do if */

      /* se searchKey menor que o elemento do meio, define novo high */
      else if ( searchKey < b[ middle ] ) {
         high = middle - 1; /* procura extremidade baixa do array */
      } /* fim do else if */

      /* se searchKey maior que o elemento do meio, define novo low */
      else {
         low = middle + 1; /* procura extremidade alta do array */
      } /* fim do else */
   } /* fim do while */

   return -1; /* searchKey não encontrada */
} /* fim da função binarySearch */

/* Imprime cabeçalho para a saída */
void printHeader( void )
{
   int i; /* contador */

   printf( "\nSubscritos:\n" );

   /* cabeçalho da coluna de saída */
   for ( i = 0; i < SIZE; i++ ) {
      printf( "%3d ", i );
   } /* fim do for */

   printf( "\n" ); /* inicia nova linha de saída */

   /* linha de saída de caracteres */
   for ( i = 1; i <= 4 * SIZE; i++ ) {
      printf( "-" );
   } /* fim do for */

   printf( "\n" ); /* inicia nova linha de saída */
} /* fim da função printHeader */

/* Imprime uma linha de saída mostrando a parte atual
```

Figura 6.19 ■ Pesquisa binária de um array ordenado. (Parte 2 de 3.)

```
   do array sendo processado. */
void printRow( const int b[], int low, int mid, int high )
{
   int i; /* contador para percorrer o array b */

   /* loop pelo array inteiro */
   for ( i = 0; i < SIZE; i++ ) {

      /* mostra espaços se for a da faixa atual do subarray */
      if ( i < low || i > high ) {
         printf( "    " );
      } /* fim do if */
      else if ( i == mid ) { /* mostra elemento do meio */
         printf( "%3d*", b[ i ] ); /* marca valor do meio */
      } /* fim do else if */
      else { /* mostra outros elementos no subarray */
         printf( "%3d ", b[ i ] );
      } /* fim do else */
   } /* fim do for */

   printf( "\n" ); /* inicia nova linha de saída */
} /* fim da função printRow */
```

```
Digite um número entre 0 e 28: 25
Subscritos:
  0   1   2   3   4   5   6   7   8   9  10  11  12  13  14
------------------------------------------------------------
  0   2   4   6   8  10  12  14* 16  18  20  22  24  26  28
                                 16  18  20  22* 24  26  28
                                                 24  26* 28
                                                 24*
25 não encontrado
```

```
Digite um número entre 0 e 28: 8
Subscritos:
  0   1   2   3   4   5   6   7   8   9    10    11    12    13    14
----------------------------------------------------------------
  0   2   4   6   8  10  12  14* 16  18    20    22    24    26    28
  0   2   4   6*  8  10  12
                  8  10* 12
                  8*
8 encontrado no elemento de array 4
```

```
Digite um número entre 0 e 28: 6
Subscritos:
  0   1   2   3   4   5   6   7   8   9    10    11    12    13    14
----------------------------------------------------------------
  0   2   4   6   8  10  12  14* 16  18    20    22    24    26    28
  0   2   4   6*  8  10  12
6 encontrado no elemento de array 3
```

Figura 6.19 ■ Pesquisa binária de um array ordenado. (Parte 3 de 3.)

6.9 Arrays multidimensionais

Os arrays em C podem ter vários subscritos. Os **arrays de subscritos múltiplos** (também chamados **arrays multidimensionais**) podem ser usados na representação de **tabelas** de valores que consistem em informações organizadas em linhas e colunas. Para identificar determinado elemento de tabela, devemos especificar dois subscritos: o primeiro (por convenção) identifica a linha do elemento, e o segundo (por convenção) identifica a coluna do elemento. Tabelas ou arrays que exigem dois subscritos para identificar determinado elemento são chamados **arrays de subscrito duplo**. Arrays de subscritos múltiplos podem ter mais de dois subscritos.

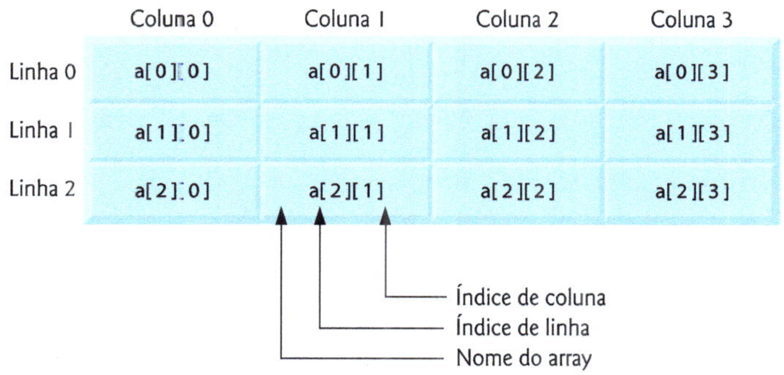

Figura 6.20 ■ Array de subscrito duplo com três linhas e quatro colunas.

A Figura 6.20 ilustra um array de subscrito duplo, `a`. O array contém três linhas e quatro colunas, de modo que é considerado um array de 3 por 4. Em geral, um array com *m* linhas e *n* colunas é chamado **array *m*-por-*n***.

Cada elemento no array `a` é identificado na Figura 6.20 por um nome de elemento na forma `a[i][j]`; `a` é o nome do array, e `i` e `j` são os subscritos que identificam de forma única cada elemento em `a`. Todos os nomes dos elementos na primeira linha têm um primeiro subscrito `0`; todos os nomes dos elementos na quarta coluna têm um segundo subscrito `3`.

Erro comum de programação 6.9

Referenciar um elemento de array de subscrito duplo como `a[ x, y ]` *em vez de* `a[ x ][ y ]`. *C interpreta* `a[ x, y ]` *como* `a[ y ]`*, e, dessa forma, isso não causa um erro de compilação.*

Um array de subscritos múltiplos pode ser inicializado quando definido, assim como um array de único subscrito. Por exemplo, um array de subscrito duplo `int b[2][2]` poderia ser definido e inicializado com

```
int b[ 2 ][ 2 ] = { { 1, 2 }, { 3, 4 } };
```

Os valores são agrupados por linha em chaves. Os valores no primeiro conjunto de chaves inicializam a linha 0, e os valores no segundo conjunto de chaves inicializam a linha 1. Assim, os valores `1` e `2` inicializam os elementos `b[0][0]` e `b[0][1]`, respectivamente, e os valores `3` e `4` inicializam os elementos `b[1][0]` e `b[1][1]`, respectivamente. *Se não houver inicializadores suficientes para determinada linha, os elementos restantes dessa linha serão inicializados em* 0. Assim,

```
int b[ 2 ][ 2 ] = { { 1 }, { 3, 4 } };
```

inicializaria `b[0][0]` em `1`, `b[0][1]` em `0`, `b[1][0]` em `3` e `b[1][1]` em `4`. A Figura 6.21 demonstra a definição e a inicialização de arrays de subscrito duplo.

O programa define três arrays de duas linhas e três colunas (seis elementos cada). A definição de `array1` (linha 11) oferece seis inicializadores em duas sublistas. A primeira sublista inicializa a primeira linha (ou seja, a linha 0) do array com os valores 1, 2 e 3; e a segunda sublista inicializa a segunda linha (ou seja, a linha 1) do array com os valores 4, 5 e 6.

Se as chaves ao redor de cada sublista forem removidas da lista de inicializadores de `array1`, o compilador inicializará os elementos da primeira linha seguidos pelos elementos da segunda linha. A definição de `array2` (linha 12) oferece cinco inicializadores. Os inicializadores são atribuídos à primeira linha, e depois à segunda linha. Quaisquer elementos que não possuam um inicializador explícito são automaticamente inicializados em zero, de modo que `array2[1][2]` é inicializado em `0`.

A definição de `array3` (linha 13) oferece três inicializadores em duas sublistas. A sublista para a primeira linha inicializa explicitamente os dois primeiros elementos da primeira linha em 1 e 2. O terceiro elemento é inicializado em zero. A sublista para a segunda linha inicializa explicitamente o primeiro elemento em 4. Os dois últimos elementos são inicializados em zero.

O programa chama `printArray` (linhas 27-43) para mostrar os elementos de cada array. A definição de função especifica o parâmetro de array como `const int a[ ][3]`. Quando recebemos um array de subscrito único como parâmetro, os colchetes do array estão vazios na lista de parâmetros da função. O primeiro subscrito de um array de subscritos múltiplos também não é exigido, mas todos os subscritos seguintes, sim. O compilador usa esses subscritos para determinar os locais na memória dos elementos nos arrays de subscritos múltiplos. Todos os elementos do array são armazenados consecutivamente na memória, independentemente

```c
/* Figura 6.21: fig06_21.c
   Inicializando arrays multidimensionais */
#include <stdio.h>

void printArray( const int a[][ 3 ] ); /* protótipo de função */

/* função main inicia a execução do programa */
int main( void )
{
   /* inicializa array1, array2, array3 */
   int array1[ 2 ][ 3 ] = { { 1, 2, 3 }, { 4, 5, 6 } };
   int array2[ 2 ][ 3 ] = { 1, 2, 3, 4, 5 };
   int array3[ 2 ][ 3 ] = { { 1, 2 }, { 4 } };

   printf( "Valores em array1 por linha são:\n" );
   printArray( array1 );

   printf( "Valores em array2 por linha são:\n" );
   printArray( array2 );

   printf( "Valores em array3 por linha são:\n" );
   printArray( array3 );
   return 0; /* indica conclusão bem-sucedida */
} /* fim do main */

/* função para mostrar array com duas linhas e três colunas */
void printArray( const int a[][ 3 ] )
{
   int i; /* contador de linha */
   int j; /* contador de coluna */

   /* loop pelas linhas */
   for ( i = 0; i <= 1; i++ ) {

      /* imprime valores nas colunas */
      for ( j = 0; j <= 2; j++ ) {
         printf( "%d ", a[ i ][ j ] );
         } /* fim do for interno */

      printf( "\n" ); /* inicia nova linha de resultados */
   } /* fim do for externo */
} /* fim da função printArray */
```

```
Os valores em array1 por linha são:
1 2 3
4 5 6
Os valores em array2 por linha são:
1 2 3
4 5 0
Os valores em array3 por linha são:
1 2 0
4 0 0
```

Figura 6.21 ■ Inicializando arrays multidimensionais.

do número de subscritos. Em um array de subscrito duplo, a primeira linha é armazenada na memória seguida pela segunda linha.

Oferecer os valores de subscrito em uma declaração de parâmetros permite que o compilador informe à função como localizar um elemento no array. Em um array de subscrito duplo, cada linha é, basicamente, um array de subscrito único. Para localizar um elemento em determinada linha, o compilador deve saber quantos elementos há em cada linha, para que possa pular o número apropriado de locais da memória ao acessar o array. Assim, ao acessar `a[1][2]` em nosso exemplo, o compilador sabe que deve 'pular' os três elementos da primeira linha para chegar à segunda linha (linha 1). Depois, o compilador acessa o terceiro elemento dessa linha (elemento 2).

Muitas manipulações comuns de array usam as estruturas de repetição `for`. Por exemplo, a estrutura a seguir define todos os elementos na terceira linha do array `a` da Figura 6.20 como zero:

```
for ( coluna = 0; coluna <= 3; coluna++ ) {
   a[ 2 ][ coluna ] = 0;
}
```

Especificamos a *terceira* linha, e, portanto, sabemos que o primeiro subscrito é sempre `2` (novamente, `0` é a primeira linha e `1` é a segunda). O `loop` varia apenas o segundo subscrito (ou seja, a coluna). A estrutura `for` anterior é equivalente aos comandos de atribuição:

```
a[ 2 ][ 0 ] = 0;
a[ 2 ][ 1 ] = 0;
a[ 2 ][ 2 ] = 0;
a[ 2 ][ 3 ] = 0;
```

A seguinte estrutura `for` aninhada determina o total de todos os elementos no array `a`.

```
total = 0;
for ( linha = 0; linha <= 2; linha++ ) {
   for ( coluna = 0; coluna <= 3; coluna++ ) {
      total += a[ linha ][ coluna ];
   }
}
```

O comando `for` totaliza os elementos do array uma linha de cada vez. A estrutura `for` externa começa na definição de `row` (ou seja, o subscrito da linha) em `0`, de modo que os elementos da primeira linha possam ser totalizados pela estrutura `for` interna. A estrutura `for` externa, então, incrementa `row` em `1`, de modo que os elementos da segunda linha possam ser totalizados. Então, a estrutura `for` externa incrementa `row` em `2`, para que os elementos da terceira linha possam ser totalizados. O resultado é impresso quando a estrutura `for` aninhada termina.

Manipulações do array bidimensional

A Figura 6.22 realiza várias outras manipulações comuns de array sobre o array 3 por 4 `studentGrades` usando estruturas `for`. Cada linha do array representa um aluno, e cada coluna representa uma nota em um dos quatro exames que os alunos realizaram durante o semestre. As manipulações de array são realizadas por quatro funções. A função `minimum` (linhas 43-62) determina a nota mais baixa de qualquer aluno durante o semestre. A função `maximum` (linhas 65-84) determina a nota mais alta de qualquer aluno durante o semestre. A função `average` (linhas 87-98) determina a média do semestre de um aluno em particular. A função `printArray` (linhas 101-120) mostra o array com subscrito duplo em um formato tabular, bem-arrumado.

```
1  /* Figura 6.22: fig06_22.c
2     Exemplo de array com subscrito duplo */
3  #include <stdio.h>
4  #define STUDENTS 3
5  #define EXAMS 4
6
7  /* protótipo de funções */
8  int minimum( const int grades[][ EXAMS ], int pupils, int tests );
9  int maximum( const int grades[][ EXAMS ], int pupils, int tests );
10 double average( const int setOfGrades[], int tests );
11 void printArray( const int grades[][ EXAMS ], int pupils, int tests );
12
13 /* função main inicia a execução do programa */
14 int main( void )
15    {
16    int student; /* contador de alunos */
17
```

Figura 6.22 ■ Exemplo de arrays com subscrito duplo. (Parte 1 de 3.)

```
   /* inicializa notas de aluno para três alunos (linhas) */
   const int studentGrades[ STUDENTS ][ EXAMS ] =
      { { 77, 68, 86, 73 },
        { 96, 87, 89, 78 },
        { 70, 90, 86, 81 } };

   /* mostra array studentGrades */
   printf( "O array é:\n" );
   printArray( studentGrades, STUDENTS, EXAMS );

   /* determina menor e maior valor de nota */
   printf( "\n\nMenor nota: %d\nMaior nota: %d\n",
      minimum( studentGrades, STUDENTS, EXAMS ),
      maximum( studentGrades, STUDENTS, EXAMS ) );

   /* calcula nota média de cada aluno */
   for ( student = 0; student < STUDENTS; student++ ) {
      printf( "A nota média do aluno %d é %.2f\n",
         student, average( studentGrades[ student ], EXAMS ) );
   } /* fim do for */

   return 0; /* indica conclusão bem-sucedida */
} /* fim do main */

/* Encontra a menor nota */
int minimum( const int grades[][ EXAMS ], int pupils, int tests )
{
   int i; /* contador de alunos */
   int j; /* contador de exames */
   int lowGrade = 100; /* inicializa para maior nota possível */

   /* loop pelas linhas de notas */
   for ( i = 0; i < pupils; i++ ) {

      /* loop pelas colunas de notas */
      for ( j = 0; j < tests; j++ ) {

         if ( grades[ i ][ j ] < lowGrade ) {
            lowGrade = grades[ i ][ j ];
         } /* fim do if */
      } /* fim do for interno */
   } /* fim do for externo */

   return lowGrade; /* retorna menor nota */
} /* fim da função minimum */

/* Acha a maior nota */
int maximum( const int grades[][ EXAMS ], int pupils, int tests )
{
   int i; /* contador de alunos */
   int j; /* contador de exames */
   int highGrade = 0; /* inicializa para menor nota possível */

   /* loop pelas linhas de notas */
   for ( i = 0; i < pupils; i++ ) {

      /* loop pelas colunas de notas */
      for ( j = 0; j < tests; j++ ) {
```

Figura 6.22 ■ Exemplo de arrays com subscrito duplo. (Parte 2 de 3.)

```
         if ( grades[ i ][ j ] > highGrade ) {
            highGrade = grades[ i ][ j ];
         } /* fim do if */
      } /* fim do for interno */
   } /* fim do for externo */

   return highGrade; /* retorna nota máxima */
} /* fim da função maximum */

/* Determina a nota média para determinado aluno */
double average( const int setOfGrades[], int tests )
{
   int i; /* contador de exame */
   int total = 0; /* soma das notas de teste */

   /* soma todas as notas para um aluno */
   for ( i = 0; i < tests; i++ ) {
      total += setOfGrades[ i ];
   } /* fim do for */

   return ( double ) total / tests; /* média */
} /* fim da função average */

/* Mostra o array */
void printArray( const int grades[][ EXAMS ], int pupils, int tests )
{
   int i; /* contador de aluno */
   int j; /* contador de exame */

   /* mostra cabeçalhos de coluna */
   printf( "                  [0]  [1]  [2]  [3]" );

   /* mostra notas em formato tabular */
   for ( i = 0; i < pupils; i++ ) {

      /* mostra label para linha */
      printf( "\nstudentGrades[%d] ", i );

      /* mostra notas para um aluno */
      for ( j = 0; j < tests; j++ ) {
         printf( "%-5d", grades[ i ][ j ] );
      } /* fim do for interno */
   } /* fim do for externo */
} /* fim da função printArray */
```

```
O array é:
                 [0]  [1]  [2]  [3]
studentGrades[0] 77   68   86   73
studentGrades[1] 96   87   89   78
studentGrades[2] 70   90   86   81

Menor nota: 68
Maior nota: 96
A nota média do aluno 0 é 76,00
A nota média do aluno 1 é 87,50
A nota média do aluno 2 é 81,75
```

Figura 6.22 ■ Exemplo de arrays com subscrito duplo. (Parte 3 de 3.)

As funções `minimum`, `maximum` e `printArray` recebem três argumentos cada uma — o array `studentGrades` (chamado `grades` em cada função), o número de alunos (linhas do array) e o número de exames (colunas do array). Cada função percorre o array `grades` usando estruturas `for` aninhadas. A estrutura `for` aninhada a seguir vem da definição da função `minimum`:

```
/* loop pelas linhas de notas */
for ( i = 0; i < pupils; i++ ) {
   /* loop pelas colunas de notas */
   for ( j = 0; j < tests; j++ ) {
      if ( grades[ i ][ j ] < lowGrade ) {
         lowGrade = grades[ i ][ j ];
      } /* fim do if */
   } /* fim do for interno */
} /* fim do for externo */
```

A estrutura `for` externa começa com a definição de `i` (ou seja, o subscrito de linha) como `0`, de modo que os elementos da primeira linha (ou seja, as notas do primeiro aluno) possam ser comparados com a variável `lowGrade` no corpo da estrutura `for` interna. A estrutura `for` interna percorre as quatro notas de determinada linha e compara cada nota com `lowGrade`. Se uma nota for menor que `lowGrade`, `lowGrade` é definido como essa nota. A estrutura `for` externa, então, incrementa o subscrito da linha em `1`. Os elementos da segunda linha são comparados com a variável `lowGrade`. A estrutura `for` externa, então, incrementa o subscrito de linha em `2`. Os elementos da terceira linha são comparados com a variável `lowGrade`. Quando a execução da estrutura aninhada termina, `lowGrade` contém a menor nota no array de subscrito duplo. A função `maximum` funciona de modo semelhante à função `minimum`.

A função `average` (linha 87) usa dois argumentos — um array de subscrito único de resultados de teste para determinado aluno, chamado `setOfGrades`, e o número de resultados dos testes no array. Quando `average` é chamada, o primeiro argumento `studentGrades[student]` é passado. Isso faz com que o endereço de uma linha do array de subscrito duplo seja passado para `average`. O argumento `studentGrades[1]` é o endereço inicial da segunda linha do array. Lembre-se de que o array com subscrito duplo é, basicamente, um array de arrays de subscrito único, e que o nome do array de subscrito único é o endereço do array na memória. A função `average` calcula a soma dos elementos do array, divide o total pelo número de resultados de teste e retorna o resultado de ponto flutuante.

Resumo

Seção 6.1 Introdução

- Arrays são estruturas de dados compostas por dados relacionados do mesmo tipo.
- Arrays são entidades 'estáticas', pois permanecem do mesmo tamanho durante toda a execução do programa.

Seção 6.2 Arrays

- Um array é um grupo de espaços da memória que têm em comum o fato de terem o mesmo nome e poderem armazenar o mesmo tipo de dado.
- Para se referir a determinado local ou elemento no array, especifique o nome do array e o número da posição de um elemento em particular no array.
- O primeiro elemento em cada array é a posição de número zero. Assim, o primeiro elemento do array `c` é referenciado como `c[0]`, o segundo, como `c[1]`, o sétimo, como `c[6]` e, em geral, o *i*-ésimo elemento, como `c[i - 1]`.
- Os nomes de arrays, assim como outros nomes de variáveis, podem conter somente letras, dígitos e caracteres de sublinhado. Os nomes de arrays não podem começar com um dígito.
- O número de posição contido dentro dos colchetes é mais formalmente chamado de subscrito. Um subscrito precisa ser um inteiro ou uma expressão inteira.
- Os colchetes usados para delimitar o subscrito de um array, na realidade, são considerados como um operador em C. Eles têm o mesmo nível de precedência do operador de chamada de função.

Seção 6.3 Declarando arrays

- Arrays ocupam espaço na memória. Você especifica o tipo de cada elemento e o número de elementos no array de modo que o computador possa reservar a quantidade de memória apropriada.
- Um array do tipo `char` pode ser usado para armazenar uma string de caracteres.

Seção 6.4 Exemplos de arrays

- Os elementos de um array podem ser inicializados quando o array é definido seguindo a declaração com um sinal de igual e chaves, `{ }`, contendo uma lista de inicializadores separados por vírgulas. Se houver menos inicializadores que os elementos no array, os elementos restantes serão inicializados em zero.

- O comando `int n[10] = {0};` inicializa explicitamente o primeiro elemento em zero e inicializa os nove elementos restantes em zero, pois existem menos inicializadores que elementos no array. É importante lembrar que os arrays automáticos não são inicializados automaticamente em zero. Você precisa, pelo menos, inicializar o primeiro elemento para que os elementos restantes sejam zerados automaticamente. A inicialização dos elementos do array com `0` é realizada durante a compilação para arrays `static` e durante a execução para arrays automáticos.
- Se o tamanho do array for omitido de uma definição com uma lista de inicializadores, o número de elementos no array será o número de elementos na lista de inicializadores.
- A diretiva do pré-processador `#define` pode ser usada para definir uma constante simbólica — um identificador que é substituído por um texto substituto pelo pré-processador C antes que o programa seja compilado. Quando o programa é pré-processado, todas as ocorrências da constante simbólica são substituídas por esse texto. O uso de constantes simbólicas para especificar tamanhos de array torna os programas mais escaláveis.
- C não possui verificação de limites de array para impedir que um programa se refira a um elemento que não existe. Assim, um programa em execução pode ultrapassar o final de um array sem aviso. Você deverá garantir que todas as referências de array permaneçam dentro dos limites do array.
- Uma string como `'olá'` é, na realidade, um array `static` de caracteres individuais em C.
- Um array de caracteres pode ser inicializado usando uma string literal. Nesse caso, o tamanho do array é determinado pelo compilador com base no tamanho da string.
- Cada string contém um caractere especial de término de string, chamado caractere nulo. A constante de caractere que representa o caractere nulo é `'\0'`.
- Um array de caracteres que represente uma string sempre deverá ser definido em um tamanho que seja suficiente para manter o número de caracteres na string e o caractere nulo de finalização.
- Os arrays de caracteres também podem ser inicializados com constantes de caractere individuais em uma lista de inicializadores.
- Como uma string, na realidade, é um array de caracteres, podemos acessar caracteres individuais diretamente em uma string, usando a notação de subscrito de array.
- Você pode incluir uma string diretamente em um array de caracteres a partir do teclado, usando `scanf` e o especificador de conversão `%s`. O nome do array de caracteres é passado para `scanf` sem o `&` precedente, usado com variáveis não string. O `&` normalmente é usado para fornecer a `scanf` o local de uma variável na memória, para que um valor possa ser armazenado lá. Um nome de array é o endereço do início do array; portanto, o `&` não é necessário.
- A função `scanf` lê os caracteres do teclado até que o primeiro caractere de espaço em branco seja encontrado — ela não verifica o tamanho do array. Assim, `scanf` pode escrever além do final do array.
- Um array de caracteres que representa uma string pode ser mostrado com `printf` e o especificador de conversão `%s`. Os caracteres da string são impressos até que um caractere nulo de finalização seja encontrado.
- Uma variável local `static` existe enquanto durar o programa, mas ela é visível somente no corpo da função. Podemos aplicar `static` a uma definição de array local, de modo que o array não seja criado e inicializado toda vez que a função for chamada, e o array não seja destruído toda vez que a função terminar no programa. Isso reduz o tempo de execução do programa, particularmente daqueles que possuem funções chamadas com frequência, ou que contêm arrays grandes.
- Arrays `static` são automaticamente inicializados uma vez durante a compilação. Se você não inicializar explicitamente um array `static`, os elementos desse array serão inicializados em zero pelo compilador.

Seção 6.5 Passando arrays para funções

- Para passar um argumento de array a uma função, especifique o nome do array sem quaisquer colchetes.
- Diferentemente dos arrays de `char` que contêm strings, outros tipos de array não possuem um terminador especial. Por esse motivo, o tamanho de um array é passado a uma função, de modo que ela possa processar o número apropriado de elementos.
- C passa arrays para funções por referência automaticamente — as funções chamadas podem modificar os valores de elementos nos arrays originais da função chamadora. O nome do array é considerado o endereço do primeiro elemento do array. Como o endereço inicial do array é passado, a função chamada sabe exatamente onde o array é armazenado. Portanto, quando a função chamada modifica os elementos do array em seu corpo de função, ela está modificando os elementos reais do array em seus locais de memória originais.
- Embora arrays inteiros sejam passados por referência, os elementos individuais do array são passados por valor, exatamente como as variáveis simples.
- Esses pedaços de dados isolados (como `ints`, `floats` e `chars` individuais) são chamados de escalares.
- Para passar um elemento de um array a uma função, use o nome subscrito do elemento do array como um argumento na chamada da função.
- Para uma função receber um array por uma chamada de função, a lista de parâmetros da função precisa especificar que um array será recebido. Não é exigido que o tama-

nho do array esteja entre os colchetes do array. Se ele for incluído, o compilador verificará se ele é maior que zero, e depois o descartará.

- Quando um parâmetro do array é precedido pelo qualificador `const`, os elementos do array se tornam constantes no corpo da função, e a tentativa de modificar um elemento do array no corpo da função resulta em um erro no tempo de compilação.

Seção 6.6 Ordenando arrays

- A ordenação de dados (ou seja, colocar os dados em uma ordem em particular, como crescente ou decrescente) é uma das aplicações mais importantes da computação.
- Uma das técnicas de ordenação é chamada *bubble sort* ou *sinking sort*, pois os valores menores gradualmente sobem como bolhas, indo até o topo do array, como as bolhas de ar que sobem na água, enquanto os valores maiores vão para o fundo do array. A técnica consiste em fazer várias passadas pelo array. Em cada passada, pares sucessivos de elementos são comparados. Se um par está em ordem crescente (ou se os valores são idênticos), deixamos os valores como estão. Se um par está em ordem decrescente, seus valores são trocados no array.
- Devido ao modo como as comparações sucessivas são feitas, um valor grande pode descer muitas posições no array em uma única passada, mas um valor menor pode subir apenas uma posição.
- A principal virtude do bubble sort é que ele é fácil de programar. Porém, é muito lento. Isso se torna óbvio quando a ordenação é feita em arrays grandes.

Seção 6.7 Estudo de caso: calculando média, mediana e moda usando arrays

- A média é a média aritmética de um conjunto de valores.
- A mediana é o 'valor do meio' em um conjunto de valores ordenado.
- A moda é o valor que ocorre com mais frequência em um conjunto de valores.

Seção 6.8 Pesquisando arrays

- O processo de encontrar determinado elemento de um array é chamado pesquisa.
- A pesquisa linear compara cada elemento do array com a chave de pesquisa. Como o array não está em uma ordem em particular, o valor pode estar tanto no primeiro elemento quanto no último. Na média, portanto, a chave de pesquisa será comparada com metade dos elementos do array.
- O método de pesquisa linear funciona bem para arrays pequenos ou, então, não ordenados. Para arrays ordenados, a técnica de pesquisa binária de alta velocidade pode ser usada.
- O algoritmo de pesquisa binária descarta metade dos elementos em um array ordenado após cada comparação. O algoritmo localiza o elemento do meio do array e o compara com a chave de pesquisa. Se eles forem iguais, a chave de pesquisa é encontrada, e o subscrito do array desse elemento é retornado. Se eles não forem iguais, o problema se reduz à pesquisa de metade do array. Se a chave de pesquisa for menor que o elemento do meio do array, a primeira metade do array é pesquisada; caso contrário, a segunda metade do array é pesquisada. Se a chave de pesquisa não for encontrada no subarray especificado (parte do array original), o algoritmo é repetido sobre um quarto do array original. A pesquisa continua até que a chave de pesquisa seja igual ao elemento do meio de um subarray, ou até que o subarray consista em um elemento que não seja igual à chave de pesquisa (ou seja, a chave de pesquisa não foi encontrada).
- Ao usar uma pesquisa binária, o número máximo de comparações exigido para qualquer array pode ser determinado encontrando-se a primeira potência de 2 maior que o número de elementos do array.

Seção 6.9 Arrays multidimensionais

- Os arrays de subscritos múltiplos (também chamados arrays multidimensionais) podem ser usados na representação de tabelas de valores que consistem em informações organizadas em linhas e colunas. Para identificar um elemento em particular na tabela, devemos especificar dois subscritos: o primeiro (por convenção) identifica a linha do elemento, e o segundo (por convenção) identifica a coluna do elemento.
- Tabelas ou arrays que exigem dois subscritos para identificar determinado elemento são chamados arrays de duplo subscrito.
- Arrays de subscritos múltiplos podem ter mais de dois subscritos.
- Um array de subscritos múltiplos pode ser inicializado ao ser definido, de modo semelhante ao de um array de subscrito único. Os valores são agrupados por linhas em chaves. Se não houver inicializadores suficientes para determinada linha, os elementos restantes dessa linha serão inicializados em `0`.
- O primeiro subscrito de uma declaração de parâmetro de array de subscritos múltiplos não é obrigatório, mas todos os subscritos subsequentes, sim. O compilador usa esses subscritos para determinar os locais na memória dos elementos nos arrays de subscritos múltiplos. Todos os elementos do array são armazenados consecutivamente na memória, independentemente do número de subscritos. Em um array de duplo subscrito, a primeira linha é armazenada na memória seguida pela segunda linha.
- Fornecer os valores de subscrito em uma declaração de parâmetros permite que o compilador diga à função como localizar um elemento no array. Em um array de subscrito duplo, cada linha é basicamente um array de subscrito único. Para localizar um elemento em determinada linha, o compilador precisa saber quantos elementos estão em cada linha, para que ele possa 'pular' o número apropriado de locais da memória ao acessar o array.

Terminologia

análise de dados de pesquisa 180
array de subscritos múltiplos 188
array *m*-por-*n* 188
arrays 161
arrays de subscritos duplos 188
arrays multidimensionais 188
bubble sort 179
caractere nulo 171
chave de pesquisa 184
`const` 176
constante simbólica 166
elementos 161
elemento zerésimo 161
escalares 176
escaláveis 166
índice (ou subscrito) 162
inicializadores 164
nome 162
número de posição 161
pesquisa 184
pesquisa binária 184
pesquisa linear 184
sinking sort 179
subscrito 162
tabelas 188
texto substituto 166
valor 162
valor de chave 184

Exercícios de autorrevisão

6.1 Preencha os espaços em cada uma das sentenças a seguir:

a) Listas e tabelas de valores são armazenadas em _______.

b) Os elementos de um array têm em comum o fato de que possuem os(as) mesmos(as) _______ e _______.

c) O número de referência a um elemento em particular de um array é chamado seu _______.

d) Um(a) _______ deverá ser usado(a) para especificar o tamanho de um array, pois torna o programa mais escalável.

e) O processo de colocar os elementos de um array em ordem é chamado _______ do array.

f) Determinar se um array contém certo valor de chave é chamado _______ o array.

g) Um array que usa dois subscritos é conhecido como array de _______.

6.2 Indique se as sentenças a seguir são *falsas* ou *verdadeiras*. Caso a resposta seja *falsa*, explique o motivo.

a) Um array pode armazenar muitos tipos diferentes de valores.

b) Um subscrito de array pode ser do tipo de dado `double`.

c) Se houver menos valores em uma lista de inicializadores que o número de elementos no array, C automaticamente inicializará os elementos restantes até o último valor na lista de inicializadores.

d) Consiste em erro o fato de uma lista de inicializadores ter mais valores que o número de elementos no array.

e) Um elemento individual do array que é passado a uma função como argumento na forma `a[i]` e modificado na função chamada terá o valor modificado na função que a chamou.

6.3 Considere um array chamado `fractions`.

a) Defina uma constante simbólica `SIZE` que possa ser substituída pelo texto substituto 10.

b) Defina um array com elementos `SIZE` do tipo `double` e inicialize-os em `0`.

c) Referencie o quarto elemento a partir do início do array.

d) Referencie o elemento 4 do array.

e) Atribua o valor `1,667` ao elemento 9 do array.

f) Atribua o valor `3,333` ao sétimo elemento do array.

g) Imprima os elementos 6 e 9 do array com dois dígitos de precisão à direita do ponto decimal e mostre a saída que aparece na tela.

h) Imprima todos os elementos do array, usando uma estrutura de repetição `for`. Suponha que a variável inteira `x` tenha sido definida como uma variável de controle para o loop. Mostre a saída.

6.4 Escreva comandos que realizem as seguintes tarefas:

a) Definam `table` como um array de inteiros com 3 linhas e 3 colunas. Suponha que a constante simbólica `SIZE` tenha sido definida como 3.

b) Quantos elementos o array `table` contém? Imprima o número total de elementos.

c) Use uma estrutura de repetição `for` para inicializar cada elemento de `table` como a soma de seus subscritos. Suponha que as variáveis inteiras x e y sejam definidas como variáveis de controle.

d) Imprima os valores de cada elemento do array `table`. Suponha que o array tenha sido inicializado com a definição:

```
int table[ SIZE ][ SIZE ] =
    { { 1, 8 }, { 2, 4, 6 }, { 5 }
};
```

6.5 Identifique e corrija os erros em cada um dos segmentos de programa a seguir.

a) `#define SIZE 100;`

b) `SIZE = 10;`

c) *Considere* `int b[ 10 ] = { 0 }, i;`

```
for (i = 0; i <= 10; i++ ) {
    b[i ] = 1;
}
```

d) `#include <stdio.h>;`

e) *Considere* `int a[ 2 ][ 2 ] = { { 1, 2 }, { 3, 4 } };`

```
a[ 1, 1 ] = 5;
```

f) `#define VALUE = 120`

Respostas dos exercícios de autorrevisão

6.1 a) Arrays. b) Nome, tipo. c) Subscrito. d) Constante simbólica. e) Ordenação. f) Pesquisar. g) Subscrito duplo.

6.2 a) Falso. Um array pode armazenar somente valores do mesmo tipo.

b) Falso. Um subscrito de array precisa ser um inteiro ou uma expressão inteira.

c) Falso. C inicializa automaticamente os elementos restantes em zero.

d) Verdadeiro.

e) Falso. Os elementos individuais de um array são passados por valor. Se um array inteiro for passado a uma função, então quaisquer modificações serão refletidas no original.

6.3 a) `#define SIZE 10`

b) `double fractions[ SIZE ] = { 0.0 };`

c) `fractions[ 3 ]`

d) `fractions[ 4 ]`

e) `fractions[ 9 ] = 1.667;`

f) `fractions[ 6 ] = 3.333;`

g) `printf( "%.2f %.2f\n", fractions[ 6 ], fractions[ 9 ] );`

Saída: 3.33 1.67.

h)
```
for ( x = 0; x < SIZE; x++ ) {
    printf( "fractions[%d] = %f\n", x,
  fractions[ x ] );
}
```

Saída:

```
fractions[0] = 0.000000
fractions[1] = 0.000000
fractions[2] = 0.000000
fractions[3] = 0.000000
fractions[4] = 0.000000
fractions[5] = 0.000000
fractions[6] = 3.333000
fractions[7] = 0.000000
fractions[8] = 0.000000
fractions[9] = 1.667000
```

6.4 a) `int table[ SIZE ][ SIZE ];`

b) Nove elementos. `printf( "%d\n", SIZE * SIZE );`

c)
```
for ( x = 0; x < SIZE; x++ ) {
    for ( y = 0; y < SIZE; y++ ) {
        table[ x ][ y ] = x + y;
    }
}
```

d)
```
for ( x = 0; x < SIZE; x++ ) {
    for ( y = 0; y < SIZE; y++ ) {
        printf( "table[%d][%d] = %d\n", x, y,
table[ x ][ y ] );
    }
}
```

Saída:

```
table[0][0] = 1
table[0][1] = 8
table[0][2] = 0
table[1][0] = 2
table[1][1] = 4
table[1][2] = 6
table[2][0] = 5
```

table[2][1] = 0

table[2][2] = 0

6.5 a) Erro: Ponto e vírgula no final da diretiva do pré-processador `#define`.
Correção: Elimine o ponto e vírgula.

b) Erro: Atribuição de um valor a uma constante simbólica usando uma instrução de atribuição.
Correção: Atribua um valor à constante simbólica em uma diretiva do pré-processador `#define` sem usar o operador de atribuição, como em `#define SIZE 10`.

c) Erro: Referência a um elemento do array fora dos limites do array (`b[ 10 ]`).
Correção: Altere o valor final da variável de controle para 9.

d) Erro: Ponto e vírgula no final da diretiva do pré-processador `#include`.
Correção: Elimine o ponto e vírgula.

e) Erro: Subscrito do array feito incorretamente.
Correção: Mude a instrução para `a[ 1 ][ 1 ] = 5;`

f) Erro: Atribuição de um valor a uma constante simbólica usando uma instrução de atribuição.
Correção: Atribua um valor à constante simbólica em uma diretiva do pré-processador `#define` sem usar o operador de atribuição, como em `#define VALUE 120`.

Exercícios

6.6 Preencha os espaços em cada uma das sentenças a seguir:

a) C armazena listas de valores em _______.

b) Os elementos de um array têm em comum o fato de que eles _______.

c) Ao se referir a um elemento do array, o número da posição contido dentro dos parênteses é um(a) _______.

d) Os nomes dos cinco elementos do array `p` são _______, _______, _______, _______ e _______.

e) O conteúdo de um elemento em particular de um array é chamado _______ desse elemento.

f) Dar nome a um array, indicar seu tipo e especificar o número de elementos contidos nele é chamado _______ o array.

g) O processo de colocar os elementos de um array em ordem crescente ou decrescente é chamado _______.

h) Em um array de subscrito duplo, o primeiro subscrito (por convenção) identifica a _______ de um elemento, e o segundo subscrito (por convenção) identifica a _______ de um elemento.

i) Um array *m*-por-*n* contém _______ linhas, _______ colunas e _______ elementos.

j) O nome do elemento do array `d` na linha 3, coluna 5 é _______.

6.7 Indique quais das afirmações a seguir são *verdadeiras* e quais são *falsas*. No caso de afirmações *falsas*, explique.

a) Para se referir a determinado local ou elemento dentro de um array, especificamos o nome do array e o valor do elemento em particular.

b) Uma definição de array reserva espaço para o array.

c) Para indicar que 100 locais devem ser reservados para o array de inteiros `p`, escreva

```
p[ 100 ];
```

d) Um programa em C que inicializa os elementos de um array de 15 elementos em zero precisa conter somente uma estrutura `for`.

e) Um programa em C que totaliza os elementos de um array com subscrito duplo precisa conter estruturas `for` aninhadas.

f) A média, a mediana e a moda do conjunto de valores 1, 2, 5, 6, 7, 7, 7 são, respectivamente, 5, 6 e 7.

6.8 Escreva instruções que realizem as seguintes tarefas:

a) Exibam o valor do sétimo elemento do array de caracteres `f`.

b) Incluam um valor no elemento 4 do array de ponto flutuante com o subscrito único `b`.

c) Inicializem cada um dos cinco elementos do array de inteiros com o subscrito único `g` em 8.

d) Somem os elementos do array de ponto flutuante `c` de 100 elementos.

e) Copiem o array `a` na primeira parte do array `b`. Considere `double a[11], b[34];`

f) Determinem e imprimam o menor e o maior valor contidos no array de ponto flutuante com 99 elementos `w`.

6.9 Considere um array de inteiros `t` de 2 por 5.

a) Escreva uma definição para `t`.

b) Quantas linhas `t` possui?

c) Quantas colunas `t` possui?

d) Quantos elementos `t` possui?

e) Escreva os nomes de todos os elementos na segunda linha de `t`.

f) Escreva os nomes de todos os elementos na terceira coluna de `t`.

g) Escreva uma única instrução que defina o elemento de `t` na linha 1, coluna 2, como zero.

h) Escreva uma série de instruções que inicializem cada elemento de `t` em zero. Não use uma estrutura de repetição.

i) Escreva uma estrutura `for` aninhada que inicialize cada elemento de `t` em zero.

j) Escreva uma instrução que insira os valores dos elementos de `t` a partir do terminal.

k) Escreva uma série de instruções que determinem e imprimam o menor valor no array `t`.

l) Escreva uma instrução que apresente os elementos da primeira linha de `t`.

m) Escreva uma instrução que some os elementos da quarta coluna de `t`.

n) Escreva uma série de instruções que imprimam o array `t` em formato tabular. Liste os subscritos de coluna como cabeçalhos no topo e liste os subscritos de linha à esquerda de cada linha.

6.10 ***Comissões de vendas.*** Use um array com subscrito único para resolver o problema a seguir. Uma empresa paga o salário de seus vendedores com base em uma comissão. O vendedor recebe R$ 200,00 por semana, e mais 9 por cento de suas vendas brutas nessa semana. Por exemplo, um vendedor, que totalize R$ 3.000,00 em vendas em uma semana, receberá R$ 200,00 e mais 9 por cento de R$ 3.000,00, ou seja, R$ 470,00. Escreva um programa em C (usando um array de contadores) que determine quantos vendedores receberam salários dentro de cada um dos seguintes intervalos (suponha que o salário de cada vendedor seja arredondado em um valor inteiro):

a) R$ 200–299
b) R$ 300–399
c) R$ 400–499
d) R$ 500–599
e) R$ 600–699
f) R$ 700–799
g) R$ 800–899
h) R$ 900–999
i) R$ 1000 ou mais

6.11 ***Bubble sort.*** O bubble sort apresentado na Figura 6.15 é ineficaz no caso de arrays grandes. Faça as modificações simples descritas a seguir para melhorar o desempenho do bubble sort.

a) Após a primeira passada, o maior número estará certamente no elemento de número mais alto do array; após a segunda passada, os dois maiores números estarão 'no lugar' e assim por diante. Em vez de nove comparações em cada passada, modifique o bubble sort para que sejam feitas oito comparações na segunda passada, sete na terceira e assim por diante.

b) Os dados no array talvez já estejam na ordem correta, ou na ordem quase correta, portanto, por que fazer nove passadas se menos que isso já seria suficiente? Modifique a ordenação para verificar, ao final de cada passada, se alguma troca foi feita. Se nenhuma troca tiver sido feita, então os dados já deverão estar na ordem certa, de modo que o programa deverá ser concluído. Se foram feitas trocas, então, pelo menos mais uma passada será necessária.

6.12 Escreva instruções isoladas que realizem cada uma das operações de array de subscrito único a seguir:

a) Inicializem os 10 elementos do array de inteiros `counts` com zeros.

b) Somem 1 a cada um dos 15 elementos do array de inteiros `bonus`.

c) Leiam os 12 valores do array de ponto flutuante `tempPorMes` via teclado.

d) Imprimam os cinco valores do array de inteiros `bestScores` em formato de coluna.

6.13 Ache o(s) erro(s) em cada uma das seguintes instruções:

a) Considere: `char str[ 5 ];`

```
scanf( "%s", str ); /* Usuário digita olá */
```

b) Considere: `int a[ 3 ];`

```
printf( "$d %d %d\n", a[ 1 ], a[ 2 ], a[ 3 ] );
```

c)
```
double f[ 3 ] = { 1.1, 10.01, 100.001, 1000.0001 };
```

d) Considere: `double d[ 2 ][ 10 ];`

```
d[ 1, 9 ] = 2.345;
```

6.14 ***Modificações nos programas de média, mediana e moda.*** Modifique o programa da Figura 6.16 de modo que a função `mode` seja capaz de lidar com um empate para o valor de moda. Modifique também a função `median` para que os dois elementos do meio de um array tenham a média calculada caso haja um número par de elementos.

6.15 ***Eliminação de duplicatas.*** Use um array de subscrito único para resolver o problema a seguir. Leia 20 números, cada um entre 10 e 100, inclusive. À medida que cada número for lido, imprima-o apenas se ele não for uma duplicata de um número já lido. Considere a 'pior das hipóteses': os 20 números são diferentes. Use o menor array possível para resolver esse problema.

6.16 Rotule os elementos do array 3 por 5 de subscrito duplo `sales` para indicar a ordem em que eles são definidos em zero pelo segmento de programa a seguir:

```
for ( row = 0; row <= 2; row++ ) {
   for ( column = 0; column <= 4;
      column++ ) {
     sales[ row ][ column ] = 0;
   }
}
```

6.17 O que o programa a seguir faz?

```c
/* ex06_17.c */
/* O que esse programa faz? */
#include <stdio.h>
#define SIZE 10

int whatIsThis( const int b[], int p ); /* protótipo de função */

/* função main inicia a execução do programa */
int main( void )
{
   int x; /* mantém valor de retorno da função whatIsThis */

   /* inicializa array a */
   int a[ SIZE ] = { 1, 2, 3, 4, 5, 6, 7, 8, 9, 10 };

   x = whatIsThis( a, SIZE );

   printf( "Resultado é %d\n", x );
   return 0; /* indica conclusão bem-sucedida */
} /* fim do main */

/* O que essa função faz? */
int whatIsThis( const int b[], int p )
{
   /* caso básico */
   if ( p == 1 ) {
      return b[ 0 ];
   } /* fim do if */
   else { /* etapa de recursão */

      return b[ p - 1 ] + whatIsThis( b, p - 1 );
   } /* fim do else */
} /* fim da função whatIsThis */
```

6.18 O que o programa a seguir faz?

```c
/* ex06_18.c */
/* O que esse programa faz? */
#include <stdio.h>
#define SIZE 10

/* protótipo de função */
void someFunction( const int b[], int startIndex, int size );

/* função main inicia a execução do programa */
int main( void )
{
   int a[ SIZE ] = { 8, 3, 1, 2, 6, 0, 9, 7, 4, 5 }; /* inicializa a */

   printf( "Resposta é:\n" );
   someFunction( a, 0, SIZE );
   printf( "\n" );
   return 0; /* indica conclusão bem-sucedida */
} /* fim do main */

/* O que essa função faz? */
void someFunction( const int b[], int startIndex, int size )
{
   if ( startIndex < size ) {
      someFunction( b, startIndex + 1, size );
      printf( "%d  ", b[ startIndex ] );
   } /* fim do if */
} /* fim da função someFunction */
```

6.19 ***Lançando dados.*** Escreva um programa que simule o lançamento de dois dados. O programa deverá usar `rand` para lançar o primeiro dado, e deverá usar `rand` novamente para lançar o segundo dado. Em seguida, a soma dos dois valores deverá ser calculada. [*Nota:* como cada dado pode mostrar um valor inteiro de 1 a 6, então, a soma dos dois valores variará de 2 a 12, com 7 sendo o resultado mais frequente; e 2 e 12, os resultados menos frequentes.] A Figura 6.23 mostra as 36 combinações possíveis dos dois dados. Seu programa deverá lançar os dois dados 36.000 vezes. Use um array de subscrito único para contar o número de vezes em que cada resultado possível aparece. Imprima os resultados em um formato tabular. Além disso, determine se os resultados são razoáveis; ou seja, existem seis maneiras de somar um 7, de modo que um sexto de todas as jogadas, aproximadamente, deverá ser 7.

	1	2	3	4	5	6
1	2	3	4	5	6	7
2	3	4	5	6	7	8
3	4	5	6	7	8	9
4	5	6	7	8	9	10
5	6	7	8	9	10	11
6	7	8	9	10	11	12

Figura 6.23 ■ Resultados do lançamento de dois dados.

6.20 ***Jogo de craps.*** Escreva um programa que execute 1000 partidas de craps (sem intervenção humana) e responda a cada uma das perguntas a seguir:

a) Quantos jogos são ganhos no primeiro, no segundo, ..., no vigésimo lançamento e após o vigésimo lançamento?

b) Quantos jogos são perdidos no primeiro, no segundo, ..., no vigésimo lançamento e após o vigésimo lançamento?

c) Quais são as chances de se ganhar no craps? [*Nota:* você descobrirá que craps é um dos jogos mais honestos do cassino. O que você acha que isso significa?]

d) Qual a média de lançamentos em um jogo de craps?

e) As chances de vencer crescem se o jogo se prolongar?

6.21 ***Sistema de reservas de passagens aéreas.*** Uma pequena companhia aérea acabou de comprar um computador para seu novo sistema automatizado de reservas. O presidente lhe pediu que programasse o novo sistema. Você escreverá um programa que atribuirá assentos em cada voo do único avião da companhia (capacidade: 10 assentos).

Seu programa deverá exibir o seguinte menu de alternativas:

```
Favor digitar 1 para "primeira classe"

Favor digitar 2 para "econômica"
```

Se a pessoa digitar 1, então seu programa deverá designar um assento na primeira classe (assentos de 1 a 5). Se a pessoa digitar 2, então seu programa deverá designar um assento na classe econômica (assentos 6 a 10). Seu programa deverá, então, imprimir um bilhete de embarque que indique o número do assento da pessoa e a seção a que esse assento pertence, primeira classe ou classe econômica.

Use um array de subscrito único para representar o quadro de assentos do avião. Inicialize todos os elementos do array em 0 para indicar que todos os assentos estão vazios. À medida que cada assento é designado, defina o elemento correspondente do array como 1, para indicar que o assento não está mais disponível.

Seu programa, naturalmente, nunca deverá designar um assento que já foi reservado a outra pessoa. Quando a primeira classe estiver cheia, seu programa deverá perguntar à pessoa se ela aceita ser colocada na classe econômica (e vice-versa). Se a resposta for sim, faça a designação de assentos apropriada. Se a resposta for não, imprima a mensagem "`O próximo voo sairá em 3 horas.`"

6.22 ***Total de vendas.*** Use um array de subscrito duplo para resolver o problema a seguir. Uma empresa tem quatro vendedores (1 a 4) que vendem cinco produtos diferentes (1 a 5). Uma vez por dia, cada vendedor passa uma nota para cada tipo diferente de produto vendido. Cada nota contém:

a) O número do vendedor.

b) O número do produto.

c) O valor em reais desse produto vendido nesse dia.

Assim, cada vendedor passa entre 0 e 5 notas de vendas por dia. Considere que as informações de todas as notas passadas no mês anterior estejam disponíveis. Escreva um programa que leia todas as informações das vendas do mês passado e resuma o total de vendas por vendedor por produto. Todos os totais devem ser armazenados em um array com subscrito duplo `sales`. Depois de processar todas as informações do mês passado, imprima os resultados em formato tabular, com cada uma das colunas representando um vendedor em particular, e cada uma das linhas representando um produto em particular. Calcule o total de cada linha para obter o total de vendas de cada produto no mês passado; cruze os resultados obtidos com os de cada coluna para obter o total de vendas por vendedor no mês passado. Seu relatório tabular deverá incluir os totais à direita das linhas e no final das colunas.

6.23 ***Gráficos de tartaruga.*** A linguagem Logo, que é particularmente popular entre os usuários de computadores pessoais, tornou famoso o conceito de *gráficos de tartaruga*. Imagine uma tartaruga mecânica que caminhe pela sala sob o controle de um programa em C. A tartaruga segura uma caneta em uma de duas posições, para cima ou para baixo. Quando a caneta está para baixo, a tartaruga traça as formas enquanto se movimenta; quando a caneta está para cima, a tartaruga se movimenta livremente, sem escrever nada. Neste problema, você simulará a operação da tartaruga e também criará um bloco de rascunho computadorizado.

Use um array de 50 por 50 `floor` que seja inicializado em zeros. Leia comandos de um array em que eles estejam contidos. Registre a posição atual da tartaruga o tempo todo, e se a caneta está para cima ou para baixo. Suponha que a tartaruga sempre comece na posição 0,0 do piso com sua caneta para cima. O conjunto de comandos da tartaruga que seu programa deverá processar aparece na Figura 6.24. Suponha que a tartaruga esteja em algum ponto próximo do centro do piso. O 'programa' a seguir desenharia e imprimiria um quadrado de 12 por 12:

```
2
5.12
3
5.12
3
5.12
3
5.12
1
6
9
```

Enquanto a tartaruga se mover com a caneta para baixo, defina os elementos apropriados do array `floor` como `1`. Quando o comando `6` (imprimir) for dado, onde houver um `1` no array, mostre um asterisco ou algum outro caractere à sua escolha. Sempre que houver um zero, mostre um espaço em branco. Escreva um programa que implemente as capacidades dos gráficos de tartaruga discutidas aqui. Escreva vários programas de gráficos de tartaruga para desenhar formas interessantes. Acrescente outros comandos para aumentar o poder de sua linguagem de gráficos de tartaruga.

Comando	Significado
1	Caneta para cima
2	Caneta para baixo
3	Virar à direita
4	Virar à esquerda
5, 10	Move 10 espaços adiante (ou algum número diferente de 10)
6	Imprime o array de 50 por 50 array
9	Fim dos dados (sentinela)

Figura 6.24 ■ Comandos da tartaruga.

6.24 ***Passeio do cavalo.*** Um dos desafios mais interessantes que os jogadores de xadrez enfrentam é o problema do Passeio do Cavalo, proposto originalmente pelo matemático Euler. O problema é o seguinte: a peça do xadrez chamada cavalo pode se movimentar por um tabuleiro vazio e tocar cada um dos 64 quadrados uma e somente uma vez? Estudaremos esse problema interessante em detalhes.

O cavalo se movimenta em forma de L (por duas casas em uma direção e depois por uma casa em uma direção perpendicular). Assim, por um quadrado no meio de um tabuleiro vazio, o cavalo pode fazer oito movimentos diferentes (numerados de 0 a 7), como mostra a Figura 6.25.

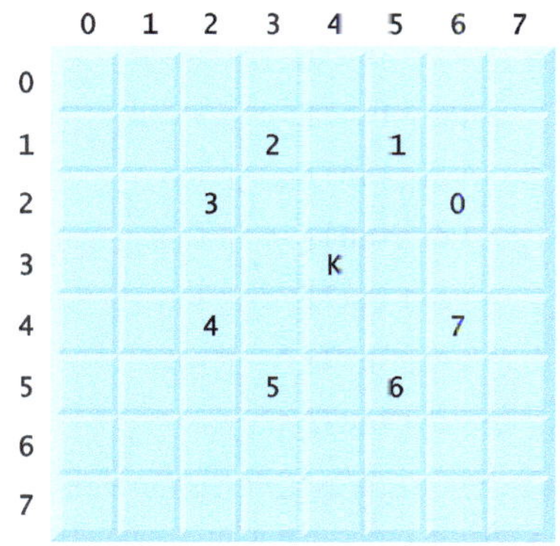

Figura 6.25 ■ Os oito movimentos possíveis do cavalo.

a) Desenhe um tabuleiro de 8 por 8 em uma folha de papel e experimente o Passeio do Cavalo manualmente. Coloque `1` no primeiro quadrado para onde você moveu o cavalo, `2` no segundo quadrado, `3` no terceiro e assim por diante. Antes de iniciar o passeio, estime a que distância você acha que chegará, lembrando-se de que um passeio completo consiste em 64 movimentos. A que distância você chegará? Você chegou perto do resultado estimado?

b) Agora, vamos desenvolver um programa que movimentará o cavalo em um tabuleiro. O tabuleiro em si é representado por um array com subscrito duplo de 8 por 8 `board`. Cada um dos quadrados é inicializado em zero. Descreveremos cada um dos oito movimentos possíveis em termos de seus componentes horizontal e vertical. Por exemplo, um movimento do tipo 0, como mostra a Figura 6.25, consiste em mover dois quadrados horizontalmente para a direita e um quadrado verticalmente para cima. O movimento 2 consiste em mover um quadrado horizontalmente para a esquerda e dois quadrados verticalmente para cima. Movimentos horizontais à esquerda e verticais para cima são indicados por números negativos. Os oito movimentos podem ser descritos por dois arrays de subscrito único `horizontal` e `vertical`, da seguinte forma:

```
horizontal[ 0 ] = 2
horizontal[ 1 ] = 1
horizontal[ 2 ] = -1
horizontal[ 3 ] = -2
horizontal[ 4 ] = -2
horizontal[ 5 ] = -1
horizontal[ 6 ] = 1
horizontal[ 7 ] = 2
```

```
vertical[ 0 ] = -1
vertical[ 1 ] = -2
vertical[ 2 ] = -2
vertical[ 3 ] = -1
vertical[ 4 ] = 1
vertical[ 5 ] = 2
vertical[ 6 ] = 2
vertical[ 7 ] = 1
```

Considere que as variáveis `currentRow` e `currentColumn` indiquem a linha e coluna da posição atual do cavalo no tabuleiro. Para fazer um movimento do tipo `moveNumber`, onde `moveNumber` está entre 0 e 7, seu programa usa as instruções

```
currentRow += vertical[ moveNumber ];
currentColumn += horizontal[ moveNumber ];
```

Mantenha um contador que varie de `1` a `64`. Registre o maior contador em cada quadrado para onde o cavalo se mover. Lembre-se de testar cada movimento em potencial para ver se o cavalo já visitou esse quadrado. E, naturalmente, teste cada movimento potencial para garantir que o cavalo não saia do tabuleiro. Agora, escreva um programa para mover o cavalo pelo tabuleiro. Execute o programa. Quantos movimentos o cavalo fez?

c) Depois de tentar escrever e executar um programa do Passeio do Cavalo, você provavelmente terá desenvolvido algumas ideias valiosas. Vamos usá-las para desenvolver uma *heurística* (ou estratégia) para movimentar o cavalo. A heurística não garante o sucesso, mas uma heurística cuidadosamente desenvolvida melhora bastante as chances de sucesso. Talvez você tenha observado que os quadrados externos, de certa forma, são mais trabalhosos do que os mais próximos do centro do tabuleiro. Na verdade, os quadrados mais problemáticos, ou inacessíveis, são os dos quatro cantos.

A intuição pode sugerir que você deva tentar mover o cavalo para os quadrados mais problemáticos primeiro e deixar em aberto aqueles que são mais acessíveis, de modo que, quando o tabuleiro ficar congestionado, mais para o final do passeio, haverá uma chance maior de sucesso.

Podemos desenvolver uma 'heurística de acessibilidade', classificando cada um dos quadrados de acordo com sua facilidade de acesso, e sempre movendo o cavalo para o quadrado (dentro dos movimentos permitidos, é claro) mais inacessível. Rotulamos um array de duplo subscrito `accessibility` com números indicando a partir de quantos quadrados cada quadrado em particular é acessível. Em um tabuleiro vazio, os quadrados do centro, portanto, são classificados como `8`, os quadrados do canto são classificados como `2`, e os outros quadrados têm números de acessibilidade `3`, `4` ou `6`, como mostrado a seguir:

```
2  3  4  4  4  4  3  2
3  4  6  6  6  6  4  3
4  6  8  8  8  8  6  4
4  6  8  8  8  8  6  4
4  6  8  8  8  8  6  4
4  6  8  8  8  8  6  4
3  4  6  6  6  6  4  3
2  3  4  4  4  4  3  2
```

Agora escreva uma versão do programa Passeio do Cavalo usando a heurística de acessibilidade. A qualquer momento, o cavalo deverá se mover para o quadrado com o menor número de acessibilidade. No caso de um empate, o cavalo pode se mover para qualquer um dos quadrados com a mesma classificação. Portanto, o passeio pode começar em qualquer um dos quatro cantos. [*Nota:* à medida que o cavalo se move pelo tabuleiro, seu programa deverá reduzir os números de acessibilidade quando mais e mais quadrados forem ocupados. Desse modo, em qualquer momento durante o passeio, o número de acessibilidade de cada quadrado disponível continuará sendo igual a exatamente o número de quadrados dos quais esse quadrado pode ser alcançado.] Execute essa versão de seu programa. Você consegue fazer um passeio completo? Agora, modifique o programa para realizar 64 passeios, um a partir de cada quadrado do tabuleiro. Quantos passeios completos você fez?

d) Escreva uma versão do programa Passeio do Cavalo que, ao encontrar um empate entre dois ou mais quadrados, decida qual quadrado escolher ao considerar o que poderia acontecer adiante, verificando os quadrados alcançáveis pelos quadrados 'empatados'. Seu programa deverá se mover para o quadrado pelo qual o próximo movimento alcançará um quadrado com o menor número de acessibilidade.

6.25 ***Passeio do cavalo: técnicas de força bruta.*** No Exercício 6.24, desenvolvemos uma solução para o problema do Passeio do Cavalo. A técnica usada, chamada 'heurística de acessibilidade', gera muitas soluções e é executado de modo eficiente.

À medida que os computadores continuarem crescendo em potência, poderemos resolver muitos problemas com o imenso poder da computação e de algoritmos relativamente pouco sofisticados. Vamos chamar essa técnica de solução do problema pela 'força bruta'.

a) Use a geração de número aleatório para permitir que o cavalo se movimente pelo tabuleiro de xadrez aleatoriamente (logicamente, em seus movimentos legítimos em forma de L). Seu programa deverá executar um passeio e imprimir o tabuleiro final. Até onde o cavalo conseguiu chegar?

b) Provavelmente, o programa anterior produziu um passeio relativamente curto. Agora, modifique seu programa para tentar 1000 passeios. Use um array de subscrito único para registrar o número de passeios de cada extensão. Quando seu programa terminar de experimentar os 1000 passeios, ele deverá mostrar essa informação em formato tabular. Qual foi o melhor resultado?

c) Provavelmente, o programa anterior lhe ofereceu alguns passeios 'respeitáveis', mas não passeios completos. Agora, 'retire todas as restrições', e simplesmente deixe que seu programa seja executado até que produza um passeio completo. [*Cuidado*: essa versão do programa poderia ser executada por horas em um computador poderoso.] Mais uma vez, mantenha uma tabela dos números de passeios de cada extensão e imprima essa tabela quando o primeiro passeio completo for encontrado. Quantos passeios seu programa fez até produzir um passeio completo? Quanto tempo ele levou para fazer isso?

d) Compare a versão força bruta do Passeio do Cavalo com a versão da heurística de acessibilidade. Qual das duas versões exigiu um estudo mais cuidadoso do problema? Qual algoritmo foi mais difícil de desenvolver? Qual exigiu mais poder do computador? Poderíamos estar certos (antecipadamente) de obter um passeio completo com a técnica de heurística de acessibilidade? Poderíamos estar certos (antecipadamente) de obter um passeio completo com a técnica de força bruta? Argumente os prós e os contras da solução geral do problema pela força bruta.

6.26 ***Oito rainhas.*** Outro desafio para os jogadores de xadrez é o problema das Oito Rainhas. Resumindo: é possível colocar oito rainhas em um tabuleiro vazio de modo que nenhuma rainha esteja 'atacando' qualquer outra – ou seja, de modo que duas rainhas nunca estejam na mesma linha, na mesma coluna ou na mesma diagonal? Use o tipo de raciocínio desenvolvido no Exercício 6.24 para formular uma heurística para a solução do problema das Oito Rainhas. Execute seu programa. [*Dica:* é possível atribuir um valor numérico a cada quadrado do tabuleiro, indicando quantos quadrados de um tabuleiro vazio são 'eliminados' quando uma rainha é colocada nesse quadrado. Por exemplo, cada um dos quatro cantos receberia o valor 22, como mostra a Figura 6.26.]

Figura 6.26 ■ Os 22 quadrados eliminados ao colocarmos uma rainha no canto superior esquerdo.

Quando esses 'números de eliminação' são colocados em todos os 64 quadrados, uma heurística apropriada poderia ser: coloque a próxima rainha no quadrado com o menor número de eliminação. Por que essa estratégia é intuitivamente atraente?

6.27 ***Oito rainhas: técnicas de força bruta.*** Neste problema, você desenvolverá várias técnicas de força bruta para solucionar o problema das Oito Rainhas, introduzido no Exercício 6.26.

a) Resolva o problema das Oito Rainhas usando a técnica de força bruta aleatória desenvolvida no Exercício 6.25.

b) Use uma técnica exaustiva (ou seja, tente todas as combinações possíveis de oito rainhas no tabuleiro).

c) Na sua opinião, por que a técnica de força bruta exaustiva pode não ser apropriada para resolver o problema das Oito Rainhas?

d) Compare as técnicas de força bruta aleatória e de força bruta exaustiva em geral.

6.28 ***Eliminação de duplicatas.*** No Capítulo 12, exploraremos a estrutura de dados de árvore de pesquisa binária de alta velocidade. Um dos recursos de uma árvore de pesquisa binária é que os valores duplicados são descartados quando são feitas inserções na árvore. Isso é conhecido como eliminação de duplicatas. Escreva um programa que produza 20 números aleatórios entre 1 e 20. O programa deverá armazenar todos os valores não duplicados em um array. Use o menor array possível para conseguir realizar essa tarefa.

6.29 ***Passeio do cavalo: teste do passeio fechado.*** No Passeio do Cavalo, um passeio completo ocorre quando o cavalo faz 64 movimentos passando por quadrado do tabuleiro uma, e somente uma vez. Um passeio fechado ocorre quando o 64º movimento está a um movimento do local onde o cavalo iniciou o passeio. Modifique o programa do Passeio do Cavalo que você escreveu no Exercício 6.24 para testar um passeio fechado, se um passeio completo tiver ocorrido.

6.30 O crivo de Eratóstenes. Um número inteiro primo é qualquer inteiro maior que 1 que pode ser dividido apenas por ele mesmo e por 1. O crivo de Eratóstenes é um método para encontrar os números primos. Ele funciona da seguinte maneira:

a) Crie um array com todos os elementos inicializados em 1 (verdadeiro). Os elementos do array com subscritos primos permanecerão em 1. Todos os outros elementos do array acabarão sendo definidos em zero.

b) Começando com o subscrito de array 2 (o subscrito 1 não é primo), toda vez que um elemento do array cujo valor seja 1 for encontrado, percorra o restante do array e defina em zero cada elemento cujo subscrito seja um múltiplo do subscrito para o elemento com valor 1. Para o subscrito de array 2, todos os elementos no array, além de 2, que sejam múltiplos de 2 serão definidos em zero (subscritos, 4, 6, 8, 10, e assim por diante). Para o subscrito de array 3, todos os elementos no array, além de 3, que são múltiplos de 3 serão definidos em zero (subscritos 6, 9, 12, 15, e assim por diante).

Quando esse processo tiver sido concluído, os elementos do array que ainda estiverem definidos em 1 indicarão que o subscrito é um número primo. Escreva um programa que use um array de 1000 elementos para determinar e exibir os números primos entre 1 e 999. Ignore o elemento 0 do array.

Exercícios de recursão

6.31 ***Palíndromos.*** Um palíndromo é uma string que pode ser escrita da mesma forma nos dois sentidos, de frente para trás e de trás para a frente. Alguns exemplos de palíndromos são: 'radar', 'salta o atlas' e, se você ignorar espaços e acentos, 'Oto come doce seco de mocotó'. Escreva uma função recursiva `testPalindrome` que retorne 1 se a string armazenada no array for um palíndromo, e 0 se não for. A função deverá ignorar espaços e sinais de pontuação na string.

6.32 ***Pesquisa linear.*** Modifique o programa da Figura 6.18 para que seja possível usar uma função `linearSearch` recursiva na realização da pesquisa linear do array. A função deverá receber um array de inteiros e o tamanho do array como argumentos. Se a chave de pesquisa for encontrada, retorne o subscrito do array; caso contrário, retorne –1.

6.33 ***Pesquisa binária.*** Modifique o programa da Figura 6.19 para que seja possível usar uma função `binarySearch` recursiva na realização da pesquisa binária do array. A função deverá receber um array de inteiros e o subscrito inicial e final como argumentos. Se a chave de pesquisa for encontrada, retorne o subscrito do array; caso contrário, retorne –1.

6.34 ***Oito rainhas.*** Modifique o programa das Oito Rainhas que você criou no Exercício 6.26 para que possa resolver o problema recursivamente.

6.35 ***Impressão de um array.*** Escreva uma função recursiva `printArray` que apanhe um array e o tamanho do array como argumentos, imprima o array e não retorne nada. A função deverá encerrar o processamento e retornar quando receber um array de tamanho zero.

6.36 ***Impressão de uma string ao contrário.*** Escreva uma função recursiva `stringReverse` que apanhe um array de caracteres como argumento, imprima-o de trás para a frente e não retorne nada. A função deverá encerrar o processamento e retornar quando o caractere nulo de finalização da string for encontrado.

6.37 ***Achar o valor mínimo em um array.*** Escreva uma função recursiva `recursiveMinimum` que apanhe um array de inteiros e o tamanho do array como argumentos e retorne o menor elemento do array. A função deverá encerrar o processamento e retornar quando receber um array de um elemento.

Seção especial: Sudoku

O Sudoku passou a ser popular por volta de 2005. Hoje, quase todos os principais jornais publicam um quebra-cabeça de Sudoku diariamente. Players de jogos portáteis permitem que você jogue a qualquer hora e em qualquer lugar, criando desafios por demanda em vários níveis de dificuldade. Não deixe de visitar nosso Sudoku Resource Center em <`www.deitel.com/sudoku`> (em inglês) para obter downloads, tutoriais, livros, e-books e outros que o ajudarão a dominar o jogo. E, para os mais corajosos, experimentem resolver Sudokus cruelmente difíceis, com jogadas intricadas, um Sudoku circular e uma variante do quebra-cabeça com cinco grades interligadas. Assine nosso boletim gratuito, o *Deitel® Buzz Online*, para obter notas sobre atualizações em nosso Sudoku Resource Center e outros Deitel Resource Centers em <`www.deitel.com`>, que oferecem jogos, quebra-cabeças e outros projetos de programação interessantes.

Um quebra-cabeça de Sudoku completo é uma grade de 9 × 9 (ou seja, um array bidimensional) em que os dígitos de 1 a 9 aparecem uma, e somente uma, vez em cada linha, em cada coluna e em cada uma das nove grades de 3 × 3. Na grade de 9 × 9 parcialmente preenchida na Figura 6.27, a linha 1, a coluna 1 e a grade de 3 × 3 no canto superior esquerdo do quadro contêm os dígitos de 1 a 9 apenas uma vez. Usamos as convenções de numeração de linha e coluna do array bidimensional em C, mas ignoramos a linha 0 e a coluna 0, em conformidade com as convenções da comunidade Sudoku.

O jogo de Sudoku típico oferece muitas células preenchidas e muitos espaços, normalmente organizados em um padrão simétrico, como é comum nas palavras cruzadas. A tarefa do jogador é preencher os espaços para completar o quebra-cabeça. Alguns quebra-cabeças são fáceis de resolver; alguns são muito difíceis, exigindo estratégias de solução sofisticadas.

No Apêndice D, Programação de jogos: solução de Sudoku, discutimos diversas estratégias de solução simples e sugerimos o que fazer quando elas falharem. Também apresentamos diversas técnicas para programar criadores e solucionadores de quebra-cabeça Sudoku em C. Infelizmente, a C padrão não inclui gráficos ou capacidades de interface gráfica do usuário (GUI) de modo que nossa apresentação do quadro não será tão elegante quanto poderia ser em Java e em outras linguagens de programação que aceitam essas capacidades. Você pode querer refazer seus programas de Sudoku depois de ler o Apêndice E, Programação de jogos usando a biblioteca de C Allegro. Allegro, que não faz parte da C padrão, oferece capacidades que o ajudarão a acrescentar gráficos, e até mesmo sons, a seus programas de Sudoku.

	1	2	3	4	5	6	7	8	9
1	5	1	3	4	9	7	6	2	8
2	4	6	8						
3	7	9	2						
4	2								
5	9								
6	3								
7	8								
8	1								
9	6								

Figura 6.27 ■ Grade 9 × 9 de Sudoku parcialmente preenchida. Observe as nove grades 3 × 3.

Capítulo 7

PONTEIROS EM C

Endereços nos são dados para que tenhamos onde nos esconder.
— Saki (H. H. Munro)

Chegamos ao caminho por desvios.
— William Shakespeare

Muitas coisas, tendo referência completa
Com consentimento, podem funcionar de modo contrário.
— William Shakespeare

Você verá que é sempre de muito bom-tom verificar as suas referências, senhor!
— Dr. Routh

Objetivos

Neste capítulo, você aprenderá:

- Sobre ponteiros e operadores de ponteiros.
- A usar ponteiros para passar argumentos a funções por referência.
- Sobre a relação entre ponteiros, arrays e strings.
- A usar os ponteiros em funções.
- A definir e usar arrays de strings.

Conteúdo

7.1 Introdução
7.2 Declarações e inicialização de variáveis-ponteiro
7.3 Operadores de ponteiros
7.4 Passando argumentos para funções por referência
7.5 Usando o qualificador `const` com ponteiros
7.6 Bubble sort usando chamada por referência
7.7 Operador `sizeof`
7.8 Expressões com ponteiros e aritmética de ponteiros
7.9 A relação entre ponteiros e arrays
7.10 Arrays de ponteiros
7.11 Estudo de caso: uma simulação de embaralhamento e distribuição de cartas
7.12 Ponteiros para funções

Resumo | *Terminologia* | *Exercícios de autorrevisão* | *Respostas dos exercícios de autorrevisão* | ***Exercícios***
Seção especial de exercícios: criando seu próprio computador | *Exercícios de array de ponteiro para função* | *Fazendo a diferença*

7.1 Introdução

Neste capítulo, discutiremos um dos recursos mais poderosos da linguagem de programação em C, o **ponteiro**.[1] Os ponteiros estão entre as capacidades mais difíceis de se dominar na linguagem em C. Eles permitem que os programas simulem uma chamada por referência e criem e manipulem estruturas dinâmicas de dados, ou seja, estruturas de dados que podem crescer e encolher no tempo de execução, por exemplo, listas interligadas, filas, pilhas e árvores. Este capítulo explica os conceitos básicos de ponteiro. O Capítulo 10 examinará o uso de ponteiros com estruturas. O Capítulo 12 introduzirá técnicas de gerenciamento dinâmico de memória e apresentará exemplos de criação e uso de estruturas dinâmicas de dados.

7.2 Declarações e inicialização de variáveis-ponteiro

Os ponteiros são variáveis cujos valores são endereços de memória. Normalmente, uma variável claramente contém um valor específico. Um ponteiro, por outro lado, contém um endereço de uma variável que contém um valor específico. De certa forma, um nome de variável referencia um valor *diretamente*, enquanto um ponteiro referencia um valor *indiretamente* (Figura 7.1). A referência de um valor por meio de um ponteiro é chamada de **indireção**.

Ponteiros, assim como todas as variáveis, precisam ser definidos antes de poderem ser usados. A definição

```
int *countPtr, count;
```

especifica que a variável `countPtr` é do tipo `int *` (ou seja, um ponteiro para um inteiro), e que é lida como '`countPtr` é um ponteiro para `int`' ou '`countPtr` aponta para um objeto do tipo `int`'. Além disso, a variável `count` é definida para ser um `int`, e não um ponteiro para um `int`. O * pode ser aplicado somente a `countPtr` na definição. Quando * é usado dessa maneira em uma definição, ele indica que a variável que está sendo definida é um ponteiro. Os ponteiros podem ser definidos para apontar objetos de qualquer tipo.

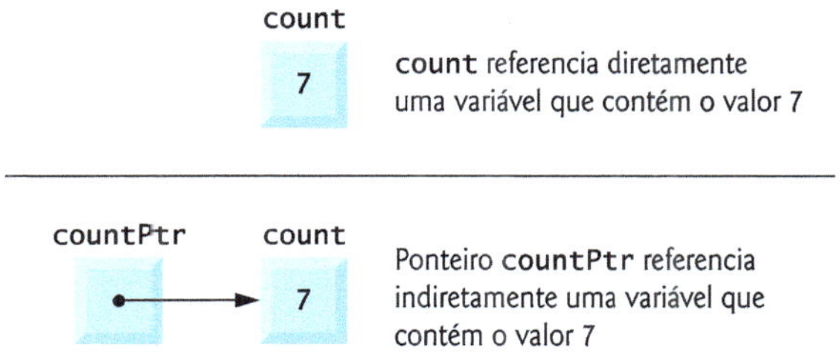

Figura 7.1 ■ Referências direta e indireta de uma variável.

1 Ponteiros e entidades baseadas em ponteiros, por exemplo, arrays e strings, quando usados de modo indevido, intencional ou acidentalmente, podem provocar erros e brechas na segurança. Procure em nosso Secure C Programming Resource Center (<www.deitel.com/SecureC/>, em inglês) por artigos, livros, documentos e fóruns sobre esse importante assunto.

Erro comum de programação 7.1

*A notação asterisco (*), usada para declarar variáveis de ponteiro, não distribui para todos os nomes de variáveis em uma declaração. Cada ponteiro precisa ser declarado com o * prefixado ao nome; por exemplo, se você quiser declarar `xPtr` e `yPtr` como ponteiros int, use `int *xPtr, *yPtr;`.*

Erro comum de programação 7.2

Inclua as letras `ptr` nos nomes de variáveis de ponteiro para deixar claro que essas variáveis são ponteiros, e, portanto, precisam ser tratadas de modo apropriado.

Os ponteiros devem ser inicializados quando são definidos, ou em uma instrução de atribuição. Um ponteiro pode ser inicializado com `NULL`, `0`, ou um endereço. Um ponteiro de valor `NULL` não aponta para nada. `NULL` é uma constante simbólica definida no cabeçalho `<stddef.h>` (e em vários outros cabeçalhos, como `<stdio.h>`). Inicializar um ponteiro em `0` é equivalente a inicializar um ponteiro com `NULL`, mas `NULL` é mais conveniente. Quando `0` é atribuído, ele é, em primeiro lugar, convertido em um ponteiro apropriado. O valor `0` é o único valor inteiro que pode ser atribuído diretamente a uma variável de ponteiro. A atribuição do endereço de uma variável a um ponteiro será discutida na Seção 7.3.

Dica de prevenção de erro 7.1

Inicialize os ponteiros para evitar resultados inesperados.

7.3 Operadores de ponteiros

O `&`, ou **operador de endereço**, é um operador unário que retorna o endereço de seu operando. Por exemplo, considerando as definições

```
int y = 5;
int *yPtr;
```

a instrução

```
yPtr = &y;
```

atribui o endereço da variável `y` à variável de ponteiro `yPtr`. A variável `yPtr`, então, 'aponta para' `y`. A Figura 7.2 é uma representação esquemática da memória após essa atribuição ter sido executada.

A Figura 7.3 representa o ponteiro na memória, supondo que a variável inteira `y` esteja armazenada no local `600000`, e a variável de ponteiro `yPtr` esteja armazenada no local `500000`. O operando do operador de endereço precisa ser uma variável; o operador de endereço não pode ser aplicado a constantes, a expressões ou a variáveis declaradas com a classe de armazenamento `register`.

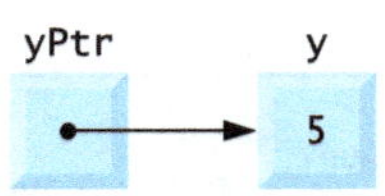

Figura 7.2 ■ Representação gráfica de um ponteiro apontando para uma variável inteira na memória.

Figura 7.3 ■ Representação de `y` e `yPtr` na memória.

O operador unário *, normalmente chamado **operador de indireção** ou **de desreferenciação**, retorna o valor do objeto apontado por seu operando (ou seja, um ponteiro). Por exemplo, a instrução

```
printf( "%d", *yPtr );
```

imprime o valor da variável y, a saber, 5. Esse uso de * é chamado **desreferenciação de um ponteiro**.

Erro comum de programação 7.3

Acessar um conteúdo com um ponteiro que não foi devidamente inicializado ou que não foi designado para apontar um local específico na memória é um erro. Isso poderia causar um erro fatal no tempo de execução, ou poderia acidentalmente modificar dados e permitir que o programa fosse executado até o fim com resultados incorretos.

A Figura 7.4 demonstra os operadores de ponteiro & e *. O especificador de conversão %p de printf mostra o local da memória como um inteiro hexadecimal na maioria das plataformas. (Veja o Apêndice C, Sistemas de Numeração, para obter mais informações sobre inteiros hexadecimais.) Observe que o endereço de a e o valor de aPtr são idênticos na saída, confirmando, assim, que o endereço de a é realmente atribuído à variável de ponteiro aPtr (linha 11). Os operadores & e * são complementos um do outro — quando ambos são aplicados consecutivamente a aPtr em qualquer ordem (linha 21), o mesmo resultado é impresso. A Figura 7.5 lista a precedência e a associatividade dos operadores introduzidos até agora.

```
1  /* Fig. 7.4: fig07_04.c
2     Usando os operadores & e *  */
3  #include <stdio.h>
4
5  int main( void )
6  {
7    int a; /* a é um inteiro */
8    int *aPtr; /* aPtr é um ponteiro para um inteiro */
9
10   a = 7;
11   aPtr = &a; /* aPtr definido para o endereço de a */
12
13   printf( "O endereço de a é %p"
14        "\nO valor de aPtr é %p", &a, aPtr );
15
16   printf( "\n\nO valor de a é %d"
17        "\nO valor de *aPtr é %d", a, *aPtr );
18
19   printf( "\n\nMostrando que * e & são complementos um "
20       "do outro\n&*aPtr = %p"
21       "\n*&aPtr = %p\n", &*aPtr, *&aPtr );
22   return 0; /* indica conclusão bem-sucedida */
23 } /* fim do main */
```

```
O endereço de a é 0012FF7C
O valor de aPtr é 0012FF7C

O valor de a é 7
O valor de *aPtr é 7

Mostrando que * e & são complementos um do outro.
&*aPtr = 0012FF7C
*&aPtr = 0012FF7C
```

Figura 7.4 ■ Usando os operadores de ponteiros & e *.

Operadores	Associatividade	Tipo
( ) [ ]	esquerda para direita	mais alta
+ - ++ -- ! * & (*tipo*)	direita para esquerda	unário
* / %	esquerda para direita	multiplicativo
+ -	esquerda para direita	aditivo
< <= > >=	esquerda para direita	relacional
== !=	esquerda para direita	igualdade
&&	esquerda para direita	AND lógico
||	esquerda para direita	OR lógico
?:	direita para esquerda	condicional
= += -= *= /= %=	direita para esquerda	atribuição
,	esquerda para direita	vírgula

Figura 7.5 ■ Precedência e associatividade de operadores.

7.4 Passando argumentos para funções por referência

Existem duas maneiras de passar argumentos a uma função, denominadas **chamada por valor** e **chamada por referência**. Todos os argumentos em C são passados por valor. Como vimos no Capítulo 5, `return` pode ser usado para retornar o valor de uma função chamada para a chamadora (ou para retornar o controle de uma função chamada sem passar um valor de volta). Muitas funções exigem a capacidade de modificar uma ou mais variáveis na função chamadora ou passar um ponteiro para um objeto com grande quantidade de dados, para evitar o overhead de passar o objeto por valor (o que implicaria na sobrecarga de ter de fazer uma cópia do objeto inteiro). Para essas finalidades, C oferece recursos para uma **simulação de chamada por referência**.

Em C, você usa ponteiros e operadores de indireção para simular uma chamada por referência. Ao chamar uma função com argumentos que devem ser modificados, os endereços dos argumentos são passados. Isso normalmente é feito ao se aplicar o operador (&) à variável (na função chamadora), cujo valor será modificado. Como vimos no Capítulo 6, os arrays não são passados usando-se o operador &, pois C passa automaticamente o local inicial para a memória do array (o nome de um array é equivalente a `&arrayName[0]`). Quando o endereço de uma variável é passado para uma função, o operador de indireção (*) pode ser usado na função para modificar o valor nesse local da memória da função chamadora.

Os programas na Figura 7.6 e na Figura 7.7 apresentam duas versões de uma função que calcula o cubo de um inteiro — `cubeByValue` e `cubeByReference`. A Figura 7.6 passa a variável `number` à função `cubeByValue` usando a chamada por valor (linha 14). A função `cubeByValue` calcula o cubo de seu argumento e passa o novo valor de volta a `main`, usando um comando `return`. O novo valor é atribuído a `number` em `main` (linha 14).

```
1  /* Fig. 7.6: fig07_06.c
2     Cubo de uma variável usando chamada por valor */
3  #include <stdio.h>
4
5  int cubeByValue( int n ); /* protótipo */
6
7  int main( void )
8  {
9     int number = 5; /* inicializa número */
10
11    printf( "O valor original do número é %d", number );
12
13    /* passa número por valor a cubeByValue */
14    number = cubeByValue( number );
15
```

Figura 7.6 ■ Cubo de uma variável usando chamada por valor. (Parte 1 de 2.)

```
   printf( "\nO novo valor do número é %d\n", number );
   return 0; /* indica conclusão bem-sucedida */
} /* fim do main */

/* calcula e retorna cubo do argumento inteiro */
int cubeByValue( int n )
{
   return n * n * n; /* calcula cubo da variável local n e retorna resultado */
} /* fim da função cubeByValue */
```

```
O valor original do número é 5
O novo valor do número é 125
```

Figura 7.6 ■ Cubo de uma variável usando chamada por valor. (Parte 2 de 2.)

A Figura 7.7 passa a variável `number` usando a chamada por referência (linha 15) — o endereço de `number` é passado — à função `cubeByReference`. A função `cubeByReference` usa como parâmetro um ponteiro para um `int` chamado `nPtr` (linha 22). A função desreferencia o ponteiro e calcula o cubo do valor para o qual `nPtr` aponta (linha 24), e depois atribui o resultado a `*nPtr` (que na realidade é `number` em `main`), mudando assim o valor de `number` em `main`. A Figura 7.8 e a Figura 7.9 analisam graficamente os programas na Figura 7.6 e na Figura 7.7, respectivamente.

Uma função que recebe um endereço como argumento precisa definir um parâmetro de ponteiro para receber esse endereço. Por exemplo, na Figura 7.7, o cabeçalho para a função `cubeByReference` (linha 22) é:

```
void cubeByReference( int *nPtr )
```

```
1  /* Fig. 7.7: fig07_07.c
2     Calcula o cubo de uma variável usando chamada por referência com argumento ponteiro */
3  
4  #include <stdio.h>
5  
6  void cubeByReference( int *nPtr ); /* protótipo */
7  
8  int main( void )
9  {
10    int number = 5; /* inicializa número */
11 
12    printf( "O valor original do número é %d", number );
13 
14    /* passa endereço do número a cubeByReference */
15    cubeByReference( &number );
16 
17    printf( "\nO novo valor do número é %d\n", number );
18    return 0; /* indica conclusão bem-sucedida */
19 } /* fim de main */
20 
21 /* calcula cubo de *nPtr; modifica variável number em main */
22 void cubeByReference( int *nPtr )
23 {
24    *nPtr = *nPtr * *nPtr * *nPtr; /* cubo de *nPtr */
25 } /* fim da função cubeByReference */
```

```
O valor original do número é 5
O novo valor do número é 125
```

Figura 7.7 ■ Cubo de uma variável usando chamada por referência com um argumento ponteiro.

O cabeçalho especifica que `cubeByReference` recebe o endereço de uma variável inteira como argumento, armazena o endereço localmente em `nPtr` e não retorna um valor.

O protótipo de função para `cubeByReference` contém `int *` entre parênteses. Assim como outros tipos de variável, não é necessário incluir nomes de ponteiros em protótipos de função. Os nomes incluídos para fins de documentação são ignorados pelo compilador C.

No cabeçalho da função e no protótipo para uma função que espera por um array de subscrito único como argumento, a notação de ponteiro da lista de parâmetros da função `cubeByReference` pode ser usada. O compilador não diferencia uma função que recebe um ponteiro de uma função que recebe um array de subscrito único. Isso, naturalmente, significa que a função precisa 'saber' quando vai receber um array ou simplesmente uma única variável para a qual deve executar a chamada por referência. Quando o compilador encontra um parâmetro de função para um array de subscrito único na forma `int b[ ]`, o compilador converte o parâmetro para a notação de ponteiro `int *b`. As duas formas são intercambiáveis.

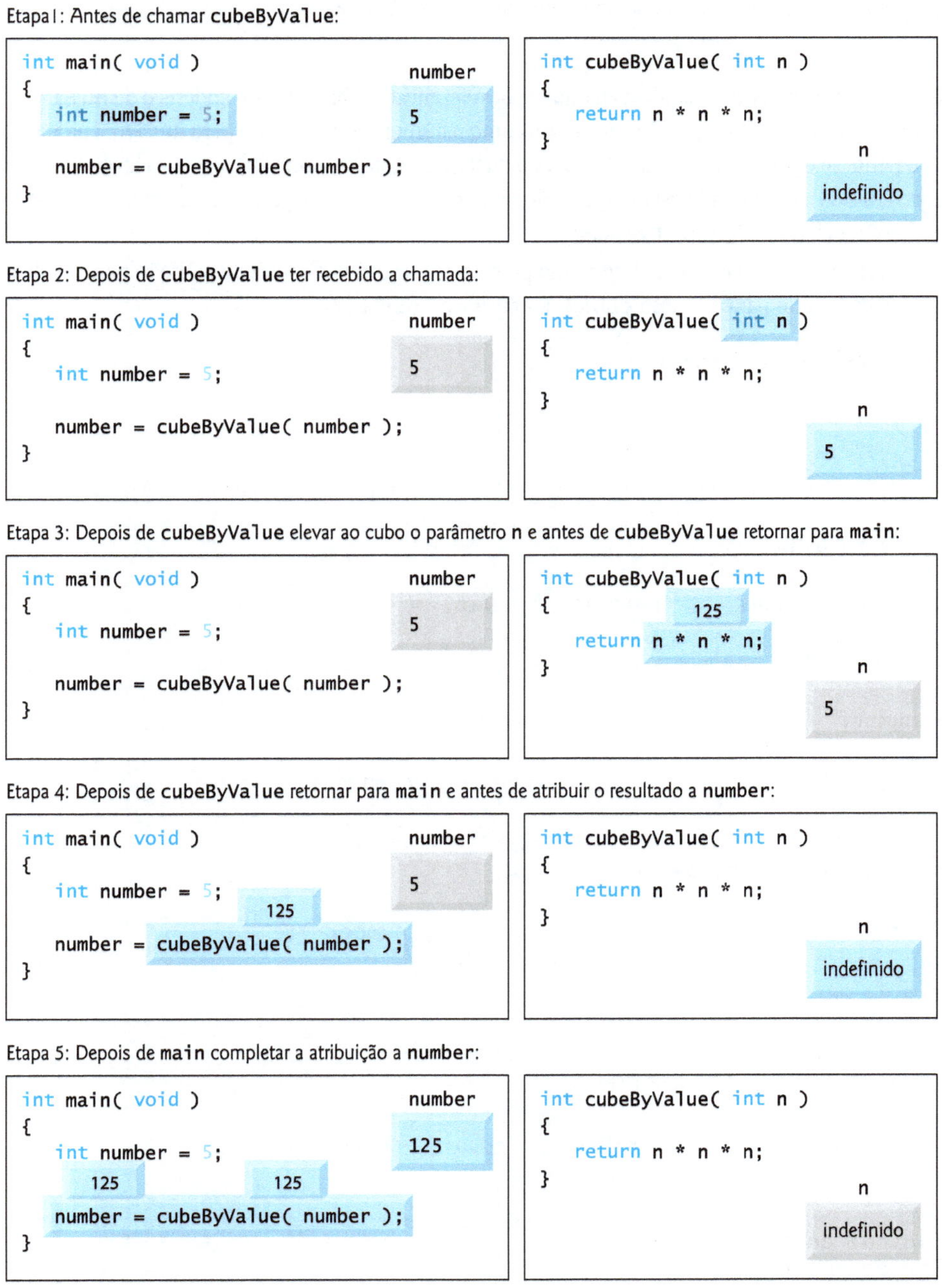

Figura 7.8 ■ Análise de uma típica chamada por valor.

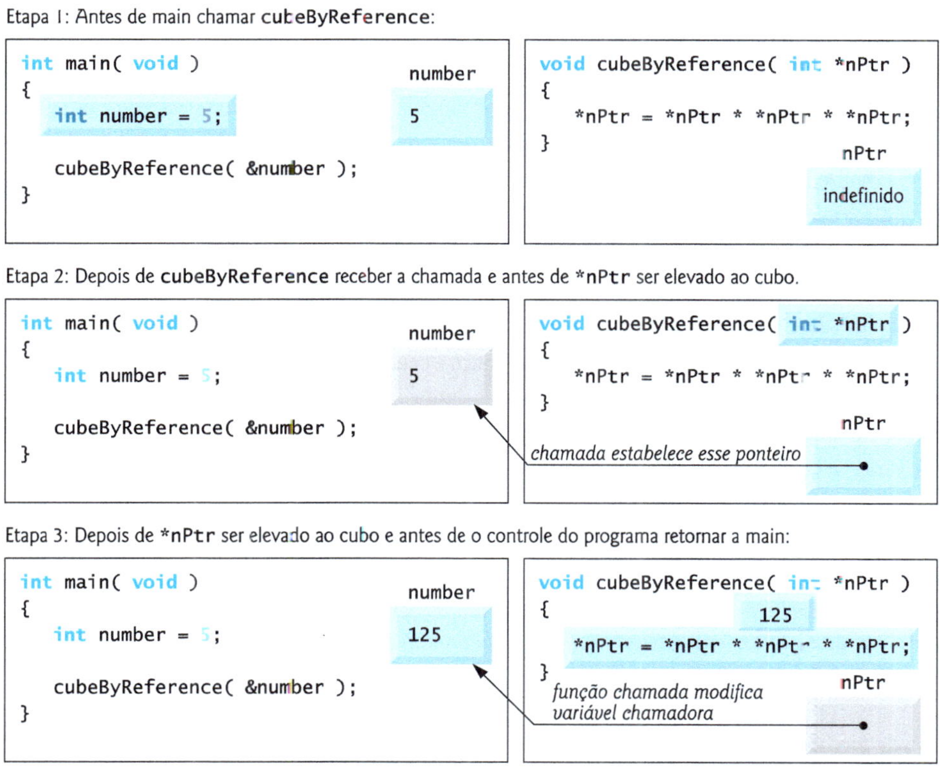

Figura 7.9 ■ Análise de uma típica chamada por referência com um argumento de ponteiro.

Dica de prevenção de erro 7.2

Use a chamada por valor para passar argumentos a uma função, a menos que a função chamadora exija explicitamente que a função chamada modifique o valor da variável do argumento no ambiente da função chamadora. Isso impede a modificação acidental dos argumentos da função chamadora, e também é outro exemplo do princípio do menor privilégio.

7.5 Usando o qualificador `const` com ponteiros

O **qualificador `const`** permite que você informe ao compilador que o valor de determinada variável deve ser modificado. O qualificador `const` não existia nas primeiras versões da C; ele foi acrescentado à linguagem pelo comitê ANSI C.

Observação sobre engenharia de software 7.1

O qualificador `const` *pode ser usado para impor o princípio do menor privilégio. A utilização do princípio do menor privilégio para projetar o software corretamente reduz o tempo de depuração e os efeitos colaterais impróprios, o que torna o programa mais fácil de modificar e de ser mantido.*

Dica de portabilidade 7.1

Embora `const` *seja bem-definida na linguagem C padrão, ela não é imposta por alguns compiladores*

Com o passar dos anos, uma grande base de código legado foi escrita nas primeiras versões de C, que não usavam `const` porque ele não estava disponível. Por esse motivo, existem oportunidades significativas para a melhoria na reengenharia do código C antigo.

Existem seis possibilidades de uso (ou de não uso) para `const` com parâmetros de função — duas com passagem de parâmetros por chamada por valor e quatro com passagem de parâmetros por chamada por referência. Como escolher uma dentre as seis possibilidades? Deixe que o **princípio do menor privilégio** seja seu guia. Sempre conceda a uma função acesso suficiente aos dados em seus parâmetros para que ela realize a tarefa especificada, mas não mais que isso.

No Capítulo 5, explicamos que todas as chamadas em C são chamadas por valor — uma cópia do argumento na chamada de função é feita e passada à função. Se a cópia for modificada na função, o valor original na função chamadora não muda. Em muitos casos, um valor passado a uma função é modificado de modo que a função possa realizar sua tarefa. Porém, em alguns casos, o valor não deve ser alterado na função chamada, embora ela manipule apenas uma cópia do valor original.

Considere uma função que recupere um array de subscrito único e seu tamanho como argumentos, e imprima na tela o array. Essa função deverá percorrer o array e enviar cada um de seus elementos individualmente. O tamanho do array é usado no corpo da função para determinar o subscrito alto do array, de modo que o loop possa terminar quando a impressão for concluída. Nem o tamanho do array nem o conteúdo deverão mudar no corpo da função.

Dica de prevenção de erro 7.3

Se uma variável não mudar (ou não tiver de mudar) no corpo de uma função à qual ela for passada, ela deverá ser declarada `const` *para garantir que não seja modificada acidentalmente.*

Se uma tentativa de modificação de um valor declarado como `const` for feita, o compilador apanhará isso e emitirá uma advertência ou um erro, a depender do compilador em questão.

Observação sobre engenharia de software 7.2

Em uma função chamadora, apenas um valor pode ser alterado na utilização da chamada por valor. Esse valor deve ser atribuído a partir do valor de retorno da função para uma variável na função chamadora. Para modificar diversas variáveis de uma função chamadora em uma função chamada, use a chamada por referência.

Dica de prevenção de erro 7.4

Antes de usar uma função, verifique seu protótipo de função para determinar se a função é capaz de modificar os valores passados a ela.

Erro comum de programação 7.4

Não estar ciente de que uma função está à espera de ponteiros como argumentos para a chamada por referência e, então, passar argumentos com chamada por valor. Alguns compiladores capturam os valores supondo que eles sejam ponteiros, e os desreferenciam como tais. No tempo de execução, normalmente são geradas violações de acesso à memória ou falhas de segmentação. Outros compiladores detectam a divergência em tipos entre argumentos e parâmetros, e geram mensagens de erro.

Existem quatro maneiras de passar um ponteiro para uma função: um **ponteiro não constante para dados não constantes**, um **ponteiro constante para dados não constantes**, um **ponteiro não constante para dados constantes** e um **ponteiro constante para dados constantes**. Cada uma dessas quatro combinações oferece diferentes privilégios de acesso, que serão discutidos nos próximos exemplos.

Convertendo uma string em maiúsculas usando um ponteiro não constante para dados não constantes

O nível mais alto de acesso a dados é concedido por um ponteiro não constante para dados não constantes. Nesse caso, os dados podem ser modificados por meio de um ponteiro desreferenciado, e o ponteiro pode ser modificado para apontar para outros itens de dados. Uma declaração para um ponteiro não constante para dados não constantes não inclui `const`. Esse ponteiro poderia ser usado para receber uma string como argumento para uma função que usa **aritmética de ponteiro** para processar (e, possivelmente, modificar) cada caractere da string. A função `convertToUppercase` da Figura 7.10 declara seu parâmetro, um ponteiro não constante para dados não constantes, chamado `sPtr` (`char *sPtr`), na linha 21. A função processa o array `string` (apontado por `sPtr`) um caractere por vez, usando a aritmética de ponteiro. A função da biblioteca-padrão de C `islower` (chamada na linha 25) testa o conteúdo de caractere do endereço apontado por `sPtr`. Se um caractere estiver no intervalo de `a` até `z`, `islower` retorna verdadeiro e a função da biblioteca-padrão de C `toupper` (linha 26) é chamada para converter o caractere na sua letra maiúscula correspondente; caso contrário, `islower` retorna falso e o próximo caractere na string é processado. A linha 29 move o ponteiro até o próximo caractere na string. A aritmética de ponteiro será discutida com mais detalhes na Seção 7.8.

```
1  /* Fig. 7.10: fig07_10.c
2     Convertendo uma string em maiúsculas usando um
3     ponteiro não constante para dados não constantes */
4
5  #include <stdio.h>
6  #include <ctype.h>
7
8  void convertToUppercase( char *sPtr ); /* protótipo */
9
10 int main( void )
11 {
12    char string[] = "caracteres e R$32,98"; /* inicializa array de char */
13
14    printf( "A string antes da conversão é: %s", string );
15    convertToUppercase( string );
16    printf( "\nA string após a conversão é: %s\n", string );
17    return 0; /* indica conclusão bem-sucedida */
18 } /* fim do main */
19
20 /* converte string em letras maiúsculas */
21 void convertToUppercase( char *sPtr )
22 {
23    while ( *sPtr != '\0' ) { /* caractere atual não é '\0' */
24
25       if ( islower( *sPtr ) ) { /* se o caractere é minúsculo, */
26          *sPtr = toupper( *sPtr ); /* converte em maiúsculas */
27       } /* fim do if */
28
29       ++sPtr; /* desloca sPtr para o caracter seguinte */
30    } /* fim do while */
31 } /* fim da função convertToUppercase */
```

```
A string antes da conversão é: caracteres e R$32,98
A string após a conversão é: CARACTERES E R$32,98
```

Figura 7.10 ■ Convertendo uma string em maiúsculas usando um ponteiro não constante para dados não constantes.

Imprimindo uma string, um caractere por vez, usando um ponteiro não constante para dados constantes

Um ponteiro não constante para dados constantes pode ser modificado para apontar qualquer item de dados do tipo apropriado, mas os dados aos quais ele aponta não podem ser modificados. Esse ponteiro poderia ser usado para receber um argumento de array em uma função que processaria todos os elementos sem modificar os dados. Por exemplo, a função `printCharacters` (Figura 7.11) declara o parâmetro `sPtr` como do tipo `const char *` (linha 22). A declaração é lida da direita para a esquerda

```c
/* Fig. 7.11: fig07_11.c
   Imprimindo uma string um caractere por vez usando
   um ponteiro não constante para dados constantes */

#include <stdio.h>

void printCharacters( const char *sPtr );

int main( void )
{
   /* inicializa array de char */
   char string[] = "imprime caracteres de uma string";

   printf( "A string é:\n" );
   printCharacters( string );
   printf( "\n" );
   return 0; /* indica conclusão bem-sucedida */
} /* fim do main */

/* sPtr não pode modificar o caractere ao qual aponta,
   ou seja, sPtr é um ponteiro "somente de leitura" */
void printCharacters( const char *sPtr )
{
   /* loop pela string inteira */
   for ( ; *sPtr != '\0'; sPtr++ ) { /* sem inicialização */
      printf( "%c", *sPtr );
   } /* fim do for */
} /* fim da função printCharacters */
```

```
A string é:
imprime caracteres de uma string
```

Figura 7.11 ■ Imprimindo uma string, um caractere por vez, usando um ponteiro não constante para dados constantes.

como: '`sPtr` é um ponteiro para uma constante de caractere'. A função usa uma estrutura `for` para exibir cada caractere na string até que o caractere nulo seja encontrado. Após a impressão de cada caractere, o ponteiro `sPtr` é incrementado para apontar o próximo caractere na string.

A Figura 7.12 ilustra a tentativa de compilação de uma função que recebe um ponteiro não constante (`xPtr`) para dados constantes. Essa função tenta modificar os dados apontados por `xPtr` na linha 20 — o que resulta em um erro de compilação. [*Nota:* a mensagem real de erro que você verá será específica do compilador.]

```c
1  /* Fig. 7.12: fig07_12.c
2     Tentando modificar dados por meio de um
3     ponteiro não constante para dados constantes. */
4  #include <stdio.h>
5  void f( const int *xPtr ); /* protótipo */
6
7
8  int main( void )
9  {
10    int y; /* define y */
11
12    f( &y ); /* f tenta modificação ilegal */
13    return 0; /* indica conclusão bem-sucedida */
```

Figura 7.12 ■ Tentativa de modificação de dados por um ponteiro não constante para dados constantes. (Parte 1 de 2.)

```
} /* fim do main */

/* xPtr não pode ser usado para modificar o valor
   da variável à qual ele aponta */
void f( const int *xPtr )
{
   *xPtr = 100; /* erro: não pode modificar um objeto const */
} /* fim da função f */
```

```
Compiling...
FIG07_12.c
c:\examples\ch07\fig07_12.c(22) : error C2166: l-value specifies const object
Error executing cl.exe.

FIG07_12.exe - 1 error(s), 0 warning(s)
```

Figura 7.12 ■ Tentativa de modificação de dados por um ponteiro não constante para dados constantes. (Parte 2 de 2.)

Como sabemos, os arrays são tipos de dados agregados que armazenam itens de dados relacionados e do mesmo tipo sob um único nome. No Capítulo 10, discutiremos outra forma de tipo de dado agregado chamado **estrutura** (às vezes, em outras linguagens, é chamado de **registro**). Uma estrutura é capaz de armazenar dados relacionados de diferentes tipos sob um único nome (por exemplo, informações sobre cada funcionário de uma empresa). Quando uma função é chamada com um array como argumento, o array é automaticamente passado à função por referência. Porém, as estruturas sempre são passadas por valor — uma cópia da estrutura inteira é passada. Isso exige a sobrecarga do tempo de execução da realização de uma cópia de cada dado na estrutura, e sua armazenagem na pilha de chamada da função de comunicação. Quando os dados da estrutura precisam ser passados a uma função, podemos usar ponteiros para dados constantes para conseguir a execução da chamada por referência e a proteção da chamada por valor. Quando um ponteiro de uma estrutura é passado, apenas uma cópia do endereço em que a estrutura está armazenada deve ser feita. Em uma máquina com endereços de 4 bytes, é feita uma cópia dos 4 bytes de memória em vez de uma cópia de, possivelmente, centenas ou milhares de bytes da estrutura.

Dica de desempenho 7.1

Objetos grandes como estruturas devem ser passados por meio de ponteiros para dados constantes, a fim de que se obtenham os benefícios de desempenho da chamada por referência e de segurança da chamada por valor.

Esse uso dos ponteiros para dados constantes é um exemplo de **dilema de tempo/espaço**. Se a memória for pequena e a eficiência da execução for um problema, use ponteiros. Se a memória for abundante e a eficiência não for uma questão importante, passe dados por valor, para impor o princípio do menor privilégio. Lembre-se de que alguns sistemas não impõem `const` muito bem, de modo que a chamada por valor ainda é a melhor maneira de impedir que os dados sejam modificados.

Tentando modificar um ponteiro constante para dados não constantes

Um ponteiro constante para dados não constantes sempre aponta para o mesmo local da memória, e os dados nesse local podem ser modificados por meio do ponteiro. Este é o padrão para um nome de array. O nome do array é um ponteiro constante para o início do array. Todos os dados do array podem ser acessados e alterados pelo uso de seu nome e subscrito. Um ponteiro constante para dados não constantes pode ser usado para receber um array como um argumento para uma função que acessa elementos do array, usando apenas a notação de subscrito deste. Ponteiros que sejam declarados `const` precisam ser inicializados ao serem definidos (se o ponteiro for um parâmetro de função, ele será inicializado com um ponteiro que será passado para a função). Na Figura 7.13, vemos uma tentativa de modificação de um ponteiro constante. O ponteiro `ptr` é definido na linha 12 para ser do tipo `int * const`. A definição é lida da direita para a esquerda como: '`ptr` é um ponteiro constante para um inteiro'. O ponteiro é inicializado (linha 12) com o endereço da variável inteira `x`. O programa tenta atribuir o endereço de `y` a `ptr` (linha 15), mas o compilador gera uma mensagem de erro.

```c
/* Fig. 7.13: fig07_13.c
   Tentando modificar um ponteiro constante para dados não constantes */
#include <stdio.h>

int main( void )
{
   int x; /* define x */
   int y; /* define y */

   /* ptr é um ponteiro constante para um inteiro que pode ser modificado por
      meio de ptr, mas ptr sempre aponta para o mesmo local da memória */
   int * const ptr = &x;

   *ptr = 7; /* permitido: *ptr não é const */
   ptr = &y; /* erro: ptr é const; não pode atribuir novo endereço */
   return 0; /* indica conclusão bem-sucedida */
} /* fim do main */
```

```
Compiling...
FIG07_13.c
c:\examples\ch07\FIG07_13.c(15) : error C2166: l-value specifies const object
Error executing cl.exe.

FIG07_13.exe - 1 error(s), 0 warning(s)
```

Figura 7.13 ■ Tentando modificar um ponteiro constante para dados não constantes.

Tentando modificar um ponteiro constante para dados constantes

O previlégio mínimo de acesso é concedido por um ponteiro constante para dados constantes. Esse ponteiro sempre aponta o mesmo local da memória, e os dados nesse local da memória não podem ser modificados. Um array deve ser passado dessa forma a uma função, que somente vai examiná-lo usando a notação de subscrito do array, sem modificá-lo. A Figura 7.14 define a variável de ponteiro `ptr` (linha 13) para ser do tipo `const int *const`, que é lido da direita para a esquerda como: '`ptr` é um ponteiro constante para um inteiro constante'. A figura mostra as mensagens de erro geradas quando é feita uma tentativa de modificar os dados aos quais `ptr` aponta (linha 16), e quando é feita uma tentativa de modificar o endereço armazenado na variável do ponteiro (linha 17).

```c
1  /* Fig. 7.14: fig07_14.c
2     Tentando modificar um ponteiro constante para dados constantes. */
3  #include <stdio.h>
4
5  int main( void )
6  {
7     int x = 5; /* inicializa x */
8     int y; /* define y */
9
10    /* ptr é um ponteiro constante para um inteiro constante. ptr sempre
11       aponta o mesmo local; o inteiro nesse local
12       não pode ser modificado */
13    const int *const ptr = &x;
14
15    printf( "%d\n", *ptr );
16    *ptr = 7; /* erro: *ptr é const; não pode atribuir novo valor */
17    ptr = &y; /* erro: ptr é const; não pode atribuir novo endereço */
18    return 0; /* indica conclusão bem-sucedida */
19 } /* fim do main */
```

Figura 7.14 ■ Tentando modificar um ponteiro constante para dados constantes. (Parte 1 de 2.)

```
Compiling...
FIG07_14.c
c:\examples\ch07\FIG07_14.c(17) : error C2166: l-value specifies const object
c:\examples\ch07\FIG07_14.c(18) : error C2166: l-value specifies const object
Error executing cl.exe.

FIG07_12.exe - 2 error(s), 0 warning(s)
```

Figura 7.14 ■ Tentando modificar um ponteiro constante para dados constantes. (Parte 2 de 2.)

7.6 Bubble sort usando chamada por referência

Vamos melhorar o programa de bubble sort mostrado na Figura 6.15 para que possamos usar duas funções — `bubbleSort` e `swap`. A função `bubbleSort` ordena o array. Ela chama a função `swap` (linha 51) para que ela troque os elementos do array `array[j]` e `array[j + 1]` (ver Figura 7.15). Lembre-se de que C impõe a ocultação de informações entre funções, de modo que `swap` não tem acesso a elementos individuais de array em `bubbleSort`. Como `bubbleSort` *deseja* que `swap` tenha acesso aos elementos do array para que eles sejam trocados, `bubbleSort` passa cada um desses elementos chamados por referência a `swap` — o endereço de cada elemento do array é passado explicitamente. Embora arrays inteiros sejam automaticamente passados por referência, elementos de array individuais são escalares e normalmente passados por valor. Portanto, `bubbleSort` usa o operador de endereço (&) em cada um dos elementos do array na chamada `swap` (linha 51) para efetuar a chamada por referência da seguinte forma

```
swap( &array[ j ], &array[ j + 1 ] );
```

A função `swap` recebe `&array[j]` na variável de ponteiro `element1Ptr` (linha 59). Embora `swap` não tenha permissão para saber o nome `array[j]` — devido à ocultação de informações —, `swap` pode usar `*element1Ptr` como um sinônimo para `array[j]` — quando `swap` referencia `*element1Ptr`, ela está, na verdade, referenciando `array[j]` em `bubbleSort`. De modo semelhante, quando `swap` referencia `*element2Ptr`, ele está, na verdade, referenciando `array[j + 1]` em `bubbleSort`. Embora `swap` não possa dizer

```
hold = array[ j ];
array[ j ] = array[ j + 1 ];
array[ j + 1 ] = hold;
```

o mesmo efeito é alcançado pelas linhas de 61 a 63

```
int hold = *element1Ptr;
*element1Ptr = *element2Ptr;
*element2Ptr = hold;
```

```
1  /* Fig. 7.15: fig07_15.c
2     Esse programa coloca valores em um array, ordena os valores em
3     ordem crescente e imprime o array resultante. */
4  #include <stdio.h>
5  #define SIZE 10
6
7  void bubbleSort( int * const array, const int size ); /* protótipo */
8
9  int main( void )
10 {
11    /* inicializa array a */
12    int a[ SIZE ] = { 2, 6, 4, 8, 10, 12, 89, 68, 45, 37 };
13
14    int i; /* contador */
```

Figura 7.15 ■ Bubble sort com chamada por referência. (Parte 1 de 2.)

```c

   printf( "Itens de dados na ordem original\n" );

   /* loop pelo array a */
   for ( i = 0; i < SIZE; i++ ) {
      printf( "%4d", a[ i ] );
   } /* fim do for */

   bubbleSort( a, SIZE ); /* ordena o array */

   printf( "\nItens de dados em ordem crescente\n" );

   /* loop pelo array a */
   for ( i = 0; i < SIZE; i++ ) {
      printf( "%4d", a[ i ] );
   } /* fim do for */

   printf( "\n" );
   return 0; /* indica conclusão bem-sucedida */
} /* fim do main */

/* ordena um array de inteiros usando algoritmo bubble sort */
void bubbleSort( int * const array, const int size )
{
   void swap( int *element1Ptr, int *element2Ptr ); /* protótipo */
   int pass; /* contador de passadas */
   int j; /* contador de comparação */

   /* loop para controlar passadas */
   for ( pass = 0; pass < size - 1; pass++ ) {

      /* loop para controlar comparações durante cada passada */
      for ( j = 0; j < size - 1; j++ ) {

         /* troca elementos adjacentes se estiverem fora de ordem */
         if ( array[ j ] > array[ j + 1 ] ) {
            swap( &array[ j ], &array[ j + 1 ] );
         } /* fim do if */
      } /* fim do for interno */
   } /* fim do for externo */
} /* fim da função bubbleSort */

/* troca valores nos locais da memória apontados por element1Ptr
   e element2Ptr */
void swap( int *element1Ptr, int *element2Ptr )
{
   int hold = *element1Ptr;
   *element1Ptr = *element2Ptr;
   *element2Ptr = hold;
} /* fim da função swap */
```

```
Itens de dados na ordem original
   2   6   4   8  10  12  89  68  45  37
Itens de dados em ordem crescente
   2   4   6   8  10  12  37  45  68  89
```

Figura 7.15 ■ Bubble sort com chamada por referência. (Parte 2 de 2.)

Vários recursos da função `bubbleSort` devem ser observados. O cabeçalho da função (linha 37) declara `array` como `int * const array` em vez de `int array[ ]` para indicar que `bubbleSort` recebe um array de subscrito único como argumento (novamente, essas notações são intercambiáveis). O parâmetro `size` é declarado `const` para impor o princípio do menor privilégio. Embora o parâmetro `size` receba uma cópia de um valor em `main`, e modificar a cópia não possa mudar o valor em `main`, `bubbleSort` não precisa alterar `size` para realizar essa tarefa. O tamanho do array permanecerá fixo durante a execução da função `bubbleSort`. Portanto, `size` é declarado `const` para garantir que não será modificado. Se o tamanho do array for modificado durante o processo de ordenação, é possível que o algoritmo de ordenação não funcione corretamente.

O protótipo para a função `swap` (linha 39) está incluído no corpo da função `bubbleSort`, pois `bubbleSort` é a única função que chama `swap`. Colocar o protótipo em `bubbleSort` restringe chamadas apropriadas de `swap` àquelas feitas a partir de `bubbleSort`. Outras funções que tentarem chamar `swap` não terão acesso a um protótipo de função apropriado, de modo que o compilador gerará um automaticamente. Isso normalmente resulta em um protótipo que não combina com o cabeçalho de função (e gera uma advertência ou erro de compilação), pois o compilador assume `int` para o tipo de retorno e para os tipos de parâmetro.

Observação sobre engenharia de software 7.3

Colocar protótipos de função nas definições de outras funções impõe o princípio do menor privilégio restringindo chamadas de função apropriadas às funções em que os protótipos aparecem.

A função `bubbleSort` recebe o tamanho do array como um parâmetro (linha 37). A função precisa saber o tamanho do array para ordená-lo. Quando um array é passado para uma função, o endereço de memória do primeiro elemento do array é recebido pela função. O endereço, naturalmente, não transmite o número de elementos do array. Portanto, você precisa passar o tamanho do array para a função. [*Nota:* outra prática comum é passar um ponteiro para o início do array e um ponteiro para o local logo após o final do array. A diferença dos dois ponteiros é o comprimento do array, e o código resultante é mais simples.]

No programa, o tamanho do array é passado explicitamente para a função `bubbleSort`. Essa técnica implica dois benefícios principais: a reutilização do software e a engenharia de software apropriada. Ao definir a função para receber o tamanho do array como um argumento, permitimos que ela seja usada por qualquer programa que ordene arrays de inteiros de subscrito único de qualquer tamanho.

Observação sobre engenharia de software 7.4

Ao passar um array para uma função, passe também o tamanho do array. Isso ajuda a tornar a função reutilizável em muitos programas.

Poderíamos ter armazenado o tamanho do array em uma variável global acessível ao programa inteiro. Isso seria mais eficiente, pois não é feita uma cópia de seu tamanho para passar à função. Porém, outros programas que exigem uma capacidade de ordenação de array de inteiros podem não ter a mesma variável global, de modo que a função não pode ser usada nesses programas.

Observação sobre engenharia de software 7.5

As variáveis globais normalmente violam o princípio do menor privilégio, e podem levar a uma engenharia de software ineficiente. As variáveis globais devem ser usadas somente para representar recursos verdadeiramente compartilhados, como a hora do dia.

O tamanho do array poderia ter sido programado diretamente na função. Isso restringiria o uso da função a um array de um tamanho específico, e reduziria significativamente sua reutilização. Somente programas que processam arrays de inteiros de subscrito único do tamanho específico codificado na função podem usar a função.

7.7 Operador `sizeof`

C oferece o operador unário especial `sizeof` para que o tamanho de um array (ou qualquer outro tipo de dado) seja determinado em bytes durante a compilação do programa. Quando aplicado ao nome de um array, como vemos na Figura 7.16 (linha 14), o

```c
/* Fig. 7.16: fig07_16.c
   A aplicação de sizeof a um nome de array retorna
   o número de bytes no array. */
#include <stdio.h>

size_t getSize( float *ptr ); /* protótipo */

int main( void )
{
   float array[ 20 ]; /* cria array */

   printf( "O número de bytes no array é %d"
           "\nO número de bytes retornados por getSize é %d\n",
           sizeof( array ), getSize( array ) );
   return 0; /* indica conclusão bem-sucedida */
} /* fim do main */

/* retorna tamanho de ptr */
size_t getSize( float *ptr )
{
   return sizeof( ptr );
} /* fim da função getSize */
```

```
O número de bytes no array é 80
O número de bytes retornados por getSize é 4
```

Figura 7.16 ■ A aplicação do `sizeof` a um nome de array retorna o número de bytes no array.

operador `sizeof` retorna o número total de bytes no array como um inteiro. As variáveis do tipo `float` normalmente são armazenadas em 4 bytes de memória, e `array` é definido para ter 20 elementos. Portanto, existe um total de 80 bytes no `array`.

Dica de desempenho 7.2

O `sizeof` é um operador do tempo de compilação, de modo que não inclui nenhum overhead no tempo de execução.

O número de elementos em um array também pode ser determinado a partir do `sizeof`. Por exemplo, considere a seguinte definição de array:

```c
double real[ 22 ];
```

Variáveis do tipo `double` normalmente são armazenadas em 8 bytes de memória. Assim, o array `real` contém um total de 176 bytes. Para determinar o número de elementos no array, pode-se usar a expressão a seguir:

```c
sizeof( real ) / sizeof( real[ 0 ] )
```

A expressão determina o número de bytes no array `real` e divide esse valor pelo número de bytes usados na memória para armazenar o primeiro elemento do array `real` (um valor `double`).

A função `getSize` retorna o tipo `size_t`. O **tipo `size_t`** é definido pelo padrão C como um tipo inteiro (`unsigned` ou `unsigned long`) do valor retornado pelo operador `sizeof`. O tipo `size_t` i é definido no cabeçalho `<stddef.h>` (que está contido em vários cabeçalhos, como `<stdio.h>`). [*Nota:* se você tentar compilar a Figura 7.16 e receber erros, basta incluir `<stddef.h>` em seu programa.] A Figura 7.17 calcula o número de bytes usados para armazenar cada um dos tipos de dados-padrão. Os resultados podem variar, a depender do computador.

```
/* Fig. 7.17: fig07_17.c
   Demonstrando o operador sizeof */
#include <stdio.h>

int main( void )
{
   char c;
   short s;
   int i;
   long l;
   float f;
   double d;
   long double ld;
   int array[ 20 ]; /* cria array de 20 elementos int */
   int *ptr = array; /* cria ponteiro para array */

   printf( "     sizeof c = %d\tsizeof(char)  = %d"
           "\n     sizeof s = %d\tsizeof(short) = %d"
           "\n     sizeof i = %d\tsizeof(int) = %d"
           "\n     sizeof l = %d\tsizeof(long) = %d"
           "\n     sizeof f = %d\tsizeof(float) = %d"
           "\n     sizeof d = %d\tsizeof(double) = %d"
           "\n     sizeof ld = %d\tsizeof(long double) = %d"
           "\n sizeof array = %d"
           "\n   sizeof ptr = %d\n",
          sizeof c, sizeof( char ), sizeof s, sizeof( short ), sizeof i,
          sizeof( int ), sizeof l, sizeof( long ), sizeof f,
          sizeof( float ), sizeof d, sizeof( double ), sizeof ld,
          sizeof( long double ), sizeof array, sizeof ptr );
   return 0; /* indica conclusão bem-sucedida */
} /* fim do main */
```

```
     sizeof c = 1     sizeof(char)  = 1
     sizeof s = 2     sizeof(short) = 2
     sizeof i = 4     sizeof(int) = 4
     sizeof l = 4     sizeof(long) = 4
     sizeof f = 4     sizeof(float) = 4
     sizeof d = 8     sizeof(double) = 8
    sizeof ld = 8     sizeof(long double) = 8
 sizeof array = 80
   sizeof ptr = 4
```

Figura 7.17 ■ Usando o operador sizeof para determinar os tamanhos dos tipos de dados-padrão.

Dica de portabilidade 7.2

O número de bytes utilizados no armazenamento de determinado tipo de dado pode variar entre os sistemas. Ao escrever programas que dependem do tamanho dos tipos de dados, e que serão executados em vários sistemas de computador, use `sizeof` *para determinar o número de bytes usados para armazenar os tipos de dados.*

O operador `sizeof` pode ser aplicado a qualquer nome de variável, tipo ou valor (inclusive o valor de uma expressão). Quando aplicado ao nome de uma variável (que não é um nome de array) ou de uma constante, o número de bytes usados para armazenar o tipo específico da variável ou constante é retornado. Os parênteses usados com `sizeof` são necessários se o nome do tipo com duas palavras for fornecido como seu operando (como `long double` ou `unsigned short`). Omitir os parênteses, nesse caso, resultará em um erro de sintaxe. Os parênteses não serão necessários se o nome da variável ou o nome de um tipo contendo uma única palavra for fornecido como seu operando, mas eles ainda poderão ser incluídos sem causar erro.

7.8 Expressões com ponteiros e aritmética de ponteiros

Ponteiros são operandos válidos em expressões aritméticas, expressões de atribuição e expressões de comparação. Porém, nem todos os operadores normalmente usados nessas expressões são válidos em conjunto com variáveis de ponteiro. Esta seção descreverá os operadores que podem ter ponteiros como operandos, e como esses operadores são usados.

Um conjunto limitado de operações aritméticas pode ser realizado com ponteiros. Um ponteiro pode ser incrementado (++) ou decrementado (--), um inteiro pode ser somado a um ponteiro (+ ou +=), um inteiro pode ser subtraído de um ponteiro (- ou -=) e um ponteiro pode ser subtraído de outro.

Suponha que o array `int v[5]` tenha sido definido, e que seu primeiro elemento esteja no local `3000` na memória. Suponha que o ponteiro `vPtr` tenha sido inicializado para apontar `v[0]` — ou seja, o valor de `vPtr` é `3000`. A Figura 7.18 ilustra essa situação no caso de uma máquina com inteiros de 4 bytes. A variável `vPtr` pode ser inicializada para apontar o array `v` com uma dessas instruções:

```
vPtr = v;
vPtr = &v[ 0 ];
```

Dica de portabilidade 7.3

A maioria dos computadores de hoje tem inteiros de 2 bytes ou 4 bytes. Algumas das máquinas mais novas utilizam inteiros de 8 bytes. Como os resultados da aritmética de ponteiro dependem do tamanho dos objetos que um ponteiro aponta, a aritmética de ponteiro é dependente da máquina.

Na aritmética convencional, `3000 + 2` gera o valor `3002`. Isso normalmente não acontece com a aritmética de ponteiro. Quando um inteiro é somado ou subtraído de um ponteiro, o ponteiro não é simplesmente incrementado ou decrementado por esse inteiro, mas pelo inteiro multiplicado pelo tamanho do objeto ao qual o ponteiro se refere. O número de bytes depende do tipo de dado do objeto. Por exemplo, a instrução

```
vPtr += 2;
```

produzirá `3008` (`3000 + 2 * 4`), supondo que um inteiro seja armazenado em 4 bytes de memória. No array `v`, `vPtr` agora apontaria `v[2]` (Figura 7.19). Se um inteiro for armazenado em 2 bytes de memória, então o cálculo anterior resultaria no local de memória `3004` (`3000 + 2 * 2`). Se o array fosse de um tipo de dado diferente, a instrução anterior incrementaria o ponteiro pelo dobro do número de bytes necessários para armazenar um objeto desse tipo de dado. Os resultados da execução da aritmética de ponteiro em um array de caracteres serão consistentes com a aritmética comum, pois cada caractere tem 1 byte de extensão.

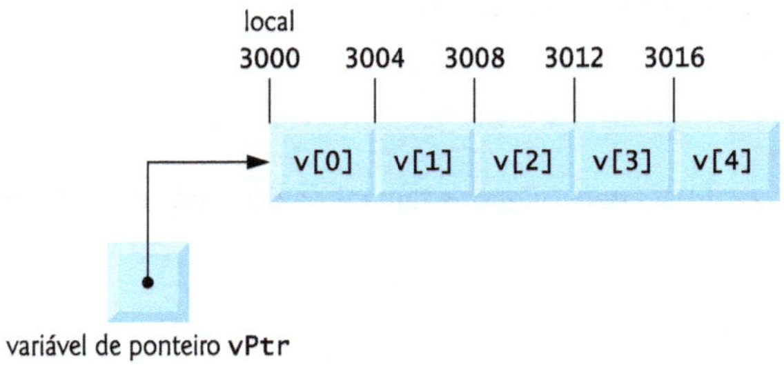

Figura 7.18 ■ Array `v` e uma variável de ponteiro `vPtr` que aponta para `v`.

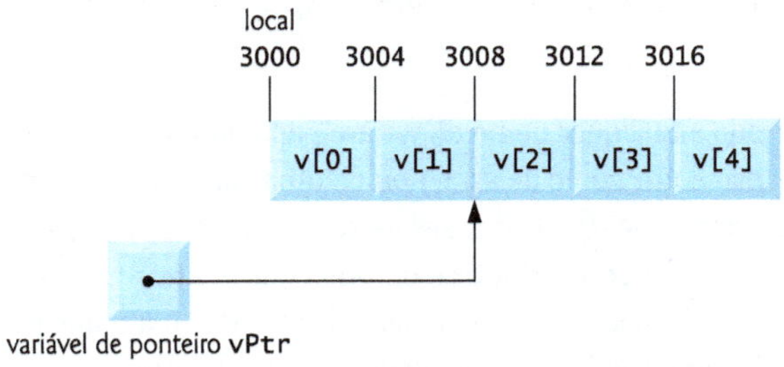

Figura 7.19 ■ O ponteiro `vPtr` após a execução da aritmética de ponteiro.

Se `vPtr` tivesse sido incrementado para `3016`, que aponta para `v[4]`, a instrução

```
vPtr -= 4;
```

definiria `vPtr` novamente em `3000` — o início do array. Se um ponteiro estiver sendo incrementado ou decrementado em um, os operadores de incremento (++) e de decremento (--) poderão ser usados. Qualquer uma das instruções a seguir

```
++vPtr;
vPtr++;
```

incrementa o ponteiro para que ele aponte o próximo local no array. Qualquer uma das instruções a seguir

```
--vPtr;
vPtr--;
```

decrementa o ponteiro para que ele aponte o elemento anterior no array.

As variáveis de ponteiro podem ser subtraídas umas das outras. Por exemplo, se `vPtr` contiver o local `3000`, e `v2Ptr` contiver o endereço `3008`, a instrução

```
x = v2Ptr - vPtr;
```

atribuirá a `x` o número de elementos de array de `vPtr` para `v2Ptr`, nesse caso, `2` (e não `8`). A aritmética de ponteiro não fará sentido a menos que seja realizada em um array. Não é possível supor que duas variáveis do mesmo tipo serão armazenadas em locais contíguos na memória, a menos que elas sejam elementos adjacentes de um array.

Erro comum de programação 7.5

Usar aritmética de ponteiro em um ponteiro que não se aplique a um elemento em um array.

Erro comum de programação 7.6

Subtrair ou comparar dois ponteiros que não se refiram a elementos no mesmo array.

Erro comum de programação 7.7

Ultrapassar o final de um array ao usar a aritmética de ponteiro.

Um ponteiro pode ser atribuído a outro se ambos forem do mesmo tipo. A exceção a essa regra é o **ponteiro para void** (ou seja, `void *`), que é um ponteiro genérico que pode representar qualquer tipo de ponteiro. Todos os tipos de ponteiro podem receber um ponteiro para `void`, e este pode receber um ponteiro de qualquer tipo. Uma operação de coerção (cast) não é necessária em nenhum desses casos.

Um ponteiro para `void` não pode ser desreferenciado. Considere o seguinte: o compilador sabe que um ponteiro para `int` refere-se a 4 bytes de memória em uma máquina com inteiros de 4 bytes, mas um ponteiro para `void` simplesmente contém um local da memória para um tipo de dado desconhecido — o número exato de bytes aos quais o ponteiro se refere não é conhecido pelo compilador. O compilador precisa conhecer o tipo de dado para determinar o número de bytes a ser desreferenciado para um ponteiro em particular.

Erro comum de programação 7.8

Atribuir um ponteiro de um tipo a um ponteiro de outro tipo se nenhum deles for do tipo `void *` *consiste em um erro de sintaxe.*

Erro comum de programação 7.9

Desreferenciar um ponteiro `void *` *é um erro de sintaxe.*

Ponteiros podem ser comparados se usarmos operadores de igualdade e relacionais, mas essas comparações não farão sentido, a menos que os ponteiros apontem elementos do mesmo array. As comparações de ponteiro comparam os endereços armazenados nos ponteiros. Uma comparação entre dois ponteiros que apontam elementos no mesmo array poderia mostrar, por exemplo, que um deles aponta para um elemento de número mais alto do array do que o outro. A comparação é comumente usada para determinar se um ponteiro é `NULL`.

7.9 A relação entre ponteiros e arrays

Arrays e ponteiros estão intimamente relacionados em C, e geralmente são usados da mesma forma. Um nome de array pode ser considerado um ponteiro constante. Os ponteiros podem ser usados para realizar qualquer operação que envolva um subscrito de array.

Suponha que o array de inteiros `b[5]` e a variável de ponteiro de inteiros `bPtr` tenham sido definidos. Como o nome do array (sem um subscrito) é um ponteiro para o primeiro elemento do array, podemos definir `bPtr` igual ao endereço do primeiro elemento no array `b` com a instrução

```
bPtr = b;
```

Essa instrução é equivalente a obter o endereço do primeiro elemento do array da seguinte forma:

```
bPtr = &b[ 0 ];
```

O elemento do array `b[3]` pode, como alternativa, ser referenciado com a expressão de ponteiro

```
*( bPtr + 3 )
```

O `3` na expressão acima é o **deslocamento** até o ponteiro. Quando o ponteiro aponta o início de um array, o deslocamento indica qual elemento do array deve ser referenciado, e o valor do deslocamento é idêntico ao subscrito do array. A notação anterior é conhecida como **notação de ponteiro/deslocamento**. Os parênteses são necessários porque a precedência de `*` é mais alta que a precedência de `+`. Sem os parênteses, a expressão acima somaria `3` ao valor da expressão `*bPtr` (ou seja, `3` seria somado a `b[0]`, supondo que `bPtr` aponte para o início do array). Assim como o elemento do array pode ser referenciado com uma expressão com ponteiro, o endereço

```
&b[ 3 ]
```

pode ser escrito com a expressão com ponteiro

```
bPtr + 3
```

O próprio array pode ser tratado como um ponteiro e usado na aritmética de ponteiro. Por exemplo, a expressão

```
*( b + 3 )
```

também se refere ao elemento de array `b[3]`. Em geral, todas as expressões utilizando valores de array subscritadas podem ser escritas com um ponteiro e um deslocamento. Nesse caso, a notação de ponteiro/deslocamento foi usada com o nome do array como um ponteiro. A instrução anterior não modifica o nome do array de nenhuma forma; `b` ainda aponta o primeiro elemento no array.

Os ponteiros podem ser subscritados exatamente como os arrays. Por exemplo, se `bPtr` tem o valor `b`, a expressão

```
bPtr[ 1 ]
```

refere-se ao elemento de array `b[1]`. Isso é conhecido como **notação de ponteiro/subscrito**.

Lembre-se de que um nome de array é basicamente um ponteiro constante; ele sempre aponta para o início do array. Assim, a expressão

```
b += 3
```

é inválida, pois tenta modificar o valor do nome do array com a aritmética de ponteiro.

Erro comum de programação 7.10

Tentar modificar um nome de array usando aritmética de ponteiro consiste em um erro de sintaxe.

A Figura 7.20 usa os quatro métodos que discutimos para referenciar elementos do array — subscrito do array, ponteiro/deslocamento com o nome do array como um ponteiro, **subscrito de ponteiro** e ponteiro/deslocamento com um ponteiro — para imprimir os quatro elementos do array de inteiros b.

```
/* Fig. 7.20: fig07_20.cpp
   Usando notações de subscrito e ponteiro com arrays */

#include <stdio.h>

int main( void )
{
   int b[] = { 10, 20, 30, 40 }; /* inicializa array b */
   int *bPtr = b; /* define bPtr para apontar para array b */
   int i; /* contador */
   int offset; /* contador */

   /* mostra array b usando notação de subscrito de array */
   printf( "Array b impresso com:\nNotação de subscrito de array\n" );

   /* loop pelo array b */
   for ( i = 0; i < 4; i++ ) {
      printf( "b[ %d ] = %d\n", i, b[ i ] );
   } /* fim do for */

   /* mostra array b usando nome do array e notação de ponteiro/deslocamento */
   printf( "\nNotação de ponteiro/offset onde\n"
           "o ponteiro é o nome do array\n" );

   /* loop pelo array b */
   for ( offset = 0; offset < 4; offset++ ) {
      printf( "*( b + %d ) = %d\n", offset, *( b + offset ) );
   } /* fim do for */

   /* mostra array b usando bPtr e notação de subscrito de array */
   printf( "\nNotação de subscrito de ponteiro\n" );

   /* loop pelo array b */
   for ( i = 0; i < 4; i++ ) {
      printf( "bPtr[ %d ] = %d\n", i, bPtr[ i ] );
   } /* fim do for */

   /* mostra array b usando bPtr e notação de ponteiro/deslocamento */
   printf( "\nNotação de ponteiro/deslocamento\n" );

   /* loop pelo array b */
```

Figura 7.20 ■ Usando os quatro métodos para referenciar elementos do array. (Parte 1 de 2.)

```
    for ( offset = 0; offset < 4; offset++ ) {
       printf( "*( bPtr + %d ) = %d\n", offset, *( bPtr + offset ) );
    } /* fim do for */

    return 0; /* indica conclusão bem-sucedida */
 } /* fim do main */
```

```
Array b impresso com:
Notação de subscrito de array
b[ 0 ] = 10
b[ 1 ] = 20
b[ 2 ] = 30
b[ 3 ] = 40

Notação de ponteiro/deslocamento onde
o ponteiro é o nome do array
*( b + 0 ) = 10
*( b + 1 ) = 20
*( b + 2 ) = 30
*( b + 3 ) = 40

Notação de subscrito de ponteiro
bPtr[ 0 ] = 10
bPtr[ 1 ] = 20
bPtr[ 2 ] = 30
bPtr[ 3 ] = 40

Notação de ponteiro/deslocamento
*( bPtr + 0 ) = 10
*( bPtr + 1 ) = 20
*( bPtr + 2 ) = 30
*( bPtr + 3 ) = 40
```

Figura 7.20 ■ Usando os quatro métodos para referenciar elementos do array. (Parte 2 de 2.)

Para ilustrar um pouco a permutabilidade de arrays e ponteiros, vejamos duas funções de cópia de string — `copy1` e `copy2` — no programa da Figura 7.21. As duas funções copiam uma string (possivelmente, um array de caracteres) para um array de caracteres. Após uma comparação dos protótipos de função para `copy1` e `copy2`, as funções parecem ser idênticas. Elas realizam a mesma tarefa; porém, são implementadas de formas diferentes.

```
/* Fig. 7.21: fig07_21.c
   Copiando uma string usando notação de array e notação de ponteiro. */
#include <stdio.h>

void copy1( char * const s1, const char * const s2 ); /* protótipo */
void copy2( char *s1, const char *s2 ); /* protótipo */

int main( void )
{
   char string1[ 10 ]; /* cria array string1 */
   char *string2 = "Olá"; /* cria um ponteiro para uma string */
   char string3[ 10 ]; /* cria array string3 */
   char string4[] = "Adeus"; /* cria um ponteiro para uma string */

   copy1( string1, string2 );
   printf( "string1 = %s\n", string1 );
```

Figura 7.21 ■ Copiando uma string usando a notação de array e a notação de ponteiro. (Parte 1 de 2.)

```
17
18      copy2( string3, string4 );
19      printf( "string3 = %s\n", string3 );
20      return 0; /* indica conclusão bem-sucedida */
21   } /* fim do main */
22
23   /* copia s2 para s1 usando notação de array */
24   void copy1( char * const s1, const char * const s2 )
25   {
26      int i; /* contador */
27
28      /* loop pelas strings */
29      for ( i = 0; ( s1[ i ] = s2[ i ] ) != '\0'; i++ ) {
30         ; /* não faz nada no corpo */
31      } /* fim do for */
32   } /* fim da função copy1 */
33
34   /* copia s2 para s1 usando notação de ponteiro */
35   void copy2( char *s1, const char *s2 )
36   {
37      /* loop pelas strings */
38      for ( ; ( *s1 = *s2 ) != '\0'; s1++, s2++ ) {
39         ; /* não faz nada no corpo */
40      } /* fim do for */
41   } /* fim da função copy2 */
```

```
string1 = Olá
string3 = Adeus
```

Figura 7.21 ■ Copiando uma string usando a notação de array e a notação de ponteiro. (Parte 2 de 2.)

A função `copy1` usa a notação de subscrito de array para copiar a string de `s2` no array de caracteres `s1`. A função define a variável contadora `i` como o subscrito do array. O cabeçalho da estrutura `for` (linha 29) realiza a operação de cópia inteira — em seu corpo não há comando. O cabeçalho especifica que `i` é inicializado em zero e incrementado em um a cada iteração do loop. A expressão `s1[i] = s2[i]` copia um caractere de `s2` em `s1`. Quando o caractere nulo é encontrado em `s2`, ele é atribuído a `s1`, e o valor da atribuição se torna o valor atribuído ao operando da esquerda (`s1`). O loop termina porque o valor inteiro do caractere nulo é zero (falso).

A função `copy2` usa ponteiros e aritmética de ponteiro para copiar a string de `s2` no array de caracteres `s1`. Novamente, o cabeçalho da estrutura `for` (linha 38) realiza a operação de cópia inteira. O cabeçalho não inclui qualquer inicialização de variável. Como na função `copy1`, a expressão (`*s1 = *s2`) realiza a operação de cópia. O ponteiro `s2` é desreferenciado e o caractere resultante é atribuído ao ponteiro desreferenciado `*s1`. Após a atribuição na condição, os ponteiros são incrementados para que apontem para o próximo elemento do array `s1` e o próximo caractere de `s2`, respectivamente. Quando o caractere nulo é encontrado em `s2`, ele é atribuído ao ponteiro desreferenciado `s1`, e o loop termina.

Os primeiros argumentos de `copy1` e `copy2` precisam ser um array grande o suficiente para manter a string no segundo argumento. Caso contrário, é possível que ocorra um erro quando houver uma tentativa de escrever no local da memória que não faz parte do array. Além disso, o segundo parâmetro de cada função é declarado como `const char *` (uma string constante). Em ambas as funções, o segundo argumento é copiado no primeiro argumento — os caracteres são lidos ali um por vez, mas nunca são modificados. Portanto, o segundo parâmetro é declarado para apontar um valor constante, de modo que o princípio do menor privilégio é imposto — nenhuma função requer a capacidade de modificar o segundo argumento, para que essa capacidade não é fornecida a nenhuma delas.

7.10 Arrays de ponteiros

Arrays podem conter ponteiros. Um **array de ponteiros** é comumente usado para formar um **array de strings**. Cada entrada no array é uma string, mas em C uma string é, basicamente, um ponteiro para o seu primeiro caractere. Assim, cada entrada em um array de strings é, na realidade, um ponteiro para o primeiro caractere de uma string. Considere a definição do array de strings `suit` (naipe), que poderia ser útil na representação de um baralho.

```
const char *suit[ 4 ] = { "Copas", "Ouros", "Paus", "Espadas" };
```

A parte `suit[4]` da definição indica um array de 4 elementos. A parte `char *` da declaração indica que cada elemento do array `suit` é do tipo 'ponteiro para `char`'. O qualificador `const` indica que as strings apontadas por ponteiro de elemento não serão modificadas. Os quatro valores a serem colocados no array são `"Copas"`, `"Ouros"`, `"Paus"` e `"Espadas"`. Cada um é armazenado na memória como uma string de caracteres terminada em nulo, que é um caractere maior que o número de caracteres entre as aspas. As quatro strings possuem 6, 6, 5 e 8 caracteres de extensão, respectivamente. Embora pareça que essas strings estejam sendo colocadas no array `suit`, somente ponteiros são realmente armazenados no array (Figura 7.22). Cada ponteiro aponta para o primeiro caractere de sua string correspondente. Assim, embora o array `suit` seja fixo em tamanho, ele oferece acesso a strings de caracteres de qualquer tamanho. Essa flexibilidade é um exemplo das poderosas capacidades de estruturação de dados da linguagem C.

Os naipes poderiam ter sido colocados em um array bidimensional, no qual cada linha representaria um naipe, e cada coluna representaria uma letra do nome do naipe. Essa estrutura de dados precisaria ter um número fixo de colunas por linha, e esse número teria de ser tão grande quanto a maior das strings. Portanto, uma memória considerável poderia ser desperdiçada quando um número grande de strings estivesse sendo armazenado, sendo a maior parte das strings mais curtas do que a string mais longa. Usaremos arrays de strings para representar um baralho na próxima seção.

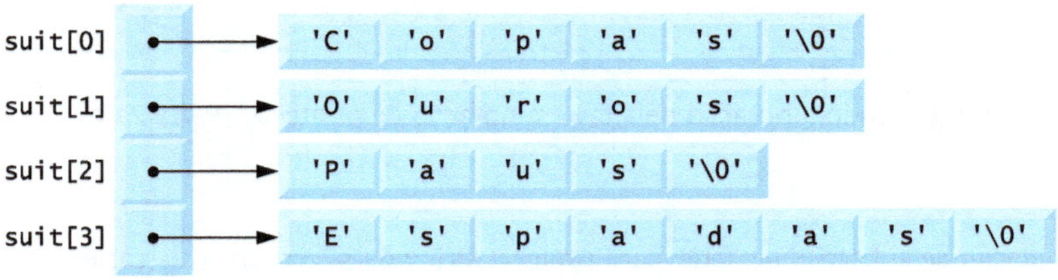

Figura 7.22 ■ Representação gráfica do array `suit`.

7.11 Estudo de caso: uma simulação de embaralhamento e distribuição de cartas

Nesta seção, usaremos a geração de números aleatórios para desenvolver um programa que simule o embaralhamento e a distribuição de cartas. Esse programa poderá ser usado, então, para implementar programas que simulam jogos de carta específicos. Para revelar alguns problemas de desempenho sutis, usaremos intencionalmente algoritmos para embaralhar e distribuir cartas abaixo do ideal. Nos exercícios deste capítulo e no Capítulo 10, desenvolveremos algoritmos mais eficientes.

Usando a técnica de refinamentos sucessivos, top-down, desenvolveremos um programa que embaralhará 52 cartas de jogo, e depois distribuirá cada uma delas. A técnica top-down é particularmente útil no ataque a problemas maiores e mais complexos que aqueles vistos nos capítulos iniciais.

Usamos um array `deck` com duplo subscrito, de 4 por 13, para representar o baralho (Figura 7.23). As linhas correspondem aos naipes — linha 0 corresponde a copas, linha 1 a ouros, linha 2 a paus e linha 3 a espadas. As colunas correspondem aos valores de face das cartas — as colunas de 0 a 9 correspondem a ás até 10, respectivamente, e as colunas de 10 a 12 correspondem a valete, dama e rei. Carregaremos o array de strings `suit` com strings de caracteres que representem os quatro naipes, e o array de strings `face` com strings de caracteres que representem os treze valores de face.

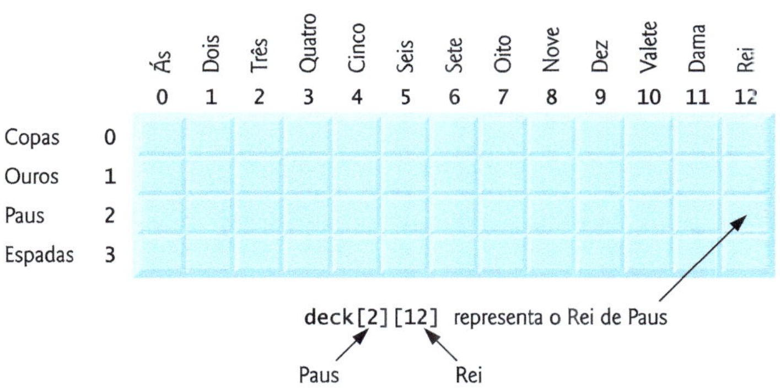

Figura 7.23 ■ Representação de um array com duplo subscrito de um baralho.

Esse baralho simulado pode ser embaralhado da seguinte forma. Primeiro, o array `deck` é zerado. Depois, uma `linha` (0-3) e uma `coluna` (0-12) são escolhidas aleatoriamente. O número 1 é inserido no elemento do array `deck[linha][coluna]` para indicar que essa carta será a primeira a ser distribuída. Esse processo continua com os números 2, 3, ..., 52 sendo inseridos aleatoriamente no array `deck` para indicar quais cartas devem ser colocadas em segundo, terceiro, ... e quinquagésimo segundo lugar no baralho. À medida que o array `deck` começa a ser preenchido com números de carta, é possível que uma carta seja selecionada duas vezes — ou seja, `deck[row][column]` será diferente de zero quando for selecionado. Essa seleção é simplesmente ignorada, e outras `rows` e `columns` são repetidamente escolhidas aleatoriamente, até que uma carta não selecionada seja encontrada. Eventualmente, os números de 1 a 52 ocuparão os 52 slots do array `deck`. Nesse ponto, as cartas estarão totalmente embaralhadas.

Esse algoritmo de embaralhamento poderia ser executado indefinidamente se as cartas que já tivessem sido embaralhadas fossem repetidamente selecionadas de forma aleatória. Esse fenômeno é conhecido como **adiamento indefinido**. Nos exercícios, discutiremos um algoritmo de embaralhamento melhor, que elimina a possibilidade do adiamento indefinido.

Dica de desempenho 7.3

Às vezes, um algoritmo que surge de uma maneira 'natural' pode conter problemas de desempenho sutis, como o de adiamento indefinido. Procure algoritmos que evitem o adiamento indefinido.

Para dar a primeira carta, procuramos o `deck[row][column]` igual a `1` no array. Isso é feito com uma estrutura `for` aninhada, que varia `row` de 0 a 3 e `column` de 0 a 12. A que carta esse elemento do array corresponde? O array `suit` foi previamente carregado com os quatro naipes, de modo que, para obter o naipe, imprimimos a string de caracteres `suit[row]`. De maneira semelhante, para obter o valor de face da carta, imprimimos a string de caracteres `face[column]`. Também imprimimos a string de caracteres `'de'`. A impressão dessa informação na ordem correta permite imprimir cada carta na forma `"Rei de Paus"`, `"Ás de Ouros"` e assim por diante.

Continuemos com o processo de refinamentos sucessivos top-down. No topo teremos, simplesmente,

Embaralhar e distribuir 52 cartas

Nosso primeiro refinamento gera:

Inicializar o array de naipes
Inicializar o array de faces
Inicializar o array do baralho
Embaralhar
Distribuir 52 cartas

'Embaralhar' pode ser desenvolvido da seguinte forma:

Para cada uma das 52 cartas
  Colocar aleatoriamente o número da carta em um slot desocupado do baralho

'Distribuir 52 cartas' pode ser desenvolvido da seguinte forma:

Para cada uma das 52 cartas
  Achar número de carta no array do baralho e imprimir face e naipe da carta

A incorporação desses desenvolvimentos gera nosso segundo refinamento completo:

Inicializar o array de naipes
Inicializar o array de faces
Inicializar o array do baralho
Para cada uma das 52 cartas
  Colocar aleatoriamente o número da carta em um slot desocupado do baralho
Para cada uma das 52 cartas
  Achar número da carta no array do baralho e imprimir face e naipe da carta

'Colocar aleatoriamente o número da carta em um slot desocupado do baralho' pode ser desenvolvido como:

Escolher slot do baralho aleatoriamente
Embora slot escolhido tenha sido escolhido anteriormente
  Escolher slot do baralho aleatoriamente
Colocar número da carta no slot escolhido do baralho

'Achar número da carta no array do baralho e imprimir face e naipe da carta' pode ser desenvolvido como:

Para cada slot do array do baralho
  Se o slot contém número da carta
    Imprimir face e naipe da carta

A incorporação desses desenvolvimentos gera nosso terceiro refinamento:

Inicializar o array de naipes
Inicializar o array de faces
Inicializar o array do baralho
Para cada uma das 52 cartas
  Escolher slot do baralho aleatoriamente
  Embora slot escolhido tenha sido escolhido anteriormente
    Escolher slot do baralho aleatoriamente
  Colocar número da carta no slot escolhido do baralho
Para cada uma das 52 cartas
  Para cada slot do array do baralho
    Se o slot contém número desejado de carta
      Imprimir a face e o naipe da carta

Isso completa o processo de refinamento. Esse programa é mais eficiente se as partes de embaralhar e distribuir do algoritmo forem combinadas, de modo que cada carta seja distribuída assim que for colocada no baralho. Escolhemos programar essas operações separadamente, porque, normalmente, as cartas são distribuídas depois de serem embaralhadas (não enquanto estão sendo embaralhadas).

O programa de embaralhamento e distribuição de cartas aparece na Figura 7.24, e um exemplo de execução é mostrado na Figura 7.25. O especificador de conversão `%s` é usado para imprimir strings de caracteres nas chamadas `printf`. O argumento correspondente na chamada `printf` precisa ser um ponteiro para `char` (ou um array de `char`). A especificação de formato "`%6s de %-7s`" (linha 73) imprime uma string de caracteres alinhada à direita em um campo de cinco caracteres, seguido por '`de`' e por uma string de caracteres alinhada à esquerda em um campo de oito caracteres. O sinal de menos em `%-7s` significa alinhamento à esquerda.

```
1  /* Fig. 7.24: fig07_24.c
2     Programa de embaralhamento e distribuição de cartas */
3  #include <stdio.h>
4  #include <stdlib.h>
5  #include <time.h>
6  
7  /* protótipos */
8  void embaralha( int wbaralho[][ 13 ] );
9  void distribui( const int wbaralho[][ 13 ], const char *wNaipe[],
10                const char *wNaipe[] );
11 
12 int main( void )
13 {
14    /* inicializa array naipe */
15    const char *naipe[ 4 ] = { "Copas", "Ouros", "Paus", "Espadas" };
16 
17    /* inicializa array naipe */
18    const char *naipe[ 13 ] =
19       { "Ás", "Dois", "Três", "Quatro",
20         "Cinco", "Seis", "Sete", "Oito",
21         "Nove", "Dez", "Valete", "Dama", "Rei" };
22 
23    /* inicializa array baralho */
24    int baralho[ 4 ][ 13 ] = { 0 };
25 
26    srand( time( 0 ) ); /* semente do gerador de número aleatório */
27 
28    shuffle( baralho ); /* embaralha */
29    distribui( deck, face, suit ); /* distribui as cartas do baralho */
30    return 0; /* indica conclusão bem-sucedida */
31 } /* fim do main */
32 
33 /* embaralha cartas */
34 void embaralha( int wbaralho[][ 13 ] )
35 {
36    int linha; /* número de linha */
37    int coluna; /* número de coluna */
38    int carta; /* contador */
39 
40    /* para cada uma das 52 cartas, escolhe slot de deck aleatoriamente */
41    for ( carta = 1; carta <= 52; carta++ ) {
42 
43       /* escolhe novo local aleatório até que slot não ocupado seja encontrado */
44       do {
45          linha = rand() % 4;
46          coluna = rand() % 13;
47       } while( wBaralho[ linha ][ coluna ] != 0 ); /* fim do do...while */
48 
49       /* coloca número da carta no slot escolhido do baralho */
50       wBaralho[ linha ][ coluna ] = carta;
51    } /* fim do for */
52 } /* fim da função shuffle */
53 
```

Figura 7.24 ■ Programa de distribuição de cartas. (Parte 1 de 2.)

```
/* distribui cartas no baralho */
void distribui( const int wBaralho[][ 13 ], const char *wNaipe[],
const char *wNaipe[] )
{
   int carta; /* contador de cartas */
   int linha; /* contador de linhas */
   int coluna; /* contador de coluna */

   /* distribui cada uma das 52 cartas */
   for ( carta = 1; carta <= 52; carta++ ) {
      /* loop pelas linhas de wBaralho */

      for ( linha = 0; linha <= 3; linha++ ) {

         /* loop pelas colunas de wBaralho para linha atual */
         for ( coluna = 0; coluna <= 12; coluna++ ) {

            /* se slot contém cartão atual, mostra carta */
            if ( wBaralho[ linha ][ coluna ] == carta ) {
               printf( "%5s of %-8s%c", wNaipe[ coluna ], wNaipe[ linha ],
                  carta % 2 == 0 ? '\n' : '\t' );
            } /* fim do if */
         } /* fim do for */
      } /* fim do for */
   } /* fim do for */
} /* fim da função distribui */
```

Figura 7.24 ■ Programa de distribuição de cartas. (Parte 2 de 2.)

```
  Nove de Copas          Cinco de Paus
  Dama de Espadas         Três de Espadas
  Dama de Copas            Ás de Paus
   Rei de Copas           Seis de Espadas
Valete de Ouros          Cinco de Espadas
  Sete de Copas            Rei de Paus
  Três de Paus            Oito de Copas
  Três de Ouros         Quatro de Ouros
  Dama de Ouros          Cinco de Ouros
  Seis de Ouros          Cinco de Copas
    Ás de Espadas         Seis de Copas
  Nove de Ouros           Dama de Paus
  Oito de Espadas         Nove de Paus
  Dois de Paus            Seis de Paus
  Dois de Espadas       Valete de Paus
Quatro de Paus            Oito de Paus
Quatro de Espadas         Sete de Espadas
  Sete de Ouros           Sete de Paus
   Rei de Espadas          Dez de Ouros
Valete de Copas             Ás de Copas
Valete de Espadas          Dez de Paus
  Oito de Ouros           Dois de Ouros
    Ás de Ouros           Nove de Espadas
Quatro de Copas           Dois de Copas
   Rei de Ouros            Dez de Espadas
  Três de Copas            Dez de Copas
```

Figura 7.25 ■ Exemplo de execução do programa de distribuição de cartas.

Há um ponto fraco no algoritmo de distribuição. Quando uma combinação é encontrada, as duas estruturas `for` internas continuam a procurar uma combinação nos elementos restantes de `deck`. Corrigiremos essa deficiência nos exercícios referentes a este capítulo e em um estudo de caso do Capítulo 10.

7.12 Ponteiros para funções

Um **ponteiro para uma função** contém o endereço da função na memória. No Capítulo 6, vimos que o nome de um array é, na realidade, o endereço na memória do primeiro elemento do array. De modo semelhante, um nome de função é o endereço inicial na memória do código que realiza a tarefa da função. Os ponteiros para funções podem ser passados para funções, retornados de funções, armazenados em arrays e atribuídos a outros ponteiros para funções.

Para ilustrar o uso de ponteiros para funções, a Figura 7.26 apresenta uma versão modificada do programa bubble sort na Figura 7.15. A nova versão consiste em `main` e nas funções `bubble`, `swap`, `ascending` e `descending`. A função `bubbleSort` recebe um ponteiro para uma função — `ascending` ou `descending` — como um argumento, além de um array de inteiros e o tamanho do array. O programa pede ao usuário que escolha se o array deve ser classificado em ordem crescente ou decrescente. Se o usuário digitar `1`, um ponteiro para a função `ascending` é passado para a função `bubble`, fazendo com que o array seja classificado em ordem crescente. Se o usuário digitar `2`, um ponteiro para a função `descending` é passado para a função `bubble`, fazendo com que o array seja classificado em ordem decrescente. A saída do programa aparece na Figura 7.27.

```
/* Fig. 7.26: fig07_26.c
   Programa de classificação de múltiplas finalidades usando ponteiros para função */
#include <stdio.h>
#define SIZE 10

/* protótipos */
void bubble( int work[], const int size, int (*compare)( int a, int b ) );
int ascending( int a, int b );
int descending( int a, int b );

int main( void )
{
   int order; /* 1 para ordem crescente ou 2 para ordem decrescente */
   int counter; /* contador */

   /* inicializa array a */
   int a[ SIZE ] = { 2, 6, 4, 8, 10, 12, 89, 68, 45, 37 };

   printf( "Digite 1 para classificar em ordem crescente,\n"
           "Digite 2 para classificar em ordem decrescente: " );
   scanf( "%d", &order );

   printf( "\nItens de dados na ordem original\n" );

   /* mostra array original */
   for ( contador = 0; contador < SIZE; contador++ ) {
      printf( "%5d", a[ contador ] );
   } /* fim do for */

   /* classifica array em ordem crescente; passa função crescente como
      um argumento para especificar classificação crescente */
   if ( order == 1 ) {
      bubble( a, SIZE, ascending );
      printf( "\nItens de dados em ordem crescente\n" );
   } /* fim do if */
   else { /* passa função decrescente */
      bubble( a, SIZE, decrescente );
      printf( "\nItens de dados em ordem decrescente\n" );
   } /* fim do else */
```

Figura 7.26 ■ Programa de classificação de múltipla finalidade usando ponteiros para função. (Parte 1 de 2.)

```

   /* mostra array ordenado */
   for ( contador = 0; contador < SIZE; contador++ ) {
      printf( "%5d", a[ contador ] );
   } /* fim do for */

   printf( "\n" );
   return 0; /* indica conclusão bem-sucedida */
} /* fim do main */

/* bubble sort de múltipla finalidade; parâmetro compare é um ponteiro
   para a função de comparação que determina classificação */
void bubble( int work[], const int size, int (*compare)( int a, int b ) )
{
   int passada; /* contador de passadas */
   int contador; /* contador de comparação */

   void inverte( int *element1Ptr, int *element2ptr ); /* protótipo */

   /* loop para controlar passadas */
   for ( pass = 1; pass < size; pass++ ) {

      /* loop para controlar número de comparações por passada */
      for ( contador = 0; contador < size - 1; contador++ ) {

         /* se elementos adjacentes estão fora de ordem, inverta-os */
         if ( (*compare)( trabalho[ contador ], trabalho[ contador + 1 ] ) ) {
            inverte( &trabalho[ contador ], &trabalho[ contador + 1 ] );
         } /* fim do if */
      } /* fim do for */
   } /* fim do for */
} /* fim da função bubble */

/* troca valores nos locais da memória aos quais element1Ptr e
   element2Ptr apontam */
void inverte( int *element1Ptr, int *element2Ptr )
{
   int manutenção; /* variável de manutenção temporária */

   manutenção = *element1Ptr;
   *element1Ptr = *element2Ptr;
   *element2Ptr = manutenção;
} /* fim da função inverte */

/* determina se os elementos estão fora de ordem para uma ordem
   de classificação crescente */
int crescente( int a, int b )
{
   return b < a; /* troca se b for menor que a */
} /* fim da função crescente */

/* determina se os elementos estão fora de ordem para uma ordem
   de classificação decrescente */
int decrescente( int a, int b )
{
   return b > a; /* troca se b for maior que a */
} /* fim da função decrescente */
```

Figura 7.26 ■ Programa de classificação de múltipla finalidade usando ponteiros para função. (Parte 2 de 2.)

```
Digite 1 para classificar em ordem crescente,
Digite 2 para classificar em ordem decrescente: 1

Itens de dados na ordem original
2 6 4 8 10 12 89 68 45 37
Itens de dados em ordem crescente
2 4 6 8 10 12 37 45 68 89
```

```
Digite 1 para classificar em ordem crescente,
Digite 2 para classificar em ordem decrescente: 2

Itens de dados na ordem original
 2  6  4  8 10 12 89 68 45 37
Itens de dados em ordem decrescente
89 68 45 37 12 10  8  6  4  2
```

Figura 7.27 ■ As saídas do programa de bubble sort da Figura 7.26.

O parâmetro a seguir aparece no cabeçalho da função para `bubble` (linha 52)

```
int (*compare)( int a, int b )
```

Isso diz a `bubble` que espere por um parâmetro (`compare`) que é um ponteiro para uma função que recebe dois parâmetros inteiros e retorna um resultado inteiro. Os parênteses são necessários em torno de `*compare` para agrupar `*` com `compare`, a fim de indicar que `compare` é um ponteiro. Se não tivéssemos incluído os parênteses, a declaração seria

```
int *compare( int a, int b )
```

que declara uma função que recebe dois inteiros como parâmetros e retorna um ponteiro para um inteiro.

O protótipo de função para `bubble` aparece na linha 7. O protótipo poderia ter sido escrito como

```
int (*)( int, int );
```

sem o nome do ponteiro para função e os nomes de parâmetros.

A função passada a `bubble` é chamada em uma estrutura `if` (linha 66) da seguinte forma:

```
if ( (*compare)( work[ contador ], work[ contador + 1 ] ) )
```

Assim como um ponteiro para uma variável é desreferenciado para acessar o valor da variável, um ponteiro para uma função é desreferenciado para usar a função.

A chamada para a função poderia ter sido feita sem desreferenciar o ponteiro, como em

```
if ( compare( work[ contador ], work[ contador + 1 ] ) )
```

que usa o ponteiro diretamente como o nome da função. Preferimos o primeiro método, ou seja, chamar uma função por meio de um ponteiro, pois isso ilustra explicitamente que `compare` é um ponteiro para uma função que é desreferenciada para chamar a função. O segundo método de chamada de uma função por meio de um ponteiro faz parecer que `compare` é uma função real. Isso pode ser confuso para um usuário do programa que gostaria de ver a definição da função `compare` e acaba descobrindo que ela nunca é definida no arquivo.

Usando ponteiros para função para criar um sistema controlado por menu

Os **ponteiros para função** são comumente usados nos sistemas controlados por menu de texto. Um usuário precisa selecionar uma opção a partir de um menu (possivelmente, de 1 a 5), digitando o número do item de menu. Cada opção é atendida por uma função diferente. Os ponteiros para cada função são armazenados em um array de ponteiros para funções. A escolha do usuário é utilizada como um subscrito no array, e o ponteiro no array é usado para chamar a função.

A Figura 7.28 oferece um exemplo genérico da mecânica de definição e de uso de um array de ponteiros para funções. Definimos três funções — `function1`, `function2` e `function3` — que usam um argumento inteiro e não retornam nada. Armazenamos ponteiros para essas três funções no array `f`, que é definido na linha 14.

```
1  /* Fig. 7.28: fig07_28.c
2     Demonstrando um array de ponteiros para funções */
3  #include <stdio.h>
4
5  /* protótipos */
6  void function1( int a );
7  void function2( int b );
8  void function3( int c );
9
10 int main( void )
11 {
12    /* inicializa array de 3 ponteiros para funções que usam um
13    argumento int e retornam void */
14    void (*f[ 3 ])( int ) = { function1, function2, function3 };
15
16    int choice; /* variável para manter escolha do usuário */
17
18    printf( "Digite um número entre 0 e 2, 3 para sair: " );
19    scanf( "%d", &choice );
20
21    /* processa escolha do usuário */
22    while ( choice >= 0 && choice < 3 ) {
23
24       /* chama a função para o local selecionado do array f e passa
25          choice como argumento */
26       (*f[ choice ])( choice );
27
28       printf( "Digite um número entre 0 e 2, 3 para terminar: ");
29       scanf( "%d", &choice );
30    } /* fim do while */
31
32    printf( "Execução do programa concluída.\n" );
33    return 0; /* indica conclusão bem-sucedida */
34 } /* fim do main */
35
36 void function1( int a )
37 {
38    printf( "Você digitou %d, de modo que function1 foi chamada\n\n", a );
39 } /* fim de function1 */
40
41 void function2( int b )
42 {
43    printf( "Você digitou %d, de modo que function2 foi chamada\n\n", b );
44 } /* fim de function2 */
45
46 void function3( int c )
47 {
48    printf( "Você digitou %d, de modo que function3 foi chamada\n\n", c );
49 } /* fim de function3 */
```

Figura 7.28 ■ Demonstração de um array de ponteiros para funções. (Parte 1 de 2.)

```
Digite um número entre 0 e 2, 3 para sair: 0
Você digitou 0, de modo que function1 foi chamada

Digite um número entre 0 e 2, 3 para sair: 1
Você digitou 1, de modo que function2 foi chamada

Digite um número entre 0 e 2, 3 para sair: 2
Você digitou 2, de modo que function3 foi chamada

Digite um número entre 0 e 2, 3 para sair: 3
Execução do programa concluída.
```

Figura 7.28 ■ Demonstração de um array de ponteiros para funções. (Parte 2 de 2.)

A definição é lida a partir do conjunto de parênteses mais à esquerda, '`f` é um array três ponteiros ponteiros para funções, cada um usando um `int` como argumento e retornando `void`'. O array é inicializado com os nomes das três funções. Quando o usuário digita um valor entre 0 e 2, o valor é usado como subscrito para o array de ponteiros para funções. Na chamada de função (linha 26), `f[choice]` seleciona o ponteiro no local definido por `choice` no array. O ponteiro é desreferenciado para chamar a função, e `choice` é passado como argumento para a função. Cada função imprime o valor de seu argumento e seu nome de função para demonstrar que a função foi chamada corretamente. Nos exercícios deste capítulo, você desenvolverá sistemas controlados por menu de texto.

Resumo

Seção 7.2 Declarações e inicialização de variáveis-ponteiro

- Um ponteiro contém um endereço de outra variável que contém um valor. Nesse sentido, um nome de variável referencia *diretamente* um valor, e um ponteiro referencia *indiretamente* um valor.
- A referenciação de um valor por meio de um ponteiro é chamado de indireção.
- Os ponteiros podem ser definidos para apontar objetos de qualquer tipo.
- Ponteiros devem ser inicializados ao serem definidos ou em uma instrução de atribuição. Um ponteiro pode ser inicializado em `NULL`, `0` ou em um endereço. Um ponteiro com o valor `NULL` não aponta nada. Inicializar um ponteiro em `0` é equivalente a inicializar um ponteiro em `NULL`, mas é preferível fazê-lo em `NULL`. O valor `0` é o único valor inteiro que pode ser atribuído diretamente a uma variável de ponteiro.
- `NULL` é uma constante simbólica definida no cabeçalho `<stddef.h>` (e em vários outros cabeçalhos).

Seção 7.3 Operadores de ponteiros

- O `&`, ou operador de endereço, é um operador unário que retorna o endereço de seu operando.
- O operando do operador de endereço deve ser uma variável.
- O operador de indireção `*` retorna o valor do objeto o qual seu operando aponta.
- O especificador de conversão `%p` de `printf` envia um local de memória como um inteiro hexadecimal na maioria das plataformas.

Seção 7.4 Passando argumentos para funções por referência

- Todos os argumentos em C são passados por valor.
- C oferece as capacidades de simular a chamada por referência usando ponteiros e o operador de indireção. Para passar uma variável por referência, utilize o operador de endereço (`&`) no nome da variável.
- Quando o endereço de uma variável é passado para uma função, o operador de indireção (`*`) pode ser usado na função para modificar o valor nesse local da memória da chamadora.
- Uma função que recebe um endereço como argumento precisa definir um parâmetro de ponteiro para receber o endereço.
- O compilador não diferencia entre uma função que recebe um ponteiro e uma função que recebe um array de subscrito único. Uma função precisa 'saber' quando receberá um array ou uma única variável passada por referência.
- Quando o compilador encontra um parâmetro de função para um array de subscrito único na forma `int b[ ]`, ele converte o parâmetro para a notação de ponteiro `int *b`.

Seção 7.5 Usando o qualificador `const` com ponteiros

- O qualificador `const` indica que o valor de determinada variável não deve ser modificado.

- Se for feita uma tentativa de modificação de um valor declarado `const`, o compilador a captura e emite uma advertência ou um erro, a depender do compilador em questão.
- Existem quatro maneiras de passar um ponteiro para uma função: um ponteiro não constante para dados não constantes, um ponteiro constante para dados não constantes, um ponteiro não constante para dados constantes e um ponteiro constante para dados constantes.
- Com um ponteiro não constante para dados não constantes, os dados podem ser modificados por meio do ponteiro desreferenciado, e o ponteiro pode ser modificado para apontar outros itens de dados.
- Um ponteiro não constante para dados constantes pode ser modificado para apontar qualquer item de dados do tipo apropriado, mas os dados que ele aponta não podem ser modificados.
- Um ponteiro constante para dados não constantes sempre aponta para o mesmo local da memória, e os dados nesse local podem ser modificados por meio do ponteiro. Este é o default para um nome de array.
- Um ponteiro constante para dados constantes sempre aponta para o mesmo local da memória, e os dados nesse local da memória não podem ser modificados.

Seção 7.7 Operador `sizeof`

- O operador unário `sizeof` determina o tamanho em bytes de uma variável ou de um tipo no tempo de compilação.
- Quando aplicado ao nome de um array, `sizeof` retorna o número total de bytes no array.
- O tipo `size_t` é um tipo de inteiro (`unsigned` ou `unsigned long`) retornado pelo operador `sizeof`. O tipo `size_t` é definido no cabeçalho `<stddef.h>`.
- O operador `sizeof` pode ser aplicado a qualquer nome de variável, tipo ou valor.
- Os parênteses usados com `sizeof` são exigidos se um nome de tipo for fornecido como seu operando.

Seção 7.8 Expressões com ponteiros e aritmética de ponteiros

- Um conjunto limitado de operações aritméticas pode ser realizado em ponteiros. Um ponteiro pode ser incrementado (++) ou decrementado (--), um inteiro pode ser somado a um ponteiro (+ ou +=), um inteiro pode ser subtraído de um ponteiro (- ou -=) e um ponteiro pode ser subtraído de outro.
- Quando um inteiro é somado ou subtraído de um ponteiro, este é incrementado ou decrementado pelo valor desse inteiro multiplicado pelo tamanho do objeto ao qual o ponteiro se refere.
- Dois ponteiros para elementos do mesmo array podem ser subtraídos um do outro para determinar o número de elementos entre eles.
- Um ponteiro pode ser atribuído a outro ponteiro se ambos tiverem o mesmo tipo. Uma exceção para isso é o ponteiro do tipo `void *`, que pode representar qualquer tipo de ponteiro. Todos os tipos de ponteiro podem receber um ponteiro `void *`, e um ponteiro `void *` pode receber um ponteiro de qualquer tipo.
- Um ponteiro `void *` não pode ser desreferenciado.
- Os ponteiros podem ser comparados utilizando-se operadores de igualdade e relacionais, mas essas comparações não farão sentido a menos que os ponteiros apontem elementos do mesmo array. As comparações de ponteiros comparam os endereços neles armazenados.
- A comparação de ponteiros é comumente usada para determinar se um ponteiro é `NULL`.

Seção 7.9 A relação entre ponteiros e arrays

- Arrays e ponteiros estão intimamente relacionados em C, e normalmente podem ser usados da mesma forma.
- Um nome de array pode ser considerado um ponteiro constante.
- Os ponteiros podem ser usados para fazer qualquer operação que envolva subscritos de array.
- Quando um ponteiro aponta o início de um array, acrescentar um deslocamento ao ponteiro indica que elemento do array deve ser referenciado, e o valor do deslocamento é idêntico ao subscrito do array. Isso é chamado de notação de ponteiro/deslocamento.
- Um nome de array pode ser tratado como um ponteiro e usado nas expressões de aritmética de ponteiro que não tentam modificar o endereço do ponteiro.
- Os ponteiros podem ter subscritos da mesma forma que os arrays. Isso é chamado de notação de ponteiro/subscrito.
- Um parâmetro do tipo `const char *` normalmente representa uma string constante.

Seção 7.10 Arrays de ponteiros

- Arrays podem conter ponteiros. Um array de ponteiros é comumente usado para formar um array de strings. Cada valor armazenado no array é uma string, mas em C uma string é basicamente um ponteiro para seu primeiro caractere. Assim, cada valor armazenado em um array de strings é, na realidade, um ponteiro para o primeiro caractere de uma string.

Seção 7.12 Ponteiros para funções

- Um ponteiro para uma função contém o endereço da função na memória. Um nome de função é, na realidade, o endereço inicial na memória do código que realiza a tarefa da função.
- Ponteiros para funções podem ser passados para funções, retornados de funções, armazenados em arrays e atribuídos a outros ponteiros para função.
- Um ponteiro para uma função é desreferenciado para chamar a função. Um ponteiro para função pode ser usado diretamente como o nome da função ao chamar a função.
- Os ponteiros para função são comumente usados em sistemas baseados em texto e controlados por menus.

Terminologia

adiamento indefinido 233
aritmética de ponteiro 217
array de ponteiros 232
array de strings 232
chamada por referência 212
chamada por valor 212
deslocamento de um ponteiro 228
desreferenciação de um ponteiro 211
dilema de tempo/espaço 219
estrutura 219
indireção 209
notação de ponteiro/deslocamento 228
notação de ponteiro/subscrito 228
operador de endereço (&) 210
operador de desreferenciação (*) 211
operador de indireção (*) 211
ponteiro 209
ponteiro constante para dados constantes 216
ponteiro constante para dados não constantes 216
ponteiro não constante para dados constantes 216
ponteiro não constante para dados não constantes 216
ponteiro para função 239
ponteiro para uma função 237
ponteiro para `void` (`void *`) 227
princípio do menor privilégio 216
qualificador `const` 215
registro 219
simulação de chamada por referência 211
`sizeof` 223
subscrito de ponteiro 229
tipo `size_t` 224
`void *` (ponteiro para `void`) 227

Exercícios de autorrevisão

7.1 Preencha os espaços em cada uma das sentenças:

a) Uma variável de ponteiro contém como valor o(a) _______ de outra variável.

b) Os três valores que podem ser usados para inicializar um ponteiro são _______, _______ e _______.

c) O único inteiro que pode ser atribuído a um ponteiro é _______.

7.2 Indique se as seguintes sentenças são *falsas* ou *verdadeiras*. Se a resposta for *falsa*, explique.

a) O operador de endereço (&) pode ser aplicado somente a constantes, a expressões e a variáveis declaradas com a classe de armazenamento `register`.

b) Um ponteiro que é declarado como `void` pode ser desreferenciado.

c) Ponteiros de diferentes tipos podem ser atribuídos uns aos outros sem uma operação de coerção (cast).

7.3 Resolva cada um dos itens a seguir. Suponha que os números em ponto flutuante com precisão simples sejam armazenados em 4 bytes, e que o endereço inicial do array esteja no local 1002500 na memória. Cada parte do exercício deverá usar os resultados das partes anteriores, se isso for apropriado.

a) Defina um array do tipo `float` chamado `numbers` com 10 elementos, e inicialize os elementos com os valores `0.0, 1.1, 2.2`, ..., `9.9`. Suponha que a constante simbólica `SIZE` tenha sido definida como `10`.

b) Defina um ponteiro, `nPtr`, que aponte um objeto do tipo `float`.

c) Imprima os elementos do array `numbers` utilizando a notação de subscrito de array. Use uma instrução `for` e suponha que a variável de controle inteira `i` tenha sido definida. Imprima cada número com 1 posição de precisão à direita do ponto decimal.

d) Indique duas instruções separadas que atribuam o endereço inicial do array `numbers` à variável de ponteiro `nPtr`.

e) Imprima os elementos do array `numbers` usando a notação ponteiro/deslocamento com o ponteiro `nPtr`.

f) Imprima os elementos do array `numbers` usando a notação de ponteiro/deslocamento com o nome de array como ponteiro.

g) Imprima os elementos do array `numbers` subscritando o ponteiro `nPtr`.

h) Faça referência ao elemento 4 do array `numbers` usando a notação de subscrito de array, a notação de ponteiro/deslocamento com o nome do array como ponteiro, a notação de subscrito de ponteiro com `nPtr` e a notação de ponteiro/deslocamento com `nPtr`.

i) Supondo que `nPtr` aponte para o início do array `numbers`, qual endereço é referenciado por `nPtr + 8`? Que valor é armazenado nesse local?

j) Supondo que `nPtr` aponte para `numbers[5]`, qual endereço é referenciado por `nPtr -= 4`? Qual o valor armazenado nesse local?

7.4 Escreva instruções que realizem as tarefas requeridas para cada um dos itens a seguir. Suponha que as variáveis de ponto flutuante `number1` e `number2` sejam definidas, e que `number1` seja inicializado em `7.3`.

a) Defina a variável `fPtr` como um ponteiro para um objeto do tipo `float`.

b) Atribua o endereço da variável `number1` à variável de ponteiro `fPtr`.

c) Imprima o valor do objeto apontado por `fPtr`.

d) Atribua o valor do objeto apontado por `fPtr` à variável `number2`.

e) Imprima o valor de `number2`.

f) Imprima o endereço de `number1`. Use o especificador de conversão `%p`.

g) Imprima o endereço armazenado em `fPtr`. Use o especificador de conversão `%p`. O valor impresso é o mesmo que o endereço de `number1`?

7.5 Execute as seguintes tarefas:

a) Escreva um protótipo de função para uma função chamada `exchange`, que usa dois ponteiros para números em ponto flutuante `x` e `y` como parâmetros e não retorna um valor.

b) Escreva um protótipo de função para a função na parte (a).

c) Escreva o protótipo da função para uma função chamada `evaluate` que retorna um inteiro e que usa como parâmetros o inteiro `x` e um ponteiro para a função `poly`. A função `poly` usa um parâmetro inteiro e retorna um inteiro.

d) Escreva o protótipo de função para a função na parte (c).

7.6 Encontre o erro em cada um dos segmentos de programa a seguir. Considere

```
int *zPtr; /* zPtr referenciará o array z */
int *aPtr = NULL;
void *sPtr = NULL;
int number, i;
int z[ 5 ] = { 1, 2, 3, 4, 5 };
sPtr = z;
```

a) `++zptr;`

b) `/* usa o ponteiro para obter o primeiro valor do array; suponha que zPtr seja inicializado */number = zPtr;`

c) `/* atribui o elemento do array 2 (o valor 3) a number;suponha que zPtr seja inicializado */number = *zPtr [ 2 ];`

d) `/* imprime array z inteiro; suponha que zPtr seja inicializado */`

```
for ( i = 0; i <= 5; i++ ) {
    printf( "%d ", zPtr[ i ] );}
```

e) `/* atribui o valor apontado por sPtr a number */number = *sPtr;`

f) `++z;`

Respostas dos exercícios de autorrevisão

7.1 a) endereço. b) `0`, `NULL`, um endereço. c) `0`.

7.2 a) Falso. O operador de endereço pode ser aplicado somente a variáveis. O operador de endereço não pode ser aplicado a variáveis declaradas com classe de armazenamento `register`.

b) Falso. Um ponteiro para `void` não pode ser desreferenciado, pois não existe um modo de saber exatamente quantos bytes de memória desreferenciar.

c) Falso. Os ponteiros do tipo `void` podem receber ponteiros de outros tipos, e ponteiros do tipo `void` podem ser atribuídos a ponteiros de outros tipos.

7.3 a)
```
float numbers[ SIZE ] =
    { 0.0, 1.1, 2.2, 3.3, 4.4, 5.5, 6.6,
      7.7, 8.8, 9.9 };
```

b)
```
float *nPtr;
```

c)
```
for ( i = 0; i < SIZE; i++ ) {
    printf( "%.1f ", numbers[ i ] );
}
```

d)
```
nPtr = numbers;
nPtr = &numbers[ 0 ];
```

e)
```
for ( i = 0; i < SIZE; i++ ) {
    printf( "%.1f ", *( nPtr + i ) );
}
```

f)
```
for ( i =0; i <SIZE; i++ ) {
    printf( "%.1f ", *( numbers + i ) );
}
```

g)
```
for ( i =0; i <SIZE; i++ ) {
    printf( "%.1f ", nPtr[ i ] );
}
```

h) numbers[4]

*(numbers + 4)

nPtr[4]

*(nPtr + 4)

i) O endereço é `1002500 + 8 * 4 = 1002532`. O valor é `8.8`.

j) O endereço de `numbers[ 5 ]` é `1002500 + 5 * 4 = 1002520`.
O endereço de `nPtr -= 4` is `1002520 - 4 * 4 = 1002504`.
O valor nesse local é `1.1`.

7.4 a) `float *fPtr;`

b) `fPtr = &número1;`

c) `printf( "O valor de *fPtr é %f\n", *fPtr );`

d) `número2 = *fPtr;`

e) `printf( "O valor do número2 é is %f\n", número2 );`

f) `printf( "O endereço do número1 é %p\n", &número1 );`

g) `printf( "O endereço armazenado em fptr é %p\n", fPtr );`
Sim, o valor é o mesmo.

7.5 a) `void exchange( float *x, float *y )`

b) `void exchange( float *x, float *y );`

c) `int evaluate( int x, int (*poly)( int ) )`

d) `int evaluate( int x, int (*poly)( int ) );`

7.6 a) Erro: `zPtr` não foi inicializado.
Correção: Inicialize `zPtr` com `zPtr = z;` antes de realizar a aritmética de ponteiro.

b) Erro: O ponteiro não está desreferenciado.
Correção: Mude a instrução para `number = *zPtr;`

c) Erro: `zPtr[ 2 ]` não é um ponteiro e não deve ser desreferenciado.
Correção: Mude `*zPtr[ 2 ]` para `zPtr[ 2 ]`.

d) Erro: Referir-se a um elemento do array fora dos limites do array com subscrito de ponteiro.
Correção: Mude o operador <= na condição de `for` para <.

e) Erro: Desreferenciar um ponteiro void.
Correção: Para desreferenciar o ponteiro, ele primeiro precisa ser convertido para um ponteiro inteiro. Mude a instrução para `number = *( ( int * ) sPtr );`

f) Erro: Tentar modificar um nome de array com aritmética de ponteiro.
Correção: Use uma variável de ponteiro em vez do nome do array para realizar a aritmética de ponteiro, ou crie um subscrito do nome do array para se referir a um elemento específico.

Exercícios

7.7 Preencha os espaços em cada uma das sentenças:

a) O operador _______ retorna o local na memória em que seu operando está armazenado.

b) O operador _______ retorna o valor do objeto ao qual seu operando aponta.

c) Para simular a chamada por referência ao passar uma variável de não array a uma função, é necessário passar o(a) _______ da variável à função.

7.8 Indique se as seguintes sentenças são *falsas* ou *verdadeiras*. Se a resposta for *falsa*, explique.

a) Dois ponteiros que apontam para diferentes arrays não podem ser comparados de modo significativo.

b) Como o nome de um array é um ponteiro para o primeiro elemento do array, os nomes de array podem ser manipulados exatamente da mesma maneira que os ponteiros.

7.9 Execute as tarefas requeridas para cada um dos itens a seguir. Suponha que inteiros sem sinal sejam armazenados em 2 bytes, e que o endereço inicial do array esteja no local `1002500` da memória.

a) Defina um array do tipo `unsigned int` chamado `values` com cinco elementos, e inicialize os elementos para os inteiros pares de 2 a 10. Suponha que a constante simbólica `SIZE` tenha sido definida como 5.

b) Defina um ponteiro `vPtr` que aponte para um objeto do tipo `unsigned int`.

c) Imprima os elementos do array `values` usando a notação de subscrito de array. Use uma estrutura `for` e suponha que a variável de controle inteira `i` tenha sido definida.

d) Mostre duas instruções separadas que atribuam o endereço inicial do array `values` para a variável de ponteiro `vPtr`.

e) Imprima os elementos do array `values` usando a notação de ponteiro/deslocamento.

f) Imprima os elementos do array `values` usando a notação de ponteiro/deslocamento com o nome de array como ponteiro.

g) Imprima os elementos do array `values` subscritando o ponteiro para o array.

h) Consulte o elemento `5` do array `values` usando a notação de subscrito de array, a notação de ponteiro/deslocamento com o nome do array como ponteiro, a notação de ponteiro/subscrito e a notação de ponteiro/deslocamento.

i) Que endereço é referenciado por `vPtr + 3`? Que valor é armazenado nesse local?

j) Supondo que `vPtr` aponte para `values[4]`, que endereço é referenciado por `vPtr -= 4`? Que valor é armazenado nesse local?

7.10 Escreva uma única instrução que execute as tarefas requeridas para cada um dos itens a seguir. Suponha que as variáveis inteiras longas `value1` e `value2` tenham sido definidas, e que `value1` tenha sido inicializado com `200000`.

a) Defina a variável `lPtr` para que ela seja um ponteiro para um objeto do tipo `long`.

b) Atribua o endereço da variável `value1` à variável de ponteiro `lPtr`.

c) Imprima o valor do objeto apontado por `lPtr`.

d) Atribua o valor do objeto apontado por `lPtr` à variável `value2`.

e) Imprima o valor de `value2`.

f) Imprima o endereço de `value1`.

g) Imprima o endereço armazenado em `lPtr`. O valor impresso é o mesmo que o endereço de `value1`?

7.11 Execute as tarefas a seguir:

a) Escreva o cabeçalho de função para a função `zero`, que usa um parâmetro de array de inteiros longos `bigIntegers` e não retorna um valor.

b) Escreva o protótipo de função para a função na parte a.

c) Escreva o cabeçalho de função para a função `add1AndSum`, que usa um parâmetro de array de inteiros `oneTooSmall` e retorna um inteiro.

d) Escreva o protótipo de função para a função descrita na parte c.

Nota: os exercícios 7.12 a 7.15 são consideravelmente desafiadores. Quando tiver resolvido esses problemas, deverá ser capaz de implementar com facilidade os jogos de cartas mais populares.

7.12 ***Embaralhamento e distribuição de cartas.*** Modifique o programa na Figura 7.24 de modo que a função de distribuição de cartas cuide de uma mão de cinco cartas no pôquer. Depois, escreva as seguintes funções adicionais:

a) Determine se a mão contém um par.

b) Determine se a mão contém dois pares.

c) Determine se a mão contém uma trinca (por exemplo, três valetes).

d) Determine se a mão contém uma quadra (por exemplo, quatro ases).

e) Determine se a mão contém um *flush* (ou seja, cinco cartas do mesmo naipe).

f) Determine se a mão contém *straight* (ou seja, cinco cartas de valores de naipe consecutivos).

7.13 ***Projeto: embaralhar e distribuir cartas.*** Use as funções desenvolvidas no Exercício 7.12 para escrever um programa que trate duas mãos de pôquer com cinco cartas; avalie cada mão e determine qual é a melhor.

7.14 ***Projeto: embaralhar e distribuir cartas.*** Modifique o programa desenvolvido no Exercício 7.13 de modo que seja possível simular o papel do carteador. A mão de cinco cartas do carteador deve ser 'virada para baixo', de modo que o jogador não possa vê-la. O programa deve, então, avaliar a mão do carteador, e baseado na qualidade da mão, o carteador deve retirar mais uma, duas ou três cartas para substituir o número correspondente de cartas desnecessárias na mão original. O programa deve, então, reavaliar a mão do carteador. [*Cuidado*: este é um problema difícil!]

7.15 ***Projeto: embaralhar e distribuir cartas.*** Modifique o programa desenvolvido no Exercício 7.14 de modo que seja possível lidar com a mão do carteador automaticamente, mas deixando para o jogador a decisão de quais cartas ele deseja substituir. O programa deverá, então, avaliar as duas mãos e determinar quem vence. Agora, use esse novo programa para jogar 20 vezes contra o computador. Quem ganha mais jogos, você ou o computador? Peça a um de seus amigos que jogue 20 vezes contra o computador. Quem vence mais jogos? Com base nos resultados desses jogos, faça modificações apropriadas para refinar seu programa de jogo de pôquer (este também é um problema difícil). Jogue mais 20 vezes. Seu programa modificado joga melhor?

7.16 ***Modificação no embaralhamento e na distribuição de cartas.*** No programa de embaralhar e distribuir cartas da Figura 7.24, usamos intencionalmente um algoritmo de embaralhamento ineficaz, que oferecia a possibilidade de adiamento indefinido. Nesse problema, você criará um algoritmo de embaralhamento de alto desempenho, que evita o adiamento indefinido.

Modifique o programa da Figura 7.24 da seguinte forma. Comece inicializando o array **deck** como mostra a Figura 7.29. Modifique a função **shuffle** para que ela percorra linha por linha e coluna por coluna pelo array, tocando cada elemento uma vez. Cada elemento deve ser trocado por um elemento do array selecionado aleatoriamente. Imprima o array resultante para determinar se as cartas estão sendo embaralhadas satisfatoriamente (como na Figura 7.30, por exemplo). Você pode querer que seu programa chame a função **shuffle** várias vezes, garantindo assim um embaralhamento satisfatório.

Embora a técnica, nesse problema, aprimore o algoritmo de embaralhamento, o algoritmo de distribuição ainda requer a busca no array **deck** pela carta 1, depois pela carta 2, depois pela carta 3 e assim por diante. Pior ainda, mesmo depois de o algoritmo de distribuição localizar e distribuir a carta, o algoritmo continua pesquisando o restante do baralho. Modifique o programa da Figura 7.24 de modo que, quando uma carta for distribuída, nenhuma outra tentativa de combinar essa carta seja feita, e que o programa prossiga imediatamente com a distribuição da próxima carta. No Capítulo 10, desenvolveremos um algoritmo de distribuição que exige apenas uma operação por carta.

7.17 ***Simulação: a tartaruga e a lebre.*** Nesse problema, você recriará um dos momentos realmente importantes da história, a saber, a corrida clássica entre a tartaruga e a lebre. Você usará a geração de números aleatórios para desenvolver uma simulação desse evento memorável.

Nossos competidores começam a corrida no 'quadrado 1' de 70 quadrados. Cada quadrado representa uma posição possível ao longo do curso a ser percorrido. A linha de chegada fica no quadrado 70. O primeiro concorrente a alcançar ou passar do quadrado 70 é recompensado com um balde de cenouras e alface. O trajeto é percorrido por uma montanha escorregadia, de modo que, ocasionalmente, os concorrentes perdem o contato com o chão.

Há um relógio que apresenta o tempo em os segundos. A cada segundo indicado pelo relógio, seu programa deverá ajustar a posição dos animais de acordo com as regras da Figura 7.31.

Array deck não embaralhado													
	0	1	2	3	4	5	6	7	8	9	10	11	12
0	1	2	3	4	5	6	7	8	9	10	11	12	13
1	14	15	16	17	18	19	20	21	22	23	24	25	26
2	27	28	29	30	31	32	33	34	35	36	37	38	39
3	40	41	42	43	44	45	46	47	48	49	50	51	52

Figura 7.29 ■ Array **deck** não embaralhado.

Exemplo do array deck embaralhado													
	0	1	2	3	4	5	6	7	8	9	10	11	12
0	19	40	27	25	36	46	10	34	35	41	18	2	44
1	13	28	14	16	21	30	8	11	31	17	24	7	1
2	12	33	15	42	43	23	45	3	29	32	4	47	26
3	50	38	52	39	48	51	9	5	37	49	22	6	20

Figura 7.30 ■ Exemplo de array **deck** embaralhado.

Animal	Tipo de movimento	Porcentagem do tempo	Movimento real
Tartaruga	Caminha rapidamente	50%	3 quadrados à direita
	Escorrega	20%	6 quadrados à esquerda
	Caminha lentamente	30%	1 quadrado à direita
Lebre	Dorme	20%	Não faz nenhum movimento
	Dá um salto grande	20%	9 quadrados à direita
	Escorrega bastante	10%	12 quadrados à esquerda
	Dá um salto pequeno	30%	1 quadrado à direita
	Escorrega pouco	20%	2 quadrados à esquerda

Figura 7.31 ■ Regras referentes aos movimentos feitos pela tartaruga e pela lebre usados no ajuste de posições.

Use variáveis para acompanhar as posições dos animais (ou seja, os números de posição vão de 1 a 70). O jogo deve começar com os dois animais na posição 1 (ou seja, 'na linha de partida'). Se um animal escorregar antes do quadrado 1, mova-o de volta para o quadrado 1.

Gere as porcentagens na tabela anterior produzindo um inteiro aleatório, i, na faixa de $1 \leq i \leq 10$. No caso da tartaruga, execute um 'caminha rapidamente' quando $1 \leq i \leq 5$, um 'escorrega' quando $6 \leq i \leq 7$, ou um 'caminha lentamente' quando $8 \leq i \leq 10$. Use uma técnica semelhante para mover a lebre.

Comece a corrida imprimindo

`BANG !!!!!`

`E LÁ VÃO ELES !!!!!`

Depois, para cada segundo marcado pelo relógio (ou seja, cada repetição de um loop), imprima uma linha de 70 posições mostrando a letra `T` na posição da tartaruga e a letra `L` na posição da lebre. Ocasionalmente, os competidores acabarão no mesmo quadrado. Nesse caso, a tartaruga morderá a lebre e seu programa deverá imprimir `AI!!!` a partir dessa posição. Todas as posições de impressão diferentes de `T`, de `L`, ou do `AI!!!` (no caso de um empate) devem estar em branco.

Depois que cada linha for impressa, verifique se um dos animais alcançou ou passou o quadrado 70. Nesse caso, imprima o vencedor e termine a simulação. Se a tartaruga vencer, imprima `TARTARUGA VENCE!!! É ISSO AÍ!!!` Se a lebre vencer, imprima `Lembre vence. Marmelada`. Se os dois animais vencerem na mesma batida do relógio, você pode favorecer a tartaruga (a 'pobre coitada') ou pode querer imprimir `É um empate`. Se nenhum animal vencer, realize o loop novamente para simular a próxima batida do relógio. Quando estiver pronto para executar seu programa, monte um grupo de fãs para assistir a corrida. Você ficará surpreso ao ver como eles se mostrarão interessados!

7.18 ***Modificação no embaralhamento e na distribuição de cartas.*** Modifique o programa de embaralhamento e distribuição de cartas da Figura 7.24 de modo que essas operações sejam realizadas pela mesma função (`shuffle` e `deal`). A função deverá conter uma estrutura de looping aninhada que é semelhante à função `shuffle` da Figura 7.24.

7.19 O que o programa a seguir faz?

```
/* ex07_19.c */
/* O que esse programa faz? */
#include <stdio.h>

void mystery1( char *s1, const char *s2 ); /* protótipo */

int main( void )
{
   char string1[ 80 ]; /* cria char array */
   char string2[ 80 ]; /* cria char array */

   printf( "Digite duas strings: " );
   scanf( "%s%s" , string1, string2 );
   mystery1( string1, string2 );
   printf("%s", string1 );
   return 0; /* indica conclusão bem-sucedida */
} /* fim do main */

/* O que essa função faz? */
void mystery1( char *s1, const char *s2 )
{
   while ( *s1 != '\0' ) {
      s1++;
   } /* fim do while */

   for ( ; *s1 = *s2; s1++, s2++ ) {
      ; /* sem comando */
   } /* fim do for */
} /* fim da função mystery1 */
```

7.20 O que o programa a seguir faz?

```
/* ex07_20.c */
/* O que esse programa faz? */
#include <stdio.h>

int mystery2( const char *s ); /* protótipo */

int main( void )
{
   char string[ 80 ]; /* cria array char */

   printf( "Digite uma string: ");
   scanf( "%s", string );
   printf( "%d\n", mystery2( string ) );
   return 0; /* indica conclusão bem-sucedida */
} /* fim do main */

/* O que essa função faz? */
int mystery2( const char *s )
{
   int x; /* contador */

   /* loop pela string */
   for ( x = 0; *s != '\0'; s++ ) {
```

```
        x++;
    } /* fim do for */

    return x;
} /* fim da função mystery2 */
```

7.21 Encontre o erro em cada um dos segmentos de programa a seguir. Se o erro puder ser corrigido, explique como fazê-lo.

a)
```
int *number;
printf( "%d\n", *number );
```

b)
```
float *realPtr;
long *integerPtr;
integerPtr = realPtr;
```

c)
```
int * x, y;
x = y;
```

d)
```
char s[] = "este é um array de caracteres";
int count;
for ( ; *s != '\0'; s++)
   printf( "%c ", *s );
```

e)
```
short *numPtr, result;
void *genericPtr = numPtr;
result = *genericPtr + 7;
```

f)
```
float x = 19.34;
float xPtr = &x;
printf( "%f\n", xPtr );
```

g)
```
char *s;
printf( "%s\n", s );
```

7.22 ***Travessia de labirinto.*** A grade a seguir é uma representação do array de duplo subscrito de um labirinto.

```
# # # # # # # # # # # #
# . . . # . . . . . . #
. . # . # . # # # # . #
# # # . # . . . . # . #
# . . . . # # # . # . .
# # # # . # . # . # . #
# . . # . # . # . # . #
# # . # . # . # . # . #
# . . . . . . . . # . #
# # # # # # . # # # . #
# . . . . . . # . . . #
# # # # # # # # # # # #
```

Os símbolos # representam as paredes do labirinto, e os pontos (.) representam quadrados pelo caminho que, possivelmente, levam à saída do labirinto.

Existe um algoritmo simples usado para percorrer o labirinto que garante que encontremos a saída (supondo que exista uma). Se não existir uma saída, você chegará ao ponto de partida novamente. Coloque sua mão direita na parede à sua direita e comece a caminhar para a frente. Nunca remova sua mão da parede. Se o labirinto virar para a direita, você seguirá a parede para a direita. Desde que não remova sua mão da parede, por fim você chegará à saída do labirinto. Pode ser que haja um caminho mais curto que aquele que você tomou, mas o mais longo garante sua saída do labirinto.

Escreva a função recursiva `mazeTraverse` para percorrer o labirinto. A função deverá receber como argumentos um array de 12 por 12 caracteres que represente o labirinto e o local em que labirinto começa. À medida que `mazeTraverse` tenta localizar a saída do labirinto, ele deverá colocar o caractere `X` em cada quadrado no caminho. A função deverá exibir o labirinto após cada movimento para que o usuário possa observar enquanto o labirinto é resolvido.

7.23 ***Geração aleatória de labirintos.*** Escreva uma função `mazeGenerator` que use um array de 12 por 12 caracteres de duplo subscrito como argumento e que produza um labirinto aleatoriamente. A função também deverá fornecer os locais em que o labirinto começa e termina. Experimente sua função `mazeTraverse` a partir do Exercício 7.22 usando diversos labirintos gerados aleatoriamente.

7.24 ***Labirintos de qualquer tamanho.*** Generalize as funções `mazeTraverse` e `mazeGenerator` dos exercícios 7.22 e 7.23 para processar labirintos de qualquer largura e altura.

7.25 ***Arrays de ponteiros para funções.*** Reescreva o programa da Figura 6.22 para que seja possível fazer uso de uma interface controlada por menus. O programa deverá oferecer ao usuário as quatro opções a seguir:

```
Digite uma escolha:
   0  Imprime o array de notas
   1  Acha a menor nota
   2  Acha a maior nota
   3  Imprime a média de todos os testes
      para cada aluno
   4  Encerra o programa
```

O uso de arrays de ponteiros para funções tem uma restrição: todos os ponteiros precisam ter o mesmo tipo. Os ponteiros precisam servir para funções com o mesmo tipo de retorno, que recebe argumentos do mesmo tipo. Por esse motivo, as funções na Figura 6.22 precisam ser modificadas de modo que cada uma delas retorne o mesmo tipo e use os mesmos parâmetros. Modifique as funções `minimum` e `maximum` para imprimir os valores mínimo e máximo, e não retornar nada. Para a opção 3, modifique a função `average` da Figura 6.22 para mostrar a média de cada aluno (e não de um aluno específico). A função `average` não deverá retornar nada, mas deverá usar os mesmos parâmetros de `printArray`, `minimum` e `maximum`. Armazene os ponteiros para as quatro funções no array `processGrades` e use a escolha feita pelo usuário como o subscrito do array que chama cada função.

7.26 O que o programa a seguir faz?

```
/* ex07_26.c */
/* O que esse programa faz? */
#include <stdio.h>

int mystery3( const char *s1, const char *s2 ); /* protótipo */

int main( void )
{
   char string1[ 80 ]; /* cria array char */
   char string2[ 80 ]; /* cria array char */

   printf( "Digite duas strings: " );
   scanf( "%s%s", string1 , string2 );
   printf( "O resultado é %d\n", mystery3( string1, string2 ) );
   return 0; /* indica conclusão bem-sucedida */
} /* fim do main */

int mystery3( const char *s1, const char *s2 )
{
   for ( ; *s1 != '\0' && *s2 != '\0'; s1++, s2++ ) {

      if ( *s1 != *s2 ) {
         return 0;
      } /* fim do if */
   } /* fim do for */

   return 1;
} /* fim da função mystery3 */
```

Seção especial de exercícios: criando seu próprio computador

A partir dos próximos problemas, faremos um desvio temporário do mundo da programação em linguagem de alto nível. 'Abriremos a tampa' de um computador e examinaremos sua estrutura interna. Apresentaremos a programação em linguagem de máquina e escreveremos vários programas nessa linguagem. Para tornar essa uma experiência especialmente valiosa, montaremos um computador (por meio da técnica de *simulação* baseada no software) por meio do qual você poderá executar seus programas em linguagem de máquina!

7.27 ***Programação em linguagem de máquina.*** Vamos criar um computador a que chamaremos de Simpletron. Como seu nome sugere, ele é uma máquina simples, porém, como veremos em breve, também é poderosa. O Simpletron roda programas escritos na única linguagem que ele entende diretamente — ou seja, a Simpletron Machine Language, ou SML, para abreviar.

O Simpletron contém um *acumulador* — um 'registrador especial' em que as informações são colocadas antes que o Simpletron as utilize em cálculos ou as examine de diversas maneiras. No Simpletron, toda a informação é tratada em termos de *palavras*. Uma palavra é um número decimal de quatro dígitos com sinal, como `+3364`, `-1293`, `+0007`, `-0001` e assim por diante. O Simpletron é equipado com uma memória de `100` palavras, e essas palavras são referenciadas por seus números de local `00`, `01`, ..., `99`.

Antes de executar um programa SML, temos que *carregar*, ou colocar, o programa na memória. A primeira instrução (ou comando) de cada programa SML é sempre colocada no local `00`.

Cada instrução escrita em SML ocupa uma palavra da memória do Simpletron (e, portanto, as instruções são números decimais de quatro dígitos com sinal). Consideramos que o sinal de uma instrução SML é sempre de adição, porém o sinal de uma palavra de dados pode ser tanto de adição quanto de subtração. Cada local na memória do Simpletron pode conter uma instrução, um valor de dados usado por um programa ou uma área da memória não utilizada (e, portanto, indefinida). Os dois primeiros dígitos de cada instrução SML consistem no *código de operação*, que especifica a operação a ser realizada. Os códigos de operação em SML estão resumidos na Figura 7.32.

Código de operação	Significado
Operações de entrada/saída:	
`#define READ 10`	Lê uma palavra do terminal para um local específico na memória.
`#define WRITE 11`	Escreve uma palavra de um local específico na memória para o terminal.

Figura 7.32 ■ Códigos de operação na Simpletron Machine Language (SML). (Parte 1 de 2.)

Código de operação	Significado
Operações de carregamento/armazenamento:	
`#define LOAD 20`	Carrega uma palavra de um local específico na memória para o acumulador.
`#define STORE 21`	Armazena uma palavra do acumulador para um local específico na memória.
Operações aritméticas:	
`#define ADD 30`	Soma uma palavra de um local específico na memória à palavra no acumulador (deixa o resultado no acumulador).
`#define SUBTRACT 31`	Subtrai uma palavra de um local específico na memória da palavra no acumulador (deixa o resultado no acumulador).
`#define DIVIDE 32`	Divide uma palavra de um local específico na memória pela palavra no acumulador (deixa o resultado no acumulador).
`#define MULTIPLY 33`	Multiplica uma palavra de um local específico na memória pela palavra no acumulador (deixa o resultado no acumulador).
Operações de transferência de controle:	
`#define BRANCH 40`	Desvia para um local específico na memória.
`#define BRANCHNEG 41`	Desvia para um local específico na memória se o acumulador for negativo.
`#define BRANCHZERO 42`	Desvia para um local específico na memória se o acumulador for zero.
`#define HALT 43`	Para (*halt*), ou seja, o programa concluiu sua tarefa.

Figura 7.32 ■ Códigos de operação na Simpletron Machine Language (SML). (Parte 2 de 2.)

Os dois últimos dígitos de uma instrução SML consistem no *operando*, que é o endereço do local de memória que contém a palavra à qual a operação se aplica. Agora, consideremos diversos programas SML simples. O programa SML a seguir lê dois números do teclado, calcula e imprime sua soma.

Exemplo 1		
Local	Número	Instrução
00	+1007	*(Lê A)*
01	+1008	*(Lê B)*
02	+2007	*(Carrega A)*
03	+3008	*(Soma B)*
04	+2109	*(Armazena C)*
05	+1109	*(Escreve C)*
06	+4300	*(Halt)*
07	+0000	*(Variável A)*
08	+0000	*(Variável B)*
09	+0000	*(Resultado C)*

A instrução `+1007` lê o primeiro número do teclado e o coloca no local `07` (que foi inicializado em zero). Depois, `+1008` lê o próximo número para o local `08`. A instrução *load*, `+2007`, coloca o primeiro número no acumulador, e a instrução *add*, `+3008`, soma o segundo número ao número no acumulador. *Todas as instruções aritméticas da SML deixam seus resultados no acumulador*. A instrução *store*, `+2109`, coloca o resultado de volta ao local de memória `09`, do qual a instrução *write*, `+1109`, apanha o número e o imprime (como um número decimal de quatro dígitos com sinal). A instrução *halt*, `+4300`, encerra a execução.

O programa SML a seguir lê dois números do teclado, determina e imprime o valor maior. Observe o uso da instrução `+4107` como uma transferência de controle condicional, da mesma forma que a estrutura `if` em C.

Exemplo 2		
Local	Número	Instrução
00	+1009	*(Lê A)*
01	+1010	*(Lê B)*
02	+2009	*(Carrega A)*
03	+3110	*(Subtrai B)*
04	+4107	*(Desvia, se negativo, para 07)*
05	+1109	*(Escreve A)*
06	+4300	*(Halt)*
07	+1110	*(Escreve B)*
08	+4300	*(Halt)*
09	+0000	*(Variável A)*
10	+0000	*(Variável B)*

Agora, escreva programas SML que realizem cada uma das tarefas a seguir:

a) Use um loop controlado por sentinela que leia 10 inteiros positivos, e calcule e imprima sua soma.

b) Use um loop controlado por contador que leia sete números, alguns positivos e alguns negativos, e calcule e imprima sua média.

c) Leia uma série de números e determine e imprima o maior deles. O primeiro número lido indica quantos números deverão ser processados.

7.28 ***Um simulador de computador.*** A princípio, pode parecer incrível, mas ao resolver esse problema você estará construindo seu próprio computador. Não, você não terá que soldar componentes. Na verdade, você usará a técnica poderosa da *simulação baseada no software* para criar um *modelo de software* do Simpletron. Você não ficará desapontado. Seu simulador do Simpletron transformará o computador que você está usando em um Simpletron, e você realmente poderá executar, testar e depurar os programas SML que foram escritos no Exercício 7.27.

Ao executar seu simulador do Simpletron, ele deverá começar imprimindo:

```
*** Bem vindo ao Simpletron! ***
*** Favor digitar seu programa, uma instrução ***
*** (ou palavra de dados) por vez. Mostrarei  ***
*** o número do local e uma interrogação (?). ***
*** Você, então, deverá digitar a palavra para esse ***
*** local. Digite a sentinela -99999 para     ***
*** encerrar a entrada do seu programa.       ***
```

Simule a memória do Simpletron com um array de subscrito único, `memory`, que contenha 100 elementos. Agora, suponha que o simulador esteja sendo executado. Examinemos o diálogo enquanto digitamos o programa do Exemplo 2 do Exercício 7.27:

```
00 ? +1009
01 ? +1010
02 ? +2009
03 ? +3110
04 ? +4107
05 ? +1109
06 ? +4300
07 ? +1110
08 ? +4300
09 ? +0000
10 ? +0000
11 ? -99999
*** Carga do programa concluída     ***
*** Iniciando execução do programa ***
```

Agora, o programa SML foi colocado (ou carregado) no array `memory`. O Simpletron executa o programa SML. Ele começa com a instrução no local `00` e continua a sequência, a menos que seja direcionado para alguma outra parte do programa por uma transferência de controle.

Use a variável `accumulator` para representar o registrador do acumulador. Use a variável `instructionCounter` para registrar o local na memória que contém a instrução que está sendo executada. Use a variável `operationCode` para indicar a operação que está sendo executada no momento — ou seja, os dois dígitos da esquerda da palavra de instrução. Use a variável `operand` para indicar o local da memória em que a instrução está operando no momento. Assim, `operand` são os dois dígitos mais à direita da instrução que está sendo executada no momento. Não execute instruções diretamente da memória. Em vez disso, transfira a próxima instrução a ser executada da memória para uma variável chamada `Register`. Depois, 'recolha' os dois dígitos da esquerda e coloque-os na variável `operationCode`, e 'recolha' os dois dígitos da direita e coloque-os em `operand`.

Quando o Simpletron iniciar sua execução, os registradores especiais serão inicializados da seguinte forma:

```
accumulator            +0000
instructionCounter        00
instructionRegister    +0000
operationCode             00
Operand                   00
```

Agora, vamos 'caminhar' pela execução da primeira instrução SML, `+1009`, no local de memória `00`. Isso é chamado *ciclo de execução da instrução*.

O `instructionCounter` nos diz o local da próxima instrução a ser executada. *Buscamos* o conteúdo desse local a partir de `memory` usando a instrução C

```
instructionRegister = memory[ instructionCounter ];
```

O código da operação e o operando são extraídos do registrador de instrução por meio das instruções

```
operationCode = instructionRegister / 100;
operand = instructionRegister % 100;
```

Agora, o Simpletron precisa determinar se o código da operação é realmente uma *leitura* (ou uma *escrita*, uma *carga* e assim por diante). Um `switch` diferencia entre as doze operações da SML.

Na estrutura `switch`, o comportamento de diversas instruções SML é simulado da seguinte forma (deixamos as outras para o leitor):

ler: `scanf( "%d", &memory[ operand ] );`
carregar: `accumulator = memory[ operand ];`
somar: `accumulator += memory[ operand ];`
diversas instruções de desvio: Discutiremos em breve.
halt: Essa instrução imprime a mensagem

```
*** Execução do Simpletron encerrada ***
```

e depois imprime o nome e o conteúdo de cada registrador, bem como o conteúdo completo da memória. Essa listagem normalmente é chamada de *dump do computador*. Para ajudá-lo a programar sua função de dump, uma amostra do formato de dump aparece na Figura 7.33. Um dump, após a execução do programa Simpletron, mostraria os valores reais das instruções e os valores dos dados no momento em que a execução foi encerrada.

```
REGISTERS:
accumulator            +0000
instructionCounter        00
instructionRegister    +0000
operationCode             00
operand                   00

MEMORY:
         0      1      2      3      4      5      6      7      8      9
 0   +0000  +0000  +0000  +0000  +0000  +0000  +0000  +0000  -0000  +0000
10   +0000  +0000  +0000  +0000  +0000  +0000  +0000  +0000  -0000  +0000
20   +0000  +0000  +0000  +0000  +0000  +0000  +0000  +0000  -0000  +0000
30   +0000  +0000  +0000  +0000  +0000  +0000  +0000  +0000  -0000  +0000
40   +0000  +0000  +0000  +0000  +0000  +0000  +0000  +0000  -0000  +0000
50   +0000  +0000  +0000  +0000  +0000  +0000  +0000  +0000  -0000  +0000
60   +0000  +0000  +0000  +0000  +0000  +0000  +0000  +0000  -0000  +0000
70   +0000  +0000  +0000  +0000  +0000  +0000  +0000  +0000  -0000  +0000
80   +0000  +0000  +0000  +0000  +0000  +0000  +0000  +0000  -0000  +0000
90   +0000  +0000  +0000  +0000  +0000  +0000  +0000  +0000  -0000  +0000
```

Figura 7.33 ■ Exemplo do formato de dump do Simpletron.

Prosseguiremos com a execução da primeira instrução do nosso programa, a saber, o `+1009` no local `00`. Conforme indicamos, a estrutura `switch` simula isso ao executar a instrução C

```
scanf( "%d", &memory[ operand ] );
```

O ponto de interrogação (?) deve ser exibido na tela antes que o `scanf` seja executado, como modo de pedir a entrada do usuário. O Simpletron espera que o usuário digite um valor e depois pressione a tecla *Enter*. O valor é, então, lido no local `09`.

Nesse ponto, a simulação da primeira instrução foi concluída. Tudo o que resta é preparar o Simpletron para a execução da próxima instrução. Como a instrução recém-executada não foi uma transferência de controle, precisamos simplesmente incrementar o registrador do contador de instrução da seguinte forma:

```
++instructionCounter;
```

Isso conclui a execução simulada da primeira instrução. O processo inteiro (ou seja, o ciclo de execução da instrução) começa novamente com a busca da próxima instrução a ser executada.

Agora, consideremos como as instruções de desvio — as transferências de controle — são simuladas. Tudo o que precisamos é ajustar o valor no contador de instrução de forma adequada. Portanto, a instrução de desvio incondicional (`40`) é simulada dentro do `switch` como

```
instructionCounter = operand;
```

A instrução condicional de 'desvio se acumulador é zero' é simulada como

```
if ( accumulator == 0 ) {
   instructionCounter = operand;
}
```

Nesse ponto, você deverá implementar seu simulador Simpletron e executar os programas SML que escreveu no Exercício 7.27. Você poderá embelezar a SML com outros recursos e oferecê-los em seu simulador.

Seu simulador deverá verificar os diversos tipos de erros. Durante a fase de carga do programa, por exemplo, cada número que o usuário digita na `memory` do Simpletron deverá estar no intervalo `-9999` a `+9999`. Seu simulador deverá usar um loop `while` para testar se cada número inserido está nessa faixa e, se não estiver, deverá continuar pedindo ao usuário que informe o número novamente até que um número correto seja digitado.

Durante a fase de execução, seu simulador deverá verificar vários erros sérios, como tentativas de divisão por zero, tentativas de execução de códigos de operação inválidos e estouros do acumulador (ou seja, operações aritméticas que resultam em valores maiores que +9999 ou menores que -9999). Esses erros sérios são chamados *erros fatais*. Quando um erro fatal é detectado, seu simulador deverá imprimir uma mensagem de erro como:

```
*** Tentativa de divisão por zero ***

*** Execução do Simpletron encerrada de forma
anormal. ***
```

e deverá imprimir um dump completo do computador no formato que apresentamos anteriormente. Isso ajudará o usuário a localizar o erro no programa.

7.29 ***Modificações no simulador do Simpletron.*** No Exercício 7.28, você escreveu uma simulação de software de um computador que executa programas escritos na Simpletron Machine Language (SML). Nesse exercício, propomos várias modificações e melhorias no Simulador do Simpletron. Nos exercícios 12.26 e 12.27, propomos criar um compilador que converte programas escritos em uma linguagem de programação de alto nível (uma variação do BASIC) para a linguagem de máquina do Simpletron. Algumas das modificações e melhorias a seguir podem ser necessárias para executar os programas produzidos pelo compilador.

a) Estenda a memória do Simulador do Simpletron para que ele contenha 1000 locais de memória, permitindo que ele trate de programas maiores.

b) Permita que o simulador realize cálculos de módulo. Isso exige uma instrução adicional na linguagem de máquina do Simpletron.

c) Permita que o simulador realize cálculos de exponenciação. Isso exige uma instrução adicional na linguagem de máquina do Simpletron.

d) Modifique o simulador para que seja possível usar valores hexadecimais em vez de valores inteiros para representar as instruções na linguagem de máquina do Simpletron.

e) Modifique o simulador para permitir a saída de uma nova linha. Isso exige uma instrução adicional na linguagem de máquina do Simpletron.

f) Modifique o simulador para que ele possa processar valores de ponto flutuante, além de valores inteiros.

g) Modifique o simulador fazendo com que seja possível lidar com a input de string. [*Dica:* cada palavra do Simpletron pode ser dividida em dois grupos, cada um mantendo um inteiro de dois dígitos. Cada inteiro de dois dígitos representa o equivalente decimal ASCII de um caractere. Inclua uma instrução em linguagem de máquina que entrará com uma string, e armazenará essa string, a partir de um local específico da memória do Simpletron. A primeira metade da palavra nesse local será um contador do número de caracteres na string (ou seja, o comprimento da string). Cada meia palavra seguinte conterá um caractere ASCII expresso como dois dígitos decimais. A instrução em linguagem de máquina converterá cada caractere em seu equivalente ASCII e o atribuirá a uma meia palavra.]

h) Modifique o simulador para que seja possível lidar com a saída de strings armazenadas no formato da parte (g). [*Dica:* inclua uma instrução em linguagem de máquina que imprima uma string que começa em um local específico da memória do Simpletron. A primeira metade da palavra nesse local é o comprimento da string em caracteres. Cada meia palavra seguinte contém um caractere ASCII expresso como dois dígitos decimais. A instrução em linguagem de máquina verifica o comprimento e imprime a string, traduzindo cada número de dois dígitos em seu caractere equivalente.]

Exercícios de array de ponteiro para função

7.30 ***Cálculo da circunferência do círculo, da área do círculo e do volume da esfera usando ponteiros para função.*** Usando as técnicas que você aprendeu na Figura 7.28, crie um programa baseado em texto, controlado por menu, que permita que o usuário escolha se irá calcular a circunferência de um círculo, a área de um círculo ou o volume de uma esfera. O programa deverá, então, solicitar do usuário um raio, realizar o cálculo apropriado e exibir o resultado. Use um array de ponteiros para função em que cada ponteiro represente uma função que retorne `void` e receba um parâmetro `double`. Cada uma das funções correspondentes deve exibir mensagens indicando qual cálculo foi realizado, o valor do raio e o resultado do cálculo.

7.31 ***Execução de cálculos usando ponteiros para função.*** Usando as técnicas que você aprendeu na Figura 7.28, crie um programa baseado em texto, controlado por menu, que permita que o usuário escolha se vai somar, subtrair, multiplicar ou dividir dois números. O programa deverá, então, solicitar do usuário dois valores `double`, realizar o cálculo apropriado e exibir o resultado. Use um array de ponteiros para função em que cada ponteiro represente uma função, retorne `void` e receba dois parâmetros `double`. Cada uma das funções correspondentes deve exibir mensagens que indiquem o cálculo que foi realizado, os valores dos parâmetros e o resultado do cálculo.

Fazendo a diferença

7.32 ***Votação.*** A Internet e a Web vêm permitindo que as pessoas, cada vez mais, estabeleçam redes de contatos, juntem-se a uma causa, expressem opiniões e assim por diante. Em 2008, os candidatos à presidência dos Estados Unidos usaram amplamente a Internet para passar suas mensagens e levantar fundos para suas campanhas. Nesse exercício, você escreverá um programa de votação simples, que permite que os usuários avaliem, de 1 (menos importante) a 10 (mais importante), cinco questões de importância social. Escolha cinco causas que sejam importantes para você (por exemplo, questões políticas, questões de meio ambiente). Use um array unidimensional `topics` (do tipo `char *`) para armazenar as cinco causas. Para resumir as respostas do estudo, use um array bidimensional de 5 linhas e 10 colunas, `responses` (do tipo `int`), com cada linha correspondendo a um elemento no array `topics`. Ao ser executado, o programa deve pedir ao usuário que dê uma nota para cada questão. Peça a seus amigos e familiares que respondam à pesquisa. Depois, faça com que o programa apresente um resumo dos resultados, que inclua:

a) Um relatório tabular com os cinco tópicos no lado esquerdo e as 10 classificações no topo, listando em cada coluna o número de classificações recebidas para cada tópico.

b) À direita de cada linha, mostre a média das classificações para essa questão.

c) Qual questão recebeu a maior pontuação total? Mostre a questão e o total de pontos.

d) Qual questão recebeu a menor pontuação total? Mostre a questão e o total de pontos.

7.33 ***Medição de emissão de dióxido de carbono: arrays de ponteiros para função.*** Usando arrays de ponteiros para função, como você aprendeu neste capítulo, é possível especificar um conjunto de funções que são chamadas com os mesmos tipos de argumentos e que retornam o mesmo tipo de dado. Governos e empresas do mundo inteiro estão se preocupando cada vez mais com as medições de carbono (emissões anuais de dióxido de carbono na atmosfera) de prédios que queimam vários tipos de combustíveis para gerar calor, veículos que queimam combustíveis para gerar potência e outras questões similares. Muitos cientistas culpam esses gases de efeito estufa pelo fenômeno chamado aquecimento global. Crie três funções que ajudem a calcular a medição de emissão de dióxido de carbono de um prédio, um carro e uma bicicleta, respectivamente. Cada função deverá solicitar dados apropriados do usuário e, depois, calcular e exibir as respectivas medições. (Pesquise alguns sites que explicam como calcular as medições de carbono.) As funções não deverão receber parâmetros, mas deverão retornar `void`. Escreva um programa que induza o usuário a digitar o tipo de medição de emissão de dióxido de carbono a ser calculada, e depois chame a função correspondente no array dos ponteiros para função. Para cada tipo de medição, apresente alguma informação de identificação e o objeto que deixa aquela emissão.

Capítulo 8

Caracteres e strings em C

A escrita vigorosa é concisa. Uma frase não deve conter palavras desnecessárias, e um parágrafo não deve conter frases desnecessárias.
— **William Strunk, Jr.**

Essa carta está mais longa que o normal, pois não tive tempo para deixá-la mais curta.
— **Blaise Pascal**

A diferença entre a palavra quase certa e a palavra certa é realmente uma grande questão — é a diferença entre o para-raios e os raios.
— **Mark Twain**

Objetivos

Neste capítulo, você aprenderá:

- A usar as funções da biblioteca de tratamento de caracteres (<ctype.h>).
- A usar as funções de conversão de strings da biblioteca de utilitários gerais (<stdlib.h>).
- A usar as funções de entrada/saída de string e caracteres da biblioteca-padrão de entrada/saída (<stdio.h>).
- A usar as funções de processamento de string da biblioteca de tratamento de strings (<string.h>).
- O poder das bibliotecas de funções que levam à reutilização de software.

Conteúdo

8.1 Introdução
8.2 Fundamentos de strings e caracteres
8.3 Biblioteca de tratamento de caracteres
8.4 Funções de conversão de strings
8.5 Funções da biblioteca-padrão de entrada/saída
8.6 Funções de manipulação de strings da biblioteca de tratamento de strings
8.7 Funções de comparação da biblioteca de tratamento de strings
8.8 Funções de pesquisa da biblioteca de tratamento de strings
8.9 Funções de memória da biblioteca de tratamento de strings
8.10 Outras funções da biblioteca de tratamento de strings

Resumo | Terminologia | Exercícios de autorrevisão | Respostas dos exercícios de autorrevisão | Exercícios | Seção especial: exercícios avançados de manipulação de strings | Um projeto desafiador de manipulação de strings | Fazendo a diferença

8.1 Introdução

Neste capítulo, apresentaremos as funções da biblioteca-padrão de C que facilitam o processamento de strings e caracteres.[1] As funções permitem que os programas processem caracteres, strings, linhas de texto e blocos de memória.

Discutiremos as técnicas usadas para desenvolver editores, processadores de textos, software de layout de página, sistemas computadorizados de composição de textos e outros tipos de software de processamento de textos. As manipulações de texto realizadas por funções de entrada/saída formatada, como `printf` e `scanf`, podem ser implementadas utilizando-se as funções abordadas neste capítulo.

8.2 Fundamentos de strings e caracteres

Os caracteres são os blocos de montagem fundamentais dos programas-fonte. Cada programa é composto por uma sequência de caracteres que, ao serem agrupados de modo significativo, são interpretados pelo computador como uma série de instruções a serem usadas na realização de uma tarefa. Um programa pode conter **constantes de caractere**. Uma constante de caractere é um valor `int` representado por um caractere entre aspas simples. O valor de uma constante de caractere é o valor inteiro do caractere no **conjunto de caracteres** da máquina. Por exemplo, `'z'` representa o valor inteiro de `z`, e `'\n'`, o valor inteiro do caractere de nova linha (122 e 10 em ASCII, respectivamente).

Uma **string** consiste em uma série de caracteres tratados como uma única entidade. Uma string pode incluir letras, dígitos e diversos **caracteres especiais**, como `+`, `-`, `*`, `/` e `$`. **Strings literais**, ou **constantes string**, em C são escritas entre aspas, da seguinte forma:

"João da Silva"	(um nome)
"Rua Principal, 99999"	(um endereço)
"Curitiba, PR"	(uma cidade e um estado)
"(21) 1234-5678"	(um número de telefone)

Uma string em C é um array de caracteres que termina no **caractere nulo** ('\0'). Strings são acessadas por meio de um ponteiro para o primeiro caractere da string. O valor de uma string é o endereço de seu primeiro caractere. Assim, em C, é apropriado dizer que uma **string é um ponteiro** — na verdade, um ponteiro para o primeiro caractere da string. Nesse sentido, as strings são como arrays, pois um array também é um ponteiro para o seu primeiro elemento.

Um array de caracteres, ou uma variável do tipo `char *`, pode ser inicializado com uma string em uma definição. Cada uma das definições a seguir,

```
char cor[] = "azul";
const char *corPtr = "azul";
```

inicializa uma variável como a string "`azul`". A primeira definição cria um array de 5 elementos `cor` que contêm os caracteres `'a'`, `'z'`, `'u'`, `'l'` e `'\0'`. A segunda definição cria a variável de ponteiro `corPtr`, que aponta para a string "`azul`" em algum lugar da memória.

1 Ponteiros e entidades baseadas em ponteiros, por exemplo, arrays e strings, quando mal utilizados, intencional ou acidentalmente, podem ocasionar erros e brechas de segurança. Procure por artigos, livros, relatórios e fóruns sobre esse importante tópico em nosso Secure C Programming Resource Center (<`www.deitel.com/SecureC/`>).

Dica de portabilidade 8.1

Quando uma variável do tipo `char *` *é inicializada com uma string literal, alguns compiladores podem colocar a string em um local da memória onde ela não possa ser modificada. Se você acha que terá de modificar uma string literal, ela deverá ser armazenada em um array de caracteres para garantir que a modificação seja possível em todos os sistemas.*

A definição anterior de array também poderia ter sido escrita como

```
char cor[] = { 'a', 'z', 'u', 'l', '\0' };
```

Ao definir um array de caracteres para que contenha uma string, ele precisa ser grande o suficiente para armazenar a string e seu caractere nulo de finalização. A definição anterior automaticamente determina o tamanho do array com base no número de inicializadores na lista de inicializadores.

Erro comum de programação 8.1

Não alocar espaço suficiente em um array de caracteres para que ele armazene o caractere nulo que indica o fim de uma string é um erro.

Erro comum de programação 8.2

Imprimir uma 'string' que não contenha um caractere nulo de finalização é um erro.

Dica de prevenção de erro 8.1

Ao armazenar uma string de caracteres em um array de caracteres, cuide para que o array seja grande o suficiente para manter a maior string a ser armazenada. C permite que strings de qualquer tamanho sejam armazenadas. Se uma string for maior que o array de caracteres em que ela deve ser armazenada, os caracteres que ultrapassarem o final do array sobrescreverão dados em posições da memória que sucederem o array.

Uma string pode ser armazenada em um array utilizando-se `scanf`. Por exemplo, a instrução a seguir armazena uma string no array de caracteres `word[20]`:

```
scanf( "%s", word );
```

A string digitada pelo usuário é armazenada em `word`. A variável `word` é um array, o qual, naturalmente, é um ponteiro, de modo que não é necessário usar o `&` com o argumento `word`. Lembre-se do que vimos na Seção 6.4: a função `scanf` lerá caracteres até que se encontre espaço, tabulação, nova linha ou indicador de fim de arquivo. Assim, é possível que a entrada do usuário exceda 19 caracteres, e que seu programa falhe! Por esse motivo, use o especificador de conversão `%19s`, de modo que `scanf` possa ler até 19 caracteres, e deixe o último caractere para o caractere nulo de finalização. Isso impede que `scanf` escreva caracteres na memória que ultrapassem o `s`. (Para a leitura de linhas de entrada de qualquer tamanho, existe a função fora do padrão — embora bastante aceita — `readline`, normalmente incluída em `stdio.h`.) Para que um array de caracteres seja impresso como uma string, o array precisa conter um caractere nulo de finalização.

Erro comum de programação 8.3

Processar um único caractere como se fosse uma string. Uma string é um ponteiro — provavelmente, um inteiro razoavelmente grande. Porém, um caractere é um inteiro pequeno (valores ASCII na faixa de 0 a 255). Isso provoca erros em muitos sistemas, pois os endereços de memória baixos são reservados para finalidades especiais como os tratadores de interrupção do sistema operacional; isso causa 'violações de acesso'.

Erro comum de programação 8.4

Passar um caractere para uma função como se fosse um argumento, quando uma string é esperada (e vice-versa), consiste em um erro de compilação.

8.3 Biblioteca de tratamento de caracteres

A **biblioteca de tratamento de caracteres** (<ctype.h>) inclui várias funções que realizam testes úteis e manipulações de dados de caractere. Cada função recebe um caractere — representado como um `int` — ou um `EOF` como argumento. Conforme discutimos no Capítulo 4, os caracteres normalmente são manipulados como inteiros, pois um caractere em C normalmente é um inteiro de um byte. `EOF` geralmente tem o valor –1, e algumas arquiteturas de hardware não permitem que valores negativos sejam armazenados em variáveis `char`, de modo que as funções de tratamento de caractere manipulam caracteres como inteiros. A Figura 8.1 resume as funções da biblioteca de tratamento de caracteres.

Protótipo	Descrição da função
`int isdigit( int c );`	Retorna um valor diferente de zero que é considerado verdadeiro se `c` for um dígito, e 0 (falso) caso contrário.
`int isalpha( int c );`	Retorna um valor diferente de zero que é considerado verdadeiro se `c` for uma letra, e 0 caso contrário.
`int isalnum( int c );`	Retorna um valor diferente de zero que é considerado verdadeiro se `c` for um dígito ou uma letra, e 0 caso contrário.
`int isxdigit( int c );`	Retorna um valor verdadeiro se `c` for um caractere de dígito hexadecimal, e 0 caso contrário. (Veja no Apêndice C: Sistemas Numéricos uma explicação detalhada dos números binários, números octais, números decimais e números hexadecimais.)
`int islower( int c );`	Retorna um valor verdadeiro se `c` for uma letra minúscula, e 0 caso contrário.
`int isupper( int c );`	Retorna um valor verdadeiro se `c` for uma letra maiúscula, e 0 caso contrário.
`int tolower( int c );`	Se `c` for uma letra maiúscula, `tolower` retornará `c` como uma letra minúscula. Caso contrário, `tolower` retornará o argumento inalterado.
`int toupper( int c );`	Se `c` for uma letra minúscula, `toupper` retornará `c` como uma letra minúscula. Caso contrário, `toupper` retornará o argumento inalterado.
`int isspace( int c );`	Retorna um valor verdadeiro se `c` for um caractere de espaço em branco — nova linha (`'\n'`), espaço (`' '`), form feed (`'\f'`), carriage return (`'\r'`), tabulação horizontal (`'\t'`) ou tabulação vertical (`'\v'`) —, e 0 caso contrário.
`int iscntrl( int c );`	Retorna um valor verdadeiro se `c` for um caractere de controle, e 0 caso contrário.
`int ispunct( int c );`	Retorna um valor verdadeiro se `c` for um caractere imprimível diferente de um espaço, de um dígito ou de uma letra, e retorna 0 caso contrário.
`int isprint( int c );`	Retorna um valor verdadeiro se `c` for um caractere imprimível que inclui um espaço (`' '`), e retorna 0 caso contrário.
`int isgraph( int c );`	Retorna um valor verdadeiro se `c` for um caractere imprimível diferente de um espaço (`' '`) e retorna 0 caso contrário.

Figura 8.1 ■ Funções da biblioteca de tratamento de caracteres (<ctype.h>).

Funções isdigit, isalpha, isalnum e isxdigit

A Figura 8.2 demonstra as funções **`isdigit`**, **`isalpha`**, **`isalnum`** e **`isxdigit`**. A função `isdigit` determina se seu argumento é um dígito (0–9). A função `isalpha` estabelece se seu argumento é uma letra maiúscula (A–Z) ou minúscula (a–z). A função `isalnum` determina se seu argumento é uma letra maiúscula, uma letra minúscula ou um dígito. A função `isxdigit` determina se seu argumento é um **dígito hexadecimal** (A–F, a–f, 0–9).

```
/* Fig. 8.2: fig08_02.c
   Usando funções isdigit, isalpha, isalnum e isxdigit */
#include <stdio.h>
#include <ctype.h>

int main( void )
{
   printf( “%s\n%s%s\n%s%s\n\n”, “De acordo com isdigit: “,
      isdigit( ‘8’ ) ? “8 é um “ : “8 não é um “, “dígito”,
      isdigit( ‘#’ ) ? “# é um “ : “# não é um “, “dígito” );

   printf( “%s\n%s%s\n%s%s\n%s%s\n%s%s\n\n”,
      “De acordo com isalpha:”,
      isalpha( ‘A’ ) ? “A é uma “ : “A não é uma “, “letra”,
      isalpha( ‘b’ ) ? “b é uma “ : “b não é uma “, “letra”,
      isalpha( ‘&’ ) ? “& é uma “ : “& não é uma “, “letra”,
      isalpha( ‘4’ ) ? “4 é uma “ : “4 não é uma “, “letra” );

   printf( “%s\n%s%s\n%s%s\n%s%s\n\n”,
      “De acordo com isalnum:”,
      isalnum( ‘A’ ) ? “A é um “ : “A não é um “,
      “dígito ou uma letra”,
      isalnum( ‘8’ ) ? “8 é um “ : “8 não é um “,
      “dígito ou uma letra”,
      isalnum( ‘#’ ) ? “# é um “ : “# não é um “,
      “dígito ou uma letra” );

   printf( “%s\n%s%s\n%s%s\n%s%s\n%s%s\n%s%s\n”,
      “De acordo com isxdigit:”,
      isxdigit( ‘F’ ) ? “F é um “ : “F não é um “,
      “dígito hexadecimal”,
      isxdigit( ‘J’ ) ? “J é um “ : “J não é um “,
      “dígito hexadecimal”,
      isxdigit( ‘7’ ) ? “7 é um “ : “7 não é um “,
      “dígito hexadecimal”,
      isxdigit( ‘$’ ) ? “$ é um “ : “$ não é um “,
      “dígito hexadecimal”,
      isxdigit( ‘f’ ) ? “f é um “ : “f não é um “,
      “dígito hexadecimal” );
   return 0; /* indica conclusão bem-sucedida */
} /* fim do main */
```

Figura 8.2 ■ Exemplo do uso de `isdigit`, `isalpha`, `isalnum` e `isxdigit`. (Parte 1 de 2.)

```
De acordo com isdigit:
8 é um dígito
# não é um dígito

De acordo com isalpha:
A é uma letra
b é uma letra
& não é uma letra
4 não é uma letra

De acordo com isalnum:
A é um dígito ou uma letra
8 é um dígito ou uma letra
# não é um dígito e nem uma letra

De acordo com isxdigit:
F é um dígito hexadecimal
J não é um dígito hexadecimal
7 é um dígito hexadecimal
$ não é um dígito hexadecimal
f é um dígito hexadecimal
```

Figura 8.2 ■ Exemplo do uso de `isdigit`, `isalpha`, `isalnum` e `isxdigit`. (Parte 2 de 2.)

A Figura 8.2 usa o operador condicional (`?:`) para determinar se a string " `é um` " ou se a string " `não é um` " devem ser impressas na saída de cada caractere testado. Por exemplo, a expressão

```
isdigit( '8' ) ? "8 é um " : "8 não é um "
```

indica que, se `'8'` for um dígito, a string "`8 é um` " será impressa, e se `'8'` não for um dígito (ou seja, se `isdigit` retornar `0`), a string "`8 não é um` " será impressa.

Funções islower, isupper, tolower e toupper

A Figura 8.3 demonstra as funções `islower`, `isupper`, `tolower` e `toupper`. A função `islower` determina se seu argumento é uma letra minúscula (`a–z`). A função `isupper` determina se seu argumento é uma letra maiúscula (`A–Z`). A função `tolower` converte uma letra maiúscula em minúscula, e retorna a letra minúscula. Se o argumento não for uma letra maiúscula, `tolower` retornará o argumento inalterado. A função `toupper` converte uma letra minúscula em maiúscula, e retorna a letra maiúscula. Se o argumento não for uma letra minúscula, `toupper` retornará o argumento inalterado.

```
/* Fig. 8.3: fig08_03.c
   Usando funções islower, isupper, tolower, toupper */
#include <stdio.h>
#include <ctype.h>

int main( void )
{
   printf( "%s\n%s%s\n%s%s\n%s%s\n%s%s\n\n",
      "De acordo com islower:",
      islower( 'p' ) ? "p é uma " : "p não é uma ",
      "letra minúscula",
      islower( 'P' ) ? "P é uma " : "P não é uma ",
      "letra minúscula",
      islower( '5' ) ? "5 é uma " : "5 não é uma ",
      "letra minúscula",
      islower( '!' ) ? "! é uma " : "! não é uma ",
      "letra minúscula" );

```

Figura 8.3 ■ Exemplo do uso de `islower`, `isupper`, `tolower` e `toupper`. (Parte 1 de 2.)

```
    printf( "%s\n%s%s\n%s%s\n%s%s\n%s%s\n\n",
       "De acordo com isupper:",
       isupper( 'D' ) ? "D é uma " : "D não é uma ",
       "letra maiúscula",
       isupper( 'd' ) ? "d é uma " : "d não é uma ",
       "letra maiúscula",
       isupper( '8' ) ? "8 é uma " : "8 não é uma ",
       "letra maiúscula",
       isupper( '$' ) ? "$ é uma " : "$ não é uma ",
       "letra maiúscula" );

    printf( "%s%c\n%s%c\n%s%c\n%s%c\n",
       "u convertido em maiúscula é ", toupper( 'u' ),
       "7 convertido em maiúscula é ", toupper( '7' ),
       "$ convertido em maiúscula é ", toupper( '$' ),
       "L convertido em minúscula é ", tolower( 'L' ) );
    return 0; /* indica conclusão bem-sucedida */
 } /* fim do main */
```

```
De acordo com islower:
p é uma letra minúscula
P não é uma letra minúscula
5 não é uma letra minúscula
! não é uma letra minúscula

De acordo com isupper:
D é uma letra maiúscula
d não é uma letra maiúscula
8 não é uma letra maiúscula
$ não é uma letra maiúscula

u convertido em maiúscula é U
7 convertido em maiúscula é 7
$ convertido em maiúscula é $
L convertido em minúscula é l
```

Figura 8.3 ■ Exemplo do uso de `islower`, `isupper`, `tolower` e `toupper`. (Parte 2 de 2.)

Funções isspace, iscntrl, ispunct, isprint e isgraph

A Figura 8.4 demonstra as funções `isspace`, `iscntrl`, `ispunct`, `isprint` e `isgraph`. A função `isspace` determina se um caractere é um dos caracteres de espaço em branco a seguir: espaço (' '), form feed ('`\f`'), newline ('`\n`'), carriage return ('`\r`'), tabulação horizontal ('`\t`') ou tabulação vertical ('`\v`'). A função `iscntrl` determina se um caractere é um dos **caracteres de controle** a seguir: tabulação horizontal ('`\t`'), tabulação vertical ('`\v`'), form feed ('`\f`'), alert ('`\a`'), backspace ('`\b`'), carriage return ('`\r`') ou newline ('`\n`'). A função `ispunct` determina se um caractere é um **caractere imprimível** diferente de um espaço, de um dígito ou de uma letra, por exemplo, `$`, `#`, `(`, `)`, `[`, `]`, `{`, `}`, `;`, `:` ou `%`. A função `isprint` determina se um caractere pode ser exibido na tela (incluindo o caractere de espaço). A função `isgraph` é a mesma que `isprint`, mas ela não inclui o caractere de espaço.

```
/* Fig. 8.4: fig08_04.c
   Usando funções isspace, iscntrl, ispunct, isprint, isgraph */
#include <stdio.h>
#include <ctype.h>

int main( void )
{
   printf( “%s\n%s%s%s\n%s%s%s\n%s%s\n\n”,
      “De acordo com isspace:”,
      “Newline”, isspace( ‘\n’ ) ? “ é um “ : “ não é um “,
      “caractere de espaço em branco”, “Tabulação horizontal”,
      isspace( ‘\t’ ) ? “ é um “ : “ não é um “,
      “caractere de espaço em branco”,
      isspace( ‘%’ ) ? “% é um “ : “% não é um “,
      “caractere de espaço em branco” );

   printf( “%s\n%s%s%s\n%s%s\n\n”, “De acordo com iscntrl:”,
      “Newline”, iscntrl( ‘\n’ ) ? “ é um “ : “ não é um “,
      “caractere de controle”, iscntrl( ‘$’ ) ? “$ é um “ :
      “$ não é um “, “caractere de controle” );

   printf( “%s\n%s%s\n%s%s\n%s%s\n\n”,
      “De acordo com ispunct:”,
      ispunct( ‘;’ ) ? “; é um “ : “; não é um “,
      “caractere de pontuação”,
      ispunct( ‘Y’ ) ? “Y é um “ : “Y não é um “,
      “caractere de pontuação”,
      ispunct( ‘#’ ) ? “# é um “ : “# não é um “,
      “caractere de pontuação” );

   printf( “%s\n%s%s\n%s%s%s\n\n”, “De acordo com isprint:”,
      isprint( ‘$’ ) ? “$ é um “ : “$ não é um “,
      “caractere imprimível”,
      “Alert”, isprint( ‘\a’ ) ? “ é um “ : “ não é um “,
      “caractere imprimível” );

   printf( “%s\n%s%s\n%s%s%s\n”, “De acordo com isgraph:”,
      isgraph( ‘Q’ ) ? “Q é um “ : “Q não é um “,
      “caractere imprimível diferente de um espaço”,
      “Space”, isgraph( ‘ ‘ ) ? “ é um “ : “ não é um “,
      “caractere imprimível diferente de um espaço” );
   return 0; /* indica conclusão bem-sucedida */
} /* fim do main */
```

```
De acordo com isspace:
Newline é um caractere de espaço em branco
Tabulação horizontal é um caractere de espaço em branco
% não é um caractere de espaço em branco

De acordo com iscntrl:
Newline é um caractere de controle
$ não é um caractere de controle

De acordo com ispunct:
; é um caractere de pontuação
Y não é um caractere de pontuação
# é um caractere de pontuação
```

Figura 8.4 ■ Exemplo do uso de isspace, iscntrl, ispunct, isprint e isgraph. (Parte 1 de 2.)

```
De acordo com isprint:
$ é um caractere imprimível
Alert não é um caractere imprimível

De acordo com isgraph:
Q é um caractere imprimível diferente de espaço
Space não é um caractere imprimível diferente de espaço
```

Figura 8.4 ■ Exemplo do uso de `isspace`, `iscntrl`, `ispunct`, `isprint` e `isgraph`. (Parte 2 de 2.)

8.4 Funções de conversão de strings

Esta seção apresenta as **funções de conversão de strings** da **biblioteca de utilitários gerais** (`<stdlib.h>`). Essas funções convertem strings de dígitos em valores inteiros e de ponto flutuante. A Figura 8.5 resume as funções de conversão de strings. Observe que `const` é usado para declarar a variável `nPtr` nos cabeçalhos de função (leia da direita para a esquerda, já que '`nPtr` é um ponteiro para uma constante de caractere'); `const` determina que o valor do argumento não será modificado.

Protótipo da função	Descrição da função
`double atof( const char *nPtr );`	Converte a string `nPtr` em `double`.
`int atoi( const char *nPtr );`	Converte a string `nPtr` em `int`.
`long atol( const char *nPtr );`	Converte a string `nPtr` em `long int`.
`double strtod( const char *nPtr, char **endPtr );`	Converte a string `nPtr` em `double`.
`long strtol( const char *nPtr, char **endPtr, int base );`	Converte a string `nPtr` em `long`.
`unsigned long strtoul( const char *nPtr, char **endPtr, int base );`	Converte a string `nPtr` em `unsigned long`.

Figura 8.5 ■ Funções de conversão de strings da biblioteca de utilitários gerais.

Função atof

A função **`atof`** (Figura 8.6) converte seu argumento — uma string que representa um número em ponto flutuante — em um valor `double`. A função retorna o valor `double`. Se o valor convertido não puder ser representado — por exemplo, se o primeiro caractere da string for uma letra —, o comportamento da função `atof` será indefinido.

```c
/* Fig. 8.6: fig08_06.c
   Usando atof */
#include <stdio.h>
#include <stdlib.h>

int main( void )
{
   double d; /* variável para manter a string convertida */

   d = atof( "99.0" );

   printf( "%s%.3f\n%s%.3f\n",
      "A string \"99.0\" convertida em double é ", d,
      "O valor convertido dividido por 2 é ", d / 2.0 );
   return 0; /* indica conclusão bem-sucedida */
} /* fim do main */
```

```
A string "99.0" convertida em double é 99.000
O valor convertido dividido por 2 é 49.500
```

Figura 8.6 ■ Exemplo do uso de `atof`.

Função atoi

A função `atoi` (Figura 8.7) converte seu argumento — uma string de dígitos que representa um inteiro — em um valor `int`. A função retorna o valor `int`. Se o valor convertido não puder ser representado, o comportamento da função `atoi` será indefinido.

```
/* Fig. 8.7: fig08_07.c
   Usando atoi */
#include <stdio.h>
#include <stdlib.h>

int main( void )
{
   int i; /* variável para manter string convertida */

   i = atoi( "2593" );

   printf( "%s%d\n%s%d\n",
      "A string \"2593\" convertida em int é ", i,
      "O valor convertido menos 593 é ", i - 593 );
   return 0; /* indica conclusão bem-sucedida */
} /* fim do main */
```

```
A string "2593" convertida em int é 2593
O valor convertido menos 593 é 2000
```

Figura 8.7 ■ Exemplo do uso de `atoi`.

Função atol

A função `atol` (Figura 8.8) converte seu argumento — uma string de dígitos que representa um inteiro long — em um valor `long`. A função retorna o valor `long`. Se o valor convertido não puder ser representado, o comportamento da função `atol` será indefinido. Se `int` e `long` forem armazenados em 4 bytes, a função `atoi` e a função `atol` funcionarão de modo idêntico.

```
/* Fig. 8.8: fig08_08.c
   Usando atol */
#include <stdio.h>
#include <stdlib.h>

int main( void )
{
   long l; /* variável para manter a string convertida */

   l = atol( "1000000" );

   printf( "%s%ld\n%s%ld\n",
      "A string \"1000000\" convertida em long int é ", l,
      "O valor convertido dividido por 2 é ", l / 2 );
   return 0; /* indica conclusão bem-sucedida */
} /* fim do main */
```

```
A string "1000000" convertida em long int é 1000000
O valor convertido dividido por 2 é 500000
```

Figura 8.8 ■ Exemplo do uso de `atol`.

Função strtod

A função **strtod** (Figura 8.9) converte uma sequência de caracteres que representam um valor de ponto flutuante em `double`. A função recebe dois argumentos — uma string (`char *`) e um ponteiro de uma string (`char **`). A string contém a sequência de caracteres a ser convertida em `double`. O ponteiro recebe o endereço do lugar ocupado pelo 1º caractere que vem imediatamente após a parte convertida da string. A linha 14

```
d = strtod( string, &stringPtr );
```

indica que `d` recebe o valor `double` convertido de `string`, e que `stringPtr` recebe o local do primeiro caractere após o valor convertido (`51.2`) na `string`.

```
1  /* Fig. 8.9: fig08_09.c
2     Usando strtod */
3  #include <stdio.h>
4  #include <stdlib.h>
5
6  int main( void )
7  {
8     /* inicializa ponteiro de string */
9     const char *string = "51.2% são admitidos"; /* inicializa string */
10
11    double d; /* variável para manter sequência convertida */
12    char *stringPtr; /* cria ponteiro char */
13
14    d = strtod( string, &stringPtr );
15
16    printf( "A string \"%s\" é convertida em\n", string );
17    printf( "valor double %.2f e a string \"%s\"\n", d, stringPtr );
18    return 0; /* indica conclusão bem-sucedida */
19 } /* fim do main */
```

```
A string "51.2% são admitidos" é convertida no valor
double 51.20 e na string "% são admitidos"
```

Figura 8.9 ■ Exemplo do uso de `strtod`.

Função strtol

A função **strtol** (Figura 8.10) converte em `long` uma sequência de caracteres que representa um inteiro. A função recebe três argumentos — uma string (`char *`), um ponteiro para uma string e um inteiro. A string contém a sequência de caracteres a ser convertida. O ponteiro recebe o endereço do lugar ocupado pelo 1º caractere que vem imediatamente após a parte convertida da string. O inteiro especifica a base do valor sendo convertido. A linha 13

```
x = strtol( string, &remainderPtr, 0 );
```

indica que `x` recebe o valor `long` convertido a partir de `string`. O segundo argumento, `remainderPtr`, recebe o restante da `string` após a conversão. O uso de `NULL` no segundo argumento faz com que o restante da string seja ignorado. O terceiro argumento, `0`, indica que o valor a ser convertido pode estar em formato octal (base 8), decimal (base 10) ou hexadecimal (base 16). A base pode ser especificada como 0 ou como qualquer valor entre 2 e 36. Veja no Apêndice C: Sistemas numéricos uma explicação detalhada dos sistemas de numeração octal, decimal e hexadecimal. As representações numéricas dos inteiros de base 11 a 36 utilizam os caracteres A-Z para representar os valores de 10 a 35. Por exemplo, os valores hexadecimais consistem nos dígitos 0-9 e nos caracteres A-F. Um inteiro de base 11 pode consistir nos dígitos 0-9 e no caractere A. Um inteiro de base 24 pode consistir nos dígitos 0-9 e nos caracteres A-N. Um inteiro de base 36 pode consistir nos dígitos 0-9 e nos caracteres A-Z.

Função *strtoul*

A funçãol **strtoul** (Figura 8.11) converte em `unsigned long` uma sequência de caracteres que representam um inteiro `unsigned long`. A função funciona de forma idêntica à função `strtol`. A instrução

```
x = strtoul( string, &remainderPtr, 0 );
```

na Figura 8.11 indica que `x` recebe o valor `unsigned long` convertido de `string`. O segundo argumento, `&remainderPtr`, recebe o restante da `string` após a conversão. O terceiro argumento, `0`, indica que o valor a ser convertido pode estar em formato octal, decimal ou hexadecimal.

```c
/* Fig. 8.10: fig08_10.c
   Usando strtol */
#include <stdio.h>
#include <stdlib.h>

int main( void )
{
   const char *string = "-1234567abc"; /* inicializa ponteiro de string */

   char *remainderPtr; /* cria ponteiro de char */
   long x; /* variável para manter sequência convertida */

   x = strtol( string, &remainderPtr, 0 );

   printf( "%s\"%s\"\n%s%ld\n%s\"%s\"\n%s%ld\n",
      "A string original é ", string,
      "O valor convertido é ", x,
      "O resto da string original é ",
      remainderPtr,
      "O valor convertido mais 567 é ", x + 567 );
   return 0; /* indica conclusão bem-sucedida */
} /* fim do main */
```

```
A string original é “-1234567abc”
O valor convertido é -1234567
O resto da string original é “abc”
O valor convertido mais 567 é -1234000
```

Figura 8.10 ■ Exemplo do uso de `strtol`.

```c
/* Fig. 8.11: fig08_11.c
   Usando strtoul */
#include <stdio.h>
#include <stdlib.h>

int main( void )
{
   const char *string = "1234567abc"; /* inicializa ponteiro de string */
   unsigned long x; /* variável para manter sequência convertida */
   char *remainderPtr; /* cria ponteiro de char */

   x = strtoul( string, &remainderPtr, 0 );

   printf( "%s\"%s\"\n%s%lu\n%s\"%s\"\n%s%lu\n",
      "A string original é ", string,
      "O valor convertido é ", x,
      "O resto da string original é ",
      remainderPtr,
      "O valor convertido menos 567 é ", x - 567 );
   return 0; /* indica conclusão bem-sucedida */
} /* fim do main */
```

```
A string original é “1234567abc”
O valor convertido é 1234567
O resto da string original é “abc”
O valor convertido menos 567 é 1234000
```

Figura 8.11 ■ Exemplo do uso de `strtoul`.

8.5 Funções da biblioteca-padrão de entrada/saída

Esta seção apresenta diversas funções da biblioteca-padrão de entrada/saída (`<stdio.h>`) que, especificamente, manipulam dados de caractere e de string. A Figura 8.12 resume as funções de entrada/saída de caractere e de string da biblioteca-padrão de entrada/saída.

Protótipo da função	Descrição da função
`int getchar( void );`	Insere o caractere seguinte da entrada-padrão e o retorna como um inteiro.
`char *fgets( char *s, int n, FILE *stream);`	Insere caracteres do fluxo especificado para o array `s` até que um caractere de newline ou de fim de arquivo seja encontrado, ou até que `n - 1` bytes sejam lidos. Neste capítulo, especificamos o fluxo como `stdin` — o fluxo de entrada-padrão, que normalmente é usado na leitura de caracteres do teclado. Um caractere nulo de finalização é anexado ao array. Retorna a string que foi lida em `s`.
`int putchar( int c );`	Imprime o caractere armazenado em `c` e o retorna como um inteiro.
`int puts( const char *s );`	Imprime a string `s` seguida por um caractere de newline. Retorna um inteiro diferente de zero se for bem-sucedida, ou `EOF`, se ocorrer um erro.
`int sprintf( char *s, const char *format, ... );`	Equivalente a `printf`, exceto que a saída é armazenada no array `s` em vez de impressa na tela. Retorna o número de caracteres escritos em `s`, ou `EOF`, se ocorrer um erro.
`int sscanf( char *s, const char *format, ... );`	Equivalente a `scanf`, exceto que a entrada é lida a partir do array `s` em vez do teclado. Retorna o número de itens lidos com sucesso pela função, ou `EOF`, se ocorrer um erro.

Figura 8.12 ■ Funções de caractere e de string da biblioteca-padrão de entrada/saída.

Funções `fgets` *e* `putchar`

A Figura 8.13 usa as funções **`fgets`** e **`putchar`** para ler uma linha de texto da entrada-padrão (teclado) e enviar, recursivamente, os caracteres da linha na ordem inversa. A função `fgets` lê caracteres da entrada-padrão em seu primeiro argumento — um array de `chars` —, até que um indicador de newline ou de fim de arquivo seja encontrado, ou até que o número máximo de caracteres seja lido. O número máximo de caracteres é um a menos do que o valor especificado no segundo argumento de `fgets`. O terceiro argumento especifica o fluxo do qual os caracteres são lidos — nesse caso, usamos o fluxo de entrada-padrão (`stdin`). Um caractere nulo (`'\0'`) é anexado ao array ao final da leitura. A função `putchar` imprime seu argumento de caractere. O programa chama a função recursiva `reverse` para imprimir a linha de texto na ordem inversa. Se o primeiro caractere do array recebido por `reverse` for o caractere nulo `'\0'`, `reverse` retorna. Caso contrário, `reverse` é chamado novamente com o endereço do subarray que começa no elemento `s[1]`, e o caractere `s[0]` é enviado com `putchar` quando a chamada recursiva é concluída. A ordem das duas instruções na parte `else` da estrutura `if` faz com que `reverse` caminhe até o caractere nulo que indica o fim da string antes que um caractere seja impresso. Quando as chamadas recursivas são concluídas, os caracteres são enviados na ordem reversa.

```
/* Fig. 8.13: fig08_13.c
   Usando gets e putchar */
#include <stdio.h>

void reverse( const char * const sPtr ); /* protótipo */

int main( void )
{
   char sentence[ 80 ]; /* cria array de char */

   printf( "Digite uma linha de texto:\n" );

   /* usa fgets para ler linha de texto */
```

Figura 8.13 ■ Exemplo do uso de `fgets` e `putchar`. (Parte 1 de 2.)

```
   fgets( sentence, 80, stdin );

   printf( "\nA linha impressa na ordem inversa é:\n" );
   reverse( sentence );
   return 0; /* indica conclusão bem-sucedida */
} /* fim do main */

/* envia caracteres recursivamente na string na ordem reversa */
void reverse( const char * const sPtr )
{
   /* se final da string */
   if ( sPtr[ 0 ] == '\0' ) { /* caso básico */
      return;
   } /* fim do if */
   else { /* se não for final da string */
      reverse( &sPtr[ 1 ] ); /* etapa de recursão */
      putchar( sPtr[ 0 ] ); /* usa putchar para exibir caractere */
   } /* fim do else */
} /* fim da função reverse */
```

```
Digite uma linha de texto:
Caracteres e Strings

A linha impressa na ordem inversa é:
sgnirtS e sretcarahC
```

```
Digite uma linha de texto:
apos a sopa

A linha impressa ao contrário é:
apos a sopa
```

Figura 8.13 ■ Exemplo do uso de `fgets` e `putchar`. (Parte 2 de 2.)

Funções getchar *e* puts

A Figura 8.14 usa as funções **getchar** e **puts** para ler caracteres da entrada-padrão no array de caracteres `sentence`, e imprimir o array de caracteres como uma string. A função `getchar` lê um caractere da entrada-padrão e retorna o caractere como um inteiro. A função `puts` recebe uma string (`char *`) como um argumento e imprime a string seguida por um caractere de newline. O programa para de inserir caracteres quando `getchar` lê o caractere de newline inserido pelo usuário para finalizar a linha de texto. Um caractere nulo é anexado ao array `sentence` (linha 19), de modo que o array possa ser tratado como uma string. Depois, a função `puts` imprime a string contida em `sentence`.

```
1  /* Fig. 8.14: fig08_14.c
2     Usando getchar e puts */
3  #include <stdio.h>
4
5  int main( void )
6  {
7     char c; /* variável para manter caractere digitado pelo usuário */
8     char sentence[ 80 ]; /* cria array de char */
9     int i = 0; /* inicializa contador i */
10
11    /* pede ao usuário que digite linha de texto */
12    puts( "Digite uma linha de texto:" );
13
```

Figura 8.14 ■ Exemplo do uso de `getchar` e `puts`. (Parte 1 de 2.)

```
    /* usa getchar para ler cada caractere */
    while ( ( c = getchar() ) != '\n') {
    sentence[ i++ ] = c;
    } /* end while */

    sentence[ i ] = '\0'; /* finaliza string */

    /* usa puts para exibir a sentença */
    puts( "\nA linha digitada foi:" );
    puts( sentence );
    return 0; /* indica conclusão bem-sucedida */
} /* fim do main */
```

```
Digite uma linha de texto:
Isso é um teste.

A linha digitada foi:
Isso é um teste.
```

Figura 8.14 ■ Exemplo do uso de `getchar` e `puts`. (Parte 2 de 2.)

Função `sprintf`

A Figura 8.15 usa a função **`sprintf`** para imprimir os dados formatados no array `s` — array de caracteres. A função usa os mesmos especificadores de conversão de `printf` (veja no Capítulo 9 uma discussão detalhada sobre formatação). O programa solicita que um valor `int` e um valor `double` sejam formatados e impressos no array `s`. O array `s` é o primeiro argumento de `sprintf`.

```
/* Fig. 8.15: fig08_15.c
   Usando sprintf */
#include <stdio.h>

int main( void )
{
   char s[ 80 ]; /* cria array de char */
   int x; /* valor x a ser inserido */
   double y; /* valor y a ser inserido */

   printf( "Digite um inteiro e um double:\n" );
   scanf( "%d%lf", &x, &y );

   sprintf( s, "inteiro:%6d\ndouble:%8.2f", x, y );

   printf( "%s\n%s\n",
      "A saída formatada armazenada no array s é:", s );
   return 0; /* indica conclusão bem-sucedida */
} /* fim do main */
```

```
Digite um inteiro e um double:
298 87.375
A saída formatada armazenada no array s é:
inteiro: 298
double:   87.38
```

Figura 8.15 ■ Exemplo do uso de `sprintf`.

Função `scanf`

A Figura 8.16 usa a função **`sscanf`** para ler dados formatados do array de caracteres `s`. A função usa os mesmos especificadores de conversão de `scanf`. O programa lê um `int` e um `double` do array `s` e armazena os valores em `x` e `y`, respectivamente. Os valores de `x` e `y` são impressos. O array `s` é o primeiro argumento de `sscanf`.

```c
/* Fig. 8.16: fig08_16.c
   Usando sscanf */
#include <stdio.h>

int main( void )
{
   char s[] = "31298 87.375"; /* inicializa array s */
   int x; /* valor x a ser inserido */
   double y; /* valor y a ser inserido */

   sscanf( s, "%d%lf", &x, &y );
   printf( "%s\n%s%6d\n%s%8.3f\n",
           "Os valores armazenados no array de caracteres s são:",
           "integer:", x, "double:", y );
   return 0; /* indica conclusão bem-sucedida */
} /* fim do main */
```

```
Os valores armazenados no array de caracteres s são:
integer: 31298
double:  87.375
```

Figura 8.16 ■ Exemplo do uso de `sscanf`.

8.6 Funções de manipulação de strings da biblioteca de tratamento de strings

A biblioteca de tratamento de strings (`<string.h>`) oferece muitas funções úteis de manipulação de dados de string (**cópia** e **concatenação de strings**), **comparação de strings**, pesquisa de caracteres e outras strings dentro de strings, **separação de strings em tokens** (partes lógicas) e **determinação do comprimento das strings**. Esta seção apresenta as funções de manipulação da biblioteca de tratamento de strings. As funções estão resumidas na Figura 8.17. Todas as funções — exceto `strncpy` — têm o caractere nulo acrescido ao seu resultado.

As funções **`strncpy`** e **`strncat`** especificam um parâmetro do tipo `size_t`, que é um tipo definido pelo padrão C como o tipo inteiro do valor retornado pelo operador `sizeof`.

Dica de portabilidade 8.2

O tipo `size_t` é um sinônimo dependente do sistema para os tipos `unsigned long` e `unsigned int`.

Dica de prevenção de erro 8.2

Ao usar funções da biblioteca de tratamento de strings, inclua o cabeçalho `<string.h>`.

Protótipo da função	Descrição da função
`char *strcpy( char *s1, const char *s2 )`	Copia string `s2` no array `s1`. O valor de `s1` é retornado.
`char *strncpy( char *s1, const char *s2, size_t n )`	Copia no máximo `n` caracteres da string `s2` no array `s1`. O valor de `s1` é retornado.
`char *strcat( char *s1, const char *s2 )`	Acrescenta a string `s2` ao array `s1`. O primeiro caractere de `s2` sobrescreve o caractere nulo de finalização de `s1`. O valor de `s1` é retornado.
`char *strncat( char *s1, const char *s2, size_t n )`	Acrescenta no máximo `n` caracteres da string `s2` ao array `s1`. O primeiro caractere de `s2` sobrescreve o caractere nulo de finalização de `s1`. O valor de `s1` é retornado.

Figura 8.17 ■ Funções de manipulação de strings da biblioteca de tratamento de strings.

A função `strcpy` copia seu segundo argumento (uma string) em seu primeiro argumento (um array de caracteres que deve ser grande o suficiente para armazenar a string e seu caractere nulo de finalização, que também é copiado). A função `strncpy` é equivalente a `strcpy`, exceto que `strncpy` especifica o número de caracteres a serem copiados da string para o array. A função `strncpy` não copia, necessariamente, o caractere nulo de finalização de seu segundo argumento. Um caractere de término de string é escrito somente se os caracteres a serem copiados tiverem, pelo menos, um caractere a mais que a string. Por exemplo, se `"test"` for o segundo argumento, um caractere nulo de finalização é escrito somente se o terceiro argumento de `strncpy` tiver, pelo menos, `5` caracteres (quatro caracteres em `"test"` somado a um caractere nulo de finalização). Se o terceiro argumento for maior que `5`, caracteres nulos serão acrescentados ao array até que o número total de caracteres, especificado pelo terceiro argumento, seja escrito.

Erro comum de programação 8.5

Não acrescentar um caractere nulo de finalização ao primeiro argumento de um `strncpy` *quando o terceiro argumento for menor ou igual ao comprimento da string no segundo argumento.*

Funções strcpy *e* strncpy

A Figura 8.18 usa `strcpy` para copiar a string inteira do array `x` no array `y`, e usa `strncpy` para copiar os primeiros `14` caracteres do array `x` no array `z`. Um caractere nulo (`'\0'`) é acrescentado ao array `z`, pois a chamada a `strncpy` no programa não escreve um caractere nulo de finalização (o terceiro argumento é menor em tamanho do que a string do segundo argumento).

```c
/* Fig. 8.18: fig08_18.c
   Usando strcpy e strncpy */
#include <stdio.h>
#include <string.h>

int main( void )
{
   char x[] = "Parabéns a você"; /* inicializa array de char x */
   char y[ 25 ]; /* cria array de char y */
   char z[ 15 ]; /* cria array de char z */

   /* copia conteúdo de x em y */
   printf( "%s%s\n%s%s\n",
      "A string no array x é: ", x,
      "A string no array y é: ", strcpy( y, x ) );

   /* copia primeiros 14 caracteres de x em z.
      Não copia caractere nulo. */
   strncpy( z, x, 14 );

   z[ 14 ] = '\0'; /* termina string em z */
   printf( "A string no array z é: %s\n", z );
   return 0; /* indica conclusão bem-sucedida */
} /* fim do main */
```

```
A string no array x é: Parabéns a você
A string no array y é: Parabéns a você
A string no array z é: Parabéns a
```

Figura 8.18 ■ Exemplo do uso de `strcpy` e `strncpy`.

Funções strcat *e* strncat

A função `strcat` acrescenta seu segundo argumento (uma string) a seu primeiro argumento (um array de caracteres que contém uma string). O primeiro caractere do segundo argumento substitui o nulo (`'\0'`), que indica o fim da string no primeiro argumento. Você precisa garantir que o array usado para armazenar a primeira string seja grande o suficiente para armazenar a primeira e a segunda strings, além do caractere nulo de finalização copiado da segunda string. A função `strncat` acrescenta um número especificado de caracteres da segunda à primeira string. Um caractere nulo de finalização é automaticamente acrescentado ao resultado. A Figura 8.19 demonstra as funções `strcat` e `strncat`.

```
/* Fig. 8.19: fig08_19.c
   Usando strcat e strncat */
#include <stdio.h>
#include <string.h>

int main( void )
{
   char s1[ 20 ] = "Feliz "; /* inicializa array de char s1 */
   char s2[] = "Ano Novo "; /* inicializa array de char s2 */
   char s3[ 40 ] = ""; /* inicializa array de char s3 como vazio */

   printf( "s1 = %s\ns2 = %s\n", s1, s2 );

   /* concatena s2 com s1 */
   printf( "strcat( s1, s2 ) = %s\n", strcat( s1, s2 ) );

   /* concatena 6 primeiros caracteres de s1 com s3. Coloca '\0'
      após último caractere */
   printf( "strncat( s3, s1, 6 ) = %s\n", strncat( s3, s1, 6 ) );

   /* concatena s1 com s3 */
   printf( "strcat( s3, s1 ) = %s\n", strcat( s3, s1 ) );
   return 0; /* indica conclusão bem-sucedida */
} /* fim do main */
```

```
s1 = Feliz
s2 = Ano Novo
strcat( s1, s2 ) = Feliz Ano Novo
strncat( s3, s1, 6 ) = Feliz
strcat( s3, s1 ) = Feliz Feliz Ano Novo
```

Figura 8.19 ■ Exemplo do uso de `strcat` e `strncat`.

8.7 Funções de comparação da biblioteca de tratamento de strings

Esta seção apresenta as **funções de comparação de string** da biblioteca de tratamento de strings, `strcmp` e `strncmp`. A Figura 8.20 contém seus protótipos e uma breve descrição de cada função.

A Figura 8.21 compara três strings usando `strcmp` e `strncmp`. A função `strcmp` compara seu primeiro argumento de string com seu segundo argumento de string, caractere por caractere. A função retorna 0 se as strings forem iguais, um valor negativo se a primeira string for menor do que a segunda, e um valor positivo se a primeira string for maior que a segunda. A função `strncmp` tem as mesmas características de `strcmp`, exceto que `strncmp` compara até certo número especificado de caracteres. Em uma string, a função `strncmp` não compara caracteres após um caractere nulo. O programa imprime o valor inteiro retornado por cada chamada de função.

Protótipo da função	Descrição da função
`int strcmp( const char *s1, const char *s2 );`	
	Compara a string `s1` com a string `s2`. A função retorna 0, menor do que 0 ou maior do que 0 se `s1` for igual, menor ou maior do que `s2`, respectivamente.
`int strncmp( const char *s1, const char *s2, size_t n );`	
	Compara até `n` caracteres da string `s1` com a string `s2`. A função retorna 0, menor do que 0 ou maior do que 0 se `s1` for igual, menor ou maior do que `s2`, respectivamente.

Figura 8.20 ■ Funções de comparação da biblioteca de tratamento de strings.

```
/* Fig. 8.21: fig08_21.c
   Usando strcmp e strncmp */
#include <stdio.h>
#include <string.h>

int main( void )
{
   const char *s1 = “Feliz Ano Novo”; /* inicializa ponteiro char */
   const char *s2 = “Feliz Ano Novo”; /* inicializa ponteiro char */
   const char *s3 = “Boas Férias”; /* inicializa ponteiro char */

   printf(“%s%s\n%s%s\n%s%s\n\n%s%2d\n%s%2d\n%s%2d\n\n”,
      “s1 = “, s1, “s2 = “, s2, “s3 = “, s3,
      “strcmp(s1, s2) = “, strcmp( s1, s2 ),
      “strcmp(s1, s3) = “, strcmp( s1, s3 ),
      “strcmp(s3, s1) = “, strcmp( s3, s1 ) );

   printf(“%s%2d\n%s%2d\n%s%2d\n”,
      “strncmp(s1, s3, 6) = “, strncmp( s1, s3, 6 ),
      “strncmp(s1, s3, 7) = “, strncmp( s1, s3, 7 ),
      “strncmp(s3, s1, 7) = “, strncmp( s3, s1, 7 ) );
   return 0; /* indica conclusão bem-sucedida */
} /* fim do main */
```

```
s1 = Feliz Ano Novo
s2 = Feliz Ano Novo
s3 = Boas Férias

strcmp(s1, s2) = 0
strcmp(s1, s3) = 1
strcmp(s3, s1) = -1

strncmp(s1, s3, 6) = 0
strncmp(s1, s3, 7) = 6
strncmp(s3, s1, 7) = -6
```

Figura 8.21 ■ Exemplo do uso de `strcmp` e `strncmp`.

Erro comum de programação 8.6

Pressupor que `strcmp` *e* `strncmp` *retornem 1 quando seus argumentos são iguais consiste em um erro lógico. Ambas as funções retornam 0 (curiosamente, o equivalente do valor falso da C) quando seus argumentos são iguais. Portanto, ao testar a igualdade de duas strings, o resultado da função* `strcmp` *ou* `strncmp` *deve ser comparado a 0 para determinar se as strings são iguais.*

Para entender o que significa exatamente uma string ser ‘maior’ ou ‘menor’ que outra string, considere o processo de ordenação alfabética de uma série de sobrenomes. O leitor, sem dúvida, coloca ‘Nunes’ antes de ‘Silva’, pois, no alfabeto, a primeira letra de ‘Nunes’ vem antes da primeira letra de ‘Silva’. Mas o alfabeto é mais que uma lista de 26 letras: é uma lista ordenada de caracteres. Cada letra ocupa uma posição específica dentro da lista. ‘Z’ é mais que simplesmente uma letra do alfabeto; ‘Z’ é, mais especificamente, a 26ª letra do alfabeto.

Como é que o computador sabe qual letra vem antes e qual vem depois? Todos os caracteres são representados dentro do computador como **códigos numéricos**; quando o computador compara duas strings, ele, na realidade, compara dois códigos numéricos dos caracteres nas strings.

Dica de portabilidade 8.3

Os códigos numéricos internos usados na representação de caracteres podem ser diferentes; isso depende de cada computador.

Em um esforço para padronizar as representações de caracteres, a maioria dos fabricantes de computador projetou suas máquinas para que elas utilizassem um de dois esquemas de codificação populares — **ASCII** ou **EBCDIC**. ASCII significa 'American Standard Code for Information Interchange', e EBCDIF significa 'Extended Binary Coded Decimal Interchange Code'. Existem outros esquemas de codificação, mas esses são os mais populares. O padrão Unicode® esboça uma especificação para produzir uma codificação consistente da grande maioria dos caracteres e símbolos do mundo. Para saber mais sobre o Unicode, visite <`www.unicode.org`>.

ASCII, EBCDIC e Unicode são chamados de **conjuntos de caracteres**. Na realidade, manipulações de strings e caracteres envolvem a manipulação dos códigos numéricos apropriados, e não dos caracteres propriamente ditos. Isso explica a interoperabilidade de caracteres e pequenos inteiros em C. Como é significativo dizer que um código numérico é maior, menor ou igual a outro código numérico, torna-se possível ligar diversos caracteres ou strings uns aos outros referindo-se aos códigos dos caracteres. O Apêndice B lista os códigos de caracteres ASCII.

8.8 Funções de pesquisa da biblioteca de tratamento de strings

Esta seção apresenta as funções da biblioteca de tratamento de strings usadas na pesquisa de strings de caracteres e outras strings. As funções estão resumidas na Figura 8.22. As funções `strcspn` e `strspn` retornam `size_t`.

Função `strchr`

A função **`strchr`** procura pela primeira ocorrência de um caractere em uma string. Se o caractere for encontrado `strchr` retornará um ponteiro para o caractere na string; caso contrário, `strchr` retornará `NULL`. A Figura 8.23 usa `strchr` para procurar a primeira ocorrência de `'u'` e `'z'` na string "`Isso é um teste`".

Protótipo e descrição da função
`char *strchr( const char *s, int c );`
Localiza a primeira ocorrência do caractere `c` na string `s`. Se `c` for encontrado, um ponteiro para `c` em `s` é retornado. Caso contrário, um ponteiro `NULL` é retornado.
`size_t strcspn( const char *s1, const char *s2 );`
Determina e retorna o tamanho do segmento inicial da string `s1` que consiste em caracteres *não* contidos na string `s2`.
`size_t strspn( const char *s1, const char *s2 );`
Determina e retorna o tamanho do segmento inicial da string `s1` que consiste apenas em caracteres contidos na string `s2`.
`char *strpbrk( const char *s1, const char *s2 );`
Localiza a primeira ocorrência na string `s1` de qualquer caractere na string `s2`. Se um caractere da string `s2` for encontrado, um ponteiro para o caractere na string `s1` é retornado. Caso contrário, um ponteiro `NULL` é retornado.
`char *strrchr( const char *s, int c );`
Localiza a última ocorrência de `c` na string `s`. Se `c` for encontrado, um ponteiro para `c` na string `s` é retornado. Caso contrário, um ponteiro `NULL` é retornado.
`char *strstr( const char *s1, const char *s2 );`
Localiza a primeira ocorrência na string `s1` da string `s2`. Se a string for encontrada, um ponteiro para a string em `s1` é retornado. Caso contrário, um ponteiro `NULL` é retornado.
`char *strtok( char *s1, const char *s2 );`
Uma sequência de chamadas para `strtok` separa a string `s1` em 'tokens' — partes lógicas, por exemplo, palavras em uma linha de texto — separados por caracteres contidos na string `s2`. A primeira chamada contém `s1` como primeiro argumento, e para que as chamadas seguintes continuem a separar tokens na mesma string, elas deverão conter `NULL` como primeiro argumento. Um ponteiro para o token em vigor é retornado por cada chamada. Se não houver mais tokens quando a função for chamada, `NULL` será retornado.

Figura 8.22 ■ Funções de manipulação de strings da biblioteca de tratamento de strings.

```c
/* Fig. 8.23: fig08_23.c
   Usando strchr */
#include <stdio.h>
#include <string.h>

int main( void )
{
   const char *string = "Isso é um teste"; /* inicializa ponteiro de char */
   char character1 = 'u'; /* inicializa character1 */
   char character2 = 'z'; /* inicializa character2 */

   /* se character1 foi achado na string */
   if ( strchr( string, character1 ) != NULL ) {
      printf( "\'%c\' foi achado em \"%s\".\n",
         character1, string );
   } /* fim do if */
   else { /* se character1 não foi achado */
      printf( "\'%c\' não foi achado em \"%s\".\n",
         character1, string );
   } /* fim do else */

   /* se character2 foi achado na string */
   if ( strchr( string, character2 ) != NULL ) {
      printf( "\'%c\' foi achado em \"%s\".\n",
         character2, string );
   } /* fim do if */
   else { /* se character2 não foi achado */
      printf( "\'%c\' não foi achado em \"%s\".\n",
         character2, string );
   } /* fim do else */

   return 0; /* indica conclusão bem-sucedida */
} /* fim do main */
```

```
'u' foi encontrado em "Isso é um teste".
'z' não foi encontrado em "Isso é um teste".
```

Figura 8.23 ■ Exemplo do uso de strchr.

Função strcspn

A função strcspn (Figura 8.24) determina o comprimento da parte inicial da string em seu primeiro argumento que não contém nenhum caractere da string em seu segundo argumento. A função retorna o comprimento do segmento.

```c
/* Fig. 8.24: fig08_24.c
   Usando strcspn */
#include <stdio.h>
#include <string.h>

int main( void )
{
   /* inicializa dois ponteiros char */
   const char *string1 = "O valor é 3.14159";
   const char *string2 = "1234567890";

   printf( "%s%s\n%s%s\n\n%s\n%s%u\n",
      "string1 = ", string1, "string2 = ", string2,
      "O comprimento do segmento inicial de string1",
```

Figura 8.24 ■ Exemplo do uso de strcspn. (Parte 1 de 2.)

```
          "que não contém caracteres de string2 = ",
          strcspn( string1, string2 ) );
      return 0; /* indica conclusão bem-sucedida */
   } /* fim do main */
```

```
string1 = O valor é 3.14159
string2 = 1234567890

O comprimento do segmento inicial de string1
que não contém caracteres de string2 = 13
```

Figura 8.24 ■ Exemplo do uso de `strcspn`. (Parte 2 de 2.)

Função `strpbrk`

A função **`strpbrk`** procura, em seu primeiro argumento de string, a primeira ocorrência de qualquer caractere contido em seu segundo argumento de string. Se um caractere do segundo argumento for encontrado, `strpbrk` retornará um ponteiro para o caractere no primeiro argumento; caso contrário, `strpbrk` retornará `NULL`. A Figura 8.25 mostra um programa que localiza a primeira ocorrência na `string1` de qualquer caractere de `string2`.

```
/* Fig. 8.25: fig08_25.c
   Usando strpbrk */
#include <stdio.h>
#include <string.h>

int main( void )
{
   const char *string1 = "Isso é um teste"; /* inicializa ponteiro de char */
   const char *string2 = "cerrado"; /* inicializa ponteiro de char */

   printf( "%s\"%s\"\n'%c'%s\n\"%s\"\n",
      "Dos caracteres em ", string2,
      *strpbrk( string1, string2 ),
      " aparece primeiro em ", string1 );
   return 0; /* indica conclusão bem-sucedida */
} /* fim do main */
```

```
Dos caracteres em "cerrado"
'o' aparece primeiro em
"Isso é um teste"
```

Figura 8.25 ■ Exemplo do uso de `strpbrk`.

Função `strrchr`

A função **`strrchr`** procura a última ocorrência do caractere especificado em uma string. Se o caractere for encontrado, `strrchr` retornará um ponteiro para o caractere na string; caso contrário, `strrchr` retornará `NULL`. A Figura 8.26 mostra um programa que procura a última ocorrência do caractere 'z' na string 'Em um zoológico encontram-se muitos animais, inclusive zebras.'

```
/* Fig. 8.26: fig08_26.c
   Usando strrchr */
#include <stdio.h>
#include <string.h>

int main( void )
{
```

Figura 8.26 ■ Exemplo do uso de `strrchr`. (Parte 1 de 2.)

```
   /* inicializa ponteiro de char */
   const char *string1 = "Em um zoológico encontram-se muitos animais, inclusive zebras";

   int c = 'z'; /* caractere a ser procurado */

   printf( "%s\n%s'%c'%s\"%s\"\n",
      "O restante de string1 que começa com a",
      "última ocorrência do caractere ", c,
      " é: ", strrchr( string1, c ) );
   return 0; /* indica conclusão bem-sucedida */
} /* fim do main */
```

```
O restante da string1 que começa com a
última ocorrência do caractere 'z' é: "zebras"
```

Figura 8.26 ■ Exemplo do uso de `strrchr`. (Parte 2 de 2.)

Função `strspn`

A função `strspn` (Figura 8.27) determina o comprimento da parte inicial da string em seu primeiro argumento, que contém apenas caracteres da string em seu segundo argumento. A função retorna o comprimento do segmento.

```
/* Fig. 8.27: fig08_27.c
   Usando strspn */
#include <stdio.h>
#include <string.h>

int main( void )
{
   /* inicializa dois ponteiros de char */
   const char *string1 = "O valor é 3.14159";
   const char *string2 = "aéor 1sOuv";

   printf( "%s%s\n%s%s\n\n%s\n%s%u\n",
      "string1 = ", string1, "string2 = ", string2,
      "O comprimento do segmento inicial de string1",
      "que contém apenas caracteres da string2 = ",
      strspn( string1, string2 ) );
   return 0; /* indica conclusão bem-sucedida */
} /* fim do main */
```

```
string1 = O valor é 3.14159
string2 = aéor 1sOuv

O comprimento do segmento inicial da string1
que contém apenas caracteres de string2 = 13
```

Figura 8.27 ■ Exemplo do uso de `strspn`.

Função `strstr`

A função `strstr` procura pela primeira ocorrência de seu segundo argumento de string em seu primeiro argumento de string. Se a segunda string for encontrada na primeira string, um ponteiro para o local da string no primeiro argumento é retornado. A Figura 8.28 usa `strstr` para encontrar a string `"def"` na string `"abcdefabcdef"`.

```
/* Fig. 8.28: fig08_28.c
Using strstr */
#include <stdio.h>
#include <string.h>

int main( void )
{
   const char *string1 = "abcdefabcdef"; /* string a procurar */
   const char *string2 = "def"; /* string a ser procurada */

   printf( "%s%s\n%s%s\n\n%s\n%s%s\n",
      "string1 = ", string1, "string2 = ", string2,
      "O restante de string1 que começa com a",
      "primeira ocorrência de string2 é: ",
       strstr( string1, string2 ) );
   return 0; /* indica conclusão bem-sucedida */
} /* fim do main */
```

```
string1 = abcdefabcdef
string2 = def
O restante de string1 que começa com a
primeira ocorrência de string2 é: defabcdef
```

Figura 8.28 ■ Exemplo do uso de `strstr`.

Função `strtok`

A função **`strtok`** (Figura 8.29) é usada para separar uma string em uma série de **tokens**. Um 'token' é uma sequência de caracteres separados por **delimitadores** (normalmente consistem em espaços ou marcas de pontuação, mas podem ser qualquer caractere). Por exemplo, em uma linha de texto, cada palavra pode ser considerada um token, e os espaços e sinais de pontuação que separam as palavras podem ser considerados delimitadores.

```
/* Fig. 8.29: fig08_29.c
   Usando strtok */
#include <stdio.h>
#include <string.h>

int main( void )
{
   /* inicializa o array string */
   char string[] = "Essa é uma sentença com 7 tokens";
   char *tokenPtr; /* cria ponteiro char */

   printf( "%s\n%s\n\n%s\n",
      "A string a ser separada em tokens é:", string,
      "Os tokens são:" );

   tokenPtr = strtok( string, " " ); /* inicia a separação em tokens */

   /* continua a separar até que tokenPtr se transforme em NULL */
   while ( tokenPtr != NULL ) {
      printf( "%s\n", tokenPtr );
      tokenPtr = strtok( NULL, " " ); /* obtêm próximo token */
   } /* fim do while */

   return 0; /* indica conclusão bem-sucedida */
} /* fim do main */
```

Figura 8.29 ■ Exemplo do uso de `strtok`. (Parte 1 de 2.)

```
A string a ser separada em tokens é:
Essa é uma sentença com 7 tokens

Os tokens são:
Essa
é
uma
sentença
com
7
tokens
```

Figura 8.29 ■ Exemplo do uso de `strtok`. (Parte 2 de 2.)

Para separar uma string em tokens — ou seja, para dividi-la em tokens (supondo que a string contenha mais de um token) —, várias chamadas a `strtok` são necessárias. A primeira chamada a `strtok` contém dois argumentos: uma string a ser separada e uma string que contém os caracteres que separam os tokens. Na Figura 8.29, a instrução

```
tokenPtr = strtok( string, " " ); /* inicia separação em tokens */
```

atribui a `tokenPtr` um ponteiro para o primeiro token em `string`. O segundo argumento, " ", indica que os tokens são separados por espaços. A função `strtok` procura o primeiro caractere em `string` que não seja um caractere delimitador (espaço). Isso inicia o primeiro token. A função, então, encontra o caractere delimitador seguinte na string e o substitui por um caractere nulo (`'\0'`) para finalizar o token atual. A função `strtok` reserva um ponteiro para o caractere que vier depois do token na `string`, e retorna um ponteiro para o token em corrente.

As chamadas subsequentes a `strtok` na linha 21 continuam a separar a `string`. Essas chamadas têm `NULL` como seu primeiro argumento. O argumento `NULL` indica que a chamada a `strtok` deve continuar separando os tokens a partir do local em `string` reservado pela última chamada a `strtok`. Se não restar nenhum token quando `strtok` for chamada, `strtok` retornará `NULL`. Você pode alterar a string delimitadora a cada nova chamada a `strtok`. A Figura 8.29 usa `strtok` para separar em tokens a string `"Esta é uma sentença com 7 tokens"`. Cada token é impresso separadamente. A função `strtok` modifica a string de entrada ao colocar `\0` no final de cada token; portanto, deve ser feita uma cópia da string se ela tiver que ser usada novamente no programa após a chamada a `strtok`.

8.9 Funções de memória da biblioteca de tratamento de strings

As funções da biblioteca de tratamento de strings apresentadas nesta seção manipulam, comparam e procuram blocos de memória. As funções tratam os blocos de memória como arrays de caracteres, e podem manipular qualquer bloco de dados. A Figura 8.30 resume as funções de memória da biblioteca de tratamento de strings. Nas discussões de função, 'objeto' se refere a um bloco de dados.

Protótipo da função	Descrição da função
`void *memcpy( void *s1, const void *s2, size_t n );`	
	Copia `n` caracteres do objeto apontado por `s2` no objeto apontado por `s1`. Um ponteiro para o objeto resultante é retornado.
`void *memmove( void *s1, const void *s2, size_t n );`	
	Copia `n` caracteres do objeto apontado por `s2` no objeto apontado por `s1`. A cópia é realizada como se os caracteres fossem copiados primeiro do objeto apontado por `s2` em um array temporário, e depois do array temporário no objeto apontado por `s1`. Um ponteiro para o objeto resultante é retornado.
`int memcmp( const void *s1, const void *s2, size_t n );`	
	Compara os primeiros `n` caracteres dos objetos apontados por `s1` e `s2`. A função retorna 0, menor ou maior do que 0 se `s1` for igual, menor ou maior que `s2`, **respectivamente**.
`void *memchr( const void *s, int c, size_t n );`	
	Localiza a primeira ocorrência de `c` (convertida em `unsigned char`) nos primeiros `n` caracteres do objeto apontado por `s`. Se `c` for encontrado, um ponteiro para `c` no objeto será retornado. Caso contrário, `NULL` será retornado.
`void *memset( void *s, int c, size_t n );`	
	Copia `c` (convertido em `unsigned char`) nos primeiros `n` caracteres do objeto apontado por `s`. Um ponteiro para o resultado é retornado.

Figura 8.30 ■ Funções de memória da biblioteca de tratamento de strings.

Os parâmetros de ponteiro para essas funções são declarados `void *`, de modo que podem ser usados para manipular a memória em qualquer tipo de dado. No Capítulo 7, vimos que um ponteiro para qualquer tipo de dado pode ser atribuído diretamente a um ponteiro do tipo `void *`, e um ponteiro do tipo `void *` pode ser atribuído diretamente a um ponteiro de qualquer tipo de dado. Por esse motivo, essas funções podem receber ponteiros para qualquer tipo de dado. Como um ponteiro `void *` não pode ser desreferenciado, cada função recebe um argumento de tamanho que especifica o número de caracteres (bytes) que a função processará. Para simplificar, os exemplos nesta seção manipulam arrays de caracteres (blocos de caracteres).

Função memcpy

A função **memcpy** copia um número especificado de caracteres do objeto apontado por seu segundo argumento no objeto apontado por seu primeiro argumento. A função pode receber um ponteiro para qualquer tipo de objeto. O resultado dessa função será indefinido se os dois objetos estiverem sobrepostos na memória (ou seja, se eles forem partes do mesmo objeto) — nesse caso, use `memmove`. A Figura 8.31 usa `memcpy` para copiar a string do array `s2` no array `s1`.

```
/* Fig. 8.31: fig08_31.c
   Usando memcpy */
#include <stdio.h>
#include <string.h>

int main( void )
{
   char s1[ 18 ]; /* cria array de char s1 */
   char s2[] = "Copie essa string"; /* inicializa array de char s2 */

   memcpy( s1, s2, 18 );
   printf( "%s\n%s\"%s\"\n",
      "Depois que s2 é copiada em s1 com memcpy,",
      "s1 contém ", s1 );
   return 0; /* indica conclusão bem-sucedida */
} /* fim do main */
```

```
Depois que s2 é copiada em s1 com memcpy,
s1 contém "Copie essa string"
```

Figura 8.31 ■ Exemplo do uso de `memcpy`.

Função memmove

A função **memmove**, assim como `memcpy`, copia um número especificado de bytes do objeto apontado por seu segundo argumento no objeto apontado por seu primeiro argumento. A cópia é feita como se os bytes fossem copiados do segundo argumento em um array de caracteres temporário, depois copiados do array temporário no primeiro argumento. Isso permite que os caracteres de uma parte da string sejam copiados em outra parte da mesma string. A Figura 8.32 usa `memmove` para copiar os 10 últimos bytes do array `x` nos 10 primeiros bytes do array `x`.

Erro comum de programação 8.7

As funções de manipulação de string diferentes de `memmove` *que copiam caracteres possuem resultados indefinidos quando a cópia ocorre entre partes da mesma string.*

```
/* Fig. 8.32: fig08_32.c
   Usando memmove */
#include <stdio.h>
#include <string.h>

int main( void )
```

Figura 8.32 ■ Exemplo do uso de `memmove`. (Parte 1 de 2.)

```
{
   char x[] = "Lar Doce Lar"; /* inicializa array de char x */

   printf( "%s%s\n", "A string no array x antes de memmove é: ", x );
   printf( "%s%s\n", "A string no array x depois de memmove é: ",
      memmove( x, &x[ 5 ], 10 ) );
   return 0; /* indica conclusão bem-sucedida */
} /* fim do main */
```

```
A string no array x antes de memmove é: Lar Doce Lar
A string no array x depois de memmove é: Lar Doce Lar
```

Figura 8.32 ■ Exemplo do uso de memmove. (Parte 2 de 2.)

Função memcmp

A função **memcmp** (Figura 8.33) compara o número especificado de caracteres de seu primeiro argumento com os caracteres correspondentes de seu segundo argumento. A função retorna um valor maior que 0 se o primeiro argumento for maior que o segundo, retorna 0 se os argumentos forem iguais e retorna um valor menor que 0 se o primeiro argumento for menor que o segundo.

```
/* Fig. 8.33: fig08_33.c
   Usando memcmp */
#include <stdio.h>
#include <string.h>

int main( void )
{
   char s1[] = "ABCDEFG"; /* inicializa array de char s1 */
   char s2[] = "ABCDXYZ"; /* inicializa array de char s2 */

   printf( "%s%s\n%s%s\n\n%s%2d\n%s%2d\n%s%2d\n",
      "s1 = ", s1, "s2 = ", s2,
      "memcmp( s1, s2, 4 ) = ", memcmp( s1, s2, 4 ),
      "memcmp( s1, s2, 7 ) = ", memcmp( s1, s2, 7 ),
      "memcmp( s2, s1, 7 ) = ", memcmp( s2, s1, 7 ) );
   return 0; /* indica conclusão bem-sucedida */
} /* fim do main */
```

```
s1 = ABCDEFG
s2 = ABCDXYZ

memcmp( s1, s2, 4 ) = 0
memcmp( s1, s2, 7 ) = -1
memcmp( s2, s1, 7 ) = 1
```

Figura 8.33 ■ Exemplo do uso de memcmp.

Função memchr

A função **memchr** procura a primeira ocorrência de um byte, representada como `unsigned char`, no número especificado de bytes de um objeto. Se o byte for encontrado, um ponteiro do byte no objeto é retornado; caso contrário, um ponteiro `NULL` é retornado. A Figura 8.34 procura o caractere (byte) `'r'` na string "`Isso é uma string`".

```
/* Fig. 8.34: fig08_34.c
   Usando memchr */
#include <stdio.h>
#include <string.h>

int main( void )
{
   const char *s = "Isso é uma string"; /* inicializa ponteiro de char */

   printf( "%s\'%c\'%s\"%s\"\n",
      "O restante de s após o caractere ", 'r',
      " ser encontrado é ", memchr( s, 'r', 16 ) );
   return 0; /* indica conclusão bem-sucedida */
} /* fim do main */
```

```
O restante de s após o caractere 'r' ser encontrado é "ring"
```

Figura 8.34 ■ Exemplo do uso de `memchr`.

Função `memset`

A função `memset` copia o valor do byte de seu segundo argumento nos primeiros *n* bytes do objeto apontado por seu primeiro argumento, onde *n* é especificado pelo terceiro argumento. A Figura 8.35 usa `memset` para copiar `'b'` nos 7 primeiros bytes de `string1`.

```
/* Fig. 8.35: fig08_35.c
   Usando memset */
#include <stdio.h>
#include <string.h>

int main( void )
{
   char string1[ 15 ] = "BBBBBBBBBBBBBB"; /* inicializa string1 */

   printf( "string1 = %s\n", string1 );
   printf( "string1 depois de memset = %s\n", memset( string1, 'b', 7 ) );
   return 0; /* indica conclusão bem-sucedida */
} /* fim do main */
```

```
string1 = BBBBBBBBBBBBBB
string1 depois de memset = bbbbbbbBBBBBBB
```

Figura 8.35 ■ Exemplo do uso de `memset`.

8.10 Outras funções da biblioteca de tratamento de strings

As duas funções restantes da biblioteca de tratamento de strings são `strerror` e `strlen`. A Figura 8.36 resume as funções `strerror` e `strlen`.

Protótipo da função	Descrição da função
`char *strerror( int errornum );`	
	Mapeia `errornum` em uma string de texto completa de uma maneira específica ao compilador e ao local (por exemplo, a mensagem pode aparecer em diferentes idiomas, com base no seu local). Um ponteiro da string é retornado.
`size_t strlen( const char *s );`	
	Determina o comprimento da string `s`. O número de caracteres anteriores ao caractere nulo de finalização é retornado.

Figura 8.36 ■ Outras funções da biblioteca de tratamento de strings.

Função `strerror`

A função `strerror` obtém um número de erro e cria uma string de mensagem de erro. Um ponteiro para a string é retornado. A Figura 8.37 demonstra `strerror`.

```
/* Fig. 8.37: fig08_37.c
   Usando strerror */
#include <stdio.h>
#include <string.h>

int main( void )
{
   printf( “%s\n”, strerror( 2 ) );
   return 0; /* indica conclusão bem-sucedida */
} /* fim do main */
```

```
No such file or directory
```

Figura 8.37 ■ Exemplo do uso de `strerror`.

Função `strlen`

A função `strlen` obtém uma string como um argumento e retorna o número de caracteres na string — o caractere nulo de finalização não está incluído no comprimento. A Figura 8.38 demonstra a função `strlen`.

```
/* Fig. 8.38: fig08_38.c
   Usando strlen */
#include <stdio.h>
#include <string.h>

int main( void )
{
/* inicializa 3 ponteiros char */
   const char *string1 = “abcdefghijklmnopqrstuvwxyz”;
   const char *string2 = “dois”;
   const char *string3 = “Murici”;

   printf(“%s\”%s\”%s%lu\n%s\”%s\”%s%lu\n%s\”%s\”%s%lu\n”,
      “O comprimento de “, string1, “ é “,
       ( unsigned long ) strlen( string1 ),
       “O comprimento de “, string2, “ é “,
       ( unsigned long ) strlen( string2 ),
       “O comprimento de “, string3, “ é “,
       ( unsigned long ) strlen( string3 ) );
   return 0; /* indica conclusão bem-sucedida */
} /* fim do main */
```

```
O comprimento de “abcdefghijklmnopqrstuvwxyz” é 26
O comprimento de “dois” é 4
O comprimento de “Murici” é 6
```

Figura 8.38 ■ Exemplo do uso de `strlen`.

Resumo

Seção 8.2 Fundamentos de strings e caracteres

- Os caracteres são os blocos de montagem fundamentais dos programas-fonte. Cada programa é composto de uma sequência de caracteres que, ao serem agrupados de modo significativo, são interpretados pelo computador como uma série de instruções que devem ser usadas na realização de uma tarefa.
- Uma constante de caractere é um valor `int` representado como um caractere entre aspas simples. O valor de uma constante de caractere é o valor inteiro do caractere no conjunto de caracteres da máquina.
- Uma string é uma série de caracteres tratados como uma unidade. Uma string pode incluir letras, dígitos e diversos caracteres especiais, por exemplo, +, –, *, / e $. Strings literais, ou constantes de string, em C são escritos entre aspas.
- Uma string em C é um array de caracteres finalizado com o caractere nulo (`'\0'`).
- O primeiro caractere de uma string é acessado por meio de um ponteiro. O valor de uma string é o endereço de seu primeiro caractere.
- Um array de caracteres ou uma variável do tipo `char *` podem ser inicializados com uma string em uma declaração.
- Um array de caracteres declarado para conter uma string precisa ser grande o suficiente para armazenar a string e seu caractere nulo de finalização.
- Uma string pode ser armazenada em um array se usar `scanf`. A função `scanf` lerá os caracteres até que um indicador de espaço, tabulação, newline ou fim de arquivo seja encontrado.
- Para que um array de caracteres seja impresso como uma string, ele precisa conter um caractere nulo de finalização.

Seção 8.3 Biblioteca de tratamento de caracteres

- A função `islower` determina se seu argumento está em letra minúscula (`a-z`).
- A função `isupper` determina se seu argumento está em letra maiúscula (`A-Z`).
- A função `isdigit` determina se seu argumento é um dígito (`0-9`).
- A função `isalpha` determina se seu argumento é uma letra maiúscula (`A-Z`) ou uma letra minúscula (`a-z`).
- A função `isalnum` determina se seu argumento é uma letra maiúscula (`A-Z`), uma letra minúscula (`a-z`) ou um dígito (`0-9`).
- A função `isxdigit` determina se seu argumento é um dígito hexadecimal (`A-F`, `a-f`, `0-9`).
- A função `toupper` converte uma letra minúscula em maiúscula e retorna a letra maiúscula.
- A função `tolower` converte uma letra maiúscula em minúscula e retorna a letra minúscula.
- A função `isspace` determina se seu argumento é um dos caracteres de espaço em branco a seguir: `' '` (espaço), `'\f'`, `'\n'`, `'\r'`, `'\t'` ou `'\v'`.
- A função `iscntrl` determina se seu argumento é um dos caracteres de controle a seguir: `'\t'`, `'\v'`, `'\f'`, `'\a'`, `'\b'`, `'\r'` ou `'\n'`.
- A função `ispunct` determina se seu argumento é um caractere imprimível diferente de espaço, dígito ou letra.
- A função `isprint` determina se seu argumento é um caractere imprimível, incluindo o caractere de espaço.
- A função `isgraph` determina se seu argumento é um caractere imprimível diferente do caractere de espaço.

Seção 8.4 Funções de conversão de strings

- A função `atof` converte seu argumento — uma string que começa com uma série de dígitos e que representa um número em ponto flutuante — em um valor `double`.
- A função `atoi` converte seu argumento — uma string que começa com uma série de dígitos e que representa um inteiro — em um valor `int`.
- A função `atol` converte seu argumento — uma string que começa com uma série de dígitos e que representa um inteiro longo — em um valor `long`.
- A função `strtod` converte uma sequência de caracteres que representam um valor de ponto flutuante para `double`. A função recebe dois argumentos — uma string (`char *`) e um ponteiro para `char *`. A string contém a sequência de caracteres a ser convertida, e o local especificado pelo ponteiro para `char *` recebe o endereço do restante da string após a conversão.
- A função `strtol` converte para `long` uma sequência de caracteres que representam um inteiro. A função recebe três argumentos — uma string (`char *`), um ponteiro para `char *` e um inteiro. A string contém a sequência de caracteres a ser convertida, o local especificado pelo ponteiro para `char *` recebe o endereço do restante da string após a conversão e o inteiro especifica a base do valor a ser convertido.
- A função `strtoul` converte para `unsigned long` uma sequência de caracteres que representam um inteiro. A função recebe três argumentos — uma string (`char *`), um ponteiro para `char *` e um inteiro. A string contém a sequência de caracteres a ser convertida, o local especificado pelo ponteiro para `char *` recebe o endereço do restante da string após a conversão e o inteiro especifica a base do valor a ser convertido.

Seção 8.5 Funções da biblioteca-padrão de entrada/saída

- A função `fgets` lê caracteres até que um indicador de newline ou de fim de arquivo seja encontrado. Os argumentos de `fgets` são um array do tipo `char`, o número máximo de caracteres que podem ser lidos e o fluxo do qual a leitura será feita. Um caractere nulo (`'\0'`) é anexado ao array ao fim da leitura.

- A função `putchar` imprime seu argumento de caractere.
- A função `getchar` lê um único caractere da entrada-padrão e retorna o caractere como um inteiro. Se o indicador de fim de arquivo for encontrado, `getchar` retornará `EOF`.
- A função `puts` recebe uma string (`char *`) como argumento e imprime a string seguida por um caractere de newline.
- A função `sprintf` usa as mesmas especificações de conversão que a função `printf` para imprimir os dados formatados em um array do tipo `char`.
- A função `sscanf` usa as mesmas especificações de conversão da função `scanf` para ler os dados formatados de uma string.

Seção 8.6 Funções de manipulação de strings da biblioteca de tratamento de strings

- A função `strcpy` copia seu segundo argumento (uma string) em seu primeiro argumento (um array de caracteres). Você precisa garantir que o array seja grande o suficiente para armazenar a string e seu caractere nulo de finalização.
- A função `strncpy` é equivalente a `strcpy`, exceto que uma chamada para `strncpy` especifica o número de caracteres a serem copiados da string para o array. O caractere nulo de finalização será copiado somente se o número de caracteres a serem copiados tiver pelo menos um caractere a mais que a string.
- A função `strcat` acrescenta seu segundo argumento de string — incluindo o caractere nulo de finalização — ao seu primeiro argumento de string. O primeiro caractere da segunda string substitui o caractere nulo (`'\0'`) da primeira string. Você precisa garantir que o array usado para armazenar a primeira string seja grande o suficiente para armazenar a primeira e a segunda strings.
- A função `strncat` acrescenta um número especificado de caracteres da segunda string à primeira string. Um caractere nulo de finalização é acrescentado ao resultado.

Seção 8.7 Funções de comparação da biblioteca de tratamento de strings

- A função `strcmp` compara seu primeiro argumento de string com seu segundo argumento de string, caractere por caractere. Ela retorna 0 se as strings forem iguais, retorna um valor negativo se a primeira string for menor que a segunda e retorna um valor positivo se a primeira string for maior que a segunda.
- A função `strncmp` é equivalente a `strcmp`, exceto que `strncmp` compara um número especificado de caracteres. Se uma das strings for mais curta que o número de caracteres especificado, `strncmp` compara os caracteres até que o caractere nulo na string menor seja encontrado.

Seção 8.8 Funções de pesquisa da biblioteca de tratamento de strings

- A função `strchr` procura a primeira ocorrência de um caractere em uma string. Se o caractere for encontrado, `strchr` retorna um ponteiro para o caractere na string; caso contrário, `strchr` retorna `NULL`.
- A função `strcspn` determina o comprimento da parte inicial da string em seu primeiro argumento que não contém quaisquer caracteres da string em seu segundo argumento. A função retorna o comprimento do segmento.
- A função `strpbrk` procura pela primeira ocorrência em seu primeiro argumento de qualquer caractere que se encontre em seu segundo argumento. Se um caractere do segundo argumento for encontrado, `strpbrk` retorna um ponteiro para o caractere; caso contrário, `strpbrk` retorna `NULL`.
- A função `strrchr` procura pela última ocorrência de um caractere em uma string. Se o caractere for encontrado, `strrchr` retorna um ponteiro para o caractere na string; caso contrário, `strrchr` retorna `NULL`.
- A função `strspn` determina o comprimento da parte inicial da string em seu primeiro argumento, que contém apenas caracteres da string em seu segundo argumento. A função retorna o comprimento do segmento.
- A função `strstr` procura a primeira ocorrência de seu segundo argumento de string em seu primeiro argumento de string. Se a segunda string for encontrada na primeira, um ponteiro no lugar em que se encontra a string será retornado.
- Uma sequência de chamadas a `strtok` separa a primeira string `s1` em tokens, que são separados por caracteres contidos na segunda string `s2`. A primeira chamada contém `s1` como primeiro argumento, e para que as chamadas subsequentes continuem a separar a mesma string, elas deverão conter `NULL` como primeiro argumento. Um ponteiro para o token corrente é retornado por chamada. Se não houver mais tokens quando a função for chamada, um ponteiro `NULL` será retornado.

Seção 8.9 Funções de memória da biblioteca de tratamento de strings

- A função `memcpy` copia um número especificado de caracteres do objeto, ao qual seu segundo argumento aponta, para o objeto ao qual seu primeiro argumento aponta. A função pode receber um ponteiro para qualquer tipo de objeto. A função `memcpy` manipula os bytes do objeto como caracteres.
- A função `memmove` copia um número especificado de bytes do objeto apontado por seu segundo argumento para o objeto apontado por seu primeiro argumento. A cópia é realizada como se os bytes fossem copiados do segundo argumento em um array temporário de caracteres, e depois copiados desse array para o primeiro argumento.

- A função `memcmp` compara o número especificado de caracteres do primeiro e do segundo argumento.
- A função `memchr` procura a primeira ocorrência de um byte, representada como `unsigned char`, no número especificado de bytes de um objeto. Se o byte for encontrado, um ponteiro do byte é retornado; caso contrário, um ponteiro `NULL` é retornado.
- A função `memset` copia seu segundo argumento, tratado como `unsigned char`, para um número especificado de bytes do objeto apontado pelo primeiro argumento.

Seção 8.10 Outras funções da biblioteca de tratamento de strings

- A função `strerror` mapeia um número de erro inteiro para uma string de texto completa de uma maneira específica do local. Um ponteiro da string é retornado.
- A função `strlen` apanha uma string como um argumento e retorna o número de caracteres na string — o caractere nulo de finalização não está incluído no comprimento da string.

Terminologia

`<stdio.h>`, cabeçalho 268
`<stdlib.h>`, cabeçalho 264
ASCII (American Standard Code for Information Interchange) 275
`atof`, função 264
`atoi`, função 265
`atol`, função 265
biblioteca de tratamento de caracteres 259
biblioteca de utilitários gerais (`<stdlib.h>`) 264
caracter imprimível 262
caractere de controle 262
caractere nulo (`'\0'`) 257
caracteres especiais 257
códigos numéricos 274
comparação de strings 271
concatenação de strings 271
conjunto de caracteres 257
constantes de caractere 257
constantes de string 257
cópia de strings 271
delimitadores 279
determinação do comprimento de strings 271
dígito hexadecimal 259
EBCDIC (Extended Binary Coded Decimal Interchange Code) 275
`fgets`, função 268
função de comparação de strings 273
função de conversão de strings 264
`getchar`, função 269
`isalnum`, função 259
`isalpha`, função 259
`iscntrl`, função 262
`isdigit`, função 259
`isgraph`, função 262
`islower`, função 261
`isprint`, função 262
`ispunct`, função 262
`isspace`, função 262
`isupper`, função 261
`isxdigit`, função 259
`memchr`, função 282
`memcmp`, função 282
`memcpy`, função 281
`memmove`, função 281
`memset`, função 283
`putchar`, função 268
`puts`, função 269
separação de strings em tokens 271
`sprintf`, função 270
`sscanf`, função 270
`strcat`, função 272
`strchr`, função 275
`strcmp`, função 273
`strcspn`, função 276
`strerror`, função 284
string 257
string é um ponteiro 257
strings literais 257
`strlen`, função 284
`strncat`, função 271
`strncmp`, função 273
`strncpy`, função 271
`strpbrk`, função 277
`strrchr`, função 277
`strstr`, função 278
`strtod`, função 266
`strtok`, função 279
`strtol`, função 266
`strtoul`, função 266
tokensw 279
`tolower`, função 261
`toupper`, função 261

Exercícios de autorrevisão

8.1 Escreva uma única instrução que possibilite a execução das tarefas a seguir. Suponha que as variáveis `c` (que armazena um caractere), `x`, `y` e `z` sejam do tipo `int`, as variáveis `d`, `e` e `f` sejam do tipo `double`, a variável `ptr` seja do tipo `char *` e os arrays `s1[100]` e `s2[100]` sejam do tipo `char`.

a) Converta o caractere armazenado na variável `c` em uma letra maiúscula. Atribua o resultado à variável `c`.

b) Determine se o valor da variável `c` é um dígito. Use o operador condicional conforme mostrado nas figuras 8.2 a 8.4 para imprimir "` é um `" ou "` não é um `" quando o resultado for exibido.

c) Converta a string "`1234567`" em `long` e imprima o valor obtido.

d) Determine se o valor da variável `c` é um caractere de controle. Use o operador condicional para imprimir "` é um `" ou "` não é um `" quando o resultado for exibido.

e) Leia uma linha de texto para o array `s1` a partir do teclado. Não use `scanf`.

f) Imprima a linha de texto armazenada no array `s1`. Não use `printf`.

g) Atribua a `ptr` o local da última ocorrência de `c` em `s1`.

h) Imprima o valor da variável `c`. Não use `printf`.

i) Converta a string "`8.63582`" em `double` e imprima o valor.

j) Determine se o valor de `c` é uma letra. Use o operador condicional para imprimir "` é uma `" ou "` não é uma `" quando o resultado for exibido.

k) Leia um caractere do teclado e armazene o caractere na variável `c`.

l) Atribua a `ptr` o local da primeira ocorrência de `s2` em `s1`.

m) Determine se o valor da variável `c` é um caractere imprimível. Use o operador condicional para imprimir "` é um `" ou "` não é um `" quando o resultado for exibido.

n) Leia três valores `double` para as variáveis `d`, `e` e `f` a partir da string "`1.27 10.3 9.432`".

o) Copie a string armazenada no array `s2` para o array `s1`.

p) Atribua a `ptr` o local da primeira ocorrência em `s1` de qualquer caractere de `s2`.

q) Compare a string em `s1` com a string em `s2`. Imprima o resultado.

r) Atribua a `ptr` o local da primeira ocorrência de `c` em `s1`.

s) Use `sprintf` para imprimir os valores das variáveis inteiras `x`, `y` e `z` no array `s1`. Cada valor deve ser impresso com uma largura de campo `7`.

t) Acrescente 10 caracteres da string em `s2` à string em `s1`.

u) Determine o comprimento da string em `s1`. Imprima o resultado.

v) Converta a string "`-21`" em `int` e imprima o valor.

w) Atribua a `ptr` o local do primeiro token em `s2`. Os tokens na string `s2` são separados por vírgulas (,).

8.2 Mostre dois métodos diferentes de inicializar o array de caracteres `vogal` com a string de vogais "`AEIOU`".

8.3 O que é impresso quando as instruções em C, a seguir, são executadas? Se a instrução contiver um erro, descreva o erro e mostre como corrigi-lo. Considere as seguintes declarações de variável:

```
char s1[ 50 ] = "jack", s2[ 50 ] = " jill",
s3[ 50 ], *sptr;
```

a)
```
printf( "%c%s", toupper( s1[ 0 ] ), &s1[
1 ] );
```

b)
```
printf( "%s", strcpy( s3, s2 ) );
```

c)
```
printf( "%s", strcat( strcat( strcpy(
s3, s1 ), " and " ), s2 ) );
```

d)
```
printf( "%u", strlen( s1 ) + strlen(
s2 ) );
```

e)
```
printf( "%u", strlen( s3 ) );
```

8.4 Encontre o erro em cada um dos segmentos de programa a seguir e explique como corrigi-lo:

a)
```
char s[ 10 ];
strncpy( s, "olá", 5 );
printf( "%s\n", s );
```

b)
```
printf( "%s", 'a' );
```

c)
```
char s[ 12 ];
strcpy( s, "Bem-vindo" );
```

d)
```
if ( strcmp( string1, string2 ) ) {
    printf( "As strings são iguais\n" );
}
```

Respostas dos exercícios de autorrevisão

8.1

a) `c = toupper( c );`

b) `printf( "'%c'%sdigit\n", c, isdigit( c ) ? " é um " : " não é um " );`

c) `printf( "%ld\n", atol( "1234567" ) );`

d) `printf( "'%c'%scaractere de controle\n", c, iscntrl( c ) ? " é um " : " não é um " );`

e) `fgets( s1, 100, stdin );`

f) `puts( s1 );`

g) `ptr = strrchr( s1, c );`

h) `putchar( c );`

i) `printf( "%f\n", atof( "8.63582" ) );`

j) `printf( "'%c'%sletra\n", c, isalpha( c ) ? " é uma " : " não é uma " );`

k) `c = getchar();`

l) `ptr = strstr( s1, s2 );`

m) `printf( "'%c'%scaractere imprimivel\n", c, isprint( c ) ? " é um " : " não é um " );`

n) `sscanf( "1.27 10.3 9.432", "%f%f%f", &d, &e, &f );`

o) `strcpy( s1, s2 );`

p) `ptr = strpbrk( s1, s2 );`

q) `printf( "strcmp( s1, s2 ) = %d\n", strcmp( s1, s2 ) );`

r) `ptr = strchr( s1, c );`

s) `sprintf( s1, "%7d%7d%7d", x, y, z );`

t) `strncat( s1, s2, 10 );`

u) `printf( "strlen(s1) = %u\n", strlen( s1 ) );`

v) `printf( "%d\n", atoi( "-21" ) );` *

w) `ptr = strtok( s2, "," );`

8.2 `char vogal[] = "AEIOU";`

`char vogal[] = { 'A', 'E', 'I', 'O', 'U', '\0' };`

8.3

a) `Jack`

b) `jill`

c) `jack e jill`

d) `8`

e) `13`

8.4

a) Erro: A função `strncpy` não escreve um caractere nulo de finalização no array `s`, pois seu terceiro argumento é igual ao comprimento da string "`hello`".

Correção: Mude o terceiro argumento de `strncpy` para `6`, ou atribua `'\0'` a `s[ 5 ]`.

b) Erro: A tentativa de imprimir uma constante de caractere como uma string.

Correção: Use `%c` para exibir o caractere ou substitua `'a'` por `"a"`.

c) Erro: O array de caracteres `s` não é grande o suficiente para armazenar o caractere nulo de finalização.

Correção: Declare o array com mais elementos.

d) Erro: A função `strcmp` retorna 0 se as strings forem iguais; portanto, a condição na estrutura `if` é falsa, e o `printf` não será executado.

Correção: Compare o resultado de `strcmp` com `0` na condição.

Exercícios

8.5 ***Teste de caracteres.*** Escreva um programa que receba um caractere do teclado e teste-o com cada uma das funções na biblioteca de tratamento de caractere. O programa deverá imprimir o valor retornado por cada função.

8.6 ***Exibição de strings em maiúsculas e minúsculas.*** Escreva um programa que receba uma linha de texto no array de `char s[100]`. Imprima a linha com letras maiúsculas e minúsculas.

8.7 ***Conversão de strings em inteiros na realização de cálculos.*** Escreva um programa que receba quatro strings que representem inteiros, converta as strings em inteiros, some os valores e imprima o total dos quatro valores.

8.8 ***Conversão de strings em ponto flutuante na realização de cálculos.*** Escreva um programa que receba quatro strings que representem valores de ponto flutuante, converta as strings em valores double, some os valores e imprima o total dos quatro valores.

8.9 ***Comparação de strings.*** Escreva um programa que use a função `strcmp` para comparar duas strings digitadas pelo usuário. O programa deverá indicar se a primeira string é menor, igual ou maior que a segunda.

8.10 ***Comparação de partes de strings.*** Escreva um programa que use a função `strncmp` para comparar duas strings digitadas pelo usuário. O programa deverá receber o número de caracteres a ser comparado, depois informar se a primeira string é menor, igual ou maior do que a segunda.

8.11 ***Sentenças aleatórias.*** Escreva um programa que use a geração de números aleatórios na criação de sentenças. O programa deverá usar quatro arrays de ponteiros para `char` chamados `artigo`, `substantivo`, `verbo` e `preposição`. O programa deverá criar uma sentença, selecionando uma palavra aleatória de cada array na seguinte ordem: `artigo`, `substantivo`, `verbo`, `preposição`, `artigo` e `substantivo`. À medida que cada palavra é obtida, ela deve ser concatenada com as palavras anteriores em um array grande o suficiente para conter a sentença inteira. As palavras devem ser separadas por espaços. Quando a sentença final for exibida, ela deverá começar com uma letra maiúscula e terminar com um ponto. O programa deve gerar 20 dessas sentenças. Os arrays devem ser preenchidos da seguinte forma: O array `artigo` deverá conter os artigos "`o`", "`a`", "`um`", "`uma`", "`algum`" e "`alguma`"; o array `substantivo` deverá conter os nomes "`menino`", "`menina`", "`cão`", "`cidade`" e "`carro`"; o array `verbo` deverá conter os verbos "`dirigiu`", "`saltou`", "`correu`", "`caminhou`" e "`saltou`"; o array `preposição` deverá conter as preposições "`para`", "`de`", "`sobre`", "`sob`" e "`em`".

Depois que o programa for escrito e estiver em funcionamento, modifique-o para que ele produza uma pequena história que consista em várias dessas sentenças. (Que tal a possibilidade de um escritor de tese aleatória?)

8.12 ***Limericks.*** Uma limerick é um poema humorístico de cinco linhas, em que a primeira e a segunda linhas rimam com a quinta, e a terceira linha rima com a quarta. Usando técnicas semelhantes àquelas desenvolvidas no Exercício 8.11, escreva um programa que produza limericks aleatórias. Modificar esse programa para produzir boas limericks é desafiador, mas o resultado é compensador!

8.13 ***Falso latim.*** Escreva um programa que converta frases em português para um falso latim. Essa é uma forma de linguagem codificada normalmente usada por diversão. Existem muitas variações nos métodos usados para formar frases em falso latim. Para simplificar, use o seguinte algoritmo:

Para formar uma frase em falso latim a partir de uma frase em português, separe os tokens da frase em palavras usando a função `strtok`. Para traduzir cada palavra do português para uma palavra em falso latim, passe a primeira letra da palavra para o final, e acrescente as letras '`ei`'. Assim, a palavra '`salto`' se torna '`altosei`', a palavra '`para`' se torna '`arapei`' e a palavra '`computador`' se torna '`omputadorcei`'. Os espaços entre as palavras devem ser mantidos. Considere o seguinte: a frase em português consiste em palavras separadas por espaços, não existem sinais de pontuação e todas as palavras possuem duas ou mais letras. A função `printLatinWord` deverá exibir cada palavra. [*Dica:* toda vez que um token for encontrado em uma chamada para `strtok`, passe o ponteiro do token para a função `printLatinWord` e imprima a palavra em falso latim. *Nota:* Aqui, fornecemos regras simplificadas para converter palavras em falso latim. Para obter regras mais detalhadas e variações, visite <`en.wikipedia.org/wiki/Pig_latin`>.]

8.14 ***Separação de números de telefone em tokens.*** Escreva um programa que leia um número de telefone como uma string na forma `(55) 5555-5555`. O programa deverá usar a função `strtok` para extrair o código de área, os quatro primeiros dígitos do número do telefone e os quatro últimos dígitos do número do telefone como tokens. Os oito dígitos referentes ao número de telefone devem ser concatenados em uma string. O programa deverá converter a string do código de área para `int` e converter a string do número do telefone para `long`. Tanto o código de área quanto o número do telefone deverão ser exibidos na tela.

8.15 ***Exibição de uma sentença com palavras invertidas.*** Escreva um programa que receba uma linha de texto, separe os tokens da linha com a função `strtok` e envie os tokens na ordem inversa.

8.16 ***Procura de substrings.*** Escreva um programa que receba uma linha de texto e uma string de pesquisa do teclado. Usando a função `strstr`, localize a primeira ocorrência da string de pesquisa na linha de texto e atribua o local à variável `searchPtr` do tipo `char *`. Se a string de pesquisa for encontrada, imprima o restante da linha de texto a partir dessa string. Depois, use `strstr` novamente para localizar a próxima ocorrência da string de pesquisa na linha de texto. Se houver uma segunda ocorrência, imprima o restante da linha de texto a partir da segunda ocorrência. [*Dica:* a segunda chamada a `strstr` deve conter `searchPtr + 1` como seu primeiro argumento.]

8.17 ***Total de ocorrências de uma substring.*** Escreva um programa com base no programa do Exercício 8.16, que recebe várias linhas de texto e uma string de pesquisa, e usa a função `strstr` para determinar o total de ocorrências da string nas linhas de texto. Imprima o resultado.

8.18 ***Total de ocorrências de um caractere.*** Escreva um programa que receba várias linhas de texto e um caractere de pesquisa, e use a função `strchr` para determinar o total de ocorrências do caractere nas linhas de texto.

8.19 ***Total de letras do alfabeto em uma string.*** Escreva um programa baseado no programa do Exercício 8.18, que receba várias linhas de texto e use a função `strchr` para determinar o total de ocorrências de cada letra do alfabeto nas linhas de texto. As letras maiúsculas e minúsculas devem ser contadas juntas. Armazene os totais de cada letra em um array e imprima os valores em formato tabular após os totais terem sido calculados.

8.20 ***Total de palavras em uma string.*** Escreva um programa que receba várias linhas de texto, e use `strtok` para contar o número total de palavras. Considere que as palavras estejam separadas por espaços ou caracteres de newline.

8.21 ***Ordenação alfabética de uma lista de strings.*** Use as funções de comparação de strings, discutidas na Seção 8.6, e as técnicas para classificar arrays, desenvolvida no Capítulo 6, para escrever um programa que coloque uma lista de strings em ordem alfabética. Use os nomes de 10 ou 15 cidades em seu estado como dados para o seu programa.

8.22 O gráfico no Apêndice B mostra as representações em código numérico dos caracteres no conjunto de caracteres ASCII. Estude esse gráfico e depois indique se as afirmações a seguir são *verdadeiras* ou *falsas*.

a) A letra '`A`' vem antes da letra '`B`'.

b) O dígito '`9`' vem antes do dígito '`0`'.

c) Os símbolos normalmente usados para representar adição, subtração, multiplicação e divisão vêm antes de qualquer um dos dígitos.

d) Os dígitos vêm antes das letras.

e) Se um programa de classificação ordena strings em uma sequência crescente, então o programa colocará o símbolo de um parêntese direito antes do símbolo de um parêntese esquerdo.

8.23 ***Strings que começam com 'b'.*** Escreva um programa que leia uma série de strings e imprima apenas aquelas que comecem com a letra '`b`'.

8.24 ***Strings que terminam em 'ed'.*** Escreva um programa que leia uma série de strings e imprima apenas aquelas que terminem com as letras '`ed`'.

8.25 ***Impressão de letras para vários códigos ASCII.*** Escreva um programa que receba um código ASCII e imprima o caractere correspondente. Modifique esse programa de modo que ele gerencie todos os códigos de três dígitos possíveis que ocorram no intervalo de 000 a 255, e tente imprimir os caracteres correspondentes. O que acontece quando esse programa é executado?

8.26 ***Escreva suas próprias funções de tratamento de caracteres.*** Usando o quadro de caracteres ASCII do Apêndice B como guia, escreva suas próprias versões das funções de tratamento de caracteres da Figura 8.1.

8.27 ***Escreva suas próprias funções de conversão de strings.*** Escreva suas próprias versões das funções na Figura 8.5 para converter strings em números

8.28 ***Escreva suas próprias funções de cópia e concatenação de strings.*** Escreva duas versões de cada uma das funções de cópia e de concatenação de strings da Figura 8.17. A primeira versão deverá usar subscritos de array, e a segunda, ponteiros e aritmética de ponteiro.

8.29 ***Escreva suas próprias funções de E/S de caractere e de string.*** Escreva suas próprias versões das funções `getchar`, `putchar` e `puts` descritas na Figura 8.12.

8.30 ***Escreva suas próprias funções de comparação de strings.*** Escreva duas versões da função de comparação de strings da Figura 8.20. A primeira versão deverá usar o subscrito de array, e a segunda, ponteiros e aritmética de ponteiro.

8.31 ***Escreva suas próprias funções de pesquisa de strings.*** Escreva suas próprias versões das funções da Figura 8.22 para pesquisa de strings.

8.32 ***Escreva suas próprias funções de tratamento de memória.*** Escreva suas próprias versões das funções da Figura 8.30 para manipular blocos de memória.

8.33 ***Escreva suas próprias funções de comprimento de strings.*** Escreva duas versões da função `strlen` na Figura 8.36. A primeira versão deverá usar subscritos de array, e a segunda, ponteiros e aritmética de ponteiro.

Seção especial: exercícios avançados de manipulação de strings

Os exercícios anteriores estão ligados ao texto e foram criados para testar seu conhecimento sobre os conceitos fundamentais da manipulação de strings. Esta seção inclui uma coleção de problemas de nível intermediário e avançado. São problemas desafiadores, porém, interessantes. Eles variam consideravelmente em dificuldade. Alguns exigirão uma ou duas horas de escrita e implementação do programa. Outros serão úteis para trabalhos de laboratório que poderiam exigir duas ou três semanas, entre estudo e implementação. Alguns são projetos para o final do período.

8.34 ***Análise de texto.*** A disponibilidade de computadores com capacidades de manipulação de strings resultou em algumas técnicas interessantes de análise de escritas de grandes autores. A dúvida se William Shakespeare realmente existiu tem recebido muita atenção. Alguns estudiosos pensam ter encontrado evidências substanciais que provam que Christopher Marlowe foi quem realmente escreveu as obras-primas atribuídas a Shakespeare. Os pesquisadores usaram computadores para descobrir semelhanças nos escritos desses dois autores. Esse exercício examina três métodos de análise de textos com um computador.

a) Escreva um programa que leia várias linhas de texto e imprima uma tabela que indique o número de ocorrências de cada letra do alfabeto no texto. Por exemplo, a frase

`Ser ou não ser; eis a questão:`

contém três 'a', nenhum 'b', nenhum 'c' e assim por diante.

b) Escreva um programa que leia várias linhas de texto e imprima uma tabela que indique o número de palavras com uma letra, palavras com duas letras, palavras com três letras, e assim por diante, que aparecem no texto. Por exemplo, a frase

`Será mais nobre em nosso espírito sofrer.`

contém

Tamanho da palavra	Ocorrências
1	0
2	1
3	0
4	2
5	2
6	1
7	0
8	1

c) Escreva um programa que leia várias linhas de texto e imprima uma tabela que indique o número de ocorrências de cada palavra diferente no texto. A primeira versão de seu programa deverá incluir as palavras na tabela na mesma ordem em que elas aparecerem no texto. Uma saída interessante (e útil) deverá então ser experimentada, uma em que as palavras são ordenadas alfabeticamente. Por exemplo, as linhas

```
Ser ou não ser: eis a questão:
Será mais nobre em nosso espírito sofrer.
```

contêm as palavras '`ser`' duas vezes, a palavra '`ou`' uma vez e assim por diante.

8.35 ***Processamento de textos.*** O tratamento detalhado da manipulação de strings nesse texto é, em grande parte, atribuída ao crescimento incrível do processamento de textos nos últimos anos. Uma função importante nos sistemas de processamento de textos é a *justificação de texto* — o alinhamento das palavras nas margens esquerda e direita de uma página. Isso gera um documento de aparência profissional, que parece ser composto por tipos em vez de preparado em uma máquina de escrever. A justificação de texto pode ser realizada em sistemas de computador que inserem um ou mais caracteres em branco entre cada uma das palavras em uma linha, de modo que a palavra mais à direita se alinhe com a margem direita.

Escreva um programa que leia várias linhas de texto e o imprima em formato justificado. Considere que o texto deve ser impresso em um papel de 21,59 cm e que margens de 2,54 cm devem ser permitidas nos lados esquerdo e direito da página impressa. Considere que o computador imprima 10 caracteres por polegada horizontal. Portanto, seu programa deverá imprimir 16,51 cm de texto ou 65 caracteres por linha.

8.36 ***Impressão de datas em vários formatos.*** As datas normalmente são impressas em vários formatos diferentes nas correspondências comerciais. Dois dos formatos mais comuns são

`21/07/2011 e 21 de julho de 2011`

Escreva um programa que leia uma data no primeiro formato e a imprima no segundo formato.

8.37 ***Proteção de cheques.*** Os computadores são constantemente usados nos sistemas de escrita de cheque, como aplicações de folha de pagamento e contas a pagar. Circulam muitas histórias sobre cheques de pagamento semanal impressos (por engano) com valores superiores a US$ 1 milhão. Valores estranhos são impressos por sistemas computadorizados de escrita de cheque por erro humano e/ou falha de máquina. Os projetistas de sistemas, naturalmente, fazem todos os esforços para montar controles em seus sistemas que impeçam que cheques com valores errados sejam emitidos.

Outro problema sério é a alteração intencional de um valor do cheque por alguém com intenções de sacá-lo fraudulentamente. Para impedir que um valor monetário seja alterado, a maioria dos sistemas computadorizados de escrita de cheque emprega uma técnica chamada *proteção de cheque*.

Os cheques planejados para impressão por computador contêm um número fixo de espaços, em que o computador deve imprimir um valor. Suponha que um cheque de pagamento contenha nove espaços em branco nos quais o computador deverá imprimir o valor de um cheque semanal. Se o valor for grande, então os nove espaços serão preenchidos — por exemplo:

```
 11.230,60   (valor do cheque)
..........
 123456789   (números de posição)
```

Por outro lado, se o valor for menor do que mil, então vários espaços ficarão em branco — por exemplo,

```
      99,87
...........
 123456789
```

contém quatro espaços em branco. Um cheque impresso com espaços em branco facilita o trabalho de alguém que queira alterar seu valor. Para impedir que um cheque seja alterado, muitos sistemas de escrita de cheque inserem *asteriscos iniciais* para proteger o valor, da seguinte forma:

```
 ****99,87
...........
 123456789
```

Escreva um programa que receba um valor monetário a ser impresso em um cheque e depois imprima o valor no formato de proteção de cheque com os asteriscos iniciais, se necessário. Suponha que nove espaços estejam disponíveis para a impressão de um valor.

8.38 ***Escrita por extenso do equivalente de um valor de cheque.*** Continuando a discussão do exemplo anterior, reiteramos a importância do projeto de sistemas de escrita de cheque para impedir a alteração de valores. Um método de segurança comum exige que o valor do cheque seja escrito em números e 'por extenso'. Mesmo que alguém seja capaz de alterar o valor numérico do cheque, é extremamente difícil mudar o valor em palavras.

Muitos sistemas computadorizados de escrita de cheque não imprimem o valor do cheque em palavras. Talvez, o principal motivo para essa omissão seja o fato de que a maioria das linguagens de alto nível usadas em aplicações comerciais não contém recursos adequados para manipulação de strings. Outro motivo é que a lógica para escrever equivalentes em texto dos valores do cheque é um pouco complicada.

Escreva um programa que receba um valor numérico de cheque e escreva o texto equivalente ao valor. Por exemplo, o valor 112,43 deve ser escrito como

```
CENTO E DOZE REAIS E QUARENTA E TRÊS CENTAVOS
```

8.39 ***Código Morse.*** Talvez o mais famoso de todos os esquemas de codificação seja o código Morse, desenvolvido por Samuel Morse em 1832 para uso conjunto com o sistema de telégrafo. O código Morse atribui uma série de pontos e traços para cada letra do alfabeto, cada dígito e alguns caracteres especiais (como ponto, vírgula, dois-pontos e ponto e vírgula). Em sistemas orientados por som, o ponto representa um som curto e o traço representa um som longo. Outras representações dos pontos e traços são usadas com sistemas orientados a luz e sistemas de bandeira de sinalização.

A separação entre palavras é indicada por um espaço — simplesmente, a ausência de um ponto ou um traço. Em um sistema orientado por som, um espaço é indicado por um curto período de tempo durante o qual nenhum som é transmitido. A versão internacional do código Morse aparece na Figura 8.39.

Caractere	Código	Caractere	Código	Caractere	Código
A	.-	N	-.	*Dígitos*	
B	-...	O	---	1	.----
C	-.-.	P	.--.	2	..---
D	-..	Q	--.-	3	...--
E	.	R	.-.	4	....-
F	..-.	S	...	5	.....
G	--.	T	-	6	-....
H	....	U	..-	7	--...
I	..	V	...-	8	---..
J	.---	W	.--	9	----.
K	-.-	X	-..-	0	-----
L	.-..	Y	-.--		
M	--	Z	--..		

Figura 8.39 ■ As letras do alfabeto expressas em código Morse internacional.

Escreva um programa que leia uma frase em português e codifique-a em código Morse. Escreva também um programa que leia uma frase em código Morse e a converta para o equivalente em português. Use um espaço entre cada letra do código Morse e três espaços entre cada palavra em código Morse.

8.40 ***Um programa de conversão métrica.*** Escreva um programa que ajude o usuário com as conversões métricas. Seu programa deverá permitir que o usuário especifique os nomes das unidades como strings (ou seja, centímetros, litros, gramas, e assim por diante, para o sistema métrico, e polegadas, quartos, libras, e assim por diante, para o sistema inglês) e deverá responder a perguntas simples como

```
"Quantas polegadas há em 2 metros?"
"Quantos litros há em 10 quartos?"
```

Seu programa deverá reconhecer conversões inválidas. Por exemplo, a pergunta

```
"Quantos pés há em 5 quilogramas?"
```

não faz sentido, pois '`pés`' são unidades de comprimento, enquanto '`quilogramas`' são unidades de massa.

8.41 ***Cartas de cobrança.*** Muitas empresas gastam muito tempo e dinheiro coletando débitos devidos. A *cobrança* é o processo de fazer pedidos repetidos e insistentes a um devedor em uma tentativa de coletar um débito.

Os computadores normalmente são usados para gerar cartas de cobrança automaticamente e em graus de rigidez cada vez maiores, à medida que o tempo da dívida aumenta. A teoria é que, quando um débito está vencido há mais tempo, fica mais difícil receber e, portanto, as cartas de cobrança precisam se tornar mais ameaçadoras.

Escreva um programa que contenha os textos de cinco cartas de cobrança de rigidez cada vez maior. Seu programa deverá aceitar como entrada o seguinte:

a) Nome do devedor.
b) Endereço do devedor.
c) Conta do devedor.
d) Valor devido.
e) Tempo da dívida (ou seja, um mês de atraso, dois meses de atraso etc.).

Use o tempo da dívida para selecionar um dos cinco textos de mensagem e depois imprima a carta de cobrança, inserindo as outras informações fornecidas onde for apropriado.

Um projeto desafiador de manipulação de strings

8.42 ***Um gerador de palavras cruzadas.*** A maioria das pessoas já tentou resolver um jogo de palavras cruzadas pelo menos uma vez, mas poucas tentaram criar um. A criação de um diagrama de palavras cruzadas é um problema difícil. Ele é sugerido aqui como um projeto de manipulação de string que exige sofisticação e esforço substanciais. Existem muitos problemas que você precisa resolver para fazer funcionar até mesmo o mais simples programa gerador de palavras cruzadas. Por exemplo, como se representa a grade de um diagrama de palavras cruzadas dentro do computador? Deve-se usar uma série de strings, ou arrays de subscrito duplo? Você precisa de uma fonte de palavras (ou seja, um dicionário computadorizado) que possa ser referenciado diretamente por um programa. Em que forma essas palavras devem ser armazenadas para facilitar as manipulações complexas exigidas pelo programa? O leitor realmente ambicioso desejará gerar a parte das 'dicas' das palavras cruzadas em que as informações breves para cada palavra na 'horizontal' e cada palavra na 'vertical' sejam impressas para o usuário do diagrama. A mera impressão de uma versão do próprio diagrama em branco não é um problema simples.

Fazendo a diferença

8.43 ***Cozinhar com ingredientes mais saudáveis.*** A obesidade na América do Norte vem aumentando em uma taxa alarmante. Verifique o mapa do Centers for Disease Control and Prevention (CDC) em <`www.cdc.gov/nccdphp/dnpa/Obesity/trend/maps/index.htm`>, que mostra as tendências da obesidade nos Estados Unidos nos últimos vinte anos. À medida que a obesidade aumenta, aumentam as ocorrências de problemas relacionados a ela (por exemplo, doenças do coração, pressão alta, colesterol alto, diabetes tipo 2). Escreva um programa que ajude os usuários a escolher ingredientes mais saudáveis ao cozinhar, e ajude os alérgicos a certos alimentos (por exemplo, castanhas, glúten) a encontrar substitutos. O programa deverá ler uma receita do usuário e sugerir substitutos mais saudáveis para alguns dos ingredientes. Para simplificar, seu programa deverá considerar que a receita não tem abreviações para medidas como colheres de chá, xícaras e colheres de sobremesa, e usa dígitos numéricos para quantidades (por exemplo, 1 ovo, 2 xícaras) em vez de escrevê-los por extenso (um ovo, duas xícaras). Algumas substituições comuns aparecem na Figura 8.40. Seu programa deverá exibir um aviso como 'Sempre consulte seu médico antes de fazer mudanças significativas em sua dieta'.

Seu programa deverá levar em consideração que as substituições nem sempre são um para um. Por exemplo, se uma receita de bolo pedir três ovos, pode ser razoável usar seis claras de ovos em seu lugar. Os dados de conversão para medidas e substitutos podem ser obtidos em sites como:

<`www.cems.com.br/nutricao/?p=296`>
<`www.nutricaoativa.com.br/arquivos/tabela1.pdf`>
<`http://tiojuliao.diabetes.org.br/Bet_Balanca/Dias_de_nutricao/nut31.php`>

Seu programa deverá considerar as questões de saúde do usuário, como colesterol, pressão sanguínea, perda de peso, alergias e assim por diante. Para colesterol alto, o programa deverá gerar substitutos para ovos e laticínios; se o usuário deseja perder peso, substitutos com baixa caloria para ingredientes como açúcar devem ser sugeridos.

Ingrediente	Substituição
1 xícara de creme de leite	1 xícara de iogurte
1 xícara de leite	1/2 xícara de leite condensado e 1/2 xícara de água
1 colher de sobremesa de suco de limão	1/2 colher de sobremesa de vinagre
1 xícara de açúcar	1/2 xícara de mel, 1 xícara de melado ou 1/4 de xícara de adoçante
1 xícara de manteiga	1 xícara de margarina ou iogurte
1 xícara de farinha de trigo	1 xícara de farinha integral ou de arroz
1 xícara de maionese	1 xícara de queijo tipo cottage ou 1/8 de xícara de maionese e 7/8 de xícara de iogurte
1 ovo	2 colheres de sobremesa de amido de milho, farinha de mandioca ou amido de batata ou 2 claras de ovos ou metade de uma banana grande (amassada)
1 xícara de leite	1 xícara de leite de soja
1/4 xícara de azeite	1/4 de xícara de molho de maçã
pão branco	pão integral

Figura 8.40 ■ Substitutos típicos dos ingredientes.

8.44 ***Analisador de spam.*** O spam (ou e-mail não solicitado) custa às organizações dos Estados Unidos bilhões de dólares por ano em software para prevenção de spam, equipamento, recursos de rede, largura de banda e produtividade perdida. Pesquise on-line algumas das mensagens e palavras de spam que são comumente enviadas por e-mail, e verifique sua própria pasta de caixa de e-mail. Crie uma lista com trinta palavras e frases normalmente encontradas nas mensagens de spam. Escreva um programa em que o usuário forneça via teclado uma mensagem de e-mail. Leia a mensagem em um array de caracteres grande e garanta que o programa não tente inserir caracteres após o final do array. Depois, filtre a mensagem para cada uma das trinta palavras-chave ou frases. Para cada ocorrência de uma delas, some um ponto no 'nível de spam' da mensagem. Em seguida, avalie a probabilidade de que a mensagem seja um spam com base no número de pontos que ela recebeu.

8.45 ***Linguagem SMS.*** Short Message Service (SMS) é um serviço de comunicações que permite o envio de mensagens de texto de 160 ou menos caracteres entre telefones móveis. Com a proliferação do uso mundial do telefone móvel, SMS está sendo usado em muitas nações em desenvolvimento para propósitos políticos (por exemplo, para expressar opiniões e oposição), para informar sobre desastres naturais e assim por diante. Acesse <`comunica.org/radio2.0/archives/87`> para ver exemplos disso. Como o comprimento das mensagens de SMS é limitado, normalmente é usada a linguagem SMS — abreviações de palavras e frases comuns nas mensagens de texto móveis, e-mails, mensagens instantâneas etc. Por exemplo, 'EMO' quer dizer 'em minha opinião' na linguagem SMS. Procure informações sobre a linguagem SMS on-line. Escreva um programa em que o usuário possa digitar uma mensagem usando a linguagem SMS, e que depois possa traduzi-la para o português. Ofereça também um mecanismo para traduzir o texto escrito em português para a linguagem SMS. Um problema potencial é que uma abreviação em SMS pode também ter outros significados. Por exemplo, EMO (conforme usado acima) também poderia significar 'Empresa Marítima Ocidental' etc.

8.46 ***Neutralidade de gênero.*** No Exercício 1.12, você pesquisou a eliminação do gênero em todas as formas de comunicação. Depois, você descreveu o algoritmo que usaria para ler um parágrafo de texto e substituir palavras de gênero específico por equivalentes sem gênero. Crie um programa que leia um parágrafo de texto, e que depois substitua palavras de gênero específico por outras sem gênero. Apresente o texto resultante sem gênero.

ENTRADA/SAÍDA FORMATADA EM C

9

Capítulo

Todas as notícias são dignas de serem publicadas.
— **Adolph S. Ochs**

Que louca perseguição? Que luta para escapar?
— **John Keats**

Não mude a posição dos marcos no limite dos campos.
— **Amenemope**

Objetivos

Neste capítulo, você aprenderá:

- A usar streams de entrada e saída.
- A usar todas as capacidades de formatação da impressão.
- A usar todas as capacidades de formatação da entrada.
- A imprimir com larguras de campo e precisões.
- A usar flags de formatação na string de controle de formato `printf`.
- A enviar literais e sequências de escape.
- A formatar a entrada usando `scanf`.

Conteúdo

9.1 Introdução
9.2 Streams
9.3 Formatação da saída com `printf`
9.4 Impressão de inteiros
9.5 Impressão de números em ponto flutuante
9.6 Impressão de strings e caracteres
9.7 Outros especificadores de conversão
9.8 Impressão com larguras de campo e precisão
9.9 Uso de flags na string de controle de formato de `printf`
9.10 Impressão de literais e de sequências de escape
9.11 Leitura da entrada formatada com `scanf`

Resumo | Terminologia | Exercícios de autorrevisão | Respostas dos exercícios de autorrevisão | Exercícios

9.1 Introdução

Uma parte importante da solução de qualquer problema é a apresentação dos resultados. Neste capítulo, discutiremos em detalhes os recursos de formatação de `scanf` e `printf`. Essas funções recebem dados do **stream de entrada-padrão** e enviam dados para o **stream de saída-padrão**. Quatro outras funções que usam entrada-padrão e saída-padrão — `gets`, `puts`, `getchar` e `putchar` — foram discutidas no Capítulo 8. Inclua o cabeçalho `<stdio.h>` nos programas que chamam essas funções.

Muitos dos recursos de `printf` e `scanf` já foram discutidos anteriormente neste livro. Este capítulo resumirá esses recursos e introduzirá outros. O Capítulo 11 discutirá várias funções adicionais incluídas na biblioteca-padrão de entrada/saída (`<stdio.h>`).

9.2 Streams

Todas as entradas e saídas são realizadas a partir de **streams** (ou fluxos), que são sequências de bytes. Nas operações de entrada, os bytes fluem de um dispositivo (por exemplo, um teclado, uma unidade de disco, uma conexão de rede) para a memória principal. Nas operações de saída, os bytes fluem da memória principal para um dispositivo (por exemplo, uma tela de vídeo, uma impressora, uma unidade de disco, uma conexão de rede e assim por diante).

Quando a execução do programa começa, três streams são conectados ao programa automaticamente. Em geral, o stream de entrada-padrão é conectado ao teclado, e o stream de saída-padrão é conectado à tela. Os sistemas operacionais normalmente permitem que esses streams sejam redirecionados para outros dispositivos. Um terceiro stream, o **stream de erro-padrão**, é conectado à tela. As mensagens de erro são enviadas para o stream de erro-padrão. Os streams serão discutidos em detalhes no Capítulo 11, Processamento de arquivos em C.

9.3 Formatação da saída com `printf`

A formatação precisa da saída é obtida a partir de `printf`. Todas as chamadas a `printf` contêm uma **string de controle de formato**, que descreve o formato de saída. A string de controle de formato consiste em **especificadores de conversão**, **flags**, **larguras de campo**, **precisões** e **caracteres literais**. Com o sinal de porcentagem (%), eles formam as **especificações de conversão**. A função `printf` pode realizar as capacidades de formatação a seguir (elas serão discutidas neste capítulo):

1. **Arredondamento** de valores de ponto flutuante para um número indicado de casas decimais.
2. Alinhamento de uma coluna de números com pontos decimais que aparecem uns sobre os outros.
3. **Alinhamento à direita** e **alinhamento à esquerda** das saídas.
4. Inserção de caracteres literais em locais exatos em uma linha de saída.
5. Representação de números em ponto flutuante em formato exponencial.
6. Representação de inteiros não sinalizados em formato octal e hexadecimal. Saiba mais sobre valores octais e hexadecimais no Apêndice C.
7. Exibição de todos os tipos de dados com larguras de campo de tamanho fixo e precisões.

A função `printf` tem a forma

`printf(` *string-de-controle-de-formato*, *outros-argumentos* `);`

string-de-controle-de-formato descreve o formato da saída, e *outros-argumentos* (que são opcionais) correspondem a cada uma das especificações de conversão na *string-de-controle-de-formato*. Cada especificação de conversão começa com um sinal de porcentagem e termina com um especificador de conversão. Pode haver muitas especificações de conversão em uma string de controle de formato.

Erro comum de programação 9.1

Esquecer de usar aspas para deliminar uma string-de-controle-de-formato consiste em um erro de sintaxe.

Boa prática de programação 9.1

Formate as saídas de maneira nítida para a apresentação, tornando as saídas do programa mais legíveis para, assim, reduzir o número de erros cometidos pelos usuários.

9.4 Impressão de inteiros

Um inteiro é um número que não possui casas decimais, como 776, 0 ou –52. Os valores inteiros são exibidos em um de vários formatos. A Figura 9.1 descreve os **especificadores de conversão de inteiros**.

A Figura 9.2 imprime um inteiro usando cada um dos especificadores de conversão de inteiros. Apenas o sinal de subtração é impresso; sinais de adição são suprimidos. Adiante neste capítulo, veremos como forçar a impressão dos sinais de adição. Além disso, o valor `-455`, quando lido por `%u` (linha 15), é convertido para o valor sem sinal `4294966841`.

Especificador de conversão	Descrição
`d`	Exibido como um inteiro decimal com sinal.
`i`	Exibido como um inteiro decimal com sinal. [*Nota:* os especificadores `i` e `d` são diferentes quando usados juntamente com `scanf`.]
`o`	Exibido como um inteiro octal sem sinal.
`u`	Exibido como um inteiro decimal sem sinal.
`x` ou `X`	Exibido como um inteiro hexadecimal sem sinal. `X` faz com que os dígitos de `0` a `9` e as letras de `A` a `F` sejam exibidas, e `x` faz com que os dígitos de `0` a `9` e de `a` a `f` sejam exibidos.
`h` ou `l` (letra `l`)	Colocados antes de qualquer especificador de conversão de inteiro para indicar que um inteiro `short` ou `long` será exibido, respectivamente. As letras `h` e `l` são chamadas de **modificadores de tamanho**.

Figura 9.1 ■ Especificadores de conversão de inteiros.

```
1  /* Fig 9.2: fig09_02.c */
2  /* Usando especificadores de conversão de inteiros */
3  #include <stdio.h>
4
5  int main( void )
6  {
7     printf( "%d\n", 455 );
8     printf( "%i\n", 455 ); /* i é o mesmo que d em printf */
9     printf( "%d\n", +455 );
10    printf( "%d\n", -455 );
11    printf( "%hd\n", 32000 );
```

Figura 9.2 ■ Uso de especificadores de conversão de inteiros. (Parte 1 de 2.)

```
    printf( "%ld\n", 2000000000L ); /* sufixo L torna a literal um long */
    printf( "%o\n", 455 );
    printf( "%u\n", 455 );
    printf( "%u\n", -455 );
    printf( "%x\n", 455 );
    printf( "%X\n", 455 );
    return 0; /* indica conclusão bem-sucedida */
} /* fim do main */
```

```
455
455
455
-455
32000
2000000000
707
455
4294966841
1c7
1C7
```

Figura 9.2 ■ Uso de especificadores de conversão de inteiros. (Parte 2 de 2.)

Erro comum de programação 9.2

Imprimir um valor negativo usando um especificador de conversão que espera por um valor `unsigned`.

9.5 Impressão de números em ponto flutuante

Um valor de ponto flutuante contém um ponto decimal, como em `33.5`, `0.0` ou `-657.983`. Os valores de ponto flutuante são exibidos em um de vários formatos. A Figura 9.3 descreve os especificadores de conversão de ponto flutuante. Os **especificadores de conversão e e E** exibem valores de ponto flutuante em **notação exponencial** — em computação, o equivalente à **notação científica** usada na matemática. Por exemplo, em notação científica, o valor 150,4582 é representado como

$$1.504582 \times 10^2$$

e é representado em notação exponencial como

```
1.504582E+02
```

pelo computador. Essa notação indica que `1.504582` é multiplicado por `10` elevado à segunda potência (`E+02`). O `E` significa 'expoente'.

Especificador de conversão	Descrição
e ou E	Exibe um valor de ponto flutuante em notação exponencial.
F	Exibe valores de ponto flutuante em notação de ponto fixo. [*Nota:* em C99, você também pode usar F.]
g ou G	Exibe um valor de ponto flutuante no formato de ponto flutuante `f` ou no formato exponencial `e` (ou `E`), com base na magnitude do valor.
L	Usado antes de qualquer especificador de conversão de ponto flutuante para indicar que um valor de ponto flutuante `long double` será exibido.

Figura 9.3 ■ Especificadores de conversão de ponto flutuante.

Os valores exibidos com os especificadores de conversão `e`, `E` e `f` mostram seis dígitos de precisão à direita do ponto decimal como padrão (por exemplo, 1.04592); outras precisões podem ser especificadas explicitamente. O **especificador de conversão `f`** sempre imprime pelo menos um dígito à esquerda do ponto decimal. Os especificadores de conversão `e` e `E` imprimem `e` minúsculo e `E` maiúsculo, respectivamente, precedendo o expoente, e imprimem exatamente um dígito à esquerda do ponto decimal.

O **especificador de conversão `g` (ou `G`)** imprime tanto no formato `e` (`E`) quanto no formato `f` sem zeros no final (`1.234000` é impresso como `1.234`). Os valores são impressos com `e` (`E`) se, após a conversão para a notação exponencial, o expoente do valor for menor que `-4`, ou o expoente for maior ou igual à precisão especificada (seis dígitos significativos como padrão para `g` e `G`). Caso contrário, o especificador de conversão `f` é usado para imprimir o valor. Zeros finais não são impressos na parte fracionária de uma saída de valor com `g` ou `G`. Pelo menos um dígito decimal é necessário para que o ponto decimal seja apresentado. Com o especificador de conversão `g`, os valores `0.0000875`, `8750000.0`, `8.75`, `87.50` e `875` são impressos como `8.75e-05`, `8.75e+06`, `8.75`, `87.5` e `875`. O valor `0.0000875` usa a notação `e` porque, ao ser convertido para a notação exponencial, seu expoente (`-5`) é menor que `-4`. O valor `8750000.0` usa a notação `e` porque seu expoente (`6`) é igual à precisão-padrão.

A precisão dos especificadores de conversão `g` e `G` indica o número máximo de dígitos significativos a serem impressos, incluindo o dígito à esquerda do ponto decimal. O valor `1234567.0` é impresso como `1.23457e+06` ao usarmos o especificador de conversão `%g` (lembre-se de que todos os especificadores de conversão de ponto flutuante possuem uma precisão padrão de 6). Existem 6 dígitos significativos no resultado. A diferença entre `g` e `G` é idêntica à diferença entre `e` e `E`, quando o valor é impresso em notação exponencial — um `g` minúsculo faz com que um `e` minúsculo seja exibido, e um `G` maiúsculo faz com que um `E` maiúsculo seja exibido.

Dica de prevenção de erro 9.1

Ao exibir dados, cuide para que o usuário esteja ciente de situações em que eles poderão ser imprecisos devido à formatação (por exemplo, erros de arredondamento da especificação de precisões).

A Figura 9.4 demonstra cada um dos especificadores de conversão de ponto flutuante. Os especificadores de conversão `%E`, `%e` e %g fazem com que o valor seja arredondado na saída, mas o mesmo não ocorre com %f. [*Nota:* com alguns compiladores, o expoente nas saídas será mostrado com dois dígitos à direita do sinal +.]

```c
/* Fig 9.4: fig09_04.c */
/* Imprimindo números em ponto flutuante com
especificadores de conversão de ponto flutuante */

#include <stdio.h>

int main( void )
{
   printf( "%e\n", 1234567.89 );
   printf( "%e\n", +1234567.89 );
   printf( "%e\n", -1234567.89 );
   printf( "%E\n", 1234567.89 );
   printf( "%f\n", 1234567.89 );
   printf( "%g\n", 1234567.89 );
   printf( "%G\n", 1234567.89 );
   return 0; /* indica conclusão bem-sucedida */
} /* fim do main */
```

```
1.234568e+006
1.234568e+006
-1.234568e+006
1.234568E+006
1234567.890000
1.23457e+006
1.23457E+006
```

Figura 9.4 ■ Uso de especificadores de conversão de ponto flutuante.

9.6 Impressão de strings e caracteres

Os especificadores de conversão `c` e `s` são usados para imprimir caracteres individuais e strings, respectivamente. O **especificador de conversão `c`** requer um argumento `char`. O **especificador de conversão `s`** requer um ponteiro para `char` como argumento. O especificador de conversão `s` faz com que os caracteres sejam impressos até que um caractere nulo de finalização (`'\0'`) seja encontrado. O programa mostrado na Figura 9.5 apresenta caracteres e strings com especificadores de conversão `c` e `s`.

Erro comum de programação 9.3

Usar `%c` para imprimir uma string consiste em um erro. O especificador de conversão `%c` espera por um argumento `char`. Uma string é um ponteiro para `char` (ou seja, `char *`).

Erro comum de programação 9.4

Normalmente, usar `%s` para imprimir um argumento `char` causa um erro fatal, chamado violação de acesso, no tempo de execução. O especificador de conversão `%s` espera por um argumento do tipo ponteiro para `char`.

Erro comum de programação 9.5

Usar aspas simples em torno de strings de caracteres consiste em um erro de sintaxe. Strings de caracteres devem ser delimitados por aspas duplas.

Erro comum de programação 9.6

Usar aspas duplas em torno de uma constante de caractere cria um ponteiro para uma string que consiste em dois caracteres, sendo o segundo um caractere nulo de finalização.

```c
/* Fig 9.5: fig09_05c */
/* Imprimindo strings e caracteres */
#include <stdio.h>

int main( void )
{
   char character = 'A'; /* initialize char */
   char string[] = "Isso é uma string"; /* inicializa array de char */
   const char *stringPtr = "Isso também é uma string"; /* ponteiro de char */

   printf( "%c\n", character );
   printf( "%s\n", "Isso é uma string" );
   printf( "%s\n", string );
   printf( "%s\n", stringPtr );
   return 0; /* indica conclusão bem-sucedida */
} /* fim do main */
```

```
A
Isso é uma string
Isso é uma string
Isso também é uma string
```

Figura 9.5 ■ Uso de especificadores de conversão de caractere e string.

9.7 Outros especificadores de conversão

Os três especificadores de conversão restantes são `p`, `n` e `%` (Figura 9.6). O **especificador de conversão `%n`** armazena o número de caracteres enviados até esse ponto no `printf` atual — o argumento correspondente é um ponteiro para uma variável inteira em que o valor está armazenado; nada é impresso por um `%n`. O especificador de conversão `%` faz com que um sinal de porcentagem seja enviado.

O `%p` da Figura 9.7 imprime o valor de `ptr` e o endereço de `x`; esses valores são idênticos porque `ptr` recebe o endereço de `x`. Em seguida, `%n` armazena o número de caracteres enviados pela terceira instrução `printf` (linha 15) na variável inteira `y`, e o valor de `y` é impresso. A última instrução `printf` (linha 21) usa `%%` para imprimir o caractere `%` em uma string de caracteres. Todas as chamadas a `printf` retornam um valor — seja o número de caracteres enviados ou um valor negativo, se houve um erro na saída. [*Nota:* esse exemplo não funcionará no Microsoft Visual C++, pois `%n` foi desativado pela Microsoft 'por motivos de segurança'. Para executar o restante do programa, remova as linhas 15 e 16.]

Especificador de conversão	Descrição
p	Exibe um valor de ponteiro de uma maneira definida pela implementação.
n	Armazena o número de caracteres já enviados na instrução `printf` atual. Um ponteiro para um inteiro é fornecido como argumento correspondente. Nada é exibido.
%	Exibe o caractere de porcentagem.

Figura 9.6 ■ Outros operadores de conversão.

```
1  /* Fig 9.7: fig09_07.c */
2  /* Usando os especificadores de conversão p, n e % */
3  #include <stdio.h>
4
5  int main( void )
6  {
7     int *ptr; /* declara ponteiro para int */
8     int x = 12345; /* inicializa int x */
9     int y; /* declara int y */
10
11    ptr = &x; /* atribui endereço de x a ptr */
12    printf( "O valor de ptr é %p\n", ptr );
13    printf( "O endereço de x é %p\n\n", &x );
14
15    printf( "Total de caracteres impressos nessa linha:%n", &y );
16    printf( " %d\n\n", y );
17
18    y = printf( "Essa linha tem 29 caracteres\n" );
19    printf( "%d caracteres foram impressos\n\n", y );
20
21    printf( "Imprimindo um %% em uma string de controle de formato\n" );
22    return 0; /* indica conclusão bem-sucedida */
23 } /* fim do main */
```

```
O valor de ptr é 0012FF78
O endereço de x é 0012FF78

Total de caracteres impressos nessa linha: 38

Essa linha tem 29 caracteres
29 caracteres foram impressos

Imprimindo um % em uma string de controle de formato
```

Figura 9.7 ■ Uso de especificadores de conversão p, n e %.

Dica de portabilidade 9.1

O especificador de conversão p *exibe um endereço de uma maneira definida pela implementação (em muitos sistemas, a notação hexadecimal é usada no lugar da notação decimal).*

Erro comum de programação 9.7

Tentar imprimir um caractere de porcentagem literal usando % em vez de %% na string de controle de formato. Quando % aparece em uma string de controle de formato, ele precisa ser seguido por um especificador de conversão.

9.8 Impressão com larguras de campo e precisão

O tamanho exato de um campo em que os dados são impressos é especificado por uma **largura de campo**. Se a largura do campo for maior que os dados a serem impressos, eles normalmente serão alinhados à direita dentro desse campo. Um inteiro que representa a largura do campo é inserido entre o sinal de porcentagem (%) e o especificador de conversão (por exemplo, %4d). A Figura 9.8 imprime dois grupos de cinco números cada um, alinhando à direita os números que contêm menos dígitos do que a largura do campo. A largura do campo é aumentada para que se possa imprimir valores maiores que o campo, e o sinal de subtração para um valor negativo usa uma posição de caractere na largura do campo. As larguras de campo podem ser usadas com todos os especificadores de conversão.

Erro comum de programação 9.8

Não oferecer um campo com largura suficiente para acomodar um valor a ser impresso pode deslocar outros dados a serem impressos, e isso pode produzir saídas confusas. Conheça seus dados!

```c
/* Fig 9.8: fig09_08.c */
/* Imprimindo inteiros alinhados à direita */
#include <stdio.h>

int main( void )
{
   printf( "%4d\n", 1 );
   printf( "%4d\n", 12 );
   printf( "%4d\n", 123 );
   printf( "%4d\n", 1234 );
   printf( "%4d\n\n", 12345 );

   printf( "%4d\n", -1 );
   printf( "%4d\n", -12 );
   printf( "%4d\n", -123 );
   printf( "%4d\n", -1234 );
   printf( "%4d\n", -12345 );
   return 0; /* indica conclusão bem-sucedida */
} /* fim do main */
```

```
   1
  12
 123
1234
12345

  -1
 -12
-123
-1234
-12345
```

Figura 9.8 ■ Alinhamento de inteiros à direita em um campo.

A função `printf` também permite que você especifique a precisão com que os dados são impressos. A precisão tem diferentes significados para diferentes tipos de dados. Quando usada com especificadores de conversão de inteiros, a precisão indica o número mínimo de dígitos a serem impressos. Se o valor impresso tiver menos dígitos que a precisão especificada, e o valor da precisão tiver um zero inicial ou ponto decimal, zeros serão prefixados ao valor impresso até que o número total de dígitos seja equivalente à precisão. Se não houver um zero ou um ponto decimal presente no valor da precisão, espaços serão inseridos em seu lugar. A precisão-padrão para inteiros é 1. Quando usada com os especificadores de conversão de ponto flutuante `e`, `E` e `f`, a precisão será o número de dígitos que aparece após o ponto decimal. Quando usada juntamente com os especificadores de conversão `g` e `G`, a precisão será o número máximo de dígitos significativos a serem impressos. Quando usada com o especificador de conversão `s`, a precisão será o número máximo de caracteres a serem escritos a partir da string. Para usar a precisão, coloque um ponto decimal (`.`), seguido por um inteiro representando a precisão entre o sinal de porcentagem e o especificador de conversão. A Figura 9.9 demonstra o uso da precisão nas strings de controle de formato. Quando um valor de ponto flutuante é impresso com uma precisão menor que o número original de casas decimais no valor, o valor é arredondado.

A largura do campo e a precisão podem ser combinadas ao se colocar a largura do campo seguida por um ponto decimal, este seguido por uma precisão entre o sinal de porcentagem e o especificador de conversão, como na instrução

```
printf( "%9.3f", 123.456789 );
```

que apresenta `123.457`, com três dígitos à direita do ponto decimal, alinhado à direita em um campo de nove dígitos.

```c
/* Fig 9.9: fig09_09.c */
/* Usando precisão ao imprimir números inteiros,
   números em ponto flutuante e strings */
#include <stdio.h>

int main( void )
{
   int i = 873; /* inicializa int i */
   double f = 123.94536; /* inicializa double f */
   char s[] = "Feliz Aniversário"; /* inicializa array s de char */

   printf( "Usando precisão para inteiros\n" );
   printf( "\t%.4d\n\t%.9d\n\n", i, i );

   printf( "Usando precisão para números em ponto flutuante\n" );
   printf( "\t%.3f\n\t%.3e\n\t%.3g\n\n", f, f, f );

   printf( "Usando precisão para strings\n" );
   printf( "\t%.11s\n", s );
   return 0; /* indica conclusão bem-sucedida */
} /* fim do main */
```

```
Usando precisão para inteiros
        0873
        000000873

Usando precisão para números em ponto flutuante
        123.945
        1.239e+002
        124

Usando precisão para strings
        Feliz Anive
```

Figura 9.9 ■ Uso de precisões na exibição de informações de vários tipos.

É possível especificar a largura do campo e a precisão usando expressões inteiras da lista de argumentos que seguem a string de controle de formato. Para usar esse recurso, insira um asterisco (*) no lugar da largura do campo ou precisão (ou ambos). O argumento `int` correspondente na lista de argumentos é avaliado e usado no lugar do asterisco. O valor da largura de um campo pode ser positivo ou negativo (o que faz com que a saída seja alinhada à esquerda no campo conforme descrito na próxima seção). A instrução

```
printf( "%*.*f", 7, 2, 98.736 );
```

usa 7 para a largura do campo, 2 para a precisão e envia o valor `98.74` alinhado à direita.

9.9 Uso de flags na string de controle de formato de `printf`

A função `printf` também oferece flags para suplementar suas capacidades de formatação de saída. Cinco flags estão disponíveis para uso nas strings de controle de formato (Figura 9.10). Para usar uma flag em uma string de controle de formato, coloque-a imediatamente à direita do sinal de porcentagem. Várias flags podem ser combinadas em um especificador de conversão.

A Figura 9.11 mostra os alinhamentos à direita e à esquerda de uma string, de um inteiro, de um caractere e de um número em ponto flutuante.

A Figura 9.12 imprime um número positivo e um número negativo, ambos com e sem a **flag +**. O sinal de subtração é exibido em ambos os casos, mas o sinal de adição é exibido apenas quando a flag + é usada.

Flag	Descrição
- (sinal de subtração)	Alinha a saída à esquerda dentro do campo especificado.
+ (sinal de adição)	Exibe um sinal de adição antes dos valores positivos e um sinal de subtração antes de valores negativos.
Espaço	Imprime um espaço antes de um valor positivo não impresso com a flag +.
#	Prefixa 0 ao valor de saída quando usado com o especificador de conversão octal o. Prefixa 0x ou 0X ao valor de saída quando usado com os especificadores de conversão hexadecimais x ou X. Força um ponto decimal para um número em ponto flutuante impresso com e, E, f, g ou G que não contém uma parte fracionária. (Normalmente, o ponto decimal só será impresso se houver um dígito depois dele.) Para os especificadores g e G, os zeros iniciais não são eliminados.
0 (zero)	Preenche um campo com zeros iniciais.

Figura 9.10 ■ Flags de string de controle de formato.

```
/* Fig 9.11: fig09_11.c */
/* Alinhando valores à direita e à esquerda */
#include <stdio.h>

int main( void )
{
   printf( "%10s%10d%10c%10f\n\n", "olá", 7, 'a', 1.23 );
   printf( "%-10s%-10d%-10c%-10f\n", "olá", 7, 'a', 1.23 );
   return 0; /* indica conclusão bem-sucedida */
} /* fim do main */
```

```
       olá         7         a  1.230000

olá       7         a         1.230000
```

Figura 9.11 ■ Alinhamento de strings à esquerda em um campo.

```
/* Fig 9.12: fig09_12.c */
/* Imprimindo números com e sem a flag + */
#include <stdio.h>

int main( void )
{
   printf( “%d\n%d\n”, 786, -786 );
   printf( “%+d\n%+d\n”, 786, -786 );
   return 0; /* indica conclusão bem-sucedida */
} /* fim do main */
```

```
786
-786
+786
-786
```

Figura 9.12 ■ Impressão de números positivos e negativos, com e sem a flag +.

A Figura 9.13 insere um espaço no início do número positivo com a **flag de espaço**. Isso é útil para alinhar números positivos e negativos com o mesmo número de dígitos. O valor `-547` não é precedido por um espaço na saída devido ao seu sinal de subtração.

A Figura 9.14 usa a **flag #** para prefixar `0` ao valor octal, e `0x` e `0X` aos valores hexadecimais, forçando o ponto decimal em um valor impresso com `g`.

```
/* Fig 9.13: fig09_13.c */
/* Imprimindo um espaço antes dos valores com sinal
   não precedidos por + ou - */
#include <stdio.h>

int main( void )
{
   printf( “% d\n% d\n”, 547, -547 );
   return 0; /* indica conclusão bem-sucedida */
} /* fim do main */
```

```
547
-547
```

Figura 9.13 ■ Uso da flag de espaço.

```
/* Fig 9.14: fig09_14.c */
/* Usando a flag # com especificadores de conversão
   o, x, X e qualquer especificador de ponto flutuante */
#include <stdio.h>

int main( void )
{
   int c = 1427; /* inicializa c */
   double p = 1427.0; /* inicializa p */

```

Figura 9.14 ■ Uso da flag #. (Parte 1 de 2.)

```
    printf( "%#o\n", c );
    printf( "%#x\n", c );
    printf( "%#X\n", c );
    printf( "\n%g\n", p );
    printf( "%#g\n", p );
    return 0; /* indica conclusão bem-sucedida */
} /* fim do main */
```

```
02623
0x593
0X593

1427
1427.00
```

Figura 9.14 ■ Uso da flag #. (Parte 2 de 2.)

A Figura 9.15 combina a flag + e a **flag 0 (zero)** para imprimir `452` em um campo de 9 espaços com um sinal de + e zeros iniciais, e depois imprime `452` novamente, usando apenas a flag `0` e um campo de 9 espaços.

```
/* Fig 9.15: fig09_15.c */
/* Imprimir com a flag 0( zero ) preenche com zeros iniciais */
#include <stdio.h>

int main( void )
{
   printf( "%+09d\n", 452 );
   printf( "%09d\n", 452 );
   return 0; /* indica conclusão bem-sucedida */
} /* fim do main */
```

```
+00000452
000000452
```

Figura 9.15 ■ Uso da flag 0 (zero).

9.10 Impressão de literais e de sequências de escape

A maior parte dos caracteres literais a serem impressos em uma instrução `printf` pode simplesmente ser incluída na string de controle de formato. Porém, existem vários caracteres 'problemáticos', como as aspas duplas ("), que delimitam a própria string de controle de formato. Diversos caracteres de controle, como newline e tabulação, precisam ser representados por sequências de escape. Uma sequência de escape é representada por uma barra invertida (\) seguida por um caractere de escape em particular. A Figura 9.16 lista as sequências de escape e as ações que elas provocam.

Erro comum de programação 9.9

Tentar imprimir aspas simples, aspas duplas ou o caractere de barra invertida como dados literais em uma instrução `printf` *sem iniciá-los com uma barra invertida para formar uma sequência de escape apropriada consiste em um erro.*

Sequência de escape	Descrição
`\'` (aspas simples)	Exibe o caractere de aspas simples (').
`\"` (aspas duplas)	Exibe o caractere de aspas duplas (").
`\?` (ponto de interrogação)	Exibe o caractere de ponto de interrogação (?).
`\\` (barra invertida)	Exibe o caractere de barra invertida (\).
`\a` (alerta ou campainha)	Causa alerta audível (campainha) ou visual.
`\b` (backspace)	Move o cursor uma posição para trás na linha atual.
`\f` (nova página ou form feed)	Move o cursor para o início da página seguinte.
`\n` (newline)	Move o cursor para o início da linha seguinte.
`\r` (carriage return)	Move o cursor para o início da linha atual.
`\t` (tabulação horizontal)	Move o cursor para a posição de tabulação horizontal seguinte.
`\v` (tabulação vertical)	Move o cursor para a posição de tabulação vertical seguinte.

Figura 9.16 ■ Sequências de escape.

9.11 Leitura da entrada formatada com scanf

A formatação precisa de entrada pode ser obtida a partir de `scanf`. Cada instrução `scanf` contém uma string de controle de formato que descreve o formato dos dados a serem informados. A string de controle de formato consiste em especificadores de conversão e em caracteres literais. A função `scanf` tem as seguintes capacidades de formatação de entrada:

1. Entrada de todos os tipos de dados.
2. Entrada de caracteres específicos de um stream de entrada.
3. Salto de caracteres específicos no stream de entrada.

A função `scanf` é escrita no seguinte formato:

```
scanf( string-de-controle-de-formato, outros-argumentos );
```

string-de-controle-de-formato descreve os formatos da entrada, e *outros-argumentos* são ponteiros para as variáveis em que a entrada será armazenada.

Boa prática de programação 9.2

Ao inserir dados, peça ao usuário um item de dado ou alguns poucos itens de cada vez. Evite pedir ao usuário que digite muitos itens de dados em resposta a um único pedido.

Boa prática de programação 9.3

Sempre considere o que o usuário e o seu programa farão quando (e não se) dados incorretos forem inseridos — por exemplo, um valor para um inteiro que não faz sentido no contexto de um programa, ou uma string em que faltam pontuação ou espaços.

A Figura 9.17 resume os especificadores de conversão usados na inserção de todos os tipos de dados. O restante desta seção oferecerá programas que demonstram a leitura de dados utilizando os diversos especificadores de conversão de `scanf`.

Especificador de conversão	Descrição
Inteiros	
d	Leem um inteiro decimal com sinal opcional. O argumento correspondente é um ponteiro para um `int`.
i	Lê um inteiro decimal, octal ou hexadecimal com sinal opcional. O argumento correspondente é um ponteiro para um `int`.
o	Lê um inteiro octal. O argumento correspondente é um ponteiro para um `int` sem sinal.
u	Lê um inteiro decimal sem sinal. O argumento correspondente é um ponteiro para um `int` sem sinal.
x ou X	Lê um inteiro hexadecimal sem sinal. O argumento correspondente é um ponteiro para um `int` sem sinal.
h ou l	Colocados antes de qualquer um dos especificadores de conversão de inteiros para indicar que um inteiro `short` ou um inteiro `long` deve ser inserido.
Números em ponto flutuante	
e, E, f, g ou G	Leem um valor de ponto flutuante. O argumento correspondente é um ponteiro para uma variável de ponto flutuante.
l ou L	Colocados antes de qualquer um dos especificadores de conversão de ponto flutuante para indicar que um valor `double` ou um `long double` deve ser inserido. O argumento correspondente é um ponteiro para uma variável `double` ou uma variável `long double`.
Caracteres e strings	
c	Lê um caractere. O argumento correspondente é um ponteiro para um `char`; nenhum nulo (`'\0'`) é acrescentado.
s	Lê uma string. O argumento correspondente é um ponteiro para um array do tipo `char` que é grande o suficiente para manter a string e um caractere nulo (`'\0'`) de término — que é automaticamente acrescentado.
Conjunto de varredura [*caracteres de varredura*]	
	Varre uma string em busca de um conjunto de caracteres que estão armazenados em um array.
Diversos	
p	Lê um endereço de mesmo formato produzido quando um endereço é enviado com %p em uma instrução `printf`.
n	Armazena o número de caracteres inseridos até esse ponto da chamada a `scanf`. O argumento correspondente é um ponteiro para um `int`.
%	Salta o sinal de porcentagem (%) na entrada.

Figura 9.17 ■ Especificadores de conversão para scanf.

A Figura 9.18 lê inteiros com os diversos especificadores de conversão de inteiros, e exibe esses inteiros como números decimais. O especificador de conversão `%i` é capaz de inserir inteiros decimais, octais e hexadecimais.

```
/* Fig 9.18: fig09_18.c */
/* Lendo inteiros */
#include <stdio.h>

int main( void )
{
```

Figura 9.18 ■ Leitura da entrada com especificadores de conversão de inteiros. (Parte 1 de 2.)

```
   int a;
   int b;
   int c;
   int d;
   int e;
   int f;
   int g;

   printf( "Digite sete inteiros: " );
   scanf( "%d%i%i%i%o%u%x", &a, &b, &c, &d, &e, &f, &g );

   printf( "A entrada exibida como inteiros decimais é:\n" );
   printf( "%d %d %d %d %d %d %d\n", a, b, c, d, e, f, g );
   return 0; /* indica conclusão bem-sucedida */
} /* fim do main */
```

```
Digite sete inteiros: -70 -70 070 0x70 70 70 70
A entrada exibida como inteiros decimais é:
-70 -70 56 112 56 70 112
```

Figura 9.18 ■ Leitura da entrada com especificadores de conversão de inteiros. (Parte 2 de 2.)

Ao inserir números em ponto flutuante, qualquer um dos especificadores de conversão de ponto flutuante, `e`, `E`, `f`, `g` ou `G`, podem ser usados. A Figura 9.19 lê três números em ponto flutuante, um com cada um dos três tipos de especificadores de conversão flutuantes, e apresenta os três números com o especificador de conversão `f`. A saída do programa confirma o fato de que os valores de ponto flutuante são imprecisos — isso é destacado pelo terceiro valor impresso.

```
/* Fig 9.19: fig09_19.c */
/* Lendo números em ponto flutuante */
#include <stdio.h>

/* função main inicia a execução do programa */
int main( void )
{
   double a;
   double b;
   double c;

   printf( "Digite três números em ponto flutuante: \n" );
   scanf( "%le%lf%lg", &a, &b, &c );

   printf( "Estes são os números digitados em\n" );
   printf( "notação de ponto flutuante simples:\n" );
   printf( "%f\n%f\n%f\n", a, b, c );
   return 0; /* indica conclusão bem-sucedida */
} /* fim do main */
```

```
Digite três números em ponto flutuante:
1.27987 1.27987e+03 3.38476e-06
Estes são os números digitados em
notação de ponto flutuante simples:
1.279870
1279.870000
0.000003
```

Figura 9.19 ■ Leitura da entrada com especificadores de conversão de ponto flutuante.

Caracteres e strings são lidos utilizando-se os especificadores de conversão `c` e `s`, respectivamente. A Figura 9.20 pede ao usuário que digite uma string. O programa insere o primeiro caractere da string com `%c` e o armazena na variável de caractere `x`, e depois insere o restante da string com `%s` e o armazena no array de caracteres `y`.

Uma sequência de caracteres pode ser lida a partir de um **conjunto de varredura**. Um conjunto de varredura é um conjunto de caracteres delimitados por colchetes, `[]`, e precedidos por um sinal de porcentagem na string de controle de formato. Um conjunto de varredura procura os caracteres no stream de entrada, buscando apenas por caracteres que combinam com os caracteres contidos no conjunto de varredura. Toda vez que um caractere é combinado, ele é armazenado no argumento correspondente do conjunto de varredura — um ponteiro para um array de caracteres. O conjunto de varredura termina a inserção de caracteres quando um caractere que não está contido no conjunto de varredura é encontrado. Se o primeiro caractere no *stream* de entrada não combinar com um caractere no conjunto de varredura, somente o caractere nulo será armazenado no array. A Figura 9.21 usa o conjunto de varredura `[aeiou]` para varrer o stream de entrada em busca de vogais. Observe que as sete primeiras letras da entrada são lidas. A oitava letra (`h`) não está no conjunto de varredura e, portanto, a varredura é terminada.

```
/* Fig 9.20: fig09_20.c */
/* Lendo caracteres e strings */
#include <stdio.h>

int main( void )
{
   char x;
   char y[ 9 ];

   printf( "Digite uma string: " );
   scanf( "%c%s", &x, y );

   printf( "A entrada foi:\n" );
   printf( "o caractere \"%c\" ", x );
   printf( "e a string \"%s\"\n", y );
   return 0; /* indica conclusão bem-sucedida */
} /* fim do main */
```

```
Digite uma string: Domingo
A entrada foi:
o caractere "D" e a string "omingo"
```

Figura 9.20 ■ Entrada com caracteres e strings.

```
/* Fig 9.21: fig09_21.c */
/* Usando um conjunto de varredura */
#include <stdio.h>

/* função main inicia a execução do programa */
int main( void )
{
   char z[ 9 ]; /* declara array z */

   printf( "Digite a string: " );
   scanf( "%[aeiou]", z ); /* procura por um conjunto de caracteres */

   printf( "A entrada foi \"%s\"\n", z );
   return 0; /* indica conclusão bem-sucedida */
} /* fim do main */
```

```
Digite a string: ooeeooahah
A entrada foi "ooeeooa"
```

Figura 9.21 ■ Uso de um conjunto de varredura.

O conjunto de varredura também pode ser usado para varrer os caracteres não contidos no conjunto de varredura; para isso é necessário usar um **conjunto de varredura invertido**. Para criar um conjunto de varredura invertido, coloque um **circunflexo (^)** dentro dos colchetes, antes dos caracteres de varredura. Isso faz com que os caracteres que não aparecem no conjunto de varredura sejam armazenados. Quando um caractere contido no conjunto de varredura invertido é encontrado, a entrada termina. A Figura 9.22 usa o conjunto de varredura invertido `[^aeiou]` para procurar por consoantes — ou melhor, para procurar por 'não vogais'.

Uma largura de campo pode ser usada em um especificador de conversão `scanf` na leitura de um número específico de caracteres do stream de entrada. A Figura 9.23 entra com uma série de dígitos consecutivos como um inteiro de dois dígitos, e um inteiro que consiste nos dígitos restantes do stream de entrada.

Normalmente, é necessário pular certos caracteres no stream de entrada. Por exemplo, uma data poderia ser informada como

```c
/* Fig 9.22: fig09_22.c */
/* Usando um conjunto de varredura invertido */
#include <stdio.h>

int main( void )
{
   char z[ 9 ];

   printf( "Digite uma string: " );
   scanf( "%[^aeiou]", z ); /* conjunto de varredura invertido */

   printf( "A entrada foi \"%s\"\n", z );
   return 0; /* indica conclusão bem-sucedida */
} /* fim do main */
```

```
Digite uma string: String
A entrada foi "Str"
```

Figura 9.22 ■ Uso de um conjunto de varredura invertido.

```c
/* Fig 9.23: fig09_23.c */
/* Inserindo dados com uma largura de campo */
#include <stdio.h>

int main( void )
{
   int x;
   int y;

   printf( "Digite um inteiro com seis dígitos: " );
   scanf( "%2d%d", &x, &y );

   printf( "Os inteiros digitados foram %d e %d\n", x, y );
   return 0; /* indica conclusão bem-sucedida */
} /* fim do main */
```

```
Digite um inteiro com seis dígitos: 123456
Os inteiros digitados foram 12 e 3456
```

Figura 9.23 ■ Inserção de dados com uma largura de campo.

```
11-10-1999
```

Cada número da data precisa ser armazenado, mas os traços que separam os números podem ser descartados. Para eliminar caracteres desnecessários, inclua-os na string de controle de formato de `scanf` (caracteres de **espaço em branco** — por exemplo, espaço, newline e tabulação — pulam todo o espaço em branco inicial). Por exemplo, para pular os traços na entrada, use a instrução

```
scanf( "%d-%d-%d", &mes, &dia, &ano );
```

Embora esse `scanf` elimine os traços da data que apresentamos, é possível que a data seja informada como

```
10/11/1999
```

Nesse caso, o `scanf` que mostramos não eliminaria os caracteres desnecessários. Por esse motivo, `scanf` oferece o **caractere de supressão de atribuição** `*`. O caractere de supressão de atribuição permite que `scanf` leia qualquer tipo de dado da entrada e o descarte sem atribuí-lo a uma variável. A Figura 9.24 usa o caractere de supressão de atribuição no especificador de conversão `%c` para indicar que um caractere que aparece no stream de entrada deve ser lido e descartado. Somente o mês, dia e ano são armazenados. Os valores das variáveis são impressos para demonstrar que eles realmente serão inseridos corretamente. As listas de argumentos para cada chamada a `scanf` não contêm variáveis para os especificadores de conversão que usam o caractere de supressão de atribuição. Os caracteres correspondentes são simplesmente descartados.

```c
/* Fig 9.24: fig09_24.c */
/* Lendo e descartando caracteres do stream de entrada */
#include <stdio.h>

int main( void )
{
   int month1;
   int day1;
   int year1;
   int month2;
   int day2;
   int year2;

   printf( "Digite uma data no formato mm-dd-aaaa: " );
   scanf( "%d%*c%d%*c%d", &month1, &day1, &year1 );

   printf( "mês = %d dia = %d ano = %d\n\n", month1, day1, year1 );

   printf( "Digite uma data no formato mm/dd/aaaa: " );
   scanf( "%d%*c%d%*c%d", &month2, &day2, &year2 );

   printf( "mês = %d  dia = %d  ano = %d\n", month2, day2, year2 );
   return 0; /* indica conclusão bem-sucedida */
} /* fim do main */
```

```
Digite uma data no formato mm-dd-aaaa: 11-18-2003
mês = 11  dia = 18  ano = 2003

Digite uma data no formato mm/dd/aaaa: 11/18/2003
mês = 11  dia = 18  ano = 2003
```

Figura 9.24 ■ Leitura e descarte de caracteres do stream de entrada.

Resumo

Seção 9.2 Streams

- Toda entrada e saída é trabalhada com o uso de streams — sequências de caracteres organizados em linhas. Cada linha consiste em zero ou mais caracteres, e termina em um caractere de newline.
- Normalmente, o stream de entrada-padrão está conectado ao teclado, e o stream de saída-padrão está conectado à tela do computador.
- Os sistemas operacionais normalmente permitem que streams de entrada-padrão e de saída-padrão sejam redirecionados a outros dispositivos.

Seção 9.3 Formatação de saída com `printf`

- Uma string de controle de formato descreve os formatos em que os valores de saída aparecem. A string de controle de formato consiste em especificadores de conversão, flags, larguras de campo, precisões e caracteres literais.

Seção 9.4 Impressão de inteiros

- Inteiros são impressos com os seguintes especificadores de conversão: `d` ou `i` para inteiros com sinal opcional, `o` para inteiros sem sinal em formato octal, `u` para inteiros sem sinal em formato decimal, e `x` ou `X` para inteiros sem sinal em formato hexadecimal. Um modificador, `h` ou `l`, é posicionado no início desses especificadores de conversão para indicar um inteiro `short` ou `long`, respectivamente.

Seção 9.5 Impressão de números em ponto flutuante

- Os valores em ponto flutuante são impressos com os seguintes especificadores de conversão: `e` ou `E` para notação exponencial, `f` para notação de ponto flutuante normal, e `g` ou `G` para a notação `e` (ou `E`) ou para a notação `f`. Quando o especificador de conversão `g` (ou `G`) é indicado, o especificador de conversão `e` (ou `E`) é usado se o expoente do valor for menor que `-4`, ou maior ou igual à precisão com que o valor for impresso.
- A precisão para os especificadores de conversão `g` e `G` indica o número máximo de dígitos significativos a serem impressos.

Seção 9.6 Impressão de strings e caracteres

- O especificador de conversão `c` imprime um caractere.
- O especificador de conversão `s` imprime uma string de caracteres que termina no caractere nulo.

Seção 9.7 Outros especificadores de conversão

- O especificador de conversão `p` exibe um endereço de uma maneira definida pela implementação (a notação hexadecimal é usada em muitos sistemas).
- O especificador de conversão `n` armazena o número de caracteres já enviados para a instrução `printf` atual. O argumento correspondente é um ponteiro para um `int`.
- O especificador de conversão `%%` faz com que uma literal `%` seja emitida.

Seção 9.8 Impressão com larguras de campo e precisão

- Se a largura do campo for maior que o objeto a ser impresso, o objeto é alinhado à direita como padrão.
- As larguras de campo podem ser usadas com todos os especificadores de conversão.
- A precisão usada com especificadores de conversão de inteiros indica o número mínimo de dígitos a serem impressos. Zeros são prefixados ao valor impresso até que o número de dígitos seja equivalente à precisão.
- A precisão usada com os especificadores de conversão de ponto flutuante `e`, `E` e `f` indica o número de dígitos que aparecem após o ponto decimal. A precisão usada com os especificadores de conversão de ponto flutuante `g` e `G` indica o número de dígitos significativos que aparecem.
- A precisão usada com o especificador de conversão `s` indica o número de caracteres a serem impressos.
- A largura do campo e a precisão podem ser combinados ao se colocar a largura do campo seguida por um ponto decimal, e este seguido pela precisão entre o sinal de porcentagem e o especificador de conversão.
- É possível especificar a largura do campo e a precisão por meio de expressões inteiras da lista de argumentos que seguem a string de controle de formato. Para fazer isso, use um asterisco (`*`) para a largura do campo ou para a precisão. O argumento correspondente na lista de argumentos é usado no lugar do asterisco. O valor do argumento pode ser negativo para a largura do campo, mas deve ser positivo para a precisão.

Seção 9.9 Uso de flags na string de controle de formato de `printf`

- A flag `-` alinha seu argumento à esquerda em um campo.
- A flag `+` imprime um sinal de mais para valores positivos e um sinal de menos para valores negativos. A flag de espaço imprime um espaço antes de um valor positivo não exibido com a flag `+`.
- A flag `#` prefixa `0` aos valores octais e `0x` ou `0X` aos valores hexadecimais, e força o ponto decimal a ser impresso para valores de ponto flutuante impressos com `e`, `E`, `f`, `g` ou `G`.
- A flag `0` imprime zeros iniciais para um valor que não ocupe completamente sua largura de campo.

Seção 9.10 Impressão de literais e de sequências de escape

- A maioria dos caracteres literais a serem impressos em uma instrução `printf` pode simplesmente ser incluída na string de controle de formato. Porém, existem vários caracteres 'problemáticos', como as aspas duplas ("), que delimitam a própria string de controle de formato. Diversos caracteres de controle, entre eles newline e tabulação, precisam ser representados por sequências de escape. Uma sequência de escape é representada por uma barra invertida (\) seguida por um caractere de escape em particular.

***Seção 9.11 Leitura da entrada formatada com* `scanf`**

- A formatação precisa da entrada é obtida a partir da função de biblioteca `scanf`.
- Inteiros são inseridos com `scanf` por meio dos especificadores de conversão `d` e `i` para inteiros com sinal opcional, e `o`, `u`, `x` ou `X` para inteiros sem sinal. Os modificadores `h` e `l` são colocados antes de um especificador de conversão de inteiros para a entrada de um inteiro `short` ou `long`, respectivamente.
- Os valores de ponto flutuante são inseridos com `scanf` por meio dos especificadores de conversão `e`, `E`, `f`, `g` ou `G`. Os modificadores `l` e `L` são colocados antes de qualquer um dos especificadores de conversão de ponto flutuante para indicar que o valor da entrada será um valor `double` ou `long double`, respectivamente.
- Os caracteres são inseridos com `scanf` por meio do especificador de conversão `c`.
- As strings são inseridas com `scanf` por meio do especificador de conversão `s`.
- Um conjunto de varredura varre os caracteres na entrada, procurando apenas por aqueles que combinam com os caracteres contidos no conjunto de varredura. Quando um caractere é encontrado, ele é armazenado em um array de caracteres. O conjunto de varredura encerra a inserção de caracteres quando um caractere não contido no conjunto de varredura é encontrado.
- Para criar um conjunto de varredura invertido, coloque um circunflexo (^) dentro dos colchetes antes dos caracteres de varredura. Isso faz com que os caracteres inseridos com `scanf` e que não aparecem no conjunto de varredura sejam armazenados até que um caractere no conjunto de varredura invertido seja encontrado.
- Valores de endereço são inseridos utilizando-se `scanf`, com o especificador de conversão `p`.
- O especificador de conversão `n` armazena o número de caracteres inseridos anteriormente no `scanf` atual. O argumento correspondente é um ponteiro para `int`.
- O especificador de conversão `%%` com `scanf` combina com um único caractere `%` na entrada.
- O caractere de supressão de atribuição lê dados do stream de entrada e descarta os dados.
- Uma largura de campo é usada com `scanf` para que seja possível fazer a leitura de um número específico de caracteres do stream de entrada.

Terminologia

" (aspas duplas) 307
* caractere de supressão de atribuição 313
# flag 306
% caractere em um especificador de conversão 297
%c, especificador de conversão 301
%E, especificador de conversão 299
%e, especificador de conversão 299
%f, especificador de conversão 300
%g (ou %G), especificador de conversão 300
%i, especificador de formato 309
%n, especificador de conversão 302
%p, especificador de conversão 302
%s, especificador de conversão 301, 372
%u, especificador de formato 298
+ flag 305
`<studio.h>`, arquivo de cabeçalho, 297
0 (zero), flag 307
alinhamento à direita 297
alinhamento à esquerda 297
arredondamento 297
caracteres literais 297
circunflexo (^) 312
conjunto de varredura 311
conjunto de varredura invertido 312
espaço em branco 313
especificações de conversão 297
especificador de conversão 297
especificadores de conversão de inteiros 298
flag de espaço 306
flags 297
larguras de campo 297, 303
modificadores de tamanho 298
notação científica 299
notação exponencial 299
precisões 297
printf, função 297
scanf, função 297
stream de entrada-padrão (cin) 297
stream de erro-padrão (cerr) 297
stream de saída-padrão 297
streams 297
string de controle de formato 297

Exercícios de autorrevisão

9.1 Preencha os espaços em cada uma das sentenças a seguir:

a) Toda entrada e saída é trabalhada na forma de _______.

b) O stream de _______ normalmente está conectado ao teclado.

c) O stream de _______ normalmente está conectado à tela do computador.

d) A formatação de saída precisa é obtida a partir da função _______.

e) A string de controle de formato pode conter _______, _______, _______, _______ e _______.

f) Tanto o especificador de conversão _______ como o _______ pode ser usado para enviar um inteiro decimal com sinal.

g) Os especificadores de conversão ______, ______ e ______ são usados para exibir inteiros sem sinal em formato octal, decimal e hexadecimal, respectivamente.

h) Os modificadores _______ e _______ são colocados antes dos especificadores de conversão de inteiros para indicar que valores inteiros `short` ou `long` serão exibidos.

i) O especificador de conversão _______ é usado para exibir um valor de ponto flutuante na notação exponencial.

j) O modificador ______ é colocado antes de qualquer especificador de conversão de ponto flutuante para indicar que um valor `long double` deverá ser exibido.

k) Os especificadores de conversão `e`, `E` e `f` são exibidos com _______ dígitos de precisão à direita do ponto decimal, se nenhuma precisão for especificada.

l) Os especificadores de conversão _______ e _______ são usados para imprimir strings e caracteres, respectivamente.

m) Todas as strings terminam no caractere _______.

n) A largura de campo e a precisão em um especificador de conversão de `printf` podem ser controladas com expressões inteiras substituindo um(a) _______ pela largura de campo ou pela precisão, e colocando uma expressão inteira no argumento correspondente da lista de argumentos.

o) A flag _______ faz com que a saída seja alinhada à esquerda em um campo.

p) A flag _______ faz com que os valores sejam exibidos com um sinal de adição ou com um sinal de subtração.

q) A formatação de entrada precisa é obtida a partir da função _______.

r) Um(a) ______ é usado(a) para varrer uma string em busca de caracteres específicos e armazenar os caracteres em um array.

s) O especificador de conversão _______ pode ser usado para inserir inteiros octais, decimais e hexadecimais opcionalmente com sinal.

t) Os especificadores de conversão _______ podem ser usados para a entrada de um valor `double`.

u) O _______ é usado para ler dados do stream de entrada e descartá-los sem atribuí-los a uma variável.

v) Um(a) ______ pode ser usado(a) em um especificador de conversão de `scanf` para indicar que um número específico de caracteres ou dígitos deve ser lido do stream de entrada.

9.2 Encontre o erro em cada um dos itens a seguir e explique como ele pode ser corrigido.

a) A instrução a seguir deve imprimir o caractere `'c'`.

```
printf( "%s\n", 'c' );
```

b) A instrução a seguir deve imprimir `9.375%`.

```
printf( "%.3f%", 9.375 );
```

c) A instrução a seguir deve imprimir o primeiro caractere da string "`Domingo`".

```
printf( "%c\n", "Domingo" );
```

d) `printf( ""Uma string entre aspas"" );`

e) `printf( %d%d, 12, 20 );`

f) `printf( "%c", "x" );`

g) `printf( "%s\n", 'Ricardo' );`

9.3 Escreva uma instrução para cada um dos itens a seguir:

a) Imprimir `1234` alinhado à direita em um campo de 10 dígitos.

b) Imprimir `123.456789` em notação exponencial com um sinal (+ ou -) e 3 dígitos de precisão.

c) Ler um valor `double` na variável `number`.

d) Imprimir `100` em formato octal precedido de `0`.

e) Ler uma string no array de caracteres `string`.

f) Ler caracteres no array `n` até que um caractere diferente de um dígito seja encontrado.

g) Usar variáveis inteiras `x` e `y` para especificar a largura de campo e a precisão usadas para exibir o valor `double 87.4573`.

h) Ler um valor no formato `3.5%`. Armazenar a porcentagem na variável `float percent` e eliminar o `%` do stream de entrada. Não use o caractere de supressão de atribuição.

i) Imprimir `3.333333` como um valor `long double` com um sinal (+ ou -) em um campo de 20 caracteres com uma precisão de `3`.

Respostas dos exercícios de autorrevisão

9.1 a) Fluxos. b) Entrada-padrão. c) Saída-padrão. d) `printf`. e) Especificadores de conversão, flags, larguras de campo, precisões, caracteres literais. f) `d`, `i`. g) `o`, `u`, `x` (ou `X`). h) `h`, `l`. i) `e` (ou `E`). j) `L`. k) 6. l) `s`, `c`. m) `NULL` (`'\0'`). n) asterisco (`*`). o) `-` (subtração). p) `+` (adição). q) `scanf`. r) Conjunto de varredura. s) `i`. t) `le`, `lE`, `lf`, `lg` ou `lG`. u) Caractere de supressão de atribuição (`*`). v) Largura de campo.

9.2 a) Erro: O especificador de conversão `s` espera por um argumento do tipo ponteiro para `char`.

Correção: Para imprimir o caractere `'c'`, use o especificador de conversão `%c` ou mude `'c'` para `"c"`.

b) Erro: Tentativa de imprimir o caractere literal `%` sem usar o especificador de conversão `%%`.

Correção: Use `%%` para imprimir um caractere literal `%`.

c) Erro: O especificador de conversão `c` espera por um argumento do tipo `char`.

Correção: Para imprimir o primeiro caractere de `"Monday"`, use o especificador de conversão `%1s`.

d) Erro: Tentativa de imprimir o caractere literal `"` sem usar a sequência de escape `\"`.

Correção: Substitua cada aspa no conjunto interno de aspas por `\"`.

e) Erro: A string de controle de formato não está delimitada por aspas.

Correção: Delimite `%d%d` com aspas.

f) Erro: O caractere `x` está delimitado por aspas.

Correção: As constantes de caractere a serem impressas com `%c` devem ser delimitadas por aspas simples.

g) Erro: A string a ser impressa está delimitada por aspas simples.

Correção: Use aspas duplas no lugar de aspas simples para representar uma string

9.3 a) `printf( "%10d\n", 1234 );`

b) `printf( "%+.3e\n", 123.456789 );`

c) `scanf( "%lf", &number );`

d) `printf( "%#o\n", 100 );`

e) `scanf( "%s", string );`

f) `scanf( "%[0123456789]", n );`

g) `printf( "%*.*f\n", x, y, 87.4573 );`

h) `scanf( "%f%%", &percent );`

i) `printf( "%+20.3Lf\n", 3.333333 );`

Exercícios

9.4 Escreva uma instrução `printf` ou `scanf` para cada um dos itens a seguir:

a) Imprimir o inteiro sem sinal `40000` alinhado à esquerda em um campo de 15 dígitos com 8 dígitos.

b) Ler um valor hexadecimal na variável `hex`.

c) Imprimir `200` com e sem sinal.

d) Imprimir `100` em formato hexadecimal precedido por `0x`.

e) Ler caracteres no array `s` até que a letra `p` seja encontrada.

f) Imprimir `1.234` em um campo de 9 dígitos com zeros iniciais.

g) Ler um horário no formato `hh:mm:ss`, armazenando as partes da hora nas variáveis inteiras `hora`, `minuto` e `segundo`. Saltar os sinais de dois pontos (`:`) no stream de entrada. Usar o caractere de supressão de atribuição.

h) Ler uma string no formato `"caracteres"` a partir da entrada-padrão. Armazenar a string no array de caracteres `s`. Eliminar as aspas do stream de entrada.

i) Ler um horário no formato `hh:mm:ss`, armazenando as partes da hora nas variáveis inteiras `hora`, `minuto` e `segundo`. Saltar os sinais de dois-pontos (`:`) no stream de entrada. Não use o caractere de supressão de atribuição.

9.5 Mostre o que cada uma das instruções a seguir imprime. Se uma instrução estiver incorreta, explique.

a) `printf( "%-10d\n", 10000 );`

b) `printf( "%c\n", "Isto é uma string" );`

c) `printf( "%*.*lf\n", 8, 3, 1024.987654 );`

d) `printf( "%#o\n%#X\n%#e\n", 17, 17, 1008.83689 );`

e) `printf( "% ld\n%+ld\n", 1000000, 1000000 );`

f) `printf( "%10.2E\n", 444.93738 );`

g) `printf( "%10.2g\n", 444.93738 );`

h) `printf( "%d\n", 10.987 );`

9.6 Encontre o(s) erro(s) em cada um dos segmentos de programa a seguir. Explique como cada erro pode ser corrigido.

a) `printf( "%s\n", 'Feliz aniversário' );`

b) `printf( "%c\n", 'Olá' );`

c) `printf( "%c\n", "Isso é uma string" );`

d) A instrução a seguir deveria imprimir "Boa Viagem"

```
printf( ""%s"", "Boa viagem" );
```

e)
```
char day[] = "Domingo";
printf( "%s\n", day[ 3 ] );
```

f)
```
printf( 'Digite seu nome: ' );
```

g)
```
printf( %f, 123.456 );
```

h) A instrução a seguir deveria imprimir os caracteres 'O' e 'K':

```
printf( "%s%s\n", 'O', 'K' );
```

i)
```
char s[ 10 ];
scanf( "%c", s[ 7 ] );
```

9.7 ***Diferenças entre %d e %i.*** Escreva um programa que teste a diferença entre os especificadores de conversão `%d` e `%i` quando usados em instruções `scanf`. Use as instruções

```
scanf( "%i%d", &x, &y );

printf( "%d %d\n", x, y );
```

para aceitar e imprimir os valores. Teste o programa com os seguintes conjuntos de dados de entrada:

```
10      10
-10     -10
010     010
0x10    0x10
```

9.8 ***Exibição de valores e seu número de caracteres.*** Escreva um programa que carregue o array de 10 elementos `number` com inteiros aleatórios de 1 a 1000. Para cada valor, imprima o valor e um total acumulado do número de caracteres impressos. Use o especificador de conversão `%n` para determinar o número de caracteres exibidos para cada valor. Imprima o número total de caracteres exibidos para todos os valores até (e inclusive) o valor atual toda vez que este for impresso.

9.9 ***Impressão de valores de ponteiro como inteiros.*** Escreva um programa que imprima valores de ponteiro usando todos os especificadores de conversão de inteiros e o especificador de conversão `%p`. Quais imprimem valores estranhos? Quais causam erros? Em que formato o especificador de conversão `%p` exibe o endereço em seu sistema?

9.10 ***Impressão de números em diversas larguras de campo.*** Escreva um programa que teste os resultados da impressão do valor inteiro `12345` e o valor de ponto flutuante `1.2345` em diversos tamanhos de campo. O que acontece quando os valores são impressos em campos que contêm menos dígitos do que os valores?

9.11 ***Arredondamento de números em ponto flutuante.*** Escreva um programa que imprima o valor `100.453627` arredondado para o dígito mais próximo, décimo, centésimo, milésimo e décimo de milésimo.

9.12 ***Exibição de uma string em um campo.*** Escreva um programa que inclua uma string do teclado e determine o comprimento da string. Imprima a string usando o dobro do tamanho da largura de campo.

9.13 ***Conversões de temperatura.*** Escreva um programa que converta temperaturas inteiras em Fahrenheit, de `0` a `212` graus, em temperaturas Celsius de ponto flutuante com 3 dígitos de precisão. Realize o cálculo usando a fórmula

```
celsius = 5.0 / 9.0 * ( fahrenheit - 32 );
```

A saída deverá ser impressa em duas colunas alinhadas à direita com 10 caracteres cada uma, e as temperaturas Celsius devem ser precedidas por um sinal para valores positivos e negativos.

9.14 ***Sequências de escape.*** Escreva um programa que teste todas as sequências de escape da Figura 9.16. Para as sequências de escape que movem o cursor, imprima um caractere antes e depois de imprimir a sequência de escape, de modo que fique claro para onde o cursor se moveu.

9.15 ***Impressão de um ponto de interrogação.*** Escreva um programa que determine se o símbolo (`?`) pode ser impresso como parte de uma string de controle de formato `printf` como um caractere literal, em vez de usar a sequência de escape (`\?`).

9.16 ***Leitura de um inteiro com cada um dos especificadores de conversão de `scanf`.*** Escreva um programa que receba como entrada o valor `437` usando cada um dos especificadores de conversão de inteiros de `scanf`. Imprima cada valor inserido usando todos os especificadores de conversão de inteiros.

9.17 ***Exibição de um número com os especificadores de conversão de ponto flutuante.*** Escreva um programa que use cada um dos especificadores de conversão `e`, `f` e `g` para inserir o valor `1.2345`. Imprima os valores de cada variável para provar que cada especificador de conversão pode ser usado para entrar com esse mesmo valor.

9.18 ***Leitura de strings entre aspas.*** Em algumas linguagens de programação, as strings são incluídas delimitadas por aspas simples ou duplas. Escreva um programa que leia as três strings `suzy`, `"suzy"` e `'suzy'`. As aspas são ignoradas pela C ou lidos como parte da string?

9.19 ***Impressão de um ponto de interrogação como uma constante de caractere.*** Escreva um programa que determine se `?` pode ser impresso como uma constante de caractere `'?'`, em vez de uma sequência de escape de constante de caractere `'\?'`, usando o especificador de conversão `%c` na string de controle de formato de uma instrução `printf`.

9.20 ***Uso de %g com diversas precisões.*** Escreva um programa que use o especificador de conversão `g` para exibir o valor `9876.12345`. Imprima o valor com precisões variando de `1` a `9`.

ESTRUTURAS, UNIÕES, MANIPULAÇÕES DE BITS E ENUMERAÇÕES EM C

10

Capítulo

Ainda há união na separação.
— William Shakespeare

A mesma velha mentira caridosa
Repetida enquanto os anos passam
Perpetuamente faz um grande sucesso —
'Você realmente não mudou nada!'
— Margaret Fishback

Nunca consegui entender o que significavam aqueles malditos pontos.
— Winston Churchill

Objetivos

Neste capítulo, você aprenderá:

- A criar e usar estruturas, uniões e enumerações.
- A passar estruturas para funções por valor e por referência.
- A manipular dados com os operadores sobre bits.
- A criar campos de bit para armazenar dados de modo compacto.

Conteúdo

10.1 Introdução
10.2 Declarações de estruturas
10.3 Inicialização de estruturas
10.4 Acesso aos membros da estrutura
10.5 Uso de estruturas com funções
10.6 typedef
10.7 Exemplo: uma simulação de alto desempenho de embaralhamento e distribuição de cartas
10.8 Uniões
10.9 Operadores sobre bits
10.10 Campos de bit
10.11 Constantes de enumeração

Resumo | Terminologia | Exercícios de autorrevisão | Respostas dos exercícios de autorrevisão | Exercícios | Fazendo a diferença

10.1 Introdução

Estruturas — também chamadas de **agregações** — são coleções de variáveis relacionadas agrupadas sob um único nome. As estruturas podem conter variáveis de muitos tipos de dados diferentes — diferentemente dos arrays, que contêm apenas elementos do mesmo tipo de dado. As estruturas normalmente são usadas para declarar registros a serem armazenados em arquivos (ver Capítulo 11). Ponteiros e estruturas facilitam a formação de estruturas de dados mais complexas, por exemplo, listas interligadas, filas, pilhas e árvores (ver Capítulo 12).

10.2 Declarações de estruturas

Estruturas são **tipos de dados derivados**; elas são construídas a partir de objetos de outros tipos. Considere a declaração de estrutura a seguir:

```
struct card {
   char *face;
   char *suit;
};
```

A palavra-chave `struct` introduz a declaração de estrutura. O identificador `card` é a **tag de estrutura**, que dá nome à declaração de estrutura e é usado com a palavra-chave `struct` para declarar variáveis do **tipo de estrutura**. Nesse exemplo, o tipo de estrutura é `struct card`. As variáveis declaradas dentro das chaves de declaração da estrutura são os **membros** da estrutura. Os membros que têm o mesmo tipo de estrutura precisam ter nomes exclusivos, mas dois tipos de estrutura diferentes podem ter membros com o mesmo nome, sem conflito (logo veremos por quê). Todas as declarações de estrutura precisam terminar com pontos e vírgulas.

Erro comum de programação 10.1

Esquecer ponto e vírgula que termina uma declaração de estrutura provoca um erro de sintaxe.

A declaração de `struct card` contém os membros `face` e `suit` do tipo `char *`. Os membros da estrutura podem ser variáveis dos tipos de dados primitivos (por exemplo, `int`, `float` etc.) ou agregações, como arrays e outras estruturas. Como vimos no Capítulo 6, todos os elementos de um array precisam ser do mesmo tipo. Os membros da estrutura, porém, podem ser de muitos tipos. Por exemplo, a `struct` a seguir contém membros de array de caracteres para o nome e para o sobrenome de um funcionário, um membro `int` para sua idade, um membro `char` que conteria `'M'` ou `'F'`, para indicar a que sexo ele pertence e um membro `double` para seu salário.

```
struct funcionario {
   char nome[ 20 ];
   char sobrenome[ 20 ];
   int idade;
   char sexo;
   double salario;
};
```

Estruturas autorreferenciadas

Uma estrutura não pode conter uma instância de si mesma. Por exemplo, uma variável do tipo `struct funcionario` não pode ser declarada na definição para `struct funcionario`. Porém, um ponteiro para `struct funcionario` pode ser incluído. Por exemplo,

```
struct funcionario2 {
    char nome[ 20 ];
    char sobrenome[ 20 ];
    int idade;
    char sexo;
    double salario;
    struct funcionario2 pessoa; /* ERRO */
    struct funcionario2 *ePtr; /* ponteiro */
};
```

`struct funcionario2` contém uma instância de si mesma (`pessoa`), o que é um erro. Como `ePtr` é um ponteiro (para o tipo `struct funcionario2`), ele é permitido na declaração. Uma estrutura que contém um membro que é um ponteiro para o mesmo tipo de estrutura é chamada de **estrutura autorreferenciada**. As estruturas autorreferenciadas serão usadas no Capítulo 12 para criar estruturas de dados interligadas.

Declarações de variáveis de tipos de estrutura

As declarações da estrutura não reservam nenhum espaço na memória; em vez disso, cada declaração cria um novo tipo de dado, que é usado para declarar variáveis. As variáveis da estrutura são declaradas como variáveis de outros tipos. A declaração

```
struct card aCard, deck[ 52 ], *cardPtr;
```

declara `aCard` como uma variável do tipo `struct card`, declara `deck` como um array com 52 elementos do tipo `struct card` e declara `cardPtr` como um ponteiro para `struct card`. As variáveis de determinado tipo de estrutura também podem ser declaradas colocando-se uma lista separada por vírgulas com os nomes de variável entre a chave que fecha a declaração de estrutura e o ponto e vírgula que encerra a declaração de estrutura. Por exemplo, a declaração anterior poderia ter sido incorporada na declaração de estrutura `struct card` da seguinte forma:

```
struct card {
    char *face;
    char *suit;
} aCard, deck[ 52 ], *cardPtr;
```

Nomes para tags de estrutura

O nome para a tag de estrutura é opcional. Se uma declaração de estrutura não tiver um nome para a tag da estrutura, as variáveis do tipo da estrutura só poderão ser declaradas na declaração de estrutura, e não em uma declaração separada.

Boa prática de programação 10.1

Sempre forneça um nome para a tag de estrutura ao criar um tipo de estrutura. O nome para a tag de estrutura será conveniente na declaração de novas variáveis do tipo de estrutura adiante no programa.

Boa prática de programação 10.2

Escolher um nome significativo para a tag de estrutura ajuda a tornar o programa documentado.

Operações que podem ser realizadas nas estruturas

As únicas operações válidas que podem ser realizadas nas estruturas são as seguintes: atribuição de variáveis da estrutura a variáveis da estrutura de mesmo tipo, coleta de endereço (`&`) de uma variável de estrutura, acesso aos membros de uma variável de estrutura (ver Seção 10.4) e uso do operador `sizeof` para determinar o tamanho de uma variável de estrutura.

Erro comum de programação 10.2

Atribuir uma estrutura de um tipo a uma estrutura de um tipo diferente provoca um erro de compilação.

As estruturas não podem ser comparadas usando-se os operadores `==` e `!=`, pois os membros da estrutura não são necessariamente armazenados em bytes consecutivos de memória. Às vezes, existem 'buracos' em uma estrutura, pois os computadores podem armazenar tipos de dados específicos apenas em certos limites de memória, como os limites de meia palavra, palavra ou palavra dupla. Uma palavra é uma unidade de memória padrão usada para armazenar dados em um computador — normalmente, 2 bytes ou 4 bytes. Considere uma declaração de estrutura em que `ex1` e `ex2` do tipo `struct exemplo` são declaradas:

```
struct exemplo {
    char c;
    int i;
} ex1, ex2;
```

Um computador com palavras de 2 bytes pode exigir que cada membro de `struct exemplo` seja alinhado em um limite de palavra, ou seja, no início de uma palavra (isso depende de cada máquina). A Figura 10.1 mostra um exemplo de alinhamento de armazenagem para uma variável do tipo `struct exemplo` que recebeu o caractere `'a'` e o inteiro `97` (as representações de bit dos valores são mostrados). Se os membros forem armazenados começando nos limites de palavra, existe um intervalo de 1 byte (byte `1` na figura) no armazenamento para as variáveis do tipo `struct exemplo`. O valor no intervalo de 1 byte é indefinido. Mesmo que os valores dos membros de `ex1` e `ex2` sejam realmente iguais, as estruturas não serão necessariamente iguais, pois os intervalos indefinidos de 1 byte provavelmente não conterão valores idênticos.

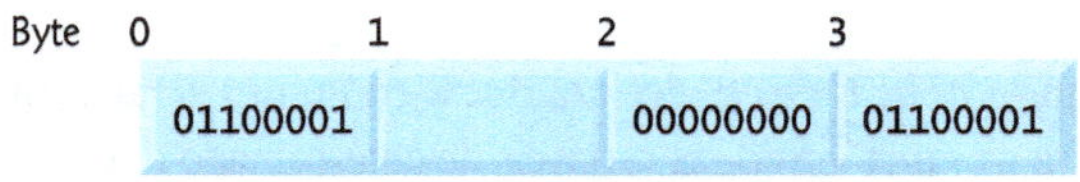

Figura 10.1 ■ Exemplo de alinhamento de armazenagem possível para uma variável do tipo `struct` que mostra uma área indefinida na memória.

Dica de portabilidade 10.1

Como o tamanho dos itens de dados de determinado tipo e as considerações de alinhamento de armazenagem dependem da máquina, o mesmo acontece com a representação de uma estrutura.

10.3 Inicialização de estruturas

As estruturas podem ser inicializadas a partir de listas de inicializadores, assim como acontece com os arrays. Para inicializar uma estrutura, siga o nome da variável na declaração com um sinal de igual e uma lista, delimitada por chaves, de inicializadores separados por vírgulas. Por exemplo, a declaração

```
struct card aCard = { "Três", "Copas" };
```

cria a variável `aCard` para ser do tipo `struct card` (conforme definido na Seção 10.2) e inicializa o membro `face` como "`Três`" e o membro `suit` como "`Copas`". Se o número de inicializadores na lista for menor que os membros na estrutura, os membros restantes serão automaticamente inicializados em `0` (ou `NULL`, se o membro for um ponteiro). As variáveis de estrutura que forem declaradas fora de uma declaração de função (ou seja, que sejam externos a ela) serão inicializadas em `0` ou `NULL`, se não forem inicializadas explicitamente na declaração externa. As variáveis da estrutura também podem ser inicializadas nas instruções de atribuição, atribuindo uma variável de estrutura do mesmo tipo, ou valores aos membros individuais da estrutura.

10.4 Acesso aos membros da estrutura

Dois operadores são usados para acessar membros das estruturas: o **operador de membro de estrutura (`.`)** — também chamado de operador de ponto — e o **operador de ponteiro de estrutura (`->`)** — também chamado **operador de seta**. O operador de membro da estrutura acessa um membro da estrutura por meio do nome da variável da estrutura. Por exemplo, para imprimir o membro `suit` da variável da estrutura `aCard` declarada na Seção 10.3, use a instrução

```
printf( "%s", aCard.suit ); /* mostra Copas */
```

O operador de ponteiro da estrutura — que consiste em um sinal de subtração (-) seguido de um sinal de maior (>) — acessa um membro da estrutura por meio de um **ponteiro para a estrutura**. Suponha que o ponteiro `cardPtr` tenha sido declarado para apontar para `struct card`, e que o endereço da estrutura `aCard` tenha sido atribuído a `cardPtr`. Para imprimir o membro `suit` da estrutura `aCard` com o ponteiro `cardPtr`, use a instrução

```
printf( "%s", cardPtr->suit ); /* mostra Copas */
```

A expressão `cardPtr->suit` é equivalente a `(*cardPtr).suit`, que desreferencia o ponteiro e acessa o membro `suit` usando o operador de membro da estrutura. Aqui, os parâmetros são necessários porque o operador de membro da estrutura (`.`) tem uma precedência maior que o operador de desreferência de ponteiro (`*`). O operador de ponteiro da estrutura e o operador de membro da estrutura, com os parênteses (para chamar funções) e colchetes (`[]`) usados para subscrito de *array*, possuem a precedência de operador mais alta, e são associados da esquerda para a direita.

Boa prática de programação 10.3

Não coloque espaços em torno dos operadores '->' e '.' — a omissão dos espaços ajuda a enfatizar o fato de que as expressões em que os operadores estão contidos são basicamente nomes de variável únicos.

Erro comum de programação 10.3

A inserção de espaço entre os componentes – e > do operador de ponteiro da estrutura (ou entre os componentes de qualquer outro operador de múltiplos caracteres, com exceção de ?:) provoca um erro de sintaxe.

Erro comum de programação 10.4

Tentar referenciar a um membro de uma estrutura usando apenas o nome do membro provoca um erro de sintaxe.

Erro comum de programação 10.5

Não usar parênteses ao referenciar um membro da estrutura que usa um ponteiro e o operador de membro da estrutura (por exemplo, `*cardPtr.suit`) provoca um erro de sintaxe.

O programa da Figura 10.2 demonstra o uso dos operadores de membro da estrutura e de ponteiro da estrutura. Usando o operador de membro da estrutura, os membros da estrutura `aCard` recebem os valores "`Ace`" e "`Spades`", respectivamente (linhas 18 e 19). O ponteiro `cardPtr` recebe o endereço da estrutura `aCard` (linha 21). A função `printf` imprime os membros da variável da estrutura `aCard` usando o operador de membro da estrutura com nome de variável `aCard`, o operador de ponteiro da estrutura com o ponteiro `cardPtr` e o operador de membro da estrutura com o ponteiro desreferenciado `cardPtr` (linhas 23 a 25).

```
1  /* Figura 10.2: fig10_02.c
2     Usando os operadores de membro da estrutura
3     e de ponteiro da estrutura */
4  #include <stdio.h>
5
6  /* declaração da estrutura da carta */
7  struct card {
8     char *face; /* declara ponteiro face */
9     char *suit; /* declara ponteiro suit */
10 }; /* fim da estrutura card */
```

Figura 10.2 ■ Operador de membro da estrutura e operador de ponteiro da estrutura. (Parte 1 de 2.)

```
int main( void )
{
   struct card aCard; /* declara uma variável struct card */
   struct card *cardPtr; /* declara ponteiro para uma struct card */

   /* coloca strings em aCard */
   aCard.face = "Ás";
   aCard.suit = "Espadas";

   cardPtr = &aCard; /* atribui endereço de aCard a cardPtr */

   printf( "%s%s%s\n%s%s%s\n%s%s%s\n", aCard.face, " de ", aCard.suit,
      cardPtr->face, " de ", cardPtr->suit,
      ( *cardPtr ).face, " de ", ( *cardPtr ).suit );
   return 0; /* indica conclusão bem-sucedida */
} /* fim do main */
```

```
Ás de Espadas
Ás de Espadas
Ás de Espadas
```

Figura 10.2 ■ Operador de membro da estrutura e operador de ponteiro da estrutura. (Parte 2 de 2.)

10.5 Uso de estruturas com funções

As estruturas podem ser passadas a funções ao passar membros da estrutura individuais, ao passar uma estrutura inteira ou um ponteiro para uma estrutura. Quando as estruturas ou membros individuais da estrutura são passados a uma função, eles são passados por valor. Portanto, os membros da estrutura passados por valor não podem ser modificados pela função utilizada. Para passar uma estrutura por referência, passe o endereço da variável da estrutura. Os arrays das estruturas — assim como todos os outros arrays — são automaticamente passados por referência.

No Capítulo 6, dissemos que um array poderia ser passado por valor, usando uma estrutura. Para passar um array por valor, crie uma estrutura que tenha o array como membro. As estruturas são passadas por valor, de modo que o array também seja passado por valor.

Erro comum de programação 10.6

Supor que estruturas como arrays sejam passadas automaticamente por referência e tentar modificar os valores da estrutura passados por valor na função utilizada consiste em um erro lógico.

Dica de desempenho 10.1

Passar estruturas por referência é mais eficiente do que passar estruturas por valor (o que requer que a estrutura inteira seja copiada).

10.6 typedef

A palavra-chave `typedef` oferece um mecanismo de criação de sinônimos (ou aliases) para tipos de dados previamente definidos. Os nomes dos tipos de estrutura normalmente são definidos a partir de `typedef` para que se criem nomes de tipo mais curtos. Por exemplo, a instrução

```
typedef struct card Card;
```

define o novo nome de tipo `Card` como um sinônimo para o tipo `struct card`. Programadores de C normalmente usam `typedef` para definir um tipo da estrutura, de modo que a tag da estrutura não é necessária. Por exemplo, a declaração a seguir

```
typedef struct {
    char *face;
    char *suit;
} Card;
```

cria o tipo de estrutura `Card` sem a necessidade de uma instrução `typedef` separada.

Boa prática de programação 10.4

Coloque a primeira letra dos nomes de `typedef` em maiúscula para enfatizar o fato de que eles são sinônimos de outros nomes para tipos.

`Card` agora pode ser usado para declarar variáveis do tipo `struct card`. A declaração

```
Card deck[ 52 ];
```

declara um array de 52 estruturas `Card` (ou seja, variáveis do tipo `struct card`). Criar um novo nome com `typedef` não cria um novo tipo; `typedef` simplesmente cria um novo nome de tipo, que pode ser usado como um alias para um nome de tipo existente. Um nome significativo ajuda a tornar o programa autoexplicativos. Por exemplo, quando lemos a declaração anterior, sabemos que '`deck` é um array de 52 `Cards`'.

Frequentemente, `typedef` é usado para criar sinônimos para os tipos de dados básicos. Por exemplo, um programa que exige inteiros de 4 bytes pode usar o tipo `int` em um sistema e o tipo `long` em outro. Os programas projetados para portabilidade normalmente usam `typedef` para criar um alias para inteiros de 4 bytes, como `Integer`. O alias `Integer` pode ser alterado uma vez no programa para fazê-lo funcionar nos dois sistemas.

Dica de portabilidade 10.2

Use `typedef` para ajudar a tornar um programa mais portável.

10.7 Exemplo: uma simulação de alto desempenho de embaralhamento e distribuição de cartas

O programa da Figura 10.3 baseia-se na simulação de embaralhamento e distribuição de cartas discutida no Capítulo 7. O programa representa o baralho de cartas como um array de estruturas. O programa usa algoritmos de alto desempenho para embaralhar e distribuir as cartas. A saída do programa de embaralhamento e distribuição de cartas aparece na Figura 10.4.

```
/* Figura 10.3: fig10_03.c
   Programa para embaralhar e distribuir cartas usando estruturas */
#include <stdio.h>
#include <stdlib.h>
#include <time.h>

/* declaração da estrutura card */
struct card {
   const char *face; /* declara ponteiro face */
   const char *suit; /* declara ponteiro suit */
}; /* fim da estrutura card */

typedef struct card Card; /* novo nome de tipo para struct card */

```

Figura 10.3 ■ Simulação de alto desempenho de embaralhamento e distribuição de cartas. (Parte 1 de 2.)

```
/* protótipos */
void fillDeck( Card * const wDeck, const char * wFace[],
   const char * wSuit[] );
void shuffle( Card * const wDeck );
void deal( const Card * const wDeck );

int main( void )
{
   Card deck[ 52 ]; /* declara array de cartas */

   /* inicializa array de ponteiros */
   const char *face[] = { “Ás”, “Dois”, “Três”, “Quatro”, “Cinco”,
      “Seis”, “Sete”, “Oito”, “Nove”, “Dez”,
      “Valete”, “Dama”, “Rei”};

   /* inicializa array de ponteiros */
   const char *suit[] = { “Copas”, “Ouros”, “Paus”, “Espadas”};

   srand( time( NULL ) ); /* torna aleatório */

   fillDeck( deck, face, suit ); /* carrega o baralho com Cards */
   shuffle( deck ); /* coloca Cards em ordem aleatória */
   deal( deck ); /* distribui as 52 Cards */
   return 0; /* indica conclusão bem-sucedida */
} /* fim do main */

/* coloca strings nas estruturas Card */
void fillDeck( Card * const wDeck, const char * wFace[],
   const char * wSuit[] )
{
   int i; /* contador */

   /* loop por wDeck */
   for ( i = 0; i <= 51; i++ ) {
      wDeck[ i ].face = wFace[ i % 13 ];
      wDeck[ i ].suit = wSuit[ i / 13 ];
   } /* fim do for */
} /* fim da função fillDeck */

/* mistura cartas */
void shuffle( Card * const wDeck )
{
   int i; /* contador */
   int j; /* variável para manter valor aleatório entre 0 - 51 */
   Card temp; /* declara estrutura temporária para trocar Cards */

   /* loop por wDeck trocando cartas aleatoriamente */
   for ( i = 0; i <= 51; i++ ) {
      j = rand() % 52;
      temp = wDeck[ i ];
      wDeck[ i ] = wDeck[ j ];
      wDeck[ j ] = temp;
   } /* fim do for */
} /* fim da função shuffle */

/* distribui cartas */
void deal( const Card * const wDeck )
{
   int i; /* contador */

   /* loop por wDeck */
   for ( i = 0; i <= 51; i++ ) {
      printf( “%5s of %-8s%s”, wDeck[ i ].face, wDeck[ i ].suit,
         ( i + 1 ) % 4 ? “  ” : “\n” );
   } /* fim do for */
} /* fim da função deal */
```

Figura 10.3 ■ Simulação de alto desempenho de embaralhamento e distribuição de cartas. (Parte 2 de 2.)

```
  Três de Copas    Valete de Paus      Três de Espadas     Seis de Ouros
 Cinco de Copas      Oito de Espadas   Três de Paus        Dois de Espadas
Valete de Espadas  Quatro de Copas     Dois de Copas       Seis de Paus
  Dama de Paus       Três de Ouros     Oito de Ouros        Rei de Paus
   Rei de Copas      Oito de Copas     Dama de Copas       Sete de Paus
  Sete de Ouros      Nove de Espadas  Cinco de Paus        Oito de Paus
  Seis de Copas      Dois de Ouros    Cinco de Espadas   Quatro de Paus
  Dois de Paus       Nove de Copas     Sete de Copas     Quatro de Espadas
   Dez de Espadas     Rei de Ouros      Dez de Copas     Valete de Ouros
Quatro de Ouros      Seis de Espadas  Cinco de Ouros         Ás de Ouros
    Ás de Paus     Valete de Copas      Dez de Paus        Dama de Ouros
    Ás de Copas       Dez de Ouros     Nove de Paus         Rei de Espadas
    Ás de Espadas    Nove de Ouros     Sete de Espadas     Dama de Espadas
```

Figura 10.4 ■ Apresentação dos resultados da simulação de embaralhamento e distribuição de cartas.

No programa, a função `fillDeck` (linhas 42-52) inicializa o array `Card` na ordem de Ás a Rei de cada naipe. O array `Card` é passado (na linha 36) à função `shuffle` (linhas 55-68), em que o algoritmo de embaralhamento de alto desempenho é implementado. A função `shuffle` usa um array de 52 estruturas `Card` como argumento. A função percorre as 52 cartas (subscritos de array 0 a 51) usando uma estrutura `for` nas linhas 62-67. Para cada carta, um número entre 0 e 51 é escolhido aleatoriamente. Em seguida, a estrutura `Card` atual e a estrutura `Card` selecionada aleatoriamente são trocados no array (linhas 64 a 66). Um total de 52 trocas é feito em uma única passada do array inteiro, e o array das estruturas `Card` é embaralhado! Esse algoritmo não pode sofrer adiamento indefinido, como o algoritmo de embaralhamento apresentado no Capítulo 7. Como as estruturas `Card` foram trocadas no espaço do array, o algoritmo de alto desempenho implementado na função `deal` (linhas 71-80) exige apenas uma passada do array para distribuir as cartas embaralhadas.

Erro comum de programação 10.7

Esquecer de incluir o subscrito do array ao se referir a estruturas individuais em um array de estruturas consiste em um erro de sintaxe.

10.8 Uniões

Uma **união** é um tipo de dado derivado — como uma estrutura — com membros que compartilham o mesmo espaço de armazenamento. Para diferentes situações em um programa, algumas variáveis podem não ser relevantes, mas outras variáveis o são, de modo que uma união compartilha o espaço em vez de desperdiçar armazenamento em variáveis que não são mais usadas. Os membros de uma união podem ser de qualquer tipo de dado. O número de bytes usados para armazenar uma união precisa ser, pelo menos, o suficiente para manter o maior membro. Na maior parte dos casos, as uniões contêm dois ou mais tipos de dados. Apenas um membro, e, portanto, um tipo de dado, pode ser referenciado a cada vez. É de responsabilidade do programador garantir que os dados em uma união sejam referenciados com o tipo apropriado.

Erro comum de programação 10.8

Referir-se aos dados em uma união com uma variável do tipo errado consiste em um erro lógico.

Dica de portabilidade 10.3

Se os dados são armazenados em uma união como um tipo e referenciados como outro tipo, os resultados dependerão da implementação.

Declarações de união

Uma união é declarada com a palavra-chave `union` no mesmo formato de uma estrutura. A declaração de `union`

```
union número {
   int x;
   double y;
};
```

indica que `número` é um tipo `union` com os membros `int x` e `double y`. A declaração da união normalmente é colocada no cabeçalho e incluída em todos os arquivos-fonte que usam o tipo união.

Observação sobre engenharia de software 10.1

Assim como a declaração de `struct`, uma declaração de `union` simplesmente cria um novo tipo. Colocar uma declaração de `union` ou `struct` fora de uma função não cria uma variável global.

Operações que podem ser realizadas em uniões

As operações que podem ser realizadas em uma união são as seguintes: atribuição de uma união a outra união do mesmo tipo, coleta do endereço (&) de uma variável de união e acesso dos membros da união usando o operador de membro da estrutura e o operador de ponteiro da estrutura. As uniões não podem ser comparadas com os operadores `==` e `!=` pelos mesmos motivos pelos quais as estruturas não podem ser comparadas.

Inicialização de uniões em declarações

Em uma declaração, uma união pode ser inicializada com um valor do mesmo tipo que o primeiro membro da união. Por exemplo, com a união anterior, a declaração

```
union número valor = { 10 };
```

é uma inicialização válida de uma variável de união `valor`, pois a união é inicializada com um `int`, mas a declaração seguinte truncaria a parte de ponto flutuante do valor inicializador, e normalmente produziria uma advertência do compilador:

```
union número valor = { 1.43 };
```

Erro comum de programação 10.9

Comparar uniões consiste em um erro de sintaxe.

Dica de portabilidade 10.4

A quantidade de armazenamento exigida no caso de uma união depende da implementação, mas sempre será, pelo menos, tão grande quanto o maior membro da união.

Dica de portabilidade 10.5

Algumas uniões podem não ser facilmente portáveis para outros sistemas de computação. Se uma união é portável ou não, isso depende dos requisitos de alinhamento de armazenagem para os tipos de dados de membro da união em determinado sistema.

Dica de desempenho 10.2

As uniões economizam espaço de armazenamento.

Demonstração de uniões

O programa na Figura 10.5 usa a variável `value` (linha 13) do tipo `union number` para exibir o valor armazenado na união como um `int` e um `double`. A saída do programa depende da implementação. A saída do programa mostra que a representação interna de um valor `double` pode ser muito diferente da representação de `int`.

```
 1  /* Figura 10.5: fig10_05.c
 2     Exemplo de uma união */
 3  #include <stdio.h>
 4
 5  /* declaração da union number */
 6  union number {
 7     int x;
 8     double y;
 9  }; /* fim da união number */
10
11  int main( void )
12  {
13     union number value; /* declara variável de union */
14
15     value.x = 100; /* coloca um inteiro na union */
16     printf( "%s\n%s\n%s\n  %d\n\n%s\n  %f\n\n\n",
17        "Coloca um valor no membro inteiro",
18        "e mostra os dois membros.",
19        "int:", value.x,
20        "double:", value.y );
21
22     value.y = 100.0; /* coloca um double na mesma union */
23     printf( "%s\n%s\n%s\n  %d\n\n%s\n  %f\n",
24        "Coloca um valor no membro de ponto flutuante",
25        "e mostra os dois membros.",
26        "int:", value.x,
27        "double:", value.y );
28     return 0; /* indica conclusão bem-sucedida */
29  } /* fim do main */
```

```
Coloca um valor no membro inteiro
e exibe os dois membros.
int:
  100

double:
  -92559592117433136000000000000000000000000000000000000000000000.000000

Coloca um valor no membro de ponto flutuante
e exibe os dois membros.
int:
  0
double:
  100.000000
```

Figura 10.5 ■ Exibição do valor de uma união nos dois tipos de dados membros.

10.9 Operadores sobre bits

Computadores representam internamente todos os dados como sequências de bits. Os bits podem assumir o valor `0` ou o valor `1`. Na maioria dos sistemas, uma sequência de 8 bits forma um byte — unidade de armazenamento-padrão para uma variável do tipo `char`. Outros tipos de dados são armazenados em números maiores de bytes. Os operadores sobre bits são usados para manipular os bits de operandos inteiros (`char`, `short`, `int` e `long`; tanto `signed` quanto `unsigned`). Os inteiros sem sinal normalmente são usados com os operadores sobre bits.

Dica de portabilidade 10.6

Manipulações de dados sobre bits são dependentes da máquina.

As discussões de operador sobre bits nessa seção mostram as representações binárias dos operandos inteiros. Para uma explicação detalhada do sistema numérico binário (também chamado de base 2), consulte o Apêndice C. Além disso, os programas nas seções 10.9 e 10.10 foram testados usando o Microsoft Visual C++. Devido à natureza dependente da máquina quanto às manipulações de bits, esses programas podem não funcionar no seu sistema.

Os operadores sobre bits são **AND sobre bits (&)**, **OR inclusivo sobre bits (|)**, **OR exclusivo sobre bits (^)**, **deslocamento à esquerda (<<)**, **deslocamento à direita (>>)** e **complemento (~)**. Os operadores AND sobre bits, OR inclusivo sobre bits e OR exclusivo sobre bits comparam seus dois operandos bit a bit. O operador AND sobre bits define como 1 cada bit do resultado, se o bit correspondente nos dois operandos for 1. O operador OR inclusivo sobre bits define como 1 cada bit do resultado se o bit corresponde em um ou em ambos os operandos for 1. O operador OR exclusivo define como 1 cada bit do resultado, se o bit correspondente em exatamente um operando for 1. O operador de deslocamento à esquerda desloca os bits de seu operando esquerdo para a esquerda pelo número de bits especificado em seu operando da direita. O operador de deslocamento à direita desloca os bits em seu operando da esquerda para a direita pelo número de bits especificado em seu operando da direita. O operador de complemento sobre bits define todos os bits `0` em seu operando como `1` no resultado e define todos os bits `1` como `0` no resultado. Discussões detalhadas sobre cada operador sobre bits aparecem nos exemplos a seguir. Os operadores sobre bits estão resumidos na Figura 10.6.

Operador		Descrição
&	AND sobre bits	Os bits são definidos como `1` no resultado, se os bits correspondentes em ambos os operandos forem `1`.
|	OR inclusivo sobre bits	Os bits são definidos como `1` no resultado, se pelo menos um dos bits correspondentes em ambos os operandos for `1`.
^	OR exclusivo sobre bits	Os bits são definidos como `1` no resultado, se exatamente um dos bits correspondentes em ambos os operandos for `1`.
<<	deslocamento à esquerda	Desloca os bits do primeiro operando à esquerda pelo número de bits especificado pelo segundo operando; preenche a partir da direita com `0` bits.
>>	deslocamento à direita	Desloca os bits do primeiro operando à direita pelo número de bits especificado pelo segundo operando; o método de preenchimento a partir da esquerda depende da máquina.
~	complemento de um	Todos os bits `0` são definidos como `1`, e todos os bits `1` são definidos como `0`.

Figura 10.6 ■ Operadores sobre bits.

Exibição de um inteiro sem sinal em bits

Ao usar os operadores sobre bits, é útil imprimir valores em sua representação binária para ilustrar os efeitos exatos desses operadores. O programa da Figura 10.7 imprime um inteiro `unsigned` em sua representação binária em grupos de 8 bits cada. Para os exemplos nessa seção, consideraremos que os inteiros `unsigned` sejam armazenados em 4 bytes (32 bits) de memória.

```
1  /* Figura 10.7: fig10_07.c
2     Imprimindo um inteiro sem sinal em bits */
3  #include <stdio.h>
4
5  void displayBits( unsigned value ); /* protótipo */
6
7  int main( void )
8  {
9     unsigned x; /* variável para manter entrada do usuário */
10
11    printf( "Digite um inteiro sem sinal: " );
12    scanf( "%u", &x );
13
14    displayBits( x );
15    return 0; /* indica conclusão bem-sucedida */
16 } /* fim do main */
17
18 /* mostra bits de um valor inteiro sem sinal */
19 void displayBits( unsigned value )
20 {
21    unsigned c; /* contador */
22
23    /* declara displayMask e desloca 31 bits à esquerda */
24    unsigned displayMask = 1 << 31;
25
26    printf( "%10u = ", value );
27
28    /* percorre os bits */
29    for ( c = 1; c <= 32; c++ ) {
30       putchar( value & displayMask ? '1' : '0' );
31       value <<= 1; /* desloca valor à esquerda em 1 */
32
33       if ( c % 8 == 0 ) { /* gera espaço após 8 bits */
34          putchar( ' ' );
35       } /* fim do if */
36    } /* fim do for */
37
38    putchar( '\n' );
39 } /* fim da função displayBits */
```

```
Digite um inteiro sem sinal: 65000
     65000 = 00000000 00000000 11111101 11101000
```

Figura 10.7 ■ Exibição de um inteiro sem sinal em bits.

A função `displayBits` (linhas 19-39) usa o operador AND sobre bits para combinar a variável `value` com a variável `displayMask` (linha 32). Frequentemente, o operador AND sobre bits é usado com um operando chamado **máscara** — um valor inteiro com bits específicos definidos como 1. As máscaras são usadas para ocultar alguns bits em um valor enquanto seleciona outros bits. Na função `displayBits`, a variável máscara `displayMask` recebe o valor

```
1 << 31     (10000000 00000000 00000000 00000000)
```

O operador de deslocamento à esquerda desloca o valor 1 a partir do bit de baixa ordem (mais à direita) para o bit de alta ordem (mais à esquerda) em `displayMask`, e preenche bits 0 a partir da direita. A linha 32

```
putchar( value & displayMask ? '1' : '0' );
```

determina se 1 ou 0 deve ser impresso para o bit mais à esquerda da variável `value`. Quando `value` e `displayMask` são combinados usando `&`, todos os bits, exceto o bit de alta ordem na variável `value`, são 'mascarados' (ocultados), pois qualquer bit que passe por AND com 0 gera 0. Se o bit mais à esquerda for 1, `value & displayMask` será avaliado como um valor diferente de zero (verdadeiro), e 1 será impresso — caso contrário, 0 será impresso. A variável `value` é, então, deslocada um bit à esquerda pela expressão `value <<= 1` (isso equivale a `value = value << 1`). Essas etapas são repetidas para cada bit na variável `unsigned value`. A Figura 10.8 resume os resultados da combinação dos dois bits com o operador AND sobre bits.

Bit 1	Bit 2	Bit 1 & Bit 2
0	0	0
1	0	0
0	1	0
1	1	1

Figura 10.8 ■ Resultados da combinação de dois bits com o operador AND sobre bits (&).

Erro comum de programação 10.10

Usar o operador lógico AND (&&) para o operador AND sobre bits (&) e vice-versa consiste em um erro.

*Tornando a função **displayBits** mais escalável e portável*

Na linha 24 da Figura 10.7, codificamos o inteiro `31` para indicar que o valor `1` deveria ser deslocado para o bit mais à esquerda na variável `displayMask`. De modo semelhante, na linha 29, codificamos o inteiro `32` para indicar que o loop deveria ser repetido 32 vezes — uma vez para cada bit da variável `value`. Consideramos que os inteiros `unsigned` sempre são armazenados em 32 bits (4 bytes) de memória. Muitos dos computadores populares de hoje usam arquiteturas de hardware com *word* (palavra) de 32 bits. Os programadores de C costumam trabalhar em muitas arquiteturas de hardware, e às vezes os inteiros `unsigned` são armazenados em números menores ou maiores de bits.

O programa na Figura 10.7 pode se tornar mais escalável e mais portável se substituirmos o inteiro `31` na linha 24 pela expressão

```
CHAR_BIT * sizeof( unsigned ) - 1
```

e se substituirmos o inteiro `32` na linha 29 pela expressão

```
CHAR_BIT * sizeof( unsigned )
```

A constante simbólica `CHAR_BIT` (definida em `<limits.h>`) representa o número de bits em um byte (normalmente, esse número é 8). Como você aprendeu na Seção 7.7, o operador `sizeof` determina o número de bytes usado para armazenar um objeto ou tipo. Em um computador que use palavras de 32 bits, a expressão `sizeof( unsigned )` será avaliada como `4`, de modo que as duas expressões precedentes serão avaliadas como `31` e `32`, respectivamente. Em um computador que use palavras de 16 bits, a expressão `sizeof` será avaliada como `2`, e as duas expressões precedentes serão avaliadas como `15` e `16`, respectivamente.

Uso dos operadores AND, OR inclusivo, OR exclusivo e complemento sobre bits

A Figura 10.9 demonstra o uso dos operadores AND sobre bits, OR inclusivo sobre bits, OR exclusivo sobre bits e de complemento sobre bits. O programa usa a função `displayBits` (linhas 53-74) para imprimir os valores inteiros `unsigned`. A saída aparece na Figura 10.10.

```
1  /* Figura 10.9: fig10_09.c
2     Usando operadores AND sobre bits, OR inclusivo sobre bits,
3     OR exclusivo sobre bits e de complemento sobre bits */
4  #include <stdio.h>
5
6     void displayBits( unsigned value ); /* protótipo */
7
8  int main( void )
9  {
10    unsigned number1;
11    unsigned number2;
12    unsigned mask;
13    unsigned setBits;
```

Figura 10.9 ■ Operadores AND, OR inclusivo, OR exclusivo e complemento sobre bits. (Parte 1 de 2.)

```

   /* demonstra AND sobre bits (&)*/
   number1 = 65535;
   mask = 1;
   printf( "O resultado da combinação dos seguintes\n" );
   displayBits( number1 );
   displayBits( mask );
   printf( "usando o operador AND sobre bits & é\n" );
   displayBits( number1 & mask );

   /* demonstra OR inclusivo sobre bits (|) */
   number1 = 15;
   setBits = 241;
   printf( "\nO resultado da combinação dos seguintes\n" );
   displayBits( number1 );
   displayBits( setBits );
   printf( "usando o operador OR inclusivo sobre bits \n" );
   displayBits( number1 | setBits );

   /* demonstra OR exclusivo sobre bits (^) */
   number1 = 139;
   number2 = 199;
   printf( "\nO resultado da combinação dos seguintes\n" );
   displayBits( number1 );
   displayBits( number2 );
   printf( "usando o operador OR exclusivo sobre bits ^ é\n" );
   displayBits( number1 ^ number2 );

   /* demonstra complemento sobre bits (~)*/
   number1 = 21845;
   printf( "\nO complemento de um \n" );
   displayBits( number1 );
   printf( "é\n" );
   displayBits( ~number1 );
   return 0; /* indica conclusão bem-sucedida */
} /* fim do main */

/* mostra bits de um valor inteiro sem sinal */
void displayBits( unsigned value )
{
   unsigned c; /* contador */

   /* declara displayMask e desloca 31 bits à esquerda */
   unsigned displayMask = 1 << 31;

   printf( "%10u = ", value );

   /* loop pelos bits */
   for ( c = 1; c <= 32; c++ ) {
      putchar( value & displayMask ? '1' : '0' );
      value <<= 1; /* desloca valor 1 bit à esquerda */

      if ( c % 8 == 0 ) { /* apresenta espaço após 8 bits */
         putchar( ' ' );
      } /* fim do if */
   } /* fim do for */

   putchar( '\n' );
} /* fim da função displayBits */
```

Figura 10.9 ■ Operadores AND, OR inclusivo, OR exclusivo e complemento sobre bits. (Parte 2 de 2.)

```
O resultado da combinação seguinte
     65535 = 00000000 00000000 11111111 11111111
         1 = 00000000 00000000 00000000 00000001
usando o operador AND sobre bits & é
         1 = 00000000 00000000 00000000 00000001

O resultado da combinação seguinte
        15 = 00000000 00000000 00000000 00001111
       241 = 00000000 00000000 00000000 11110001
usando o operador OR inclusivo sobre bits | é
       255 = 00000000 00000000 00000000 11111111

O resultado da combinação seguinte
       139 = 00000000 00000000 00000000 10001011
       199 = 00000000 00000000 00000000 11000111
usando o operador OR exclusivo sobre bits ^ é
        76 = 00000000 00000000 00000000 01001100

O complemento de um de
     21845 = 00000000 00000000 01010101 01010101
é
4294945450 = 11111111 11111111 10101010 10101010
```

Figura 10.10 ■ Saída do programa da Figura 10.9.

Na Figura 10.9, a variável inteira `number1` recebe o valor `65535` (`00000000 00000000 11111111 11111111`) na linha 16, e a variável `mask` recebe o valor `1` (`00000000 00000000 00000000 00000001`) na linha 17. Quando `number1` e `mask` são combinados usando o operador AND sobre bits (`&`) na expressão `number1 & mask` (linha 22), o resultado é `00000000 00000000 00000000 00000001`. Todos os bits, exceto o de baixa ordem na variável `number1`, são 'mascarados' (ocultados) pelo AND com a variável `mask`.

O operador OR inclusivo sobre bits é usado para definir bits específicos como 1 em um operando. Na Figura 10.9, a variável `number1` recebe `15` (`00000000 00000000 00000000 00001111`) na linha 25, e a variável `setBits` recebe `241` (`00000000 00000000 00000000 11110001`) na linha 26. Quando `number1` e `setBits` são combinados usando o operador OR sobre bits na expressão `number1 | setBits` (linha 31), o resultado é `255` (`00000000 00000000 00000000 11111111`). A Figura 10.11 resume os resultados da combinação dos dois bits com o operador OR inclusivo sobre bits.

Bit 1	Bit 2	Bit 1 | Bit 2
0	0	0
1	0	1
0	1	1
1	1	1

Figura 10.11 ■ Resultados da combinação de dois bits com o operador OR inclusivo `|`.

Erro comum de programação 10.11

Usar o operador lógico OR (`||`) como operador OR sobre bits (`|`) e vice-versa consiste em um erro.

O operador OR exclusivo sobre bits (`^`) define cada bit no resultado como 1, se *exatamente* um dos bits correspondentes em seus dois operandos for 1. Na Figura 10.9, as variáveis `number1` e `number2` recebem os valores `139` (`00000000 00000000 00000000 10001011`) e `199` (`00000000 00000000 00000000 11000111`) nas linhas 34-35. Quando essas variáveis são combinadas com o operador OR exclusivo na expressão `number1 ^ number2` (linha 40), o resultado é `00000000 00000000 00000000 01001100`. A Figura 10.12 resume os resultados da combinação dos dois bits com o operador OR exclusivo sobre bits.

Bit 1	Bit 2	Bit 1 ^ Bit 2
0	0	0
1	0	1
0	1	1
1	1	0

Figura 10.12 ■ Resultados da combinação dos dois bits com o operador OR exclusivo sobre bits ^.

O **operador de complemento sobre bits (~)** define todos os bits `1` em seu operando como `0` no resultado e define todos os bits `0` como `1` no resultado — também referenciado como 'obter o **complemento de um** do valor'. Na Figura 10.9, a variável `number1` recebe o valor `21845` (`00000000 00000000 01010101 01010101`) na linha 43. Quando a expressão `~number1` (linha 47) é avaliada, o resultado é `00000000 00000000 10101010 10101010`.

Uso dos operadores de deslocamento à esquerda sobre bits e de deslocamento à direita sobre bits

O programa da Figura 10.13 mostra os operadores de deslocamento à esquerda (<<) e à direita (>>). A função `displayBits` é usada para imprimir os valores inteiros `unsigned`.

```
/* Figura 10.13: fig10_13.c
   Usando os operadores de deslocamento sobre bits */
#include <stdio.h>

void displayBits( unsigned value ); /* protótipo */

int main( void )
{
   unsigned number1 = 960; /* inicializa number1 */

   /* demonstra deslocamento à esquerda sobre bits */
   printf( "\nO resultado do deslocamento à esquerda de\n" );
   displayBits( number1 );
   printf( "por 8 posições de bit usando o " );
   printf( "operador de deslocamento à esquerda << é\n" );
   displayBits( number1 << 8 );

   /* demonstra deslocamento à direita sobre bits */
   printf( "\nO resultado do deslocamento à direita de\n" );
   displayBits( number1 );
   printf( "por 8 posições de bit usando o " );
   printf( "operador de deslocamento à direita >> é\n" );
   displayBits( number1 >> 8 );
   return 0; /* indica conclusão bem-sucedida */
} /* fim do main */

/* mostra bits de um valor inteiro sem sinal */
void displayBits( unsigned value )
{
   unsigned c; /* contador */

   /* declara displayMask e desloca 31 bits à esquerda */
   unsigned displayMask = 1 << 31;

   printf( "%7u = ", value );

   /* loop pelos bits */
   for ( c = 1; c <= 32; c++ ) {
      putchar( value & displayMask ? '1' : '0' );
      value <<= 1; /* desloca valor 1 bit à esquerda */

      if ( c % 8 == 0 ) { /* mostra um espaço após 8 bits */
```

Figura 10.13 ■ Operadores de deslocamento sobre bits. (Parte 1 de 2.)

```
43          putchar( ' ' );
44       } /* fim do if */
45    } /* fim do for */
46
47    putchar( '\n' );
48 } /* fim da função displayBits */
```

```
O resultado do deslocamento à esquerda
    960 = 00000000 00000000 00000011 11000000
por 8 posições de bit usando o operador de deslocamento à esquerda << é
 245760 = 00000000 00000011 11000000 00000000

O resultado do deslocamento à direita
    960 = 00000000 00000000 00000011 11000000
por 8 posições de bit usando o operador de deslocamento à direita >> é
      3 = 00000000 00000000 00000000 00000011
```

Figura 10.13 ■ Operadores de deslocamento sobre bits. (Parte 2 de 2.)

O operador de deslocamento à esquerda (<<) desloca os bits de seu operando à esquerda para a esquerda pelo número de bits especificado em seu operando da direita. Os bits vagos à direita são substituídos por `0`s; `1`s deslocados para a esquerda são perdidos. Nas Figura 10.13, a variável `number1` recebe o valor `960` (`00000000 00000000 00000011 11000000`) na linha 9. O resultado do deslocamento para a esquerda da variável `number1` por 8 bits na expressão `number1 << 8` (linha 16) é `49152` (`00000000 00000000 11000000 00000000`).

O operador de deslocamento à direita (>>) desloca os bits de seu operando à esquerda para a direita pelo número de bits especificado em seu operando da direita. A realização do deslocamento à direita sobre um inteiro `unsigned` faz com que os bits vagos à esquerda sejam substituídos por `0`s; `1`s deslocados para a direita são perdidos. Na Figura 10.13, o resultado do deslocamento de `number1` para a direita na expressão `number1 >> 8` (linha 23) é `3` (`00000000 00000000 00000000 00000011`).

Erro comum de programação 10.12

O resultado do deslocamento de um valor é indefinido se o operando da direita for negativo ou se o operando da direita for maior que o número de bits em que o operando da esquerda estiver armazenado.

Dica de portabilidade 10.7

O deslocamento para a direita é uma operação dependente da máquina. Deslocar um inteiro com sinal para a direita preenche os bits vagos com 0s em algumas máquinas e com 1s em outras.

Operadores de atribuição sobre bits

Cada operador binário sobre bits tem um operador de atribuição correspondente. Esses **operadores de atribuição sobre bits** aparecem na Figura 10.14, e são usados de maneira semelhante à dos operadores de atribuição aritméticos apresentados no Capítulo 3.

A Figura 10.15 mostra a precedência e a associatividade dos diversos operadores apresentados até agora. Eles aparecem de cima para baixo em ordem decrescente de precedência.

Operadores de atribuição sobre bits	
&=	Operador de atribuição sobre bits AND.
|=	Operador de atribuição sobre bits OR inclusivo.
^=	Operador de atribuição sobre bits OR exclusivo.
<<=	Operador de alinhamento à esquerda com atribuição.
>>=	Operador de alinhamento à direita com atribuição.

Figura 10.14 ■ Operadores de atribuição sobre bits.

Operador	Associatividade	Tipo
`() [] . ->`	esquerda para direita	mais alto
`+ - ++ -- ! & * ~ sizeof (tipo)`	direita para esquerda	unário
`* / %`	esquerda para direita	multiplicativo
`+ -`	esquerda para direita	aditivo
`<< >>`	esquerda para direita	deslocamento
`< <= > >=`	esquerda para direita	relacional
`== !=`	esquerda para direita	igualdade
`&`	esquerda para direita	AND sobre bits
`^`	esquerda para direita	OR sobre bits
`|`	esquerda para direita	OR sobre bits
`&&`	esquerda para direita	AND lógico
`||`	esquerda para direita	OR lógico
`?:`	direita para esquerda	condicional
`= += -= *= /= &= |= ^= <<= >>= %=`	direita para esquerda	atribuição
`,`	esquerda para direita	vírgula

Figura 10.15 ■ Precedência e associatividade de operadores.

10.10 Campos de bit

C permite que você especifique o número de bits em que um membro `unsigned` ou `int` de uma estrutura ou união é armazenado. Isso é conhecido como **campo de bits**. Os campos de bits permitem uma utilização da memória mais competente, armazenando dados no número mínimo de bits exigido. Os membros de campo de bit *devem* ser declarados como `int` ou `unsigned`.

Dica de desempenho 10.3

Os campos de bit ajudam a economizar armazenamento.

Considere a seguinte definição de estrutura:

```
struct bitCard {
   unsigned face : 4;
   unsigned suit : 2;
   unsigned color : 1;
};
```

Ela contém três campos de bits `unsigned` — `face`, `suit` e `color` — usados para representar uma carta de um baralho de 52 cartas. Um campo de bit é declarado ao se colocar um **nome de membro** `unsigned` ou `int` seguido por um sinal de dois-pontos (`:`) e uma constante inteira representando a **largura** do campo (ou seja, o número de bits em que o membro é armazenado). A constante que representa a largura precisa ser um inteiro entre 0 e o número total de bits usados para armazenar um `int` inclusive em seu sistema. Nossos exemplos foram testados em um computador com inteiros de 4 bytes (32 bits).

A declaração da estrutura apresentada indica que o membro `face` é armazenado em 4 bits, o membro `suit` é armazenado em 2 bits e o membro `color` é armazenado em 1 bit. O número de bits é baseado no intervalo de valores desejado para cada membro da estrutura. O membro `face` armazena valores de `0` (Ás) até `12` (Rei) — 4 bits podem armazenar valores no intervalo de 0 a 15. O membro `suit` armazena valores de `0` a `3` (`0` = Ouros, `1` = Copas, `2` = Paus, `3` = Espadas) — 2 bits podem armazenar valores no intervalo `0–3`. Finalmente, o membro `color` armazena `0` (vermelho) ou `1` (preto) — o bit 1 pode armazenar `0` ou `1`.

A Figura 10.16 (saída do programa mostrada na Figura 10.17) cria o array `deck` contendo 52 estruturas `struct bitCard` na linha 20. A função `fillDeck` (linhas 28-38) insere as 52 cartas no array `deck`, e a função `deal` (linhas 42-54) imprime as 52 cartas. Observe que os membros de campo de bit das estruturas são acessados exatamente como qualquer outro membro da estrutura. O membro `color` é incluído como um meio de indicar a cor da carta em um sistema que permite exibições de cor. É possível especificar um **campo de bit não nomeado** para ser usado como **preenchimento** na estrutura. Por exemplo, a definição da estrutura

```
struct exemplo {
   unsigned a : 13;
   unsigned : 19;
   unsigned b : 4;
};
```

usa um campo de 19 bits não nomeado para preencher espaço — nada pode ser armazenado nesses 19 bits. O membro b (em nosso computador com palavra (*word*) de 4 bits) é armazenado em outra unidade de armazenamento.

```
/* Figura 10.16: fig10_16.c
   Representando cartas com campos em uma struct */

#include <stdio.h>

/* declaração da estrutura bitCard com campos de bit */
struct bitCard {
   unsigned face : 4; /* 4 bits; 0-15 */
   unsigned suit : 2; /* 2 bits; 0-3 */
   unsigned color : 1; /* 1 bit; 0-1 */
}; /* fim da struct bitCard */

typedef struct bitCard Card; /* novo nome de tipo para a struct bitCard */

void fillDeck( Card * const wDeck ); /* protótipo */
void deal( const Card * const wDeck ); /* protótipo */

int main( void )
{
   Card deck[ 52 ]; /* cria array de Cards */

   fillDeck( deck );
   deal( deck );
   return 0; /* indica conclusão bem-sucedida */
} /* fim do main */

/* inicializa Cards */
void fillDeck( Card * const wDeck )
{
   int i; /* contador */

   /* loop por wDeck */
   for ( i = 0; i <= 51; i++ ) {
      wDeck[ i ].face = i % 13;
      wDeck[ i ].suit = i / 13;
      wDeck[ i ].color = i / 26;
   } /* fim do for */
} /* fim da função fillDeck */

/* apresenta cartas em formato de duas colunas; cartas 0-25 subscritadas
   com k1 (coluna 1); cartas 26-51 subscritadas com k2 (coluna 2) */
void deal( const Card * const wDeck )
{
   int k1; /* subscritos 0-25 */
   int k2; /* subscritos 26-51 */

   /* loop por wDeck */
   for ( k1 = 0, k2 = k1 + 26; k1 <= 25; k1++, k2++ ) {
      printf( "Carta:%3d  Naipe:%2d  Cor:%2d   ",
         wDeck[ k1 ].face, wDeck[ k1 ].suit, wDeck[ k1 ].color );
      printf( "Carta:%3d  Naipe:%2d  Cor:%2d\n",
         wDeck[ k2 ].face, wDeck[ k2 ].suit, wDeck[ k2 ].color );
   } /* fim do for */
} /* fim da função deal */
```

Figura 10.16 ■ Campos de bit para a armazenagem de um baralho.

```
Carta:   0 Naipe:   0  Cor:    0  Carta:   0  Naipe:   2  Cor:    1
Carta:   1 Naipe:   0  Cor:    0  Carta:   1  Naipe:   2  Cor:    1
Carta:   2 Naipe:   0  Cor:    0  Carta:   2  Naipe:   2  Cor:    1
Carta:   3 Naipe:   0  Cor:    0  Carta:   3  Naipe:   2  Cor:    1
Carta:   4 Naipe:   0  Cor:    0  Carta:   4  Naipe:   2  Cor:    1
Carta:   5 Naipe:   0  Cor:    0  Carta:   5  Naipe:   2  Cor:    1
Carta:   6 Naipe:   0  Cor:    0  Carta:   6  Naipe:   2  Cor:    1
Carta:   7 Naipe:   0  Cor:    0  Carta:   7  Naipe:   2  Cor:    1
Carta:   8 Naipe:   0  Cor:    0  Carta:   8  Naipe:   2  Cor:    1
Carta:   9 Naipe:   0  Cor:    0  Carta:   9  Naipe:   2  Cor:    1
Carta:  10 Naipe:   0  Cor:    0  Carta:  10  Naipe:   2  Cor:    1
Carta:  11 Naipe:   0  Cor:    0  Carta:  11  Naipe:   2  Cor:    1
Carta:  12 Naipe:   0  Cor:    0  Carta:  12  Naipe:   2  Cor:    1
Carta:   0 Naipe:   1  Cor:    0  Carta:   0  Naipe:   3  Cor:    1
Carta:   1 Naipe:   1  Cor:    0  Carta:   1  Naipe:   3  Cor:    1
Carta:   2 Naipe:   1  Cor:    0  Carta:   2  Naipe:   3  Cor:    1
Carta:   3 Naipe:   1  Cor:    0  Carta:   3  Naipe:   3  Cor:    1
Carta:   4 Naipe:   1  Cor:    0  Carta:   4  Naipe:   3  Cor:    1
Carta:   5 Naipe:   1  Cor:    0  Carta:   5  Naipe:   3  Cor:    1
Carta:   6 Naipe:   1  Cor:    0  Carta:   6  Naipe:   3  Cor:    1
Carta:   7 Naipe:   1  Cor:    0  Carta:   7  Naipe:   3  Cor:    1
Carta:   8 Naipe:   1  Cor:    0  Carta:   8  Naipe:   3  Cor:    1
Carta:   9 Naipe:   1  Cor:    0  Carta:   9  Naipe:   3  Cor:    1
Carta:  10 Naipe:   1  Cor:    0  Carta:  10  Naipe:   3  Cor:    1
Carta:  11 Naipe:   1  Cor:    0  Carta:  11  Naipe:   3  Cor:    1
Carta:  12 Naipe:   1  Cor:    0  Carta:  12  Naipe:   3  Cor:    1
```

Figura 10.17 ■ Saída do programa na Figura 10.16.

Um **campo de bit não nomeado com largura zero** é usado para alinhar o campo de bit seguinte em um novo limite de unidade de armazenamento. Por exemplo, a definição da estrutura

```
struct exemplo {
   unsigned a : 13;
   unsigned : 0;
   unsigned b : 4;
};
```

usa um campo de 0 bits para saltar os bits restantes (tantos quantos houver) da unidade de armazenamento em que a está armazenado, e alinhar b no limite da unidade de armazenamento seguinte.

Dica de portabilidade 10.8

As manipulações de campo de bit são dependentes da máquina. Por exemplo, alguns computadores permitem que os campos de bit atravessem os limites de memória da palavra, enquanto outros não permitem.

Erro comum de programação 10.13

Tentar acessar bits individuais de um campo de bit como se eles fossem elementos de um array consiste em um erro de sintaxe. Os campos de bit não são 'arrays de bits'.

Erro comum de programação 10.14

Tentar usar o endereço de um campo de bit (o operador & não deve ser usado com campos de bits, pois não possui endereços).

Dica de desempenho 10.4

Embora os campos de bit economizem espaço, seu uso pode fazer com que o compilador gere um código em linguagem de máquina de execução mais lenta. Isso ocorre porque são necessárias mais operações em linguagem de máquina para acessar apenas partes de uma unidade de armazenamento endereçável. Esse é um dos muitos exemplos dos tipos de dilemas de espaço-tempo que ocorrem na ciência da computação.

10.11 Constantes de enumeração

Por fim, C oferece mais um tipo definido pelo usuário, chamado de **enumeração**. Uma enumeração, introduzida pela palavra-chave `enum`, é um conjunto de **constantes de enumeração** inteiras, representadas por identificadores. Os valores em um `enum` começam com `0`, a menos que haja outras especificações, e são incrementados por `1`. Por exemplo, a enumeração

```
enum months {
   JAN, FEV, MAR, ABR, MAI, JUN, JUL, AGO, SET, OUT, NOV, DEZ };
```

cria um novo tipo, `enum months`, em que os identificadores são definidos como os inteiros de `0` a `11`, respectivamente. Para numerar os meses de 1 a 12, use a seguinte enumeração:

```
enum months {
   JAN = 1, FEV, MAR, ABR, MAI, JUN, JUL, AGO, SET, OUT, NOV, DEZ
};
```

Como o primeiro valor nessa enumeração é explicitamente definido como `1`, os valores restantes serão incrementados a partir de `1`, resultando nos valores de `1` a `12`. Os identificadores em uma enumeração precisam ser exclusivos. O valor de cada constante em uma enumeração pode ser definido explicitamente pela declaração que atribui um valor ao identificador. Vários membros de uma enumeração podem ter o mesmo valor constante. No programa da Figura 10.18, a variável de enumeração `month` é usada em uma estrutura `for` para imprimir os meses do ano a partir do array `monthName`. Tornamos `monthName[ 0 ]` a string vazia `""`. Alguns programadores poderiam preferir definir `monthName[ 0 ]` como um valor do tipo `***ERROR***` para indicar a ocorrência de um erro lógico.

Erro comum de programação 10.15

Atribuir um valor a uma constante de enumeração depois que ela tiver sido declarada consiste em um erro de sintaxe.

Boa prática de programação 10.5

Use apenas letras maiúsculas em nomes de constante de enumeração. Isso faz com que essas constantes se destaquem em um programa e o ajuda a lembrar-se de que as constantes de enumeração não são variáveis.

```
/* Figura 10.18: fig10_18.c
   Usando um tipo de enumeração */
#include <stdio.h>

/* constantes de enumeração representam meses do ano */
enum months {
   JAN = 1, FEV, MAR, ABR, MAI, JUN, JUL, AGO, SET, OUT, NOV, DEZ };
```

Figura 10.18 ■ Uso da enumeração. (Parte 1 de 2.)

```
int main( void )
{
   enum months month; /* pode conter qualquer um dos 12 meses */

   /* inicializa array de ponteiros */
   const char *monthName[] = { "", "Janeiro", "Fevereiro", "Março",
      "Abril", "Maio", "Junho", "Julho", "Agosto", "Setembro", "Outubro",
      "Novembro", "Dezembro" };

   /* loop pelos meses */
   for ( month = JAN; month <= DEZ; month++ ) {
      printf( "%2d%11s\n", month, monthName[ month ] );
   } /* fim do for */

   return 0; /* indica conclusão bem-sucedida */
} /* fim do main */
```

```
 1    Janeiro
 2    Fevereiro
 3    Março
 4    Abril
 5    Maio
 6    Junho
 7    Julho
 8    Agosto
 9    Setembro
10    Outubro
11    Novembro
12    Dezembro
```

Figura 10.18 ■ Uso da enumeração. (Parte 2 de 2.)

Resumo

Seção 10.1 Introdução

- Estruturas são coleções de variáveis relacionadas e agrupadas sob um único nome. Elas podem conter variáveis de muitos tipos de dados diferentes.
- Estruturas normalmente são usadas para definir registros a serem armazenados em arquivos.
- Ponteiros e estruturas facilitam a formação de estruturas de dados mais complexas, com listas interligadas, filas, pilhas e árvores.

Seção 10.2 Declarações de estrutura

- A palavra-chave `struct` introduz uma definição de estrutura.
- O identificador após a palavra-chave `struct` é a tag da estrutura, que dá nome à declaração da estrutura. A tag é usada com a palavra-chave `struct` para declarar variáveis do tipo de estrutura.
- As variáveis declaradas dentro das chaves da declaração de estrutura são os membros da estrutura.
- Os membros do mesmo tipo de estrutura devem ter nomes exclusivos.
- Toda definição de estrutura precisa terminar com um ponto e vírgula.
- Os membros da estrutura podem ser variáveis dos tipos de dados primitivos ou agregações, como arrays e outras estruturas.
- Uma estrutura não pode conter uma instância de si mesma, mas pode incluir um ponteiro para outro objeto do mesmo tipo.
- Uma estrutura que contém um membro que é um ponteiro para o mesmo tipo de estrutura é conhecido como estrutura autorreferenciada. As estruturas autorreferenciadas são usadas para criar estruturas de dados interligadas.
- As definições de estrutura não reservam nenhum espaço na memória; elas criam novos tipos de dados que são usados para declarar variáveis.
- As variáveis de determinado tipo de estrutura podem ser declaradas ao se colocar uma lista com nomes de variáveis separada por vírgula entre a chave final da declaração da estrutura e seu ponto e vírgula final.

- O nome da tag da estrutura é opcional. Se uma declaração de estrutura não tiver um nome de tag de estrutura, as variáveis do tipo de estrutura só podem ser declaradas na declaração da estrutura.
- As únicas operações válidas que podem ser realizadas em estruturas são atribuição de variáveis da estrutura a variáveis do mesmo tipo, coleta do endereço (&) de uma variável da estrutura, acesso aos membros de uma variável da estrutura e uso do operador `sizeof` para determinar o tamanho de uma variável da estrutura.

Seção 10.3 Inicialização de estruturas

- As estruturas podem ser inicializadas a partir de listas de inicializadores.
- Se houver menos inicializadores na lista do que membros na estrutura, os membros restantes são automaticamente inicializados em `0` (ou `NULL`, se o membro for um ponteiro).
- Os membros das variáveis de estrutura definidos fora de uma definição de função são inicializados em `0` ou `NULL`, se não forem inicializados explicitamente na declaração externa.
- As variáveis da estrutura podem ser inicializadas nas instruções de atribuição, ao se atribuir uma variável da estrutura do mesmo tipo ou valores aos membros individuais da estrutura.

Seção 10.4 Acesso aos membros da estrutura

- O operador de membro da estrutura (`.`) e o operador de ponteiro da estrutura (`->`) são usados para acessar os membros da estrutura.
- O operador de membro da estrutura acessa um membro da estrutura por meio do nome da variável da estrutura.
- O operador de ponteiro da estrutura acessa um membro da estrutura por meio de um ponteiro para a estrutura.

Seção 10.5 Uso de estruturas com funções

- Estruturas podem ser passadas a funções ao se passar membros da estrutura individual, uma estrutura inteira ou um ponteiro para uma estrutura.
- As variáveis da estrutura são passadas por valor como padrão.
- Para passar uma estrutura por referência, passe o endereço dessa estrutura. Os arrays de estruturas — assim como todos os outros arrays — são automaticamente passados por referência.
- Para passar um array por valor, crie uma estrutura que tenha o array como membro. As estruturas são passadas por valor, de modo que o array também será passado por valor.

Seção 10.6 `typedef`

- A palavra-chave `typedef` oferece um mecanismo para a criação de sinônimos para tipos previamente declarados.
- Nomes para tipos de estrutura normalmente são definidos com `typedef` para criar nomes de tipo mais curtos.
- Normalmente, `typedef` é usado para criar sinônimos para os tipos de dados básicos. Por exemplo, um programa que exige inteiros de 4 bytes pode usar o tipo `int` em um sistema e o tipo `long` em outro. Os programas projetados para portabilidade normalmente usam `typedef` para criar um alias para inteiros de 4 bytes, como `Integer`. O alias `Integer` pode ser mudado uma vez no programa, para fazer com que o programa funcione nos dois sistemas.

Seção 10.8 Uniões

- Uma união é declarada com a palavra-chave `union` no mesmo formato de uma estrutura. Seus membros compartilham o mesmo espaço de armazenamento.
- Os membros de uma `union` podem ser de qualquer tipo de dados. O número de bytes usados para armazenar uma `union` deve ser, pelo menos, o suficiente para manter o maior membro.
- Apenas um membro de uma `union` pode ser referenciado a cada vez. É de responsabilidade do programador garantir que os dados em uma `union` sejam referenciados com o tipo apropriado.
- As operações que podem ser realizadas em uma `union` são atribuição de uma `union` a outra do mesmo tipo, coleta de endereço (&) de uma variável `union` e acesso a membros da `union` usando os operadores de membro da estrutura e de ponteiro da estrutura.
- Uma `union` pode ser inicializada em uma declaração com um valor do mesmo tipo que o do primeiro membro da `union`.

Seção 10.9 Operadores sobre bits

- Os computadores representam internamente todos os dados como sequências de bits com os valores `0` ou `1`.
- Na maioria dos sistemas, uma sequência de 8 bits forma um byte — unidade de armazenamento-padrão de uma variável do tipo `char`. Outros tipos de dados são armazenados em números de bytes maiores.
- Os operadores sobre bits são usados para manipular os bits dos operandos inteiros (`char`, `short`, `int` e `long`, tanto `signed` quanto `unsigned`). Normalmente, são usados inteiros sem sinal.
- Os operadores sobre bits são AND sobre bits (&), OR inclusivo sobre bits (|), OR exclusivo sobre bits (^), deslocamento à esquerda (<<), deslocamento à direita (>>) e complemento (~).
- Os operadores sobre bits AND, OR inclusivo e OR exclusivo comparam seus dois operandos bit a bit. O operador AND sobre bits define cada bit no resultado como 1, se o bit correspondente em ambos os operandos for 1. O operador OR inclusivo sobre bits define cada bit no resultado como 1, se o bit correspondente em um ou em ambos os operandos for 1. O operador OR exclusivo sobre bits define cada bit no resultado como 1, se o bit correspondente em exatamente um operando for 1.
- O operador de deslocamento à esquerda desloca os bits de seu operando da esquerda para a esquerda pelo número

de bits especificado em seu operando da direita. Os bits vagos à direita são substituídos por 0s; 1s deslocados para a esquerda são perdidos.

- O operador de deslocamento à direita desloca os bits em seu operando da esquerda para a direita pelo número de bits especificado em seu operando da direita. Realizar um deslocamento à direita em um inteiro `unsigned` faz com que os bits vagos à esquerda sejam substituídos por 0s; os bits deslocados para o lado direito são perdidos.
- O operador de complemento sobre bits define todos os bits 0 em seu operando como 1 no resultado, e define todos os bits 1 como 0 no resultado.
- Normalmente, o operador AND sobre bits é usado com um operando chamado de máscara — um valor inteiro com bits específicos definidos como 1. Máscaras são usadas para ocultar alguns bits em um valor, enquanto selecionam outros bits.
- A constante simbólica CHAR_BIT (definida em `<limits.h>`) representa o número de bits em um byte (normalmente, 8). Ela pode ser usada para tornar um programa de manipulação de bits mais escalável e portável.
- Todo operador binário sobre bits tem um operador de atribuição correspondente.

Seção 10.10 Campos de bit

- C permite que você especifique o número de bits em que um membro `unsigned` ou `int` de uma estrutura ou união é armazenado. Isso é conhecido como campo de bit. Os campos de bit permitem uma utilização de memória mais competente, armazenando dados no número mínimo de bits exigido.
- Um campo de bit é declarado ao se usar um nome de membro `unsigned` ou `int` seguido por um sinal de dois pontos (`:`), e uma constante inteira representando a largura do campo. A constante precisa ser um inteiro entre 0 e o número total de bits usados para armazenar um `int` inclusive em seu sistema.
- Os membros de campo de bit das estruturas são acessados exatamente como qualquer outro membro da estrutura.
- É possível especificar um campo de bit sem nome para que ele seja usado como preenchimento na estrutura.
- Um campo de bit sem nome com largura zero alinha o campo de bit seguinte em um novo limite da unidade de armazenamento.

Seção 10.11 Constantes de enumeração

- Um `enum` define um conjunto de constantes inteiras representadas por identificadores. Os valores em um `enum` começam com 0, a menos que exista uma especificação diferente quanto a isso, e são incrementados por 1.
- Os identificadores em um `enum` precisam ser exclusivos.
- O valor de uma constante `enum` pode ser definido explicitamente por meio da atribuição na declaração de `enum`.
- Vários membros de uma enumeração podem ter o mesmo valor constante.

Terminologia

`.` operador de membro da estrutura 322
~ operador de complemento sobre bits 335
agregações 320
campo de bit não nomeado 337
campo de bit não nomeado com largura zero 339
campo de bits 337
complemento de um 335
constante simbólica CHAR_BIT 332
constantes de enumeração 340
enumeração 340
estrutura autorreferenciada 321
estruturas 320
largura de um campo de bit 337
máscara 331
membros 320
nome de membro (campo de bits) 337
nome do membro do campo de bit 337
operador AND sobre bits (&) 330
operador de complemento (~) 330
operador de complemento sobre bits (~) 335
operador de deslocamento à direita (>>) 330
operador de deslocamento à esquerda (<<) 330
operador de membro da estrutura (.) 322
operador de ponteiro da estrutura (->) 322
operador de seta (->) 322
operador OR exclusivo sobre bits (^) 330
operador OR inclusivo sobre bits (|) 330
operadores de atribuição sobre bits 336
ponteiro para a estrutura 323
preenchimento 337
`struct` 320
tag de estrutura 320
tipo de dados derivados 320
tipo de estrutura 320
`typedef` 324
`union` 327

Exercícios de autorrevisão

10.1 Preencha os espaços em cada uma das sentenças:

a) Um(a) _______ é uma coleção de variáveis relacionadas e agrupadas sob um único nome.

b) Um(a) _______ é uma coleção de variáveis agrupadas sob um único nome em que as variáveis compartilham o mesmo espaço de armazenamento.

c) Os bits no resultado de uma expressão que usa o operador _______ são definidos como 1, se os bits correspondentes em cada operando forem definidos como 1. Caso contrário, os bits são definidos como zero.

d) As variáveis declaradas em uma definição da estrutura são chamadas de _______.

e) Em uma expressão que usa o operador _______, os bits são definidos como 1, se pelo menos um dos bits correspondentes em qualquer operando for definido como 1. Caso contrário, os bits são definidos como zero.

f) A palavra-chave _______ introduz uma declaração da estrutura.

g) A palavra-chave _______ é usada para criar um sinônimo para um tipo de dado previamente definido.

h) Em uma expressão que usa o operador _______, os bits são definidos como 1, se exatamente um dos bits correspondentes em qualquer operando for definido como 1. Caso contrário, os bits são definidos como zero.

i) O operador AND sobre bits (&) normalmente é usado para _______ bits, ou seja, selecionar certos bits e zerar outros.

j) A palavra-chave _______ é usada para introduzir uma definição de união.

k) O nome da estrutura é chamado de _______ da estrutura.

l) Um membro da estrutura pode ser acessado com o operador _______ ou com _______.

m) Os operadores _______ e _______ são usados para deslocar os bits de um valor à esquerda ou à direita, respectivamente.

n) Um(a) _______ é um conjunto de inteiros representados por identificadores.

10.2 Responda *verdadeiro* ou *falso* para os itens a seguir. Justifique sua resposta caso haja alternativas falsas.

a) Estruturas podem conter variáveis com apenas um tipo de dados.

b) Duas uniões podem ser comparadas (usando ==) para que se determine se são iguais.

c) O nome da tag de uma estrutura é opcional.

d) Os membros de diferentes estruturas devem ter nomes exclusivos.

e) A palavra-chave `typedef` é usada para definir novos tipos de dados.

f) As estruturas são sempre passadas a funções por referência.

g) As estruturas não podem ser comparadas usando os operadores == e !=.

10.3 Escreva o código para realizar cada uma das tarefas a seguir:

a) Defina uma estrutura chamada `peça` que contenha a variável `int numPeça` e o array de `char nomePeça` com valores que tenham até 25 caracteres (incluindo o caractere nulo de finalização).

b) Defina `Peça` para que seja um sinônimo do tipo `struct peça`.

c) Use `Peça` para declarar que a variável `a` seja do tipo `struct peça`, o array `b[ 10 ]` seja do tipo `struct peça` e a variável `ptr` seja do tipo ponteiro para `struct peça`.

d) Leia um número de peça e um nome de peça do teclado para os membros individuais da variável `a`.

e) Atribua os valores membros da variável `a` ao elemento 3 do array `b`.

f) Atribua o endereço do array `b` à variável de ponteiro `ptr`.

g) Imprima os valores membros do elemento 3 do array `b` usando a variável `ptr` e o operador de ponteiro da estrutura para que se refira aos membros.

10.4 Encontre o erro em cada um dos itens a seguir:

a) Suponha que `struct card` tenha sido definida para que contenha dois ponteiros para o tipo `char`, a saber, `face` e `suit`. Além disso, a variável `c` foi definida para ser do tipo `struct card` e a variável `cPtr` foi definida para ser do tipo ponteiro para `struct card`. A variável `cPtr` recebeu o endereço de `c`.

```
printf( "%s\n", *cPtr->face );
```

b) Suponha que `struct card` tenha sido definida para que contenha dois ponteiros para o tipo `char`, a saber, `face` e `suit`. Além disso, o array `hearts[ 13 ]` foi definido para ser do tipo `struct card`. A instrução a seguir deverá imprimir o membro `face` do elemento do array 10.

```
printf( "%s\n", copas.face );
```

c)

```
union valores {
    char w;
    float x;
    double y;
};
union valores v = { 1.27 };
```

d)
```
struct pessoa {
    char nome[ 15 ];
    char sobrenome[ 15 ];
    int idade;
}
```

e) Suponha que `struct pessoa` tenha sido definido como na parte (d), mas com a correção apropriada.

```
pessoa d;
```

f) Suponha que a variável `p` tenha sido declarada como tipo `struct pessoa`, e a variável `c` tenha sido declarada como tipo `struct card`.

```
p = c;
```

Respostas dos exercícios de autorrevisão

10.1 a) estrutura. b) união. c) AND sobre bits (&). d) membros. e) OR inclusivo sobre bits (|). f) `struct`. g) `typedef`. h) OR exclusivo sobre bits (^). i) máscara. j) `union`. k) nome de tag. l) membro da estrutura, ponteiro da estrutura. m) operador de deslocamento à esquerda (<<), operador de deslocamento à direita (>>). n) enumeração.

10.2 a) Falso. Uma estrutura pode conter variáveis de muitos tipos de dados.

b) Falso. As uniões não podem ser comparadas porque pode haver bytes de dados indefinidos com diferentes valores nas variáveis da união, que de outra forma seriam idênticos.

c) Verdadeiro.

d) Falso. Os membros das estruturas separadas podem ter os mesmos nomes, mas os membros da mesma estrutura precisam ter nomes exclusivos.

e) Falso. A palavra-chave `typedef` é usada para definir novos nomes (sinônimos) para os tipos de dados previamente definidos.

f) Falso. As estruturas são sempre passadas a funções com chamadas por valor.

g) Verdadeiro, devido aos problemas de alinhamento.

10.3 a)
```
struct peça {
    int numPeça;
    char nomePeça[26];
};
```

b) `typedef struct peça Peça;`

c) `Peça a, b[ 10 ], *ptr;`

d) `scanf( "%d%25s", &a.numPeça, &a.nomePeça };`

e) `b[ 3 ] = a;`

f) `ptr = b;`

g) `printf( "%d %s\n", ( ptr + 3 )->numPeça, ( ptr + 3 )->nomePeça);`

10.4 a) Os parênteses que devem delimitar `*cPtr` foram omitidos, fazendo com que a ordem de avaliação da expressão seja incorreta. A expressão deveria ser

```
( *cPtr )->face
```

b) O subscrito do array foi omitido. A expressão deveria ser

```
copas[ 10 ].face.
```

c) Uma união só pode ser inicializada com um valor que tenha o mesmo tipo do primeiro membro da união.

d) Um ponto e vírgula é necessário para finalizar uma definição da estrutura.

e) A palavra-chave `struct` foi omitida da declaração da variável. A declaração deveria ser

```
struct pessoa d;
```

f) Variáveis de diferentes tipos da estrutura não podem ser atribuídas umas às outras.

Exercícios

10.5 Forneça a definição de cada uma das estruturas e uniões a seguir:

a) Estrutura `estoque` que contém o array de caracteres `nomePeça[ 30 ]`, o inteiro `numPeça`, o `preço` em ponto flutuante, o inteiro `quantidade` e o inteiro `pedido`.

b) Dados de união que contêm `char c`, `short s`, `long b`, `float f` e `double d`.

c) Uma estrutura chamada `endereço` que contém os arrays de caracteres

`rua[ 25 ]`, `cidade[ 20 ]`, `estado[ 2 ]` e `cep[ 8 ]`.

d) A estrutura `aluno` que contém os arrays `nome[ 15 ]` e `sobrenome[ 15 ]` e a variável `endResid` do tipo `struct endereço` da parte (c).

e) A estrutura `teste` que contém 16 campos de

bit com larguras de 1 bit. Os nomes dos campos de bit são as letras de `a` até `p`.

10.6 Dada a seguinte estrutura e definições de variável,

```
struct cliente {
   char nome[ 15 ];
   char sobrenome[ 15 ];
   int numCliente;

   struct {
      char telefone[ 11 ];
      char endereço[ 50 ];
      char cidade[ 25 ];
      char estado[ 2 ];
      char cep[ 8 ];
   } pessoal;

} regCliente, *ptrCliente;

ptrCliente = &regCliente;
```

escreva uma expressão que possa ser usada para acessar os membros da estrutura em cada uma das partes a seguir:

a) Membro `sobrenome` da estrutura `regCliente`.
b) Membro `sobrenome` da estrutura apontada por `ptrCliente`.
c) Membro `nome` da estrutura `regCliente`.
d) Membro `nome` da estrutura apontada por `ptrCliente`.
e) Membro `numCliente` da estrutura `regCliente`.
f) Membro `numCliente` da estrutura apontada por `ptrCliente`.
g) Membro `telefone` do membro `pessoal` da estrutura `regCliente`.
h) Membro `telefone` do membro `pessoal` da estrutura apontada por `ptrCliente`.
i) Membro `endereço` do membro `pessoal` da estrutura `regCliente`.
j) Membro `endereço` do membro `pessoal` da estrutura apontada por `ptrCliente`.
k) Membro `cidade` do membro `pessoal` da estrutura `regCliente`.
l) Membro `cidade` do membro `pessoal` da estrutura apontada por `ptrCliente`.
m) Membro `estado` do membro `pessoal` da estrutura `regCliente`.
n) Membro `estado` do membro `pessoal` da estrutura apontada por `ptrCliente`.
o) Membro `cep` do membro `pessoal` da estrutura `regCliente`.
p) Membro `cep` do membro `pessoal` da estrutura apontada por `ptrCliente`.

10.7 ***Modificação do programa de embaralhamento e distribuição de cartas.*** Modifique o programa da Figura 10.16 de modo que as cartas sejam embaralhadas por meio de uma técnica de alto desempenho (como mostra a Figura 10.3). Imprima o baralho resultante no formato de duas colunas, como mostra a Figura 10.4. Preceda cada carta com sua respectiva cor.

10.8 ***Uso de uniões.*** Crie a união `integer` com membros `char c`, `short s`, `int i` e `long b`. Escreva um programa que aceite valores do tipo `char`, `short`, `int` e `long` e armazene os valores em variáveis de união do tipo `union integer`. Cada variável de união deve ser impressa como um `char`, um `short`, um `int` e um `long`. Os valores sempre são impressos corretamente?

10.9 ***Uso de uniões.*** Crie a união `pontoFlutuante` com membros `float f`, `double d` e `long double x`. Escreva um programa que aceite valores do tipo `float`, `double` e `long double`, e armazene os valores em variáveis de união do tipo `union pontoFlutuante`. Cada variável de união deverá ser impressa como um `float`, um `double` e um `long double`. Os valores sempre são impressos corretamente?

10.10 ***Deslocamento de inteiros à direita.*** Escreva um programa que desloque para a direita uma variável inteira de 4 bits. O programa deverá imprimir o inteiro em bits antes e depois da operação de deslocamento. Seu sistema coloca 0s ou 1s nos bits vagos?

10.11 ***Deslocamento de inteiros à direita.*** Se seu computador usa inteiros de 2 bytes, modifique o programa da Figura 10.7 de modo que ele funcione com inteiros de 2 bytes.

10.12 ***Deslocamento de inteiros à esquerda.*** Deslocar à esquerda um inteiro `unsigned` por 1 bit é equivalente a multiplicar o valor por 2. Escreva uma função `potencia2` que use dois argumentos inteiros `número` e `pot` e calcule

$$\texttt{número} * 2^{pot}$$

Use o operador de deslocamento para calcular o resultado. Imprima os valores como inteiros e como bits.

10.13 ***Compactação de caracteres em um inteiro.*** O operador de deslocamento à esquerda pode ser usado para compactar dois valores de caracteres em uma variável inteira `unsigned`. Escreva um programa que aceite dois caracteres do teclado e os passe para a função `compactaCaracteres`. Para compactar dois caracteres em uma variável inteira `unsigned`, atribua o primeiro caractere à variável `unsigned`, desloque a variável `unsigned` para a esquerda em 8 posições de bits e combine a variável `unsigned` com o segundo caractere usando o operador OR inclusivo sobre bits. O programa deverá enviar os caracteres em seu formato de bit antes e depois de serem compactados no inteiro `unsigned`, para provar que eles foram compactados corretamente na variável `unsigned`.

10.14 ***Descompactação de caracteres a partir de um inteiro.*** Usando o operador de deslocamento à direita, o operador AND sobre bits e uma máscara, escreva uma função `descompactaCaracteres` que receba o inteiro `unsigned` do Exercício 10.13 e o descompacte em dois caracteres. Para descompactar dois caracteres a partir de um inteiro `unsigned`, combine o inteiro `unsigned` com a máscara `65280` (`00000000 00000000 11111111 00000000`) e desloque o resultado em 8 bits para a direita. Atribua o valor resultante a uma variável `char`. Depois, combine o inteiro `unsigned` com a máscara `255` (`00000000 00000000 00000000 11111111`). Atribua o resultado a outra variável `char`. O programa deverá imprimir o inteiro `unsigned` em bits antes que ele seja descompactado, e depois imprimir os caracteres em bits para confirmar que foram descompactados corretamente.

10.15 ***Compactação de caracteres em um inteiro.*** Se o seu sistema usa inteiros de 4 bytes, reescreva o programa do Exercício 10.13 para que ele compacte 4 caracteres.

10.16 ***Descompactação de caracteres a partir de um inteiro.*** Se seu sistema usa inteiros de 4 bytes, reescreva a função `descompactaCaracteres` do Exercício 10.14 para que ela descompacte 4 caracteres. Crie as máscaras necessárias para descompactar os 4 caracteres deslocando o valor `255` à esquerda em 8 bits na variável de máscara por 0, 1, 2 ou 3 vezes (a depender do byte que você estiver descompactando).

10.17 ***Inversão da ordem dos bits de um inteiro.*** Escreva um programa que inverta a ordem dos bits em um valor inteiro `unsigned`. O programa deverá pedir o valor do usuário e chamar a função `reverseBits` para imprimir os bits em ordem inversa. Imprima o valor em bits antes e depois que os bits forem invertidos, para confirmar que eles foram invertidos corretamente.

10.18 ***Função `displayBits` portável.*** Modifique a função `displayBits` da Figura 10.7 de modo que ela seja portável entre sistemas que usem inteiros de 2 bytes e de 4 bytes. [*Dica:* use o operador `sizeof` para determinar o tamanho de um inteiro em uma máquina específica.]

10.19 ***Qual é o valor de X?*** O programa a seguir usa a função `multiple` para determinar se o inteiro digitado pelo teclado é um múltiplo de um inteiro `X`. Examine a função `multiple` e depois determine o valor de `X`.

```c
/* ex10_19.c */
/* Esse programa determina se um valor é um múltiplo de X. */
#include <stdio.h>

int multiple( int num ); /* protótipo */

int main( void )
{
   int y; /* y terá um inteiro informado pelo usuário */

   printf( "Digite um inteiro entre 1 e 32000: " );
   scanf( "%d", &y );

   /* se y é um múltiplo de X */
   if ( multiple( y ) ) {
      printf( "%d é um múltiplo de X\n", y );
   } /* fim do if */
   else {
      printf( "%d não é um múltiplo de X\n", y );
   } /* fim do else */

   return 0; /* indica conclusão bem-sucedida */
} /* fim do main */

/* determina se num é um múltiplo de X */
int multiple( int num )
{
   int i; /* contador */
   int mask = 1; /* inicializa mask */
   int mult = 1; /* inicializa mult */

   for ( i = 1; i <= 10; i++, mask <<= 1 ) {

      if ( ( num & mask ) != 0 ) {
         mult = 0;
         break;
      } /* fim do if */
   } /* fim do for */

   return mult;
} /* fim da função multiple */
```

10.20 O que o programa a seguir faz?

```
/* ex10_20.c */
#include <stdio.h>

int mystery( unsigned bits ); /* protótipo */

int main( void )
{
   unsigned x; /* x manterá um inteiro digitado pelo usuário */

   printf( "Digite um inteiro: " );
   scanf( "%u", &x );

   printf( "O resultado é %d\n", mystery( x ) );
   return 0; /* indica conclusão bem-sucedida */
} /* fim do main */

/* O que a função a seguir faz? */
int mystery( unsigned bits )
{
   unsigned i; /* contador */
   unsigned mask = 1 << 31; /* inicializa máscara */
   unsigned total = 0; /* inicializa total */

   for ( i = 1; i <= 32; i++, bits <<= 1 ) {

      if ( ( bits & mask ) == mask ) {
         total++;
      } /* fim do if */
   } /* fim do for */

   return !( total % 2 ) ? 1 : 0;
} /* fim da função mystery */
```

Fazendo a diferença

10.21 ***Informatização de registros de saúde.*** Ultimamente, a questão da informatização dos registros de saúde tem feito parte dos noticiários. Essa possibilidade está sendo estudada com cuidado devido a preocupações com privacidade e segurança quanto a informações confidenciais, entre outras questões. A informatização de registros de saúde poderia facilitar o compartilhamento de perfis e históricos de saúde de pacientes entre diversos médicos. Isso poderia melhorar a qualidade do atendimento, ajudaria a evitar conflitos entre medicamentos e prescrição de receitas incorretas, reduziria custos e, nas salas de emergência, salvaria vidas. Neste exercício, você criará uma estrutura `PerfilSaúde` 'inicial' para uma pessoa. Os membros da estrutura deverão incluir nome, sobrenome, sexo, data de nascimento (consistindo em atributos separados para dia, mês e ano de nascimento), altura (em centímetros) e peso (em quilos). Seu programa deverá ter uma função que receba esses dados e os utilize para definir os membros de uma variável `PerfilSaúde`. O programa também deverá incluir funções que calculem e retornem a idade do usuário em anos, a frequência cardíaca máxima e a frequência cardíaca ideal (ver Exercício 3.48), e o índice de massa corporal (IMC; ver Exercício 2.32). O programa deverá pedir a informação da pessoa, criar uma variável `PerfilSaúde` para ela e exibir as informações dessa variável — o que inclui nome, sobrenome, sexo, data de nascimento, altura e peso; depois, deverá calcular e exibir a idade da pessoa em anos, seu IMC e suas frequências cardíacas máxima e ideal. Ele também deverá exibir a tabela de 'valores de IMC' do Exercício 2.32.

Processamento de arquivos em C

11

Capítulo

Eu li uma parte disso por completo.
— **Samuel Goldwyn**

Tirem os chapéus!
A bandeira está passando.
— **Henry Holcomb Bennett**

Consciência... não se apresenta a si mesma cortada em pequenos pedaços. ... Um 'rio' ou um 'fluxo' são as metáforas por meio das quais ela é mais naturalmente descrita.
— **William James**

Só me resta supor que um documento para 'Não Arquivar' esteja arquivado em um arquivo de nome 'Não Arquivar'.
— **Senador Frank Church**

Objetivos

Neste capítulo, você aprenderá:

- A criar, ler, gravar e atualizar arquivos.
- Processar arquivos por acesso sequencial.
- Processar arquivos por acesso aleatório.

Conteúdo

11.1 Introdução
11.2 Hierarquia de dados
11.3 Arquivos e streams
11.4 Criação de um arquivo de acesso sequencial
11.5 Leitura de dados de um arquivo de acesso sequencial
11.6 Arquivos de acesso aleatório
11.7 Criação de um arquivo de acesso aleatório
11.8 Escrita aleatória de dados em um arquivo de acesso aleatório
11.9 Leitura de dados de um arquivo de acesso aleatório
11.10 Estudo de caso: programa de processamento de transações

Resumo | Terminologia | Exercícios de autorrevisão | Respostas dos exercícios de autorrevisão | Exercícios | Fazendo a diferença

11.1 Introdução

O armazenamento de dados em variáveis e arrays é temporário — esses dados são perdidos quando um programa é encerrado. Arquivos são usados na conservação permanente de dados. Os computadores armazenam arquivos em dispositivos secundários de armazenamento, especialmente dispositivos de armazenamento de disco. Neste capítulo, explicaremos como os arquivos de dados são criados, atualizados e processados por programas em C. Examinaremos tanto os arquivos de acesso sequencial quanto os arquivos de acesso aleatório.

11.2 Hierarquia de dados

Basicamente, todos os dados processados por um computador são reduzidos a combinações de **zeros e uns**. Isso ocorre porque é simples e econômico construir dispositivos eletrônicos que podem assumir dois estados permanentes — um deles representa `0`, e o outro representa `1`. É notável que as impressionantes funções executadas pelos computadores envolvam apenas as manipulações mais elementares de `0`s e `1`s.

O menor item de dados em um computador pode assumir o valor `0` ou o valor `1`. Tal item de dados é chamado de **bit** (abreviação de '**binary digit**', ou 'dígito binário' — um dígito que pode assumir um de dois valores). Os circuitos computacionais realizam várias manipulações simples de bits, tais como determinar, redefinir e inverter o valor de um bit (de `1` para `0`, ou de `0` para `1`).

É complicado trabalhar com dados no formato de bits. Em vez disso, os programadores preferem trabalhar com dados na forma de dígitos decimais (ou seja, 0, 1, 2, 3, 4, 5, 6, 7, 8 e 9), **letras** (ou seja, de A até Z, e de a até z) e **símbolos especiais** (ou seja, $, @, %, &, *, (,), –, +, ", :, ?, /, entre outros). Dígitos, letras e símbolos especiais são chamados de **caracteres**. O conjunto de todos os caracteres usados para escrever programas e representar itens de dados em determinado computador é chamado de **conjunto de caracteres** daquele computador. Como os computadores podem processar apenas `1`s e `0`s, qualquer caractere do conjunto de caracteres de um computador é representado por uma combinação de `1`s e `0`s (chamada de **byte**). Atualmente, os bytes são normalmente compostos por oito bits. Os programadores criam programas e itens de dados como caracteres; os computadores manipulam e processam esses caracteres como combinações de bits.

Da mesma forma que os caracteres são compostos por bits, os **campos** são compostos por caracteres. Um campo é um grupo de caracteres que possui um significado. Por exemplo, um campo que tenha apenas letras maiúsculas e minúsculas pode ser usado para representar o nome de uma pessoa.

Os itens de dados processados pelos computadores formam uma **hierarquia de dados**, na qual os itens de dados se tornam maiores e mais complexos na estrutura à medida que evoluímos de bits para caracteres (bytes), campos, e assim por diante.

Um **registro** (isto é, uma `struct` em C) é composto por vários campos. Em um sistema de folha de pagamento, por exemplo, um registro de determinado funcionário pode consistir nos seguintes campos:

1. Número de identificação (campo alfanumérico)
2. Nome (campo alfabético).
3. Endereço (campo alfanumérico).
4. Valor do salário por hora (campo numérico).
5. Número de dispensas solicitadas (campo numérico).
6. Total de vencimentos no ano (campo numérico).
7. Total de impostos retidos na fonte (campo numérico).

Assim, um registro é um grupo de campos relacionados. No exemplo anterior, cada um dos campos pertence ao mesmo funcionário. Naturalmente, uma empresa específica pode ter muitos funcionários, e, portanto, terá um registro de folha de pagamento para cada um. Um **arquivo** é um grupo de registros relacionados. Um arquivo de folha de pagamento de uma empresa contém um registro para cada funcionário. Assim, o arquivo de folha de pagamento de uma pequena empresa pode conter apenas 22 registros, ao passo que o arquivo da folha de pagamento de uma grande empresa pode conter 100.000 registros. Não é raro uma organização ter centenas ou até milhares de arquivos, alguns deles contendo bilhões ou trilhões de caracteres de informações. A Figura 11.1 ilustra a hierarquia de dados.

Para facilitar a recuperação de registros específicos de um arquivo, pelo menos um campo em cada registro é escolhido para ser a **chave de registro**. A chave de registro identifica e relaciona um registro a determinada pessoa ou entidade. Por exemplo, no registro de folha de pagamento descrito anteriormente, o número de identificação do empregado normalmente seria escolhido para ser a chave de registros.

Há muitas maneiras de se organizar registros em um arquivo. No tipo mais comum de organização, denominado **arquivo sequencial**, registros são normalmente organizados segundo o campo de chave de registros. Em um arquivo de folha de pagamento, os registros geralmente são organizados segundo o número de identificação do funcionário. O registro do primeiro empregado no arquivo contém o menor número de identificação, e os registros subsequentes têm números de identificação em ordem crescente.

A maioria das empresas utiliza muitos arquivos diferentes para armazenar dados. Por exemplo, as empresas podem ter arquivos de folha de pagamento, de contas a receber (que lista o dinheiro devido pelos clientes), de contas a pagar (que lista o dinheiro devido aos fornecedores), de estoques (que lista as características a respeito de todos os itens manipulados pela empresa), e muitos outros tipos de arquivos. Algumas vezes, um grupo de arquivos relacionados entre si é chamado de **banco de dados**. Um conjunto de programas que se destina a criar e gerenciar bancos de dados é chamado de **SGBD, sistema de gerenciamento de banco de dados** (ou DBMS, database management system).

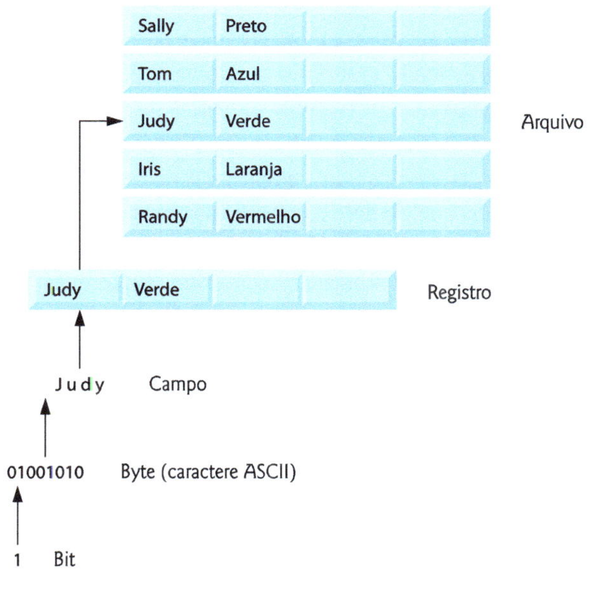

Figura 11.1 ■ A hierarquia de dados.

11.3 Arquivos e streams

C vê cada arquivo simplesmente como uma sequência de bytes (Figura 11.2). Cada arquivo termina com um **marcador de fim de arquivo**, ou em um byte específico, cujo número é gravado em uma estrutura administrativa de dados mantida pelo sistema. Quando um arquivo é aberto, um objeto é criado e um **stream** é associado àquele objeto. Três arquivos e seus streams associados são abertos automaticamente quando um programa inicia sua execução — a **entrada-padrão**, a **saída-padrão** e o **erro-padrão**. Os streams fornecem canais de comunicação entre arquivos e programas. Por exemplo, o stream de entrada-padrão permite que um programa leia dados do teclado, e o fluxo de saída-padrão permite que um programa exiba dados na tela. Abrir um arquivo retorna um ponteiro para uma estrutura `FILE` (definida em `<stdio.h>`), que contém informações usadas para processar o arquivo. Essa estrutura

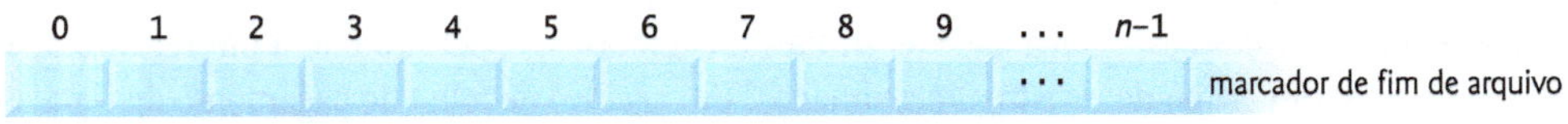

Figura 11.2 ■ Como a linguagem C visualiza um arquivo com *n* bytes.

inclui um **descritor de arquivo**, ou seja, um índice para um array do sistema operacional chamado de **tabela de arquivo aberto**. Cada elemento do array contém um **bloco de controle de arquivo** (**File Control Block — FCB**), que o sistema operacional utiliza para administrar um arquivo específico. Entrada-padrão, saída-padrão e erro-padrão são manipulados usando os ponteiros de arquivo `stdin`, `stdout` e `stderr`.

A biblioteca-padrão oferece muitas funções para a leitura de dados dos arquivos e para a gravação de dados em arquivos. A função `fgetc`, assim como `getchar`, lê um caractere de um arquivo. A função `fgetc` recebe como argumento um ponteiro `FILE` para o arquivo, do qual um caractere será lido. A chamada `fgetc(stdin)` lê um caractere de `stdin` — a entrada-padrão. Essa chamada é equivalente à chamada `getchar()`. A função `fputc`, assim como `putchar`, grava um caractere em um arquivo. A função `fputc` recebe como argumentos um caractere a ser gravado e um ponteiro para o arquivo no qual o caractere será gravado. A chamada de função `fputc('a', stdout)` envia o caractere `'a'` para `stdout` — a saída-padrão. Essa chamada é equivalente a `putchar( 'a' )`.

Várias outras funções usadas na leitura de dados da entrada-padrão e no envio de dados para a saída-padrão possuem funções de processamento de arquivo com nomes semelhantes. As funções `fgets` e `fputs`, por exemplo, podem ser usadas na leitura de uma linha de um arquivo e gravar uma linha em um arquivo, respectivamente. Nas próximas seções, apresentaremos os equivalentes de processamento de arquivo das funções `scanf` e `printf` — `fscanf` e `fprintf`. Adiante, discutiremos as funções `fread` e `fwrite`.

11.4 Criação de um arquivo de acesso sequencial

C não impõe nenhuma estrutura a um arquivo. Assim, conceitos como o de 'registro' não fazem parte da linguagem em C. Portanto, o programador deve estruturar os arquivos de modo a satisfazer as exigências de uma aplicação em particular. No exemplo a seguir, vemos como o programador pode impor uma estrutura de registros simples a um arquivo.

A Figura 11.3 cria um arquivo simples de acesso sequencial que pode ser usado em um sistema de contas a receber para ajudar a controlar as quantias devidas pelos clientes devedores de uma empresa. Para cada cliente, o programa obtém um número de conta, o nome e o saldo do cliente (ou seja, a quantia que ele deve à empresa por bens e serviços recebidos no passado). Os dados obtidos constituem um 'registro' daquele cliente. O número da conta é usado como campo de chave dos registros nessa aplicação — o arquivo será criado e mantido segundo a ordem dos números de contas. Esse programa supõe que o usuário forneça os registros na ordem dos números das contas. Em um grande sistema de contas a receber, seria fornecido um recurso de ordenação para que o usuário pudesse entrar com os registros em qualquer ordem. Os registros seriam, então, ordenados e gravados no arquivo. [*Nota*: as figuras 11.7 e 11.8 usam o arquivo de dados criado na Figura 11.3, assim, você precisa executar o programa da Figura 11.3 antes dos programas nas figuras 11.7 e 11.8.]

```
/* Fig. 11.3: fig11_03.c
   Criando um arquivo sequencial */
#include <stdio.h>

int main( void )
{
   int account; /* número da conta */
   char name[ 30 ]; /* nome da conta */
   double balance; /* saldo da conta */

   FILE *cfPtr; /* ponteiro de arquivo cfPtr = clients.dat */

   /* fopen abre arquivo. Sai do programa se não pode criar arquivo  */
   if ( ( cfPtr = fopen( "clients.dat", "w" ) ) == NULL ) {
      printf( "Arquivo não pode ser aberto\n" );
   } /* fim do if */
```

Figura 11.3 ■ Criação de um arquivo sequencial. (Parte 1 de 2.)

```
17      else {
18         printf( "Digite o número de conta, o nome e o saldo.\n" );
19         printf( "Digite fim de arquivo para terminar a entrada.\n" );
20         printf( "? " );
21         scanf( "%d%s%lf", &account, name, &balance );
22
23      /* grava conta, nome e saldo no arquivo com fprintf */
24      while ( !feof( stdin ) ) {
25         fprintf( cfPtr, "%d %s %.2f\n", account, name, balance );
26         printf( "? " );
27         scanf( "%d%s%lf", &account, name, &balance );
28      } /* fim do while */
29
30         fclose( cfPtr ); /* fclose fecha arquivo */
31      } /* fim do else */
32
33      return 0; /* indica conclusão bem-sucedida */
34   } /* fim do main */
```

```
Digite o número de conta, o nome e o saldo.
Digite fim de arquivo para terminar a entrada.
? 100 Jones 24.98
? 200 Doe 345.67
? 300 White 0.00
? 400 Stone -42.16
? 500 Rich 224.62
? ^Z
```

Figura 11.3 ■ Criação de um arquivo sequencial. (Parte 2 de 2.)

Agora, examinemos esse programa. A linha 11 indica que `cfptr` é um ponteiro para uma estrutura `FILE`. Um programa em C administra cada arquivo com uma estrutura `FILE` separada. Você não precisa conhecer os detalhes da estrutura `FILE` para usar arquivos, embora o leitor interessado possa estudar a declaração em `stdio.h`. Logo, veremos exatamente como a estrutura `FILE` segue indiretamente na direção do bloco de controle de arquivo (FCB) do sistema operacional de um arquivo.

Cada arquivo aberto precisa ter um ponteiro do tipo `FILE` declarado separadamente, que é usado para se referir ao arquivo. A linha 14 dá nome ao arquivo — `"clients.dat"` — a ser usado pelo programa para estabelecer uma 'linha de comunicação' com o arquivo. O ponteiro de arquivo `cfPtr` recebe um ponteiro para a estrutura `FILE` para o arquivo aberto com `fopen`. A função `fopen` usa dois argumentos: um nome de arquivo e um **modo de abertura de arquivo**. O modo de abertura de arquivo "`w`" indica que o arquivo deve ser aberto para gravação (ou escrita). Se um arquivo não existir e ele for aberto para gravação, `fopen` criará o arquivo. Se um arquivo existente for aberto para gravação, o conteúdo do arquivo será descartado sem aviso. No programa, a estrutura `if` é usada para determinar se o ponteiro de arquivo `cfPtr` é `NULL` (ou seja, o arquivo não está aberto). Se ele for `NULL`, o programa exibirá uma mensagem de erro e será encerrado. Caso contrário, o programa processará a entrada e a gravará no arquivo.

Erro comum de programação 11.1

Abrir um arquivo existente para gravação ("w") quando, na verdade, o usuário deseja preservar o arquivo, descarta o conteúdo do arquivo sem aviso.

Erro comum de programação 11.2

Esquecer de abrir um arquivo antes de tentar referenciá-lo em um programa é um erro lógico.

O programa pede que o usuário digite os diversos campos para cada registro ou digite o fim de arquivo quando a entrada de dados for completada. A Figura 11.4 lista as principais combinações de teclas para a entrada do fim de arquivo em diversos sistemas de computação.

Sistema operacional	Combinação de teclas
Linux/Mac OS X/UNIX	*<Ctrl> d*
Windows	*<Ctrl> z*

Figura 11.4 ■ Combinações de teclas para fim de arquivo usadas em diversos sistemas operacionais populares.

A linha 24 usa a função `feof` para determinar se o indicador de fim de arquivo está definido para o arquivo ao qual o `stdin` se refere. O indicador de fim de arquivo informa ao programa que não existem mais dados a serem processados. Na Figura 11.3, um indicador de fim de arquivo é definido como entrada-padrão quando o usuário entra com a combinação de teclas de fim de arquivo. O argumento para a função `feof` é um ponteiro para o arquivo cujo indicador de fim de arquivo está sendo testado (nesse caso, `stdin`). A função retornará um valor diferente de zero (verdadeiro) quando o indicador de fim de arquivo for definido; caso contrário, a função retornará zero. A estrutura `while`, que inclui a chamada a `feof` nesse programa, continuará a ser executada enquanto o indicador de fim de arquivo não for definido.

A linha 25 grava os dados no arquivo `clients.dat`. Os dados podem ser recuperados mais tarde por um programa preparado para ler o arquivo (ver Seção 11.5). A função `fprintf` é equivalente a `printf`, mas `fprintf` também recebe como argumento um ponteiro de arquivo para o arquivo no qual os dados serão gravados. A função `fprintf` pode enviar dados para a saída-padrão usando `stdout` como ponteiro de arquivo, como em:

```
fprintf( stdout, "%d %s %.2f\n", account, name, balance );
```

Erro comum de programação 11.3

Usar o ponteiro de arquivo errado para se referir a um arquivo é um erro lógico.

Dica de prevenção de erro 11.1

Certifique-se de que, em um programa, as chamadas para as funções de processamento de arquivo contenham os ponteiros de arquivo corretos.

Depois que o usuário digita o indicador de fim de arquivo, o programa fecha o arquivo `clients.dat` com `fclose` e termina. A função `fclose` também recebe o ponteiro de arquivo (em vez do nome de arquivo) como um argumento. Se a função `fclose` não for chamada explicitamente, o sistema operacional normalmente fechará o arquivo quando a execução do programa finalizar. Este é um exemplo de 'manutenção' do sistema operacional.

Boa prática de programação 11.1

Feche, explicitamente, cada arquivo assim que ele não for mais necessário.

Dica de desempenho 11.1

Fechar um arquivo pode liberar recursos pelos quais outros usuários ou programas podem estar esperando.

Na execução do exemplo no programa da Figura 11.3, o usuário digita informações para cinco contas, depois digita o indicador de fim de arquivo para sinalizar que a entrada de dados foi completada. O exemplo não mostra como os registros de dados realmente aparecem no arquivo. Para verificar se o arquivo foi criado com sucesso, apresentaremos, na próxima seção, um programa que lê o arquivo e exibe seu conteúdo.

A Figura 11.5 ilustra a relação entre os ponteiros `FILE`, estruturas `FILE` e FCBs (bloco de controle de arquivo) na memória. Quando o arquivo `"clients.dat"` é aberto, um FCB para o arquivo é copiado para a memória. A figura mostra a conexão entre o ponteiro de arquivo retornado por `fopen` e o FCB usado pelo sistema operacional para administrar o arquivo.

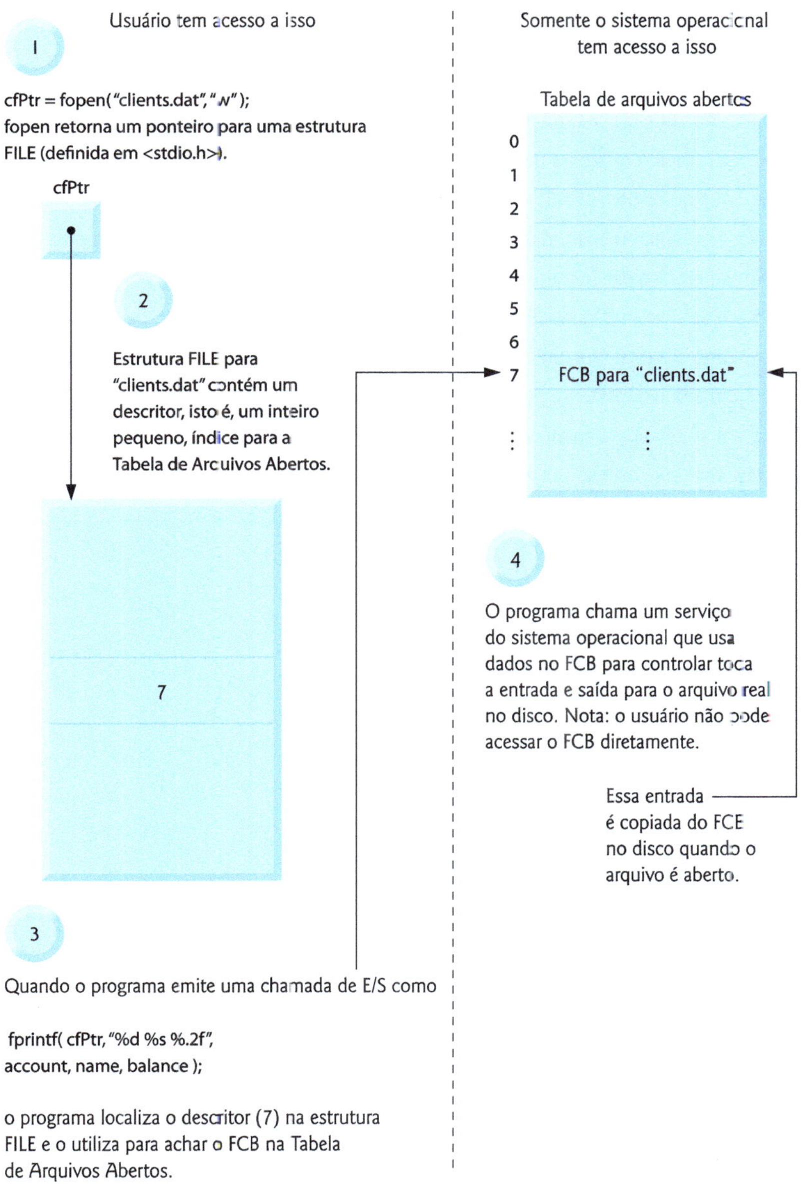

Figura 11.5 ■ Relação entre ponteiros `FILE`, estruturas `FILE` e FCBs.

Os programas podem não processar nenhum arquivo, um arquivo ou vários arquivos. Cada arquivo usado em um programa precisa ter um nome exclusivo, e terá um ponteiro de arquivo diferente retornado por `fopen`. Todas as funções de processamento de arquivos subsequentes após o arquivo ter sido aberto precisam se referir ao arquivo com o ponteiro de arquivo apropriado. Os arquivos podem ser abertos de vários modos (Figura 11.6). Para criar um arquivo, ou para descartar o conteúdo de um arquivo antes de gravar dados, abra o arquivo para gravação ("`w`"). Para ler um arquivo existente, abra-o para leitura ("`r`"). Para acrescentar registros ao final de um arquivo existente, abra o arquivo para acréscimo ("`a`"). Para abrir um arquivo de modo que possa ser gravado e lido, abra o arquivo para atualização em um dos três modos de atualização — "`r+`", "`w+`" ou "`a+`". O modo "`r+`" abre um arquivo para leitura e gravação. O modo "`w+`" cria um arquivo para leitura e gravação. Se o arquivo já existir, ele é aberto e seu conteúdo, descartado. O modo "`a+`" abre um arquivo para leitura e gravação — toda gravação é feita ao final do arquivo. Se o arquivo não existe, ele é criado. Cada modo de abertura de arquivo possui um modo binário correspondente (que contém a letra `b`), que manipula arquivos binários. Os modos binários serão usados nas seções 11.6 a 11.10, quando introduziremos os arquivos de acesso aleatório. Se houver um erro enquanto um arquivo estiver sendo aberto em um desses modos, `fopen` retornará `NULL`.

Modo	Descrição
r	Abre um arquivo existente para leitura.
w	Cria um arquivo para gravação. Se o arquivo já existe, descarta o conteúdo atual.
a	Acréscimo; abre ou cria um arquivo para gravação no final do arquivo.
r+	Abre um arquivo existente para atualização (leitura e gravação).
w+	Cria um arquivo para atualização. Se o arquivo já existe, descarta o conteúdo atual.
a+	Acréscimo: abre ou cria um arquivo para atualização; a gravação é feita no final do arquivo.
rb	Abre um arquivo existente para leitura no modo binário.
wb	Cria um arquivo para gravação no modo binário. Se o arquivo já existe, descarta o conteúdo atual.
ab	Acréscimo; abre ou cria um arquivo para gravação no final do arquivo no modo binário.
rb+	Abre um arquivo existente para atualização (leitura e gravação) no modo binário.
wb+	Cria um arquivo para atualização no modo binário. Se o arquivo já existir, descarta o conteúdo atual.
ab+	Acréscimo: abre ou cria um arquivo para atualização no modo binário; a gravação é feita no final do arquivo.

Figura 11.6 ■ Modos de abertura de arquivo.

Erro comum de programação 11.4

Abrir um arquivo inexistente para leitura.

Erro comum de programação 11.5

Abrir um arquivo para leitura ou gravação sem ter recebido os direitos de acesso apropriados para esse arquivo (isso depende do sistema operacional).

Erro comum de programação 11.6

Abrir um arquivo para gravação quando não existe espaço disponível no disco.

Erro comum de programação 11.7

Abrir um arquivo com o modo de arquivo incorreto é um erro lógico. Por exemplo, abrir um arquivo no modo de gravação ("`w`*") quando ele deveria ser aberto no modo de atualização ("*`r+`*") faz com que o conteúdo anterior do arquivo seja descartado.*

Dica de prevenção de erro 11.2

Abra um arquivo somente para leitura (e não para atualização) se o conteúdo do arquivo não tiver de ser modificado. Isso evita a modificação inadvertida do conteúdo do arquivo. Esse é outro exemplo do princípio do menor privilégio.

11.5 Leitura de dados de um arquivo de acesso sequencial

Os dados são armazenados em arquivos de modo que possam ser recuperados para processamento quando necessário. A seção anterior demonstrou como criar um arquivo de acesso sequencial. Nesta seção, analisaremos como ler dados de um arquivo sequencialmente.

O programa da Figura 11.7 lê registros do arquivo "`clients.dat`" criados pelo programa da Figura 11.3, e exibe o conteúdo desses registros. A linha 11 indica que `cfPtr` é um ponteiro para um `FILE`. A linha 14 tenta abrir o arquivo "`clients.dat`" para leitura ("`r`"), e determina se o arquivo foi aberto com sucesso (ou seja, `fopen` não retorna `NULL`). A linha 19 lê um 'registro' do arquivo. A função `fscanf` é equivalente à função `scanf`, exceto que `fscanf` recebe como argumento um ponteiro de arquivo para o arquivo do qual os dados foram lidos. Depois que essa instrução for executada pela primeira vez, `account` terá o valor `100`, `name` terá o valor "`Jones`" e `balance` terá o valor `24.98`. Toda vez que a segunda instrução `fscanf` (linha 24) for executada, o programa lerá outro registro do arquivo, e `account`, `name` e `balance` assumirão novos valores. Quando o programa atinge o final do arquivo, o arquivo é fechado (linha 27), e o programa termina. A função `feof` retorna verdadeira somente *depois* que o programa tenta ler os dados inexistentes após a última linha.

```
1  /* Fig. 11.7: fig11_07.c
2     Lendo e imprimindo um arquivo sequencial */
3  #include <stdio.h>
4
5  int main( void )
6  {
7     int account; /* número da conta */
8     char name[ 30 ]; /* nome da conta */
9     double balance;  /* saldo da conta */
10
11    FILE *cfPtr;   /* ponteiro de arquivo cfPtr = clients.dat */
12
13    /* fopen abre arquivo; sai do programa se o arquivo não puder ser aberto */
14    if ( ( cfPtr = fopen( "clients.dat", "r" ) ) == NULL ) {
15       printf( "arquivo não pode ser aberto\n" );
16    } /* fim do if */
17    else { /* lê conta, nome e saldo do arquivo*/
18       printf( "%-10s%-13s%s\n", "Account", "Name", "Balance" );
19       fscanf( cfPtr, "%d%s%lf", &account, name, &balance );
20
21       /* enquanto não é fim de arquivo */
22    while ( !feof( cfPtr ) ) {
23    printf( "%-10d%-13s%7.2f\n", account, name, balance );
24    fscanf( cfPtr, "%d%s%lf", &account, name, &balance );
25    } /* fim do while */
26
27    fclose( cfPtr ); /* fclose fecha o arquivo */
28    } /* fim do else */
29
30    return 0; /* indica conclusão bem-sucedida */
31 } /* fim do main */
```

```
Conta   Nome     Saldo
100     Jones    24.98
200     Doe     345.67
300     White     0.00
400     Stone   -42.16
500     Rich    224.62
```

Figura 11.7 ■ Leitura e impressão de um arquivo sequencial.

Reiniciando o ponteiro de posição do arquivo

Para recuperar dados de um arquivo sequencialmente, os programas em geral começam a ler a partir do início do arquivo, e leem todos os dados, um após o outro, até que os dados desejados sejam encontrados. Pode ser necessário processar o arquivo sequencialmente várias vezes (desde o seu início) durante a execução de um programa. Uma instrução como

```
rewind( cfPtr );
```

faz com que o **ponteiro de posição do arquivo** — que indica o número do próximo byte a ser lido ou gravado no arquivo — seja reposicionado para o início do arquivo (ou seja, para o byte 0) apontado por `cfPtr`. O ponteiro de posição do arquivo não é realmente um ponteiro. Na verdade, ele é um valor inteiro que especifica o local do byte no arquivo em que ocorrerá a próxima leitura ou gravação. Isso, às vezes, é chamado de **deslocamento de arquivo**. O ponteiro de posição do arquivo é um membro da estrutura `FILE` associado a cada um dos arquivos.

Programa de consulta de crédito

O programa da Figura 11.8 permite que um gerente de crédito obtenha listas com nomes de clientes com saldo zero (que não devem dinheiro à empresa), clientes com saldo credor (para os quais a empresa deve dinheiro) e clientes com saldo devedor (que devem dinheiro à empresa por bens e serviços recebidos). Um saldo credor é um valor negativo; um saldo devedor é um valor positivo.

O programa exibe um menu e permite ao gerente de crédito digitar uma de três opções para obter informações de crédito. A opção 1 produz uma lista de contas com saldo zero. A opção 2 produz uma lista de contas com saldo credor. A opção 3 produz uma lista de contas com saldo devedor. A opção 4 termina a execução do programa. A saída do programa é mostrada na Figura 11.9.

```c
/* Fig. 11.8: fig11_08.c
   Programa de consulta de crédito */
#include <stdio.h>

/* função main inicia execução do programa */
int main( void )
{
   int request; /* número de solicitação */
   int account; /* número de conta */
   double balance;  /* saldo da conta */
   char name[ 30 ]; /* nome da conta */
   FILE *cfPtr; /* ponteiro de arquivo clients.dat */

   /* fopen abre o arquivo; sai do programa se arquivo não abre */
   if ( ( cfPtr = fopen( "clients.dat", "r" ) ) == NULL ) {
      printf( "Arquivo não pode ser aberto\n" );
   } /* fim do if */
   else {

      /* exibe opções de requerimento */
      printf( "Digite solicitação\n"
         " 1 - Lista contas com saldo zero\n"
         " 2 - Lista contas com saldo credor\n"
         " 3 - Lista contas com saldo devedor\n"
         " 4 - Fim da execução\n? " );
      scanf( "%d", &request );

      /* processa solicitação do usuário */
      while ( request != 4 ) {

         /* lê conta, nome e saldo do arquivo */
         fscanf( cfPtr, "%d%s%lf", &account, name, &balance );

         switch ( request ) {
            case 1:
               printf( "\nContas com saldo zero:\n" );

               /* lê conteúdo do arquivo (até eof) */
               while ( !feof( cfPtr ) ) {
```

Figura 11.8 ■ Programa de consulta de crédito. (Parte 1 de 2.)

```

                     if ( balance == 0 ) {
                        printf( "%-10d%-13s%7.2f\n",
                           account, name, balance );
                     } /* fim do if */

                     /* lê conta, nome e saldo do arquivo */
                     fscanf( cfPtr, "%d%s%lf",
                        &account, name, &balance );
                  } /* fim do while */

                  break;
               case 2:
                  printf( "\nContas com saldo credor:\n" );

                  /* lê conteúdo do arquivo (até eof) */
                  while ( !feof( cfPtr ) ) {

                     if ( balance < 0 ) {
                        printf( "%-10d%-13s%7.2f\n",
                           account, name, balance );
                     } /* fim do if */

                     /* lê conta, nome e saldo do arquivo */
                     fscanf( cfPtr, "%d%s%lf",
                        &account, name, &balance );
                  } /* fim do while */

                  break;
               case 3:
                  printf( "\nContas com saldo devedor:\n" );

                  /* lê conteúdo do arquivo (até eof) */
                  while ( !feof( cfPtr ) ) {

                     if ( balance > 0 ) {
                        printf( "%-10d%-13s%7.2f\n",
                           account, name, balance );
                     } /* fim do if */

                     /* lê conta, nome e saldo do arquivo */
                     fscanf( cfPtr, "%d%s%lf",
                        &account, name, &balance );
                  } /* fim do while */

                  break;
            } /* end switch */

            rewind( cfPtr ); /* retorna cfPtr para início do arquivo */

            printf( "\n? " );
            scanf( "%d", &request );
         } /* fim do while */

         printf( "Fim da execução.\n" );
         fclose( cfPtr ); /* fclose fecha o arquivo */
      } /* fim do else */

      return 0; /* indica conclusão bem-sucedida */
   } /* fim do main */
```

Figura 11.8 ■ Programa de consulta de crédito. (Parte 2 de 2.)

```
Digite solicitação
 1 - Lista contas com saldo zero
 2 - Lista contas com saldo credor
 3 - Lista contas com saldo devedor
 4 - Fim da execução
? 1
Contas com saldo zero:
300       White                        0.00
? 2
Contas com saldo credor:
400       Stone                      -42.16
? 3
Contas com saldo devedor:
100       Jones                       24.98
200       Doe                        345.67
500       Rich                       224.62
? 4
Fim da execução.
```

Figura 11.9 ■ Exemplo de saída do programa de consulta de crédito da Figura 11.8.

Os dados nesse tipo de arquivo sequencial não podem ser modificados sem que se corra o risco de destruir outros dados. Por exemplo, se o nome "`White`" precisa ser mudado para "`Worthington`", o novo nome não pode ser, simplesmente, gravado em cima do antigo. O registro para `White` foi gravado no arquivo como

```
300 White 0.00
```

Se esse registro é regravado, começando na mesma posição no arquivo e usando o nome mais longo, o registro seria

```
300 Worthington 0.00
```

O novo registro é maior (tem mais caracteres) que o registro original. Os caracteres além do segundo "`o`" em "`Worthington`" seriam gravados sobre o início do próximo registro sequencial no arquivo. Nesse caso, o problema é que, no **modelo de entrada/saída formatada** usando `fprintf` e `fscanf`, os campos — e, portanto, os registros — podem variar em tamanho. Por exemplo, os valores 7, 14, –117, 2074 e 27383 são `int`s armazenados internamente no mesmo número de bytes, mas eles são campos de tamanhos diferentes quando exibidos na tela ou gravados em um arquivo como texto.

Portanto, o acesso sequencial com `fprintf` e `fscanf` normalmente não é usado para atualizar registros no local. Em vez disso, o arquivo inteiro é, normalmente, regravado. Para fazer a mudança de nome no exemplo anterior, os registros antes de `300 White 0.00` nesse arquivo de acesso sequencial seriam copiados para um novo arquivo, o novo registro seria gravado e os registros após `300 White 0.00` seriam copiados para o novo arquivo. Atualizar um registro requer o processamento de cada registro do arquivo.

11.6 Arquivos de acesso aleatório

Como já dissemos, os registros em um arquivo criado com a função de saída formatada `fprintf` não têm necessariamente o mesmo tamanho. Contudo, registros individuais de um **arquivo de acesso aleatório** normalmente têm tamanhos fixos e podem ser acessados diretamente (e, portanto, rapidamente), sem pesquisa por outros registros. Isso torna os arquivos de acesso aleatório apropriados para sistemas de reservas aéreas, sistemas bancários, sistemas de ponto de venda e outros tipos de **sistemas de processamento de transação** que exigem acesso rápido a dados específicos. Existem outras maneiras de implementar arquivos de acesso aleatório, mas limitaremos nossa discussão a essa técnica direta usando registros de tamanho fixo.

Como todos os registros em um arquivo de acesso aleatório normalmente têm o mesmo tamanho, o local exato de um registro em relação ao início do arquivo pode ser calculado como uma função da chave de registro. Logo veremos como isso facilita o acesso imediato a registros específicos, até mesmo em arquivos grandes.

A Figura 11.10 ilustra um modo de implementação de um arquivo de acesso aleatório. Esse arquivo é como um trem de carga com muitos vagões — alguns vazios e alguns com carga. Todos os vagões do trem têm o mesmo tamanho.

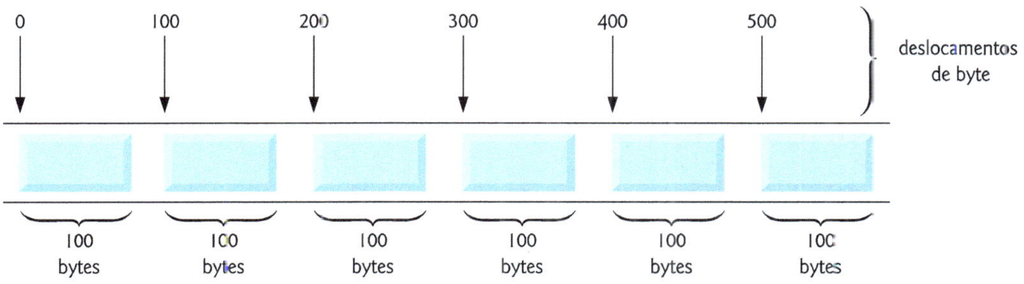

Figura 11.10 ■ A visão da linguagem em C de um arquivo de acesso aleatório.

Registros de tamanho fixo permitem que os dados sejam inseridos em um arquivo de acesso aleatório sem destruir outros dados do arquivo. Os dados armazenados anteriormente também podem ser atualizados ou excluídos sem que seja necessário regravar o arquivo inteiro. Nas próximas seções, explicaremos como criar um arquivo de acesso aleatório, inserir dados, ler os dados sequencial e aleatoriamente, atualizá-los e excluir aqueles que não são mais necessários.

11.7 Criação de um arquivo de acesso aleatório

A função `fwrite` transfere para um arquivo um número especificado de bytes a partir de um local especificado na memória. Os dados são gravados a partir do local no arquivo indicado pelo ponteiro de posição do arquivo. A função `fread` transfere um número especificado de bytes do local no arquivo especificado pelo ponteiro de posição do arquivo para uma área na memória que começa com o endereço especificado. Agora, ao gravar um inteiro, em vez de usar

```
fprintf( fPtr, "%d", number );
```

que poderia imprimir um único dígito, ou até 11 dígitos (10 dígitos mais um sinal, cada um exigindo 1 byte de armazenamento), para um inteiro de 4 bytes, podemos usar

```
fwrite( &number, sizeof( int ), 1, fPtr );
```

que sempre grava 4 bytes (ou 2 bytes em um sistema com inteiros de 2 bytes) a partir de uma variável `number` para o arquivo representado por `fPtr` (explicaremos o argumento `1` em breve). Mais à frente, `fread` pode ser usado para ler 4 desses bytes em uma variável inteira `number`. Embora `fread` e `fwrite` leiam e escrevam dados, por exemplo, inteiros, em tamanho fixo, em vez de em formato de tamanho variável, os dados que eles tratam são processados no formato de 'dados brutos' do computador (ou seja, bytes de dados) em vez de em formato de texto compreensível ao humano de `printf` e `scanf`. Como a representação 'bruta' dos dados depende do sistema, os 'dados brutos' podem não ser legíveis em outros sistemas, ou por programas produzidos por outros compiladores ou com outras opções de compilador.

As funções `fwrite` e `fread` são capazes de ler e gravar arrays de dados, do disco e para o disco. O terceiro argumento de `fread` e `fwrite` é o número de elementos no array que devem ser lidos do disco ou gravados no disco. A chamada de função `fwrite` do exemplo anterior grava um único inteiro no disco, de modo que o terceiro argumento é `1` (como se um elemento de um array estivesse sendo gravado).

Os programas de processamento de arquivo raramente gravam um único campo em um arquivo. Normalmente, eles gravam uma `struct` de cada vez, como mostraremos nos exemplos a seguir.

Considere o seguinte problema:

> *Crie um sistema de processamento de crédito capaz de armazenar até 100 registros de tamanho fixo. Cada registro deve consistir em um número de conta que será usado como chave de registro, um sobrenome, um nome e um saldo. O programa resultante deverá ser capaz de atualizar uma conta, inserir um novo registro de conta, excluir uma conta e listar todos os registros de conta em um arquivo de texto formatado para impressão. Use um arquivo de acesso aleatório.*

As próximas seções introduzirão as técnicas necessárias para a criação do programa de processamento de crédito. A Figura 11.11 mostra como abrir um arquivo de acesso aleatório, definir um formato de registro usando uma `struct`, gravar dados no disco e fechar o arquivo. Usando a função `fwrite`, esse programa inicializará os 100 registros do arquivo "`credit.dat`" com `structs` vazias. Cada `struct` vazia contém `0` para o número de conta, "" (a string vazia) para o sobrenome, "" para o nome e `0.0` para o saldo. O arquivo será inicializado dessa maneira para criar espaço no disco em que ele será armazenado e para que seja possível determinar se um registro contém dados.

```
1  /* Fig. 11.11: fig11_11.c
2     Criando um arquivo de acesso aleatório sequencialmente */
3  #include <stdio.h>
4
5  /* definição da estrutura clientData */
6  struct clientData {
7     int acctNum;   /* número da conta */
8     char lastName[ 15 ]; /* sobrenome da conta */
9     char firstName[ 10 ]; /* nome da conta */
10    double balance;   /* saldo da conta */
11 }; /* fim da estrutura clientData */
12
13 int main( void )
14 {
15    int i; /* contador usado para contar de 1-100 */
16
17    /* cria clientData com informações padrão */
18    struct clientData blankClient = { 0, "", "", 0.0 };
19
20    FILE *cfPtr; /* ponteiro de arquivo credit.dat */
21
22    /* fopen abre o arquivo; sai se não puder abrir arquivo */
23    if ( ( cfPtr = fopen( "credit.dat", "wb" ) ) == NULL ) {
24       printf( "Arquivo não pode ser aberto.\n" );
25    } /* fim do if */
26    else {
27       /* envia 100 registros vazios para arquivo */
28       for ( i = 1; i <= 100; i++ ) {
29       fwrite( &blankClient, sizeof( struct clientData ), 1, cfPtr );
30       } /* fim do for */
31
32       fclose ( cfPtr ); /* fclose fecha o arquivo */
33    } /* fim do else */
34
35    return 0; /* indica conclusão bem-sucedida */
36 } /* fim do main */
```

Figura 11.11 ■ Criação de um arquivo sequencial de acesso aleatório.

A função `fwrite` grava um bloco (número específico de bytes) de dados em um arquivo. Em nosso programa, a linha 29 faz com que a estrutura `blankClient` de tamanho `sizeof( struct clientData )` seja gravada no arquivo apontado por `cfPtr`. O operador `sizeof` retorna o tamanho de seu operando entre parênteses (nesse caso, `struct clientData`) em bytes. O operador `sizeof` retorna um inteiro sem sinal e pode ser usado para determinar o tamanho, em bytes, de qualquer tipo de dado ou expressão. Por exemplo, `sizeof(int)` pode ser usado para determinar se um inteiro é armazenado em 2 ou 4 bytes em um computador.

A função `fwrite` pode realmente ser usada para gravar vários elementos de um array (vetor) de objetos. Para gravar vários elementos do array, forneça, na chamada a `fwrite`, um ponteiro para um array como primeiro argumento, e o número de elementos a serem gravados como terceiro argumento. Na instrução anterior, `fwrite` foi usado para gravar um único objeto que não era um elemento de array. A gravação de um único objeto é equivalente a gravar um elemento de um array, por isso o `1` na chamada a `fwrite`. [*Nota*: as figuras 11.12, 11.15 e 11.16 usam o arquivo de dados criado na Figura 11.11, por isso você precisa executar o programa da Figura 11.11 antes dos programas nas figuras 11.12, 11.15 e 11.16.]

11.8 Escrita aleatória de dados em um arquivo de acesso aleatório

O programa da Figura 11.12 grava dados no arquivo "`credit.dat`". Ele usa a combinação das funções **`fseek`** e `fwrite` para armazenar dados em posições específicas no arquivo. A função `fseek` inicializa o ponteiro de posição do arquivo em uma posição específica no arquivo, e depois `fwrite` grava os dados. Um exemplo de execução é mostrado na Figura 11.13.

```
/* Fig. 11.12: fig11_12.c
   Gravando em um arquivo de acesso aleatório */
#include <stdio.h>

/* definição da estrutura clientData */
struct clientData {
   int acctNum;   /* número da conta */
   char lastName[ 15 ]; /* sobrenome da conta */
   char firstName[  10 ]; /* nome da conta */
   double balance;   /* saldo da conta */
}; /* fim da estrutura clientData */

int main( void )
{
   FILE *cfPtr; /* ponteiro do arquivo credit.dat */

   /* cria clientData com informação-padrão */
   struct clientData client = { 0, "", "", 0.0 };

   /* fopen abre o arquivo; sai se não puder abrir arquivo */
   if ( ( cfPtr = fopen( "credit.dat", "rb+" ) ) == NULL ) {
      printf( "Arquivo não pode ser aberto.\n" );
   } /* fim do if */
   else {
      /* exige que usuário especifique número de conta */
      printf( "Digite número de conta"
            ( 1 a 100, 0 para encerrar entrada )\n? " );
      scanf( "%d", &client.acctNum );

      /* usuário entra informações, copiadas para o arquivo*/
      while ( client.acctNum != 0 ) {
         /* usuário digita sobrenome, nome e saldo */
         printf( "Digite sobrenome, nome e saldo\n? " );

         /* define valor de nome, sobrenome e saldo do registro */
         fscanf( stdin, "%s%s%lf", client.lastName,
            client.firstName, &client.balance );

         /* busca posição no arquivo para registro especificado pelo usuário */
         fseek( cfPtr, ( client.acctNum - 1 ) *
            sizeof( struct clientData ), SEEK_SET );

         /* grava informação especificada pelo usuário no arquivo */
         fwrite( &client, sizeof( struct clientData ), 1, cfPtr );

         * permite que usuário informe outro número de conta */
         printf( "Enter account number\n? " );
         scanf( "%d", &client.acctNum );
      } /* fim do while */

      fclose( cfPtr ); /* fclose fecha o arquivo */
   } /* fim do else */

   return 0; /* indica conclusão bem-sucedida */
} /* fim do main */
```

Figura 11.12 ■ Gravação aleatória de dados em um arquivo de acesso aleatório.

```
Digite número de conta ( 1 a 100, 0 para encerrar entrada )
? 37
Digite sobrenome, nome e saldo
? Barker Doug 0.00
Digite número de conta
? 29
Digite sobrenome, nome e saldo
? Brown Nancy -24.54
Digite número de conta
? 96
Digite sobrenome, nome e saldo
? Stone Sam 34.98
Digite número de conta
? 88
Digite sobrenome, nome e saldo
? Smith Dave 258.34
Digite número de conta
? 33
Digite sobrenome, nome e saldo
? Dunn Stacey 314.33
Digite número de conta
? 0
```

Figura 11.13 ■ Exemplo de execução do programa na Figura 11.12.

As linhas 40-41 posicionam o ponteiro de posição do arquivo para o arquivo referenciado por `cfPtr` para o local de byte calculado por `( client.accountNum - 1 ) * sizeof( struct clientData )`. O valor dessa expressão é chamado de **offset** ou **deslocamento**. Como o número de conta está entre 1 e 100, mas as posições de byte no arquivo começam com `0`, 1 é subtraído do número de conta quando o cálculo do local de byte do registro é feito. Assim, para o registro 1, o ponteiro de posição do arquivo é definido como o byte 0 do arquivo. A constante simbólica **SEEK_SET** indica que o ponteiro de posição do arquivo está posicionado em relação ao início do arquivo pela quantidade de offset. Como as instruções acima indicam, uma busca pelo número 1 de conta nos conjuntos de arquivos no ponteiro de posição de arquivo ao seu início, pois o local de byte calculado é 0. A Figura 11.14 ilustra o ponteiro do arquivo referenciando uma estrutura `FILE` na memória. O ponteiro de posição do arquivo nesse diagrama indica que o próximo byte a ser lido ou gravado está a 5 bytes do início do arquivo.

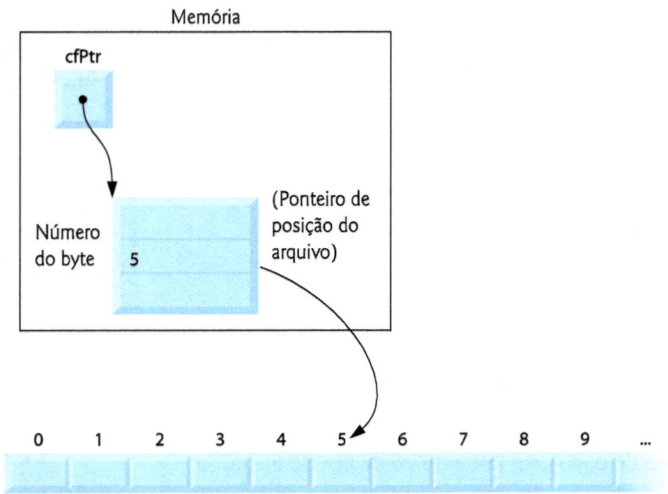

Figura 11.14 ■ Ponteiro de posição do arquivo indicando um deslocamento de 5 bytes a partir do início do arquivo.

O protótipo de função para `fseek` é

```
int fseek( FILE *stream, long int offset, int whence );
```

onde `offset` é o número de bytes a ser buscado a partir do local `whence` no arquivo apontado por `stream`. O argumento `whence` (de onde) pode ter um dentre três valores — `SEEK_SET`, `SEEK_CUR` ou `SEEK_END` (todos definidos em `<stdio.h>`) — indicando o local no arquivo onde a busca começa. `SEEK_SET` indica que a busca começa no início do arquivo; `SEEK_CUR` indica que a busca começa no local atual no arquivo; e `SEEK_END` indica que a busca começa no final do arquivo.

Para simplificar, os programas neste capítulo não realizam verificação de erro. Se quiser determinar se funções como `fscanf` (linhas 36-37), `fseek` (linhas 40-41) e `fwrite` (linha 44) operam corretamente, você poderá verificar seus valores de retorno. A função `fscanf` retorna o número de itens de dados lidos com sucesso ou o valor `EOF`, se ocorreu um problema durante a leitura dos dados. A função `fseek` retorna um valor diferente de zero, se a operação de busca não puder ser realizada. A função `fwrite` retorna o número de itens que ela escreveu com sucesso. Se esse número for menor que o terceiro argumento na chamada da função, então houve um erro de gravação.

11.9 Leitura de dados de um arquivo de acesso aleatório

A função `fread` lê um número especificado de bytes a partir de um arquivo para a memória. Por exemplo,

```
fread( &client, sizeof( struct clientData ), 1, cfPtr );
```

lê o número de bytes determinado por `sizeof( struct clientData )` do arquivo referenciado por `cfPtr`, e armazena os dados na estrutura `client`. Os bytes são lidos a partir do local no arquivo especificado pelo ponteiro de posição do arquivo. A função `fread` pode ser usada para ler vários elementos de array de tamanho fixo, oferecendo um ponteiro ao array em que os elementos serão armazenados e indicando o número de elementos a serem lidos. A instrução no exemplo especifica que um elemento deverá ser lido. Para ler mais de um elemento, especifique o número de elementos no terceiro argumento da instrução `fread`. A função `fread` retorna o número de itens que ela leu com sucesso. Se esse número for menor que o terceiro argumento na chamada da função, então houve um erro de leitura.

A Figura 11.15 lê sequencialmente cada registro no arquivo "`credit.dat`", determina se todos os registros contêm dados e exibe os dados formatados para os registros que contêm dados. A função `feof` determina quando o final do arquivo é alcançado, e a função `fread` transfere dados do disco para a estrutura `clientData client`.

```
/* Fig. 11.15: fig11_15.c
   Lendo um arquivo de acesso aleatório sequencialmente */
#include <stdio.h>

/* definição de estrutura clientData */
struct clientData {
   int acctNum; /* número de conta */
   char lastName[ 15 ]; /* sobrenome da conta */
   char firstName[ 10 ]; /* nome da conta */
   double balance; /* saldo da conta */
}; /* fim da estrutura clientData */

int main( void )
{
   FILE *cfPtr; /* ponteiro de arquivo credit.dat */

   /* cria clientData com informação default */
   struct clientData client = { 0, "", "", 0.0 };

   /* fopen abre o arquivo; sai se arquivo não puder ser aberto */
   if ( ( cfPtr = fopen( "credit.dat", "rb" ) ) == NULL ) {
      printf( "Arquivo não pode ser aberto.\n" );
   } /* fim do if */
   else {
      printf( "%-6s%-16s%-11s%10s\n", "Conta", "Sobrenome",
         "Nome", "Saldo" );
```

Figura 11.15 ■ Leitura de um arquivo de acesso aleatório sequencialmente. (Parte 1 de 2.)

```

      /* lê todos os registros do arquivo (até eof) */
      while ( !feof( cfPtr ) ) {
         fread( &client, sizeof( struct clientData ), 1, cfPtr );

         /* mostra registro */
         if ( client.acctNum != 0 ) {
         printf( "%-6d%-16s%-11s%10.2f\n",
            client.acctNum, client.lastName,
            client.firstName, client.balance );
         } /* fim do if */
      } /* fim do while */

      fclose( cfPtr ); /* fclose fecha o arquivo */
   } /* fim do else */

   return 0; /* indica conclusão bem-sucedida */
} /* fim do main */
```

```
Conta     Sobrenome       Nome          Saldo
29        Brown           Nancy        -24.54
33        Dunn            Stacey       314.33
37        Barker          Doug           0.00
88        Smith           Dave         258.34
96        Stone           Sam           34.98
```

Figura 11.15 ■ Leitura de um arquivo de acesso aleatório sequencialmente. (Parte 2 de 2.)

11.10 Estudo de caso: programa de processamento de transações

Agora, apresentaremos um programa de porte para processamento de transações usando arquivos de acesso aleatório. O programa mantém informações de contas bancárias, atualiza contas existentes, acrescenta novas contas, elimina contas e armazena uma lista formatada de todas as contas-correntes em um arquivo de texto para impressão. Supomos que o programa da Figura 11.11 tenha sido executado para podemos criar o arquivo `credit.dat`.

O programa tem cinco opções. A opção 1 chama a função `textFile` (linhas 65-95) para armazenar uma lista formatada de todas as contas em um arquivo de texto chamado `accounts.txt`, que pode ser impresso mais tarde. A função usa `fread` e técnicas de acesso sequencial ao arquivo usadas no programa da Figura 11.15. Após a escolha da opção 1, o arquivo `accounts.txt` contém:

```
Conta     Sobrenome       Nome          Saldo
29        Brown           Nancy        -24.54
33        Dunn            Stacey       314.33
37        Barker          Doug           0.00
88        Smith           Dave         258.34
96        Stone           Sam           34.98
```

A opção 2 chama a função `updateRecord` (linhas 98-142) para atualizar uma conta. A função só atualizará um registro que já existe, de modo que a função verifica primeiro se o registro especificado pelo usuário está vazio. O registro é lido para a estrutura `client` com `fread`, depois o membro `acctNum` é comparado com 0. Se ele for 0, o registro não conterá informações, e uma mensagem será impressa indicando que o registro está vazio. Depois, as escolhas de menu serão exibidas. Se o registro contiver informações, a função `updateRecord` lerá o valor da transação, calculará o novo saldo e regravará o registro no arquivo. Uma saída típica para a opção 2 é

```
Digite conta a ser atualizada ( 1 - 100 ): 37
37     Barker     Doug                0.00
Digite cobrança ( + ) ou pagamento ( - ):    +87.99
37     Barker     Doug               87.99
```

A opção 3 chama a função `newRecord` (linhas 179-218) para acrescentar uma nova conta ao arquivo. Se o usuário digita um número de conta para uma conta existente, `newRecord` exibe uma mensagem de erro informando que o registro já contém informações, e as escolhas do menu são apresentadas novamente. Essa função usa o mesmo processo do programa da Figura 11.12 para acrescentar uma nova conta. Uma saída típica para a opção 3 é

```
Digite novo número de conta ( 1 - 100 ): 22
Digite sobrenome, nome, saldo
? Johnston Sarah 247.45
```

A opção 4 chama a função `deleteRecord` (linhas 145-176) para excluir um registro do arquivo. A exclusão é realizada com o pedido ao usuário que informe o número da conta e com a reinicialização do registro. Se a conta não possui informações, `deleteRecord` mostra uma mensagem de erro informando que a conta não existe. A opção 5 finaliza a execução do programa. O programa aparece na Figura 11.16. O arquivo "`credit.dat`" é aberto para atualização (leitura e gravação) com o modo "`rb+`".

```
1  /* Fig. 11.16: fig11_16.c
2     Esse programa lê um arquivo de acesso aleatório sequencialmente,
3     atualiza dados já gravados no arquivo, cria novos dados para o
4     arquivo e exclui dados que previamente existiam no arquivo. */
5  #include <stdio.h>
6
7  /* definição da estrutura clientData */
8  struct clientData {
9     int acctNum; /* número da conta */
10    char lastName[ 15 ]; /* sobrenome da conta */
11    char firstName[ 10 ]; /* nome da conta */
12    double balance; /* saldo da conta */
13 }; /* fim da estrutura clientData */
14
15 /* protótipos */
16 int enterChoice( void );
17 void textFile( FILE *readPtr );
18 void updateRecord( FILE *fPtr );
19 void newRecord( FILE *fPtr );
20 void deleteRecord( FILE *fPtr );
21
22 int main( void )
23 {
24    FILE *cfPtr; /* ponteiro de arquivo credit.dat */
25    int choice; /* escolha do usuário */
26
27    /* fopen abre o arquivo; sai se arquivo não puder ser aberto */
28    if ( ( cfPtr = fopen( "credit.dat", "rb+" ) ) == NULL ) {
29       printf( "Arquivo não pode ser aberto.\n" );
30    } /* fim do if */
31    else {
32       /* permite que usuário especifique a ação */
33       while ( ( choice = enterChoice() ) != 5 ) {
34          switch ( choice ) {
35             /* cria arquivo de texto pelo arquivo de registros */
36             case 1:
37                textFile( cfPtr );
38                break;
39             /* atualiza registro */
40             case 2:
41                updateRecord( cfPtr );
42                break;
43             /* cria registro */
44             case 3:
45                newRecord( cfPtr );
46                break;
47             /* exclui registro existente */
```

Figura 11.16 ■ Programa de contas bancárias. (Parte 1 de 4.)

```
            case 4:
               deleteRecord( cfPtr );
               break;
            /* mostra mensagem se usuário não selecionou escolha válida */
            default:
               printf( “Escolha incorreta\n” );
               break;
         } /* fim do switch */
      } /* fim do while */

      fclose( cfPtr ); /* fclose fecha o arquivo */
   } /* fim do else */

   return 0; /* indica conclusão bem-sucedida */
} /* fim do main */

/* cria arquivo de texto formatado para impressão */
void textFile( FILE *readPtr )
{
   FILE *writePtr; /* ponteiro de arquivo accounts.txt */

   /* cria clientData com informação default */
   struct clientData client = { 0, “”, “”, 0.0 };

   /* fopen abre o arquivo; sai se arquivo não puder ser aberto */
   if ( ( writePtr = fopen( “accounts.txt”, “w” ) ) == NULL ) {
      printf( “Arquivo não pode ser aberto.\n” );
   } /* fim do if */
   else {
      rewind( readPtr ); /* define ponteiro para início do arquivo */
      fprintf( writePtr, “%-6s%-16s%-11s%10s\n”,
         “Conta”, “Sobrenome”, “Nome”,”Saldo” );

      /* copia todos os registros do arquivo de acesso aleatório para o arquivo de texto */
      while ( !feof( readPtr ) ) {
         fread( &client, sizeof( struct clientData ), 1, readPtr );

         /* grava único registro no arquivo de texto */
         if ( client.acctNum != 0 ) {
            fprintf( writePtr, “%-6d%-16s%-11s%10.2f\n”,
               client.acctNum, client.lastName,
               client.firstName, client.balance );
         } /* fim do if */
      } /* fim do while */

      fclose( writePtr ); /* fclose fecha o arquivo */
   } /* fim do else */
} /* fim da função textFile */

/* atualiza saldo no registro */
void updateRecord( FILE *fPtr )
{
   int account; /* número de conta */
   double transaction; /* valor da transação */

   /* cria clientData sem informações */
   struct clientData client = { 0, “”, “”, 0.0 };

   /* obtém número de conta para atualizar */
   printf( “Digite conta a atualizar ( 1 - 100 ): ” );
   scanf( “%d”, &account );

   /* move ponteiro de arquivo para registro correto no arquivo */
   fseek( fPtr, ( account - 1 ) * sizeof( struct clientData ),
```

Figura 11.16 Programa de contas bancárias. (Parte 2 de 4.)

```
      SEEK_SET );

   /* lê registro do arquivo */
   fread( &client, sizeof( struct clientData ), 1, fPtr );

   /* exibe erro se a conta não existir */
   if ( client.acctNum == 0 ) {
      printf( "Conta #%d não possui informações.\n", account );
   } /* fim do if */
   else { /* atualiza registro */
      printf( "%-6d%-16s%-11s%10.2f\n\n",
         client.acctNum, client.lastName,
         client.firstName, client.balance );

      /* solicita do usuário o valor da transação */
      printf( "Digite cobrança ( + ) ou pagamento ( - ): " );
      scanf( "%lf", &transaction );
      client.balance += transaction; /* atualiza saldo do registro */

      printf( "%-6d%-16s%-11s%10.2f\n",
         client.acctNum, client.lastName,
         client.firstName, client.balance );

      /* move ponteiro de arquivo para registro correto */
      fseek( fPtr, ( account - 1 ) * sizeof( struct clientData ),
      SEEK_SET );

      /* grava registro atualizado sobre antigo registro no arquivo */
      fwrite( &client, sizeof( struct clientData ), 1, fPtr );
   } /* fim do else */
} /* fim da função updateRecord */

/* exclui um registro existente */
void deleteRecord( FILE *fPtr )
{
   struct clientData client; /* armazena registro lido do arquivo */
   struct clientData blankClient = { 0, "", "", 0 }; /* cliente em branco */

   int accountNum; /* número de conta */

   /* obtém número de conta a excluir */
   printf( "Digite número de conta a excluir ( 1 - 100 ): " );
   scanf( "%d", &accountNum );

   /* move ponteiro de arquivo para registro correto */
   fseek( fPtr, ( accountNum - 1 ) * sizeof( struct clientData ),
      SEEK_SET );

   /* lê registro do arquivo */
   fread( &client, sizeof( struct clientData ), 1, fPtr );

   /* exibe erro se o registro não existir */
   if ( client.acctNum == 0 ) {
      printf( "Conta %d não existe.\n", accountNum );
   } /* fim do if */
   else { /* exclui registro */
      /* move ponteiro de arquivo para registro correto */
      fseek( fPtr, ( accountNum - 1 ) * sizeof( struct clientData ),
         SEEK_SET );

      /* substitui registro existente por registro em branco */
      fwrite( &blankClient,
         sizeof( struct clientData ), 1, fPtr );
   } /* fim do else */
```

Figura 11.16 ■ Programa de contas bancárias. (Parte 3 de 4.)

```
} /* fim da função deleteRecord */

/* cria e insere registro */
void newRecord( FILE *fPtr )
{
   /* cria clientData com informações-padrão */
   struct clientData client = { 0, "", "", 0.0 };

   int accountNum; /* número de conta */

   /* obtém número de conta a ser criada */
   printf( "Digite novo número de conta ( 1 - 100 ): " );
   scanf( "%d", &accountNum );

   /* move ponteiro de arquivo para registro correto no arquivo */
   fseek( fPtr, ( accountNum - 1 ) * sizeof( struct clientData ),
      SEEK_SET );

   /* lê registro do arquivo */
   fread( &client, sizeof( struct clientData ), 1, fPtr );

   /* mostra erro se a conta já existir */
   if ( client.acctNum != 0 ) {
      printf( "Conta #%d já contém informações.\n",
         client.acctNum );
   } /* fim do if */
   else { /* cria registro */
      /* usuário digita sobrenome, nome e saldo */
      printf( "Digite sobrenome, nome, saldo\n? " );
      scanf( "%s%s%lf", &client.lastName, &client.firstName,
         &client.balance );

      client.acctNum = accountNum;

      /* move ponteiro de arquivo para registro correto */
      fseek( fPtr, ( client.acctNum - 1 ) *
      sizeof( struct clientData ), SEEK_SET );

      /* insere registro no arquivo */
      fwrite( &client,
         sizeof( struct clientData ), 1, fPtr );
   } /* fim do else */
} /* fim da função newRecord */

/* permite que usuário insira escolha do menu */
int enterChoice( void )
{
   int menuChoice; /* variável para armazenar escolha do usuário */

   /* exibe opções disponíveis */
   printf( "\nDigite sua escolha\n"
      "1 - armazena um arquivo de texto formatado de contas, chamado\n"
      " \"accounts.txt\" para impressão\n"
      "2 - atualiza uma conta\n"
      "3 - inclui uma nova conta\n"
      "4 - exclui uma conta\n"
      "5 - termina o programa\n? " );

   scanf( "%d", &menuChoice ); /* recebe escolha do usuário */
   return menuChoice;
} /* fim da função enterChoice */
```

Figura 11.16 ■ Programa de contas bancárias. (Parte 4 de 4.)

Resumo

Seção 11.1 Introdução

- Arquivos são usados para retenção permanente de grandes quantidades de dados.
- Computadores armazenam arquivos em dispositivos de armazenamento secundário, especialmente dispositivos de armazenamento em disco.

Seção 11.2 Hierarquia de dados

- O menor item de dados em um computador pode assumir o valor `0` ou o valor `1`. Esse item de dados é chamado de bit (abreviação de 'binary digit' — um dígito que pode assumir um de dois valores).
- Os circuitos do computador realizam várias manipulações simples de bit, como determinar o valor de um bit, estabelecer o valor de um bit e reverter um bit (de `1` para `0` ou vice-versa).
- Os programadores preferem trabalhar com dados na forma de dígitos decimais, letras e símbolos especiais, que são conhecidos como caracteres.
- O conjunto de todos os caracteres que podem ser usados para escrever programas e representar itens de dados em determinado computador é chamado de conjunto de caracteres desse computador.
- Cada caractere no conjunto de caracteres de um computador é representado como um padrão de `1`s e `0`s (chamado de byte).
- Normalmente, os bytes são compostos por oito bits.
- Os campos são compostos por caracteres. Um campo é um grupo de caracteres que transmite um significado.
- Um registro (isto é, uma `struct`) é um grupo de campos relacionados.
- Um arquivo é um grupo de registros relacionados.
- Para facilitar a recuperação de registros específicos de um arquivo, pelo menos um campo em cada registro é escolhido para ser a chave de registro. Uma chave de registro identifica se um registro pertence a determinada pessoa ou outra entidade.
- O tipo mais popular de organização de arquivo é chamado arquivo sequencial, em que os registros normalmente são organizados pelo campo de chave de registro.

Seção 11.3 Arquivos e streams

- A linguagem em C vê cada arquivo como uma sequência de bytes. Quando um arquivo é aberto, um stream é associado ao arquivo.
- Três arquivos e seus streams associados são automaticamente abertos quando a execução do programa é iniciada — entrada-padrão, saída-padrão e erro-padrão.
- Os streams oferecem canais de comunicação entre arquivos e programas.
- O stream de entrada-padrão permite que um programa leia dados do teclado, e o stream de saída-padrão permite que um programa exiba dados na tela.
- Abrir um arquivo retorna um ponteiro para uma estrutura `FILE` (definida em `<stdio.h>`) que contém informações usadas para processar esse arquivo. Essa estrutura inclui um descritor de arquivo, ou seja, um índice para um array do sistema operacional chamado de tabela de arquivos abertos. Cada elemento do array contém um bloco de controle de arquivo (FCB) que o sistema operacional usa para administrar um arquivo em particular.
- A entrada-padrão, a saída-padrão e o erro-padrão são manipulados com os ponteiros de arquivo `stdin`, `stdout` e `stderr`.
- A função `fgetc` lê um caractere de um arquivo. Como argumento, ela recebe um ponteiro `FILE` para o arquivo do qual um caractere será lido.
- A função `fputc` grava um caractere em um arquivo. Como argumentos, ela recebe um caractere a ser gravado e um ponteiro para o arquivo no qual o caractere será gravado.
- As funções `fgets` e `fputs` leem uma linha de um arquivo ou gravam uma linha em um arquivo, respectivamente.

Seção 11.4 Criação de um arquivo de acesso sequencial

- C não impõe qualquer estrutura em um arquivo. Você precisa oferecer uma estrutura de arquivo de acordo com os requisitos de uma aplicação em particular.
- Um programa em C administra cada arquivo com uma estrutura `FILE` separada.
- Cada arquivo aberto precisa ter um ponteiro do tipo `FILE`, declarado separadamente, que é usado para se referir ao arquivo.
- A função `fopen` usa como argumentos um nome de arquivo e um modo de abertura de arquivo, e retorna um ponteiro para a estrutura `FILE` do arquivo aberto.
- O modo de abertura de arquivo `"w"` indica que o arquivo está sendo aberto para gravação. Se o arquivo não existir, `fopen` criará o arquivo. Se ele existir, o conteúdo será descartado sem aviso.
- A função `fopen` retorna `NULL` se não conseguir abrir um arquivo.
- A função `feof` recebe um ponteiro para um `FILE` e retorna um valor diferente de zero (verdadeiro) quando o indicador de fim de arquivo é definido; caso contrário, a função retorna zero.
- A função `fprintf` é equivalente a `printf`, exceto que `fprintf` também recebe como argumento um ponteiro de arquivo para o arquivo no qual os dados serão gravados.
- A função `fclose` recebe um ponteiro de arquivo como argumento e fecha o arquivo especificado.

- Quando um arquivo é aberto, o bloco de controle de arquivo (FCB) desse arquivo é copiado na memória. O FCB é usado pelo sistema operacional para administrar o arquivo.
- Para criar um arquivo, ou para descartar o conteúdo do arquivo antes de gravar dados, abra o arquivo para gravação (`"w"`).
- Para ler um arquivo existente, abra-o para leitura (`"r"`).
- Para acrescentar registros ao final de um arquivo existente, abra-o para acréscimo (`"a"`).
- Para abrir um arquivo de modo que ele possa ser gravado ou lido, abra o arquivo para atualização em um dos três modos de atualização — `"r+"`, `"w+"` ou `"a+"`. O modo `"r+"` abre um arquivo para leitura e gravação. O modo `"w+"` cria um arquivo para leitura e gravação. Se o arquivo já existir, ele será aberto e seu conteúdo, descartado. O modo `"a+"` abre um arquivo para leitura e gravação — toda a gravação é feita no final do arquivo. Se o arquivo não existir, ele será criado.
- Cada modo de abertura de arquivo tem um modo binário correspondente (que contém a letra `b`) para a manipulação de arquivos binários.

Seção 11.5 Leitura de dados de um arquivo de acesso sequencial

- A função `fscanf` é equivalente à função `scanf`, exceto que, como argumento, `fscanf` recebe um ponteiro de arquivo para o arquivo do qual os dados são lidos.
- Para recuperar sequencialmente dados de um arquivo, um programa normalmente começa lendo desde o início do arquivo, e lê todos os dados consecutivamente, até que os dados desejados sejam encontrados.
- A função `rewind` faz com que o ponteiro de posição do arquivo de um programa seja reposicionado para o início do arquivo (ou seja, byte 0) apontado por seu argumento.
- O ponteiro de posição do arquivo é um valor inteiro que especifica o local de byte no arquivo em que a próxima leitura ou gravação ocorrerá. Às vezes, isso é chamado de deslocamento no arquivo. O ponteiro de posição do arquivo é um membro da estrutura `FILE` associado a cada arquivo.
- Os dados em um arquivo sequencial normalmente não podem ser modificados sem que se corra o risco de destruir outros dados no arquivo.

Seção 11.6 Arquivos de acesso aleatório

- Registros individuais de um arquivo de acesso aleatório normalmente têm um tamanho fixo, e podem ser acessados diretamente (e, portanto, rapidamente), sem necessidade de pesquisar outros registros.
- Como todos os registros em um arquivo de acesso aleatório normalmente têm o mesmo tamanho, o local exato de um registro em relação ao início do arquivo pode ser calculado como uma função da chave de registro.
- Os registros de tamanho fixo permitem que os dados sejam inseridos em um arquivo de acesso aleatório sem que se destrua outros dados. Os dados armazenados anteriormente também podem ser atualizados ou excluídos sem que seja necessário regravar o arquivo inteiro.

Seção 11.7 Criação de um arquivo de acesso aleatório

- A função `fwrite` transfere um número especificado de bytes para um arquivo a partir de um local específico na memória. Os dados começam a ser gravados no local do ponteiro de posição do arquivo.
- A função `fread` transfere um número especificado de bytes para uma área na memória a partir do local no arquivo especificado pelo ponteiro de posição do arquivo, começando em um endereço especificado.
- As funções `fwrite` e `fread` são capazes de ler e gravar arrays de dados do disco e para o disco. O terceiro argumento de `fread` e `fwrite` é o número de elementos a serem processados no array.
- Os programas de processamento de arquivos normalmente gravam uma `struct` de cada vez.
- A função `fwrite` grava um bloco (número específico de bytes) de dados em um arquivo.
- Para gravar vários elementos de array, forneça na chamada de `fwrite` um ponteiro para um array como primeiro argumento, e o número de elementos a serem gravados como o terceiro argumento.

Seção 11.8 Escrita aleatória de dados em um arquivo de acesso aleatório

- A função `fseek` define o ponteiro da posição de arquivo para determinado arquivo como uma posição específica no arquivo. Seu segundo argumento indica o número de bytes a ser buscado e seu terceiro argumento indica o local de onde será feita a busca. O terceiro argumento pode ter um de três valores — `SEEK_SET`, `SEEK_CUR` ou `SEEK_END` (definidos em `<stdio.h>`). `SEEK_SET` indica que a busca começa no início do arquivo; `SEEK_CUR` indica que a busca começa no local atual do arquivo; e `SEEK_END`, que a busca começa no final do arquivo.
- Se quiser determinar se funções como `fscanf`, `fseek` e `fwrite` operam corretamente, você poderá verificar seus valores de retorno.
- A função `fscanf` retorna o número de campos lidos com sucesso ou o valor `EOF` se tiver ocorrido um problema na leitura dos dados.
- A função `fseek` retorna um valor diferente de zero se a operação de busca não puder ser realizada.
- A função `fwrite` retorna o número de itens que ela enviou com sucesso. Se esse número for menor que o terceiro argumento na chamada da função, então ocorreu um erro de gravação.

Seção 11.9 Leitura de dados de um arquivo de acesso aleatório

- A função `fread` lê um número especificado de bytes de um arquivo na memória.

- A função `fread` pode ser usada para ler vários elementos de array de tamanho fixo, fornecendo um ponteiro para o array em que os elementos serão armazenados e indicando o número de elementos a serem lidos.
- A função `fread` retorna o número de itens que ela leu com sucesso. Se esse número for menor que o terceiro argumento na chamada da função, então ocorreu um erro de leitura.

Terminologia

arquivo 351
arquivo de acesso aleatório 360
arquivo de entrada-padrão 351
arquivo de saída-padrão 351
arquivo sequencial 351
banco de dados 351
binary digit (dígito binário) 350
bit 350
bloco de controle de arquivo (FCB) 352
byte 350
campo 350
caracteres 350
chave de registro 351
conjunto de caracteres 350
descritor de arquivo 352
deslocamento 364
deslocamento no arquivo 358
erro-padrão 351
`fclose`, função 354
`feof`, função 354
`fgetc`, função 352
`fgets`, função 352
`FILE`, tipo 352
`fopen`, função 355
`fprintf`, função 352
`fputs`, função 352
`fread`, função 352
`fscanf`, função 352
`fseek`, função 362
`fwrite`, função 352
`getchar`, função 352
hierarquia de dados 350
letras 350
marcador de fim de arquivo 351
modelo de entrada/saída formatada 360
modo de abertura de arquivo 353
`NULL` 353
offset 364
ponteiro de posição do arquivo 358
`printf`, função 352
`putchar`, função 352
registro 350
`SEEK_CUR` 365
`SEEK_END` 365
`SEEK_SET` 364
símbolos especiais 350
sistema de gerenciamento de banco de dados (SGBD) 351
sistema de processamento de transação 360
`stderr` (dispositivo de erro-padrão) 352
`stdin` (dispositivo de entrada-padrão) 352
`stdout` (dispositivo de saída-padrão) 352
stream 351
tabela de arquivo aberto 352
zeros e uns 350

Exercícios de autorrevisão

11.1 Preencha os espaços em cada uma das sentenças:

a) Basicamente, todos os itens de dados processados por um computador são reduzidos a combinações de _______ e _______.

b) O menor item de dados que um computador pode processar é chamado de _______.

c) Um(a) _______ é um grupo de registros relacionados.

d) Dígitos, letras e símbolos especiais são chamados de _______.

e) Um grupo de arquivos relacionados é chamado de _______.

f) A função _______ fecha um arquivo.

g) A função _______ lê dados de um arquivo de maneira semelhante à que `scanf` lê de `stdin`.

h) A função _______ lê um caractere de um arquivo especificado.

i) A função _______ lê uma linha de um arquivo especificado.

j) A função _______ abre um arquivo.

k) A função _______ normalmente é usada quando se lê dados de um arquivo em aplicações de acesso aleatório.

l) A função _______ reposiciona o ponteiro de posição do arquivo para um local específico no arquivo.

11.2 Responda quais das seguintes afirmações são *verdadeiras* e quais são *falsas*. Em caso de afirmações *falsas*, justifique sua resposta.

a) A função `fscanf` não pode ser usada para ler dados da entrada-padrão.

b) Você precisa usar `fopen` explicitamente para abrir os streams de entrada-padrão, saída-padrão e erro-padrão.

c) Um programa precisa chamar explicitamente a função `fclose` para fechar um arquivo.

d) Se o ponteiro de posição do arquivo apontar para um local em um arquivo sequencial diferente do início do arquivo, o arquivo precisa ser fechado e reaberto para leitura a partir do início do arquivo.

e) A função `fprintf` pode gravar na saída-padrão.

f) Os dados nos arquivos de acesso sequencial sempre são atualizados sem que se tenha de gravá-los sobre outros dados.

g) Não é necessário pesquisar todos os registros em um arquivo de acesso aleatório para encontrar um registro específico.

h) Os registros nos arquivos de acesso aleatório não possuem comprimento uniforme.

i) A função `fseek` só pode fazer a busca a partir do início de um arquivo.

11.3 Escreva uma única instrução por meio da qual cada um dos itens a seguir possa ser obtido. Suponha que cada uma dessas sentenças se aplique ao mesmo programa.

a) Escreva uma instrução que abra o arquivo "`oldmast.dat`" para leitura e atribua o ponteiro de arquivo retornado a `ofPtr`.

b) Escreva uma instrução que abra o arquivo "`trans.dat`" para leitura e atribua o ponteiro de arquivo retornado a `tfPtr`.

c) Escreva uma instrução que abra o arquivo "`newmast.dat`" para gravação (e criação) e atribua o ponteiro de arquivo retornado a `nfPtr`.

d) Escreva uma instrução que leia um registro do arquivo "`oldmast.dat`". O registro consiste no inteiro `accountNum`, na string `name` e no valor de ponto flutuante `currentBalance`.

e) Escreva uma instrução que leia um registro do arquivo "`trans.dat`". O registro consiste no inteiro `accountNum` e no valor de ponto flutuante `realAmount`.

f) Escreva uma instrução que grave um registro no arquivo "`newmast.dat`". O registro consiste no inteiro `accountNum`, na string `name` e no valor de ponto flutuante `currentBalance`.

11.4 Encontre o erro em cada um dos segmentos de programa a seguir e explique como corrigi-lo.

a) O arquivo referenciado por `fPtr` ("`pagáveis.dat`") não foi aberto.

```
printf( fPtr, "%d%s%d\n", account, company,
amount );
```

b) `open( "recebimento.dat", "r+" );`

c) A instrução a seguir deveria ler um registro do arquivo "`pagáveis.dat`". O ponteiro de arquivo `payPtr` refere-se a esse arquivo, e o ponteiro de arquivo `recPtr` refere-se ao arquivo "`recebimento.dat`":

```
scanf( recPtr, "%d%s%d\n", &account, com-
pany, &amount );
```

d) O arquivo "`ferramentas.dat`" deveria ser aberto para acrescentar dados ao arquivo sem descartar os dados atuais.

```
if ( ( tfPtr = fopen( "ferramentas.dat", "w"
) ) != NULL )
```

e) O arquivo "`cursos.dat`" deveria ser aberto para acrescentar sem modificar o conteúdo atual do arquivo.

```
if ( ( cfPtr = fopen( "cursos.dat", "w+" )
) != NULL )
```

Respostas dos exercícios de autorrevisão

11.1 a) 1s, 0s. b) Bit. c) Arquivo. d) Caracteres. e) Banco de dados. f) `fclose`. g) `fscanf`. h) `fgetc`. i) `fgets`. j) `fopen`. k) `fread`. l) `fseek`.

11.2 a) Falso. A função `fscanf` pode ser usada para ler da entrada-padrão com a inclusão do ponteiro para o stream de entrada-padrão, `stdin`, na chamada a `fscanf`.

b) Falso. Esses três streams são abertos automaticamente pela linguagem em C quando a execução do programa é iniciada.

c) Falso. Os arquivos serão fechados quando a execução do programa terminar, mas todos os arquivos deverão ser fechados explicitamente com `fclose`.

d) Falso. A função `rewind` pode ser usada para reposicionar o ponteiro de posição do arquivo para o início do arquivo.

e) Verdadeiro.

f) Falso. Na maioria dos casos, os registros de arquivo sequencial não possuem tamanho uniforme. Portanto, é possível que a atualização de um registro faça com que outros dados sejam modificados.

g) Verdadeiro.

h) Falso. Os registros em um arquivo de acesso aleatório normalmente possuem tamanho uniforme.

i) Falso. É possível fazer buscas a partir do início do arquivo, a partir do final do arquivo e a partir do local atual no arquivo.

11.3 a) `ofPtr = fopen( "oldmast.dat", "r" );`

b) `tfPtr = fopen( "trans.dat", "r" );`

c) `nfPtr = fopen( "newmast.dat", "w" );`

d) `fscanf( ofPtr, "%d%s%f", &accountNum, name, &currentBalance );`

e) `fscanf( tfPtr, "%d%f", &accountNum, &dollarAmount );`

f) `fprintf( nfPtr, "%d %s %.2f", accountNum, name, currentBalance );`

11.4 a) Erro: O arquivo "`payables.dat`" não foi aberto antes da referência ao seu ponteiro de arquivo.

Correção: Use `fopen` para abrir "`payables.dat`" para gravação, acréscimo ou atualização.

b) Erro: A função `open` não é uma função em C padrão.

Correção: Use a função `fopen`

c) Erro: A função `fscanf` usa o ponteiro de arquivo incorreto para se referir ao arquivo "`payables.dat`".

Correção: Use o ponteiro de arquivo `payPtr` para se referir a "`payables.dat`".

d) Erro: O conteúdo do arquivo é descartado porque o arquivo é aberto para gravação ("`w`").

Correção: Para acrescentar dados ao arquivo, abra o arquivo para atualização ("`r+`"), ou abra-o para acréscimo ("`a`").

e) Erro: O arquivo "`courses.dat`" é aberto para atualização no modo "`w+`", que descarta o conteúdo atual do arquivo.

Correção: Abra o arquivo no modo "`a`".

Exercícios

11.5 Preencha os espaços em cada uma das sentenças:

a) Computadores armazenam grandes quantidades de dados em dispositivos de armazenamento secundários, como _______.

b) Um(a) _______ é composto(a) por vários campos.

c) Um campo que pode conter dígitos, letras e espaços é chamado de campo _______.

d) Para facilitar a recuperação de registros específicos de um arquivo, um campo em cada registro é escolhido como um(a) _______.

e) A maioria das informações armazenadas nos sistemas de computadores é armazenada em arquivos _______.

f) Um grupo de caracteres relacionados, que transmitem um significado, é chamado de _______.

g) Os ponteiros de arquivo para os três arquivos que são abertos automaticamente quando a execução do programa é iniciada são chamados de _______, _______ e _______.

h) A função _______ grava um caractere em um arquivo especificado.

i) A função _______ grava uma linha em um arquivo especificado.

j) A função _______ geralmente é usada para gravar dados em um arquivo de acesso aleatório.

k) A função _______ reposiciona o ponteiro de posição do arquivo para o início do arquivo.

11.6 Indique quais das seguintes afirmações são *verdadeiras* e quais são *falsas*. Em caso de afirmações *falsas*, justifique sua resposta.

a) As impressionantes funções executadas pelos computadores basicamente envolvem a manipulação dos números zeros e 1.

b) As pessoas preferem manipular bits em vez de caracteres e campos, pois bits são mais compactos.

c) As pessoas especificam programas e itens de dados como caracteres; os computadores, então, manipulam e processam esses caracteres como grupos de números zero e 1.

d) O CEP do endereço de uma pessoa é um exemplo de campo numérico.

e) O endereço de uma pessoa geralmente é considerado como um campo alfabético nas aplicações de computação.

f) Os itens de dados processados por um computador formam uma hierarquia de dados em que os itens de dados se tornam maiores e mais complexos à medida que evoluímos de campos para caracteres para bits etc.

g) Uma chave de registro identifica se um registro pertence a um campo em particular.

h) A maioria das empresas armazena suas informações em um único arquivo para facilitar o processamento pelo computador.

i) Os arquivos sempre são referenciados por nome nos programas em C.

j) Quando um programa cria um arquivo, o arquivo é automaticamente retido pelo computador para futura referência.

11.7 ***Combinação de arquivos.*** O Exercício 11.3 pediu ao leitor que escrevesse uma série de instruções isoladas. Na realidade, essas instruções formam o núcleo de um importante tipo de programa de processamento de arquivo, a saber, um programa de união de arquivo. No processamento de dados comercial, é comum haver vários arquivos em cada sistema. Em um sistema de contas a receber, por exemplo, geralmente existe um arquivo mestre que contém informações detalhadas sobre cada cliente, como seu nome, endereço, número de telefone, saldo pendente, limite de crédito, termos de desconto, acordos contratuais e possivelmente um histórico resumido de compras recentes e pagamentos à vista.

À medida que as transações ocorrem (isto é, vendas são feitas e pagamentos são recebidos), elas são incluídas em um arquivo. Ao final de cada período de negócios (para algumas empresas, esse período é de um mês, para outras, uma semana, e ainda, em alguns casos, um dia), o arquivo de transações (chamado `"trans.dat"` no Exercício 11.3) é aplicado ao arquivo mestre (chamado `"oldmast.dat"` no Exercício 11.3), atualizando, assim, o registro de compras e pagamentos de cada conta. Após cada uma dessas rodadas de atualização, o arquivo mestre é regravado como um novo arquivo (`"newmast.dat"`), que é então usado no final do período seguinte, de negócios para dar início novamente ao processo de atualização.

Os programas de combinação de arquivo precisam lidar com certos problemas que não existem nos programas de arquivo único. Por exemplo, uma combinação nem sempre ocorre. Um cliente no arquivo mestre pode não ter feito compras ou pagamentos no período atual de negócios e, portanto, nenhum registro desse cliente aparecerá no arquivo de transação. De modo semelhante, um cliente que não fez compras ou pagamentos poderia ter mudado de endereço, e a empresa pode não ter tido a chance de criar um registro mestre para esse cliente.

Use as instruções escritas no Exercício 11.3 como base para um programa completo de contas a receber por combinação de arquivo. Use o número de conta em cada arquivo como chave de registro para fins de combinação. Suponha que cada arquivo seja um arquivo sequencial, com registros armazenados em ordem crescente de número de conta.

Quando houver uma combinação (registros com o mesmo número de conta que aparecem no arquivo mestre e no arquivo de transação), some o valor no arquivo de transação ao saldo atual no arquivo mestre e grave o registro de `"newmast.dat"`. (Suponha que as compras sejam indicadas no arquivo de transação por valores positivos, e os pagamentos sejam indicados por valores negativos.) Quando houver um registro mestre para determinada conta, mas nenhum registro de transação correspondente, simplesmente grave o registro mestre em `"newmast.dat"`. Quando houver um registro de transação, mas nenhum registro mestre correspondente, imprima a mensagem `"Registro de transação sem correspondência para a conta número..."` (preencha o número de conta a partir do registro da transação).

11.8 ***Criação de dados para o programa de combinação de arquivos.*** Depois de escrever o programa do Exercício 11.7, escreva um programa simples que crie alguns dados de teste para verificar o programa do Exercício 11.7. Use os seguintes dados de conta como exemplo:

Arquivo mestre:		
Número de conta	Nome	Saldo
`100`	`Alan Jones`	`348.17`
`300`	`Mary Smith`	`27.19`
`500`	`Sam Sharp`	`0.00`
`700`	`Suzy Green`	`-14.22`

Arquivo de transação:	
Número de conta	Valor
`100`	`27.14`
`300`	`62.11`
`400`	`100.56`
`900`	`82.17`

11.9 Execute o programa do Exercício 11.7 usando os arquivos de dados de teste criados no Exercício 11.8. Use o programa de listagem do Exercício 11.7 para imprimir o novo arquivo mestre. Verifique os resultados com cuidado.

11.10 ***Combinação de arquivos com múltiplas transações.*** É possível (na realidade, é comum) ter vários registros de transação com a mesma chave de registro. Isso ocorre porque determinado cliente poderia fazer várias compras e pagamentos durante um período de negócios. Reescreva seu programa de combinação de arquivos para contas a receber do Exercício 11.7, a fim de prever a possibilidade de tratar de vários registros de transação com a mesma chave de registro. Modifique os dados de teste do Exercício 11.8 para incluir os seguintes registros de transação adicionais:

Número de conta	Valor
300	83.89
700	80.78
700	1.53

11.11 Escreva instruções que executem cada uma das tarefas a seguir. Suponha que a estrutura

```
struct pessoa {
    char sobrenome[ 15 ];
    char nome[ 15 ];
    char idade[ 4 ];
};
```

tenha sido definida, e que o arquivo já esteja aberto para gravação.

a) Inicializar o arquivo "`nameage.dat`" de modo que existam 100 registros com `lastName = "unassigned"`, `firstname = ""` e `age = "0"`.

b) Inserir 10 sobrenomes, nomes e idades, gravando-os no arquivo.

c) Atualizar um registro; se não houver informações no registro, dizer ao usuário "`Nenhuma informação`".

d) Excluir um registro que tenha informações, reinicializando esse registro em particular.

11.12 ***Inventário de material.*** Você é o dono de uma loja de materiais e precisa manter um inventário que poderá informar quais e quantas ferramentas você possui, e o custo de cada uma. Escreva um programa que inicialize o arquivo "`hardware.dat`" para 100 registros vazios, e permita que você insira os dados referentes a cada ferramenta, liste todas as suas ferramentas, exclua um registro para a ferramenta que não possui mais e atualize *qualquer* informação no arquivo. O número de identificação da ferramenta deverá ser o número do registro. Use a informação a seguir para iniciar seu arquivo:

# registro	Nome da ferramenta	Quantidade	Custo
3	Furadeira	7	57.98
17	Martelo	76	11.99
24	Serrote	21	11.00
39	Cortador de grama	3	79.50
56	Serra elétrica	18	99.99
68	Chave de fenda	106	6.99
77	Marreta	11	21.50
83	Chave inglesa	34	7.50

11.13 ***Gerador de texto para número de telefone.*** Os teclados-padrão de telefone contêm os dígitos de 0 a 9. Os números de 2 a 9 possuem três letras associadas a cada um deles, conforme indicado pela tabela a seguir:

Dígito	Letra	Dígito	Letra
2	A B C	6	M N O
3	D E F	7	P Q R S
4	G H I	8	T U V
5	J K L	9	W X Y

Muitas pessoas acham difícil decorar números de telefone, por isso associam os dígitos a palavras de oito letras que correspondam aos números de telefone. Por exemplo, uma pessoa cujo número de telefone 3663-2272 poderia usar a tabela acima e associar seu telefone à palavra de sete letras "FONECASA".

Constantemente, empresas tentam obter números de telefone que sejam facilmente lembrados por seus clientes. Então, se uma empresa puder anunciar uma palavra simples que seus clientes possam 'digitar', sem dúvida, a empresa receberá mais chamadas.

Cada palavra de oito letras corresponde a exatamente um número de telefone de oito dígitos. O restaurante que deseja aumentar seus negócios de pedido por telefone pode, certamente, fazer isso com o número 3686-3427 (ou seja, "ENTREGAS").

Cada número de telefone de oito dígitos corresponde a muitas palavras de oito letras separadas. Infelizmente, a maior parte delas representa justaposições irreconhecíveis de letras. É possível, porém, que o proprietário de um salão de cabeleireiro fique satisfeito em saber que o número de telefone 2662-6683 corresponde a "BOMCORTE". O proprietário de uma loja de bebidas, sem dúvida, poderia ficar feliz sabendo que o número de telefone da loja, 2378-3527, corresponde a "CERVEJAS".

Escreva um programa em C que, dado um número de oito dígitos, grave em um arquivo cada palavra de oito letras possível que corresponda a esse número. Existem 2187 (3 à sétima potência) dessas palavras. Evite números de telefone com os dígitos 0 e 1.

11.14 ***Modificação do gerador de texto para número de telefone.*** Se você tiver um dicionário computadorizado à disposição, modifique o programa que escreveu no Exercício 11.13 para pesquisar as palavras no dicionário. Algumas combinações de oito letras criadas por esse programa consistem em duas ou mais palavras (o número de telefone 3663-5467 produz "ÉOMELHOR").

11.15 Modifique o exemplo da Figura 8.14 para usar as funções `fgetc` e `fputs` no lugar de `getchar` e `puts`. O programa deve dar ao usuário a opção de ler da entrada-padrão e gravar na saída-padrão ou ler de um arquivo especificado e gravar em um arquivo especificado. Se o usuário escolher a segunda opção, peça a ele que digite os nomes do arquivo para os arquivos de entrada e saída.

11.16 ***Gravação dos tamanhos de tipo em um arquivo.*** Escreva um programa que use o operador `sizeof` para determinar os tamanhos, em bytes, dos diversos tipos de dados no seu sistema de computação. Escreva os resultados no arquivo "`datasize.dat`" para que você possa imprimir os resultados mais tarde. O formato para os resultados no arquivo deverá ser o seguinte:

Tipo de dados	Tamanho
Char	1
unsigned char	1
short int	2
unsigned short int	2
Int	4
unsigned int	4
long int	4
unsigned long int	4
Float	4
double	8
long double	16

[*Nota:* os tamanhos de tipo no seu computador poderão ser diferentes daqueles que listamos aqui.]

11.17 ***Simpletron com processamento de arquivos.*** No Exercício 7.19, você escreveu uma simulação de software de um computador que usava uma linguagem de máquina especial, chamada Simpletron Machine Language (SML). Na simulação, toda vez que você queria executar um programa SML, entrava com o programa no simulador por meio do teclado. Se você cometesse um erro durante a digitação do programa SML, o simulador era reiniciado e o código SML era reinserido. Seria bom ler o programa SML de um arquivo em vez de ter de digitá-lo várias vezes. Isso reduziria o tempo e os erros na preparação da execução dos programas SML.

a) Modifique o simulador que você escreveu no Exercício 7.19 para que seja possível ler os programas SML a partir de um arquivo especificado pelo usuário no teclado.

b) Após a execução do Simpletron, ele mostra o conteúdo de seus registradores e da memória na tela. Seria bom capturar a saída em um arquivo; portanto, modifique o simulador para que ele grave sua saída em um arquivo, além de exibi-la na tela.

Fazendo a diferença

11.1 ***Verificador de phishing.*** Phishing é uma forma de roubo de identidade em que, em um e-mail, um remetente se pass por uma fonte confiável para tentar adquirir informações particulares, como nomes de usuário, senhas, números de cartão de crédito e número de CPF. E-mails de phishing com mensagens que declaram ser de bancos conhecidos, empresas de cartão de crédito, sites de leilão, redes sociais e serviços de pagamento on-line podem parecer legítimos. Essas mensagens fraudulentas normalmente oferecem links para sites falsos, onde é solicitado que você digite informações confidenciais.

Visite a McAfee® (<`www.mcafee.com/us/threat_center/anti_phishing/phishing_top10.html`>), Security Extra (<`www.securityextra.com/`>), <`www.snopes.com`> e outros sites para encontrar listas dos principais e-mails de phishing. Também verifique o Anti-Phishing Working Group (<`www.antiphishing.org/`>) e o site Cyber Investigations do FBI (<`www.fbi.gov/cyberinvest/cyberhome.htm`>), onde você encontrará informações sobre as fraudes mais recentes e como se proteger delas.

Crie uma lista de 30 palavras, frases e nomes de empresa normalmente encontrados nas mensagens de phishing. Atribua um valor em pontos para cada um, com base na estimativa de probabilidade de estar em uma mensagem de phishing (por exemplo, um ponto se for pouco provável, dois pontos se for moderadamente provável ou três pontos se for altamente provável). Escreva um programa que varra um arquivo de texto para esses termos e frases. Para cada ocorrência de uma palavra-chave ou frase dentro do arquivo de texto, inclua o valor em pontos atribuído ao total de pontos para essa palavra ou frase. Para cada palavra-chave ou frase encontrada, exiba uma linha com a palavra ou frase, o número de ocorrências e o total de pontos. Depois, mostre o total de pontos da mensagem inteira. Seu programa atribui um total alto de pontos para alguns e-mails de phishing reais que você tenha recebido? Ele atribui um total alto de pontos para alguns e-mails legítimos que você tenha recebido?

Estruturas de dados em C

12

Capítulo

Muito do que eu tinha confinado,
Não pude libertar;
Muito do que eu libertei,
voltou para mim.
— **Lee Wilson Dodd**

'Será que você poderia andar um pouco mais depressa?'
disse a enchova para uma lesma.
'Tem um delfim atrás de mim,
e ele está quase me alcançando.'
— **Lewis Carroll**

Há sempre um lugar no topo.
— **Daniel Webster**

Vá em frente; não pare.
— **Thomas Morton**

Creio que nunca verei
Um poema tão adorável quanto uma árvore.
— **Joyce Kilmer**

Objetivos

Neste capítulo, você aprenderá:

- A alocar e liberar memória de forma dinâmica para objetos de dados.
- A formar estruturas de dados encadeadas usando ponteiros, estruturas autorreferenciadas e recursão.
- A criar e manipular listas encadeadas, filas, pilhas e árvores binárias.
- Várias aplicações importantes das estruturas de dados encadeadas.

Conteúdo

12.1 Introdução
12.2 Estruturas autorreferenciadas
12.3 Alocação dinâmica de memória
12.4 Listas encadeadas
12.5 Pilhas
12.6 Filas
12.7 Árvores

Resumo | Terminologia | Exercícios de autorrevisão | Respostas dos exercícios de autorrevisão | Exercícios | Seção especial: a construção de seu próprio compilador

12.1 Introdução

Até aqui, estudamos estruturas de dados de tamanho fixo, tais como arrays unidimensionais, arrays bidimensionais e `structs`. Este capítulo introduz as **estruturas dinâmicas de dados**, que crescem e encolhem durante a execução do programa. **Listas encadeadas** são coleções de itens de dados 'alinhadas em uma fila' — inserções e exclusões são feitas em qualquer lugar em uma lista encadeada. **Pilhas** (*stacks*) são importantes em compiladores e sistemas operacionais — inserções e exclusões são feitas somente em uma extremidade da pilha: seu **topo**. **Filas** representam filas de espera; as inserções são feitas no fim (também chamado de **cauda**) da fila, e as exclusões são feitas na frente (também chamada de cabeça) da fila. **Árvores binárias** facilitam a busca e a classificação de dados em alta velocidade, a eliminação eficiente de itens de dados duplicados, a representação de diretórios de sistemas de arquivos e a compilação de expressões em linguagem de máquina. Essas estruturas de dados têm muitas outras aplicações interessantes.

Discutiremos os principais tipos de estruturas de dados e implementaremos programas que criam e manipulam essas estruturas de dados. Na próxima parte do livro — introdução à C++ e programação orientada a objeto —, estudaremos a abstração de dados. Essa técnica nos permitirá criar essas estruturas de dados de uma maneira totalmente diferente, que foi desenvolvida para produzir um software muito mais fácil de manter e reutilizar.

Este é um capítulo desafiador. Os programas são substanciais e incorporam a maior parte do que você aprendeu nos capítulos anteriores. Os programas abordam especialmente a manipulação de ponteiros, um assunto que muitas pessoas consideram ser um dos tópicos mais difíceis de C. O capítulo traz muitos programas altamente práticos, que você poderá usar em cursos mais avançados; ele inclui ainda um substancioso acervo de exercícios que enfatizam aplicações práticas das estruturas de dados.

Realmente esperamos que você tente desenvolver o projeto principal descrito na seção especial 'A construção de seu próprio compilador'. Você tem usado um compilador para traduzir seus programas em C em linguagem de máquina, de forma a poder executá-los em seu computador. Nesse projeto, você realmente construirá seu próprio compilador. Ele lerá um arquivo de comandos escritos em uma linguagem simples, mas, ainda assim, poderosa, de alto nível, semelhante às primeiras versões da popular linguagem BASIC. Seu compilador traduzirá esses comandos para um arquivo de instruções em Simpletron Machine Language (SML) — a SML é a linguagem que você aprendeu na seção especial do Capítulo 7, 'Criando seu próprio computador'. Seu programa simulador do Simpletron, então, executará o programa em SML produzido por seu compilador! Implementar esse projeto lhe dará uma oportunidade maravilhosa de exercitar muito do que você aprendeu neste livro. A seção especial o orientará cuidadosamente por meio da descrição da linguagem de alto nível, e descreverá os algoritmos de que você necessita para converter cada tipo de comando da linguagem de alto nível em instruções de linguagem de máquina. Se você gosta de desafios, poderá tentar implementar as muitas melhorias tanto do compilador como do simulador do Simpletron sugeridas pelos exercícios.

12.2 Estruturas autorreferenciadas

Uma **estrutura autorreferenciada** contém um membro ponteiro que aponta para uma estrutura do mesmo tipo de estrutura. Por exemplo, a definição

```
struct node {
   int data;
   struct node *nextPtr;
};
```

define um tipo, `struct node`. A estrutura do tipo `struct node` tem dois membros — o membro inteiro `data` e o membro ponteiro `nextPtr`. O membro `nextPtr` aponta para uma estrutura do tipo `struct node` — o mesmo tipo de estrutura que está sendo declarada aqui, daí o termo 'classe autorreferenciada'. O membro `nextPtr` é chamado de **link** — ou seja, `nextPtr` pode ser usado para 'vincular' uma estrutura do tipo `struct node` a outra estrutura do mesmo tipo. As estruturas autorreferenciadas podem ser vinculadas para formar estruturas de dados úteis, tais como listas, filas, pilhas e árvores. A Figura 12.1 ilustra dois objetos de estrutura autorreferenciada unidos para formar uma lista. Uma barra invertida (\), que representa um ponteiro **NULL**, é colocada no membro do link da segunda estrutura autorreferenciada para indicar que o link não aponta para outra estrutura. [*Nota:* a barra é usada somente para fins de ilustração; ela não corresponde ao caractere de barra invertida usado em C.]

Um ponteiro `NULL` normalmente indica o fim de uma estrutura de dados, da mesma maneira que o caractere nulo indica o fim de uma string.

Erro comum de programação 12.1

Não inicializar o link no último nó de uma lista com `NULL` *pode ocasionar erros no tempo de execução.*

Figura 12.1 ■ Estruturas autorreferenciadas vinculadas.

12.3 Alocação dinâmica de memória

Criar e manter estruturas dinâmicas de dados exige uma **alocação dinâmica de memória** — a capacidade que um programa tem de obter mais espaço de memória durante a execução para manter novos nós, e para liberar espaço do qual não se precisa mais. O limite para alocação dinâmica de memória pode ser tão grande quanto a quantidade de memória física disponível no computador, ou a quantidade de memória virtual disponível em um sistema de memória virtual. Frequentemente, os limites são muito baixos, porque a memória disponível deve ser compartilhada entre muitas aplicações.

As funções **`malloc`** e **`free`**, e o operador **`sizeof`**, são essenciais para a alocação dinâmica de memória. A função `malloc` usa o número de bytes a serem alocados como argumento, e retorna um ponteiro do tipo **`void *`** (**ponteiro para void**) para a memória alocada. Um ponteiro `void *` pode ser atribuído a uma variável de qualquer tipo de ponteiro. A função `malloc` geralmente é usada com o operador `sizeof`. Por exemplo, a instrução

```
newPtr = malloc( sizeof( struct node ) );
```

avalia `sizeof( struct node )` para determinar o tamanho em bytes de uma estrutura do tipo `struct node`, aloca uma nova área na memória desse número de bytes e armazena um ponteiro para a memória alocada na variável `newPtr`. A memória alocada não é inicializada. Se não houver memória disponível, `malloc` retornará `NULL`.

A função `free` libera memória — ou seja, a memória é retornada ao sistema, de modo que possa ser realocada no futuro. Para liberar memória dinamicamente alocada pela chamada `malloc` anterior, use a instrução

```
free( newPtr );
```

C também oferece funções `calloc` e `realloc` para criar e modificar arrays dinâmicos. Essas funções serão discutidas na Seção 14.11. As próximas seções abordarão listas, pilhas, filas e árvores, cada uma das quais criada e mantida com alocação dinâmica de memória e estruturas autorreferenciadas.

Dica de portabilidade 12.1

O tamanho de uma estrutura não é necessariamente a soma dos tamanhos de seus membros. Isso ocorre por causa dos vários requisitos de alinhamento de limites de endereços dependentes de máquina (ver Capítulo 10).

Erro comum de programação 12.2

Supor que o tamanho de uma estrutura é simplesmente a soma dos tamanhos de seus dados-membros é um erro lógico.

Boa prática de programação 12.1

Use o operador `sizeof` *para determinar o tamanho de uma estrutura.*

Dica de prevenção de erro 12.1

Ao usar `malloc`, *teste um valor de retorno de ponteiro* `NULL`, *que indica que a memória não foi alocada.*

Erro comum de programação 12.3

Não retornar a memória alocada dinamicamente quando ela não é mais necessária, pode fazer com que o sistema fique sem memória prematuramente. Isso, às vezes, é chamado de 'vazamento de memória'.

Boa prática de programação 12.2

Quando a memória que foi alocada dinamicamente não for mais necessária, use `free` *para liberar a memória imediatamente para o sistema.*

Erro comum de programação 12.4

Liberar memória não alocada dinamicamente com `malloc`.

Erro comum de programação 12.5

Referir-se à memória que foi liberada é um erro que normalmente resulta na falha do programa.

12.4 Listas encadeadas

Uma **lista encadeada** é uma coleção linear de objetos de uma classe autorreferenciada, chamados de **nós**, conectados por **links** de ponteiros — daí o termo lista 'encadeada'. Uma lista encadeada é acessada por meio de um ponteiro para o primeiro nó da lista. Os nós subsequentes são acessados por meio do membro ponteiro de link armazenado em cada nó. Por convenção, o ponteiro de link do último nó de uma lista é inicializado em `NULL`, para marcar o fim da lista. Os dados são armazenados em uma lista encadeada dinamicamente — cada nó é criado de acordo com a necessidade. Um nó pode conter dados de qualquer tipo, inclusive outros objetos `struct`. Pilhas e filas são também estruturas de dados lineares, e, como veremos, são versões de listas encadeadas com restrições. As árvores são estruturas de dados não lineares.

Listas de dados podem ser armazenadas em arrays, mas as listas encadeadas oferecem várias vantagens. Uma lista encadeada é apropriada quando é impossível predizer o número de elementos de dados a ser representado na estrutura de dados. As listas encadeadas são dinâmicas, assim o comprimento de uma lista pode aumentar ou diminuir conforme a necessidade. O tamanho de um array, porém, não pode ser alterado depois de a memória ser alocada. Arrays podem ficar cheios. Listas encadeadas ficam cheias somente quando o sistema não tem memória suficiente para satisfazer solicitações dinâmicas de alocação de memória.

Dica de desempenho 12.1

Um array pode ser declarado para conter mais elementos do que o número de itens esperados, mas isso pode desperdiçar memória. As listas encadeadas podem fornecer uma forma mais adequada de utilização de memória nessas situações.

Listas encadeadas podem ser mantidas em ordem ao se inserir cada novo elemento no ponto apropriado da lista.

Dica de desempenho 12.2

A inserção e a exclusão em um array ordenado podem consumir muito tempo — todos os elementos a partir do elemento inserido ou excluído devem ser movidos de forma apropriada.

Dica de desempenho 12.3

Os elementos de um array são armazenados consecutivamente na memória. Isso permite o acesso imediato a qualquer elemento do array, porque o endereço de qualquer elemento pode ser calculado diretamente com base na posição de início do array. As listas encadeadas não dispõem de tal 'acesso direto' imediato a seus elementos.

Os nós de uma lista encadeada não estão armazenados consecutivamente na memória. Logicamente, porém, os nós de uma lista encadeada parecem ser contíguos. A Figura 12.2 ilustra uma lista encadeada com vários nós.

Dica de desempenho 12.4

Usar a alocação de memória dinâmica (em vez de arrays) em estruturas de dados que crescem e encolhem durante a execução pode economizar memória. Tenha em mente, porém, que ponteiros ocupam espaço, e que a alocação de memória dinâmica incorre na sobrecarga das chamadas de função.

O programa da Figura 12.3 (cuja saída é mostrada na Figura 12.4) manipula uma lista de caracteres. O programa permite que você insira um caractere na lista em ordem alfabética (função `insert`) ou exclua um caractere da lista (função `delete`). Este é um programa grande e complexo. Uma discussão detalhada do programa aparece a seguir. O Exercício 12.20 pede ao leitor que implemente uma função recursiva que imprima a lista de trás para a frente. O Exercício 12.21 pede ao leitor que implemente uma função recursiva que pesquise uma lista encadeada em busca de determinado item de dados.

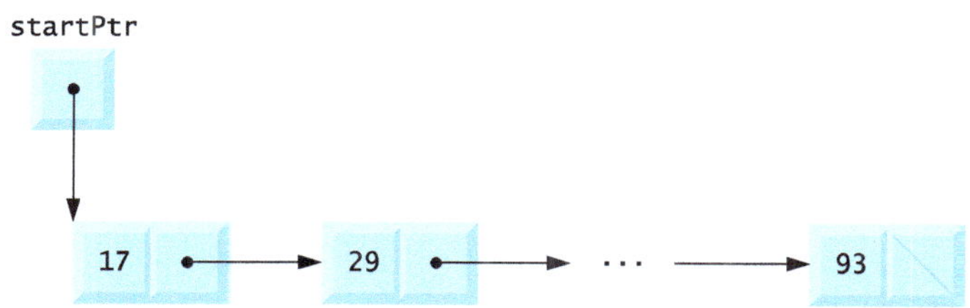

Figura 12.2 ■ Representação gráfica da lista encadeada.

```c
/* Fig. 12.3: fig12_03.c
   Operando e mantendo uma lista */
#include <stdio.h>
#include <stdlib.h>

/* estrutura autorreferenciada */
struct listNode {
   char data; /* cada listNode contém um caractere */
   struct listNode *nextPtr; /* ponteiro para próximo nó */
}; /* fim da estrutura listNode */

typedef struct listNode ListNode; /* sinônimo de struct listNode */
typedef ListNode *ListNodePtr; /* sinônimo de ListNode* */

/* protótipos */
void insert( ListNodePtr *sPtr, char value );
char delete( ListNodePtr *sPtr, char value );
int isEmpty( ListNodePtr sPtr );
void printList( ListNodePtr currentPtr );
void instructions( void );

int main( void )
{
   ListNodePtr startPtr = NULL; /* inicialmente não existem nós */
   int choice; /* escolha do usuário */
   char item; /* char inserido pelo usuário */

   instructions(); /* exibe o menu */
   printf( "? " );
   scanf( "%d", &choice );

   /* loop enquanto usuário não escolhe 3 */
   while ( choice != 3 ) {

      switch ( choice ) {
         case 1:
            printf( "Digite um caractere: " );
            scanf( "\n%c", &item );
            insert( &startPtr, item ); /* insere item na lista */
            printList( startPtr );
            break;
         case 2: /* exclui um elemento */
            /* se lista não está vazia */
            if ( !isEmpty( startPtr ) ) {
               printf( "Digite caractere a ser excluído: " );
               scanf( "\n%c", &item );

               /* se caractere for encontrado, é removido */
               if ( delete( &startPtr, item ) ) { /* remove item */
                  printf( "%c deleted.\n", item );
                  printList( startPtr );
               } /* fim do if */
               else {
                  printf( "%c não encontrado.\n\n", item );
               } /* fim do else */
            } /* fim do if */
            else {
               printf( "Lista está vazia.\n\n" );
            } /* fim do else */

            break;
         default:
            printf( "Escolha inválida.\n\n" );
```

Figura 12.3 ■ Inserção e exclusão de nós em uma lista. (Parte 1 de 3.)

```
            instructions();
            break;
      } /* fim do switch */

      printf( "? " );
      scanf( "%d", &choice );
   } /* fim do while */

   printf( "Fim da execução.\n" );
   return 0; /* indica conclusão bem-sucedida */
} /* fim do main */

/* exibe instruções do programa ao usuário */
void instructions( void )
{
   printf( "Digite sua escolha:\n"
      "   1 para inserir um elemento na lista.\n"
      "   2 para excluir um elemento da lista.\n"
      "   3 para terminar.\n" );
} /* fim das instruções de função */

/* Insere novo valor na lista, na ordem classificada */
void insert( ListNodePtr *sPtr, char value )
{
   ListNodePtr newPtr; /* ponteiro para novo nó */
   ListNodePtr previousPtr; /* ponteiro para nó anterior na lista */
   ListNodePtr currentPtr; /* ponteiro para nó atual na lista */

newPtr = malloc( sizeof( ListNode ) ); /* cria nó */

if ( newPtr != NULL ) { /* espaço está disponível */
   newPtr->data = value; /* coloca valor no nó */
   newPtr->nextPtr = NULL; /* nó não se une a outro nó */

   previousPtr = NULL;
   currentPtr = *sPtr;

   /* loop para achar o local correto na lista */
   while ( currentPtr != NULL && value > currentPtr->data ) {
      previousPtr = currentPtr; /* caminha para ...*/
      currentPtr = currentPtr->nextPtr; /* ... próximo nó */
   } /* fim do while */

   /* insere novo nó no início da lista */
   if ( previousPtr == NULL ) {
      newPtr->nextPtr = *sPtr;
      *sPtr = newPtr;
   } /* fim do if */
   else { /* insere novo nó entre previousPtr e currentPtr */
         previousPtr->nextPtr = newPtr;
         newPtr->nextPtr = currentPtr;
      } /* fim do else */
   } /* fim do if */
   else {
      printf( "%c não inserido. Sem memória disponível.\n", value );
   } /* fim do else */
} /* fim da função insert */

/* Exclui um elemento da lista */
char delete( ListNodePtr *sPtr, char value )
{
   ListNodePtr previousPtr; /* ponteiro para nó anterior na lista */
   ListNodePtr currentPtr; /* ponteiro para nó atual na lista */
```

Figura 12.3 ■ Inserção e exclusão de nós em uma lista. (Parte 2 de 3.)

```
   ListNodePtr tempPtr; /* ponteiro de nó temporário */

   /* exclui primeiro nó */
   if ( value == ( *sPtr )->data ) {
      tempPtr = *sPtr; /* aponta para o nó que está sendo removido */
      *sPtr = ( *sPtr )->nextPtr; /* retira thread do nó */
      free( tempPtr ); /* libera o nó com thread retirado */
      return value;
   } /* fim do if */
   else {
      previousPtr = *sPtr;
      currentPtr = ( *sPtr )->nextPtr;

      /* loop para achar local correto na lista */
      while ( currentPtr != NULL && currentPtr->data != value ) {
         previousPtr = currentPtr; /* caminha até ...   */
         currentPtr = currentPtr->nextPtr; /* ... próximo nó */
      } /* fim do while */

      /* exclui nó em currentPtr */
      if ( currentPtr != NULL ) {
         tempPtr = currentPtr;
         previousPtr->nextPtr = currentPtr->nextPtr;
         free( tempPtr );
         return value;
      } /* fim do if */
   } /* fim do else */

   return '\0';
} /* fim da função delete */

/* Retorna 1 se a lista estiver vazia, 0 se estiver cheia */
int isEmpty( ListNodePtr sPtr )
{
   return sPtr == NULL;
} /* fim da função isEmpty */

/* Imprime a lista */
void printList( ListNodePtr currentPtr )
{
   /* se lista estiver vazia */
   if ( currentPtr == NULL ) {
      printf( "Lista está vazia.\n\n" );
   } /* fim do if */
   else {
      printf( "A lista é:\n" );

      /* enquanto não chega ao final da lista */
      while ( currentPtr != NULL ) {
         printf( "%c --> ", currentPtr->data );
         currentPtr = currentPtr->nextPtr;
      } /* fim do while */

      printf( "NULL\n\n" );
   } /* fim do else */
} /* fim da função printList */
```

Figura 12.3 ■ Inserção e exclusão de nós em uma lista. (Parte 3 de 3.)

```
Digite sua escolha:
  1 para inserir um elemento na lista.
  2 para excluir um elemento da lista.
  3 para terminar.
? 1
Digite um caractere: B
A lista é:
B --> NULL

? 1
Digite um caractere: A
A lista é:
A --> B --> NULL

? 1
Digite um caractere: C
A lista é:
A --> B --> C --> NULL

? 2
Digite caractere a ser excluído: D
D não encontrado.

? 2
Digite caractere a ser excluído: B
B excluído.
A lista é:
A --> C --> NULL

? 2
Digite caractere a ser excluído: C
C excluído.
A lista é:
A --> NULL

? 2
Digite caractere a ser excluído: A
A excluído.
Lista está vazia.

? 4
Escolha inválida.

Digite sua escolha:
  1 para inserir um elemento na lista.
  2 para excluir um elemento da lista.
  3 para terminar.
? 3
Fim da execução.
```

Figura 12.4 ■ Exemplo de saída do programa da Figura 12.3.

As principais funções das listas encadeadas são `insert` (linhas 86-120) e `delete` (linhas 123-156). A função `isEmpty` (linhas 159-162) é chamada de **função predicado** — ela não altera a lista, mas, determina se a lista está vazia (ou seja, o ponteiro para o primeiro nó da lista é `NULL`). Se a lista estiver vazia, `1` é retornado; caso contrário, `0` é retornado. A função `printList` (linhas 165-182) imprime a lista.

Função `insert`

Os caracteres são inseridos na lista em ordem alfabética. A função `insert` (linhas 86-120) recebe o endereço da lista e um caractere a ser inserido. O endereço da lista é necessário quando um valor deve ser inserido no início da lista. Fornecer o endereço da lista permite que ela (ou seja, o ponteiro para o primeiro nó da lista) seja modificada por meio de uma chamada por referência. Como a própria lista é um ponteiro (para seu primeiro elemento), a passagem do endereço da lista cria um **ponteiro para um ponteiro** (ou seja, **indireção dupla**). Esta é uma noção complexa, e exige uma programação cuidadosa. As etapas para inserir um caractere na lista são as seguintes (ver Figura 12.5):

1. Criar um nó chamando `malloc`, atribuindo a `newPtr` o endereço da memória alocada (linha 92), atribuindo o caractere a ser inserido a `newPtr->data` (linha 95) e atribuindo `NULL` a `newPtr->nextPtr` (linha 96).
2. Inicializar `previousPtr` em `NULL` (linha 198) e `currentPtr` em `*sPtr` (linha 99) — o ponteiro para o início da lista. Os ponteiros `previousPtr` e `currentPtr` armazenam os locais do nó antes do ponto de inserção e do nó após o ponto de inserção.
3. Enquanto `currentPtr` não for `NULL` e o valor a ser inserido for maior que `currentPtr->data` (linha 102), atribua `currentPtr` a `previousPtr` (linha 103) e passe `currentPtr` para o próximo nó da lista (linha 104). Isso localiza o ponto de inserção para o valor.
4. Se `previousPtr` for `NULL` (linha 108), insira o novo nó como primeiro nó na lista (linhas 109-110). Atribua `*sPtr` a `newPtr->nextPtr` (o novo link de nó aponta para o primeiro nó), e atribua `newPtr` a `*sPtr` (`*sPtr` aponta para o novo nó). Caso contrário, se `previousPtr` não for `NULL`, o novo nó é inserido no local (linhas 113-114). Atribua `newPtr` a `previousPtr->nextPtr` (o nó anterior aponta para o novo nó) e atribua `currentPtr` a `newPtr->nextPtr` (o novo link de nó aponta para o nó atual).

Dica de prevenção de erro 12.2

Atribua `NULL` ao membro de ligação de um novo nó. Os ponteiros devem ser inicializados antes de serem usados.

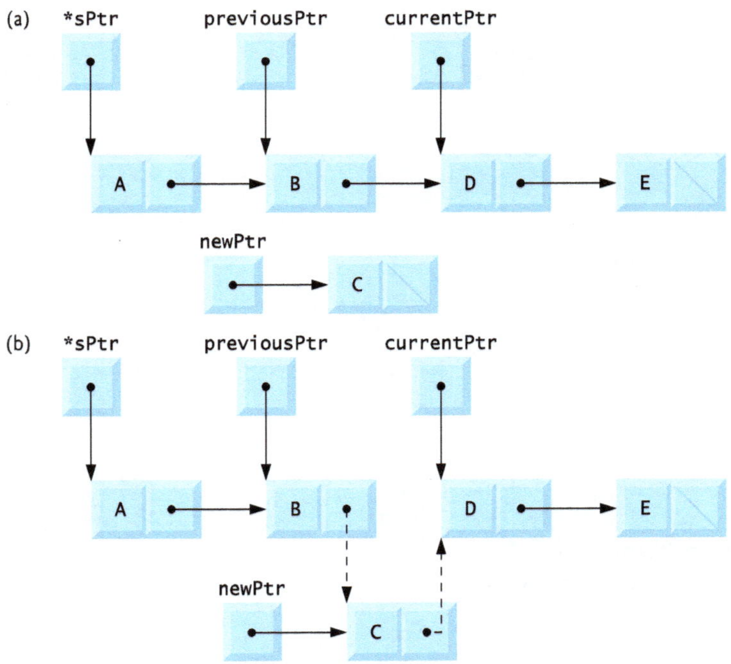

Figura 12.5 ■ Inserção de um nó em uma lista ordenada.

A Figura 12.5 ilustra a inserção de um nó que contém o caractere 'C' em uma lista ordenada. A parte (a) da figura mostra a lista e o novo nó antes da inserção. A parte (b) mostra o resultado da inserção do novo nó. Os ponteiros reatribuídos são setas tracejadas. Para simplificar, implementamos a função `insert` (e outras funções semelhantes neste capítulo) com um tipo de retorno `void`. É possível que a função `malloc` deixe de alocar a memória solicitada. Nesse caso, seria melhor que nossa função `insert` retornasse um status que indicasse se a operação foi bem-sucedida.

Função `delete`

A função `delete` (linhas 123-156) recebe o endereço do ponteiro para o início da lista e um caractere a ser excluído. As etapas para se excluir um caractere da lista são as seguintes:

1. Se o caractere a ser excluído combina com o caractere no primeiro nó da lista (linha 130), atribua `*sPtr` a `tempPtr` (`tempPtr` será usado para liberar — `free` — a memória indesejada), atribua `(*sPtr)->nextPtr` a `*sPtr` (`*sPtr` agora aponta para o segundo nó na lista), libere (`free`) a memória apontada por `tempPtr` e retorne o caractere que foi excluído.
2. Caso contrário, inicialize `previousPtr` com `*sPtr` e inicialize `currentPtr` com `(*sPtr)->nextPtr` (linhas 137-138).
3. Enquanto `currentPtr` não for `NULL` e o valor a ser excluído não for igual a `currentPtr->data` (linha 141), atribua `currentPtr` a `previousPtr` (linha 142) e atribua `currentPtr->nextPtr` a `currentPtr` (linha 143). Isso localiza o caractere a ser excluído se ele estiver contido na lista.
4. Se `currentPtr` não for `NULL` (linha 147), atribua `currentPtr` a `tempPtr` (linha 148), atribua `currentPtr->nextPtr` a `previousPtr->nextPtr` (linha 149), libere o nó apontado por `tempPtr` (linha 150) e retorne o caractere que foi excluído da lista (linha 151). Se `currentPtr` for `NULL`, retorne o caractere nulo ('\0') para indicar que o caractere a ser excluído não foi encontrado na lista (linha 155).

A Figura 12.6 ilustra a exclusão de um nó a partir de uma lista encadeada. A parte (a) da figura mostra a lista encadeada depois da operação de inserção anterior. A parte (b) mostra a reatribuição do elemento de link de `previousPtr` e a atribuição de `currentPtr` a `tempPtr`. O ponteiro `tempPtr` é usado para liberar a memória alocada para armazenar 'C'.

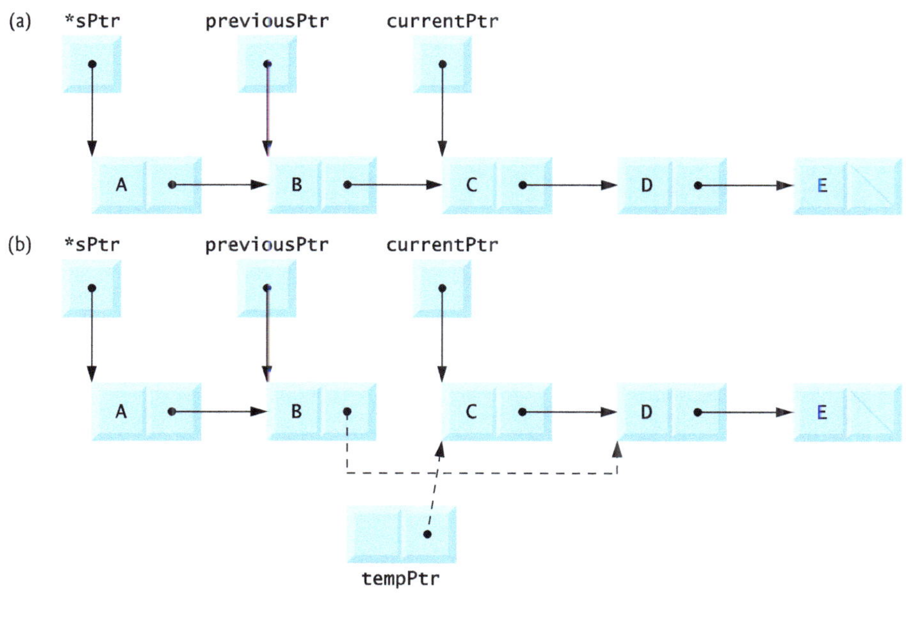

Figura 12.6 ■ Exclusão do nó de uma lista.

Função `printList`

A função `printList` (linhas 165-182) recebe um ponteiro para o início da lista como um argumento, e se refere ao ponteiro como `currentPtr`. Primeiro, a função determina se a lista está vazia (linhas 168-170) e, se estiver, imprime "`A lista está vazia.`" e termina. Caso contrário, ela imprime os dados da lista (linhas 171-181). Enquanto `currentPtr` não for `NULL`, o valor de `currentPtr->data` será impresso pela função, e `currentPtr->nextPtr` será atribuído a `currentPtr`. Se o link no último nó da lista não for `NULL`, o algoritmo de impressão tentará imprimir após o final da lista, e ocorrerá um erro. O algoritmo de impressão é idêntico para listas encadeadas, pilhas e filas.

12.5 Pilhas

Uma **pilha** é uma versão sujeita a restrições de uma lista encadeada. Somente pelo topo é que novos nós podem ser acrescentados ou removidos de uma pilha. Por essa razão, uma pilha é chamada de estrutura de dados **último a entrar, primeiro a sair** (**LIFO — last-in, first-out**). Uma pilha é referenciada por um ponteiro para o elemento do topo da pilha. O membro de link no último nó da pilha é inicializado com `NULL` para indicar a parte inferior da pilha.

A Figura 12.7 ilustra uma pilha com vários nós. As pilhas e as listas encadeadas são representadas de formas idênticas. A diferença entre ambas é que inserções e exclusões podem ocorrer em qualquer lugar de uma lista encadeada, mas somente no topo de uma pilha.

Erro comum de programação 12.6

Não definir o link como `NULL` no último nó de uma pilha pode ocasionar erros de tempo de execução.

As principais funções usadas para manipular uma pilha são `push` e `pop`. A função `push` cria um novo nó e o coloca no topo da pilha. A função `pop` remove um nó do topo da pilha, libera a memória que foi alocada para o nó removido e retorna o valor removido.

A Figura 12.8 (saída mostrada na Figura 12.9) implementa uma pilha simples de inteiros. O programa oferece três opções: (1) colocar um valor na pilha (função `push`), (2) remover um valor da pilha (função `pop`) e (3) terminar o programa.

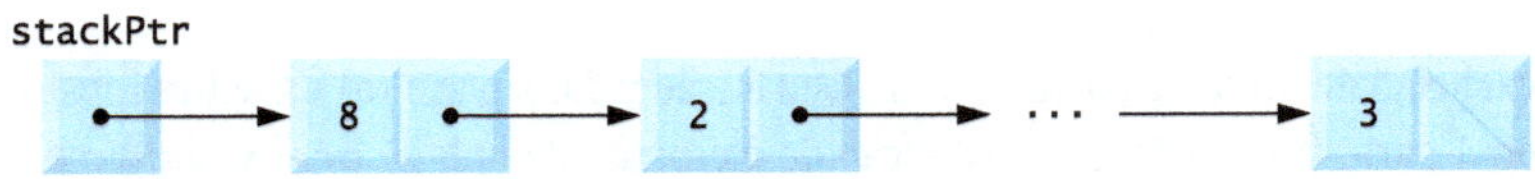

Figura 12.7 ■ Representação gráfica da pilha.

```c
/* Fig. 12.8: fig12_08.c
   Programa de pilha dinâmica */
#include <stdio.h>
#include <stdlib.h>

/* estrutura autorreferenciada */
struct stackNode {
   int data; /* define dados como um int */
   struct stackNode *nextPtr; /* ponteiro stackNode */
}; /* fim da estrutura stackNode */

typedef struct stackNode StackNode; /* sinônimo de struct stackNode */
typedef StackNode *StackNodePtr; /* sinônimo de StackNode* */

/* protótipos */
void push( StackNodePtr *topPtr, int info );
int pop( StackNodePtr *topPtr );
int isEmpty( StackNodePtr topPtr );
void printStack( StackNodePtr currentPtr );
void instructions( void );

/* função main inicia execução do programa */
int main( void )
{
   StackNodePtr stackPtr = NULL; /* aponta para topo da pilha */
   int choice; /* escolha do menu do usuário */
   int value; /* entrada int pelo usuário */

   instructions(); /* exibe o menu */
   printf( "? " );
```

Figura 12.8 ■ Um programa simples de pilha. (Parte 1 de 3.)

```c
   scanf( "%d", &choice );

   /* enquanto usuário não digita 3 */
   while ( choice != 3 ) {

      switch ( choice ) {
         /* coloca valor na pilha */
         case 1:
            printf( "Digite um inteiro: " );
            scanf( "%d", &value );
            push( &stackPtr, value );
            printStack( stackPtr );
            break;
         /* remove valor da pilha */
         case 2:
            /* se a pilha não está vazia */
            if ( !isEmpty( stackPtr ) )  {
               printf( "O valor retirado é %d.\n", pop( &stackPtr ) );
            } /* fim do if */

            printStack( stackPtr );
            break;
         default:
            printf( "Escolha inválida.\n\n" );
            instructions();
            break;
      } /* fim do switch */

      printf( "? " );
      scanf( "%d", &choice );
   } /* fim do while */

   printf( "Fim da execução.\n" );
   return 0; /* indica conclusão bem-sucedida */
} /* fim do main */

/* exibe informações do programa ao usuário */
void instructions( void )
{
   printf( "Digite escolha:\n"
      "1 para colocar um valor na pilha\n"
      "2 para retirar um valor da pilha\n"
      "3 para terminar programa\n" );
} /* fim da função instructions */

/* Insere um nó no topo da pilha */
void push( StackNodePtr *topPtr, int info )
{
   StackNodePtr newPtr; /* ponteiro para novo nó */

   newPtr = malloc( sizeof( StackNode ) );

   /* insere o nó no topo da pilha */
   if ( newPtr != NULL ) {
      newPtr->data = info;
      newPtr->nextPtr = *topPtr;
      *topPtr = newPtr;
   } /* fim do if */
   else { /* nenhum espaço disponível */
      printf( "%d não inserido. Nenhuma memória disponível.\n", info );
   } /* fim do else */
```

Figura 12.8 ■ Um programa simples de pilha. (Parte 2 de 3.)

```
} /* fim da função push */

/* Remove um nó do topo da pilha */
int pop( StackNodePtr *topPtr )
{
   StackNodePtr tempPtr; /* ponteiro de nó temporário */
   int popValue; /* node value */

   tempPtr = *topPtr;
   popValue = ( *topPtr )->data;
   *topPtr = ( *topPtr )->nextPtr;
   free( tempPtr );
   return popValue;
} /* fim da função pop */

/* Imprime a pilha */
void printStack( StackNodePtr currentPtr )
{
   /* se a pilha está vazia */
   if ( currentPtr == NULL ) {
      printf( "A pilha está vazia.\n\n" );
   } /* fim do if */
   else {
      printf( "A pilha é:\n" );

      /* enquanto não chega final da pilha */
      while ( currentPtr != NULL ) {
         printf( "%d --> ", currentPtr->data );
         currentPtr = currentPtr->nextPtr;
      } /* fim do while */

      printf( "NULL\n\n" );
   } /* fim do else */
} /* fim da função printList */

/* Retorna 1 se a pilha está vazia, caso contrário, retorna 0 */
int isEmpty( StackNodePtr topPtr )
{
   return topPtr == NULL;
} /* fim da função isEmpty */
```

Figura 12.8 ■ Um programa simples de pilha. (Parte 3 de 3.)

```
Digite escolha:
1 para colocar um valor na pilha
2 para retirar um valor da pilha
3 para terminar programa
? 1
Digite um inteiro: 5
A pilha é:
5 --> NULL

? 1
Digite um inteiro: 6
```

Figura 12.9 ■ Exemplo de saída do programa da Figura 12.8. (Parte 1 de 2.)

```
A pilha é:
6 --> 5 --> NULL

? 1
Digite um inteiro: 4
A pilha é:
4 --> 6 --> 5 --> NULL

? 2
O valor removido é 4.
A pilha é:
6 --> 5 --> NULL

? 2
O valor retirado é 6.
A pilha é:
5 --> NULL

? 2
O valor retirado é 5.
A pilha está vazia.

? 2
A pilha está vazia.

? 4
Escolha inválida.

Digite escolha:
1 para colocar um valor na pilha
2 para retirar um valor da pilha
3 para terminar programa
? 3
Fim da execução.
```

Figura 12.9 ■ Exemplo de saída do programa da Figura 12.8. (Parte 2 de 2.)

Função push

A função `push` (linhas 77-92) coloca um novo nó no topo da pilha. A função consiste em três etapas:

1. Criar um novo nó chamando `malloc` e atribuir o local da memória alocada a `newPtr` (linha 81)
2. Atribuir a `newPtr->data` o valor a ser colocado na pilha (linha 85) e atribuir `*topPtr` (o ponteiro do topo da pilha) a `newPtr->nextPtr` (linha 86) — o membro de link de `newPtr` agora aponta para o nó do topo anterior.
3. Atribuir `newPtr` a `*topPtr` (linha 87) — `*topPtr` agora aponta para o novo topo da pilha.

As manipulações que envolvem `*topPtr` mudam o valor de `stackPtr` em `main`. A Figura 12.10 ilustra a função `push`. A parte (a) da figura mostra a pilha e o novo nó antes da operação `push`. As setas tracejadas na parte (b) ilustram as *etapas 2* e *3* da operação `push` que permitem que o nó contendo `12` se torne o novo topo da pilha.

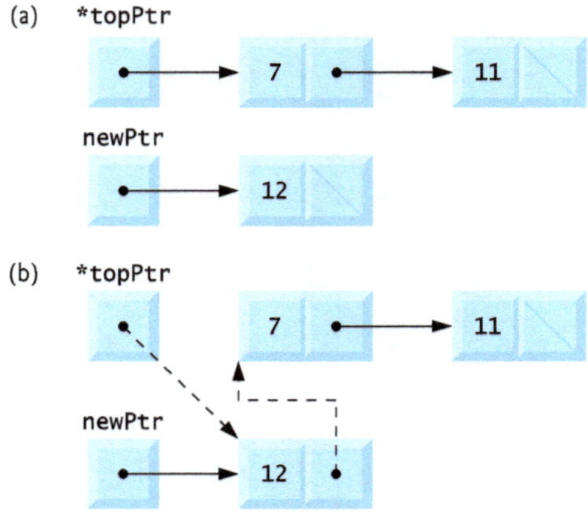

Figura 12.10 ■ Operação push.

Função pop

A função `pop` (linhas 95-105) remove um nó do topo da pilha. A função `main` determina se a pilha está vazia antes de chamar `pop`. A operação `pop` consiste em cinco etapas:

1. Atribuir `*topPtr` a `tempPtr` (linha 100); `tempPtr` será usado para liberar a memória desnecessária.
2. Atribuir `(*topPtr)->data` a `popValue` (linha 101) para salvar o valor no nó superior.
3. Atribuir `(*topPtr)->nextPtr` a `*topPtr` (linha 102) para que `*topPtr` contenha o endereço do novo nó do topo.
4. Liberar a memória apontada por `tempPtr` (linha 103).
5. Retornar `popValue` para quem chamou (linha 104).

A Figura 12.11 ilustra a função `pop`. A parte (a) mostra a pilha após a operação `push` anterior. A parte (b) mostra `tempPtr` apontando para o primeiro nó da pilha e `topPtr` apontando para o segundo nó da pilha. A função **`free`** é usada para liberar a memória apontada por `tempPtr`.

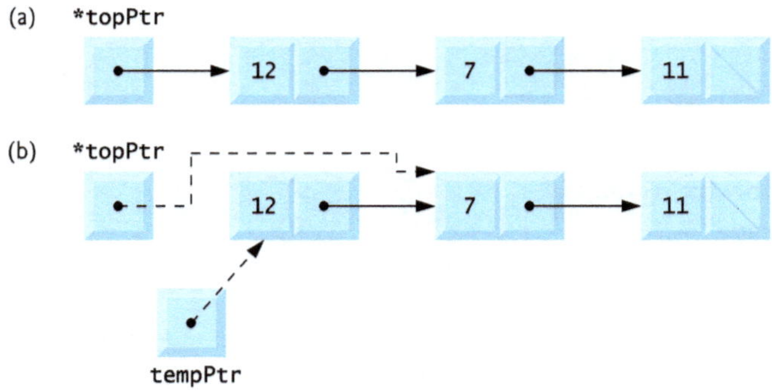

Figura 12.11 ■ Operação pop.

Aplicações de pilhas

As pilhas possuem muitas aplicações interessantes. Por exemplo, sempre que é feita uma chamada de função, a função chamada precisa saber como retornar para a função ou programa que a chamou, de modo que o endereço de retorno é colocado em uma pilha. Se ocorre uma série de chamadas de função, os valores de retorno sucessivos são colocados na pilha na ordem 'último a entrar, primeiro a sair', de modo que cada função pode retornar para a função ou programa que a chamou. As pilhas dão suporte a chamadas de função recursivas da mesma maneira que as chamadas não recursivas convencionais.

As pilhas contêm o espaço criado para variáveis automáticas em cada chamada de função. Quando a função retorna para a função ou programa que a chamou, o espaço para as variáveis automáticas dessa função é removido da pilha, e essas variáveis passam a ser desconhecidas pelo programa. As pilhas são usadas pelos compiladores no processo de avaliação de expressões e geração de código em linguagem de máquina. Os exercícios exploram diversas aplicações das pilhas.

12.6 Filas

Outra estrutura de dados comum é a **fila**. Uma fila é semelhante a uma fila no caixa de um supermercado — a primeira pessoa da fila é atendida primeiro, e outros clientes entram no final da fila e esperam para serem atendidos. Os nós de fila são removidos somente a partir da **cabeça da fila** e são inseridos apenas na **cauda da fila**. Por essa razão, uma fila é chamada de estrutura de dados **primeiro a entrar, primeiro a sair** (**FIFO — first-in, first-out**). As operações de inserção e retirada são conhecidas como `enqueue` e `dequeue`, respectivamente.

As filas têm muitas aplicações em sistemas de computadores. A maioria dos computadores tem um único processador e, portanto, somente um usuário pode ser atendido a cada vez. Os pedidos dos outros usuários são colocados em uma fila. Cada pedido avança gradualmente para a frente da fila à medida que os usuários são atendidos. O pedido no início da fila é o próximo a ser atendido.

As filas também são usadas para suportar a impressão em spool. Um ambiente multiusuário pode ter somente uma impressora. Muitos usuários podem estar gerando saídas para serem impressas. Se a impressora estiver ocupada, outras saídas ainda poderão ser geradas. Elas são postas em um spool no disco, onde esperam em uma fila até que a impressora se torne disponível.

Pacotes de informações também esperam em filas em redes de computador. Toda vez que um pacote chega em um nó de rede, ele deve ser direcionado para o próximo nó na rede ao longo do caminho para o destino final do pacote. O nó de direcionamento encaminha um pacote de cada vez, de modo que pacotes adicionais são enfileirados até que o direcionador possa encaminhá-los. A Figura 12.12 ilustra uma fila com vários nós. Observe os ponteiros para a cabeça da fila e para a cauda da fila.

Erro comum de programação 12.7

Não inicializar o link no último nó de uma fila com `NULL` *pode provocar erros de runtime.*

A Figura 12.13 (saída na Figura 12.14) realiza manipulações de fila. O programa oferece várias opções: inserir um nó na fila (função `enqueue`), remover um nó da fila (função `dequeue`) e terminar o programa.

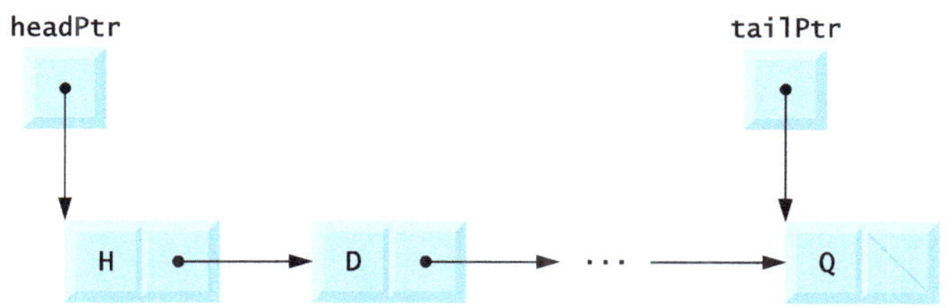

Figura 12.12 ■ Representação gráfica da fila.

```
/* Fig. 12.13: fig12_13.c
   Operando e mantendo uma fila */
#include <stdio.h>
#include <stdlib.h>

/* estrutura autorreferenciada */
struct queueNode {
   char data; /* define dados como char */
   struct queueNode *nextPtr; /* queueNode pointer */
}; /* fim da estrutura queueNode */

typedef struct queueNode QueueNode;
typedef QueueNode *QueueNodePtr;
```

Figura 12.13 ■ Processamento de uma fila. (Parte 1 de 4.)

```c

/* protótipos de função */
void printQueue( QueueNodePtr currentPtr );
int isEmpty( QueueNodePtr headPtr );
char dequeue( QueueNodePtr *headPtr, QueueNodePtr *tailPtr );
void enqueue( QueueNodePtr *headPtr, QueueNodePtr *tailPtr,
   char value );
void instructions( void );

/* função main inicia execução do programa */
int main( void )
{
   QueueNodePtr headPtr = NULL; /* inicializa headPtr */
   QueueNodePtr tailPtr = NULL; /* inicializa tailPtr */
   int choice; /* escolha de menu do usuário */
   char item; /* entrada char pelo usuário */

   instructions(); /* exibe o menu */
   printf( "? " );
   scanf( "%d", &choice );

   /* enquanto usuário não digita 3 */
   while ( choice != 3 ) {

      switch( choice ) {
         /* enfileira valor */
         case 1:
            printf( "Digite um caractere: " );
            scanf( "\n%c", &item );
            enqueue( &headPtr, &tailPtr, item );
            printQueue( headPtr );
            break;
         /* desenfileira valor */
         case 2:
            /* se fila não estiver vazia */
            if ( !isEmpty( headPtr ) ) {
               item = dequeue( &headPtr, &tailPtr );
               printf( "%c saiu da fila.\n", item );
            } /* fim do if */

            printQueue( headPtr );
            break;
         default:
            printf( "Escolha inválida.\n\n" );
            instructions();
            break;
      } /* fim do switch */

      printf( "? " );
      scanf( "%d", &choice );
   } /* fim do while */

   printf( "Fim da execução.\n" );
   return 0; /* indica conclusão bem-sucedida */
} /* fim do main */

```

Figura 12.13 ■ Processamento de uma fila. (Parte 2 de 4.)

```
/* exibe instruções do programa ao usuário */
void instructions( void )
{
   printf ( "Digite sua escolha:\n"
            "   1 para incluir um item na fila\n"
            "   2 para remover um item da fila\n"
            "   3 para encerrar\n" );
} /* fim da função instructions */

/* insere um nó na cauda da fila */
void enqueue( QueueNodePtr *headPtr, QueueNodePtr *tailPtr,
   char value )
{
   QueueNodePtr newPtr; /* ponteiro para novo nó */

   newPtr = malloc( sizeof( QueueNode ) );

   if ( newPtr != NULL ) { /* se houver espaço disponível */
      newPtr->data = value;
      newPtr->nextPtr = NULL;

      /* se vazia, insere nó na cabeça */
      if ( isEmpty( *headPtr ) ) {
         *headPtr = newPtr;
      } /* fim do if */
      else {
         ( *tailPtr )->nextPtr = newPtr;
      } /* fim do else */

      *tailPtr = newPtr;
   } /* fim do if */
   else {
      printf( "%c não inserido. Não há memória disponível.\n", value );
   } /* fim do else */
} /* fim da função enqueue */

/* remove nó da cabeça da fila */
char dequeue( QueueNodePtr *headPtr, QueueNodePtr *tailPtr )
{
   char value; /* valor do nó */
   QueueNodePtr tempPtr; /* ponteiro de nó temporário */

   value = ( *headPtr )->data;
   tempPtr = *headPtr;
   *headPtr = ( *headPtr )->nextPtr;

   /* se a fila estiver vazia */
   if ( *headPtr == NULL ) {
      *tailPtr = NULL;
   } /* fim do if */

   free( tempPtr );
   return value;
} /* fim da função dequeue */

/* Retorna 1 se a lista estiver vazia; caso contrário, retorna 0 */
```

Figura 12.13 ■ Processamento de uma fila. (Parte 3 de 4.)

```c
int isEmpty( QueueNodePtr headPtr )
{
   return headPtr == NULL;
} /* fim da função isEmpty */

/* Imprime a fila */
void printQueue( QueueNodePtr currentPtr )
{
   /* se a fila estiver vazia */
   if ( currentPtr == NULL ) {
      printf( "A fila está vazia.\n\n" );
   } /* fim do if */
   else {
      printf( "A fila é:\n" );

      /* enquanto não for fim da fila */
      while ( currentPtr != NULL ) {
         printf( "%c --> ", currentPtr->data );
         currentPtr = currentPtr->nextPtr;
      } /* fim do while */

      printf( "NULL\n\n" );
   } /* fim do else */
} /* fim da função printQueue */
```

Figura 12.13 ■ Processamento de uma fila. (Parte 4 de 4.)

```
Digite sua escolha:
   1 para incluir um item na fila
   2 para remover um item da fila
   3 para encerrar
? 1
Digite um caractere: A
A fila é:
A --> NULL

? 1
Digite um caractere: B
A fila é:
A --> B --> NULL

? 1
Digite um caractere: C
A fila é:
A --> B --> C --> NULL

? 2
A saiu da fila.
A fila é:
B --> C --> NULL
```

Figura 12.14 ■ Exemplo de saída do programa da Figura 12.13. (Parte 1 de 2.)

```
? 2
B saiu da fila.
A fila é:
C --> NULL

? 2
C saiu da fila.
A fila está vazia.

? 2
A fila está vazia.

? 4
Escolha inválida.

Digite sua escolha:
   1 para incluir um item na fila
   2 para remover um item da fila
   3 para encerrar
? 3
Fim da execução.
```

Figura 12.14 ■ Exemplo de saída do programa da Figura 12.13. (Parte 2 de 2.)

Função enqueue

A função `enqueue` (linhas 80-104) recebe três argumentos de `main`: o endereço do ponteiro para a cabeça da fila, o endereço do ponteiro para a cauda da fila e o valor a ser inserido na fila. A função consiste em três etapas:

1. Criação de um novo nó: chame `malloc`, atribua o local de memória alocado a `newPtr` (linha 85), atribua o valor a ser inserido na fila a `newPtr->data` (linha 88) e atribua `NULL` a `newPtr->nextPtr` (linha 89).
2. Se a fila estiver vazia (linha 92), atribua `newPtr` a `*headPtr` (linha 93); caso contrário, atribua ponteiro `newPtr` a `(*tailPtr)->nextPtr` (linha 96).
3. Atribua `newPtr` a `*tailPtr` (linha 99).

A Figura 12.15 ilustra uma operação `enqueue`. A parte (a) mostra a fila e o novo nó antes da operação. As setas tracejadas na parte (b) ilustram as *Etapas 2* e *3* da função `enqueue` que permitem que o novo nó seja incluído no final de uma fila que não está vazia.

Função dequeue

A função `dequeue` (linhas 107-123) recebe o endereço do ponteiro para a cabeça da fila e o endereço do ponteiro para a cauda da fila como argumentos, e remove o primeiro nó da fila. A operação `dequeue` consiste em seis etapas:

1. Atribuir `(*headPtr)->data` a `value` para salvar os dados (linha 112).
2. Atribuir `*headPtr` a `tempPtr` (linha 113), que será usado para liberar (`free`) a memória desnecessária.
3. Atribuir `(*headPtr)->nextPtr` a `*headPtr` (linha 114), para que `*headPtr` agora aponte para o novo primeiro nó na fila.
4. Se `*headPtr` for `NULL` (linha 117), atribuir `NULL` a `*tailPtr` (linha 118).
5. Liberar a memória apontada por `tempPtr` (linha 121).
6. Retornar `value` a quem chamou (linha 122).

A Figura 12.16 ilustra a função `dequeue`. A parte (a) mostra a fila após a operação `enqueue` anterior. A parte (b) mostra `tempPtr` apontando para o nó desenfileirado, e `headPtr` apontando para o novo primeiro nó da fila. A função `free` é usada para recuperar a memória apontada por `tempPtr`.

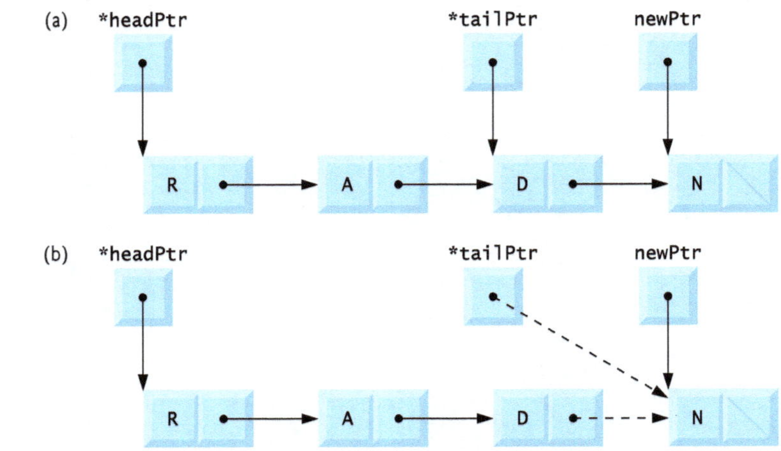

Figura 12.15 ■ Operação enqueue.

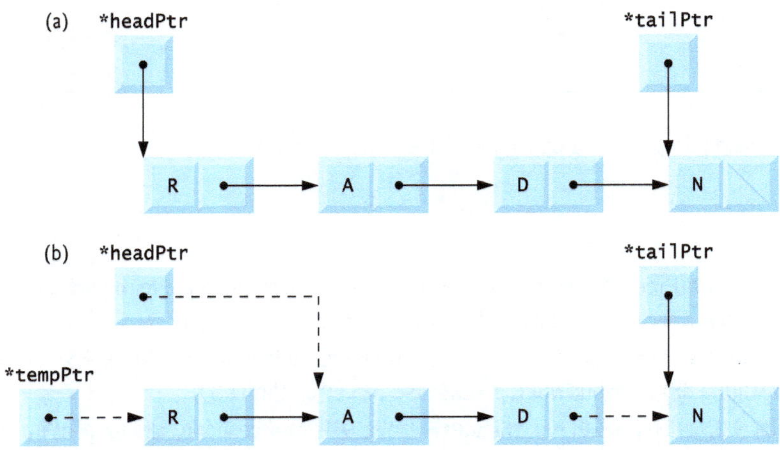

Figura 12.16 ■ Operação dequeue.

12.7 Árvores

Listas encadeadas, pilhas e filas são **estruturas de dados lineares**. Uma **árvore** é uma estrutura de dados não linear, bidimensional, com propriedades especiais. Três nós contêm dois ou mais links. Esta seção discute as **árvores binárias** (Figura 12.17) — árvores em que todos os nós contêm dois links (dos quais um, ambos ou nenhum podem ser `NULL`). O **nó raiz** é o primeiro nó em uma árvore. Cada link no nó raiz refere-se a um **filho**. O **filho esquerdo** é o primeiro nó da **subárvore esquerda**, e o **filho direito** é o primeiro nó da **subárvore direita**. Os filhos de um mesmo nó são chamados de **irmãos**. Um nó sem filhos é chamado de **nó folha**. Os cientistas da computação normalmente desenham árvores do nó raiz para baixo — exatamente o oposto das árvores na natureza.

Nesta seção, é criada uma árvore binária especial, chamada de **árvore binária de busca**. Caracteristicamente, em uma árvore binária de busca (sem valores de nó duplicados), os valores em qualquer subárvore esquerda são menores do que o valor em seu nó pai, e os valores em qualquer subárvore direita são maiores que o valor em seu **nó pai**. A Figura 12.18 ilustra uma árvore binária de busca com 12 valores. A forma da árvore binária de busca que corresponde a um conjunto de dados pode variar, dependendo da ordem em que os valores são inseridos na árvore.

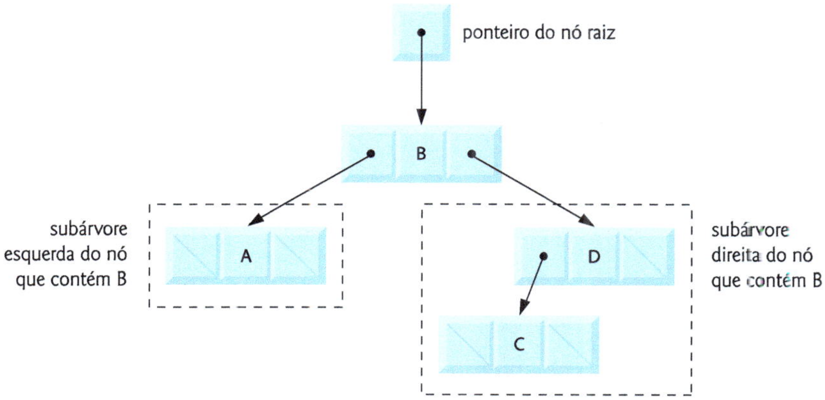

Figura 12.17 ■ Representação gráfica da árvore binária.

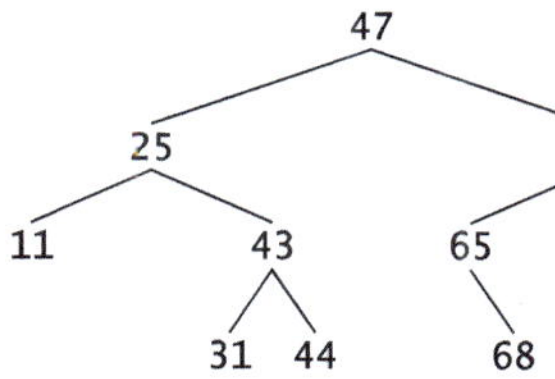

Figura 12.18 ■ Árvore binária de busca.

Erro comum de programação 12.8

Não definir como `NULL` *os links nos nós folha de uma árvore pode provocar erros de tempo de execução.*

A Figura 12.19 (saída mostrada na Figura 12.20) cria uma árvore binária de busca e a atravessa de três maneiras: **em ordem**, **pré-ordem** e **pós-ordem**. O programa gera 10 números aleatórios e insere cada um na árvore, exceto que os valores duplicados são descartados.

```
/* Fig. 12.19: fig12_19.c
   Cria uma árvore binária e a atravessa em
   pré-ordem, em ordem e pós-ordem */
#include <stdio.h>
#include <stdlib.h>
#include <time.h>

/* estrutura autorreferenciada */
struct treeNode {
   struct treeNode *leftPtr; /* ponteiro para subárvore esquerda */
   int data; /* valor do nó */
   struct treeNode *rightPtr; /* ponteiro para subárvore direita */
}; /* fim da estrutura treeNode */

typedef struct treeNode TreeNode; /* sinônimo para struct treeNode */
```

Figura 12.19 ■ Criação e travessia de uma árvore binária. (Parte 1 de 3.)

```
typedef TreeNode *TreeNodePtr; /* sinônimo para TreeNode* */

/* protótipos */
void insertNode( TreeNodePtr *treePtr, int value );
void inOrder( TreeNodePtr treePtr );
void preOrder( TreeNodePtr treePtr );
void postOrder( TreeNodePtr treePtr );

/* função main inicia execução do programa */
int main( void )
{
   int i; /* contador para loop de 1 a 10 */
   int item; /* variável para manter valores aleatórios */
   TreeNodePtr rootPtr = NULL; /* árvore inicialmente vazia */

   srand( time( NULL ) );
   printf( "Os números sendo colocados na árvore são:\n" );

   /* insere valores aleatórios entre 0 e 14 na árvore */
   for ( i = 1; i <= 10; i++ ) {
      item = rand() % 15;
      printf( "%3d", item );
      insertNode( &rootPtr, item );
   } /* fim laço for */

   /* atravessa a árvore preOrder */
   printf( "\n\nA travessia na pré-ordem é:\n" );
   preOrder( rootPtr );

   /* atravessa a árvore inOrder */
   printf( "\n\nA travessia na ordem é:\n" );
   inOrder( rootPtr );

   /* atravessa a árvore postOrder */
   printf( "\n\nA travessia na pós-ordem é:\n" );
   postOrder( rootPtr );
   return 0; /* indica conclusão bem-sucedida */
} /* fim do main */

/* insere nó na árvore */
void insertNode( TreeNodePtr *treePtr, int value )
{
   /* se árvore estiver vazia */
   if ( *treePtr == NULL ) {
      *treePtr = malloc( sizeof( TreeNode ) );

      /* se a memória foi alocada, então atribui dados */
      if ( *treePtr != NULL ) {
         ( *treePtr )->data = value;
         ( *treePtr )->leftPtr = NULL;
         ( *treePtr )->rightPtr = NULL;
      } /* fim do if */
      else {
         printf( "%d não inserido. Não há memória disponível.\n", value );
      } /* fim do else */
   } /* fim do if */
   else { /* árvore não está vazia */
      /* dado a inserir é menor que dado no nó atual */
      if ( value < ( *treePtr )->data ) {
      insertNode( &( ( *treePtr )->leftPtr ), value );
      } /* fim do if */

```

Figura 12.19 ■ Criação e travessia de uma árvore binária. (Parte 2 de 3.)

```
      /* dado a inserir é maior que dado no nó atual */
      else if ( value > ( *treePtr )->data ) {
         insertNode( &( ( *treePtr )->rightPtr ), value );
      } /* fim do else if */
      else { /* valor de dado duplicado é ignorado */
         printf( "dup" );
      } /* fim do else */
   } /* fim do else */
} /* fim da função insertNode */

/* inicia travessia da árvore na ordem */
void inOrder( TreeNodePtr treePtr )
{
   /* se árvore não está vazia, então atravessa */
   if ( treePtr != NULL ) {
      inOrder( treePtr->leftPtr );
      printf( "%3d", treePtr->data );
      inOrder( treePtr->rightPtr );
   } /* fim do if */
} /* fim da função inOrder */

/* inicia travessia da árvore na pré-ordem */
void preOrder( TreeNodePtr treePtr )
{
   /* se a árvore não está vazia, então atravessa */
   if ( treePtr != NULL ) {
      printf( "%3d", treePtr->data );
      preOrder( treePtr->leftPtr );
      preOrder( treePtr->rightPtr );
   } /* fim do if */
} /* fim da função preOrder */

/* inicia travessia da árvore na pós-ordem */
void postOrder( TreeNodePtr treePtr )
{
   /* se a árvore não está vazia, então atravessa */
   if ( treePtr != NULL ) {
      postOrder( treePtr->leftPtr );
      postOrder( treePtr->rightPtr );
      printf( "%3d", treePtr->data );
   } /* fim do if */
} /* fim da função postOrder */
```

Figura 12.19 ■ Criação e travessia de uma árvore binária. (Parte 3 de 3.)

```
Os números colocados na árvore são:
 6 7 4 12 7dup 2 2dup 5 7dup 11

A travessia na pré-ordem é:
 6 4 2 5 7 12 11

A travessia na ordem é:
 2 4 5 6 7 11 12

A travessia na pós-ordem é:
 2 5 4 11 12 7 6
```

Figura 12.20 ■ Exemplo de saída do programa da Figura 12.19.

As funções usadas na Figura 12.19 para criar uma árvore binária de busca e atravessar a árvore são recursivas. A função `insertNode` (linhas 56-86) recebe o endereço da árvore e um inteiro para serem armazenados na árvore como argumentos. *Um nó somente pode ser inserido como um nó folha em uma árvore binária de busca.* As etapas de inserção de um nó em uma árvore binária de busca são as seguintes:

1. Se `*treePtr` é `NULL` (linha 59), crie um novo nó (linha 60). Chame `malloc`, atribua a memória alocada a `*treePtr`, atribua a `(*treePtr)->data` o inteiro a ser armazenado (linha 64), atribua a `(*treePtr)->leftPtr` e `(*treePtr)->rightPtr` o valor `NULL` (linhas 65-66) e retorne o controle a quem chamou (`main` ou uma chamada anterior a `insertNode`).
2. Se o valor de `*treePtr` não for `NULL` e o valor a ser inserido for menor que `(*treePtr)->data`, a função `insertNode` é chamada com o endereço de `(*treePtr)->leftPtr` (linha 75). Se o valor a ser inserido for maior que `(*treePtr)->data`, a função `insertNode` é chamada com o endereço de `(*treePtr)->rightPtr` (linha 80). Caso contrário, as etapas recursivas continuam até que um ponteiro `NULL` seja encontrado, depois a Etapa 1 é executada para que se insira o novo nó.

As funções `inOrder` (linhas 89-97), `preOrder` (linhas 100-108) e `postOrder` (linhas 111-119) recebem uma árvore cada uma (ou seja, o ponteiro para o nó raiz da árvore) e atravessam a árvore.

As etapas para uma travessia `inOrder` são:

1. Atravessar a subárvore esquerda `inOrder`.
2. Processar o valor no nó.
3. Atravessar a subárvore direita `inOrder`.

O valor em um nó não é processado até que os valores em sua subárvore esquerda sejam processados. A travessia `inOrder` da árvore na Figura 12.21 é:

```
6 13 17 27 33 42 48
```

A travessia `inOrder` de uma árvore binária de busca imprime os valores de nó em ordem crescente. Na verdade, o processo de criar uma árvore binária de busca classifica os dados — e, assim, esse processo é chamado **classificação por árvore de busca binária**.

As etapas para uma travessia `preOrder` são:

1. Processar o valor no nó.
2. Atravessar a subárvore esquerda `preOrder`.
3. Atravessar a subárvore direita `preOrder`.

O valor em cada nó é processado à medida que o nó é visitado. Após o valor em determinado nó ser processado, os valores na subárvore esquerda são processados, e depois os valores na subárvore direita são processados. A travessia `preOrder` da árvore na Figura 12.21 é:

```
27 13 6 17 42 33 48
```

As etapas para uma travessia `postOrder` são:

1. Atravessar a subárvore esquerda `postOrder`.
2. Atravessar a subárvore direita `postOrder`.
3. Processar o valor no nó.

O valor em cada nó não é impresso até que os valores de seus filhos sejam impressos. A travessia `postOrder` da árvore na Figura 12.21 é:

```
6 17 13 33 48 42 27
```

A árvore binária de busca facilita a **eliminação de duplicatas**. Enquanto a árvore está sendo criada, uma tentativa de inserir um valor duplicado será reconhecida, porque uma duplicata seguirá as mesmas decisões 'ir para a esquerda' e 'ir para a direita' em cada

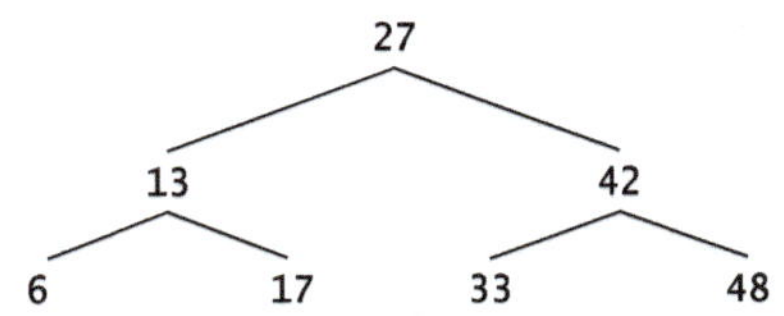

Figura 12.21 ■ Árvore binária de busca com sete nós.

comparação, assim como fez o valor original. Dessa maneira, a duplicata finalmente será comparada com um nó na árvore que contém o mesmo valor. O valor duplicado pode ser, simplesmente, descartado nesse ponto.

Procurar, em uma árvore binária, por um valor que combine com um valor de chave também é rápido. Se a árvore estiver balanceada, cada nível conterá cerca do dobro de elementos do nível anterior. Assim, uma árvore binária de busca com n elementos teria um máximo de $\log_2 n$ níveis e, portanto, um máximo de $\log_2 n$ comparações teriam de ser feitas para encontrar uma correspondência, ou para determinar que não existe correspondência. Isso significa, por exemplo, que quando se procura uma árvore binária de busca (balanceada) com 1.000 elementos, não mais que 10 comparações precisam ser feitas, pois $2^{10} > 1.000$. Ao pesquisar uma árvore binária de busca (balanceada) de 1.000.000 elementos, não mais que 20 comparações precisam ser feitas, pois $2^{20} > 1.000.000$.

Nos exercícios, apresentamos algoritmos para várias outras operações de árvore binária, como excluir um item de uma árvore binária, imprimir uma árvore binária em um formato de árvore bidimensional e realizar uma travessia por ordem de nível de uma árvore binária. A travessia por ordem de nível de uma árvore binária visita os nós da árvore linha por linha, começando no nível de nó raiz. Em cada nível da árvore, os nós são visitados da esquerda para a direita. Outros exercícios de árvore binária incluem permitir que uma árvore binária de busca contenha valores duplicados, inserir valores de string em uma árvore binária e determinar quantos níveis estão contidos em uma árvore binária.

Resumo

Seção 12.1 Introdução

- Estruturas dinâmicas de dados aumentam e diminuem em tempo de execução.
- Listas encadeadas são coleções de itens de dados 'alinhados em uma fila' — inserções e exclusões são feitas em qualquer lugar em uma lista encadeada.
- Com as pilhas, inserções e exclusões são feitas apenas no topo.
- Filas representam filas de espera; as inserções são feitas no final (também conhecido como cauda) de uma fila, e as exclusões são feitas no começo (também conhecida como cabeça) de uma fila.
- Árvores binárias facilitam a busca e a classificação de alta velocidade dos dados, a eliminação eficiente de itens de dados duplicados, a representação de diretórios do sistema de arquivos e a compilação de expressões para linguagem de máquina.

Seção 12.2 Estruturas autorreferenciadas

- Uma estrutura autorreferenciada contém um membro ponteiro que aponta para uma estrutura do mesmo tipo.
- Estruturas autorreferenciadas podem ser vinculadas para formar listas, filas, pilhas e árvores.
- Um ponteiro `NULL` normalmente indica o final de uma estrutura de dados.

Seção 12.3 Alocação dinâmica de memória

- Criar e manter estruturas dinâmicas de dados exige alocação dinâmica de memória.
- As funções `malloc` e `free`, e o operador `sizeof`, são essenciais à alocação dinâmica da memória.
- A função `malloc` recebe o número de bytes a serem alocados e retorna um ponteiro `void *` para a memória alocada. Um ponteiro `void *` pode ser atribuído a uma variável de qualquer tipo de ponteiro.
- A função `malloc` normalmente é usada com o operador `sizeof`.
- A memória alocada por `malloc` não é inicializada.
- Se nenhuma memória estiver disponível, `malloc` retornará `NULL`.
- A função `free` desaloca memória, de modo que essa memória possa ser realocada no futuro.
- C também oferece as funções `calloc` e `realloc` para criar e modificar arrays dinâmicos.

Seção 12.4 Listas encadeadas

- Uma lista encadeada é uma coleção linear de estruturas autorreferenciadas chamadas de nós, conectadas por links feitos por ponteiros.
- Uma lista encadeada é acessada por um ponteiro para o primeiro nó. Os nós subsequentes são acessados por meio do membro ponteiro do link armazenado em cada nó.
- Por convenção, o ponteiro do link no último nó de uma lista é definido como `NULL` para marcar o final da lista.
- Os dados são armazenados em uma lista vinculada dinamicamente — cada nó é criado conforme a necessidade.
- Um nó pode conter dados de qualquer tipo, incluindo outros objetos `struct`.
- Listas encadeadas são dinâmicas, de modo que o tamanho de uma lista pode aumentar ou diminuir conforme a necessidade.
- Os nós de lista encadeada normalmente não são armazenados de forma contígua na memória. Logicamente, porém, os nós de uma lista encadeada parecem ser contíguos.

Seção 12.5 Pilhas

- Uma pilha é uma versão restrita de uma lista encadeada. Novos nós podem ser acrescentados a uma pilha e removidos de uma pilha somente no topo — uma estrutura conhecida como 'último a entrar, primeiro a sair' (LIFO — last-in, first-out).

- As principais funções usadas para manipular uma pilha são `push` e `pop`. A função `push` cria um novo nó e o coloca no topo da pilha. A função `pop` remove um nó do topo da pilha, libera a memória que estava alocada ao nó removido e retorna o valor removido.
- Sempre que uma chamada de função é feita, a função chamada precisa saber como retornar a função ou programa que a chamou, de modo que o endereço de retorno é colocado em uma pilha. Se houver uma série de chamadas de função, os valores de retorno sucessivos são colocados na pilha na ordem 'último a entrar, primeiro a sair', de modo que cada função possa retornar a função ou programa que a chamou. A pilha tem suporte para chamadas de função recursivas da mesma maneira que as chamadas não recursivas convencionais.
- Pilhas são usadas por compiladores no processo de avaliação de expressões e geração de código em linguagem de máquina.

Seção 12.6 Filas

- Nós de fila são removidos apenas da cabeça da fila, e são inseridos somente na cauda da fila — conhecida como estrutura de dados 'primeiro a entrar, primeiro a sair' (FIFO — First-in, first-out).
- As operações de inserção e remoção para uma fila são conhecidas como `enqueue` e `dequeue`.

Seção 12.7 Árvores

- Uma árvore é uma estrutura de dados não linear, bidimensional. Três nós contêm dois ou mais links.
- Árvores binárias são árvores em que todos os nós contêm dois links.
- O nó raiz é o primeiro nó em uma árvore. Cada link no nó raiz de uma árvore binária refere-se a um filho. O filho esquerdo é o primeiro nó na subárvore esquerda, e o filho direito é o primeiro nó na subárvore direita. Os filhos de um nó são chamados de irmãos.
- Um nó sem filhos é chamado de nó folha.
- Em uma árvore binária de busca (sem valores de nó duplicados), os valores em qualquer subárvore esquerda são menores que o valor em seu nó pai, e os valores em qualquer subárvore direita são maiores que o valor em seu nó pai.
- Um nó só pode ser inserido como um nó folha em uma árvore binária de busca.
- As etapas para uma travessia in order são: atravessar a subárvore esquerda na ordem, processar o valor no nó, depois atravessar a subárvore direita na ordem. O valor em um nó não é processado até que os valores em sua subárvore esquerda sejam processados.
- A travessia in order de uma árvore binária de busca processa os valores de nó em ordem crescente. Na verdade, o processo de criar uma árvore binária de busca classifica os dados — assim, esse processo é chamado de classificação de árvore.
- As etapas para uma travessia na pré-ordem são: processar o valor no nó, atravessar a subárvore esquerda na pré-ordem, e depois atravessar a subárvore direita na pré-ordem. O valor em cada nó é processado à medida que o nó é visitado. Após o valor em determinado nó ser processado, os valores na subárvore são processados, e depois os valores na subárvore direita são processados.
- As etapas para uma travessia na pós-ordem são: atravessar a subárvore esquerda na pós-ordem, atravessar a subárvore direita na pós-ordem, e depois processar o valor no nó. O valor em cada nó não é processado até que os valores de seus filhos sejam processados.
- Uma árvore binária de busca facilita a eliminação de duplicatas. À medida que a árvore está sendo criada, uma tentativa de inserir um valor duplicado será reconhecida, pois uma duplicata seguirá as mesmas decisões de 'ir para a esquerda' ou 'ir para a direita' em cada comparação, assim como fez o valor original. Assim, a duplicata finalmente será comparada com um nó na árvore que contém o mesmo valor. O valor duplicado pode ser, simplesmente, descartado nesse ponto.
- Buscar em uma árvore binária um valor que combine com um valor de chave é rápido. Se a árvore for balanceada, cada nível terá cerca do dobro do número de elementos no nível anterior. Assim, uma árvore binária de busca com n elementos teria um máximo de $\log_2 n$ níveis e, portanto, um máximo de $\log_2 n$ comparações teria de ser feito para encontrar uma correspondência ou para determinar que não existe correspondência. Isso significa que, ao pesquisar uma árvore binária de busca (balanceada) de 1.000 elementos, não mais que 10 comparações precisam ser feitas, pois $2^{10} > 1.000$. Ao pesquisar uma árvore binária de busca (balanceada) com 1.000.000 elementos, não mais que 20 comparações precisam ser feitas, pois $2^{20} > 1.000.000$.

Terminologia

alocação dinâmica de memória 381
árvore 400
árvore binária de busca 400
árvores binárias 380, 400
cabeça de uma fila 395
cauda de uma fila 380, 395
classificação de árvore binária 404
eliminação de duplicatas 404
estruturas autorreferenciadas 380
estruturas de dados lineares 400
estruturas dinâmicas de dados 380
filas 380, 395

filho 400
filho direito 400
filho esquerdo 400
função `dequeue` de uma fila 395
função `enqueue` de uma fila 395
função `free` 381
função `malloc` 381
função predicado 388
indireção dupla (ponteiro para um ponteiro) 388
irmãos 400
link (ponteiro em uma estrutura autorreferenciada) 381
links 382
listas encadeadas 380, 382
na ordem 401
nó folha 400
nó pai 400
nó raiz 400
nó substituto 412
nós 382
notação infixa 409
notação pós-fixa 409
operador `sizeof` 381
pilhas 380, 390
ponteiro `NULL` 381
ponteiro para ponteiro (indireção dupla) 388
ponteiro para void (`void *`) 381
pós-ordem 401
pré-ordem 401
primeiro a entrar, primeiro a sair (FIFO — first-in first-out) 395
subárvore direita 400
subárvore esquerda 400
topo de uma pilha 380
travessia de árvore binária por ordem de nível 413
último a entrar, primeiro a sair (LIFO — last-in-first-out) 390

Exercícios de autorrevisão

12.1 Preencha os espaços em cada uma das sentenças:

a) Uma estrutura _______ é usada para formar estruturas de dados dinâmicas.

b) A função _______ é usada para alocar memória dinamicamente.

c) Um(a) _______ é uma versão especializada de uma lista encadeada em que os nós podem ser inseridos e excluídos somente do início da lista.

d) Funções que se parecem com uma lista encadeada, mas não a modificam, são conhecidas como _______.

e) Uma fila é conhecida como uma estrutura de dados _______.

f) O ponteiro para o próximo nó em uma lista encadeada é conhecido como um(a) _______.

g) A função _______ é usada para reivindicar a memória alocada dinamicamente.

h) Um(a) _______ é uma versão especializada de uma lista encadeada em que os nós só podem ser inseridos no início da lista e excluídos do final da lista.

i) Um(a) _______ é uma estrutura de dados não linear, bidimensional, que contém nós com dois ou mais links.

j) Uma pilha é conhecida como uma estrutura de dados _______, pois o último nó inserido é o primeiro nó a ser removido.

k) Os nós de uma árvore _______ contêm dois membros de link.

l) O primeiro nó de uma árvore é o nó _______.

m) Cada link em um nó de árvore aponta para um(a) _______ ou um(a) _______ desse nó.

n) Um nó de árvore que não possui filhos é chamado de nó _______.

o) Os três algoritmos de travessia (explicados neste capítulo) para uma árvore binária são _______, _______ e _______.

12.2 Quais são as diferenças entre uma lista encadeada e uma pilha?

12.3 Quais são as diferenças entre uma pilha e uma fila?

12.4 Escreva uma instrução ou um conjunto de instruções para realizar cada uma das tarefas a seguir. Suponha que todas as manipulações ocorram em `main` (portanto, endereços de variáveis de ponteiro não são necessários), e considere as seguintes definições:

```
struct gradeNode {
   char lastName[ 20 ];
   double grade;
   struct gradeNode *nextPtr;
};
typedef struct gradeNode GradeNode;
typedef GradeNode *GradeNodePtr;
```

a) Crie um ponteiro para o início da lista chamada `startPtr`. A lista está vazia.

b) Crie um novo nó do tipo `GradeNode` que seja apontado pelo ponteiro `newPtr` do tipo `GradeNodePtr`.

Atribua a string "`Jones`" ao membro `lastName` e o valor `91.5` ao membro `grade` (use `strcpy`). Inclua todas as declarações e instruções necessárias.

c) Suponha que a lista apontada por `startPtr` atualmente consista em 2 nós — um contendo "`Jones`" e um contendo "`Smith`". Os nós estão em ordem alfabética. Indique as instruções necessárias para inserir nós na ordem contendo os seguintes dados para `lastName` e `grade`:

```
"Adams"       85.0
"Thompson"    73.5
"Pritchard"   66.5
```

Use ponteiros `previousPtr`, `currentPtr` e `newPtr` para realizar as inserções. Informe para onde `previousPtr` e `currentPtr` apontam antes de cada inserção. Suponha que `newPtr` sempre aponte para o novo nó, e que o novo nó já tenha recebido dados.

d) Escreva um loop `while` que imprima os dados em cada nó da lista. Use o ponteiro `currentPtr` para se movimentar pela lista.

e) Escreva um loop `while` que exclua todos os nós na lista e libere a memória associada a cada nó. Use o ponteiro `currentPtr` e o ponteiro `tempPtr` para percorrer a lista e liberar a memória, respectivamente.

12.5 Forneça as travessias na ordem, na pré-ordem e na pós-ordem da árvore de busca binária da Figura 12.22.

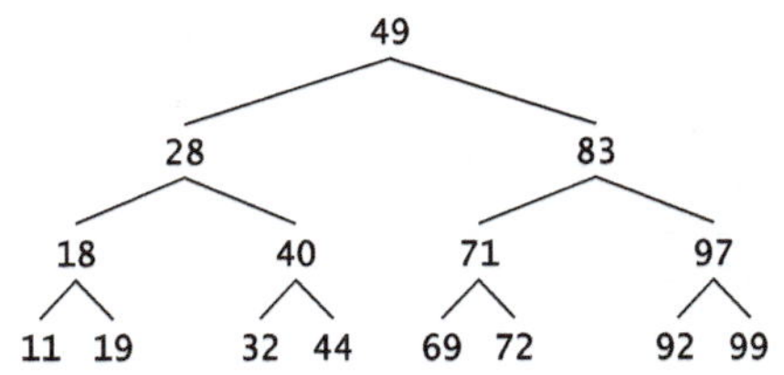

Figura 12.22 ■ Uma árvore de busca binária de 15 nós.

Respostas dos exercícios de autorrevisão

12.1 a) autorreferenciada. b) `malloc`. c) pilha. d) predicados. e) FIFO. f) link. g) `free`. h) fila. i) árvore. j) LIFO. k) binária. l) raiz. m) filho, subárvore. n) folha. o) in order, pré-ordem, pós-ordem.

12.2 É possível inserir um nó em qualquer lugar de uma lista encadeada e remover um nó de qualquer lugar em uma lista encadeada. Porém, os nós em uma pilha só podem ser inseridos no topo da pilha e removidos do tipo de uma pilha.

12.3 Uma fila tem ponteiros para sua cabeça e sua cauda, de modo que os nós podem ser inseridos na cauda e excluídos da cabeça. Uma pilha tem um único ponteiro para o topo da pilha, onde a inserção e a exclusão de nós são realizadas.

12.4 a) `GradeNodePtr startPtr = NULL;`

b)
```
GradeNodePtr newPtr;
newPtr = malloc( sizeof( GradeNode ) );
strcpy( newPtr->lastName, "Jones" );
newPtr->grade = 91.5;
newPtr->nextPtr = NULL;
```

c) Para inserir "`Adams`":

`previousPtr` is `NULL`, `currentPtr` aponta para primeiro elemento na lista.

```
newPtr->nextPtr = currentPtr;
startPtr = newPtr;
```

Para inserir "`Thompson`":

`previousPtr` aponta para último elemento na lista (contendo"`Smith`")

`currentPtr` is `NULL`.

```
newPtr->nextPtr = currentPtr;
previousPtr->nextPtr = newPtr;
```

Para inserir "`Pritchard`":

`previousPtr` aponta para o nó contendo "`Jones`"

`currentPtr` aponta para o nó contendo "`Smith`"

```
newPtr->nextPtr = currentPtr;
previousPtr->nextPtr = newPtr;
```

d)
```
currentPtr = startPtr;
while ( currentPtr != NULL ) {
    printf( "Lastname = %s\nGrade =
```

```
%6.2f\n",
        currentPtr->lastName, currentPtr-
->grade );
   currentPtr = currentPtr->nextPtr;
}
```

e)
```
currentPtr = startPtr;
while ( currentPtr != NULL ) {
   tempPtr = currentPtr;
   currentPtr = currentPtr->nextPtr;
   free( tempPtr );
}
startPtr = NULL;
```

12.5 A travessia in order é:

11 18 19 28 32 40 44 49 69 71 72 83 92 97 99

A travessia na pré-ordem é:

49 28 18 11 19 40 32 44 83 71 69 72 97 92 99

A travessia na pós-ordem é:

11 19 18 32 44 40 28 69 72 71 92 99 97 83 49

Exercícios

12.6 ***Concatenação de listas.*** Escreva um programa que concatene duas listas de caracteres encadeadas. O programa deverá incluir a função `concatenate`, que recebe ponteiros para as duas listas como argumentos e concatena a segunda lista com a primeira.

12.7 ***Mescla de listas ordenadas.*** Escreva um programa que mescle duas listas ordenadas de inteiros em uma única lista ordenada de inteiros. A função `merge` deverá receber ponteiros para o primeiro nó de cada uma das listas a serem mescladas, e deverá retornar um ponteiro para o primeiro nó da lista mesclada.

12.8 ***Inserção em uma lista ordenada.*** Escreva um programa que insira 25 inteiros aleatórios de 0 a 100 em ordem em uma lista encadeada. O programa deverá calcular a soma dos elementos e a média de ponto flutuante dos elementos.

12.9 ***Criação de uma lista encadeada seguida da inversão de seus elementos.*** Escreva um programa que crie uma lista encadeada de 10 caracteres, e depois crie uma cópia da lista em ordem reversa.

12.10 ***Inversão de palavras de uma sentença.*** Escreva um programa que aceite uma linha de texto e use uma pilha para imprimir a linha invertida.

12.11 ***Testador de palíndromos.*** Escreva um programa que use uma pilha para determinar se uma string é um palíndromo (ou seja, se ela é escrita de forma idêntica de trás para a frente e de frente para trás). O programa deverá ignorar os espaços e os sinais de pontuação.

12.12 ***Conversão de infixo para pós-fixo.*** As pilhas são usadas pelos compiladores para ajudar no processo de avaliação de expressões e na geração de código em linguagem de máquina. Neste e no próximo exercício, investigaremos como os compiladores avaliam as expressões aritméticas que consistem apenas em constantes, operadores e parênteses.

Os seres humanos geralmente escrevem expressões como `3 + 4` e `7 / 9`, em que o operador (+ ou / aqui) é escrito entre seus operandos — isso é chamado de **notação infixa**. Os computadores 'preferem' a **notação pós-fixa**, na qual o operador é escrito à direita de seus dois operandos. As expressões infixas precedentes apareceriam em notação pós-fixa como `3 4 +` e `7 9 /`, respectivamente.

Para calcular uma expressão infixa complexa, um compilador teria de, primeiro, converter a expressão para a notação pós-fixa e, então, analisar e calcular a versão pós-fixa da expressão. Cada um desses algoritmos exige somente uma única passagem pela expressão, da esquerda para a direita. Cada algoritmo usa um objeto pilha para suportar sua operação e, em cada passagem do algoritmo, a pilha é usada com uma finalidade diferente.

Nesse exercício, você escreverá uma versão do algoritmo de conversão de notação infixa para pós-fixa. No próximo exercício, você escreverá uma versão do algoritmo de análise da expressão pós-fixa.

Escreva um programa que converta uma expressão aritmética infixa comum (suponha que uma expressão válida seja fornecida como entrada) com inteiros de um único dígito, tal como

```
(6 + 2) * 5 - 8 / 4
```

para uma expressão pós-fixa. A versão pós-fixa da expressão infixa do exemplo anterior é

```
6 2 + 5 * 8 4 / -
```

O programa deverá ler a expressão para o array de caracteres `infix` e usar versões modificadas das funções de pilha implementadas neste capítulo para ajudar a criar a expressão pós-fixa em um array de caracteres `postfix`. O algoritmo para se criar uma expressão pós-fixa é o seguinte:

1) Insira um parêntese à esquerda `'('` no topo da pilha.
2) Acrescente um parêntese à direita `')'` ao final de `infix`.

3) Enquanto a pilha não estiver vazia, leia `infix` da esquerda para a direita, e faça o seguinte:

Se o caractere atual em `infix` for um dígito, copie-o para o próximo elemento de `postfix`.

Se o caractere atual em `infix` for um parêntese à esquerda, insira-o no topo da pilha.

Se o caractere atual em `infix` for um operador,

Remova operadores (se existirem) do topo da pilha enquanto tiverem precedência igual ou mais alta que o operador atual, e insira os operadores removidos em `postfix`.

Insira o caractere atual em `infix` no topo da pilha.

Se o caractere atual em `infix` é um parêntese à direita

Remova operadores do topo da pilha e insira-os em `postfix` até um parêntese à esquerda estar no topo da pilha.

Remova (e descarte) da pilha o parêntese à esquerda.

As operações aritméticas a seguir são permitidas em uma expressão:

+ adição
– subtração
* multiplicação
/ divisão
^ exponenciação
% módulo

A pilha deverá ser mantida por meio das seguintes declarações:

```
struct stackNode {
   char data;
   struct stackNode *nextPtr;
};
typedef struct stackNode StackNode;
typedef StackNode *StackNodePtr;
```

O programa deverá consistir em `main` e outras oito funções com os seguintes cabeçalhos:

`void convertToPostfix( char infix[], char postfix[] )`

Converte a expressão infixa para a notação pós-fixa.

`int isOperator( char c )`

Determina se `c` é um operador.

`int precedence( char operator1, char operator2 )`

Determina se a precedência de `operator1` é menor, igual ou maior que a precedência de `operator2`. A função retorna –1, 0 e 1, respectivamente.

`void push( StackNodePtr *topPtr, char value )`

Insere um valor na pilha.

`char pop( StackNodePtr *topPtr )`

Retira um valor da pilha.

`char stackTop( StackNodePtr topPtr )`

Retorna o valor do topo da pilha sem retirá-lo da pilha.

`int isEmpty( StackNodePtr topPtr )`

Determina se a pilha está vazia.

`void printStack( StackNodePtr topPtr )`

Imprime a pilha.

12.13 ***Avaliador de notação pós-fixada.*** Escreva um programa que avalie uma expressão pós-fixa (suponha que ela seja válida), tal como

```
6 2 + 5 * 8 4 / -
```

O programa deve ler uma expressão pós-fixa que consista em dígitos isolados e operadores para um array de caracteres. Usando versões modificadas das funções de pilha implementadas anteriormente neste capítulo, o programa deve percorrer a expressão e calculá-la. O algoritmo é o seguinte:

1) Acrescente o caractere nulo (`'\0'`) ao fim da expressão pós-fixa. Quando o caractere nulo for encontrado, nenhum processamento adicional será necessário.

2) Enquanto `'\0'` não for encontrado, leia a expressão, da esquerda para a direita.

Se o caractere atual for um dígito,

Insira seu valor inteiro no topo da pilha (o valor inteiro de um caractere que é um dígito é o seu valor no conjunto de caracteres do computador menos o valor de `'0'` no conjunto de caracteres do computador).

Caso contrário, se o caractere atual for um *operador*,

Remova os dois elementos do topo da pilha para as variáveis `x` e `y`.

Calcule `y` *operador* `x`.

Insira o resultado do cálculo no topo da pilha.

3) Quando o caractere nulo for encontrado na expressão, remova o valor do topo da pilha. Este é o resultado da expressão pós-fixa.

[*Nota*: na etapa (2) anterior, se o operador for `'/'`, o topo da pilha será `2`, e o próximo elemento na pilha será `8`, então remova `2` da pilha e o atribua a `x`, remova `8` para `y`, calcule `8/2` e insira o resultado, `4`, de volta no topo da pilha. Essa nota também se aplica ao operador `'-'`.]

As operações aritméticas permitidas em uma expressão são:

+ adição
– subtração
* multiplicação

/ divisão
^ exponenciação
% módulo

A pilha deve ser mantida com as seguintes declarações:

```
struct stackNode {
   int data;
   struct stackNode *nextPtr;
};
typedef struct stackNode StackNode;
typedef StackNode *StackNodePtr;
```

O programa deve consistir em `main` e em outras seis funções com os seguintes cabeçalhos:

```
int evaluatePostfixExpression( char *expr )
```

Avalia a expressão pós-fixa.

```
int calculate( int op1, int op2, char operator )
```

Avalia a expressão `op1 operador op2`.

```
void push( StackNodePtr *topPtr, int value )
```

Insere um valor na pilha.

```
int pop( StackNodePtr *topPtr )
```

Retira um valor da pilha.

```
int isEmpty( StackNodePtr topPtr )
```

Determina se a pilha está vazia.

```
void printStack( StackNodePtr topPtr )
```

Imprime a pilha.

12.14 ***Modificação do avaliador de notação pós-fixada.*** Modifique o programa avaliador de pós-fixo do Exercício 12.13 para que possa processar operandos inteiros maiores que 9.

12.15 ***Simulação de supermercado.*** Escreva um programa que simule uma fila no caixa de um supermercado. A fila é um objeto fila. Os clientes chegam em intervalos inteiros aleatórios de 1 a 4 minutos. Além disso, cada cliente é atendido em intervalos inteiros aleatórios de 1 a 4 minutos. Obviamente, as taxas precisam ser equilibradas. Se a taxa de chegada média é maior que a taxa de atendimento médio, a fila crescerá infinitamente. Mesmo com taxas 'equilibradas', a aleatoriedade ainda pode causar longas filas. Execute a simulação do supermercado para um dia de 12 horas (720 minutos), usando o seguinte algoritmo:

1) Escolha um inteiro aleatório entre 1 e 4 para determinar o minuto no qual o primeiro cliente chega.
2) No momento de chegada do primeiro cliente:

Determine a hora de atendimento do cliente (um inteiro aleatório de 1 a 4);

Comece a atender o cliente;

Programe a hora de chegada do próximo cliente (um inteiro aleatório de 1 a 4 somado à hora atual).

3) Para cada minuto do dia:

   Se o próximo cliente chega, informe;

      Coloque-o na fila;

      Programe a hora de chegada do próximo cliente;

   Se o atendimento ao último cliente foi completado:

      Informe;

      Retire da fila o próximo cliente a ser atendido;

      Determine a hora de conclusão do atendimento ao cliente (um inteiro aleatório de 1 a 4 somado à hora atual).

Agora execute sua simulação para 720 minutos e responda às perguntas a seguir:

a) Qual é o número máximo de clientes na fila, em qualquer momento?
b) De quanto tempo foi a espera mais longa que um cliente teve de experimentar?
c) O que acontece se o intervalo de chegada for mudado de 1 a 4 minutos para 1 a 3 minutos?

12.16 ***Permissão para duplicatas em uma árvore binária.*** Modifique o programa da Figura 12.19 para permitir que a árvore binária contenha valores duplicados.

12.17 ***Árvore binária de busca de strings.*** Escreva um programa baseado no programa da Figura 12.19 que aceite uma lista de texto, separe a sentença em palavras, insira as palavras em uma árvore binária de busca e imprima as travessias in order, pré-ordem e pós-ordem da árvore.

[*Dica:* leia a linha de texto para um array. Use `strtok` para separar o texto em palavras. Quando uma palavra for encontrada, crie um novo nó para a árvore, atribua o ponteiro retornado por `strtok` ao membro `string` do novo nó e insira o nó na árvore.]

12.18 ***Eliminação de duplicatas.*** Neste capítulo, vimos que a eliminação de duplicatas é simples quando se cria uma árvore binária de busca. Descreva como você realizaria a eliminação de duplicatas usando apenas um array subscritado. Compare o desempenho da eliminação de duplicatas baseada em array com o desempenho da eliminação de duplicatas baseada em árvore de busca binária.

12.19 ***Profundidade de uma árvore binária.*** Escreva uma função `depth` que receba uma árvore binária e determine seu número de níveis.

12.20 ***Impressão recursiva de uma lista de trás para a frente.*** Escreva uma função `printListBackwards` que envie recursivamente os itens de uma lista de trás para a frente. Use sua função em um programa de teste que crie uma lista classificada de inteiros e imprima a lista em ordem reversa.

12.21 ***Busca recursiva em uma lista.*** Escreva uma função `searchList` que procure recursivamente um valor especificado em uma lista encadeada. A função deverá retornar um ponteiro para o valor que encontrou; caso contrário, `NULL` deverá ser retornado. Use sua função em um programa de teste que crie uma lista de inteiros. O programa deverá pedir ao usuário um valor a ser localizado na lista.

12.22 ***Exclusão de árvore binária.*** Neste exercício, discutimos a exclusão de itens das árvores de busca binária. O algoritmo de exclusão não é tão simples quanto o algoritmo de inserção. Há três possibilidades com as quais podemos nos deparar no caso de exclusão de um item: ele está contido em um nó folha (ou seja, não possui filhos), está contido em um nó que tem um filho ou está contido em um nó que tem dois filhos.

Se o item a ser excluído estiver contido em um nó folha, o nó é excluído e o ponteiro no nó pai é definido como `NULL`.

Se o item a ser excluído estiver contido em um nó com um filho, o ponteiro no nó pai é definido para apontar para o nó filho, e o nó contendo o item de dados é excluído. Isso faz com que o nó filho tome o lugar do nó excluído na árvore.

O último caso é o mais difícil. Quando um nó com dois filhos é excluído, outro nó precisa tomar seu lugar. Porém, o ponteiro no nó pai não pode simplesmente ser atribuído para apontar para um dos filhos do nó a ser excluído. Na maioria dos casos, a árvore binária de busca resultante não apoiaria a seguinte característica das árvores binárias de busca: *os valores em qualquer subárvore esquerda são menores que o valor no nó pai, e os valores em qualquer subárvore direita são maiores que o valor no nó pai.*

Qual nó é usado como um **nó substituto** para manter essa característica? O nó que contém o maior valor na árvore, menor que o valor no nó sendo excluído, ou o nó que contém o menor valor na árvore, maior que o valor no nó sendo excluído. Consideremos o nó de menor valor. Em uma árvore binária de busca, o maior valor, menor que o valor de um pai, está localizado na subárvore esquerda do nó pai, e tem garantias de estar contido no nó mais à direita da subárvore. Esse nó é localizado percorrendo-se a subárvore esquerda para a direita até que o ponteiro no filho da direita do nó atual seja `NULL`. Agora, estamos apontando para o nó substituto, que é um nó folha ou um nó com um filho à sua esquerda. Se o nó substituto for um nó folha, as etapas para realizar a exclusão serão as seguintes:

1) Armazenar o ponteiro para o nó a ser excluído em uma variável de ponteiro temporária (esse ponteiro é usado para excluir a memória alocada dinamicamente).
2) Definir o ponteiro no pai do nó sendo excluído, para que aponte para o nó substituto.
3) Definir o ponteiro no pai do nó substituto como nulo.
4) Definir o ponteiro para a subárvore direita no nó substituto, para que aponte para a subárvore direita do nó a ser excluído.
5) Excluir o nó para o qual a variável de ponteiro temporário aponta.

As etapas de exclusão de um nó substituto com um filho esquerdo são semelhantes àquelas de um nó substituto sem filhos, mas o algoritmo também deve mover o filho para a posição do nó substituto. Se o nó substituto for um nó com um filho esquerdo, as etapas da exclusão serão as seguintes:

1) Armazenar o ponteiro para o nó a ser excluído em uma variável de ponteiro temporária.
2) Definir o ponteiro no pai do nó a ser excluído para que aponte para o nó substituto.
3) Definir o ponteiro no pai do nó substituto para que aponte para o filho esquerdo do nó substituto.
4) Definir o ponteiro para a subárvore direita no nó substituto para que aponte para a subárvore direita do nó a ser excluído.
5) Excluir o nó para o qual a variável de ponteiro temporário aponta.

Escreva a função `deleteNode` que toma como argumentos um ponteiro para o nó raiz da árvore e o valor a ser excluído. A função deve localizar na árvore o nó que contém o valor a ser excluído, e usar os algoritmos discutidos aqui para excluir o nó. Se o valor não for encontrado na árvore, a função deverá imprimir uma mensagem que indique se o valor foi excluído ou não. Modifique o programa da Figura 12.19 para usar essa função. Depois de excluir um item, chame as funções de travessia `inOrder`, `preOrder` e `postOrder` para confirmar se a operação de exclusão foi realizada corretamente.

12.23 ***Busca de árvore binária.*** Escreva uma função `binaryTreeSearch` que tente localizar um valor especificado em uma árvore binária de busca. A função deve receber como argumentos um ponteiro para o nó raiz da árvore binária e uma chave de busca a ser localizada. Se o nó que contém a chave de busca for encontrado, a função deverá retornar um ponteiro para esse nó; caso contrário, a função deverá retornar um ponteiro `NULL`.

12.24 ***Travessia de árvore binária em ordem de nível.*** O programa da Figura 12.19 ilustrou três métodos recursivos para atravessar uma árvore binária — na ordem, pré-ordem e pós-ordem. Esse exercício apresenta a **travessia em ordem de nível** de uma árvore binária, na qual os valores dos nós são impressos nível por nível, a começar pelo nível do nó da raiz. Em cada nível, os nós são impressos da esquerda para a direita. A travessia em ordem de nível não é um algoritmo recursivo. Ele usa a estrutura de dados de fila para controlar a impressão dos nós. O algoritmo é o seguinte:

1) Inserir o nó raiz na fila
2) Enquanto existirem nós na fila,

    Obtenha o próximo nó na fila

    Imprima o valor do nó

  Se o ponteiro para o filho esquerdo do nó não for nulo

    Insira o nó do filho esquerdo na fila

  Se o ponteiro para o filho direito do nó não for nulo

    Insira o nó do filho direito na fila

Escreva a função `levelOrder` para executar uma travessia em ordem de nível de uma árvore binária. Modifique o programa da Figura 12.19 para que seja possível usar essa função. Compare a saída dessa função com as saídas de outros algoritmos de travessia para se certificar de que ele funcionou corretamente. [*Nota*: você também terá que modificar e incorporar as funções de processamento de fila da Figura 12.13 nesse programa.]

12.25 ***Impressão de árvores.*** Escreva uma função recursiva `outputTree` para exibir uma árvore binária na tela. A função deve exibir a árvore linha por linha, com o topo da árvore à esquerda da tela e a parte inferior da árvore em direção ao lado direito da tela. Cada linha é exibida verticalmente. Por exemplo, a árvore binária mostrada na Figura 12.22 é exibida como:

```
                    99
               97
                    92
          83
                    72
               71
                    69
     49
                    44
               40
                    32
          28
                    19
               18
                    11
```

Note que o nó folha mais à direita aparece no topo da saída da coluna mais à direita, e o nó raiz aparece na esquerda da saída. Cada coluna de saída começa cinco espaços à direita da coluna anterior. A função `outputTree` deve receber como argumentos um ponteiro para o nó raiz da árvore e um inteiro `totalSpaces` representando o número dos espaços que precedem o valor a ser exibido (essa variável deve começar em zero, de modo que o nó raiz seja exibido à esquerda da tela). Para exibir a árvore, a função usa uma travessia na ordem modificada — ela começa no nó mais à direita da árvore, e trabalha movendo-se para a esquerda. O algoritmo é o seguinte:

Enquanto o ponteiro para o nó atual não for nulo

  Chame, recursivamente, `outputTree` com a subárvore direita do nó atual e `totalSpaces + 5`

  Use uma estrutura `for` para contar de `1` até `totalSpaces`, e imprimir espaços

  Exiba o valor no nodo atual

  Inicialize o ponteiro para o nodo atual para que ele aponte para a subárvore esquerda do nó atual

  Incremente `totalSpaces` em `5`.

Seção especial: a construção de seu próprio compilador

Nos exercícios 7.27 a 7.29, apresentamos a Simpletron Machine Language (SML), e você implementou um simulador de computador Simpletron para executar programas SML. Nos exercícios 12.26 a 12.30, construímos um compilador que convertia programas escritos em uma linguagem de programação de alto nível para SML. Esta seção 'amarra' o processo de programação inteiro. Você escreverá programas nessa nova linguagem de alto nível, usará o compilador que você mesmo construiu para compilá-los e os executará no simulador criado no Exercício 7.28. Você deverá se esforçar para implementar seu compilador de uma maneira orientada a objeto. [*Nota:* devido ao tamanho dos enunciados dos exercícios 12.26 a 12.30, preferimos incluí-los em um documento PDF em `<www.deitel.com/books/chtp6/>`, em inglês.]

O PRÉ-PROCESSADOR EM C

13

Capítulo

Conserve a bondade, e defina-a bem.
— **Alfred, Lord Tennyson**

Achei um argumento para você; mas não sou obrigado a encontrar também um entendimento.
— **Samuel Johnson**

Um bom símbolo é o melhor argumento, e é um missionário para persuadir milhares de pessoas.
— **Ralph Waldo Emerson**

O partidário, quando engajado em uma disputa, não se importa com os direitos da questão, fica ansioso apenas em convencer seus ouvintes de suas asserções.
— **Platão**

Objetivos

Neste capítulo, você aprenderá:

- A usar **`#include`** para desenvolver programas de grande porte.
- A usar **`#define`** para criar macros, e macros com argumentos.
- A usar a compilação condicional para especificar partes de um programa que nem sempre deverão ser compiladas (assim como o código que auxilia na depuração).
- A exibir mensagens de erro durante a compilação condicional.
- A usar asserções para testar se os valores das expressões estão corretos.

Conteúdo

13.1 Introdução
13.2 A diretiva #include do pré-processador
13.3 A diretiva #define do pré-processador: constantes simbólicas
13.4 A diretiva #define do pré-processador: macros
13.5 Compilação condicional
13.6 As diretivas #error e #pragma do pré-processador
13.7 Operadores # e ##
13.8 Números de linhas
13.9 Constantes simbólicas predefinidas
13.10 Asserções

Resumo | Terminologia | Exercícios de autorrevisão | Respostas dos exercícios de autorrevisão | Exercícios

13.1 Introdução

O **pré-processador em C** é executado antes de um programa ser compilado. Algumas das ações possíveis são a inclusão de outros arquivos no arquivo que está sendo compilado, a definição de **constantes simbólicas** e de **macros**, a **compilação condicional** do código do programa e a **execução condicional das diretivas do pré-processador**. Todas as diretivas do pré-processador começam com `#`, e somente caracteres de espaço em branco e comentários podem aparecer antes de uma diretiva de pré-processador em uma linha.

13.2 A diretiva `#include` do pré-processador

A **diretiva `#include` do pré-processador** tem sido usada ao longo de todo o livro. Ela faz com que uma cópia de um arquivo especificado seja incluída no lugar da diretiva. As duas formas da diretiva `#include` são:

```
#include <nome-arquivo>
#include "nome-arquivo"
```

A diferença entre as duas formas é o local em que o pré-processador procura o arquivo a ser incluído. Se o nome do arquivo está entre aspas, o pré-processador pesquisa, em primeiro lugar, o diretório em que está o arquivo que está sendo compilado (ele também pode procurar em outros locais). Normalmente, esse método é usado para incluir arquivos de cabeçalho definidos pelo programador. Se o nome do arquivo está entre os sinais de menor e maior (< e >) — usados para arquivos de **cabeçalho da biblioteca-padrão** —, o pré-processador procura o arquivo especificado de uma maneira dependente da implementação, normalmente em diretórios pré-designados pelo compilador e pelo sistema.

A diretiva `#include` é usada para incluir arquivos de cabeçalho da biblioteca-padrão como `stdio.h` e `stdlib.h` (ver Figura 5.6), e com programas que consistem em diversos arquivos-fonte que devem ser compilados juntos. Um cabeçalho que contenha declarações comuns aos arquivos de programas separados frequentemente é criado e incluído no arquivo. Exemplos de tais declarações são declarações de estrutura e união, de enumerações e de protótipos de funções.

13.3 A diretiva `#define` do pré-processador: constantes simbólicas

A **diretiva `#define`** cria constantes simbólicas — constantes representadas por símbolos — e **macros** — operações definidas por símbolos. O formato da diretiva `#define` é

`#define` *identificador texto-substituto*

Quando essa linha aparece em um arquivo, todas as ocorrências subsequentes de identificador (exceto aquelas dentro de uma string literal) serão substituídas automaticamente pelo **texto substituto** antes de o programa ser compilado. Por exemplo,

```
#define PI 3.14159
```

substitui todas as ocorrências subsequentes da constante simbólica `PI` pela constante numérica `3.14159`. Constantes simbólicas permitem ao programador criar um nome para uma constante e usar esse nome ao longo de todo o programa. Se a constante precisar ser modificada em todo o programa, ela pode ser modificada uma vez na diretiva `#define`. Quando o programa for recompilado, todas as ocorrências da constante no programa serão modificadas. [*Nota:* tudo o que está à direita do nome da constante simbólica substitui a constante simbólica.] Por exemplo, `#define PI = 3.14159` faz com que o compilador substitua cada ocorrência de

`PI` por `3.14159`. Isso é a causa de muitos erros sutis de lógica e de sintaxe. Redefinir uma constante simbólica com um novo valor também é um erro.

Boa prática de programação 13.1

Usar nomes significativos para constantes simbólicas ajuda a tornar os programas mais autodocumentados.

Boa prática de programação 13.2

Por convenção, as constantes simbólicas são definidas por apenas letras maiúsculas e caracteres de sublinhado.

13.4 A diretiva #define do pré-processador: macros

Uma **macro** é um identificador definido em uma diretiva `#define` para o pré-processador. Da mesma maneira que ocorre com as constantes simbólicas, o **identificador de macro** é trocado pelo **texto substituto** antes de o programa ser compilado. Macros podem ser definidas com ou sem **argumentos**. A macro sem argumentos é processada como uma constante simbólica. Em uma **macro com argumentos**, os argumentos são trocados no texto substituto e, então, a macro é **expandida** — ou seja, o texto substituto entra no lugar do identificador da macro e da lista de argumentos no programa. [*Nota:* uma constante simbólica é um tipo de macro.]

Considere a seguinte definição de uma macro com um argumento para o cálculo da área de um círculo:

```
#define AREA_CIRCULO( x ) ( ( PI ) * ( x ) * ( x ) )
```

Onde quer que `AREA_CIRCULO(y)` apareça no arquivo, o valor de `y` é trocado por `x` no texto de substituição, a constante simbólica `PI` é substituída por seu valor (definido anteriormente) e a macro é expandida no programa. Por exemplo, a instrução

```
area = AREA_CIRCULO( 4 );
```

é expandida para

```
area = ( ( 3.14159 ) * ( 4 ) * ( 4 ) );
```

e o valor da expressão é calculado e atribuído à variável `area`. Os parênteses em torno de cada x no texto substituto forçam a ordem correta de cálculo quando o argumento da macro é uma expressão. Por exemplo, a instrução

```
area = AREA_CIRCULO( c + 2 );
```

é expandida para

```
area = ( ( 3.14159 ) * ( c + 2 ) * ( c + 2 ) );
```

a qual é avaliada corretamente, porque os parênteses forçam a ordem certa de cálculo. Se os parênteses são omitidos, a expansão da macro é

```
area = 3.14159 * c + 2 * c + 2;
```

que é calculada, incorretamente, como

```
area = ( 3.14159 * c ) + ( 2 * c ) + 2;
```

por causa das regras de precedência de operadores.

Erro comum de programação 13.1

Esquecer de colocar os argumentos de uma macro entre parênteses no texto substituto pode provocar erros lógicos.

A macro AREA_CIRCULO poderia ser definida como uma função. A função areaCirculo

```
double areaCirculo( double x )
{
   return 3.14159 * x * x;
}
```

executa o mesmo cálculo que AREA_CIRCULO, mas existe o overhead ou sobrecarga de uma chamada à função areaCirculo. As vantagens do uso de AREA_CIRCULO estão no fato de que macros inserem o código diretamente no programa — evitando o overhead das chamadas de funções —, e o programa permanece legível porque AREA_CIRCULO é definida separadamente e recebe um nome significativo. A desvantagem é que o argumento é avaliado duas vezes.

Dica de desempenho 13.1

Às vezes, as macros podem ser usadas para substituir uma chamada de função pelo código inline para eliminar o overhead de uma chamada de função. Os compiladores otimizadores de hoje colocam funções inline para você com frequência, de modo que muitos programadores não precisam mais usar macros para essa finalidade. A C99 também oferece a palavra-chave inline (ver Apêndice G).

A definição seguinte é uma definição de macro com dois argumentos para o cálculo da área de um retângulo:

```
#define AREA_RETANGULO( x, y ) ( ( x ) * ( y ) )
```

Onde quer que AREA_RETANGULO(x, y) apareça no programa, os valores de x e y são substituídos no texto substituto da macro, e a macro é expandida no lugar do nome da macro. Por exemplo, o comando

```
areaRetang = AREA_RETANGULO( a + 4, b + 7 );
```

é expandido para

```
areaRetang = ( ( a + 4 ) * ( b + 7 ) );
```

O valor da expressão é avaliado e atribuído à variável areaRetang.

O texto de substituição de uma macro ou de uma constante simbólica normalmente é qualquer texto que apareça na linha após o identificador na diretiva #define. Se o texto substituto para uma macro ou para uma constante simbólica é mais longo que o restante da linha, uma **barra invertida** (\) deve ser colocada no fim da linha para indicar que o texto de substituição continua na próxima linha.

Constantes simbólicas e macros podem ser descartadas com o uso da **diretiva para o pré-processador #undef**. A diretiva #undef 'anula a definição' do nome de uma constante simbólica ou de uma macro. O **escopo** de uma constante simbólica ou de uma macro vai de sua definição até o ponto em que sua definição é anulada com #undef, ou até o final do arquivo. Uma vez anulado, um nome pode ser redefinido com #define.

Algumas vezes, as funções da biblioteca-padrão são definidas como macros baseadas em outras funções de biblioteca. Uma macro comumente definida no arquivo de cabeçalho stdio.h é

```
#define getchar() getc( stdin )
```

A definição de macro de getchar usa a função getc para obter um caractere do stream padrão de entrada. A função putchar do arquivo de cabeçalho stdio.h e as funções de manipulação de caracteres do arquivo de cabeçalho ctype.h também são, frequentemente, implementadas como macros. Note que expressões com efeitos colaterais (ou seja, valores de variáveis podem mudar) não devem ser passadas para uma macro, porque os argumentos de uma macro podem ser avaliados mais de uma vez.

13.5 Compilação condicional

A **compilação condicional** permite que você controle a execução das diretivas do pré-processador e a compilação do código do programa. Cada uma das diretivas condicionais do pré-processador avalia uma expressão constante inteira. Expressões de coerção, expressões com sizeof e constantes de enumerações não podem ser avaliadas em diretivas do pré-processador.

A instrução condicional do pré-processador é bastante semelhante à estrutura de seleção `if`. Considere o seguinte código de pré--processador:

```
#if !defined(MINHA_CONSTANTE)
   #define MINHA_CONSTANTE 0
#endif
```

Essas diretivas determinam se `MINHA_CONSTANTE` já está definida. A expressão `defined(MINHA_CONSTANTE)` é calculada e produz o valor `1` se `MINHA_CONSTANTE` estiver definida; caso contrário, o valor produzido será 0. Se o resultado for `0`, `!defined(MINHA_CONSTANTE)` produz `1`, e `MINHA_CONSTANTE` é definida. Caso contrário, a diretiva `#define` é omitida. Cada construção `#if` termina com `#endif`. As diretivas `#ifdef` e `#ifndef` são abreviações de `#if defined(`*nome*`)` e `#if !defined(`*nome*`)`. Uma construção de pré-processador com múltiplas partes pode ser testada com o uso das diretivas `#elif` (o equivalente de `else if` em uma estrutura `if`) e `#else` (o equivalente de `else` em uma estrutura `if`). Essas diretivas são usadas constantemente para impedir que arquivos de cabeçalho sejam incluídos várias vezes no mesmo arquivo-fonte. Usaremos bastante essa técnica na parte C++ deste livro.

Muitas vezes durante o desenvolvimento do programa será útil eliminar partes significativas do código, transformando-o em comentários, evitando, assim, que ele seja compilado. Se o código contém comentários, `/*` e `*/` não podem ser usados para realizar essa tarefa. Em vez disso, você pode usar a seguinte construção de pré-processador:

```
#if 0
   código que não será compilado
#endif
```

Para habilitar o código de compilação, simplesmente substitua o valor `0` na instrução precedente pelo valor `1`.

Frequentemente, a compilação condicional é usada como um auxílio para a depuração do programa. Muitas implementações em C têm **depuradores**, que oferecem recursos muito mais poderosos que a compilação condicional. Se um depurador não estiver disponível, instruções `printf` frequentemente serão usadas para imprimir valores e confirmar o fluxo de controle. Essas instruções `printf` podem ser delimitadas em diretivas condicionais do pré-processador, de maneira que os comandos serão compilados somente até que termine o processo de depuração. Por exemplo,

```
#ifdef DEBUG
   printf( "Variável x = %d\n", x );
#endif
```

faz com que o comando `printf` seja compilado no programa se a constante simbólica `DEBUG` tiver sido definida (`#define DEBUG`) antes da diretiva `#ifdef DEBUG`. Quando a depuração estiver completa, a diretiva `#define` será removida do arquivo-fonte (ou se torna um comentário) e os comandos `printf` que foram inseridos para fins de depuração serão ignorados durante a compilação. Em programas maiores, pode ser desejável definir várias constantes simbólicas diferentes que controlarão a compilação condicional em seções separadas do arquivo-fonte.

Erro comum de programação 13.2

Inserir comandos `printf` compilados condicionalmente para fins de depuração em lugares em que C espera por um comando simples. Nesse caso, o comando compilado condicionalmente deverá ser incluído em um comando composto. Assim, quando o programa for compilado com comandos de depuração, o fluxo de controle do programa não será alterado.

13.6 As diretivas #error e #pragma do pré-processador

A diretiva `#error`

```
#error tokens
```

imprime uma mensagem dependente de implementação que inclui os *tokens* especificados na diretiva. Os tokens (unidades léxicas) são sequências de caracteres separadas por espaços. Por exemplo,

```
#error 1 - Out of range error
```

contém seis tokens. Quando uma diretiva `#error` é processada em alguns sistemas, os tokens na diretiva são exibidos como uma mensagem de erro, o pré-processamento é interrompido e o programa não é compilado.

A diretiva `#pragma`

```
#pragma tokens
```

provoca uma ação definida pela implementação. Um pragma não reconhecido pela implementação é ignorado. Para obter mais informações sobre `#error` e `#pragma`, verifique a documentação de sua implementação em C.

13.7 Operadores # e

Os operadores # e ## do pré-processador estão disponíveis em C padrão. O operador # faz com que o token de um texto substituto seja convertido em uma string entre aspas. Considere a seguinte definição de macro:

```
#define HELLO(x) printf( "Olá, " #x "\n" );
```

Quando `HELLO(John)` aparece em um arquivo de programa, isso é expandido para

```
printf( "Olá, " "John" "\n" );
```

A string `"John"` substitui `#x` no texto substituto. Strings separadas por espaços em branco são concatenadas durante o pré--processamento, de forma que a instrução acima é equivalente a

```
printf( "Olá, John\n" );
```

O operador # deve ser usado em uma macro com argumentos, porque o operando de # se refere a um argumento da macro.

O operador ## concatena dois tokens. Considere a seguinte definição de macro:

```
#define TOKENCONCAT(x, y) x ## y
```

Quando `TOKENCONCAT` aparece em um programa, seus argumentos são concatenados e usados para substituir a macro. Por exemplo, `TOKENCONCAT(O, K)` é substituído por `OK` no programa. O operador ## deve ter dois operandos.

13.8 Números de linhas

A **diretiva do pré-processador `#line`** faz com que as linhas subsequentes do código-fonte sejam renumeradas e comecem com o valor inteiro constante especificado. A diretiva

```
#line 100
```

começa a numerar as linhas a partir de `100`, iniciando com a próxima linha do código-fonte. Um nome de arquivo pode ser incluído na diretiva `#line`. A diretiva

```
#line 100 "arquivo1.c"
```

indica que as linhas são numeradas a partir de `100`, começando com a próxima linha de código-fonte, e que o nome do arquivo com a finalidade de receber qualquer mensagem do compilador é `"arquivo1.c"`. A diretiva normalmente é usada para ajudar a tornar mais significativas as mensagens produzidas por erros de sintaxe e advertências do compilador. Os números de linhas não aparecem no arquivo-fonte.

13.9 Constantes simbólicas predefinidas

A C padrão oferece **constantes simbólicas predefinidas**, várias delas mostradas na Figura 13.1. Os identificadores para cada uma das constantes simbólicas predefinidas começam e terminam com *dois* caracteres sublinhados. Esses identificadores e o identificador `defined` (usado na Seção 13.5) não podem ser utilizados em diretivas `#define` ou `#undef`.

Constante simbólica	Explicação
`__LINE__`	O número de linha da linha atual no código-fonte (uma constante inteira).
`__FILE__`	O nome presumido do arquivo de código-fonte (uma string).
`__DATE__`	A data em que o arquivo-fonte foi compilado (uma string na forma "`Mmm dd yyyy`", como "`Jan 19 2002`").
`__TIME__`	A hora em que o arquivo-fonte foi compilado (uma string literal na forma "`hh:mm:ss`").
`__STDC__`	O valor 1 se o compilador aceita a C padrão.

Figura 13.1 ■ Algumas constantes simbólicas predefinidas.

13.10 Asserções

A macro `assert` — definida no arquivo de cabeçalho `<assert.h>` — testa o valor de uma expressão. Se o valor da expressão é falso (`0`), então `assert` imprime uma mensagem de erro e chama a função `abort` (da biblioteca de utilitários gerais, `<stdlib.h>`) para terminar a execução do programa. Esta é uma ferramenta útil de depuração para testar se uma variável tem um valor correto. Por exemplo, suponha que a variável `x` nunca deva ser maior que `10` em um programa. Pode-se usar uma asserção para testar o valor de `x` e imprimir uma mensagem de erro se o valor de `x` estiver incorreto. O comando seria:

```
assert( x <= 10 );
```

Se `x` for maior que `10` quando esse comando for encontrado em um programa, uma mensagem de erro contendo o número da linha e o nome do arquivo é impressa, e o programa termina. Você poderá, então, concentrar-se nessa área do código para encontrar o erro. Se a constante simbólica `NDEBUG` estiver definida, as asserções subsequentes serão ignoradas. Assim, quando as asserções não são mais necessárias, a linha

```
#define NDEBUG
```

é inserida no arquivo de programa em vez de excluir cada asserção manualmente.

Observação sobre engenharia de software 13.1

Asserções não têm por finalidade substituir o tratamento de erros durante as condições normais em tempo de execução. Seu uso deve ser limitado a localizar erros lógicos.

Resumo

Seção 13.1 Introdução

- O pré-processador é executado antes que um programa seja compilado.
- Todas as diretivas do pré-processador começam com #.

Seção 13.2 A diretiva `#include` do pré-processador

- Somente caracteres de espaço em branco e comentários podem aparecer antes de uma diretiva do pré-processador em uma linha.
- A diretiva `#include` inclui uma cópia do arquivo especificado. Se o nome do arquivo estiver entre aspas, o pré-processador começa a procurar pelo arquivo a ser incluído no mesmo diretório do arquivo que está sendo compilado. Se o nome do arquivo estiver entre os sinais de menor e maior (< e >), a procura pelo arquivo deverá ser realizada de uma maneira dependente da implementação.

Seção 13.3 A diretiva `#define` do pré-processador: constantes simbólicas

- A diretiva do pré-processador `#define` é usada para criar constantes simbólicas e macros.
- Uma constante simbólica é um nome para uma constante.
- Uma macro é uma operação definida em uma diretiva do pré-processador `#define`. As macros podem ser definidas com ou sem argumentos.

Seção 13.4 A diretiva `#define` do pré-processador: macros

- O texto substituto de uma macro ou de uma constante simbólica é qualquer texto que aparecer na linha após o identificador da diretiva `#define`. Se o texto substituto de uma macro ou de uma constante simbólica for muito longo para caber no restante da linha, uma barra invertida (\) deve ser colocada no fim da linha para indicar que o texto substituto continua na linha seguinte.
- Constantes simbólicas e macros podem ser descartadas usando-se a diretiva `#undef` do pré-processador. A diretiva `#undef` anula a definição do nome da constante simbólica ou da macro.
- O escopo de uma constante simbólica ou da macro abrange desde a sua definição até que seja anulada por `#undef`, ou até o final do arquivo.

Seção 13.5 Compilação condicional

- A compilação condicional possibilita o controle da execução das diretivas de pré-processador e a compilação do código do programa.
- As diretivas condicionais de pré-processador avaliam expressões inteiras constantes. Expressões de coerção, expressões com `sizeof` e constantes de enumeração não podem ser avaliadas em diretivas de pré-processador.
- Cada construção `#if` termina com `#endif`.
- As diretivas `#ifdef` e `#ifndef` são fornecidas como abreviações para `#if defined(`*nome*`)` e para `#if !defined(`*nome*`)`.
- Uma instrução condicional de múltiplas partes de pré-processador pode ser testada usando-se as diretivas `#elif` e `#else`.

Seção 13.6 As diretivas `#error` e `#pragma` do pré-processador

- A diretiva `#error` imprime uma mensagem dependente da implementação que inclui os *tokens* especificados na diretiva.
- A diretiva `#pragma` provoca uma ação dependente da implementação. Se pragma não é reconhecida pela implementação, ela é ignorada.

Seção 13.7 Operadores # e ##

- O operador # faz com que um *token* do texto substituto seja convertido em uma string entre aspas. O operador # deve ser usado em uma macro com argumentos, porque o operando de # deve ser um argumento da macro.
- O operador ## concatena dois tokens. O operador ## deve ter dois operandos.

Seção 13.8 Números de linhas

- A diretiva `#line` do pré-processador faz com que as linhas de código-fonte subsequentes sejam renumeradas, começando com o valor constante inteiro especificado.

Seção 13.9 Constantes simbólicas predefinidas

- A constante `__LINE__` é o número da linha atual do código-fonte (um inteiro). A constante `__FILE__` é o nome presumido de um arquivo (uma string). A constante `__DATE__` é a data em que o arquivo-fonte foi compilado (uma string). A constante `__TIME__` é a hora em que o arquivo-fonte foi compilado (uma string). A constante `__STDC__` indica se o compilador aceita a C padrão. Cada uma das constantes simbólicas predefinidas começa e termina com dois caracteres sublinhados (__).

Seção 13.10 Asserções

- A macro `assert` — definida no arquivo de cabeçalho `<assert.h>` — testa o valor de uma expressão. Se o valor da expressão é `0` (falso), então `assert` imprime uma mensagem de erro e chama a função `abort` para terminar a execução do programa.

Terminologia

`#define`, diretiva do pré-processador 415
`#elif`, diretiva do pré-processador 418
`#endif`, diretiva do pré-processador 418
`#error`, diretiva do pré-processador 419
`#if`, diretiva do pré-processador 418
`#ifdef`, diretiva do pré-processador 418
`#ifndef`, diretiva do pré-processador 418
`#include`, diretiva do pré-processador 415
`#line`, diretiva do pré-processador 419
`#pragma`, diretiva do pré-processador 419
`#undef`, diretiva para o pré-processador 417
`<assert.h>` 420
`abort`, função 420
argumentos 416
`assert`, macro 420
barra invertida (\) 417
cabeçalho da biblioteca-padrão 415
compilação condicional 415
constantes simbólicas predefinidas 419
constantes simbólicas 415
depuradores 418
diretiva do pré-processador 419
escopo 417
execução condicional das diretivas do pré-processador 415
identificador de macro 416
macro com argumentos 416
macro expandida 416
macros 415
pré-processador em C 415
texto substituto 415

Exercícios de autorrevisão

13.1 Preencha os espaços em cada uma das sentenças:

a) Toda diretiva do pré-processador deve começar com _______.

b) A construção de compilação condicional pode ser estendida para testar múltiplos casos a partir das diretivas _______ e _______.

c) A diretiva _______ cria macros e constantes simbólicas.

d) Apenas caracteres de _______ podem aparecer antes de uma diretiva do pré-processador em uma linha.

e) A diretiva _______ descarta nomes de constante simbólica e de macro.

f) As diretivas _______ e _______ são fornecidas como uma notação abreviada para `#if defined(`*nome*`)` e `#if !defined(`*nome*`)`.

g) A _______ permite que você controle a execução das diretivas do pré-processador e a compilação do código do programa.

h) A macro _______ imprime uma mensagem e termina a execução do programa se o valor da expressão que a macro avalia for `0`.

i) A diretiva _______ insere um arquivo em outro arquivo.

j) O operador _______ concatena seus dois argumentos.

k) O operador _______ converte seu operando em uma string.

l) O caractere _______ indica que o texto de substituição para uma constante simbólica ou macro continua na linha seguinte.

m) A diretiva _______ faz com que as linhas do código-fonte sejam numeradas a partir do valor indicado, começando com a próxima linha no código-fonte.

13.2 Escreva um programa para imprimir os valores das constantes simbólicas predefinidas listadas na Figura 13.1.

13.3 Escreva uma diretiva do pré-processador que propicie a realização das tarefas a seguir:

a) Definir a constante simbólica `YES` para ter o valor `1`.

b) Definir a constante simbólica `NO` para ter o valor `0`.

c) Incluir o arquivo de cabeçalho `common.h`. O arquivo está no mesmo diretório do arquivo compilado.

d) Renumerar as linhas restantes no arquivo começando com o número de linha `3000`.

e) Se a constante simbólica `TRUE` estiver definida, anular sua definição e redefini-la como `1`. Não use `#ifdef`.

f) Se a constante simbólica `TRUE` estiver definida, anular sua definição e redefini-la como `1`. Use a diretiva `#ifdef` do pré-processador.

g) Se a constante simbólica `TRUE` não for igual a `0`, definir a constante simbólica `FALSE` como `0`. Caso contrário, definir `FALSE` como `1`.

h) Definir a macro `VOLUME_CUBO`, que calcula o volume de um cubo. A macro utiliza apenas um argumento.

Respostas dos exercícios de autorrevisão

13.1 a) `#`.

b) `#elif`, `#else`.

c) `#define`.

d) espaço em branco.

e) `#undef`.

f) `#ifdef`, `#ifndef`.

g) compilação condicional.

h) `assert`.

i) `#include`.

j) `##`.

k) `#`.

l) `\`.

m) `#line`.

13.2 Veja a seguir.

```
/* Imprime os valores das macros pre-
definidas */
#include <stdio.h>
int main( void )
{
   printf( "__LINE__ = %d\n", __LINE__ );
   printf( "__FILE__ = %s\n", __FILE__ );
   printf( "__DATE__ = %s\n", __DATE__ );
   printf( "__TIME__ = %s\n", __TIME__ );
   printf( "__STDC__ = %s\n", __STDC__ );
return 0;
}
```

```
__LINE__ = 5
__FILE__ = macros.c
__DATE__ = Jun 5 2003
__TIME__ = 09:38:58
__STDC__ = 1
```

13.3

a) `#define YES 1`

b) `#define NO 0`

c) `#include "common.h"`

d) `#line 3000`

e)
```
#if defined( TRUE )
    #undef TRUE
    #define TRUE 1
#endif
```

f)
```
#ifdef TRUE
    #undef TRUE 1
    #define TRUE 1
#endif
```

g)
```
#if TRUE
    #define FALSE 0
#else
    #define FALSE 1
#endif
```

h) `#define VOLUME_CUBO( x ) ( ( x ) * ( x ) * ( x ) )`

Exercícios

13.4 ***Volume de uma esfera.*** Escreva um programa que defina uma macro com um argumento para calcular o volume de uma esfera. O programa deverá calcular o volume de esferas de raio 1 a 10 e imprimir os resultados em formato tabular. A fórmula para o volume de uma esfera é

(4.0 / 3) * π * r^3

onde π é `3.14159`.

13.5 ***Soma de dois números.*** Escreva um programa que produza a seguinte saída:

```
A soma de x e y é 13
```

O programa deverá definir a macro `SUM` com dois argumentos, `x` e `y`, e usar `SUM` para produzir a saída.

13.6 ***Menor de dois números.*** Escreva um programa que defina e use a macro `MINIMUM2` para determinar o menor de dois valores numéricos. Use o teclado para inserir os valores.

13.7 ***Menor de três números.*** Escreva um programa que defina e use a macro `MINIMUM3` para determinar o menor de três valores numéricos. A macro `MINIMUM3` deverá usar a macro `MINIMUM2` definida no Exercício 13.6 para determinar o menor número. Use o teclado para inserir os valores.

13.8 ***Impressão de uma string.*** Escreva um programa que defina e use a macro `PRINT` para imprimir um valor de string.

13.9 ***Impressão de um array.*** Escreva um programa que defina e use a macro `PRINTARRAY` para imprimir um array de inteiros. A macro deverá receber o array e o número de elementos no array como argumentos.

13.10 ***Totalização do conteúdo de um array.*** Escreva um programa que defina e use a macro `SUMARRAY` para somar os valores em um array numérico. A macro deverá receber o array e o número de elementos no array como argumentos.

OUTROS TÓPICOS SOBRE C

14

Capítulo

Usaremos um sinal que testei e considerei de longo alcance e fácil de gritar: Uaa-huu!
— Zane Grey

É um problema que requer três cachimbadas para ser resolvido.
— Sir Arthur Conan Doyle

Objetivos

Neste capítulo, você aprenderá:

- A redirecionar a entrada do teclado para que venha de um arquivo.
- A redirecionar a saída da tela para que seja gravada em um arquivo.
- A escrever funções que usem listas de argumentos de tamanho variável.
- A processar argumentos da linha de comandos.
- A atribuir tipos específicos a constantes numéricas.
- A usar arquivos temporários.
- A processar eventos assíncronos externos em um programa.
- A alocar memória para arrays dinamicamente.
- A mudar o tamanho da memória que já tenha sido alocada dinamicamente.

Conteúdo

14.1 Introdução
14.2 Redirecionamento de entrada/saída
14.3 Listas de argumentos de tamanhos variáveis
14.4 Uso de argumentos na linha de comando
14.5 Notas sobre a compilação de programas de múltiplos arquivos-fonte
14.6 Término de programas com `exit` e `atexit`
14.7 O qualificador de tipo `volatile`
14.8 Sufixos para constantes inteiras e de ponto flutuante
14.9 Mais sobre arquivos
14.10 Tratamento de sinais
14.11 Alocação dinâmica de memória: funções `calloc` e `realloc`
14.12 Desvio incondicional com `goto`

Resumo | Terminologia | Exercício de autorrevisão | Respostas do exercício de autorrevisão | Exercícios

14.1 Introdução

Este capítulo apresenta vários tópicos avançados que normalmente não são abordados em cursos introdutórios. Muitos dos recursos aqui discutidos são aplicáveis em sistemas operacionais específicos, especialmente Linux/UNIX e Windows.

14.2 Redirecionamento de entrada/saída

Normalmente, a entrada de dados em um programa é feita por meio do teclado (entrada-padrão), e a saída de dados de um programa é exibida na tela (saída-padrão). Na maioria dos sistemas operacionais de computadores — em particular nos sistemas Linux/UNIX e Windows —, é possível **redirecionar** a entrada de dados para que sejam lidos de arquivos, e não do teclado, e redirecionar as saídas para que sejam armazenadas em arquivos, em vez de serem enviadas para a tela. Ambas as formas de redirecionamento podem ser completadas sem o uso dos recursos de processamento de arquivos da biblioteca-padrão.

Existem várias maneiras de redirecionar entrada e saída a partir da linha de comando. Considere o arquivo executável `sum` (nos sistemas Linux/UNIX), que lê números inteiros, um por vez, e acumula o total dos valores lidos até que um indicador de final de arquivo seja encontrado e, então, imprima o resultado. Normalmente, o usuário digita números inteiros no teclado, bem como o indicador de final de arquivo, sendo este uma combinação de teclas que indica que não há mais valores a serem lidos. Com o redirecionamento de entrada, esses dados podem ser armazenados em um arquivo. Por exemplo, se os dados são armazenados no arquivo `input`, a linha de comando

```
$ sum < input
```

faz com que o programa `sum` seja executado; o **símbolo de redirecionamento de entrada** (<) indica que os dados do arquivo `input` devem ser usados como os dados de entrada pelo programa. O redirecionamento da entrada em um sistema Windows é executado de forma idêntica.

O caractere `$` é o prompt da linha de comando do Linux/UNIX (alguns sistemas usam `%` como prompt, ou outro símbolo). Estudantes, muitas vezes, têm dificuldade de entender que redirecionamento é uma função do sistema operacional, e não outra característica da linguagem em C.

O segundo método de redirecionamento de entrada é a **canalização** (ou **piping**). Um **pipe** (|) faz com que a saída de um programa seja redirecionada como entrada de outro programa. Suponha que o programa `random` tenha como saída uma série de números inteiros aleatórios; a saída do programa `random` pode ser 'canalizada' diretamente para o programa `sum` usando a linha de comando

```
$ random | sum
```

Isso faz com que a soma dos números inteiros produzidos por `random` seja calculada. O uso de pipes pode ser feito no Linux/UNIX e no Windows.

A saída de um programa pode ser redirecionada para um arquivo com o uso do **símbolo de redirecionamento de saída** (>). Por exemplo, para redirecionar a saída do programa `random` para o arquivo `out`, use

```
$ random > out
```

Por fim, a saída de um programa pode ser acrescentada ao final de um arquivo que já exista, utilizando-se o **símbolo de acréscimo** (>>). Por exemplo, para acrescentar a saída do programa `random` ao final do arquivo `out` criado na linha de comando acima, use a linha de comando

```
$ random >> out
```

14.3 Listas de argumentos de tamanhos variáveis

É possível criar funções que recebam uma quantidade não especificada de argumentos. A maior parte dos programas no texto usa a função `printf` da biblioteca-padrão que, como você sabe, utiliza uma quantidade variável de argumentos. No mínimo, `printf` precisa receber uma string como seu primeiro argumento, mas `printf` pode receber qualquer número de argumentos adicionais. O protótipo de função para `printf` é

```
int printf( const char *format, ... );
```

Em um protótipo de função, as **reticências** (...) indicam que a função recebe um número variável de argumentos de qualquer tipo. Note que as reticências sempre devem ser colocadas ao final da lista de argumentos.

Macros e definições de **cabeçalhos de argumentos variáveis `<stdarg.h>`** (Figura 14.1) oferecem os recursos necessários para a construção de funções com **listas de argumentos de tamanho variável**. A Figura 14.2 demonstra a função `average` (linhas 26-41), que recebe um número variável de argumentos. O primeiro argumento de `average` é sempre o número de valores que terão suas médias calculadas.

Identificador	Explicação
`va_list`	Tipo adequado para a armazenagem das informações necessárias para as macros `va_start`, `va_arg` e `va_end`. Para acessar os argumentos em uma lista de argumentos de tamanhos variáveis, deve-se declarar um objeto do tipo `va_list`.
`va_start`	Uma macro que é chamada antes que se possa acessar os argumentos de uma lista de argumentos de tamanhos variáveis. A macro inicializa o objeto declarado com `va_list` para ser utilizado pelas macros `va_arg` e `va_end`.
`va_arg`	Uma macro que é expandida em uma expressão com os mesmos valor e tipo do próximo argumento da lista de argumentos de tamanhos variáveis. Cada chamada de `va_arg` modifica o objeto declarado com `va_list`, de modo que ele passe a apontar para o próximo argumento na lista.
`va_end`	Uma macro que facilita o retorno normal de uma função cuja lista de argumentos de tamanhos variáveis foi referenciada pela macro `va_start`.

Figura 14.1 ■ O tipo e as macros da lista de argumentos de tamanhos variáveis definidos em `stdarg.h`.

```
1  /* Fig. 14.2: fig14_02.c
2     Usando listas de argumentos de tamanhos variáveis */
3  #include <stdio.h>
4  #include <stdarg.h>
5
6  double average( int i, ... ); /* protótipo */
7
8  int main( void )
9  {
10    double w = 37.5;
11    double x = 22.5;
12    double y = 1.7;
13    double z = 10.2;
14
```

Figura 14.2 ■ Uso das listas de argumentos de tamanhos variáveis. (Parte 1 de 2.)

```
15        printf( "%s%.1f\n%s%.1f\n%s%.1f\n%s%.1f\n\n",
16           "w = ", w, "x = ", x, "y = ", y, "z = ", z );
17        printf( "%s%.3f\n%s%.3f\n%s%.3f\n",
18           "A média de w e x is ", average( 2, w, x ),
19           "A média de w, x e y é ", average( 3, w, x, y ),
20           "A média de w, x, y e z é ",
21           average( 4, w, x, y, z ) );
22        return 0; /* indica conclusão bem-sucedida */
23     } /* fim do main */
24
25     /* calcula média */
26     double average( int i, ... )
27     {
28        double total = 0; /* inicializa total */
29        int j; /* contador para selecionar argumentos */
30        va_list ap; /* armazena informações necessárias para va_start e va_end */
31
32        va_start( ap, i ); /* inicializa o objeto va_list */
33
34        /* processa lista de argumentos de tamanho variável */
35        for ( j = 1; j <= i; j++ ) {
36           total += va_arg( ap, double );
37        } /* fim do for */
38
39        va_end( ap ); /* limpa lista de argumentos de tamanho variável */
40        return total / i; /* calcula média */
41     } /* fim da função average */
```

```
w = 37.5
x = 22.5
y = 1.7
z = 10.2

A média de w e x é 30.000
A média de w, x e y é 20.567
A média de w, x, y e z é 17.975
```

Figura 14.2 ■ Uso das listas de argumentos de tamanhos variáveis. (Parte 2 de 2.)

A função `average` (linhas 26-41) usa todas as definições e macros do cabeçalho `<stdarg.h>`. O objeto `ap`, do tipo `va_list` (linha 30), é usado pelas macros `va_start`, `va_arg` e `va_end` para processar a lista de argumentos de tamanhos variáveis da função `average`. A função começa chamando `va_start` (linha 32) para inicializar o objeto `ap` que será utilizado em `va_arg` e em `va_end`. A macro recebe dois argumentos — o objeto `ap` e o identificador do argumento mais à direita da lista de argumentos antes das reticências — `i` nesse caso (`va_start` usa `i` aqui para determinar o início da lista de argumentos). Em seguida, a função `average`, repetidamente, adiciona argumentos da lista de argumentos de tamanhos variáveis à variável `total` (linhas 37-39). O valor a ser adicionado em `total` é recuperado por meio da lista de argumentos, chamando-se a macro `va_arg`. A macro `va_arg` recebe dois argumentos — o objeto `ap` e o tipo de valor esperado na lista de argumentos (`double`, nesse caso). A macro retorna o valor do argumento. A função `average` chama a macro `va_end` (linha 39) com o objeto `ap` como argumento para facilitar o retorno normal de `average` para `main`. Finalmente, a média é calculada e retornada para `main`.

Erro comum de programação 14.1

Colocar as reticências no meio da lista de parâmetros da função consiste em um erro de sintaxe. As reticências só podem ser colocadas ao final da lista de parâmetros.

O leitor poderá questionar como as funções `printf` e `scanf` sabem que tipo usar em cada macro `va_arg`. A resposta é que `printf` e `scanf` varrem os especificadores de conversão de formato na string de controle de formato para determinar o tipo do próximo argumento a ser processado.

14.4 Uso de argumentos na linha de comando

Em muitos sistemas, é possível passar argumentos para `main` a partir de uma linha de comandos ao incluir parâmetros `int argc` e `char *argv[]` na lista de parâmetros de `main`. O parâmetro `argc` recebe o número de argumentos da linha de comando. O parâmetro `argv` é um array de strings onde foram armazenados os argumentos efetivos da linha de comando. O uso comum de argumentos da linha de comando inclui a passagem de opções para o programa e a passagem de nomes de arquivos para o programa.

A Figura 14.3 copia um arquivo em outro, um caractere por vez. O nome do arquivo que contém o programa executável chama-se `mycopy`. Uma linha de comando típica para o programa `mycopy` no sistema Linux/UNIX é

```
$ mycopy input output
```

Essa linha de comando indica que o arquivo `input` é copiado para o arquivo `output`. Quando o programa é executado, se `argc` não é `3` (`mycopy` é considerado um dos argumentos), o programa imprime uma mensagem de erro e termina. Caso contrário, o array `argv` contém as strings "`mycopy`", "`input`" e "`output`". O segundo e o terceiro argumentos da linha de comando são utilizados como nomes de arquivos pelo programa. Os arquivos são abertos por meio da função `fopen`. Se os dois arquivos são abertos com sucesso, os caracteres são lidos do arquivo `input` e gravados no arquivo `output` até que o indicador de final do arquivo `input` seja encontrado. Então, o programa termina. O resultado é a cópia exata do arquivo `input`. Consulte os manuais de seu sistema para obter mais informações sobre argumentos da linha de comandos. [*Nota:* no Visual C++, você pode especificar os argumentos da linha de comandos indo para `Project Properties > Configuration Properties > Debugging` e entrando com os argumentos na caixa de texto à direita de `Command Arguments`.]

```c
/* Fig. 14.3: fig14_03.c
   Usando argumentos na linha de comandos */
#include <stdio.h>

int main( int argc, char *argv[] )
{
   FILE *inFilePtr;  /* ponteiro do arquivo de entrada */
   FILE *outFilePtr; /* ponteiro do arquivo de saída */
   int c;    /* c mantém caracteres digitados pelo usuário */

   /* verifica número de argumentos da linha de comandos */
   if ( argc != 3 ) {
      printf( "Uso: mycopy arquivo-entrada arquivo-saída\n" );
   } /* fim do if */
   else {
      /* se arquivo de entrada puder ser aberto */
      if ( ( inFilePtr = fopen( argv[ 1 ], "r" ) ) != NULL ) {
         /* se arquivo de saída puder ser aberto */
         if ( ( outFilePtr = fopen( argv[ 2 ], "w" ) ) != NULL ) {
            /* lê e envia caracteres */
            while ( ( c = fgetc( inFilePtr ) ) != EOF ) {
               fputc( c, outFilePtr );
            } /* fim do while */
         } /* fim do if */
         else { /* arquivo de saída não pode ser aberto */
            printf( "Arquivo \"%s\" não pode ser aberto\n", argv[ 2 ] );
         } /* fim do else */
      } /* fim do if */
```

Figura 14.3 ■ Uso de argumentos na linha de comando. (Parte 1 de 2.)

```
      else { /* arquivo de entrada não pode ser aberto */
         printf( "Arquivo \"%s\" não pode ser aberto\n", argv[ 1 ] );
      } /* fim do else */
   } /* fim do else */

   return 0; /* indica conclusão bem-sucedida */
} /* fim do main */
```

Figura 14.3 ■ Uso de argumentos na linha de comando. (Parte 2 de 2.)

14.5 Notas sobre a compilação de programas de múltiplos arquivos-fonte

É possível criar programas que consistam em múltiplos arquivos-fonte. Existem várias considerações a serem feitas quando se cria programas a partir de múltiplos arquivos. Por exemplo, a definição de uma função deve estar contida em um único arquivo — não pode estar espalhada em dois ou mais arquivos.

No Capítulo 5, introduzimos os conceitos de classes de memória e escopo. Aprendemos que variáveis declaradas fora das definições de função são da classe de memória `static`, por default, e são conhecidas como variáveis globais. Variáveis globais são acessíveis a qualquer função definida no mesmo arquivo após a declaração da variável. Variáveis globais também são acessíveis a funções que estejam em outros arquivos, porém, devem ser declaradas em todos os arquivos em que são utilizadas. Por exemplo, se definirmos uma variável global inteira `flag` em um arquivo e nos referirmos a ela em um segundo arquivo, o segundo arquivo deverá conter a declaração

```
extern int flag;
```

antes de as variáveis serem usadas nesse arquivo. Essa declaração utiliza o especificador de classe de memória `extern` para indicar ao compilador que a variável flag será definida adiante no mesmo arquivo ou em outro arquivo. O compilador informa ao editor de ligação (*linker*) que uma referência não resolvida para a variável `flag` aparece no arquivo (o compilador não sabe onde `flag` foi definida, então deixa o *linker* tentar encontrar `flag`). Se o linker não localizar a definição de `flag`, um erro de edição de ligação é reportado e o arquivo executável não é gerado. Se o *linker* encontrar uma definição global apropriada, ele resolverá a referência indicando onde `flag` foi localizado.

Observação sobre engenharia de software 14.1

Variáveis globais devem ser evitadas, a menos que o desempenho da aplicação seja importante, porque elas violam o princípio do menor privilégio e tornam difícil a manutenção do software.

Da mesma forma que as declarações `extern` podem ser usadas para declarar variáveis globais em outros arquivos de programa, protótipos de função podem estender o escopo de uma função além do arquivo em que ela foi definida (o especificador `extern` não é requerido no protótipo de função). Simplesmente inclua o protótipo da função em cada arquivo em que a função for chamada, e compile os arquivos todos juntos (ver Seção 13.2). Protótipos de função indicam ao compilador que a função especificada foi definida mais à frente, no mesmo arquivo, ou em outro arquivo. Novamente, o compilador não tenta resolver referências a tal função — esta é uma tarefa para o *linker*. Se o *linker* não localizar uma definição apropriada de função, uma mensagem de erro é gerada.

Como exemplo do uso de protótipos de função para estender o escopo de uma função, considere qualquer programa que contenha a diretiva do pré-processador `#include <stdio.h>`. Essa diretiva inclui em um arquivo protótipos de funções, tais como `printf` e `scanf`. Outras funções no arquivo podem usar `printf` e `scanf` para completar as suas tarefas. As funções `printf` e `scanf` são definidas em outros arquivos. Não precisamos saber onde elas foram definidas. Simplesmente reutilizamos o código em nossos programas. O *linker* resolve automaticamente nossas referências para essas funções. Esse processo permite usar as funções da biblioteca-padrão.

Observação sobre engenharia de software 14.2

Criar programas em múltiplos arquivos-fonte facilita a reutilização e a boa engenharia de software. Funções podem ser comuns a muitas aplicações. Em tais casos, essas funções devem ser armazenadas em seu arquivo-fonte, e cada arquivo-fonte deve ter um arquivo de cabeçalho correspondente, contendo os protótipos das funções. Isso permite que os programadores de diferentes aplicações reutilizem o mesmo código, incluindo o arquivo de cabeçalho apropriado e compilando sua aplicação com o arquivo-fonte correspondente.

É possível restringir o escopo de uma variável global ou função ao arquivo em que elas são definidas. O especificador de classe de armazenamento `static`, quando aplicado a uma variável global ou a uma função, evita que ela seja usada por qualquer função que não tenha sido definida no mesmo arquivo. Isso é chamado de **ligação interna**. Variáveis globais e funções que não sejam precedidas por `static` em suas definições têm **ligação externa** — elas podem ser acessadas em outros arquivos se eles contiverem declarações e/ou protótipos de funções apropriados.

A declaração da variável global

```
static const double PI = 3.14159;
```

cria a variável `PI` do tipo `double`, inicializa-a em `3.14159` e indica que `PI` somente é conhecida por funções no arquivo no qual é definida.

O uso do especificador `static` é comum no caso de funções utilitárias que são chamadas apenas por funções em um arquivo particular. Se uma função não é requerida fora de um arquivo particular, o princípio do menor privilégio deve ser reforçado com o uso de `static`. Se uma função é definida antes de ser usada em um arquivo, `static` deve ser aplicado à definição da função. Caso contrário, `static` deve ser aplicado ao protótipo da função.

Quando construímos programas grandes, distribuídos em múltiplos arquivos-fonte, compilar o programa se tornará tedioso se pequenas alterações tiverem de ser feitas em um dos arquivos e for preciso recompilar todo o programa. Muitos sistemas oferecem utilitários que recompilam apenas o arquivo do programa modificado. Nos sistemas Linux/UNIX, o utilitário é chamado **`make`**. O utilitário `make` lê um arquivo chamado **`makefile`**, que contém instruções para compilar e ligar o programa. Produtos como Eclipse™ e Microsoft® Visual C++® oferecem utilitários semelhantes. Para obter mais informações sobre os utilitários `make`, veja o manual de sua ferramenta de desenvolvimento.

14.6 Término de programas com exit e atexit

A biblioteca de utilitários gerais (`<stdlib.h>`) oferece métodos para finalizar a execução do programa por outros meios além de um retorno convencional da função `main`. A função **`exit`** força um programa a terminar como se fosse executado normalmente. A função é frequentemente usada para finalizar um programa quando é detectado um erro de entrada, ou se um arquivo a ser processado pelo programa não pode ser aberto. A função **`atexit`** registra uma função que deve ser chamada no término bem-sucedido do programa, ou seja, quando o programa termina alcançando o final de `main` ou quando a função `exit` é chamada.

A função `atexit` usa como argumento um ponteiro para uma função (ou seja, o nome da função). As funções chamadas no término do programa não podem ter argumentos e não podem retornar um valor. Até 32 funções podem ser registradas para execução no término do programa.

A função `exit` usa um argumento que, normalmente, é a constante simbólica **`EXIT_SUCCESS`** ou a constante simbólica **`EXIT_FAILURE`**. Se `exit` é chamado com `EXIT_SUCCESS`, o valor definido na implementação para término bem-sucedido é retornado ao ambiente para o qual o programa foi chamado. Se `exit` é chamado com `EXIT_FAILURE`, o valor definido na implementação para término malsucedido é retornado. Quando a função `exit` é chamada, todas as funções previamente registradas por `atexit` são chamadas na ordem inversa à de seu registro, todos os streams associados ao programa são liberados e fechados, e o controle retorna ao ambiente hospedeiro.

A Figura 14.4 testa as funções `exit` e `atexit`. O programa sugere que o usuário determine de que forma deve ser terminado, com `exit` ou alcançando o fim de `main`. Note que a função `print` é executada ao término do programa em cada caso.

```c
/* Fig. 14.4: fig14_04.c
   Usando as funções exit e atexit */
#include <stdio.h>
#include <stdlib.h>

void print( void ); /* protótipo */

int main( void )
{
   int resposta; /* escolha de menu do usuário */

   atexit( print ); /* registra função print */
   printf( "Digite 1 para terminar programa com função exit"
      "\nDigite 2 para terminar programa normalmente\n" );
   scanf( "%d", &resposta );

   /* chama exit se resposta é 1 */
   if ( answer == 1 ) {
      printf( "\nTerminando programa com função exit\n" );
      exit( EXIT_SUCCESS );
   } /* fim do if */

   printf( "\nTerminando programa alcançando o fim do main\n" );
   return 0; /* indica conclusão bem-sucedida */
} /* fim do main */

/* exibe mensagem antes do término */
void print( void )
{
   printf( "Executando a função print no término "
      "do programa \nPrograma encerrado\n" );
} /* fim da função print */
```

```
Digite 1 para terminar o programa com a função exit
Digite 2 para terminar o programa normalmente
1

Terminando programa com função exit
Executando a função print no término do programa
Programa encerrado
```

```
Digite 1 para terminar o programa com a função exit
Digite 2 para terminar o programa normalmente
2

Terminando programa alcançando o final de main
Executando a função print no término do programa
Programa encerrado
```

Figura 14.4 ■ Funções `exit` e `atexit`.

14.7 O qualificador de tipo `volatile`

Nos capítulos 6 e 7, apresentamos o qualificador de tipo `const`. A linguagem em C também oferece o qualificador de tipo `volatile` para suprimir diversos tipos de otimizações. O padrão C indica que, quando `volatile` é usado para qualificar um tipo, a natureza do acesso a um objeto desse tipo depende da implementação. Isso normalmente significa que a variável pode ser mudada por outro programa ou pelo hardware do computador.

14.8 Sufixos para constantes inteiras e de ponto flutuante

C oferece sufixos de inteiros e sufixos de ponto flutuante para especificar os tipos de constantes inteiras e de ponto flutuante. Os sufixos de inteiros são: `u` ou `U` para um inteiro `unsigned integer`, `l` ou `L` para um `long integer` e `ul`, `lu`, `UL` ou `LU` para um inteiro `unsigned long`. As seguintes constantes são do tipo `unsigned`, `long` e `unsigned long`, respectivamente:

```
174u
8358L
28373ul
```

Se uma constante inteira não tiver sufixo, seu tipo será determinado pelo primeiro tipo capaz de armazenar um valor daquele tamanho (primeiro `int`, depois `long int` e, então, `unsigned long int`).

Os sufixos de ponto flutuante são: `f` ou `F` para um `float`, e `l` ou `L` para um `long double`. As constantes a seguir são do tipo `float` e `long double`, respectivamente:

```
1.28f
3.14159L
```

Uma constante de ponto flutuante sem sufixo é automaticamente do tipo `double`.

14.9 Mais sobre arquivos

O Capítulo 11 apresentou capacidades para o processamento de arquivos de texto com acesso sequencial e acesso aleatório. C também oferece capacidade para o processamento de arquivos binários, mas alguns sistemas de computador não aceitam esses arquivos. Se os arquivos binários não forem aceitos, e um arquivo for aberto em um modo de arquivo binário (Figura 14.5), o arquivo será processado como um arquivo de texto. Os arquivos binários devem ser usados no lugar dos arquivos de texto somente em situações em que as condições rígidas de velocidade, o armazenamento e/ou a compatibilidade exigem arquivos binários. Caso contrário, os arquivos de texto têm sempre preferência por sua inerente portabilidade e pela capacidade de usar outras ferramentas-padrão para examinar e manipular os dados do arquivo.

Dica de desempenho 14.1

Use arquivos binários no lugar de arquivos de texto em aplicações que exijam alto desempenho.

Dica de portabilidade 14.1

Use arquivos de texto ao escrever programas portáveis.

Modo	Descrição
rb	Abre um arquivo binário existente para leitura.
wb	Cria um arquivo binário para gravação. Se o arquivo já existir, descarta o conteúdo atual.
ab	Acréscimo; abre ou cria um arquivo binário para gravação no final do arquivo.
rb+	Abre um arquivo binário existente para atualização (leitura e gravação).
wb+	Cria um arquivo binário para atualização. Se o arquivo já existir, descarta o conteúdo atual.
ab+	Acréscimo; abre ou cria um arquivo binário para atualização; toda gravação é feita no final do arquivo.

Figura 14.5 ■ Modos de abertura de arquivo binário.

A biblioteca-padrão também oferece a função `tmpfile`, que abre um **arquivo temporário** no modo "`wb+`". Embora esse seja um modo de arquivo binário, alguns sistemas processam arquivos temporários como arquivos de texto. Um arquivo temporário existe até que seja fechado com `fclose`, ou até que o programa termine. A Microsoft eliminou essa função por 'motivos de segurança'.

A Figura 14.6 troca as tabulações de um arquivo para espaços. O programa pede ao usuário que informe o nome do arquivo a ser modificado. Se o arquivo informado pelo usuário e o arquivo temporário forem abertos com sucesso, o programa lerá os caracteres do arquivo a ser modificado e os gravará no arquivo temporário. Se o caractere lido for uma tabulação (`'\t'`), ele será substituído por um espaço e gravado no arquivo temporário. Quando o final do arquivo que está sendo modificado for alcançado, os ponteiros de arquivo para cada tipo serão reposicionados no início de cada arquivo com `rewind`. Em seguida, o arquivo temporário será copiado para o arquivo original, um caractere de cada vez. O programa imprimirá o arquivo original enquanto copia os caracteres para o arquivo temporário, e imprime o novo arquivo enquanto copia caracteres do arquivo temporário para o arquivo original, para confirmar os caracteres que estão sendo gravados.

```
/* Fig. 14.6: fig14_06.c
   Usando arquivos temporários */
#include <stdio.h>

int main( void )
{
   FILE *filePtr; /* ponteiro para arquivo sendo modificado */
   FILE *tempFilePtr; /* ponteiro de arquivo temporário */
   int c; /* c mantém caracteres lidos de um arquivo */
   char fileName[ 30 ]; /* cria array char */

   printf( "Esse programa transforma tabulações em espaços.\n"
      "Informe o arquivo a ser modificado: " );
   scanf( "%29s", fileName );

   /* fopen abre o arquivo */
   if ( ( filePtr = fopen( fileName, "r+" ) ) != NULL ) {
      /* cria arquivo temporário */
      if ( ( tempFilePtr = tmpfile() ) != NULL ) {
         printf( "\nO arquivo antes da modificação é:\n" );

         /* lê caracteres do arquivo e coloca no arquivo temporário */
         while ( ( c = getc( filePtr ) ) != EOF ) {
            putchar( c );
            putc( c == '\t' ? ' ': c, tempFilePtr );
         } /* fim do while */

         rewind( tempFilePtr );
         rewind( filePtr );
         printf( "\n\nO arquivo após a modificação é:\n" );

         /* lê arquivo temporário e grava no arquivo original */
         while ( ( c = getc( tempFilePtr ) ) != EOF ) {
            putchar( c );
            putc( c, filePtr );
         } /* fim do while */
      } /* fim do if */
      else { /* se o arquivo temporário não pode ser aberto */
         printf( "Impossível abrir arquivo temporário\n" );
      } /* fim do else */
   } /* fim do if */
   else { /* se o arquivo não pode ser aberto */
      printf( "Impossível abrir %s\n", fileName );
```

Figura 14.6 ■ Arquivos temporários. (Parte 1 de 2.)

```
    } /* fim do else */

    return 0; /* indica conclusão bem-sucedida */
} /* fim do main */
```

```
Esse programa muda tabulações para espaços.
Informe o arquivo a ser modificado: data.txt

O arquivo antes da modificação é:
0	1	2	3	4
	5	6	7	8	9

O arquivo após a modificação é:
0 1 2 3 4
 5 6 7 8 9
```

Figura 14.6 ■ Arquivos temporários. (Parte 2 de 2.)

14.10 Tratamento de sinais

Um **evento** assíncrono externo, ou **sinal**, pode terminar um programa prematuramente. Alguns eventos incluem **interrupções** (pressionar *<Ctrl> c* em um sistema Linux/UNIX ou Windows), **instruções ilegais**, **violações de segmentação**, ordens de término vindas do sistema operacional e **exceções de ponto flutuante** (divisão por zero ou multiplicação de ponto flutuante com valores muito grandes). A **biblioteca de tratamento de sinais** (`<signal.h>`) oferece a capacidade de interceptar eventos inesperados com a função `signal`. A função `signal` recebe dois argumentos — um número de sinal inteiro e um ponteiro de acesso à função de tratamento de sinal. Sinais podem ser gerados pela função `raise`, que recebe um número de sinal inteiro como argumento. A Figura 14.7 resume os sinais-padrão definidos no arquivo de cabeçalho `<signal.h>`.

A Figura 14.8 usa a função `signal` para interceptar um sinal interativo (`SIGINT`). A linha 15 chama `signal` com `SIGINT`, e um ponteiro para a função `signalHandler` (lembre-se de que o nome de uma função é um ponteiro para o início da função). Quando um sinal do tipo `SIGINT` aparece, o controle passa para a função `signalHandler`, que imprime uma mensagem e dá ao usuário a opção de continuar a executar o programa normalmente. Se o usuário quiser continuar a execução, o signal handler é reinicializado chamando `signal` novamente, e o controle retorna ao ponto do programa em que o sinal foi detectado. Nesse programa, a função `raise` (linha 24) é usada para simular um sinal interativo. Um número aleatório entre `1` e `50` é escolhido. Se o número escolhido for `25`, `raise` será chamado para gerar o sinal. Normalmente, os sinais interativos são iniciados fora do programa. Por exemplo, digitar *<Ctrl> c* durante a execução do programa em um sistema Linux/UNIX ou Windows gera um sinal interativo que termina a execução do programa. O tratamento de sinal pode ser usado para interceptar o sinal interativo e impedir que o programa seja terminado.

Sinal	Explicação
SIGABRT	Término anormal de um programa (como uma chamada a `abort`).
SIGFPE	Uma operação aritmética errada, como divisão por zero ou uma operação resultando em overflow.
SIGILL	Detecção de uma instrução ilegal.
SIGINT	Recebimento de um sinal de atenção interativo.
SIGSEGV	Acesso inválido à memória.
SIGTERM	Requisição de término enviada a um programa.

Figura 14.7 ■ Sinais-padrão de `signal.h`.

```
1  /* Fig. 14.8: fig14_08.c
2     Usando o tratamento de sinal */
```

Figura 14.8 ■ Tratamento de sinais. (Parte 1 de 3.)

```
#include <stdio.h>
#include <signal.h>
#include <stdlib.h>
#include <time.h>

void signalHandler( int signalValue ); /* protótipo */

int main( void )
{
   int i; /* contador usado para percorrer loop 100 vezes */
   int x; /* variável para manter valores aleatórios entre 1-50 */

   signal( SIGINT, signalHandler ); /* tratador de sinal do registrador */
   srand( time( NULL ) );

   /* envia números de 1 a 100 */
   for ( i = 1; i <= 100; i++ ) {
      x = 1 + rand() % 50; /* gera número aleatório para elevar SIGINT */

      /* eleva SIGINT quando x é 25 */
      if ( x == 25 ) {
         raise( SIGINT );
      } /* fim do if */

      printf( "%4d", i );

      /* envia \n quando i é um múltiplo de  10 */
      if ( i % 10 == 0 ) {
         printf( "\n" );
      } /* fim do if */
   } /* fim do for */

   return 0; /* indica conclusão bem-sucedida */
} /* fim do main */

/* trata o sinal */
void signalHandler( int signalValue )
{
   int response; /* resposta do usuário ao sinal (1 ou 2) */

   printf( "%s%d%s\n%s",
      "\nSinal de interrupção ( ", signalValue, " ) recebido.",
      "Deseja continuar ( 1 = sim ou 2 = não )? " );

   scanf( "%d", &response );

   /* verifica respostas inválidas */
   while ( response != 1 && response != 2 ) {
      printf( "( 1 = yes or 2 = no )? " );
      scanf( "%d", &response );
   } /* fim do while */

   /* determina se é hora de sair */
   if ( response == 1 ) {
      /* registra novamente tratador de sinal para próximo SIGINT */
      signal( SIGINT, signalHandler );
   } /* fim do if */
   else {
      exit( EXIT_SUCCESS );
```

Figura 14.8 ■ Tratamento de sinais. (Parte 2 de 3.)

```
    } /* fim do else */
} /* fim da função signalHandler */
```

```
      1    2    3    4    5    6    7    8    9   10
     11   12   13   14   15   16   17   18   19   20
     21   22   23   24   25   26   27   28   29   30
     31   32   33   34   35   36   37   38   39   40
     41   42   43   44   45   46   47   48   49   50
     51   52   53   54   55   56   57   58   59   60
     61   62   63   64   65   66   67   68   69   70
     71   72   73   74   75   76   77   78   79   80
     81   82   83   84   85   86   87   88   89   90
     91   92   93
Sinal de interrupção ( 2 ) recebido.
Deseja continuar ( 1 = sim ou 2 = não )? 1
     94   95   96
Sinal de interrupção ( 2 ) recebido.
Deseja continuar ( 1 = sim ou 2 = não )?  2
```

Figura 14.8 ■ Tratamento de sinais. (Parte 3 de 3.)

14.11 Alocação dinâmica de memória: funções `calloc` e `realloc`

No Capítulo 12, discutimos o estilo de alocação dinâmica de memória usando a função `malloc`. Como dissemos naquele capítulo, os arrays são melhores que as listas vinculadas de classificação rápida, pesquisa e acesso a dados. Porém, os arrays normalmente são **estruturas estáticas de dados**. A biblioteca de utilitários genéricos (`stdlib.h`) oferece duas outras funções para alocação dinâmica de memória — `calloc` e `realloc`. Essas funções podem ser utilizadas para criar e modificar **arrays dinâmicos**. Como vimos no Capítulo 7, o ponteiro para um array pode ser subscritado como um array. Assim, um ponteiro para uma porção contígua de memória, criada por `calloc`, pode ser manipulado como um array. A função `calloc` aloca memória dinamicamente para um array. O protótipo de `calloc` é

```
void *calloc( size_t nmemb, size_t size );
```

Seus dois argumentos representam o número de elementos (`nmemb`) e o tamanho de cada elemento (`size`). A função `calloc` também inicializa os elementos do array em zero. A função retorna um ponteiro para a memória alocada, ou um ponteiro `NULL` se a memória não tiver sido alocada. A principal diferença entre `malloc` e `calloc` é que `calloc` apaga a memória que aloca, e `malloc` não.

A função `realloc` altera o tamanho de um objeto alocado anteriormente por uma chamada a `malloc`, a `calloc` ou a `realloc`. O conteúdo original do objeto não é modificado, desde que a memória alocada seja maior que a quantidade alocada anteriormente. Caso contrário, o conteúdo se mantém inalterado até alcançar o tamanho do novo objeto. O protótipo para `realloc` é

```
void *realloc( void *ptr, size_t size );
```

A função `realloc` recebe dois argumentos — um ponteiro para o objeto original (`ptr`) e o novo tamanho do objeto (`size`). Se `ptr` for `NULL`, `realloc` funcionará da mesma forma que `malloc`. Se `size` for `0` e `ptr` for diferente de `NULL`, a memória para o objeto será liberada. Por outro lado, se `ptr` for diferente de `NULL` e `size` for maior que zero, `realloc` tentará alocar um novo bloco de memória para o objeto. Se o novo espaço não puder ser alocado, o objeto apontado por `ptr` não será alterado. A função `realloc` retornará ou um ponteiro para a memória realocada ou um ponteiro `NULL` para indicar que a memória não foi realocada.

14.12 Desvio incondicional com `goto`

Ao longo deste livro, temos salientado a importância do uso das técnicas de programação estruturada para construir um software consistente de fácil depuração, manutenção e modificação. Em alguns casos, o desempenho é mais importante que uma restrita observância às técnicas de programação estruturada. Nesses casos, podem ser utilizadas algumas técnicas de programação não estruturada. Por exemplo, podemos usar `break` para terminar a execução de uma estrutura de repetição antes que a condição do `loop` de continuação se torne falsa. Isso evita repetições desnecessárias do loop se a tarefa for completada antes do término do loop.

Outro exemplo da programação não estruturada é o **comando `goto`** — um desvio incondicional. O resultado do comando `goto` é o desvio do fluxo de controle do programa para o primeiro comando após o **rótulo** especificado no comando `goto`. Um rótulo é um identificador seguido por dois-pontos (`:`). Um rótulo deve aparecer na mesma função que o comando `goto` referente a esse rótulo. A Figura 14.9 usa comandos `goto` para repetir dez vezes um loop, e imprime o valor do contador a cada iteração. Depois de inicializar `count` em `1`, a linha 11 testa se `count` é maior que 10 (o rótulo `start` é saltado porque rótulos não executam nenhuma ação). Se for, o controle será transferido por `goto` para o primeiro comando depois do rótulo `endereço` (que aparece na linha 20). Caso contrário, `count` será impresso e incrementado nas linhas 15-16, e o controle será transferido de `goto` (linha 18) para o primeiro comando depois do rótulo `start` (que aparece na linha 9).

No Capítulo 3, estabelecemos que eram necessárias apenas três estruturas de controle para escrever qualquer programa — sequência, seleção e repetição. Quando as regras da programação estruturada são seguidas, é possível criar estruturas de controle profundamente aninhadas, das quais é difícil sair de uma maneira eficiente. Alguns programadores usam o comando `goto` em tais situações, como uma saída rápida de uma estrutura profundamente aninhada. Isso elimina a necessidade de testar diversas condições para sair de uma estrutura de controle.

Dica de desempenho 14.2

O comando `goto` pode ser usado para sair de uma estrutura de controle profundamente aninhada de maneira eficiente.

Observação sobre engenharia de software 14.3

O comando `goto` deve ser utilizado apenas em aplicações orientadas a desempenho. O comando `goto` é não estruturado e pode levar a programas mais difíceis de serem depurados, mantidos e modificados.

```
1  /* Fig. 14.9: fig14_09.c
2     Usando goto */
3  #include <stdio.h>
4
5  int main( void )
6  {
7     int contador = 1; /* inicializa contador */
8
9     start: /* rótulo */
10
11       if ( contador > 10 ) {
12          goto end;
13       } /* fim do if */
14
15       printf( "%d  ", contador );
16       count++;
17
18       goto start; /* vai para início da linha 9 */
19
20    end: /* rótulo */
21       putchar( '\n' );
22
23    return 0; /* indica conclusão bem-sucedida */
24 } /* fim do main */
```

```
1  2  3  4  5  6  7  8  9  10
```

Figura 14.9 ■ Comando `goto`.

Resumo

Seção 14.2 Redirecionamento de entrada/saída

- Em muitos sistemas de computação, é possível redirecionar a entrada em um programa e a saída de um programa.
- A entrada é redirecionada das linhas de comando usando-se o símbolo de redirecionamento de entrada (<) ou pipe (|).
- A saída é redirecionada a partir da linha de comando usando-se o símbolo de redirecionamento de saída (>) ou o símbolo de acréscimo à saída (>>). O símbolo de redirecionamento de saída simplesmente armazena a saída do programa em um arquivo, e o símbolo de acréscimo à saída coloca a saída do programa no final de um arquivo.

Seção 14.3 Listas de argumentos de tamanhos variáveis

- As macros e as definições do cabeçalho de argumentos variáveis `<stdarg.h>` fornecem os recursos necessários para criar funções com listas de argumentos de tamanhos variáveis.
- Em um protótipo de função, reticências (...) indicam que a função recebe um número variável de argumentos.
- O tipo `va_list` é usado para reter informações necessárias às macros `va_start`, `va_arg` e `va_end`. Para acessar os argumentos em uma lista de argumentos de tamanhos variáveis, deve-se declarar um objeto do tipo `va_list`.
- A macro `va_start` é chamada antes que os argumentos de uma lista de argumentos de tamanhos variáveis possam ser acessados. A macro inicializa o objeto declarado com `va_list` para que seja usado pelas macros `va_arg` e `va_end`.
- A macro `va_arg` expande para uma expressão com o valor e o tipo do próximo argumento da lista de argumentos de tamanhos variáveis. Cada chamada de `va_arg` modifica o objeto declarado por `va_list`, cujo objeto agora aponta para o próximo argumento da lista.
- A macro `va_end` facilita o retorno normal da função cuja lista de argumentos de tamanhos variáveis foi referida pela macro `va_start`.

Seção 14.4 Uso de argumentos na linha de comando

- Em muitos sistemas é possível passar argumentos para `main`, por meio da linha de comando, incluindo na lista de parâmetros de `main` os parâmetros `int argc` e `char *argv []`. O parâmetro `argc` é o número de argumentos na linha de comando. O parâmetro `argv` é um array de strings que contém os argumentos da linha de comando.

Seção 14.5 Notas sobre a compilação de programas de múltiplos arquivos-fonte

- A definição de uma função deve estar totalmente contida em um arquivo — não pode estar espalhada em dois ou mais arquivos.
- Variáveis globais devem ser declaradas em todos os arquivos em que são utilizadas.
- Protótipos de funções podem estender o escopo da função para fora do arquivo no qual elas foram definidas. Isso pode ser obtido por meio da inclusão do protótipo da função em cada arquivo em que a função é chamada, e por meio da compilação em conjunto desses arquivos.
- O especificador de classe de armazenamento `static`, quando aplicado a uma variável global ou a uma função, evita o uso desta por outras funções que não foram definidas no mesmo arquivo. Isso é chamado de ligação interna. Variáveis globais e funções que não sejam precedidas por `static` em suas definições têm uma ligação externa — elas podem ser acessadas em outros arquivos se esses arquivos contiverem as declarações e/ou protótipos de funções apropriados.
- O especificador `static` é comumente usado em funções utilitárias que são chamadas por funções em um arquivo particular. Se a função não for requerida fora desse arquivo, o princípio do menor privilégio deve ser garantido pelo uso de `static`.
- Quando construímos programas grandes em múltiplos arquivos-fonte, a compilação pode vir a se tornar tediosa se a cada pequena alteração feita em um arquivo o programa inteiro tiver de ser recompilado. Muitos sistemas fornecem utilitários especiais para recompilar apenas o arquivo alterado do programa. Nos sistemas Linux/UNIX, o utilitário é chamado de `make`. O utilitário `make` lê o arquivo chamado `makefile` que contém instruções para compilar e ligar o programa.

Seção 14.6 Término de programas com `exit` e `atexit`

- A função `exit` força um programa a terminar como se ele tivesse sido executado normalmente.
- A função `atexit` registra uma função do programa a ser chamada ao término normal do programa — ou seja, quando um programa termina encontrando o final de `main`, ou quando `exit` é chamada.
- A função `atexit` recebe um ponteiro de uma função como argumento. Funções chamadas para terminar um programa não podem ter argumentos, e não retornam valores. O número máximo de funções que podem ser registradas para a execução no término de um programa é 32.
- A função `exit` recebe um argumento. O argumento normalmente é a constante simbólica `EXIT_SUCCESS` ou a constante simbólica `EXIT_FAILURE`. Se `exit` é chamada com `EXIT_SUCCESS`, o valor definido na implementação para o término bem-sucedido é retornado ao ambiente chamador. Se `exit` é chamada com `EXIT_FAILURE`, o valor definido na implementação para o término malsucedido é retornado.
- Quando `exit` é chamada, todas as funções registradas por `atexit` são chamadas na ordem inversa de seu registro, todos os streams associados ao programa são liberados e fechados, e o controle retorna ao ambiente principal.

Seção 14.7 O qualificador de tipo `volatile`

- A C padrão indica que, quando `volatile` é usado para qualificar um tipo, a natureza do acesso a um objeto desse tipo depende da implementação.

Seção 14.8 Sufixos para constantes inteiras e de ponto flutuante

- C oferece sufixos de inteiros e de ponto flutuante para especificar constantes dos tipos inteiro e ponto flutuante. Os sufixos de inteiros são: `u` ou `U` para um inteiro `unsigned`, `l` ou `L` para um inteiro `long` e `ul` ou `UL` para um inteiro `unsigned long`. Se uma constante inteira não tiver sufixo, seu tipo é determinado pelo primeiro tipo capaz de armazenar um valor com esse tamanho (primeiro `int`, depois `long int` e, por fim, `unsigned long int`). Os sufixos de ponto flutuante são `f` ou `F` para `float`, e `l` ou `L` para `long double`. Uma constante de ponto flutuante sem sufixo é do tipo `double`.

Seção 14.9 Mais sobre arquivos

- C oferece capacidades de processamento de arquivos binários, mas alguns sistemas de computador não aceitam arquivos binários. Se os arquivos binários não forem aceitos e um arquivo for aberto em um modo de arquivo binário, o arquivo será processado como um arquivo de texto.
- A função `tmpfile` abre um arquivo temporário no modo "`wb+`". Embora esse seja um modo de arquivo binário, alguns sistemas processam arquivos temporários como arquivos de texto. Um arquivo temporário existe até que seja fechado com `fclose`, ou até que o programa termine.

Seção 14.10 Tratamento de sinais

- A biblioteca de tratamento de sinais provê a capacidade de interceptar eventos inesperados com a função `signal`. A função `signal` recebe dois argumentos — um número de sinal inteiro e um ponteiro para a função de tratamento de sinais.
- Sinais também podem ser gerados com a função `raise` e um argumento inteiro.

Seção 14.11 Alocação dinâmica de memória: funções `calloc` e `realloc`

- A biblioteca de utilitários genéricos (`<stdlib.h>`) provê duas funções para alocação dinâmica de memória — `calloc` e `realloc`. Essas funções podem ser utilizadas na criação de arrays dinâmicos.
- A função `calloc` recebe dois argumentos — o número de elementos (`nmemb`) e o tamanho de cada elemento (`size`) —, e inicializa os elementos do array em zero. A função retorna um ponteiro para a memória alocada, ou um ponteiro `NULL`, se a memória não tiver sido alocada.
- A função `realloc` altera o tamanho de um objeto alocado previamente por uma chamada a `malloc`, `calloc` ou `realloc`. O conteúdo original dos objetos não é modificado desde que o tamanho da memória seja maior que a que foi alocada anteriormente.
- A função `realloc` recebe dois argumentos — um ponteiro para o objeto original (`ptr`) e o novo tamanho do objeto (`size`). Se `ptr` é `NULL`, `realloc` age exatamente como `malloc`. Se `size` é `0` e o ponteiro recebido não é `NULL`, a memória para o objeto é liberada. Por outro lado, se `ptr` não é `NULL` e `size` é maior que zero, `realloc` tenta alocar o novo bloco de memória para o objeto. Se o novo espaço não pode ser alocado, o objeto apontado por `ptr` não é alterado. A função `realloc` pode retornar um ponteiro para a memória realocada, ou um ponteiro `NULL`.

Seção 14.12 Desvio incondicional com `goto`

- O resultado do comando `goto` é a alteração do fluxo de controle do programa. A execução do programa continua a partir do primeiro comando depois do rótulo especificado no comando `goto`.
- Um rótulo é um identificador seguido de dois-pontos (:). Um rótulo deve aparecer na mesma função que o comando `goto` que se refere a ele.

Terminologia

`argc` 428
`argv` 428
arquivo temporário 433
arrays dinâmicos 436
`atexit` 430
biblioteca de tratamento de sinais 434
cabeçalho de argumentos variáveis `stdarg.h` 426
`calloc` 436
`const`, qualificador de tipo 431
estruturas estáticas de dados 436
evento 434
exceções de ponto flutuante 434
`EXIT_FAILURE` 430
`exit`, função 430
`EXIT_SUCCESS` 430
`extern` 429
`f` ou `F` para um `float` 432
`float` 432
`goto`, comando 437
instruções ilegais 434
interceptação 434
interrupções 434
`l` ou `L` para um `long double` 432
ligação externa 430

ligação interna 430
listas de argumentos de tamanho variável 426
`long double` 432
`long int` 432
`long`, integer 432
`make` 430
`makefile` 430
`null` 436
piping 425
`raise` 434
redirecionar a entrada de arquivo 425
reticências (`...`) em um protótipo de função 426
rótulo 437
`signal` 434
`<signal.h>` 434
símbolo de acréscimo saída >> 426
símbolo de pipe (|) 425
símbolo de redirecionamento de entrada < 425
símbolo de redirecionamento de saída > 425
`static`, palavra-chave 429
`<stdlib.h>`, arquivo de cabeçalho 436
`tmpfile` 433
`unsigned`, integer 432
`unsigned long int` 432
`va_arg` 427
`va_end` 427
`va_list` 427
`va_start` 427
violações de segmentação 434
`volatile`, qualificador de tipo 431

Exercício de autorrevisão

14.1 Preencha os espaços em cada uma das sentenças:

a) O símbolo de ______ redireciona dados da entrada de um arquivo, e não do teclado.

b) O símbolo de ______ é usado para redirecionar a saída da tela, de modo que ela seja gravada em um arquivo.

c) O símbolo de ______ é usado para acrescentar a saída de um programa ao final de um arquivo.

d) Um(a) ______ direciona a saída de um programa para a entrada de outro programa.

e) O uso de ______ na lista de parâmetros de uma função indica que a função pode receber um número variável de argumentos.

f) A macro ______ deve ser chamada antes que os argumentos em uma lista de argumentos com tamanhos variáveis possa ser acessada.

g) A macro ______ acessa os argumentos individuais de uma lista de argumentos de tamanhos variáveis.

h) A macro ______ facilita um retorno normal de uma função cuja lista de argumentos de tamanhos variáveis foi referida pela macro `va_start`.

i) O argumento ______ de `main` recebe o número de argumentos em uma linha de comando.

j) O argumento ______ de `main` armazena argumentos da linha de comando como strings de caracteres.

k) O utilitário ______ do Linux/UNIX lê um arquivo chamado ______, que contém instruções de compilação e ligação de um programa que consiste em vários arquivos-fonte.

l) A função ______ força um programa a terminar sua execução.

m) A função ______ registra uma função que será chamada no término normal do programa.

n) Um ______ de inteiro ou de ponto flutuante pode ser anexado a uma constante inteira ou de ponto flutuante para especificar o tipo exato da constante.

o) A função ______ abre um arquivo temporário que existe até que seja fechado ou até que a execução do programa termine.

p) A função ______ pode ser usada para interceptar eventos inesperados.

q) A função ______ gera um sinal de dentro de um programa.

r) A função ______ aloca memória em um array dinamicamente, e inicializa os elementos em zero.

s) A função ______ muda o tamanho de um bloco de memória dinâmica previamente alocada.

Respostas do exercício de autorrevisão

14.1 a) redirecionamento de entrada (<). b) redirecionamento de saída (>). c) acréscimo de saída (>>). d) pipe (|). e) reticências (`...`). f) `va_start`. g) `va_arg`. h) `va_end`. i) `argc`. j) `argv`. k) `make`, `makefile`. l) `exit`. m) `atexit`. n) sufixo. o) `tmpfile`. p) `signal`. q) `raise`. r) `calloc`. s) `realloc`.

Exercícios

14.2 ***Lista de argumentos de tamanhos variáveis.*** Escreva um programa que calcule o produto de uma série de inteiros que são passados à função `product` por uma lista de argumentos de tamanhos variáveis. Teste sua função com várias chamadas, cada uma com um número diferente de argumentos.

14.3 ***Impressão de argumentos da linha de comando.*** Escreva um programa que imprima os argumentos da linha de comando do programa.

14.4 ***Classificação de inteiros.*** Escreva um programa que classifique um array de inteiros em ordem crescente ou decrescente. O programa deve usar argumentos da linha de comando para passar o parâmetro `-c` para a ordem crescente, ou o parâmetro `-d` para a ordem decrescente. [*Nota*: este é o formato-padrão para passar opções a um programa em UNIX.]

14.5 ***Arquivos temporários.*** Escreva um programa que coloque um espaço entre cada caractere em um arquivo. Primeiro, o programa deverá gravar o conteúdo do arquivo que está sendo modificado em um arquivo temporário, com espaços entre cada caractere, e depois copiar o arquivo de volta ao arquivo original. Essa operação deverá gravar por cima do conteúdo original do arquivo.

14.6 ***Tratamento de sinais.*** Leia os manuais de seu compilador para determinar que sinais são aceitos pela biblioteca de tratamento de sinais (`<signal.h>`). Escreva um programa com tratadores de sinal para os sinais `SIGABRT` e `SIGINT`. O programa deve testar a interceptação desses sinais chamando a função `abort` para gerar um sinal do tipo `SIGABRT` e pela digitação de *<Ctrl> c* para gerar um sinal do tipo `SIGINT`.

14.7 ***Alocação dinâmica de um array.*** Escreva um programa que aloque um array de inteiros dinamicamente. O tamanho do array deve ser fornecido por meio do teclado. Os elementos do array devem ser valores atribuídos a partir da entrada pelo teclado. Imprima os valores do array. Em seguida, realoque a memória do array à metade do número atual de elementos. Imprima os valores restantes do array para confirmar se eles correspondem aos valores da primeira metade do array original.

14.8 ***Argumentos da linha de comando.*** Escreva um programa que receba dois argumentos da linha de comando que sejam nomes de arquivos, leia os caracteres do primeiro arquivo, um de cada vez, e escreva os caracteres em ordem reversa no segundo arquivo.

14.9 ***Comando*** **`goto`*.*** Escreva um programa que use comandos `goto` para simular uma estrutura de laços aninhados que imprime um quadrado de asteriscos, como no exemplo a seguir:

```
*****
*   *
*   *
*   *
*****
```

O programa deverá usar apenas as três instruções `printf` a seguir:

```
printf( "*" );
printf( " " );
printf( "\n" );
```

C++: UM C MELHOR — INTRODUÇÃO À TECNOLOGIA DE OBJETO

15

Capítulo

Um ceticismo sensato é o primeiro atributo de um bom crítico.
— James Russell Lowell

... nenhuma ciência do comportamento pode mudar a natureza essencial do homem...
— Burrhus Frederic Skinner

Nada pode ter valor sem ser um objeto de utilidade.
— Karl Marx

Conhecimento é a conformidade entre o objeto e o intelecto.
— Averroës

Muitas coisas, estando em total anuência, podem funcionar de forma perversa.
— William Shakespeare

Objetivos

Neste capítulo, você aprenderá:

- O aperfeiçoamento da linguagem C em C++.
- Os arquivos de cabeçalho da Biblioteca-Padrão de C++.
- A usar funções `inline`.
- A usar referências.
- A usar argumentos-padrão.
- A usar o operador de resolução de escopo unário para acessar uma variável global.
- A sobrecarregar funções.
- A criar e usar modelos de função que realizem operações idênticas a partir de diferentes tipos.

Conteúdo

15.1 Introdução
15.2 C++
15.3 Um programa simples: somando dois inteiros
15.4 Biblioteca-padrão de C++
15.5 Arquivos de cabeçalho
15.6 Funções inline
15.7 Referências e parâmetros de referência
15.8 Listas de parâmetros vazios
15.9 Argumentos default
15.10 Operador unário de resolução de escopo
15.11 Sobrecarga de função
15.12 Templates de função
15.13 Introdução à tecnologia de objetos e a UML
15.14 Conclusão

Resumo | Terminologia | Exercícios de autorrevisão | Respostas dos exercícios de autorrevisão | Exercícios

15.1 Introdução

Iniciaremos agora a segunda seção desse texto exclusivo. Os 14 primeiros capítulos apresentaram um tratamento completo da programação procedural e o projeto de programa top-down delineado com C. A seção sobre C++ (capítulos 15 a 24) apresenta dois paradigmas de programação adicionais — **programação orientada a objeto** (com classes, encapsulamento, objetos, sobrecarga de operadores, herança e polimorfismo) e **programação genérica** (com templates de função e templates de classe). Esses capítulos enfatizarão o 'trabalho com classes valiosas' para criar componentes de software reutilizáveis.

15.2 C++

C++ aperfeiçoa muitos dos recursos da linguagem em C e oferece recursos de programação orientada a objeto (OOP — Object-Oriented-Programming), que aumentam a produtividade, a qualidade e as chances de reutilização do software. Este capítulo discute muitas das melhorias que a linguagem C++ traz à linguagem em C.

Os projetistas da linguagem em C e seus primeiros implementadores nunca pensaram que ela se tornaria um fenômeno tão grande. Quando uma linguagem de programação se torna tão arraigada quanto a C, novos requisitos exigem que evolua em vez de ser, simplesmente, substituída por uma nova linguagem. C++ foi desenvolvida por Bjarne Stroustrup, na Bell Laboratories, e originalmente foi chamada de 'C com classes'. O nome C++ inclui o operador de incremento da linguagem em C (++) para indicar que a linguagem C++ é uma versão melhorada de C.

Os capítulos 15 a 24 oferecem uma introdução à versão da C++ padronizada nos Estados Unidos pelo American National Standards Institute (ANSI) e no mundo inteiro pela International Standards Organization (ISO). Fizemos uma análise cuidadosa do documento-padrão da C++ ANSI/ISO e ajustamos nossa apresentação a ele, para que se tornasse completo e preciso. Porém, C++ é uma linguagem rica, e existem algumas sutilezas na linguagem e alguns assuntos avançados que não abordamos. Se você precisar de detalhes técnicos adicionais sobre C++, sugerimos que leia o documento-padrão da linguagem C++, que pode ser adquirido pelo site do ANSI

```
webstore.ansi.org/ansidocstore/product.asp?sku=INCITS%2FISO%2FIEC+14882%2D2003
```

O título do documento é 'Programming languages — C++', e seu número de documento é INCITS/ISO/IEC 14882-2003.

15.3 Um programa simples: somando dois inteiros

Esta seção retorna ao programa de adição apresentado na Figura 2.8, e ilustra diversos recursos importantes da linguagem C++, bem como algumas diferenças entre C e C++. Os nomes de arquivo em C possuem a extensão `.c` (minúscula). Os nomes de arquivo em C++ podem ter várias extensões, como `.cpp`, `.cxx` ou `.C` (maiúscula). Usaremos a extensão `.cpp`.

A Figura 15.1 usa a entrada e a saída no estilo C++ para obter dois inteiros digitados por um usuário no teclado, calcula a soma desses valores e informa o resultado. As linhas 1 e 2 começam com `//`, o que indica que o restante de cada linha é um comentário. C++ permite que você inicie um comentário com `//` e use o restante da linha como texto de comentário. Um comentário `//` tem o tamanho máximo de uma linha. Os programadores em C++ também podem usar comentários `/*. . */` no estilo de C, que podem incluir mais de uma linha.

```
1  // Figura 15.1: fig15_01.cpp
2  // Programa de adição que mostra a soma de dois números.
3  #include <iostream> // permite que o programa realize entrada e saída
4
5  int main()
6  {
7     int number1; // primeiro inteiro a somar
8
9     std::cout << "Digite o primeiro inteiro: "; // pede dados do usuário
10    std::cin >> number1; // lê primeiro inteiro do usuário em number1
11
12    int number2; // segundo inteiro a somar
13    int sum; // soma de number1 e number2
14
15    std::cout << "Digite o segundo inteiro: "; // pede dados do usuário
16    std::cin >> number2; // lê segundo inteiro do usuário em number2
17    sum = number1 + number2; // soma os números; armazena resultado em sum
18    std::cout << "A soma é " << sum << std::endl; // mostra a soma; fim da linha
19 } // fim da função main
```

```
Digite primeiro inteiro: 45
Digite segundo inteiro: 72
A soma é 117
```

Figura 15.1 ■ Programa de adição que exibe a soma de dois números.

A diretiva de pré-processador de C++ na linha 3 mostra o estilo de C++ padrão de inclusão de arquivos de cabeçalho da biblioteca-padrão. Essa linha diz ao pré-processador de C++ que inclua o conteúdo do **arquivo de cabeçalho de stream de entrada/saída `<iostream>`**. Esse arquivo precisa ser incluído em qualquer programa que envie dados para a tela ou receba dados do teclado usando a entrada/saída de stream no estilo de C++. Discutiremos os muitos recursos de `iostream` com detalhes no Capítulo 23: entrada/saída com streams.

Assim como em C, cada programa em C++ inicia a execução com a função `main` (linha 5). A palavra-chave `int` à esquerda de `main` indica que a função retorna um valor inteiro. C++ exige que você especifique o tipo de retorno, possivelmente `void`, para todas as funções. Em C++, especificar uma lista de parâmetros com parênteses vazios é equivalente a especificar uma lista de parâmetros `void` em C. Em C, é perigoso usar parênteses vazios em uma definição ou em um protótipo de função. Isso desativa a verificação de argumentos durante a compilação nas chamadas de função, o que permite que a função que chama passe quaisquer argumentos à função chamada. Isso pode gerar erros no tempo de execução.

Erro comum de programação 15.1

Omitir o tipo de retorno em uma definição de função em C++ é um erro de sintaxe.

A linha 7 é uma conhecida declaração de variável. As declarações podem ser colocadas em quase todos os lugares em um programa em C++, mas devem aparecer antes que suas variáveis correspondentes sejam usadas no programa. Por exemplo, na Figura 15.1, a declaração na linha 7 poderia ter sido colocada imediatamente antes da linha 10, a declaração na linha 12 poderia ter sido colocada imediatamente antes da linha 16, e a declaração na linha 13 poderia ter sido colocada imediatamente antes da linha 17.

Boa prática de programação 15.1

Sempre coloque uma linha em branco entre uma declaração e os comandos executáveis adjacentes. Isso faz com que as declarações se destaquem no programa, tornando-o mais claro.

A linha 9 usa o **objeto de stream de saída-padrão** — `std::cout` — e o **operador de inserção de stream** `<<`, para exibir a string "`Digite o primeiro inteiro:` ". A saída e a entrada em C++ são feitas com streams de caracteres. Assim, quando a linha 9 é executada, ela envia o stream de caracteres "`Digite o primeiro inteiro:` " para `std::cout`, que normalmente está 'conectado' à tela. Gostamos de pronunciar a instrução da linha 9 como '`std::cout` *recebe* a string de caracteres "`Digite o primeiro inteiro:` "'.

A linha 10 usa o **objeto de stream de entrada-padrão** — `std::cin` — e o **operador de extração de stream**, `>>`, para obter um valor do teclado. O uso do operador de extração de stream com `std::cin` apanha a entrada de caractere do stream de entrada-padrão, que normalmente é o teclado. Gostamos de pronunciar a instrução da linha 10 como "`std::cin` *oferece* um valor a `number1`", ou, simplesmente, "`std::cin` *oferece* number1".

Quando o computador executa a instrução na linha 10, ele espera que o usuário informe um valor para a variável `number1`. O usuário responde digitando um inteiro (como caracteres), e depois pressionando a tecla *Enter*. O computador converte a representação de caractere do número para um inteiro, e atribui esse valor à variável `number1`.

A linha 15 exibe "`Digite o segundo inteiro:` " na tela, pedindo ao usuário que tome uma atitude. A linha 16 obtém do usuário um valor para a variável `number2`.

A instrução de atribuição na linha 17 calcula a soma das variáveis `number1` e `number2` e atribui o resultado à variável `sum`. A linha 18 apresenta a string de caracteres "`A soma é`", seguida pelo valor numérico da variável `sum`, seguido por `std::endl` — o chamado **manipulador de stream**. O nome `endl` é a abreviação de *end line*. O manipulador de stream `std::endl` envia uma nova linha, depois 'esvazia o buffer de saída'. Isso significa simplesmente que, em alguns sistemas, em que a saída se acumula na máquina até haver o suficiente que 'valha a pena' ser exibido na tela, `std::endl` força quaisquer saídas acumuladas a serem exibidas nesse momento. Isso pode ser importante quando as saídas estiverem pedindo uma ação do usuário, como uma entrada de dados.

Colocamos `std::` antes de `cout`, `cin` e `endl`. Isso é necessário quando usamos os arquivos de cabeçalho C++ padrão. A notação `std::cout` especifica que estamos usando um nome, nesse caso `cout`, que pertence ao *namespace* `std`. Os namespaces são um recurso avançado da C++ que não discutiremos nos capítulos introdutórios de C++. Por enquanto, você deve simplesmente se lembrar de incluir `std::` antes de cada menção de `cout`, `cin` e `endl` em um programa. Isso pode ser incômodo — na Figura 15.3, apresentaremos a instrução `using`, que permitirá evitar a colocação de `std::` antes de cada uso de um nome no namespace `std`.

A instrução na linha 18 mostra valores de diferentes tipos. O operador de inserção de stream 'sabe' como mostrar cada tipo de dado. O uso de vários operadores de inserção de stream (<<) em uma única instrução é conhecido como **operação de inserção de stream por concatenação**, **encadeamento** ou **em cascata**.

Os cálculos também podem ser realizados nas instruções de saída. Poderíamos ter combinado as instruções das linhas 17 e 18 na instrução

```
std::cout << "A soma é " << number1 + number2 << std::endl;
```

eliminando, assim, a necessidade da variável `sum`.

Você notará que não usamos um comando `return 0;` ao final de `main` nesse exemplo. De acordo com o padrão C++, se a execução do programa alcançar o final de `main` sem encontrar uma instrução `return`, imaginaremos que o programa terminou com sucesso — exatamente como quando a última instrução em `main` é um comando `return` com o valor `zero`. Por esse motivo, omitimos o comando `return` ao final de `main` em nossos programas C++.

Um recurso poderoso da C++ é que os usuários podem criar seus próprios tipos, chamados de classes (apresentaremos essa capacidade no Capítulo 16 e a exploraremos com profundidade nos capítulos 17 e 18). Os usuários podem então, 'ensinar' a C++ como entrar e sair com valores desses novos tipos de dados usando os operadores >> e << (isso é chamado **sobrecarga de operador** — um assunto que veremos no Capítulo 19).

15.4 Biblioteca-padrão de C++

Os programas em C++ consistem em partes chamadas **classes** e funções. Você pode programar cada parte que necessite para formar um programa em C++. Em vez disso, a maioria dos programadores em C++ tira proveito das ricas coleções de classes e funções existentes na **biblioteca-padrão de C++**. Assim, na realidade, aprender sobre o 'mundo' da linguagem C++ é um processo que é feito em duas partes. Na primeira, deve-se aprender a própria linguagem em C++ na segunda, deve-se aprender como usar as classes e funções da biblioteca-padrão da linguagem C++. No decorrer deste livro, discutimos muitas dessas classes e funções. O livro de P. J. Plauger, *The Standard C Library* (*A biblioteca standard C*, Rio de Janeiro: Campus, 1994) é uma leitura essencial para programadores que precisam de um conhecimento profundo sobre as funções da biblioteca-padrão da linguagem

C que estão incluídas em C++, sobre como implementá-las e usá-las para escrever um código portável. As bibliotecas-padrão de classes geralmente são fornecidas pelos vendedores de compilador. Muitas bibliotecas de classes de uso especial são fornecidas por vendedores de software independentes.

Observação sobre engenharia de software 15.1

*Use a técnica de 'bloco de montagem' para criar programas. Evite reinventar a roda. Use as partes existentes sempre que for possível. Denominada **reutilização de software**, essa prática é fundamental para a programação orientada a objeto.*

Observação sobre engenharia de software 15.2

Na programação em C++, você normalmente usará os seguintes blocos de montagem: classes e funções da biblioteca-padrão de C++, classes e funções que você e seus colegas criam e classes e funções de várias bibliotecas populares de terceiros.

A vantagem de criar suas próprias funções e classes é que você saberá exatamente como elas funcionam. Você poderá examinar o código C++. A desvantagem é que isso consome muito tempo e esforço complexo, necessários para projetar, desenvolver e fazer a manutenção de novas funções e classes que sejam corretas e que operem de modo eficiente.

Dica de desempenho 15.1

Usar funções e classes da biblioteca-padrão de C++ em vez de escrever suas próprias versões pode melhorar o desempenho do programa, pois elas foram escritas para funcionar de modo eficiente. Essa técnica também reduz o tempo de desenvolvimento dos programas.

Dica de portabilidade 15.1

Usar funções e classes da biblioteca-padrão de C++ em vez de escrever suas próprias versões melhora a portabilidade do programa, pois elas estão incluídas em todas as implementações de C++.

15.5 Arquivos de cabeçalho

A biblioteca-padrão de C++ é dividida em muitas partes, cada uma com seu próprio arquivo de cabeçalho. Os arquivos de cabeçalho contêm os protótipos para as funções relacionadas que formam cada parte da biblioteca. Os arquivos de cabeçalho também contêm declarações de diversos tipos de classe e funções, além de constantes necessárias para essas funções. O arquivo de cabeçalho 'instrui' o compilador sobre como realizar a interface com a biblioteca e os componentes escritos pelo usuário.

A Figura 15.2 lista alguns arquivos de cabeçalho comuns da biblioteca-padrão de C++. Os nomes de arquivo de cabeçalho que terminam em `.h` são os arquivos de cabeçalho 'ao estilo antigo', que foram substituídos pelos arquivos de cabeçalho da biblioteca-padrão de C++.

Arquivo de cabeçalho da biblioteca-padrão de C++	Explicação
`<iostream>`	Contém protótipos para as funções de entrada-padrão e saída-padrão de C++. Esse arquivo de cabeçalho substitui o arquivo de cabeçalho `<iostream.h>`. Esse cabeçalho é discutido em detalhes no Capítulo 23: entrada/saída com streams.
`<iomanip>`	Contém protótipos de função para manipuladores de streams, que formatam streams de dados. Esse arquivo de cabeçalho substitui o arquivo de cabeçalho `<iomanip.h>`. Esse cabeçalho é usado no Capítulo 23: entrada/saída com streams.

Figura 15.2 ■ Arquivos de cabeçalho da biblioteca-padrão de C++. (Parte 1 de 2.)

Arquivo de cabeçalho da biblioteca-padrão de C++	Explicação
`<cmath>`	Contém protótipos para as funções da biblioteca matemática. Esse arquivo de cabeçalho substitui o arquivo de cabeçalho `<math.h>`.
`<cstdlib>`	Contém protótipos de função para conversões de números para texto, texto para números, alocação de memória, números aleatórios e outras funções utilitárias diversas. Esse arquivo de cabeçalho substitui o arquivo de cabeçalho `<stdlib>`.
`<ctime>`	Contém protótipos de função e tipos para a manipulação de hora e data. Esse arquivo de cabeçalho substitui o arquivo de cabeçalho `<time.h>`.
`<vector>`, `<list>`, `<deque>`, `<queue>`, `<stack>`, `<map>`, `<set>`, `<bitset>`	Esses arquivos de cabeçalho contêm classes que implementam os contêineres da biblioteca-padrão de C++. Os contêineres armazenam dados durante a execução de um programa.
`<cctype>`	Contém protótipos para as funções que testam caracteres em busca de certas propriedades (por exemplo, se o caractere é um dígito ou um sinal de pontuação) e protótipos para as funções que podem ser usadas para converter letras minúsculas em maiúsculas e vice-versa. Esse arquivo de cabeçalho substitui o arquivo de cabeçalho `<ctype.h>`.
`<cstring>`	Contém protótipos para funções de processamento de strings no estilo de C. Esse arquivo de cabeçalho substitui o arquivo de cabeçalho `<string.h>`.
`<typeinfo>`	Contém classes para identificação de tipo em tempo de execução (determinando tipos de dados no tempo de execução).
`<exception>`, `<stdexcept>`	Esses arquivos de cabeçalho contêm classes que são usadas para tratamento de exceção (discutido no Capítulo 24).
`<memory>`	Contém classes e funções usadas pela biblioteca-padrão de C++ para alocar memória aos contêineres da biblioteca-padrão de C++. Esse cabeçalho é usado no Capítulo 24.
`<fstream>`	Contém protótipos para funções que realizam entrada de arquivos no disco e saída para arquivos no disco. Esse arquivo de cabeçalho substitui o arquivo de cabeçalho `<fstream.h>`.
`<string>`	Contém a definição da classe `string` da biblioteca-padrão de C++.
`<sstream>`	Contém protótipos para as funções que realizam entrada de strings na memória e saída para strings na memória.
`<functional>`	Contém classes e funções usadas por algoritmos da biblioteca-padrão de C++.
`<iterator>`	Contém classes para acessar dados de contêiner da biblioteca-padrão de C++.
`<algorithm>`	Contém funções para manipular dados de contêiner.
`<cassert>`	Contém macros para acrescentar diagnósticos que auxiliam na depuração do programa. Isso substitui o arquivo de cabeçalho `<assert.h>` de C++ anterior ao padrão.
`<cfloat>`	Contém os limites de tamanho de ponto flutuante do sistema. Esse arquivo de cabeçalho substitui o arquivo de cabeçalho `<float.h>`.
`<climits>`	Contém os limites de tamanho de inteiros do sistema. Esse arquivo de cabeçalho substitui o arquivo `<limits.h>`.
`<cstdio>`	Contém protótipos para as funções da biblioteca-padrão de entrada/saída no estilo de C e informações usadas por elas. Esse arquivo de cabeçalho substitui o arquivo de cabeçalho `<stdio.h>`.
`<locale>`	Contém classes e funções normalmente usadas pelo processamento de stream para processar dados de forma natural em diferentes linguagens (por exemplo, formatos monetários, classificação de strings, apresentação de caracteres e assim por diante).
`<limits>`	Contém classes para definir os limites do tipo de dado numérico em cada plataforma de computador.
`<utility>`	Contém classes e funções que são usadas por muitos arquivos de cabeçalho da biblioteca-padrão de C++.

Figura 15.2 ■ Arquivos de cabeçalho da biblioteca-padrão de C++. (Parte 2 de 2.)

Você pode criar arquivos de cabeçalho personalizados. Os arquivos de cabeçalho definidos pelo programador devem terminar em `.h`. Um arquivo de cabeçalho definido pelo programador pode ser incluído usando a diretiva `#include` do pré-processador. Por exemplo, o arquivo de cabeçalho `square.h` pode ser incluído em um programa inserindo-se a diretiva `#include "square.h"` no início do programa.

15.6 Funções inline

A implementação de um programa como conjunto de funções é positiva do ponto de vista da engenharia de software, mas as chamadas de função envolvem overhead de tempo de execução. C++ oferece **funções inline** para ajudar a reduzir o overhead da chamada de função — especialmente em funções pequenas. Colocar o qualificador `inline` antes do tipo de retorno de uma função na declaração da função 'aconselha' ao compilador gerar uma cópia do código da função no local (quando for apropriado) para evitar uma chamada de função. A desvantagem é que várias cópias do código de função são inseridas no programa (normalmente, aumentando seu tamanho), em vez de haver uma única cópia da função à qual o controle é passado toda vez que a função for chamada. O compilador pode ignorar o qualificador `inline`, e normalmente faz isso em todas as funções, a não ser pelas menores.

Observação sobre engenharia de software 15.3

As mudanças em uma função `inline` *poderiam exigir a recompilação dos clientes da função. Isso pode ser significativo nas situações de desenvolvimento e manutenção do programa.*

Dica de desempenho 15.2

O uso de funções `inline` *pode reduzir o tempo da execução, mas pode aumentar o tamanho do programa.*

Observação sobre engenharia de software 15.4

O qualificador `inline` *deve ser usado em funções pequenas que sejam utilizadas com frequência.*

A Figura 15.3 usa a função `inline cube` (linhas 11-14) para calcular o volume de um cubo com o tamanho do lado `side`. A palavra-chave `const` na lista de parâmetros da função `cube` diz ao compilador que a função não modifica a variável `side`. Isso garante que o valor de `side` não seja alterado pela função quando o cálculo for realizado. Observe que a definição completa da função `cube` aparece antes que ela seja usada no programa. Isso é necessário para que o compilador saiba como expandir uma chamada de função `cube` em seu código inline. Por esse motivo, as funções inline reutilizáveis normalmente são colocadas nos arquivos de cabeçalho, de modo que suas definições possam ser incluídas em todos os arquivos-fonte que as utilizem.

Observação sobre engenharia de software 15.5

O qualificador `const` *deve ser usado para impor o princípio do menor privilégio. O uso do princípio do menor privilégio para projetar o software corretamente pode reduzir bastante o tempo de depuração e os efeitos colaterais indesejados, e pode tornar um programa mais fácil de modificar e manter.*

```
1  // Figura 15.3: fig15_03.cpp
2  // Usando uma função inline para calcular o volume de um cubo.
3  #include <iostream>
4  using std::cout;
5  using std::cin;
6  using std::endl;
7
8  // Declaração da função inline cube. A declaração da função aparece antes de
9  // a função ser chamada, de modo que um protótipo de função nao é exigido.
10 // Primeira linha da declaração atua como protótipo.
```

Figura 15.3 ■ Função `inline` que calcula o volume de um cubo. (Parte 1 de 2.)

```
11 inline double cube( const double side )
12 {
13    return side * side * side; // calcula o cubo do lado
14 } // fim da função cube
15
16 int main()
17 {
18    double sideValue; // armazena valor informado pelo usuário
19
20    for ( int i = 1; i <= 3; i++ )
21    {
22       cout << "\nDigite o tamanho do lado do cubo: ";
23       cin >> sideValue; // lê valor do usuário
24
25       // calcula cubo de sideValue e mostra resultado
26       cout << "O volume do cubo com lado "
27          << sideValue << " é " << cube( sideValue ) << endl;
28    }
29 } // fim do main
```

```
Digite o tamanho do lado do cubo: 1.0
O volume do cubo com lado 1 é 1

Digite o tamanho do lado do cubo: 2.3
O volume do cubo com lado 2.3 é 12.167

Digite o tamanho do lado do cubo: 5.4
O volume do cubo com lado 5.4 é 157.464
```

Figura 15.3 ■ Função `inline` que calcula o volume de um cubo. (Parte 2 de 2.)

As linhas 4 a 6 são comandos `using` que nos ajudam a eliminar a necessidade de repetir o prefixo `std::`. Quando incluímos esses comandos `using`, podemos escrever `cout` em vez de `std::cout`, `cin` em vez de `std::cin` e `endl` em vez de `std::endl` no restante do programa. Desse ponto em diante, cada exemplo em C++ conterá um ou mais comandos `using`.

No lugar das linhas 4 a 6, muitos programadores preferem usar a declaração

```
using namespace std;
```

que permite que um programa use todos os nomes em qualquer arquivo de cabeçalho C++ padrão (como `<iostream>`) que um programa poderia incluir. Desse ponto em diante, usaremos essa declaração em nossos programas C++.

A condição da estrutura `for` (linha 20) é avaliada como 0 (falsa) ou não zero (verdadeira). Isso é coerente com C. C++ também oferece o tipo `bool` para representar valores booleanos (verdadeiro/falso). Os dois valores possíveis de um `bool` são as palavras-chave `true` e `false`. Quando `true` e `false` são convertidos em inteiros, eles se tornam os valores 1 e 0, respectivamente. Quando valores não booleanos são convertidos para o tipo `bool`, valores diferentes de zero se tornam `true`, e valores de ponteiro zero ou nulo se tornam `false`. A Figura 15.4 lista as palavras-chave comuns a C e C++ e as palavras-chave exclusivas de C++.

Palavras-chave em C++				
Palavras-chave comuns às linguagens de programação C e C++				
auto	break	case	char	const
continue	default	do	double	else
enum	extern	float	for	goto
if	int	long	register	return

Figura 15.4 ■ Palavras-chave em C++. (Parte 1 de 2.)

Palavras-chave em C++				
Palavras-chave comuns às linguagens de programação C e C++				
short	signed	sizeof	static	struct
switch	typedef	union	unsigned	void
volatile	while			
Palavras-chave somente em C++				
and	and_eq	asm	bitand	bitor
bool	catch	class	compl	const_cast
delete	dynamic_cast	explicit	export	false
friend	inline	mutable	namespace	new
not	not_eq	operator	or	or_eq
private	protected	public	reinterpret_cast	static_cast
template	this	throw	true	try
typeid	typename	using	virtual	wchar_t
xor	xor_eq			

Figura 15.4 ■ Palavras-chave em C++. (Parte 2 de 2.)

15.7 Referências e parâmetros de referência

Duas maneiras de passar argumentos para funções em muitas linguagens de programação são por valor e por referência. Quando um argumento é passado por valor, é feita uma *cópia* do valor do argumento, que é passada (na pilha de chamada de função) para a função chamada. As mudanças na cópia não afetam o valor da variável original na função que chama. Isso impede os efeitos colaterais acidentais que tanto atrapalham o desenvolvimento de sistemas de software corretos e confiáveis. Cada argumento passado nos programas deste capítulo até aqui foram passados por valor.

Dica de desempenho 15.3

Uma desvantagem da passagem por valor é que, se um item grande de dados estiver sendo passado, a cópia desses dados pode consumir uma quantidade considerável de tempo de execução e de espaço de memória.

Parâmetros de referência

Esta seção apresenta **parâmetros de referência** — o primeiro dos dois meios que C++ oferece para realizar a passagem por referência. Com a passagem por referência, quem chama dá à função chamada a capacidade de acessar diretamente os dados da função que a chamou e modificar esses dados, se a função chamada decidir fazer isso.

Dica de desempenho 15.4

A passagem por referência é positiva por questões de desempenho, pois ela pode eliminar o overhead da passagem por valor da cópia de grandes quantidades de dados.

Observação sobre engenharia de software 15.6

A passagem por referência pode enfraquecer a segurança; a função chamada pode corromper os dados da função que a chamou.

Adiante, mostraremos como conseguir o desempenho vantajoso da passagem por referência, enquanto se busca simultaneamente a vantagem da engenharia de software que protege os dados da função que chamou contra modificações.

Um parâmetro de referência é um alias (apelido) para seu argumento correspondente em uma chamada de função. Para indicar que um parâmetro da função é passado por referência, basta colocar um sinal `&` ao final do tipo do parâmetro no protótipo da função; use a mesma notação quando estiver listando o tipo do parâmetro no cabeçalho da função. Por exemplo, a declaração a seguir, em um cabeçalho de função

```
int &count
```

quando lido da direita para a esquerda, é pronunciado como "`count` é uma referência a um `int`". Na chamada de função, basta mencionar a variável por nome e passá-la por referência. Depois, mencionando a variável por seu nome de parâmetro no corpo da função chamada, na verdade, se refere à variável original na função chamando, e a variável original pode ser modificada diretamente pela função chamada. Como sempre, o protótipo de função e seu cabeçalho devem ser correspondentes.

Passagem de argumentos por valor e por referência

A Figura 15.5 compara a passagem por valor e a passagem por referência com os parâmetros de referência. Os 'estilos' dos argumentos nas chamadas à função `squareByValue` (linha 17) e à função `squareByReference` (linha 22) são idênticos — as duas variáveis são simplesmente mencionadas por nome nas chamadas de função. Sem verificar os protótipos de função ou declarações de função, não é possível saber apenas pelas chamadas se alguma função pode modificar seus argumentos. Porém, como os protótipos de função são obrigatórios, o compilador não tem o trabalho de resolver a ambiguidade. Lembre-se de que um protótipo de função diz ao compilador o tipo de dado retornado pela função, o número de parâmetros que a função espera receber, os tipos dos parâmetros e a ordem em que eles são esperados. O compilador usa essa informação para validar as chamadas de função. Em C, os protótipos de função não são exigidos. Torná-los obrigatórios na C++ permite a **ligação segura quanto a tipos**, o que garante que os tipos dos argumentos estão em conformidade com os tipos dos parâmetros. Caso contrário, o compilador informa um erro. Localizar tais erros de tipo no tempo de compilação ajuda a evitar outros erros no tempo de execução que podem ocorrer em C quando os argumentos de tipos de dados incorretos são passados às funções.

```
 1 // Figura 15.5: fig15_05.cpp
 2 // Comparando a passagem por valor e a passagem por referência com referências.
 3 #include <iostream>
 4 using namespace std;
 5
 6 int squareByValue( int ); // protótipo de função (passagem por valor)
 7 void squareByReference( int & ); // protótipo de função (passagem por referência)
 8
 9 int main()
10 {
11    int x = 2; // valor a elevar ao quadrado usando squareByValue
12    int z = 4; // valor a elevar ao quadrado usando squareByReference
13
14    // demonstra squareByValue
15    cout << "x = " << x << " antes de squareByValue\n";
16    cout << "Valor retornado por squareByValue: "
17       << squareByValue( x ) << endl;
18    cout << "x = " << x << " depois de squareByValue\n" << endl;
19
20    // demonstra squareByReference
21    cout << "z = " << z << " antes de squareByReference" << endl;
22    squareByReference( z );
23    cout << "z = " << z << " depois de squareByReference" << endl;
24 } // fim do main
25
26 // squareByValue multiplica número por si mesmo, armazena o
27 // resultado em number e retorna o novo valor de number
```

Figura 15.5 ■ Passagem de argumentos por valor e por referência. (Parte 1 de 2.)

```
28 int squareByValue( int number )
29 {
30 return number *= number; // argumento de quem chamou não modificado
31 } // fim da função squareByValue
32
33 // squareByReference multiplica numberRef por si mesmo e armazena o resultado
34 // na variável à qual numberRef se refere na função que chamou
35 void squareByReference( int &numberRef )
36 {
37    numberRef *= numberRef; // argumento da função chamadora modificado
38 } // fim da função squareByReference
```

```
x = 2 antes de squareByValue
Valor retornado por squareByValue: 4
x = 2 depois de squareByValue

z = 4 antes de squareByReference
z = 16 depois de squareByReference
```

Figura 15.5 ■ Passagem de argumentos por valor e por referência. (Parte 2 de 2.)

Erro comum de programação 15.2

Como os parâmetros por referência são mencionados apenas por nome no corpo da função chamada, você pode, inadvertidamente, tratar os parâmetros por referência como parâmetros de passagem por valor. Isso pode causar efeitos colaterais inesperados se as cópias originais das variáveis forem alteradas pela função.

Dica de desempenho 15.5

Para passar grandes objetos de forma eficiente, use um parâmetro de referência constante para simular a aparência e a segurança da passagem por valor e evitar o overhead de passar uma cópia do objeto grande. A função chamada não será capaz de modificar o objeto na função que chamou.

Observação sobre engenharia de software 15.7

Muitos programadores não declaram parâmetros passados por valor como `const`*, mesmo quando a função chamada não tem de modificar o argumento passado. A palavra-chave* `const` *nesse contexto protegeria apenas uma cópia do argumento original, e não o argumento original em si, que quando passado por valor está seguro contra modificações pretendidas pela função chamada.*

Para especificar uma referência a uma constante, coloque o qualificador `const` antes do especificador de tipo na declaração do parâmetro. Observe, na linha 35 da Figura 15.5, a colocação de `&` na lista de parâmetros da função `squareByReference`. Alguns programadores em C++ preferem escrever `int& numberRef` com o `&` colado a `int` — para o compilador, as duas formas são equivalentes.

Observação sobre engenharia de software 15.8

Devido aos motivos combinados de clareza e desempenho, muitos programadores em C++ preferem que os argumentos modificáveis sejam passados às funções usando ponteiros, que pequenos argumentos não modificáveis sejam passados por valor e que grandes argumentos não modificáveis sejam passados usando referências a constantes.

Referências como aliases (apelidos) dentro de uma função

As referências também podem ser usadas como aliases para outras variáveis dentro de uma função (embora normalmente sejam usadas com funções conforme mostra a Figura 15.5). Por exemplo, o código

```
int count = 1; // declara variável inteira count
int &cRef = count; // cria cRef como um alias para count
cRef++;  // incrementa count (usando seu alias cRef)
```

incrementa variável `count` usando seu alias `cRef`. As variáveis de referência precisam ser inicializadas em suas declarações, como mostraremos na linha 9 da Figura 15.6 e da Figura 15.7, e não podem ser reatribuídas como aliases para outras variáveis. Quando uma referência é declarada um alias para uma variável, todas as operações 'realizadas' no alias (ou seja, a referência), na realidade, são realizadas na variável original. O alias é simplesmente outro nome para a variável original. Tomar o endereço de uma referência e comparar referências não causa erros de sintaxe; em vez disso, cada operação ocorre sobre a variável para a qual a referência é um alias. A menos que esta seja uma referência para uma constante, um argumento de referência precisa ser um *lvalue* (por exemplo, um nome de variável), e não uma constante ou uma expressão que retorne um *rvalue* (por exemplo, o resultado de um cálculo).

```
1  // Figura 15.6: fig15_06.cpp
2  // Referências precisam ser inicializadas.
3  #include <iostream>
4  using namespace std;
5
6  int main()
7  {
8     int x = 3;
9     int &y = x; // y refere-se a (é um alias para) x
10
11    cout << "x = " << x << endl << "y = " << y << endl;
12    y = 7; // na realidade modifica x
13    cout << "x = " << x << endl << "y = " << y << endl;
14 } // fim do main
```

```
x = 3
y = 3
x = 7
y = 7
```

Figura 15.6 ■ Inicialização e uso de uma referência.

```
1  // Figura 15.7: fig15_07.cpp
2  // Referências precisam ser inicializadas.
3  #include <iostream>
4  using namespace std;
5
6  int main()
7  {
8     int x = 3;
9     int &y; // Erro: y precisa ser inicializado
10
11    cout << "x = " << x << endl << "y = " << y << endl;
12    y = 7;
13    cout << "x = " << x << endl << "y = " << y << endl;
14 } // fim do main
```

Figura 15.7 ■ Referência não inicializada causa um erro de sintaxe. (Parte 1 de 2.)

Mensagem de erro do compilador Microsoft Visual C++:

```
C:\examples\ch15\fig15_07\fig15_07.cpp(10) : error C2530: 'y' :
   references must be initialized
```

Mensagem de erro do compilador C++ GNU:

```
fig15_07.cpp:10: error: 'y' declared as a reference but not initialized
```

Figura 15.7 ■ Referência não inicializada causa um erro de sintaxe. (Parte 2 de 2.)

Retorno de uma referência a partir de uma função

Retornar referências de funções pode ser algo perigoso. Ao retornar uma referência a uma variável declarada em uma função chamada, a variável deve ser declarada como `static` dentro dessa função. Caso contrário, a referência se refere a uma variável automática que é descartada quando a função termina; esse tipo de variável é 'indefinido', e o comportamento do programa é imprevisível. As referências a variáveis indefinidas são chamadas **referências penduradas**.

Erro comum de programação 15.3

Não inicializar uma variável de referência quando ela é declarada é um erro de compilação, a menos que a declaração faça parte da lista de parâmetros de uma função. Os parâmetros de referência são inicializados quando a função em que eles são declarados é chamada.

Erro comum de programação 15.4

Tentar designar novamente uma referência previamente declarada para que ela seja um alias para outra variável é um erro lógico. O valor da outra variável é simplesmente atribuído à variável para a qual a referência já é um alias.

Erro comum de programação 15.5

Retornar uma referência a uma variável automática em uma função chamada é um erro lógico. Alguns compiladores emitem um aviso quando isso acontece.

Mensagens de erro para referências não inicializadas

O padrão C++ não especifica as mensagens de erro que os compiladores usam para indicar erros específicos. Por esse motivo, mostramos na Figura 15.7 as mensagens de erro produzidas por vários compiladores quando uma referência não é inicializada.

15.8 Listas de parâmetros vazios

C++, assim como C, permite que você defina funções sem parâmetros. Em C++, uma lista de parâmetros vazia é especificada escrevendo `void` ou nada dentro dos parênteses. Os dois protótipos

```
void print();
void print( void );
```

especificam que a função `print` não usa argumentos e não retorna um valor. Esses protótipos são equivalentes.

Dica de portabilidade 15.2

O significado de uma lista de parâmetros de função vazia em C++ é muito diferente do significado em C. Em C, isso significa que toda a verificação do argumento está desativada (ou seja, a chamada da função pode passar quaisquer argumentos que desejar). Em C++, isso significa que a função não tem argumentos. Assim, os programas em C que usam esse recurso podem causar erros de compilação quando compilados em C++.

15.9 Argumentos default

Não é raro que um programa chame repetidamente uma função com o mesmo valor de argumento de um parâmetro em particular. Nesses casos, o programador pode especificar que tal parâmetro tem um **argumento default**, ou seja, um valor default a ser passado a esse parâmetro. Quando um programa omite um argumento em um parâmetro com um argumento default em uma chamada de função, o compilador reescreve a chamada de função e insere o valor default desse argumento a ser passado como um argumento na chamada de função.

Argumentos default devem ser os argumentos mais à direita (no final) da lista de parâmetros de uma função. Ao chamar uma função com dois ou mais argumentos default, se um argumento omitido não for o mais à direita na lista de argumentos, então todos os argumentos à direita deste também deverão ser omitidos. Os argumentos default devem ser especificados na primeira ocorrência do nome da função — normalmente, em um protótipo de função. Se o protótipo de função for omitido porque a definição da função também serve como protótipo, então os argumentos default devem ser especificados no cabeçalho da função. Os valores default podem ser qualquer expressão, incluindo constantes, variáveis globais ou chamadas de função. Os argumentos default também podem ser usados com funções `inline`.

A Figura 15.8 demonstra o uso de argumentos default no cálculo do volume de uma caixa. O protótipo de função para `boxVolume` (linha 7) especifica que os três parâmetros receberam valores default `1`. Fornecemos nomes de variável no protótipo de função por legibilidade, mas estes não são obrigatórios.

```
1  // Figura 15.8: fig15_08.cpp
2  // Usando argumentos default.
3  #include <iostream>
4  using namespace std;
5
6  // Protótipo de função que especifica argumentos default
7  int boxVolume( int length = 1, int width = 1, int height = 1 );
8
9  int main()
10 {
11    // sem argumentos -- usa valores default para todas as dimensões
12    cout << "O volume default da caixa é: " << boxVolume();
13
14    // especifica comprimento; largura e altura default
15    cout << "\n\nO volume de uma caixa com comprimento 10,\n"
16       << "largura 1 e altura 1 é: " << boxVolume( 10 );
17
18    // especifica comprimento e largura; altura default
19    cout << "\n\nO volume de uma caixa com comprimento 10,\n"
20       << "largura 5 e altura 1 é: " << boxVolume( 10, 5 );
21
22    // specifica todos os argumentos
23    cout << "\n\nO volume de uma caixa com comprimento 10,\n"
24       << "largura 5 e altura 2 é: " << boxVolume( 10, 5, 2 )
25       << endl;
26 } // fim do main
27
```

Figura 15.8 ■ Argumentos default de uma função. (Parte 1 de 2.)

```
28 // função boxVolume calcula o volume de uma caixa
29 int boxVolume( int length, int width, int height )
30 {
31    return length * width * height;
32 } // fim da função boxVolume
```

```
O volume default da caixa é: 1

O volume de uma caixa com comprimento 10,
   largura 1 e altura 1 é: 10

O volume de uma caixa com comprimento 10,
   largura 5 e altura 1 é: 50

O volume de uma caixa com comprimento 10,
   largura 5 e altura 2 é: 100
```

Figura 15.8 ■ Argumentos default de uma função. (Parte 2 de 2.)

Erro comum de programação 15.6

É um erro de compilação especificar argumentos default no protótipo de uma função e no cabeçalho.

A primeira chamada a `boxVolume` (linha 12) não especifica argumento algum, assim que usa os três valores default de 1. A segunda chamada (linha 16) passa um argumento `length`, usando assim os valores default 1 para os argumentos `width` e `height`. A terceira chamada (linha 20) passa argumentos para `length` e `width`, usando assim um valor default 1 para o argumento `height`. A última chamada (linha 24) passa argumentos para `length`, `width` e `height`, não usando, assim, valores default. Quaisquer argumentos passados explicitamente à função são atribuídos aos parâmetros da função da esquerda para a direita. Portanto, quando `boxVolume` recebe um argumento, a função atribui o valor desse argumento ao seu parâmetro `length` (ou seja, o parâmetro mais à esquerda na lista de parâmetros). Quando `boxVolume` recebe dois argumentos, a função atribui os valores desses argumentos aos seus parâmetros `length` e `width`, nessa ordem. Finalmente, quando `boxVolume` recebe os três argumentos, a função atribui os valores desses argumentos aos seus parâmetros `length`, `width` e `height`, respectivamente.

Boa prática de programação 15.2

O uso de argumentos default pode simplificar a escrita de chamadas de função. Porém, alguns programadores acham que especificar explicitamente todos os argumentos é mais claro.

Observação sobre engenharia de software 15.9

Se os valores default de uma função mudarem, todo o código do cliente precisará ser recompilado.

Erro comum de programação 15.7

Em uma definição de função, especificar e tentar usar um argumento default que não seja um argumento (final) mais à direita (enquanto não utiliza simultaneamente como default todos os argumentos mais à direita) é um erro de sintaxe.

15.10 Operador unário de resolução de escopo

É possível declarar variáveis locais e globais com o mesmo nome. Isso faz com que a variável global seja 'ocultada' pela variável local no escopo local. C++ oferece o **operador unário de resolução de escopo (::)** para o acesso a uma variável global, quando uma variável local com o mesmo nome estiver no escopo. O operador unário de resolução de escopo não pode ser usado para acessar uma variável local com o mesmo nome em um bloco externo. Uma variável global pode ser acessada diretamente sem o operador unário de resolução de escopo, se a variável global não tiver o mesmo nome de uma variável com escopo local.

A Figura 15.9 demonstra o operador unário de resolução de escopo com variáveis globais e locais de mesmo nome (linhas 6 e 10, respectivamente). Para enfatizar a diferença entre as versões local e global da variável `number`, o programa declara uma variável do tipo `int` e a outra do tipo `double`.

O uso do operador unário de resolução de escopo (`::`) com determinado nome de variável é opcional, quando a única variável com esse nome é uma variável global.

Erro comum de programação 15.8

É um erro tentar usar o operador unário de resolução de escopo (::) para acessar uma variável não global em um bloco externo. Se não existir uma variável global com esse nome, ocorrerá um erro de compilação. Se existir uma variável global com esse nome, ocorrerá um erro lógico, pois o programa vai se referir à variável global quando você desejava acessar a variável não global no bloco externo.

Boa prática de programação 15.3

Sempre usar o operador unário de resolução de escopo (::) para se referir a variáveis globais torna os programas mais fáceis de serem lidos e entendidos, pois isso deixa mais claro que você pretende acessar uma variável global em vez de uma variável não global.

Observação sobre engenharia de software 15.10

Sempre usar o operador unário de resolução de escopo (::) para se referir a variáveis globais torna os programas mais fáceis de serem modificados, reduzindo o risco de conflitos sobre nomes com variáveis não globais.

```
1  // Figura 15.9: fig15_09.cpp
2  // Usando o operador unário de resolução de escopo.
3  #include <iostream>
4  using namespace std;
5
6  int number = 7; // variável global chamada number
7
8  int main()
9  {
10    double number = 10.5; // variável local chamada number
11
12    // mostra valores de variáveis locais e globais
13    cout << "Valor local double de number = " << number
14 << "\nValor global int de number = " << ::number << endl;
15 } // fim do main
```

```
Valor local double de number = 10.5
Valor global int de number = 7
```

Figura 15.9 ■ Uso do operador unário de resolução de escopo.

Dica de prevenção de erro 15.1

Sempre usar o operador unário de resolução de escopo (::) para se referir a uma variável global elimina os erros lógicos que podem vir a ocorrer se uma variável não global esconder a variável global.

Dica de prevenção de erro 15.2

Em um programa, evite usar variáveis com o mesmo nome para diferentes finalidades. Embora seja permitido em diversas circunstâncias, isso pode levar a erros.

15.11 Sobrecarga de função

C++ permite a definição de várias funções com o mesmo nome, desde que essas funções tenham diferentes conjuntos de parâmetros (pelo menos em se tratando dos tipos de parâmetro, do número de parâmetros ou da ordem dos parâmetros). Essa capacidade é chamada de **sobrecarga de função**.[1] Quando uma função sobrecarregada é chamada, o compilador C++ seleciona a função apropriada examinando o número, os tipos e a ordem dos argumentos na chamada. A sobrecarga de função normalmente é usada para criar várias funções com o mesmo nome que realizam tarefas semelhantes, mas em dados de diferentes tipos. Por exemplo, muitas funções na biblioteca matemática são sobrecarregadas para diferentes tipos de dados numéricos.

Boa prática de programação 15.4

A sobrecarga de funções que realizam tarefas fortemente relacionadas pode tornar os programas mais legíveis e inteligíveis.

Funções `square` *sobrecarregadas*

A Figura 15.10 usa as funções `square` sobrecarregadas para calcular o quadrado de um `int` (linhas 7 a 11) e o quadrado de um `double` (linhas 14 a 18). A linha 22 chama a versão `int` da função `square` passando o valor literal `7`. C++ trata os valores literais de número inteiro, como o tipo `int`, como padrão (default). De modo semelhante, a linha 24 chama a versão `double` da função `square` passando o valor literal `7.5`, que a C++ trata como um valor `double` como padrão. Em cada caso, o compilador escolhe a função apropriada a chamar com base no tipo do argumento. As saídas confirmam que a função apropriada foi chamada em cada caso.

```
 1  // Figura 15.10: fig15_10.cpp
 2  // Funções sobrecarregadas.
 3  #include <iostream>
 4  using namespace std;
 5
 6  // função square para valores int
 7  int square( int x )
 8  {
 9     cout << "quadrado do int " << x << " é ";
10     return x * x;
11  } // fim da função square com argumento int
12
13  // função square para valores double
14  double square( double y )
15  {
```

Figura 15.10 ■ Funções `square` sobrecarregadas. (Parte 1 de 2.)

1 O padrão C++ exige versões sobrecarregadas de `float`, `double` e `long double` das funções da biblioteca matemática discutidas na Seção 5.3.

```
   cout << "quadrado do double " << y << " é ";
   return y * y;
} // fim da função square com argumento double

int main()
{
   cout << square( 7 ); // chama versão int
   cout << endl;
   cout << square( 7.5 ); // chama versão double
   cout << endl;
} // fim do main
```

```
quadrado do int 7 é 49
quadrado do double 7.5 é 56.25
```

Figura 15.10 ■ Funções `square` sobrecarregadas. (Parte 2 de 2.)

Como o compilador diferencia as funções sobrecarregadas

As funções sobrecarregadas são distinguidas por suas **assinaturas** — uma combinação do nome de uma função e seus tipos de parâmetros (na ordem). O compilador codifica cada identificador de função com o número e os tipos de seus parâmetros (às vezes chamado de **deformação de nome** ou **decoração de nome**) para permitir a ligação segura quanto a tipos. Isso garante que a função sobrecarregada apropriada será chamada e que os tipos de argumento estarão de acordo com os tipos de parâmetros.

A Figura 15.11 foi compilada com GNU C++. Em vez de mostrar a saída de execução do programa (conforme faríamos normalmente), mostramos os nomes de função deformados produzidos na linguagem assembly por GNU C++. Cada nome deformado (diferente de `main`) começa com dois símbolos sublinhados (__) seguidos pela letra `Z`, um número e o nome da função. O número que vem após `Z` especifica quantos caracteres estão no nome da função. Por exemplo, a função `square` tem 6 caracteres em seu nome, de modo que seu nome deformado é iniciado com `__Z6`. O nome da função é, então, seguido por uma codificação de sua lista de parâmetros. Na lista de parâmetros para a função `nothing2` (linha 25; ver a quarta linha de saída), `c` representa um `char`, `i` representa um `int`, `Rf` representa um `float &` (ou seja, uma referência a um `float`) e `Rd` representa um `double &` (ou seja, uma referência a um `double`). Na lista de parâmetros para a função `nothing1`, `i` representa um `int`, `f` representa um `float`, `c` representa um `char` e `Ri` representa um `int &`. As duas funções `square` são distinguidas por suas listas de parâmetros; uma especifica `d` de `double` e a outra especifica `i` de `int`. Os tipos de retorno das funções não são especificados nos nomes deformados. As funções sobrecarregadas podem ter diferentes tipos de retorno, mas, nesse caso, elas também devem ter diferentes listas de parâmetros. Novamente, você não pode ter duas funções com a mesma assinatura e diferentes tipos de retorno. A deformação do nome da função é específica do compilador. Além disso, a função `main` não é deformada, pois não pode ser sobrecarregada.

```
1  // Figura 15.11: fig15_11.cpp
2  // Deformação de nome.
3
4  // função square para valores int
5  int square( int x )
6  {
7     return x * x;
8  } // fim da função square
9
10 // função square para valores double
11 double square( double y )
12 {
13    return y * y;
14 } // fim da função square
15
16 // função que recebe argumentos dos tipos
```

Figura 15.11 ■ Deformação de nome para permitir ligação segura quanto a tipos. (Parte 1 de 2.)

```
// int, float, char e int &
void nothing1( int a, float b, char c, int &d )
{
   // corpo de função vazio
} // fim da função nothing1

// função que recebe argumentos dos tipos
// char, int, float & e double &
int nothing2( char a, int b, float &c, double &d )
{
   return 0;
} // fim da função nothing2

int main()
{
   return 0; // indica conclusão bem-sucedida
} // fim do main
```

```
__Z6squarei
__Z6squared
__Z8nothing1ifcRi
__Z8nothing2ciRfRd
_main
```

Figura 15.11 ■ Deformação de nome para permitir ligação segura quanto a tipos. (Parte 2 de 2.)

Erro comum de programação 15.9

Criar funções sobrecarregadas com listas de parâmetros idênticas e tipos de retorno diferentes é um erro de compilação.

O compilador usa apenas as listas de parâmetros para mostrar as diferenças entre funções com o mesmo nome. Funções sobrecarregadas não precisam ter o mesmo número de parâmetros. Os programadores devem ter cuidado ao sobrecarregar funções com parâmetros default, pois isso pode causar ambiguidade.

Erro comum de programação 15.10

Uma função com argumentos default omitidos poderia ser chamada de forma idêntica a outra função sobrecarregada; isso é um erro de compilação. Por exemplo, ter em um programa tanto uma função que explicitamente não usa argumentos quanto uma função com o mesmo nome que contém todos os argumentos default resulta em um erro de compilação quando é feita uma tentativa de usar esse nome de função em uma chamada sem passagem de argumentos. O compilador não sabe qual versão da função ele vai escolher.

Operadores sobrecarregados

No Capítulo 19, discutiremos como sobrecarregar operadores para definir como eles devem operar sobre objetos de tipos de dados definidos pelo usuário. (Na verdade, estivemos usando operadores sobrecarregados, incluindo o operador de inserção de stream << e o operador de extração de stream >>, cada um sobrecarregado para poder exibir dados de todos os tipos fundamentais. No Capítulo 19, falaremos mais sobre a sobrecarga de << e >> para poder lidar com objetos de tipos definidos pelo usuário.) A Seção 15.12 apresentará os templates de função que geram automaticamente funções sobrecarregadas que realizam tarefas idênticas em dados de tipos diferentes.

15.12 Templates de função

Funções sobrecarregadas são usadas para realizar operações semelhantes que podem envolver uma lógica de programa diferente em diversos tipos de dados. Se a lógica e as operações do programa forem idênticas para cada tipo de dados, a sobrecarga pode ser realizada de forma mais compacta e conveniente ao se usar **templates de função**. O programador escreve uma única definição de template de função. Dados os tipos de argumentos fornecidos nas chamadas a essa função, C++ gera automaticamente **especializações de template de função** separadas para lidar com cada tipo de chamada de modo apropriado. Assim, a definição de um único template de função basicamente define uma família inteira de funções sobrecarregadas.

A Figura 15.12 contém a definição de um template de função (linhas 4 a 18) para uma função `maximum`, que determina o maior de três valores. Todas as definições de template de função começam com a palavra-chave `template` (linha 4) seguida por uma **lista de parâmetros de template** para o template de função delimitado por sinais de < e >. Todos os parâmetros na lista de parâmetros de template (chamados **parâmetros de tipo formal**) são precedidos pela palavra-chave `typename` ou pela palavra-chave `class` (que são sinônimas). Os parâmetros de tipo formais são marcadores de lugar para os tipos fundamentais ou para os tipos definidos pelo usuário. Esses marcadores de lugar são usados para especificar os tipos de parâmetros da função (linha 5), para especificar o tipo de retorno da função (linha 5) e declarar variáveis dentro do corpo da definição da função (linha 7). Um template de função é definido como qualquer outra função, mas usa os parâmetros de tipo formais como marcadores de lugar para os tipos de dados reais.

O template de função na Figura 15.12 declara um único parâmetro de tipo formal `T` (linha 4) como marcador de lugar para o tipo de dados a serem testados pela função `maximum`. O nome de um parâmetro de tipo deve ser exclusivo na lista de parâmetros do template para determinada definição de template. Quando o compilador detecta uma chamada `maximum` no código-fonte do programa, o tipo dos dados passados a `maximum` é substituído por `T` durante a definição do template, e C++ cria uma função de código-fonte completa para determinar o maior de três valores do tipo de dado especificado. Depois, a função recém-criada é compilada. Assim, os templates são um meio de geração de código.

Erro comum de programação 15.11

Não colocar a palavra-chave `class` *ou a palavra-chave* `typename` *antes de cada parâmetro de tipo de formato de um modelo de função (por exemplo, escrever* < `class S, T` > *no lugar de* < `class S, class T` >*) é um erro de sintaxe.*

A Figura 15.13 usa o template de função `maximum` (linhas 18, 28 e 38) para determinar o maior de três valores `int`, três valores `double` e três valores `char`.

```
1  // Figura 15.12: maximum.h
2  // Definição do template de função maximum.
3
4  template < class T >  // ou template< typename T >
5  T maximum( T value1, T value2, T value3 )
6  {
7     T maximumValue = value1; // considera value1 como máximo
8
9     // determina se value2 é maior que maximumValue
10    if ( value2 > maximumValue )
11       maximumValue = value2;
12
13    // determina se value3 é maior que maximumValue
14    if ( value3 > maximumValue )
15       maximumValue = value3;
16
17    return maximumValue;
18 } // fim do template da função maximum
```

Figura 15.12 ■ Arquivo de cabeçalho do template de função `maximum`.

```
1 // Figura 15.13: fig15_13.cpp
2 // Programa de teste do template de função maximum.
3 #include <iostream>
4 using namespace std;
5
6 #include "maximum.h" // inclui definição do template de função maximum
7
8 int main()
9 {
10    // demonstra maximum com valores int
11    int int1, int2, int3;
12
13    cout << "Digite três valores int: ";
14    cin >> int1 >> int2 >> int3;
15
16    // chama a versão int de maximum
17    cout << "O valor int máximo é: "
18       << maximum( int1, int2, int3 );
19
20    // demonstra maximum com valores double
21    double double1, double2, double3;
22
23    cout << "\n\nDigite três valores double: ";
24    cin >> double1 >> double2 >> double3;
25
26    // chama versão double de maximum
27    cout << "O valor double máximo é: "
28       << maximum( double1, double2, double3 );
29
30    // demonstra maximum com valores char
31    char char1, char2, char3;
32
33    cout << "\n\nDigite três caracteres: ";
34    cin >> char1 >> char2 >> char3;
35
36    // chama versão char de maximum
37    cout << "O valor máximo de caractere é: "
38       << maximum( char1, char2, char3 ) << endl;
39 } // fim do main
```

```
Digite três valores int: 1 2 3
O valor int máximo é: 3

Digite três valores double: 3.3 2.2 1.1
O valor double máximo é: 3.3

Digite três caracteres: A C B
O valor máximo de caractere é: C
```

Figura 15.13 ■ Demonstração do template de função `maximum`.

Na Figura 15.13, três funções são criadas como resultado das chamadas nas linhas 18, 28 e 38 — esperando três valores `int`, três valores `double` e três valores `char`, respectivamente. Por exemplo, a especialização de template de função criada para o tipo `int` substitui cada ocorrência de `T` por `int` da seguinte forma:

```
int maximum( int value1, int value2, int value3 )
{
   int maximumValue = value1; // assume que value1 é o maior

   // determina se value2 é maior que maximumValue
   if ( value2 > maximumValue )
      maximumValue = value2;

   // determina se value3 é maior que maximumValue
   if ( value3 > maximumValue )
      maximumValue = value3;

   return maximumValue;
} // fim do template de função maximum
```

15.13 Introdução à tecnologia de objetos e a UML

Agora, introduziremos a orientação a objeto, um modo natural de pensar sobre o mundo e escrever programas de computador. Nosso objetivo aqui é ajudá-lo a desenvolver um modo de pensar orientado a objeto e introduzi-lo a **Unified Modeling Language™ (UML™)** — uma linguagem gráfica que permite que as pessoas que criam sistemas de software orientados a objeto usem uma notação-padrão da indústria para representá-los. Nesta seção, apresentaremos os conceitos básicos orientados a objeto e sua terminologia.

Conceitos básicos de tecnologia de objeto

Começaremos nossa introdução à orientação a objeto com uma terminologia básica. Você encontra objetos — pessoas, animais, plantas, carros, aviões, prédios, computadores etc. — em todos os lugares do mundo real. Os seres humanos pensam em termos de objetos. Telefones, casas, semáforos, fornos de micro-ondas e chuveiros são apenas alguns objetos que vemos ao nosso redor todos os dias.

Os objetos possuem algumas coisas em comum. Todos eles possuem **atributos** (por exemplo, tamanho, forma, cor e peso) e todos eles exibem **comportamentos** (por exemplo, uma bola rola, quica, enche e esvazia; um bebê chora, dorme, engatinha, mama e pisca; um carro acelera, freia e faz curvas; uma toalha absorve água). Estudaremos os tipos de atributos e comportamentos que os objetos de software possuem.

Os seres humanos aprendem sobre a existência de objetos estudando seus atributos e observando seus comportamentos. Diferentes objetos podem ter atributos semelhantes, e podem exibir comportamentos semelhantes. Podem ser feitas comparações, por exemplo, entre bebês e adultos, e entre seres humanos e outros mamíferos.

O **projeto orientado a objeto** (**OOD — Object-Oriented Design**) modela o software em termos semelhantes aos que as pessoas usam para descrever objetos do mundo real. Ele tira proveito dos relacionamentos de classe, em que os objetos de certa classe, como uma classe de veículos, têm as mesmas características — carros, caminhões, vagões e skates têm muito em comum. O OOD tira proveito dos relacionamentos de **herança**, em que novas classes de objetos são derivadas absorvendo características de classes existentes e incluindo características exclusivas próprias. Um objeto da classe 'conversível' certamente tem as características da classe mais genérica 'automóvel', porém, mais especificamente, o teto pode abrir e fechar.

O projeto orientado a objeto oferece um modo natural e intuitivo de ver o processo de projeto de software — a saber, modelando objetos por seus atributos, comportamentos e inter-relacionamentos, conforme descrevemos os objetos do mundo real. O OOD também modela a comunicação entre os objetos. Assim como as pessoas enviam mensagens umas às outras (por exemplo, um sargento comanda um soldado para que fique em posição de atenção), os objetos também se comunicam por mensagens. Um objeto de conta bancária pode receber uma mensagem para diminuir seu saldo em certo valor, pois o cliente sacou esse valor em dinheiro.

O OOD **encapsula** (ou seja, envolve) atributos e **operações** (comportamentos) em objetos — os atributos e as operações de um objeto estão fortemente ligados. Os objetos têm a propriedade de **ocultação de informações**. Isso significa que os objetos podem saber como se comunicar entre eles por meio de **interfaces** bem-definidas, mas normalmente não têm permissão para saber como outros objetos foram implementados; os detalhes da implementação estão escondidos dentro dos próprios objetos. Podemos dirigir um carro de modo eficaz, por exemplo, sem conhecer os detalhes de como funcionam internamente os motores, as transmissões, os freios e os sistemas de alimentação e de escapamento, desde que saibamos como usar os pedais, a alavanca de câmbio, o volante etc. A ocultação de informações é, conforme veremos, fundamental para a boa engenharia de software.

Linguagens como C++ são **orientadas a objeto**. A programação nesse tipo de linguagem é chamada de **programação orientada a objeto (OOP — Object-Oriented Programming)**, e ela permite que você implemente um projeto orientado a objeto como um sistema de software funcional. Linguagens como C, por outro lado, são **procedurais**, de modo que a programação tende a ser **orientada a ação**. Em C, a unidade de programação é a função. Em C++, a unidade de programação é a 'classe' da qual os objetos, por fim, são instanciados (um termo de OOP que significa 'criados'). As classes de C++ contêm funções que implementam operações e dados que implementam atributos.

Os programadores em C se concentram na escrita de funções. Os programadores agrupam ações que realizam algumas tarefas comuns em funções, e agrupam funções para formar programas. Os dados certamente são importantes em C, mas a visão é que os dados existem principalmente no suporte das ações que as funções realizam. Os verbos em uma especificação de sistema ajudam o programador em C a determinar o conjunto de funções que atuarão juntas na implementação do sistema.

Classes, dados-membro e funções-membro

Os programadores em C++ se concentram na criação dos próprios tipos definidos pelo usuário, chamados classes. As classes contêm dados, e também o conjunto de funções que manipulam esses dados e oferecem serviços aos **clientes** (ou seja, outras classes ou funções que usam a classe). Os componentes de dados de uma classe são chamados de **dados-membro**. Por exemplo, uma classe de conta bancária poderia incluir um número de conta e um saldo. Os componentes de função de uma classe são chamados **funções-membro** (normalmente chamados **métodos** em outras linguagens de programação orientadas a objeto, como Java). Por exemplo, uma classe de conta bancária poderia incluir funções-membro para fazer um depósito (aumentar o saldo), fazer um saque (diminuir o saldo) e consultar o saldo atual. O programador usa tipos internos (e outros tipos definidos) como 'blocos de montagem' para construir novos tipos definidos pelo usuário (classes). Os nomes em uma especificação de sistema ajudam o programador em C++ a determinar o conjunto de classes das quais os objetos são criados, e que funcionam juntas para implementar o sistema.

As classes são para os objetos como as plantas baixas das casas — uma classe é um 'plano' para a construção de um objeto da classe. Assim como podemos construir muitas casas a partir de uma planta, podemos instanciar (criar) muitos objetos a partir de uma classe. Você não pode fazer comida na cozinha de uma planta; você pode fazer comida na cozinha de uma casa. Você não pode dormir no quarto de uma planta; você pode dormir no quarto de uma casa.

As classes podem se relacionar com outras classes. Em um projeto orientado a objeto de um banco, a classe 'caixa' se relaciona com outras classes, como a classe 'cliente', a classe 'caixa eletrônico', a classe 'cofre' e assim por diante. Esses relacionamentos são chamados de **associações**. O empacotamento de software como classes torna possível que futuros sistemas de software reutilizem as classes.

Observação sobre engenharia de software 15.11

A reutilização das classes existentes na criação de novas classes e programas economiza tempo, dinheiro e esforço. A reutilização também o ajudará a criar sistemas mais confiáveis e eficazes, pois as classes existentes normalmente passaram por muitos testes, depuração e ajustes de desempenho.

Na realidade, com a tecnologia de objeto, você pode criar grande parte do software de que precisará combinando classes existentes, assim como fabricantes de automóveis combinam peças intercambiáveis. Cada nova classe que você cria pode se tornar um ativo de software valioso que você e outros poderão reutilizar para agilizar e melhorar a qualidade dos esforços de desenvolvimento de software no futuro.

Introdução à análise e projeto orientados a objeto (OOAD)

Logo você estará escrevendo programas em C++. Como você criará o código para os seus programas? Talvez, como muitos programadores iniciantes, você simplesmente ligue seu computador e comece a digitar. Essa técnica pode funcionar para programas pequenos, mas, e se você tiver de criar um sistema de software para controlar milhares de caixas eletrônicos automatizados para um grande banco? Ou se você tiver de trabalhar em uma equipe de 1000 desenvolvedores de software que criará a próxima geração do sistema de controle de tráfego aéreo do país? Para projetos tão grandes e complexos, você não poderia simplesmente sentar e começar a escrever programas.

Para criar as melhores soluções, você deve seguir um processo detalhado de **análise** dos **requisitos** de seu projeto (ou seja, determinar o *que* o sistema deve fazer) e desenvolver um **projeto** que os satisfaça (ou seja, decidir *como* o sistema deve fazer isso). O ideal é que você percorra esse processo e reveja o projeto cuidadosamente (ou peça que seu projeto seja revisado por outros profissionais de software) antes de escrever qualquer código. Se esse processo envolver a análise e o projeto de seu sistema de um ponto de vista orientado a objeto, ele será chamado de **análise e projeto orientados a objeto (OOAD — Object-Oriented Analysis and Design)**. Programadores experientes sabem que análise e projeto podem economizar muitas horas, já que ajudam a evitar uma técnica de desenvolvimento de sistemas mal planejada, que pode ser abandonada no meio do caminho durante sua implementação e, possivelmente, desperdiçar tempo, dinheiro e esforço consideráveis.

OOAD é o termo genérico para o processo de análise de um problema e de desenvolvimento de uma técnica para solucioná-lo. Problemas pequenos, como aqueles discutidos nos primeiros capítulos, não exigem um processo completo de OOAD.

À medida que os problemas e os grupos de pessoas que os solucionam aumentam em tamanho, os métodos de OOAD rapidamente se tornam mais apropriados que o pseudocódigo. O ideal é que um grupo esteja de acordo sobre um processo estritamente definido para solucionar seu problema e sobre um modo uniforme de comunicar os resultados desse processo entre si. Embora existam muitos processos de OOAD diferentes, uma única linguagem gráfica para a comunicação dos resultados de *qualquer* processo de OOAD tem sido muito utilizada. Essa linguagem, conhecida como Unified Modeling Language (UML), foi desenvolvida em meados da década de 1990 sob a direção inicial de três metodologistas de projeto: Grady Booch, James Rumbaugh e Ivar Jacobson.

História da UML

Na década de 1980, um número crescente de organizações começou a usar OOP para criar suas aplicações, e surgiu a necessidade de um processo-padrão de OOAD. Muitos metodologistas — incluindo Booch, Rumbaugh e Jacobson — produziram e promoveram individualmente processos separados para satisfazer essa necessidade. Cada processo tinha sua própria notação, ou 'linguagem' (na forma de diagramas gráficos), para transmitir os resultados da análise e projeto.

Em 1994, James Rumbaugh juntou-se a Grady Booch da Rational Software Corporation (agora, uma divisão da IBM), e os dois começaram a trabalhar para unificar seus processos populares. Logo eles se juntaram a Ivar Jacobson. Em 1996, o grupo lançou as primeiras versões da UML para a comunidade de engenharia de software e pediu um feedback. Mais ou menos ao mesmo tempo, uma organização conhecida como **Object Management Group™ (OMG™)** solicitou propostas de uma linguagem de modelagem comum. OMG (`<www.omg.org>`) é uma organização sem fins lucrativos que promove a padronização das tecnologias orientadas a objeto com a emissão de diretrizes e especificações, como a UML. Várias empresas — entre elas HP, IBM, Microsoft, Oracle e Rational Software — já haviam reconhecido a necessidade de uma linguagem de modelagem comum. Em resposta ao pedido de propostas do OMG, essas empresas formaram a **UML Partners** — o consórcio que desenvolveu a UML versão 1.1 e a submeteu ao OMG. O OMG aceitou a proposta e, em 1997, assumiu a responsabilidade pela manutenção e revisão contínuas da UML. Apresentaremos a terminologia e a notação da versão atual da UML — UML versão 2 — no decorrer da seção C++ deste livro.

O que é a UML?

A Unified Modeling Language é agora o esquema de representação gráfica mais usado em modelagem de sistemas orientados a objeto. Aqueles que projetam sistemas usam a linguagem (na forma de diagramas) para modelar seus sistemas, como fazemos por toda a seção C++ deste livro. Um recurso atraente da UML é sua flexibilidade. A UML é **extensível** (ou seja, capaz de ser melhorada com novos recursos) e é independente de qualquer processo de OOAD em particular. Os modeladores UML são livres para usar diversos processos no projeto de sistemas, mas todos os desenvolvedores podem agora expressar seus projetos com um conjunto padrão de notações gráficas. Para obter mais informações, visite nosso UML Resource Center em `<www.deitel.com/UML/>`.

15.14 Conclusão

Neste capítulo, você aprendeu diversas melhorias que C++ trouxe à linguagem de programação em C. Apresentamos a entrada e a saída básicas no estilo C++ com `cin` e `cout`, e esboçamos os arquivos de cabeçalho da biblioteca-padrão de C++. Discutimos as funções `inline` para melhorar o desempenho eliminando o overhead de chamadas de função. Você aprendeu a usar a passagem por referência com os parâmetros de referência da C++, que lhe permitem criar aliases para variáveis existentes. Você aprendeu que várias funções podem ser sobrecarregadas se forem oferecidas funções com o mesmo nome e diferentes assinaturas; essas funções podem ser usadas para realizar tarefas iguais ou semelhantes, usando diferentes tipos ou diferentes números de parâmetros. Depois, demonstramos um modo mais simples de sobrecarregar funções usando templates de função, em que uma função é definida uma vez, mas pode ser usada para vários tipos diferentes. Você aprendeu a terminologia básica da tecnologia de objeto e foi apresentado à UML — o esquema de representação gráfica mais utilizado para a modelagem de sistemas orientado a objetos. No Capítulo 16, você aprenderá a implementar suas próprias classes e usar objetos dessas classes nas aplicações.

Resumo

Seção 15.2 C++

- C++ aperfeiçoa muitos dos recursos da linguagem em C, e oferece capacidades de programação orientada a objeto (OOP) que aumentam a produtividade, a qualidade e a reutilização do software.
- C++ foi desenvolvida por Bjarne Stroustrup na Bell Labs, e originalmente era chamada de 'C com classes'.

Seção 15.3 Um programa simples: somando dois inteiros

- Os nomes de arquivos em C++ podem ter uma dentre várias extensões, como `.cpp`, `.cxx` ou `.C` (maiúscula).
- C++ permite que você inicie um comentário com `//` e use o restante da linha como texto de comentário. Programadores em C++ também podem usar comentários em estilo de C.
- O arquivo de cabeçalho de stream de entrada/saída `<iostream>` precisa ser incluído em qualquer programa que envie dados para a tela ou insira dados do teclado usando a entrada/saída de stream no estilo C++.
- Assim como em C, cada programa C++ inicia a execução com a função `main`. A palavra-chave `int` à esquerda de `main` indica que `main` 'retorna' um valor inteiro.
- Em C, você não precisa especificar um tipo de retorno para as funções. Contudo, C++ exige que você especifique o tipo de retorno, possivelmente `void`, para todas as funções; caso contrário, ocorre um erro de sintaxe.
- As declarações podem ser colocadas praticamente em qualquer lugar em um programa C++, mas elas precisam aparecer antes que suas variáveis correspondentes sejam usadas no programa.
- O objeto de stream de saída-padrão (`std::cout`) e o operador de inserção de stream (<<) são usados para exibir texto na tela.
- O objeto de stream de entrada-padrão (`std::cin`) e o operador de extração de stream (>>) são usados para obter valores do teclado.
- O manipulador de stream `std::endl` envia uma newline, e depois 'esvazia o buffer de saída'.
- A notação `std::cout` especifica que estamos usando um nome, nesse caso, `cout`, que pertence ao 'namespace' `std`.
- O uso de vários operadores de inserção de stream (<<) em uma única instrução é conhecido como operação de inserção de stream por concatenação, encadeamento ou em cascata.

Seção 15.4 Biblioteca-padrão de C++

- Programas C++ consistem em partes chamadas classes e funções. Você pode programar cada parte que for necessária para formar um programa C++. Porém, a maioria dos programadores em C++ tira proveito das ricas coleções de classes e funções existentes na biblioteca-padrão de C++.

Seção 15.5 Arquivos de cabeçalho

- A biblioteca-padrão de C++ é dividida em muitas partes, cada uma com seu próprio arquivo de cabeçalho. Os arquivos de cabeçalho contêm os protótipos de função para as funções relacionadas que formam cada parte da biblioteca. Os arquivos de cabeçalho também contêm definições de vários tipos de classe e funções, bem como constantes necessárias para essas funções.
- Os nomes de arquivo de cabeçalho que terminam em `.h` são os arquivos de cabeçalho no 'estilo antigo', que foram substituídos pelos arquivos de cabeçalho da biblioteca-padrão de C++.

Seção 15.6 Funções inline

- C++ oferece funções inline para ajudar a reduzir o overhead da chamada de função — especialmente para funções pequenas. Colocar o qualificador `inline` antes do tipo de retorno em uma função na definição da função 'sugere' ao compilador que ele deve gerar uma cópia do código da função no local para evitar uma chamada de função.

Seção 15.7 Referências e parâmetros de referência

- Duas maneiras de passar argumentos para funções em muitas das linguagens de programação são a passagem por valor e a passagem por referência.
- Quando um argumento é passado por valor, é feita uma *cópia* de seu valor, que é passada (na pilha de chamada de função) para a função chamada. As mudanças na cópia não afetam o original na função que chamou.
- Com a passagem por referência, a função que chama dá à função chamada a capacidade de acessar os dados da função que chamou diretamente ou modificá-los se a função chamada escolher fazer isso.
- Um parâmetro de referência é um alias para o seu argumento correspondente em uma chamada de função.
- Para indicar que um parâmetro de função é passado por referência, basta inserir um sinal `&` depois do tipo do parâmetro no protótipo de função; use a mesma notação ao listar o tipo do parâmetro no cabeçalho da função.
- Quando uma referência é declarada um alias para outra variável, todas as operações supostamente realizadas no alias (ou seja, na referência), na verdade, são realizadas na variável original. O alias é simplesmente outro nome para a variável original.

Seção 15.8 Listas de parâmetros vazios

- Em C++, uma lista de parâmetros vazia é especificada escrevendo `void` ou nada dentro dos parênteses.

Seção 15.9 Argumentos default

- Não é raro que um programa chame uma função repetidamente com o mesmo valor de argumento para determinado parâmetro. Nesses casos, o programador pode especificar que esse parâmetro tem um argumento default, ou seja, um valor default a ser passado para esse parâmetro.

- Quando um programa omite um argumento para um parâmetro com um argumento default, o compilador insere o valor default desse argumento a ser passado como argumento na chamada da função.
- Os argumentos default devem ser os argumentos mais à direita (finais) na lista de parâmetros de uma função.
- Os argumentos default devem ser especificados com a primeira ocorrência do nome da função — normalmente, no protótipo da função.

Seção 15.10 Operador unário de resolução de escopo

- C++ oferece o operador unário de resolução de escopo (`::`) para acessar uma variável global, quando uma variável local com o mesmo nome está no escopo.

Seção 15.11 Sobrecarga de função

- C++ permite a definição de várias funções com o mesmo nome, desde que tenham diferentes conjuntos de parâmetros (por número, tipo e/ou ordem). Essa capacidade é chamada de sobrecarga de função.
- Quando uma função sobrecarregada é chamada, o compilador C++ seleciona a função apropriada examinando o número, os tipos e a ordem dos argumentos na chamada.
- As funções sobrecarregadas são distinguidas por suas assinaturas.
- O compilador codifica cada identificador de função com o número e os tipos de seus parâmetros para permitir a ligação segura quanto a tipos. A ligação segura quanto a tipos garante que a função sobrecarregada apropriada será chamada e que os tipos de argumentos estarão em conformidade com os tipos dos parâmetros.

Seção 15.12 Templates de função

- Funções sobrecarregadas são usadas para realizar operações semelhantes, que podem envolver uma lógica de programa diferente sobre dados de diferentes tipos. Se a lógica e as operações do programa forem idênticas para cada tipo de dado, a sobrecarga pode ser realizada de modo mais compacto e conveniente por meio do uso de templates de função.
- O programador escreve uma única definição de template de função. Dados os tipos de argumento fornecidos nas chamadas a essa função, C++ gera automaticamente especializações de template de função separadas para lidar com cada tipo de chamada de forma apropriada. Assim, a definição de um único template de função basicamente define uma família de funções sobrecarregadas.
- Todas as definições de template de função começam com a palavra-chave `template` seguida por uma lista de parâmetros para o template de função delimitado por sinais de < e >.
- Os parâmetros de tipo formais são marcadores de lugar para tipos fundamentais ou tipos definidos pelo usuário. Esses marcadores de lugar são usados para especificar os tipos dos parâmetros da função, para especificar o tipo de retorno da função e para declarar variáveis dentro do corpo de definição da função.

Seção 15.13 Introdução à tecnologia de objetos e a UML

- A Unified Modeling Language (UML) é uma linguagem gráfica que permite que as pessoas que constroem sistemas representem seus projetos orientados a objeto em uma notação comum.
- O projeto orientado a objeto (OOD) modela componentes de software em termos de objetos do mundo real. Ele tira proveito dos relacionamentos de classe, em que objetos de uma certa classe têm as mesmas características. Ele também tira proveito dos relacionamentos de herança, nos quais as classes recém-criadas dos objetos se originam na absorção de características das classes existentes e incluem características próprias exclusivas. OOD encapsula dados (atributos) e funções (comportamento) em objetos — os dados e as funções de um objeto estão bastante relacionados.
- Os objetos têm a propriedade de ocultar de informações — os objetos normalmente não têm permissão para saber como outros objetos são implementados.
- A programação orientada a objeto (OOP) permite que os programadores implementem projetos orientados a objeto como sistemas funcionais.
- Programadores em C++ criam seus próprios tipos definidos pelo usuário, chamados de classes. Cada classe contém dados (conhecidos como dados-membro) e um conjunto de funções (conhecidas como funções-membro) que manipulam esses dados e oferecem serviços aos clientes.
- Classes podem ter relacionamentos com outras classes. Esses relacionamentos são chamados de associações.
- O empacotamento de software como classes permite a sistemas de software do futuro que reutilizem as classes. Os grupos de classes relacionadas normalmente são empacotados como componentes reutilizáveis.
- A instância de uma classe é chamada de objeto.
- Com a tecnologia de objeto, os programadores podem criar grande parte do software de que eles precisarão combinando partes padronizadas e intercambiáveis chamadas de classes.
- O processo de análise e planejamento de um sistema de um ponto de vista orientado a objeto é chamado de análise e projeto orientados a objeto (OOAD).

Terminologia

`::`, operador unário de resolução de escopo 457
análise de um documento de requisitos 464
análise e projeto orientados a objeto (OOAD) 465
argumento default 455
assinaturas de uma função 459
associações (na UML) 464
atributos de um objeto 463
biblioteca-padrão de C++ 445
`bool`, palavra-chave 449
cabeçalho de stream de entrada/saída (`<iostream>`) 444
classes 445
clientes de uma classe 464
comportamentos de um objeto 463
dado-membro de uma classe 464
decoração de nome 459
deformação de nome 459
encapsulamento 463
`endl`, manipulador de stream 445
especialização de templates de função 461
`false`, palavra-chave 449
função inline 448
funções-membro 464
herança 463
`inline`, palavra-chave 448
interfaces 463
ligação segura quanto a tipos 451
linguagem de programação procedural 464
linguagem extensível 465
lista de parâmetros de template 461
manipulador de stream 445
métodos de uma classe 464
Object Management Group (OMG) 465
objetos 463
objeto de stream de entrada-padrão (`cin`) 445
objeto de stream de saída-padrão (`cout`) 445
ocultação de informações 463
operações de inserção de stream por cascata 445
operações de inserção de stream por concatenação 445
operações de inserção de stream por encadeamento 445
operações de uma classe 463
operador de extração de stream (>>) 445
operador de inserção de stream (>>) 445
orientação a ação 464
parâmetros de referência 450
parâmetros de tipo formal 461
programação genérica 443
programação orientada a objeto (OOP) 443
projeto orientado a objeto (OOD) 463
referências penduradas 454
requisitos de um projeto 464
reutilização de software 446
sobrecarga de função 458
sobrecarga de operador 445
templates de função 461
`true`, palavra-chave 449
UML Partners 465
Unified Modeling Language (UML) 463

Exercícios de autorrevisão

15.1 Preencha os espaços em cada uma das sentenças:

a) Em C++, é possível ter várias funções com o mesmo nome, que operam sobre diferentes tipos ou números de argumentos. Isso é chamado ______ de função.

b) O(A) ______ habilita o acesso a uma variável global com o mesmo nome de uma variável no escopo atual.

c) Um(a) ______ de função permite que uma única função seja definida para realizar a mesma tarefa sobre dados de muitos tipos diferentes.

d) ______ é o esquema de representação gráfica mais usado para a modelagem OO.

e) ______ modela componentes de software em termos de objetos do mundo real.

f) Programadores C++ criam seus próprios tipos definidos pelo usuário, chamados ______.

15.2 Por que um protótipo de função contém uma declaração de tipo de parâmetro como `double &`?

15.3 (Verdadeiro/Falso) Todos os argumentos de chamadas de função em C++ são passados por valor.

15.4 Escreva um programa completo que peça ao usuário que forneça o raio de uma esfera e calcule e imprima o volume dessa esfera. Use uma função `inline` `sphereVolume` que retorna o resultado da seguinte expressão:

```
( 4.0 / 3.0 ) * 3.14159 * pow( radius, 3 ).
```

Respostas dos exercícios de autorrevisão

15.1 a) sobrecarga. b) operador unário de resolução de escopo (::). c) template. d) A UML. e) Projeto orientado a objeto (OOD). f) classes.

15.2 Isso cria um parâmetro de referência do tipo "referência para `double`", que permite que a função modifique a variável original na função que chamou.

15.3 Falso. C++ permite passagem por referência usando parâmetros de referência.

15.4 Veja o programa a seguir:

```
// Exercício 15.4 Solução: Ex15_04.cpp
// Função inline que calcula o volume de uma esfera.
#include <iostream>
#include <cmath>

const double PI = 3.14159; // define constante global PI

// calcula volume de uma esfera
inline double sphereVolume( const double radius )
{
   return 4.0 / 3.0 * PI * pow( radius, 3 );
} // fim da função inline sphereVolume

int main()
{
   double radiusValue;

   // pede que o usuário informe o raio
   cout << "Digite o tamanho do raio da sua esfera: ";
   cin >> radiusValue; // insere radius

   // usa radiusValue para calcular volume da esfera e exibe resultado
   cout << "Volume da esfera com raio " << radiusValue
      << " é " << sphereVolume( radiusValue ) << endl;
} // fim do main
```

```
Digite o tamanho do raio da sua esfera: 2
Volume da esfera com raio 2 é 33.5103
```

Exercícios

15.5 Escreva um programa em C++ que peça ao usuário que forneça o raio de um círculo, e depois chame a função `inline circleArea` para calcular a área desse círculo.

15.6 Escreva um programa completo em C++ com duas funções alternativas especificadas a seguir, cada uma simplesmente triplicando a variável `count` definida em `main`. Depois, compare as duas técnicas. Essas duas funções são:

a) a função `tripleByValue`, que passa uma cópia de `count` por valor, triplica a cópia e retorna o novo valor, e

b) a função `tripleByReference`, que passa `count` por referência por meio de um parâmetro de referência e triplica o valor original de `count` por meio de seu alias (ou seja, o parâmetro de referência).

15.7 Qual é a finalidade do operador unário de resolução de escopo?

15.8 Escreva um programa que use um template de função chamado `min` para determinar o menor de dois argumentos. Teste o programa usando argumentos com números inteiros, de caracteres e de ponto flutuante.

15.9 Escreva um programa que use um template de função chamado `max` para determinar o maior de dois argumentos. Teste o programa usando argumentos com números inteiros, de caracteres e de ponto flutuante.

15.10 Determine se os segmentos de programa a seguir contêm erros. Explique como cada erro pode ser corrigido. [*Nota*: para um segmento de programa em particular, é possível que nenhum erro esteja presente no segmento.]

a)
```
template < class A >
int sum( int num1, int num2, int num3 )
{
   return num1 + num2 + num3;
}
```

b)
```
void printResults( int x, int y )
{
   cout << "A soma é " << x + y << '\n';
   return x + y;
}
```

c)
```
template < A >
A product( A num1, A num2, A num3 )
{
   return num1 * num2 * num3;
}
```

d)
```
double cube( int );
int cube( int );
```

INTRODUÇÃO A CLASSES E OBJETOS

16

Capítulo

É a utilidade de uma coisa que lhe dá valor de uso.
— **Karl Marx**

Os funcionários públicos que você elege lhe dão o que você merece.
— **Adlai E. Stevenson**

Saiba como responder a quem fala,

Para responder a quem envia uma mensagem.
— **Amenemopel**

Objetivos

Neste capítulo, você aprenderá:

- A definir uma classe e usá-la para criar um objeto.
- A definir funções-membro em uma classe para implementar os comportamentos da classe.
- A declarar dados-membro em uma classe para implementar os atributos da classe.
- A chamar uma função-membro de um objeto para realizar uma tarefa.
- As diferenças entre os dados-membro de uma classe e as variáveis locais de uma função.
- A usar um construtor para inicializar os dados de um objeto quando ele é criado.
- A construir uma classe para separar sua interface a partir de sua implementação e encorajar o reuso.

Conteúdo

16.1 Introdução
16.2 Classes, objetos, funções-membro e dados-membro
16.3 Definição de uma classe com uma função-membro
16.4 Definição de uma função-membro com um parâmetro
16.5 Dados-membro, funções *set* e funções *get*
16.6 Inicialização de objetos com construtores
16.7 Introdução de uma classe em um arquivo separado para reutilização
16.8 Separação da interface de implementação
16.9 Validação de dados com funções *set*
16.10 Conclusão

Resumo | *Terminologia* | *Exercícios de autorrevisão* | *Respostas dos exercícios de autorrevisão* | *Exercícios* | *Fazendo a diferença*

16.1 Introdução

Neste capítulo, você começará a escrever programas que empregam os conceitos básicos da programação orientada a objeto que foram introduzidos na Seção 15.13. Normalmente, os programas que você desenvolverá em C++ consistirão na função `main` e em uma ou mais classes, cada uma contendo dados-membro e funções-membro. Se você fizer parte de uma equipe de desenvolvimento na indústria, poderá atuar em sistemas de software que contenham centenas, ou mesmo milhares, de classes. Neste capítulo, desenvolveremos um framework simples, bem elaborado, para organizar programas orientados a objeto em C++.

Primeiro, motivaremos a noção de classes com um exemplo do mundo real. Depois, apresentaremos uma sequência de sete programas funcionais, cuidadosamente elaborados e completos, para demonstrar a criação e o uso de suas próprias classes.

16.2 Classes, objetos, funções-membro e dados-membro

Começaremos com uma analogia simples para ajudá-lo a reforçar o entendimento da Seção 15.13 de classes e seu conteúdo. Suponha que você queira dirigir um carro e deseje viajar mais rápido pisando no acelerador. O que precisa acontecer antes que você possa fazer isso? Bem, antes que você possa dirigir um carro, alguém precisa *projetá-lo* e *construí-lo*. Um carro normalmente começa como desenhos de engenharia, semelhante às plantas usadas para projetar uma casa. Esses desenhos incluem o projeto para um pedal de acelerador que o motorista usará para fazer o carro acelerar. De certa forma, o pedal 'oculta' os mecanismos complexos que, de fato, fazem o carro correr mais, assim como o pedal do freio 'oculta' os mecanismos que reduzem sua velocidade, o volante 'oculta' os mecanismos que fazem o carro fazer curvas e assim por diante. Isso permite que as pessoas com pouco ou nenhum conhecimento de como os carros são construídos dirijam um carro com facilidade, simplesmente usando os pedais, o volante, o mecanismo de câmbio de marchas e outras 'interfaces' simples e amigáveis dos mecanismos internos e complexos do carro.

Infelizmente, você não pode dirigir os desenhos da engenharia de um carro — antes de poder dirigir um carro, ele precisa ser construído a partir dos desenhos da engenharia que o descrevem. Um carro finalizado terá o pedal do acelerador real para fazê-lo correr mais. Porém, até mesmo isso não é suficiente — o carro não acelerará por conta própria, de modo que o motorista precisa pressionar o pedal do acelerador para que o carro siga mais rápido.

Agora, usaremos nosso exemplo do carro para introduzir os principais conceitos da programação orientada a objeto desta seção. Realizar uma tarefa em um programa exige uma função (como `main`). A função descreve os mecanismos que realmente executam suas tarefas. A função oculta do usuário as tarefas complexas que ela realiza, assim como o pedal do acelerador de um carro oculta do motorista os mecanismos complexos que fazem o carro acelerar. Em C++, começamos com a criação de uma unidade de programa chamada classe para abrigar uma função, assim como os desenhos da engenharia de um carro abrigam o projeto de um pedal de acelerador. Lembre-se da Seção 15.13, em que uma função pertencente a uma classe é chamada de função-membro. Em uma classe, você oferece uma ou mais funções-membro que são projetadas para realizar as tarefas da classe. Por exemplo, uma classe que represente uma conta bancária poderia conter uma função-membro que depositaria dinheiro em sua conta, outra que sacaria dinheiro da conta e uma terceira que consultaria o saldo atual da conta.

Assim como você não pode dirigir um desenho da engenharia de um carro, também não pode 'dirigir' uma classe. Da mesma forma como alguém precisa montar um carro a partir dos desenhos da engenharia, antes que você possa realmente dirigir o carro, *você precisa criar um objeto de uma classe antes que possa fazer com que um programa execute as tarefas que a classe descreve*. Este é um dos motivos que fazem C++ ser conhecida como uma linguagem de programação orientada a objeto. Observe também que, assim como *muitos* carros podem ser montados a partir do mesmo desenho, *muitos* objetos podem ser montados com base na mesma classe.

Quando você dirige um carro, a pressão no pedal do acelerador envia uma mensagem ao carro para que ele realize uma tarefa — ou seja, para que ele faça o carro andar mais rápido. De modo semelhante, você envia **mensagens** a um objeto — cada mensagem é conhecida como uma **chamada de função-membro**, e diz a uma função-membro do objeto que realize sua tarefa. Isso normalmente é chamado de **solicitação de um serviço de um objeto**.

Até aqui, usamos a analogia do carro para apresentar classes, objetos e funções-membro. Além das capacidades que um carro oferece, ele também possui muitos atributos, como cor, número de portas, quantidade de combustível em seu tanque, sua velocidade atual e o total de quilômetros percorridos (ou seja, a leitura atual no hodômetro). Assim como as capacidades do carro, esses atributos são representados como parte do projeto de um carro em diagramas de engenharia. Enquanto você dirige um carro, esses atributos estão sempre associados a ele. Cada carro mantém seus próprios atributos. Por exemplo, cada carro sabe quanto combustível há no tanque, mas não quanto há nos tanques de outros carros. De modo semelhante, um objeto tem atributos que são carregados com o objeto, enquanto ele é usado em um programa. Esses atributos são especificados como parte da classe do objeto. Por exemplo, um objeto de conta bancária tem um atributo de saldo que representa o valor existente na conta. Cada objeto de conta bancária sabe o saldo da conta que ele representa, mas não os saldos das outras contas no banco. Atributos são especificados pelos dados-membro da classe.

O restante deste capítulo apresenta sete exemplos simples que demonstram os conceitos que apresentamos no contexto da analogia do carro.

16.3 Definição de uma classe com uma função-membro

Começaremos com um exemplo (Figura 16.1) que consiste na classe `GradeBook` (linhas 8-16) que representará um diário que um instrutor pode usar para manter as notas de testes dos alunos, e uma função `main` (linhas 19-23) que cria um objeto `GradeBook`. A função `main` usa esse objeto e sua função-membro para exibir uma mensagem na tela que dá ao instrutor boas-vindas ao programa GradeBook.

Em primeiro lugar, descreveremos como definir uma classe e uma função-membro e, depois, como um objeto é criado e como chamar a função-membro de um objeto. Os primeiros exemplos contêm no mesmo arquivo a função `main` e a classe `GradeBook` que

```
1  // Fig. 16.1: fig16_01.cpp
2  // Define a classe GradeBook com uma função-membro displayMessage,
3  // cria um objeto GradeBook e chama sua função displayMessage.
4  #include <iostream>
5  using namespace std;
6
7  // Definição da classe GradeBook
8  class GradeBook
9  {
10 public:
11    // função que mostra uma mensagem de boas-vindas ao usuário de GradeBook
12    void displayMessage()
13    {
14       cout << "Bem-vindo ao Grade Book!" << endl;
15    } // fim da função displayMessage
16 }; // fim da classe GradeBook
17
18 // função main inicia a execução do programa
19 int main()
20 {
21    GradeBook myGradeBook; // cria um objeto GradeBook chamado myGradeBook
22    myGradeBook.displayMessage(); // chama função displayMessage do objeto
23 } // fim do main
```

```
Bem-vindo ao Grade Book!
```

Figura 16.1 ■ Define a classe GradeBook com uma função-membro displayMessage, cria um objeto GradeBook e chama sua função displayMessage.

ela utiliza. Adiante no capítulo, apresentaremos formas mais sofisticadas de estruturar os programas para melhorar a engenharia de software.

Classe GradeBook

Antes que a função `main` (linhas 19-23) possa criar um objeto `GradeBook`, temos que dizer ao compilador quais funções-membro e dados-membro pertencem à classe — isso é conhecido como **definição de classe**. A **definição de classe** `GradeBook` (linhas 8-16) começa com a palavra-chave `class` e contém uma função-membro chamada `displayMessage` (linhas 12-15) que mostra uma mensagem na tela (linha 14). Lembre-se de que uma classe é como uma planta — de modo que precisamos criar um objeto da classe `GradeBook` (linha 21) e chamar sua função-membro `displayMessage` (linha 22) para fazer com que a linha 14 execute e mostre a mensagem de boas-vindas. Logo explicaremos as linhas 21-22 em detalhes.

A definição de classe começa na linha 8 com a palavra-chave `class`, seguida pelo nome de classe `GradeBook`. Por convenção, o nome de uma classe definida pelo usuário começa com uma letra maiúscula e, por legibilidade, cada palavra seguinte no nome da classe começa com uma letra maiúscula. Esse estilo de maiúsculas e minúsculas costuma ser chamado de **camel case**, pois o padrão de letras maiúsculas e minúsculas é semelhante à silhueta de um camelo.

O **corpo** de cada classe é delimitado por um par de chaves à esquerda e à direita (`{` e `}`), como nas linhas 9 e 16. A definição de classe termina com um sinal de ponto e vírgula (linha 16).

Erro comum de programação 16.1

Esquecer de colocar um sinal de ponto e vírgula no final de uma definição de classe é um erro de sintaxe.

Lembre-se de que a função `main` sempre é chamada automaticamente quando você executa um programa. A maioria das funções não é chamada automaticamente. Como você verá em breve, é preciso chamar a função-membro `displayMessage` explicitamente para lhe pedir que realize sua tarefa.

A linha 10 contém o **rótulo especificador de acesso** `public:`. A palavra-chave `public` é um especificador de acesso. As linhas 12-15 definem a função-membro `displayMessage`. Essa função-membro aparece após o especificador de acesso `public:` para indicar que a função está 'disponível ao público' — ou seja, ela pode ser chamada por outras funções no programa (como `main`) e por funções-membro de outras classes (se houver). Especificadores de acesso sempre são seguidos por um sinal de dois-pontos (`:`). No restante deste livro, quando nos referirmos ao especificador de acesso `public` omitiremos o sinal de dois-pontos, como acabamos de fazer nessa sentença. A Seção 16.5 introduz um segundo especificador de acesso, `private`. Mais à frente no livro, estudaremos o especificador de acesso `protected`.

Em um programa, cada função realiza uma tarefa, e pode retornar um valor ao completar sua tarefa — por exemplo, uma função poderia realizar um cálculo, e depois retornar o resultado desse cálculo. Quando você define uma função, deve especificar um **tipo de retorno** para indicar o tipo do valor retornado pela função quando ela completar sua tarefa. Na linha 12, a palavra-chave `void` à esquerda do nome da função `displayMessage` é o tipo de retorno da função. O tipo de retorno `void` indica que `displayMessage` *não* retornará (ou seja, não devolverá) nenhum dado à sua **função chamadora** (nesse exemplo, `main`, como veremos em breve) quando concluir sua tarefa. Na Figura 16.5, você verá um exemplo de função que retorna um valor.

O nome da função-membro, `displayMessage`, segue o tipo de retorno. Por convenção, os nomes de função começam com uma primeira letra minúscula, e todas as palavras subsequentes no nome começam com uma letra maiúscula. Os parênteses após o nome da função-membro indicam que ela é uma função. Um conjunto de parênteses vazios, como mostramos na linha 12, indica que essa função-membro não requer dados adicionais para realizar sua tarefa. Você verá um exemplo de uma função-membro que não requer dados adicionais na Seção 16.4. A linha 12 normalmente é conhecida como **cabeçalho de função**. O corpo de cada função é delimitado por chaves à esquerda e à direita (`{` e `}`), como nas linhas 13 e 15.

O corpo de uma função contém instruções que realizam a tarefa da função. Nesse caso, a função-membro `displayMessage` contém uma instrução (linha 14) que mostra a mensagem `"Bem-vindo ao Grade Book!"`. Depois que essa instrução é executada, a função completa sua tarefa.

Erro comum de programação 16.2

Retornar um valor de uma função cujo tipo de retorno foi declarado como `void` *é um erro de compilação.*

Erro comum de programação 16.3

Definir uma função dentro de outra função (ou seja, 'aninhar' funções) é um erro de sintaxe.

Testando a classe GradeBook

Agora, gostaríamos de usar a classe `GradeBook` em um programa. Como você sabe, a função `main` (linhas 19-23) inicia a execução de todo programa.

Nesse programa, gostaríamos de chamar a função-membro `displayMessage` da classe `GradeBook` para exibir a mensagem de boas-vindas. Normalmente, você não pode chamar uma função-membro de uma classe até que crie um objeto dessa classe. (Conforme veremos na Seção 18.6, funções-membro `static` são uma exceção.) A linha 21 cria um objeto da classe `GradeBook` chamado `myGradeBook`. O tipo da variável é `GradeBook` — a classe que definimos nas linhas 8-16. Quando declaramos variáveis do tipo `int`, o compilador sabe o que é `int` — é um tipo fundamental. Na linha 21, porém, o compilador não sabe automaticamente qual é o tipo de `GradeBook` — é um **tipo definido pelo usuário**. Dizemos ao compilador o que é `GradeBook` ao incluir a definição de classe (linhas 8-16). Se omitíssemos essas linhas, o compilador emitiria uma mensagem de erro (como "`'GradeBook': undeclared identifier`" no Microsoft Visual C++, ou "`'GradeBook': undeclared`" no GNU C++). Cada classe que você cria se torna um novo tipo que pode ser usado na criação de objetos. Você pode definir novos tipos de classe conforme a necessidade; esse é um dos motivos pelo qual a C++ é conhecida como uma **linguagem extensível**.

A linha 22 chama a função-membro `displayMessage` (definida nas linhas 12-15) usando a variável `myGradeBook` seguida pelo **operador ponto** (.), pelo nome da função `displayMessage` e por um conjunto de parênteses vazio. Essa chamada faz com que a função `displayMessage` realize sua tarefa. No início da linha 22, "`myGradeBook.`" indica que `main` deverá usar o objeto `GradeBook` que foi criado na linha 21. Os parênteses vazios na linha 12 indicam que a função-membro `displayMessage` não requer dados adicionais para realizar sua tarefa, motivo pelo qual chamamos essa função com parênteses vazios na linha 22. (Na Seção 16.4, você verá como passar dados para uma função.) Quando `displayMessage` completa sua tarefa, o programa alcança o final de `main` e termina.

Diagrama de classes UML para a classe GradeBook

Lembre-se de que vimos na Seção 15.13 que a UML é uma linguagem gráfica padronizada, usada por desenvolvedores de software para representar seus sistemas orientados a objeto. Na UML, cada classe é modelada em um **diagrama de classes UML** como um retângulo com três compartimentos. A Figura 16.2 apresenta um diagrama de classes para a classe `GradeBook` (Figura 16.1). O compartilhamento superior contém o nome da classe centralizado horizontalmente e em negrito. O compartimento do meio contém os atributos da classe, que correspondem aos dados-membro em C++. No momento, esse compartimento está vazio, pois a classe `GradeBook` não tem nenhum atributo. (A Seção 16.5 apresenta uma versão da classe `GradeBook` com um atributo.) O compartimento inferior contém as operações da classe, que correspondem a funções-membro em C++. A UML modela operações listando o nome da operação seguido por um conjunto de parênteses. A classe `GradeBook` tem apenas uma função-membro, `displayMessage`, de modo que o compartimento inferior da Figura 16.2 lista uma operação com esse nome. A função-membro `displayMessage` não exige informações adicionais para realizar suas tarefas, de modo que os parênteses após `displayMessage` no diagrama de classes estão vazios, assim como no cabeçalho da função-membro da linha 12 da Figura 16.1. O sinal de adição (+) na frente do nome da operação indica que `displayMessage` é uma operação pública na UML (ou seja, uma função-membro `public` em C++).

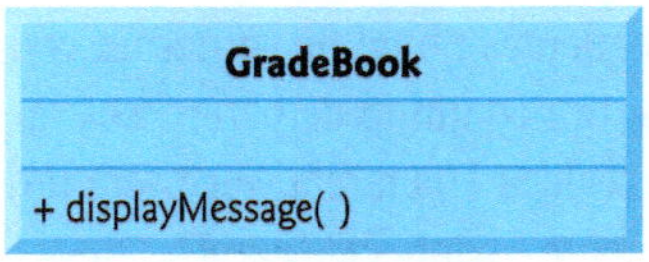

Figura 16.2 ■ O diagrama de classes UML que indica que a classe `GradeBook` tem uma operação pública `displayMessage`.

16.4 Definição de uma função-membro com um parâmetro

Em nossa analogia com o carro, na Seção 16.2, mencionamos que pressionar o acelerador de um carro envia uma mensagem ao carro que diz que ele deve realizar uma tarefa — fazer o carro andar mais rápido. Mas até que ponto o carro deve acelerar? Como você sabe, quanto mais pressiona o pedal, mais rápido o carro se move. Assim, a mensagem para o carro inclui tanto a tarefa a realizar quanto as informações adicionais que ajudam o carro a realizar essa tarefa. Essa informação adicional é conhecida como um **parâme-**

tro — o valor do parâmetro ajuda o carro a determinar com que velocidade acelerar. De modo semelhante, uma função-membro pode exibir um ou mais parâmetros que representam dados adicionais de que ela precisa para realizar sua tarefa. Uma chamada de função fornece valores — chamados **argumentos** — para cada um dos parâmetros da função. Por exemplo, para fazer um depósito em uma conta bancária, suponha que uma função-membro `depositar` de uma classe `Conta` especifique um parâmetro que represente o valor do depósito. Quando a função-membro `depositar` é chamada, um valor de argumento que representa o valor do depósito é copiado para o parâmetro da função-membro. A função-membro, então, soma esse valor ao saldo da conta.

Definição e teste da classe GradeBook

Nosso próximo exemplo (Figura 16.3) redefine a classe `GradeBook` (linhas 9-18) com uma função-membro `displayMessage` (linhas 13-17) que mostra o nome do curso como parte da mensagem de boas-vindas. A nova versão de `displayMessage` exige um parâmetro (`courseName`, na linha 13) que represente o nome do curso a ser exibido.

```
 1  // Fig. 16.3: fig16_03.cpp
 2  // Define classe GradeBook com função-membro que usa um parâmetro;
 3  // Cria um objeto GradeBook e chama sua função displayMessage.
 4  #include <iostream>
 5  #include <string> // programa usa classe de string padrão de C++
 6  using namespace std;
 7
 8  // Definição da classe GradeBook
 9  class GradeBook
10  {
11  public:
12     // função que mostra mensagem de boas-vindas ao usuário do GradeBook
13     void displayMessage( string courseName )
14     {
15        cout << "Bem-vindo ao grade book para\n" << courseName << "!"
16           << endl;
17     } // fim da função displayMessage
18  }; // fim da classe GradeBook
19
20  // função main inicia a execução do programa
21  int main()
22  {
23     string nameOfCourse; // string de caracteres para armazenar o nome do curso
24     GradeBook myGradeBook; // cria um objeto GradeBook chamado myGradeBook
25
26     // pede e insere nome do curso
27     cout << "Favor informar o nome do curso:" << endl;
28     getline( cin, nameOfCourse ); // lê um nome de curso com espaços
29     cout << endl; // mostra uma linha em branco
30
31     // chama função displayMessage de myGradeBook
32     // e passa nameOfCourse como argumento
33     myGradeBook.displayMessage( nameOfCourse );
34  } // fim do main
```

```
Favor informar o nome do curso:
CS101 Introdução à programação C++

Bem-vindo ao grade book para
CS101 Introdução à programação C++!
```

Figura 16.3 ■ Define classe GradeBook com uma função-membro que usa um parâmetro, cria um objeto GradeBook e chama sua função displayMessage.

Antes de discutir os novos recursos da classe `GradeBook`, vejamos como a nova classe é usada em `main` (linhas 21-34). A linha 23 cria uma variável do tipo **`string`** chamada `nameOfCourse`, que será usada para armazenar o nome do curso informado pelo usuário. Uma variável do tipo `string` representa uma string de caracteres como "`CS101 Introdução à programação C++`". Uma string é, na realidade, um objeto da classe `string` da biblioteca-padrão de C++. Essa classe é definida no **arquivo de cabeçalho `<string>`**, e o nome `string`, assim como `cout`, pertence ao namespace `std`. Para permitir que a linha 23 seja compilada, a linha 5 inclui o arquivo de cabeçalho `<string>`. A declaração `using` na linha 6 nos permite simplesmente escrever `string` na linha 23, em vez de `std::string`. Por enquanto, você pode pensar nas variáveis `string` como variáveis de outros tipos, como `int`. Você aprenderá outras capacidades de `string` na Seção 16.9.

A linha 24 cria um objeto da classe `GradeBook`, chamado `myGradeBook`. A linha 27 pede ao usuário que informe um nome de curso. A linha 28 lê o nome do usuário e o atribui à variável `nameOfCourse`, usando a função de biblioteca **`getline`** para realizar a entrada. Antes de explicar essa linha de código, veremos por que não podemos simplesmente escrever

```
cin >> nameOfCourse;
```

para obter o nome do curso. Em nosso exemplo de execução do programa, usamos o nome de curso "`CS101 Introdução à programação C++`", que contém várias palavras. (Lembre-se de que destacamos a entrada fornecida pelo usuário com negrito.) Quando `cin` é usado com o operador de extração de stream, ele lê caracteres até alcançar o primeiro caractere de espaço em branco. Assim, somente "`CS101`" seria lido pela instrução anterior. O restante do nome do curso teria que ser lido por operações de entrada subsequentes.

Nesse exemplo, gostaríamos que o usuário digitasse o nome do curso completo e pressionasse *Enter* para submetê-lo ao programa, e gostaríamos de armazenar o nome do curso inteiro na variável de `string nameOfCourse`. A chamada de função `getline( cin, nameOfCourse )` na linha 28 lê os caracteres (incluindo os caracteres de espaço que separam as palavras na entrada) do objeto de stream de entrada-padrão `cin` (ou seja, o teclado), até que o caractere newline seja encontrado, coloca os caracteres na variável de `string nameOfCourse` e descarta o caractere newline. Quando você pressiona *Enter* enquanto digita a entrada do programa, um newline é inserido no stream de entrada. Além disso, o arquivo de cabeçalho `<string>` precisa ser incluído no programa de modo que use a função `getline`, e para que o nome `getline` pertença ao namespace `std`.

A linha 33 chama a função-membro `displayMessage` de `myGradeBook`. A variável `nameOfCourse` entre parênteses é o argumento que é passado para a função-membro `displayMessage`, para que este possa realizar sua tarefa. O valor da variável `nameOfCourse` em `main` se torna o valor do parâmetro `courseName` da função-membro `displayMessage` na linha 13. Quando você executa esse programa, a função-membro `displayMessage` envia como parte da mensagem de boas-vindas o nome do curso que você digitou (em nosso exemplo, `CS101 Introduction to C++ Programming`).

Mais sobre argumentos e parâmetros

Para deixar claro que uma função requer que os dados realizem sua tarefa, você deve colocar informações adicionais na **lista de parâmetros** da função, que está localizada entre os parênteses que seguem o nome da função. A lista de parâmetros pode conter qualquer número de parâmetros, ou, até mesmo, nenhum parâmetro (representado por parênteses vazios, como vemos na Figura 16.1, linha 12), para indicar que uma função não exige nenhum parâmetro. A lista de parâmetros da função-membro `displayMessage` (Figura 16.3, linha 13) declara que a função requer um parâmetro. Cada parâmetro precisa especificar um tipo e um identificador. Nesse caso, o tipo `string` e o identificador `courseName` indicam que a função-membro `displayMessage` requer uma `string` para executar sua tarefa. O corpo da função-membro usa o parâmetro `courseName` para acessar o valor que é passado à função na chamada da função (linha 33 em `main`). As linhas 15-16 mostram o valor do parâmetro `courseName` como parte da mensagem de boas-vindas. O nome da variável do parâmetro (linha 13) pode ser igual ou diferente do nome da variável do argumento (linha 33).

Uma função pode especificar vários parâmetros ao separar cada parâmetro do seguinte com uma vírgula. O número e a ordem dos argumentos em uma chamada de função precisam combinar com o número e a ordem dos parâmetros na lista de parâmetros do cabeçalho da função-membro. Além disso, os tipos de argumento na chamada da função precisam ser coerentes com os tipos dos parâmetros correspondentes no cabeçalho da função. (Como você descobrirá nos próximos capítulos, o tipo de um argumento e o tipo de seu parâmetro correspondente nem sempre precisam ser idênticos, mas precisam ser 'coerentes'.) Em nosso exemplo, o único argumento `string` na chamada de função (isto é, `nameOfCourse`) combina exatamente com o único parâmetro `string` na definição da função-membro (isto é, `courseName`).

Erro comum de programação 16.4

Colocar um ponto e vírgula após o parêntese direito que delimita a lista de parâmetros de uma definição de função é um erro de sintaxe.

Erro comum de programação 16.5

Definir um parâmetro de função novamente como uma variável no corpo da função é um erro de compilação.

Boa prática de programação 16.1

Para evitar ambiguidade, não use os mesmos nomes para argumentos passados a uma função e para parâmetros correspondentes na definição da função.

Boa prática de programação 16.2

Escolher nomes significativos para funções e parâmetros torna os programas mais legíveis e ajuda a evitar o uso excessivo de comentários.

Diagrama de classes UML atualizado para a classe `GradeBook`

O diagrama de classes UML da Figura 16.4 modela a classe `GradeBook` da Figura 16.3. Assim como a classe `GradeBook` definida na Figura 16.1, essa classe `GradeBook` contém a função-membro `public displayMessage`. Porém, essa versão de `displayMessage` tem um parâmetro. A UML modela um parâmetro listando o nome do parâmetro, seguido por um sinal de dois-pontos e o tipo do parâmetro entre parênteses após o nome da operação. A UML tem seus próprios tipos de dados semelhantes aos de C++. A UML independe de linguagem de programação — ela é usada com muitas linguagens diferentes —, de modo que sua terminologia não combina exatamente com a de C++. Por exemplo, o tipo UML `String` corresponde ao tipo `string` de C++. A função-membro `displayMessage` da classe `GradeBook` ((Figura 16.3, linhas 13-17) tem um parâmetro de `string` chamado `courseName`, de modo que a Figura 16.4 lista `courseName : String` entre parênteses após o nome da operação `displayMessage`. Essa versão da classe `GradeBook` ainda não tem nenhum dado-membro.

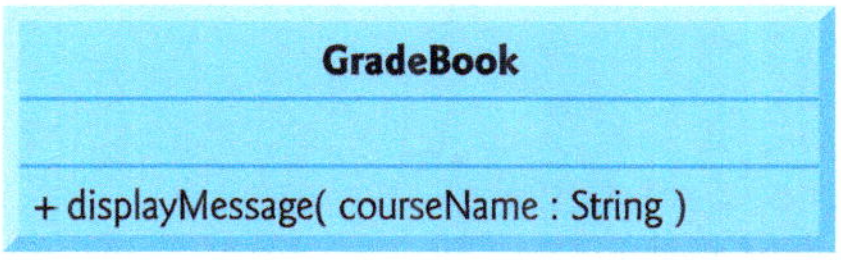

Figura 16.4 ■ Diagrama de classes UML que mostra que a classe `GradeBook` tem uma operação pública `displayMessage` com um parâmetro `courseName` do tipo UML `String`.

16.5 Dados-membro, funções *set* e funções *get*

Variáveis declaradas no corpo da definição de uma função são conhecidas como **variáveis locais**, e só podem ser usadas a partir da linha de sua declaração na função até a chave direita de fechamento (}) do bloco em que elas são declaradas. Uma variável local precisa ser declarada antes que possa ser usada em uma função. Uma variável local não pode ser acessada fora da função em que é declarada. Quando uma função termina, os valores de suas variáveis locais são perdidos. Lembre-se de que vimos na Seção 16.2 que um objeto tem atributos que são transportados com ele enquanto é usado em um programa. Esses atributos existem enquanto o objeto existir.

Uma classe normalmente consiste em uma ou mais funções-membro que manipulam os atributos que pertencem a determinado objeto da classe. Os atributos são representados como variáveis em uma definição de classe. Essas variáveis são chamadas de **dados-membro** e são declaradas dentro de uma definição de classe, mas fora dos corpos das definições de função-membro da classe. Cada objeto de uma classe mantém sua própria cópia de seus atributos na memória. O exemplo nessa seção demonstra uma classe `GradeBook` que contém um dado-membro `courseName` para representar um nome de curso de um objeto `GradeBook` em particular.

Classe GradeBook *com um dado-membro, uma função set e uma função get*

Em nosso próximo exemplo, a classe `GradeBook` (Figura 16.5) mantém o nome do curso como um dado-membro, de modo que ele pode ser usado ou modificado a qualquer momento durante a execução de um programa. A classe contém funções-membro `setCourseName`, `getCourseName` e `displayMessage`. A função-membro `setCourseName` armazena um nome de curso em um dado-membro `GradeBook`. A função-membro `getCourseName` obtém o nome do curso a partir desse dado-membro. A função-membro `displayMessage` — que agora não especifica parâmetros — ainda exibe uma mensagem de boas-vindas que inclui o nome do curso. Porém, como você verá, a função agora obtém o nome do curso chamando outra função na mesma classe — `getCourseName`.

Boa prática de programação 16.3

Insira uma linha em branco entre as definições de função-membro para melhorar a legibilidade do programa.

Um professor típico ministra vários cursos, cada um com seu próprio nome de curso. A linha 34 declara que `courseName` é uma variável do tipo `string`. Como a variável é declarada na definição de classe (linhas 10-35), mas fora dos corpos das definições de função-membro da classe (linhas 14-17, 20-23 e 26-32), ela é um dado-membro. Cada instância (isto é, objeto) da classe `GradeBook` contém uma cópia de cada um dos dados-membro da classe — se houver dois objetos `GradeBook`, cada um terá sua própria cópia de `courseName` (uma por objeto), como você verá no exemplo da Figura 16.7. Um dos benefícios de tornar `courseName` um dado-membro é que todas as funções-membro da classe (nesse caso, a classe `GradeBook`) poderão manipular quaisquer dados-membro que aparecerem na definição de classe (nesse caso, `courseName`).

```
1  // Fig. 16.5: fig16_05.cpp
2  // Define classe GradeBook que contém um dado-membro courseName
3  // e funções-membro para definir e obter seu valor;
4  // Cria e manipula um objeto GradeBook com essas funções.
5  #include <iostream>
6  #include <string> // programa usa classe string-padrão da C++
7  using namespace std;
8
9  // Definição da classe GradeBook
10 class GradeBook
11 {
12 public:
13    // função que define o nome do curso
14    void setCourseName( string name )
15    {
16       courseName = name; // armazena o nome do curso no objeto
17    } // fim da função setCourseName
18
19    // função que obtém o nome do curso
20    string getCourseName()
21    {
22       return courseName; // retorna o courseName do objeto
23    } // fim da função getCourseName
24
25    // função que mostra uma mensagem de boas-vindas
26    void displayMessage()
27    {
28       // essa instrução chama getCourseName para obter o
29       // nome do curso que esse GradeBook representa
30       cout << "Bem-vindo ao grade book para\n" << getCourseName() << "!"
```

Figura 16.5 ■ Definições e teste da classe `GradeBook` com um dado-membro e funções *set* e *get*. (Parte 1 de 2.)

```
31            << endl;
32      } // fim da função displayMessage
33   private:
34      string courseName; // nome do curso para esse GradeBook
35   }; // fim da classe GradeBook
36
37   // função main inicia a execução do programa
38   int main()
39   {
40      string nameOfCourse; // string de caracteres para armazenar o nome do curso
41      GradeBook myGradeBook; // cria um objeto GradeBook chamado myGradeBook
42
43      // exibe valor inicial de courseName
44      cout << "Nome inicial do curso é: " << myGradeBook.getCourseName()
45         << endl;
46
47      // solicita, insere e define nome do curso
48      cout << "\nFavor digitar o nome do curso:" << endl;
49      getline( cin, nameOfCourse ); // lê um nome de curso com espaços
50      myGradeBook.setCourseName( nameOfCourse ); // define o nome do curso
51
52      cout << endl; // gera uma linha em branco
53      myGradeBook.displayMessage(); // exibe mensagem com novo nome do curso
54   } // fim do main
```

```
Nome inicial do curso é:

Favor digitar o nome do curso:
CS101 Introdução à programação C++

Bem-vindo ao grade book para
CS101 Introdução à programação C++!
```

Figura 16.5 ■ Definições e teste da classe `GradeBook` com um dado-membro e funções *set* e *get*. (Parte 2 de 2.)

Especificadores de acesso `public` *e* `private`

A maioria das declarações de dado-membro aparece após o rótulo especificador de acesso `private:` (linha 33). Assim como `public`, a palavra-chave `private` é um especificador de acesso. Variáveis ou funções declaradas após o especificador de acesso `private` (e antes do próximo especificador de acesso) são acessíveis apenas para funções-membro da classe para a qual elas são declaradas. Assim, o dado-membro `courseName` pode ser usado somente nas funções-membro `setCourseName`, `getCourseName` e `displayMessage` de (cada objeto da) classe `GradeBook`. O dado-membro `courseName`, por ser `private`, não pode ser acessado por funções fora da classe (como `main`), ou por funções-membro de outras classes no programa. Tentar acessar o dado-membro `courseName` em um desses locais do programa com uma expressão como `myGradeBook.courseName` resultaria em um erro de compilação que conteria uma mensagem semelhante a

```
cannot access private member declared in class 'GradeBook'
(não é possível acessar membro privado declarado na classe 'GradeBook'").
```

Observação sobre engenharia de software 16.1

Geralmente, os dados-membro devem ser declarados como `private`*, e as funções-membro devem ser declaradas como* `public`*. (Veremos que é apropriado declarar certas funções-membro como* `private`*, se elas tiverem de ser acessadas somente por outras funções-membro da classe.)*

Erro comum de programação 16.6

Uma função que não seja membro de uma classe em particular (ou uma 'amiga' dessa classe, conforme veremos no Capítulo 18), mas que tente acessar um membro `private` *dessa classe provocará um erro de compilação.*

O acesso default para os membros de classe é `private`, de modo que todos os membros após o cabeçalho de classe e antes do primeiro especificador de acesso são `private`. Os especificadores de acesso `public` e `private` podem ser repetidos, mas isso é desnecessário e pode provocar confusão.

Boa prática de programação 16.4

Apesar de os especificadores de acesso `public` *e* `private` *poderem ser repetidos e misturados, liste todos os membros* `public` *de uma classe primeiro, em um grupo, e depois liste todos os membros* `private` *em outro grupo. Isso chama a atenção do programador para a interface* `public` *da classe, em vez de para a implementação da classe.*

Boa prática de programação 16.5

Se você decidir listar os membros `private` *primeiramente em uma definição de classe, use o especificador de acesso* `private` *explicitamente, apesar de* `private` *ser aceito como padrão. Isso tornará o programa mais claro.*

A prática de declarar os dados-membro com o especificador de acesso `private` é conhecida como **ocultação de dados**. Quando um programa cria (instancia) um objeto `GradeBook`, o dado-membro `courseName` é encapsulado (ocultado) no objeto, e só pode ser acessado pelas funções-membro da classe do objeto. Na classe `GradeBook`, as funções-membro `setCourseName` e `getCourseName` manipulam o dado-membro `courseName` diretamente (e `displayMessage` poderia fazer isso, se fosse preciso).

Observação sobre engenharia de software 16.2

No Capítulo 18, você aprenderá, que funções e classes declaradas por uma classe para serem 'amigas' (friends) podem acessar os membros `private` *da classe.*

Dica de prevenção de erro 16.1

Transformar os dados-membro de uma classe em `private` *e as funções-membro da classe em* `public` *facilita a depuração, pois os problemas com manipulações de dados estão localizados nas funções-membro da classe ou nas amigas da classe.*

Funções-membro `setCourseName` *e* `getCourseName`

A função-membro `setCourseName` (definida nas linhas 14-17) não retorna nenhum dado ao completar sua tarefa, de modo que seu tipo de retorno é `void`. A função-membro recebe um parâmetro (`name`) que representa o nome do curso que será passado a ela como um argumento (conforme veremos na linha 50 de `main`). A linha 16 atribui `name` ao dado-membro `courseName`. Nesse exemplo, `setCourseName` não tenta validar o nome do curso — ou seja, a função não verifica se o nome do curso adere a um formato em particular ou se segue quaisquer outras regras com relação ao que é um nome de curso 'válido'. Suponha, por exemplo, que uma universidade possa imprimir históricos de alunos que contenham nomes de cursos com apenas 25 caracteres ou menos. Nesse caso, poderíamos querer que a classe `GradeBook` garantisse que seu dado-membro `courseName` nunca contivesse mais que 25 caracteres. Discutiremos as técnicas básicas de validação na Seção 16.9.

A função-membro `getCourseName` (definida nas linhas 20-23) retorna o `courseName` de um objeto `GradeBook` em particular. A função-membro tem uma lista de parâmetros vazia, de modo que ela não exige dados adicionais para realizar sua tarefa. A função especifica que ela retorne uma `string`. Quando uma função que especifica um tipo de retorno diferente de `void` é chamada e completa sua tarefa, a função usa um **comando return** (como na linha 22) para retornar um resultado à função que a chamou. Por exemplo, quando você vai a um caixa eletrônico e solicita o saldo de sua conta, você espera que o caixa retorne um valor que represente o seu saldo. De modo semelhante, quando uma instrução chama a função-membro `getCourseName` em um objeto `GradeBook`, a instrução espera receber o nome de curso do `GradeBook` (nesse caso, uma `string`, conforme especificado pelo tipo de retorno da função). Se você tem uma função `square` que retorna o quadrado do seu argumento, a instrução

```
result = square( 2 );
```

retorna `4` da função `square` e atribui à variável `result` o valor `4`. Se você tem uma função `maximum` que retorna o maior de três argumentos inteiros, a instrução

```
biggest = maximum( 27, 114, 51 );
```

retorna `114` da função `maximum` e atribui à variável `biggest` o valor `114`.

Erro comum de programação 16.7

Esquecer de retornar o valor de uma função que deveria retornar um valor é um erro de compilação.

As instruções nas linhas 16 e 22 utilizam a variável `courseName` (linha 34), embora ela não seja declarada em nenhuma das funções-membro. Podemos usar `courseName` nas funções-membro da classe `GradeBook`, porque `courseName` é um dado-membro da classe. Assim, a função-membro `getCourseName` poderia ser definida antes da função-membro `setCourseName`.

Função-membro `displayMessage`

A função-membro `displayMessage` (linhas 26-32) não retorna nenhum dado ao completar a sua tarefa, de modo que seu tipo de retorno é `void`. A função não recebe parâmetros, assim, sua lista de parâmetros é vazia. As linhas 30-31 enviam uma mensagem de boas-vindas que inclui o valor do dado-membro `courseName`. A linha 30 chama a função-membro `getCourseName` para obter o valor de `courseName`. A função-membro `displayMessage` também poderia acessar o dado-membro `courseName` diretamente, assim como as funções-membro `setCourseName` e `getCourseName`. Explicaremos em breve por que escolhemos chamar a função-membro `getCourseName` para obter o valor de `courseName`.

Teste da classe `GradeBook`

A função `main` (linhas 38-54) cria um objeto da classe `GradeBook` e usa cada uma de suas funções-membro. A linha 41 cria um objeto `GradeBook` chamado `myGradeBook`. As linhas 44-45 mostram o nome inicial do curso chamando a função-membro `getCourseName` do objeto. A primeira linha de saída não mostra um nome de curso, pois o dado-membro `courseName` do objeto (ou seja, uma `string`) está inicialmente vazio — como padrão, o valor inicial de uma `string` é a chamada **string vazia**, ou seja, uma string que não contém caractere algum. Nada acontece na tela quando uma string vazia é exibida.

A linha 48 pede ao usuário que informe um nome de curso. A variável `string` local `nameOfCourse` (declarada na linha 40) é definida como o nome do curso informado pelo usuário, que é obtido ao se chamar a função `getline` (linha 49). A linha 50 chama a função-membro `setCourseName` do objeto `myGradeBook`, e fornece `nameOfCourse` como argumento da função. Quando a função é chamada, o valor do argumento é copiado para o parâmetro `name` (linha 14) da função-membro `setCourseName`. Depois, o valor do parâmetro é atribuído ao dado-membro `courseName` (linha 16). A linha 52 salta uma linha; depois, a linha 53 chama a função-membro `displayMessage` do objeto `myGradeBook` para exibir a mensagem de boas-vindas que contém o nome do curso.

Engenharia de software que usa as funções set e get

Os dados-membro `private` de uma classe só podem ser manipulados por funções-membro dessa classe (e por 'amigas' da classe, como veremos no Capítulo 18). Assim, um **cliente de um objeto** — ou seja, qualquer classe ou função que chame as funções-membro do objeto de fora do objeto — chama as funções-membro `public` da classe para solicitar os serviços da classe para objetos específicos da classe. É por isso que as instruções em uma função `main` chamam funções-membro `setCourseName`, `getCourseName` e `displayMessage` em um objeto `GradeBook`. Normalmente, as classes oferecem funções-membro `public` para permitir que os clientes da classe definam (**set**) (ou seja, atribuam valores a) ou obtenham (**get**) (ou seja, obtenham os valores de) dados-membro `private`. Esses nomes de função-membro não precisam começar com `set` ou `get`, mas essa convenção de nomeação é comum. Nesse exemplo, a função-membro que *define* o dado-membro `courseName` é chamada de `setCourseNa-`

`me`, e a função-membro que *obtém* o dado-membro `courseName` é chamada de `courseName`. Às vezes, funções *set* também são chamadas de **mutantes** (pois elas mudam ou alteram valores), e funções *get* também são chamadas de **acessadoras** (pois elas acessam valores).

Lembre-se de que declarar dados-membro com o especificador de acesso `private` impõe a ocultação de dados. Fornecer as funções `public` *set* e *get* permite que os clientes de uma classe acessem os dados ocultos, mas apenas *indiretamente*. O cliente sabe que está tentando modificar ou obter os dados de um objeto, mas ele não sabe como o objeto realiza essas operações. Em alguns casos, uma classe pode representar internamente uma parte dos dados de uma maneira, mas expor esses dados aos clientes de uma maneira diferente. Por exemplo, suponha que uma classe `Clock` represente a hora do dia como um dado-membro `private int time`, que armazena o número de segundos desde a meia-noite. Porém, quando um cliente chama a função-membro `getTime` de um objeto `Clock`, o objeto poderia retornar o tempo com horas, minutos e segundos em uma `string` no formato `"HH:MM:SS"`. De modo semelhante, suponha que a classe `Clock` ofereça uma função *set* chamada `setTime`, que obtenha um parâmetro `string` no formato `"HH:MM:SS"`. Usando as capacidades da classe `string`, a função `setTime` poderia converter essa `string` em um número de segundos, que a função armazena em seu dado-membro `private`. A função *set* também poderia verificar se o valor que ela recebe representa uma hora válida (por exemplo, `"12:30:45"` é válida, mas `"42:85:70"` não). As funções *set* e *get* permitem que um cliente interaja com um objeto, mas os dados `private` do objeto permanecem encapsulados em segurança (ou seja, ocultos) no próprio objeto.

As funções *set* e *get* de uma classe também deveriam ser usadas por outras funções-membro dentro da classe para manipular os dados `private` da classe, embora essas funções-membro *possam* acessar os dados `private` diretamente. Na Figura 16.5, as funções-membro `setCourseName` e `getCourseName` são funções-membro `public`, de modo que são acessíveis aos clientes da classe, bem como à própria classe. A função-membro `displayMessage` chama a função-membro `getCourseName` para obter o valor de dado-membro `courseName` para fins de exibição, embora `displayMessage` possa acessar `courseName` diretamente — acessar um dado-membro por meio de sua função *get* cria uma classe melhor, mais robusta (ou seja, uma classe mais fácil de ser mantida; além do mais, é menos provável que ela deixe de funcionar). Se decidirmos mudar o dado-membro `courseName` de alguma forma, a definição de `displayMessage` não exigirá modificação — apenas os corpos das funções *get* e *set* que manipulam diretamente o dado-membro precisarão mudar. Por exemplo, suponha que queiramos representar o nome do curso como dois dados-membro separados — `courseNumber` (por exemplo, `"CS101"`) e `courseTitle` (por exemplo, `"Introdução à programação C++"`). A função-membro `displayMessage` ainda pode emitir uma única chamada à função-membro `getCourseName` para obter o nome do curso completo para exibir como parte da mensagem de boas-vindas. Nesse caso, `getCourseName` precisaria criar e retornar uma `string` contendo o `courseNumber`, seguido pelo `courseTitle`. A função-membro `displayMessage` continuaria a exibir o título do curso completo "`CS101 Introdução à programação C++`", pois ele não é afetado pela mudança nos dados-membro da classe. Os benefícios de chamar a função *set* a partir de outra função-membro de uma classe se tornarão claros quando discutirmos validação na Seção 16.9.

Boa prática de programação 16.6

Sempre tente localizar os efeitos das mudanças nos dados-membro de uma classe acessando e manipulando os dados-membro por meio de suas funções get *e* set*. As mudanças no nome de um dado-membro ou no tipo de dado usado para armazenar um dado-membro, então, afetam apenas as funções* get *e* set *correspondentes, mas não quem chama essas funções.*

Observação sobre engenharia de software 16.3

Escreva programas que sejam inteligíveis e fáceis de serem mantidos. A mudança é a regra, e não a exceção. Você deverá prever que seu código será modificado.

Observação sobre engenharia de software 16.4

Para cada item de dados `private`, *forneça funções* set *ou* get *somente quando for apropriado. Os serviços úteis ao cliente normalmente devem ser fornecidos na interface* `public` *da classe.*

Diagrama de classes UML de GradeBook com um dado-membro e funções set e get

A Figura 16.6 contém um diagrama de classes UML atualizado para a versão da classe `GradeBook` na Figura 16.5 Esse diagrama modela o dado-membro `courseName` de `GradeBook` como um atributo no compartimento do meio. A UML representa os dados-membro como atributos, listando o nome do atributo, seguido por um sinal de dois-pontos e o tipo do atributo. O tipo UML do atributo `courseName` é `String`, que corresponde a `string` em C++. O dado-membro `courseName` é `private` em C++, de modo que o diagrama de classes lista um sinal de subtração (–) na frente do nome do atributo correspondente. O sinal de subtração na UML é equivalente ao especificador de acesso `private` em C++. A classe `GradeBook` contém três funções-membro `public`, de modo que o diagrama de classes lista três operações no terceiro compartimento. A operação `setCourseName` tem um parâmetro `String` chamado `name`. A UML indica o tipo de retorno de uma operação ao colocar um sinal de dois-pontos e o tipo de retorno após os parênteses que seguem o nome da operação. A função-membro `getCourseName` da classe `GradeBook` tem um tipo de retorno `string` em C++, assim, o diagrama de classes mostra um tipo de retorno `String` na UML. As operações `setCourseName` e `displayMessage` não retornam valores (ou seja, elas retornam `void`), de maneira que o diagrama de classes UML não especifica um tipo de retorno após os parênteses dessas operações.

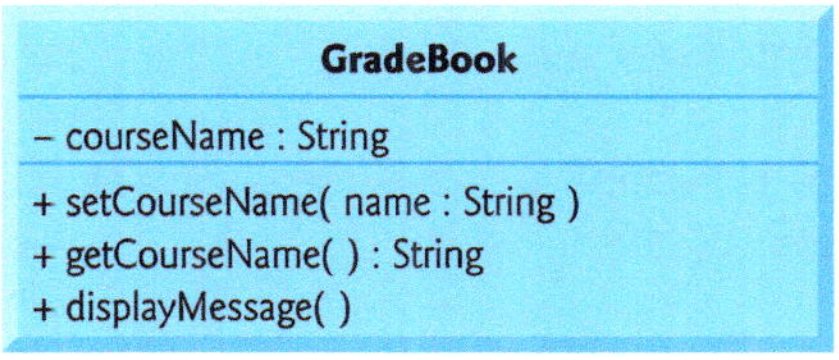

Figura 16.6 ■ Diagrama de classes UML para a classe `GradeBook` com um atributo `courseName` privado e operações públicas `setCourseName`, `getCourseName` e `displayMessage`.

16.6 Inicialização de objetos com construtores

Conforme dissemos na Seção 16.5, quando um objeto da classe `GradeBook` (Figura 16.5) é criado, seu dado-membro `courseName` é inicializado com uma string vazia como padrão ou default. E se você quiser fornecer um nome de curso ao criar um objeto `GradeBook`? Cada classe que você declarar pode fornecer um **construtor** que poderá ser usado para inicializar um objeto da classe quando o objeto for criado. Um construtor é uma função-membro especial que deve ser definida com o mesmo nome da classe, para o compilador possa distingui-la das outras funções-membro da classe. Uma diferença importante entre os construtores e outras funções é que os construtores não podem retornar valores, assim, não podem especificar um tipo de retorno (nem mesmo `void`) Normalmente, os construtores são declarados como `public`.

C++ requer uma chamada ao construtor para cada objeto criado, o que ajuda a garantir que cada objeto seja inicializado antes de ser usado em um programa. A chamada do construtor ocorre implicitamente quando o objeto é criado. Se uma classe não incluir explicitamente um construtor, o compilador oferecerá um **construtor default** — ou seja, um construtor sem parâmetros. Por exemplo, quando a linha 41 da Figura 16.5 cria um objeto `GradeBook`, o construtor default é chamado. O construtor default fornecido pelo compilador cria um objeto `GradeBook` sem dar qualquer valor inicial aos dados-membro do tipo fundamental do objeto. [*Nota:* para os dados-membro que são objetos de outras classes, o construtor default implicitamente chama o construtor default de cada dado-membro para garantir que este seja inicializado corretamente. É por isso que o dado-membro `string courseName` (na Figura 16.5) foi inicializado na string vazia — o construtor default para a classe `string` define o valor da `string` na string vazia. Você aprenderá mais sobre a inicialização dos dados-membro que são objetos de outras classes na Seção 18.3.]

No exemplo da Figura 16.7, especificamos um nome de curso para um objeto `GradeBook` quando o objeto é criado (por exemplo, linha 46). Nesse caso, o argumento `"CS101 Introdução à programação C++"` é passado para o construtor do objeto `GradeBook` (linha 14-17) e usado para inicializar o `courseName`. A Figura 16.7 define uma classe `GradeBook` modificada que contém um construtor com um parâmetro `string` que recebe o nome inicial do curso.

```
1  // Fig. 16.7: fig16_07.cpp
2  // Instanciando múltiplos objetos da classe GradeBook e usando
3  // o construtor de GradeBook para especificar o nome do curso
```

Figura 16.7 ■ Instanciando vários objetos da classe `GradeBook` usando o construtor de `GradeBook` para especificar o nome do curso quando cada objeto `GradeBook` for criado. (Parte 1 de 2.)

```cpp
// quando cada objeto GradeBook for criado.
#include <iostream>
#include <string> // programa usa classe de string C++ padrão
using namespace std;

// Definição de classe GradeBook
class GradeBook
{
public:
   // construtor inicializa courseName com string fornecida como argumento
   GradeBook( string name )
   {
      setCourseName( name ); // chama função set para inicializar courseName
   } // fim do construtor GradeBook

   // função para definir o nome do curso
   void setCourseName( string name )
   {
      courseName = name; // armazena o nome do curso no objeto
   } // fim da função setCourseName

   // função para obter o nome do curso
   string getCourseName()
   {
      return courseName; // retorna courseName do objeto
   } // fim da função getCourseName

   // exibe mensagem de boas-vindas para o usuário do GradeBook
   void displayMessage()
   {
      // chama getCourseName para obter o courseName
      cout << "Bem-vindo ao grade book para\n" << getCourseName()
         << "!" << endl;
   } // fim da função displayMessage
private:
   string courseName; // nome do curso para esse GradeBook
}; // fim da classe GradeBook

// função main inicia a execução do programa
int main()
{
   // cria dois objetos GradeBook
   GradeBook gradeBook1( "CS101 Introdução à programação C++" );
   GradeBook gradeBook2( "CS102 Estrutura de dados em C++" );

   // exibe valor inicial de courseName para cada GradeBook
   cout << "gradeBook1 criado para o curso: " << gradeBook1.getCourseName()
      << "\ngradeBook2 criado para o curso: " << gradeBook2.getCourseName()
      << endl;
} // fim do main
```

```
gradeBook1 criado para o curso: CS101 Introdução à programação C++
gradeBook2 criado para o curso: CS102 Estruturas de dados em C++
```

Figura 16.7 ■ Instanciando vários objetos da classe **GradeBook** usando o construtor de GradeBook para especificar o nome do curso quando cada objeto GradeBook for criado. (Parte 2 de 2.)

Definição de um construtor

As linhas 14-17 da Figura 16.7 definem um construtor para a classe `GradeBook`. Observe que o construtor tem o mesmo nome de sua classe, `GradeBook`. Em sua lista de parâmetros, um construtor especifica os dados de que ele precisa para realizar sua tarefa. Quando você cria um novo objeto, coloca esses dados dentro de parênteses após o nome do objeto (como fizemos nas linhas 46-47). A linha 14 indica que o construtor da classe `GradeBook` tem um parâmetro de `string` chamado `name`. A linha 14 não especifica um tipo de retorno, pois os construtores não podem retornar valores (nem mesmo `void`).

A linha 16 no corpo do construtor passa o conteúdo da variável `name` do parâmetro de construtor para a função-membro `setCourseName` (linhas 20-23), que simplesmente atribui o valor de seu parâmetro para o dado-membro `courseName`. Você pode estar se perguntando por que nos incomodamos em fazer a chamada para `setCourseName` na linha 16 — o construtor certamente realizaria a atribuição `courseName = name`. Na Seção 16.9, modificaremos `setCourseName` para realizar a validação (garantindo que, nesse caso, o `courseName` tenha 25 ou menos caracteres). Nesse ponto, os benefícios de chamar `setCourseName` a partir do construtor se tornarão claros. Tanto o construtor (linha 14) quanto a função `setCourseName` (linha 20) usam um parâmetro chamado `name`. Você pode usar os mesmos nomes de parâmetro em diferentes funções, pois os parâmetros pertencem um a cada função; eles não interferem uns com os outros.

Teste da classe GradeBook

As linhas 43-53 da Figura 16.7 definem a função `main` que testa a classe `GradeBook` e demonstra a inicialização de objetos `GradeBook` usando um construtor. A linha 46 cria e inicializa um objeto `GradeBook` chamado `gradeBook1`. Quando essa linha é executada, o construtor `GradeBook` (linhas 14-17) é chamado (implicitamente pela C++) com o argumento `"CS101 Introdução à programação C++"` para inicializar o nome do curso de `gradeBook1`. A linha 47 repete esse processo para o objeto `GradeBook` chamado `gradeBook2`, dessa vez passando o argumento `"CS102 Estruturas de dados em C++"` para inicializar o nome do curso de `gradeBook2`. As linhas 50-51 usam a função-membro `getCourseName` de cada objeto para obter os nomes de curso e mostrar que eles foram realmente inicializados quando os objetos foram criados. A saída confirma que cada objeto `GradeBook` mantém sua própria cópia do dado-membro `courseName`.

Duas maneiras de fornecer um construtor default para uma classe

Qualquer construtor que não use argumentos é chamado de construtor default. Uma classe pode receber um construtor default de duas maneiras:

1. Implicitamente, o compilador cria um construtor default em uma classe que não define um construtor. Esse construtor não inicializa os dados-membro da classe, mas chama o construtor default para cada dado-membro que seja um objeto de outra classe. Uma variável não inicializada normalmente contém um valor de 'lixo'.
2. Explicitamente, você define um construtor que não usa argumentos. Esse construtor default chamará o construtor default para cada dado-membro que é um objeto de outra classe, e realizará a inicialização adicional especificada por você.

Se você definir um construtor *com* argumentos, C++ não criará um construtor default para essa classe implicitamente. Para cada versão da classe `GradeBook` nas figuras 16.1, 16.3 e 16.5, o compilador implicitamente definiu um construtor default.

Dica de prevenção de erro 16.2

Se nenhuma inicialização dos dados-membro de sua classe for necessária (quase nunca), forneça um construtor para garantir que os dados-membro de sua classe sejam inicializados com valores significativos quando cada novo objeto de sua classe for criado.

Observação sobre engenharia de software 16.5

Os dados-membro podem ser inicializados em um construtor, ou seus valores podem ser definidos mais tarde, depois que o objeto for criado. Porém, uma boa prática de engenharia de software consiste em garantir que um objeto seja totalmente inicializado antes que o código-cliente chame as funções-membro do objeto. Você não deve contar com o código-cliente para garantir que um objeto seja inicializado corretamente.

Inclusão do construtor no diagrama de classes UML da classe GradeBook

O diagrama de classes UML da Figura 16.8 modela a classe `GradeBook` da Figura 16.7, que tem um construtor com um parâmetro `name` do tipo `string` (representado pelo tipo `String` na UML). Assim como as operações, a UML modela construtores no terceiro compartimento de uma classe em um diagrama de classes. Para distinguir um construtor das operações de uma classe, a UML coloca a palavra 'construtor' entre os sinais « e » antes do nome do construtor. É comum listar o construtor de classe antes de outras operações no terceiro compartimento.

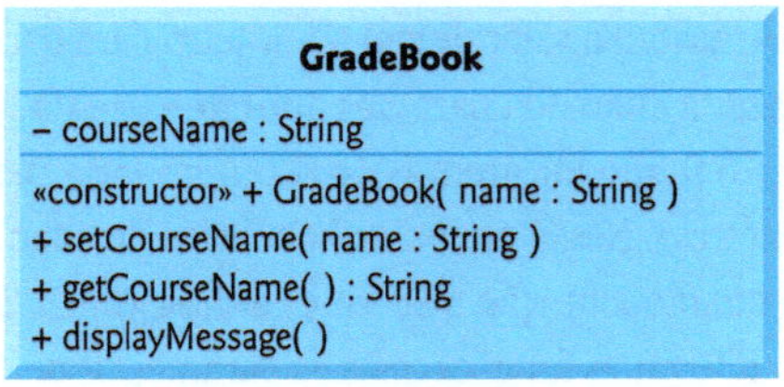

Figura 16.8 ■ Diagrama de classes UML indicando que a classe `GradeBook` tem um construtor com um parâmetro name do tipo UML `String`.

16.7 Introdução de uma classe em um arquivo separado para reutilização

Um dos benefícios da criação de definições de classe é que, quando empacotadas corretamente, nossas classes podem ser reutilizadas pelos programadores — potencialmente, no mundo inteiro. Por exemplo, podemos reutilizar o tipo `string` na biblioteca-padrão de C++ em qualquer programa C++ ao incluir o arquivo de cabeçalho `<string>` (e, conforme veremos, ao vincular ao código-objeto da biblioteca).

Os programadores que desejem usar nossa classe `GradeBook` não poderão simplesmente incluir o arquivo da Figura 16.7 em outro programa. Como você sabe, a função `main` inicia a execução de cada programa, e cada programa precisa ter exatamente uma função `main`. Se outros programadores incluírem o código da Figura 16.7, eles terão bagagem extra — nossa função `main` — e seus programas, então, terão duas funções `main`. A tentativa de compilar um programa com duas funções `main` no Microsoft Visual C++ produz um erro como

```
error C2084: function 'int main(void)' already has a body
(função 'int main(void)' já tem um corpo)
```

quando o compilador tenta compilar a segunda função `main` que encontra. De modo semelhante, o compilador GNU C++ produz o erro

```
redefinition of 'int main()'
(redefinição de 'int main()')
```

Esses erros indicam que um programa já tem uma função `main`. Assim, colocar `main` no mesmo arquivo em que se encontra uma definição de classe impede que a classe seja reutilizada por outros programas. Nessa seção, demonstramos como tornar a classe `GradeBook` reutilizável, separando-a da função `main` para outro arquivo.

Arquivos de cabeçalho

Cada um dos exemplos anteriores neste capítulo consiste em um único arquivo `.cpp`, também conhecido como **arquivo de código-fonte**, que contém uma definição de classe `GradeBook` e uma função `main`. Ao montar um programa C++ orientado a objeto, é comum definir um código-fonte reutilizável (como uma classe) em um arquivo que, por convenção, tem uma extensão de nome de arquivo `.h` — conhecida como **arquivo de cabeçalho**. Os programas usam diretivas do pré-processador `#include` para incluir arquivos de cabeçalho e tirar proveito dos componentes de software reutilizáveis, como o tipo `string` fornecido na biblioteca-padrão de C++ e tipos definidos pelo usuário, como a classe `GradeBook`.

Nosso próximo exemplo separa o código da Figura 16.7 em dois arquivos — `GradeBook.h` (Figura 16.9) e `fig16_10.cpp` (Figura 16.10). Ao examinar o arquivo de cabeçalho da Figura 16.9, observe que ele contém apenas a definição de classe `GradeBook` (linhas 8-38), os arquivos de cabeçalho apropriados e uma declaração `using`. A função `main` que usa a classe `GradeBook` é definida no arquivo de código-fonte `fig16_10.cpp` (Figura 16.10) nas linhas 8-18. Para ajudá-lo a se preparar para os programas maiores que encontrará adiante neste livro e na indústria, normalmente usaremos um arquivo de código-fonte separado que contenha a função `main` para testar nossas classes (este é chamado de **programa controlador**). Você logo aprenderá como um arquivo de código-fonte com `main` pode usar a definição de classe encontrada em um arquivo de cabeçalho para criar objetos de uma classe.

```
// Fig. 16.9: GradeBook.h
// Definição da classe GradeBook em um arquivo separado de main.
#include <iostream>
#include <string> // classe GradeBook usa classe string padrão da C++
using namespace std;

// Definição da classe GradeBook
class GradeBook
{
public:
   // construtor inicializa courseName com string fornecida como argumento
   GradeBook( string name )
   {
      setCourseName( name ); // chama função set para inicializar courseName
   } // fim do construtor de GradeBook

   // função para definir o nome do curso
   void setCourseName( string name )
   {
      courseName = name; // armazena o nome do curso no objeto
   } // fim da função setCourseName

   // função para obter o nome do curso
   string getCourseName()
   {
      return courseName; // retorna courseName do objeto
   } // fim da função getCourseName

   // mostra mensagem de boas-vindas ao usuário do GradeBook
   void displayMessage()
   {
      // chama getCourseName para obter o courseName
      cout << "Bem-vindo ao grade book para\n" << getCourseName()
         << "!" << endl;
   } // fim da função displayMessage
private:
   string courseName; // nome do curso para esse GradeBook
}; // fim da classe GradeBook
```

Figura 16.9 ■ Definição da classe `GradeBook` em um arquivo separado de `main`.

```
// Fig. 16.10: fig16_10.cpp
// Incluindo a classe GradeBook do arquivo GradeBook.h para uso em main.
#include <iostream>
#include "GradeBook.h" // inclui definição da classe GradeBook
using namespace std;

// função main inicia a execução do programa
int main()
{
   // cria dois objetos GradeBook
```

Figura 16.10 ■ Inclusão da classe `GradeBook` do arquivo `GradeBook.h` para uso em `main`. (Parte 1 de 2.)

```
11     GradeBook gradeBook1( "CS101 Introdução à programação C++" );
12     GradeBook gradeBook2( "CS102 Estrutura de dados em C++" );
13
14     // mostra valor inicial de courseName para cada GradeBook
15     cout << "gradeBook1 criado para o curso: " << gradeBook1.getCourseName()
16        << "\ngradeBook2 criado para o curso: " << gradeBook2.getCourseName()
17        << endl;
18  } // fim do main
```

```
gradeBook1 criado para o curso: CS101 Introdução à programação C++
gradeBook2 criado para o curso: CS102 Estruturas de dados em C++
```

Figura 16.10 ■ Inclusão da classe **GradeBook** do arquivo **GradeBook**.h para uso em `main`. (Parte 2 de 2.)

Inclusão de um arquivo de cabeçalho que contém uma classe definida pelo usuário

Um arquivo de cabeçalho como `GradeBook.h` (Figura 16.9) não pode ser usado para iniciar a execução do programa, pois não contém uma função `main`. Se você tentar compilar e ligar `GradeBook.h` por si só para criar uma aplicação executável, o Microsoft Visual C++ 2008 produzirá a seguinte mensagem de erro do linker:

```
error LNK2001: unresolved external symbol _mainCRTStartup
(erro LNK2001: símbolo externo não resolvido _mainCRTStartup)
```

Para compilar e ligar com GNU C++ no Linux, você precisa, em primeiro lugar, incluir o arquivo de cabeçalho em um arquivo de código-fonte `.cpp`, e depois o GNU C++ produzirá uma mensagem de erro do linker que conterá:

```
undefined reference to 'main'
(referência indefinida a 'main')
```

Esse erro indica que o linker não conseguiu localizar a função `main` do programa. Para testar a classe `GradeBook` (definida na Figura 16.9), você precisa escrever um arquivo de código-fonte separado que contenha uma função `main` (como na Figura 16.10), que instancie e use objetos da classe.

O compilador não sabe o que é um `GradeBook`, pois este é um tipo definido pelo usuário. Na verdade, o compilador nem conhece as classes da biblioteca-padrão de C++. Para ajudá-lo a entender como usar uma classe, temos de fornecer ao compilador a definição da classe explicitamente — é por isso que, por exemplo, para usar o tipo `string`, um programa precisa incluir o arquivo de cabeçalho `<string>`. Isso permite que o compilador determine a quantidade de memória que ele deve reservar para cada objeto da classe e assegura que o programa chamará corretamente as funções-membro da classe.

Para criar os objetos `GradeBook`, `gradeBook1` e `gradeBook2`, nas linhas 11-12 da Figura 16.10, o compilador precisa conhecer o tamanho de um objeto `GradeBook`. Embora os objetos contenham, conceitualmente, dados-membro e funções-membro, objetos C++ contêm apenas dados. O compilador cria apenas *uma* cópia das funções-membro da classe e *compartilha* essa cópia com todos os objetos da classe. Cada objeto, naturalmente, precisa de sua própria cópia dos dados-membro da classe, pois seu conteúdo pode variar entre os objetos (como dois objetos `ContaBanco` diferentes que têm dois dados-membro `saldo` diferentes). O código da função-membro, porém, não é modificável, de modo que pode ser compartilhado com todos os objetos da classe. Portanto, o tamanho de um objeto depende da quantidade de memória exigida para armazenar os dados-membro da classe. Ao incluir `GradeBook.h` na linha 4, demos ao compilador acesso à informação de que ele precisava (Figura 16.9, linha 37) para determinar o tamanho de um objeto `GradeBook` e se os objetos da classe estavam sendo usados corretamente (nas linhas 11-12 e 15-16 da Figura 16.10).

A linha 4 instrui o pré-processador C++ a substituir a diretiva por uma cópia do conteúdo de `GradeBook.h` (ou seja, a definição da classe `GradeBook`) *antes* que o programa seja compilado. Quando o arquivo de código-fonte `fig16_10.cpp` é compilado, ele passa a conter a definição da classe `GradeBook` (devido ao `#include`), e o compilador se torna capaz de determinar como criar objetos `GradeBook` e de garantir que suas funções-membro sejam chamadas corretamente. Agora que a definição da classe está em um arquivo de cabeçalho (sem uma função `main`), podemos incluir esse cabeçalho em *qualquer* programa que precise reutilizar nossa classe `GradeBook`.

Como os arquivos de cabeçalho são localizados

Observe que o nome do arquivo de cabeçalho `GradeBook.h` na linha 4 da Figura 16.10 está entre aspas (" ") em vez de entre < e >. Normalmente, os arquivos de código-fonte de um programa e os arquivos de cabeçalho definidos pelo usuário são colocados no mesmo diretório. Quando o pré-processador encontra um nome de arquivo de cabeçalho entre aspas, ele tenta localizar o arquivo de cabeçalho no mesmo diretório do arquivo em que a diretiva `#include` aparece. Se o pré-processador não puder encontrar o arquivo de cabeçalho nesse diretório, ele vai procurá-lo no mesmo local (ou locais) dos arquivos de cabeçalho da biblioteca-padrão de C++. Quando o pré-processador encontra um nome de arquivo de cabeçalho entre sinais de < e > (por exemplo, `<iostream>`), ele assume que o cabeçalho faz parte da biblioteca-padrão de C++, e não examina o diretório do programa que está sendo pré-processado.

Dica de prevenção de erro 16.3

Para garantir que o pré-processador possa localizar arquivos de cabeçalho corretamente, diretivas do pré-processador `#include` *devem colocar os nomes dos arquivos de cabeçalho definidos pelo usuário entre aspas (por exemplo,* "`GradeBook.h`"*), e colocar os nomes dos arquivos de cabeçalho da biblioteca-padrão de C++ entre sinais de < e > (por exemplo,* `<iostream>`*).*

Questões adicionais de engenharia de software

Agora que a classe `GradeBook` foi definida em um arquivo de cabeçalho, a classe passou a ser reutilizável. Infelizmente, colocar uma definição de classe em um arquivo de cabeçalho, como ocorre na Figura 16.9, ainda revela a implementação inteira da classe aos clientes da classe — `GradeBook.h` é simplesmente um arquivo de texto que qualquer um pode abrir e ler. A sabedoria convencional da engenharia de software diz que, para usar um objeto de uma classe, o código-cliente precisa saber apenas quais funções-membro chamar, quais argumentos oferecer a cada função-membro e qual tipo de retorno esperar de cada função-membro. O código-cliente não precisa saber como essas funções foram implementadas.

Se o código-cliente *souber* como uma classe é implementada, o programador do código-cliente poderia escrever esse código com base nos detalhes de implementação da classe. O ideal é que, se essa implementação tiver de mudar, os clientes da classe não tenham de ser mudados também. Ocultar os detalhes de implementação da classe torna mais fácil a mudança dessa implementação enquanto se minimiza e, por sorte, elimina as mudanças no código-cliente.

Na Seção 16.8, mostramos como dividir a classe `GradeBook` em dois arquivos de modo que

1. a classe seja reutilizável;
2. os clientes da classe saibam quais funções-membro a classe oferece, como chamá-los e quais tipos de retorno esperar;
3. os clientes *não* saibam como as funções-membro da classe são implementadas.

16.8 Separação da interface de implementação

Na seção anterior, mostramos como promover a reutilização do software separando uma definição de classe do código-cliente (por exemplo, a função `main`) que usa a classe. Agora, apresentamos outro princípio fundamental da boa engenharia de software — a **separação da interface de implementação**.

Interface de uma classe

As **interfaces** definem e padronizam as maneiras como pessoas e sistemas interagem. Por exemplo, os controles de um aparelho de rádio servem como uma interface entre os usuários do rádio e seus componentes internos. Os controles permitem que os usuários realizem um conjunto limitado de operações (como mudar a estação, ajustar o volume e escolher entre estações AM e FM). Vários aparelhos de rádio podem implementar essas operações de formas diferentes — alguns oferecem botões que devem ser pressionados, outros oferecem mostradores e alguns permitem o uso de controle remoto. A interface especifica *quais* operações um aparelho permite que os usuários realizem, mas não especifica *como* as operações são implementadas dentro dele.

De modo semelhante, a **interface de uma classe** descreve *quais* serviços os clientes de uma classe podem usar e como *solicitá-los*, mas não *como* a classe os executa. A interface `public` de uma classe consiste nas funções-membro `public` da classe (também conhecidas como **serviços `public`** da classe). Por exemplo, a interface da classe `GradeBook` (Figura 16.9) contém um construtor e funções-membro `setCourseName`, `getCourseName` e `displayMessage`. Os clientes de `GradeBook` (por exemplo, `main` na Figura 16.10) usam essas funções para solicitar os serviços da classe. Como você verá em breve, é possível especificar a interface de uma classe escrevendo uma definição de classe que liste apenas os nomes da função-membro, tipos de retorno e tipos de parâmetro.

Separação da interface de implementação

Em nossos exemplos anteriores, cada definição de classe continha as definições completas das funções-membro `public` da classe e as declarações de seus dados-membro `private`. Porém, segundo a engenharia de software, é melhor definir funções-membro *fora* da definição da classe, de modo que os detalhes de sua implementação possam ser ocultados do código-cliente. Essa prática *garante* que você não escreva um código-cliente que dependa dos detalhes de implementação da classe. Se você fizesse isso, o código-cliente provavelmente 'quebraria' se a implementação da classe mudasse.

O programa das figuras 16.11 a 16.13 separa a interface da classe `GradeBook` de sua implementação dividindo a definição de classe da Figura 16.9 em dois arquivos — o arquivo de cabeçalho `GradeBook.h` (Figura 16.11), em que a classe `GradeBook` é definida, e o arquivo de código-fonte `GradeBook.cpp` (Figura 16.12), em que as funções-membro de `GradeBook` são definidas. Por convenção, as definições de função-membro são colocadas em um arquivo de código-fonte com o mesmo nome de base (por exemplo, `GradeBook`) do arquivo de cabeçalho da classe, mas com uma extensão de nome de arquivo `.cpp`. O arquivo de código-fonte `fig16_13.cpp` (Figura 16.13) define a função `main` (o código-cliente). O código e a saída da Figura 16.13 são idênticos aos da Figura 16.10. A Figura 16.14 mostra como esse programa de três arquivos é compilado dos pontos de vista do programador da classe `GradeBook` e do programador do código-cliente — explicaremos essa figura em detalhes.

`GradeBook.h`: definição da interface de uma classe com protótipos de função

O arquivo de cabeçalho `GradeBook.h` (Figura 16.11) contém outra versão da definição de classe de `GradeBook` (linhas 9-18). Essa versão é semelhante à da Figura 16.9, mas as definições de função na Figura 16.9 são substituídas aqui por **protótipos de função** (linhas 12-15) que descrevem a interface `public` da classe, sem revelar as implementações de função-membro da classe. Um protótipo de função é uma declaração de uma função que diz ao compilador o nome da função, seu tipo de retorno e seus tipos de parâmetros. Além disso, o arquivo de cabeçalho ainda especifica o dado-membro `private` da classe (linha 17). Novamente, o compilador precisa conhecer os dados-membro da classe para determinar a quantidade de memória que deve reservar para outro objeto da classe. Incluir o arquivo de cabeçalho `GradeBook.h` no código-cliente (linha 5 da Figura 16.13) oferece ao compilador a informação de que ele precisa para garantir que o código-cliente chame as funções-membro da classe `GradeBook` corretamente.

O protótipo de função na linha 12 (Figura 16.11) indica que o construtor exige um parâmetro `string`. Lembre-se de que os construtores não possuem tipos de retorno, de modo que nenhum tipo de retorno aparece no protótipo da função. O protótipo de função da função-membro `setCourseName` indica que `setCourseName` requer um parâmetro `string`, e não retorna um valor (ou seja, seu tipo de retorno é `void`). O protótipo de função da função-membro `getCourseName` indica que a função não requer parâmetros, e que retorna uma `string`. Finalmente, o protótipo de função da função-membro `displayMessage` (linha 15) especifica que `displayMessage` não requer parâmetros e não retorna um valor. Esses protótipos de função são os mesmos dos cabeçalhos de função correspondentes da Figura 16.9, exceto que os nomes de parâmetro (que são opcionais nos protótipos) não estão incluídos, e cada protótipo de função deve terminar com um sinal de ponto e vírgula.

```
1  // Fig. 16.11: GradeBook.h
2  // Definição da classe GradeBook. Esse arquivo apresenta a interface pública
3  // de GradeBook sem revelar as implementações das funções-membro de GradeBook,
4  // que são definidas em GradeBook.cpp.
5  #include <string> // a classe GradeBook usa a classe string de C++ padrão
6  using namespace std;
7
8  // Definição de classe GradeBook
9  class GradeBook
10 {
11 public:
12    GradeBook( string ); // construtor que inicializa courseName
13    void setCourseName( string ); // função que define o nome do curso
14    string getCourseName(); // função que recebe o nome do curso
15    void displayMessage(); // função que exibe a mensagem de boas-vindas
16 private:
17    string courseName; // nome do curso para esse GradeBook
18 }; // fim da classe GradeBook
```

Figura 16.11 ■ Definição da classe `GradeBook` que contém protótipos de função que especificam a interface da classe.

Erro comum de programação 16.8

Esquecer de colocar um ponto e vírgula no final de um protótipo de função é um erro de sintaxe.

Boa prática de programação 16.7

Embora os nomes de parâmetro nos protótipos de função sejam opcionais (eles são ignorados pelo compilador), muitos programadores usam esses nomes para fins de documentação.

Dica de prevenção de erro 16.4

Os nomes de parâmetro em um protótipo de função (que, novamente, são ignorados pelo compilador) podem ser confusos se os nomes usados não corresponderem aos que são usados na definição da função. Por esse motivo, muitos programadores criam protótipos de função copiando a primeira linha das definições de função correspondentes (quando o código-fonte para as funções está disponível), e depois incluem um ponto e vírgula ao final de cada protótipo.

GradeBook.cpp: *definição de funções-membro em um arquivo de código-fonte separado*

O arquivo de código-fonte `GradeBook.cpp` (Figura 16.12) *define* as funções-membro da classe `GradeBook`, que foram *declaradas* nas linhas 12-15 da Figura 16.11. As definições aparecem nas linhas 9-32 e são quase idênticas às definições de função-membro nas linhas 12-35 da Figura 16.9.

```
1  // Fig. 16.12: GradeBook.cpp
2  // Definições de função-membro de GradeBook. Esse arquivo contém implementações
3  // das funções-membro prototipadas em GradeBook.h.
4  #include <iostream>
5  #include "GradeBook.h" // inclui definição da classe GradeBook
6  using namespace std;
7
8  // construtor inicializa courseName com string fornecida como argumento
9  GradeBook::GradeBook( string name )
10 {
11    setCourseName( name ); // chama função set para inicializar courseName
12 } // fim do construtor de GradeBook
13
14 // função para definir o nome do curso
15 void GradeBook::setCourseName( string name )
16 {
17    courseName = name; // armazena o nome do curso no objeto
18 } // fim da função setCourseName
19
20 // função para obter o nome do curso
21 string GradeBook::getCourseName()
22 {
23    return courseName; // retorna o courseName do objeto
24 } // fim da função getCourseName
25
26 // exibe uma mensagem de boas-vindas ao usuário do GradeBook
27 void GradeBook::displayMessage()
28 {
29    // chama getCourseName para obter o courseName
30    cout << "Bem-vindo ao grade book para\n" << getCourseName()
31       << "!" << endl;
32 } // fim da função displayMessage
```

Figura 16.12 ■ Definições da função-membro `GradeBook` representam a implementação da classe `GradeBook`.

Observe que cada nome de função-membro nos cabeçalhos de função (linhas 9, 15, 21 e 27) é precedido pelo nome da classe e `::`, que é conhecido como **operador binário de resolução de escopo**. Isso 'liga' cada função-membro à definição (agora separada) de classe `GradeBook` (Figura 16.11), que declara as funções-membro e os dados-membro da classe. Sem "`GradeBook::`" antes de cada nome de função, essas funções não seriam reconhecidas pelo compilador como funções-membro da classe `GradeBook` — o compilador as consideraria funções 'livres' ou 'soltas', assim como `main`. Elas também são chamadas de funções globais. Essas funções não podem acessar os dados `private` de `GradeBook` ou chamar as funções-membro da classe sem especificar um objeto. Assim, o compilador não seria capaz de compilar essas funções. Por exemplo, as linhas 17 e 23 que acessam a variável `courseName` causariam erros de compilação, porque `courseName` não está declarado como uma variável local em cada função — o compilador não saberia que `courseName` já está declarado como dado-membro da classe `GradeBook`.

Erro comum de programação 16.9

Ao definir as funções-membro de uma classe fora dessa classe, omitir o nome da classe e o operador binário de resolução de escopo (`::`) antes dos nomes de função causa erros de compilação.

Para indicar que as funções-membro em `GradeBook.cpp` fazem parte da classe `GradeBook`, precisamos incluir, em primeiro lugar, o arquivo de cabeçalho `GradeBook.h` (linha 5 da Figura 16.12). Isso permite acessar o nome de classe `GradeBook` no arquivo `GradeBook.cpp`. Ao compilar `GradeBook.cpp`, o compilador usa a informação em `GradeBook.h` para garantir que:

1. a primeira linha de cada função-membro (linhas 9, 15, 21 e 27) combine com seu protótipo no arquivo `GradeBook.h` — por exemplo, o compilador garante que `getCourseName` não aceite parâmetros e retorne uma `string`; e que
2. cada função-membro conheça os dados-membro da classe e outras funções-membro — por exemplo, as linhas 17 e 23 podem acessar a variável `courseName`, porque ela é declarada em `GradeBook.h` como um dado-membro da classe `GradeBook`, e as linhas 11 e 30 podem chamar funções `setCourseName` e `getCourseName`, respectivamente, pois cada uma é declarada como uma função-membro da classe em `GradeBook.h` (e porque essas chamadas estão em conformidade com os protótipos correspondentes).

Testando a classe GradeBook

A Figura 16.13 realiza as mesmas manipulações de objeto `GradeBook` da Figura 16.10. A separação da interface de `GradeBook` da implementação de suas funções-membro não afeta o modo como esse código-cliente usa a classe. Isso afeta apenas o modo como o programa é compilado e ligado, o que discutiremos em detalhes adiante.

```
// Fig. 16.13: fig16_13.cpp
// Demonstração da classe GradeBook após a separação
// entre a interface e sua implementação.
#include <iostream>
#include "GradeBook.h" // inclui definição da classe GradeBook
using namespace std;

// função main inicia a execução do programa
int main()
{
   // cria dois objetos GradeBook
   GradeBook gradeBook1( "CS101 Introdução à programação C++" );
   GradeBook gradeBook2( "CS102 Estruturas de dados em C++" );

   // exibe valor inicial de courseName para cada GradeBook
   cout << "gradeBook1 criado para o curso: " << gradeBook1.getCourseName()
      << "\ngradeBook2 criado para o curso: " << gradeBook2.getCourseName()
      << endl;
} // fim do main
```

```
gradeBook1 criado para o curso: CS101 Introdução à programação C++
gradeBook2 criado para o curso: CS102 Estruturas de dados em C++
```

Figura 16.13 ■ Demonstração da classe `GradeBook` após a separação entre a interface e sua implementação.

Assim como na Figura 16.10, a linha 5 da Figura 16.13 inclui o arquivo de cabeçalho `GradeBook.h`, de modo que o compilador possa garantir que os objetos `GradeBook` sejam criados e manipulados corretamente no código-cliente. Antes de executar esse programa, os arquivos do código-fonte nas figuras 16.12 e 16.13 precisam ser compilados e ligados — ou seja, as chamadas de função-membro no código-cliente precisam ser unidas às implementações das funções-membro da classe — uma tarefa a ser realizada pelo linker.

Os processos de compilação e ligação

O diagrama da Figura 16.14 mostra o processo de compilação e ligação que resulta em uma aplicação executável `GradeBook` que pode ser usada por instrutores. Normalmente, a interface e a implementação de uma classe serão criadas e compiladas por um programador e usadas por um programador separado, que implementa o código-cliente que usa a classe. Assim, o diagrama mostra o que é exigido tanto pelo programador de implementação de classe quanto pelo programador do código-cliente. As linhas tracejadas no diagrama mostram as partes exigidas pelo programador da implementação da classe, pelo programador do código-cliente e pelo usuário da aplicação `GradeBook`, respectivamente. [*Nota:* a Figura 16.14 *não* é um diagrama UML.]

Um programador de implementação de classe responsável por criar uma classe `GradeBook` reutilizável cria o arquivo de cabeçalho `GradeBook.h` e o arquivo de código-fonte `GradeBook.cpp`, que inclui (com `#include`) o arquivo de cabeçalho, e depois compila

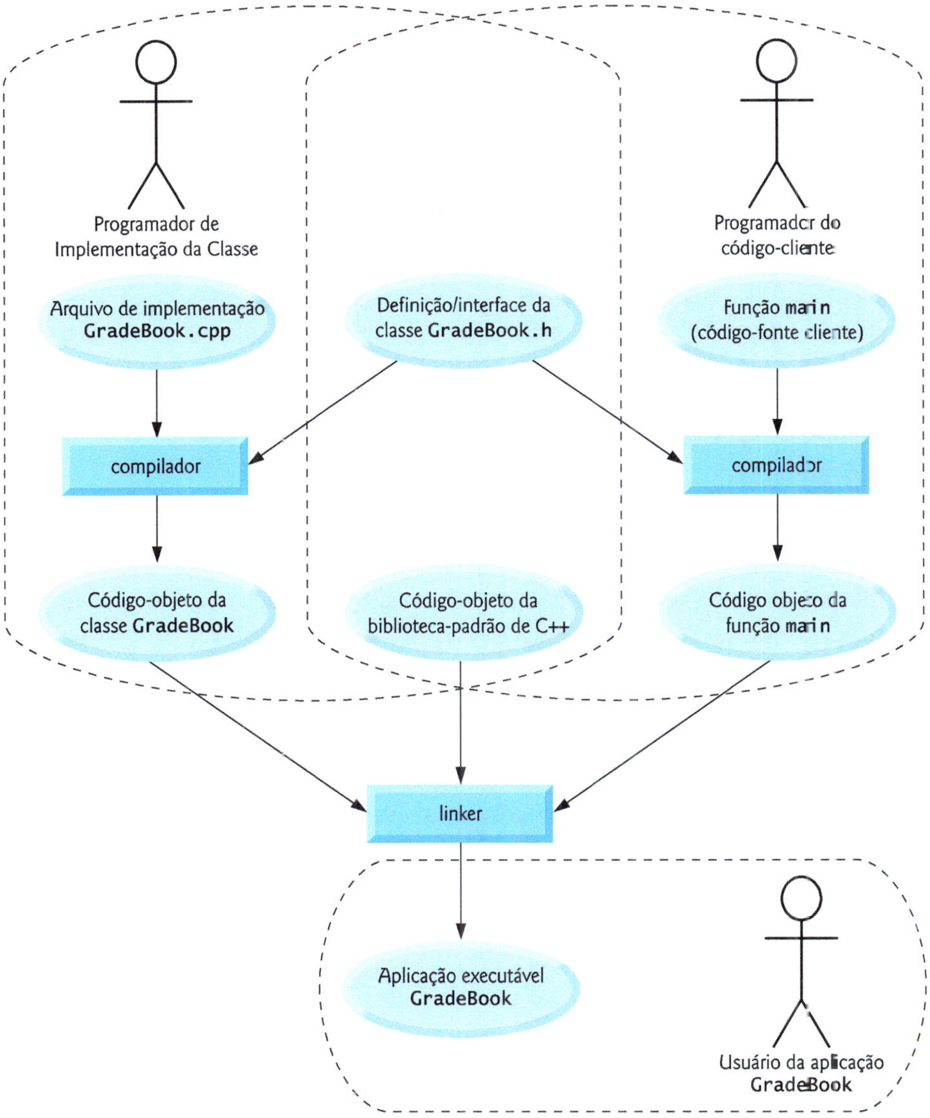

Figura 16.14 ■ Processos de compilação e link que produzem uma aplicação executável.

o arquivo de código-fonte para criar o código-objeto de `GradeBook`. Para ocultar os detalhes de implementação da função-membro da classe, o programador de implementação de classe forneceria ao programador do código-cliente o arquivo de cabeçalho `GradeBook.h` (que especifica a interface e os dados-membro da classe) e o código-objeto de `GradeBook` (ou seja, as instruções em linguagem de máquina que representam as funções-membro de `GradeBook`). O programador do código-cliente não recebe `GradeBook.cpp`, de modo que o cliente não sabe como as funções-membro de `GradeBook` foram implementadas.

O código-cliente só precisa conhecer a interface de `GradeBook` para usar a classe, e deve ser capaz de se ligar ao seu código-objeto. Como a interface da classe faz parte da definição da classe no arquivo de cabeçalho `GradeBook.h`, o programador do código-cliente precisa ter acesso a esse arquivo e incluí-lo (com `#include`) no arquivo de código-fonte do cliente. Quando o código-cliente é compilado, o compilador usa a definição de classe em `GradeBook.h` para garantir que a função `main` crie e manipule os objetos da classe `GradeBook` corretamente.

Para criar a aplicação `GradeBook` executável, a última etapa é ligar:

1. o código-objeto à função `main` (ou seja, o código-cliente);
2. o código-objeto às implementações de função-membro de `GradeBook`; e
3. o código-objeto da biblioteca-padrão de C++ às classes C++ (por exemplo, `string`) usadas pelo programador de implementação de classe e pelo programador do código-cliente.

A saída do linker é a aplicação `GradeBook` executável, que os instrutores podem usar para controlar as notas de seus alunos. Os compiladores e os IDEs (interface de desenvolvimento) normalmente chamam o linker para você depois de compilar seu código.

Para obter mais informações sobre a compilação de múltiplos programas de arquivo-fonte, consulte a documentação de seu compilador. Fornecemos links para diversos compiladores em C++ em nosso C++ Resource Center, em <`www.deitel.com/cplusplus/`>.

16.9 Validação de dados com funções *set*

Na Seção 16.5, apresentamos as funções *set*, que permitem que os clientes de uma classe modifiquem o valor de um dado-membro `private`. Na Figura 16.5, a classe `GradeBook` define a função-membro `setCourseName` para simplesmente atribuir um valor recebido em seu parâmetro `name` ao dado-membro `courseName`. Essa função-membro não garante que o nome do curso siga um formato em particular, ou siga quaisquer outras regras a respeito de como um nome de curso 'válido' teria de ser. Como já dissemos, suponha que uma universidade só possa imprimir históricos de alunos que contenham nomes de curso com até 25 caracteres. Se a universidade usar um sistema que contenha objetos `GradeBook` para gerar os históricos, talvez queiramos que a classe `GradeBook` garanta que seu dado-membro `courseName` nunca tenha mais de 25 caracteres. O programa das figuras 16.15 e 16.17 aperfeiçoa a função-membro `setCourseName` da classe `GradeBook` para realizar essa **validação** (também conhecida como **verificação de validade**).

Definição da classe GradeBook

Observe que a definição de classe `GradeBook` (Figura 16.15) — e, portanto, sua interface — é idêntica à da Figura 16.11. Como a interface permanece inalterada, os clientes dessa classe não precisam ser alterados quando a definição da função-membro `setCourseName` é modificada. Isso permite que os clientes tirem proveito da classe `GradeBook` melhorada simplesmente ao ligar código-cliente ao código-objeto atualizado de `GradeBook`.

```
// Fig. 16.15: GradeBook.h
// A definição da classe GradeBook apresenta a interface pública da
// classe. As definições de função-membro aparecem em GradeBook.cpp.
#include <string> // programa usa a classe de string padrão de C++
using namespace std;

// Definição de classe GradeBook
class GradeBook
{
public:
   GradeBook( string ); // construtor que inicializa um objeto GradeBook
   void setCourseName( string ); // função que define o nome do curso
```

Figura 16.15 ■ Definição da classe `GradeBook`. (Parte 1 de 2.)

```
   string getCourseName(); // função que obtém o nome do curso
   void displayMessage(); // função que exibe mensagem de boas-vindas
private:
   string courseName; // nome do curso para esse GradeBook
}; // fim da classe GradeBook
```

Figura 16.15 ■ Definição da classe `GradeBook`. (Parte 2 de 2.)

Validação do nome do curso com função-membro `setCourseName` *de* `GradeBook`

A melhoria na classe `GradeBook` está na definição de `setCourseName` (Figura 16.16, linhas 16-29). A instrução `if` nas linhas 18-19 determina se o parâmetro `name` contém um nome de curso válido (ou seja, uma `string` de 25 ou menos caracteres). Se o nome do curso é válido, a linha 19 o armazena no dado-membro `courseName`. Observe a expressão `name.length()` na linha 18. Esta é uma chamada de função-membro assim como `myGradeBook.displayMessage()`. A classe `string` da biblioteca-padrão de C++ define uma função-membro **`length`** que retorna o número de caracteres em um objeto `string`. O parâmetro `name` é um objeto `string`, de modo que a chamada `name.length()` retorna o número de caracteres em `name`. Se esse valor for menor ou igual a `25`, `name` é válido e a linha 19 é executada.

A instrução `if` nas linhas 21-28 trata o caso em que `setCourseName` recebe um nome de curso inválido (ou seja, um nome que possui mais de 25 caracteres). Mesmo que o parâmetro `name` seja muito grande, ainda queremos deixar o objeto `GradeBook` em um **estado constante** — ou seja, um estado em que o dado-membro `courseName` do objeto contém um valor válido (ou seja, uma `string` de 25 caracteres ou menos). Assim, truncamos o nome do curso especificado e atribuímos os 25 primeiros caracteres de `name` ao dado-membro `courseName` (infelizmente, isso poderia truncar o nome do curso de forma esquisita). A classe-padrão `string` oferece a função-membro **`substr`** (abreviação de 'substring'), que retorna um novo objeto `string` criado pela cópia de parte de um objeto `string` existente. A chamada na linha 24 (ou seja, `name.substr( 0, 25 )`) passa dois inteiros (`0` e `25`) à função-membro `substr` de `name`. Esses argumentos indicam a parte da string `name` que `substr` deverá retornar. O primeiro argumento especifica a posição inicial na `string` original a partir da qual os caracteres são copiados — considera-se que os primeiros caracteres de todas as strings estão na posição 0. O segundo argumento especifica o número de caracteres a serem copiados. Portanto, a chamada na linha 24 retorna uma substring de 25 caracteres de `name` que começam na posição 0 (ou seja, os 25 primeiros caracteres em `name`). Por exemplo, se `name` tiver o valor "`CS101 Introdução à programação C++`", `substr` retornará "`CS101 Introdução à Pro`". Após a chamada a `substr`, a linha 24 atribui a substring retornada por `substr` ao dado-membro `courseName`. Desse modo, `setCourseName` garante que `courseName` sempre receberá uma string que contém 25 caracteres ou menos. Se a função-membro tiver de truncar o nome do curso para torná-lo válido, as linhas 26-27 exibirão uma mensagem de advertência.

```
1  // Fig. 16.16: GradeBook.cpp
2  // Implementações das definições de função-membro de GradeBook.
3  // A função setCourseName realiza validação.
4  #include <iostream>
5  #include "GradeBook.h" // inclui definição da classe GradeBook
6  using namespace std;
7
8  // construtor inicializa courseName com string fornecida como argumento
9  GradeBook::GradeBook( string name )
10 {
11    setCourseName( name ); // valida e armazena courseName
12 } // fim do construtor de GradeBook
13
14 // função que define o nome do curso;
15 // garante que o nome do curso tenha no máximo 25 caracteres
16 void GradeBook::setCourseName( string name )
17 {
18    if ( name.length() <= 25 ) // se o nome tem 25 caracteres ou menos
```

Figura 16.16 ■ Definições de função-membro para a classe `GradeBook` com uma função *set* que valida o tamanho do dado-membro `courseName`. (Parte 1 de 2.)

```
19        courseName = name; // armazena o nome do curso no objeto
20
21     if ( name.length() > 25 ) // se o nome tem mais de 25 caracteres
22     {
23        // define courseName nos 25 primeiros caracteres do parâmetro name
24        courseName = name.substr( 0, 25 ); // inicia em 0, tamanho de 25
25
26        cout << "Nome \"" << name << "\" excede o tamanho máximo (25).\n"
27           << "Limitando courseName aos primeiros 25 caracteres.\n" << endl;
28     } // fim do if
29  } // fim da função setCourseName
30
31  // função para obter o nome do curso
32  string GradeBook::getCourseName()
33  {
34     return courseName; // retorna courseName do objeto
35  } // fim da função getCourseName
36
37  // exibe mensagem de boas-vindas ao usuário do GradeBook
38  void GradeBook::displayMessage()
39  {
40     // chama getCourseName para obter o courseName
41     cout << "Bem-vindo ao grade book para\n" << getCourseName()
42        << "!" << endl;
43  } // fim da função displayMessage
```

Figura 16.16 ■ Definições de função-membro para a classe `GradeBook` com uma função *set* que valida o tamanho do dado-membro `courseName`. (Parte 2 de 2.)

A instrução `if` nas linhas 21-28 contém duas instruções no corpo — uma para definir o `courseName` para os primeiros 25 caracteres do parâmetro `name` e uma para exibir uma mensagem para o usuário. A instrução nas linhas 26-27 também poderia aparecer sem um operador de inserção de stream no início da segunda linha da instrução, como em:

```
cout << "Nome \"" << name << "\" excede o tamanho máximo (25).\n"
   "Limitando courseName aos primeiros 25 caracteres.\n" << endl;
```

O compilador C++ combina literais de string adjacentes, mesmo que elas apareçam em linhas separadas de um programa. Assim, na instrução acima, o compilador C++ combinaria as string literais "`\" excede o tamanho máximo (25).\n`" e "`Limitando courseName aos primeiros 25 caracteres.\n`" em uma única string literal que produziria uma saída idêntica à das linhas 26-27 na Figura 16.16. Esse comportamento permite que você imprima strings extensas, quebrando-as em várias linhas em seu programa, sem incluir operações adicionais de inserção de stream.

Teste da classe GradeBook

A Figura 16.17 demonstra a versão modificada da classe `GradeBook` (figuras 16.15 e 16.16) com validação. A linha 12 cria um objeto `GradeBook` chamado `gradeBook1`. Lembre-se de que o construtor de `GradeBook` chama `setCourseName` para inicializar o dado-membro `courseName`. Nas versões anteriores da classe, o benefício de chamar `setCourseName` no construtor não ficava evidente. Agora, porém, o construtor tira proveito da validação fornecida por `setCourseName`. O construtor simplesmente chama `setCourseName` em vez de duplicar seu código de validação. Quando a linha 12 da Figura 16.17 passa um nome de curso inicial de "`CS101 Introdução à programação C++`" para o construtor de `GradeBook`, o construtor passa esse valor para `setCourseName`, onde ocorre a inicialização real. Como esse nome de curso contém mais de 25 caracteres, o corpo da segunda instrução `if` é executado, fazendo com que `courseName` seja inicializado como o nome de curso truncado para 25 caracteres "`CS101 Introdução ao Pro`" (a parte truncada está destacada em azul-escuro na linha 12). A saída na Figura 16.17 contém a mensagem de advertência emitida pelas linhas 26-27 na Figura 16.16 na função-membro `setCourseName`. A linha 13 cria outro objeto `GradeBook` chamado `gradeBook2` — o nome de curso válido passado ao construtor tem exatamente 25 caracteres.

As linhas 16-19 da Figura 16.17 mostram o nome do curso truncado para `gradeBook1` (destacamos isso em azul) e o nome do curso para `gradeBook2`. A linha 22 chama a função-membro `set-CourseName` de `gradeBook1` diretamente para mudar o nome do

```
1  // Fig. 16.17: fig16_17.cpp
2  // Cria e manipula um objeto GradeBook; ilustra a validação.
3  #include <iostream>
4  #include "GradeBook.h" // inclui definição da classe GradeBook
5  using namespace std;
6
7  // função main inicia a execução do programa
8  int main()
9  {
10    // cria dois objetos GradeBook;
11    // nome inicial do curso de gradeBook1 muito grande
12    GradeBook gradeBook1( "CS101 Introdução à programação C++" );
13    GradeBook gradeBook2( "CS102 Estrutura de dados em C++" );
14
15    // mostra cada courseName de GradeBook
16    cout << "Nome inicial do curso de gradeBook1 é: "
17       << gradeBook1.getCourseName()
18       << "\nNome inicial do curso de gradeBook2 é: "
19       << gradeBook2.getCourseName() << endl;
20
21    // modifica courseName de myGradeBook (por uma string de tamanho válido)
22    gradeBook1.setCourseName( "CS101 Programação C++" );
23
24    // mostra cada courseName de GradeBook
25    cout << "\nNome do curso de gradeBook1 é: "
26       << gradeBook1.getCourseName()
27       << "\nNome do curso de gradeBook2 é: "
28       << gradeBook2.getCourseName() << endl;
29 } // fim do main
```

```
Nome "CS101 Introdução à programação C++" excede o tamanho máximo (25).
Limitando courseName aos primeiros 25 caracteres.

Nome inicial do curso de gradeBook1 é: CS101 Introdução à Pro
Nome inicial do curso de gradeBook2 é: CS102 Estruturas de dados em C++

Nome do curso de gradeBook1 é: CS101 Programação C++
Nome do curso de gradeBook2 é: CS102 Estruturas de dados em C++
```

Figura 16.17 ■ Criação e manipulação de um objeto **GradeBook** em que o nome do curso é limitado a 25 caracteres.

curso no objeto `GradeBook` para um nome mais curto, que não precise ser truncado. Depois, as linhas 25-28 mostram os nomes de curso para os objetos `GradeBook` novamente.

Notas adicionais sobre funções `set`

Uma função *set* `public`, como a `setCourseName`, deverá analisar cuidadosamente qualquer tentativa de modificação do valor de um dado-membro (por exemplo, `courseName`) para garantir que o novo valor seja apropriado para esse item de dados. Por exemplo, uma tentativa de *definir* o dia do mês para 37 deverá ser rejeitada, assim como uma tentativa de *definir* o peso de uma pessoa para zero ou para um valor negativo, ou a de *definir* uma nota em um exame para 185 (quando o intervalo correto é de zero a 100) e assim por diante.

Observação sobre engenharia de software 16.6

Para ajudar a garantir a integridade dos dados, torne os dados-membro `private` *e controle o acesso, especialmente o acesso de escrita, a esses dados-membro por meio de funções-membro* `public`*.*

Dica de prevenção de erro 16.5

Os benefícios da integridade de dados não se tornam automáticos simplesmente porque os dados-membro se tornam `private` *— você precisa fornecer a verificação de validade apropriada e informar os erros.*

As funções *set* de uma classe podem retornar valores aos clientes da classe indicando que foram feitas tentativas de atribuir dados inválidos aos objetos da classe. Um cliente pode testar o valor de retorno de uma função *set* para determinar se a tentativa de modificar o objeto teve sucesso e, então, tomar a ação apropriada. No Capítulo 24, demonstraremos como os clientes de uma classe podem ser notificados por meio do mecanismo de tratamento de exceção quando for feita uma tentativa de modificação de um objeto com um valor inapropriado. Para manter a simplicidade no programa das figuras 16.15 a 16.17 nesse ponto de nossa discussão sobre C++, `setCourseName` na Figura 16.16 simplesmente imprime uma mensagem apropriada.

16.10 Conclusão

Neste capítulo, você criou classes definidas pelo usuário, e criou e usou objetos dessas classes. Declaramos os dados-membro de uma classe para manter dados para cada objeto da classe. Também definimos funções-membro que operam sobre esses dados. Você aprendeu a chamar as funções-membro de um objeto para solicitar os serviços que o objeto oferece e passar dados para essas funções-membro como argumentos. Discutimos a diferença entre uma variável local de uma função-membro e um dado-membro de uma classe. Também mostramos como usar um construtor para especificar os valores iniciais para os dados-membro de um objeto. Você aprendeu a separar a interface de uma classe de sua implementação, promovendo a boa engenharia de software. Apresentamos um diagrama que mostra os arquivos de que os programadores de implementação de classe e os programadores de código-cliente precisam para compilar o código que eles escrevem. Demonstramos como as funções *set* podem ser usadas para validar os dados de um objeto e garantir que os objetos sejam mantidos em um estado coerente. Os diagramas de classe UML foram usados para modelar as classes e seus construtores, funções-membro e dados-membro.

Resumo

Seção 16.2 Classes, objetos, funções-membro e dados-membro

- A execução de uma tarefa em um programa exige uma função. A função oculta de seu usuário as tarefas complexas que realiza.
- Uma função em uma classe é conhecida como uma função-membro, e executa uma das tarefas de classe.
- Você precisa criar um objeto de uma classe antes que um programa possa executar as tarefas que a classe descreve.
- Cada mensagem enviada a um objeto é uma chamada da função-membro que diz ao objeto que realize uma tarefa.
- Um objeto tem atributos que são executados com o objeto enquanto ele é usado em um programa. Esses atributos são especificados como dados-membro na classe do objeto.

Seção 16.3 Definição de uma classe com uma função-membro

- Uma definição de classe contém os dados-membro e as funções-membro que definem os atributos e comportamentos da classe, respectivamente.
- Uma definição de classe começa com a palavra-chave `class` seguida imediatamente pelo nome da classe.
- Por convenção, o nome de uma classe definida pelo usuário começa com uma letra maiúscula e, por questão de legibilidade, cada palavra subsequente no nome da classe começa com uma letra maiúscula.
- O corpo de cada classe é delimitado por um par de chaves (`{` e `}`), e termina com um sinal de ponto e vírgula.
- As funções-membro que aparecem após o especificador de acesso `public` podem ser chamadas por outras funções em um programa, e por funções-membro de outras classes.
- Os especificadores de acesso são sempre seguidos por um sinal de dois-pontos (`:`).
- A palavra-chave `void` é um tipo de retorno especial, que indica que uma função executará uma tarefa, mas que não retornará qualquer dado a sua função de chamada quando completar sua tarefa.
- Por convenção, os nomes de função começam com uma primeira letra minúscula, e todas as palavras subsequentes começam com uma letra maiúscula.
- Um conjunto de parênteses vazios após um nome de função indica que a função não exige dados adicionais para executar sua tarefa.
- O corpo de cada função é delimitado por chaves (`{` e `}`).
- Normalmente, você não pode chamar uma função-membro até que tenha criado um objeto de sua classe.

- Cada nova classe que você cria se torna um novo tipo em C++.
- Na UML, cada classe é modelada em um diagrama de classes como um retângulo com três compartimentos. O compartimento superior contém o nome da classe. O compartimento do meio contém os atributos da classe. O compartimento inferior contém as operações da classe.
- A UML modela operações como o nome da operação seguido por parênteses. Um sinal de adição (+) antes do nome indica uma operação `public` (ou seja, uma função-membro `public` em C++).

Seção 16.4 Definição de uma função-membro com um parâmetro

- Uma função-membro pode exibir um ou mais parâmetros que representam dados adicionais de que ela precisa para realizar sua tarefa. Uma chamada de função fornece argumentos para cada um dos parâmetros da função.
- Uma função-membro é chamada colocando-se um operador de ponto (`.`), o nome da função e um conjunto de parênteses contendo os argumentos da função depois do nome do objeto.
- Uma variável da classe `string` da biblioteca-padrão de C++ representa uma string de caracteres. Essa classe é definida no arquivo de cabeçalho `<string>`, e o nome `string` pertence ao namespace `std`.
- A função `getline` (do cabeçalho `<string>`) lê caracteres de seu primeiro argumento até que um caractere de newline seja encontrado, depois coloca os caracteres (sem incluir a newline) na variável `string` especificada como seu segundo argumento. O caractere de newline é descartado.
- Uma lista de parâmetros pode conter qualquer quantidade de parâmetros, até mesmo nenhum (representado pelos parênteses vazios), para indicar que uma função não exige nenhum parâmetro.
- O número de argumentos em uma chamada de função deve combinar com o número de parâmetros na lista de parâmetros do cabeçalho da função-membro chamada. Além disso, os tipos de argumento na chamada de função devem ser coerentes com os tipos dos parâmetros correspondentes no cabeçalho da função.
- A UML modela um parâmetro de uma operação listando o nome do parâmetro, seguido por um sinal de dois pontos e o tipo do parâmetro entre parênteses após o nome da operação.
- A UML tem seus próprios tipos de dados. Nem todos os tipos de dados UML possuem os mesmos nomes dos tipos C++ correspondentes. O tipo UML `String` corresponde ao tipo C++ `string`.

***Seção 16.5 Dados-membro, funções* set *e funções* get**

- Variáveis declaradas no corpo de uma função são variáveis locais, e só podem ser usadas a partir do ponto de sua declaração na função até a chave direita de fechamento (}). Quando uma função termina, os valores de suas variáveis locais se perdem.
- Uma variável local precisa ser declarada antes de poder ser usada em uma função. Uma variável local não pode ser acessada fora da função em que é declarada.
- Os dados-membro normalmente são `private`. As variáveis ou funções declaradas como `private` são acessíveis apenas a funções-membro da classe em que são declaradas, ou para amigas da classe.
- Quando um programa cria (instancia) um objeto de uma classe, seus dados-membro `private` são encapsulados (ocultados) no objeto e só podem ser acessados pelas funções-membro da classe do objeto.
- Quando uma função que especifica um tipo de retorno diferente de `void` é chamada e completa sua tarefa, a função retorna um resultado à função que a chamou.
- Como padrão, o valor inicial de uma `string` é uma string vazia — ou seja, uma string que não contém nenhum caractere. Nada aparece na tela quando uma string vazia é exibida.
- As classes normalmente oferecem funções-membro `public` para permitir que os clientes da classe *definam* ou *obtenham* dados-membro `private`. Os nomes dessas funções-membro normalmente começam com *set* ou *get*.
- Funções *set* e *get* permitem que os clientes de uma classe acessem indiretamente os dados ocultados. O cliente não sabe como o objeto realiza essas operações.
- As funções *set* e *get* de uma classe devem ser usadas pelas outras funções-membro da classe para manipular os dados `private` da classe. Se a representação de dados da classe for alterada, as funções-membro que acessam dados apenas por meio das funções *set* e *get* não exigirão modificação.
- Uma função *set* `public` deverá analisar cuidadosamente qualquer tentativa de modificação do valor de um dado-membro para garantir que o novo valor seja apropriado para esse item de dados.
- A UML representa os dados-membro como atributos, listando o nome do atributo, seguido por um sinal de dois-pontos e o tipo do atributo. Os atributos privados são precedidos por um sinal de subtração (–) na UML.
- A UML indica o tipo de retorno de uma operação ao colocar um sinal de dois-pontos e o tipo de retorno após os parênteses que seguem o nome da operação.
- Os diagramas de classes UML não especificam tipos de retorno para operações que não retornam valores.

Seção 16.6 Inicialização de objetos com construtores

- Cada classe deve oferecer um construtor para inicializar um objeto da classe quando o objeto for criado. Um construtor precisa ser definido com o mesmo nome da classe.

- Uma diferença entre construtores e funções é que os construtores não podem retornar valores, de modo que não podem especificar um tipo de retorno (nem sequer `void`). Normalmente, os construtores são declarados `public`.
- C++ requer uma chamada do construtor no momento em que cada objeto é criado, o que ajuda a garantir que cada objeto seja inicializado antes de ser usado em um programa.
- Um construtor sem parâmetros é um construtor default. Se você não oferecer um construtor, o compilador fornece um construtor default. Você também pode definir um construtor default explicitamente. Se você definir um construtor para uma classe, a C++ não criará um construtor default.
- A UML modela construtores como operações no terceiro compartimento de um diagrama de classes com a palavra *construtor* entre sinais de « e » antes do nome do construtor.

Seção 16.7 Introdução de uma classe em um arquivo separado para reutilização

- Definições de classe, quando empacotadas corretamente, podem ser reutilizadas por programadores em qualquer lugar do mundo.
- É comum definir uma classe em um arquivo de cabeçalho que tem uma extensão de nome de arquivo `.h`.
- Se a implementação de classe mudar, os clientes da classe não deveriam ter de mudar.
- As interfaces definem e padronizam as maneiras como pessoas e sistemas interagem.
- A interface `public` de uma classe descreve as funções-membro `public` que se tornam disponíveis para os clientes da classe. A interface descreve *quais* serviços os clientes podem usar e como *solicitar* esses serviços, mas não especifica *como* a classe executa os serviços.

Seção 16.8 Separação da interface de implementação

- Separar a interface de implementação torna os programas mais fáceis de serem modificados. As mudanças na implementação da classe não afetarão o cliente, desde que a interface da classe permaneça inalterada.
- Um protótipo de função contém o nome de uma função, seu tipo de retorno e o número, os tipos e a ordem dos parâmetros que a função espera receber.
- Quando uma classe é definida e suas funções-membro são declaradas (por protótipos de função), as funções-membro devem ser definidas em um arquivo de código-fonte separado.
- Cada vez que uma função-membro for definida fora de sua definição de classe correspondente, o nome da função deverá ser precedido pelo nome da classe e pelo operador binário de resolução de escopo (`::`).

***Seção 16.9 Validação de dados com funções* set**

- O membro `length` da classe `string` retorna o número de caracteres em um objeto `string`.
- A função-membro `substr` da classe `string` retorna um novo objeto `string` que contém uma cópia de parte de um objeto `string` existente. O primeiro argumento especifica a posição inicial na `string` original. O segundo argumento especifica o número de caracteres a copiar.

Terminologia

acessadora 482
argumentos 475
arquivo de cabeçalho 486
arquivo de código-fonte 486
cabeçalho de função 473
camel case 473
chamada de função-membro 472
`class`, palavra-chave 473
cliente de um objeto 481
construtor 483
construtor default 483
corpo de uma definição de classe 473
dados-membro 477
definição de classe 473
definição de uma classe 473
especificador de acesso 473
estado constante 495
função chamadora 473
get, função 481
`getline`, função da biblioteca `<string>` 476
interface de uma classe 489
interfaces 489
`length`, função-membro da classe `string` 495
linguagem extensível 474
lista de parâmetros 476
mensagens (enviar a um objeto) 472
mutantes 482
ocultação de dados 480
operador binário de resolução de escopo (`::`) 492
operador ponto (`.`) 474
parâmetro 474-475
`private:`, especificador de acesso 479
programa controlador 487
protótipos de função 490
`public`, especificador de acesso 473
`public`, serviços de uma classe 489
`return`, comando 481
rótulo especificador de acesso `public:` 473

separação da interface de implementação 489
set, função 481
solicitação de um serviço de um objeto 472
`<string>`, arquivo de cabeçalho 476
`string`, classe 476
string vazia 481
`substr`, função-membro da classe `string` 495
tipo de retorno 473
tipo definido pelo usuário 474
UML, diagrama de classes 474
validação 494
variáveis locais 477
verificação de validade 494
`void`, tipo de retorno 473

Exercícios de autorrevisão

16.1 Preencha os espaços em cada uma das sentenças:

a) Uma casa é para uma planta como um(a) _______ é para uma classe.

b) Toda definição de classe contém a palavra-chave _______ seguida imediatamente pelo nome da classe.

c) Uma definição de classe normalmente é armazenada em um arquivo com a extensão de nome de arquivo _______.

d) Cada parâmetro em um cabeçalho de função deve especificar tanto um(a) _______ quanto um(a) _______.

e) Quando cada objeto de uma classe mantém sua própria cópia de um atributo, a variável que representa o atributo também é conhecida como um _______.

f) A palavra-chave `public` é um(a) _______.

g) O tipo de retorno _______ indica que uma função realizará uma tarefa, mas não retornará nenhuma informação quando completar sua tarefa.

h) A função _______ da biblioteca `<string>` lê caracteres até que um caractere de newline seja encontrado, e depois copia esses caracteres para a `string` especificada.

i) Quando uma função-membro é definida fora da definição de classe, o cabeçalho de função deve incluir o nome da classe e o(a) _______, seguido(a) pelo nome da função para 'amarrar' a função-membro à definição da classe.

j) O arquivo de código-fonte e quaisquer outros arquivos que usem uma classe podem incluir o arquivo de cabeçalho da classe por meio de uma diretiva de pré-processador _______.

16.2 Indique se cada um dos itens a seguir é *verdadeiro* ou *falso*. Justifique sua resposta em casos de alternativas falsas.

a) Por convenção, os nomes de função começam com uma letra maiúscula, e todas as palavras seguintes no nome começam com uma letra maiúscula.

b) Os parênteses vazios após um nome de função em um protótipo de função indicam que a função não requer nenhum parâmetro para realizar sua tarefa.

c) Os dados-membro ou funções-membro declaradas com o especificador de acesso `private` são acessíveis às funções-membro da classe em que são declaradas.

d) Variáveis declaradas no corpo de uma função-membro em particular são conhecidas como dados-membro, e podem ser usadas em todas as funções-membro da classe.

e) O corpo de toda função é delimitado pelas chaves esquerda e direita ({ e }).

f) Qualquer arquivo de código-fonte que contenha `int main()` pode ser usado para executar um programa.

g) Os tipos de argumentos em uma chamada de função devem ser coerentes com os tipos dos parâmetros correspondentes na lista de parâmetros do protótipo de função.

16.3 Qual é a diferença entre uma variável local e um dado-membro?

16.4 Explique a finalidade de um parâmetro de função. Qual é a diferença entre um parâmetro e um argumento?

Respostas dos exercícios de autorrevisão

16.1 a) objeto. b) `class`. c) `.h`. d) tipo, nome. e) dado-membro. f) especificador de acesso. g) `void`. h) `getline`. i) operador binário de resolução de escopo (`::`). j) `#include`.

16.2 a) Falso. Nomes de função começam com uma letra minúscula e todas as palavras subsequentes começam com uma letra maiúscula. b) Verdadeiro. c) Verdadeiro. d) Falso. Essas variáveis são variáveis locais, e só podem ser usadas na função-membro em que forem declaradas. e) Verdadeiro. f) Verdadeiro. g) Verdadeiro.

16.3 Uma variável local é declarada no corpo de uma função, e só pode ser usada a partir do ponto em que ela é declarada até a chave final do bloco em que é declarada. Um dado-membro é declarado em uma classe, mas não no corpo de qualquer uma das funções-membro da classe. Cada objeto de uma classe tem uma cópia separada dos dados-membro da classe. Os dados-membro são acessíveis a todas as funções-membro da classe.

16.4 Um parâmetro representa informações adicionais que uma função requer para realizar sua tarefa. Cada parâmetro exigido por uma função é especificado no cabeçalho da função. Um argumento é o valor fornecido na chamada da função. Quando a função é chamada, o valor do argumento é passado para o parâmetro da função, de modo que a função possa realizar sua tarefa.

Exercícios

16.5 Explique a diferença entre um protótipo de função e uma definição de função.

16.6 O que é um construtor default? Como os dados-membro de um objeto são inicializados se uma classe tiver apenas um construtor default definido implicitamente?

16.7 Explique a finalidade de um dado-membro.

16.8 O que é um arquivo de cabeçalho? O que é um arquivo de código-fonte? Discuta a finalidade de cada um.

16.9 Explique como um programa poderia usar a classe `string` sem inserir uma declaração `using`.

16.10 Explique por que uma classe poderia oferecer uma função *set* e uma função *get* para um dado-membro.

16.11 ***Modificando a classe GradeBook.*** Modifique a classe `GradeBook` (figuras 16.11 e 16.12) da seguinte forma:

a) Inclua um segundo dado-membro `string` que represente o nome do instrutor do curso.

b) Forneça uma função *set* para mudar o nome do instrutor e uma função *get* para recuperá-lo.

c) Modifique o construtor para especificar os parâmetros de nome do curso e nome do instrutor.

d) Modifique a função `displayMessage` para mostrar uma mensagem de boas-vindas e o nome do curso, depois a `string` `"Esse curso é apresentado por: "`, seguido pelo nome do instrutor.

Use a sua classe modificada em um programa de teste que demonstre as novas capacidades da classe.

16.12 ***Classe Account.*** Crie uma classe `Account` que um banco poderia usar para representar as contas bancárias dos clientes. Inclua um dado-membro do tipo `int` para representar o saldo da conta. Forneça um construtor que receba um saldo inicial e use-o para inicializar o dado-membro. O construtor deverá validar o saldo inicial para garantir que ele seja maior ou igual a 0. Se não for, defina o saldo como 0 e exiba uma mensagem de erro que mostre que o saldo inicial era inválido. Forneça três funções-membro. A função-membro `credit` deve somar um valor ao saldo atual. A função-membro `debit` deve retirar dinheiro da `Account` e garantir que o valor do débito não exceda o saldo de `Account`. Se exceder, o saldo deve ser deixado inalterado, e a função deve imprimir uma mensagem que mostre `"Valor do débito superior ao saldo da conta"`. A função-membro `getBalance` deverá retornar o saldo atual. Crie um programa que gere dois objetos `Account` e teste as funções-membro da classe `Account`.

16.13 ***Classe Fatura.*** Crie uma classe chamada `Fatura` que uma loja de ferragens poderia usar para representar uma fatura para um item vendido na loja. Uma `Fatura` deverá incluir quatro membros — um número de peça (tipo `string`), uma descrição da peça (tipo `string`), a quantidade do item sendo comprado (tipo `int`) e o preço por item (tipo `int`). Sua classe deverá ter um construtor que inicialize os quatro dados-membro. Forneça uma função *set* e uma função *get* para cada dado-membro. Além disso, forneça uma função-membro chamada `obterValorFatura` que calcule o valor da fatura (ou seja, multiplique a quantidade pelo preço por item), depois retorne o valor como um valor `int`. Se a quantidade não for positiva, ela deve ser definida como `0`. Se o preço por item não for positivo, ele deve ser definido como `0`. Escreva um programa de teste que demonstre as capacidades da classe `Fatura`.

16.14 ***Classe Empregado.*** Crie uma classe chamada `Empregado` que inclua três partes de informação como dados-membro — um primeiro nome (tipo `string`), um sobrenome (tipo `string`) e um salário mensal (tipo `int`). Sua classe deverá ter um construtor que inicialize os três dados-membro. Forneça uma função *set* e uma função *get* para cada dado-membro. Se o salário mensal não for positivo, defina-o como `0`. Escreva um programa de teste que demonstre as capacidades da classe `Empregado`. Crie dois objetos `Empregado` e mostre o salário *anual* de cada objeto. Depois, dê a cada `Empregado` um aumento de 10 por cento e exiba o salário anual do `Empregado` novamente.

16.15 ***Classe Date.*** Crie uma classe chamada `Date` que inclua três partes de informação como dados-membro — um mês (tipo `int`), um dia (tipo `int`) e um ano (tipo `int`). Sua classe deverá ter um construtor com três parâmetros que sejam usados para inicializar os três dados-membro. Para a finalidade desse exercício, suponha que os valores fornecidos para o ano e para o dia estejam corretos, mas garanta que o valor do mês esteja no intervalo de 1 a 12; se não estiver, defina o mês como 1. Forneça uma função *set* e *get* para cada dado-membro. Forneça uma função-membro `mostraData` que apresente o mês, o dia e o ano separados por barras (/). Escreva um programa de teste que demonstre as capacidades da classe `Date`.

Fazendo a diferença

16.16 ***Calculadora da frequência cardíaca.*** Enquanto estiver se exercitando, você pode usar um monitor de frequência cardíaca para ver se sua taxa de batimentos está dentro de uma faixa segura, sugerida por seus treinadores e médicos. De acordo com a American Heart Association (AHA) (<`www.americanheart.org/presenter.jhtml?identifier=4736`>), a fórmula para calcular a *frequência cardíaca máxima* em batimentos por minuto é 220 menos sua idade em anos. Sua *frequência cardíaca ideal* está em uma faixa entre 50-85 por cento da sua frequência máxima. [Nota: *essas fórmulas são estimativas fornecidas pela AHA. As frequências cardíacas máxima e ideal podem variar com base na saúde, condição física e sexo do indivíduo. Consulte sempre um médico ou um profissional de saúde qualificado antes de iniciar ou modificar um programa de exercícios.*] Crie uma classe chamada `FrequenciaCardiaca`. Os atributos da classe deverão incluir o primeiro nome, o sobrenome e data de nascimento da pessoa (essa última deve ter atributos separados para dia, mês e ano). Sua classe deverá ter um construtor que receba esses dados como parâmetros. Para cada atributo, forneça funções *set* e *get*. A classe também deverá incluir uma função `obterIdade` que calcule e retorne a idade da pessoa (em anos), uma função `obterFrequenciaMaxima` que calcule e retorne a frequência cardíaca máxima da pessoa e uma função `obterFrequenciaIdeal`, que calcule e retorne a frequência cardíaca ideal da pessoa. Como você ainda não sabe como obter a data atual do computador, a função `obterIdade` deve pedir que o usuário digite o dia, o mês e o ano atuais antes de calcular a idade da pessoa. Escreva uma aplicação que peça a informação da pessoa, instancie um objeto da classe `FrequenciasCardiacas` e imprima a informação desse objeto — incluindo nome, sobrenome e data de nascimento —, e depois calcule e imprima a idade da pessoa (em anos), sua frequência cardíaca máxima e sua frequência cardíaca ideal.

16.17 ***Informatização de registros de saúde.*** Ultimamente, a questão da informatização dos registros de saúde tem aparecido muito nos jornais. Essa possibilidade está sendo abordada com cautela devido a questões de privacidade e segurança de dados confidenciais, entre outras. [Trataremos essas questões em outros exercícios.] A informatização de registros de saúde poderia tornar mais fácil o compartilhamento de perfis e históricos de saúde de pacientes com todos os profissionais de saúde que cuidam deles. Isso poderia melhorar a qualidade do atendimento, evitar conflitos entre medicamentos e poderia evitar a prescrição de medicamentos inapropriados, além de reduzir custos e, em emergências, salvar vidas. Nesse exercício, você projetará uma classe `PerfilSaude` 'inicial' para uma pessoa. Os atributos da classe devem incluir nome, sobrenome, gênero e data de nascimento (em atributos separados para dia, mês e ano de nascimento), altura (em centímetros) e peso (em quilos). Sua classe deverá ter um construtor que receba esses dados. Para cada atributo, forneça funções *set* e *get*. A classe também deverá incluir funções que calculem e retornem a idade do usuário em anos, as frequências cardíacas máxima e ideal (ver Exercício 16.16) e o índice de massa corporal (IMC; ver Exercício 2.32). Escreva uma aplicação que peça a informação da pessoa, instancie um objeto da classe `PerfilSaude` para essa pessoa e imprima a informação desse objeto — incluindo nome, sobrenome, sexo, data de nascimento, altura e peso —, e depois calcule e imprima a idade da pessoa em anos, IMC, frequência cardíaca máxima e intervalo da frequência ideal. A aplicação também deverá mostrar o gráfico dos 'valores de IMC' do Exercício 2.32. Use a mesma técnica do Exercício 16.16 para calcular a idade da pessoa.

Classes: uma visão mais detalhada, parte 1

Capítulo 17

Meu propósito sublime, alcançarei no momento oportuno.
— W. S. Gilbert

Este é um mundo em que devemos esconder virtudes?
— William Shakespeare

Não seja 'coerente', seja simplesmente verdadeiro.
— Oliver Wendell Holmes, Jr.

Objetivos

Neste capítulo, você aprenderá:

- A usar um wrapper de pré-processador para impedir erros de definições múltiplas.
- A entender o escopo de classe e a acessar membros de classe por meio do nome de um objeto, de uma referência a um objeto ou de um ponteiro de um objeto.
- A definir construtores com argumentos default.
- Como os destrutores são usados para realizar a 'faxina de finalização' em um objeto antes que ele seja destruído.
- Quando construtores e destrutores são chamados, e a ordem em que são chamados.
- Os erros lógicos que podem ocorrer quando uma função-membro `public` retorna uma referência a dados `private`.
- A atribuir os dados-membro de um objeto aos de outro objeto pela atribuição de membro default.

Conteúdo

17.1 Introdução
17.2 Estudo de caso da classe `time`
17.3 Escopo de classe e acesso a membros de classes
17.4 Separação de interface e implementação
17.5 Funções de acesso e funções utilitárias
17.6 Estudo de caso da classe `time`: construtores com argumentos default
17.7 Destrutores
17.8 Quando construtores e destrutores são chamados
17.9 Estudo de caso de classe `time`: uma armadilha sutil — retorno de uma referência a um dado-membro `private`
17.10 Atribuição usando cópia membro a membro default
17.11 Conclusão

Resumo | *Terminologia* | *Exercícios de autorrevisão* | *Respostas dos exercícios de autorrevisão* | *Exercícios*

17.1 Introdução

Nos capítulos 15 e 16, apresentamos muitos termos e conceitos básicos da programação orientada a objeto em C++. Discutimos também nossa metodologia de desenvolvimento de programa. Selecionamos atributos e comportamentos apropriados para cada classe, e especificamos a maneira como os objetos de nossas classes colaboravam com objetos das classes da biblioteca-padrão de C++ para realizar os objetivos gerais de cada programa.

Neste capítulo, examinaremos as classes mais em detalhes. Usaremos um estudo de caso integrado da classe `Time`, tanto neste capítulo quanto no Capítulo 18, para demonstrar as diversas capacidades de construção de classe. Começaremos com uma classe `Time` que exemplifica diversas características apresentadas nos capítulos anteriores. O exemplo também demonstra um conceito importante da engenharia de software em C++: o uso de um 'wrapper de pré-processador' nos arquivos de cabeçalho para impedir que o código do cabeçalho seja incluído no mesmo arquivo de código-fonte mais de uma vez. Como uma classe pode ser definida somente uma vez, o uso de tais diretivas de pré-processador impede erros de definição múltipla.

Em seguida, discutimos o escopo de classe e os relacionamentos entre os membros de classe. Demonstraremos como o código-cliente pode acessar os membros `public` da classe por meio de três tipos de 'handles' — o nome de um objeto, uma referência a um objeto ou um ponteiro de um objeto. Como você verá, os nomes de objeto e referências podem ser usados com o operador de seleção de membro ponto (`.`) para acessar um membro `public`, e os ponteiros podem ser usados com o operador de seleção de membro seta (`->`).

Discutiremos as funções de acesso que podem ler ou exibir dados em um objeto. Um uso comum das funções de acesso é testar a veracidade ou a falsidade de condições — essas funções são conhecidas como funções predicado. Também demonstramos a noção de uma função utilitária (também chamada de função auxiliar) — uma função-membro `private` que dá suporte à operação das funções-membro `public` da classe, mas não são usadas pelos clientes da classe.

No segundo exemplo de estudo de caso da classe `Time`, demonstraremos como passar argumentos aos construtores, e mostraremos como os argumentos default podem ser usados em um construtor para permitir que o código-cliente inicialize objetos usando diversos argumentos. Em seguida, discutiremos uma função-membro especial chamada destrutor, que faz parte de todas as classes e é usada para realizar a 'faxina de finalização' em um objeto antes que este seja destruído. Depois, demonstraremos a ordem em que construtores e destrutores são chamados, pois a exatidão de seus programas depende do uso de objetos devidamente inicializados, que ainda não foram destruídos.

Nosso último exemplo do estudo de caso de classe `Time` neste capítulo mostrará uma prática de programação perigosa, em que uma função-membro retorna uma referência a dados `private`. Discutiremos como isso quebra o encapsulamento de uma classe e permite que o código-cliente acesse diretamente os dados de um objeto. Esse último exemplo mostra que os objetos de mesma classe podem ser atribuídos a outra classe usando a atribuição de membro default, que copia os dados-membro no objeto do lado direito da atribuição para os dados-membro correspondentes do objeto no lado esquerdo da atribuição. O capítulo termina com uma discussão sobre a reutilização de software.

17.2 Estudo de caso da classe time

Nosso primeiro exemplo (figuras 17.1 a 17.3) cria a classe `Time` e um programa controlador que testa a classe. Nesta seção, revisaremos muitos dos conceitos explicados no Capítulo 16 e demonstraremos um conceito importante da engenharia de software na C++ — usar um 'wrapper de pré-processador' nos arquivos de cabeçalho para impedir que o código no cabeçalho seja incluído no mesmo arquivo de código-fonte mais de uma vez. Como uma classe pode ser definida somente uma vez, o uso dessas diretivas de pré-processador impede erros de definição múltipla.

Definição da classe `Time`

A definição de classe (Figura 17.1) contém protótipos (linhas 13-16) para as funções-membro `Time`, `setTime`, `printUniversal` e `printStandard`, e inclui os membros `private` inteiros `hour`, `minute` e `second` (linhas 18-20). Os dados-membro `private` da classe `Time` só podem ser acessados por suas quatro funções-membro. O Capítulo 20 introduzirá um terceiro especificador de acesso, `protected`, enquanto estudamos a herança e o papel que ela desempenha na programação orientada a objeto.

Boa prática de programação 17.1

Para fins de clareza e legibilidade, usamos cada especificador de acesso apenas uma vez em uma definição de classe. Coloque membros `public` *em primeiro lugar, onde são fáceis de localizar.*

Observação sobre engenharia de software 17.1

Cada elemento de uma classe deverá ter visibilidade `private`*, a menos que possa ser provado que o elemento precisa de visibilidade* `public`*. Este é outro exemplo do princípio do menor privilégio.*

Na Figura 17.1, a definição de classe está cercada pelo seguinte **wrapper de pré-processador** (linhas 6, 7 e 23):

```
// impede múltiplas inclusões de arquivo de cabeçalho
#ifndef TIME_H
#define TIME_H
...
#endif
```

Ao criarmos programas maiores, outras definições e declarações também serão colocadas nos arquivos de cabeçalho. O wrapper de pré-processador que apresentamos impede que o código entre `#ifndef` (que significa *if not defined* — se não estiver definido) e `#endif`

```
1  // Fig. 17.1: Time.h
2  // Definição da classe Time.
3  // Funções-membro são definidas em Time.cpp
4
5  // impede múltiplas inclusões de arquivo de cabeçalho
6  #ifndef TIME_H
7  #define TIME_H
8
9  // Definição da classe Time
10 class Time
11 {
12 public:
13    Time(); // construtor
14    void setTime( int, int, int ); // define hora, minuto e segundo
15    void printUniversal(); // exibe hora no formato universal
16    void printStandard(); // exibe hora no formato-padrão
17 private:
18    int hour; // 0 - 23 (formato de relógio de 24 horas)
19    int minute; // 0 - 59
20    int second; // 0 - 59
21 }; // fim da classe Time
22
23 #endif
```

Figura 17.1 ■ Definição da classe `Time`.

seja incluído se o nome TIME_H já tiver sido definido. Se o cabeçalho não tiver sido incluído anteriormente em um arquivo, o nome TIME_H será definido pela diretiva #define, e os comandos do arquivo de cabeçalho serão incluídos. Se o cabeçalho já tiver sido incluído, TIME_H já estará definido e o arquivo de cabeçalho não será incluído novamente. As tentativas de incluir um arquivo de cabeçalho mais de uma vez (inadvertidamente) geralmente ocorrem em programas grandes, com muitos arquivos de cabeçalho que, por si só, já podem incluir outros arquivos de cabeçalho. [*Nota:* a convenção normalmente utilizada para o nome de constante simbólica nas diretivas do pré-processador é simplesmente o nome do arquivo de cabeçalho em maiúsculas com o caractere sublinhado substituindo o ponto.]

Dica de prevenção de erro 17.1

Use as diretivas de pré-processador #ifndef*,* #define *e* #endif *para formar um wrapper de pré-processador, que impede que os arquivos de cabeçalho sejam incluídos mais de uma vez em um programa.*

Boa prática de programação 17.2

Use o nome do arquivo de cabeçalho em maiúsculas com um ponto substituído por um sublinhado nas diretivas de pré-processador #ifndef *e* #define *de um arquivo de cabeçalho.*

Funções da classe membro Time

Na Figura 17.2, o construtor Time (linhas 10-13) inicializa os dados-membro em 0 — no horário universal, o equivalente a 12 AM. Isso garante que o objeto será iniciado em um estado coerente. Valores inválidos não podem ser armazenados nos dados-membro de um objeto Time, pois o construtor é chamado quando o objeto Time é criado, e todas as tentativas subsequentes de modificar os dados-membro feitas por um cliente são analisadas pela função setTime (que será discutida adiante). Você pode definir vários construtores sobrecarregados para uma classe.

Os dados-membro de uma classe não podem ser inicializados onde estão declarados no corpo da classe. Recomenda-se firmemente que esses dados-membro sejam inicializados pelo construtor de classe (pois não existe inicialização default para os dados-membro de tipo fundamental). Os dados-membro também podem receber valores pelas funções *set* de Time. [*Nota:* o Capítulo 18 demonstra que somente os dados-membro static const de uma classe de tipos inteiros ou enum podem ser inicializados no corpo da classe.]

```
1  // Fig. 17.2: Time.cpp
2  // Definições de função-membro para a classe Time.
3  #include <iostream>
4  #include <iomanip>
5  #include "Time.h" // inclui definição da classe Time de Time.h
6  using namespace std;
7
8  // Construtor de Time 'zera' cada dado-membro.
9  // Garante que todos os objetos Time comecem em um estado coerente.
10 Time::Time()
11 {
12    hour = minute = second = 0;
13 } // fim do construtor Time
14
15 // define novo valor de Time usando a hora univesal; garante que
16 // os dados permaneçam coerentes ao definir valores inválidos como zero
17 void Time::setTime( int h, int m, int s )
18 {
19    hour = ( h >= 0 && h < 24 ) ? h : 0; // valida hora
20    minute = ( m >= 0 && m < 60 ) ? m : 0; // valida minuto
21    second = ( s >= 0 && s < 60 ) ? s : 0; // valida segundo
22 } // fim da função setTime
```

Figura 17.2 ■ Definições de função-membro da classe Time. (Parte 1 de 2.)

```
23
24 // exibe Time no formato de horário universal (HH:MM:SS)
25 void Time::printUniversal()
26 {
27    cout << setfill( '0' ) << setw( 2 ) << hour << ":"
28       << setw( 2 ) << minute << ":" << setw( 2 ) << second;
29 } // fim da função printUniversal
30
31 // exibe Time no formato de hora-padrão (HH:MM:SS AM ou PM)
32 void Time::printStandard()
33 {
34    cout << ( ( hour == 0 || hour == 12 ) ? 12 : hour % 12 ) << ":"
35       << setfill( '0' ) << setw( 2 ) << minute << ":" << setw( 2 )
36       << second << ( hour < 12 ? " AM" : " PM" );
37 } // fim da função printStandard
```

Figura 17.2 ■ Definições de função-membro da classe `Time`. (Parte 2 de 2.)

Erro comum de programação 17.1

Tentar, explicitamente, inicializar um dado-membro não `static` *de uma classe na definição da classe é um erro de sintaxe.*

A função `setTime` (linhas 17-22) é uma função `public` que declara três parâmetros `int` e os utiliza para definir a hora. Uma expressão condicional testa cada argumento para determinar se o valor está em um intervalo especificado. Por exemplo, o valor de `hour` (linha 19) deve ser maior ou igual a 0, e menor que 24, pois o formato de horário universal representa as horas como inteiros de 0 a 23 (por exemplo, 1 PM é a hora 13, e 11 PM é a hora 23; meia-noite é a hora 0 e meio-dia é a hora 12). De modo semelhante, valores de `minute` e `second` (linhas 20 e 21) devem ser maiores ou iguais a 0, e menores que 60. Quaisquer valores fora desses intervalos são definidos como zero, para garantir que um objeto `Time` sempre contenha dados consistentes — ou seja, os valores de dados do objeto sempre são mantidos no intervalo, mesmo que os valores fornecidos como argumentos da função `setTime` estejam incorretos. Nesse exemplo, zero é um valor coerente para `hour`, `minute` e `second`.

Um valor passado para `setTime` é um valor correto se estiver no intervalo permitido para o membro que está sendo inicializado. Assim, qualquer número dentro do intervalo 0 a 23 seria um valor correto para `hour`. Um valor correto sempre é um valor coerente. Porém, um valor coerente não é, necessariamente, um valor correto. Se `setTime` define `hour` com `0` porque o argumento recebido estava fora do intervalo, então `hour` é correto apenas se a hora for, coincidentemente, meia-noite.

A função `printUniversal` (linhas 25-29 da Figura 17.2) não usa argumentos e gera a hora no formato de horário universal, consistindo em três pares de dígitos, separados por sinais de dois-pontos, para hora, minuto e segundo. Por exemplo, se a hora fosse 1:30:07 PM, a função `printUniversal` retornaria `13:30:07`. A linha 27 usa o manipulador de stream parametrizado **`setfill`** para especificar o **caractere de preenchimento** que é exibido quando um inteiro é enviado para um campo maior que o número de dígitos no valor. Como padrão, os caracteres de preenchimento aparecem à esquerda dos dígitos no número. Nesse exemplo, se o valor de `minute` for 2, ele será exibido como 02, pois o caractere de preenchimento está definido como zero (`'0'`). Se o número sendo enviado preencher o campo especificado, o caractere de preenchimento não será exibido. Quando o caractere de preenchimento é especificado com `setfill`, ele se aplica a todos os valores subsequentes que são exibidos nos campos maiores que o valor enviado (ou seja, `setfill` é uma configuração que 'se mantém'). Isso é diferente de `setw`, que se aplica apenas ao próximo valor exibido (`setw` é uma configuração que 'não se mantém').

Dica de prevenção de erro 17.2

Cada configuração que 'se mantém' (como um caractere de preenchimento ou precisão de ponto flutuante) deve ser restaurada ao seu valor anterior se não for mais necessária. Deixar de fazer isso pode resultar em uma saída formatada incorretamente adiante no programa. O Capítulo 23 discute como reiniciar o caractere de preenchimento e a precisão.

A função `printStandard` (linhas 32-37) não usa argumentos, e envia a data no formato de horário padrão, consistindo em valores de `hour`, `minute` e `second` separados por sinais de dois-pontos e seguidos por um indicador AM ou PM (por exemplo, `1:27:06 PM`). Assim como a função `printUniversal`, a função `printStandard` usa `setfill('0')` para formatar `minute` e `second` como valores de dois dígitos com zeros no início, se for preciso. A linha 34 usa o operador condicional (`?:`) para determinar o valor de `hour` a ser exibido — se `hour` for `0` ou `12` (AM ou PM), ele aparece como 12; caso contrário, `hour` aparece como um valor de 1 a 11. O operador condicional na linha 36 determina se `AM` ou `PM` será exibido.

Definição de funções-membro fora da definição de classe; escopo de classe

Embora uma função-membro declarada em uma definição de classe possa ser definida fora da definição dessa classe (e 'ligada' à classe por meio de um operador binário de resolução de escopo), essa função-membro ainda está dentro do **escopo dessa classe**; ou seja, seu nome é conhecido apenas por outros membros da classe, a menos que seja referenciada por meio de um objeto da classe, uma referência a um objeto da classe, um ponteiro de um objeto da classe ou do operador binário de resolução de escopo. Veremos mais sobre escopo de classe em breve.

Se uma função-membro é definida no corpo de uma definição de classe, o compilador tenta incluir as chamadas inline à função-membro. Lembre-se de que o compilador reserva-se o direito de não incluir qualquer função inline.

Dica de desempenho 17.1

A definição de uma função-membro dentro da definição da classe inclui a função-membro inline (se o compilador decidir fazer isso). Isso pode melhorar o desempenho.

Observação sobre engenharia de software 17.2

A definição de uma pequena função-membro dentro da definição de classe não promove a melhor engenharia de software, pois os clientes da classe poderão ver a implementação da função, e o código-cliente deverá ser recompilado se a definição da função mudar.

Observação sobre engenharia de software 17.3

Somente as funções-membro mais simples e mais estáveis (ou seja, aquelas cujas implementações tiverem menos chances de serem mudadas) devem ser definidas no cabeçalho da classe.

Funções-membro versus *funções globais*

As funções-membro `printUniversal` e `printStandard` não usam argumentos, pois, implicitamente, essas funções-membro sabem que devem imprimir os dados-membro do objeto `Time` específico para o qual são chamadas. Isso pode tornar as chamadas de função-membro mais concisas do que as chamadas de função convencionais na programação procedural.

Observação sobre engenharia de software 17.4

O uso de uma técnica de programação orientada a objeto normalmente simplifica as chamadas de função, reduzindo o número de parâmetros. Esse benefício da programação orientada a objeto resulta do fato de que o encapsulamento de dados-membro e funções-membro dentro de um objeto dá às funções-membro o direito de acesso aos dados-membro.

Observação sobre engenharia de software 17.5

As funções-membro normalmente são mais curtas que as funções nos programas não orientados a objeto, pois os dados armazenados nos dados-membro foram idealmente validados por um construtor ou por funções-membro que armazenam novos dados. Como os dados já estão no objeto, as chamadas de função-membro normalmente não têm argumentos, ou têm menos argumentos que as chamadas de função típicas nas linguagens não orientadas a objeto. Assim, as chamadas, as definições de função e os protótipos de função são mais curtos. Isso melhora muitos aspectos do desenvolvimento do programa.

Dica de prevenção de erro 17.3

O fato de que as chamadas de função-membro geralmente não utilizam argumentos ou usam muito menos argumentos que as chamadas de função convencionais nas linguagens não orientadas a objeto reduz a probabilidade de se passar argumentos, tipos de argumentos ou número de argumentos errados.

Usando a classe `Time`

Quando a classe `Time` tiver sido definida, ela poderá ser usada como um tipo nas declarações de objeto, array, ponteiro e referência, da seguinte forma:

```
Time sunset; // objeto do tipo Time
Time arrayOfTimes[ 5 ]; // array de 5 objetos Time
Time &dinnerTime = sunset; // referência a um objeto Time
Time *timePtr = &dinnerTime; // ponteiro para um objeto Time
```

A Figura 17.3 usa a classe `Time`. A linha 10 instancia um único objeto da classe `Time` chamado `t`. Quando o objeto é instanciado, o construtor `Time` é chamado para inicializar cada dado-membro `private` em `0`. Depois, as linhas 14 e 16 imprimem o horário nos formatos universal e padrão, respectivamente, para confirmar se os membros foram inicializados corretamente. A linha 18 define um novo horário chamando a função-membro `setTime`, e as linhas 22 e 24 imprimem o horário novamente nos dois formatos. A linha 26 tenta usar `setTime` para definir os dados-membro com valores inválidos — a função `setTime` reconhece isso, e define os valores inválidos como 0 para manter o objeto em um estado coerente. Finalmente, as linhas 31 e 33 imprimem o horário novamente nos dois formatos.

```
1  // Fig. 17.3: fig17_03.cpp
2  // Programa para testar a classe Time.
3  // NOTA: Esse arquivo deve ser compilado com Time.cpp.
4  #include <iostream>
5  #include "Time.h" // inclui definição da classe Time de Time.h
6  using namespace std;
7
8  int main()
9  {
10    Time t; // instancia objeto t da classe Time
11
12    // envia valores iniciais do objeto t de Time
13    cout << "O horário universal inicial é ";
14    t.printUniversal(); // 00:00:00
15    cout << "\nO horário padrão inicial é ";
16    t.printStandard(); // 12:00:00 AM
17
18    t.setTime( 13, 27, 6 ); // muda horário
19
20    // mostra novos valores do objeto t de Time
21    cout << "\n\nHorário universal após setTime é ";
22    t.printUniversal(); // 13:27:06
23    cout << "\nHorário padrão após setTime é ";
24    t.printStandard(); // 1:27:06 PM
25
26    t.setTime( 99, 99, 99 ); // tenta usar valores inválidos
27
28    // mostra valores de t depois de especificar valores inválidos
29    cout << "\n\nDepois de tentar usar valores inválidos:"
30       << "\nHorário universal: ";
31    t.printUniversal(); // 00:00:00
```

Figura 17.3 ■ Programa para testar classe `Time`. (Parte 1 de 2.)

```
    cout << "\nHorário padrão: ";
    t.printStandard(); // 12:00:00 AM
    cout << endl;
} // fim de main
```

```
O horário universal inicial é 00:00:00
O horário padrão inicial é 12:00:00 AM

Horário universal após setTime é 13:27:06
Horário padrão após setTime é 1:27:06 PM

Depois de tentar usar valores inválidos:
Horário universal: 00:00:00
Horário padrão: 12:00:00 AM
```

Figura 17.3 ■ Programa para testar classe `Time`. (Parte 2 de 2.)

Antecipação da composição e da herança

Normalmente, as classes não precisam ser criadas 'do zero'. Em vez disso, elas podem incluir objetos de outras classes como membros, ou podem ser **derivadas** de outras classes que ofereçam atributos e comportamentos que as novas classes possam usar. Essa reutilização de software pode trazer grandes melhorias à produção e simplificar a manutenção do código. A inclusão de objetos da classe como membros de outras classes é chamada de **composição** (ou **agregação**), e será discutida no Capítulo 18. A derivação de novas classes a partir de classes existentes é chamada de **herança**, e será discutida no Capítulo 20.

Tamanho do objeto

Iniciantes em programação orientada a objeto normalmente supõem que os objetos precisam ser muito grandes, pois eles contêm dados-membro e funções-membro. Logicamente, isso é verdade — você pode pensar que os objetos contenham dados e funções (e nossa discussão certamente tem encorajado essa visão); porém, fisicamente, isso não é verdade.

Dica de desempenho 17.2

Objetos contêm apenas dados, de modo que são muito menores que se também contivessem funções-membro. A aplicação do operador `sizeof` *ao nome de uma classe ou a um objeto dessa classe informará apenas o tamanho dos dados-membro da classe. O compilador cria uma cópia (somente) das funções-membro separadas de todos os objetos da classe. Todos os objetos da classe compartilham essa única cópia. Cada objeto, naturalmente, precisa de sua própria cópia dos dados da classe, pois os dados podem variar entre os objetos. O código da função é não modificável e, portanto, pode ser compartilhado entre todos os objetos de uma classe.*

17.3 Escopo de classe e acesso a membros de classes

Os dados-membro de uma classe (variáveis declaradas na definição da classe) e as funções-membro (funções declaradas na definição da classe) pertencem ao escopo da classe. As funções não membros são definidas no escopo de namespace global.

Dentro do escopo de uma classe, os membros da classe são imediatamente acessíveis de todas as funções-membro daquela classe, e podem ser referenciados por nome. Fora do escopo de uma classe, os membros `public` da classe são referenciados por meio de um dos **handles** em um objeto — um nome de objeto, uma referência a um objeto ou um ponteiro de um objeto. O tipo do objeto, referência ou ponteiro especifica a interface (ou seja, as funções-membro) acessível ao cliente. [Veremos no Capítulo 18 que um handle implícito é inserido pelo compilador em toda referência a um dado-membro ou a uma função-membro em um objeto.]

As funções-membro de uma classe podem ser sobrecarregadas, mas somente por outras funções-membro da mesma classe. Para sobrecarregar uma função-membro, basta fornecer, na definição de classe, um protótipo para cada versão da função sobrecarregada, e fornecer uma definição de função separada para cada versão da função.

Variáveis declaradas em uma função-membro têm escopo de função e são conhecidas somente naquela função. Se uma função-membro define uma variável com o mesmo nome que uma variável com escopo de classe, a variável com escopo de classe é escondida pela variável com escopo de bloco no escopo local. Uma variável escondida pode ser acessada ao colocarmos o nome da classe seguido pelo operador de resolução de escopo (`::`) antes de seu nome. Variáveis globais escondidas podem ser acessadas com o operador unário de resolução de escopo (ver Capítulo 15).

O operador de seleção de membro ponto (`.`) é precedido pelo nome de um objeto ou por uma referência a um objeto para acessar os membros do objeto. O **operador de seleção de membro seta** (`->`) é precedido por um ponteiro de um objeto para acessar os membros daquele objeto.

A Figura 17.4 usa uma classe simples, chamada `Count` (linhas 7-24), com o dado-membro `private` `x`, do tipo `int` (linha 23), a função-membro `public setX` e a função-membro `public print` para ilustrar o acesso aos membros de uma classe com os operadores de seleção de membro. Para simplificar, incluímos essa pequena classe no mesmo arquivo de `main`. As linhas 28-30 criam três variáveis relacionadas ao tipo `Count` — `counter` (um objeto `Count`), `counterPtr` (um ponteiro de um objeto `Count`) e `counterRef` (uma referência a um objeto `Count`). A variável `counterRef` faz referência a `counter`, e a variável `counterPtr` aponta para `counter`. Nas linhas 33-34 e 37-38, o programa pode chamar as funções-membro `setX` e `print` usando o operador de seleção de membro ponto (`.`) precedido pelo nome do objeto (`counter`) ou uma referência ao objeto (`counterRef`, que é um alias para `counter`). De modo semelhante, as linhas 41-42 demonstram que o programa pode invocar funções-membro `setX` e `print` usando um ponteiro (`countPtr`) e o operador de seleção de membro seta (`->`).

```
1  // Fig. 17.4: fig17_04.cpp
2  // Demonstrando os operadores de acesso a membro de classe . e ->
3  #include <iostream>
4  using namespace std;
5
6  // Definição da classe Count
7  class Count
8  {
9  public: // dados public são perigosos
10    // define o valor do dado-membro private x
11    void setX( int value )
12    {
13       x = value;
14    } // fim da função setX
15
16    // imprime o valor do dado-membro private x
17    void print()
18    {
19       cout << x << endl;
20    } // fim da função print
21
22 private:
23    int x;
24 }; // fim da classe Count
25
26 int main()
27 {
28    Count counter; // cria objeto contador
29    Count *counterPtr = &counter; // cria ponteiro para o contador
30    Count &counterRef = counter; // cria referência para o contador
31
32    cout << "Define x como 1 e imprime usando o nome do objeto: ";
33    counter.setX( 1 ); // define o dado-membro x como 1
34    counter.print(); // chama função-membro print
35
36    cout << "Define x como 2 e imprime usando uma referência a um objeto: ";
37    counterRef.setX( 2 ); // define dado-membro x como 2
```

Figura 17.4 ■ Acesso às funções-membro de um objeto por meio de cada tipo de handle de objeto — o nome do objeto, uma referência ao objeto e um ponteiro do objeto. (Parte 1 de 2.)

```
    counterRef.print(); // chama função-membro print

    cout << "Define x como 3 e imprime usando um ponteiro de um objeto: ";
    counterPtr->setX( 3 ); // define dado-membro x como 3
    counterPtr->print(); // chama função-membro print
} // fim de main
```

```
Define x como 1 e imprime usando o nome do objeto: 1
Define x como 2 e imprime usando uma referência a um objeto: 2
Define x como 3 e imprime usando um ponteiro de um objeto: 3
```

Figura 17.4 ■ Acesso às funções-membro de um objeto por meio de cada tipo de handle de objeto — o nome do objeto, uma referência ao objeto e um ponteiro do objeto. (Parte 2 de 2.)

17.4 Separação de interface e implementação

No Capítulo 16, de início, incluímos a definição de uma classe e as definições de função-membro em um arquivo. Depois, demonstramos a separação desse código em dois arquivos — um arquivo de cabeçalho para a definição da classe (ou seja, a interface da classe) e um arquivo de código-fonte para as definições de função-membro da classe (ou seja, a implementação da classe). Lembre-se de que isso torna a modificação de programas mais fácil — em se tratando dos clientes de uma classe, as mudanças na implementação da classe não afetam o cliente, desde que a interface da classe fornecida originalmente ao cliente permaneça inalterada

Observação sobre engenharia de software 17.6

Os clientes de uma classe não necessitam de acesso ao código-fonte da classe para utilizá-la. Porém, os clientes devem poder ligar seu código ao código-objeto da classe (ou seja, a versão compilada da classe). Isso encoraja vendedores de software independente (ISVs, Independent Software Vendors) a oferecer bibliotecas de classes para venda ou licença de uso. Os ISVs oferecem em seus produtos somente os arquivos de cabeçalho e os módulos objeto. Nenhuma informação proprietária é revelada — como seria o caso se fosse fornecido o código-fonte. A comunidade de usuários de C++ se beneficia tendo mais bibliotecas de classe disponíveis, produzidas por ISVs.

Na realidade, as coisas não são tão simples assim. Os arquivos de cabeçalho contêm algumas partes da implementação e sugestões sobre outras. Funções-membro inline, por exemplo, precisam estar em um arquivo de cabeçalho, de forma que, quando o compilador compilar um código-fonte cliente, o cliente possa incluir a definição da função `inline` em seu lugar. Os membros `private` da classe são listados na definição da classe no arquivo de cabeçalho, de modo que sejam visíveis para os clientes, embora estes não possam acessar os membros `private`. No Capítulo 18, mostraremos como usar uma 'classe proxy' para ocultar até mesmo os dados `private` de uma classe dos clientes da classe.

Observação sobre engenharia de software 17.7

Informações importantes para a interface de uma classe devem ser incluídas no arquivo de cabeçalho. As informações que serão usadas apenas internamente na classe e não serão necessárias para os clientes da classe devem ser incluídas no arquivo-fonte não publicado. Este é outro exemplo do princípio do menor privilégio.

17.5 Funções de acesso e funções utilitárias

Funções de acesso podem ler ou exibir dados. Outro uso comum das funções de acesso é testar a veracidade ou a falsidade de condições — essas funções normalmente são chamadas **funções predicado**. Um exemplo de uma função predicado seria uma função `isEmpty` para uma classe contêiner qualquer — uma classe capaz de manter muitos objetos, tal como um `vector`. Um programa testaria `isEmpty` antes de tentar ler outro item do objeto contêiner. Uma função predicado `isFull` poderia testar um objeto de uma classe contêiner para determinar se ele não tem espaço adicional. Algumas funções predicado úteis para nossa classe `Time` poderiam ser `isAM` e `isPM`.

O programa das figuras 17.5 a 17.7 demonstra a noção de uma função utilitária (também chamada de **função auxiliar**). Uma função utilitária não faz parte da interface `public` de uma classe; porém, é uma função-membro `private` que suporta a operação das funções-membro `public` da classe. As funções utilitárias não são projetadas para serem usadas pelos clientes de uma classe (mas podem ser usadas por amigas de uma classe, como veremos no Capítulo 18).

A classe `SalesPerson` (Figura 17.5) declara um array de 12 valores de vendas mensais (linha 17) e os protótipos para o construtor da classe e funções-membro que manipulam o array.

Na Figura 17.6, o construtor `SalesPerson` (linhas 9-13) inicializa o array `sales` em zero. A função-membro `public setSales` (linhas 30-37) define o valor de vendas para um mês no array `sales`. A função-membro `public printAnnualSales` (linhas 40-45) imprime o total de vendas para os últimos 12 meses. A função utilitária `private totalAnnualSales` (linhas 48-56) totaliza os 12 valores de vendas mensais para o benefício de `printAnnualSales`. A função-membro `printAnnualSales` edita os valores de vendas para o formato monetário.

```
 1 // Fig. 17.5: SalesPerson.h
 2 // Definição da classe SalesPerson.
 3 // Funções-membro definidas em SalesPerson.cpp.
 4 #ifndef SALESP_H
 5 #define SALESP_H
 6
 7 class SalesPerson
 8 {
 9 public:
10    static const int monthsPerYear = 12; // número de meses em um ano
11    SalesPerson(); // construtor
12    void getSalesFromUser(); // entra vendas pelo teclado
13    void setSales( int, double ); // define vendas para um mês específico
14    void printAnnualSales(); // resume e imprime vendas
15 private:
16    double totalAnnualSales(); // protótipo para função utilitária
17    double sales[ monthsPerYear ]; // 12 valores de vendas mensais
18 }; // fim da classe SalesPerson
19
20 #endif
```

Figura 17.5 ■ Definição de classe `SalesPerson`.

```
 1 // Fig. 17.6: SalesPerson.cpp
 2 // Definições de função-membro da classe SalesPerson.
 3 #include <iostream>
 4 #include <iomanip>
 5 #include "SalesPerson.h" // inclui definição de classe SalesPerson
 6 using namespace std;
 7
 8 // inicializa elementos do array sales em 0.0
 9 SalesPerson::SalesPerson()
10 {
11    for ( int i = 0; i < monthsPerYear; i++ )
12       sales[ i ] = 0.0;
13 } // fim do construtor SalesPerson
14
15 // obtém 12 valores de vendas do usuário no teclado
16 void SalesPerson::getSalesFromUser()
17 {
18    double salesFigure;
19
```

Figura 17.6 ■ Definições de função-membro da classe `SalesPerson`. (Parte 1 de 2.)

```
   for ( int i = 1; i <= monthsPerYear; i++ )
   {
      cout << "Digite valor de vendas para o mês " << i << ": ";
      cin >> salesFigure;
      setSales( i, salesFigure );
   } // fim do laço for
} // fim da função getSalesFromUser

// define um dos 12 valores de vendas mensais; função subtrai
// um do valor do mês para o subscrito apropriado no array sales
void SalesPerson::setSales( int month, double amount )
{
   // testa valores válidos de mês e valor
   if ( month >= 1 && month <= monthsPerYear && amount > 0 )
      sales[ month - 1 ] = amount; // ajusta para subscritos 0-11
   else // mês ou valor inválido
      cout << "Mês ou valor de vendas inválido" << endl;
} // fim da função setSales

// imprime total anual de vendas (com ajuda da função utilitária)
void SalesPerson::printAnnualSales()
{
   cout << setprecision( 2 ) << fixed
      << "\nO total anual de vendas é: $"
      << totalAnnualSales() << endl; // chama função utilitária
} // fim da função printAnnualSales

// função utilitária privada para total anual de vendas
double SalesPerson::totalAnnualSales()
{
   double total = 0.0; // inicializa total

   for ( int i = 0; i < monthsPerYear; i++ ) // resume resultados de vendas
      total += sales[ i ]; // soma vendas do mês i ao total

   return total;
} // fim da função totalAnnualSales
```

Figura 17.6 ■ Definições de função-membro da classe `SalesPerson`. (Parte 2 de 2.)

Na Figura 17.7, observe que a função `main` da aplicação inclui apenas uma sequência simples de chamadas de função-membro — não existem instruções de controle. A lógica de manipular o array `sales` está completamente encapsulada nas funções-membro da classe `SalesPerson`.

Observação sobre engenharia de software 17.8

Um fenômeno da programação orientada a objeto é que, quando uma classe é definida, a criação e a manipulação de objetos dessa classe normalmente envolvem emitir apenas uma única sequência de chamadas de função-membro — poucas instruções de controle, ou nenhuma, são necessárias. Ao contrário, é comum ter instruções de controle na implementação das funções-membro de uma classe.

```
// Fig. 17.7: fig17_07.cpp
// Demonstração da função utilitária.
// Compila esse programa com SalesPerson.cpp
```

Figura 17.7 ■ Demonstração de função utilitária. (Parte 1 de 2.)

```
// inclui definição da classe SalesPerson de SalesPerson.h
#include "SalesPerson.h"

int main()
{
   SalesPerson s; // cria objeto s de SalesPerson

   s.getSalesFromUser(); // observe código sequencial simples; não existem
   s.printAnnualSales(); // instruções de controle em main
} // fim de main
```

```
Digite valor de vendas para o mês 1: 5314.76
Digite valor de vendas para o mês 2: 4292.38
Digite valor de vendas para o mês 3: 4589.83
Digite valor de vendas para o mês 4: 5534.03
Digite valor de vendas para o mês 5: 4376.34
Digite valor de vendas para o mês 6: 5698.45
Digite valor de vendas para o mês 7: 4439.22
Digite valor de vendas para o mês 8: 5893.57
Digite valor de vendas para o mês 9: 4909.67
Digite valor de vendas para o mês 10: 5123.45
Digite valor de vendas para o mês 11: 4024.97
Digite valor de vendas para o mês 12: 5923.92

O total anual de vendas é: $60120.59
```

Figura 17.7 ■ Demonstração de função utilitária. (Parte 2 de 2.)

17.6 Estudo de caso da classe `time`: construtores com argumentos default

O programa das figuras 17.8 a 17.10 aperfeiçoa a classe `Time` para demonstrar como os argumentos são passados implicitamente a um construtor. O construtor definido na Figura 17.2 inicializou `hour`, `minute` e `second` em `0` (ou seja, meia-noite no horário universal). Assim como outras funções, os construtores podem especificar argumentos default. A linha 13 da Figura 17.8 declara o construtor `Time` para incluir argumentos default, especificando um valor default zero para cada argumento passado ao construtor. Na Figura 17.9, as linhas 10-13 definem a nova versão do construtor `Time` que recebe valores para os parâmetros `hr`, `min` e `sec` que serão usados para inicializar os dados-membro `private` `hour`, `minute` e `second`, respectivamente. A classe `Time` oferece funções *get* e *set* para cada dado-membro. O construtor `Time` agora chama `setTime`, que chama as funções `setHour`, `setMinute` e `setSecond` para validar e atribuir valores aos dados-membro. Os argumentos default para o construtor garantem que, mesmo que nenhum valor seja fornecido em uma chamada de construtor, o construtor ainda inicializará os dados-membro para manter o objeto `Time` em um estado consistente. Um construtor que fornece valores default para todos os seus argumentos também é um construtor default — ou seja, um construtor que pode ser chamado sem argumentos. Pode haver, no máximo, um construtor default por classe.

```
 1 // Fig. 17.8: Time.h
 2 // Classe Time contendo um construtor com argumentos default.
 3 // Funções-membro definidas em Time.cpp.
 4
 5 // impede múltiplas inclusões de arquivo de cabeçalho
 6 #ifndef TIME_H
 7 #define TIME_H
 8
 9 // Definição de tipo de dados abstratos Time
10 class Time
11 {
12 public:
```

Figura 17.8 ■ Classe `Time` que contém um construtor com argumentos default. (Parte 1 de 2.)

```
   Time( int = 0, int = 0, int = 0 ); // construtor default

   // Funções set
   void setTime( int, int, int ); // define hora, minuto, segundo
   void setHour( int ); // define hour (após validação)
   void setMinute( int ); // define minuto (após validação)
   void setSecond( int ); // define segundo (após validação)

   // funções get
   int getHour(); // retorna hora
   int getMinute(); // retorna minuto
   int getSecond(); // retorna segundo

   void printUniversal(); // envia hora no formato de horário universal
   void printStandard(); // envia hora no formato de horário padrão
private:
   int hour; // 0 - 23 (formato de relógio de 24 horas)
   int minute; // 0 - 59
   int second; // 0 - 59
   }; // fim da classe Time

#endif
```

Figura 17.8 ■ Classe `Time` que contém um construtor com argumentos default. (Parte 2 de 2.)

Na Figura 17.9, a linha 12 do construtor chama a função-membro `setTime` com os valores passados ao construtor (ou os valores default). A função `setTime` chama `setHour` para garantir que o valor fornecido para `hour` está no intervalo 0-23, depois chama `setMinute` e `setSecond` para garantir que os valores para `minute` e `second` estão cada um no intervalo 0-59. Se um valor estiver fora do intervalo, é definido como zero (para garantir que cada dado-membro permaneça em um estado coerente). No Capítulo 24, usamos exceções para mostrar quando um valor está fora do intervalo em vez de simplesmente atribuir um valor default coerente.

```
1  // Fig. 17.9: Time.cpp
2  // Definições de função-membro para a classe Time.
3  #include <iostream>
4  #include <iomanip>
5  #include "Time.h" // inclui definição da classe Time de Time.h
6  using namespace std;
7
8  // Construtor Time inicializa cada dado-membro em zero;
9  // garante que objetos Time comecem em um estado coerente
10 Time::Time( int hr, int min, int sec )
11 {
12    setTime( hr, min, sec ); // valida e define hora
13 } // fim do construtor Time
14
15 // define novo valor de Time usando horário universal; garante que
16 // os dados continuem coerentes, definindo valores inválidos como zero
17 void Time::setTime( int h, int m, int s )
18 {
19    setHour( h ); // define campo private hour
20    setMinute( m ); // define campo private minute
21    setSecond( s ); // define campo private second
22 } // fim da função setTime
23
24 // define valor de hora
```

Figura 17.9 ■ Definições da função-membro `Time` que incluem um construtor que utiliza argumentos. (Parte 1 de 2.)

```
25 void Time::setHour( int h )
26 {
27    hour = ( h >= 0 && h < 24 ) ? h : 0; // valida hora
28 } // fim da função setHour
29
30 // define valor de minuto
31 void Time::setMinute( int m )
32 {
33    minute = ( m >= 0 && m < 60 ) ? m : 0; // valida minuto
34 } // fim da função setMinute
35
36 // define o valor de second
37 void Time::setSecond( int s )
38 {
39    second = ( s >= 0 && s < 60 ) ? s : 0; // valida segundo
40 } // fim da função setSecond
41
42 // retorna valor de hora
43 int Time::getHour()
44 {
45    return hour;
46 } // fim da função getHour
47
48 // retorna valor de minuto
49 int Time::getMinute()
50 {
51    return minute;
52 } // fim da função getMinute
53
54 // retorna valor de segundo
55 int Time::getSecond()
56 {
57    return second;
58 } // fim da função getSecond
59
60 // imprime Time no formato de horário universal (HH:MM:SS)
61 void Time::printUniversal()
62 {
63    cout << setfill( '0' ) << setw( 2 ) << getHour() << ":"
64       << setw( 2 ) << getMinute() << ":" << setw( 2 ) << getSecond();
65 } // fim da função printUniversal
66
67 // imprime Time no formato de horário padrão (HH:MM:SS AM ou PM)
68 void Time::printStandard()
69 {
70    cout << ( ( getHour() == 0 || getHour() == 12 ) ? 12 : getHour() % 12 )
71       << ":" << setfill( '0' ) << setw( 2 ) << getMinute()
72       << ":" << setw( 2 ) << getSecond() << ( hour < 12 ? " AM" : " PM" );
73 } // fim da função printStandard
```

Figura 17.9 ■ Definições da função-membro `Time` que incluem um construtor que utiliza argumentos. (Parte 2 de 2.)

O construtor `Time` poderia ser escrito para incluir as mesmas instruções da função-membro `setTime`, ou até mesmo as instruções individuais nas funções `setHour`, `setMinute` e `setSecond`. Chamar `setHour`, `setMinute` e `setSecond` do construtor pode ser ligeiramente mais eficiente, pois a chamada extra a `setTime` seria eliminada. De modo semelhante, copiar o código das linhas 27, 33 e 39 no construtor eliminaria o overhead de chamar `setTime`, `setHour`, `setMinute` e `setSecond`. Codificar o construtor `Time` ou a função-membro `setTime` como uma cópia do código nas linhas 27, 33 e 39 tornaria a manutenção dessa classe mais difícil. Se as implementações de `setHour`, `setMinute` e `setSecond` tivessem de mudar, a implementação de qualquer função-membro que duplica as linhas 27, 33 e 39 também teria de mudar. Fazendo com que o construtor `Time` chame `setTime` e que `setTime` chame `setHour`, `setMinute` e `setSecond` nos permitem limitar as mudanças no código que validam `hour`, `minute` ou `second` à função *set* correspondente. Isso reduz a probabilidade de erros ao alterarmos a implementação da classe. Além disso, o desempenho do construtor `Time` e de `setTime` pode ser melhorado ao ser explicitamente declarado `inline` ou ao ser definido na definição da classe (que implicitamente coloca a definição da função inline).

Observação sobre engenharia de software 17.9

Se uma função-membro de uma classe já fornece toda ou parte da funcionalidade exigida por um construtor (ou outra função-membro) da classe, chame essa função-membro do construtor (ou outra função-membro). Isso simplifica a manutenção do código e reduz a probabilidade de erro se a implementação do código for modificada. Em geral, evite repetir código.

Observação sobre engenharia de software 17.10

Qualquer mudança nos valores de argumento default de uma função exige que o código-cliente seja recompilado (para garantir que o programa ainda funcione corretamente).

A função `main` na Figura 17.10 inicializa cinco objetos `Time` — um com os três argumentos default na chamada implícita do construtor (linha 9), um com um argumento especificado (linha 10), um com dois argumentos especificados (linha 11), um com três argumentos especificados (linha 12) e um com três argumentos inválidos especificados (linha 13). Depois, o programa mostra cada objeto nos formatos de horário universal e horário-padrão.

```
1  // Fig. 17.10: fig17_10.cpp
2  // Demonstrando um construtor default para a classe Time.
3  #include <iostream>
4  #include "Time.h" // inclui definição da classe Time de Time.h
5  using namespace std;
6
7  int main()
8  {
9     Time t1; // todos os argumentos default
10    Time t2( 2 ); // hora especificada; minuto e segundo default
11    Time t3( 21, 34 ); // hora e minuto especificados; segundo default
12    Time t4( 12, 25, 42 ); // hora, minuto e segundo especificados
13    Time t5( 27, 74, 99 ); // todos os valores incorretos especificados
14
15    cout << "Construído com:\n\nt1: todos os argumentos default\n  ";
16    t1.printUniversal(); // 00:00:00
17    cout << "\n  ";
18    t1.printStandard(); // 12:00:00 AM
19
20    cout << "\n\nt2: hora especificada; minuto e segundo default\n  ";
21    t2.printUniversal(); // 02:00:00
22    cout << "\n  ";
23    t2.printStandard(); // 2:00:00 AM
24
25    cout << "\n\nt3: hora e minuto especificados; segundo default\n  ";
26    t3.printUniversal(); // 21:34:00
27    cout << "\n  ";
28    t3.printStandard(); // 9:34:00 PM
```

Figura 17.10 ■ Construtor com argumentos default. (Parte I de 2.)

```
   cout << "\n\nt4: hora, minuto e segundo especificados\n  ";
   t4.printUniversal(); // 12:25:42
   cout << "\n  ";
   t4.printStandard(); // 12:25:42 PM

   cout << "\n\nt5: todos os valores especificados e inválidos\n  ";
   t5.printUniversal(); // 00:00:00
   cout << "\n  ";
   t5.printStandard(); // 12:00:00 AM
   cout << endl;
} // fim de main
```

```
Construído com:

t1: todos os argumentos default
  00:00:00
  12:00:00 AM

t2: hora especificada; minuto e segundo default
  02:00:00
  2:00:00 AM

t3: hora e minuto especificados; segundo default
  21:34:00
  9:34:00 PM

t4: hora, minuto e segundo especificados
  12:25:42
  12:25:42 PM

t5: todos os valores especificados e inválidos
  00:00:00
  12:00:00 AM
```

Figura 17.10 ■ Construtor com argumentos default. (Parte 2 de 2.)

*Notas referentes a funções **set** e **get** da classe **Time**, e construtor*

As funções *set* e *get* de `Time` são chamadas por meio do corpo da classe. Em particular, a função `setTime` (linhas 17-22 da Figura 17.9) chama as funções `setHour`, `setMinute` e `setSecond`, e as funções `printUniversal` e `printStandard` chamam as funções `getHour`, `getMinute` e `getSecond` nas linhas 63-64 e nas linhas 70-72, respectivamente. Em cada caso, essas funções poderiam ter acessado diretamente os dados `private` da classe. Porém, pense na mudança da representação da hora de três valores `int` (exigindo 12 bytes de memória) para um único valor `int` representando o número total de segundos que se passaram desde a meia-noite (exigindo apenas quatro bytes de memória). Se fizéssemos tal mudança, apenas os corpos das funções que acessam diretamente os dados `private` precisariam mudar — em particular, as funções *set* e *get* individuais para `hour`, `minute` e `second`. Não seria preciso modificar os corpos das funções `setTime`, `printUniversal` ou `printStandard`, porque eles não acessam os dados diretamente. Projetar a classe dessa maneira reduz a probabilidade de erros de programação ao se alterar a implementação da classe.

De modo semelhante, o construtor `Time` poderia ser escrito para incluir uma cópia das instruções apropriadas da função `setTime`. Isso poderia ser ligeiramente mais eficiente, pois a chamada de construtor extra e a chamada a `setTime` seriam eliminadas. Porém, duplicar instruções em múltiplas funções ou em construtores torna a mudança da representação de dados internos da classe mais difícil. Fazer com que o construtor `Time` chame a função `setTime` diretamente exige que quaisquer mudanças na implementação de `setTime` sejam feitas apenas uma vez.

Erro comum de programação 17.2

Um construtor pode chamar outras funções-membro da classe, como funções set *ou* get*, mas como o construtor está inicializando o objeto, os dados-membro podem ainda não estar em um estado coerente. O uso de dados-membro antes que eles tenham sido devidamente inicializados pode causar erros lógicos.*

17.7 Destrutores

Destrutores são outro tipo de função-membro especial de uma classe. O nome do destrutor de uma classe é formado pelo **caractere til (~)** seguido do nome da classe. Essa convenção de nomenclatura é intuitivamente atraente porque, como veremos em um capítulo mais à frente, o operador til é o operador de complemento sobre bits e, de certo modo, o destrutor é o complemento do construtor. Normalmente, usa-se 'dtor' como abreviação de destrutor na literatura. Preferimos não usar essa abreviação.

O destrutor de uma classe é implicitamente chamado quando um objeto é destruído. Isso ocorre, por exemplo, durante a destruição de um objeto automático, quando a execução do programa deixa o escopo em que um objeto daquela classe foi instanciado. *O destrutor propriamente dito não libera realmente a memória do objeto* — ele executa uma **faxina de finalização** antes que o sistema recupere a memória liberada pelo objeto, de forma que essa memória possa ser reutilizada para manter novos objetos.

Um destrutor não recebe nenhum argumento, e não retorna nenhum valor. Um destrutor pode não especificar um tipo de retorno — nem mesmo `void`. Uma classe pode ter somente um destrutor — não é permitido sobrecarregar um destrutor. Um destrutor precisa ser `public`.

Erro comum de programação 17.3

É um erro de sintaxe tentar passar argumentos para um destrutor, especificar um tipo de retorno para um destrutor (nem `void` pode ser especificado), retornar valores de um destrutor ou sobrecarregar um destrutor.

Embora os destrutores não tenham sido fornecidos para as classes apresentadas até aqui, cada classe tem um destrutor. Se você não fornecer explicitamente um destrutor, o compilador cria um destrutor 'vazio'. [*Nota:* veremos que tal destrutor criado implicitamente, na verdade, realiza operações importantes sobre objetos criados pela composição (Capítulo 18) e herança (Capítulo 20).] No Capítulo 19, montaremos destrutores apropriados para classes cujos objetos contêm memória alocada dinamicamente (por exemplo, para arrays e strings) ou usam outros recursos do sistema (por exemplo, arquivos em disco). Discutiremos como alocar e desalocar memória dinamicamente no Capítulo 18.

Observação sobre engenharia de software 17.11

Construtores e destrutores têm uma importância muito maior em C++ e na programação orientada a objetos do que foi possível transmitir em nossa breve introdução.

17.8 Quando construtores e destrutores são chamados

Construtores e destrutores são chamados implicitamente pelo compilador. A ordem em que essas chamadas de função são feitas depende da ordem em que a execução entra e sai do escopo em que os objetos são instanciados. Geralmente, chamadas a um destrutor são feitas na ordem contrária das chamadas a um construtor. Porém, como veremos nas figuras 17.11 a 17.13, as classes de armazenamento de objetos podem alterar a ordem em que o destrutores são chamados.

Construtores são chamados para objetos definidos no escopo global antes de qualquer outra função (inclusive `main`) em que o arquivo começa a execução (embora a ordem de execução de construtores de objetos globais entre arquivos não seja garantida). Os destrutores correspondentes são chamados quando `main` termina. A função **`exit`** força um programa a terminar imediatamente e não executa os destrutores de objetos automáticos. A função normalmente é usada para terminar um programa quando um erro é detectado na entrada ou se um arquivo a ser processado pelo programa não pode ser aberto. A função **`abort`** funciona de modo semelhante à função `exit`, mas força o programa a terminar imediatamente, sem permitir que os destrutores de quaisquer objetos sejam chamados. A função `abort` normalmente é usada para indicar um término anormal do programa. (Veja mais informações sobre as funções `abort` e `exit` no Capítulo 14.)

O construtor de um objeto local automático é chamado quando a execução alcança o ponto em que esse objeto está definido — o destrutor correspondente é chamado quando a execução deixa o escopo do objeto (ou seja, quando o bloco em que esse objeto é definido terminou sua execução). Construtores e destrutores de objetos automáticos são chamados toda vez que a execução entra e sai do escopo do objeto. Os destrutores não são chamados para objetos automáticos se o programa terminar com uma chamada para a função `exit` ou para a função `abort`.

O construtor para um objeto local `static` é chamado apenas uma vez, quando a execução, primeiro, alcança o ponto em que o objeto está definido — o destrutor correspondente é chamado quando `main` termina ou o programa chama a função `exit`. Objetos globais e `static` são destruídos na ordem inversa de sua criação. Destrutores não são chamados a objetos `static` se o programa terminar com uma chamada à função `abort`.

O programa das figuras 17.11 a 17.13 demonstra a ordem em que os construtores e destrutores são chamados a objetos da classe `CreateAndDestroy` (figuras 17.11 e 17.12) de várias classes de armazenamento em diversos escopos. Cada objeto da classe `CreateAndDestroy` contém um inteiro (`objectID`) e uma `string` (`message`) que são usados na saída do programa para identificar o objeto (Figura 17.11, linhas 16-17). Esse exemplo mecânico é dado simplesmente para fins pedagógicos. Por esse motivo, a linha 21 do destrutor na Figura 17.12 determina se o objeto sendo destruído tem um valor de `objectID` igual a `1` ou `6`, e, nesse caso, envia um caractere de newline. Essa linha torna a saída do programa mais fácil de acompanhar.

```
1  // Fig. 17.11: CreateAndDestroy.h
2  // Definição da classe CreateAndDestroy.
3  // Funções-membro definidas em CreateAndDestroy.cpp.
4  #include <string>
5  using namespace std;
6
7  #ifndef CREATE_H
8  #define CREATE_H
9
10 class CreateAndDestroy
11 {
12 public:
13    CreateAndDestroy( int, string ); // construtor
14    ~CreateAndDestroy(); // destrutor
15 private:
16    int objectID; // número de ID para objeto
17    string message; // mensagem descrevendo objeto
18 }; // fim da classe CreateAndDestroy
19
20 #endif
```

Figura 17.11 ■ Definição da classe `CreateAndDestroy`.

```
1  // Fig. 17.12: CreateAndDestroy.cpp
2  // Definições de função-membro da classe CreateAndDestroy.
3  #include <iostream>
4  #include "CreateAndDestroy.h"// inclui definição da classe CreateAndDestroy
5  using namespace std;
6
7  // construtor
8  CreateAndDestroy::CreateAndDestroy( int ID, string messageString )
9  {
10    objectID = ID; // define número de ID do objeto
11    message = messageString; // define mensagem descritiva do objeto
12
13    cout << "Construtor de objeto " << objectID << "em execução"
14       << message << endl;
15 } // fim do construtor CreateAndDestroy
16
17 // destrutor
18 CreateAndDestroy::~CreateAndDestroy()
19 {
20    // envia newline para certos objetos; ajuda na legibilidade
```

Figura 17.12 ■ Definições de função-membro da classe `CreateAndDestroy`. (Parte 1 de 2.)

```
   cout << ( objectID == 1 || objectID == 6 ? "\n" : "" );

   cout << "Destrutor de objeto " << objectID << "em execução"
      << message << endl;
} // fim do destrutor ~CreateAndDestroy
```

Figura 17.12 ■ Definições de função-membro da classe `CreateAndDestroy`. (Parte 2 de 2.)

A Figura 17.13 define o objeto `first` (linha 10) no escopo global. Seu construtor é realmente chamado antes de quaisquer instruções em `main`, e seu destrutor é chamado ao término do programa após os destrutores de todos os outros objetos terem sido executados.

A função `main` (linhas 12-23) declara três objetos. Os objetos `second` (linha 15) e `fourth` (linha 21) são objetos automáticos locais, e o objeto `third` (linha 16) é um objeto local `static`. O construtor de cada um desses objetos é chamado quando a execução atinge o ponto em que esse objeto é declarado. Os destrutores dos objetos `fourth`, e depois os dos objetos `second` são chamados (ou seja, na ordem inversa em que seus construtores foram chamados) quando a execução alcança o final de `main`. Como o objeto `third` é `static`, ele existe até o término do programa. O destrutor do objeto `third` é chamado antes do destrutor do objeto global `first`, mas depois de todos os objetos terem sido destruídos.

A função `create` (linhas 26-33) declara três objetos — `fifth` (linha 29) e `seventh` (linha 31) como objetos automáticos locais, e `sixth` (linha 30) como um objeto local `static`. Os destrutores dos objetos `seventh`, e depois os dos objetos `fifth` são chamados (ou seja, na ordem inversa em que seus construtores foram chamados) quando `create` termina. Como `sixth` é `static`, ele existe até o término do programa. O destrutor de `sixth` é chamado antes dos destrutores para `third` e `first`, mas depois de todos os objetos terem sido destruídos.

```
1  // Fig. 17.13: fig17_13.cpp
2  // Demonstrando a ordem em que construtores e destrutores
3  // são chamados.
4  #include <iostream>
5  #include "CreateAndDestroy.h" // inclui definição da classe CreateAndDestroy
6  using namespace std;
7
8  void create( void ); // protótipo
9
10 CreateAndDestroy first( 1, "(global antes de main)" ); // objeto global
11
12 int main()
13 {
14    cout << "\nFUNÇÃO MAIN: EXECUÇÃO COMEÇA" << endl;
15    CreateAndDestroy second( 2, "(automática local em main)" );
16    static CreateAndDestroy third( 3, "(estática local em main)" );
17
18    create(); // chama função para criar objetos
19
20    cout << "\nFUNÇÃO MAIN: EXECUÇÃO TERMINA" << endl;
21    CreateAndDestroy fourth( 4, "(automática local em main)" );
22    cout << "\nFUNÇÃO MAIN: EXECUÇÃO TERMINA" << endl;
23 } // fim de main
24
25 // função para criar objetos
26 void create( void )
27 {
28    cout << "\nFUNÇÃO CREATE: EXECUÇÃO COMEÇA" << endl;
29    CreateAndDestroy fifth( 5, "(automática local em create)" );
30    static CreateAndDestroy sixth( 6, "(estática local em create)" );
31    CreateAndDestroy seventh( 7, "(automática local em create)" );
```

Figura 17.13 ■ Ordem em que construtores e destrutores são chamados. (Parte 1 de 2.)

```
    cout << "\nFUNÇÃO CREATE: EXECUÇÃO TERMINA" << endl;
} // fim da função create
```

```
Objeto 1          construtor em execução          (global antes de main)

FUNÇÃO MAIN: EXECUÇÃO COMEÇA
Objeto 2          construtor em execução          (automática local em main)
Objeto 3          construtor em execução          (estática local em main)

FUNÇÃO CREATE: EXECUÇÃO COMEÇA
Objeto 5          construtor em execução          (automática local em create)
Objeto 6          construtor em execução          (estática local em create)
Objeto 7          construtor em execução          (automática local em create)

FUNÇÃO CREATE: EXECUÇÃO TERMINA
Objeto 7          destrutor em execução           (automática local em create)
Objeto 5          destrutor em execução           (automática local em create)

FUNÇÃO MAIN: EXECUÇÃO TERMINA
Objeto 4          construtor em execução          (automática local em main)

FUNÇÃO MAIN: EXECUÇÃO TERMINA
Objeto 4          destrutor em execução           (automática local em main)
Objeto 2          destrutor em execução           (automática local em main)

Objeto 6          destrutor em execução           (estática local em create)
Objeto 3          destrutor em execução           (estática local em main)

Objeto 1          destrutor em execução           (global antes de main)
```

Figura 17.13 ■ Ordem em que construtores e destrutores são chamados. (Parte 2 de 2.)

17.9 Estudo de caso da classe `time`: uma armadilha sutil — retorno de uma referência a um dado-membro private

Uma referência a um objeto é um alias para o nome do objeto, e, portanto, pode ser usada no lado esquerdo de uma instrução de atribuição. Nesse contexto, a referência cria um *lvalue* perfeitamente aceitável, que pode receber um valor. Um modo de usar essa capacidade (infelizmente!) é fazer com que uma função-membro `public` de uma classe retorne uma referência a um dado-membro `private` dessa classe. Se uma função retorna uma referência `const`, essa referência não pode ser usada como um *lvalue* modificável.

O programa das figuras 17.14 a 17.16 usa uma classe `Time` simplificada (figuras 17.14 e 17.15) para demonstrar o retorno de uma referência a um dado-membro `private` com a função-membro `badSetHour` (declarada na Figura 17.14, na linha 15, e definida na Figura 17.15, nas linhas 27-31). Esse retorno de referência realmente faz com que uma chamada à função-membro `badSetHour` seja um alias para o dado-membro `private hour`! A chamada de função pode ser utilizada do mesmo modo que o dado-membro `private` é usado, inclusive como um *lvalue* em uma instrução de atribuição, *permitindo assim que os clientes da classe ataquem os dados* private *da classe à vontade!* O mesmo problema ocorreria se um ponteiro dos dados `private` tivessem que ser retornados pela função.

A Figura 17.16 declara o objeto `Time t` (linha 10) e a referência `hourRef` (linha 13), que é inicializada com a referência retornada

```
1  // Fig. 17.14: Time.h
2  // Declaração da classe Time.
3  // Funções-membro definidas em Time.cpp
4
5  // impede múltiplas inclusões do arquivo de cabeçalho
6  #ifndef TIME_H
7  #define TIME_H
8
9  class Time
10 {
11 public:
12    Time( int = 0, int = 0, int = 0 );
```

Figura 17.14 ■ Declaração da classe `Time`. (Parte 1 de 2.)

```
   void setTime( int, int, int );
   int getHour();
   int &badSetHour( int ); // retorno de referência PERIGOSO
private:
   int hour;
   int minute;
   int second;
}; // fim da classe Time

#endif
```

Figura 17.14 ■ Declaração da classe `Time`. (Parte 2 de 2.)

```
// Fig. 17.15: Time.cpp
// Definições de função-membro da classe Time.
#include "Time.h" // inclui definição da classe Time

// função construtora para inicializar dados privados; chama função-membro
// setTime para definir variáveis; valores default são 0 (ver definição da classe)
Time::Time( int hr, int min, int sec )
{
   setTime( hr, min, sec );
} // fim do construtor Time

// define valores de hora, minuto e segundo
void Time::setTime( int h, int m, int s )
{
   hour = ( h >= 0 && h < 24 ) ? h : 0; // valida hora
   minute = ( m >= 0 && m < 60 ) ? m : 0; // valida minuto
   second = ( s >= 0 && s < 60 ) ? s : 0; // valida segundo
} // fim da função setTime

// retorna valor de hora
int Time::getHour()
{
   return hour;
} // fim da função getHour

// PRÁTICA RUIM: Retornar uma referência a um dado-membro privados.
int &Time::badSetHour( int hh )
{
   hour = ( hh >= 0 && hh < 24 ) ? hh : 0;
   return hour; // retorno PERIGOSO de referência
} // fim da função badSetHour
```

Figura 17.15 ■ Definições da função-membro da classe `Time`.

pela chamada `t.badSetHour(20)`. A linha 15 mostra o valor do alias `hourRef`. Isso mostra como `hourRef` quebra o encapsulamento da classe — as instruções em `main` não devem ter acesso aos dados `private` da classe. Em seguida, a linha 16 usa o alias para definir o valor de `hour` como 30 (um valor inválido), e a linha 17 exibe o valor retornado pela função `getHour` para mostrar que atribuir um valor a `hourRef` realmente modifica os dados `private` no objeto `Time t`. Finalmente, a linha 21 usa a própria chamada de função `badSetHour` como um *lvalue* e atribui 74 (outro valor inválido) à referência retornada pela função. Novamente, a linha 26 exibe o valor retornado pela função `getHour` para mostrar que a atribuição de um valor ao resultado da chamada de função na linha 21 modifica os dados `private` no objeto `Time t`.

```
// Fig. 17.16: fig17_16.cpp
// Demonstrando uma função-membro public que
// retorna uma referência a um dado-membro privado.
#include <iostream>
#include "Time.h" // inclui definição da classe Time
using namespace std;

int main()
{
   Time t; // cria objeto Time

   // inicializa hourRef com a referência retornada por badSetHour
   int &hourRef = t.badSetHour( 20 ); // 20 é uma hora válida

   cout << "Hora válida antes da modificação: " << hourRef;
   hourRef = 30; // usa hourRef para definir valor inválido no objeto Time t
   cout << "\nHora inválida após modificação: " << t.getHour();

   // Perigoso: Chamada de função que retorna uma
   // referência pode ser usada como um lvalue!
   t.badSetHour( 12 ) = 74; // atribui outro valor inválido a hora

   cout << "\n\n**************************************************\n"
      << "PRÁTICA DE PROGRAMAÇÃO RUIM!!!!!!!!\n"
      << "t.badSetHour( 12 ) como um lvalue, hora inválida: "
      << t.getHour()
      << "\n**************************************************" << endl;
} // fim de main
```

```
Hora válida antes da modificação: 20
Hora inválida após modificação: 30

**************************************************
PRÁTICA DE PROGRAMAÇÃO RUIM!!!!!!!!
t.badSetHour( 12 ) como um lvalue, hora inválida: 74
**************************************************
```

Figura 17.16 ■ Retorno de uma referência a um dado-membro private.

Dica de prevenção de erro 17.4

Retornar uma referência ou um ponteiro a um dado-membro `private` *quebra o encapsulamento da classe e torna o código-cliente dependente da representação dos dados da classe; esta é uma prática perigosa, que deve ser evitada.*

17.10 Atribuição usando cópia membro a membro default

O operador de atribuição (=) pode ser usado para atribuir um objeto a outro objeto do mesmo tipo. Como padrão, essa atribuição é realizada por **atribuição de membro** — cada dado-membro do objeto à direita do operador de atribuição é atribuído individualmente ao mesmo dado-membro do objeto à esquerda do operador de atribuição. As figuras 17.17 e 17.18 definem a classe `Date` para uso nesse exemplo. A linha 18 da Figura 17.19 usa a **atribuição usando cópia membro a membro default** para atribuir os dados-membro do objeto `Date date1` aos dados-membro correspondentes do objeto `Date date2`. Nesse caso, o membro `month` de `date1` é atribuído ao membro `month` de `date2`, o membro `day` de `date1` é atribuído ao membro `day` de `date2`, e o membro `year` de `date1` é atribuído ao membro `year` de `date2`. [*Cuidado:* a atribuição de membro pode causar sérios problemas quando usada com uma classe cujos dados-membro contêm ponteiros da memória alocada dinamicamente; discutiremos esses problemas no Capítulo 19, e mostraremos como lidar com eles.] O construtor `Date` não contém verificação de erros; deixaremos isso para os exercícios.

```
// Fig. 17.17: Date.h
// Declaração da classe Date. Funções-membro são definidas em Date.cpp.

//impede múltiplas inclusões do arquivo de cabeçalho
#ifndef DATE_H
#define DATE_H

// definição da classe Date
class Date
{
public:
   Date( int = 1, int = 1, int = 2000 ); // construtor default
   void print();
private:
   int month;
   int day;
   int year;
}; // fim da classe Date

#endif
```

Figura 17.17 ■ Declaração da classe `Date`.

```
// Fig. 17.18: Date.cpp
// Definições de função-membro da classe Date.
#include <iostream>
#include "Date.h" // inclui definição da classe Date de Date.h
using namespace std;

// Construtor de date (deve fazer verificação de intervalo)
Date::Date( int m, int d, int y )
{
   month = m;
   day = d;
   year = y;
} // fim do construtor Date

// imprimne Date no formato mm/dd/yyyy
void Date::print()
{
   cout << month << '/' << day << '/' << year;
} // fim da função print
```

Figura 17.18 ■ Definições de função-membro da classe `Date`.

```
// Fig. 17.19: fig17_19.cpp
// Demonstrando que objetos de classe podem ser atribuídos
// uns aos outros usando atribuição de membro default.
#include <iostream>
#include "Date.h" // inclui definição da classe Date de Date.h
```

Figura 17.19 ■ Atribuição para membro default. (Parte I de 2.)

```
using namespace std;

int main()
{
   Date date1( 7, 4, 2004 );
   Date date2; // default de date2 como 1/1/2000

   cout << "date1 = ";
   date1.print();
   cout << "\ndate2 = ";
   date2.print();

   date2 = date1; // atribuição de membro default

   cout << "\n\nApós atribuição de membro default, date2 = ";
   date2.print();
   cout << endl;
} // fim de main
```

```
date1 = 7/4/2004
date2 = 1/1/2000

Após atribuição de membro default, date2 = 7/4/2004
```

Figura 17.19 ■ Atribuição para membro default. (Parte 2 de 2.)

Objetos podem ser passados como argumentos de função, e podem ser retornados de funções. Passagem e retorno são realizados usando a passagem por valor como padrão — uma cópia do objeto é passada ou retornada. Nesses casos, C++ cria um novo objeto, e usa um **construtor de cópia** para copiar os valores originais do objeto para o novo objeto. Para cada classe, o compilador oferece um construtor de cópia default que copia cada membro do objeto original para o membro correspondente do novo objeto. Assim como a atribuição de membro, os construtores de cópia podem causar sérios problemas quando usados em uma classe cujos dados-membro contêm ponteiros da memória alocada dinamicamente. No Capítulo 19, discutiremos como definir construtores de cópia personalizados que copiam corretamente objetos que contêm ponteiros da memória alocada dinamicamente.

Dica de desempenho 17.3

Passar um objeto por valor é bom do ponto de vista da segurança, pois a função chamada não tem acesso ao objeto original na função que chamou, mas a passagem por valor pode degradar o desempenho ao fazer uma cópia de um objeto grande. Um objeto pode ser passado por referência, passando um ponteiro ou uma referência ao objeto. A passagem por referência oferece um bom desempenho, mas é mais fraca do ponto de vista da segurança, pois a função chamada tem acesso ao objeto original. A passagem por referência `const` *é uma alternativa segura, com bom desempenho (esta pode ser implementada com um parâmetro de referência* `const` *ou com um ponteiro de um parâmetro para dados* `const`*).*

17.11 Conclusão

Neste capítulo, aprofundamos nosso estudo sobre classes, usando um estudo rico da classe `Time` para introduzir vários recursos novos. Você viu que as funções-membro normalmente são mais curtas que as funções globais, pois as funções-membro podem acessar diretamente os dados-membro de um objeto, assim as funções-membro podem receber menos argumentos que as funções nas linguagens de programação procedurais. Você aprendeu a usar o operador seta para acessar os membros de um objeto por meio de um ponteiro para o tipo de classe do objeto.

Você aprendeu que as funções-membro têm escopo de classe — o nome da função-membro é conhecido apenas dos outros membros da classe, a menos que referenciado por meio de um objeto da classe, de uma referência a um objeto da classe, de um ponteiro de um objeto da classe ou do operador binário de resolução de escopo. Também discutimos as funções de acesso (normalmente usadas para recuperar os valores dos dados-membro ou para testar a veracidade ou falsidade de condições) e funções utilitárias (funções-membro `private` que dão suporte à operação das funções-membro `public` da classe).

Você aprendeu que um construtor pode especificar argumentos default que permitem que sejam chamados de diversas maneiras. Também aprendeu que qualquer construtor que pode ser chamado sem argumentos é um construtor default, e que pode haver no máximo um construtor default por classe. Abordamos os destrutores e sua finalidade de realizar a faxina de finalização em um objeto de uma classe antes que esse objeto seja destruído. Também demonstramos a ordem em que os construtores e destrutores de um objeto são chamados.

Demonstramos os problemas que podem ocorrer quando uma função-membro retorna uma referência para um dado-membro `private`, que quebra o encapsulamento da classe. Também mostramos que os objetos de mesmo tipo podem ser atribuídos uns aos outros usando a atribuição de membro default. Discutimos, ainda, sobre os benefícios do uso de bibliotecas de classe para melhorar a velocidade com que o código pode ser criado e melhorar a qualidade do software.

O Capítulo 18 apresentará recursos de classe adicionais. Demonstraremos como `const` pode ser usado para indicar que uma função-membro não modifica um objeto de uma classe. Você criará classes com composição, que permite que uma classe contenha objetos de outras classes como membros. Além disso, mostraremos como uma classe pode permitir que as chamadas funções 'amigas' acessem os membros não `public` da classe. E mostraremos como as funções-membro não `static` de uma classe podem usar um ponteiro especial chamado `this` para acessar os membros de um objeto.

Resumo

Seção 17.2 Estudo de caso da classe **`time`**

- As diretivas de pré-processador `#ifndef` (que significa *if not defined* — se não estiver definido) e `#endif` são usadas para impedir múltiplas inclusões de um arquivo de cabeçalho. Se o código entre essas diretivas não tiver sido incluído anteriormente em uma aplicação, `#define` define um nome que pode ser usado para impedir futuras inclusões, e o código é incluído no arquivo de código-fonte.
- Os dados-membro não podem ser inicializados onde forem declarados no corpo da classe (exceto para os dados-membro `static const` de uma classe de tipos inteiros ou `enum`). Inicialize esses dados-membro no construtor da classe (pois não existe uma inicialização default para os dados-membro de tipos fundamentais).
- O manipulador de stream `setfill` especifica o caractere de preenchimento que é exibido quando um inteiro é enviado em um campo maior que o número de dígitos no valor.
- Como padrão, os caracteres de preenchimento aparecem antes dos dígitos no número.
- O manipulador de stream `setfill` é uma configuração que 'se mantém', significando que, quando o caractere de preenchimento é definido, ele se aplica a todos os campos subsequentes que estiverem sendo impressos.
- Embora uma função-membro declarada em uma definição de classe possa ser definida fora da definição dessa classe (e possa estar 'ligada' à classe por meio do operador de resolução de escopo), essa função-membro ainda está dentro do escopo dessa classe.
- Se uma função-membro for definida no corpo de uma definição de classe, o compilador C++ tenta colocar inline as chamadas à função-membro.
- As classes podem incluir objetos de outras classes como membros ou podem ser derivadas de outras classes que ofereçam atributos e comportamentos que as novas classes podem usar.

Seção 17.3 Escopo de classe e acesso a membros de classes

- Os dados-membro e as funções-membro de uma classe pertencem ao escopo dessa classe.
- As funções não membros são definidas no escopo do namespace global.
- Dentro do escopo de uma classe, os membros de classe são imediatamente acessíveis de todas as funções-membro dessa classe, e podem ser referenciados por nome.
- Fora do escopo de uma classe, os membros da classe são referenciados por meio de um dos handles em um objeto — um nome de objeto, uma referência a um objeto ou um ponteiro de um objeto.
- As funções-membro de uma classe podem ser sobrecarregadas, mas somente por outras funções-membro da mesma classe.
- Para sobrecarregar uma função-membro, forneça na definição de classe um protótipo para cada versão da função sobrecarregada, e forneça uma definição separada para cada versão da função.
- As variáveis declaradas em uma função-membro têm escopo local, e são conhecidas apenas por essa função.
- Se uma função-membro define uma variável com o mesmo nome de uma variável com escopo de classe, a variável com escopo de classe é ocultada pela variável de escopo de bloco no escopo local.

- O operador de seleção de membro ponto (`.`) é precedido pelo nome de um objeto ou por uma referência a um objeto de acesso dos membros `public` do objeto.
- O operador de seleção de membro seta (`->`) é precedido por um ponteiro de um objeto para acessar os membros `public` desse objeto.

Seção 17.4 Separação de interface e implementação

- Arquivos de cabeçalho contêm algumas partes da implementação de uma classe e dicas sobre outras. As funções-membro inline, por exemplo, devem estar em um arquivo de cabeçalho, de modo que, quando o compilador compila um cliente, este pode incluir a definição de função `inline` no local.
- Os membros `private` de uma classe que são listados na definição de classe no arquivo de cabeçalho são visíveis aos clientes, embora os clientes possam não acessar os membros `private`.

Seção 17.5 Funções de acesso e funções utilitárias

- Uma função utilitária é uma função-membro `private` que dá suporte à operação das funções-membro `public` da classe. As funções utilitárias não servem para ser usadas pelos clientes de uma classe.

Seção 17.6 Estudo de caso da classe `time`: construtores com argumentos default

- Assim como outras funções, os construtores podem especificar argumentos default.

Seção 17.7 Destrutores

- O destrutor de uma classe é implicitamente chamado quando um objeto da classe é destruído.
- O nome do destrutor de uma classe é o caractere til (~) seguido pelo nome da classe.
- Um destrutor não libera o armazenamento de um objeto — ele realiza uma faxina de finalização antes que o sistema recupere a memória do objeto, para que a memória possa ser reutilizada para manter novos objetos.
- Um destrutor não recebe parâmetros e não retorna valor. Uma classe só pode ter um destrutor.
- Se você não fornecer um destrutor explicitamente, o compilador cria um destrutor 'vazio', de modo que cada classe tenha exatamente um destrutor.

Seção 17.8 Quando construtores e destrutores são chamados

- A ordem em que construtores e destrutores são chamados depende da ordem na qual a execução entra e sai do escopo em que os objetos são instanciados.
- Geralmente, chamadas ao destrutor são feitas na ordem contrária das chamadas do construtor correspondente, mas as classes de armazenamento dos objetos podem alterar a ordem em que os destrutores são chamados.

Seção 17.9 Estudo de caso da classe `time`: uma armadilha sutil — retorno de uma referência a um dado-membro `private`

- Uma referência a um objeto é um alias para o nome do objeto e, portanto, pode ser usada ao lado esquerdo de uma instrução de atribuição. Nesse contexto, a referência cria um *lvalue* perfeitamente aceitável, que pode receber um valor.
- Se a função retorna uma referência `const`, então a referência não pode ser usada como um *lvalue* modificável.

Seção 17.10 Atribuição usando cópia membro a membro default

- O operador de atribuição (=) pode ser usado para atribuir um objeto a outro objeto do mesmo tipo. Como padrão, essa atribuição é realizada por atribuição de membro.
- Os objetos podem ser passados por valor ou retornados por valor a partir de funções. C++ cria um novo objeto, e usa um construtor de cópia para copiar os valores do objeto original para o novo objeto.
- Para cada classe, o compilador oferece um construtor de cópia default, que copia cada membro do objeto original para o membro correspondente do novo objeto.

Terminologia

`abort`, função 521
agregação 511
atribuição de membro 526
atribuição de membro default 526
caractere de preenchimento 508
caractere til (~) no nome de um destrutor 521
composição 511
construtor de cópia 528
`#define`, diretiva de pré-processador 507
derivadas 511
destrutores 521
`#endif`, diretiva de pré-processador 506
escopo de classe 509
`exit`, função 521
faxina de finalização 521
função auxiliar 514
funções de acesso 513
funções predicado 513
handles em um objeto 511
herança 511
`#ifndef`, diretiva de pré-processador 506
operador de seleção de membro seta (->) 512
`setfill`, manipulador de stream parametrizado 508
wrapper de pré-processador 506

Exercícios de autorrevisão

17.1 Preencha os espaços em cada uma das sentenças:

a) Os membros de classe são acessados por meio do operador _______ em conjunto com o nome de um objeto (ou referência a um objeto) da classe ou por meio do operador _______ em conjunto com um ponteiro de um objeto da classe.

b) Os membros de classe especificados como _______ são acessíveis apenas às funções-membro da classe e às amigas da classe.

c) Os membros da classe especificados como _______ são acessíveis em qualquer lugar em que um objeto da classe esteja no escopo.

d) A _______ pode ser usada para atribuir um objeto de uma classe a outro objeto da mesma classe.

17.2 Encontre o(s) erro(s) em cada um dos itens a seguir e explique como corrigi-lo(s):

a) Suponha que o protótipo a seguir esteja declarado na classe `Time`:

```
void ~Time( int );
```

b) A seguir está uma definição parcial da classe `Time`:

```
class Time
{
public:
  // protótipos de função
private:
  int hour = 0;
  int minute = 0;
  int second = 0;
}; // fim da classe Time
```

c) Suponha que o protótipo a seguir seja declarado na classe `Employee`:

```
int Employee( string, string );
```

Respostas dos exercícios de autorrevisão

17.1 a) ponto (.), seta (->). b) `private`. c) `public`. d) Atribuição de membro default (realizado pelo operador de atribuição).

17.2 a) *Erro:* Destrutores não podem retornar valores (nem especificar um valor de retorno) ou usar argumentos.

Correção: Remova o tipo de retorno `void` e o parâmetro `int` da declaração.

b) *Erro:* Os membros não podem ser inicializados explicitamente na definição da classe.

Correção: Remova a inicialização explícita da definição de classe e inicialize os dados-membro em um construtor.

c) *Erro:* Os construtores não podem retornar valores.

Correção: Remova o tipo de retorno `int` da declaração.

Exercícios

17.3 Qual é a finalidade do operador de resolução de escopo?

17.4 ***Aperfeiçoamento da classe Time.*** Forneça um construtor que seja capaz de usar a hora atual das funções `time` e `localtime` — declaradas no cabeçalho `<ctime>` da biblioteca-padrão de C++ — para inicializar um objeto da classe `Time`.

17.5 ***Classe Complex.*** Crie uma classe chamada `Complex` para realizar aritmética com números complexos. Escreva um programa para testar sua classe. Números complexos têm a forma

```
parteReal + parteImaginária * i
```

onde *i* é

$$\sqrt{-1}$$

Use variáveis `double` para representar os dados `private` da classe. Forneça um construtor que permita que um objeto dessa classe seja inicializando quando declarado. O construtor deverá conter valores default caso nenhum inicializador seja fornecido. Forneça funções-membro `public` que realizem as seguintes tarefas:

a) Somar dois números `Complex`: as partes reais são somadas e as partes imaginárias são somadas.

b) Subtrair dois números `Complex`: a parte real do operando da direita é subtraída da parte real do operando da esquerda, e a parte imaginária do operando da direita é subtraída da parte imaginária do operando da esquerda.

c) Imprimir números `Complex` na forma `(a, b)`, onde `a` é a parte real e `b` é a parte imaginária.

17.6 ***Classe Rational.*** Crie uma classe chamada `Rational` para realizar aritmética com frações. Escreva um programa para testar sua classe.

Use variáveis inteiras para representar os dados `private` da classe — o `numerador` e o `denominador`. Forneça um construtor que permita que um objeto dessa classe seja inicializado quando for declarado. O construtor deverá conter valores default para o caso de nenhum inicializador ser fornecido, e deverá armazenar a fração no formato reduzido. Por exemplo, a fração

$$\frac{2}{4}$$

seria armazenada no objeto como 1 no `numerador` e 2 no `denominador`. Forneça funções-membro `public` que realizem cada uma das tarefas a seguir:

a) Somar dois números `Rational`. O resultado deverá ser armazenado na forma reduzida.

b) Subtrair dois números `Rational`. O resultado deverá ser armazenado na forma reduzida.

c) Multiplicar dois números `Rational`. O resultado deverá ser armazenado na forma reduzida.

d) Dividir dois números `Rational`. O resultado deverá ser armazenado na forma reduzida.

e) Imprimir números `Rational` no formato `a/b`, onde `a` é o numerador e `b` é o denominador.

f) Imprimir números `Rational` no formato de ponto flutuante.

17.7 ***Aperfeiçoamento da classe Time.*** Modifique a classe `Time` das figuras 17.8 e 17.9 para incluir uma função-membro `tick` que incremente a hora armazenada em um objeto `Time` em um segundo. O objeto `Time` sempre deverá permanecer em um estado coerente. Escreva um programa que teste a função-membro `tick` em um loop que imprima a hora no formato-padrão durante cada iteração do loop para mostrar que a função-membro `tick` funciona corretamente. Não se esqueça dos testes para:

a) Incrementar para o próximo minuto.

b) Incrementar para a próxima hora.

c) Incrementar para o próximo dia (ou seja, de 11:59:59 PM a 12:00:00 AM).

17.8 ***Aperfeiçoamento da classe Date.*** Modifique a classe `Date` das figuras 17.17 e 17.18 para fazer a verificação de erro nos valores inicializadores dos dados-membro `month`, `day` e `year`. Além disso, forneça uma função-membro `nextDay` para incrementar o dia em um. O objeto `Date` sempre deverá permanecer em um estado coerente. Escreva um programa que teste a função `nextDay` em um loop que imprima a data durante cada iteração, para ilustrar que `nextDay` funciona corretamente. Não se esqueça dos testes para:

a) Incrementar para o próximo mês.

b) Incrementar para o próximo ano.

17.9 ***Combinação das classes Time e Date.*** Combine a classe `Time` modificada do Exercício 17.7 e a classe `Date` modificada do Exercício 17.8 em uma classe chamada `DateAndTime`. (No Capítulo 20, discutiremos a herança, que nos permite realizar essa tarefa rapidamente, sem modificar as definições de classe existentes.) Modifique a função `tick` para chamar a função `nextDay` se a hora incrementar para o dia seguinte. Modifique as funções `printStandard` e `printUniversal` para mostrar a data e a hora. Escreva um programa para testar a nova classe `DateAndTime`. Especificamente, teste o incremento da hora para o dia seguinte.

17.10 ***Retorno dos indicadores de erro das funções* set *da classe Time.*** Modifique as funções *set* na classe `Time` das Figuras 17.8 a 17.9 para retornar valores de erro apropriados se for feita uma tentativa de *definir* um dado-membro de um objeto da classe `Time` para um valor inválido. Escreva um programa que teste sua nova versão da classe `Time`. Mostre mensagens de erro quando as funções *set* retornam valores de erro.

17.11 ***Classe Retangulo.*** Crie uma classe `Retangulo` com atributos `comprimento` e `largura`, cada uma com o valor default 1. Forneça funções-membro que calculem o `perimetro` e a `area` do retângulo. Além disso, forneça funções *set* e *get* para os atributos `comprimento` e `largura`. As funções *set* devem verificar se `comprimento` e `largura` são números em ponto flutuante maiores que 0.0 e menores que 20.0.

17.12 ***Aperfeiçoamento da classe Retangulo.*** Crie uma classe `Retangulo` mais sofisticada do que aquela criada no Exercício 17.11. Essa classe armazena apenas as coordenadas cartesianas dos quatro cantos do retângulo. O construtor chama uma função *set,* que aceita quatro conjuntos de coordenadas e verifica se cada uma delas está no primeiro quadrante sem coordenadas x ou y isoladas maiores que 20.0. A função *set* também verifica se as coordenadas fornecidas realmente especificam um retângulo. Forneça funções-membro que calculem `comprimento`, `largura`, `perimetro` e `area`. O comprimento é a maior das duas dimensões. Inclua uma função predicado `quadrado` que determine se o retângulo é um quadrado.

17.13 ***Aperfeiçoamento da classe Retangulo.*** Modifique a classe `Retangulo` do Exercício 17.12 para incluir uma função `desenhar` que mostre o retângulo dentro de uma caixa de 25 por 25 delimitando a parte do primeiro quadrante em que o retângulo reside. Inclua uma função `setFillCharacter` que especifique o caractere do qual o corpo do retângulo será desenhado. Inclua uma função `setPerimeterCharacter` que especifique o caractere que será usado para desenhar a borda do retângulo. Se você for ambicioso, poderá incluir funções para redimensionar o tamanho do retângulo, girá-lo e movimentá-lo dentro da parte designada do primeiro quadrante.

17.14 ***Classe HugeInteger.*** Crie uma classe `HugeInteger` que use um array de 40 elementos de dígitos para armazenar inteiros com até 40 dígitos cada. Forneça funções-membro `input`, `output`, `add` e `subtract`. Para comparar objetos `HugeInteger`, forneça funções `isEqualTo`, `isNotEqualTo`, `isGreaterThan`, `isLessThan`, `isGreaterThanOrEqualTo` e `isLessThanOrEqualTo` — cada uma delas é uma função 'predicado' que simplesmente retorna `true` se o relacionamento for mantido entre os dois `HugeIntegers`, e retorna `false` se o relacionamento não for mantido. Além disso, forneça uma função predicado `isZero`. Se você for ambicioso, forneça funções-membro `multiply`, `divide` e `modulus`.

17.15 ***Classe Velha.*** Crie uma classe `Velha` que lhe permitirá escrever um programa completo para jogar o jogo da velha. A classe contém como dados `private` um array bidimensional de 3 por 3 com inteiros. O construtor deverá inicializar o tabuleiro vazio com zeros. Permita que duas pessoas joguem. Sempre que o primeiro jogador fizer sua jogada, coloque um 1 no quadrado especificado. Coloque um 2 para a jogada do segundo jogador. Cada movimento deverá estar em um quadrado vazio. Depois de cada movimento, determine se o jogo foi ganho ou se está empatado. Se você for ambicioso, modifique seu programa de modo que o computador jogue no lugar de um dos jogadores. Além disso, permita que o jogador especifique se ele ou ela deseja ser o primeiro ou o segundo. Se você for excepcionalmente ambicioso, desenvolva um programa para um jogo da velha tridimensional em um tabuleiro de 4 por 4 por 4. [*Cuidado:* este é um projeto extremamente desafiador, que poderá exigir muitas semanas de esforço!]

CLASSES: UMA VISÃO MAIS DETALHADA, PARTE 2

18

Capítulo

Mas o que, para servir aos nossos próprios interesses,
nos impede de trair nossos amigos?
— **Charles Churchill**

Em vez dessa absurda divisão em sexos, eles deveriam classificar as pessoas como estáticas e dinâmicas.
— **Evelyn Waugh**

Não tenha amigos que não sejam iguais a você.
— **Confúcio**

Objetivos

Neste capítulo, você aprenderá:

- A especificar objetos `const` (constantes) e funções-membro `const`.
- A criar objetos compostos por outros objetos.
- A usar funções `friend` e classes `friend`.
- A usar o ponteiro `this`.
- A usar dados-membro e funções-membro `static`.
- O conceito de uma classe contêiner.
- A noção de classes de iteradores que percorrem os elementos de classes contêineres.
- A usar classes proxy para ocultar os detalhes de implementação dos clientes de uma classe.

Conteúdo

18.1 Introdução
18.2 Objetos `const` (constantes) e funções-membro `const`
18.3 Composição: objetos como membros de classes
18.4 Funções `friend` e classes `friend`
18.5 Uso do ponteiro `this`
18.6 Membros de classe `static`
18.7 Abstração de dados e ocultação de informações
18.8 Conclusão

Resumo | Terminologia | Exercícios de autorrevisão | Respostas dos exercícios de autorrevisão | Exercícios | Fazendo a diferença

18.1 Introdução

Neste capítulo, continuaremos nosso estudo da abstração de dados e classes com vários tópicos mais avançados. Usaremos objetos `const` e funções-membro `const` para impedir a modificação de objetos e para impor o princípio do menor privilégio. Discutiremos a composição — uma forma de reutilização em que uma classe pode ter objetos de outras classes como membros. Em seguida, apresentaremos a relação de 'amizade', que permite que um projetista de classes especifique funções não membros que podem acessar os membros não `public` de uma classe — uma técnica que normalmente é usada na sobrecarga de operadores (Capítulo 19) por motivos de desempenho. Discutiremos ainda um ponteiro especial (chamado `this`), que é um argumento implícito para cada uma das funções-membro não `static` de uma classe. Ele permite que essas funções-membro acessem os dados-membro do objeto correto e outras funções-membro não `static`. Por fim, motivaremos a necessidade dos membros de classe `static` e mostraremos como usar os dados-membro `static` e as funções-membro em suas próprias classes.

18.2 Objetos const (constantes) e funções-membro const

Vejamos como o princípio do menor privilégio se aplica aos objetos. Alguns objetos precisam ser modificáveis, outros não. Você pode usar a palavra-chave `const` para especificar que um objeto não é modificável, e que qualquer tentativa de modificá-lo deverá resultar em um erro de compilação. A instrução

```
const Time meio-dia( 12, 0, 0 );
```

declara um objeto `const` chamado `meio-dia` da classe `Time` e o inicializa em meio dia.

Observação sobre engenharia de software 18.1

As tentativas de modificar um objeto `const` são capturadas no tempo de compilação, em vez de causar erros no tempo de execução.

Dica de desempenho 18.1

Declarar variáveis e objetos `const` quando apropriado pode melhorar o desempenho — os compiladores podem realizar certas otimizações sobre constantes que não podem ser realizadas em variáveis.

C++ não permite chamadas de função-membro para objetos `const`, a menos que as próprias funções-membro também sejam declaradas como `const`. Isso é verdade até para funções-membro *get*, que não modificam o objeto.

Uma função-membro é especificada como `const` *tanto* em seu protótipo (Figura 18.1; linhas 19-24) quanto em sua definição (Figura 18.2; linhas 43, 49, 55 e 61) ao inserirmos a palavra-chave `const` após a lista de parâmetros da função, e, no caso da definição da função, antes da chave esquerda que inicia o corpo da função.

Erro comum de programação 18.1

Definir como `const` uma função-membro que modifica um dado-membro do objeto é um erro de compilação.

Erro comum de programação 18.2

Definir como `const` *uma função-membro que chama uma função-membro não* `const` *da classe no mesmo objeto é um erro de compilação.*

Erro comum de programação 18.3

Chamar uma função-membro não `const` *sobre um objeto* `const` *é um erro de compilação.*

Observação sobre engenharia de software 18.2

Uma função-membro `const` *pode ser sobrecarregada com uma versão não* `const`*. O compilador escolhe qual função-membro sobrecarregada usará com base no objeto no qual a função é chamada. Se o objeto for* `const`*, o compilador usará a versão* `const`*. Se o objeto não for* `const`*, o compilador usará a versão não* `const`*.*

Um problema interessante surge para construtores e destrutores, os quais normalmente modificam objetos. Um construtor precisa ter permissão para modificar um objeto de modo que ele possa ser devidamente inicializado. Um destrutor precisa ser capaz de realizar suas tarefas de faxina de finalização antes que a memória de um objeto seja reivindicada pelo sistema.

Erro comum de programação 18.4

Tentar declarar um construtor ou destrutor como `const` *é um erro de compilação.*

Definição e uso de funções-membro const

O programa das figuras 18.1 a 18.3 modifica a classe `Time` das figuras 17.8 e 17.9 tornando `const` suas funções *get* e `printUniversal`. No arquivo de cabeçalho `Time.h` (Figura 18.1), as linhas 19-21 e 24 agora incluem a palavra-chave `const` após a lista de parâmetros de cada função. A definição correspondente de cada função na Figura 18.2 (linhas 43, 49, 55 e 61, respectivamente) também especifica a palavra-chave `const` após a lista de parâmetros de cada função.

```
1  // Figura 18.1: Time.h
2  // Definição da classe Time com funções-membro const.
3  // Funções-membro definidas em Time.cpp.
4  #ifndef TIME_H
5  #define TIME_H
6
7  class Time
8  {
9  public:
10    Time( int = 0, int = 0, int = 0 ); // construtor default
11
12    // funções set
13    void setTime( int, int, int ); // define tempo
14    void setHour( int ); // define hora
15    void setMinute( int ); // define minuto
16    void setSecond( int ); // define segundo
17
18    // funções get (normalmente declaradas com const)
19    int getHour() const; // retorna hora
```

Figura 18.1 ■ Definição da classe `Time` com funções-membro `const`. (Parte 1 de 2.)

```
   int getMinute() const; // retorna minuto
   int getSecond() const; // retorna segundo

   // funções de impressão (normalmente declaradas const)
   void printUniversal() const; // imprime hora universal
   void printStandard(); // imprime horário-padrão (deve ser const)
private:
   int hour; // 0 - 23 (formato de relógio de 24 h)
   int minute; // 0 - 59
   int second; // 0 - 59
}; // fim da classe Time

#endif
```

Figura 18.1 ■ Definição da classe `Time` com funções-membro `const`. (Parte 2 de 2.)

```
// Figura 18.2: Time.cpp
// Definições de função-membro da classe Time.
#include <iostream>
#include <iomanip>
#include "Time.h" // inclui definição da classe Time
using namespace std;

// função construtora para inicializar dados privados;
// chama função-membro setTime para definir variáveis;
// valores default são 0 (ver definição da classe)
Time::Time( int hour, int minute, int second )
{
   setTime( hour, minute, second );
} // fim do construtor Time

// define valores de hora, minuto e segundo
void Time::setTime( int hour, int minute, int second )
{
   setHour( hour );
   setMinute( minute );
   setSecond( second );
} // fim da função setTime

// define valor da hora
void Time::setHour( int h )
{
   hour = ( h >= 0 && h < 24 ) ? h : 0; // valida hora
} // fim da função setHour

// define valor do minuto
void Time::setMinute( int m )
{
   minute = ( m >= 0 && m < 60 ) ? m : 0; // valida minuto
} // fim da função setMinute

// define segundo valor
void Time::setSecond( int s )
{
   second = ( s >= 0 && s < 60 ) ? s : 0; // valida segundo
} // fim da função setSecond

```

Figura 18.2 ■ Definições de função-membro da classe `Time`. (Parte 1 de 2.)

```
// retorna valor de hora
int Time::getHour() const // funções get devem ser const
{
   return hour;
} // fim da função getHour

// retorna valor de minuto
int Time::getMinute() const
{
   return minute;
} // fim da função getMinute

// retorna valor de segundo
int Time::getSecond() const
{
   return second;
} // fim da função getSecond

// imprime Time no formato universal (HH:MM:SS)
void Time::printUniversal() const
{
   cout << setfill( '0' ) << setw( 2 ) << hour << ":"
      << setw( 2 ) << minute << ":" << setw( 2 ) << second;
} // fim da função printUniversal

// imprime Time no formato de horário-padrão (HH:MM:SS AM ou PM)
void Time::printStandard() // note a falta da declaração const
{
   cout << ( ( hour == 0 || hour == 12 ) ? 12 : hour % 12 )
      << ":" << setfill( '0' ) << setw( 2 ) << minute
      << ":" << setw( 2 ) << second << ( hour < 12 ? " AM" : " PM" );
} // fim da função printStandard
```

Figura 18.2 ■ Definições de função-membro da classe `Time`. (Parte 2 de 2.)

A Figura 18.3 instancia dois objetos `Time` — o objeto não `const` `wakeUp` (linha 7) e o objeto `const noon` (linha 8). O programa tenta invocar as funções-membro não `const setHour` (linha 13) e `printStandard` (linha 20) no objeto `const noon`. Em cada caso, o compilador gera uma mensagem de erro. O programa também ilustra as três outras combinações de chamada de função-membro sobre objetos — uma função-membro não `const` em um objeto não `const` (linha 11), uma função-membro `const` em um objeto não `const` (linha 15) e uma função-membro `const` em um objeto `const` (linha 17-18). As mensagens de erro geradas para funções-membro não `const` chamadas em um objeto `const` aparecem na janela de saída.

```
1  // Figura 18.3: fig18_03.cpp
2  // Tentando acessar um objeto const com funções-membro não const.
3  #include "Time.h" // inclui definição da classe Time
4
5  int main()
6  {
7     Time wakeUp( 6, 45, 0 ); // objeto não constante
8     const Time noon( 12, 0, 0 ); // objeto constante
9
10                               // OBJETO      FUNÇÃO-MEMBRO
11    wakeUp.setHour( 18 );   // não const   não const
```

Figura 18.3 ■ Objetos `const` e funções-membro `const`. (Parte 1 de 2.)

```
12
13      noon.setHour( 12 );      // const        não const
14
15      wakeUp.getHour();        // não const    const
16
17      noon.getMinute();        // const        const
18      noon.printUniversal();   // const        const
19
20      noon.printStandard();    // const        não const
21      } // fim do main
```

Mensagem de erro do compilador Microsoft Visual C++:

```
C:\examples\ch18\Fig18_01_03\fig18_03.cpp(13) : error C2662:
   'Time::setHour' : cannot convert 'this' pointer from 'const Time' to
   'Time &'
         Conversion loses qualifiers
C:\examples\ch18\Fig18_01_03\fig18_03.cpp(20) : error C2662:
   'Time::printStandard' : cannot convert 'this' pointer from 'const Time' to
   'Time &'
         Conversion loses qualifiers
```

Mensagem de erro do compilador GNU C++:

```
fig18_03.cpp:13: error: passing 'const Time' as 'this' argument of
   'void Time::setHour(int)' discards qualifiers
fig18_03.cpp:20: error: passing 'const Time' as 'this' argument of
   'void Time::printStandard()' discards qualifiers
```

Figura 18.3 ■ Objetos `const` e funções-membro `const`. (Parte 2 de 2.)

Um construtor deve ser uma função-membro não `const` (Figura 18.2, linhas 11-14), mas ainda pode ser usado para inicializar um objeto `const` (Figura 18.3, linha 8). A definição do construtor `Time` (Figura 18.2, linhas 11-14) mostra que ele chama outra função-membro não `const` — `setTime` (linhas 17-22) — para realizar a inicialização de um objeto `Time`. É permitido chamar uma função-membro não `const` pela chamada do construtor como parte da inicialização de um objeto `const`. A '`const`ância' de um objeto `const` é imposta a partir do momento em que o construtor completa a inicialização do objeto até a chamada do destrutor desse objeto.

Além disso, a linha 20 na Figura 18.3 gera um erro de compilação, embora a função-membro `printStandard` da classe `Time` não modifique o objeto no qual é chamada. O fato de uma função-membro não modificar um objeto não é suficiente para indicar que a função seja uma função constante: a função precisa ser declarada *explicitamente* como `const`.

Inicialização de um dado-membro `const` com um inicializador de membro

O programa das figuras 18.4 a 18.6 introduz o uso da **sintaxe de inicializador de membro**. Todos os dados-membro *podem* ser inicializados usando a sintaxe de inicializador de membro, mas os dados-membro `const` e os dados-membro que são referências *precisam* ser inicializados com os inicializadores de membro. Adiante neste capítulo, veremos que os objetos membro precisam ser inicializados dessa forma também.

A definição de construtor (Figura 18.5, linhas 9-14) usa uma **lista inicializadora de membros** para inicializar os dados-membro da classe `Increment` — inteiro não `const` `count` e inteiro `const` `increment` (declarados nas linhas 19-20 da Figura 18.4). Os inicializadores de membro aparecem entre a lista de parâmetros de um construtor e a chave esquerda que inicia o corpo do construtor. A lista inicializadora de membros (Figura 18.5, linhas 10-11) é separada da lista de parâmetros por um sinal de dois-pontos (`:`). Cada inicializador de membro consiste no nome do dado-membro seguido pelos parênteses que contêm o valor inicial do membro. Nesse

```
// Figura 18.4: Increment.h
// Definição da classe Increment.
#ifndef INCREMENT_H
#define INCREMENT_H

class Increment
{
public:
   Increment( int c = 0, int i = 1 ); // construtor default

   // definição da função addIncrement
   void addIncrement()
   {
   count += increment;
   } // fim da função addIncrement

   void print() const; // imprime count e increment
private:
   int count;
   const int increment; // dado-membro const
   }; // fim da classe Increment

#endif
```

Figura 18.4 ■ Definição da classe `Increment` que contém não `const` dado-membro `count` e dado-membro `const increment`.

```
// Figura 18.5: Increment.cpp
// Definições de função-membro para classe Increment demonstram uso de um
// inicializador de membro para inicializar constante de tipo de dado embutido.
#include <iostream>
#include "Increment.h" // inclui definição da classe Increment
using namespace std;

// construtor
Increment::Increment( int c, int i )
   : count( c ), // inicializador para membro não const
     increment( i ) // inicialiador exigido para membro const
{
   // corpo vazio
} // fim do construtor Increment

// imprime valores de count e increment
void Increment::print() const
{
   cout << "count = " << count << ", increment = " << increment << endl;
} // fim da função print
```

Figura 18.5 ■ Inicializador de membro usado para inicializar uma constante de um tipo de dado embutido.

```
// Figura 18.6: fig18_06.cpp
// Programa para testar classe Increment.
#include <iostream>
#include "Increment.h" // inclui definição da classe Increment
using namespace std;

```

Figura 18.6 ■ Chamada às funções-membro `print` e `addIncrement` do objeto `Increment`. (Parte 1 de 2.)

```
int main()
{
   Increment value( 10, 5 );

   cout << "Antes de incrementar: ";
   value.print();

   for ( int j = 1; j <= 3; j++ )
   {
      value.addIncrement();
      cout << "Depois de incrementar " << j << ": ";
      value.print();
   } // fim do for
} // fim do main
```

```
Antes de incrementar: count = 10, increment = 5
Depois de incrementar 1: count = 15, increment = 5
Depois de incrementar 2: count = 20, increment = 5
Depois de incrementar 3: count = 25, increment = 5
```

Figura 18.6 ■ Chamada às funções-membro `print` e `addIncrement` do objeto `Increment`. (Parte 2 de 2.)

exemplo, `count` é inicializado com o valor do parâmetro construtor `c` e `increment` é inicializado com o valor do parâmetro construtor `i`. Vários inicializadores de membros são separados por vírgulas. Além disso, a lista inicializadora de membros é executada antes que o corpo do construtor seja executado.

Observação sobre engenharia de software 18.3

Um objeto `const` não pode ser modificado por atribuição, de modo que ele precisa ser inicializado. Quando um dado-membro de uma classe é declarado `const`, um inicializador de membro precisa ser usado para fornecer ao construtor o valor inicial do dado-membro para um objeto da classe. O mesmo acontece no caso das referências.

Tentativas errôneas de inicializar um dado-membro const com uma atribuição

O programa das figuras 18.7 a 18.9 ilustra os erros de compilação causados pela tentativa de inicializar o dado-membro `const` `increment` com uma instrução de atribuição (Figura 18.8, linha 12) no corpo do construtor `Increment` em vez de um inicializador de membro. A linha 11 da Figura 18.8 não gera um erro de compilação, pois `count` não é declarado `const`.

Erro comum de programação 18.5

Não fornecer um inicializador de membro a um dado-membro `const` é um erro de compilação.

Observação sobre engenharia de software 18.4

Dados-membro constantes (objetos `const` e variáveis const) e dados-membro declarados como referências precisam ser inicializados com a sintaxe de inicializador de membro; as atribuições para esses tipos de dados no corpo do construtor não são permitidas.

A função `print` (Figura 18.8, linhas 16-19) é declarada como `const`. Pode parecer estranho rotular essa função como `const`, pois um programa provavelmente nunca terá um objeto `const Increment`. Porém, é possível que um programa tenha uma referência

```
// Figura 18.7: Increment.h
// Definição da classe Increment.
#ifndef INCREMENT_H
#define INCREMENT_H

class Increment
{
public:
   Increment( int c = 0, int i = 1 ); // construtor default

   // definição da função addIncrement
   void addIncrement()
   {
   count += increment;
   } // fim da função addIncrement

   void print() const; // imprime count e increment
private:
   int count;
   const int increment; // dado-membro const
}; // fim da classe Increment

#endif
```

Figura 18.7 ■ Definição da classe `Increment` que contém o dado-membro não `const` `count` e o dado-membro `const` `increment`.

```
// Figura 18.8: Increment.cpp
// Tentativa errônea de inicializar uma constante de um tipo de dados
// embutido por atribuição.
#include <iostream>
#include "Increment.h" // inclui definição da classe Increment
using namespace std;

// construtor; membro constante 'increment' não é inicializado
Increment::Increment( int c, int i )
{
   count = c; // permitido porque count não é constante
   increment = i; // ERRO: Não pode modificar um objeto const
} // fim do construtor Increment

// imprime valores de count e increment
void Increment::print() const
{
   cout << "count = " << count << ", increment = " << increment << endl;
} // fim da função print
```

Figura 18.8 ■ Tentativa errônea de inicializar uma constante de um tipo de dado embutido por atribuição.

```
// Figura 18.9: fig18_09.cpp
// Programa para testar classe Increment.
#include <iostream>
#include "Increment.h" // inclui definição da classe Increment
using namespace std;

int main()
```

Figura 18.9 ■ O programa que testa a classe `Increment` gera erros de compilação. (Parte 1 de 2.)

```
{
   Increment value( 10, 5 );

   cout << "Antes de incrementar: ";
   value.print();

   for ( int j = 1; j <= 3; j++ )
   {
      value.addIncrement();
      cout << "Depois de incrementar " << j << ": ";
      value.print();
   } // fim do for
} // fim do main
```

Mensagem de erro do compilador Microsoft Visual C++:

```
C:\examples\ch18\Fig18_07_09\Increment.cpp(10) : error C2758:
    'Increment::increment' : must be initialized in constructor base/member
    initializer list
        C:\cpphtp7_examples\ch18\Fig18_07_09\increment.h(20) : see
            declaration of 'Increment::increment'
C:\examples\ch18\Fig18_07_09\Increment.cpp(12) : error C2166:
    l-value specifies const object
```

Mensagem de erro do compilador GNU C++:

```
Increment.cpp:9: error: uninitialized member 'Increment::increment' with
    'const' type 'const int'
Increment.cpp:12: error: assignment of read-only data-member
    'Increment::increment'
```

Figura 18.9 ■ O programa que testa a classe `Increment` gera erros de compilação. (Parte 2 de 2.)

`const` a um objeto `Increment` ou um ponteiro de `const` que aponte para um objeto `Increment`. Normalmente, isso ocorre quando os objetos da classe `Increment` são passados para funções ou retornados de funções. Nesses casos, apenas as funções-membro `const` da classe `Increment` podem ser chamadas por meio de referência ou ponteiro. Assim, é razoável declarar a função `print` como `const` — isso impede erros em situações nas quais um objeto `Increment` é tratado como um objeto `const`.

Dica de prevenção de erro 18.1

Declare como `const` todas as funções-membro de uma classe que não modificam o objeto em que elas operam. Ocasionalmente, isso pode parecer inapropriado, pois você não terá a intenção de criar objetos `const` dessa classe, ou acessar objetos dessa classe, por meio de referências `const` ou ponteiros de `const`. Porém, declarar tais funções-membro como `const` oferece um benefício. Se a função-membro for inadvertidamente escrita para modificar o objeto, o compilador emitirá uma mensagem de erro.

18.3 Composição: objetos como membros de classes

Um objeto `AlarmClock` precisa saber quando deverá emitir seu alarme; logo, por que não incluir um objeto `Time` como um membro da classe `AlarmClock`? Essa capacidade é chamada de **composição**, e, às vezes, é denominada **relacionamento tem-um** — uma classe pode ter objetos de outras classes como membros.

Observação sobre engenharia de software 18.5

Uma forma comum de reutilização de software é a composição, em que uma classe tem objetos de outras classes como membros.

Quando um objeto é criado, seu construtor é chamado automaticamente. Antes, vimos como passar argumentos ao construtor de um objeto que criamos em `main`. Esta seção mostrará como o construtor de um objeto pode passar argumentos para construtores de objeto-membro por meio de inicializadores de membro.

Observação sobre engenharia de software 18.6

*Objetos-membro são construídos na ordem em que são declarados na definição da classe (e não na ordem em que são listados na lista inicializadora de membros do construtor) e antes de seus objetos de classe delimitadores (às vezes chamados de **objetos host**) serem construídos.*

O próximo programa usa as classes `Date` (figuras 18.10 e 18.11) e `Employee` (figuras 18.12 e 18.13) para demonstrar a composição. A definição da classe `Employee` (Figura 18.12) contém os dados-membro `private` `firstName`, `lastName`, `birthDate` e `hireDate`. Os membros `birthDate` e `hireDate` são objetos `const` da classe `Date`, que contém dados-membro `private month`, `day` e `year`. O cabeçalho do construtor `Employee` (Figura 18.13, linhas 10-11) especifica que o construtor tem quatro parâmetros (`first`, `last`, `dateOfBirth` e `dateOfHire`). Os dois primeiros parâmetros são passados ao construtor da classe `string` por inicializadores de membro. Os dois últimos são passados ao construtor da classe `Date` por inicializadores de membro.

```
// Figura 18.10: Date.h
// Definição da classe Date; Funções-membro definidas em Date.cpp
#ifndef DATE_H
#define DATE_H

class Date
{
public:
   static const int monthsPerYear = 12; // número de meses no ano
   Date( int = 1, int = 1, int = 1900 ); // construtor default
   void print() const; // imprime data em formato mês/dia/ano
   ~Date(); // fornecido para confirmar ordem de destruição
private:
   int month; // 1-12 (janeiro-dezembro)
   int day; // 1-31 com base no mês
   int year; // qualquer ano

   // função utilitária para verificar se dia é apropriado ao mês e ano
   int checkDay( int ) const;
}; // fim da classe Date

#endif
```

Figura 18.10 ■ Definição da classe `Date`.

```
// Figura 18.11: Date.cpp
// Definições de função-membro da classe Date.
#include <iostream>
#include "Date.h" // inclui definição da classe Date
```

Figura 18.11 ■ Definições de função-membro da classe `Date`. (Parte 1 de 2.)

```
using namespace std;

// construtor confirma valor apropriado para mês; chama função
// função utilitária checkDay para confirmar valor apropriado para o dia
Date::Date( int mn, int dy, int yr )
{
   if ( mn > 0 && mn <= monthsPerYear ) // valida o mês
      month = mn;
   else
   {
      month = 1; // mês inválido definido como 1
      cout << "Mês inválido (" << mn << ") definido como 1.\n";
   } // fim do else

   year = yr; // poderia validar yr
   day = checkDay( dy ); // valida o dia

   // envia objeto Date para mostrar quando seu construtor é chamado
   cout << "Construtor do objeto Date para a data ";
   print();
   cout << endl;
} // fim do construtor Date

// imprime objeto Date na forma mês/dia/ano
void Date::print() const
{
   cout << month << '/' << day << '/' << year;
} // fim da função print

// envia objeto Date para mostrar quando seu destrutor é chamado
Date::~Date()
{
   cout << "Destrutor do objeto Date para a data ";
   print();
   cout << endl;
} // fim do destrutor ~Date

// função utilitária para confirmar valor de dia apropriado com base no
// mês e ano; trata também dos anos bissextos
int Date::checkDay( int testDay ) const
{
   static const int daysPerMonth[ monthsPerYear + 1 ] =
      { 0, 31, 28, 31, 30, 31, 30, 31, 31, 30, 31, 30, 31 };

   // determina se testDay é válido para o mês especificado
   if ( testDay > 0 && testDay <= daysPerMonth[ month ] )
      return testDay;

   // verifica 29 de fevereiro para ano bissexto
   if ( month == 2 && testDay == 29 && ( year % 400 == 0 ||
      ( year % 4 == 0 && year % 100 != 0 ) ) )
      return testDay;

   cout << "Invalid day (" << testDay << ") set to 1.\n";
   return 1; // deixa objeto em estado consistente se valor incorreto
} // fim da função checkDay
```

Figura 18.11 ■ Definições de função-membro da classe `Date`. (Parte 2 de 2.)

```
// Figura 18.12: Employee.h
// Definição da classe Employee mostrando composição.
// Funções-membro definidas em Employee.cpp.
#ifndef EMPLOYEE_H
#define EMPLOYEE_H

#include <string>
#include "Date.h" // inclui definição da classe Date
using namespace std;

class Employee
{
public:
   Employee( const string &, const string &,
      const Date &, const Date & );
   void print() const;
   ~Employee(); // fornecido para confirmar ordem de destruição
private:
   string firstName; // composição: objeto-membro
   string lastName; // composição: objeto-membro
   const Date birthDate; // composição: objeto-membro
   const Date hireDate; // composição: objeto-membro
}; // fim da classe Employee

#endif
```

Figura 18.12 ■ Definição da classe **Employee** que mostra composição.

```
// Figura 18.13: Employee.cpp
// Definições de função-membro da classe Employee.
#include <iostream>
#include "Employee.h" // Definição da classe Employee
#include "Date.h" // Definição da classe Date
using namespace std;

// construtor usa lista de inicializador de membro para passar valores de
// inicializador aos construtores de objetos-membro
Employee::Employee( const string &first, const string &last,
   const Date &dateOfBirth, const Date &dateOfHire )
   : firstName( first ), // inicializa firstName
     lastName( last ), // inicializa lastName
     birthDate( dateOfBirth ), // inicializa birthDate
     hireDate( dateOfHire ) // inicializa hireDate
{
   // envia objeto Employee para mostrar quando o construtor é chamado
   cout << "Construtor do objeto Employee: "
      << firstName << ' ' << lastName << endl;
} // fim do construtor Employee

// imprime objeto Employee
void Employee::print() const
{
   cout << lastName << ", " << firstName << "  Admitido: ";
   hireDate.print();
   cout << "  Nascimento: ";
   birthDate.print();
```

Figura 18.13 ■ Definições de função-membro da classe **Employee** que incluem um construtor com uma lista inicializadora de membros. (Parte 1 de 2.)

```
29       cout << endl;
30    } // fim da função print
31
32    // envia objeto Employee para mostrar quando seu destrutor é chamado
33    Employee::~Employee()
34    {
35       cout << "Destrutor do objeto Employee: "
36          << lastName << ", " << firstName << endl;
37    } // fim do destrutor ~Employee
```

Figura 18.13 ■ Definições de função-membro da classe `Employee` que incluem um construtor com uma lista inicializadora de membros. (Parte 2 de 2.)

Lista inicializadora de membros do construtor `Employee`

O sinal de dois-pontos (`:`) após o cabeçalho do construtor (Figura 18.13, linha 12) inicia a lista inicializadora de membros. Os inicializadores de membros especificam os parâmetros do construtor `Employee` que são passados aos construtores dos dados-membro `string` e `Date`. Os parâmetros `first`, `last`, `dateOfBirth` e `dateOfHire` são passados aos construtores para os objetos `firstName` (Figura 18.13, linha 12), `lastName` (Figura 18.13, linha 13), `birthDate` (Figura 18.13, linha 14) e `hireDate` (Figura 18.13, linha 15), respectivamente. Novamente, os inicializadores de membros são separados por vírgulas.

Construtor de cópia default da classe `Date`

Ao estudar a classe `Date` (Figura 18.10), observe que a classe não oferece um construtor que receba um parâmetro do tipo `Date`. Então, por que a lista inicializadora de membros do construtor `Employee` inicializa os objetos `birthDate` e `hireDate` passando os objetos de `Date` aos seus construtores de `Date`? Como dissemos no Capítulo 17, o compilador oferece a cada classe um construtor de cópia default que copia cada dado-membro do objeto de argumento do construtor para o membro correspondente do objeto sendo inicializado. O Capítulo 19 abordará meios de definir construtores de cópia customizados.

Testes das classes `Date` *e* `Employee`

A Figura 18.14 cria dois objetos `Date` (linhas 9-10) e os passa como argumentos para o construtor do objeto `Employee` criado na linha 11. A linha 14 envia os dados do objeto `Employee`. Ao criar cada objeto `Date` nas linhas 9-10, o construtor `Date` definido nas linhas 9-26 da Figura 18.11 mostra uma linha de saída para indicar que o construtor foi chamado (ver as duas primeiras linhas da saída de exemplo). [*Nota:* a linha 11 da Figura 18.14 provoca duas chamadas adicionais ao construtor `Date`, que não aparecem na saída do programa. Quando cada um dos objetos-membro `Date` de `Employee` é inicializado na lista inicializadora de membros do construtor `Employee` (Figura 18.13, linhas 14-15), o construtor de cópia default para a classe `Date` é chamado. Como esse construtor é definido implicitamente pelo compilador, ele não contém quaisquer instruções de saída para demonstrar quando é chamado.

```
1    // Figura 18.14: fig18_14.cpp
2    // Demonstrando composição -- um objeto com objetos-membro.
3    #include <iostream>
4    #include "Employee.h" // Definição da classe Employee
5    using namespace std;
6
7    int main()
8    {
9       Date birth( 7, 24, 1949 );
10      Date hire( 3, 12, 1988 );
11      Employee manager( "Bob", "Blue", birth, hire );
12
13      cout << endl;
14      manager.print();
15
16      cout << "\nTesta construtor Date com valores inválidos:\n";
17      Date lastDayOff( 14, 35, 1994 ); // mês e dia inválidos
```

Figura 18.14 ■ Demonstração da composição — um objeto com objetos-membro. (Parte 1 de 2.)

```
18     cout << endl;
19  } // fim do main
```

```
Construtor do objeto Date para a data 7/24/1949
Construtor do objeto Date para a data 3/12/1988
Construtor do objeto Employee: Bob Blue

Blue, Bob  Admitido: 3/12/1988  Nascimento: 7/24/1949

Testa construtor Date com valores inválidos:
Mês inválido (14) definido como 1.
Dia inválido (35) definido como 1.
Construtor do objeto Date para a data 1/1/1994

Destrutor do objeto Date para a data 1/1/1994
Destrutor do objeto Employee: Blue, Bob
Destrutor do objeto Date para a data 3/12/1988
Destrutor do objeto Date para a data 7/24/1949
Destrutor do objeto Date para a data 3/12/1988
Destrutor do objeto Date para a data 7/24/1949
```

Na verdade, existem cinco chamadas de construtor quando um `Employee` é construído — duas chamadas para o construtor da classe `string` (linhas 12-13 da Figura 18.13), duas chamadas para o construtor de cópia default da classe `Date` (linhas 14-15 da Figura 18.13) e a chamada para o construtor da classe `Employee`.

Figura 18.14 ■ Demonstração da composição — um objeto com objetos-membro. (Parte 2 de 2.)

A classe `Date` e a classe `Employee` incluem um destrutor (linhas 35-40 da Figura 18.11 e linhas 33-37 da Figura 18.13, respectivamente) que imprime uma mensagem quando um objeto de sua classe é destruído. Isso nos permite confirmar na saída do programa que os objetos são construídos de *dentro para fora,* e destruídos na ordem inversa, de *fora para dentro* (ou seja, os objetos-membro `Date` são destruídos depois de o objeto `Employee`, que os contém, ser destruído). Observe as quatro últimas linhas na saída da Figura 18.14. As duas últimas linhas são as saídas do destrutor `Date` executando nos objetos `Date` `hire` (linha 10) e `birth` (linha 9), respectivamente. Essas saídas confirmam que os três objetos criados em `main` são destruídos na ordem *inversa* à qual foram construídos. A saída do destrutor `Employee` está a cinco linhas do final. A quarta e a terceira linhas do final da janela de saída mostram os destrutores executando para os objetos `hireDate` (Figura 18.12, linha 22) e `birthDate` (Figura 18.12, linha 21) do membro `Employee`. Essas saídas confirmam que o objeto `Employee` é destruído de *fora para dentro* — ou seja, o destrutor `Employee` roda primeiro (saída mostrada cinco linhas do final da janela de saída), e depois os objetos-membro são destruídos na *ordem inversa* à qual foram construídos. O destrutor da classe `string` não contém instruções de saída, de modo que não vemos os objetos `firstName` e `lastName` sendo destruídos. Novamente, a saída da Figura 18.14 não mostrou os construtores executando para os objetos-membro `birthDate` e `hireDate`, pois esses objetos foram inicializados com os construtores de cópia default da classe `Date`, fornecidos pelo compilador.

O que acontece quando não usamos a lista inicializadora de membros?

Se um objeto-membro não é inicializado por meio de um inicializador de membro, o construtor default do objeto-membro será chamado implicitamente. Os valores, se houver algum, estabelecidos pelo construtor default, podem ser modificados pelas funções *set*. Porém, para a inicialização complexa, essa técnica pode exigir trabalho e tempo adicionais significativos.

Erro comum de programação 18.6

Um erro de compilação ocorrerá se um objeto-membro não for inicializado com um inicializador de membro e a classe do objeto-membro não oferecer um construtor default (ou seja, a classe do objeto-membro define um ou mais construtores, mas nenhum é default).

Dica de desempenho 18.2

Inicialize os objetos-membro explicitamente por meio de inicializadores de membro. Isso elimina o overhead da 'dupla inicialização' dos objetos-membro — uma vez, quando o construtor default do objeto-membro é chamado, e novamente quando funções set *são chamadas no corpo do construtor (ou adiante) para inicializar o objeto-membro.*

Observação sobre engenharia de software 18.7

Se um membro da classe é um objeto de outra classe, tornar esse objeto membro public não infringe o encapsulamento e a ocultação dos membros private desse objeto-membro. Porém, isso infringe o encapsulamento e a ocultação da implementação da classe que o contém, de modo que os objetos-membro dos tipos de classe ainda devem ser private, assim como todos os outros dados-membro.

18.4 Funções `friend` e classes `friend`

A **função `friend`** (amiga) de uma classe é definida fora do escopo dessa classe, embora ela tenha o direito de acessar os membros não `public` (e `public`) da classe. As funções independentes, classes inteiras ou funções-membro de outras classes podem ser declaradas como amigas de outra classe.

O uso de funções `friend` pode melhorar o desempenho no programa. Esta seção apresenta um exemplo mecânico de como funciona uma função `friend`. Mais à frente no livro, funções `friend` serão usadas para sobrecarregar operadores no uso com objetos de classe (Capítulo 19) e para criar classes de iteradores. Os objetos de uma classe de iterador podem selecionar itens sucessivamente ou realizar uma operação em itens em um objeto de classe contêiner. Os objetos de classes contêiner podem armazenar itens. O uso de funções amigas normalmente é apropriado quando uma função-membro não pode ser usada em certas operações, como veremos no Capítulo 19.

Para declarar uma função como amiga de uma classe, preceda o protótipo da função na definição da classe com a palavra-chave `friend`. Para declarar todas as funções-membro da classe `ClassTwo` como amigas da classe `ClassOne`, coloque uma declaração na forma

```
friend class ClassTwo;
```

na definição da classe `ClassOne`.

Observação sobre engenharia de software 18.8

Embora os protótipos de funções `friend` apareçam na definição da classe, as amigas não são funções-membro.

Observação sobre engenharia de software 18.9

As noções de acesso a membros de `private`, `protected` e `public` não são relevantes em declarações `friend`, de modo que declarações `friend` podem ser colocadas em qualquer lugar em uma definição de classe.

Boa prática de programação 18.1

Em primeiro lugar, coloque todas as declarações de amizade dentro do corpo da definição da classe, e não insira nenhum especificador de acesso antes delas.

A amizade é concedida, e não tomada — ou seja, para a classe B ser `friend` da classe A, essa classe precisa declarar explicitamente que a classe B é sua `friend`. Além disso, a relação de amizade não é simétrica nem transitiva; ou seja, se a classe A é uma `friend` da classe B, e a classe B é uma `friend` da classe C, você não pode deduzir que a classe B é `friend` da classe A (novamente, a amizade não é simétrica), que a classe C é `friend` da classe B (também porque a amizade não é simétrica) ou que a classe A é uma `friend` da classe C (a amizade não é transitiva).

Observação sobre engenharia de software 18.10

Algumas pessoas na comunidade POO acreditam que a 'amizade' corrompe a ocultação de informações e enfraquece o valor da abordagem de projeto orientado a objeto.

Modificação dos dados `private` *de uma classe a partir de uma função amiga*

A Figura 18.15 é um exemplo mecânico em que definimos a função `friend setX` para definir o dado-membro `private x` da classe `Count`. A declaração `friend` (linha 9) aparece primeiro (por convenção) na definição da classe, antes mesmo que as funções-membro `public` sejam declaradas. Novamente, essa declaração `friend` pode aparecer em qualquer lugar na classe.

```
1  // Figura 18.15: fig18_15.cpp
2  // Friends podem acessar membros private de uma classe.
3  #include <iostream>
4  using namespace std;
5
6  // Definição da classe Count
7  class Count
8  {
9     friend void setX( Count &, int ); // declaração de friend
10 public:
11    // construtor
12    Count()
13       : x( 0 ) // inicializa x como 0
14    {
15       // corpo vazio
16    } // fim do construtor Count
17
18    // envia x
19    void print() const
20    {
21       cout << x << endl;
22    } // fim da função print
23 private:
24    int x; // dado-membro
25 }; // fim da classe Count
26
27 // função setX pode modificar dados privados de Count
28 // pois setX é declarada como friend de Count (linha 9)
29 void setX( Count &c, int val )
30 {
31    c.x = val; // permitido porque setX é friend de Count
32 } // fim da função setX
33
34 int main()
35 {
36    Count counter; // cria objeto Count
37
38    cout << "counter.x após instanciação: ";
39    counter.print();
40
41    setX( counter, 8 ); // define x usando uma função friend
42    cout << "counter.x após chamada à função friend setX: ";
43    counter.print();
44 } // fim do main
```

```
counter.x após instanciação: 0
counter.x após chamada à função friend setX: 8
```

Figura 18.15 ■ `Friends` podem acessar membros private de uma classe.

A função `setX` (linhas 29-32) é uma função independente, no estilo de C — ela não é uma função-membro da classe `Count`. Por esse motivo, quando `setX` é chamada no objeto `counter`, a linha 41 passa `counter` como um argumento para `setX` em vez de usar um handle (como o nome do objeto) para chamar a função, como em

```
counter.setX( 8 );
```

Se você remover a declaração de amiga na linha 9, receberá mensagens de erro indicando que a função `setX` não pode modificar o dado-membro `private x` de `Count`.

Como dissemos, a Figura 18.15 é um exemplo mecânico do uso da construção `friend`. Normalmente, seria apropriado definir a função `setX` como uma função-membro da classe `Count`. Normalmente, também seria apropriado separar o programa da Figura 18.15 em três arquivos:

1. Um arquivo de cabeçalho (por exemplo, `Count.h`) contendo a definição de classe `Count`, que por sua vez conteria o protótipo da função `friend setX`.
2. Um arquivo de implementação (por exemplo, `Count.cpp`) contendo as definições das funções-membro da classe `Count` e a definição da função `friend setX`.
3. Um programa de teste (por exemplo, `fig18_15.cpp`) com `main`.

Funções `friend` sobrecarregadas

É possível descrever funções sobrecarregadas como `friends` de uma classe. As funções que pretendem ser `friend` precisam ser declaradas explicitamente na definição da classe como `friend` da classe.

18.5 Uso do ponteiro `this`

Vimos que as funções-membro de um objeto podem manipular os dados do objeto. Como as funções-membro sabem *qual* o objeto cujos dados-membro elas devem manipular? Cada objeto tem acesso ao próprio endereço por meio de um ponteiro chamado `this` (uma palavra-chave em C++). O ponteiro `this` *não* faz parte do objeto em si — ou seja, a memória ocupada pelo ponteiro `this` não é refletida no resultado de uma operação `sizeof` no objeto. Pelo contrário, o ponteiro `this` é passado (pelo compilador) como um argumento implícito a cada uma das funções-membro não `static` do objeto. A Seção 18.6 introduzirá os membros de classe `static` e explicará por que o ponteiro `this` *não* é passado implicitamente para as funções-membro `static`.

Os objetos usam o ponteiro `this` implicitamente (como fizemos até esse ponto) ou explicitamente para referenciar seus dados-membro e suas funções-membro. O tipo do ponteiro `this` depende do tipo do objeto e de se a função-membro em que `this` é usado é declarada como `const`. Por exemplo, em uma função-membro não constante da classe `Employee`, o ponteiro `this` tem o tipo `Employee * const` (um ponteiro constante de um objeto `Employee` não constante). Em uma função-membro constante da classe `Employee`, o ponteiro `this` tem o tipo de dado `const Employee * const` (um ponteiro constante de um objeto `Employee` constante).

O próximo exemplo mostrará os usos implícito e explícito do ponteiro `this`; adiante neste capítulo, e também no Capítulo 19, mostraremos alguns exemplos substanciais e sutis do uso de `this`.

Uso do ponteiro `this`, implícita e explicitamente, para acessar os dados-membro de um objeto

A Figura 18.16 demonstra os usos implícito e explícito do ponteiro `this` para permitir que uma função-membro da classe `Test` imprima os dados `private x` de um objeto `Test`.

```
// Figura 18.16: fig18_16.cpp
// Usando o ponteiro this para se referir aos membros do objeto.
#include <iostream>
using namespace std;

class Test
{
public:
   Test( int = 0 ); // construtor default
```

Figura 18.16 ■ Ponteiro `this` acessando implícita e explicitamente os membros de um objeto. (Parte 1 de 2.)

```
10       void print() const;
11    private:
12       int x;
13    }; // fim da classe Test
14
15    // construtor
16    Test::Test( int value )
17       : x( value ) // inicializa x com value
18    {
19       // corpo vazio
20    } // fim do construtor Test
21
22    // imprime x usando ponteiros this implícitos e explícitos;
23    // os parênteses em torno de *this são obrigatórios
24    void Test::print() const
25    {
26       // usa implicitamente o ponteiro this para acessar o membro x
27       cout << "        x = " << x;
28
29       // usa explicitamente o ponteiro this e o operador seta
30       // para acessar o membro x
31       cout << "\n  this->x = " << this->x;
32
33       // usa explicitamente o ponteiro this desreferenciado e o operador
34       // ponto para acessar o membro x
35       cout << "\n(*this).x = " << ( *this ).x << endl;
36    } // fim da função print
37
38    int main()
39    {
40       Test testObject( 12 ); // instancia e inicializa testObject
41
42       testObject.print();
43    } // fim do main
```

```
        x = 12
  this->x = 12
(*this).x = 12
```

Figura 18.16 ■ Ponteiro `this` acessando implícita e explicitamente os membros de um objeto. (Parte 2 de 2.)

Para fins de ilustração, a função-membro `print` (linhas 24-36) primeiro imprime `x` usando o ponteiro `this` implicitamente (linha 27) — somente o nome do dado-membro é especificado. Depois, `print` usa duas notações diferentes para acessar `x` por meio do ponteiro `this` — o operador seta (`->`) a partir do ponteiro `this` (linha 31), e o operador ponto (`.`) a partir do ponteiro `this` desreferenciado (linha 35). Observe os parênteses em torno de `*this` (linha 35) quando usado com o operador de seleção de membro ponto (`.`). Os parênteses são exigidos porque o operador ponto tem precedência mais alta que o operador `*`. Sem os parênteses, a expressão `*this.x` seria avaliada como se estivesse entre parênteses, como em `*( this.x )`, o que é um erro de compilação, pois o operador ponto não pode ser usado com um ponteiro.

Erro comum de programação 18.7

Tentar usar o operador de seleção membro (.) com um ponteiro de um objeto é um erro de compilação — o operador de seleção de membro ponto pode ser usado apenas com um lvalue, *como o nome de um objeto, uma referência a um objeto ou um ponteiro desreferenciado de um objeto.*

Um uso interessante do ponteiro `this` é impedir que um objeto seja atribuído a si mesmo. Conforme veremos no Capítulo 19, a autoatribuição pode causar erros sérios quando o objeto contiver ponteiros para o armazenamento alocado dinamicamente.

Uso do ponteiro `this` *na ativação das chamadas de função em cascata*

Outro uso do ponteiro `this` é permitir **chamadas de função-membro em cascata** — ou seja, chamar múltiplas funções na mesma instrução (como na linha 12 da Figura 18.19). O programa das figuras 18.17 a 18.19 modifica as funções *set* da classe `Time`, `setTime`, `setHour`, `setMinute` e `setSecond`, de modo que cada uma retorne uma referência a um objeto `Time` para permitir chamadas de função-membro em cascata. Observe na Figura 18.18 que a última instrução no corpo de cada uma dessas funções-membro retorna `*this` (linhas 22, 29, 36 e 43) para um tipo de retorno `Time &`.

```
// Figura 18.17: Time.h
// Chamadas de função-membro em cascata.

// Definição da classe Time.
// Funções-membro definidas em Time.cpp.
#ifndef TIME_H
#define TIME_H

class Time
{
public:
   Time( int = 0, int = 0, int = 0 ); // construtor default

   // define funções (os tipos Time & permitem o retorno em cascata)
   Time &setTime( int, int, int ); // define hora, minuto, segundo
   Time &setHour( int ); // define hora
   Time &setMinute( int ); // define minuto
   Time &setSecond( int ); // define segundo

   // funções get (normalmente declaradas const)
   int getHour() const; // retorna hora
   int getMinute() const; // retorna minuto
   int getSecond() const; // retorna segundo

   // funções print (normalmente declaradas const)
   void printUniversal() const; // imprime horário universal
   void printStandard() const; // imprime horário-padrão
private:
   int hour; // 0 - 23 (formato de relógio de 24 horas)
   int minute; // 0 - 59
   int second; // 0 - 59
}; // fim da classe Time

#endif
```

Figura 18.17 ■ Definição da classe `Time` modificada para permitir chamadas de função-membro em cascata.

```
1 // Figura 18.18: Time.cpp
2 // Definições de função-membro da classe Time.
3 #include <iostream>
4 #include <iomanip>
5 #include "Time.h" // Definição da classe Time
6 using namespace std;
```

Figura 18.18 ■ Definições de função-membro da classe `Time` modificadas para permitir chamadas de função-membro em cascata. (Parte 1 de 3.)

```

// função construtor para inicializar dados privados;
// chama função-membro setTime para definir variáveis;
// valores default são 0 (ver definição de classe)
Time::Time( int hr, int min, int sec )
{
   setTime( hr, min, sec );
} // fim do construtor Time

// define valores de hora, minuto e segundo
Time &Time::setTime( int h, int m, int s ) // observe o retorno de &Time
{
   setHour( h );
   setMinute( m );
   setSecond( s );
   return *this; // habilita cascata
} // fim da função setTime

// define valor de hora
Time &Time::setHour( int h ) // observe Time & retorno
{
   hour = ( h >= 0 && h < 24 ) ? h : 0; // valida hora
   return *this; // habilita cascata
} // fim da função setHour

// define valor de minuto
Time &Time::setMinute( int m ) // observe o retorno de &Time
{
   minute = ( m >= 0 && m < 60 ) ? m : 0; // valida minuto
   return *this; // habilita cascata
} // fim da função setMinute

// define valor de segundo
Time &Time::setSecond( int s ) // observe Time & retorno
{
   second = ( s >= 0 && s < 60 ) ? s : 0; // valida segundo
   return *this; // habilita cascata
} // fim da função setSecond

// obtém valor de hora
int Time::getHour() const
{
   return hour;
} // fim da função getHour

// obtém valor de minuto
int Time::getMinute() const
{
   return minute;
} // fim da função getMinute

// obtém valor de segundo
int Time::getSecond() const
{
   return second;
} // fim da função getSecond

```

Figura 18.18 ■ Definições de função-membro da classe `Time` modificadas para permitir chamadas de função-membro em cascata. (Parte 2 de 3.)

```
// imprime Time no formato de horário universal (HH:MM:SS)
void Time::printUniversal() const
{
   cout << setfill( '0' ) << setw( 2 ) << hour << ":"
      << setw( 2 ) << minute << ":" << setw( 2 ) << second;
} // fim da função printUniversal

// imprime Time no formato de horário-padrão (HH:MM:SS AM ou PM)
void Time::printStandard() const
{
   cout << ( ( hour == 0 || hour == 12 ) ? 12 : hour % 12 )
      << ":" << setfill( '0' ) << setw( 2 ) << minute
      << ":" << setw( 2 ) << second << ( hour < 12 ? " AM" : " PM" );
} // fim da função printStandard
```

Figura 18.18 ■ Definições de função-membro da classe `Time` modificadas para permitir chamadas de função-membro em cascata. (Parte 3 de 3.)

```
1  // Figura 18.19: fig18_19.cpp
2  // Chamadas de função-membro em cascata com o ponteiro this.
3  #include <iostream>
4  #include "Time.h" // Definição da classe Time
5  using namespace std;
6
7  int main()
8  {
9     Time t; // cria objeto Time
10
11    // chamadas de função em cascata
12    t.setHour( 18 ).setMinute( 30 ).setSecond( 22 );
13
14    // envia horário nos formatos universal e padrão
15    cout << "Hora universal: ";
16    t.printUniversal();
17
18    cout << "\nHorário-padrão: ";
19    t.printStandard();
20
21    cout << "\n\nNovo horário-padrão: ";
22
23    // chamadas de função em cascata
24    t.setTime( 20, 20, 20 ).printStandard();
25    cout << endl;
26 } // fim do main
```

```
Horário universal: 18:30:22
Horário-padrão: 6:30:22 PM

Novo horário-padrão: 8:20:20 PM
```

Figura 18.19 ■ Chamadas de função-membro em cascata usando o ponteiro `this`.

O programa da Figura 18.19 cria o objeto `Time t` (linha 9), e depois o utiliza nas chamadas de função-membro em cascata (linhas 12 e 24). Por que a técnica de retornar `*this` como uma referência funciona? O operador ponto (`.`) associa da esquerda para a direita, de modo que, primeiro, a linha 12 avalia `t.setHour(18)` e, depois, retorna uma referência ao objeto `t` como o valor dessa chamada de função. A expressão restante é, então, interpretada como

```
t.setMinute( 30 ).setSecond( 22 );
```

A chamada `t.setMinute( 30 )` executa e retorna uma referência ao objeto `t`. A expressão restante é interpretada como

```
t.setSecond( 22 );
```

A linha 24 também usa cascata. As chamadas precisam aparecer na ordem mostrada na linha 24, pois `printStandard`, conforme definida na classe, não retorna uma referência a `t`. Colocar a chamada a `printStandard` antes da chamada a `setTime` na linha 24 resulta em um erro de compilação. O Capítulo 19 apresentará vários exemplos práticos de uso das chamadas de função em cascata. Um desses exemplos utiliza vários operadores `<<` com `cout` para enviar diversos valores em uma única instrução.

18.6 Membros de classe `static`

Existe uma exceção importante à regra de que cada objeto de uma classe tem sua própria cópia de todos os dados-membro da classe. Em certos casos, somente uma cópia de uma variável deve ser compartilhada por todos os objetos de uma classe. Um **dado-membro `static`** é usado por esses e outros motivos. Essa variável representa a informação 'em escopo de classe' (ou seja, uma propriedade que é compartilhada por todas as instâncias, não sendo específica a qualquer objeto da classe).

Motivação dos dados em escopo de classe

Vamos estimular ainda mais a necessidade de dados `static` em escopo de classe com um exemplo. Suponha que tenhamos um videogame com `Marcianos` e outras criaturas espaciais. Cada `Marciano` tende a ser bravo e querer atacar outras criaturas espaciais, quando o `Marciano` está ciente de que existem pelo menos cinco `Marcianos` presentes. Se houver menos de cinco, os `Marcianos` se acovardam. Assim, cada `Marciano` precisa conhecer `contMarciano`. Poderíamos conceder a cada instância da classe `Marciano` um `contMarciano` como dado-membro. Se fizermos isso, cada `Marciano` terá uma cópia separada do dado-membro. Toda vez que criarmos um novo `Marciano`, teremos de atualizar o dado-membro `contMarciano` em todos os objetos `Marciano`. Isso exigiria que cada objeto `Marciano` tivesse (ou tivesse acesso a) handles para todos os outros objetos `Marciano` na memória. Isso desperdiçaria espaço com as cópias redundantes e tempo com a atualização das cópias separadas. Em vez disso, declaramos `contMarciano` como `static`. Isso torna `contMarciano` um dado em escopo de classe. Cada `Marciano` pode acessar `contMarciano` como se fosse um dado-membro do `Marciano`, mas somente uma cópia da variável `static contMarciano` é mantida pela linguagem C++. Isso economiza espaço. Economizamos tempo fazendo com que o construtor de `Marciano` incremente a variável `static contMarciano` e que o destrutor de `Marciano` decremente `contMarciano`. Como existe apenas uma cópia, não temos que incrementar ou decrementar cópias separadas de `contMarciano` para cada objeto `Marciano`.

Dica de desempenho 18.3

Use dados-membro `static` para economizar armazenamento quando uma única cópia dos dados para todos os objetos de uma classe for suficiente.

Escopo e inicialização de dados-membro `static`

Embora possam parecer variáveis globais, os dados-membro `static` de uma classe possuem escopo de classe. Além disso, membros `static` podem ser declarados como `public`, `private` ou `protected`. Um dado-membro `static` de tipo fundamental é inicializado em `0` como padrão. Se você quiser um valor inicial diferente, um dado-membro `static` pode ser inicializado *uma vez*. Um dado-membro `static const` de tipo `int` ou `enum` pode ser inicializado em sua declaração na definição de classe. Porém, todos os outros dados-membro `static` devem ser definidos *no escopo de namespace global* (ou seja, fora do corpo da definição de classe), e só podem ser inicializados nessas definições. Se um dado-membro `static` for um objeto de uma classe que oferece um construtor default, um dado-membro `static` não precisará ser inicializado, pois seu construtor default será chamado.

Acesso a dados-membro static

Membros `static` (`private` e `protected`) de uma classe normalmente são acessados por meio das funções-membro `public` da classe ou `friends`. Os membros `static` de uma classe existem mesmo quando não existe um objeto dessa classe. Para acessar um membro de classe `public static` quando não existe qualquer membro da classe, basta iniciar o nome da classe e o operador de resolução de escopo binário (`::`) com o nome do dado-membro. Por exemplo, se nossa variável `contMarciano` for `public`, ela pode ser acessada a partir da expressão `Marciano::contMarciano` quando não existirem objetos `Marciano`. (Naturalmente, o uso de dados `public` é desencorajado.)

Para acessar um membro de classe `static` (`private` ou `protected`) quando não existirem objetos da classe, forneça uma **função-membro** `public` **`static`** e chame a função iniciando seu nome com o nome da classe e o operador binário de resolução de escopo. Uma função-membro `static` é um serviço da *classe*, e não de um objeto específico da classe.

Observação sobre engenharia de software 18.11

Os dados-membro `static` de uma classe e as funções-membro `static` existem e podem ser usados mesmo que nenhum objeto dessa classe tenha sido instanciado.

Demonstração dos dados-membro static

O programa das figuras 18.20 a 18.22 demonstra um dado-membro `private static` chamado `count` (Figura 18.20, linha 25) e uma função-membro `public static` chamada `getCount` (Figura 18.20, linha 19). Na Figura 18.21, a linha 8 define e inicializa o dado-membro `count` em zero *no escopo de namespace global,* e as linhas 12-15 definem a função-membro `static getCount`. Observe que nem a linha 8, nem a linha 12 incluem a palavra-chave `static`, embora as duas linhas se refiram a membros de classe `static`. Quando `static` é aplicado a um item no escopo de namespace global, esse item torna-se conhecido somente nesse arquivo. Os membros de classe `static` precisam estar disponíveis a qualquer código-cliente que use a classe, de modo que os declaramos `static` apenas no arquivo `.h`. O dado-membro `count` mantém uma contagem do número de objetos da classe `Employee` que foram instanciados. Quando existem objetos da classe `Employee`, o membro `count` pode ser referenciado por meio de qualquer função-membro de um objeto `Employee` — na Figura 18.21, `count` é referenciado pela linha 22 no construtor e pela linha 32 no destrutor.

Erro comum de programação 18.8

É um erro de compilação incluir a palavra-chave `static` na definição de um dado-membro `static` no escopo de namespace global.

```
1  // Figura 18.20: Employee.h
2  // Definição da classe Employee com um dado-membro static para
3  // acompanhar o número de objetos Employee na memória
4  #ifndef EMPLOYEE_H
5  #define EMPLOYEE_H
6
7  #include <string>
8  using namespace std;
9
10 class Employee
11 {
12 public:
13    Employee( const string &, const string & ); // construtor
14    ~Employee(); // destrutor
15    string getFirstName() const; // retorna nome
16    string getLastName() const; // retorna sobrenome
```

Figura 18.20 ■ Definição da classe `Employee` com um dado-membro `static` para acompanhar o número de objetos `Employee` na memória. (Parte 1 de 2.)

```
   // função-membro static
   static int getCount(); // retorna número de objetos instanciados
private:
   string firstName;
   string lastName;

   // dados estáticos
   static int count; // número de objetos instanciados
}; // fim da classe Employee

#endif
```

Figura 18.20 ■ Definição da classe `Employee` com um dado-membro `static` para acompanhar o número de objetos `Employee` na memória. (Parte 2 de 2.)

```
// Figura 18.21: Employee.cpp
// Definições de função-membro da classe Employee.
#include <iostream>
#include "Employee.h" // Definição da classe Employee
using namespace std;

// define e inicializa dado-membro static no escopo de namespace global
int Employee::count = 0; // não pode incluir palavra-chave static

// define função-membro static que retorna número de objetos
// Employee instanciados (declarados static em Employee.h)
int Employee::getCount()
{
   return count;
} // fim da função static getCount

// construtor inicializa dados-membro não static e incrementa
// contador de dados-membro static
Employee::Employee( const string &first, const string &last )
   : firstName( first ), lastName( last )
{
   ++count; // incrementa contador static de funcionarios
   cout << "Construtor de funcionario para " << firstName
      << ' ' << lastName << " chamado." << endl;
} // fim do construtor Employee

// destrutor desaloca memória alocada dinamicamente
Employee::~Employee()
{
   cout << "~Employee() called for " << firstName
      << ' ' << lastName << endl;
   --count; // decrementa contador static de funcionarios
} // fim do destrutor ~Employee

// retorna primeiro nome do funcionario
string Employee::getFirstName() const
{
   return firstName; // retorna cópia do primeiro nome
} // fim da função getFirstName

```

Figura 18.21 ■ Definições de função-membro da classe `Employee`. (Parte 1 de 2.)

```
// retorna sobrenome do funcionario
string Employee::getLastName() const
{
   return lastName; // retorna cópia do sobrenome
} // fim da função getLastName
```

Figura 18.21 ■ Definições de função-membro da classe `Employee`. (Parte 2 de 2.)

A Figura 18.22 usa a função-membro `static getCount` para determinar o número de objetos `Employee` na memória em diversos pontos no programa. O programa chama `Employee::getCount()` antes que quaisquer objetos `Employee` sejam criados (linha 12), depois que dois objetos `Employee` já tenham sido criados (linha 23) e depois que esses objetos `Employee` tenham sido destruídos (linha 34). As linhas 16-29 em `main` definem um escopo aninhado. Lembre-se de que as variáveis locais existem até que o escopo em que elas são definidas termine. Nesse exemplo, criamos dois objetos `Employee` nas linhas 17-18 dentro do escopo aninhado. À medida que cada construtor é executado, ele incrementa o dado-membro `static count` da classe `Employee`. Esses objetos `Employee` são destruídos quando o programa atinge a linha 29. Nesse ponto, o destrutor de cada objeto executa e decrementa o contador de dado-membro `static` da classe `Employee`.

```
1  // Figura 18.22: fig18_22.cpp
2  // dado-membro static acompanhando número de objetos de uma classe.
3  #include <iostream>
4  #include "Employee.h" // Definição da classe Employee
5  using namespace std;
6
7  int main()
8  {
9     // Não existem objetos; usa nome da classe e operador binário de
10    // resolução de escopo para acessar função-membro static getCount
11    cout << "Número de funcionarios antes da instanciação de qualquer objeto é "
12       << Employee::getCount() << endl; // use class name
13
14    // o escopo a seguir cria e destrói
15    // objetos Employee antes que main termine
16    {
17       Employee e1( "Susan", "Baker" );
18       Employee e2( "Robert", "Jones" );
19
20       // existem dois objetos; chama função-membro static getCount novamente
21       // usando o nome da classe e o operador binário de resolução de escopo
22       cout << "Número de funcionarios após objetos serem instanciados é "
23          << Employee::getCount();
24
25       cout << "\n\nFuncionario 1: "
26          << e1.getFirstName() << " " << e1.getLastName()
27          << "\nFuncionario 2: "
28          << e2.getFirstName() << " " << e2.getLastName() << "\n\n";
29    } // fim do escopo aninhado em main
30
31    // não existem objetos; chama função-membro static getCount novamente
32    // usando o nome da classe e o operador binário de resolução de escopo
33    cout << "\nNúmero de funcionarios após objetos terem sido excluídos é "
34       << Employee::getCount() << endl;
35 } // fim do main
```

Figura 18.22 ■ Dado-membro `static` que acompanha o número de objetos de uma classe. (Parte 1 de 2.)

```
Número de funcionários antes da instanciação de qualquer objeto é 0
Construtor de funcionário para Susan Baker chamado.
Construtor de funcionário para Robert Jones chamado.
Número de funcionários após objetos serem instanciados é 2

Funcionário 1: Susan Baker
Funcionário 2: Robert Jones

~Employee() chamado para Robert Jones
~Employee() chamado para Susan Baker

Número de funcionários após objetos terem sido excluídos é 0
```

Figura 18.22 ■ Dado-membro `static` que acompanha o número de objetos de uma classe. (Parte 2 de 2.)

Uma função-membro deve ser declarada como `static` se não acessar dados-membro não `static` ou funções-membro não `static` da classe. Diferentemente das funções-membro não `static`, uma função-membro `static` não tem um ponteiro `this`, pois os dados-membro `static` e as funções-membro `static` existem independentemente de quaisquer objetos de uma classe. O ponteiro `this` precisa se referir a um objeto específico da classe, e quando uma função-membro `static` é chamada, não pode haver quaisquer objetos de sua classe na memória.

Erro comum de programação 18.9

Usar o ponteiro `this` *em uma função-membro* `static` *é um erro de compilação.*

Erro comum de programação 18.10

Declarar uma função-membro `static const` *é um erro de compilação. O qualificador* `const` *indica que uma função não pode modificar o conteúdo do objeto em que ele opera, mas as funções-membro* `static` *existem e operam independentemente de quaisquer objetos da classe.*

18.7 Abstração de dados e ocultação de informações

As classes normalmente ocultam os detalhes da implementação de seus clientes. Isso é chamado de **ocultação de informações**. Como exemplo, consideraremos a estrutura de dados de pilha. Lembre-se de que a pilha é uma estrutura de dados LIFO (last-in-first--out, 'último a entrar, primeiro a sair') — o último item a ser inserido (*push*) na pilha é o primeiro item a ser removido (*pop*) da pilha.

As pilhas podem ser implementadas com arrays e com outras estruturas de dados, como as listas ligadas. (Discutiremos as pilhas no Capítulo 22.) Um cliente de uma classe de pilha não precisa se preocupar com a implementação da pilha. O cliente sabe apenas que, quando os itens de dados são colocados na pilha, eles serão chamados na ordem last-in, first-out. O cliente se importa com *qual* funcionalidade a pilha oferece, e não *como* essa funcionalidade é implementada. Esse conceito é chamado de **abstração de dados**. Embora você possa conhecer os detalhes da implementação de uma classe, não deverá escrever código que dependa desses detalhes, pois os detalhes podem mudar mais tarde. Isso permite que uma classe em particular (como aquela que implementa uma pilha e suas operações, *push* e *pop*) seja substituída por outra versão, sem que o restante do sistema seja afetado. Desde que os serviços `public` da classe não mudem (ou seja, cada função-membro `public` original ainda tem o mesmo protótipo na nova definição da classe), o restante do sistema não será afetado.

Tipos de dados abstratos

Muitas linguagens de programação enfatizam ações. Nessas linguagens, os dados existem para dar suporte às medidas que os programas precisam tomar. Os dados são 'menos interessantes' que as ações. Os dados são 'brutos'. Existem apenas alguns tipos de dados embutidos, e é difícil criar novos tipos. C++ e o estilo de programação orientado a objeto elevam a importância dos dados. As principais atividades da programação orientada a objeto em C++ são a criação de tipos (ou seja, classes) e a expressão das interações entre objetos desses tipos. Para criar linguagens que enfatizassem dados, a comunidade de linguagens de programação precisava formalizar algumas noções sobre dados. A formalização que consideraremos aqui será a noção de **tipos de dados abstratos** (**ADTs** — Abstract Data Types), que melhoram o processo de desenvolvimento de aplicação.

O que é um tipo de dado abstrato? Considere o tipo `int`, que a maioria das pessoas associaria a um inteiro na matemática. Em vez disso, um `int` é uma representação abstrata de um inteiro. Diferentemente dos inteiros matemáticos, os `int`s do computador têm um tamanho máximo — em máquinas de 32 bits, ele normalmente é limitado ao intervalo –2.147.483.648 a +2.147.483.647. Se o resultado de um cálculo estiver fora desse intervalo, ocorre um erro de 'overflow', e o computador responde de alguma maneira que depende da máquina específica. Ele poderia, por exemplo, produzir 'silenciosamente' um resultado incorreto, como um valor muito grande para caber em uma variável `int` (normalmente chamado de **estouro aritmético**). Os inteiros matemáticos não têm esse problema. Portanto, a noção de um `int` do computador é apenas uma aproximação da noção de um inteiro do mundo real.

Tipos como `int`, `double`, `char` e outros são todos exemplos de tipos de dados abstratos. Eles são basicamente maneiras de representar noções do mundo real em um nível satisfatório de precisão dentro de um sistema de computação.

Na realidade, um tipo de dado abstrato captura duas noções — uma **representação de dados** e as **operações** que podem ser realizadas nesses dados. Por exemplo, em C++, um `int` contém um valor inteiro (dados), e oferece as operações adição, subtração, multiplicação, divisão e módulo (entre outras) — a divisão por zero é indefinida. Essas operações permitidas são executadas de uma maneira sensível aos parâmetros da máquina, como o tamanho de word (ou palavra) fixo do sistema de computação básico. Outro exemplo é a noção de inteiros negativos cujas operações e representação de dados são claras, mas cuja operação de obter a raiz quadrada de um inteiro negativo é indefinida. Em C++, você pode usar classes para implementar tipos de dados abstratos e seus serviços. Por exemplo, para implementar uma pilha ADT, criaremos nossa própria classe de pilha no Capítulo 22.

Observação sobre engenharia de software 18.12

Você pode criar novos tipos por meio do mecanismo de classe. Esses novos tipos podem ser projetados para serem usados de modo tão conveniente quanto os tipos fundamentais. Assim, C++ é uma linguagem extensível. Embora a linguagem seja fácil de estender com esses novos tipos, a linguagem básica não pode ser alterada.

Tipo de dado abstrato de fila

Todos nós enfrentamos filas de vez em quando. Uma fila de espera também é chamada de **queue**. Os sistemas de computação utilizam filas de espera internamente, de modo que precisamos escrever programas que implementam filas. Uma fila é outro exemplo de um tipo de dado abstrato.

As filas oferecem um comportamento bem entendido aos seus clientes. Os clientes põem coisas em uma fila, uma por vez — chamando a operação **enqueue** da fila — e os clientes recebem essas coisas de volta, uma de cada vez, por demanda — denominando a operação **dequeue** da fila. Conceitualmente, uma fila pode se tornar infinitamente longa; uma fila real, naturalmente, é finita. Os itens são retornados de uma fila na ordem **primeiro a entrar, primeiro a sair** (**FIFO** — First-In, First-Out) — o primeiro item inserido na fila é o primeiro item retirado da fila.

A fila oculta uma representação de dados interna que acompanha os itens que atualmente esperam na fila, e oferece um conjunto de operações aos clientes, a saber, *enqueue* e *dequeue*. Os clientes não se preocupam com a implementação da fila. Eles simplesmente desejam que a fila opere 'conforme anunciado'. Quando um cliente põe um novo item na fila, ela deve aceitar esse item e colocá-lo internamente em algum tipo de estrutura de dados 'primeiro a entrar, primeiro a sair'. Quando o cliente deseja o próximo item da frente da fila, ela deve remover o item de sua representação interna e entregá-lo ao cliente na ordem FIFO (ou seja, o item que foi colocado na fila há mais tempo deve ser o próximo retornado pela próxima operação *dequeue*).

O ADT da fila garante a integridade de sua estrutura de dados interna. Os clientes não podem manipular essa estrutura de dados diretamente. Somente as funções-membro da fila têm acesso aos seus dados internos. Os clientes só podem fazer que operações permissíveis sejam realizadas sobre a representação dos dados; operações não fornecidas na interface pública do ADT são apropriadamente rejeitadas. Isso poderia significar emitir uma mensagem de erro, gerar uma exceção (ver Capítulo 24), terminar a execução ou simplesmente ignorar o pedido da operação.

18.8 Conclusão

Este capítulo introduziu vários tópicos avançados relacionados a classes e à abstração de dados. Você aprendeu a especificar objetos `const` e funções-membro `const` para impedir modificações nos objetos, impondo, assim, o princípio do menor privilégio. Você também aprendeu que, por meio da composição, uma classe pode ter objetos de outras classes como membros. Apresentamos o tópico 'amizade' e apresentamos exemplos que demonstram como usar funções `friend`.

Você aprendeu que o ponteiro `this` é passado como um argumento implícito para cada uma das funções-membro não `static` de uma classe, permitindo que as funções acessem os dados-membro do objeto correto e outras funções-membro não `static`. Também viu o uso explícito do ponteiro `this` para acessar os membros da classe e permitir as chamadas de função-membro em cascata. Motivamos a necessidade dos dados-membro `static` e demonstramos como declarar e usar dados-membro `static` e funções-membro `static` em suas próprias classes.

Você aprendeu sobre abstração de dados e ocultação de informações — dois dos conceitos fundamentais da programação orientada a objeto. Por fim, discutimos os tipos de dados abstratos — maneiras de representar o mundo real ou noções conceituais em um nível satisfatório de precisão dentro de um sistema de computação.

No Capítulo 19, continuaremos nosso estudo das classes e dos objetos, mostrando como ativar os operadores da C++ para que eles funcionem com objetos — um processo chamado sobrecarga de operador. Por exemplo, você verá como 'sobrecarregar' o operador << de modo que ele possa ser usado para enviar um array completo sem usar explicitamente uma instrução de repetição.

Resumo

***Seção 18.2 Objetos* `const` *(constantes) e funções-membro* `const`**

- A palavra-chave `const` pode ser usada para especificar que um objeto não é modificável, e que qualquer tentativa de modificá-lo deverá resultar em um erro de compilação.
- Compiladores C++ não permitem chamadas de função-membro não `const` sobre objetos `const`.
- Uma tentativa por uma função-membro `const` de modificar um objeto de sua classe é um erro de compilação.
- Uma função-membro é especificada como `const` tanto em seu protótipo quanto em sua definição.
- Um objeto `const` precisa ser inicializado.
- Construtores e destrutores não podem ser declarados `const`.
- Dados-membro `const` e dados-membro de referência *precisam* ser inicializados com inicializadores de membro.

Seção 18.3 Composição: objetos como membros de classes

- Uma classe pode ter objetos de outras classes como membros — esse conceito é chamado de composição.
- Objetos-membro são construídos na ordem em que são declarados na definição de classe e antes que seus objetos da classe delimitadora sejam construídos.
- Se um inicializador de membro não for fornecido a um objeto-membro, o construtor default do objeto-membro será chamado implicitamente.

***Seção 18.4 Funções* `friend` *e classes* `friend`**

- Uma função `friend` de uma classe é definida fora do escopo dessa classe, embora tenha o direito de acessar todos os membros da classe. Funções independentes ou classes inteiras podem ser declaradas como `friends`.
- Uma declaração `friend` pode aparecer em qualquer lugar na classe.
- A relação de amizade nunca é simétrica, nem transitiva.

***Seção 18.5 Uso do ponteiro* `this`**

- Cada objeto tem acesso a seu próprio endereço por meio do ponteiro `this`.
- O ponteiro `this` de um objeto não faz parte do objeto em si — ou seja, o tamanho da memória ocupada pelo ponteiro `this` não é refletido no resultado de uma operação `sizeof` sobre o objeto.
- O ponteiro `this` é passado como um argumento implícito a cada função-membro não `static`.
- Os objetos usam o ponteiro `this` implicitamente (como fizemos até agora), ou explicitamente, para referenciar seus dados-membro e suas funções-membro.
- O ponteiro `this` permite chamadas de função-membro em cascata, em que várias funções são chamadas na mesma instrução.

***Seção 18.6 Membros de classe* `static`**

- Um dado-membro `static` representa informações 'em escopo de classe' (ou seja, uma propriedade da classe compartilhada por todas as instâncias, e não uma propriedade de um objeto específico da classe).
- Os dados-membro `static` possuem escopo de classe, e podem ser declarados como `public`, `private` ou `protected`.
- Os membros `static` de uma classe existem mesmo quando não existe qualquer objeto dessa classe.
- Para acessar um membro de classe `public static` quando

não existe qualquer objeto da classe, basta iniciar o nome do dado-membro com o nome da classe e o operador binário de resolução de escopo (`::`).

- Uma função-membro deve ser declarada como `static` se não acessar dados-membro não `static` ou funções-membro não `static` da classe. Diferentemente das funções-membro não `static`, uma função-membro `static` não possui um ponteiro `this`, pois dados-membro `static` e funções-membro `static` existem independentemente de quaisquer objetos de uma classe.

Seção 18.7 Abstração de dados e ocultação de informações

- Tipos de dados abstratos são maneiras de representar noções do mundo real e conceituais em um nível de precisão satisfatório dentro de um sistema de computação.
- Um tipo de dado abstrato captura duas noções: uma representação de dados e as operações que podem ser realizadas nesses dados.

Terminologia

abstração de dados 560
chamadas de função-membro em cascata 553
composição 543
dequeue (operação de fila) 561
enqueue (operação de fila) 561
estouro aritmético 561
`friend`, função 549
lista inicializadora de membro 541
objeto host 544
ocultação de informações 560
operações 561
primeiro a entrar, primeiro a sair (FIFO) 561
queue 561
relacionamento *tem-um* 543
representação de dados 561
sintaxe de inicializador de membro 539
`static`, dado-membro 556
`static`, função-membro 557
`this`, ponteiro 551
tipos de dados abstratos (ADT) 561

Exercícios de autorrevisão

18.1 Preencha os espaços em cada uma das sentenças:

a) _______ devem ser usados para inicializar membros constantes de uma classe.

b) Uma função não membro precisa ser declarada como um(a) _______ de uma classe para ter acesso aos dados-membro `private` dessa classe.

c) Um objeto constante precisa ser _______ ; ele não pode ser modificado depois de criado.

d) Um dado-membro _______ representa informações em escopo de classe.

e) As funções-membro não `static` de um objeto têm acesso a um 'ponteiro para si mesmo' para o objeto, chamado ponteiro _______.

f) A palavra-chave _______ especifica que um objeto ou variável não é modificável.

g) Se um inicializador de membro não for fornecido a um objeto-membro de uma classe, o _______ do objeto é chamado.

h) Uma função-membro deve ser `static` se não acessar membros de classe _______.

i) Objetos-membro são construídos _______ do seu objeto de classe delimitador.

18.2 Encontre os erros nas classes a seguir e explique como corrigi-los:

```
class Example
{
public:
   Example( int y = 10 )
      : data( y )
   {
      // corpo vazio
   } // fim do construtor Example
   int getIncrementedData() const
   {
      return data++;
   } // fim da função getIncrementedData
   static int getCount()
   {
      cout << "Data is " << data << endl;
      return count;
   } // fim da função getCount
  private:
   int data;
   static int count;
}; // fim da classe Example
```

Respostas dos exercícios de autorrevisão

18.1 a) Inicializadores de membro. b) `friend`. c) inicializado. d) `static`. e) `this`. f) `const`. g) construtor default. h) não `static`. i) antes.

18.2 *Erro:* A definição de classe para `Example` tem dois erros. O primeiro ocorre na função `get IncrementedData`. A função é declarada com `const`, mas modifica o objeto.

Correção: Para corrigir o primeiro erro, remova a palavra-chave `const` da definição de `get IncrementedData`.

Erro: O segundo erro ocorre na função `getCount`. Essa função é declarada `static`, de modo que não tem permissão para acessar membros não `static` (ou seja, dados) da classe.

Correção: Para corrigir o segundo erro, remova a linha de saída da definição de `getCount`.

Exercícios

18.3 Explique a noção de 'amizade'. Explique os aspectos negativos da amizade conforme descritos no texto.

18.4 Uma definição de classe `Time` correta pode incluir os dois construtores a seguir? Se a resposta for não, justifique.

```
Time( int h = 0, int m = 0, int s = 0 );
Time();
```

18.5 O que acontece quando um tipo de retorno, até mesmo `void`, é especificado para um construtor ou destrutor?

18.6 ***Modificação da classe* Date**. Modifique a classe `Date` na Figura 18.10 para que ela tenha as seguintes capacidades:

a) Saída da data em formatos múltiplos, como

```
DDD AAAA
DD/MM/AA
14 de junho de 1992
```

b) Use construtores sobrecarregados para criar objetos `Date` inicializados com datas nos formatos da parte (a) desse exercício.

c) Crie um construtor de `Date` que leia a data do sistema usando as funções da biblioteca-padrão do cabeçalho `<ctime>` e defina os membros `Date`. (Veja a documentação de referência de seu compilador ou <`www.cplusplus.com/ref/ctime/index.html`> para obter informações sobre as funções no cabeçalho `<ctime>`.)

No Capítulo 19, poderemos criar operadores para testar a igualdade de duas datas e para comparar datas e determinar se uma data vem antes ou depois de outra.

18.7 ***Classe* SavingsAccount**. Crie uma classe `ContaPoupanca`. Use um dado-membro `static TaxaJurosAnual` para armazenar a taxa anual de juros para cada um dos correntistas. Cada membro da classe contém um dado-membro `private valorConta`, indicando o valor que o correntista tem atualmente em depósito. Forneça a função-membro `calculaJurosMensais`, que calcula os juros mensais multiplicando o `balance` por `taxaJurosAnual` dividido por 12; esse juro deverá ser somado a `valorConta`. Forneça uma função-membro `static modificaTaxaJuros` que defina a `static annualInterestRate` como um novo valor. Escreva um programa controlador para testar a classe `ContaPoupanca`. Instancie dois objetos diferentes da classe `ContaPoupanca`, `economia1` e `economia2`, com saldos de R$ 2.000,00 e R$ 3.000,00, respectivamente. Defina a `taxaJurosAnual` como 3 por cento. Depois, calcule os juros mensais e imprima os novos saldos de cada um dos correntistas. Depois, defina a `taxaJurosAnual` em 4 por cento, calcule os juros do mês seguinte e imprima os novos saldos de cada um dos correntistas.

18.8 ***Classe* InteiroIntervalo**. Crie a classe `InteiroIntervalo` na qual cada objeto pode manter inteiros no intervalo de 0 a 100. Represente o conjunto internamente como um `vector` de valores `bool`. O elemento `a[i]` é `true` se o inteiro *i* estiver no conjunto. O elemento `a[j]` é `false` se o inteiro *j* não estiver no conjunto. O construtor default inicializa um conjunto para o chamado 'conjunto vazio', ou seja, um conjunto no qual todos os elementos contêm `false`.

Forneça funções-membro para as operações de conjunto comuns. Por exemplo, forneça uma função-membro `uniaoConjuntos` que crie um terceiro conjunto que seja a união teórica de conjunto dos dois conjuntos existentes (ou seja, um elemento do resultado é definido como `true` se esse elemento for `true` em um ou ambos os conjuntos existentes, e um elemento do resultado é definido como `false` se esse elemento for `false` em cada um dos conjuntos existentes).

Forneça uma função-membro `intersecaoConjuntos` que crie um terceiro conjunto que seja a intersecção teórica de conjunto dos dois conjuntos existentes (ou seja, um elemento do resultado é definido como `false` se esse elemento for `false` em um ou ambos os conjuntos existentes, e um elemento do resultado é definido como `true` se esse elemento for `true` em cada um dos conjuntos existentes).

Forneça uma função-membro `insereElemento` que coloque um novo inteiro *k* em um conjunto definindo `a[k]` como `true`. Forneça uma função-membro `deletaElemento` que exclua o inteiro *m* definindo `a[m]` como `false`.

Forneça uma função-membro `imprimeConjunto` que imprima um conjunto como uma lista de números separados por espaços. Imprima apenas os elementos que estejam presentes no conjunto (ou seja, sua posição no `vetor` tem um valor `true`). Imprima `---` para um conjunto vazio.

Forneça uma função-membro `eIgualA` que determine se dois conjuntos são iguais.

Forneça um construtor adicional que receba um array de inteiros e o tamanho desse array e use o array para inicializar um objeto definido.

Agora, escreva um programa controlador que teste sua classe `InteiroIntervalo`. Instancie vários objetos `InteiroIntervalo`. Teste se todas as suas funções-membro funcionam corretamente.

18.9 ***Modificação da classe* Time**. Seria perfeitamente razoável para a classe `Time` das figuras 18.17 e 18.18 representar a hora internamente como o número de segundos desde a meia-noite em vez de os três valores inteiros `hour`, `minute` e `second`. Os clientes devem usar os mesmos métodos `public` e obter os mesmos resultados. Modifique a classe `Time` da Figura 18.17 para implementar a hora como o número de segundos desde a meia-noite, e mostre que não existe mudança visível na funcionalidade para os clientes da classe. [*Nota:* esse exercício demonstra bem as virtudes da ocultação da implementação.]

18.10 ***Embaralhamento e distribuição de cartas.*** Crie um programa que embaralhe e distribua cartas. O programa deverá consistir na classe `Card`, na classe `DeckOfCards` e em um programa controlador.

A classe `Card` deverá fornecer:

a) Dados-membro `face` e `suit` do tipo `int`.

b) Um construtor que recebe dois `ints` representando o valor e o naipe, e os utilize para inicializar os dados-membro.

c) Dois arrays `static` de `strings` representando os valores e os naipes.

d) Uma função `toString` que retorne a `Card` como uma `string` na forma '*valor* de *naipe*'. Você pode usar o operador + para concatenar `strings`.

A classe `DeckOfCards` deverá conter:

a) Um `vector` de `Cards` chamado `deck` para armazenar as `Cards`.

b) Um inteiro `currentCard` representando a próxima carta a ser distribuída.

c) Um construtor default que inicialize as `Cards` no baralho. O construtor deverá usar a função `vector push_back` para acrescentar cada `Card` ao final do `vector` após a `Card` ter sido criada e inicializada. Isso deverá ser feito para cada uma das 52 `Cards` do baralho.

d) Uma função `shuffle` que embaralhe as `Cards` do baralho. O algoritmo de embaralhamento deverá percorrer o `vector` de `Cards`. Para cada `Card`, selecione aleatoriamente outra `Card` no baralho e troque as duas `Cards`.

e) Uma função `dealCard` que retorne o próximo objeto `Card` do baralho.

f) Uma função `moreCards` que retorne um valor `bool` indicando se existem mais `Cards` a serem distribuídas.

O programa controlador deverá criar um objeto `DeckOfCards`, embaralhar as 52 cartas e depois distribuí-las.

18.11 ***Embaralhamento e distribuição de cartas.*** Modifique o programa que você desenvolveu no Exercício 18.10 para que ele trate de uma mão de pôquer de cinco cartas. Depois, escreva funções para realizar cada uma das tarefas a seguir:

a) Determinar se a mão contém um par.

b) Determinar se a mão contém dois pares.

c) Determinar se a mão contém três cartas iguais (por exemplo, três valetes).

d) Determinar se a mão contém quatro cartas iguais (por exemplo, quatro ases).

e) Determinar se a mão contém um *flush* (ou seja, todas as cinco cartas do mesmo naipe).

f) Determinar se a mão contém um *straight* (ou seja, cinco cartas de valores consecutivos).

Projetos de embaralhamento e distribuição de cartas

18.12 ***Embaralhamento e distribuição de cartas.*** Use as funções do Exercício 18.11 para escrever um programa que lide com duas mãos de pôquer com cinco cartas, avalie cada uma e determine qual é a melhor.

18.13 ***Embaralhamento e distribuição de cartas.*** Modifique o programa que você desenvolveu no Exercício 18.12 de modo que possa simular o distribuidor das cartas. A mão de cinco cartas do distribuidor é distribuída 'virada para baixo', para que o jogador não possa vê-la. O programa deverá, então, avaliar a mão do distribuidor e, com base na qualidade da mão, retirar uma, duas ou três outras cartas para substituir o número correspondente de cartas desnecessárias na mão original. Então, o programa deverá reavaliar a mão do distribuidor.

18.14 ***Embaralhamento e distribuição de cartas.*** Modifique o programa que você desenvolveu no Exercício 18.13 para que ele trate da mão do carteador, mas de maneira que o jogador possa decidir quais cartas de sua mão deverão ser substituídas. O programa deverá, então, avaliar as duas mãos e determinar quem ganhará. Agora, use esse novo programa para jogar 20 partidas contra o computador. Quem ganha mais partidas, você ou o computador? Peça a um de seus amigos que jogue 20 partidas contra o computador. Quem ganha mais partidas? Com base nos resultados dessas partidas, faça as modificações apropriadas para refinar o programa de pôquer. Jogue mais 20 partidas. Seu programa modificado funciona melhor?

Fazendo a diferença

18.15 ***Projeto de controle de tráfego aéreo.*** Todos os dias, de acordo com a National Air Traffic Controllers Association (<`www.natca.org/mediacenter/bythenumbers.msp`>), mais de 87 mil voos decolam nos Estados Unidos, incluindo voos comerciais, transporte de carga, e outros, e a tendência a longo prazo é que a atividade de tráfego aéreo cresça juntamente com a população. Com o crescimento do tráfego aéreo, aumentam também os desafios dos controladores que monitoram os voos e oferecem instruções aos pilotos para garantir a segurança no céu.

Nesse exercício, você criará uma classe `Voo` que poderá ser usada em um simulador de controle de tráfego aéreo simples. A função `main` da aplicação atuará como controle de tráfego aéreo. Visite sites como

<`www.howstuffworks.com/air-traffic-control.htm`>

para descobrir como funciona o sistema de controle de tráfego aéreo. Depois, identifique alguns dos principais atributos de um `Voo` em um sistema de controle de tráfego aéreo. Pense nas diferentes circunstâncias em que um avião poderia voar desde o momento em que está estacionado no portão de um aeroporto até o momento em que chega a seu destino — estacionado, taxiando, esperando para decolar, decolando, subindo etc. Use uma enumeração `StatusVoo` para representar esses estados. Os atributos poderiam incluir a marca e o modelo do avião, a velocidade do ar, altitude, direção, transportadora, horário da decolagem, horário aproximado do pouso, origem e destino. A origem e o destino devem ser especificados usando códigos de aeroporto de três letras, como `BOS` para Boston e `LAX` para Los Angeles (esses códigos estão disponíveis em <`world-airport-codes.com`>). Forneça funções *set* e *get* para manipular esses e quaisquer outros atributos que você identifique. Em seguida, identifique os comportamentos da classe e implemente-os como funções da classe. Inclua comportamentos como `mudaAltitude`, `reduzVelocidade` e `iniciaPouso`. O construtor `Voo` deverá inicializar os atributos de um `Voo`. Você também deverá fornecer uma função `toString` que retorne uma representação em `string` do status atual de um `Voo` (por exemplo, estacionado no portão, taxiando, decolando, mudando de altitude). Essa `string` deverá incluir todos os valores de variável de instância do objeto.

Quando a aplicação for executada, `main` mostrará a mensagem `"SimulacaoControleTrafegoAereo"`, e depois criará e interagirá com três objetos `Voo` que representem aviões que estão atualmente voando ou preparando-se para voar. Para simplificar, a confirmação do `Voo` de cada ação será uma mensagem exibida na tela quando a função apropriada for chamada ao objeto. Por exemplo, se você chamar a função `mudaAltitude` de um voo, o método deverá:

a) Mostrar uma mensagem que contenha o nome da companhia aérea, o número do voo, `"mudaAltitude"`, a altitude atual e a nova altitude.

b) Mudar o estado do dado-membro `status` para `MUDA_ALTITUDE`.

c) Mudar o valor do dado-membro `novaAltitude`.

Em `main`, crie e inicialize três objetos `Voo` que estejam em diferentes estados — por exemplo, um poderia estar no portão, um poderia estar se preparando para decolar e um poderia estar se preparando para aterrissar. A função `main` deverá enviar mensagens para (invocar funções em) os objetos `Voo`. À medida que um objeto `Voo` recebe cada mensagem, ele deve mostrar uma mensagem de confirmação da função sendo chamada — como "[Nome da companhia] [Número do voo] mudando a altitude de 20.000 para 25.000 pés". A função também deverá atualizar a informação de circunstância apropriada no objeto `Voo`. Por exemplo, se o Controle de Tráfego Aéreo enviar uma mensagem como "[Companhia] [número do voo] descendo para 12.000 pés", o programa deverá executar uma chamada de função como `voo1.mudaAltitude(12000)`, que mostraria uma mensagem de confirmação e definiria o dado-membro `novaAltitude` como `12000`. [*Nota:* suponha que o dado-membro `altitudeAtual` de `Voo` seja definido automaticamente pelo altímetro do avião.]

Sobrecarga de operadores

19

Capítulo

A diferença entre a construção e a criação é exatamente esta: uma coisa construída só pode ser amada depois de construída; mas uma coisa criada é amada antes mesmo de existir.
— Gilbert Keith Chesterton

Nosso médico nunca operaria realmente, a menos que fosse necessário. Ele era assim mesmo. Se não precisasse do dinheiro, nem estenderia a mão a você.
— Herb Shriner

Objetivos

Neste capítulo, você aprenderá:

- O que é sobrecarga de operador, e como ela simplifica a programação.
- A sobrecarregar operadores para classes definidas pelo usuário.
- A sobrecarregar operadores unários e binários.
- A converter objetos de uma classe para outra classe.
- A criar classes `PhoneNumber`, `Array` e `Date` que demonstrem a sobrecarga de operador.
- A usar operadores sobrecarregados e outros recursos da classe `string` da C++.
- A usar a palavra-chave `explicit` para impedir que o compilador use construtores de argumento único para realizar conversões implícitas.

Conteúdo

19.1 Introdução
19.2 Fundamentos da sobrecarga de operadores
19.3 Restrições na sobrecarga de operadores
19.4 Funções operador como membros de classe *versus* funções operador como funções globais
19.5 Sobrecarga dos operadores de inserção em stream e extração de stream
19.6 Sobrecarga de operadores unários
19.7 Sobrecarga de operadores binários
19.8 Gerenciamento dinâmico de memória
19.9 Estudo de caso: classe `Array`
19.10 Conversão de tipos
19.11 Criação de uma classe String
19.12 Sobrecarga de ++ e --
19.13 Estudo de caso: uma classe `Date`
19.14 Classe `string` da biblioteca-padrão
19.15 Construtores `explicit`
19.16 Classes proxy
19.17 Conclusão

Resumo | Terminologia | Exercícios de autorrevisão | Respostas dos exercícios de autorrevisão | Exercícios

19.1 Introdução

Os capítulos 17 e 18 apresentaram os fundamentos das classes em C++. Os serviços foram obtidos de objetos pelo envio de mensagens (na forma de chamadas de função-membro) aos objetos. Essa notação de chamada de função é um obstáculo para certos tipos de classes (como as classes matemáticas). Além disso, muitas manipulações comuns são realizadas com operadores (por exemplo, entrada e saída). Podemos usar o rico conjunto de operadores embutidos de C++ para especificar manipulações de objeto comuns. Este capítulo mostra como permitir que os operadores de C++ trabalhem com objetos — um processo chamado de **sobrecarga de operador**.

Um exemplo de um operador sobrecarregado embutido em C++ é <<, que é usado tanto como operador de entrada de stream (operador de inserção de stream) quanto como operador de deslocamento à esquerda bit a bit (que foi discutido no Capítulo 10). De modo semelhante, >> também é sobrecarregado; ele é usado tanto como operador de saída de stream (operador de extração de stream) quanto como operador de deslocamento à direita bit a bit. Esses dois operadores são sobrecarregados na biblioteca-padrão de C++.

Embora a sobrecarga de operador pareça ser uma capacidade exótica, a maioria dos programadores usa operadores sobrecarregados implicitamente. Por exemplo, a linguagem em C++ sobrecarrega o operador de adição (+) e o operador de subtração (–). Esses operadores funcionam de modo diferente, a depender de seu contexto na aritmética de inteiro, ponto flutuante e ponteiro.

C++ permite que você sobrecarregue a maioria dos operadores para que sejam sensíveis ao contexto em que são usados — o compilador gera o código apropriado com base no contexto (em particular, nos tipos dos operandos). Alguns operadores são sobrecarregados com frequência, especialmente operadores de atribuição, operadores relacionais e vários operadores aritméticos, como + e –. As tarefas realizadas pelos operadores sobrecarregados também podem ser realizadas por chamadas de função explícitas, mas a notação de operador normalmente é mais clara e mais familiar aos programadores.

Discutiremos quando usar e quando não usar a sobrecarga de operador. Criaremos as classes `PhoneNumber`, `Array` e `Date` para demonstrar como sobrecarregar operadores, incluindo os operadores de inserção de stream, de extração de stream, de atribuição, de igualdade, relacional, subscrito, de negação lógica e de incremento. Demonstraremos a classe `string` da biblioteca-padrão de C++, que oferece muitos operadores sobrecarregados. Nos exercícios, pedimos a você que implemente várias classes com operadores sobrecarregados. Os exercícios também usarão classes `Complex` (para números complexos) e `HugeInt` (para inteiros maiores que um computador pode representar com o tipo `long`) para demonstrar operadores aritméticos sobrecarregados + e –, e pedimos que aperfeiçoe essas classes sobrecarregando outros operadores aritméticos. Por fim, mostraremos como criar uma classe proxy para ocultar os detalhes da implementação de uma classe (incluindo seus dados `private`) de seus clientes.

19.2 Fundamentos da sobrecarga de operadores

A programação em C++ é um processo sensível ao tipo e focalizado no tipo. Você pode usar os tipos fundamentais e definir novos tipos. Os tipos fundamentais podem ser usados com a rica coleção de operadores de C++. Os operadores oferecem uma notação concisa para que você expresse manipulações de dados de tipos fundamentais.

Você também pode usar operadores com tipos definidos pelo usuário. Embora C++ não permita a criação de novos operadores, ela permite que a maioria dos operadores seja sobrecarregada de modo que, quando forem usados com objetos, eles tenham um significado apropriado para esses objetos.

Observação sobre engenharia de software 19.1

A sobrecarga de operador contribui para a extensibilidade de C++ — um dos atributos mais atraentes da linguagem.

Boa prática de programação 19.1

Use a sobrecarga de operador quando isso tornar o programa mais claro que ele seria se fosse realizado a partir das mesmas operações com chamadas de função.

Boa prática de programação 19.2

Operadores sobrecarregados devem imitar a funcionalidade de seus correspondentes embutidos — por exemplo, o operador + deve ser sobrecarregado para realizar adição, não subtração. Evite o uso excessivo ou inconsistente da sobrecarga de operadores, pois isso pode tornar um programa enigmático e difícil de ser lido.

Um operador é sobrecarregado escrevendo-se uma definição de função-membro não `static` ou uma definição de função global, como você faria normalmente, exceto que o nome da função agora se tornaria a palavra-chave `operator` seguida pelo símbolo do operador sendo sobrecarregado. Por exemplo, o nome de função `operator+` seria usado para sobrecarregar o operador de adição (+). Quando os operadores são sobrecarregados como funções-membro, eles devem ser não `static`, pois precisam ser chamados em um objeto da classe e operar nesse objeto.

Para usar um operador sobre objetos de classe, esse operador *precisa* ser sobrecarregado — com três exceções. O operador de atribuição (=) pode ser usado com todas as classes para realizar atribuição membro a membro dos dados-membro da classe — cada dado-membro é atribuído do objeto de 'origem' da atribuição para o objeto de 'destino'. A atribuição membro a membro é perigosa para classes com membros de ponteiro; sobrecarregaremos explicitamente o operador de atribuição para tais classes. Os operadores de endereço (&) e vírgula (`,`) também podem ser usados com objetos de qualquer classe sem sobrecarga. O operador de endereço retorna um ponteiro para o objeto. O operador de vírgula avalia a expressão à sua esquerda e depois a expressão à sua direita, retornando o valor dessa última expressão. Esses dois operadores também podem ser sobrecarregados.

A sobrecarga é especialmente apropriada para as classes matemáticas. Elas normalmente exigem que um conjunto substancial de operadores seja sobrecarregado para garantir a consistência no modo como essas classes matemáticas são tratadas no mundo real. Por exemplo, seria incomum sobrecarregar apenas a adição para uma classe numérica complexa, pois outros operadores aritméticos também são normalmente utilizados com números complexos.

A sobrecarga de operadores oferece as mesmas expressões concisas e familiares para os tipos definidos pelo usuário que C++ oferece com sua rica coleção de operadores para tipos fundamentais. A sobrecarga de operador não é automática — você precisa escrever funções de sobrecarga de operador para realizar as operações desejadas. Às vezes, é melhor que essas funções sejam funções-membro; às vezes, é melhor que sejam funções `friend`; ocasionalmente, elas podem ser criadas como funções globais, não `friend`. Apresentaremos exemplos de cada uma dessas possibilidades.

19.3 Restrições na sobrecarga de operadores

Quase todos os operadores de C++ podem ser sobrecarregados. Eles aparecem na Figura 19.1. A Figura 19.2 mostra os operadores que não podem ser sobrecarregados.

Precedência, associatividade e número de operandos

A precedência de um operador não pode ser alterada pela sobrecarga. Isso pode ocasionar situações estranhas, em que um operador é sobrecarregado de uma maneira para a qual sua precedência fixa é inadequada. Porém, os parênteses podem ser usados para forçar a ordem de avaliação dos operadores sobrecarregados em uma expressão.

A associatividade de um operador (ou seja, se o operador é aplicado da direita para a esquerda ou da esquerda para a direita) não pode ser alterada pela sobrecarga.

Não é possível mudar a 'aridade' de um operador (ou seja, o número de operandos que um operador utiliza): os operadores unários sobrecarregados continuam sendo operadores unários; os operadores binários sobrecarregados continuam sendo opera-

Operadores que podem ser sobrecarregados							
+	-	*	/	%	^	&	|
~	!	=	<	>	+=	-=	*=
/=	%=	^=	&=	|=	<<	>>	>>=
<<=	==	!=	<=	>=	&&	||	++
--	->*	,	->	[]	()	new	delete
new[]	delete[]						

Figura 19.1 ■ Operadores que podem ser sobrecarregados.

Operadores que não podem ser sobrecarregados			
.	.*	::	?:

Figura 19.2 ■ Operadores que não podem ser sobrecarregados.

dores binários. O único operador ternário de C++ (?:) não pode ser sobrecarregado. Os operadores &, *, + e - possuem versões unária e binária; ambas as versões podem ser sobrecarregadas.

Erro comum de programação 19.1

Tentar mudar a 'aridade' de um operador por meio da sobrecarga de operador é um erro de compilação.

Criando novos operadores

Não é possível criar novos operadores; somente operadores existentes podem ser sobrecarregados. Infelizmente, isso impede que você use notações populares, como o operador ** utilizado em algumas outras linguagens de programação para a exponenciação. [*Nota:* você poderia sobrecarregar um operador existente para realizar a exponenciação.]

Erro comum de programação 19.2

Tentar criar novos operadores por meio da sobrecarga de operador é um erro de sintaxe.

Operadores para tipos fundamentais

O significado de como um operador funciona sobre objetos de tipos fundamentais não pode ser mudado pela sobrecarga de operador. Você não pode, por exemplo, mudar o significado de como + soma dois inteiros. A sobrecarga de operador só funciona com objetos de tipos definidos pelo usuário, ou com uma mistura de um objeto de um tipo definido pelo usuário e um objeto de um tipo fundamental.

Observação sobre engenharia de software 19.2

Pelo menos um argumento de uma função operador deverá ser um objeto ou uma referência de um tipo definido pelo usuário. Isso o impede de mudar o modo como os operadores funcionam em tipos fundamentais.

Erro comum de programação 19.3

Tentar modificar o modo como um operador funciona com objetos de tipos fundamentais é um erro de compilação.

Operadores relacionados

A sobrecarga de um operador de atribuição e de um operador de acréscimo para permitir instruções como

```
objeto2 = objeto2 + objeto1;
```

não implica que o operador += também deva ser sobrecarregado para permitir instruções como

```
objeto2 += objeto1;
```

Esse comportamento pode ser obtido apenas pela sobrecarga explícita do operador += para essa classe.

Erro comum de programação 19.4

Supor que a sobrecarga de um operador como + sobrecarrega operadores relacionados como +=, ou que a sobrecarga de == sobrecarrega um operador relacionado, como !=, pode ocasionar erros. Os operadores só podem ser sobrecarregados explicitamente; não existe sobrecarga implícita.

19.4 Funções operador como membros de classe *versus* funções operador como funções globais

Funções operador podem ser funções-membro ou funções globais; funções globais normalmente se tornam `friends` por questões de desempenho. Funções-membro usam o ponteiro `this` implicitamente para obter um de seus argumentos de objeto de classe (o operando da esquerda para operadores binários). Os argumentos para os dois operandos de um operador binário devem ser listados explicitamente em uma chamada de função global.

Operadores que devem ser sobrecarregados como funções-membro

Ao sobrecarregar `()`, `[]`, `->` ou qualquer um dos operadores de atribuição, a função de sobrecarga do operador deve ser declarada como um membro de classe. Para os outros operadores, as funções de sobrecarga do operador podem ser membros de classe ou funções independentes.

Operadores como funções-membro e funções globais

Mesmo que uma função operador seja implementada como uma função-membro ou como uma função global, o operador ainda será usado da mesma forma nas expressões. Logo, o que é melhor?

Quando uma função operador é implementada como uma função-membro, o operando mais à esquerda (ou único) deve ser um objeto (ou uma referência a um objeto) da classe do operador. Se o operando da esquerda tiver de ser um objeto de uma classe diferente ou um tipo fundamental, essa função operador deve ser implementada como uma função global (assim como será feito na Seção 19.5, quando sobrecarregaremos << e >> como os operadores de inserção de stream e de extração de stream, respectivamente). Uma função operador global pode se tornar `friend` de uma classe se essa função precisar acessar membros `private` ou `protected` dessa classe diretamente.

Funções-membro operador de uma classe específica são chamadas (implicitamente pelo compilador) somente quando o operando da esquerda de um operador binário for especificamente um objeto dessa classe, ou quando o único operando de um operador unário for um objeto dessa classe.

Por que os operadores sobrecarregados de inserção de stream e de extração de stream são sobrecarregados como funções globais

O operador de inserção de stream sobrecarregado (<<) é usado em uma expressão em que o operando da esquerda tem tipo `ostream &`, como em `cout << classObject`. Para usar o operador dessa maneira, em que o operando da *direita* é um objeto de uma classe definida pelo usuário, ele deve ser sobrecarregado como uma função global. Para ser uma função-membro, o operador << teria de ser um membro da classe `ostream`. Isso não é possível para classes definidas pelo usuário, pois não temos permissão para modificar as classes da biblioteca-padrão de C++. De modo semelhante, o operador de extração de stream sobrecarregado (>>) é usado em uma expressão em que o operando da esquerda tem tipo `istream &`, como em `cin >> classObject`, e o operando da *direita* é um objeto de uma classe definida pelo usuário, de modo que ela também deve ser uma função global. Além disso, cada uma dessas funções operador sobrecarregado pode exigir o acesso aos dados-membro `private` do objeto de classe sendo enviado ou recebido, de modo que essas funções operador sobrecarregado podem se tornar funções `friend` da classe por motivos de desempenho.

Dica de desempenho 19.1

É possível sobrecarregar um operador como uma função global, e não `friend`*, mas essa função que exige acesso aos dados* `private` *ou* `protected` *de uma classe precisaria usar funções* set *ou* get *fornecidas na interface* `public` *dessa classe. O overhead da chamada dessas funções poderia causar um desempenho fraco, de modo que essas funções podem ser colocadas inline para melhorar o desempenho.*

Operadores comutativos

Outro motivo pelo qual se pode escolher uma função global para sobrecarregar um operador é permitir que ele seja comutativo. Por exemplo, suponha que tenhamos um objeto, `number`, do tipo `long int`, e um objeto `bigInteger1`, da classe `HugeInteger` (uma classe em que os inteiros podem ser arbitrariamente grandes em vez de serem limitados pelo tamanho de word do hardware básico; a classe `HugeInteger` é desenvolvida nos exercícios no final do capítulo). O operador de adição (+) produz um objeto `HugeInteger` temporário como a soma de um `HugeInteger` e um `long int` (como na expressão `bigInteger1 + number`), ou como a soma de um `long int` e um `HugeInteger` (como na expressão `number + bigInteger1`). Assim, exigimos que o operador de adição seja comutativo (exatamente como acontece com dois operandos de tipo fundamental). O problema é que o objeto de classe precisa aparecer à *esquerda* do operador de adição se o operador tiver que ser sobrecarregado como uma função-membro. Assim, sobrecarregamos o operador como uma função global para permitir que o `HugeInteger` apareça à *direita* da adição. A função `operator+`, que lida com o `HugeInteger` na esquerda, ainda pode ser uma função-membro. A função global simplesmente inverte seus argumentos e chama a função-membro.

19.5 Sobrecarga dos operadores de inserção em stream e extração de stream

Você pode receber e enviar dados de tipo fundamental usando o operador de extração de stream >> e o operador de inserção de stream <<. As bibliotecas de classe de C++ sobrecarregam esses operadores para processar cada tipo fundamental, incluindo ponteiros e strings `char *` no estilo C. Você também pode sobrecarregar esses operadores para realizar entrada e saída para seus próprios tipos. O programa das figuras 19.3 a 19.5 sobrecarrega esses operadores para receber e enviar objetos `PhoneNumber` no formato "`(00) 0000-0000`". O programa supõe que os números de telefone serão inseridos corretamente.

```
// Figura 19.3: PhoneNumber.h
// Definição da classe PhoneNumber
#ifndef PHONENUMBER_H
#define PHONENUMBER_H

#include <iostream>
#include <string>
using namespace std;

class PhoneNumber
{
   friend ostream &operator<<( ostream &, const PhoneNumber & );
   friend istream &operator>>( istream &, PhoneNumber & );
private:
   string areaCode; // código de área com 2 dígitos
   string exchange; // central com 4 dígitos
   string line; // linha com 4 dígitos
}; // fim da classe PhoneNumber

#endif
```

Figura 19.3 ■ Classe `PhoneNumber` com operadores sobrecarregados de inserção e de extração de stream como funções `friend`.

```
// Figura 19.4: PhoneNumber.cpp
// Operadores sobrecarregados de inserção e de extração de stream
// para a classe PhoneNumber.
#include <iomanip>
#include "PhoneNumber.h"
using namespace std;

// operador sobrecarregado de inserção de stream; não pode
// ser função-membro se quisermos chamá-la com
// cout << somePhoneNumber;
ostream &operator<<( ostream &output, const PhoneNumber &number )
{
   output << "(" << number.areaCode << ") "
      << number.exchange << "-" << number.line;
   return output; // permite cout << a << b << c;
} // fim da função operator<<

// operador sobrecarregado de extração de stream; não pode
// ser função-membro se quisermos chamá-la com
// cin >> somePhoneNumber;
istream &operator>>( istream &input, PhoneNumber &number )
{
   input.ignore(); // salta (
   input >> setw( 3 ) >> number.areaCode; // inclui código de área
   input.ignore( 2 ); // salta ) e espaço
   input >> setw( 3 ) >> number.exchange; // inclui central
   input.ignore(); // salta traço (-)
   input >> setw( 4 ) >> number.line; // inclui linha
   return input; // permite cin >> a >> b >> c;
} // fim da função operator>>
```

Figura 19.4 ■ Operadores sobrecarregados de inserção e de extração de stream da classe PhoneNumber.

```
// Figura 19.5: fig19_05.cpp
// Demonstrando inserção de stream sobrecarregado da classe PhoneNumber
// e operadores de extração de stream.
#include <iostream>
#include "PhoneNumber.h"
using namespace std;

int main()
{
   PhoneNumber phone; // cria objeto phone

   cout << "Digite número de telefone na forma (12) 3456-7890:" << endl;

   // cin >> phone chama operador >> implicitamente emitindo
   // o operador de chamada de função global >>( cin, phone )
   cin >> phone;

   cout << "O número de telefone digitado foi: ";

   // cout << phone chama operador << implicitamente emitindo
   // o operador de chamada de função global <<( cout, phone )
   cout << phone << endl;
} // fim do main
```

```
Digite número de telefone na forma (12) 3456-7890:
(80) 5555-1212
O número de telefone digitado foi: (80) 5555-1212
```

Figura 19.5 ■ Operadores sobrecarregados de inserção e de extração de stream.

A função operador de saída de stream `operator>>` (Figura 19.4, linhas 21-30) obtém a referência `istream input` e a referência `PhoneNumber number` como argumentos e retorna uma referência `istream`. A função operador `operator>>` insere números de telefone na forma

```
(80) 5555-1212
```

em objetos da classe `PhoneNumber`. Quando o compilador vê a expressão

```
cin >> phone
```

na linha 16 da Figura 19.5, ele gera a chamada de função global

```
operator>>( cin, phone );
```

Quando essa chamada é executada, o parâmetro de referência `input` (Figura 19.4, linha 21) torna-se um alias para `cin`, e o parâmetro de referência `number` torna-se um alias para `phone`. A função operador lê como `strings` as três partes do número de telefone para os membros `areaCode` (linha 24), `exchange` (linha 26) e `line` (linha 28) do objeto `PhoneNumber` referenciado pelo parâmetro `number`. O manipulador de stream `setw` limita o número de caracteres lidos em cada `string`. Quando usado com `cin` e `strings`, `setw` restringe o número de caracteres lidos para o número de caracteres especificados por seu argumento (ou seja, `setw( 3 )` permite que três caracteres sejam lidos). Os parênteses, os caracteres de espaço e o hífen são pulados chamando a função-membro `istream ignore` (Figura 19.4, linhas 23, 25 e 27), que descarta o número especificado de caracteres no stream de entrada (um caractere como padrão). A função `operator>>` retorna a referência `istream input` (ou seja, `cin`). Isso permite que operações de entrada em objetos `PhoneNumber` sejam colocadas em cascata com operações de entrada em outros objetos `PhoneNumber`, ou em objetos de outros tipos de dados. Por exemplo, um programa pode inserir dois objetos `PhoneNumber` em uma instrução, da seguinte forma:

```
cin >> phone1 >> phone2;
```

Primeiro, a expressão `cin >> phone1` é executada fazendo a chamada de função global

```
operator>>( cin, phone1 );
```

Essa chamada, então, retorna uma referência a `cin` como o valor de `cin >> phone1`, de modo que o restante da expressão é interpretada simplesmente como `cin >> phone2`. Isso é executado fazendo a chamada de função global

```
operator>>( cin, phone2 );
```

A função operador de inserção de stream (Figura 19.4, linhas 11-16) utiliza uma referência `ostream` (`output`) e uma referência `const PhoneNumber` (`number`) como argumentos e retorna uma referência `ostream`. A função `operator<<` mostra objetos do tipo `PhoneNumber`. Quando o compilador encontra a expressão

```
cout << phone
```

na linha 22 da Figura 19.5, o compilador gera a chamada de função global

```
operator<<( cout, phone );
```

A função `operator<<` mostra as partes do número de telefone como `strings`, pois elas são armazenadas como objetos `string`.

Dica de prevenção de erro 19.1

Retornar uma referência de uma função operador sobrecarregado << ou >> normalmente tem sucesso, pois `cout`, `cin` *e a maioria dos objetos stream são globais, ou pelo menos têm vida longa. Retornar uma referência a uma variável automática ou outro objeto temporário é perigoso — isso pode criar 'referências suspensas' a objetos inexistentes.*

As funções `operator>>` e `operator<<` são declaradas em `PhoneNumber` como funções globais, `friend` (Figura 19.3, linhas 12-13). Elas são funções globais porque o objeto da classe `PhoneNumber` é o operando da direita do operador. Lembre-se de que as funções sobrecarregado para operadores binários só podem ser funções-membro quando o operando da esquerda for um objeto da classe em que a função é um membro. Os operadores de entrada e saída sobrecarregados são declarados como `friends` se precisarem acessar diretamente membros de classe não `public` por motivos de desempenho, ou porque a classe pode não oferecer funções *get* apropriadas. Além disso, a referência `PhoneNumber` na lista de parâmetros da função `operator<<` (Figura 19.4, linha 11) é `const`, pois o `PhoneNumber` simplesmente será enviado, e a referência `PhoneNumber` na lista de parâmetros da função `operator>>` (linha 21) é não `const`, pois o objeto `PhoneNumber` precisa ser modificado para armazenar o número de telefone informado no objeto.

Observação sobre engenharia de software 19.3

Novas capacidades de entrada/saída para tipos definidos pelo usuário são acrescentadas a C++ sem modificar as classes da biblioteca-padrão de entrada/saída. Este é outro exemplo da extensibilidade de C++.

19.6 Sobrecarga de operadores unários

Um operador unário de uma classe pode ser sobrecarregado como uma função-membro não `static` sem argumentos, ou como uma função global com um argumento que deve ser um objeto (ou uma referência a um objeto) da classe. Funções-membro que implementam operadores sobrecarregados devem ser não `static`, de modo que possam acessar os dados não `static` em cada objeto da classe. Lembre-se de que as funções-membro `static` só podem acessar membros `static` da classe

Adiante neste capítulo, sobrecarregaremos o operador unário `!` para testar se um objeto da classe `String` que criamos (Seção 19.11) está vazio e retorna um resultado `boolean`. Considere a expressão `!s`, em que `s` seja um objeto da classe `String`. Quando um operador unário como `!` é sobrecarregado como uma função-membro sem argumentos e o compilador encontra a expressão `!s`, o compilador gera a chamada de função `s.operator!()`. O operando `s` é o objeto de classe para o qual a função-membro `operator!` da classe `String` está sendo chamada. A função é declarada na definição de classe da seguinte forma:

```
class String
{
public:
   bool operator!() const;
   ...
}; // fim da classe String
```

Um operador unário como `!` pode ser sobrecarregado como uma função global com um parâmetro de duas maneiras diferentes: ou com um parâmetro que é um objeto (isso exige uma cópia do objeto, de modo que os efeitos colaterais da função não sejam aplicados ao objeto original), ou com um parâmetro que é uma referência a um objeto (nenhuma cópia do objeto original é feita, de modo que todos os efeitos colaterais dessa função sejam aplicados ao objeto original). Se `s` é um objeto da classe `String` (ou uma referência a um objeto da classe `String`), então `!s` será tratado como se a chamada `operator!(s)` tivesse sido escrita, chamando a função global `operator!` que é declarada da seguinte forma:

```
bool operator!( const String & );
```

19.7 Sobrecarga de operadores binários

Um operador binário pode ser sobrecarregado como uma função-membro não `static` com um ou com dois parâmetros (um desses parâmetros precisa ser um objeto de classe, ou uma referência a um objeto de classe).

Mais à frente neste capítulo, sobrecarregaremos `<` para comparar dois objetos `String`. Ao sobrecarregar o operador binário `<` como uma função-membro não `static` de uma classe `String` com um argumento, se `y` e `z` são objetos da classe `String`, então `y < z` é tratado como se `y.operator<(z)` tivesse sido escrito, chamando a função-membro `operator<` declarada a seguir:

```
class String

public:
   bool operator<( const String & ) const;
   ...
}; //  fim da classe string
```

Como função global, o operador binário < precisa usar dois argumentos — um dos quais deve ser um objeto (ou uma referência a um objeto) da classe. Se `y` e `z` são objetos da classe `String` ou referências a objetos da classe `String`, então `y < z` é tratado como se a chamada `operator<(y, z)` tivesse sido escrita no programa, chamando a função global `operator<` declarada da seguinte forma:

```
bool operator<( const String &, const String & );
```

19.8 Gerenciamento dinâmico de memória

Uma estrutura de dados de array C++ padrão é fixada em tamanho depois de criada. O tamanho é especificado com uma constante no tempo de compilação. Às vezes, é útil determinar o tamanho de um array dinamicamente no tempo de execução e depois criar o array. A C++ permite que você controle a alocação e a desalocação de memória em um programa para objetos e para arrays de qualquer tipo embutido ou definido pelo usuário. Isso é conhecido como **gerenciamento dinâmico de memória,** e é realizado com os operadores `new` e `delete`.

Você pode usar o operador `new` para **alocar** (ou seja, reservar) dinamicamente a quantidade exata de memória exigida para manter um objeto ou array no tempo de execução. O objeto ou array é criado no **armazenamento livre** (também chamado de **heap**) — uma região da memória atribuída a cada programa para armazenar objetos alocados dinamicamente. Quando a memória é alocada no armazenamento livre, você pode acessá-la por meio do ponteiro que o operador `new` retorna. Quando você não precisa mais da memória, pode retorná-la ao armazenamento livre usando o operador `delete` para **desalocar** (ou seja, liberar) a memória, que pode então ser reutilizada em futuras operações `new`.

Obtenção de memória dinâmica com `new`

Devemos discutir os detalhes do uso dos operadores `new` e `delete` para alocar memória dinamicamente no armazenamento de objetos, tipos fundamentais e arrays. Considere a seguinte instrução:

```
Time *timePtr = new Time;
```

O operador `new` aloca armazenamento do tamanho apropriado para um objeto do tipo `Time`, chama o construtor default para inicializar o objeto e retorna um ponteiro para o tipo especificado à direita do operador `new` (ou seja, um `Time *`). Se `new` for incapaz de encontrar espaço suficiente na memória para o objeto, ele indica que houve um erro por 'lançamento de uma exceção'. O Capítulo 24 discute como lidar com falhas de `new`. Em particular, mostraremos como 'capturar' a exceção lançada por `new` e lidar com ela. Quando um programa não 'captura' uma exceção, ele termina imediatamente.

Liberação de memória dinâmica com `delete`

Para destruir um objeto alocado dinamicamente e liberar o espaço para o objeto, use o operador `delete` da seguinte forma:

```
delete timePtr;
```

Essa instrução, em primeiro lugar, chama o destrutor para o objeto ao qual `timePtr` aponta, depois desaloca a memória associada ao objeto, retornando a memória ao armazenamento livre.

> **Erro comum de programação 19.5**
>
> *Não liberar a memória alocada dinamicamente quando ela não é mais necessária pode fazer com que o sistema fique sem memória prematuramente. Isso às vezes é chamado de '**vazamento de memória**'.*

Inicialização de memória dinâmica

Você pode fornecer um **inicializador** para uma variável de tipo fundamental recém-criada, como em

```
double *ptr = new double( 3.14159 );
```

que inicializa um `double` recém-criado como `3.14159` e atribui o ponteiro resultante a `ptr`. A mesma sintaxe pode ser usada para especificar uma lista de argumentos separados por vírgula ao construtor de um objeto. Por exemplo,

```
Time *timePtr = new Time( 12, 45, 0 );
```

inicializa um novo objeto `Time` como 12:45 PM e atribui o ponteiro resultante a `timePtr`.

Alocação de arrays de forma dinâmica com `new []`

Você também pode usar o operador `new` para alocar arrays dinamicamente. Por exemplo, um array de inteiros com 10 elementos pode ser alocado e atribuído a `gradesArray` da seguinte forma:

```
int *gradesArray = new int[ 10 ];
```

que declara o ponteiro `int gradesArray` e atribui a ele um ponteiro para o primeiro elemento de um array de `int`s com 10 elementos alocados dinamicamente. O tamanho de um array criado no tempo de compilação precisa ser especificado por uma expressão inteira constante; porém, o tamanho de um array alocado dinamicamente pode ser especificado por *qualquer* expressão integral não negativa que possa ser avaliada no tempo de execução. Além disso, ao alocar um array de objetos dinamicamente, você *não pode* passar argumentos ao construtor de cada objeto — cada objeto é inicializado por seu construtor default. Para tipos fundamentais, os elementos são inicializados em 0, ou com o equivalente de 0 (por exemplo, `char`s são inicializados com o caractere nulo, `'\0'`). Embora um nome de array seja um ponteiro para o primeiro elemento do array, o seguinte não é permitido para a memória alocada dinamicamente:

```
int gradesArray[] = new int[ 10 ];
```

Liberação de arrays alocados de forma dinâmica com `delete []`

Para desalocar a memória para a qual `gradesArray` aponta, use a instrução

```
delete [] gradesArray;
```

Se o ponteiro aponta para um array de objetos, a instrução, em primeiro lugar, chama o destrutor para cada objeto no array, e depois desaloca a memória. Se a instrução anterior não incluísse os colchetes (`[]`) e `gradesArray` apontasse para um array de objetos, o resultado seria indefinido. Alguns compiladores chamam o destrutor apenas para o primeiro objeto no array. O uso de `delete` em um ponteiro nulo (ou seja, um ponteiro com o valor 0) não tem efeito.

Erro comum de programação 19.6

Usar `delete` *no lugar de* `delete []` *para arrays de objetos pode ocasionar erros lógicos em tempo de execução. Para garantir que cada objeto no array receba uma chamada do destrutor, sempre exclua a memória alocada como um array com operador* `delete []`*. De modo semelhante, sempre exclua a memória alocada como um elemento individual com o operador* `delete` *— o resultado de excluir um único objeto com o operador* `delete []` *é indefinido.*

19.9 Estudo de caso: classe Array

Abordamos os arrays no Capítulo 6. Um array não é muito mais que um ponteiro para um espaço na memória. Os arrays baseados em ponteiro têm muitos problemas, incluindo:

- Um programa pode facilmente 'sair' de qualquer extremidade do array, pois C++ não verifica se os subscritos estão fora do intervalo de um array (embora você ainda possa fazer isso explicitamente).
- Arrays de tamanho n devem numerar seus elementos como 0, ..., $n - 1$; intervalos de subscrito alternados não são permitidos.
- Um array inteiro não pode ser recebido ou enviado de uma só vez; cada elemento do array deve ser lido ou escrito individualmente (a menos que o array seja uma string C terminada em nulo).
- Dois arrays não podem ser comparados de modo significativo com operadores de igualdade ou relacionais (pois os nomes de array são simplesmente ponteiros para onde os arrays começam na memória, e dois arrays sempre estarão em diferentes locais da memória).
- Quando um array é passado para uma função de uso geral projetada para lidar com arrays de qualquer tamanho, o tamanho do array precisa ser passado como um argumento adicional.
- Um array não pode ser atribuído a outro com o(s) operador(es) de atribuição (pois os nomes de array são ponteiros `const`, e um ponteiro *constante* não pode ser usado no lado esquerdo de um operador de atribuição).

C++ oferece meios para a implementação de capacidades de array mais robustas por meio de classes e sobrecarga de operador. Você pode desenvolver uma classe de array preferível em arrays 'brutos'. Nesse exemplo, criamos uma classe `Array` poderosa, que realiza verificação de intervalo para garantir que os subscritos permaneçam dentro dos limites do `Array`. A classe permite que um objeto de array seja atribuído a outro com o operador de atribuição. Os objetos `Array` conhecem seu tamanho, de modo que o tamanho não precisa ser passado separadamente às funções que recebem parâmetros `Array`. `Arrays` inteiros podem ser recebidos ou enviados com os operadores de extração e inserção de stream, respectivamente. Você pode comparar `Arrays` com os operadores de igualdade `==` e `!=`. O template de classe `vector` da biblioteca-padrão de C++ também oferece muitas dessas capacidades.

Esse exemplo dará ênfase à sua apreciação da abstração de dados. O desenvolvimento de classes é uma atividade interessante, criativa e intelectualmente desafiadora — sempre com o objetivo de 'produzir classes valiosas'. O programa das figuras 19.6 a 19.8 demonstra a classe `Array` e seus operadores sobrecarregados. Primeiro, percorremos `main` (Figura 19.8), depois consideramos a definição da classe (Figura 19.6) e cada uma de suas definições de função-membro (Figura 19.7).

```
// Figura 19.6: Array.h
// Definição da classe Array com operadores sobrecarregados.
#ifndef ARRAY_H
#define ARRAY_H

#include <iostream>
using namespace std;

class Array
{
   friend ostream &operator<<( ostream &, const Array & );
   friend istream &operator>>( istream &, Array & );
public:
   Array( int = 10 ); // construtor default
   Array( const Array & ); // construtor de cópia
   ~Array(); // destrutor
   int getSize() const; // tamanho do retorno

   const Array &operator=( const Array & ); // operador de atribuição
   bool operator==( const Array & ) const; // operador de igualdade

   // operador de desigualdade; retorna oposto do operador ==
   bool operator!=( const Array &right ) const
   {
      return ! ( *this == right ); // chama Array::operador==
   } // fim da função operador!=

   // operador de subscrito para objetos não const retorna lvalue modificável
   int &operator[]( int );

   // operador de subscrito para objetos const retorna rvalue
   int operator[]( int ) const;
private:
   int size; // tamanho do array baseado no ponteiro
   int *ptr; // ponteiro para primeiro elemento do array baseado em ponteiro
}; // fim da classe Array

#endif
```

Figura 19.6 ■ Definição de classe `Array` com operadores sobrecarregados.

```
// Fig 19.7: Array.cpp
// Definições de função-membro e função friend da classe Array.
#include <iostream>
#include <iomanip>
#include <cstdlib> // sai do protótipo da função
```

Figura 19.7 ■ Definições de função-membro e função `friend` da classe `Array`. (Parte 1 de 4.)

```
#include "Array.h" // Definição da classe Array
using namespace std;

// construtor default para classe Array (tamanho default 10)
Array::Array( int arraySize )
{
   size = ( arraySize > 0 ? arraySize : 10 ); // valida arraySize
   ptr = new int[ size ]; // cria espaço para array baseado em ponteiro

   for ( int i = 0; i < size; i++ )
      ptr[ i ] = 0; // define elemento de array baseado em ponteiro
} // fim do construtor default de Array

// construtor de cópia para classe Array;
// deve receber uma referência para evitar recursão infinita
Array::Array( const Array &arrayToCopy )
   : size( arrayToCopy.size )
{
   ptr = new int[ size ]; // cria espaço para array baseado em ponteiro

   for ( int i = 0; i < size; i++ )
      ptr[ i ] = arrayToCopy.ptr[ i ]; // copia para objeto
} // fim do construtor de cópia de Array

// destrutor para classe Array
Array::~Array()
{
   delete [] ptr; // libera espaço do array baseado em ponteiro
} // fim do destrutor

// retorna número de elementos de Array
int Array::getSize() const
{
   return size; // número de elementos em Array
} // fim da função getSize

// operador de atribuição sobrecarregado;
// retorno const evita: ( a1 = a2 ) = a3
const Array &Array::operator=( const Array &right )
{
   if ( &right != this ) // evita autoatribuição
   {
      // para Arrays de diferentes tamanhos, desaloca array original
      // do lado esquerdo, depois aloca novo array do lado esquerdo
      if ( size != right.size )
      {
         delete [] ptr; // libera espaço
         size = right.size; // redimensiona esse objeto
         ptr = new int[ size ]; // cria espaço para cópia de array
      } // fim do if interno

      for ( int i = 0; i < size; i++ )
         ptr[ i ] = right.ptr[ i ]; // copia array para objeto
   } // fim do if externo

   return *this; // permite x = y = z, por exemplo
} // fim da função operator=
```

Figura 19.7 ■ Definições de função-membro e função `friend` da classe `Array`. (Parte 2 de 4.)

```

// determina se dois Arrays são iguais e
// retorna true, caso contrário, retorna false
bool Array::operator==( const Array &right ) const
{
   if ( size != right.size )
      return false; // arrays com número diferente de elementos

   for ( int i = 0; i < size; i++ )
      if ( ptr[ i ] != right.ptr[ i ] )
         return false; // conteúdo do array não é igual

   return true; // Arrays são iguais
} // fim da função operator==

// operador de subscrito sobrecarregado para arrays não const;
// retorno de referência cria um lvalue modificável
int &Array::operator[]( int subscript )
{
   // verifica erro de subscrito fora do intervalo
   if ( subscript < 0 || subscript >= size )
   {
      cerr << "\nErro: Subscrito " << subscript
         << " fora do intervalo" << endl;
      exit( 1 ); // termina programa; subscrito fora do intervalo
   } // fim do if

   return ptr[ subscript ]; // retorno de referência
} // fim da função operator[]

// operador de subscrito sobrecarregado para arrays const
// retorno de referência const cria um rvalue
int Array::operator[]( int subscript ) const
{
   // verifica erro de subscrito fora de intervalo
   if ( subscript < 0 || subscript >= size )
   {
      cerr << "\nError: Subscript " << subscript
         << " fora do intervalo " << endl;
      exit( 1 ); // termina programa; subscrito fora do intervalo
   } // fim do if

   return ptr[ subscript ]; // retorna cópia desse elemento
} // fim da função operator[]

// operador de entrada sobrecarregado para classe Array;
// entra valores para Array inteiro
istream &operator>>( istream &input, Array &a )
{
   for ( int i = 0; i < a.size; i++ )
      input >> a.ptr[ i ];

   return input; // permite cin >> x >> y;
} // fim da função

// operador de saída sobrecarregado para a classe Array
ostream &operator<<( ostream &output, const Array &a )
```

Figura 19.7 ■ Definições de função-membro e função `friend` da classe `Array`. (Parte 3 de 4.)

```
{
   int i;

   // envia array privado baseado em ptr
   for ( i = 0; i < a.size; i++ )
   {
      output << setw( 12 ) << a.ptr[ i ];

      if ( ( i + 1 ) % 4 == 0 ) // 4 números por linha de saída
         output << endl;
   } // fim do for

   if ( i % 4 != 0 ) // fim da última linha de saída
      output << endl;

   return output; // permite cout << x << y;
} // fim da função operator<<
```

Figura 19.7 ■ Definições de função-membro e função `friend` da classe `Array`. (Parte 4 de 4.)

```
// Figura 19.8: fig19_08.cpp
// Programa de teste da classe Array.
#include <iostream>
#include "Array.h"
using namespace std;

int main()
{
   Array integers1( 7 ); // Array de sete elementos
   Array integers2; // array de 10 elementos por default

   // imprime tamanho e conteúdo de integers1
   cout << "Tamanho do Array integers1 é "
      << integers1.getSize()
      << "\nArray após inicialização:\n" << integers1;

   // imprime tamanho e conteúdo de integers2
   cout << "\nTamanho do Array integers2 é "
      << integers2.getSize()
      << "\nArray após inicialização:\n" << integers2;

   // insere e imprime integers1 e integers2
   cout << "\Digite 17 inteiros:" << endl;
   cin >> integers1 >> integers2;

   cout << "\nApós a entrada, os Arrays contêm:\n"
      << "integers1:\n" << integers1
      << "integers2:\n" << integers2;

   // usa operador sobrecarregado de desigualdade (!=)
   cout << "\nAvaliando: integers1 != integers2" << endl;

   if ( integers1 != integers2 )
      cout << "integers1 e integers2 não são iguais" << endl;

```

Figura 19.8 ■ Programa de teste da classe `Array`. (Parte 1 de 3.)

```
   // cria Array integers3 usando integers1 como um
   // inicializador; imprime tamanho e conteúdo
   Array integers3( integers1 ); // chama construtor de cópia

   cout << "\nTamanho do Array integers3 é "
      << integers3.getSize()
      << "\nArray após inicialização:\n" << integers3;

   // usa operador sobrecarregado de atribuição (=)
   cout << "\nAtribuindo integers2 a integers1:" << endl;
   integers1 = integers2; // note que Array de destino é menor

   cout << "integers1:\n" << integers1
      << "integers2:\n" << integers2;

   // usa operador sobrecarregado de igualdade (==)
   cout << "\nAvaliando: integers1 == integers2" << endl;

   if ( integers1 == integers2 )
      cout << "integers1 e integers2 são iguais" << endl;

   // usa operador sobrecarregado de subscrito para criar rvalue
   cout << "\nintegers1[5] is " << integers1[ 5 ];

   // usa operador sobrecarregado de subscrito para criar lvalue
   cout << "\n\nAtribuindo 1000 a integers1[5]" << endl;
   integers1[ 5 ] = 1000;
   cout << "integers1:\n" << integers1;

   // tenta usar subscrito fora do intervalo
   cout << "\nTenta atribuir 1000 a integers1[15]" << endl;
   integers1[ 15 ] = 1000; // ERRO: fora do intervalo
} // fim do main
```

```
Tamanho do Array integers1 é 7
Array após inicialização:
           0          0          0          0
           0          0          0

Tamanho do Array integers2 é 10
Array após inicialização:
           0          0          0          0
           0          0          0          0
           0          0

Digite 17 inteiros:
1 2 3 4 5 6 7 8 9 10 11 12 13 14 15 16 17

Após a entrada, os Arrays contêm:
integers1:
           1          2          3          4
           5          6          7
integers2:
           8          9         10         11
          12         13         14         15
          16         17

Avaliando: integers1 != integers2
integers1 e integers2 não são iguais
```

Figura 19.8 ■ Programa de teste da classe Array. (Parte 2 de 3.)

```
Tamanho do Array integers3 é 7
Array após inicialização:
              1             2             3             4
              5             6             7

Atribuindo integers2 a integers1:
integers1:
              8             9             10            11
              12            13            14            15
              16            17
integers2:
              8             9             10            11
              12            13            14            15
              16            17

Avaliando: integers1 == integers2
integers1 e integers2 são iguais

integers1[5] é 13

Atribuindo 1000 a integers1[5]
integers1:
              8             9             10            11
              12            1000          14            15
              16            17

Tenta atribuir 1000 a integers1[15]

  Erro: Subscrito 15 fora do intervalo
```

Figura 19.8 ■ Programa de teste da classe `Array`. (Parte 3 de 3.)

Criação de `Array`s, envio de seu tamanho e exibição de seu conteúdo

O programa começa instanciando dois objetos da classe `Array` — `integers1` (Figura 19.8, linha 9) com sete elementos, e `integers2` (Figura 19.8, linha 10) com o tamanho de `Array` default — 10 elementos (especificados pelo protótipo do construtor default de `Array` na Figura 19.6, linha 14). As linhas 13-15 usam a função-membro `getSize` para determinar o tamanho de `integers1` e enviar `integers1`, usando o operador de inserção de stream sobrecarregado `Array`. A amostra de saída confirma que os elementos `Array` foram definidos corretamente como zeros pelo construtor. Em seguida, as linhas 18-20 enviam o tamanho do `Array integers2` e enviam `integers2`, usando o operador de inserção de stream sobrecarregado `Array`.

Uso do operador de inserção de stream sobrecarregado para preencher um `Array`

A linha 23 pede ao usuário que insira 17 inteiros. A linha 24 usa o operador de saída de stream sobrecarregado `Array` para ler esses valores nos dois arrays. Os sete primeiros valores são armazenados em `integers1`, e os 10 valores restantes são armazenados em `integers2`. As linhas 26-28 enviam os dois arrays com o operador de inserção de stream sobrecarregado `Array` para confirmar que a entrada foi realizada corretamente.

Uso do operador de desigualdade sobrecarregado

A linha 33 testa o operador de desigualdade sobrecarregado avaliando a condição

```
integers1 != integers2
```

A saída do programa mostra que os `Array`s não são iguais.

Inicialização de um novo `Array` com uma cópia do conteúdo do `Array` existente

A linha 38 instancia um terceiro `Array` chamado `integers3` e o inicializa com uma cópia do `Array integers1`. Isso chama o **construtor de cópia** do `Array` para copiar os elementos de `integers1` para `integers3`. Discutiremos os detalhes do construtor de cópia em breve. O construtor de cópia também pode ser chamado ao escrevermos a linha 38 da seguinte forma:

```
Array integers3 = integers1;
```

O sinal de igual na instrução anterior *não* é o operador de atribuição. Quando um sinal de igual aparece na declaração de um objeto, ele chama um construtor para esse objeto. Essa forma pode ser usada para passar apenas um único argumento a um construtor.

As linhas 40-42 enviam o tamanho de `integers3` e enviam `integers3`, usando o operador de inserção de stream sobrecarregado do `Array` para confirmar que os elementos de `Array` foram definidos corretamente pelo construtor de cópia.

Uso do operador de atribuição sobrecarregado

Em seguida, a linha 46 testa o operador de atribuição sobrecarregado (=) atribuindo `integers2` a `integers1`. As linhas 48-49 imprimem os dois objetos `Array` para confirmar que a atribuição foi bem-sucedida. Observe que, originalmente, `integers1` mantinha 7 inteiros, e foi redimensionado para manter uma cópia dos 10 elementos em `integers2`. Conforme veremos, o operador de atribuição sobrecarregado realiza sua operação de redimensionamento de uma maneira transparente ao código do cliente.

Uso do operador de igualdade sobrecarregado

Em seguida, a linha 54 usa o operador de igualdade sobrecarregado (==) para confirmar que os objetos `integers1` e `integers2` realmente tornam-se idênticos após a atribuição.

Uso do operador de subscrito sobrecarregado

A linha 58 usa o operador de subscrito sobrecarregado para se referir a `integers1[5]` — um elemento de `integers1` dentro do intervalo. Esse nome subscritado é usado como um *rvalue* para imprimir o valor armazenado em `integers1[5]`. A linha 62 usa `integers1[5]` como um *lvalue* modificável ao lado esquerdo de uma instrução de atribuição para atribuir um novo valor, `1000`, ao elemento `5` de `integers1`. Veremos que `operator[]` retorna uma referência para ser usada como *lvalue* modificável após o operador confirmar que `5` é um subscrito válido para `integers1`.

A linha 67 tenta atribuir o valor `1000` a `integers1[15]` — um elemento fora do intervalo. Nesse exemplo, `operator[]` determina que o subscrito está fora do intervalo, imprime uma mensagem e termina o programa. Destacamos a linha 67 do programa em azul-escuro para enfatizar que é um erro acessar um elemento que esteja fora do intervalo. Este é um erro lógico no tempo de execução.

O interessante é que o operador de subscrito de array `[]` não é restrito para uso apenas com arrays; ele também pode ser usado, por exemplo, para selecionar elementos de outros tipos de classes de contêiner, como listas interligadas, strings e dicionários. Além disso, quando funções `operator[]` são definidas, os subscritos não precisam mais para ser inteiros — caracteres, strings, floats, e até mesmo objetos de classes definidas pelo usuário podem ser usados.

Definição da classe `Array`

Agora que vimos como esse programa opera, examinaremos o cabeçalho da classe (Figura 19.6). Ao nos referir a cada função-membro no cabeçalho, discutimos a implementação dessa função na Figura 19.7. Na Figura 19.6, as linhas 34-35 representam os dados-membro `private` da classe `Array`. Cada objeto `Array` consiste em um membro `size` que indica o número de elementos no `Array` e um ponteiro `int` — `ptr` —, que aponta para o array de inteiros baseado em ponteiro e alocado dinamicamente, controlado pelo objeto `Array`.

Sobrecarga dos operadores de inserção e de extração de stream como `friends`

As linhas 11-12 da Figura 19.6 declaram o operador de inserção de stream sobrecarregado e o operador de extração de stream sobrecarregado para que sejam `friends` da classe `Array`. Quando o compilador vê uma expressão como `cout << arrayObject`, ele chama a função global `operator<<` com a chamada

```
operator<<( cout, arrayObject )
```

Quando o compilador vê uma expressão como `cin >> arrayObject`, ele chama a função global `operator>>` com a chamada

```
operator>>( cin, arrayObject )
```

Observamos novamente que essas funções de operador de inserção e de extração de stream não podem ser membros da classe `Array`, pois o objeto `Array` sempre é mencionado ao lado direito do operador de inserção de stream e do operador de extração de stream. Se essas funções operador tivessem de ser membros da classe `Array`, as instruções desajeitadas a seguir deveriam ser usadas para enviar e receber um `Array`:

```
arrayObject << cout;
arrayObject >> cin;
```

Tais instruções seriam confusas para a maioria dos programadores em C++, que estão acostumados com `cout` e `cin` aparecendo como operandos à esquerda de `<<` e `>>`, respectivamente.

A função `operator<<` (definida na Figura 19.7, linhas 119-136) imprime o número de elementos indicado por `size` a partir do array de inteiros ao qual `ptr` aponta. A função `operator>>` (definida na Figura 19.7, linhas 110-116) insere diretamente no array para o qual `ptr` aponta. Cada uma dessas funções operador retorna uma referência apropriada para habilitar instruções de saída ou entrada em cascata, respectivamente. Cada uma dessas funções tem acesso aos dados `private` do `Array`, pois essas funções são declaradas como `friends` da classe `Array`. Além disso, as funções `getSize` e `operator[]` da classe `Array` poderiam ser usadas por `operator<<` e `operator>>`, e, nesse caso, essas funções operador não precisariam ser `friends` da classe `Array`. Porém, as chamadas de função adicionais poderiam aumentar o overhead do tempo de execução.

Construtor default de `Array`

A linha 14 da Figura 19.6 declara o construtor default da classe e especifica um tamanho default de 10 elementos. Quando o compilador vê uma declaração como a linha 10 da Figura 19.8, ele chama o construtor default da classe `Array` (lembre-se de que, nesse exemplo, o construtor default, na realidade, recebe um único argumento `int` que tem um valor default de 10). O construtor default (definido na Figura 19.7, linhas 10-17) valida e atribui o argumento ao dado-membro `size`, usa `new` para obter a memória da representação interna baseada em ponteiro desse array e atribui o ponteiro retornado por `new` ao dado-membro `ptr`. Depois, o construtor usa uma instrução `for` para definir todos os elementos do array como zero. É possível ter uma classe `Array` que não inicializa seus elementos se, por exemplo, esses membros tiverem de ser lidos em um momento posterior; mas esta é considerada uma prática de programação fraca. Os `Arrays`, e os objetos em geral, devem ser devidamente inicializados e mantidos em um estado consistente.

Construtor de cópia `Array`

A linha 15 da Figura 19.6 declara um construtor de cópia (definido na Figura 19.7, linhas 21-28) que inicializa um `Array` fazendo uma cópia de um objeto `Array` existente. Essa cópia deve ser feita com cuidado, para evitar a armadilha de deixar os dois objetos `Array` apontando para a mesma memória alocada dinamicamente. Este é exatamente o problema que ocorreria com a cópia de membro default se o compilador tivesse permissão para definir um construtor de cópia default para essa classe. Construtores de cópia são chamados sempre que uma cópia de um objeto é necessária, como na passagem de um objeto por valor a uma função, no retorno de um objeto por valor de uma função ou na inicialização de um objeto com uma cópia de outro objeto da mesma classe. O construtor de cópia é chamado em uma declaração quando um objeto da classe `Array` é instanciado e inicializado com outro objeto da classe `Array`, como na declaração da linha 38 da Figura 19.8.

Observação sobre engenharia de software 19.4

O argumento de um construtor de cópia deverá ser uma referência `const` *para permitir que um objeto* `const` *seja copiado.*

Erro comum de programação 19.7

Um construtor de cópia precisa receber seu argumento por referência, não por valor. Caso contrário, a chamada ao construtor de cópia resultará em recursão infinita (um erro lógico fatal), pois receber um objeto por valor exige que o construtor de cópia faça uma cópia do objeto no argumento. Lembre-se de que, sempre que uma cópia de um objeto é exigida, o construtor de cópia da classe é chamado. Se o construtor de cópia recebesse seu argumento por valor, o construtor de cópia chamaria a si mesmo recursivamente para fazer uma cópia de seu argumento!

O construtor de cópia de `Array` usa um inicializador de membro (Figura 19.7, linha 22) para copiar o `size` do inicializador `Array` para o dado-membro `size`, usa `new` (linha 24) para obter a memória da representação interna baseada em ponteiro desse `Array` e atribui o ponteiro retornado por `new` ao dado-membro `ptr`.[1] Depois, o construtor de cópia usa uma instrução `for` para copiar todos os elementos do inicializador `Array` no novo objeto `Array`. Um objeto de uma classe pode examinar os dados `private` de qualquer outro objeto dessa classe (usando um handle que indique qual objeto acessar).

Erro comum de programação 19.8

Se o construtor de cópia simplesmente copiasse o ponteiro do objeto de origem no ponteiro do objeto de destino, então os dois objetos apontariam para a mesma memória alocada dinamicamente. O primeiro destrutor a ser executado excluiria a memória alocada dinamicamente, e o `ptr` *do outro objeto seria indefinido, uma situação que levaria à ocorrência de um* **ponteiro suspenso** *— isso provavelmente resultaria em um erro sério no tempo de execução (como o término antecipado do programa) quando o ponteiro fosse usado.*

---

1 O operador `new` poderia deixar de obter a memória necessária. Trataremos das falhas de `new` no Capítulo 24.

Destrutor `Array`

A linha 16 da Figura 19.6 declara o destrutor da classe (definida na Figura 19.7, linhas 31-34). O destrutor é chamado quando um objeto da classe `Array` sai do escopo. O destrutor usa `delete [ ]` para liberar a memória alocada dinamicamente por `new` no construtor.

Dica de prevenção de erro 19.2

Se depois de excluir a memória alocada dinamicamente o ponteiro continuar a existir na memória, defina o valor do ponteiro como 0 para indicar que o ponteiro não aponta mais para a memória no armazenamento livre. Definir o ponteiro como 0 faz com que o programa perca o acesso a esse espaço de armazenamento livre, que poderia ser realocado para uma finalidade diferente. Se você não definir o ponteiro como 0, seu código poderá inadvertidamente acessar a memória realocada, causando erros lógicos sutis e não reproduzíveis.

Função-membro `getSize`

A linha 17 da Figura 19.6 declara a função `getSize` (definida na Figura 19.7, linhas 37-40) que retorna o número de elementos no `Array`.

Operador de atribuição sobrecarregado

A linha 19 da Figura 19.6 declara a função do operador de atribuição sobrecarregada para a classe. Quando o compilador vê a expressão `integers1 = integers2` na linha 46 da Figura 19.8, chama a função-membro `operator=` com

```
integers1.operator=( integers2 )
```

A implementação da função-membro de `operator=` (Figura 19.7, linhas 44-62) testa a **autoatribuição** (linha 46) em que um objeto `Array` está sendo atribuído a si mesmo. Quando `this` é igual ao endereço do operando `right`, uma autoatribuição está sendo tentada, de modo que a atribuição é pulada (ou seja, o objeto já é ele mesmo; logo, veremos por que a autoatribuição é perigosa). Se essa não for uma autoatribuição, então a função determina se os tamanhos dos dois arrays são idênticos (linha 50); nesse caso, o array original de inteiros no objeto `Array` do lado esquerdo não é realocado. Caso contrário, `operator=` usa `delete` (linha 52) para liberar a memória alocada originalmente ao array de destino, copia o `size` do array de origem para o `size` do array de destino (linha 53), usa `new` para alocar a memória para o array de destino e coloca o ponteiro retornado por `new` no membro `ptr` do array. Depois, a estrutura `for` das linhas 57-58 copia os elementos do array do array de origem no array de destino. Autoatribuição ou não, a função-membro retorna o objeto atual (ou seja, `*this` na linha 61) como uma referência constante; isso permite atribuições de `Array` em cascata, como `x = y = z`, mas evita outras como `(x = y) = z`, pois `z` não pode ser atribuído à referência `const Array` que é retornada por `(x = y)`. Se houvesse autoatribuição e a função `operator=` não testasse esse caso, `operator=` copiaria desnecessariamente os elementos do `Array` em si mesmo.

Observação sobre engenharia de software 19.5

Um construtor de cópia, um destrutor e um operador de atribuição sobrecarregado normalmente são fornecidos como um grupo de uma classe qualquer que usa a memória alocada dinamicamente.

Erro comum de programação 19.9

Não fornecer um operador de atribuição sobrecarregado e um construtor de cópia para uma classe quando os objetos dessa classe contêm ponteiros para a memória alocada dinamicamente é um erro lógico.

Observação sobre engenharia de software 19.6

É possível impedir que um objeto de uma classe seja atribuído a outro. Isso é feito com a declaração do operador de atribuição como um membro `private` *da classe.*

Observação sobre engenharia de software 19.7

É possível impedir que objetos de classe sejam copiados; para fazer isso, basta tornar `private` *tanto o operador de atribuição sobrecarregado quanto o construtor de cópia dessa classe.*

Operadores sobrecarregados de igualdade e desigualdade

A linha 20 da Figura 19.6 declara o operador de igualdade sobrecarregado (`==`) da classe. Quando o compilador vê a expressão `integers1 == integers2` na linha 54 da Figura 19.8, o compilador chama a função-membro `operator==` com a chamada

```
integers1.operator==( integers2 )
```

A função-membro `operator==` (definida na Figura 19.7, linhas 66-76) imediatamente retorna `false` se os membros `size` dos arrays não forem iguais. Caso contrário, `operator==` compara cada par de elementos. Se forem todos iguais, a função retornará `true`. O primeiro par de elementos a diferir fará com que a função retorne `false` imediatamente.

As linhas 23-26 do arquivo de cabeçalho definem o operador de desigualdade sobrecarregado (`!=`) para a classe. A função-membro `operator!=` usa a função `operator==` sobrecarregada para determinar se um `Array` é igual a outro, depois retorna o oposto desse resultado. Escrever `operator!=` dessa maneira permite que você reutilize `operator==`, o que reduz a quantidade de código que deve ser escrita na classe. Além disso, a definição de função completa para `operator!=` está no arquivo de cabeçalho de `Array`. Isso permite que o compilador insira a definição de `operator!=` inline para eliminar o overhead da chamada de função extra.

Operadores de subscrito sobrecarregados

As linhas 29 e 32 da Figura 19.6 declaram dois operadores de subscrito sobrecarregados (definidos na Figura 19.7, nas linhas 80-91 e 95-106, respectivamente). Quando o compilador vê a expressão `integers1[5]` (Figura 19.8, linha 58), ele chama a função-membro `operator[]` sobrecarregada apropriada, gerando a chamada

```
integers1.operator[]( 5 )
```

O compilador cria uma chamada para a versão `const` de `operator[]` (Figura 19.7, linhas 95-106) quando o operador de subscrito é usado em um objeto `const Array`. Por exemplo, se o objeto `const z` for instanciado com a instrução

```
const Array z( 5 );
```

então a versão `const` de `operator[]` será necessária para executar uma instrução como

```
cout << z[ 3 ] << endl;
```

Lembre-se de que um programa só pode chamar as funções-membro `const` de um objeto `const`.

Cada definição de `operator[]` determina se o subscrito que ela recebe como argumento está no intervalo. Se não estiver, cada função imprimirá uma mensagem de erro e terminará o programa com uma chamada à função `exit` (cabeçalho `<cstdlib>`).[2] Se o subscrito estiver no intervalo, a versão não `const` de `operator[]` retornará o elemento de array apropriado como uma referência, de modo que possa ser usado como um *lvalue* modificável (por exemplo, no lado esquerdo de uma instrução de atribuição). Se o subscrito estiver no intervalo, a versão `const` de `operator[]` retornará uma cópia do elemento apropriado do array. O caractere retornado é um *rvalue*.

19.10 Conversão de tipos

A maioria dos programas processa informações de muitos tipos. Às vezes, todas as operações 'permanecem dentro de um tipo'. Por exemplo, somar um `int` a um `int` produz um `int`. Porém, frequentemente é necessário converter dados de um tipo em outro tipo. Isso pode acontecer com atribuições, cálculos, passagem de valores para funções e retorno de valores de funções. O compilador sabe como realizar certas conversões entre os tipos fundamentais. Você pode usar operadores de conversão para forçar conversões entre tipos fundamentais.

Mas e os tipos definidos pelo usuário? O compilador não tem como saber com antecedência como converter entre tipos definidos pelo usuário e entre tipos definidos pelo usuário e tipos fundamentais, de modo que você precisa especificar como isso deve ser feito. Essas conversões podem ser realizadas com **construtores de conversão** — **construtores de argumento único** que transformam objetos de outros tipos (incluindo tipos fundamentais) em objetos de uma classe em particular.

2 Quando um subscrito está fora do intervalo, é mais apropriado 'lançar uma exceção', indicando o subscrito fora do intervalo. Depois, o programa pode 'obter' essa exceção, processá-la e possivelmente continuar sua execução. Veja, no Capítulo 24, mais informações sobre exceções.

Um **operador de conversão** (também chamado operador de 'cast') pode ser usado para converter um objeto de uma classe em um objeto de outra classe, ou em um objeto de um tipo fundamental. Esse operador de conversão precisa ser uma função-membro não `static`. O protótipo de função

```
A::operator char *() const;
```

declara uma função operador de cast sobrecarregada para a conversão de um objeto de tipo definido pelo usuário `A` para um objeto `char *` temporário. A função operador é declarada como `const` porque não modifica o objeto original. Uma **função operador de cast** não especifica um tipo de retorno — o tipo de retorno é o tipo ao qual o objeto está sendo convertido. Se `s` é um objeto de classe, quando o compilador vê a expressão `static_cast< char * >( s )`, ele gera a chamada

```
s.operator char *()
```

O operando `s` é o objeto de classe `s` para o qual a função-membro `operator char *` está sendo chamada.

As funções operador de cast sobrecarregadas podem ser definidas para converter objetos de tipos definidos pelo usuário em tipos fundamentais, ou em objetos de outros tipos definidos pelo usuário. Os protótipos

```
A::operator int() const;
A::operator OtherClass() const;
```

declaram funções operador de cast sobrecarregadas que podem converter um objeto do tipo definido pelo usuário `A` para um inteiro ou para um objeto do tipo definido pelo usuário `OtherClass`, respectivamente.

Um dos recursos interessantes dos operadores de cast e dos construtores de conversão é que, quando necessário, o compilador pode chamar essas funções implicitamente para criar objetos temporários. Por exemplo, se um objeto `s` de uma classe `String` definida pelo usuário aparecer em um programa em um local onde um `char *` comum é esperado, como

```
cout << s;
```

o compilador poderá chamar a função operador de cast sobrecarregada `operator char *` para converter o objeto em um `char *`, e usar o `char *` resultante na expressão. Com esse operador de cast fornecido para uma classe `String`, o operador de inserção de stream não precisa ser sobrecarregado para enviar uma `String` usando `cout`.

19.11 Criação de uma classe String

No Capítulo 8, apresentamos o processamento de strings baseado em poteiro, no estilo C, com arrays de caracteres. Como parte de nossa cobertura da criação de classes valiosas, implementamos nossa própria classe `String`, que encapsula uma string C alocada dinamicamente e oferece muitas capacidades semelhantes às que apresentamos na classe `Array`. Para implementar essa classe, usamos várias das capacidades introduzidas no Capítulo 8. Como as classes `Array` e `String` são muito semelhantes, colocamos o código da classe `String` e a discussão on-line em <`www.deitel.com/books/cpphtp7`> sob **Downloads and Resources for Registered Users**.

Nesta seção, discutiremos alguns dos recursos que são definidos na classe `String`. A biblioteca-padrão de C++ inclui a classe `string` semelhante, porém mais robusta.

Construtor de conversão de `String`

Nossa classe `String` oferece um construtor de conversão que obtém um argumento `const char *` e inicializa um objeto `String` contendo essa mesma string de caracteres. Lembre-se de que qualquer construtor de argumento único pode ser considerado um construtor de conversão. Esses construtores são úteis quando executamos qualquer operação de `String` usando argumentos `char *`. O construtor de conversão pode converter uma string `char *` em um objeto `String`, que pode, então, ser atribuído ao objeto `String` de destino. A disponibilidade desse construtor de conversão significa que não é necessário fornecer um operador de atribuição sobrecarregado para atribuir strings de caracteres a objetos `String`. Quando o compilador encontra a instrução

```
myString = "olá";
```

em que `myString` é um objeto `String`, o compilador chama o construtor de conversão para criar um objeto `String` temporário que contém a string de caracteres `"olá"`; depois, o operador de atribuição sobrecarregado da classe `String` é chamado para atribuir o objeto `String` temporário ao objeto `String`.

Observação sobre engenharia de software 19.8

Quando um construtor de conversão é usado para realizar uma conversão implícita, C++ pode aplicar apenas uma chamada de construtor implícita (ou seja, uma única conversão definida pelo usuário) para tentar combinar as necessidades de outro operador sobrecarregado. O compilador não satisfará as necessidades de um operador sobrecarregado realizando uma série de conversões implícitas, definidas pelo usuário.

O construtor de conversão `String` poderia ser chamado em uma declaração como

```
String s1( "feliz" );
```

Ele também pode ser chamado quando você passa uma string C para uma função que espera um argumento `String`, ou quando você retorna uma string C de uma função com um tipo de retorno `String`.

Operador unário de negação sobrecarregado

O operador de negação sobrecarregado determina se um objeto `String` está vazio. Por exemplo, quando o compilador encontra a expressão `!string1`, ele gera a chamada de função

```
string1.operator!()
```

Essa função retorna `true` se o comprimento de `String` for igual a zero; caso contrário, ela retorna `false`.

Operador de chamada de função sobrecarregado

Sobrecarregar o **operador de chamada de função ( )** é algo poderoso, pois as funções podem apanhar um número qualquer de parâmetros. Na classe `String`, sobrecarregamos esse operador para selecionar uma substring a partir de uma `String`. Os dois parâmetros inteiros do operador especificam o local inicial e o tamanho da substring a ser selecionada. Se o local inicial estiver fora do intervalo ou o comprimento da substring for negativo, o operador simplesmente retornará uma `String` vazia. Se o comprimento da substring for 0, então ela será selecionada ao final do objeto `String`. Suponha que `string1` seja um objeto `String` que contenha a string `"AEIOU"`. Quando o compilador encontrar a expressão `string1(2, 2)`, ele gerará a chamada de função-membro

```
string1.operator()( 2, 2 )
```

que retornará uma `String` contendo `"IO"`.

19.12 Sobrecarga de ++ e --

As versões prefixada e pós-fixada dos operadores de incremento e decremento podem ser sobrecarregadas. Veremos como o compilador distingue entre a versão prefixada e a versão pós-fixada de um operador de incremento ou decremento.

Para sobrecarregar o operador de incremento e permitir o uso do incremento prefixado e pós-fixado, cada operador sobrecarregado precisa ter uma assinatura distinta, de modo que o compilador poderá determinar qual versão de ++ é pretendida. As versões prefixadas são sobrecarregadas exatamente como qualquer outro operador unário prefixado seria.

Sobrecarga do operador de incremento prefixado

Suponha, por exemplo, que queiramos somar 1 ao dia no objeto `Date d1`. Quando o compilador vê a expressão de pré-incremento `++d1`, ele gera a chamada de função-membro

```
d1.operator++()
```

O protótipo para essa função operador seria

```
Date &operator++();
```

Se o operador de incremento prefixado for implementado como uma função global, então, quando o compilador vir a expressão `++d1`, ele gerará a chamada de função

```
operator++( d1 )
```

O protótipo para essa função operador seria declarado na classe `Date` como

```
Date &operator++( Date & );
```

Sobrecarga do operador de incremento pós-fixado

Sobrecarregar o operador de incremento pós-fixado impõe um desafio, pois o compilador precisa ser capaz de distinguir entre as assinaturas das funções operador sobrecarregadas de incremento prefixado e pós-fixado. Em C++, adotou-se a seguinte *convenção*: quando o compilador vê a expressão de pós-incremento `d1++`, ele gera a chamada de função-membro

```
d1.operator++( 0 )
```

O protótipo para essa função é

```
Date operator++( int )
```

O argumento `0` é estritamente um 'valor fictício' que permite que o compilador distinga entre as funções operador de incremento prefixado e pós-fixado. A mesma sintaxe é usada para diferenciar as funções operador de decremento prefixado e pós-fixado.

Se o incremento pós-fixado for implementado como uma função global, então, quando o compilador vir a expressão `d1++`, ele gerará a chamada de função

```
operator++( d1, 0 )
```

O protótipo para essa função seria

```
Date operator++( Date &, int );
```

Mais uma vez, o argumento `0` é usado pelo compilador para distinguir entre os operadores de incremento prefixado e pós-fixado implementados como funções globais. Observe que o operador de incremento pós-fixado retorna objetos `Date` por valor, enquanto o operador de incremento prefixado retorna objetos `Date` por referência, pois o operador de incremento pós-fixado normalmente retorna um objeto temporário que contém o valor original do objeto antes que o incremento tenha ocorrido. A C++ trata tais objetos como *rvalues*, que não podem ser usados no lado esquerdo de uma atribuição. O operador de incremento prefixado retorna o objeto incrementado real com seu novo valor. Esse objeto pode ser usado como um *lvalue* em uma expressão contínua.

Dica de desempenho 19.2

O objeto extra que é criado pelo incremento (ou decremento) pós-fixado pode resultar em um problema de desempenho significativo — especialmente quando o operador for usado em um loop. Por esse motivo, você deve utilizar o operador de incremento (ou decremento) pós-fixado somente quando a lógica do programa requerer o pós-incremento (ou pós-decremento).

Tudo o que foi dito nesta seção sobre sobrecarga de operadores de incremento prefixado e pós-fixado se aplica à sobrecarga de operadores de pré-decremento e pós-decremento. A seguir, examinamos uma classe `Date` com operadores sobrecarregados de incremento prefixado e pós-fixado.

19.13 Estudo de caso: uma classe Date

O programa das figuras 19.9 a 19.11 demonstra uma classe `Date` que usa operadores sobrecarregados de incremento prefixado e pós-fixado para somar 1 ao dia em um objeto `Date`, enquanto produz incrementos apropriados no mês e ano, se necessário. O arquivo de cabeçalho de `Date` (Figura 19.9) especifica que a interface `public` de `Date` inclui um operador de inserção de stream sobrecarregado (linha 11), um construtor default (linha 13), uma função `setDate` (linha 14), um operador sobrecarregado de incremento prefixado (linha 15), um operador sobrecarregado de incremento pós-fixado (linha 16), um operador sobrecarregado de adição com atribuição `+=` (linha 17), uma função para testar anos bissextos (linha 18) e uma função para determinar se um dia é o último dia do mês (linha 19).

```
1  // Fig. 19.9: Date.h
2  // Definição da classe Date com operadores de incremento sobrecarregados.
3  #ifndef DATE_H
4  #define DATE_H
5
6  #include <iostream>
```

Figura 19.9 ■ Definição da classe `Date` com operadores sobrecarregados de incremento. (Parte 1 de 2.)

```
using namespace std;

class Date
{
   friend ostream &operator<<( ostream &, const Date & );
public:
   Date( int m = 1, int d = 1, int y = 1900 ); // construtor default
   void setDate( int, int, int ); // define mês, dia, ano
   Date &operator++(); // operador de incremento prefixado
   Date operator++( int ); // operador de incremento pós-fixado
   const Date &operator+=( int ); // soma dias, modifica objeto
   static bool leapYear( int ); // data está em um ano bissexto?
   bool endOfMonth( int ) const; // data está no fim do mês?
private:
   int month;
   int day;
   int year;

   static const int days[]; // array de dias do mês
   void helpIncrement(); // função utilitária para incrementar data
}; // fim da classe Date

#endif
```

Figura 19.9 ■ Definição da classe `Date` com operadores sobrecarregados de incremento. (Parte 2 de 2.)

```
// Fig. 19.10: Date.cpp
// Definições de função-membro e friend da classe Date.
#include <iostream>
#include <string>
#include "Date.h"
using namespace std;

// inicializa membro estático; uma cópia para toda a classe
const int Date::days[] =
   { 0, 31, 28, 31, 30, 31, 30, 31, 31, 30, 31, 30, 31 };

// construtor de Date
Date::Date( int m, int d, int y )
{
   setDate( m, d, y );
} // fim do construtor de Date

// define mês, dia e ano
void Date::setDate( int mm, int dd, int yy )
{
   month = ( mm >= 1 && mm <= 12 ) ? mm : 1;
   year = ( yy >= 1900 && yy <= 2100 ) ? yy : 1900;

   // testa ano bissexto
   if ( month == 2 && leapYear( year ) )
      day = ( dd >= 1 && dd <= 29 ) ? dd : 1;
   else
      day = ( dd >= 1 && dd <= days[ month ] ) ? dd : 1;
} // fim da função setDate

// operador sobrecarregado de incremento prefixado
```

Figura 19.10 ■ Definições de membro de classe `Date` e de função `friend`. (Parte 1 de 3.)

```
Date &Date::operator++()
{
   helpIncrement(); // incrementa data
   return *this; // retorno de referência para criar um lvalue
} // fim da função operator++

// operador sobrecarregado de incremento prefixado; observe que o
// parâmetro inteiro fictício não tem nome de parâmetro
Date Date::operator++( int )
{
   Date temp = *this; // mantém estado atual do objeto
   helpIncrement();

   // retorna objeto temporário não incrementado, salvo
   return temp; // retorna valor; nao é retorno de referência
} // fim da função operator++

// soma número especificado de dias à data
const Date &Date::operator+=( int additionalDays )
{
   for ( int i = 0; i < additionalDays; i++ )
      helpIncrement();

   return *this; // permite cascata
} // fim da função operator+=

// se o ano é bissexto, retorna true; caso contrário, retorna false
bool Date::leapYear( int testYear )
{
   if ( testYear % 400 == 0 ||
      ( testYear % 100 != 0 && testYear % 4 == 0 ) )
      return true; // um ano bissexto
   else
      return false; // não um ano bissexto
} // fim da função leapYear

// determina se o dia é o último do mês
bool Date::endOfMonth( int testDay ) const
{
   if ( month == 2 && leapYear( year ) )
      return testDay == 29; // último dia de fevereiro no ano bissexto
   else
      return testDay == days[ month ];
} // fim da função endOfMonth

// função para ajudar a incrementar a data
void Date::helpIncrement()
{
   // dia não é final do mês
   if ( !endOfMonth( day ) )
      day++; // incrementa dia
   else
      if ( month < 12 ) // dia é final do mês e mês < 12
      {
         month++; // incrementa mês
         day = 1; // primeiro dia do mês
      } // fim do if
      else // último dia do ano
```

Figura 19.10 ■ Definições de membro de classe `Date` e de função `friend`. (Parte 2 de 3.)

```
      {
         year++; // incrementa ano
         month = 1; // primeiro mês do novo ano
         day = 1; // primeiro dia do novo mês
      } // fim do else
} // fim da função helpIncrement

// operador de saída sobrecarregado
ostream &operator<<( ostream &output, const Date &d )
{
   static string monthName[ 13 ] = { "", "Janeiro", "Fevereiro",
      "Março", "Abril", "Maio", "Junho", "Julho", "Agosto",
      "Setembro", "Outubro", "Novembro", "Dezembro" };
   output << monthName[ d.month ] << ' ' << d.day << ", " << d.year;
   return output; // permite a cascata
} // fim da função operator<<
```

Figura 19.10 ■ Definições de membro de classe `Date` e de função `friend`. (Parte 3 de 3.)

```
// Fig. 19.11: fig19_11.cpp
// Programa de teste da classe Date.
#include <iostream>
#include "Date.h" // Definição da classe Date
using namespace std;

int main()
{
   Date d1; // default para 1º de janeiro de 1900
   Date d2( 12, 27, 1992 ); // 27 de dezembro de 1992
   Date d3( 0, 99, 8045 ); // data inválida

   cout << "d1 é " << d1 << "\nd2 é " << d2 << "\nd3 é " << d3;
   cout << "\n\nd2 += 7 é " << ( d2 += 7 );

   d3.setDate( 2, 28, 1992 );
   cout << "\n\n  d3 é " << d3;
   cout << "\n++d3 é " << ++d3 << " (ano bissexto permite dia 29)";

   Date d4( 7, 13, 2002 );

   cout << "\n\nTestando o operador de incremento prefixado:\n"
      << "  d4 é " << d4 << endl;
   cout << "++d4 é " << ++d4 << endl;
   cout << "  d4 é " << d4;

   cout << "\n\nTestando o operador de incremento pós-fixado:\n"
     << "  d4 é " << d4 << endl;
   cout << "d4++ é " << d4++ << endl;
   cout << "  d4 é " << d4 << endl;
} // fim do main
```

Figura 19.11 ■ Programa de teste da classe `Date`. (Parte 1 de 2.)

```
d1 é Janeiro 1, 1900
d2 é Dezembro 27, 1992
d3 é Janeiro 1, 1900

d2 += 7 é Janeiro 3, 1993

  d3 é Fevereiro 28, 1992
++d3 é Fevereiro 29, 1992 (ano bissexto permite dia 29)

Testando o operador de incremento prefixado:
  d4 é Julho 13, 2002
++d4 é Julho 14, 2002
  d4 é Julho 14, 2002

Testando o operador de incremento pós-fixado:
  d4 é Julho 14, 2002
d4++ é Julho 14, 2002
  d4 é Julho 15, 2002
```

Figura 19.11 ■ Programa de teste da classe `Date`. (Parte 2 de 2.)

A função `main` (Figura 19.11) cria três objetos `Date` (linhas 9-11) — `d1` é inicializado, como padrão, em 1º de janeiro de 1900; `d2` é inicializado em 27 de dezembro de 1992; e `d3` é inicializado em uma data inválida. O construtor `Date` (definido na Figura 19.10, linhas 13-16) chama `setDate` para validar o mês, dia e ano especificado. Um mês inválido é definido como 1, um ano inválido como 1900 e um dia inválido como 1.

A linha 13 de `main` envia cada um dos objetos `Date` construídos usando o operador de inserção de stream sobrecarregado (definido na Figura 19.10, linhas 98-105). A linha 14 de `main` usa o operador sobrecarregado `+=` para somar sete dias a `d2`. A linha 16 usa a função `setDate` para definir `d3` como 28 de fevereiro de 1992, que é um ano bissexto. Depois, a linha 18 pré-incrementa `d3` para mostrar que a data é incrementada corretamente para 29 de fevereiro. Em seguida, a linha 20 cria um objeto `Date`, `d4`, que é inicializado com a data 13 de julho de 2002. Depois, a linha 24 incrementa `d4` em 1 com o operador sobrecarregado de incremento prefixado. As linhas 22-25 enviam `d4` antes e depois da operação de pré-incremento para confirmar que ela funcionou corretamente. Por fim, a linha 29 incrementa `d4` com o operador sobrecarregado de incremento pós-fixado. As linhas 27-30 enviam `d4` antes e depois da operação de pós-incremento, para confirmar que ela funcionou corretamente.

Sobrecarregar o operador de incremento prefixado é simples. O operador de incremento prefixado (definido na Figura 19.10, linhas 32-36) chama a função utilitária `helpIncrement` (definida na Figura 19.10, linhas 78-95) para incrementar a data. Essa função lida com 'retornos' que ocorrem quando incrementamos o último dia do mês. Esses retornos exigem o incremento do mês. Se o mês já for 12, então o ano também precisará ser incrementado, e o mês deverá ser definido como 1. A função `helpIncrement` usa a função `endOfMonth` para incrementar o dia corretamente.

O operador sobrecarregado de incremento prefixado retorna uma referência ao objeto `Date` atual (ou seja, aquele que acabou de ser incrementado). Isso ocorre porque o objeto atual, `*this`, é retornado como um `Date &`. Isso permite que um objeto `Date` pré-incrementado seja usado como um *lvalue*, que é o modo como o operador de incremento prefixado embutido funciona para tipos fundamentais.

Sobrecarregar o operador de incremento pós-fixado (definido na Figura 19.10, linhas 40-47) é mais complicado. Para simular o efeito do pós-incremento, temos de retornar uma cópia não incrementada do objeto `Date`. Por exemplo, se a variável `int x` tem o valor `7`, a instrução

```
cout << x++ << endl;
```

envia o valor original da variável `x`. Assim, gostaríamos que nosso operador de incremento pós-fixado operasse da mesma forma em um objeto `Date`. Na entrada de `operator++`, salvamos o objeto atual (`*this`) em `temp` (linha 42). Em seguida, chamamos `helpIncrement` para incrementar o objeto `Date` atual. Depois, a linha 46 retorna a cópia não incrementada do objeto armazenado anteriormente em `temp`. Essa função não pode retornar uma referência ao objeto `Date` local `temp`, pois uma variável local é destruída quando a função em que ela é declarada termina. Assim, declarar o tipo de retorno dessa função como `Date &` retornaria uma referência a um objeto que não existe mais. Retornar uma referência (ou um ponteiro) para uma variável local é um erro comum pelo qual a maioria dos compiladores emitirá uma advertência.

19.14 Classe `string` da biblioteca-padrão

Criar classes úteis e reutilizáveis, como `Array` (Figuras 19.6-19.8) exige trabalho. Porém, quando essas classes são testadas e depuradas, elas podem ser reutilizadas por você, por seus colegas, sua empresa, muitas empresas, uma indústria inteira ou até mesmo muitas indústrias (se elas forem colocadas em bibliotecas públicas ou à venda). Os projetistas da linguagem C++ fizeram exatamente isso, criando a classe `string` e o template de classe `vector` em C++ padrão. Essas classes estão disponíveis a qualquer um que crie aplicações com C++.

A Figura 19.12 demonstra muitos dos operadores sobrecarregados da classe `string`, seu construtor de conversão para strings em C e várias outras funções-membro úteis, incluindo `empty`, `substr` e `at`. A função `empty` determina se uma `string` é vazia, a função `substr` retorna uma `string` que representa uma parte de uma `string` existente, e a função `at` retorna o caractere em um índice específico de uma `string` (depois de verificar se o índice está no intervalo).

```cpp
// Fig. 19.12: fig19_12.cpp
// Programa de teste da classe string da biblioteca-padrão.
#include <iostream>
#include <string>
using namespace std;

int main()
{
   string s1( "happy" );
   string s2( " birthday" );
   string s3;

   // testa operadores sobrecarregados de igualdade e relacionais
   cout << "s1 é \"" << s1 << "\"; s2 é \"" << s2
      << "\"; s3 é \"" << s3 << '\"'
      << "\n\nO resultado de comparar s2 e s1:"
      << "\ns2 == s1 resulta em " << ( s2 == s1 ? "true" : "false" )
      << "\ns2 != s1 resulta em " << ( s2 != s1 ? "true" : "false" )
      << "\ns2 >  s1 resulta em " << ( s2 > s1 ? "true" : "false" )
      << "\ns2 <  s1 resulta em " << ( s2 < s1 ? "true" : "false" )
      << "\ns2 >= s1 resulta em " << ( s2 >= s1 ? "true" : "false" )
      << "\ns2 <= s1 resulta em " << ( s2 <= s1 ? "true" : "false" );

   // testa função-membro de string vazia
   cout << "\n\nTestando s3.empty():" << endl;

   if ( s3.empty() )
   {
      cout << "s3 é vazio; atribuindo s1 a s3;" << endl;
      s3 = s1; // atribui s1 a s3
      cout << "s3 é \"" << s3 << "\"";
   } // fim do if

   // testa operador de concatenação de string sobrecarregado
   cout << "\n\ns1 += s2 resulta em s1 = ";
   s1 += s2; // testa concatenação sobrecarregada
   cout << s1;

   // testa operador sobrecarregado de concatenação de string em estilo C
   cout << "\n\ns1 += \" to you\" resulta em" << endl;
   s1 += " to you";
   cout << "s1 = " << s1 << "\n\n";

   // testa função-membro de string substr
   cout << "Uma substring de s1 começando no local 0 para\n"
      << "14 caracteres, s1.substr(0, 14), é:\n"
      << s1.substr( 0, 14 ) << "\n\n";

```

Figura 19.12 ■ Classe `string` da biblioteca-padrão. (Parte 1 de 2.)

```
    // testa opção de substr "até o final da string"
    cout << "A substring de s1 começando no\n"
       << "local 15, s1.substr(15), é:\n"
       << s1.substr( 15 ) << endl;

    // testa construtor de cópia
    string s4( s1 );
    cout << "\ns4 = " << s4 << "\n\n";

    // testa operador de atribuição de sobrecarga (=) com autoatribuição
    cout << "atribuindo s4 a s4" << endl;
    s4 = s4;
    cout << "s4 = " << s4 << endl;

    // testa usando operador de subscrito sobrecarregado para criar lvalue
    s1[ 0 ] = 'H';
    s1[ 6 ] = 'B';
    cout << "\ns1 após s1[0] = 'H' e s1[6] = 'B' é: "
       << s1 << "\n\n";

    // testa subscrito fora de intervalo com função-membro de string "at"
    cout << "Tentativa de atribuir 'd' a s1.at( 30 ) resulta em:" << endl;
    s1.at( 30 ) = 'd'; // ERRO: subscrito fora do intervalo
 } // fim do main
```

```
s1 é "happy"; s2 é " birthday"; s3 é ""

O resultado da comparação entre s2 e s1:
s2 == s1 resulta em false
s2 != s1 resulta em true
s2 >  s1 resulta em false
s2 <  s1 resulta em true
s2 >= s1 resulta em false
s2 <= s1 resulta em true

Testando s3.empty():
s3 é vazio; atribuindo s1 a s3;
s3 é "happy"

s1 += s2 resulta em s1 = happy birthday

s1 += " to you" resulta em
s1 = happy birthday to you

A substring de s1 começando no local 0 para
14 caracteres, s1.substr(0, 14), é:
happy birthday

A substring de s1 começando no
local 15, s1.substr(15), é:
to you

s4 = happy birthday to you

atribuindo s4 a s4
s4 = happy birthday to you

s1 após s1[0] = 'H' e s1[6] = 'B' é: Happy Birthday to you

Tentativa de atribuir 'd' a s1.at( 30 ) resulta em:

This application has requested the Runtime to terminate it in an unusual way.
Please contact the application's support team for more information.
```

Figura 19.12 ■ Classe `string` da biblioteca-padrão. (Parte 2 de 2.)

As linhas 9-11 criam três objetos `string` — `s1` é inicializado com a literal "`happy`", `s2` é inicializado com a literal "`birthday`" e `s3` usa o construtor de string default para criar uma `string` vazia. As linhas 14-15 enviam esses três objetos, usando `cout` e o operador <<, que os projetistas da classe `string` sobrecarregaram para lidar com objetos `string`. Depois, as linhas 16-22 mostram os resultados da comparação entre `s2` e `s1` usando os operadores sobrecarregados de igualdade e relacionais de `string`, que realizam comparações lexicográficas usando os valores numéricos dos caracteres (ver Apêndice B) em cada `string`.

A classe `string` oferece a função-membro **`empty`** para determinar se uma `string` está vazia, o que demonstramos na linha 27. A função-membro `empty` retorna `true` se a `string` estiver vazia; caso contrário, ela retorna `false`.

A linha 30 demonstra o operador de atribuição sobrecarregado de `string` atribuindo `s1` a `s3`. A linha 31 envia `s3` para demonstrar que a atribuição funcionou corretamente.

A linha 36 demonstra o operador sobrecarregado += da classe `string` para concatenação de strings. Nesse caso, o conteúdo de `s2` é anexado a `s1`. Depois, a linha 37 envia a string resultante que é armazenada em `s1`. A linha 41 demonstra que a string literal em estilo C pode ser anexada a um objeto `string` usando o operador +=. A linha 42 apresenta o resultado.

A classe `string` oferece a função-membro **`substr`** (linhas 47 e 52) para retornar uma parte de uma string como um objeto `string`. A chamada a `substr` na linha 47 obtém uma substring de 14 caracteres (especificada pelo segundo argumento) de `s1`, começando na posição 0 (especificada pelo primeiro argumento). A chamada a `substr` na linha 52 obtém uma substring começando na posição 15 de `s1`. Quando o segundo argumento não é especificado, `substr` retorna o restante da `string` na qual é chamada.

A linha 55 cria o objeto `string` `s4` e o inicializa com uma cópia de `s1`. Isso resulta em uma chamada ao construtor de cópia da classe `string`. A linha 60 usa o operador = sobrecarregado da classe `string` para demonstrar que ele trata da autoatribuição corretamente.

As linhas 64-65 usam o operador `[]` sobrecarregado da classe `string` para criar *lvalues* que permitam que novos caracteres substituam os caracteres existentes em `s1`. A linha 67 envia o novo valor de `s1`. *O operador* [] *sobrecarregado da classe* string *não realiza nenhuma verificação de limites*. Portanto, você precisa garantir que as operações que usam o operador `[]` sobrecarregado da classe `string` não manipulem acidentalmente elementos fora dos limites da `string`. A classe `string` oferece verificação de limites em sua função-membro **`at`**, que 'lança uma exceção' se seu argumento for um subscrito inválido. Como padrão, isso faz com que um programa em C++ termine e exiba uma mensagem de erro específica do sistema.[3] Se o subscrito for válido, a função `at` retornará o caractere no local especificado como um *lvalue* modificável ou um *lvalue* não modificável (ou seja, uma referência `const`), a depender do contexto em que a chamada aparecer. A linha 71 demonstra uma chamada à função `at` com um subscrito inválido. A mensagem de erro mostrada no final da saída desse programa foi produzida ao executarmos o programa no Windows Vista.

19.15 Construtores `explicit`

Nas seções 19.9 e 19.10, discutimos que qualquer construtor de argumento único pode ser usado pelo compilador para realizar uma conversão implícita — o tipo recebido pelo construtor é convertido para um objeto da classe em que o construtor é definido. A conversão é automática, e você não precisa usar um operador de conversão (cast). Em algumas situações, as conversões implícitas são indesejáveis ou passíveis de erro. Por exemplo, nossa classe `Array` na Figura 19.6 define um construtor que usa um argumento único `int`. A intenção desse construtor é criar um objeto `Array` que contenha o número de elementos especificados pelo argumento `int`. Porém, esse construtor pode ser mal utilizado pelo compilador, sendo usado para realizar uma conversão implícita.

Erro comum de programação 19.10

Infelizmente, o compilador pode usar conversões implícitas em casos que você não espera, o que resulta em expressões ambíguas que geram erros de compilação ou resultam em erros lógicos no tempo de compilação.

Uso acidental de um construtor de argumento único como um construtor de conversão

O programa (Figura 19.13) usa a classe `Array` das figuras 19.6 e 19.7 para demonstrar uma conversão implícita imprópria.

A linha 11 em `main` instancia o objeto `Array` `integers1` e chama o construtor de argumento único de valor `int` `7` para especifi-

3 Como já dissemos anteriormente, o Capítulo 24 demonstra como 'obter' e tratar essas exceções.

```
1  // Fig. 19.13: Fig19_13.cpp
2  // Driver para classe Array simples.
3  #include <iostream>
4  #include "Array.h"
5  using namespace std;
6
7  void outputArray( const Array & ); // protótipo
8
9  int main()
10 {
11    Array integers1( 7 ); // array de 7 elementos
12    outputArray( integers1 ); // envia o Array integers1
13    outputArray( 3 ); // converte 3 em um Array e envia conteúdo do Array
14 } // fim do main
15
16 // imprime conteúdo do Array
17 void outputArray( const Array &arrayToOutput )
18 {
19    cout << "O Array recebido tem " << arrayToOutput.getSize()
20       << " elementos. O conteúdo é:\n" << arrayToOutput << endl;
21 } // fim de outputArray
```

```
O Array recebido tem 7 elementos. O conteúdo é:
           0           0           0           0
           0           0           0

O Array recebido tem 3 elementos. O conteúdo é:
           0           0           0
```

Figura 19.13 ■ Construtores de argumento único e conversões implícitas.

car o número de elementos no `Array`. Lembre-se do que vimos na Figura 19.7: o construtor de `Array` que recebe um argumento `int` inicializa todos os elementos do array em 0. A linha 12 chama a função `outputArray` (definida nas linhas 17-21), que recebe como seu argumento um `const Array &` para um `Array`. A função envia o número de elementos em seu argumento `Array` e o conteúdo do `Array`. Nesse caso, o tamanho do `Array` é `7`, de modo que sete `0`s são enviados.

A linha 13 chama a função `outputArray` de valor `int 3` como argumento. Porém, esse programa não contém uma função chamada `outputArray` que use um argumento `int`. Assim, o compilador determina se a classe `Array` oferece um construtor de conversão que possa converter um `int` em um `Array`. Como qualquer construtor que recebe um único argumento é considerado um construtor de conversão, o compilador assume que o construtor `Array` que recebe um único `int` é um construtor de conversão, e o utiliza para converter o argumento `3` em um objeto `Array` temporário, que contém três elementos. Depois, o compilador passa o objeto `Array` temporário à função `outputArray` para enviar o conteúdo de `Array`. Assim, embora não ofereçamos explicitamente uma função `outputArray` que receba um argumento `int`, o compilador será capaz de compilar a linha 13. A saída mostra o conteúdo do `Array` de três elementos que contém `0`s.

Impedindo conversões implícitas com construtores de único argumento

C++ oferece a palavra-chave `explicit` para suprimir conversões implícitas por meio de construtores de conversão quando tais conversões não devem ser permitidas. Um construtor que é declarado como `explicit` não pode ser usado em uma conversão implícita. A Figura 19.14 declara um construtor `explicit` na classe `Array`. A única modificação em `Array.h` foi o acréscimo da palavra-chave `explicit` à declaração do construtor de argumento único na linha 14. Nenhuma modificação é exigida no arquivo de código-fonte que contém as definições de função-membro da classe `Array`.

```
// Fig. 19.14: Array.h
// Classe Array para armazenar arrays de inteiros.
#ifndef ARRAY_H
#define ARRAY_H

#include <iostream>
using namespace std;

class Array
{
   friend ostream &operator<<( ostream &, const Array & );
   friend istream &operator>>( istream &, Array & );
public:
   explicit Array( int = 10 ); // construtor default
   Array( const Array & ); // construtor de cópia
   ~Array(); // destrutor
   int getSize() const; // tamanho de retorno

   const Array &operator=( const Array & ); // operador de atribuição
   bool operator==( const Array & ) const; // operador de igualdade

   // operador de desigualdade; retorna oposto do operador ==
   bool operator!=( const Array &right ) const
   {
      return ! ( *this == right ); // chama Array::operator==
   } // fim da função operator!=

   // operador de subscrito para objetos não const retorna lvalue
   int &operator[]( int );

   // operador de subscrito para objetos const retorna rvalue
   const int &operator[]( int ) const;
private:
   int size; // tamanho de array baseado em ponteiro
   int *ptr; // ponteiro para primeiro elemento do array baseado em ponteiro
}; // fim da classe Array

#endif
```

Figura 19.14 ■ Definição da classe `Array` com construtor `explicit`.

A Figura 19.15 apresenta uma versão ligeiramente modificada do programa na Figura 19.13. Quando esse programa é compilado, o compilador produz uma mensagem de erro que mostra que o valor inteiro passado a `outputArray` na linha 13 não pode ser convertido para um `const Array &`. A mensagem de erro do compilador (do Visual C++) aparece na janela de saída. A linha 14 demonstra como o construtor explícito pode ser usado para criar um `Array` temporário de 3 elementos, passando-lhe à função `outputArray`.

```
1  // Fig. 19.15: Fig19_15.cpp
2  // Driver para classe Array simples.
3  #include <iostream>
4  #include "Array.h"
5  using namespace std;
6
7  void outputArray( const Array & ); // protótipo
8
9  int main()
10 {
```

Figura 19.15 ■ Demonstração de um construtor `explicit`. (Parte 1 de 2.)

```
    Array integers1( 7 ); // array de 7 elementos
    outputArray( integers1 ); // envia Array integers1
    outputArray( 3 ); // converte 3 em Array e envia conteúdo do Array
    outputArray( Array( 3 ) ); // chamada explícita do construtor de arg. único
} // fim do main

// imprime conteúdo do array
void outputArray( const Array &arrayToOutput )
{
cout << "O Array recebido tem " << arrayToOutput.getSize()
<< " elementos. O conteúdo é:\n" << arrayToOutput << endl;
} // fim de outputArray
```

```
c:\examples\ch19\fig19_14_15\fig19_15.cpp(13) : error C2664: 'outputArray' : cannot convert parame-
ter 1 from 'int' to 'const Array &'
        Reason: cannot convert from 'int' to 'const Array'
        Constructor for class 'Array' is declared 'explicit'
```

Figura 19.15 ■ Demonstração de um construtor `explicit`. (Parte 2 de 2.)

Erro comum de programação 19.11

Tentar chamar um construtor `explicit` *em uma conversão implícita é um erro de compilação.*

Dica de prevenção de erro 19.3

Use a palavra-chave `explicit` *nos construtores de argumento único que não devem ser usados pelo compilador para realizar conversões implícitas.*

19.16 Classes proxy

Lembre-se de que dois dos princípios fundamentais da boa engenharia de software são separar a interface da implementação e ocultar os detalhes da implementação. Lutamos para conseguir atingir esses objetivos definindo uma classe em um arquivo de cabeçalho e implementando suas funções-membro em um arquivo de implementação separado. Conforme mostramos no Capítulo 17, porém, os arquivos de cabeçalho *contêm* uma parte da implementação de uma classe e dicas sobre outras. Por exemplo, os membros `private` da classe são listados na definição de classe em um arquivo de cabeçalho, para que esses membros sejam visíveis a clientes, embora os clientes possam não acessar os membros `private`. É possível que revelar dessa maneira os dados `private` de uma classe exponha informações aos clientes da classe. Agora, apresentaremos a noção de uma **classe proxy**, que permite a você que oculte até mesmo os dados `private` de uma classe dos clientes da classe. Fornecer aos clientes de sua classe uma classe proxy que conheça apenas a interface `public` de sua classe permite que os clientes usem os serviços de sua classe sem lhes dar acesso aos detalhes de implementação de sua classe.

A implementação de uma classe proxy requer várias etapas, as quais demonstraremos nas figuras 19.16 a 19.19. Em primeiro lugar, criaremos a definição da classe para a classe que contém a implementação proprietária que queremos ocultar. Nossa classe de exemplo, chamada `Implementation`, aparece na Figura 19.16. A classe proxy `Interface` aparece nas figuras 19.17 e 19.18. O programa de teste e a saída de exemplo aparecem na Figura 19.19.

A classe `Implementation` (Figura 19.16) oferece um único dado-membro `private` chamado `value` (os dados que gostaríamos de ocultar do cliente), um construtor para inicializar `value` e as funções `setValue` e `getValue`.

```
// Fig. 19.16: Implementation.h
// Definição da classe Implementation.

class Implementation
{
public:
   // construtor
   Implementation( int v )
      : value( v ) // inicializa valor com v
   {
      // corpo vazio
   } // fim do construtor Implementation

   // define valor em v
   void setValue( int v )
   {
      value = v; // deve validar v
   } // fim da função setValue

   // retorna value
   int getValue() const
   {
      return value;
   } // fim da função getValue
private:
   int value; // dados que queremos ocultar do cliente
}; // fim da classe Implementation
```

Figura 19.16 ■ Definição da classe `Implementation`.

Definimos uma classe proxy chamada `Interface` (Figura 19.17) com uma interface `public` idêntica (exceto para os nomes de construtor e destrutor) à da classe `Implementation`. O único membro `private` da classe proxy é um ponteiro de um objeto `Implementation`. Usar um ponteiro dessa maneira permite ocultar do cliente os detalhes de implementação da classe `Implementation`. Observe que as únicas menções na classe `Interface` da classe `Implementation` proprietária estão na declaração do ponteiro (linha 17) e na linha 6, uma **declaração de classe direta**. Quando uma definição de classe usa apenas um ponteiro ou referência a um objeto de outra classe (como nesse caso), o arquivo de cabeçalho da classe para essa outra classe (que normalmente revelaria os dados `private` dessa classe) não precisa ser incluído com `#include`. Isso porque o compilador não precisa reservar espaço para um objeto da classe. O compilador precisa reservar espaço para o ponteiro ou para a referência. Os tamanhos dos ponteiros e das referências são característicos da plataforma de hardware em que o compilador é executado, de modo que o compilador já conhece esses tamanhos. Você pode simplesmente declarar essa outra classe como um tipo de dados com uma declaração de classe direta (linha 6) antes que o tipo seja usado no arquivo.

```
1  // Fig. 19.17: Interface.h
2  // Definição de interface da classe Proxy.
3  // Cliente vê esse código-fonte, mas o código-fonte não revela
4  // o layout de dados da classe Implementation.
5
6  class Implementation; // declaração de classe direta exigida pela linha 17
7
8  class Interface
9  {
10 public:
11    Interface( int ); // construtor
12    void setValue( int ); // mesma interface pública que a
13    int getValue() const; // classe Implementation tem
14    ~Interface(); // destrutor
15 private:
16    // exige declaração direta prévia (linha 6)
17    Implementation *ptr;
18 }; // fim da classe Interface
```

Figura 19.17 ■ Definição da classe proxy `Interface`.

O arquivo de implementação da função-membro para a classe proxy `Interface` (Figura 19.18) é o único arquivo que inclui o arquivo de cabeçalho `Implementation.h` (linha 5) que contém a classe `Implementation`. O arquivo `Interface.cpp` (Figura 19.18) é fornecido ao cliente como um arquivo de código objeto pré-compilado com o arquivo de cabeçalho `Interface.h`, que inclui os protótipos de função dos serviços fornecidos pela classe proxy. Como o arquivo `Interface.cpp` se torna disponível ao cliente somente como código objeto, o cliente não é capaz de ver as interações entre a classe proxy e a classe proprietária (linhas 9, 17, 23 e 29). A classe proxy impõe uma 'camada' extra de chamadas de função como o 'preço a pagar' por ocultar os dados `private` da classe `Implementation`. Dada a velocidade dos computadores de hoje e o fato de que muitos compiladores podem inserir chamadas inline de função simples automaticamente, normalmente, o efeito dessas chamadas extras de função sobre o desempenho é insignificante.

```
1  // Fig. 19.18: Interface.cpp
2  // Implementação da classe Interface -- cliente só recebe esse arquivo
3  // como código objeto pré-compilado, mantendo a implementação oculta.
4  #include "Interface.h" // Definição da classe Interface
5  #include "Implementation.h" // Definição da classe Implementation
6
7  // construtor
8  Interface::Interface( int v )
9     : ptr ( new Implementation( v ) ) // inicializa ptr para apontar para
10 {                                    // um novo objeto Implementation
11    // corpo vazio
12 } // fim da Interface construtor
13
14 // chama função setValue de Implementation
15 void Interface::setValue( int v )
16 {
17    ptr->setValue( v );
18 } // fim da função setValue
19
20 // chama função getValue de Implementation
21 int Interface::getValue() const
22 {
23    return ptr->getValue();
24 } // fim da função getValue
25
26 // destrutor
27 Interface::~Interface()
28 {
29    delete ptr;
30 } // fim do destrutor ~Interface
```

Figura 19.18 ■ Definições de função-membro da classe `Interface`.

A Figura 19.19 testa a classe `Interface`. Observe que somente o arquivo de cabeçalho para `Interface` está incluído no código-cliente (linha 4) — não há menção da existência de uma classe separada chamada `Implementation`. Assim, o cliente nunca vê os dados `private` da classe `Implementation`, nem o código-cliente pode se tornar dependente do código de `Implementation`.

Observação sobre engenharia de software 19.9

Uma classe proxy isola o código-cliente das mudanças da implementação.

```
1  // Fig. 19.19: fig19_19.cpp
2  // Ocultando os dados privados de uma classe com uma classe private.
3  #include <iostream>
4  #include "Interface.h" // Definição da classe Interface
```

Figura 19.19 ■ Implementação de uma classe proxy. (Parte 1 de 2.)

```
using namespace std;

int main()
{
   Interface i( 5 ); // cria objeto Interface

   cout << "Interface contém: " << i.getValue()
      << " antes de setValue" << endl;

   i.setValue( 10 );

   cout << "Interface contém: " << i.getValue()
      << " após setValue" << endl;
} // fim do main
```

```
Interface contém: 5 antes de setValue
Interface contém: 10 após setValue
```

Figura 19.19 ■ Implementação de uma classe proxy. (Parte 2 de 2.)

19.17 Conclusão

Neste capítulo, você aprendeu a criar classes mais robustas ao definir operadores sobrecarregados, que permitiram que você usasse operadores com objetos de suas classes. Apresentamos os conceitos básicos de sobrecarga de operador, além de várias restrições que o padrão em C++ coloca sobre os operadores sobrecarregados. Você aprendeu as razões pelas quais se deve implementar os operadores sobrecarregados como funções-membro ou como funções globais. Discutimos as diferenças entre sobrecarga de operadores unários e binários como funções-membro e funções globais. Com as funções globais, mostramos como receber e enviar objetos de nossas classes usando os operadores sobrecarregados de extração e inserção de stream, respectivamente. Apresentamos o conceito de gerenciamento de memória dinâmica. Você aprendeu que pode criar e destruir objetos dinamicamente com os operadores `new` e `delete`, respectivamente. Mostramos uma sintaxe especial que é exigida para diferenciar a versão prefixada da pós-fixada do operador de incremento (++). Também demonstramos a classe `string` padrão de C++, que utiliza bastante os operadores sobrecarregados para criar uma classe robusta, reutilizável, que pode substituir as strings em estilo C, baseadas em ponteiro. Você aprendeu a usar a palavra-chave `explicit` para impedir que o compilador use um construtor de argumento único para realizar conversões implícitas. Por fim, mostramos como criar uma classe proxy para ocultar os detalhes da implementação de uma classe dos clientes dessa classe. No próximo capítulo, continuaremos nossa discussão sobre classes apresentando uma forma de reutilização de software chamada herança. Veremos que, quando as classes compartilham atributos e comportamentos comuns, é possível definir esses atributos e comportamentos em uma classe de 'base' comum e 'herdar' essas capacidades para novas definições de classe, permitindo que você crie as novas classes com uma quantidade mínima de códigos.

Resumo

Seção 19.1 Introdução

- C++ permite que você sobrecarregue a maioria dos operadores para que eles sejam sensíveis ao contexto em que serão usados — o compilador gera o código apropriado com base no contexto (em particular, os tipos dos operandos).
- Muitos dos operadores de C++ podem ser sobrecarregados para trabalhar com tipos definidos pelo usuário.
- Um exemplo de um operador sobrecarregado embutido em C++ é o operador <<, que é usado tanto como operador de inserção de stream quanto como operador de deslocamento à esquerda bit a bit. De modo semelhante, >> também é sobrecarregado; ele é usado tanto como operador de extração de stream quanto como operador de deslocamento à direita bit a bit. Esses dois operadores são sobrecarregados na biblioteca-padrão de C++.
- A própria linguagem em C++ sobrecarrega + e –. Esses operadores atuam de formas diferentes, a depender de seu contexto na aritmética de inteiros, na aritmética de ponto flutuante e na aritmética de ponteiro.
- As tarefas realizadas por operadores sobrecarregados também podem ser realizadas por chamadas de função, mas a notação de operador normalmente é mais clara e mais familiar aos programadores.

Seção 19.2 Fundamentos da sobrecarga de operadores

- Um operador é sobrecarregado ao escrevermos uma definição de função-membro não `static` ou uma definição de função global em que o nome da função seja a palavra-chave `operator` seguida do símbolo do operador sendo sobrecarregado.
- Quando os operadores são sobrecarregados como funções-membro, eles precisam ser não `static`, pois devem ser chamados sobre um objeto da classe e operar nesse objeto.
- Para que um operador seja usado em objetos de classe, precisa ser sobrecarregado, com três exceções — o operador de atribuição (=), o operador de endereço (&) e o operador vírgula (,).

Seção 19.3 Restrições na sobrecarga de operadores

- Você não pode mudar a precedência e a associatividade de um operador pela sobrecarga.
- Você não pode mudar a 'aridade' de um operador (ou seja, o número de operandos que um operador utiliza).
- Você não pode criar novos operadores — apenas os operadores existentes podem ser sobrecarregados.
- Você não pode mudar o significado de como um operador atua em objetos de tipos fundamentais.
- A sobrecarga de um operador de atribuição e de um operador de adição de uma classe não implica que o operador += também seja sobrecarregado. Esse comportamento só pode ser obtido pela sobrecarga explícita do operador += para essa classe.

Seção 19.4 Funções operador como membros de classe versus *funções operador como funções globais*

- As funções operador podem ser funções-membro ou funções globais — as funções globais normalmente se tornam `friends` por questões de desempenho. As funções-membro usam o ponteiro `this` implicitamente para obter um de seus argumentos de objeto da classe (o operando esquerdo para operadores binários). Os argumentos para os dois operandos de um operador binário precisam ser listados explicitamente em uma chamada de função global.
- Operadores `()`, `[]`, `->` e de atribuição sobrecarregados precisam ser declarados como membros de classe. Para os outros operadores, as funções de sobrecarga de operador podem ser membros de classe ou funções globais.
- Quando uma função operador é implementada como uma função-membro, o operando mais à esquerda (ou único) precisa ser um objeto (ou uma referência a um objeto) da classe do operador.
- Se o operando da esquerda tiver que ser um objeto de uma classe diferente ou um tipo fundamental, essa função operador precisa ser implementada como uma função global.
- Uma função operador global pode se tornar uma `friend` de uma classe se essa função tiver de acessar membros `private` ou `protected` dessa classe diretamente.

Seção 19.5 Sobrecarga dos operadores de inserção de stream e extração de stream

- O operador sobrecarregado de inserção de stream (<<) é usado em uma expressão em que o operando da esquerda tem tipo `ostream &`. Por esse motivo, ele precisa ser sobrecarregado como uma função global. Para ser uma função-membro, o operador << teria de ser um membro da classe `ostream`, mas isso não é possível, pois não podemos modificar as classes da biblioteca-padrão de C++. De modo semelhante, o operador sobrecarregado de extração de stream (>>) precisa ser uma função global.
- Outro motivo para escolher uma função global para sobrecarregar um operador é permitir que ele seja comutativo.
- Quando usado com `cin`, `setw` restringe o número de caracteres lidos ao número de caracteres especificados por seu argumento.
- A função membro `ignore` de `istream` descarta o número de caracteres especificado no stream de entrada (um caractere, por default).
- Operadores sobrecarregados de entrada e saída são declarados como `friends` se precisarem acessar membros de classe não `public` diretamente por motivos de desempenho.

Seção 19.6 Sobrecarga de operadores unários

- Um operador unário de uma classe pode ser sobrecarregado como uma função-membro não `static` sem argumentos ou como uma função global com um argumento; esse argumento precisa ser um objeto da classe, ou uma referência a um objeto da classe.
- As funções-membro que implementam operadores sobrecarregados precisam ser não `static`, de modo que possam acessar os dados não `static` em cada objeto da classe.

Seção 19.7 Sobrecarga de operadores binários

- Um operador binário pode ser sobrecarregado como uma função-membro não `static` com um argumento ou como uma função global com dois argumentos (um desses argumentos precisa ser um objeto de classe ou uma referência a um objeto de classe).

Seção 19.8 Gerenciamento dinâmico de memória

- O gerenciamento dinâmico de memória permite que você controle a alocação e a desalocação de memória em um programa para qualquer tipo embutido ou definido pelo usuário.
- O armazenamento livre (às vezes chamado de *heap*) é uma região da memória atribuída a cada programa para o armazenamento de objetos alocados dinamicamente, no tempo de execução.
- O operador `new` aloca armazenamento com o tamanho apropriado para um objeto, executa o construtor do objeto e retorna um ponteiro do tipo correto. O operador `new` pode ser usado para alocar dinamicamente qualquer tipo fundamental

(como `int` ou `double`), ou tipo de classe. Se `new` for incapaz de encontrar espaço na memória para o objeto, ele indica que houve um erro, 'lançando' uma 'exceção'. Isso normalmente faz com que o programa termine imediatamente, a menos que a exceção seja tratada.

- Para destruir um objeto alocado dinamicamente e liberar seu espaço, use o operador `delete`.
- Um array de objetos pode ser alocado dinamicamente com `new`, como em

```
int *ptr = new int[ 100 ];
```

que aloca um array de 100 inteiros e atribui o local inicial do array a `ptr`. O array de inteiros apresentado é removido com a instrução

```
delete [] ptr;
```

Seção 19.9 Estudo de caso: classe `Array`

- Um construtor de cópia inicializa um novo objeto de uma classe copiando os membros de uma classe existente. As classes que contêm memória alocada dinamicamente, em geral, oferecem um construtor de cópia, um destrutor e um operador de atribuição sobrecarregado.
- A implementação da função-membro `operator=` deverá testar a autoatribuição, pela qual um objeto está sendo atribuído a si mesmo.
- O compilador chama a versão `const` de `operator[]` quando o operador de subscrito é usado em um objeto `const`, e chama a versão não `const` do operador quando ele é usado em um objeto não `const`.
- O operador de subscrito de array (`[]`) pode ser usado para selecionar elementos de outros tipos de contêineres. Além disso, com a sobrecarga, os valores de índice não precisam mais ser inteiros.

Seção 19.10 Conversão de tipos

- O compilador não sabe com antecedência como converter tipos definidos pelo usuário e tipos definidos pelo usuário e tipos fundamentais, de modo que você precisa especificar como isso deve ser feito. Essas conversões podem ser realizadas a partir de construtores de conversão — construtores de argumento único que transformam objetos de outros tipos (incluindo tipos fundamentais) em objetos de uma classe em particular.
- Qualquer construtor de argumento único pode ser considerado como um construtor de conversão.
- Um operador de conversão pode ser usado para converter um objeto de uma classe em um objeto de outra classe, ou em um objeto de um tipo fundamental. Esse operador de conversão precisa ser uma função-membro não `static`. Funções operador de cast sobrecarregadas podem ser definidas para converter objetos de tipos definidos pelo usuário em tipos fundamentais ou em objetos de outros tipos definidos pelo usuário.
- Uma função operador de conversão sobrecarregada não especifica um tipo de retorno — o tipo de retorno é aquele para o qual o objeto está sendo convertido.
- Quando for necessário, o compilador pode chamar operadores de conversão e construtores de conversão implicitamente para criar objetos temporários.

Seção 19.11 Criação de uma classe `String`

- A sobrecarga do operador de chamada de função `()` é poderosa, pois as funções podem assumir um número qualquer de parâmetros.

Seção 19.12 Sobrecarga de ++ e --

- Todo operador de incremento e decremento prefixado e pós-fixado pode ser sobrecarregado.
- Para sobrecarregar os operadores de pré-incremento e pós-incremento, cada função operador sobrecarregada precisa ter uma assinatura distinta. As versões prefixadas são sobrecarregadas como qualquer outro operador unário. A assinatura exclusiva do operador de incremento pós-fixado é realizada fornecendo um segundo argumento, que deve ser do tipo `int`. Esse argumento não é fornecido no código-cliente. Ele é usado implicitamente pelo compilador para distinguir a versão prefixada da pós-fixada do operador de incremento. A mesma sintaxe é usada para diferenciar a função operador de decremento prefixado da função operador de decremento pós-fixado.

Seção 19.14 Classe `string` *da biblioteca-padrão*

- A classe `string` padrão é definida no cabeçalho `<string>`, e pertence ao namespace `std`.
- A classe `string` oferece muitos operadores sobrecarregados, incluindo operadores de igualdade, relacionais, de atribuição, atribuição com adição (para concatenação) e subscrito.
- A classe `string` oferece a função-membro `empty`, que retornará `true` se a `string` for vazia; caso contrário, ela retornará `false`.
- A função-membro `substr` da classe `string` padrão obtém uma substring de tamanho especificado pelo segundo argumento, e que começa na posição especificada pelo primeiro argumento. Quando o segundo argumento não é especificado, `substr` retorna o restante da `string` em que é chamado.
- O operador sobrecarregado `[]` da classe `string` não realiza qualquer verificação de limites. Portanto, você precisa garantir que as operações que usam o operador sobrecarregado `[]` da classe `string` não manipulem por acidente os elementos fora dos limites da `string`.
- A classe `string` padrão oferece verificação de limites com a função-membro `at`, que 'lança uma exceção' se seu argumento for um subscrito inválido. Por default, isso faz com que o programa termine. Se o subscrito for válido, a função `at` retornará uma referência ou uma referência `const` ao caractere no local especificado, a depender do contexto.

Seção 19.15 Construtores `explicit`

- C++ oferece a palavra-chave `explicit` para suprimir conversões implícitas por meio de construtores de conversão quando essas conversões não são permitidas. Um construtor que é declarado como `explicit` não pode ser usado em uma conversão implícita.

Seção 19.16 Classes proxy

- Fornecer aos clientes de sua classe uma classe proxy que conheça apenas a interface `public` de sua classe permite que os clientes usem os serviços de sua classe sem dar aos clientes acesso aos detalhes de implementação de sua classe, como seus dados `private`.
- Quando uma definição de classe usa apenas um ponteiro ou uma referência a um objeto de outra classe, o arquivo de cabeçalho da classe para essa outra classe (que normalmente revelaria os dados `private` dessa classe) não precisa ser incluído com `#include`. Você pode simplesmente declarar essa outra classe como um tipo de dado com uma declaração de classe direta antes que o tipo seja usado no arquivo.
- O arquivo de implementação que contém as funções-membro de uma classe proxy é o único arquivo que inclui o arquivo de cabeçalho para a classe cujos dados `private` queremos ocultar.
- O arquivo de implementação que contém as funções-membro da classe proxy é fornecido ao cliente como um arquivo de código objeto pré-compilado, com o arquivo de cabeçalho que inclui protótipos de função dos serviços fornecidos pela classe proxy.

Terminologia

alocar 576
armazenamento livre 576
autoatribuição 586
classe proxy 600
construtor de cópia 583
construtores de argumento único 587
construtores de conversão 587
declaração de classe direta 601
`delete`, operador 576
`delete[]`, operador 576
desalocar 576
`empty`, função-membro de `string` 597
`explicit`, construtor 598
função-membro `at` da classe `string` 597
função operador de cast 588
gerenciamento dinâmico de memória 576
heap 576
inicializador 576
`new`, operador 576
`new[]`, operador 576
operador de chamada de função `()` 589
operador de conversão 588
ponteiro suspenso 585
sobrecarga de operador 568
`substr`, função-membro da classe `string` 597
vazamento de memória 576

Exercícios de autorrevisão

19.1 Preencha os espaços em cada uma das sentenças:

a) Suponha que `a` e `b` sejam variáveis inteiras e formemos a soma `a + b`. Agora, suponha que `c` e `d` sejam variáveis de ponto flutuante e formemos a soma `c + d`. Os dois operadores + estão claramente sendo usados para propósitos diferentes. Este é um exemplo de _______.

b) A palavra-chave _______ apresenta uma definição de função operador sobrecarregada.

c) Para usar operadores em objetos de classe, eles precisam ser sobrecarregados, com a exceção dos operadores de _______, _______ e _______.

d) _______, _______ e _______ de um operador não podem ser mudadas pela sobrecarga do operador.

e) Os operadores que não podem ser sobrecarregados são _______, _______, _______ e _______.

f) O operador _______ reivindica a memória alocada anteriormente por `new`.

g) O operador _______ aloca memória dinamicamente para um objeto de um tipo especificado e retorna um(a) _______ para esse tipo.

19.2 Explique os vários significados dos operadores << e >>.

19.3 Em que contexto o nome `operator/` poderia ser usado?

19.4 (Verdadeiro/Falso) Somente operadores existentes podem ser sobrecarregados.

19.5 Qual é a diferença entre a precedência de um operador sobrecarregado e a precedência do operador original?

Respostas dos exercícios de autorrevisão

19.1 a) sobrecarga de operador. b) `operator`. c) atribuição (=), endereço (&), vírgula (,). d) precedência, associatividade, 'aridade'. e) `.`, `?:`, `.*` e `::`. f) `delete`. g) `new`, ponteiro.

19.2 O operador >> é tanto o operador de deslocamento à direita quanto o operador de extração de stream, a depender de seu contexto. O operador << é tanto o operador de deslocamento à esquerda quanto o operador de inserção de stream, a depender de seu contexto.

19.3 Para a sobrecarga de operador: ele seria o nome de uma função que ofereceria uma versão sobrecarregada do operador / para uma classe específica.

19.4 Verdadeiro.

19.5 A precedência é idêntica.

Exercícios

19.6 Compare os operadores de alocação e desalocação de memória dinâmica `new`, `new []`, `delete` e `delete []`.

19.7 ***Sobrecarga do operador de parênteses.*** Um bom exemplo da sobrecarga do operador de chamada de função `()` é permitir outra forma de subscrito de array duplo, popular em algumas linguagens de programação. Em vez de dizer

```
tabuleiroXadrez[ linha ][ coluna ]
```

para um array de objetos, sobrecarregue o operador de chamada de função para permitir a forma alternativa

```
tabuleiroXadrez( linha, coluna )
```

Crie uma classe `DoubleSubscriptedArray` que tenha recursos semelhantes à classe `Array` nas figuras 19.6 e 19.7. No momento da construção, a classe deverá ser capaz de criar um array de qualquer número de linhas e qualquer número de colunas. A classe deverá fornecer `operator()` para realizar operações de duplo subscrito. Por exemplo, em um `DoubleSubscriptedArray` de 3 por 5 chamado `a`, o usuário poderia escrever `a(1, 3)` para acessar o elemento na linha `1` e coluna `3`. Lembre-se de que `operator()` pode receber qualquer número de argumentos. A representação básica do array de duplo subscrito deve ser um array de único subscrito de inteiros números de *linhas* * *colunas* de elementos. A função `operator()` deverá realizar a aritmética de ponteiro apropriada para acessar cada elemento do array. Deverá haver duas versões de `operator()` — uma que retorne `int &` (de modo que um elemento de um `DoubleSubscriptedArray` possa ser usado como um *lvalue*) e uma que retorne `const int &`. A classe também deve oferecer os seguintes operadores: `==`, `!=`, `=`, `<<` (para enviar o array no formato de linha e coluna) e `>>` (para receber o conteúdo inteiro do array).

19.8 ***Classe Complex.*** Considere a classe `Complex` mostrada nas figuras 19.20 a 19.22. A classe permite operações nos chamados *números complexos*. Estes são números no formato `realPart + imaginaryPart *` *i*, onde *i* tem o valor

$$\sqrt{-1}$$

a) Modifique a classe para permitir a entrada e a saída de números complexos por meio de operadores >> e << sobrecarregados, respectivamente (você deverá remover a função `print` da classe).

b) Sobrecarregue o operador de multiplicação para permitir a multiplicação de dois números complexos, como na álgebra.

c) Sobrecarregue os operadores `==` e `!=` para permitir comparações de números complexos.

```
// Figura 19.20: Complex.h
// Definição da classe Complex.
#ifndef COMPLEX_H
#define COMPLEX_H

class Complex
{
public:
   Complex( double = 0.0, double = 0.0 ); // construtor
   Complex operator+( const Complex & ) const; // adição
   Complex operator-( const Complex & ) const; // subtração
   void print() const; // saída
```

Figura 19.20 ■ Definição da classe `Complex`. (Parte 1 de 2.)

```
private:
   double real; // parte real
   double imaginary; // parte imaginária
}; // fim da classe Complex

#endif
```

Figura 19.20 ■ Definição da classe Complex. (Parte 2 de 2.)

```
// Figura 19.21: Complex.cpp
// Definições de função-membro da classe Complex.
#include <iostream>
#include "Complex.h" // Definição da classe Complex
using namespace std;

// Construtor
Complex::Complex( double realPart, double imaginaryPart )
   : real( realPart ),
   imaginary( imaginaryPart )
{
   // corpo vazio
} // fim do construtor de Complex

// operador de adição
Complex Complex::operator+( const Complex &operand2 ) const
{
   return Complex( real + operand2.real,
      imaginary + operand2.imaginary );
} // fim da função operator+

// operador de subtração
Complex Complex::operator-( const Complex &operand2 ) const
{
   return Complex( real - operand2.real,
      imaginary - operand2.imaginary );
} // fim da função operator-

// exibe um objeto Complex na forma: (a, b)
void Complex::print() const
{
   cout << '(' << real << ", " << imaginary << ')';
} // fim da função print
```

Figura 19.21 ■ Definições de função-membro da classe Complex.

```
// Figura 19.22: fig19_22.cpp
// Programa de teste da classe Complex.
#include <iostream>
#include "Complex.h"
using namespace std;

int main()
{
   Complex x;
   Complex y( 4.3, 8.2 );
   Complex z( 3.3, 1.1 );
```

Figura 19.22 ■ Números complexos. (Parte 1 de 2.)

```

   cout << "x: ";
   x.print();
   cout << "\ny: ";
   y.print();
   cout << "\nz: ";
   z.print();

   x = y + z;
   cout << "\n\nx = y + z:" << endl;
   x.print();
   cout << " = ";
   y.print();
   cout << " + ";
   z.print();

   x = y - z;
   cout << "\n\nx = y - z:" << endl;
   x.print();
   cout << " = ";
   y.print();
   cout << " - ";
   z.print();
   cout << endl;
} // fim do main
```

```
x: (0, 0)
y: (4.3, 8.2)
z: (3.3, 1.1)
x = y + z:
(7.6, 9.3) = (4.3, 8.2) + (3.3, 1.1)
x = y - z:
(1, 7.1) = (4.3, 8.2) - (3.3, 1.1)
```

Figura 19.22 ■ Números complexos. (Parte 2 de 2.)

19.9 ***Classe HugeInt.*** Uma máquina com inteiros de 32 bits pode representar inteiros no intervalo de aproximadamente –2 bilhões a +2 bilhões. Essa restrição de tamanho fixo raramente é problemática, mas existem aplicações em que gostaríamos de poder usar um intervalo de inteiros muito maior. Foi para isso que C++ foi concebida, ou seja, para criar novos tipos de dados poderosos. Considere a classe `HugeInt` das figuras 19.23 a 19.25. Estude a classe cuidadosamente e depois resolva as seguintes questões:

a) Descreva exatamente como ela opera.

b) Que restrições a classe tem?

c) Sobrecarregue o operador de multiplicação `*`.

d) Sobrecarregue o operador de divisão `/`.

e) Sobrecarregue todos os operadores relacionais e de igualdade.

[*Nota:* não mostramos um operador de atribuição nem um construtor de cópia para a classe `HugeInteger`, pois o operador de atribuição e o construtor de cópia fornecidos pelo compilador são capazes de copiar o dado-membro de array inteiro corretamente.]

```
// Figura 19.23: Hugeint.h
// Definição da classe HugeInt.
#ifndef HUGEINT_H
#define HUGEINT_H

#include <iostream>
```

Figura 19.23 ■ Definição da classe `HugeInt`. (Parte 1 de 2.)

```
#include <string>
using namespace  std;

class HugeInt
{
   friend ostream &operator<<( ostream &, const HugeInt & );
public:
   static const int digits = 30; // máximo de dígitos em um HugeInt

   HugeInt( long = 0 ); // construtor de conversão/default
   HugeInt( const string & ); // construtor de conversão

   // operador de adição; HugeInt + HugeInt
   HugeInt operator+( const HugeInt & ) const;

   // operador de adição; HugeInt + int
   HugeInt operator+( int ) const;

   // operador de adição;
   // HugeInt + string que representa valor inteiro grande
   HugeInt operator+( const string & ) const;
private:
   short integer[ digits ];
}; // fim da classe HugetInt

#endif
```

Figura 19.23 ■ Definição da classe `HugeInt`. (Parte 2 de 2.)

```
// Figura 19.24: Hugeint.cpp
// Definições de função-membro e função friend HugeInt.
#include <cctype> // protótipo de função isdigit
#include "Hugeint.h" // Definição de classe HugeInt
using namespace std;

// construtor default; construtor de conversão que converte um
// inteiro long para um objeto HugeInt
HugeInt::HugeInt( long value )
{
   // inicializa array em zero
   for ( int i = 0; i < digits; i++ )
      integer[ i ] = 0;

   // coloca dígitos do argumento no array
   for ( int j = digits - 1; value != 0 && j >= 0; j-- )
   {
      integer[ j ] = value % 10;
      value /= 10;
   } // fim do for
} // fim do construtor default/conversão HugeInt

// construtor de conversão que converte uma string de caracteres
// representando um inteiro grande para um objeto HugeInt
HugeInt::HugeInt( const string &number )
{
   // inicialize array em zero
```

Figura 19.24 ■ Definições de função-membro e função `friend` da classe `HugeInt`. (Parte 1 de 3.)

```
   for ( int i = 0; i < digits; i++ )
      integer[ i ] = 0;

   // coloca dígitos do argumento no array
   int length = number.size();

   for ( int j = digits - length, k = 0; j < digits; j++, k++ )
      if ( isdigit( number[ k ] ) ) // garante que o caractere é um dígito
         integer[ j ] = number[ k ] - '0';
} // fim do construtor de conversão HugeInt

// operador de adição; HugeInt + HugeInt
HugeInt HugeInt::operator+( const HugeInt &op2 ) const
{
   HugeInt temp; // resultado temporário
   int carry = 0;

   for ( int i = digits - 1; i >= 0; i-- )
   {
      temp.integer[ i ] = integer[ i ] + op2.integer[ i ] + carry;

      // determina se transportará 1
      if ( temp.integer[ i ] > 9 )
      {
         temp.integer[ i ] %= 10;  // reduz para 0-9
         carry = 1;
      } // fim do if
      else // sem carry
         carry = 0;
   } // fim do for

   return temp; // retorna cópia do objeto temporário
} // fim da função operator+

// operador de adição; HugeInt + int
HugeInt HugeInt::operator+( int op2 ) const
{
   // converte op2 para um HugeInt, depois chama
   // operator+ para dois objetos HugeInt
   return *this + HugeInt( op2 );
} // fim da função operator+

// operador de adição;
// HugeInt + string que representa grande valor inteiro
HugeInt HugeInt::operator+( const string &op2 ) const
{
   // converte op2 para um HugeInt, depois chama
   // operator+ para dois objetos HugeInt
   return *this + HugeInt( op2 );
} // fim de operator+

// operador de saída sobrecarregado
ostream& operator<<( ostream &output, const HugeInt &num )
{
   int i;

   for ( i = 0; ( num.integer[ i ] == 0 ) && ( i <= HugeInt::digits ); i++ )
      ; // pula zeros iniciais
```

Figura 19.24 Definições de função-membro e função `friend` da classe `HugeInt`. (Parte 2 de 3.)

```
   if ( i == HugeInt::digits )
      output << 0;
   else
      for ( ; i < HugeInt::digits; i++ )
         output << num.integer[ i ];

   return output;
} // fim da função operator<<
```

Figura 19.24 ■ Definições de função-membro e função `friend` da classe `HugeInt`. (Parte 3 de 3.)

```
// Figura 19.25: fig19_25.cpp
// Programa de teste de HugeInt.
#include <iostream>
#include "Hugeint.h"
using namespace std;

int main()
{
   HugeInt n1( 7654321 );
   HugeInt n2( 7891234 );
   HugeInt n3( "99999999999999999999999999999" );
   HugeInt n4( "1" );
   HugeInt n5;

   cout << "n1 é " << n1 << "\nn2 é " << n2
      << "\nn3 é " << n3 << "\nn4 é " << n4
      << "\nn5 é " << n5 << "\n\n";

   n5 = n1 + n2;
   cout << n1 << " + " << n2 << " = " << n5 << "\n\n";

   cout << n3 << " + " << n4 << "\n= " << ( n3 + n4 ) << "\n\n";

   n5 = n1 + 9;
   cout << n1 << " + " << 9 << " = " << n5 << "\n\n";

   n5 = n2 + "10000";
   cout << n2 << " + " << "10000" << " = " << n5 << endl;
} // fim do main
```

```
n1 é 7654321
n2 é 7891234
n3 é 99999999999999999999999999999
n4 é 1
n5 é 0

7654321 + 7891234 = 15545555

99999999999999999999999999999 + 1
= 100000000000000000000000000000

7654321 + 9 = 7654330

7891234 + 10000 = 7901234
```

Figura 19.25 ■ Inteiros imensos.

19.10 ***Classe RationalNumber.*** Crie uma classe `Rational-Number` (frações) com as seguintes capacidades:

a) Crie um construtor que impeça um denominador 0 em uma fração, reduza ou simplifique frações que não estejam na forma reduzida e evite denominadores negativos.

b) Sobrecarregue os operadores de adição, subtração, multiplicação e divisão para essa classe.

c) Sobrecarregue os operadores relacionais e de igualdade para essa classe.

19.11 ***Classe Polynomial.*** Desenvolva a classe `Polynomial`. A representação interna de um `Polynomial` é um array de termos. Cada termo contém um coeficiente e um expoente, por exemplo, o termo

$$2x^4$$

tem o coeficiente 2 e o expoente 4. Desenvolva uma classe completa que contenha as funções construtor e destrutor apropriadas, além de funções *set* e *get*. A classe também deverá fornecer as seguintes capacidades de operador sobrecarregado:

a) Sobrecarregue o operador de adição (+) para somar dois `Polynomials`.

b) Sobrecarregue o operador de subtração (-) para subtrair dois `Polynomials`.

c) Sobrecarregue o operador de atribuição para atribuir um `Polynomial` a outro.

d) Sobrecarregue o operador de multiplicação (*) para multiplicar dois `Polynomials`.

e) Sobrecarregue o operador de atribuição com adição (+=), o operador de atribuição com subtração (-=) e o operador de atribuição com multiplicação (*=).

PROGRAMAÇÃO ORIENTADA A OBJETOS: HERANÇA

20

Capítulo

Você não pode dizer que conhece o outro inteiramente até que tenha dividido uma herança com ele.
— **Johann Kasper Lavater**

Esse método serve para definir como o número de uma classe a classe de todas as classes semelhantes a determinada classe.
— **Bertrand Russell**

Por melhor que seja herdar uma biblioteca, é melhor colecionar uma.
— **Augustine Birrell**

A vida é enfadonha como uma história contada duas vezes.
— **William Shakespeare**

Objetivos

Neste capítulo, você aprenderá:

- A criar classes ao herdar de classes existentes.
- As noções de classes-base e classes derivadas e as relações entre elas.
- O especificador de acesso membro `protected`.
- O uso de construtores e destrutores nas hierarquias de herança.
- A ordem em que construtores e destrutores são chamados nas hierarquias de herança.
- As diferenças entre heranças `public`, `protected` e `private`.
- A usar a herança para personalizar o software existente.

Conteúdo

20.1 Introdução

20.2 Classes-base e classes derivadas

20.3 Membros `protected`

20.4 Relação entre classe-base e classe derivada

20.4.1 Criação e uso de uma classe `FuncionarioComissao`

20.4.2 Criação e uso de uma classe `FuncionarioBaseMaisComissao` sem o uso de herança

20.4.3 Criação de uma hierarquia de herança `FuncionarioComissao` - `FuncionarioBaseMaisComissao`

20.4.4 Hierarquia de herança `FuncionarioComissao` - `FuncionarioBaseMaisComissao` usando dados `protected`

20.4.5 Hierarquia de herança `FuncionarioComissao` - `FuncionarioBaseMaisComissao` usando dados `private`

20.5 Construtores e destrutores em classes derivadas

20.6 Heranças `public`, `protected` e `private`

20.7 Engenharia de software com herança

20.8 Conclusão

Resumo | *Terminologia* | *Exercícios de autorrevisão* | *Respostas dos exercícios de autorrevisão* | *Exercícios*

20.1 Introdução

Neste capítulo, continuaremos nossa discussão sobre a programação orientada a objeto (OOP) apresentando outro de seus principais recursos — a **herança**. Herança é uma forma de reutilização de software em que você cria uma classe que absorve dados e comportamentos de uma classe existente e os melhora com novas capacidades. A reutilização de software economiza o tempo gasto com o desenvolvimento do programa. Ela também encoraja a reutilização de software testado, depurado, de alta qualidade, o que aumenta a probabilidade de um sistema ser implementado de modo eficaz.

Ao criar uma classe, em vez de escrever dados-membro e funções-membro completamente novas, você poderá designar que a nova classe deverá **herdar** os membros de uma classe já existente. Essa classe existente é chamada de **classe-base**, e a nova classe é conhecida como **classe derivada**. (Outras linguagens de programação, como Java, referem-se à classe-base como **superclasse** e à classe derivada como **subclasse**.) Uma classe derivada representa um grupo de objetos mais especializado. Normalmente, uma classe derivada contém comportamentos herdados de sua classe-base e também comportamentos adicionais. Conforme veremos, uma classe derivada também pode personalizar comportamentos herdados da classe-base. Uma **classe-base direta** é a classe-base da qual uma classe derivada herda todas as características da classe pai explicitamente. Uma **classe-base indireta** é herdada de dois ou mais níveis acima na **hierarquia de classes**. No caso da **herança simples**, uma classe é derivada de uma classe-base. C++ também aceita a **herança múltipla**, em que uma classe derivada herda de várias classes-base (possivelmente não relacionadas). A herança simples é direta — mostraremos vários exemplos que devem permitir que você adquira habilidade rapidamente. A herança múltipla pode ser complexa e passível de erros.

C++ oferece as heranças `public`, `protected` e `private`. Neste capítulo, iremos nos concentrar na herança `public` e explicaremos as outras duas rapidamente. Não discutiremos a herança `private` em detalhes. A terceira forma, a herança `protected`, raramente é usada. Com a herança `public`, cada objeto de uma classe derivada também é um objeto da classe-base dessa classe derivada. Porém, os objetos da classe-base não são objetos de suas classes derivadas. Por exemplo, se você tem veículo como uma classe-base e carro como classe derivada, então todos os carros são veículos, mas nem todos os veículos são carros. À medida que continuarmos nosso estudo da programação orientada a objeto neste capítulo e no Capítulo 21, tiraremos proveito desse relacionamento para realizar algumas manipulações interessantes.

A experiência na criação de sistemas de software indica que quantidades significativas de código tratam de casos especiais rigorosamente relacionados. Quando você está preocupado com casos especiais, os detalhes podem ocultar o quadro geral. Com a programação orientada a objeto, você se concentra nas semelhanças entre os objetos no sistema em vez de nos casos especiais.

Distinguimos entre o **relacionamento é-um** e o **relacionamento tem-um**. O relacionamento *é-um* representa a herança. Em um relacionamento *é-um*, um objeto de uma classe derivada também pode ser tratado como um objeto de sua classe-base — por exemplo, um carro *é um* veículo, de modo que quaisquer atributos e comportamentos de um veículo também são atributos e comportamentos de um carro. Ao contrário, o relacionamento *tem-um* representa a composição. (A composição foi discutida no Capítulo 18.) Em um relacionamento *tem-um*, um objeto contém um ou mais objetos de outras classes como membros. Por exemplo, um carro inclui muitos componentes — ele *tem um* volante, *tem um* pedal de freio, *tem uma* transmissão e *tem* muitos outros componentes.

As funções-membro de classe derivada poderiam exigir o acesso a dados-membro e funções-membro da classe-base. Uma classe derivada pode acessar os membros não `private` de sua classe-base. Os membros de classe-base que não devem ser acessíveis às funções-membro de classes derivadas devem ser declaradas como `private` na classe-base. Uma classe derivada *pode* mudar os valores de membros da classe-base `private`, mas somente por meio de funções-membro não `private` fornecidas na classe-base e herdadas na classe derivada.

Observação sobre engenharia de software 20.1

Funções-membro de uma classe derivada não podem acessar diretamente os membros `private` *da classe-base.*

Observação sobre engenharia de software 20.2

Se uma classe derivada pudesse acessar os membros `private` *de sua classe-base, as classes que herdam dessa classe derivada também poderiam acessar esses dados. Isso propagaria o acesso aos que deveriam ser dados* `private`*, e os benefícios da ocultação de informações seriam perdidos.*

Um dos problemas da herança é que uma classe derivada pode herdar dados-membro e funções-membro que ela não precisa ou não deveria ter. É de responsabilidade do projetista da classe garantir que as capacidades fornecidas por uma classe sejam apropriadas para classes derivadas futuras. Mesmo quando a função-membro da classe-base é apropriada para uma classe derivada, a classe derivada normalmente exige que a função-membro se comporte de maneira específica à classe derivada. Nesses casos, a função-membro da classe-base pode ser redefinida na classe derivada com uma implementação apropriada.

20.2 Classes-base e classes derivadas

Frequentemente, um objeto de uma classe também *é um* objeto de outra classe. Por exemplo, na geometria, um retângulo *é um* quadrilátero (assim como os quadrados, paralelogramos e trapezoides). Assim, em C++, pode-se dizer que a classe `Retangulo` *herda* da classe `Quadrilatero`. Nesse contexto, a classe `Quadrilatero` é uma classe-base, e a classe `Retangulo` é uma classe derivada. Um retângulo *é um* tipo específico de quadrilátero, mas é incorreto afirmar que um quadrilátero *é um* retângulo — o quadrilátero poderia ser um paralelogramo ou alguma outra forma. A Figura 20.1 lista vários exemplos simples de classes-base e classes derivadas.

Como cada objeto de classe derivada *é um* objeto de sua classe-base, e uma classe-base pode ter muitas classes derivadas, o conjunto de objetos representados por uma classe-base normalmente é maior que o conjunto de objetos representados por qualquer uma de suas classes derivadas. Por exemplo, a classe-base `Veiculo` representa todos os veículos, incluindo carros, caminhões, barcos, aviões, bicicletas e assim por diante. Por outro lado, a classe derivada `Carro` representa um subconjunto menor, mais específico, de todos os veículos.

Os relacionamentos de herança formam estruturas hierárquicas do tipo árvore. Uma classe-base existe em um relacionamento hierárquico com suas classes derivadas. Embora classes possam existir de modo independente, quando são empregadas em relacionamentos de herança, tornam-se afiliadas a outras classes. Uma classe torna-se uma classe-base (fornecendo membros a outras classes), uma classe derivada (herdando seus membros de outras classes), ou ambas.

Desenvolveremos uma hierarquia de herança simples com cinco níveis (representados pelo diagrama de classes UML da Figura 20.2). Uma comunidade universitária tem milhares de membros.

Classe-base	Classes derivadas
`Estudante`	`EstudanteFundamental, EstudanteEnsinoMedio, EstudanteSuperior`
`Forma`	`Circulo, Triangulo, Retangulo, Esfera, Cubo`
`Emprestimo`	`EmprestimoCarro, EmprestimoReforma, EmprestimoHipoteca`
`Funcionario`	`Professor, Apoio`
`Conta`	`ContaCorrente, ContaPoupança`

Figura 20.1 ■ Exemplos de herança.

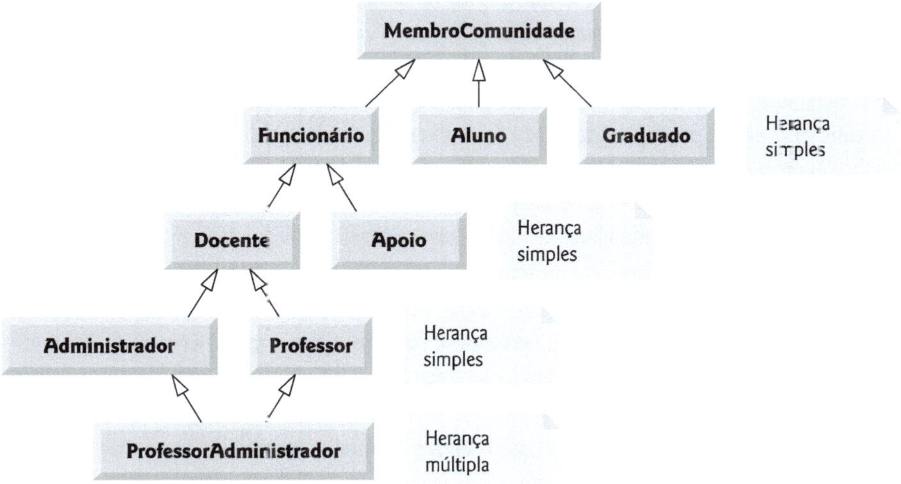

Figura 20.2 ■ Hierarquia de herança de uma universidade `MembroComunidade`.

Esses membros consistem em funcionários, alunos e alunos graduados. Os funcionários podem ser membros do corpo docente ou membros de apoio. Os membros do corpo docente são administradores (como reitores e diretores de departamento) ou professores. Alguns administradores, porém, também dão aulas. Observe que usamos a herança múltipla para formar a classe `ProfessorAdministrador`. Além disso, essa hierarquia de herança poderia conter muitas outras classes. Por exemplo, os alunos podem ser divididos em graduados e estudantes que ainda não se formaram. Os alunos que ainda não colaram grau podem ser divididos em calouros, alunos do segundo ano, juniores e seniores.

Cada seta na hierarquia (Figura 20.2) representa um relacionamento *é-um*. Por exemplo, à medida que seguimos as setas nessa hierarquia de classes, podemos dizer que 'um `Funcionario` *é um* `MembroComunidade`', e 'um `Professor` *é um* membro `Docente`'. `MembroComunidade` é uma classe-base direta de `Funcionario`, `Aluno` e `Graduado`. Além disso, `MembroComunidade` é uma classe-base indireta de todas as outras classes no diagrama. Começando na parte inferior do diagrama, você pode seguir as setas e aplicar o relacionamento *é-um* para a classe-base do topo. Por exemplo, um `ProfessorAdministrador` *é um* `Administrador`, *é um* membro `Docente`, *é um* `Funcionario` e *é um* `MembroComunidade`.

Agora, considere a hierarquia de herança `Forma` da Figura 20.3. Essa hierarquia começa com a classe-base `Forma`. As classes `FormaBidimensional` e `FormaTridimensional` derivam da classe-base `Forma` — toda `Forma` é `FormaBidimensional` ou `FormaTridimensional`. O terceiro nível dessa hierarquia contém alguns tipos mais específicos de `FormaBidimensional` e de `FormaTridimensional`. Assim como na Figura 20.2, podemos seguir as setas de baixo para cima no diagrama até a classe-base no topo dessa hierarquia de classes para identificar vários relacionamentos *é-um*. Por exemplo, um `Triangulo` *é uma* `FormaBidimensional` e *é uma* `Forma`, enquanto uma `Esfera` *é uma* FormaTridimensional e *é uma* `Forma`. Essa hierarquia poderia conter muitas outras classes, como `Retangulos`, `Elipses` e `Trapezoides`, que são todas derivadas da classe `FormaBidimensional`.

Para especificar que a classe `FormaBidimensional` (Figura 20.3) é derivada da (ou herda da) classe `Forma`, a definição da classe `FormaBidimensional` poderia começar da seguinte forma:

```
class FormaBidimensional : public Forma
```

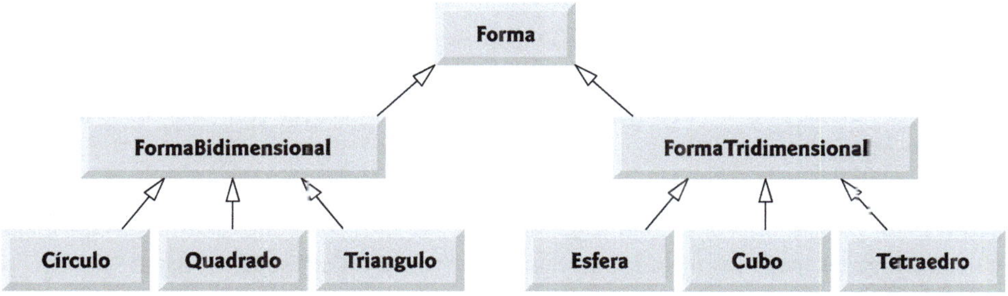

Figura 20.3 ■ Hierarquia de herança para `Formas`.

Este é um exemplo de **herança public**, a forma mais utilizada. Também discutiremos a **herança private** e a **herança protected** (Seção 20.6). Com todas as formas de herança, os membros `private` de uma classe-base não são acessíveis diretamente a partir das classes derivadas dessa classe, mas esses membros de classe-base `private` ainda são herdados (ou seja, eles ainda são considerados partes das classes derivadas). Com a herança `public`, todos os outros membros de classe-base retêm seu acesso de membro original, quando se tornam membros da classe derivada (por exemplo, membros `public` da classe-base se tornam membros `public` da classe derivada, e, como veremos em breve, membros `protected` da classe-base se tornam membros `protected` da classe derivada). Por meio desses membros herdados da classe-base, a classe derivada pode manipular membros `private` da classe-base (se esses membros herdados oferecerem tal funcionalidade na classe-base). Observe que funções `friend` não são herdadas.

A herança não é apropriada para todos os relacionamentos de classe. No Capítulo 18, discutimos o relacionamento *tem-um*, em que as classes possuem membros que são objetos de outras classes. Esses relacionamentos criam classes por composição das classes existentes. Por exemplo, dadas as classes `Funcionario`, `DataNascimento` e `NumeroTelefone`, é incorreto dizer que um `Funcionario` *é uma* `DataNascimento` ou que um `Funcionario` *é um* `NumeroTelefone`. Porém, é apropriado dizer que um `Funcionario` *tem uma* `DataNascimento` e que um `Funcionario` *tem um* `NumeroTelefone`.

É possível tratar objetos de classe-base e objetos de classe derivada de modo semelhante; seus atributos em comum são expressos nos membros da classe-base. Os objetos de todas as classes derivadas de uma classe-base comum são tratados como objetos dessa classe-base (ou seja, esses objetos possuem um relacionamento *é-um* com a classe-base). No Capítulo 21, estudaremos muitos exemplos que tiram proveito desse relacionamento.

20.3 Membros protected

O Capítulo 16 apresentou os especificadores de acesso `public` e `private`. Os membros `public` da classe-base são acessíveis dentro de seu corpo e em qualquer lugar em que o programa tenha um handle (ou seja, um nome, uma referência ou um ponteiro) para um objeto dessa classe ou para uma de suas classes derivadas. Os membros `private` de uma classe-base são acessíveis apenas dentro de seu corpo e nas `friends` dessa classe-base. Nesta seção, apresentaremos o especificador de acesso **protected**.

O uso do acesso `protected` oferece um nível intermediário de proteção entre o acesso `public` e o `private`. Os membros `protected` de uma classe-base podem ser acessados dentro do corpo dessa classe-base, por membros e `friends` dessa classe-base e por membros e `friends` de quaisquer classes derivadas dessa classe-base.

As funções-membro da classe derivada podem se referir a membros `public` e `protected` da classe-base simplesmente usando os nomes de membro. Quando uma função-membro de classe derivada redefine a função-membro de uma classe-base, o membro da classe-base pode ser acessado a partir da classe derivada ao se colocar o nome da classe-base e o operador binário de resolução de escopo (`::`) antes do nome do membro da classe-base. Discutiremos o acesso aos membros redefinidos da classe-base na Seção 20.4.5 e o uso de dados `protected` na Seção 20.4.4.

20.4 Relação entre classe-base e classe derivada

Nesta seção, usaremos uma hierarquia de herança que contém tipos de funcionários em uma aplicação de folha de pagamento de empresa para discutir a relação entre uma classe-base e uma classe derivada. Os funcionários comissionados (que serão representados como objetos de uma classe-base) recebem uma porcentagem das vendas que efetuam, enquanto os funcionários com comissão e salário-base (que serão representados como objetos de uma classe derivada) recebem um salário-base e mais uma porcentagem das vendas que efetuam. Dividimos nossa discussão do relacionamento entre funcionários comissionados e funcionários com comissão e salário-base em uma série de cinco exemplos cuidadosamente separados:

1. No primeiro exemplo, criamos a classe `FuncionarioComissao`, que contém como dados-membro `private` nome, sobrenome, número de identificação, taxa de comissão (porcentagem) e valor bruto de vendas (ou seja, total).
2. O segundo exemplo define a classe `FuncionarioBaseMaisComissao`, que contém como dados-membro `private` nome, sobrenome, número de identificação, taxa de comissão, valor bruto de vendas e salário-base. Criamos essa última classe escrevendo cada linha de código que a classe exige — logo veremos que é muito mais eficiente criar essa classe simplesmente herdando da classe `FuncionarioComissao`.
3. O terceiro exemplo define uma nova versão da classe `FuncionarioBaseMaisComissao`, que herda diretamente da classe `FuncionarioComissao` (ou seja, um `FuncionarioBaseMaisComissao` *é um* `FuncionarioComissao` que também tem um salário-base) e tenta acessar os membros `private` da classe `FuncionarioComissao` — isso resulta em erros de compilação, pois a classe derivada não tem acesso aos dados `private` da classe-base.

4. O quarto exemplo mostra que, se os dados de `FuncionarioComissao` são declarados como `protected`, uma nova versão da classe `FuncionarioBaseMaisComissao`, que herda da classe `FuncionarioComissao`, *pode* acessar esses dados diretamente. Para essa finalidade, definimos uma nova versão da classe `FuncionarioComissao` com dados `protected`. As classes `FuncionarioBaseMaisComissao` herdada e não herdada contêm a mesma funcionalidade, mas mostramos como a versão de `FuncionarioBaseMaisComissao` que herda da classe `FuncionarioComissao` é mais fácil de criar e gerenciar.
5. Depois de discutirmos a conveniência do uso de usar dados `protected`, criamos o quinto exemplo, que manda os dados-membro `FuncionarioComissao` de volta para `private` para impor a boa engenharia de software. Esse exemplo demonstra que a classe derivada `FuncionarioBaseMaisComissao` pode usar as funções-membro `public` da classe-base `FuncionarioComissao` para manipular os dados `private` de `FuncionarioComissao`.

20.4.1 Criação e uso de uma classe FuncionarioComissao

Examinemos a definição de classe de `FuncionarioComissao` (figuras 20.4 e 20.5). O arquivo de cabeçalho de `Funcionario-Comissao` (Figura 20.4) especifica os serviços `public` da classe `FuncionarioComissao`, que incluem um construtor (linhas 12-13) e funções-membro `ganhos` (linha 30) e `imprime` (linha 31). As linhas 15-28 declaram funções `public` *get* e *set* que manipulam os dados-membro da classe (declarados nas linhas 33-37) `nome`, `sobrenome`, `numeroID`, `vendaBruta` e `taxaComissao`. O arquivo de cabeçalho `FuncionarioComissao` especifica que esses dados-membro são `private`, de modo que os objetos de outras classes não podem acessar esses dados diretamente. Declarar dados-membro como `private` e fornecer funções *get* e *set* não `private` para manipular e validar os dados-membro ajuda a impor a boa engenharia de software. As funções-membro `defVendaBruta` (definida nas linhas 56-59 da Figura 20.5) e `defTaxaComissao` (definida nas linhas 68-71 da Figura 20.5), por exemplo, validam seus argumentos antes de atribuir os valores aos dados-membro `vendaBruta` e `taxaComissao`, respectivamente.

```
1  // Figura 20.4: FuncionarioComissao.h
2  // Definição da classe FuncionarioComissao representa funcionario comissionado.
3  #ifndef COMMISSION_H
4  #define COMMISSION_H
5
6  #include <string> // classe de string padrão de C++
7  using namespace std;
8
9  class FuncionarioComissao
10 {
11 public:
12    FuncionarioComissao( const string &, const string &, const string &,
13       double = 0.0, double = 0.0 );
14
15    void defNome( const string & ); // define nome
16    string retNome() const; // retorna nome
17
18    void defSobrenome( const string & ); // define sobrenome
19    string retSobrenome() const; // retorna sobrenome
20
21    void defNumeroID( const string & ); // define ID
22    string retNumeroID() const; // retorna ID
23
24    void defVendaBruta( double ); // define valor da venda bruta
25    double retVendaBruta() const; // retorna valor da venda bruta
26
27    void defTaxaComissao( double ); // define taxa de comissão (porcentagem)
28    double retTaxaComissao() const; // retorna taxa de comissão
29
30    double ganhos() const; // calcula ganhos
31    void imprime() const; // imprime objeto FuncionarioComissao
32 private:
33    string nome;
```

Figura 20.4 ■ Arquivo de cabeçalho da classe `FuncionarioComissao`. (Parte 1 de 2.)

```
   string sobrenome;
   string numeroID;
   double vendaBruta; // venda semanal bruta
   double taxaComissao; // porcentagem de comissão
}; // fim da classe FuncionarioComissao

#endif
```

Figura 20.4 ■ Arquivo de cabeçalho da classe FuncionarioComissao. (Parte 2 de 2.)

```
// Figura 20.5: FuncionarioComissao.cpp
// Definições de função-membro da classe FuncionarioComissao.
#include <iostream>
#include "FuncionarioComissao.h" // Definição da classe FuncionarioComissao
using namespace std;

// construtor
FuncionarioComissao::FuncionarioComissao(
   const string &primeiro, const string &último, const string &id,
   double vendas, double taxa )
{
   nome = primeiro; // deve validar
   sobrenome = último; // deve validar
   numeroID = id; // deve validar
   defVendaBruta( vendas ); // valida e armazena venda bruta
   defTaxaComissao( taxa ); // valida e armazena taxa de comissão
} // fim do construtor FuncionarioComissao

// define nome
void FuncionarioComissao::defNome( const string &primeiro )
{
   nome = primeiro; // deve validar
} // fim da função defNome

// retorna nome
string FuncionarioComissao::retNome() const
{
   return nome;
} // fim da função retNome

// define sobrenome
void FuncionarioComissao::defSobrenome( const string &último )
{
   sobrenome = último; // deve validar
} // fim da função defSobrenome

// retorna sobrenome
string FuncionarioComissao::retSobrenome() const
{
   return sobrenome;
} // fim da função retSobrenome

// define número de identificação
void FuncionarioComissao::defNumeroID( const string &id )
{
```

Figura 20.5 ■ Arquivo de implementação para a classe FuncionarioComissao que representa um funcionário que recebe uma porcentagem da venda bruta. (Parte 1 de 2.)

```
46      numeroID = id; // deve validar
47   } // fim da função defNumeroID
48
49   // retorna número de identificação
50   string FuncionarioComissao::retNumeroID() const
51   {
52      return numeroID;
53   } // fim da função retNumeroID
54
55   // define valor da venda bruta
56   void FuncionarioComissao::defVendaBruta( double vendas )
57   {
58      vendaBruta = ( vendas < 0.0 ) ? 0.0 : vendas;
59   } // fim da função defVendaBruta
60
61   // retorna valor da venda bruta
62   double FuncionarioComissao::retVendaBruta() const
63   {
64      return vendaBruta;
65   } // fim da função retVendaBruta
66
67   // define taxa de comissão
68   void FuncionarioComissao::defTaxaComissao( double taxa )
69   {
70      taxaComissao = ( taxa > 0.0 && taxa < 1.0 ) ? taxa : 0.0;
71   } // fim da função defTaxaComissao
72
73   // retorna taxa de comissão
74   double FuncionarioComissao::retTaxaComissao() const
75   {
76      return taxaComissao;
77   } // fim da função retTaxaComissao
78
79   // calcula ganhos
80   double FuncionarioComissao::ganhos() const
81   {
82      return taxaComissao * vendaBruta;
83   } // fim da função ganhos
84
85   // imprime FuncionarioComissao object
86   void FuncionarioComissao::imprime() const
87   {
88      cout << "Funcionário comissão: " << nome << ' ' << sobrenome
89         << "\nNúmero de identificação: " << numeroID
90         << "\nVenda bruta: " << vendaBruta
91         << "\nTaxa de comissão: " << taxaComissao;
92   } // fim da função imprime
```

Figura 20.5 ■ Arquivo de implementação para a classe `FuncionarioComissao` que representa um funcionário que recebe uma porcentagem da venda bruta. (Parte 2 de 2.)

Propositadamente, a definição do construtor `FuncionarioComissao` não usa a sintaxe de inicializador de membro nos primeiros exemplos desta seção, de modo que podemos demonstrar como os especificadores `private` e `protected` afetam o acesso ao membro nas classes derivadas. Como vemos na Figura 20.5, linhas 12-14, atribuímos valores aos dados-membro `nome`, `sobrenome` e `numeroID` no corpo do construtor. Adiante nesta seção, retornaremos ao uso de listas de inicializadores de membro nos construtores.

Não validamos os valores dos argumentos `primeiro`, `último` e `id` do construtor antes de atribuí-los aos dados-membro correspondentes. Certamente, poderíamos validar os nomes e os sobrenomes — talvez, ao garantir que eles tenham um tamanho razoável. De modo semelhante, um número de identificação poderia ser validado para garantir que ele contenha 11 dígitos de um CPF, com ou sem hífen (por exemplo, `123.456.789-00` ou `12345678900`).

A função-membro `ganhos` (linhas 80-83) calcula os ganhos de um `FuncionarioComissao`. A linha 82 multiplica a `taxaComissao` pela `vendaBruta` e retorna o resultado. A função-membro `imprime` (linhas 86-92) apresenta os valores dos dados-membro de um objeto `FuncionarioComissao`.

A Figura 20.6 testa a classe `FuncionarioComissao`. As linhas 11-12 instanciam o objeto `funcionario` da classe `FuncionarioComissao` e chamam o construtor de `FuncionarioComissao` para inicializar o objeto com `"Sue"` como nome, `"Jones"` como sobrenome, `"123456789-00"` como número de identificação, `10000` como valor da venda bruta e `0,06` como taxa de comissão. As linhas 19-24 usam as funções *get* de `funcionario` para exibir os valores de seus dados-membro. As linhas 26-27 chamam as funções-membro `defVendaBruta` e `defTaxaComissao` do objeto para mudar os valores dos dados-membro `vendaBruta` e `taxaComissao`, respectivamente. A linha 31, então, chama a função-membro `imprime` de `funcionario` para enviar a informação atualizada de `FuncionarioComissao`. Finalmente, a linha 34 mostra os ganhos do `FuncionarioComissao`, calculados pela função-membro `ganhos` do objeto usando os valores atualizados dos dados-membro `vendaBruta` e `taxaComissao`.

```
1  // Fig. 20.6: fig20_06.cpp
2  // Testing class FuncionarioComissao.
3  #include <iostream>
4  #include <iomanip>
5  #include "FuncionarioComissao.h" // Definição da classe FuncionarioComissao
6  using namespace std;
7
8  int main()
9  {
10    // instancia um objeto FuncionarioComissao
11    FuncionarioComissao funcionario(
12       "Sue", "Jones", "123456789-00", 10000, .06 );
13
14    // define formatação de saída em ponto flutuante
15    cout << fixed << setprecision( 2 );
16
17    // obtém dados de funcionário comissionado
18    cout << "Informações de funcionário obtidas por funções get: \n"
19       << "\nO nome é " << funcionario.retNome()
20       << "\nO sobrenome é " << funcionario.retSobrenome()
21       << "\nO número de identificação é "
22       << funcionario.retNumeroID()
23       << "\nA venda bruta é " << funcionario.retVendaBruta()
24       << "\nA taxa de comissão é " << funcionario.retTaxaComissao() << endl;
25
26    funcionario.defVendaBruta( 8000 ); // define venda bruta
27    funcionario.defTaxaComissao( .1 ); // define taxa de comissão
28
29    cout << "\nInformações atualizadas do funcionário pela função imprime: \n"
30       << endl;
31    funcionario.imprime(); // mostra as novas informações do funcionário
32
33    // mostra os ganhos do funcionário
34    cout << "\n\nGanhos do funcionário: R$" << funcionario.ganhos() << endl;
35 } // fim do main
```

Figura 20.6 ■ Programa de teste da classe `FuncionarioComissao`. (Parte 1 de 2.)

```
Informações de funcionário obtidas por funções get:

O nome é Sue
O sobrenome é Jones
O número de identificação é 123456789-00
A venda bruta é 10000.00
A taxa de comissão é 0.06

Informações atualizadas do funcionário pela função imprime:
Funcionário comissão: Sue Jones
Número de identificação: 123456789-00
Venda bruta: 8000.00
Taxa de comissão: 0.10
Ganhos do funcionário: R$800.00
```

Figura 20.6 ■ Programa de teste da classe `FuncionarioComissao`. (Parte 2 de 2.)

20.4.2 Criação e uso de uma classe `FuncionarioBaseMaisComissao` sem o uso de herança

Agora, discutiremos a segunda parte de nossa introdução à herança, criando e testando uma classe (completamente nova e independente) `FuncionarioBaseMaisComissao` (figuras 20.7 e 20.8), que contém nome, sobrenome, número de identificação, valor de venda bruta, taxa de comissão *e* salário-base.

```cpp
// Fig. 20.7: FuncionarioBaseMaisComissao.h
// Definição da classe FuncionarioBaseMaisComissao representa um funcionário
// que recebe salário-base além da comissão.
#ifndef BASEPLUS_H
#define BASEPLUS_H

#include <string> // Classe string padrão de C++
using namespace std;

class FuncionarioBaseMaisComissao
{
public:
   FuncionarioBaseMaisComissao( const string &, const string &,
      const string &, double = 0.0, double = 0.0, double = 0.0 );

   void defNome( const string & ); // define nome
   string retNome() const; // retorna nome

   void defSobrenome( const string & ); // define sobrenome
   string retSobrenome() const; // retorna sobrenome

   void defNumeroID( const string & ); // define ID
   string retNumeroID() const; // retorna ID

   void defVendaBruta( double ); // define valor da venda bruta
   double retVendaBruta() const; // retorna valor da venda bruta

   void defTaxaComissao( double ); // define taxa de comissão
   double retTaxaComissao() const; // retorna taxa de comissão

   void defSalarioBase( double ); // define salário-base
   double retSalarioBase() const; // retorna salário-base

   double ganhos() const; // calcula ganhos
```

Figura 20.7 ■ Arquivo de cabeçalho da classe `FuncionarioBaseMaisComissao`. (Parte 1 de 2.)

```
   void imprime() const; // imprime objeto FuncionarioBaseMaisComissao
private:
   string nome;
   string sobrenome;
   string numeroID;
   double vendaBruta; // venda bruta semanal
   double taxaComissao; // porcentagem de comissão
   double salarioBase; // salário-base
}; // fim da classe FuncionarioBaseMaisComissao

#endif
```

Figura 20.7 ■ Arquivo de cabeçalho da classe **FuncionarioBaseMaisComissao**. (Parte 2 de 2.)

```
// Fig. 20.8: FuncionarioBaseMaisComissao.cpp
// Definições de função-membro da classe FuncionarioBaseMaisComissão.
#include <iostream>
#include "FuncionarioBaseMaisComissao.h"
using namespace std;

// construtor
FuncionarioBaseMaisComissao::FuncionarioBaseMaisComissao(
   const string &primeiro, const string &último, const string &id,
   double vendas, double taxa, double salário )
{
   nome = primeiro; // deve validar
   sobrenome = último; // deve validar
   numeroID = id; // deve validar
   defVendaBruta( vendas ); // valida e armazena venda bruta
   defTaxaComissao( taxa ); // valida e armazena taxa de comissão
   defSalarioBase( salário ); // valida e armazena salário-base
} // fim do construtor FuncionarioBaseMaisComissao

// define nome
void FuncionarioBaseMaisComissao::defNome( const string &primeiro )
{
   nome = primeiro; // deve validar
} // fim da função defNome

// retorna nome
string FuncionarioBaseMaisComissao::retNome() const
{
   return nome;
} // fim da função retNome

// define sobrenome
void FuncionarioBaseMaisComissao::defSobrenome( const string &último )
{
   sobrenome = último; // deve validar
} // fim da função defSobrenome

// retorna sobrenome
string FuncionarioBaseMaisComissao::retSobrenome() const
{
   return sobrenome;
```

Figura 20.8 ■ Classe **FuncionarioBaseMaisComissao** representa um funcionário que recebe um salário-base, além de uma comissão. (Parte 1 de 3.)

```
} // fim da função retSobrenome

// define número de identificação
void FuncionarioBaseMaisComissao::defNumeroID(
   const string &id )
{
   numeroID = id; // deve validar
} // fim da função defNumeroID

// retorna número de identificação
string FuncionarioBaseMaisComissao::retNumeroID() const
{
   return numeroID;
} // fim da função retNumeroID

// define valor da venda bruta
void FuncionarioBaseMaisComissao::defVendaBruta( double vendas )
{
   vendaBruta = ( vendas < 0.0 ) ? 0.0 : vendas;
} // fim da função defVendaBruta

// retorna valor da venda bruta
double FuncionarioBaseMaisComissao::retVendaBruta() const
{
   return vendaBruta;
} // fim da função retVendaBruta

// define taxa de comissão
void FuncionarioBaseMaisComissao::defTaxaComissao( double taxa )
{
   taxaComissao = ( taxa > 0.0 && taxa < 1.0 ) ? taxa : 0.0;
} // fim da função defTaxaComissao

// retorna taxa de comissao
double FuncionarioBaseMaisComissao::retTaxaComissao() const
{
   return taxaComissao;
} // fim da função retTaxaComissao

// define salário-base
void FuncionarioBaseMaisComissao::defSalarioBase( double salario )
{
   salarioBase = ( salario < 0.0 ) ? 0.0 : salario;
} // fim da função defSalarioBase

// retorna salário-base
double FuncionarioBaseMaisComissao::retSalarioBase() const
{
   return salarioBase;
} // fim da função retSalarioBase

// calcula ganhos
double FuncionarioBaseMaisComissao::ganhos() const
{
   return salarioBase + ( taxaComissao * vendaBruta );
} // fim da função ganhos

```

Figura 20.8 ■ Classe FuncionarioBaseMaisComissao representa um funcionário que recebe um salário-base, além de uma comissão. (Parte 2 de 3.)

```
 99 // imprime objeto FuncionarioBaseMaisComissao
100 void FuncionarioBaseMaisComissao::imprime() const
101 {
102    cout << "Funcionário com salário-base e comissão: " << nome << ' '
103       << sobrenome << "\nNúmero de identificação: " << numeroID
104       << "\nVenda bruta: " << vendaBruta
105       << "\nTaxa de comissão: " << taxaComissao
106       << "\nSalário-base: " << salarioBase;
107 } // fim da função imprime
```

Figura 20.8 ■ Classe `FuncionarioBaseMaisComissao` representa um funcionário que recebe um salário-base, além de uma comissão. (Parte 3 de 3.)

Definição da classe `FuncionarioBaseMaisComissao`

O arquivo de cabeçalho `FuncionarioBaseMaisComissao` (Figura 20.7) especifica os serviços públicos da classe `FuncionarioBaseMaisComissao`, que incluem o construtor de `FuncionarioBaseMaisComissao` (linhas 13-14) e as funções-membro `ganhos` (linha 34) e `imprime` (linha 35). As linhas 16-32 declaram funções *get* e *set* `public` para os dados-membro `private` da classe (declarados nas linhas 37-42) `nome`, `sobrenome`, `numeroID`, `vendaBruta`, `taxaComissao` e `salarioBase`. Essas variáveis e funções-membro encapsulam todos os recursos necessários de um funcionário pago com comissão e salário-base. Observe a semelhança entre essa classe e a classe `FuncionarioComissao` (figuras 20.4 e 20.5) — nesse exemplo, não exploraremos essa semelhança.

A função-membro `ganhos` da classe `FuncionarioBaseMaisComissao` (definida nas linhas 94-97 da Figura 20.8) calcula os ganhos de um funcionário que recebe comissão e salário-base. A linha 96 retorna o resultado da soma do salário-base do funcionário com o produto da taxa de comissão pela venda bruta do funcionário.

Teste da classe `FuncionarioBaseMaisComissao`

A Figura 20.9 testa a classe `FuncionarioBaseMaisComissao`. As linhas 11-12 instanciam o objeto `funcionario` da classe `FuncionarioBaseMaisComissao`, passando `"Bob"`, `"Lewis"`, `"987654321-00"`, `5000`, `0,04` e `300` ao construtor como nome, sobrenome, número de identificação, venda bruta, taxa de comissão e salário-base, respectivamente. As linhas 19-25 usam as funções *get* de `FuncionarioBaseMaisComissao` para obter os valores dos dados-membro do objeto para saída. A linha 27 chama a função-membro `defSalarioBase` do objeto para mudar o salário-base. A função-membro `defSalarioBase` (Figura 20.8, linhas 82-85) garante que o `salarioBase` do dado-membro não recebe um valor negativo, pois o salário-base de um funcionário não pode ser negativo. A linha 31 da Figura 20.9 chama a função-membro `imprime` do objeto para enviar a informação atualizada de `FuncionarioBaseMaisComissao`, e a linha 34 chama a função-membro `ganhos` para exibir os ganhos de `FuncionarioBaseMaisComissao`.

```
 1 // Fig. 20.9: fig20_09.cpp
 2 // Testando a classe FuncionarioBaseMaisComissao.
 3 #include <iostream>
 4 #include <iomanip>
 5 #include "FuncionarioBaseMaisComissao.h"
 6 using namespace std;
 7
 8 int main()
 9 {
10    // instancia objeto FuncionarioBaseMaisComissao
11    FuncionarioBaseMaisComissao
12       funcionário( "Bob", "Lewis", "987654321-00", 5000, .04, 300 );
13
14    // define formatação de saída em ponto flutuante
15    cout << fixed << setprecision( 2 );
16
17    // obtém dados de comissão do funcionário
18    cout << "Informação do funcionário obtida por funções get: \n"
```

Figura 20.9 ■ Programa de teste da classe `FuncionarioBaseMaisComissao`. (Parte 1 de 2.)

```
         << "\nO nome é " << funcionario.retNome()
         << "\nO sobrenome é " << funcionario.retSobrenome()
         << "\nO número de identificação é "
         << funcionario.retNumeroID()
         << "\nA venda bruta é " << funcionario.retVendaBruta()
         << "\nA taxa de comissão é " << funcionario.retTaxaComissao()
         << "\nO salário-base é " << funcionario.retSalarioBase() << endl;

      funcionario.defSalarioBase( 1000 ); // define salário-base

      cout << "\nInformação atualizada enviada pela função imprime: \n"
         << endl;
      funcionario.imprime(); // mostra as novas informações do funcionário

      // mostra os ganhos do funcionário
      cout << "\n\nGanhos do funcionário: $" << funcionario.ganhos() << endl;
   } // fim do main
```

```
Informação do funcionário obtida por funções get:

O nome é Bob
O sobrenome é Lewis
O número de identificação é 987654321-00
A venda bruta é 5000.00
A taxa de comissão é 0.04
O salário-base é 300.00

Informação atualizada enviada pela função imprime:

Funcionário que recebe salário-base e comissão: Bob Lewis
Número de identificação: 987654321-00
Venda bruta: 5000.00
Taxa de comissão: 0.04
Salário-base: 1000.00

Ganhos do funcionário: R$1200.00
```

Figura 20.9 ■ Programa de teste da classe `FuncionarioBaseMaisComissao`. (Parte 2 de 2.)

Explorando as semelhanças entre a classe `FuncionarioBaseMaisComissao` *e a classe* `FuncionarioComissao`

A maior parte do código da classe `FuncionarioBaseMaisComissao` (figuras 20.7 e 20.8) é semelhante, se não idêntica, ao código da classe `FuncionarioComissao` (figuras 20.4-20.5). Por exemplo, na classe `FuncionarioBaseMaisComissao`, os dados-membro `private` `nome` e `sobrenome` e as funções-membro `defNome`, `retNome`, `defSobrenome` e `retSobrenome` são idênticos aos da classe `FuncionarioComissao`. As classes `FuncionarioComissao` e `FuncionarioBaseMaisComissao` também contêm os dados-membro `private` `numeroID`, `taxaComissao` e `vendaBruta`, além de funções *get* e *set* para manipular esses membros. Além disso, o construtor `FuncionarioBaseMaisComissao` é quase idêntico ao da classe `FuncionarioComissao`, exceto que o construtor de `FuncionarioBaseMaisComissao` também define o `salarioBase`. Os outros acréscimos à classe `FuncionarioBaseMaisComissao` são o dado-membro `private` `salarioBase` e as funções-membro `defSalarioBase` e `retSalarioBase`. A função-membro `imprime` da classe `FuncionarioBaseMaisComissao` é quase idêntica à da classe `FuncionarioComissao`, exceto que a função `imprime` de `FuncionarioBaseMaisComissao` também mostra o valor do dado-membro `salarioBase`.

Literalmente, copiamos o código da classe `FuncionarioComissao` e o colamos na classe `FuncionarioBaseMaisComissao`, e depois modificamos a classe `FuncionarioBaseMaisComissao` para incluir um salário-base e as funções-membro que manipulam o salário-base. Essa técnica de 'copiar e colar' é passível de erros e demorada. Pior ainda, ela pode espalhar muitas cópias físicas do mesmo código por todo o sistema, tornando a manutenção do código um pesadelo. É possível 'absorver' os dados-membro e as funções-membro de uma classe de modo que eles se tornem parte de outra classe sem que o código seja duplicado? Nos próximos exemplos, faremos exatamente isso com a ajuda da herança.

Observação sobre engenharia de software 20.3

Copiar e colar o código de uma classe em outra pode espalhar erros por diversos arquivos de código-fonte. Para evitar a duplicação de código (e, possivelmente, erros), use a herança no lugar do método 'copiar e colar' em situações nas quais desejar que uma classe 'absorva' os dados-membro e as funções-membro de outra classe.

Observação sobre engenharia de software 20.4

Com a herança, os dados-membro comuns e as funções-membro de todas as classes na hierarquia são declarados em uma classe-base. Quando as mudanças são exigidas para esses recursos comuns, você só precisa alterar a classe-base — as classes derivadas herdam as alterações. Sem a herança, as mudanças teriam de ser feitas em todos os arquivos de código-fonte que tivessem uma cópia do código em questão.

20.4.3 Criação de uma hierarquia de herança `FuncionarioComissao` – `FuncionarioBaseMaisComissao`

Agora, criaremos e testaremos uma nova classe `FuncionarioBaseMaisComissao` (figuras 20.10 e 20.11) que deriva da classe `FuncionarioComissao` (figuras 20.4 e 20.5). Nesse exemplo, um objeto `FuncionarioBaseMaisComissao` *é um* `FuncionarioComissao` (pois a herança repassa as capacidades da classe `FuncionarioComissao`), mas a classe `FuncionarioBaseMaisComissao` também possui o dado-membro `salarioBase` (Figura 20.10, linha 23). O sinal de dois-pontos (`:`) na linha 11 da definição da classe indica a herança. A palavra-chave `public` indica o tipo da herança. Como uma classe derivada (formada com a herança `public`), `FuncionarioBaseMaisComissao` herda todos os membros da classe `FuncionarioComissao`, exceto o construtor — cada classe fornece seus próprios construtores, que são específicos da classe. (Os destrutores também não são herdados.) Assim, os serviços `public` de `FuncionarioBaseMaisComissao` incluem seu construtor (linhas 14-15) e as funções-membro `public` herdadas da classe

```
 1  // Fig. 20.10: FuncionarioBaseMaisComissao.h
 2  // Classe FuncionarioBaseMaisComissao derivada da classe
 3  // FuncionarioComissao.
 4  #ifndef BASEPLUS_H
 5  #define BASEPLUS_H
 6
 7  #include <string> // Classe string padrão da C++
 8  #include "FuncionarioComissao.h" // Declaração da classe FuncionarioComissao
 9  using namespace std;
10
11  class FuncionarioBaseMaisComissao : public FuncionarioComissao
12  {
13  public:
14     FuncionarioBaseMaisComissao( const string &, const string &,
15        const string &, double = 0.0, double = 0.0, double = 0.0 );
16
17     void defSalarioBase( double ); // define salário-base
18     double retSalarioBase() const; // retorna salário-base
19
20     double ganhos() const; // calcula ganhos
21     void imprime() const; // imprime objeto FuncionarioBaseMaisComissao
22  private:
23     double SalarioBase; // salário-base
24  }; // fim da classe FuncionarioBaseMaisComissao
25
26  #endif
```

Figura 20.10 ■ Definição da classe `FuncionarioBaseMaisComissao` indicando relação de herança com a classe `FuncionarioComissao`.

```
// Fig. 20.11: FuncionarioBaseMaisComissao.cpp
// Definições de função-membro da classe FuncionarioBaseMaisComissao.
#include <iostream>
#include "FuncionarioBaseMaisComissao.h"
using namespace std;

// construtor
FuncionarioBaseMaisComissao::FuncionarioBaseMaisComissao(
   const string &primeiro, const string &último, const string &id,
   double vendas, double taxa, double salário )
   // chama explicitamente construtor da classe-base
   : FuncionarioComissao( primeiro, último, id, vendas, taxa )
{
   defSalarioBase( salario ); // valida e armazena salário-base
} // fim do construtor de FuncionarioBaseMaisComissao

// define salário-base
void FuncionarioBaseMaisComissao::defSalarioBase( double salario )
{
   SalarioBase = ( salario < 0.0 ) ? 0.0 : salario;
} // fim da função defSalarioBase

// retorna salário-base
double FuncionarioBaseMaisComissao::retSalarioBase() const
{
   return SalarioBase;
} // fim da função retSalarioBase

// calcula ganhos
double FuncionarioBaseMaisComissao::ganhos() const
{
   // classe derivada não pode acessar dados privados da classe-base
   return SalarioBase + ( taxaComissao * vendaBruta );
} // fim da função ganhos

// imprime objeto FuncionarioBaseMaisComissao
void FuncionarioBaseMaisComissao::imprime() const
{
   // classe derivada não pode acessar dados privados da classe-base
   cout << "Funcionário com salário-base e comissão: " << nome << ' '
      << sobrenome << "\nNúmero de identificação: " << numeroID
      << "\nVenda bruta: " << vendaBruta
      << "\nTaxa de comissão: " << taxaComissao
      << "\nSalário-base: " << SalarioBase;
} // fim da função imprime
```

```
C:\examples\ch20\Fig20_10_11\FuncionarioBaseMaisComissao.cpp(33) :
   error C2248: 'FuncionarioComissao::taxaComissao' :
   cannot access private member declared in class 'FuncionarioComissao'

C:\examples\ch20\Fig20_10_11\FuncionarioBaseMaisComissao.cpp(33) :
   error C2248: 'FuncionarioComissao::vendaBruta' :
   cannot access private member declared in class 'FuncionarioComissao'

C:\examples\ch20\Fig20_10_11\FuncionarioBaseMaisComissao.cpp(40) :
   error C2248: 'FuncionarioComissao::nome' :
   cannot access private member declared in class 'FuncionarioComissao'
```

Figura 20.11 ■ Arquivo de implementação `FuncionarioBaseMaisComissao`: dados da classe-base `private` não podem ser acessados pela classe derivada. (Parte 1 de 2.)

```
C:\examples\ch20\Fig20_10_11\FuncionarioBaseMaisComissao.cpp(41) :
    error C2248: 'FuncionarioComissao::sobrenome' :
    cannot access private member declared in class 'FuncionarioComissao'

C:\examples\ch20\Fig20_10_11\FuncionarioBaseMaisComissao.cpp(41) :
    error C2248: 'FuncionarioComissao::numeroID' :
    cannot access private member declared in class 'FuncionarioComissao'

C:\examples\ch20\Fig20_10_11\FuncionarioBaseMaisComissao.cpp(42) :
    error C2248: 'FuncionarioComissao::vendaBruta' :
    cannot access private member declared in class 'FuncionarioComissao'

C:\examples\ch20\Fig20_10_11\FuncionarioBaseMaisComissao.cpp(43) :
    error C2248: 'FuncionarioComissao::taxaComissao' :
    cannot access private member declared in class 'FuncionarioComissao'
```

Figura 20.11 ■ Arquivo de implementação `FuncionarioBaseMaisComissao`: dados da classe-base `private` não podem ser acessados pela classe derivada. (Parte 2 de 2.)

`FuncionarioComissao` — embora não possamos ver essas funções-membro herdadas no código-fonte de `FuncionarioBaseMaisComissao`, elas fazem parte da classe derivada `FuncionarioBaseMaisComissao`. Os serviços `public` da classe derivada também incluem as funções-membro `defSalarioBase`, `retSalarioBase`, `ganhos` e `imprime` (linhas 17-21).

A Figura 20.11 mostra as implementações da função-membro de `FuncionarioBaseMaisComissao`. O construtor (linhas 8-15) introduz a **sintaxe de inicializador de classe-base** (linha 12), que usa um inicializador de membro para passar argumentos ao construtor da classe-base (`FuncionarioComissao`). C++ exige que um construtor de classe derivada chame o construtor de sua classe-base para inicializar os dados-membro da classe-base herdados na classe derivada. A linha 12 realiza essa tarefa chamando o construtor de `FuncionarioComissao` por nome, passando os parâmetros `primeiro`, `último`, `id`, `vendas` e `taxa` do construtor para inicializar os dados-membro `nome`, `sobrenome`, `numeroID`, `vendaBruta` e `taxaComissao` da classe-base. Se o construtor de `FuncionarioBaseMaisComissao` não chamasse o construtor da classe `FuncionarioComissao` explicitamente, C++ tentaria chamar o construtor default da classe `FuncionarioComissao` — mas a classe não tem tal construtor, de modo que o compilador acusaria um erro. Lembre-se do que vimos no Capítulo 16: o compilador oferece um construtor default sem parâmetros em qualquer classe que não inclua um construtor explicitamente. Porém, `FuncionarioComissao` *inclui* explicitamente um construtor, de modo que um construtor default não é fornecido, e quaisquer tentativas de chamar implicitamente o construtor default de `FuncionarioComissao` resultariam em erros de compilação.

Erro comum de programação 20.1

Quando um construtor de classe derivada chama o construtor de uma classe-base, os argumentos passados ao construtor da classe-base precisam ser coerentes com o número e os tipos dos parâmetros especificados em um dos construtores da classe-base; caso contrário, ocorrerá um erro de compilação.

Dica de desempenho 20.1

Em um construtor de classe derivada, inicializar os objetos-membro e chamar os construtores da classe-base explicitamente na lista de inicializadores de membro impede a inicialização duplicada em que um construtor default é chamado, e depois dados-membro são modificados novamente no corpo do construtor da classe derivada.

O compilador gera erros na linha 33 da Figura 20.11, porque os dados-membro `taxaComissao` e `vendaBruta` da classe-base `FuncionarioComissao` são `private` — as funções-membro da classe derivada `FuncionarioBaseMaisComissao` não podem acessar os dados `private` da classe-base `FuncionarioComissao`. Usamos uma fonte azul mais escura na Figura 20.11 para indicar o código com erro. O compilador acusa outros erros nas linhas 40-43 da função-membro `imprime` de `FuncionarioBaseMaisComissao` pelo mesmo motivo. Como você pode ver, C++ impõe restrições rígidas quanto ao acesso aos dados-membro `private`, de modo que nem mesmo uma classe derivada (que está intimamente relacionada à sua classe-base) poderá acessar os dados `private` da classe-base. [*Nota:* para economizar espaço, mostramos apenas as mensagens de erro do Visual C++ nesse exemplo, e removemos algumas das mensagens de erro. As mensagens de erro produzidas por seu compilador podem diferir daquelas mostradas aqui.]

Na Figura 20.11, incluímos propositadamente o código com erro, para enfatizar que as funções-membro da classe derivada não podem acessar os dados `private` de sua classe-base. Os erros em `FuncionarioBaseMaisComissao` poderiam ter sido evitados usando as funções-membro *get* herdadas da classe `FuncionarioComissao`. Por exemplo, a linha 33 poderia ter chamado `retTaxaComissao` e `retVendaBruta` para acessar os dados-membro `private` de `FuncionarioComissao`, `taxaComissao` e `vendaBruta`, respectivamente. De modo semelhante, as linhas 40-43 poderiam ter usado funções-membro *get* apropriadas para obter os valores dos dados-membro da classe-base. No próximo exemplo, mostraremos como o uso de dados `protected` também nos permite evitar os erros encontrados nesse exemplo.

Inclusão do arquivo de cabeçalho da classe-base no arquivo de cabeçalho da classe derivada com `#include`

Observe que incluímos (`#include`) o arquivo de cabeçalho da classe-base no arquivo de cabeçalho da classe derivada (linha 8 da Figura 20.10). Isso é necessário por três motivos. Em primeiro lugar, para a classe derivada usar o nome da classe-base na linha 10, temos de dizer ao compilador que a classe-base existe — a definição de classe em `FuncionarioComissao.h` faz exatamente isso.

O segundo motivo é que o compilador usa uma definição de classe para determinar o tamanho de um objeto dessa classe. Um programa-cliente que cria um objeto de uma classe precisa usar `#include` para incluir a definição de classe, permitindo assim que o compilador reserve a quantidade de memória necessária para o objeto. Ao usar a herança, o tamanho do objeto da classe derivada depende dos dados-membro declarados explicitamente em sua definição de classe *e* dos dados-membro herdados de suas classes-base direta e indireta. Incluir a definição da classe-base na linha 8 permite que o compilador determine os requisitos de memória dos dados-membro da classe-base que se tornam parte de um objeto da classe derivada e, portanto, contribuem para o tamanho total do objeto da classe derivada.

O último motivo para a inclusão da linha 8 é permitir que o compilador determine se a classe derivada usa os membros herdados da classe-base corretamente. Por exemplo, no programa das figuras 20.10 e 20.11, o compilador utiliza o arquivo de cabeçalho da classe-base para determinar se os dados-membro, sendo acessados pela classe derivada, são `private` na classe-base. Como eles são inacessíveis à classe derivada, o compilador gera erros. O compilador também usa os protótipos de função da classe-base para validar as chamadas de função feitas pela classe derivada às funções herdadas da classe-base — você verá um exemplo dessa chamada de função na Figura 20.15.

Processo de ligação em uma hierarquia de herança

Na Seção 16.8, discutimos o processo de ligação na criação de uma aplicação `GradeBook` executável. Naquele exemplo, você viu que o código-objeto do cliente foi ligado ao código-objeto da classe `GradeBook`, bem como ao código-objeto de quaisquer classes da biblioteca-padrão de C++ usadas no código-cliente ou na classe `GradeBook`.

O processo de ligação é semelhante em um programa que use classes em uma hierarquia de herança. O processo requer o código-objeto de todas as classes usadas no programa e o código-objeto das classes-base direta e indireta de quaisquer classes derivadas usadas pelo programa. Suponha que um cliente queira criar uma aplicação que use a classe `FuncionarioBaseMaisComissao`, que é uma classe derivada de `FuncionarioComissao` (veremos um exemplo disso na Seção 20.4.4). Ao compilar a aplicação cliente, o código-objeto do cliente precisa ser ligado ao código-objeto para as classes `FuncionarioBaseMaisComissao` e `FuncionarioComissao`, pois `FuncionarioBaseMaisComissao` herda funções-membro de sua classe-base `FuncionarioComissao`. O código também está ligado ao código-objeto para quaisquer classes da biblioteca-padrão da linguagem C++, usadas na classe `FuncionarioComissao`, na classe `FuncionarioBaseMaisComissao` ou no código-cliente. Isso dá ao programa o acesso às implementações de toda a funcionalidade que ele possa vir a usar.

20.4.4 Hierarquia de herança `FuncionarioComissao`-`FuncionarioBaseMaisComissao` usando dados `protected`

Para permitir que a classe `FuncionarioBaseMaisComissao` acesse diretamente os dados-membro `nome`, `sobrenome`, `numeroID`, `vendaBruta` e `taxaComissao` de `FuncionarioComissao`, podemos declarar esses membros como `protected` na classe-base. Conforme discutimos na Seção 20.3, os membros `protected` de uma classe-base podem ser acessados por membros e `friends` da classe-base e por membros e `friends` de quaisquer classes derivadas dessa classe-base.

Boa prática de programação 20.1

Primeiro, declare os membros `public`*; em seguida, os membros* `protected`*, e, por último, os membros* `private`.

Definição da classe-base FuncionarioComissao *com dados* protected

A classe **FuncionarioComissao** (figuras 20.12 e 20.13) agora declara os dados-membro **nome**, **sobrenome**, **numeroID**, **vendaBruta** e **taxaComissao** como **protected** (Figura 20.12, linhas 32-37) em vez de **private**. As implementações de função-membro na Figura 20.13 são idênticas às da Figura 20.5.

```
1  // Fig. 20.12: FuncionarioComissao.h
2  // Definição de classe FuncionarioComissao com dados protected.
3  #ifndef COMMISSION_H
4  #define COMMISSION_H
5
6  #include <string> // Classe string padrão da C++
7  using namespace std;
8
9  class FuncionarioComissao
10 {
11 public:
12    FuncionarioComissao( const string &, const string &, const string &,
13       double = 0.0, double = 0.0 );
14
15    void defNome( const string & ); // define nome
16    string retNome() const; // retorna nome
17
18    void defSobrenome( const string & ); // define sobrenome
19    string retSobrenome() const; // retorna sobrenome
20
21    void defNumeroID( const string & ); // define ID
22    string retNumeroID() const; // retorna ID
23
24    void defVendaBruta( double ); // define valor de venda bruta
25    double retVendaBruta() const; // retorna valor de venda bruta
26
27    void defTaxaComissao( double ); // define taxa de comissão
28    double retTaxaComissao() const; // retorna taxa de comissão
29
30    double ganhos() const; // calcula ganhos
31    void imprime() const; // imprime objeto FuncionarioComissao
32 protected:
33    string nome;
34    string sobrenome;
35    string numeroID;
36    double vendaBruta; // venda bruta semanal
37    double taxaComissao; // porcentagem de comissão
38 }; // fim da classe FuncionarioComissao
39
40 #endif
```

Figura 20.12 ■ Definição da classe **FuncionarioComissao** que declara dados **protected** para permitir o acesso de classes derivadas.

```
// Fig. 20.13: FuncionarioComissao.cpp
// definições de função-membro da classe FuncionarioComissao
#include <iostream>
#include "FuncionarioComissao.h" // Definição da classe FuncionarioComissao
using namespace std;

```

Figura 20.13 ■ Classe **FuncionarioComissao** com dados **protected**. (Parte 1 de 3.)

```
// construtor
FuncionarioComissao::FuncionarioComissao(
   const string &primeiro, const string &último, const string &id,
   double vendas, double taxa )
{
   nome = primeiro; // deve validar
   sobrenome = último; // deve validar
   numeroID = id; // deve validar
   defVendaBruta( vendas ); // valida e armazena venda bruta
   defTaxaComissao( taxa ); // valida e armazena taxa de comissão
} // fim do construtor FuncionarioComissao

// define nome
void FuncionarioComissao::defNome( const string &primeiro )
{
   nome = primeiro; // deve validar
} // fim da função defNome

// retorna nome
string FuncionarioComissao::retNome() const
{
   return nome;
} // fim da função retNome

// define sobrenome
void FuncionarioComissao::defSobrenome( const string &último )
{
   sobrenome = último; // deve validar
} // fim da função defSobrenome

// retorna sobrenome
string FuncionarioComissao::retSobrenome() const
{
   return sobrenome;
} // fim da função retSobrenome

// define número de identificação
void FuncionarioComissao::defNumeroID( const string &id )
{
   numeroID = id; // deve validar
} // fim da função defNumeroID

// retorna número de identificação
string FuncionarioComissao::retNumeroID() const
{
   return numeroID;
} // fim da função retNumeroID

// define valor da venda bruta
void FuncionarioComissao::defVendaBruta( double vendas )
{
   vendaBruta = ( vendas < 0.0 ) ? 0.0 : vendas;
} // fim da função defVendaBruta

// retorna valor de venda bruta
double FuncionarioComissao::retVendaBruta() const
{
   return vendaBruta;
```

Figura 20.13 ■ Classe FuncionarioComissao com dados protected. (Parte 2 de 3.)

```
} // fim da função retVendaBruta

// define taxa de comissão
void FuncionarioComissao::defTaxaComissao( double taxa )
{
   taxaComissao = ( taxa > 0.0 && taxa < 1.0 ) ? taxa : 0.0;
} // fim da função defTaxaComissao

// retorna taxa de comissão
double FuncionarioComissao::retTaxaComissao() const
{
   return taxaComissao;
} // fim da função retTaxaComissao

// calcula ganhos
double FuncionarioComissao::ganhos() const
{
   return taxaComissao * vendaBruta;
} // fim da função ganhos

// imprime objeto FuncionarioComissao
void FuncionarioComissao::imprime() const
{
   cout << "Funcionário de comissão: " << nome << ' ' << sobrenome
      << "\nNúmero de identificação: " << numeroID
      << "\nVenda bruta: " << vendaBruta
      << "\nTaxa de comissão: " << taxaComissao;
} // fim da função imprime
```

Figura 20.13 ■ Classe `FuncionarioComissao` com dados `protected`. (Parte 3 de 3.)

Modificação da classe derivada `FuncionarioBaseMaisComissao`

A versão da classe `FuncionarioBaseMaisComissao` nas figuras 20.14 e 20.15 herda da classe `FuncionarioComissao` nas figuras 20.12 e 20.13. Os objetos da classe `FuncionarioBaseMaisComissao` podem acessar os dados-membro herdados que são declarados como `protected` na classe `FuncionarioComissao` (ou seja, os dados-membro `nome`, `sobrenome`, `numeroID`, `vendaBruta` e `taxaComissao`). Como resultado, o compilador não gera erros ao compilar as definições de função-membro `ganhos` e `imprime` de `FuncionarioBaseMaisComissao` na Figura 20.15 (linhas 30-34 e 37-45, respectivamente). Isso mostra os privilégios especiais que uma classe derivada recebe para acessar os dados-membro `protected` da classe-base. Os objetos de uma classe derivada também podem acessar os membros `protected` em qualquer uma das classes-base indiretas da classe derivada.

```
// Fig. 20.14: FuncionarioBaseMaisComissao.h
// Classe FuncionarioBaseMaisComissao derivada da classe
// FuncionarioComissao.
#ifndef BASEPLUS_H
#define BASEPLUS_H

#include <string> // Classe string padrão da C++
#include "FuncionarioComissao.h" // Declaração de classe FuncionarioComissao
using namespace std;

class FuncionarioBaseMaisComissao : public FuncionarioComissao
{
public:
```

Figura 20.14 ■ Arquivo de cabeçalho da classe `FuncionarioBaseMaisComissao`. (Parte 1 de 2.)

```
   FuncionarioBaseMaisComissao( const string &, const string &,
      const string &, double = 0.0, double = 0.0, double = 0.0 );

   void defSalarioBase( double ); // define salário-base
   double retSalarioBase() const; // retorna salário-base

   double ganhos() const; // calcula ganhos
   void imprime() const; // imprime objeto FuncionarioBaseMaisComissao
private:
   double salarioBase; // salário-base
}; // fim da classe FuncionarioBaseMaisComissao

#endif
```

Figura 20.14 ■ Arquivo de cabeçalho da classe FuncionarioBaseMaisComissao. (Parte 2 de 2.)

```
// Fig. 20.15: FuncionarioBaseMaisComissao.cpp
// Definições de função-membro da classe FuncionarioBaseMaisComissao.
#include <iostream>
#include "FuncionarioBaseMaisComissao.h"
using namespace std;

// construtor
FuncionarioBaseMaisComissao::FuncionarioBaseMaisComissao(
   const string &primeiro, const string &último, const string &id,
   double vendas, double taxa, double salário )
   // chama explicitamente construtor da classe-base
   : FuncionarioComissao( primeiro, último, id, vendas, taxa )
{
   defSalarioBase( salário ); // valida e armazena salário-base
} // fim do construtor FuncionarioBaseMaisComissao

// define salário-base
void FuncionarioBaseMaisComissao::defSalarioBase( double salario )
{
   salarioBase = ( salário < 0.0 ) ? 0.0 : salário;
} // fim da função defSalarioBase

// retorna salário-base
double FuncionarioBaseMaisComissao::retSalarioBase() const
{
   return salarioBase;
} // fim da função retSalarioBase

// calcula ganhos
double FuncionarioBaseMaisComissao::ganhos() const
{
   // pode acessar dados protected da classe-base
   return salarioBase + ( taxaComissao * vendaBruta );
} // fim da função ganhos

// imprime objeto FuncionarioBaseMaisComissao
void FuncionarioBaseMaisComissao::imprime() const
{
```

Figura 20.15 ■ Arquivo de implementação de FuncionarioBaseMaisComissao para a classe FuncionarioBaseMaisComissao que herda dados protected de FuncionarioComissao. (Parte 1 de 2.)

```
39       // pode acessar dados protected da classe-base
40       cout << "Funcionário com salário-base mais comissão: " << nome << ' '
41          << sobrenome << "\nNúmero de identificação: " << numeroID
42          << "\nVenda bruta: " << vendaBruta
43          << "\nTaxa de comissão: " << taxaComissao
44          << "\nSalário-base: " << salarioBase;
45    } // fim da função imprime
```

Figura 20.15 ■ Arquivo de implementação de FuncionarioBaseMaisComissao para a classe FuncionarioBaseMaisComissao que herda dados protected de FuncionarioComissao. (Parte 2 de 2.)

A classe FuncionarioBaseMaisComissao não herda o construtor da classe FuncionarioComissao. Porém, o construtor da classe FuncionarioBaseMaisComissao (Figura 20.15, linhas 8-15) chama o construtor da classe FuncionarioComissao explicitamente com a sintaxe de inicializador de membro (linha 12). Lembre-se de que o construtor de FuncionarioBaseMaisComissao precisa chamar explicitamente o construtor da classe FuncionarioComissao, pois FuncionarioComissao não contém um construtor default que possa ser chamado implicitamente.

Teste da classe FuncionarioBaseMaisComissao *modificada*

A Figura 20.16 usa um objeto FuncionarioBaseMaisComissao para realizar as mesmas tarefas que a Figura 20.9 realizou em um objeto da primeira versão da classe FuncionarioBaseMaisComissao (figuras 20.7 e 20.8). O código e as saídas dos dois programas são idênticos. Criamos a primeira classe FuncionarioBaseMaisComissao sem usar a herança, e criamos essa versão de FuncionarioBaseMaisComissao usando herança; porém, as duas classes oferecem a mesma funcionalidade. O código da classe FuncionarioBaseMaisComissao (ou seja, o cabeçalho e os arquivos de implementação), que tem 71 linhas, é muito mais curto que o código para a versão não herdada da classe, que tem 152 linhas, pois a versão herdada absorve parte de sua funcionalidade de FuncionarioComissao, enquanto a versão não herdada não absorve qualquer funcionalidade. Além disso, agora existe apenas uma cópia da funcionalidade FuncionarioComissao declarada e definida na classe FuncionarioComissao. Isso torna o código-fonte mais fácil de ser mantido, modificado e depurado, pois o código-fonte relacionado a um FuncionarioComissao só existe nos arquivos das figuras 20.12 e 20.13.

```
// Fig. 20.16: fig20_16.cpp
// Testando a classe FuncionarioBaseMaisComissao.
#include <iostream>
#include <iomanip>
#include "FuncionarioBaseMaisComissao.h"
using namespace std;

int  main()
{
   // instancia objeto FuncionarioBaseMaisComissao
   FuncionarioBaseMaisComissao
      funcionário( "Bob", "Lewis", "987654321-00", 5000, 0,04, 300 );

   // define formatação de saída em ponto flutuante
   cout << fixed << setprecision( 2 );

   // obtém dados de comissão do funcionário
   cout << "Informação do funcionário obtida por funções get: \n"
      << "\nO prenome é " << funcionario.retNome()
      << "\nO sobrenome é " << funcionario.retSobrenome()
      << "\nO número de identificação é "
      << funcionario.retNumeroID()
      << "\nA venda bruta é " << funcionario.retVendaBruta()
      << "\nA taxa de comissão é " << funcionario.retTaxaComissao()
      << "\nO salário-base é " << funcionario.retSalarioBase() << endl;

```

Figura 20.16 ■ Os dados da classe-base protected podem ser acessados a partir da classe derivada. (Parte 1 de 2.)

```
    funcionario.defSalarioBase( 1000 ); // define salário-base

    cout << "\nInformação atualizada do funcionário enviada pela função imprime: \n"
       << endl;
    funcionario.imprime(); // mostra a nova informação do funcionário

    // mostra os ganhos do funcionário
    cout << "\n\nGanhos do funcionário: R$" << funcionario.ganhos() << endl;
} // fim do main
```

```
Informação do funcionário obtida por funções get:

O nome é Bob
O sobrenome é Lewis
O número de identificação é 987654321-00
A venda bruta é 5000.00
A taxa de comissão é 0.04
O salário base é 300.00

Informação atualizada do funcionário enviada pela função imprime:

Funcionário com salário-base e comissão: Bob Lewis
O número de identificação é: 987654321-00
Venda bruta: 5000.00
Taxa de comissão: 0.04
Salário-base: 1000.00

Ganhos do funcionário: R$1200.00
```

Figura 20.16 ■ Os dados da classe-base `protected` podem ser acessados a partir da classe derivada. (Parte 2 de 2.)

Notas sobre o uso de dados `protected`

Nesse exemplo, declararemos os dados-membro da classe-base como `protected`, de modo que as classes derivadas poderão modificar os dados diretamente. Herdar dados-membro `protected` melhora ligeiramente o desempenho pois assim podemos acessar diretamente os membros sem termos que nos sujeitar ao overhead de chamadas para funções-membro *set* ou *get*. Porém, na maioria dos casos, é melhor usar dados-membro `private` para encorajar uma engenharia de software apropriada e deixar as questões de otimização do código para o compilador. Seu código será mais fácil de ser mantido, modificado e depurado.

O uso de dados-membro `protected` cria dois problemas sérios. Primeiro, o objeto da classe derivada não precisa usar uma função-membro para definir o valor do dado-membro `protected` da classe-base. Um valor inválido pode facilmente ser atribuído ao dado-membro `protected`, deixando assim o objeto em um estado inconsistente — por exemplo, com o dado-membro `vendaBruta` de `FuncionarioComissao` declarado como `protected`, um objeto de classe derivada pode atribuir um valor negativo a `vendaBruta`. O segundo problema é que as funções-membro de classe derivada têm mais chances de serem escritas de modo a se tornar dependentes da implementação da classe-base. As classes derivadas devem depender apenas dos serviços da classe-base (ou seja, de funções-membro não `private`), e não da implementação da classe-base. Com os dados-membro `protected` na classe-base, se a implementação da classe-base mudar, podemos ter de modificar todas as classes derivadas dessa classe-base. Por exemplo, se por algum motivo tivéssemos de mudar os nomes dos dados-membro `nome` e `sobrenome` para `primeiro` e `último`, então teríamos de fazer isso em todas as ocorrências nas quais uma classe derivada referenciasse esses membros da classe-base diretamente. Esse software é considerado **frágil** ou **quebradiço**, pois uma pequena mudança na classe-base pode 'quebrar' a implementação da classe derivada. Você deverá ser capaz de mudar a implementação da classe-base enquanto ainda oferece os mesmos serviços às classes derivadas. (Naturalmente, se os serviços da classe-base mudarem, precisaremos reimplementar nossas classes derivadas — o bom projeto orientado a objeto tenta impedir isso.)

Observação sobre engenharia de software 20.5

É apropriado usar o especificador de acesso `protected` *quando uma classe-base tiver de fornecer um serviço (ou seja, uma função-membro) somente às suas classes derivadas e* `friends`.

Observação sobre engenharia de software 20.6

Declarar dados-membro da classe-base `private` *(em vez de declará-los* `protected`*) permite que você mude a implementação da classe-base sem ter de mudar as implementações de classes derivadas.*

Dica de prevenção de erro 20.1

Quando possível, evite incluir dados-membro `protected` *em uma classe-base. Em vez disso, inclua funções--membro não* `private` *que acessem dados-membro* `private`*, garantindo assim que o objeto mantenha um estado consistente.*

20.4.5 Hierarquia de herança `FuncionarioComissao-FuncionarioBaseMaisComissao` usando dados `private`

Agora, reexaminemos nossa hierarquia, desta vez usando as melhores práticas de engenharia de software. A classe `FuncionarioComissao` (figuras 20.17 e 20.18) declara os dados-membro `nome`, `sobrenome`, `numeroID`, `vendaBruta` e `taxaComissao` como `private` (Figura 20.17, linhas 32-37), e oferece funções-membro `public defNome`, `retNome`, `defSobrenome`, `retSobrenome`, `defNumeroID`, `retNumeroID`, `defVendaBruta`, `retVendaBruta`, `defTaxaComissao`, `retTaxaComissao`, `ganhos` e `imprime` para manipular esses valores. Se decidirmos mudar os nomes de dado-membro, as definições de `ganhos` e `imprime` não exigirão modificação — somente as definições das funções-membro *get* e *set* que manipulam diretamente os dados-membro precisarão mudar. Essas mudanças ocorrem unicamente dentro da classe-base — nenhuma mudança na classe derivada é necessária. Localizar os efeitos de mudanças como esta é uma boa prática de engenharia de software. A classe derivada `FuncionarioBaseMaisComissao` (figuras 20.19 e 20.20) herda as funções-membro de `FuncionarioComissao` e pode acessar os membros `private` da classe-base por meio das funções-membro não `private` herdadas.

```
1  // Fig. 20.17: FuncionarioComissao.h
2  // Definição da classe FuncionarioComissao com boa engenharia de software.
3  #ifndef COMMISSION_H
4  #define COMMISSION_H
5
6  #include <string> // Classe string padrão de C++
7  using namespace std;
8
9  class FuncionarioComissao
10 {
11 public:
12    FuncionarioComissao( const string &, const string &, const string &,
13       double = 0.0, double = 0.0 );
14
15    void defNome( const string & ); // define nome
16    string retNome() const; // retorna nome
17
18    void defSobrenome( const string & ); // define sobrenome
19    string retSobrenome() const; // retorna sobrenome
20
21    void defNumeroID( const string & ); // define ID
22    string retNumeroID() const; // retorna ID
23
24    void defVendaBruta( double ); // define valor da venda bruta
25    double retVendaBruta() const; // retorna valor da venda bruta
26
```

Figura 20.17 ■ Classe `FuncionarioComissao` definida a partir de boas práticas de engenharia de software. (Parte 1 de 2.)

```
   void defTaxaComissao( double ); // define taxa de comissão
   double retTaxaComissao() const; // retorna taxa de comissão

   double ganhos() const; // calcula ganhos
   void imprime() const; // imprime objeto FuncionarioComissao
private:
   string nome;
   string sobrenome;
   string numeroID;
   double vendaBruta; // venda bruta semanal
   double taxaComissao; // porcentagem de comissão
}; // fim da classe FuncionarioComissao

#endif
```

Figura 20.17 ■ Classe `FuncionarioComissao` definida a partir de boas práticas de engenharia de software. (Parte 2 de 2.)

Na implementação do construtor de `FuncionarioComissao` (Figura 20.18, linhas 8-15), usamos inicializadores de membro (linha 11) para definir os valores dos membros `nome`, `sobrenome` e `numeroID`. Mostramos como a classe derivada `FuncionarioBaseMaisComissao` (figuras 20.19 e 20.20) pode chamar as funções-membro não `private` da classe-base (`defNome`, `retNome`, `defSobrenome`, `retSobrenome`, `defNumeroID` e `retNumeroID`) para manipular esses dados-membro.

Dica de desempenho 20.2

Usar uma função-membro para acessar o valor de um dado-membro pode ser ligeiramente mais demorado que acessar os dados diretamente. Porém, os compiladores otimizadores de hoje são cuidadosamente projetados para realizar muitas otimizações implicitamente (por exemplo, inserir chamadas de função-membro get *e* set *em linha). Você deverá escrever um código de acordo com os princípios corretos da engenharia de software e deixar a otimização para o compilador. Uma boa regra é 'não tente prever o que o compilador fará'.*

```
1  // Fig. 20.18: FuncionarioComissao.cpp
2  // Definições de função-membro de FuncionarioComissao.
3  #include <iostream>
4  #include "FuncionarioComissao.h" // Definição da classe FuncionarioComissao
5  using namespace std;
6
7  // construtor
8  FuncionarioComissao::FuncionarioComissao(
9     const string &primeiro, const string &último, const string &id,
10    double vendas, double taxa )
11    : nome( primeiro ), sobrenome( último ), numeroID( id )
12 {
13    defVendaBruta( vendas ); // valida e armazena venda bruta
14    defTaxaComissao( taxa ); // valida e armazena taxa de comissão
15 } // fim do construtor FuncionarioComissao
16
17 // define nome
18 void FuncionarioComissao::defNome( const string &primeiro )
19 {
20    nome = primeiro; // deve validar
21 } // fim da função defNome
22
23 // retorna nome
```

Figura 20.18 ■ Arquivo de implementação da classe `FuncionarioComissao`: classe `FuncionarioComissao` usa funções-membro para manipular seus dados `private`. (Parte 1 de 3.)

```
string FuncionarioComissao::retNome() const
{
   return nome;
} // fim da função retNome

// define sobrenome
void FuncionarioComissao::defSobrenome( const string &último )
{
   sobrenome = último; // deve validar
} // fim da função defSobrenome

// retorna sobrenome
string FuncionarioComissao::retSobrenome() const
{
   return sobrenome;
} // fim da função retSobrenome

// define número de identificação
void FuncionarioComissao::defNumeroID( const string &id )
{
   numeroID = id; // deve validar
} // fim da função defNumeroID

// retorna número de identificação
string FuncionarioComissao::retNumeroID() const
{
   return numeroID;
} // fim da função retNumeroID

// define valor de venda bruta
void FuncionarioComissao::defVendaBruta( double vendas )
{
   vendaBruta = ( vendas < 0.0 ) ? 0.0 : vendas;
} // fim da função defVendaBruta

// retorna valor de venda bruta
double FuncionarioComissao::retVendaBruta() const
{
   return vendaBruta;
} // fim da função retVendaBruta

// define taxa de comissão
void FuncionarioComissao::defTaxaComissao( double taxa )
{
   taxaComissao = ( taxa > 0.0 && taxa < 1.0 ) ? taxa : 0.0;
} // fim da função defTaxaComissao

// retorna taxa de comissão
double FuncionarioComissao::retTaxaComissao() const
{
   return taxaComissao;
} // fim da função retTaxaComissao

// calcula ganhos
double FuncionarioComissao::ganhos() const
{
   return retTaxaComissao() * retVendaBruta();
```

Figura 20.18 ■ Arquivo de implementação da classe `FuncionarioComissao`: classe `FuncionarioComissao` usa funções-membro para manipular seus dados `private`. (Parte 2 de 3.)

```
} // fim da função ganhos

// imprime objeto FuncionarioComissao
void FuncionarioComissao::imprime() const
{
   cout << "Funcionário que ganha comissão: "
      << retNome() << ' ' << retSobrenome()
      << "\nNúmero de identificação: " << retNumeroID()
      << "\nVenda bruta: " << retVendaBruta()
      << "\nTaxa de comissão: " << retTaxaComissao();
} // fim da função imprime
```

Figura 20.18 ■ Arquivo de implementação da classe `FuncionarioComissao`: classe `FuncionarioComissao` usa funções-membro para manipular seus dados `private`. (Parte 3 de 3.)

A classe `FuncionarioBaseMaisComissao` (figuras 20.19 e 20.20) tem várias mudanças em suas implementações de função-membro (Figura 20.20) que a distinguem da versão anterior da classe (figuras 20.14 e 20.15). As funções-membro `ganhos` (Figura 20.20, linhas 30-33) e `imprime` (linhas 36-44) chamam a função-membro `retSalarioBase` para obter o valor do salário-base em vez de acessar `salarioBase` diretamente. Isso isola `ganhos` e `imprime` de mudanças em potencial na implementação do dado-membro `salarioBase`. Por exemplo, se decidirmos renomear o dado-membro `salarioBase` ou alterar seu tipo, somente as funções-membro `defSalarioBase` e `retSalarioBase` precisarão mudar.

```
// Fig. 20.19: FuncionarioBaseMaisComissao.h
// Classe FuncionarioBaseMaisComissao derivada da classe
// FuncionarioComissao.
#ifndef BASEPLUS_H
#define BASEPLUS_H

#include <string> // Classe string padrão de C++
#include "FuncionarioComissao.h" // Declaração da classe FuncionarioComissao
using namespace std;

class FuncionarioBaseMaisComissao : public FuncionarioComissao
{
public:
   FuncionarioBaseMaisComissao( const string &, const string &,
      const string &, double = 0.0, double = 0.0, double = 0.0 );

   void defSalarioBase( double ); // define salário-base
   double retSalarioBase() const; // retorna salário-base

   double ganhos() const; // calcula ganhos
   void imprime() const; // imprime objeto FuncionarioBaseMaisComissao
private:
   double salarioBase; // salário-base
}; // fim da classe FuncionarioBaseMaisComissao

#endif
```

Figura 20.19 ■ Arquivo de cabeçalho da classe `FuncionarioBaseMaisComissao`.

```
1  // Fig. 20.20: FuncionarioBaseMaisComissao.cpp
2  // Definições de função-membro da classe FuncionarioBaseMaisComissao.
3  #include <iostream>
4  #include "FuncionarioBaseMaisComissao.h"
5  using namespace std;
6
7  // construtor
8  FuncionarioBaseMaisComissao::FuncionarioBaseMaisComissao(
9     const string &primeiro, const string &último, const string &id,
10    double vendas, double taxa, double salário )
11    // chama explicitamente construtor da classe-base
12    : FuncionarioComissao( primeiro, último, id, vendas, taxa )
13 {
14    defSalarioBase( salário ); // valida e armazena salário-base
15 } // fim do construtor FuncionarioBaseMaisComissao
16
17 // define salário-base
18 void FuncionarioBaseMaisComissao::defSalarioBase( double salário )
19 {
20    salarioBase = ( salário < 0.0 ) ? 0.0 : salário;
21 } // fim da função defSalarioBase
22
23 // retorna salário-base
24 double FuncionarioBaseMaisComissao::retSalarioBase() const
25 {
26    return salarioBase;
27 } // fim da função retSalarioBase
28
29 // calcula ganhos
30 double FuncionarioBaseMaisComissao::ganhos() const
31 {
32    return retSalarioBase() + FuncionarioComissao::ganhos();
33 } // fim da função ganhos
34
35 // imprime objeto FuncionarioBaseMaisComissao
36 void FuncionarioBaseMaisComissao::imprime() const
37 {
38    cout << "Salário-base do ";
39
40    // chama função imprime de FuncionarioComissao
41    FuncionarioComissao::imprime();
42
43    cout << "\nSalário-base: " << retSalarioBase();
44 } // fim da função imprime
```

Figura 20.20 ■ Classe `FuncionarioBaseMaisComissao` que herda da classe `FuncionarioComissao`, mas não pode acessar diretamente os dados `private` da classe.

A função `ganhos` da classe `FuncionarioBaseMaisComissao` (Figura 20.20, linhas 30-33) redefine a função-membro `ganhos` da classe `FuncionarioComissao` (Figura 20.18, linhas 78-81) para calcular os ganhos de um funcionário que recebe salário e comissão. A versão da classe `FuncionarioBaseMaisComissao` da função `ganhos` obtém somente a parte dos ganhos do funcionário baseada na comissão chamando a função `ganhos` da classe-base `FuncionarioComissao` com a expressão `FuncionarioComissao::ganhos()` (Figura 20.20, linha 32). A função `ganhos` de `FuncionarioBaseMaisComissao` soma, então, o salário-base a esse valor para calcular o total de ganhos do funcionário. Observe a sintaxe usada para chamar uma função membro de classe-base redefinida a partir de uma classe derivada — coloque o nome da classe-base e o operador binário de resolução de escopo (`::`) antes do nome da função-membro da classe-base. Essa chamada de função-membro é uma boa prática de engenharia de software: se a função-membro de um objeto realiza as ações necessárias a outro objeto, chame-a em vez de duplicar o corpo de seu código. Ao fazermos a função `ganhos` de `FuncionarioBaseMaisComissao` chamar a função `ganhos` de `FuncionarioComissao` para calcular parte dos ganhos de um objeto `FuncionarioBaseMaisComissao`, evitamos duplicar o código e reduzimos problemas de manutenção de código.

Erro comum de programação 20.2

Quando uma função-membro da classe-base é redefinida em uma classe derivada, frequentemente a versão da classe derivada chama a versão da classe-base para realizar trabalho extra. Deixar de usar o operador :: prefixado com o nome da classe-base ao referenciar a função-membro da classe-base causa recursão infinita, pois a função--membro da classe derivada chamaria a si mesma.

De modo semelhante, a função `imprime` de `FuncionarioBaseMaisComissao` (Figura 20.20, linhas 36-44) redefine a função `imprime` da classe `FuncionarioComissao` (Figura 20.18, linhas 84-91) para enviar a informação apropriada sobre o funcionário pago com comissão e salário. A nova versão mostra parte da informação de um objeto `FuncionarioBaseMaisComissao` (ou seja, a string "`Salário-base do funcionário`" e os valores dos dados-membro `private` da classe `FuncionarioComissao`) chamando a função-membro `imprime` de `FuncionarioComissao` com o nome qualificado `FuncionarioComissao::imprime()` (Figura 20.20, linha 41). A função `imprime` de `FuncionarioBaseMaisComissao`, então, gera o restante da informação de um objeto `FuncionarioBaseMaisComissao` (ou seja, o valor do salário-base da classe `FuncionarioBaseMaisComissao`).

A Figura 20.21 realiza as mesmas manipulações que foram feitas nas figuras 20.9 e 20.16 nos objetos das classes `FuncionarioComissao` e `FuncionarioBaseMaisComissao`, respectivamente, em um objeto `FuncionarioBaseMaisComissao`. Embora cada classe de 'funcionário com salário-base e comissão' se comporte de forma idêntica, a classe `FuncionarioBaseMaisComissao` é a mais bem projetada. Usando a herança e chamando funções-membro que ocultam os dados e garantem a consistência, efetivamente construímos uma classe bem projetada.

```cpp
// Fig. 20.21: fig20_21.cpp
// Testando a classe FuncionarioBaseMaisComissao.
#include <iostream>
#include <iomanip>
#include "FuncionarioBaseMaisComissao.h"
using namespace std;

int main()
{
   // instancia objeto FuncionarioBaseMaisComissao
   FuncionarioBaseMaisComissao
      funcionário( "Bob", "Lewis", "987654321-00", 5000, .04, 300 );

   // define formatação de saída em ponto flutuante
   cout << fixed << setprecision( 2 );

   // obtém dados de comissão do funcionário
   cout << "Informações do funcionário obtidas por funções get: \n"
      << "\nPrimeiro nome é " << funcionario.retNome()
      << "\nÚltimo nome é " << funcionario.retSobrenome()
      << "\nNúmero de identificação é "
      << funcionario.retNumeroID()
      << "\nVenda bruta é " << funcionario.retVendaBruta()
      << "\nTaxa de comissão é " << funcionario.retTaxaComissao()
      << "\nSalário-base é " << funcionario.retSalarioBase() << endl;

   funcionario.defSalarioBase( 1000 ); // define salário-base

```

Figura 20.21 ■ Dados `private` da classe-base são acessíveis a uma classe derivada por meio da função-membro `public` ou `protected` herdada pela classe derivada. (Parte 1 de 2.)

```
    cout << "\nInformações atualizadas do funcionário enviadas pela função imprime: \n"
       << endl;
    funcionario.imprime(); // mostra a nova informação do funcionário

    // mostra os ganhos do funcionário
    cout << "\n\nGanhos do funcionário: R$" << funcionario.ganhos() << endl;
} // fim do main
```

```
Informações do funcionário obtidas por funções get:

Nome é Bob
Sobrenome é Lewis
Número de identificação é 987654321-00
Venda bruta é 5000.00
Taxa de comissão é 0.04
Salário base é 300.00

Informações atualizadas do funcionário enviadas pela função imprime:

Salário-base do Funcionário de comissão: Bob Lewis
Número de identificação: 987654321-00
Venda bruta: 5000.00
Taxa de comissão: 0.04
Salário base: 1000.00

Ganhos do funcionário: R$1200.00
```

Figura 20.21 ■ Dados `private` da classe-base são acessíveis a uma classe derivada por meio da função-membro `public` ou `protected` herdada pela classe derivada. (Parte 2 de 2.)

Nesta seção, você viu um conjunto evolucionário de exemplos que foi cuidadosamente preparado para ensinar as principais capacidades para a boa engenharia de software com herança. Você aprendeu a criar uma classe derivada usando herança, como usar membros da classe-base `protected`, para permitir que uma classe derivada acesse dados-membro herdados da classe-base e como redefinir funções da classe-base para oferecer versões mais apropriadas aos objetos da classe derivada. Além disso, você aprendeu a aplicar técnicas de engenharia de software abordadas neste capítulo, e nos capítulos 17 e 18, para criar classes fáceis de serem mantidas, modificadas e depuradas.

20.5 Construtores e destrutores em classes derivadas

Conforme explicamos na seção anterior, a instanciação de um objeto da classe derivada inicia uma cadeia de chamadas de construtor em que o construtor da classe derivada, antes de realizar suas próprias tarefas, chama o construtor de sua classe-base direta, seja explicitamente (por meio de um inicializador de membro da classe-base) seja implicitamente (chamando o construtor default da classe-base). De modo semelhante, se a classe-base for derivada de outra classe, o construtor da classe-base precisa chamar o construtor da próxima classe acima na hierarquia e assim por diante. O último construtor chamado nessa cadeia é o construtor da classe na base da hierarquia, cujo corpo, na verdade, termina de executar primeiro. O corpo do construtor da classe derivada original termina de executar por último. Cada construtor da classe-base inicializa os dados-membro da classe-base que o objeto da classe derivada herda. Por exemplo, considere a hierarquia `FuncionarioComissao`/`FuncionarioBaseMaisComissao` das figuras 20.17 a 20.20. Quando um programa cria um objeto da classe `FuncionarioBaseMaisComissao`, o construtor de `FuncionarioComissao` é chamado. Como a classe `FuncionarioComissao` está na base da hierarquia, seu construtor é executado, inicializando os dados-membro `private` de `FuncionarioComissao` que fazem parte do objeto `FuncionarioBaseMaisComissao`. Quando o construtor de `FuncionarioComissao` termina sua execução, ele retorna o controle ao construtor de `FuncionarioBaseMaisComissao`, que inicializa o `salarioBase` do objeto `FuncionarioBaseMaisComissao`.

Observação sobre engenharia de software 20.7

Quando um programa cria um objeto da classe derivada, o construtor da classe derivada imediatamente chama o construtor da classe-base; o corpo do construtor da classe-base é executado; depois, os inicializadores de membro da classe derivada são executados, e, finalmente, o corpo do construtor da classe derivada é executado. Esse processo se propaga para cima na hierarquia, se ela tiver mais de dois níveis.

Quando um objeto da classe derivada é destruído, o programa chama o destrutor desse objeto. Isso inicia uma cadeia (ou cascata) de chamadas de destrutor, em que o destrutor da classe derivada e os destrutores das classes-base direta e indireta e os membros das classes são executados na ordem inversa à qual os construtores são executados. Quando o destrutor de um objeto da classe derivada é chamado, ele executa sua tarefa, depois chama o destrutor da próxima classe-base acima na hierarquia. Esse processo se repete até que seja chamado o destrutor da classe-base final, no topo da hierarquia. Depois, o objeto é removido da memória.

Observação sobre engenharia de software 20.8

Suponha que criemos um objeto de uma classe derivada do qual tanto a classe-base quanto a classe derivada contenham (por composição) objetos de outras classes. Quando um objeto dessa classe derivada é criado, em primeiro lugar, os construtores dos objetos membro da classe-base são executados; depois, o construtor da classe-base é executado; então, os construtores para os objetos membros da classe derivada são executados, e, por último, o construtor da classe derivada é executado. Os destrutores para os objetos da classe derivada são chamados na ordem inversa à qual seus construtores correspondentes são chamados.

Construtores, destrutores e operadores de atribuição sobrecarregados da classe-base (ver Capítulo 19) não são herdados pelas classes derivadas. Construtores, destrutores e operadores de atribuição sobrecarregados da classe derivada, porém, podem chamar construtores, destrutores e operadores de atribuição sobrecarregados da classe-base.

Nosso próximo exemplo define a classe `FuncionarioComissao` (figuras 20.22 e 20.23) e a classe `FuncionarioBaseMaisComissao` (figuras 20.24 e 20.25) com construtores e destrutores que imprimem, cada um, uma mensagem quando são chamados. Como você verá na saída da Figura 20.26, essas mensagens demonstram a ordem em que construtores e destrutores são chamados para os objetos em uma hierarquia de herança.

```
// Fig. 20.22: FuncionarioComissao.h
// Definição da classe FuncionarioComissao representa um funcionário comissionado.
#ifndef COMMISSION_H
#define COMMISSION_H

#include <string> // Classe string padrão de C++
using namespace std;

class FuncionarioComissao
{
public:
   FuncionarioComissao( const string &, const string &, const string &,
      double = 0.0, double = 0.0 );
   ~FuncionarioComissao(); // destrutor

   void defNome( const string & ); // define nome
   string retNome() const; // retorna nome

   void defSobrenome( const string & ); // define sobrenome
   string retSobrenome() const; // retorna sobrenome

   void defNumeroID( const string & ); // define ID
   string retNumeroID() const; // retorna ID
```

Figura 20.22 ■ Arquivo de cabeçalho da classe `FuncionarioComissao`. (Parte 1 de 2.)

```

   void defVendaBruta( double ); // define valor de venda bruta
   double retVendaBruta() const; // retorna valor de venda bruta

   void defTaxaComissao( double ); // define taxa de comissão
   double retTaxaComissao() const; // retorna taxa de comissão

   double ganhos() const; // calcula ganhos
   void imprime() const; // imprime objeto FuncionarioComissao
private:
   string nome;
   string sobrenome;
   string numeroID;
   double vendaBruta; // venda bruta semanal
   double taxaComissao; // porcentagem de comissão
}; // fim da classe FuncionarioComissao

#endif
```

Figura 20.22 ■ Arquivo de cabeçalho da classe **FuncionarioComissao**. (Parte 2 de 2.)

```
// Fig. 20.23: FuncionarioComissao.cpp
// Definições de função-membro da classe FuncionarioComissao.
#include <iostream>
#include "FuncionarioComissao.h" // Definição da classe FuncionarioComissao
using namespace std;

// construtor
FuncionarioComissao::FuncionarioComissao(
   const string &primeiro, const string &último, const string &id,
   double vendas, double taxa )
   : nome( primeiro ), sobrenome( último ), numeroID( id )
{
   defVendaBruta( vendas ); // valida e armazena venda bruta
   defTaxaComissao( taxa ); // valida e armazena taxa de comissão

   cout << "Construtor de FuncionarioComissao: " << endl;
   imprime();
   cout << "\n\n";
} // fim do construtor FuncionarioComissao

// destrutor
FuncionarioComissao::~FuncionarioComissao()
{
   cout << "Destrutor de FuncionarioComissao: " << endl;
   imprime();
   cout << "\n\n";
} // fim do destrutor de FuncionarioComissao

// define nome
void FuncionarioComissao::defNome( const string &primeiro )
{
   nome = primeiro; // deve validar
} // fim da função defNome

// retorna nome
```

Figura 20.23 ■ Texto de saída de construtor e destrutor de **FuncionarioComissao**. (Parte 1 de 3.)

```
string FuncionarioComissao::retNome() const
{
   return nome;
} // fim da função retNome

// define sobrenome
void FuncionarioComissao::defSobrenome( const string &último )
{
   sobrenome = último; // deve validar
} // fim da função defSobrenome

// retorna sobrenome
string FuncionarioComissao::retSobrenome() const
{
   return sobrenome;
} // fim da função retSobrenome

// define número de identificação
void FuncionarioComissao::defNumeroID( const string &id )
{
   numeroID = id; // deve validar
} // fim da função defNumeroID

// retorna número de identificação
string FuncionarioComissao::retNumeroID() const
{
   return numeroID;
} // fim da função retNumeroID

// define valor de venda bruta
void FuncionarioComissao::defVendaBruta( double vendas )
{
   vendaBruta = ( vendas < 0.0 ) ? 0.0 : vendas;
} // fim da função defVendaBruta

// retorna valor de venda bruta
double FuncionarioComissao::retVendaBruta() const
{
   return vendaBruta;
} // fim da função retVendaBruta

// define taxa de comissão
void FuncionarioComissao::defTaxaComissao( double taxa )
{
   taxaComissao = ( taxa > 0.0 && taxa < 1.0 ) ? taxa : 0.0;
} // fim da função defTaxaComissao

// retorna taxa de comissão
double FuncionarioComissao::retTaxaComissao() const
{
   return taxaComissao;
} // fim da função retTaxaComissao

// calcula ganhos
double FuncionarioComissao::ganhos() const
{
   return retTaxaComissao() * retVendaBruta();
} // fim da função ganhos
```

Figura 20.23 ■ Texto de saída de construtor e destrutor de FuncionarioComissao. (Parte 2 de 3.)

```

// imprime objeto FuncionarioComissao
void FuncionarioComissao::imprime() const
{
   cout << "Funcionário comissionado: "
      << retNome() << ' ' << retSobrenome()
      << "\nNúmero de identificação: " << retNumeroID()
      << "\nVenda bruta: " << retVendaBruta()
      << "\nTaxa de comissão: " << retTaxaComissao();
} // fim da função imprime
```

Figura 20.23 ■ Texto de saída de construtor e destrutor de FuncionarioComissao. (Parte 3 de 3.)

```
// Fig. 20.24: FuncionarioBaseMaisComissao.h
// Classe FuncionarioBaseMaisComissao derivada da classe
// FuncionarioComissao.
#ifndef BASEPLUS_H
#define BASEPLUS_H

#include <string> // Classe string padrão de C++
#include "FuncionarioComissao.h" // Declaração da classe FuncionarioComissao
using namespace std;

class FuncionarioBaseMaisComissao : public FuncionarioComissao
{
public:
   FuncionarioBaseMaisComissao( const string &, const string &,
      const string &, double = 0.0, double = 0.0, double = 0.0 );
   ~FuncionarioBaseMaisComissao(); // destrutor

   void defSalarioBase( double ); // define salário-base
   double retSalarioBase() const; // retorna salário-base

   double ganhos() const; // calcula ganhos
   void imprime() const; // imprime objeto FuncionarioBaseMaisComissao
private:
   double salarioBase; // salário-base
}; // fim da classe FuncionarioBaseMaisComissao

#endif
```

Figura 20.24 ■ Arquivo de cabeçalho da classe FuncionarioBaseMaisComissao.

```
// Fig. 20.25: FuncionarioBaseMaisComissao.cpp
// Declarações de função-membro da classe FuncionarioBaseMaisComissao.
#include <iostream>
#include "FuncionarioBaseMaisComissao.h"
using namespace std;

// construtor
FuncionarioBaseMaisComissao::FuncionarioBaseMaisComissao(
   const string &primeiro, const string &último, const string &id,
   double vendas, double taxa, double salário )
   // chama explicitamente o construtor da classe-base
```

Figura 20.25 ■ Texto de saída de construtor e destrutor de FuncionarioBaseMaisComissao. (Parte 1 de 2.)

```
12     : FuncionarioComissao( primeiro, último, id, vendas, taxa )
13  {
14     defSalarioBase( salário ); // valida e armazena salário-base
15
16     cout << "Construtor de FuncionarioBaseMaisComissao: " << endl;
17     imprime();
18     cout << "\n\n";
19  } // fim do construtor FuncionarioBaseMaisComissao
20
21  // destrutor
22  FuncionarioBaseMaisComissao::~FuncionarioBaseMaisComissao()
23  {
24     cout << "Destrutor de FuncionarioBaseMaisComissao: " << endl;
25     imprime();
26     cout << "\n\n";
27  } // fim do destrutor de FuncionarioBaseMaisComissao
28
29  // define salário-base
30  void FuncionarioBaseMaisComissao::defSalarioBase( double salário )
31  {
32     salarioBase = ( salário < 0.0 ) ? 0.0 : salário;
33  } // fim da função defSalarioBase
34
35  // retorna salário-base
36  double FuncionarioBaseMaisComissao::retSalarioBase() const
37  {
38     return salarioBase;
39  } // fim da função retSalarioBase
40
41  // calcula ganhos
42  double FuncionarioBaseMaisComissao::ganhos() const
43  {
44     return retSalarioBase() + FuncionarioComissao::ganhos();
45  } // fim da função ganhos
46
47  // imprime objeto FuncionarioBaseMaisComissao
48  void FuncionarioBaseMaisComissao::imprime() const
49  {
50     cout << "Salário-base do ";
51
52     // chamando função imprime de FuncionarioComissao
53     FuncionarioComissao::imprime();
54
55     cout << "\nSalário-base: " << retSalarioBase();
56  } // fim da função imprime
```

Figura 20.25 ■ Texto de saída de construtor e destrutor de FuncionarioBaseMaisComissao. (Parte 2 de 2.)

Nesse exemplo, modificamos o construtor de FuncionarioComissao (linhas 8-19 da Figura 20.23) e incluímos um destrutor de FuncionarioComissao (linhas 22-27), cada qual enviando uma linha de texto ao ser chamado. Também modificamos o construtor de FuncionarioBaseMaisComissao (linhas 8-19 da Figura 20.25) e incluímos um destrutor de FuncionarioBaseMaisComissao (linhas 22-27), cada um enviando uma linha de texto ao ser chamado.

A Figura 20.26 demonstra a ordem em que construtores e destrutores são chamados em objetos de classes que fazem parte de uma hierarquia de herança. A função main instancia o objeto funcionário1 de FuncionarioComissao (linhas 15-16) em um bloco separado dentro de main (linhas 14-17). O objeto entra e sai do escopo — o final do bloco é alcançado imediatamente após o objeto ser criado —, de modo que tanto o construtor quanto o destrutor de FuncionarioComissao são chamados. Em seguida, as linhas 20-21 instanciam o objeto funcionário2 de FuncionarioBaseMaisComissao. Este chama o construtor FuncionarioComissao para exibir as saídas com os valores passados do construtor de `FuncionarioBaseMaisComissao`, e depois a saída especificada no construtor de `FuncionarioBaseMaisComissao` é realizada. As linhas 24-25, então, instanciam o objeto `funcionário3` de `FuncionarioBaseMaisComissao`. Novamente, os construtores de `FuncionarioComissao` e `FuncionarioBaseMaisComissao` são chamados. Em cada caso, o corpo do construtor de `FuncionarioComissao` é executado antes que o corpo do construtor `FuncionarioBaseMaisComissao` seja executado. Quando o final de `main` é alcançado, os destrutores são chamados para os objetos `funcionário2` e `funcionário3`. Porém, como os destrutores são chamados na ordem contrária de seus construtores correspondentes, o destrutor de `FuncionarioBaseMaisComissao` e o destrutor de `FuncionarioComissao` são chamados (nessa ordem) para o objeto `funcionário3`, e depois os destrutores de `FuncionarioBaseMaisComissao` e `FuncionarioComissao` são chamados (nessa ordem) para o objeto `funcionário2`.

```
 1 // Fig. 20.26: fig20_26.cpp
 2 // Mostra ordem em que são chamados construtores e destrutores
 3 // da classe-base e da classe derivada.
 4 #include <iostream>
 5 #include <iomanip>
 6 #include "FuncionarioBaseMaisComissao.h"
 7 using namespace std;
 8
 9 int main()
10 {
11    // define formatação da saída em ponto flutuante
12    cout << fixed << setprecision( 2 );
13
14    { // inicia novo escopo
15       FuncionarioComissao funcionario1(
16          "Bob", "Lewis", "987654321-00", 5000, .04 );
17    } // fim do escopo
18
19    cout << endl;
20    FuncionarioBaseMaisComissao
21       funcionario2( "Lisa", "Jones", "555444333-22", 2000, 0,06, 800 );
22
23    cout << endl;
24    FuncionarioBaseMaisComissao
25       funcionario3( "Mark", "Sands", "888777666-55", 8000, 0,15, 2000 );
26    cout << endl;
27 } // fim do main
```

```
Construtor de FuncionarioComissao:
Funcionário que recebe comissão: Bob Lewis
Número de identificação: 987654321-00
Venda bruta: 5000.00
Taxa de comissão: 0.04

Destrutor de FuncionarioComissao:
Funcionário que recebe comissão: Bob Lewis
Número de identificação: 987654321-00
Venda bruta: 5000.00
Taxa de comissão: 0.04

Construtor de FuncionarioComissao:
Funcionário que recebeu comissão: Lisa Jones
Número de identificação: 555444333-22
Venda bruta: 2000.00
Taxa de comissão: 0.06
```

Figura 20.26 ■ Ordem de chamada de construtor e destrutor. (Parte 1 de 2.)

```
Construtor de FuncionarioBaseMaisComissao:
Salário-base do Funcionário que recebe comissão: Lisa Jones
Número de identificação: 555444333-22
Venda bruta: 2000.00
Taxa de comissão: 0.06
Salário-base: 800.00

Construtor de FuncionarioComissao:
Funcionário que recebe comissão: Mark Sands
Número de identificação: 888777666-55
Venda bruta: 8000.00
Taxa de comissão: 0.15

Construtor de FuncionarioBaseMaisComissao:
Salário-base do Funcionário que recebe comissão: Mark Sands
Número de identificação: 888777666-55
Venda bruta: 8000.00
Taxa de comissão: 0.15
Salário-base: 2000.00

Destrutor de FuncionarioBaseMaisComissao:
Salário-base do Funcionário que recebe comissão: Mark Sands
Número de identificação: 888777666-55
Venda bruta: 8000.00
Taxa de comissão: 0.15
Salário-base: 2000.00

Destrutor de FuncionarioComissao:
Funcionário que recebe comissão: Mark Sands
Número de identificação: 888777666-55
Venda bruta: 8000.00
Taxa de comissão: 0.15

Destrutor de FuncionarioBaseMaisComissao:
Salário-base do Funcionário que recebe comissão: Lisa Jones
Número de identificação: 555444333-22
Venda bruta: 2000.00
Taxa de comissão: 0.06
Salário-base: 800.00

Destrutor de FuncionarioComissao:
Funcionário que recebe comissão: Lisa Jones
Número de identificação: 555444333-22
Venda bruta: 2000.00
Taxa de comissão: 0.06
```

Figura 20.26 ■ Ordem de chamada de construtor e destrutor. (Parte 2 de 2.)

20.6 Heranças `public`, `protected` e `private`

Ao derivar uma classe de uma classe-base, a classe-base pode ser herdada por meio de heranças `public`, `protected` ou `private`. O uso das heranças `protected` e `private` é raro, e elas devem ser usadas com muito cuidado; neste livro, usamos a herança `public` com uma frequência maior. A Figura 20.27 resume, para cada tipo de herança, a acessibilidade dos membros da classe-base em uma classe derivada. A primeira coluna contém os especificadores de acesso da classe-base.

Ao derivar uma classe de uma classe-base `public`, os membros `public` da classe-base tornam-se membros `public` da classe derivada, e os membros `protected` da classe-base tornam-se membros `protected` da classe derivada. Os membros `private` de uma classe-base nunca são acessíveis diretamente a partir de uma classe derivada, mas podem ser acessados por meio de chamadas aos membros `public` e `protected` da classe-base.

Especificador de acesso do membro da classe-base	Tipo de herança		
	Herança `public`	Herança `protected`	Herança `private`
`public`	`public` na classe derivada. Pode ser acessado diretamente por funções-membro, funções `friend` e funções não membro.	`protected` na classe derivada. Pode ser acessado diretamente por funções-membro e funções `friend`.	`private` na classe derivada. Pode ser acessado diretamente por funções-membro e funções `friend`.
`protected`	`protected` na classe derivada. Pode ser acessado diretamente por funções-membro e funções `friend`.	`protected` na classe derivada. Pode ser acessado diretamente por funções-membro e funções `friend`.	`private` na classe derivada. Pode ser acessado diretamente por funções-membro e funções `friend`.
`private`	Oculto na classe derivada. Pode ser acessado por funções-membro e funções `friend` por meio de funções-membro `public` ou `protected` da classe-base.	Oculto na classe derivada. Pode ser acessado por funções-membro e funções `friend` por meio de funções-membro `public` ou `protected` da classe-base.	Oculto na classe derivada. Pode ser acessado por funções-membro e funções `friend` por meio de funções-membro `public` ou `protected` da classe-base.

Figura 20.27 ■ Resumo da acessibilidade de membro da classe-base em uma classe derivada.

Ao derivar de uma classe-base `protected`, os membros `public` e `protected` da classe-base tornam-se membros `protected` da classe derivada. Ao derivar de uma classe-base `private`, os membros `public` e `protected` da classe-base tornam-se membros `private` (por exemplo, as funções tornam-se funções utilitárias) da classe derivada. A herança `private` e `protected` não são relações *é-um*.

20.7 Engenharia de software com herança

Nesta seção, discutimos o uso da herança para personalizar o software existente. Quando usarmos a herança para criar uma nova classe a partir de uma classe existente, a nova classe herdará os dados-membro e as funções-membro da classe existente, conforme descrevemos na Figura 20.27. Podemos personalizar a nova classe para atender às nossas necessidades ao incluir membros adicionais e ao redefinir os membros da classe-base. O programador da classe derivada faz isso em C++ sem acessar o código-fonte da classe-base. A classe derivada precisa ser capaz de se ligar ao código-objeto da classe-base. Essa capacidade poderosa é atraente para os vendedores de software independentes (ISVs — *Independent Software Vendors*). Os ISVs podem desenvolver classes próprias para venda ou licenciamento e tornar essas classes disponíveis aos usuários no formato de código-objeto. Os usuários, então, podem derivar novas classes dessas classes de biblioteca rapidamente e sem ter de acessar o código-fonte próprio dos ISVs. Tudo o que os ISVs precisam fornecer com o código-objeto são os arquivos de cabeçalho.

Às vezes, é difícil que os alunos apreciem o escopo dos problemas enfrentados pelos projetistas que trabalham em projetos de software em grande escala no setor. As pessoas com experiência em projetos como esses dizem que a reutilização eficaz do software melhora o processo de desenvolvimento de software. A programação orientada a objeto facilita a reutilização de software, reduzindo o tempo gasto com o desenvolvimento do software e melhorando sua qualidade.

A disponibilidade de bibliotecas de classe substanciais e úteis gera o máximo de benefícios da reutilização de software por meio da herança. Assim como o software embalado e produzido por vendedores de software independentes tornou-se uma indústria em crescimento explosivo com a chegada do computador pessoal, o interesse na criação e venda de bibliotecas de classes vem crescendo exponencialmente. Os projetistas de aplicação criam suas aplicações com essas bibliotecas, e os projetistas de biblioteca são recompensados por ter suas bibliotecas incluídas nas aplicações. As bibliotecas-padrão de C++, que vêm com os compiladores C++, costumam ter utilidade geral e escopo limitado. Porém, existe um compromisso mundial maciço para o desenvolvimento de bibliotecas de classe para a grande variedade de áreas de aplicação.

Observação sobre engenharia de software 20.9

No estágio de projeto em um sistema orientado a objeto, o projetista normalmente determina que certas classes estão intimamente relacionadas. O projetista deve 'retirar' os atributos e comportamentos comuns e colocá-los em uma classe-base, e depois usar a herança para formar as classes derivadas, concedendo-lhes capacidades além daquelas herdadas da classe-base.

Observação sobre engenharia de software 20.10

A criação de uma classe derivada não afeta o código-fonte de sua classe-base. A herança preserva a integridade de uma classe-base.

Dica de desempenho 20.3

Se as classes produzidas pela herança forem maiores que precisam ser (ou seja, se tiverem muita funcionalidade), recursos de memória e processamento podem ser desperdiçados. Herde da classe cuja funcionalidade seja a 'mais próxima' do que é necessário.

A leitura de definições de classe derivada pode ser confusa, pois os membros herdados não aparecem fisicamente nas classes derivadas; apesar disso, eles estão presentes. Um problema semelhante ocorre quando se documenta membros de classe derivada.

20.8 Conclusão

Este capítulo apresentou a herança — a capacidade de criar uma classe absorvendo os dados-membro e as funções-membro de uma classe já existente, concedendo-lhes novas capacidades. Por meio de uma série de exemplos que usaram uma hierarquia de herança de funcionário, você aprendeu as noções de classes-base e classes derivadas, e usou a herança `public` para criar uma classe derivada que herda membros de uma classe-base. O capítulo apresentou o especificador de acesso `protected` — as funções-membro da classe derivada podem acessar membros `protected` da classe-base. Você aprendeu a acessar membros redefinidos da classe-base qualificando seus nomes com o nome da classe-base e o operador binário de resolução de escopo (`::`). Você também viu a ordem em que os construtores e destrutores são chamados para objetos de classes que fazem parte de uma hierarquia de herança. Por fim, explicamos os três tipos de herança — `public`, `protected` e `private` —, e a acessibilidade dos membros da classe-base em uma classe derivada ao usarem cada um deles.

No Capítulo 21, incrementamos nossa discussão sobre herança ao apresentar o polimorfismo — um conceito orientado a objeto que nos permite escrever programas que tratam, de uma maneira mais geral, de objetos de uma grande variedade de classes que se relacionam por meio da herança. Depois de estudar o Capítulo 21, você estará familiarizado com classes, objetos, encapsulamento, herança e polimorfismo — conceitos essenciais da programação orientada a objeto.

Resumo

Seção 20.1 Introdução

- A reutilização de software reduz o tempo e o custo no desenvolvimento de programas.

Seção 20.2 Classes-base e classes derivadas

- A herança é uma forma de reutilização de software em que você cria uma classe que absorve os dados e comportamentos de uma classe já existente, melhorando-os com novas capacidades. A classe existente é chamada de classe-base, e a nova classe é conhecida como classe derivada.
- Uma classe-base direta é aquela da qual uma classe derivada herda explicitamente. Uma classe-base indireta é herdada de dois ou mais níveis acima na hierarquia de classes.
- Com a herança simples, uma classe é derivada de uma classe-base. Com a herança múltipla, uma classe herda de várias classes-base (possivelmente não relacionadas).
- Uma classe derivada representa um grupo de objetos mais especializado. Normalmente, uma classe derivada contém comportamentos herdados de sua classe-base mais comportamentos adicionais. Uma classe derivada também pode personalizar comportamentos herdados da classe-base.
- Cada objeto de uma classe derivada também é um objeto da classe-base dessa classe. Porém, um objeto da classe-base não é um objeto das classes derivadas dessa classe.
- O relacionamento *é-um* representa a herança. Em um relacionamento *é-um*, um objeto de uma classe derivada também pode ser tratado como um objeto de sua classe-base.
- O relacionamento *tem-um* representa a composição — um objeto contém um ou mais objetos de outras classes como membros, mas não revela seu comportamento diretamente em sua interface.
- Uma classe derivada não pode acessar os membros `private` de sua classe-base diretamente. Uma classe derivada pode acessar os membros `public` e `protected` de sua classe-base diretamente.

- Uma classe derivada pode efetuar mudanças de estado nos membros `private` da classe-base, mas somente por meio de funções-membro não `private` fornecidas na classe-base e herdadas para a classe derivada.
- Uma função-membro da classe-base pode ser redefinida em uma classe derivada.
- Os relacionamentos de herança simples formam estruturas hierárquicas do tipo árvore.
- É possível tratar objetos da classe-base e objetos da classe derivada de modo semelhante; a semelhança compartilhada entre os tipos de objeto é expressa nos dados-membro e nas funções-membro da classe-base.

Seção 20.3 Membros `protected`

- Os membros `public` da classe-base são acessíveis de qualquer lugar em que o programa tenha um handle para um objeto dessa classe-base ou para um objeto de uma das classes derivadas dessa classe-base — ou, ao usar o operador binário de resolução de escopo sempre que o nome da classe estiver no escopo.
- Os membros `private` de uma classe-base são acessíveis apenas dentro da classe-base ou de suas `friends`.
- Os membros `protected` de uma classe-base podem ser acessados por membros e `friends` dessa classe-base e por membros e `friends` de quaisquer classes derivadas dessa classe-base.
- Quando uma função-membro de classe derivada redefine uma função-membro de classe-base, a função-membro da classe-base pode ser acessada a partir da classe derivada qualificando o nome da função-membro da classe-base com o nome da classe-base e o operador binário de resolução de escopo (`::`).

Seção 20.5 Construtores e destrutores em classes derivadas

- Quando um objeto de uma classe derivada é instanciado, o construtor da classe-base é chamado imediatamente para inicializar os dados-membro da classe-base no objeto da classe derivada, depois o construtor da classe derivada inicializa os dados-membro adicionais da classe derivada.
- Quando um objeto da classe derivada é destruído, os destrutores são chamados na ordem contrária à ordem dos construtores — primeiro, o destrutor da classe derivada é chamado, e, depois, o destrutor da classe-base é chamado.

Seção 20.6 Heranças `public`, `protected` e `private`

- Ao declararmos os dados-membro `private` enquanto oferecemos funções-membro não `private` para manipular e realizar a verificação de validade nesses dados, impomos a boa engenharia de software.
- Ao derivar uma classe, a classe básica pode ser declarada como `public`, `protected` ou `private`.
- Ao derivar uma classe de uma classe-base `public`, os membros `public` da classe-base tornam-se membros `public` da classe derivada, e os membros `protected` da classe-base tornam-se membros `protected` da classe derivada.
- Ao derivar uma classe de uma classe-base `protected`, os membros `public` e `protected` da classe-base tornam-se membros `protected` da classe derivada.
- Ao derivar uma classe de uma classe-base `private`, membros `public` e `protected` da classe-base tornam-se membros `private` da classe derivada.

Terminologia

classe derivada 615
classe-base 615
classe-base direta 615
classe-base indireta 615
herança 615
herança múltipla 615
herança `private` 618
herança `protected` 618
herança `public` 618
herança simples 615
herdar 615
hierarquia de classes 615
palavra-chave, `protected` 618
relacionamento *é-um* 615
relacionamento *tem-um* 615
sintaxe de inicializador de classe-base 630
software frágil 637
software quebradiço 637
subclasse 615
superclasse 615

Exercícios de autorrevisão

20.1 Preencha os espaços em cada uma das sentenças:

a) _______ é uma forma de reutilização de software em que novas classes absorvem dados e comportamentos das classes existentes e aprimoram essas classes com novas capacidades.

b) Os membros _______ de uma classe-base podem ser acessados na definição da classe-base, nas definições da classe derivada e em `friends` das classes derivadas dessa classe-base.

c) Em um relacionamento _______, um objeto de uma classe derivada também pode ser tratado como um objeto de sua classe-base.

d) Em uma relação _______, um objeto de classe tem um ou mais objetos de outras classes como membros.

e) Na herança simples, uma classe existe em um relacionamento _______ com suas classes derivadas.

f) Os membros _______ de uma classe-base são acessíveis dentro dessa classe-base e em qualquer lugar em que o programa tenha um handle para um objeto dessa classe ou uma de suas classes derivadas.

g) Os membros de acesso `protected` de uma classe-base possuem um nível de proteção entre aqueles de acesso `public` e _______.

h) C++ oferece _______, que permite que uma classe derivada herde de muitas classes-base, mesmo que as classes-base não estejam relacionadas.

i) Quando um objeto de uma classe derivada é instanciado, o(a) _______ da classe-base é chamado(a) implicita ou explicitamente para realizar qualquer inicialização necessária dos dados-membro da classe-base no objeto da classe derivada.

j) Ao derivar uma classe de uma classe-base com herança `public`, os membros `public` da classe-base tornam-se membros _______ da classe derivada, e os membros `protected` da classe-base tornam-se membros _______ da classe derivada.

k) Ao derivar uma classe de uma classe-base com herança `protected`, os membros `public` da classe-base tornam-se membros _______ da classe derivada, e os membros `protected` da classe-base tornam-se membros _______ da classe derivada.

20.2 Indique se cada uma das sentenças a seguir é *verdadeira* ou *falsa*. Em caso de alternativas falsas, justifique sua resposta.

a) Os construtores da classe-base não são herdados pelas classes derivadas.

b) Um relacionamento *tem-um* é implementado por meio de herança.

c) Uma classe `Carro` tem um relacionamento *é-um* com as classes `Direção` e `Freios`.

d) A herança encoraja a reutilização de software de alta qualidade comprovada.

e) Quando um objeto da classe derivada é destruído, os destrutores são chamados na ordem contrária à dos construtores.

Respostas dos exercícios de autorrevisão

20.1 a) Herança. b) `protected`. c) *é-um* ou herança. d) *tem-um*, composição ou agregação. e) hierárquico. f) `public`. g) `private`. h) herança múltipla. i) construtor. j) `public`, `protected`. k) `protected`, `protected`.

20.2 a) Verdadeiro. b) Falso. Um relacionamento *tem-um* é implementado por meio de composição. Um relacionamento *é-um* é implementado por meio de herança. c) Falso. Este é um exemplo de um relacionamento *tem-um*. A classe `Carro` tem um relacionamento *é-um* com a classe `Veículo`. d) Verdadeiro. e) Verdadeiro.

Exercícios

20.3 ***Composição como alternativa à herança.*** Muitos programas escritos com herança poderiam ser escritos com composição, e vice-versa. Reescreva a classe `FuncionarioBaseMaisComissao` da hierarquia `FuncionarioComissao`–`FuncionarioBaseMaisComissao` para usar a composição em vez da herança. Depois que você fizer isso, avalie os méritos relativos dos dois métodos para projetar as classes `FuncionarioComissao` e `FuncionarioBaseMaisComissao`, bem como para programas orientados a objeto em geral. Qual método é mais natural? Por quê?

20.4 ***Vantagem da herança.*** Discuta as maneiras como a herança promove a reutilização de software, economiza tempo no desenvolvimento do programa e ajuda a impedir a ocorrência de erros.

20.5 ***Classes-base protegidas* versus *classes-base privadas.*** Alguns programadores preferem não usar o acesso `protected` porque acreditam que isso quebra o encapsulamento da classe-base. Discuta os méritos relativos do uso do acesso `protected` e do uso do acesso `private` nas classes-base.

20.6 ***Hierarquia de herança de estudante.*** Desenhe uma hierarquia de herança para os estudantes em uma universidade, semelhante à hierarquia mostrada na Figura 20.2. Use `Estudante` como classe-base da hierarquia, e depois inclua as classes `EstudanteCursando` e `EstudanteFormado` que derivam de `Estudante`. Continue a expandir a hierarquia com a maior profundidade (ou seja, com o máximo de níveis) possível. Por exemplo, `Calouro`, `Estudante do segundo ano`, `Junior` e `Sênior` poderiam derivar de `EstudanteCursando`, e `EstudanteDoutorado` e `EstudanteMestrado` poderiam derivar de `EstudanteFormado`. Depois de desenhar a hierarquia, discuta as relações existentes entre as classes. [*Nota:* você não precisa escrever código algum nesse exercício.]

20.7 ***Hierarquia de forma mais rica.*** O mundo das formas é muito mais rico que as formas incluídas na hierarquia de herança da Figura 20.3. Escreva todas as formas as quais você puder lembrar — tanto bidimensionais quanto tridimensionais — e componha em uma hierarquia `Forma` mais completa, com o máximo possível de níveis. Sua hierarquia deverá ter a classe-base `Forma`, da qual as classes `FormaBidimensional` e `FormaTridimensional` sejam derivadas. [*Nota:* você não precisa escrever código algum nesse exercício.] Usaremos essa hierarquia nos exercícios do Capítulo 21 para processar um conjunto de formas distintas como objetos da classe-base `Forma`. (Essa técnica, chamada de polimorfismo, será o assunto do Capítulo 21.)

20.8 ***Hierarquia de herança de quadrilátero.*** Desenhe uma hierarquia de herança para as classes `Quadrilátero`, `Trapezoide`, `Paralelogramo`, `Retângulo` e `Quadrado`. Use `Quadrilátero` como classe-base da hierarquia, que deverá ser tão profunda quanto possível.

20.9 ***Hierarquia de herança de pacote.*** Os serviços de entrega de pacotes, como FedEx®, DHL® e UPS®, oferecem uma série de opções diferentes de entrega, cada uma com custos específicos. Crie uma hierarquia de herança que represente os diversos tipos de pacotes. Use `Pacote` como classe-base da hierarquia, e depois inclua as classes `PacoteDoisDias` e `PacoteNoturno` que derivem de `Pacote`. A classe-base `Pacote` deverá incluir dados-membro que representem nome, endereço, cidade, estado e CEP do remetente e do destinatário do pacote, além de dados-membro que armazenam o peso (em gramas) e o custo por grama para enviar o pacote. O construtor do `Pacote` deverá inicializar esses dados-membro. Cuide para que o peso e o custo por grama contenham valores positivos. O `Pacote` deverá fornecer uma função-membro `public calculaCusto` que retorne um `double` indicando o custo associado à remessa do pacote. A função `calculaCusto` de `Pacote` deverá determinar o custo multiplicando o peso pelo custo por grama. A classe derivada `PacoteDoisDias` deverá herdar a funcionalidade da classe-base `Pacote`, mas também deverá incluir um dado-membro que represente um valor fixo cobrado pela empresa para prestar um serviço de entrega em dois dias. O construtor de `PacoteDoisDias` deverá receber um valor para inicializar esse dado-membro. `PacoteDoisDias` deverá redefinir a função-membro `calculaCusto` de modo que calcule o custo da entrega somando o valor fixo ao custo baseado no peso, calculado pela função `calculaCusto` do `Pacote`. A classe `PacoteNoturno` deverá herdar diretamente da classe `Pacote` e conter um dado-membro adicional que represente uma taxa adicional por grama cobrada para o serviço de entrega noturna. `PacoteNoturno` deverá redefinir a função-membro `calculaCusto` de modo que some a taxa adicional por grama ao custo-padrão por grama antes de calcular o custo da entrega. Escreva um programa de teste que crie objetos de cada tipo de `Pacote` e teste a função-membro `calculaCusto`.

20.10 ***Hierarquia de herança de Conta.*** Crie uma hierarquia de herança que pudesse ser usada por um banco para representar as contas bancárias dos clientes. Todos os clientes desse banco poderiam depositar (ou seja, creditar) dinheiro em suas contas e sacar (ou seja, debitar) dinheiro de suas contas. Também existiriam tipos mais específicos de contas. Contas-poupança, por exemplo, receberiam juros sobre o dinheiro mantido. Contas-correntes, por outro lado, cobrariam uma taxa por transação (ou seja, crédito ou débito).

Crie uma hierarquia de herança que contenha a classe-base `Conta` e as classes derivadas `ContaPoupança` e `ContaCorrente`, que herdem da classe `Conta`. A classe-base `Conta` deverá incluir um dado-membro do tipo `double` para representar o saldo da conta. A classe deverá fornecer um construtor que receba um saldo inicial e o utilize para inicializar o dado-membro. O construtor deverá validar o saldo inicial para garantir que ele seja maior ou igual a `0.0`. Se não for, o saldo deverá ser definido como `0.0`, e o construtor deverá exibir uma mensagem de erro que indique que o saldo inicial é inválido. A classe deverá fornecer três funções-membro. A função-membro `creditar` deverá somar um valor ao saldo atual. A função-membro `debitar` deverá retirar dinheiro da `Conta` e garantir que o valor do débito não ultrapasse o saldo da Conta. Se isso acontecer, o saldo deverá ficar inalterado e a função deverá imprimir a mensagem "Valor do débito superior ao saldo da conta". A função-membro retSaldo deverá retornar o saldo atual.

A classe derivada ContaPoupança deverá herdar a funcionalidade de uma Conta, mas também deverá incluir um dado-membro do tipo double que indique a taxa de juros (porcentagem) atribuída à Conta. O construtor da ContaPoupança deverá receber o saldo inicial, bem como um valor inicial para a taxa de juros da ContaPoupança. A ContaPoupança deverá fornecer uma função-membro public calculaJuros, que retorne um double indicando o valor dos juros recebidos por uma conta. A função-membro calculaJuros deverá determinar esse valor multiplicando a taxa de juros pelo saldo da conta. [*Nota:* ContaPoupança deverá herdar as funções-membro creditar e debitar como se encontra, sem redefini-las.]

A classe derivada ContaCorrente deverá herdar da classe-base Conta e incluir um dado-membro adicional do tipo double, que represente uma taxa cobrada por transação. O construtor de ContaCorrente deverá receber o saldo inicial, bem como um parâmetro indicando um valor de taxa. A classe ContaCorrente deverá redefinir as funções-membro creditar e debitar, de modo que elas subtraiam a taxa do saldo da conta sempre que alguma transação for realizada com sucesso. As versões de ContaCorrente dessas funções deverão chamar a versão Conta da classe-base para realizar as atualizações no saldo de uma conta. A função debit de ContaCorrente deverá cobrar uma taxa somente se o dinheiro for realmente retirado (ou seja, se o valor de débito não ultrapassar o saldo da conta). [*Dica:* defina a função debitar de Conta de modo que ela retorne um booleano que mostre se o dinheiro foi retirado. A seguir, use o valor de retorno para determinar se uma taxa deverá ser cobrada.]

Depois de definir as classes nessa hierarquia, escreva um programa que crie objetos de cada classe e teste suas funções-membro. Some juros ao objeto ContaPoupança, chamando sua função calculaJuros em primeiro lugar, e, depois, passando o valor de juros retornado à função creditar do objeto.

PROGRAMAÇÃO ORIENTADA A OBJETO: POLIMORFISMO

21

Capítulo

Um anel para governar todos eles,
um anel para encontrá-los,
um anel para reunir todos eles,
e, nas trevas, aprisioná-los.
— **John Ronald Reuel Tolkien**

O silêncio, frequentemente por pura
inocência,
persuade quando o falar não resolve.
— **William Shakespeare**

Proposições gerais não solucionam casos específicos.
— **Oliver Wendell Holmes**

Um filósofo de grande prestígio não pensa em um vácuo. Mesmo suas ideias mais abstratas, até certo ponto, estão condicionadas pelo que é ou não é conhecido na época em que ele vive.
— **Alfred North Whitehead**

Objetivos

Neste capítulo, você aprenderá:

- Como o polimorfismo torna a programação mais conveniente e os sistemas mais extensíveis.
- A distinção entre classes abstratas e concretas, e como criar classes abstratas.
- A usar a informação de tipo em tempo de execução (RTTI).
- Como C++ implementa as funções `virtuais` e a vinculação dinâmica.
- Como os destrutores `virtuais` garantem que todos os destrutores apropriados sejam executados em um objeto.

Conteúdo

21.1 Introdução
21.2 Exemplos de polimorfismo
21.3 Relações entre objetos em uma hierarquia de herança
21.3.1 Chamada de funções de classe-base por objetos de classe derivada
21.3.2 Visando ponteiros de classe derivada em objetos de classe-base
21.3.3 Chamadas de função-membro de classe derivada com ponteiros de classe-base
21.3.4 Funções virtuais
21.3.5 Resumo das atribuições permitidas entre objetos e ponteiros de classe-base e derivada
21.4 Campos de tipo e comandos `switch`
21.5 Classes abstratas e funções `virtuais` puras
21.6 Estudo de caso: um sistema de folha de pagamento usando polimorfismo
21.6.1 Criação da classe-base abstrata `Funcionário`
21.6.2 Criação da classe derivada concreta `FuncionarioSalario`
21.6.3 Criação da classe derivada concreta `FuncionarioHora`
21.6.4 Criação da classe derivada concreta `FuncionarioComissao`
21.6.5 Criação da classe derivada concreta indireta `FuncionarioBaseMaisComissao`
21.6.6 Demonstração do processamento polimórfico
21.7 Polimorfismo, funções virtuais e vinculação dinâmica 'vistos por dentro'
21.8 Estudo de caso: sistema de folha de pagamento usando polimorfismo e informação de tipo em tempo de execução com downcasting, `dynamic_cast`, `typeid` e `type_info`
21.9 Destrutores virtuais
21.10 Conclusão

Resumo | Terminologia | Exercícios de autorrevisão | Respostas dos exercícios de autorrevisão | Exercícios | Fazendo a diferença

21.1 Introdução

Nos capítulos 15 a 20, discutimos as principais tecnologias de programação orientada a objeto, incluindo classes, objetos, encapsulamento, sobrecarga de operadores e herança. Agora, continuaremos com nosso estudo da POO explicando e demonstrando o **polimorfismo** com hierarquias de herança. O polimorfismo permite uma 'programação geral' em vez de uma 'programação específica'. Em particular, o polimorfismo permite escrever programas que processam objetos de classes que fazem parte da mesma hierarquia de classes como se fossem todos objetos da classe-base da hierarquia. Como veremos em breve, o polimorfismo trabalha com handles de ponteiro da classe-base e handles de referência da classe-base, mas não com handles de nome.

Suponha que criemos um programa polimórfico que simule o movimento de vários tipos de animais para um estudo biológico. As classes `Peixe`, `Sapo` e `Passaro` representam os três tipos de animais sob investigação. Imagine que cada uma dessas classes herde da classe-base `Animal`, que contém uma função `mover` e mantém o local atual de um animal. Cada classe derivada implementa `mover`. Nosso programa mantém um `vetor` de ponteiros `Animal` para objetos das classes derivadas. Para simular os movimentos dos animais, o programa envia a cada objeto a mesma mensagem uma vez por segundo — a saber, `mover`. Porém, cada tipo específico de `Animal` responde a uma mensagem `mover` à sua maneira — um `Peixe` poderia nadar por meio metro, um `Sapo` poderia saltar um metro e um `Passaro` poderia voar por três metros. O programa emite a mesma mensagem (ou seja, `mover`) para cada objeto, mas cada sabe como modificar seu local para seu tipo específico de movimento. Contar com cada objeto para saber como 'fazer a coisa certa' em resposta à mesma chamada de função é o conceito-chave do polimorfismo. A mesma mensagem enviada a uma série de objetos tem 'muitas formas' de resultados — vem daí o termo polimorfismo.

Com o polimorfismo, podemos projetar e implementar sistemas que sejam facilmente extensíveis — novas classes podem ser acrescentadas modificando pouco ou nada das partes gerais do programa, desde que as novas classes façam parte da hierarquia de herança que o programa processa genericamente. As únicas partes de um programa que devem ser alteradas para acomodar novas classes são aquelas que exigem conhecimento direto das novas classes que você acrescenta na hierarquia. Por exemplo, se criarmos a classe `Tartaruga` que herda da classe `Animal` (que poderia responder a uma mensagem `mover` rastejando por três centímetros), teremos de escrever apenas a classe `Tartaruga` e a parte da simulação que instancia um objeto `Tartaruga`. As partes da simulação que processam cada `Animal` genericamente podem permanecer iguais.

Começaremos com uma sequência de pequenos exemplos focalizados, visando o conhecimento das funções `virtuais` e da vinculação dinâmica — duas tecnologias básicas do polimorfismo. Depois, apresentaremos um estudo de caso que revê a hierarquia de `Funcionario` do Capítulo 20. No estudo de caso, definiremos uma 'interface' (ou seja, um conjunto de funcionalidades) comum para todas as classes na hierarquia. Essa funcionalidade comum entre os funcionários é definida em uma chamada classe-base abstrata, `Funcionario`, da qual as classes `FuncionarioSalario`, `FuncionarioHora` e `FuncionarioComissao` herdam diretamente, e a classe `FuncionarioBaseMaisComissao` herda indiretamente. Logo, veremos o que torna uma classe 'abstrata' ou o oposto — 'concreta'.

Nessa hierarquia, cada funcionário tem uma função `ganhos` para calcular o pagamento semanal do funcionário. Essas funções `ganhos` variam de acordo com o tipo de funcionário — por exemplo, `FuncionarioSalario` recebe um salário semanal fixo, independentemente do número de horas que trabalha, enquanto o `FuncionarioHora` recebe por hora normal e hora extra. Mostramos como processar cada funcionário 'no geral' — ou seja, usando ponteiros da classe-base para chamar a função `ganhos` de vários objetos da classe derivada. Desse modo, você precisa se preocupar apenas com um tipo de chamada de função, que pode ser usada para executar diversas funções diferentes nos objetos referenciados pelos ponteiros da classe-base.

Um recurso fundamental deste capítulo é a discussão detalhada (opcional) do polimorfismo, funções `virtuais` e o vínculo dinâmico 'nos bastidores', que usa um diagrama detalhado para explicar como o polimorfismo pode ser implementado em C++.

Ocasionalmente, ao realizar o processamento polimórfico, precisamos programar 'especificamente', o que significa que as operações precisam ser realizadas em um tipo específico de objeto em uma hierarquia — a operação não pode ser aplicada de modo geral em vários tipos de objetos. Reutilizaremos nossa hierarquia `Funcionario` para demonstrar as poderosas capacidades da **informação de tipo em tempo de execução** (**RTTI** — RunTime Type Information) e da **conversão dinâmica**, que permitem que um programa determine o tipo de um objeto em tempo de execução e atue nesse objeto de modo apropriado. Usaremos essas capacidades para definir se determinado objeto é um `FuncionarioBaseMaisComissao`, e depois daremos a esse funcionário um bônus de 10 por cento sobre seu salário-base.

21.2 Exemplos de polimorfismo

Nesta seção, discutiremos diversos exemplos de polimorfismo. Com o polimorfismo, uma função pode provocar diversas ações, a depender do tipo de objeto ao qual a função é chamada. Isso dá a você uma capacidade de expressão tremenda. Se a classe `Retangulo` é derivada da classe `Quadrilatero`, então um objeto `Retangulo` é uma versão mais específica de um objeto `Quadrilatero`. Portanto, qualquer operação (por exemplo, calcular o perímetro ou a área) que possa ser realizada em um objeto da classe `Quadrilatero` também poderá ser realizada em um objeto da classe `Retangulo`. Essas operações também podem ser realizadas em outros tipos de `Quadrilateros`, como `Quadrados`, `Paralelogramos` e `Trapezoides`. O polimorfismo ocorre quando um programa chama uma função `virtual` por meio de um ponteiro ou de uma referência da classe-base (ou seja, `Quadrilatero`) — e C++ escolhe dinamicamente (ou seja, em tempo de execução) a função correta para a classe da qual o objeto foi instanciado. Você verá um exemplo de código que ilustra esse processo na Seção 21.3.

Considere também outro exemplo: suponha que criemos um jogo que manipule objetos de muitos tipos diferentes, incluindo objetos das classes `Marciano`, `Venusiano`, `Plutoniano`, `NaveEspacial` e `RaioLaser`. Imagine que cada uma dessas classes herde da classe-base comum `ObjetoEspacial`, que contém a função-membro `desenhar`. Cada classe derivada implementa essa função de maneira apropriada a essa classe. Um programa gerenciador de tela mantém um contêiner (por exemplo, um `vetor`) que mantém ponteiros `ObjetoEspacial` de objetos das várias classes. Para atualizar a tela, o gerenciador de tela envia periodicamente a mesma mensagem a cada objeto — a saber, `desenhar`. Cada tipo de objeto responde de uma maneira exclusiva. Por exemplo, um objeto `Marciano` poderia ser desenhado em vermelho com o número apropriado de antenas. Um objeto `NaveEspacial` poderia ser desenhado como um disco voador prateado. Um objeto `RaioLaser` poderia ser desenhado como um raio vermelho brilhante atravessando a tela. Novamente, a mesma mensagem (nesse caso, `desenhar`) enviada a uma série de objetos tem resultados em 'muitas formas'.

Um gerenciador de tela polimórfico facilita a inclusão de novas classes em um sistema com modificações mínimas em seu código. Suponha que queiramos acrescentar objetos da classe `Mercuriano` ao nosso jogo. Para fazer isso, temos de criar uma classe `Mercuriano` que herde de `ObjetoEspacial`, mas inclua sua própria definição da função-membro `desenhar`. Depois, quando os ponteiros para objetos da classe `Mercuriano` aparecerem no contêiner, você não precisará modificar o código para o gerenciador de tela. O gerenciador de tela chama a função-membro `desenhar` em cada objeto no contêiner, independentemente do tipo do objeto, de modo que os novos objetos `Mercuriano` simplesmente 'se encaixam perfeitamente'. Assim, sem modificar o sistema (além de criar e incluir as próprias classes), você pode usar o polimorfismo para acomodar outras classes, incluindo aquelas que não foram nem sequer imaginadas quando o sistema foi criado.

Observação sobre engenharia de software 21.1

Com funções `virtuais` e polimorfismo, você pode lidar com generalidades e deixar que o ambiente em tempo de execução se preocupe com os detalhes. Você pode instruir uma série de objetos para que se comportem de maneiras apropriadas aos objetos sem nem sequer conhecer seus tipos — desde que esses objetos pertençam à mesma hierarquia de herança e estejam sendo acessados por um ponteiro comum da classe-base ou uma referência comum da classe-base.

Observação sobre engenharia de software 21.2

O polimorfismo promove a extensibilidade: o software escrito para chamar o comportamento polimórfico é escrito independentemente dos tipos dos objetos aos quais as mensagens são enviadas. Assim, novos tipos de objetos que podem responder a mensagens existentes podem ser incorporados a tal sistema sem que o sistema-base seja modificado. Apenas o código-cliente que instancia novos objetos precisa ser modificado para acomodar novos tipos.

21.3 Relações entre objetos em uma hierarquia de herança

A Seção 20.4 criou uma hierarquia de classe de funcionários em que a classe `FuncionarioBaseMaisComissao` herdou da classe `FuncionarioComissao`. Os exemplos do Capítulo 20 manipularam objetos `FuncionarioComissao` e `FuncionarioBaseMaisComissao` usando os nomes dos objetos para chamar suas funções-membro. Agora, vamos examinar mais de perto as relações entre as classes em uma hierarquia. As próximas seções apresentarão uma série de exemplos que demonstram como os ponteiros da classe-base e da classe derivada podem apontar para objetos da classe-base e da classe derivada, e como esses ponteiros podem ser usados para chamar funções-membro que manipulam esses objetos. Na Seção 21.3.4, demonstraremos como conseguir o comportamento polimórfico a partir de ponteiros da classe-base voltados para objetos da classe derivada.

Na Seção 21.3.1, atribuiremos o endereço de um objeto da classe derivada a um ponteiro da classe-base, depois mostraremos que chamar uma função por meio do ponteiro da classe-base chama a funcionalidade da classe-base — ou seja, o tipo do handle determina qual função será chamada. Na Seção 21.3.2, atribuiremos o endereço de um objeto da classe-base a um ponteiro da classe derivada, o que resultará em um erro de compilação. Discutiremos a mensagem de erro e investigaremos por que o compilador não permite tal atribuição. Na Seção 21.3.3, atribuiremos o endereço de um objeto da classe derivada a um ponteiro da classe-base, depois examinaremos como o ponteiro da classe-base pode ser usado para chamar apenas a funcionalidade da classe-base — quando tentamos chamar funções-membro da classe derivada por meio do ponteiro da classe-base, ocorrem erros de compilação. Por fim, na Seção 21.3.4, apresentaremos funções `virtuais` e polimorfismo declarando uma função da classe-base como `virtual`. Depois, atribuiremos o endereço de um objeto da classe derivada ao ponteiro da classe-base e usaremos esse ponteiro para chamar a funcionalidade da classe derivada — exatamente a capacidade de que precisamos para obter o comportamento polimórfico.

Um dos conceitos-chave apresentado nesses exemplos é a demonstração de como um objeto de uma classe derivada pode ser tratado como um objeto de sua classe-base. Isso permite várias manipulações interessantes. Por exemplo, um programa pode criar um array de ponteiros da classe-base que apontam para objetos de muitos tipos da classe derivada. Apesar do fato de os objetos da classe derivada serem de diferentes tipos, o compilador permite isso porque cada objeto da classe derivada *é um* objeto de sua classe-base. Porém, não podemos tratar um objeto da classe-base como um objeto de qualquer uma de suas classes derivadas. Por exemplo, um `FuncionarioComissao` não é um `FuncionarioBaseMaisComissao` na hierarquia definida no Capítulo 20 — um `FuncionarioComissao` não tem um dado-membro `salarioBase` e não tem funções-membro `defSalarioBase` e `retSalarioBase`. O relacionamento *é-um* se aplica apenas de uma classe derivada para suas classes-base direta e indireta.

21.3.1 Chamada de funções de classe-base por objetos de classe derivada

O exemplo nas figuras 21.1 a 21.5 demonstra três maneiras de apontar os ponteiros da classe-base da derivada para os objetos da classe-base e da derivada. As duas primeiras são simples: apontamos o ponteiro da classe-base para um objeto da classe-base (e chamamos a funcionalidade da classe-base), e apontamos um ponteiro da classe derivada para um objeto da classe derivada (e chamamos a funcionalidade da classe derivada). Depois, demonstramos a relação entre classes derivada e base (ou seja, o relacionamento *é-um* da herança) apontando um ponteiro da classe-base para um objeto da classe derivada (e mostrando que a funcionalidade da classe-base está realmente disponível no objeto da classe derivada).

A classe `FuncionarioComissao` (figuras 21.1 e 21.2), que discutimos no Capítulo 20, é usada para representar os funcionários que recebem uma porcentagem das vendas. A classe `FuncionarioBaseMaisComissao` (figuras 21.3 e 21.4), que também discutimos no Capítulo 20, é usada para representar funcionários que recebem um salário-base, além de uma porcentagem das vendas. Cada objeto `FuncionarioBaseMaisComissao` *é um* `FuncionarioComissao` que também tem um salário-base. A função-membro `ganhos` da classe `FuncionarioBaseMaisComissao` (linhas 30-33 da Figura 21.4) redefine a função-membro `ganhos` da classe `FuncionarioComissao` (linhas 78-81 da Figura 21.2) para incluir o salário-base do objeto. A função-membro `imprime` da classe `FuncionarioBaseMaisComissao` (linhas 36-44 da Figura 21.4) redefine a versão da classe `FuncionarioComissao` (linhas 84-91 da Figura 21.2) para exibir a mesma informação, além do salário-base do funcionário.

```
// Figura 21.1: FuncionarioComissao.h
// Definição da classe FuncionarioComissao representa funcionário com comissão.
#ifndef COMMISSION_H
#define COMMISSION_H

#include <string> // Classe string padrão de C++
using namespace std;

class FuncionarioComissao
{
public:
   FuncionarioComissao( const string &, const string &, const string &,
      double = 0.0, double = 0.0 );

   void defNome( const string & ); // define nome
   string retNome() const; // retorna nome

   void defSobrenome( const string & ); // define sobrenome
   string retSobrenome() const; // retorna sobrenome

   void defNumeroID( const string & ); // define ID
   string retNumeroID() const; // retorna ID

   void defVendaBruta( double ); // define valor da venda bruta
   double retVendaBruta() const; // retorna valor da venda bruta

   void defTaxaComissao( double ); // define taxa de comissão
   double retTaxaComissao() const; // retorna taxa de comissão

   double ganhos() const; // calcula ganhos
   void imprime() const; // imprime objeto FuncionarioComissao
private:
   string nome;
   string sobrenome;
   string numeroID;
   double vendaBruta; // venda bruta semanal
   double taxaComissao; // porcentagem de comissão
}; // fim da classe FuncionarioComissao

#endif
```

Figura 21.1 ■ Arquivo de cabeçalho da classe FuncionarioComissao.

```
// Figura 21.2: FuncionarioComissao.cpp
// Definições de função-membro da classe FuncionarioComissao.
#include <iostream>
#include "FuncionarioComissao.h" // Definição da classe FuncionarioComissao
using namespace std;

// construtor
FuncionarioComissao::FuncionarioComissao(
   const string &primeiro, const string &último, const string &ID,
   double vendas, double taxa )
   : nome( primeiro ), sobrenome( último ), numeroID( ID )
{
   defVendaBruta( vendas ); // valida e armazena venda bruta
```

Figura 21.2 ■ Arquivo de implementação da classe FuncionarioComissao. (Parte 1 de 3.)

```
   defTaxaComissao( taxa ); // valida e armazena taxa de comissão
} // fim do construtor de FuncionarioComissao

// define nome
void FuncionarioComissao::defNome( const string &primeiro )
{
   nome = primeiro; // deve validar
} // fim da função defNome

// retorna nome
string FuncionarioComissao::retNome() const
{
   return nome;
} // fim da função retNome

// define sobrenome
void FuncionarioComissao::defSobrenome( const string &último )
{
   sobrenome = último;  // deve validar
} // fim da função defSobrenome

// retorna sobrenome
string FuncionarioComissao::retSobrenome() const
{
   return sobrenome;
} // fim da função retSobrenome

// define número de identificação
void FuncionarioComissao::defNumeroID( const string &ID )
{
   numeroID = ID; // deve validar
} // fim da função defNumeroID

// retorna número de identificação
string FuncionarioComissao::retNumeroID() const
{
   return numeroID;
} // fim da função retNumeroID

// define valor de venda bruta
void FuncionarioComissao::defVendaBruta( double vendas )
{
   vendaBruta = ( vendas < 0.0 ) ? 0.0 : vendas;
} // fim da função defVendaBruta

// retorna valor de venda bruta
double FuncionarioComissao::retVendaBruta() const
{
   return vendaBruta;
} // fim da função retVendaBruta

// define taxa de comissão
void FuncionarioComissao::defTaxaComissao( double taxa )
{
   taxaComissao = ( taxa > 0.0 && taxa < 1.0 ) ? taxa : 0.0;
} // fim da função defTaxaComissao

// retorna taxa de comissão
```

Figura 21.2 ■ Arquivo de implementação da classe `FuncionarioComissao`. (Parte 2 de 3.)

```
double FuncionarioComissao::retTaxaComissao() const
{
   return taxaComissao;
} // fim da função retTaxaComissao

// calcula ganhos
double FuncionarioComissao::ganhos() const
{
   return retTaxaComissao() * retVendaBruta();
} // fim da função ganhos

// imprime objeto FuncionarioComissao
void FuncionarioComissao::imprime() const
{
   cout << "Funcionário de comissão: "
      << retNome() << ' ' << retSobrenome()
      << "\nNúmero de identificação: " << retNumeroID()
      << "\nVenda bruta: " << retVendaBruta()
      << "\nTaxa de comissão: " << retTaxaComissao();
} // fim da função imprime
```

Figura 21.2 ■ Arquivo de implementação da classe FuncionarioComissao. (Parte 3 de 3.)

```
// Figura 21.3: FuncionarioBaseMaisComissao.h
// Classe FuncionarioBaseMaisComissao derivada da classe
// FuncionarioComissao.
#ifndef BASEPLUS_H
#define BASEPLUS_H

#include <string> // Classe string padrão de C++
#include "FuncionarioComissao.h" // Declaração da classe FuncionarioComissao
using namespace std;

class FuncionarioBaseMaisComissao : public FuncionarioComissao
{
public:
   FuncionarioBaseMaisComissao( const string &, const string &,
      const string &, double = 0.0, double = 0.0, double = 0.0 );

   void defSalarioBase( double ); // define salário-base
   double retSalarioBase() const; // retorna salário-base

   double ganhos() const; // calcula ganhos
   void imprime() const; // imprime objeto FuncionarioBaseMaisComissao
private:
   double salarioBase; // salário-base
}; // fim da classe FuncionarioBaseMaisComissao

#endif
```

Figura 21.3 ■ Arquivo de cabeçalho da classe FuncionarioBaseMaisComissao.

```
// Figura 21.4: FuncionarioBaseMaisComissao.cpp
// Definições de função-membro da classe FuncionarioBaseMaisComissao.
#include <iostream>
```

Figura 21.4 ■ Arquivo de implementação da classe FuncionarioBaseMaisComissao. (Parte 1 de 2.)

```
#include "FuncionarioBaseMaisComissao.h"
using namespace std;

// construtor
FuncionarioBaseMaisComissao::FuncionarioBaseMaisComissao(
   const string &primeiro, const string &último, const string &ID,
   double vendas, double taxa, double salário )
   // chama explicitamente o construtor da classe-base
   : FuncionarioComissao( primeiro, último, ID, vendas, taxa )
{
   defSalarioBase( salário ); // valida e armazena salário-base
} // fim do construtor de FuncionarioBaseMaisComissao

// define salário-base
void FuncionarioBaseMaisComissao::defSalarioBase( double salário )
{
   salarioBase = ( salário < 0.0 ) ? 0.0 : salário;
} // fim da função defSalarioBase

// retorna salário-base
double FuncionarioBaseMaisComissao::retSalarioBase() const
{
   return salarioBase;
} // fim da função retSalarioBase

// calcula ganhos
double FuncionarioBaseMaisComissao::ganhos() const
{
   return retSalarioBase() + FuncionarioComissao::ganhos();
} // fim da função ganhos

// imprime objeto FuncionarioBaseMaisComissao
void FuncionarioBaseMaisComissao::imprime() const
{
   cout << "Salário-base do ";

   // chama função imprime de FuncionarioComissao
   FuncionarioComissao::imprime();

   cout << "\nSalário-base: " << retSalarioBase();
} // fim da função imprime
```

Figura 21.4 ■ Arquivo de implementação da classe `FuncionarioBaseMaisComissao`. (Parte 2 de 2.)

Na Figura 21.5, as linhas 13-14 criam um objeto `FuncionarioComissao`, e a linha 17 cria um ponteiro para um objeto `FuncionarioComissao`; as linhas 20-21 criam um objeto `FuncionarioBaseMaisComissao`, e a linha 24 cria um ponteiro para um objeto `FuncionarioBaseMaisComissao`. As linhas 31 e 33 usam o nome de cada objeto para invocar sua função-membro `imprime`. A linha 36 atribui o endereço do objeto da classe-base `FuncionarioComissao` ao ponteiro da classe-base `ptrFuncionarioComissao`, que a linha 39 usa para chamar a função-membro `imprime` sobre esse objeto `FuncionarioComissao`. Isso chama a versão de `imprime` definida na classe-base `FuncionarioComissao`. Da mesma forma, a linha 42 atribui o endereço do objeto da classe derivada `FuncionarioBaseMaisComissao` ao ponteiro da classe derivada `ptrFuncionarioBaseMaisComissao`, que a linha 45 usa para chamar a função-membro `imprime` nesse objeto `FuncionarioBaseMaisComissao`. Isso chama a versão de `imprime` definida na classe derivada `FuncionarioBaseMaisComissao`. A linha 49, então, atribui o endereço do objeto da classe derivada `FuncionarioBaseMaisComissao` ao ponteiro da classe-base `ptrFuncionarioComissao`, que a linha 53 usa para chamar a função-membro `imprime`. Esse 'cruzamento' é permitido porque um objeto de uma classe derivada *é um* objeto de sua classe-base. Observe que, apesar do fato de o ponteiro da classe-base `FuncionarioComissao` apontar para um objeto `FuncionarioBaseMaisComissao` da classe derivada, a função-membro `imprime` da classe-base `FuncionarioComissao` é chamada (no lugar da função `imprime` de `Funcio-`

narioBaseMaisComissao). A saída de cada chamada da função-membro `imprime` nesse programa revela que *a funcionalidade chamada depende do tipo do handle (ou seja, do tipo de ponteiro ou de referência) usado para chamar a função, e não do tipo do objeto para o qual o handle aponta*. Na Seção 21.3.4, quando introduzirmos funções `virtuais`, demonstraremos que é possível chamar a funcionalidade do tipo do objeto em vez de chamar a funcionalidade do tipo de handle. Veremos que isso é fundamental para a implementação do comportamento polimórfico — tópico principal deste capítulo.

```
// Figura 21.5: fig21_05.cpp
// Visando ponteiros de classes-base e derivada na classe-base
// e objetos da classe derivada, respectivamente.
#include <iostream>
#include <iomanip>
#include "FuncionarioComissao.h"
#include "FuncionarioBaseMaisComissao.h"
using namespace std;

int main()
{
   // cria objeto da classe-base
   FuncionarioComissao FuncionarioComissao(
      "Sue", "Jones", "234567890-11", 10000, .06 );

   // cria ponteiro da classe-base
   FuncionarioComissao *ptrFuncionarioComissao = 0;

   // cria objeto da classe derivada
   FuncionarioBaseMaisComissao FuncionarioBaseMaisComissao(
      "Bob", "Lewis", "345678901-22", 5000, .04, 300 );

   // cria ponteiro da classe derivada
   FuncionarioBaseMaisComissao *ptrFuncionarioBaseMaisComissao = 0;

   // define formatação de saída em ponto flutuante
   cout << fixed << setprecision( 2 );

   // mostra objetos FuncionarioComissao e FuncionarioBaseMaisComissao
   cout << "Imprime objetos das classes-base e derivada:\n\n";
   FuncionarioComissao.imprime(); // chama imprime da classe-base
   cout << "\n\n";
   FuncionarioBaseMaisComissao.imprime(); // chama imprime da classe derivada

   // visa ponteiro da classe-base no objeto da classe-base e imprime
   ptrFuncionarioComissao = &FuncionarioComissao; // perfeitamente natural
   cout << "\n\n\nChamar imprime com ponteiro da classe-base para "
      << "\nobjeto da classe derivada chama função imprime da classe-base:\n\n";
   ptrFuncionarioComissao->imprime(); // chama imprime da classe-base

   // visa ponteiro da classe derivada no objeto da classe derivada e imprime
   ptrFuncionarioBaseMaisComissao = &FuncionarioBaseMaisComissao; // natural
   cout << "\n\n\nChamar imprime com ponteiro da classe derivada para "
      << "\nobjeto da classe derivada chama função imprime "
      << "da classe derivada:\n\n";
   ptrFuncionarioBaseMaisComissao->imprime(); // chama imprime da classe derivada

   // visa ponteiro da classe-base no objeto da classe derivada e imprime
   ptrFuncionarioComissao = &FuncionarioBaseMaisComissao;
   cout << "\n\n\nChamar imprime com ponteiro da classe-base para "
      << "objeto da classe derivada\nchama função imprime "
```

Figura 21.5 ■ Atribuição de endereços de objetos das classes-base e derivada a ponteiros das classes-base e derivada. (Parte 1 de 2.)

```
      << "da classe-base nesse objeto da classe derivada:\n\n";
   ptrFuncionarioComissao->imprime(); // chama imprime da classe-base
   cout << endl;
} // fim do main
```

```
Imprime objetos das classes-base e derivada:

Funcionário de comissão: Sue Jones
Número de ID: 234567890-11
Venda bruta: 10000.00
Taxa de comissão: 0.06

Salário-base do Funcionário de comissão: Bob Lewis
Número de ID: 345678901-22
Venda bruta: 5000.00
Taxa de comissão: 0.04
Salário-base: 300.00


Chamar imprime com ponteiro da classe-base para
objeto da classe derivada chama função imprime da classe-base:

Funcionário de comissão: Sue Jones
Número de ID: 234567890-11
Venda bruta: 10000.00
Taxa de comissão: 0.06


Chamar imprime com ponteiro da classe derivada para
objeto da classe derivada chama função imprime da classe derivada:

Salário-base do Funcionário de comissão: Bob Lewis
Número de ID: 345678901-22
Venda bruta: 5000.00
Taxa de comissão: 0.04
Salário-base: 300.00


Chamar imprime com ponteiro da classe-base para objeto da classe derivada
chama função imprime da classe-base nesse objeto da classe derivada:

Funcionário de comissão: Bob Lewis
Número de ID: 345678901-22
Venda bruta: 5000.00
Taxa de comissão: 0.04
```

Figura 21.5 ■ Atribuição de endereços de objetos das classes-base e derivada a ponteiros das classes-base e derivada. (Parte 2 de 2.)

21.3.2 Visando ponteiros de classe derivada em objetos de classe-base

Na Seção 21.3.1, atribuímos o endereço de um objeto da classe derivada a um ponteiro da classe-base e explicamos que o compilador C++ permite essa atribuição, pois um objeto da classe derivada *é um* objeto da classe-base. Usamos o método oposto na Figura 21.6, pois visamos um ponteiro da classe derivada em um objeto da classe-base. [*Nota:* este programa usa as classes `FuncionarioComissao` e `FuncionarioBaseMaisComissao` das figuras 21.1 a 21.4.] As linhas 8-9 da Figura 21.6 criam um objeto `FuncionarioComissao`, e a linha 10 cria um ponteiro `FuncionarioBaseMaisComissao`. A linha 14 tenta atribuir o endereço do objeto `FuncionarioComissao` da classe-base ao ponteiro `ptrFuncionarioBaseMaisComissao` da classe derivada, mas o compilador C++ gera um erro. O compilador impede essa atribuição, pois um `FuncionarioComissao` não é um `FuncionarioBaseMaisComissao`. Considere as consequências se o compilador tivesse de permitir essa atribuição. Através de um ponteiro de `FuncionarioBaseMaisComissao`, podemos chamar cada função membro de `FuncionarioBaseMaisComissao`, incluindo `defSalarioBase`, para o objeto ao qual o ponteiro aponta (ou seja, o objeto `FuncionarioComissao` da classe-base). Porém, o objeto `FuncionarioComissao` não

```
// Figura 21.6: fig21_06.cpp
// Apontando um ponteiro de classe derivada para um objeto de classe-base.
#include "FuncionarioComissao.h"
#include "FuncionarioBaseMaisComissao.h"

int main()
{
   FuncionarioComissao FuncionarioComissao(
      "Sue", "Jones", "234567890-11", 10000, .06 );
   FuncionarioBaseMaisComissao *ptrFuncionarioBaseMaisComissao = 0;

   // visa ponteiro da classe derivada no objeto da classe-base
   // Erro: FuncionarioComissao não é um FuncionarioBaseMaisComissao
   ptrFuncionarioBaseMaisComissao = &FuncionarioComissao;
} // fim do main
```

Mensagem de erro do compilador Microsoft Visual C++:

```
C:\examples\ch21\Fig21_06\fig21_06.cpp(14) : error C2440: '=' :
cannot convert from 'FuncionarioComissao *' to 'FuncionarioBaseMaisComissao *'
        Cast from base to derived requires dynamic_cast or static_cast
```

Mensagem de erro do compilador GNU C++:

```
fig21_06.cpp:14: error: invalid conversion from 'FuncionarioComissao*' to
   'FuncionarioBaseMaisComissao*'
```

Figura 21.6 ■ Visando um ponteiro da classe derivada em um objeto da classe-base.

oferece uma função-membro `defSalarioBase` nem oferece um dado-membro `salarioBase` para definir. Isso poderia causar problemas, pois a função-membro `defSalarioBase` assumiria que existe um dado-membro `salarioBase` para definir em seu 'local normal' em um objeto `FuncionarioBaseMaisComissao`. Essa memória não pertence ao objeto `FuncionarioComissao`, de modo que a função-membro `defSalarioBase` poderia sobrescrever outros dados importantes na memória, possivelmente dados que pertencem a um objeto diferente.

21.3.3 Chamadas de função-membro de classe derivada com ponteiros de classe-base

A partir de um ponteiro da classe-base, o compilador permite chamar apenas funções-membro da classe-base. Assim, se um ponteiro da classe-base visar um objeto da classe derivada e for feita uma tentativa de acessar uma *função-membro apenas da classe derivada*, ocorrerá um erro de compilação.

A Figura 21.7 mostra as consequências da tentativa de chamar uma função-membro da classe derivada a partir de um ponteiro da classe-base. [*Nota:* novamente, estamos usando as classes `FuncionarioComissao` e `FuncionarioBaseMaisComissao` das figuras 21.1 a 21.4.] A linha 9 cria `ptrFuncionarioComissao` — um ponteiro para um objeto `FuncionarioComissao` —, e as linhas 10-11 criam um objeto `FuncionarioBaseMaisComissao`. A linha 14 visa `ptrFuncionarioComissao` no objeto `FuncionarioBaseMaisComissao` da classe derivada. Lembre-se do que vimos na Seção 21.3.1: isso é permitido, pois um `FuncionarioBaseMaisComissao` *é um* `FuncionarioComissao` (no sentido de que um objeto `FuncionarioBaseMaisComissao` contém toda a funcionalidade de um objeto `FuncionarioComissao`). As linhas 18-22 chamam as funções-membro da classe-base `retNome`, `retSobrenome`, `retNumeroID`, `retVendaBruta` e `retTaxaComissao` a partir do ponteiro da classe-base. Todas essas chamadas são legítimas, pois `FuncionarioBaseMaisComissao` herda essas funções-membro de `FuncionarioComissao`. Sabemos que `ptrFuncionarioComissao` é visado em um objeto `FuncionarioBaseMaisComissao`, de modo que, nas linhas 26-27, tentamos chamar as funções-membro a `retSalarioBase` e `defSalarioBase` de `FuncionarioBaseMaisComissao`. O compilador gera erros nessas duas chamadas, pois elas não são feitas para funções-membro da classe-base `FuncionarioComissao`. O handle pode ser usado para chamar apenas funções que sejam membros do tipo de classe associado a esse handle. (Nesse caso, a partir de um `FuncionarioComissao*`, podemos chamar apenas as funções-membro `defNome`, `retNome`, `defSobrenome`, `retSobrenome`, `defNumeroID`, `retNumeroID`, `defVendaBruta`, `retVendaBruta`, `defTaxaComissao`, `retTaxaComissao`, `ganhos` e `imprime` de `FuncionarioComissao`.)

```
// Figura 21.7: fig21_07.cpp
// Tentando chamar funções-membro apenas da classe derivada
// por meio de um ponteiro da classe-base.
#include "FuncionarioComissao.h"
#include "FuncionarioBaseMaisComissao.h"

int main()
{
   FuncionarioComissao *ptrFuncionarioComissao = 0; // classe-base
   FuncionarioBaseMaisComissao FuncionarioBaseMaisComissao(
      "Bob", "Lewis", "345678901-22", 5000, .04, 300 ); // classe derivada

   // visa ponteiro da classe-base no objeto da classe derivada
   ptrFuncionarioComissao = &FuncionarioBaseMaisComissao;

   // chama funções-membro da classe-base no objeto da classe derivada
   // por meio do ponteiro da classe-base (permitido)
   string nome = ptrFuncionarioComissao->retNome();
   string sobrenome = ptrFuncionarioComissao->retSobrenome();
   string ID = ptrFuncionarioComissao->retNumeroID();
   double vendaBruta = ptrFuncionarioComissao->retVendaBruta();
   double taxaComissao = ptrFuncionarioComissao->retTaxaComissao();

   // tenta chamar funções-membro apenas da classe derivada no objeto da
   // classe derivada por meio de ponteiro da classe-base (não permitido)
   double salarioBase = ptrFuncionarioComissao->retSalarioBase();
   ptrFuncionarioComissao->defSalarioBase( 500 );
} // fim do main
```

Mensagem de erro do compilador Microsoft Visual C++:

```
C:\examples\ch21\Fig21_07\fig21_07.cpp(26) : error C2039:
   'retSalarioBase' : is not a member of 'FuncionarioComissao'
      C:\cpphtp7_examples\ch21\Fig21_07\FuncionarioComissao.h(10) :
         see declaration of 'FuncionarioComissao'
C:\examples\ch21\Fig21_07\fig21_07.cpp(27) : error C2039:
   'defSalarioBase' : is not a member of 'FuncionarioComissao'
      C:\cpphtp7_examples\ch21\Fig21_07\FuncionarioComissao.h(10) :
         see declaration of 'FuncionarioComissao'
```

Mensagem de erro do compilador GNU C++:

```
fig21_07.cpp:26: error: 'retSalarioBase' undeclared (first use this function)
fig21_07.cpp:26: error: (Each undeclared identifier is reported only once for
   each function it appears in.)
fig21_07.cpp:27: error: 'defSalarioBase' undeclared (first use this function)
```

Figura 21.7 ■ Tentativa de chamar somente funções da classe derivada por meio de um ponteiro da classe-base.

O compilador permite apenas o acesso a membros da classe derivada a partir de um ponteiro da classe-base que é visado em um objeto da classe derivada *se* convertermos explicitamente o ponteiro da classe-base em um ponteiro da classe derivada — conhecido como **downcasting**. Como você sabe, é possível visar um ponteiro da classe-base em um objeto da classe derivada. Porém, conforme demonstramos na Figura 21.7, um ponteiro da classe-base pode ser usado para chamar apenas as funções declaradas na classe-base. O downcasting permite uma operação específica da classe derivada em um objeto da classe derivada apontado por um ponteiro da classe-base. Após o downcast, o programa pode chamar as funções da classe derivada que não estejam na classe-base. A Seção 21.8 mostrará um exemplo concreto de downcasting.

Observação sobre engenharia de software 21.3

Se o endereço de um objeto da classe derivada tiver sido atribuído a um ponteiro de uma de suas classes-base diretas ou indiretas, é aceitável converter esse ponteiro da classe-base de volta em um ponteiro do tipo da classe derivada. Na verdade, isso deve ser feito para enviar a esse objeto da classe derivada mensagens que não aparecem na classe-base.

21.3.4 Funções `virtuais`

Na Seção 21.3.1, visamos um ponteiro `FuncionarioComissao` da classe-base em um objeto `FuncionarioBaseMaisComissao` da classe derivada, depois chamamos a função-membro `imprime` por meio desse ponteiro. Lembre-se de que o tipo de handle determina a classe cuja funcionalidade será chamada. Nesse caso, o ponteiro `FuncionarioComissao` chamou a função-membro `imprime` de `FuncionarioComissao` no objeto `FuncionarioBaseMaisComissao`, embora o ponteiro visasse um objeto `FuncionarioBaseMaisComissao` que tivesse sua própria função personalizada `imprime`. *No caso de funções* `virtuais`, *o tipo do objeto sendo apontado, e não o tipo do handle, é que determina qual versão de uma função* `virtual` *chamar.*

Em primeiro lugar, vamos considerar por que as funções `virtuais` são úteis. Suponha que as classes de forma, como `Circulo`, `Triangulo`, `Retangulo` e `Quadrado` sejam todas derivadas da classe-base `Forma`. Cada uma dessas classes poderia receber a capacidade de se desenhar por meio de uma função-membro `desenhar`. Embora cada classe tenha sua própria função `desenhar`, a função para cada forma é muito diferente. Em um programa que desenhe um conjunto de formas, seria útil poder tratar de todas as formas genericamente, como objetos da classe-base `Forma`. Depois, para desenhar qualquer forma, poderíamos simplesmente usar um ponteiro `Forma` da classe-base para chamar a função `desenhar` e permitir que o programa determinasse *dinamicamente* (ou seja, em tempo de execução — runtime) qual função `desenhar` da classe derivada deveria ser usada, com base no tipo do objeto ao qual o ponteiro `Forma` da classe-base estivesse apontando em determinado momento.

Para permitir esse comportamento, declaramos `desenhar` na classe-base como uma **função `virtual`**, e **sobrepomos** (*override*) `desenhar` em cada uma das classes derivadas para desenhar a forma apropriada. Do ponto de vista da implementação, sobrepor uma função não é diferente de redefini-la (que foi o método que usamos até agora). Uma função sobreposta em uma classe derivada tem a mesma assinatura e tipo de retorno (ou seja, protótipo) da função que ela sobrepõe em sua classe-base. Se não declararmos a função da classe-base como `virtual`, podemos redefinir essa função. Por outro lado, se declararmos a função da classe-base como `virtual`, podemos sobrepor essa função para permitir o comportamento polimórfico. Declaramos uma função `virtual` ao colocar antes do protótipo da função a palavra-chave `virtual` na classe-base. Por exemplo,

```
virtual void desenhar() const;
```

apareceria na classe-base `Forma`. O protótipo apresentado declara que a função `desenhar` é uma função `virtual` que não usa argumentos e não retorna nada. Essa função é declarada como `const` porque uma função `desenhar` normalmente não faria mudanças no objeto `Forma` ao qual ela é chamada — funções virtuais não precisam ser funções `const`.

Observação sobre engenharia de software 21.4

Quando uma função é declarada `virtual`, *ela continua sendo* `virtual` *por todo o caminho na hierarquia de herança a partir desse ponto, mesmo que essa função não seja declarada explicitamente como* `virtual` *quando sobreposta por uma classe derivada.*

Boa prática de programação 21.1

Embora certas funções sejam implicitamente `virtuais` *devido a uma declaração feita mais acima na hierarquia de classes, declare explicitamente essas funções como* `virtuais` *em cada nível da hierarquia para promover a inteligibilidade do programa.*

Dica de prevenção de erro 21.1

Quando você navega por uma hierarquia de classes com o objetivo de localizar uma classe para reutilizar, é possível que uma função nessa classe apresente comportamento de função `virtual`*, embora ela não seja explicitamente declarada como* `virtual`*. Isso acontece quando a classe herda uma função* `virtual` *de sua classe-base, e pode provocar erros lógicos sutis. Esses erros podem ser evitados ao se declarar explicitamente todas as funções* `virtuais` *como* `virtual` *em toda a hierarquia de herança.*

Observação sobre engenharia de software 21.5

Quando uma classe derivada escolhe não sobrepor uma função `virtual` *a partir de sua classe-base, a classe derivada simplesmente herda a implementação da função* `virtual` *de sua classe-base.*

Se um programa chama uma função `virtual` por meio de um ponteiro da classe-base para um objeto da classe derivada (por exemplo, `ptrForma->desenhar()`) ou por meio de uma referência da classe-base a um objeto da classe derivada (por exemplo, `refForma.desenhar()`), o programa escolherá a função `desenhar` correta da classe derivada dinamicamente (ou seja, no tempo de execução) com base no tipo de objeto, e não no tipo do ponteiro ou de referência. A escolha da função apropriada para chamar no tempo de execução (e não no tempo de compilação) é conhecida como **vinculação dinâmica** ou **vinculação tardia**.

Quando uma função `virtual` é chamada referenciando um objeto específico por nome e usando o operador ponto de seleção de membro (por exemplo, `objetoQuadrado.desenhar()`), a chamada de função é resolvida no tempo de compilação (isso é chamado de **vinculação estática**), e a função `virtual` chamada é aquela definida para (ou herdada da) a classe desse objeto em particular — esse não é o comportamento polimórfico. Assim, a vinculação dinâmica com funções `virtuais` ocorre somente a partir de handles de ponteiro (e, como veremos em breve, de referência).

Agora, vejamos como as funções `virtuais` podem permitir o comportamento polimórfico em nossa hierarquia de funcionários. As figuras 21.8 e 21.9 são os arquivos de cabeçalho para as classes `FuncionarioComissao` e `FuncionarioBaseMaisComissao`, respectivamente. A única diferença entre esses arquivos e aqueles da Figura 21.1 e da Figura 21.3 é que especificamos as funções-membro `ganhos` e `imprime` de cada classe como `virtual` (linhas 30-31 da Figura 21.8 e linhas 20-21 da Figura 21.9). Como as funções `ganhos` e `imprime` são `virtuais` na classe `FuncionarioComissao`, as funções `ganhos` e `imprime` de `FuncionarioBaseMaisComissao` sobrepõem as da classe `FuncionarioComissao`. Agora, se visarmos um ponteiro da classe-base `FuncionarioComissao` em um objeto da classe derivada `FuncionarioBaseMaisComissao`, e o programa usar esse ponteiro para chamar a função `ganhos` ou `imprime`, a função correspondente do objeto `FuncionarioBaseMaisComissao` será chamada. Não houve mudança nenhuma nas implementações de função-membro das classes `FuncionarioComissao` e `FuncionarioBaseMaisComissao`, de modo que reutilizaremos as versões das figuras 21.2 e 21.4.

```
1  // Figura 21.8: FuncionarioComissao.h
2  // Definição da classe FuncionarioComissao representa um funcionário que recebe comissão.
3  #ifndef COMMISSION_H
4  #define COMMISSION_H
5
6  #include <string> // Classe string padrão de C++
7  using namespace std;
8
9  class FuncionarioComissao
10 {
11 public:
12    FuncionarioComissao( const string &, const string &, const string &,
13       double = 0.0, double = 0.0 );
14
15    void defNome( const string & ); // define nome
```

Figura 21.8 ■ Arquivo de cabeçalho da classe `FuncionarioComissao` declara funções `ganhos` e `imprime` como `virtuais`. (Parte 1 de 2.)

```
   string retNome() const; // retorna nome

   void defSobrenome( const string & ); // define sobrenome
   string retSobrenome() const; // retorna sobrenome

   void defNumeroID( const string & ); // define ID
   string retNumeroID() const; // retorna ID

   void defVendaBruta( double ); // define valor da venda bruta
   double retVendaBruta() const; // retorna valor da venda bruta

   void defTaxaComissao( double ); // define taxa de comissão
   double retTaxaComissao() const; // retorna taxa de comissão

   virtual double ganhos() const; // calcula ganhos
   virtual void imprime() const; // imprime objeto FuncionarioComissao
private:
   string nome;
   string sobrenome;
   string numeroID;
   double vendaBruta; // venda bruta semanal
   double taxaComissao; // porcentagem de comissão
}; // fim da classe FuncionarioComissao

#endif
```

Figura 21.8 ■ Arquivo de cabeçalho da classe `FuncionarioComissao` declara funções **ganhos** e `imprime` como `virtuais`. (Parte 2 de 2.)

```
// Figura 21.9: FuncionarioBaseMaisComissao.h
// Classe FuncionarioBaseMaisComissao derivada da classe
// FuncionarioComissao.
#ifndef BASEPLUS_H
#define BASEPLUS_H

#include <string> // Classe string padrão de C++
#include "FuncionarioComissao.h" // Declaração da classe FuncionarioComissao
using namespace std;

class FuncionarioBaseMaisComissao : public FuncionarioComissao
{
public:
   FuncionarioBaseMaisComissao( const string &, const string &,
      const string &, double = 0.0, double = 0.0, double = 0.0 );

   void defSalarioBase( double ); // define salário-base
   double retSalarioBase() const; // retorna salário-base

   virtual double ganhos() const; // calcula ganhos
   virtual void imprime() const; // imprime objeto FuncionarioBaseMaisComissao
private:
   double salarioBase; // Salário-base
}; // fim da classe FuncionarioBaseMaisComissao

#endif
```

Figura 21.9 ■ Arquivo de cabeçalho da classe `FuncionarioBaseMaisComissao` declara funções **ganhos** e `imprime` como `virtuais`.

Modificamos a Figura 21.5 para criar o programa da Figura 21.10. As linhas 40-51 demonstram novamente que um ponteiro `FuncionarioComissao` visado em um objeto `FuncionarioComissao` pode ser usado para chamar a funcionalidade de `FuncionarioComissao`, e um ponteiro `FuncionarioBaseMaisComissao` visado em um objeto `FuncionarioBaseMaisComissao` pode ser usado para chamar a funcionalidade de `FuncionarioBaseMaisComissao`. A linha 54 visa o ponteiro `ptrFuncionarioComissao` da classe-base no objeto da classe derivada `FuncionarioBaseMaisComissao`. Observe que, quando a linha 61 chama a função-membro `imprime` a partir do ponteiro da classe-base, a função-membro `imprime` da classe derivada `FuncionarioBaseMaisComissao` é chamada, de modo que a linha 61 envia um texto diferente daquele da linha 53 da Figura 21.5 (no qual a função-membro `imprime` não foi declarada `virtual`). Vemos que a declaração de uma função-membro `virtual` faz que o programa determine dinamicamente qual função chamar com base no tipo de objeto ao qual o handle aponta em vez de no tipo de handle. Observe novamente que, quando `ptrFuncionarioComissao` aponta para um objeto `FuncionarioComissao` (linha 40), a função `imprime` da classe `FuncionarioComissao` é chamada, e quando `ptrFuncionarioComissao` aponta para um objeto `FuncionarioBaseMaisComissao`, a função `imprime` da classe `FuncionarioBaseMaisComissao` é chamada. Assim, a mesma mensagem — `imprime`, nesse caso — enviada (a partir de um ponteiro da classe-base) para uma série de objetos relacionados por herança a essa classe-base assume muitas formas; este é um exemplo de comportamento polimórfico.

```
1  // Figura 21.10: fig21_10.cpp
2  // Introduzindo polimorfismo, funções virtuais e vinculação dinâmica.
3  #include <iostream>
4  #include <iomanip>
5  #include "FuncionarioComissao.h"
6  #include "FuncionarioBaseMaisComissao.h"
7  using namespace std;
8
9  int main()
10 {
11    // cria objeto da classe-base
12    FuncionarioComissao FuncionarioComissao(
13       "Sue", "Jones", "234567890-11", 10000, .06 );
14
15    // cria ponteiro da classe-base
16    FuncionarioComissao *ptrFuncionarioComissao = 0;
17
18    // cria objeto da classe derivada
19    FuncionarioBaseMaisComissao FuncionarioBaseMaisComissao(
20       "Bob", "Lewis", "345678901-22", 5000, .04, 300 );
21
22    // cria ponteiro da classe derivada
23    FuncionarioBaseMaisComissao *ptrFuncionarioBaseMaisComissao = 0;
24
25    // define formatação de saída em ponto flutuante
26    cout << fixed << setprecision( 2 );
27
28    // envia objetos usando vinculação estática
29    cout << "Chamando função imprime nos objetos da classe-base e classe "
30       << "\nderivada com vinculação estática\n\n";
31    FuncionarioComissao.imprime(); // vinculação estática
32    cout << "\n\n";
33    FuncionarioBaseMaisComissao.imprime(); // vinculação estática
34
35    // envia objetos usando vinculação dinâmica
36    cout << "\n\n\nChamando função imprime em objetos da classe-base "
37       << "e classe derivada \ncom vinculação dinâmica";
38
39    // visa ponteiro da classe-base no objeto da classe-base e imprime
```

Figura 21.10 ■ Demonstração do polimorfismo chamando uma função `virtual` da classe derivada por meio de um ponteiro da classe-base para um objeto da classe derivada. (Parte 1 de 3.)

```
    ptrFuncionarioComissao = &FuncionarioComissao;
    cout << "\n\nChamar função virtual imprime com ponteiro da classe-base"
       << "\npara objeto da classe-base chama função imprime "
       << "da classe-base:\n\n";
    ptrFuncionarioComissao->imprime(); // chama imprime da classe-base

    // visa ponteiro da classe derivada no objeto da classe derivada e imprime
    ptrFuncionarioBaseMaisComissao = &FuncionarioBaseMaisComissao;
    cout << "\n\nChamar a função virtual imprime com ponteiro da classe "
       << "derivada\npara objeto da classe derivada chama função imprime "
       << "da classe derivada:\n\n";
    ptrFuncionarioBaseMaisComissao->imprime(); // chama classe derivada imprime

    // visa ponteiro da classe-base no objeto da classe derivada e imprime
    ptrFuncionarioComissao = &FuncionarioBaseMaisComissao;
    cout << "\n\nChamar a função virtual imprime com ponteiro da classe"
       << "\nderivada para objeto da classe derivada chama função "
       << "imprime da classe derivada:\n\n";

    // polimorfismo; chama imprime de FuncionarioBaseMaisComissao;
    // ponteiro da classe-base para objeto da classe derivada
    ptrFuncionarioComissao->imprime();
    cout << endl;
} // fim do main
```

```
Chamando função imprime nos objetos da classe-base e classe
derivada com vinculação estática

Funcionário de comissão: Sue Jones
Número de ID: 234567890-11
Venda bruta: 10000.00
Taxa de comissão: 0.06

Salário-base do Funcionário que recebe comissão: Bob Lewis
Número de ID: 345678901-22
Venda bruta: 5000.00
Taxa de comissão: 0.04
Salário-base: 300.00


Chamando função imprime em objetos da classe-base e classe derivada
com vinculação dinâmica

Chamar função virtual imprime com ponteiro da classe-base
para objeto da classe-base chama função imprime:

Funcionário que recebe comissão: Sue Jones
Número de ID: 234567890-11
Venda bruta: 10000.00
Taxa de comissão: 0.06

Chamar a função virtual imprime com ponteiro da classe
derivada para objeto da classe derivada chama função imprime da classe derivada:

Salário-base do Funcionário que recebe comissão: Bob Lewis
Número de ID: 345678901-22
Venda bruta: 5000.00
Taxa de comissão: 0.04
Salário-base: 300.00
```

Figura 21.10 ■ Demonstração do polimorfismo chamando uma função `virtual` da classe derivada por meio de um ponteiro da classe-base para um objeto da classe derivada. (Parte 2 de 3.)

```
Chamar a função virtual imprime com ponteiro da classe
derivada para objeto da classe derivada chama função imprime da classe derivada:

Salário-base do Funcionário de comissão: Bob Lewis
Número de ID: 345678901-22
Venda bruta: 5000.00
Taxa de comissão: 0.04
Salário-base: 300.00
```

Figura 21.10 ■ Demonstração do polimorfismo chamando uma função `virtual` da classe derivada por meio de um ponteiro da classe-base para um objeto da classe derivada. (Parte 3 de 3.)

21.3.5 Resumo das atribuições permitidas entre objetos e ponteiros de classe-base e derivada

Agora que você já viu uma aplicação completa que processa diversos objetos polimorficamente, resumiremos o que você pode ou não fazer com objetos e ponteiros de classe-base e classe derivada. Embora um objeto de classe derivada também '*seja um*' objeto da classe-base, os dois objetos são diferentes. Conforme já discutimos, os objetos da classe derivada podem ser tratados como se fossem objetos da classe-base. Este é um relacionamento lógico, pois a classe derivada contém todos os membros da classe-base. Porém, os objetos da classe-base não podem ser tratados como se fossem objetos da classe derivada — a classe derivada pode ter membros adicionais somente da classe derivada. Por esse motivo, visar um ponteiro da classe derivada em um objeto da classe-base não é permitido sem uma conversão explícita — essa atribuição deixaria somente os membros da classe derivada indefinidos no objeto da classe-base. A conversão tira do compilador a responsabilidade de emitir uma mensagem de erro. De certa forma, ao usar a conversão você está dizendo: "Eu sei que o que estou fazendo é perigoso, e assumo toda a responsabilidade por minhas ações".

Discutimos quatro maneiras de visar os ponteiros da classe-base e ponteiros da classe derivada nos objetos da classe-base e objetos da classe derivada:

1. Visar um ponteiro da classe-base em um objeto da classe-base é simples; as chamadas feitas do ponteiro da classe-base simplesmente chamam a funcionalidade da classe-base.
2. Visar um ponteiro da classe derivada em um objeto da classe derivada é simples, as chamadas feitas do ponteiro da classe derivada simplesmente chamam a funcionalidade da classe derivada.
3. Visar um ponteiro da classe-base em um objeto da classe derivada é seguro, pois o objeto da classe derivada *é um* objeto de sua classe-base. Porém, esse ponteiro pode apenas ser usado para chamar funções-membro da classe-base. Ao tentar se referir apenas a um membro da classe derivada por meio do ponteiro da classe-base, o compilador reportará um erro. Para evitar esse erro, você precisa converter o ponteiro da classe-base em um ponteiro da classe derivada. O ponteiro da classe derivada poderá, então, ser usado para invocar a funcionalidade completa do objeto da classe derivada. Essa técnica, chamada de downcasting, é uma operação potencialmente perigosa — a Seção 21.8 demonstra como usar o downcasting com segurança. Se uma função `virtual` é definida nas classes-base e derivada (seja por herança ou por sobreposição), e se essa função é chamada em um objeto da classe derivada por meio de um ponteiro da classe-base, então a versão da classe derivada dessa função é chamada. Este é um exemplo do comportamento polimórfico que ocorre somente no caso de funções `virtuais`.
4. Visar um ponteiro da classe derivada em um objeto da classe-base gera um erro de compilação. O relacionamento *é-um* se aplica somente de uma classe derivada às suas classes-base direta e indireta, e não o contrário. O objeto da classe-base não contém apenas os membros da classe derivada que podem ser chamados de um ponteiro da classe derivada.

Erro comum de programação 21.1

Depois de visar um ponteiro da classe-base em um objeto da classe derivada, tentar referenciar somente os membros da classe derivada com o ponteiro da classe-base é um erro de compilação.

Erro comum de programação 21.2

Tratar um objeto da classe-base como um objeto da classe derivada pode causar erros.

21.4 Campos de tipo e comandos `switch`

Um modo de determinar o tipo de um objeto é usar um comando `switch` para verificar o valor de um campo no objeto. Isso nos permite distinguir entre tipos de objeto, depois chamar uma ação apropriada para um objeto em particular. Por exemplo, em uma hierarquia de formas em que cada objeto de forma tem um atributo `tipoForma`, um comando `switch` poderia verificar o `tipoForma` do objeto para determinar qual função `imprime` chamar.

O uso da lógica `switch` expõe os programas a uma série de problemas potenciais. Por exemplo, você poderia se esquecer de incluir um teste de tipo quando um for autorizado, ou poderia se esquecer de testar todos os casos possíveis em um comando `switch`. Ao modificar um sistema baseado em `switch` incluindo novos tipos, você pode se esquecer de inserir os novos casos em todos os comandos `switch` relevantes. Cada inclusão ou exclusão de uma classe requer a modificação de cada comando `switch` no sistema; acompanhar esses comandos pode ser demorado e passível de erros.

Observação sobre engenharia de software 21.6

A programação polimórfica pode eliminar a necessidade da lógica de `switch`*. Ao usar o mecanismo polimórfico para realizar a lógica equivalente, você pode evitar os tipos de erros normalmente associados à lógica de* `switch`*.*

Observação sobre engenharia de software 21.7

Uma consequência interessante do uso do polimorfismo é que os programas adquirem uma aparência simplificada. Eles contêm menos lógica de desvio, e possuem um código sequencial mais simples. Essa simplificação facilita o teste, a depuração e a manutenção do programa.

21.5 Classes abstratas e funções `virtuais` puras

Quando pensamos em uma classe como um tipo, supomos que os programas criarão objetos desse tipo. Porém, existem casos em que é útil definir classes das quais você nunca pretende instanciar quaisquer objetos. Essas classes são chamadas **classes abstratas**. Como essas classes normalmente são usadas como classes-base nas hierarquias de herança, nós nos referimos a elas como **classes-base abstratas**. Essas classes não podem ser usadas para instanciar objetos, pois, como veremos em breve, as classes abstratas são incompletas — as classes derivadas precisam definir as 'partes que faltam'. Montaremos programas com classes abstratas na Seção 21.6.

Uma classe abstrata oferece uma classe-base da qual outras classes podem herdar todas as características da classe pai. As classes que podem ser usadas para instanciar objetos são chamadas de **classes concretas**. Essas classes definem cada função-membro que declaram. Poderíamos ter uma classe-base abstrata `FormaBidimensional` e derivar essas classes concretas como `Quadrado`, `Circulo` e `Triangulo`. Também poderíamos ter uma classe-base abstrata `FormaTridimensional` e derivar classes concretas como `Cubo`, `Esfera` e `Cilindro`. As classes-base abstratas são muito genéricas para definir objetos reais; precisamos ser mais específicos antes de podermos pensar em instanciar objetos. Por exemplo, se alguém lhe disser para 'desenhar uma forma bidimensional', que forma você deve desenhar? Classes concretas oferecem os detalhes que tornam razoável a instanciação de objetos.

Uma hierarquia de herança não precisa conter nenhuma classe abstrata, mas muitos sistemas orientados a objeto possuem hierarquias de classe iniciadas por classes-base abstratas. Em alguns casos, as classes abstratas constituem os poucos níveis superiores da hierarquia. Um bom exemplo disso é a hierarquia de forma da Figura 20.3, que começa com a classe-base abstrata `Forma`. No próximo nível da hierarquia, temos mais duas classes-base abstratas, a saber, `FormaBidimensional` e `FormaTridimensional`. O próximo nível da hierarquia define classes concretas para formas bidimensionais (a saber, `Circulo`, `Quadrado` e `Triangulo`) e para formas tridimensionais (a saber, `Esfera`, `Cubo` e `Tetraedro`).

Uma classe se torna abstrata declarando uma ou mais de suas funções `virtuais` como 'puras'. Uma **função `virtual` pura** é especificada colocando-se "`= 0`" em sua declaração, como em

```
virtual void desenhar() const = 0; // função virtual pura
```

O "`= 0`" é um **especificador puro**. As funções `virtuais` não oferecem implementações. Cada classe derivada concreta *precisa* sobrepor todas as funções `virtuais` puras da classe-base usando implementações concretas dessas funções. A diferença entre uma função `virtual` e uma função `virtual` pura é que uma função `virtual` tem uma implementação e dá à classe derivada a *opção* de sobrepor a função; por outro lado, uma função `virtual` pura não oferece uma implementação e *exige* que a classe derivada sobreponha a função para que essa classe derivada seja concreta; caso contrário, a classe derivada permanece abstrata.

Funções `virtuais` puras são usadas quando não faz sentido para a classe-base ter uma implementação de uma função, mas você deseja que todas as classes derivadas concretas implementem a função. Retornando ao nosso exemplo anterior sobre objetos espaciais, não faz sentido que a classe-base `ObjetoEspacial` tenha uma implementação para a função `desenhar` (pois não há como desenhar um objeto espacial genérico sem ter mais informações sobre qual tipo de objeto espacial está sendo desenhado). Um exemplo de uma função que seria definida como `virtual` (e não `virtual` pura) seria uma que retorna um nome para o objeto. Podemos nomear um `ObjetoEspacial` genérico (por exemplo, como `"objeto espaço"`), de modo que uma implementação default para essa função possa ser fornecida e a função não precise ser `virtual` pura. Porém, a função ainda é declarada como `virtual`, pois espera-se que as classes derivadas sobreponham essa função para fornecer nomes mais específicos para os objetos da classe derivada.

Observação sobre engenharia de software 21.8

Uma classe abstrata define uma interface pública comum para as diversas classes em uma hierarquia de classes. Uma classe abstrata contém uma ou mais funções `virtuais` puras que as classes derivadas concretas precisam sobrepor.

Erro comum de programação 21.3

Tentar instanciar um objeto de uma classe abstrata causa um erro de compilação.

Erro comum de programação 21.4

Deixar de sobrepor uma função `virtual` pura em uma classe derivada, para depois tentar instanciar objetos dessa classe, é um erro de compilação.

Observação sobre engenharia de software 21.9

Uma classe abstrata tem pelo menos uma função `virtual` pura. Uma classe abstrata também pode ter dados-membro e funções concretas (incluindo construtores e destrutores) que estejam sujeitos às regras normais de herança por classes derivadas.

Embora não possamos instanciar objetos de uma classe-base abstrata, *podemos* usar a classe-base abstrata para declarar ponteiros e referências que podem se referir aos objetos de quaisquer classes concretas derivadas da classe abstrata. Os programas normalmente usam esses ponteiros e essas referências para manipular objetos da classe derivada polimorficamente.

Considere outra aplicação de polimorfismo. Um gerenciador de tela precisa exibir uma série de objetos, que incluem novos tipos de objetos que você introduzirá no sistema depois de escrever o gerenciador de tela. O sistema poderia ter de exibir várias formas, como `Circulos`, `Triangulos` ou `Retangulos`, que são derivados da classe-base abstrata `Forma`. O gerenciador de tela usa ponteiros `Forma` para gerenciar os objetos que são exibidos. Para desenhar qualquer objeto (independente do nível em que a classe desse objeto aparece na hierarquia de herança), o gerenciador de tela usa um ponteiro da classe-base para o objeto para chamar a função `desenhar`, que é uma função `virtual` pura na classe-base `Forma`; portanto, cada classe derivada concreta precisa implementar a sua função `desenhar`. Cada objeto `Forma` na hierarquia de herança sabe como desenhar a si mesmo. O gerenciador de tela não precisa se preocupar com o tipo de cada objeto, ou se o gerenciador de tela chegou a encontrar objetos desse tipo.

O polimorfismo é particularmente eficaz na implementação de sistemas de software em camadas. Nos sistemas operacionais, por exemplo, cada tipo de dispositivo físico poderia operar de modo muito diferente dos outros. Ainda assim, os comandos para *ler* ou *escrever* dados de e para dispositivos podem mostrar certa uniformidade. A mensagem *write* (escrever) enviada a um objeto de driver de dispositivo precisa ser implementada especificamente no contexto desse driver de dispositivo e como ele manipula dispositivos de um tipo específico. Porém, a chamada *write* propriamente dita, na realidade, não é diferente do *write* (escrever) em nenhum outro dispositivo no sistema — ela coloca uma quantidade de bytes da memória nesse dispositivo. Um sistema operacional orientado a objeto poderia usar uma classe-base abstrata para fornecer uma interface apropriada para todos os drivers de dispositivo. Depois, pela herança a partir dessa classe-base abstrata, as classes derivadas são formadas e operam de modo semelhante. As capacidades (ou seja, as funções `public`) oferecidas pelos drivers de dispositivo são fornecidas como funções `virtuais` puras na classe-base abstrata. As implementações dessas funções `virtuais` puras são fornecidas nas classes derivadas que correspondem aos tipos específicos de drivers de dispositivo. Essa arquitetura também permite que novos dispositivos sejam acrescentados a um sistema com facilidade, mesmo depois que o sistema operacional já tiver sido definido. O usuário pode simplesmente conectar o dispositivo e instalar seu novo driver. O sistema operacional 'fala' com esse novo dispositivo por meio de seu driver, que tem as mesmas funções-membro `public` de todos os outros drivers de dispositivo — aquelas definidas na classe-base abstrata do driver.

Na programação orientada a objeto, é comum definir uma **classe de iteração** que pode atravessar todos os objetos em um contêiner (como um array). Por exemplo, um programa pode imprimir uma lista de objetos em um `vetor` criando um objeto iterador, e depois usando o iterador para obter o próximo elemento da lista toda vez que o iterador for chamado. Os iteradores normalmente são usados na programação polimórfica para percorrer um array ou uma lista encadeada de ponteiros para objetos de vários níveis de uma hierarquia. Os ponteiros nessa lista são ponteiros da classe-base. Uma lista de ponteiros para objetos da classe-base `FormaBidimensional` poderia conter ponteiros para objetos das classes `Quadrado`, `Circulo`, `Triangulo` e assim por diante. O uso do polimorfismo para enviar uma mensagem `desenhar` a partir de um ponteiro `FormaBidimensional*` para cada objeto na lista desenharia cada objeto corretamente na tela.

21.6 Estudo de caso: um sistema de folha de pagamento usando polimorfismo

Esta seção retorna à hierarquia `FuncionarioComissao`–`FuncionarioBaseMaisComissao` que exploramos na Seção 20.4. Nesse exemplo, usamos uma classe abstrata e polimorfismo para realizar cálculos de folha de pagamento com base no tipo do funcionário. Criamos uma hierarquia de funcionários melhorada para resolver o seguinte problema:

Uma empresa paga aos seus funcionários semanalmente. Os funcionários podem ser de quatro tipos: funcionários assalariados recebem um salário semanal fixo, independente do número de horas trabalhadas; funcionários por hora são pagos pela quantidade de horas que trabalham, e recebem hora extra para todas as horas trabalhadas além de 40 horas; funcionários por comissão recebem uma porcentagem de suas vendas; e funcionários com salário-base mais comissão recebem um salário-base, além de uma porcentagem sobre as vendas que efetuam. Para o período de pagamento, a empresa decidiu recompensar os funcionários que recebem salário-base mais comissão, aumentando em 10 por cento seus salários-base. A empresa deseja implementar um programa em C++ *que realize seus cálculos de folha de pagamento polimorficamente.*

Usamos a classe abstrata `Funcionario` para representar o conceito geral de um funcionário. As classes que derivam diretamente de `Funcionario` são `FuncionarioSalario`, `FuncionarioComissao` e `FuncionarioHora`. A classe `FuncionarioBaseMaisComissao` — derivada de `FuncionarioComissao` — representa o último tipo de funcionário. O diagrama de classes UML na Figura 21.11 mostra a hierarquia de herança para nossa aplicação polimórfica de folha de pagamento de funcionário. O nome da classe abstrata `Funcionário` aparece em itálico por convenção da UML.

A classe abstrata `Funcionario` declara a 'interface' para a hierarquia — ou seja, o conjunto de funções-membro que um programa pode chamar em todos os objetos `Funcionario`. Cada funcionário, independentemente do modo como seus ganhos são calculados, tem um nome, um sobrenome e um número de identificação, de modo que os dados-membro `private nome`, `sobrenome` e `numeroID` aparecem na classe-base abstrata `Funcionario`.

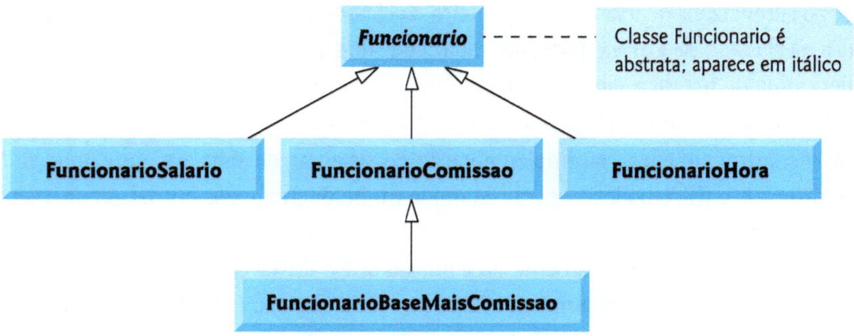

Figura 21.11 ■ Diagrama de classes UML da hierarquia de `Funcionario`.

Observação sobre engenharia de software 21.10

Uma classe derivada pode herdar a interface ou a implementação de uma classe-base. As hierarquias criadas para **herança de implementação** *costumam ter sua funcionalidade em um ponto mais alto da hierarquia — cada nova classe derivada herda uma ou mais funções-membro que foram definidas em uma classe-base, e a classe derivada usa as definições da classe-base. As hierarquias projetadas para a* **herança de interface** *costumam ter sua funcionalidade em um ponto mais baixo da hierarquia — uma classe-base especifica uma ou mais funções que devem ser definidas para cada classe na hierarquia (ou seja, elas têm o mesmo protótipo), mas as classes derivadas individuais oferecem suas próprias implementações da(s) função(ões).*

As próximas seções implementarão a hierarquia de classes `Funcionario`. As cinco primeiras implementam, cada uma delas, uma das classes abstrata ou concreta. A última seção implementa um programa de teste que monta objetos de todas essas classes e processa os objetos polimorficamente.

21.6.1 Criação da classe-base abstrata *Funcionario*

A classe `Funcionário` (figuras 21.13 e 21.14, que serão discutidas em detalhes em breve) oferece funções `ganhos` e `imprime`, além de diversas funções *get* e *set* que manipulam os dados-membro de `Funcionario`. Uma função `ganhos` certamente se aplica genericamente a todos os funcionários, mas cada cálculo de ganhos depende da classe do funcionário. Assim, declaramos `ganhos` como `virtual` pura na classe-base `Funcionario`, pois uma implementação default não faz sentido nessa função — não existem informações suficientes para determinar que valor `ganhos` deverá retornar. Cada classe derivada sobrepõe `ganhos` com uma implementação apropriada. Para calcular os ganhos de um funcionário, o programa atribui o endereço do objeto de um funcionário a um ponteiro `Funcionario` da classe-base, e depois chama a função `ganhos` nesse objeto. Mantemos um `vetor` de ponteiros `Funcionario`, cada um dos quais apontando para um objeto `Funcionario` (naturalmente, não poderia haver objetos `Funcionario`, pois `Funcionario` é uma classe abstrata — porém, devido à herança, todos os objetos de todas as classes derivadas de `Funcionario` podem ser consideradas como objetos `Funcionario`). O programa atravessa o `vetor` e chama a função `ganhos` para cada objeto `Funcionario`. C++ processa essas chamadas de função polimorficamente. A inclusão de `ganhos` como uma função `virtual` pura em `Funcionario` força cada classe derivada direta de `Funcionario` que deseje ser uma classe concreta a sobrepor `ganhos`. Isso permite que o projetista da hierarquia de classe exija que cada classe derivada forneça um cálculo de pagamento apropriado, se realmente essa classe derivada tiver de ser concreta.

A função `imprime` na classe `Funcionario` mostra o nome, o sobrenome e o número de identificação do funcionário. Conforme veremos, cada classe derivada de `Funcionario` sobrepõe a função `imprime` para enviar o tipo do funcionário (por exemplo, "`Salario do funcionario:`") seguido pelo restante da informação do funcionário. A função `imprime` também poderia chamar `ganhos`, embora `imprime` seja uma função `virtual` pura na classe `Funcionario`.

O diagrama na Figura 21.12 mostra cada uma das cinco classes da hierarquia no lado esquerdo, e as funções `ganhos` e `imprime` no alto. Para cada classe, o diagrama mostra os resultados desejados de cada função. A classe `Funcionario` especifica "`= 0`" na função `ganhos` para indicar que esta é uma função `virtual` pura. Cada classe derivada sobrepõe essa função para fornecer uma implementação apropriada. Não listamos as funções *get* e *set* da classe-base `Funcionario` porque elas não são sobrepostas em nenhuma das classes derivadas — cada uma dessas funções é herdada e usada 'como se encontra' por cada uma das classes derivadas.

Consideremos o arquivo de cabeçalho da classe `Funcionario` (Figura 21.13). As funções-membro `public` incluem um construtor que obtém o nome, o sobrenome e o número de ID como argumentos (linha 12); funções *set* que definem o nome, o sobrenome e o número de ID (linhas 14, 17 e 20, respectivamente); funções *get* que retornam o nome, o sobrenome e o número de ID (linhas 15, 18 e 21, respectivamente); a função `virtual ganhos` (linha 24) e a função `virtual imprime` (linha 25).

Lembre-se de que declaramos `ganhos` como uma função `virtual` pura porque, em primeiro lugar, temos de conhecer o tipo de `Funcionario` específico para determinar os cálculos de `ganhos` apropriados. Declarar essa função como `virtual` pura indica que cada classe derivada concreta *precisa* fornecer uma implementação de `ganhos` e que um programa pode usar ponteiros de `Funcionario` da classe-base para chamar a função `ganhos` polimorficamente para qualquer tipo de `Funcionario`.

A Figura 21.14 contém as implementações de função-membro para a classe `Funcionario`. Nenhuma implementação é fornecida para a função `virtual ganhos`. O construtor `Funcionario` (linhas 9-14) não valida o número de ID. Normalmente, essa validação deve ser fornecida.

	ganhos	imprime
Funcionário	`= 0`	*nome sobrenome* `Número de ID:` *ID*
Funcionário-Salário	`salárioSemanal`	`Funcionário salário:` *nome sobrenome* `Número de ID:` *ID* `Salário semanal:` *salárioSemanal*

Funcionário-Hora	*If horas <= 40*
	`salário * horas`
	If horas > 40
	`( 40 * salário ) + ( ( horas - 40 ) * salário * 1.5 )`
		`Funcionário hora:` *nome sobrenome*
		`Número de ID:` *ID*
		`salário hora:` *salário*;
		`horas trabalhadas:` *horas*

Funcionário-Comissão	`taxaComissão * vendaBruta`	`Funcionário comissão:` *nome sobrenome* `Número de ID:` *ID* `Venda bruta:` *vendaBruta*; `Taxa de comissão:` *taxaComissão*
Funcionário-BaseMais-Comissão	`salárioBase + ( taxaComissão * vendaBruta )`	`Salário-base do Funcionário que recebe comissão:` *nome sobrenome* `Número de ID:` *ID* `Venda bruta:` *vendaBruta*; `Taxa de comissão:` *taxaComissão*; `Salário-base:` *salárioBase*

Figura 21.12 ■ Interface polimórfica para as classes da hierarquia `Funcionario`.

```
// Figura 21.13: Funcionario.h
// Classe-base abstrata Funcionario.
#ifndef FUNCIONARIO_H
#define FUNCIONARIO_H

#include <string> // Classe string padrão de C++
using namespace std;

class Funcionario
{
public:
   Funcionario( const string &, const string &, const string & );

   void defNome( const string & ); // define nome
   string retNome() const; // retorna nome

   void defSobrenome( const string & ); // define sobrenome
   string retSobrenome() const; // retorna sobrenome

   void defNumeroID( const string & ); // define ID
   string retNumeroID() const; // retorna ID

   // função virtual pura torna Funcionario uma classe-base abstrata
   virtual double ganhos() const = 0; // virtual pura
   virtual void imprime() const; // virtual
private:
   string nome;
   string sobrenome;
```

Figura 21.13 ■ Arquivo de cabeçalho da classe `Funcionario`. (Parte 1 de 2.)

```
   string numeroID;
}; // fim da classe Funcionario

   #endif // FUNCIONARIO_H
```

Figura 21.13 ■ Arquivo de cabeçalho da classe `Funcionario`. (Parte 2 de 2.)

```
// Figura 21.14: Funcionario.cpp
// Definições de função-membro da classe-base abstrata Funcionario.
// Nota: Nenhuma definição é dada para funções virtuais puras.
#include <iostream>
#include "Funcionario.h" // Definição da classe Funcionario
using namespace std;

// construtor
Funcionario::Funcionario( const string &primeiro, const string &último,
   const string &ID )
   : nome( primeiro ), sobrenome( último ), numeroID( ID )
{
   // corpo vazio
} // fim do construtor Funcionario

// define nome
void Funcionario::defNome( const string &primeiro )
{
   nome = primeiro;
} // fim da função defNome

// retorna nome
string Funcionario::retNome() const
{
   return nome;
} // fim da função retNome

// define sobrenome
void Funcionario::defSobrenome( const string &último )
{
   sobrenome = último;
} // fim da função defSobrenome

// return sobrenome
string Funcionario::retSobrenome() const
{
   return sobrenome;
} // fim da função retSobrenome

// define número de ID
void Funcionario::defNumeroID( const string &ID )
{
   numeroID = ID; // deve validar
} // fim da função defNumeroID

// retorna número de ID
string Funcionario::retNumeroID() const
{
   return numeroID;
} // fim da função retNumeroID
```

Figura 21.14 ■ Arquivo de implementação da classe `Funcionario`. (Parte 1 de 2.)

```
51
52 // imprime informação de Funcionario (virtual, mas não virtual pura)
53 void Funcionario::imprime() const
54 {
55    cout << retNome() << ' ' << retSobrenome()
56       << "\nNúmero de ID: " << retNumeroID();
57 } // fim da função imprime
```

Figura 21.14 ■ Arquivo de implementação da classe `Funcionario`. (Parte 2 de 2.)

Observe que a função `virtual imprime` (Figura 21.14, linhas 53-57) oferece uma implementação que será sobreposta em cada uma das classes derivadas. Cada uma dessas funções, porém, usará a versão da classe abstrata de `imprime` para imprimir informações comuns a todas as classes na hierarquia `Funcionario`.

21.6.2 Criação da classe derivada concreta *FuncionarioSalario*

A classe `FuncionarioSalario` (figuras 21.15 e 21.16) deriva da classe `Funcionario` (linha 8 da Figura 21.15). As funções-membro `public` incluem um construtor que utiliza um nome, um sobrenome, um número de ID e um salário semanal como argumentos (linhas 11-12); uma função *set* para atribuir um novo valor não negativo ao dado-membro `salarioSemanal` (linha 14); uma função *get* para retornar o valor de `salarioSemanal` (linha 15); uma função `virtual ganhos` que calcula os ganhos do `FuncionarioSalario` (linha 18) e uma função `virtual imprime` (linha 19) que envia o tipo do funcionário, a saber, "`Salario do funcionario:` " seguido pela informação específica do funcionário, produzida pela função `imprime` da classe-base `Funcionario` e pela função `retSalarioSemanal` de `FuncionarioSalario`.

A Figura 21.16 contém as implementações de função-membro para `FuncionarioSalario`. O construtor da classe passa o nome, o sobrenome e o número de ID ao construtor de `Funcionario` (linha 10) para inicializar os dados-membro `private` que são herdados da classe-base, mas não são acessíveis na classe derivada. A função `ganhos` (linha 29-32) sobrepõe a função `virtual` pura `ganhos` em `Funcionario` para fornecer uma implementação concreta que retorne o salário semanal do `FuncionarioSalario`. Se não implementássemos `ganhos`, a classe `FuncionarioSalario` seria uma classe abstrata, e qualquer tentativa de instanciar um objeto da classe resultaria em um erro de compilação (e, naturalmente, queremos que `FuncionarioSalario` aqui seja uma classe concreta). No arquivo de cabeçalho da classe `FuncionarioSalario`, declaramos as funções-membro `ganhos` e `imprime` como `virtual` (linhas 18-19 da Figura 21.15) — na verdade, colocar a palavra-chave `virtual` antes dessas funções-membro é redundante. Nós as definimos como `virtuais` na classe-base `Funcionario`, de modo que continuam sendo funções `virtuais` em toda a hierarquia de classes. Lembre-se do que vimos em **Boa prática de programação 21.1**: declarar explicitamente essas funções como `virtuais` em cada nível da hierarquia pode promover a inteligibilidade do programa.

```
1  // Figura 21.15: FuncionarioSalario.h
2  // Classe FuncionarioSalario derivada de Funcionario.
3  #ifndef SALARIED_H
4  #define SALARIED_H
5
6  #include "Funcionario.h" // Definição de classe Funcionario
7
8  class FuncionarioSalario : public Funcionario
9  {
10 public:
11    FuncionarioSalario( const string &, const string &,
12       const string &, double = 0.0 );
13
14    void defSalarioSemanal( double ); // define salário semanal
15    double retSalarioSemanal() const; // retorna salário semanal
16
```

Figura 21.15 ■ Arquivo de cabeçalho da classe `FuncionarioSalario`. (Parte 1 de 2.)

```
   // palavra-chave virtual sinaliza intenção de sobrepor
   virtual double ganhos() const; // calcula ganhos
   virtual void imprime() const; // imprime objeto FuncionarioSalario
private:
   double salarioSemanal; // salário por semana
}; // fim da classe FuncionarioSalario

#endif // SALARIED_H
```

Figura 21.15 ■ Arquivo de cabeçalho da classe `FuncionarioSalario`. (Parte 2 de 2.)

```
// Figura 21.16: FuncionarioSalario.cpp
// Definições de função-membro da classe FuncionarioSalario.
#include <iostream>
#include "FuncionarioSalario.h" // Definição da classe FuncionarioSalario
using namespace std;

// construtor
FuncionarioSalario::FuncionarioSalario( const string &primeiro,
   const string &último, const string &ID, double salário )
   : Funcionario( primeiro, último, ID )
{
   defSalarioSemanal( salário );
} // fim do construtor FuncionarioSalario

// define salário
void FuncionarioSalario::defSalarioSemanal( double salário )
{
   salarioSemanal = ( salário < 0.0 ) ? 0.0 : salário;
} // fim da função defSalárioSemanal

// retorna salário
double FuncionarioSalario::retSalarioSemanal() const
{
   return salarioSemanal;
} // fim da função retSalarioSemanal

// calcula ganhos;
// sobrepõe função virtual pura ganhos em Funcionario
double FuncionarioSalario::ganhos() const
{
   return retSalarioSemanal();
} // fim da função ganhos

// imprime informação de FuncionarioSalario
void FuncionarioSalario::imprime() const
{
   cout << " Salário do funcionário: ";
   Funcionario::imprime(); // reutiliza função abstrata imprime da classe-base
   cout << "\nSalário semanal: " << retSalarioSemanal();
} // fim da função imprime
```

Figura 21.16 ■ Arquivo de implementação da classe `FuncionarioSalario`.

A função `imprime` da classe `FuncionarioSalario` (linhas 35-40 da Figura 21.16) sobrepõe a função `imprime` de `Funcionario`. Se a classe `FuncionarioSalario` não sobrepusesse `imprime`, `FuncionarioSalario` herdaria a versão de `imprime` de `Funcionario`. Nesse caso, a função `imprime` de `FuncionarioSalario` simplesmente retornaria o nome completo do funcionário e o número de ID, o que não representaria adequadamente um `FuncionarioSalario`. Para imprimir a informação completa de `FuncionarioSalario`, a função `imprime` da classe derivada envia "`Salário do funcionário: `" seguido pela informação específica da classe-base `Funcionario` (ou seja, nome, sobrenome e número de ID) impressa chamando a função `imprime` da classe-base, usando o operador de resolução de escopo (linha 38) — este é um bom exemplo de reutilização de código. A saída produzida pela função `imprime` de `FuncionarioSalario` contém o salário semanal do funcionário obtido chamando a função `retSalarioSemanal` da classe.

21.6.3 Criação da classe derivada concreta *FuncionarioHora*

A classe `FuncionarioHora` (figuras 21.17 e 21.18) também deriva da classe `Funcionario` (linha 8 da Figura 21.17). As funções-membro `public` incluem um construtor (linhas 13-14) que utiliza como argumentos um nome, um sobrenome, um número de ID, um salário por hora e o número de horas trabalhadas; funções *set* que atribuem novos valores aos dados-membro `salario` e `horas`, respectivamente (linhas 16 e 19); funções *get* para retornar os valores de `salário` e `horas`, respectivamente (linhas 17 e 20); uma função `virtual ganhos` que calcula os ganhos de um `FuncionarioHora` (linha 23) e uma função `virtual imprime` que envia o tipo do funcionário, a saber, "`Funcionário hora: `" e informações específicas do funcionário (linha 24).

```
1  // Figura 21.17: FuncionarioHora.h
2  // Definição da classe FuncionarioHora.
3  #ifndef HOURLY_H
4  #define HOURLY_H
5
6  #include "Funcionario.h" // Definição da classe Funcionario
7
8  class FuncionarioHora : public Funcionario
9  {
10 public:
11    static const int horasPorSemana = 168; // horas em uma semana
12
13    FuncionarioHora( const string &, const string &,
14       const string &, double = 0.0, double = 0.0 );
15
16    void defSalario( double ); // define salário por hora
17    double retSalario() const; // retorna salário por hora
18
19    void defHoras( double ); // define horas trabalhadas
20    double retHoras() const; // retorna horas trabalhadas
21
22    // palavra-chave virtual sinaliza intenção de sobrepor
23    virtual double ganhos() const; // calcula ganhos
24    virtual void imprime() const; // imprime FuncionarioHora object
25 private:
26    double salário; // salário por hora
27    double horas; // horas trabalhadas por semana
28 }; // fim da classe FuncionarioHora
29
30 #endif // HOURLY_H
```

Figura 21.17 ■ Arquivo de cabeçalho da classe `FuncionarioHora`.

A Figura 21.18 contém as implementações de função-membro para a classe `FuncionarioHora`. As linhas 17-20 e 29-33 definem funções *set* que atribuem novos valores aos dados-membro `salario` e `horas`, respectivamente. A função `defSalario` (linhas 17-20) garante que `salario` não é negativo, e a função `defHoras` (linhas 29-33) garante que o dado-membro `horas` está entre 0 e `horasPorSemana` (ou seja, 168). As funções *get* da classe `FuncionarioHora` são implementadas nas linhas 23-26 e 36-39. Não declaramos essas funções como `virtuais`, de modo que as classes derivadas da classe `FuncionarioHora` não podem sobrepô-las (embora as classes derivadas certamente possam redefini-las). O construtor `FuncionarioHora`, como o construtor `FuncionarioSalario`, passa o nome, o sobrenome e o número de ID para o construtor da classe-base `Funcionario` (linha 10) para inicializar os dados-membro `private` herdados, declarados na classe-base. Além disso, a função `imprime` de `FuncionarioHora` chama a função `imprime` da classe-base (linha 55) para enviar a informação específica de `Funcionario` (ou seja, nome, sobrenome e número de ID) — esse é outro bom exemplo de reutilização de código.

```
1  // Figura 21.18: FuncionarioHora.cpp
2  // Definições de função-membro da classe FuncionarioHora.
3  #include <iostream>
4  #include "FuncionarioHora.h" // Definição da classe FuncionarioHora
5  using namespace std;
6
7  // construtor
8  FuncionarioHora::FuncionarioHora( const string &primeiro, const string &último,
9     const string &ID, double salarioHora, double horasTrab )
10    : Funcionario( primeiro, último, ID )
11 {
12    defSalario( salarioHora ); // valida salário por hora
13    defHoras( horasTrab ); // valida horas trabalhadas
14 } // fim do construtor FuncionarioHora
15
16 // define salário
17 void FuncionarioHora::defSalario( double salarioHora )
18 {
19    salario = ( salarioHora < 0.0 ? 0.0 : salarioHora );
20 } // fim da função defSalario
21
22 // retorna salário
23 double FuncionarioHora::retSalario() const
24 {
25    return salario;
26 } // fim da função retSalario
27
28 // define horas trabalhadas
29 void FuncionarioHora::defHoras( double horasTrab )
30 {
31    horas = ( ( ( horasTrab >= 0.0 ) &&
32       ( horasTrab <= horasPorSemana ) ) ? horasTrab : 0.0 );
33 } // fim da função defHoras
34
35 // retorna horas trabalhadas
36 double FuncionarioHora::retHoras() const
37 {
38    return horas;
39 } // fim da função retHoras
40
41 // calcula ganhos;
42 // sobrepõe função virtual pura ganhos em Funcionario
43 double FuncionarioHora::ganhos() const
44 {
45    if ( retHoras() <= 40 ) // sem hora extra
```

Figura 21.18 ■ Arquivo de implementação da classe `FuncionarioHora`. (Parte 1 de 2.)

```
         return retSalario() * retHoras();
      else
         return 40 * retSalario() + ( ( retHoras() - 40 ) * retSalario() * 1.5 );
   } // fim da função ganhos

   // imprime informação de FuncionarioHora
   void FuncionarioHora::imprime() const
   {
      cout << "Funcionário hora: ";
      Funcionário::imprime(); // reutilização de código
      cout << "\nSalario hora: " << retSalário() <<
         "; Horas trabalhadas: " << retHoras();
   } // fim da função imprime
```

Figura 21.18 ■ Arquivo de implementação da classe `FuncionarioHora`. (Parte 2 de 2.)

21.6.4 Criação da classe derivada concreta `FuncionarioComissao`

A classe `FuncionarioComissao` (figuras 21.19 e 21.20) deriva de `Funcionario` (Figura 21.19, linha 8). As implementações de função-membro (Figura 21.20) incluem um construtor (linhas 8-14) que usa nome, sobrenome, número de ID, valor de vendas e taxa de comissão; funções *set* (linhas 17-20 e 29-32) para atribuir novos valores aos dados-membro **`taxaComissao`** e **`vendaBruta`**, respectivamente; funções *get* (linhas 23-26 e 35-38) que obtêm seus valores; função **`ganhos`** (linhas 41-44) para calcular os ganhos do `FuncionarioComissao`; e função **`imprime`** (linhas 47-53) para enviar o tipo do funcionário, a saber, "**`Funcionario por comissão: `**" e informações específicas do funcionário. O construtor passa o nome, sobrenome e número de ID ao construtor de `Funcionario` (linha 10) para inicializar os dados-membro `private` de `Funcionario`. A função `imprime` chama a função da classe-base `imprime` (linha 50) para exibir a informação específica do `Funcionario`.

```
1  // Figura 21.19: FuncionarioComissao.h
2  // Classe FuncionarioComissao derivada de Funcionario.
3  #ifndef COMMISSION_H
4  #define COMMISSION_H
5
6  #include "Funcionario.h" // Definição da classe Funcionario
7
8  class FuncionarioComissao : public Funcionario
9  {
10 public:
11    FuncionarioComissao( const string &, const string &,
12       const string &, double = 0.0, double = 0.0 );
13
14    void defTaxaComissao( double ); // define taxa de comissão
15    double retTaxaComissao() const; // retorna taxa de comissão
16
17    void defVendaBruta( double ); // define valor da venda bruta
18    double retVendaBruta() const; // retorna valor da venda bruta
19
20    // palavra-chave virtual sinaliza intenção de sobrepor
21    virtual double ganhos() const; // calcula ganhos
22    virtual void imprime() const; // imprime objeto FuncionarioComissao
23 private:
24    double vendaBruta; // venda bruta semanal
25    double taxaComissao; // porcentagem de comissão
26 }; // fim da classe FuncionarioComissao
27
28 #endif // COMMISSION_H
```

Figura 21.19 ■ Arquivo de cabeçalho da classe `FuncionarioComissao`.

```
// Figura 21.20: FuncionarioComissao.cpp
// Definições de função-membro da classe FuncionarioComissao.
#include <iostream>
#include "FuncionarioComissao.h" // Definição da classe FuncionarioComissao
using namespace std;

// construtor
FuncionarioComissao::FuncionarioComissao( const string &primeiro,
   const string &último, const string &ID, double vendas, double taxa )
   : Funcionário( primeiro, último, ID )
{
   defVendaBruta( vendas );
   defTaxaComissao( taxa );
} // fim do construtor FuncionarioComissao

// define taxa de comissão
void FuncionarioComissao::defTaxaComissao( double taxa )
{
   taxaComissao = ( ( taxa > 0.0 && taxa < 1.0 ) ? taxa : 0.0 );
} // fim da função defTaxaComissao

// retorna taxa de comissão
double FuncionarioComissao::retTaxaComissao() const
{
   return taxaComissao;
} // fim da função retTaxaComissao

// define valor da venda bruta
void FuncionarioComissao::defVendaBruta( double vendas )
{
   vendaBruta = ( ( vendas < 0.0 ) ? 0.0 : vendas );
} // fim da função defVendaBruta

// retorna valor da venda bruta
double FuncionarioComissao::retVendaBruta() const
{
   return vendaBruta;
} // fim da função retVendaBruta

// calcula ganhos; sobrepõe função virtual pura ganhos em Funcionário
double FuncionarioComissao::ganhos() const
{
   return retTaxaComissao() * retVendaBruta();
} // fim da função ganhos

// imprime informação de FuncionarioComissao
void FuncionarioComissao::imprime() const
{
   cout << "Funcionário que recebe comissão: ";
   Funcionário::imprime(); // reutilização de código
   cout << "\nVenda bruta: " << retVendaBruta()
      << "; Taxa de comissão: " << retTaxaComissao();
} // fim da função imprime
```

Figura 21.20 ■ Arquivo de implementação da classe FuncionarioComissao.

21.6.5 Criação da classe derivada concreta indireta *FuncionarioBaseMaisComissao*

A classe `FuncionarioBaseMaisComissao` (figuras 21.21 e 21.22) herda diretamente da classe `FuncionarioComissao` (linha 8 da Figura 21.21), e, portanto, é uma classe derivada *indireta* da classe `Funcionário`. As implementações de função-membro da classe `FuncionarioBaseMaisComissao` incluem um construtor (linhas 8-14 da Figura 21.22) que usa como argumentos um nome, um sobrenome, um número de ID, um valor de vendas, uma taxa de comissão e um salário-base. Depois, ele passa o nome, sobrenome, número de ID, valor de vendas e taxa de comissão ao construtor de `FuncionarioComissao` (linha 11) para inicializar os membros herdados. `FuncionarioBaseMaisComissao` também contém uma função *set* (linhas 17-20) para atribuir um novo valor ao dado-membro `salarioBase`, e uma função *get* (linhas 23-26) para retornar o valor de `salarioBase`. A função `ganhos` (linhas 30-33) calcula os ganhos de um `FuncionarioBaseMaisComissao`. A linha 32 na função `ganhos` chama a função `ganhos` da classe-base `FuncionarioComissao` para calcular a parte baseada em comissão dos ganhos do funcionário. Este é um bom exemplo de reutilização de código. A função `imprime` de `FuncionarioBaseMaisComissao` (linhas 36-41) envia "`Salário-base do`", seguido pela saída da função `imprime` da classe-base `FuncionarioComissao` (outro exemplo de reutilização de código), depois o salário-base. A saída resultante começa com "`Salário-base do Funcionário de comissão: `" seguido pelo restante da informação de `FuncionarioBaseMaisComissao`. Lembre-se de que `imprime` de `FuncionarioComissao` exibe o nome, sobrenome e número de ID do funcionário chamando a função `imprime` de sua classe-base (ou seja, `Funcionario`) — outro exemplo de reutilização de código. A função `imprime` de `FuncionarioBaseMaisComissao` inicia uma cadeia de chamadas de função que se espalha pelos três níveis da hierarquia de `Funcionario`.

```
1  // Figura 21.21: FuncionarioBaseMaisComissao.h
2  // Classe derivada FuncionarioBaseMaisComissao de FuncionarioComissao.
3  #ifndef BASEPLUS_H
4  #define BASEPLUS_H
5
6  #include "FuncionarioComissao.h" // Definição da classe FuncionarioComissao
7
8  class FuncionarioBaseMaisComissao : public FuncionarioComissao
9  {
10 public:
11    FuncionarioBaseMaisComissao( const string &, const string &,
12       const string &, double = 0.0, double = 0.0, double = 0.0 );
13
14    void defSalarioBase( double ); // define salário-base
15    double retSalarioBase() const; // retorna salário-base
16
17    // palavra-chave virtual sinaliza intenção de sobrepor
18    virtual double ganhos() const; // calcula ganhos
19    virtual void imprime() const; // imprime objeto FuncionarioBaseMaisComissao
20 private:
21    double salarioBase; // salário-base por semana
22 }; // fim da classe FuncionarioBaseMaisComissao
23
24 #endif // BASEPLUS_H
```

Figura 21.21 ■ Arquivo de cabeçalho da classe `FuncionarioBaseMaisComissao`.

```
1  // Figura 21.22: FuncionarioBaseMaisComissao.cpp
2  // Definições de função-membro de FuncionarioBaseMaisComissao.
3  #include <iostream>
4  #include "FuncionarioBaseMaisComissao.h"
5  using namespace std;
6
7  // construtor
8  FuncionarioBaseMaisComissao::FuncionarioBaseMaisComissao(
```

Figura 21.22 ■ Arquivo de implementação da classe `FuncionarioBaseMaisComissao`. (Parte 1 de 2.)

```
    const string &primeiro, const string &último, const string &ID,
    double vendas, double taxa, double salario )
    : FuncionarioComissao( primeiro, último, ID, vendas, taxa )
{
    defSalarioBase( salário ); // valida e armazena salário-base
} // fim do construtor FuncionarioBaseMaisComissao

// define salário-base
void FuncionarioBaseMaisComissao::defSalarioBase( double salario )
{
    salarioBase = ( ( salario < 0.0 ) ? 0.0 : salario );
} // fim da função defSalarioBase

// retorna Salário-base
double FuncionarioBaseMaisComissao::retSalarioBase() const
{
    return salarioBase;
} // fim da função retSalarioBase

// calcula ganhos;
// sobrepõe função virtual ganhos em FuncionarioComissao
double FuncionarioBaseMaisComissao::ganhos() const
{
    return retSalarioBase() + FuncionarioComissao::ganhos();
} // fim da função ganhos

// imprime informação de FuncionarioBaseMaisComissao
void FuncionarioBaseMaisComissao::imprime() const
{
    cout << "Salário-base do ";
    FuncionarioComissao::imprime(); // reutilização de código
    cout << "; Salário-base: " << retSalarioBase();
} // fim da função imprime
```

Figura 21.22 ■ Arquivo de implementação da classe `FuncionarioBaseMaisComissao`. (Parte 2 de 2.)

21.6.6 Demonstração do processamento polimórfico

Para testar nossa hierarquia `Funcionario`, o programa na Figura 21.23 cria um objeto de cada uma das quatro classes concretas `FuncionarioSalario`, `FuncionarioHora`, `FuncionarioComissao` e `FuncionarioBaseMaisComissao`. O programa manipula esses objetos, primeiro com a vinculação estática, e depois polimorficamente, usando um `vetor` (da classe `vector`) de ponteiros para `Funcionario`. As linhas 23-30 criam objetos de cada uma das quatro classes derivadas `Funcionario`. As linhas 35-43 enviam informações e ganhos de cada `Funcionario`. Cada chamada de função-membro nas linhas 35-43 é um exemplo de vinculação estática — no tempo de compilação, pois estamos usando handles de nome (não ponteiros ou referências que poderiam ser definidos em tempo de execução); o compilador pode identificar o tipo de cada objeto para determinar quais funções `imprime` e `ganhos` serão chamadas.

```
1  // Figura 21.23: fig21_23.cpp
2  // Processando objetos da classe derivada de Funcionário individualmente
3  // e polimorficamente usando vinculação dinâmica.
4  #include <iostream>
5  #include <iomanip>
6  #include <vector>
7  #include "Funcionario.h"
8  #include "FuncionarioSalario.h"
9  #include "FuncionarioHora.h"
```

Figura 21.23 ■ Programa controlador da hierarquia de classes `Funcionario`. (Parte 1 de 4.)

```
#include "FuncionarioComissao.h"
#include "FuncionarioBaseMaisComissao.h"
using namespace std;

void virtualViaPonteiro( const Funcionario * const ); // protótipo
void virtualViaReferencia( const Funcionario & ); // protótipo

int main()
{
   // define formatação de saída em ponto flutuante
   cout << fixed << setprecision( 2 );

   // cria objetos da classe derivada
   FuncionarioSalario FuncionarioSalario(
      "John", "Smith", "123456789-00", 800 );
   FuncionarioHora FuncionarioHora(
      "Karen", "Price", "234567890-11", 16.75, 40 );
   FuncionarioComissao FuncionarioComissao(
      "Sue", "Jones", "345678901-22", 10000, .06 );
   FuncionarioBaseMaisComissao FuncionarioBaseMaisComissao(
      "Bob", "Lewis", "456789012-33", 5000, .04, 300 );

   cout << "Funcionários processados individualmente usando vinculação estática:\n\n";

   // envia informações e ganhos de cada Funcionário usando vinculação estática
   funcionarioSalario.imprime();
   cout << "\nGanhou $" << FuncionarioSalario.ganhos() << "\n\n";
   funcionarioHora.imprime();
   cout << "\nGanhou $" << FuncionarioHora.ganhos() << "\n\n";
   funcionarioComissao.imprime();
   cout << "\nGanhou $" << FuncionarioComissao.ganhos() << "\n\n";
   funcionarioBaseMaisComissao.imprime();
   cout << "\nGanhou $" << FuncionarioBaseMaisComissao.ganhos()
      << "\n\n";

   // cria vetor de quatro ponteiros de classe-base
   vector < Funcionario * > funcionarios( 4 );

   // inicializa vetor com funcionários
   funcionarios[ 0 ] = &FuncionarioSalario;
   funcionarios[ 1 ] = &FuncionarioHora;
   funcionarios[ 2 ] = &FuncionarioComissao;
   funcionarios[ 3 ] = &FuncionarioBaseMaisComissao;

   cout << "Funcionários processados polimorficamente por vinculação dinâmica:\n\n";

   // chama virtualViaPonteiro para imprimir informações e ganhos de cada
   // funcionário usando vinculação dinâmica
   cout << "Chamadas de função virtual feitas por ponteiros da classe-base:\n\n";

   for ( size_t i = 0; I < funcionarios.size(); i++ )
      virtualViaPonteiro( funcionarios[ i ] );

   // chama virtualViaReferencia para imprimir informação e ganhos de cada
   // funcionário usando vinculação dinâmica
   cout << "Chamadas de função virtual feitas por referências da classe-base:\n\n";

   for ( size_t i = 0; i < funcionarios.size(); i++ )
```

Figura 21.23 ■ Programa controlador da hierarquia de classes `Funcionario`. (Parte 2 de 4.)

```
      virtualViaReferencia( *funcionarios[ i ] ); // observe a desreferência
} // fim do main

// chama funções virtuais de Funcionario, imprime e ganhos, por um
// ponteiro da classe-base usando vinculação dinâmica
void virtualViaPonteiro( const Funcionario * const ptrClasseBase )
{
   ptrClasseBase->imprime();
   cout << "\nGanhou R$" << ptrClasseBase->ganhos() << "\n\n";
} // fim da função virtualViaPonteiro

// chama funções virtuais de Funcionario, imprime e ganhos, por uma
// referência da classe-base usando vinculação dinâmica
void virtualViaReferencia( const Funcionario &refClasseBase )
{
   refClasseBase.imprime();
   cout << "\nGanhou R$" << refClasseBase.ganhos() << "\n\n";
} // fim da função virtualViaReferencia
```

```
Funcionários processados individualmente usando vinculação estática:

Funcionário que recebe salário: John Smith
Número de ID: 123456789-00
Salário semanal: 800,00
Ganhou R$ 800,00

Funcionário que recebe por hora: Karen Price
Número de ID: 234567890-11
Salário por hora: 16,75; Horas trabalhadas: 40
Ganhou R$670,00

Funcionário que recebe comissão: Sue Jones
Número de ID: 345678901-22
Venda bruta: 10000,00; Taxa de comissão: 0,06
Ganhou R$ 600,00

Salário-base do Funcionário que recebe comissão: Bob Lewis
Número de ID: 456789012-33
Venda bruta: 5000,00; Taxa de comissão: 0,04; Salário-base: 300,00
Ganhou R$ 500,00

Funcionários processados polimorficamente por vinculação dinâmica:

Chamadas de função virtual feitas por ponteiros da classe-base:

Funcionário que recebe salário: John Smith
Número de ID: 123456789-00
Salário semanal: 800,00
Ganhou R$ 800,00

Funcionário que recebe por hora: Karen Price
Número de ID: 234567890-11
Salário por hora: 16,75; horas trabalhadas: 40
Ganhou R$ 670,00

Funcionário que recebe comissão: Sue Jones
Número de ID: 345678901-22
Venda bruta: 10000,00; Taxa de comissão: 0,06
Ganhou R$ 600,00

Salário-base do Funcionário que recebe comissão: Bob Lewis
```

Figura 21.23 ■ Programa controlador da hierarquia de classes `Funcionario`. (Parte 3 de 4.)

```
Número de ID: 456789012-33
Venda bruta: 5000,00; Taxa de comissão: 0,04; Salário-base: 300,00
Ganhou R$ 500,00

Chamadas de função virtual feitas por referências da classe-base:

Funcionário que recebe salário: John Smith
Número de ID: 123456789-00
Salário semanal: 800,00
Ganhou R$ 800,00

Funcionário que recebe por hora: Karen Price
Número de ID: 234567890-11
Salário hora: 16,75; horas trabalhadas: 40
Ganhou R$ 670,00


Funcionário que recebe comissão: Sue Jones
Número de ID: 345678901-22
Venda bruta: 10000,00; Taxa de comissão: 0,06
Ganhou R$ 600,00

Salário-base do Funcionário que recebe comissão: Bob Lewis
Número de ID: 456789012-33
Venda bruta: 5000,00; Taxa de comissão: 0,04; Salário-base: 300,00
Ganhou R$ 500,00
```

Figura 21.23 ■ Programa controlador da hierarquia de classes `Funcionario`. (Parte 4 de 4.)

A linha 46 aloca `vector funcionarios`, que contém quatro ponteiros para `Funcionario`. A linha 49 aponta `funcionarios[ 0 ]` no objeto `FuncionarioSalario`. A linha 50 aponta `funcionarios[ 1 ]` no objeto `FuncionarioHora`. A linha 51 aponta `funcionarios[ 2 ]` no objeto `FuncionarioComissao`. A linha 52 aponta `Funcionário[ 3 ]` no objeto `FuncionarioBaseMaisComissao`. O compilador permite essas atribuições, pois um `FuncionarioSalario` *é um* `Funcionario`, um `FuncionarioHora` *é um* `Funcionario`, um `FuncionarioComissao` *é um* `Funcionario` e um `FuncionarioBaseMaisComissao` *é um* `Funcionario`. Portanto, podemos atribuir os endereços de objetos `FuncionarioSalario`, `FuncionarioHora`, `FuncionarioComissao` e `FuncionarioBaseMaisComissao` a ponteiros da classe-base `Funcionario` (embora `Funcionario` seja uma classe abstrata).

O loop nas linhas 60-61 atravessa o `vetor funcionarios` e chama a função `virtualViaPonteiro` (linhas 73-77) para cada elemento em `funcionarios`. A função `virtualViaPonteiro` recebe no parâmetro `ptrClasseBase` (do tipo `const Funcionario * const`) o endereço armazenado em um elemento `funcionarios`. Cada chamada para `virtualViaPonteiro` usa `ptrClasseBase` para chamar as funções `virtuais imprime` (linha 75) e `ganhos` (linha 76). Observe que a função `virtualViaPonteiro` não contém qualquer informação de tipo de `FuncionarioSalario`, `FuncionarioHora`, `FuncionarioComissao` ou `FuncionarioBaseMaisComissao`. A função sabe apenas a respeito do tipo da classe-base `Funcionario`. Portanto, o compilador não pode saber quais funções da classe concreta chamar por meio de `ptrClasseBase`. Mesmo em tempo de execução, cada chamada de função virtual chama a função no objeto ao qual `ptrClasseBase` aponta naquele momento. A saída ilustra que as funções apropriadas para cada classe são realmente chamadas, e que a informação apropriada de cada objeto é apresentada. Por exemplo, o salário semanal é exibido para o `FuncionarioSalario`, e as vendas brutas são exibidas para `FuncionarioComissao` e `FuncionarioBaseMaisComissao`. Além disso, obter os ganhos de cada `Funcionario` polimorficamente na linha 76 produz os mesmos resultados a que chegaríamos se tivéssemos obtido os ganhos desses funcionários por meio da vinculação estática nas linhas 36, 38, 40 e 42. Todas as chamadas de função `virtual` para `imprime` e `ganhos` são resolvidas em tempo de execução por meio da vinculação dinâmica.

Por fim, outra estrutura `for` (linhas 67-68) atravessa `funcionarios` e chama a função `virtualViaReferencia` (linhas 81-85) para cada elemento no `vetor`. A função `virtualViaReferencia` recebe em seu parâmetro `refClasseBase` (do tipo `const Funcionario &`) uma referência ao objeto obtido pela desreferência do ponteiro armazenado em cada elemento `funcionarios` (linha 68). Cada chamada para `virtualViaReferencia` chama as funções `virtuais imprime` (linha 83) e `ganhos` (linha 84) por meio da referência `refClasseBase` para demonstrar que o processamento polimórfico também ocorre com referências da classe-base. Cada chamada de função `virtual` chama a função no objeto ao qual `refClasseBase` se refere em tempo de execução. Este é outro exemplo de vinculação dinâmica. A saída produzida ao usarmos referências da classe-base é idêntica à saída produzida ao usarmos ponteiros da classe-base.

21.7 Polimorfismo, funções virtuais e vinculação dinâmica 'vistos por dentro'

C++ torna o polimorfismo fácil de programar. Certamente, é possível programar para o polimorfismo em linguagens não orientadas a objeto, como C, mas isso exige manipulações de ponteiro complexas e potencialmente perigosas. Esta seção discute como C++ pode implementar o polimorfismo, funções `virtuais` e vínculo dinâmico internamente. Isso lhe dará um sólido conhecimento de como essas capacidades realmente funcionam. E o mais importante é que isso o ajudará a apreciar o overhead do polimorfismo, em termos de consumo adicional de memória e tempo de processador. Isso o ajudará a determinar quando usar polimorfismo e quando evitá-lo. Os componentes STL foram implementados sem polimorfismo e funções `virtuais` — isso foi feito para evitar o overhead de tempo de execução associado e conseguir um desempenho ideal para atender aos requisitos exclusivos da STL.

Primeiro, exploraremos as estruturas de dados que o compilador C++ monta no tempo de compilação para dar suporte ao polimorfismo no tempo de execução. Você verá que o polimorfismo é realizado por meio de três níveis de ponteiros (ou seja, 'indireção tripla'). Depois, mostraremos como um programa em execução usa essas estruturas de dados para executar funções `virtuais` e alcançar o vínculo dinâmico associado ao polimorfismo. Nossa discussão explicará uma possível implementação; este não é um requisito da linguagem.

Quando C++ compila uma classe que tem uma ou mais funções `virtuais`, ela monta uma **tabela de função virtual (*vtable*)** para essa classe. Um programa em execução usa a *vtable* para selecionar a implementação de função apropriada toda vez que uma função `virtual` dessa classe é chamada. A coluna mais à esquerda da Figura 21.24 ilustra as *vtables* para as classes `Funcionario`, `FuncionarioSalario`, `FuncionarioHora`, `FuncionarioComissao` e `FuncionarioBaseMaisComissao`.

Na *vtable* para a classe `Funcionario`, o primeiro ponteiro para função é definido em 0 (ou seja, o ponteiro nulo). Isso é feito porque a função `ganhos` é uma função `virtual` pura e, portanto, não possui uma implementação. O segundo ponteiro para função aponta para a função `imprime`, que mostra o nome completo e o número de ID do funcionário. [*Nota:* abreviamos a saída de cada função `imprime` na figura para economizar espaço.] Qualquer classe que tenha um ou mais ponteiros nulos em sua *vtable* é uma classe abstrata. As classes sem quaisquer ponteiros *vtable* nulos (como `FuncionarioSalario`, `FuncionarioHora`, `FuncionarioComissao` e `FuncionarioBaseMaisComissao`) são classes concretas.

A classe `FuncionarioSalario` sobrepõe a função `ganhos` para retornar o salário semanal do funcionário, de modo que o ponteiro para função aponte para a função `ganhos` da classe `FuncionarioSalario`. `FuncionarioSalario` também sobrepõe `imprime`, de modo que o ponteiro para função correspondente aponta para a função-membro `FuncionarioSalario`, que imprime "`Funcionário que recebe salário: `" seguido pelo nome do funcionário, seu número de ID e salário semanal.

O ponteiro da função `ganhos` na *vtable* para a classe `FuncionarioHora` aponta para a função `ganhos` de `FuncionarioHora` que retorna o `salario` do funcionário multiplicado pelo número de `horas` trabalhadas. Para ganhar espaço, omitimos o fato de que os funcionários que ganham por hora recebem um pagamento 50 por cento maior pelas horas extras trabalhadas. O ponteiro da função `imprime` aponta para a versão `FuncionarioHora` da função, que imprime "`Funcionario hora: `", o nome do funcionário, o número de ID, o salário por hora e as horas trabalhadas. As duas funções sobrepõem as funções na classe `Funcionario`.

O ponteiro da função `ganhos` na *vtable* para a classe `FuncionarioComissao` aponta para a função `ganhos` de `FuncionarioComissao` que retorna a venda bruta do funcionário multiplicada pela taxa de comissão. O ponteiro da função `imprime` aponta para a versão `FuncionarioComissao` da função, que imprime o tipo do funcionário, nome, número de ID, taxa de comissão e venda bruta. Assim como na classe `FuncionarioHora`, as duas funções sobrepõem as funções na classe `Funcionario`.

O ponteiro da função `ganhos` na *vtable* para a classe `FuncionarioBaseMaisComissao` aponta para a função `ganhos` de `FuncionarioBaseMaisComissao`, que retorna o salário-base do funcionário somado à venda bruta multiplicada pela taxa de comissão. O ponteiro da função `imprime` aponta para a versão `FuncionarioBaseMaisComissao` da função, que imprime o salário-base do funcionário, tipo, nome, número de ID, taxa de comissão e venda bruta. As duas funções sobrepõem as funções na classe `FuncionarioComissao`.

Observe que, em nosso estudo de caso de `Funcionario`, cada classe concreta oferece sua própria implementação para as funções `virtual ganhos` e `imprime`. Você aprendeu que cada classe que herde diretamente da classe-base abstrata `Funcionario` precisa implementar `ganhos` para ser uma classe concreta, pois `ganhos` é uma função `virtual` pura. Porém, essas classes não precisam implementar a função `imprime` para serem consideradas concretas — `imprime` não é uma função `virtual` pura e as classes derivadas podem herdar a implementação de `imprime` da classe `Funcionario`. Além do mais, a classe `FuncionarioBaseMaisComissao` não precisa implementar a função `imprime` ou `ganhos` — as duas implementações de função podem ser herdadas da classe `FuncionarioComissao`. Se uma classe em nossa hierarquia tivesse de herdar as implementações de função dessa maneira, os ponteiros da *vtable* para essas funções simplesmente apontariam para a implementação de função que estivesse sendo herdada. Por exemplo, se

`FuncionarioBaseMaisComissao` não sobrepusesse `ganhos`, o ponteiro da função `ganhos` na *vtable* para a classe `FuncionarioBaseMaisComissao` apontaria para a mesma função `ganhos` para a qual a *vtable* da classe `FuncionarioComissao` aponta.

O polimorfismo é executado por meio de uma estrutura de dados elegante envolvendo três níveis de ponteiros. Discutimos um nível — os ponteiros para função na *vtable*. Eles apontam para as funções reais que são executadas quando uma função `virtual` é chamada.

Neste momento, consideramos o segundo nível de ponteiros. Sempre que um objeto de uma classe com uma ou mais funções `virtuais` é instanciado, o compilador conecta ao objeto um ponteiro para a *vtable* dessa classe. Esse ponteiro normalmente está na frente do objeto, mas não precisa ser implementado dessa maneira. Na Figura 21.24, esses ponteiros são associados aos objetos criados na Figura 21.23 (um objeto para cada um dos tipos `FuncionarioSalario`, `FuncionarioHora`, `FuncionarioComissao` e `Fun-`

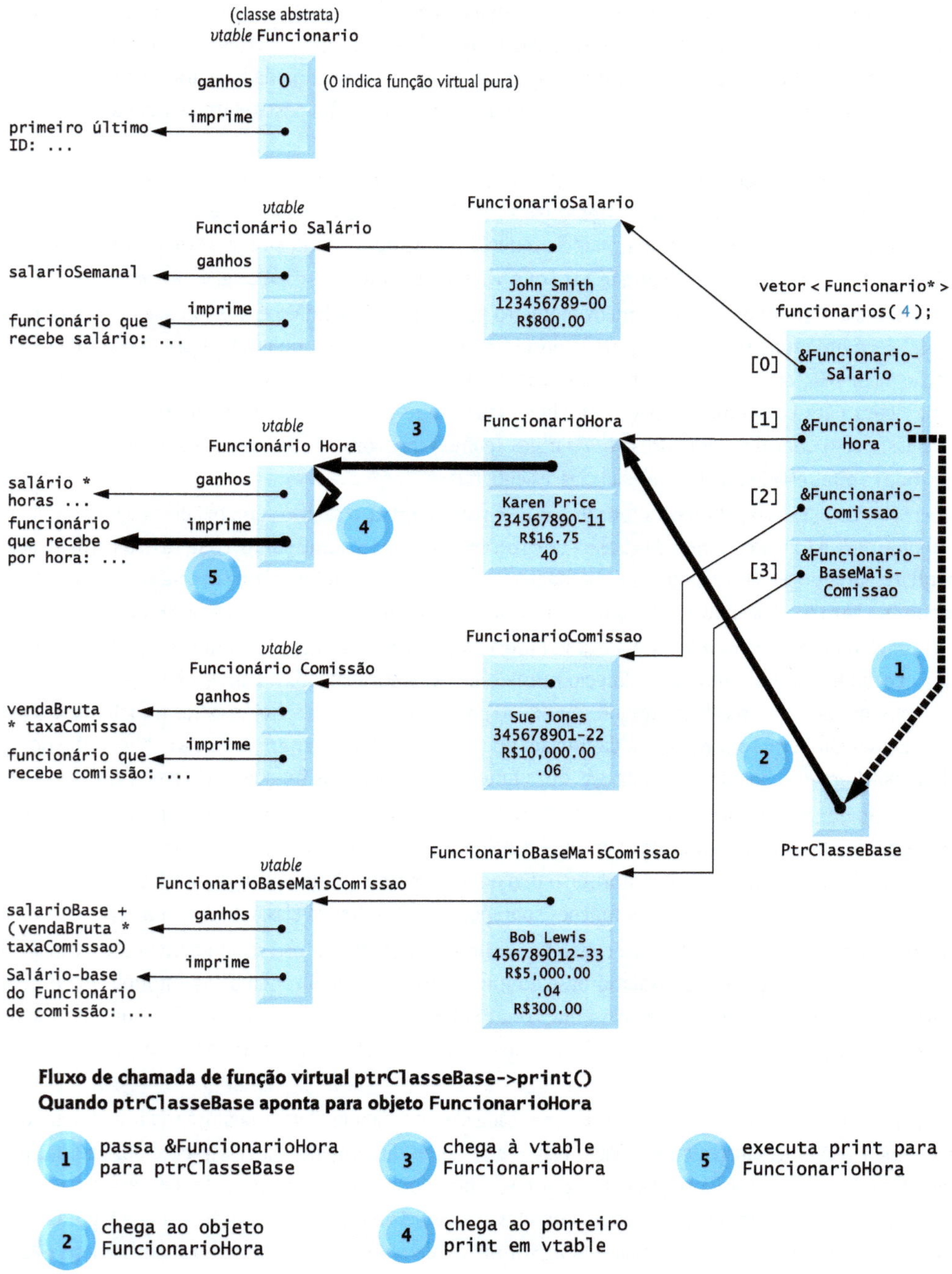

Figura 21.24 ■ Funcionamento das chamadas de função virtual.

`cionarioBaseMaisComissao`). Observe que o diagrama mostra cada um dos valores de dado-membro do objeto. Por exemplo, o objeto `FuncionarioSalario` contém um ponteiro para a *vtable* `FuncionarioSalario`; o objeto também contém os valores `John Smith`, `123456789-00` e `R$ 800,00`.

O terceiro nível de ponteiros simplesmente contém os handles dos objetos que recebem as chamadas de função `virtual`. Os handles nesse nível também podem ser referências. A Figura 21.24 representa o `vector funcionarios` que contém ponteiros de `Funcionario`.

Agora, vejamos como uma chamada de função `virtual` típica é executada. Considere a chamada `ptrClasseBase->imprime()` na função `virtualViaPonteiro` (linha 75 da Figura 21.23). Suponha que `ptrClasseBase` contenha `funcionários[ 1 ]` (ou seja, o endereço do objeto `FuncionarioHora` em `funcionários`). Quando o compilador compilar essa instrução, ele determinará que a chamada na verdade está sendo feita por meio de um ponteiro de classe-base e que `imprime` é uma função `virtual`.

O compilador determina que `imprime` é a *segunda* entrada em cada uma das *vtables*. Para localizar essa entrada, o compilador observa que precisará pular a primeira entrada. Assim, o compilador compila um **offset** ou **deslocamento** de quatro bytes (quatro bytes para cada ponteiro nas máquinas populares de 32 bits de hoje, e somente um ponteiro precisa ser pulado) para a tabela de ponteiros de código-objeto da linguagem de máquina para encontrar o código que executará a chamada de função `virtual`.

O compilador gera códigos que realizam as operações a seguir [*Nota:* os números na lista correspondem aos números circulados na Figura 21.24]:

1. Selecione a *i-ésima* entrada de `funcionarios` (nesse caso, o endereço do objeto `FuncionarioHora`) e passe-a como um argumento para a função `virtualViaPonteiro`. Isso definirá que o parâmetro `ptrClasseBase` deve apontar para `FuncionarioHora`.
2. Desreferencie esse ponteiro para chegar ao objeto `FuncionarioHora` — que, como você deve se lembrar, começa com um ponteiro para a *vtable* `FuncionarioHora`.
3. Desreferencie o ponteiro da *vtable* de `FuncionarioHora` para chegar à *vtable* de `FuncionarioHora`.
4. Salte o deslocamento de quatro bytes para selecionar o ponteiro para função `imprime`.
5. Desreferencie o ponteiro para função `imprime` para formar o 'nome' da função real a executar, e use o operador de chamada de função `()` para executar a função `imprime` apropriada, que, nesse caso, imprime tipo do funcionário, nome, número de ID, salário hora e horas trabalhadas.

As estruturas de dados da Figura 21.24 podem parecer complexas, mas essa complexidade é controlada pelo compilador e ocultada de você, tornando a programação polimórfica simples. As operações de desreferência de ponteiro e os acessos à memória que ocorrem em cada chamada de função `virtual` exigem algum tempo de execução adicional. As *vtables* e os ponteiros de *vtable* acrescentados aos objetos exigem alguma memória adicional. Você agora tem informações suficientes para determinar se as funções `virtuais` são apropriadas para os seus programas.

Dica de desempenho 21.1

O polimorfismo, como normalmente é implementado com funções virtuais e vinculação dinâmica em C++, é eficiente. Você pode usar essas capacidades com impacto nominal sobre o desempenho.

Dica de desempenho 21.2

Funções virtuais e vinculação dinâmica permitem a programação polimórfica como uma alternativa à programação lógica de `switch`*. Os compiladores com otimização normalmente geram código polimórfico que é executado de modo tão eficiente quanto a lógica baseada em* `switch` *codificada à mão. O overhead do polimorfismo é aceitável na maioria das aplicações. Mas, em algumas situações — como aplicações em tempo real com requisitos de desempenho rigorosos —, o overhead do polimorfismo pode ser muito alto.*

Observação sobre engenharia de software 21.11

A vinculação dinâmica habilita os vendedores de software independentes (ISVs) a distribuir software sem revelar segredos próprios. As distribuições de software podem consistir apenas em arquivos de cabeçalho e arquivos objeto — nenhum código-fonte precisa ser revelado. Os desenvolvedores de software podem, então, usar a herança para derivar novas classes a partir daquelas oferecidas pelos ISVs. Outros softwares que funcionavam com as classes que os ISVs forneceram ainda funcionarão com as classes derivadas e usarão as funções `virtuais` *sobrepostas fornecidas nessas classes (por vinculação dinâmica).*

21.8 Estudo de caso: sistema de folha de pagamento usando polimorfismo e informação de tipo em tempo de execução com downcasting, `dynamic_cast`, `typeid` e `type_info`

Lembre-se do enunciado do problema no início da Seção 21.6, em que, para o período de pagamento atual, nossa empresa fictícia decidiu recompensar cada `FuncionarioBaseMaisComissao` somando 10 por cento aos seus salários-base. Ao processar objetos `Funcionario` polimorficamente na Seção 21.6.6, não precisamos nos preocupar com os 'detalhes'. Agora, porém, para ajustar os salários-base de `FuncionarioBaseMaisComissao`, temos de determinar o tipo específico de cada objeto `Funcionario` no tempo de execução, e depois atuar de forma apropriada. Essa seção demonstra as poderosas capacidades da RTTI (RunTime Type Information — informação de tipo no tempo de execução) e da conversão dinâmica, que permitem que um programa determine o tipo de um objeto no tempo de execução e atue sobre esse objeto adequadamente.

[*Nota:* alguns compiladores exigem que a RTTI seja habilitada antes de ser usada em um programa. No Visual C++ 2008, essa opção está ativada como padrão.]

A Figura 21.25 usa a hierarquia `Funcionario` desenvolvida na Seção 21.6 e aumenta em 10 por cento o salário-base de cada `FuncionarioBaseMaisComissao`. A linha 22 declara o `vetor funcionarios` com quatro elementos, que armazena ponteiros para objetos `Funcionario`. As linhas 25-32 preenchem o `vetor` com os endereços de objetos alocados dinamicamente das classes `FuncionarioSalario` (figuras 21.15 e 21.16), `FuncionarioHora` (figuras 21.17 e 21.18), `FuncionarioComissao` (figuras 21.19 e 21.20) e `FuncionarioBaseMaisComissao` (figuras 21.21 e 21.22).

```
 1  // Figura 21.25: fig21_25.cpp
 2  // Demonstrando downcasting e informação de tipo em tempo de execução.
 3  // NOTA: Você pode ter que habilitar RTTI no seu compilador
 4  // antes de poder executar essa aplicação.
 5  #include <iostream>
 6  #include <iomanip>
 7  #include <vector>
 8  #include <typeinfo>
 9  #include "Funcionario.h"
10  #include "FuncionarioSalario.h"
11  #include "FuncionarioHora.h"
12  #include "FuncionarioComissao.h"
13  #include "FuncionarioBaseMaisComissao.h"
14  using namespace std;
15
16  int main()
17  {
18     // define formatação de saída em ponto flutuante
19     cout << fixed << setprecision( 2 );
20
21     // cria vetor de quatro ponteiros da classe-base
22     vector < Funcionario * > funcionarios( 4 );
23
24     // inicializa vetor com vários tipos de Funcionarios
```

Figura 21.25 ■ Demonstração de downcasting e informação de tipo no tempo de execução. (Parte 1 de 3.)

```
    funcionários[ 0 ] = new FuncionarioSalario(
       "John", "Smith", "123456789-00", 800 );
    funcionários[ 1 ] = new FuncionarioHora(
       "Karen", "Price", "234567890-11", 16,75, 40 );
    funcionários[ 2 ] = new FuncionarioComissao(
       "Sue", "Jones", "345678901-22", 10000, .06 );
    funcionários[ 3 ] = new FuncionarioBaseMaisComissao(
       "Bob", "Lewis", "456789012-33", 5000, .04, 300 );

    // processa polimorficamente cada elemento no vetor funcionarios
    for ( size_t i = 0; i < funcionarios.size(); i++ )
    {
       funcionarios[ i ]->imprime(); // envia informação de Funcionario
       cout << endl;

       // downcast do ponteiro
       FuncionarioBaseMaisComissao *ptrDerivado =
          dynamic_cast < FuncionarioBaseMaisComissao * >
          ( funcionários[ i ] );

       // determina se elemento aponta para salário-base do
       // Funcionário que recebe comissão
       if ( ptrDerivado != 0 ) // 0 se não for um FuncionarioBaseMaisComissao
       {
          double antigoSalarioBase = ptrDerivado->retSalarioBase();
          cout << "Antigo salário-base: R$ " << antigoSalarioBase << endl;
          ptrDerivado->defSalarioBase( 1.10 * antigoSalarioBase );
          cout << "Novo salário-base com 10% de aumento é: R$ "
             << ptrDerivado->retSalarioBase() << endl;
       } // fim do if

       cout << "Ganhou R$ " << funcionarios[ i ]->ganhos() << "\n\n";
    } // fim do for

    // libera objetos apontados pelos elementos do vetor
    for ( size_t j = 0; j < funcionarios.size(); j++ )
    {
       // envia nome da classe
       cout << "Excluindo objeto da classe "
          << typeid( *funcionarios[ j ] ).name() << endl;

       delete funcionarios[ j ];
    } // fim do for
 } // fim do main
```

```
Funcionário que recebe salário: John Smith
Número de ID: 123456789-00
Salário semanal: 800,00
Ganhou R$ 800,00

Funcionário que recebe por hora: Karen Price
Número de ID: 234567890-11
Salário por hora: 16,75; horas trabalhadas: 40
Ganhou R$ 670,00

Funcionário que recebe comissão: Sue Jones
Número de ID: 345678901-22
```

Figura 21.25 ■ Demonstração de downcasting e informação de tipo no tempo de execução. (Parte 2 de 3.)

```
Venda bruta: 10.000,00; Taxa de comissão: 0,06
Ganhou R$ 600,00

Salário-base do Funcionário que recebe comissão: Bob Lewis
Número de ID: 456789012-33
Venda bruta: 5.000,00; Taxa de comissão: 0,04; Salário-base: 300,00
Antigo salário-base: R$ 300,00
Novo salário-base com 10% de aumento é: R$ 330,00
Ganhou R$ 530,00

Excluindo objeto da classe FuncionarioSalario
Excluindo objeto da classe FuncionarioHora
Excluindo objeto da classe FuncionarioComissao
Excluindo objeto da classe FuncionarioBaseMaisComissao
```

Figura 21.25 ■ Demonstração de downcasting e informação de tipo no tempo de execução. (Parte 3 de 3.)

A estrutura `for` nas linhas 35-57 percorre o `vector funcionários` e exibe a informação de cada `Funcionario` chamando a função-membro `imprime` (linha 37). Lembre-se de que, como `imprime` é declarado `virtual` na classe-base `Funcionario`, o sistema chama a função `imprime` do objeto da classe derivada apropriada.

Nesse exemplo, ao encontrar objetos `FuncionarioBaseMaisComissao`, queremos aumentar seu salário-base em 10 por cento. Como processamos os funcionários genericamente (ou seja, polimorficamente), não podemos (com as técnicas que aprendemos) estar certos quanto a qual tipo de `Funcionario` está sendo manipulado em determinado momento. Isso cria um problema, pois funcionários `FuncionarioBaseMaisComissao` precisam ser identificados quando os encontramos, de modo que eles possam receber o aumento de salário de 10 por cento. Para conseguir isso, usamos o operador **`dynamic_cast`** (linha 42) para determinar se o tipo de cada objeto é `FuncionarioBaseMaisComissao`. Esta é a operação de downcast à qual nos referimos na Seção 21.3.3. As linhas 41-43 realizam dinamicamente o downcast de `funcionarios[i]` do tipo `Funcionario *` para o tipo `FuncionarioBaseMaisComissao *`. Se o elemento `vetor` apontar para um objeto que *é um* objeto `FuncionarioBaseMaisComissao`, então o endereço desse objeto será atribuído a `ptrComissao`; caso contrário, `0` será atribuído ao ponteiro `ptrDerivado` da classe derivada.

Se o valor retornado pelo operador `dynamic_cast` nas linhas 41-43 não for `0`, o objeto será do tipo correto, e a estrutura `if` (linhas 47-54) realizará o processamento especial exigido para o objeto `FuncionarioBaseMaisComissao`. As linhas 49, 51 e 53 chamam as funções `retSalarioBase` e `defSalarioBase` de `FuncionarioBaseMaisComissao` para recuperar e atualizar o salário do funcionário.

A linha 56 chama a função-membro `ganhos` no objeto para o qual `funcionarios[ i ]` aponta. Lembre-se de que `ganhos` é declarado como `virtual` na classe-base, de modo que o programa chama a função `ganhos` do objeto da classe derivada — outro exemplo de vinculação dinâmica.

As linhas 60-67 mostram o tipo de objeto de cada funcionário e usam o operador `delete` para desalocar a memória dinâmica à qual cada elemento `vetor` aponta. O operador **`typeid`** (linha 64) retorna uma referência a um objeto da classe **`type_info`** que contém a informação sobre o tipo de seu operando, incluindo o nome desse tipo. Quando chamada, a função-membro de `type_info` **`name`** (linha 64) retorna uma string baseada em ponteiro que contém o nome do tipo (por exemplo, "`classe FuncionarioBaseMais-Comissao`") do argumento passado para `typeid`. Para usar `typeid`, o programa precisa incluir o arquivo de cabeçalho **`<typeinfo>`** (linha 8).

Dica de portabilidade 21.1

A string retornada pela função-membro `type_info name` pode variar em termos de compilador.

Evitamos diversos erros de compilação nesse exemplo ao fazer o downcasting de um ponteiro de `Funcionario` para um ponteiro de `FuncionarioBaseMaisComissao` (linhas 41-43). Se removermos o `dynamic_cast` da linha 42 e tentarmos atribuir o ponteiro de `Funcionário` atual diretamente ao ponteiro `ptrDerivado` de `FuncionarioBaseMaisComissao`, receberemos um erro de compilação. C++ não permite que um programa atribua um ponteiro da classe-base a um ponteiro da classe derivada, pois o relacionamento *é-um* não se aplica — um `FuncionarioComissao` *não é* um `FuncionarioBaseMaisComissao`. O relacionamento *é-um* se aplica apenas entre a classe derivada e suas classes-base, e não vice-versa.

De modo semelhante, se as linhas 49, 51 e 53 usassem o ponteiro da classe-base atual de `funcionarios`, em vez do ponteiro da classe derivada `ptrDerivado` para chamar apenas funções da classe derivada `retSalarioBase` e `defSalarioBase`, receberíamos um erro de compilação em cada uma dessas linhas. Como você aprendeu na Seção 21.3.3, não é permitido tentar chamar somente funções da classe derivada por meio de um ponteiro da classe-base. Embora as linhas 49, 51 e 53 só sejam executadas se `ptrComissão` não for `zero` (ou seja, se a conversão puder ser realizada), não podemos tentar chamar as funções `retSalarioBase` e `defSalarioBase` da classe derivada `FuncionarioBaseMaisComissao` no ponteiro da classe-base `Funcionario`. Lembre-se de que, usando um ponteiro da classe-base `Funcionario`, só podemos chamar funções encontradas na classe-base `Funcionario` — funções *get* e *set* de `ganhos`, `imprime` e `Funcionario`.

21.9 Destrutores virtuais

Pode haver problemas quando se usa o polimorfismo para processar dinamicamente objetos alocados de uma hierarquia de classes. Até aqui, você viu **destrutores não virtuais** — destrutores que não são declarados com a palavra-chave `virtual`. Se um objeto da classe derivada com um destrutor não virtual for destruído explicitamente com o emprego do operador `delete` em um ponteiro da classe-base para o objeto, o padrão C++ especificará que o comportamento é indefinido.

A solução simples para esse problema é criar um **destrutor virtual** (ou seja, um destrutor que seja declarado com a palavra-chave `virtual`) na classe-base. Isso torna `virtual` todos os destrutores de classe derivada, *embora eles não tenham o mesmo nome do destrutor da classe-base*. Agora, se um objeto na hierarquia for destruído explicitamente aplicando-se o operador `delete` a um ponteiro da classe-base, o destrutor para a classe apropriada é chamado com base no objeto apontando pelo ponteiro da classe-base. Lembre-se de que, quando um objeto da classe derivada é destruído, a parte da classe-base do objeto da classe derivada também é destruída, de modo que é importante que os destrutores da classe derivada e da classe-base sejam executados. O destrutor da classe-base é executado automaticamente depois do destrutor da classe derivada.

Dica de prevenção de erro 21.2

Se uma classe tem funções `virtuais`, forneça um destrutor `virtual`, mesmo que isso não seja exigido pela classe. Isso garante que um destrutor personalizado da classe derivada (se houver um) será chamado quando o objeto da classe derivada for excluído por meio de um ponteiro da classe-base.

Erro comum de programação 21.5

Os construtores não podem ser `virtuais`. Declarar um construtor como `virtual` é um erro de compilação.

21.10 Conclusão

Neste capítulo, discutimos sobre polimorfismo, que permite trabalhar uma 'programação geral' em vez de uma 'programação específica', e mostramos como isso torna os programas mais extensíveis. Começamos com um exemplo de como o polimorfismo permitiria que um gerenciador de tela mostrasse vários objetos do 'espaço'. Depois, demonstramos como os ponteiros da classe-base e da classe derivada podem ser visados nos objetos das classes-base e derivada. Dissemos que visar ponteiros da classe-base nos objetos da classe-base é natural, assim como visar ponteiros da classe derivada em objetos da classe derivada. Visar ponteiros da classe-base nos objetos da classe derivada também é natural, porque um objeto da classe derivada *é um* objeto de sua classe-base. Você aprendeu por que visar ponteiros da classe derivada em objetos da classe-base é perigoso, e por que o compilador não permite tais atribuições. Apresentamos funções `virtuais`, que permitem que funções apropriadas sejam chamadas quando objetos em vários níveis de uma hierarquia de herança são referenciados (no tempo de execução) por meio de ponteiros da classe-base. Isso é conhecido como vinculação dinâmica ou tardia. Depois, discutimos funções `virtuais` puras (funções `virtuais` que não oferecem uma implementação) e classes abstratas (classes com uma ou mais funções `virtuais` puras). Você aprendeu que as classes abstratas não podem ser usadas para instanciar objetos, enquanto as classes concretas podem. Depois, demonstramos o uso de classes abstratas em uma hierarquia de herança. Você aprendeu como o polimorfismo funciona 'por dentro' com *vtables* que são criadas pelo compilador. Usamos a informação de tipo no tempo de execução (RTTI) e a conversão dinâmica para determinar o tipo de um objeto no tempo de execução e atuar sobre esse objeto de maneira apropriada. O capítulo concluiu com uma discussão sobre os destrutores `virtuais` e como eles garantem que todos os destrutores apropriados em uma hierarquia de herança sejam executados em um objeto da classe derivada quando esse objeto é excluído por meio de um ponteiro da classe-base.

No próximo capítulo, discutiremos os templates, um recurso sofisticado de C++ que permite que você defina uma família de classes ou funções relacionadas com um único segmento de código.

Resumo

Seção 21.1 Introdução

- O polimorfismo permite trabalhar uma 'programação geral' em vez de uma 'programação específica'.
- O polimorfismo permite escrever programas que processam objetos de classes que fazem parte da mesma hierarquia de classes como se fossem objetos da classe-base da hierarquia.
- Com o polimorfismo, podemos projetar e implementar sistemas que sejam facilmente extensíveis — novas classes podem ser acrescentadas com pouca ou nenhuma modificação nas partes gerais do programa. As únicas partes de um programa que precisam ser alteradas para acomodar novas classes são aquelas que exigem conhecimento direto das novas classes que você acrescenta na hierarquia.
- A informação de tipo no tempo de execução (RTTI) e a conversão dinâmica permitem que um programa determine o tipo de um objeto em tempo de execução e atue sobre esse objeto de modo apropriado.

Seção 21.2 Exemplos de polimorfismo

- Com o polimorfismo, uma função pode fazer com que diferentes ações aconteçam, a depender do tipo do objeto no qual a função é chamada.
- Isso torna possível projetar e implementar sistemas mais extensíveis. Programas podem ser escritos para processar objetos de tipos que podem não existir quando o programa estiver em desenvolvimento.

Seção 21.3 Relações entre objetos em uma hierarquia de herança

- C++ permite o polimorfismo — a capacidade para os objetos de diferentes classes relacionadas por herança responderem de modo diferente à mesma chamada de função-membro.
- O polimorfismo é implementado por meio de funções `virtuais` e vinculação dinâmica.
- Quando um ponteiro ou referência da classe-base é usado para chamar uma função `virtual`, C++ escolhe a função sobreposta correta na classe derivada apropriada, associada ao objeto.
- Se uma função `virtual` é chamada referenciando um objeto específico por nome e usando o operador de seleção de membro ponto, a referência é resolvida no tempo de compilação (isso é chamado de vinculação estática); a função `virtual` que é chamada é aquela definida para a classe desse objeto em particular.
- As classes derivadas podem oferecer suas próprias implementações de uma função `virtual` da classe-base, se for preciso, mas se não oferecerem, a implementação da classe-base é usada.

Seção 21.4 Campos de tipo e comandos `switch`

- A programação polimórfica com funções `virtuais` pode eliminar a necessidade da lógica de `switch`. Você pode usar o mecanismo de função `virtual` para realizar a lógica equivalente automaticamente, evitando assim os tipos de erros normalmente associados à lógica de `switch`.

Seção 21.5 Classes abstratas e funções `virtuais` puras

- Classes abstratas normalmente são usadas como classes-base, de modo que nos referimos a elas como classes-base abstratas. Nenhum objeto de uma classe abstrata pode ser instanciado.
- As classes das quais os objetos podem ser instanciados são classes concretas.
- Você cria uma classe abstrata declarando uma ou mais funções `virtuais` puras com especificadores puros (`= 0`) em suas declarações.
- Se uma classe for derivada de uma classe com uma função `virtual` pura e essa classe derivada não fornecer uma definição para essa função `virtual` pura, então essa função `virtual` permanecerá pura na classe derivada. Consequentemente, a classe derivada também será uma classe abstrata.
- Embora não possamos instanciar objetos de classes-base abstratas, podemos declarar ponteiros e referências a objetos de classes-base abstratas. Esses ponteiros e referências podem ser usados para permitir manipulações polimórficas de objetos de classe derivada instanciados de classes derivadas concretas.

Seção 21.7 Polimorfismo, funções virtuais e vinculação dinâmica 'vistos por dentro'

- A vinculação dinâmica requer que, em tempo de execução, a chamada para uma função-membro `virtual` seja direcionada para a versão da função `virtual` apropriada para a classe. Uma tabela de função `virtual`, chamada *vtable*, é implementada como um array que contém ponteiros para função. Cada classe com funções `virtuais` tem uma *vtable*. Para cada função `virtual` na classe, a *vtable* tem uma entrada que contém um ponteiro para função para a versão da função `virtual` a ser usada em um objeto dessa classe. A função `virtual` a ser usada em determinada classe poderia ser a função definida nessa classe, ou poderia ser uma função herdada direta ou indiretamente de uma classe-base mais alta na hierarquia.

- Quando uma classe-base fornece uma função-membro `virtual`, classes derivadas podem sobrepor a função `virtual`, mas elas não precisam sobrepô-la.
- Cada objeto de uma classe com funções `virtuais` contém um ponteiro para a *vtable* dessa classe. Quando uma chamada de função é feita a partir de um ponteiro da classe-base para um objeto da classe derivada, o ponteiro para função apropriado na *vtable* é obtido e desreferenciado para completar a chamada no tempo de execução.
- Qualquer classe que tenha um ou mais ponteiros `0` em sua *vtable* é uma classe abstrata. As classes sem quaisquer ponteiros `0` na *vtable* são classes concretas.
- Novos tipos de classes são regularmente acrescentados aos sistemas e acomodados pela vinculação dinâmica.

***Seção 21.8 Estudo de caso: sistema de folha de pagamento usando polimorfismo e informação de tipo em tempo de execução com downcasting,* `dynamic_cast`*,* `typeid` *e* `type_info`**

- O operador `dynamic_cast` verifica o tipo do objeto ao qual um ponteiro aponta, depois determina se o tipo tem um relacionamento *é um* com o tipo ao qual o ponteiro está sendo convertido. Se tiver, `dynamic_cast` retorna o endereço do objeto. Se não, `dynamic_cast` retorna `0`.
- O operador `typeid` retorna uma referência a um objeto `type_info` que contém informações sobre o tipo do operando, incluindo o nome do tipo. Para usar `typeid`, o programa precisa incluir o arquivo de cabeçalho `<typeinfo>`.
- Quando chamada, a função-membro `name` do objeto `type_info` retorna uma string baseada em ponteiro que contém o nome do tipo que o objeto `type_info` representa.
- Os operadores `dynamic_cast` e `typeid` fazem parte do recurso de informação de tipo no tempo de execução (RTTI) de C++, que permite que um programa determine o tipo do objeto no tempo de execução.

Seção 21.9 Destrutores virtuais

- Declare o destrutor da classe-base `virtual` se a classe tiver funções `virtuais`. Isso torna todos os destrutores da classe derivada virtuais, embora eles não tenham o mesmo nome do destrutor da classe-base. Se um objeto na hierarquia for destruído explicitamente aplicando-se o operador `delete` a um ponteiro da classe-base para um objeto da classe derivada, o destrutor para a classe específica será chamado. Após a execução de um destrutor da classe derivada, os destrutores de todas as classes-base dessa classe serão executados até o topo da hierarquia.

Terminologia

classe de iteração 678
classes abstratas 676
classes concretas 676
classes-base abstratas 676
conversão dinâmica 660
destrutores não virtuais 699
downcasting 669
`dynamic_cast` 698
especificador puro (com funções virtuais) 676
função `name` da classe `type_info` 698
função `virtual` pura 676
herança de implementação 679
herança de interface 679
informação de tipo em tempo de execução (RTTI) 660
polimorfismo 659
sobreposição 670
`type_info`, classe 698
`typeid`, operador 698
`<typeinfo>`, arquivo de cabeçalho 698
vinculação dinâmica 671
vinculação estática 671
vinculação tardia 671
`virtual`, destrutor 699
`virtual`, função 670
`virtual`, tabela de função (*vtable*) 693

Exercícios de autorrevisão

21.1 Preencha os espaços em cada uma das sentenças:

a) Tratar um objeto da classe-base como um(a) _______ pode causar erros.

b) O polimofismo ajuda a eliminar a lógica de _______.

c) Se uma classe contém pelo menos uma função `virtual` pura, ela é uma classe _______.

d) As classes das quais os objetos podem ser instanciados são chamadas de classes _______.

e) O operador _____ pode ser usado para fazer o downcast dos ponteiros da classe-base com segurança.

f) O operador `typeid` retorna uma referência a um objeto _______.

g) _______ envolve o uso de um ponteiro da classe-base ou uma referência para chamar funções `virtuais` nos objetos da classe-base e da classe derivada.

h) Funções que podem ser sobrepostas são declaradas usando-se a palavra-chave _______.

i) A conversão de um ponteiro da classe-base para um ponteiro da classe derivada é chamada de _______.

21.2 Responda se cada uma das sentenças a seguir é *verdadeira* ou *falsa*. Em caso de alternativas *falsas*, justifique sua resposta.

a) Todas as funções `virtuais` em uma classe-base abstrata devem ser declaradas como funções `virtuais` puras.

b) Referir-se a um objeto da classe derivada com um handle da classe-base é perigoso.

c) Uma classe se torna abstrata ao ser declarada `virtual`.

d) Se uma classe-base declara uma função `virtual`, uma classe derivada deve implementar essa função para se tornar uma classe concreta.

e) A programação polimórfica pode eliminar a necessidade da lógica de `switch`.

Respostas dos exercícios de autorrevisão

21.1 a) objeto da classe derivada. b) `switch`. c) abstrata. d) concretas. e) `dynamic_cast`. f) `type_info`. g) Polimorfismo. h) `virtual`. i) downcasting.

21.2 a) Falso. Uma classe-base abstrata pode incluir funções virtuais com implementações. b) Falso. Referir-se a um objeto da classe-base com um handle da classe derivada é perigoso. c) Falso. As classes nunca são declaradas como `virtuais`. Em vez disso, uma classe se torna abstrata ao se incluir pelo menos uma função virtual pura na classe. d) Verdadeiro. e) Verdadeiro.

Exercícios

21.3 Como o polimorfismo permite que você trabalhe uma programação 'geral' em vez de uma 'específica'? Discuta as principais vantagens da programação 'geral'.

21.4 Discuta os problemas de programação com a lógica de `switch`. Explique por que o polimorfismo pode ser uma alternativa eficaz ao uso da lógica de `switch`.

21.5 Faça a distinção entre herdar interface e herdar implementação. Como as hierarquias de herança projetadas para herdar a interface diferem daquelas projetadas para herdar a implementação?

21.6 O que são funções `virtuais`? Descreva uma circunstância em que funções `virtuais` seriam apropriadas.

21.7 Faça a distinção entre vinculação estática e vinculação dinâmica. Explique o uso de funções `virtuais` e da *vtable* na vinculação dinâmica.

21.8 Faça a distinção entre funções `virtuais` e funções `virtuais` puras.

21.9 ***Classes-base abstratas***. Sugira um ou mais níveis de classes-base abstratas para a hierarquia `Forma` discutida neste capítulo e exibida na Figura 20.3. (O primeiro nível é `Forma`, e o segundo nível consiste nas classes `FormaBidimensional` e `FormaTridimensional`.)

21.10 Como o polimorfismo promove a extensibilidade?

21.11 Você foi o escolhido para desenvolver um simulador de voo que terá saídas gráficas elaboradas. Explique por que a programação polimórfica poderia ser especialmente eficaz para um problema dessa natureza.

21.12 ***Modificação do sistema de folha de pagamento***. Modifique o sistema de folha pagamento das figuras 21.13 a 21.23 com o objetivo de incluir o dado-membro `private dataNascimento` na classe `Funcionario`. Use a classe `Date` das figuras 19.9 e 19.10 para representar a data de nascimento de um funcionário. Suponha que a folha de pagamento seja processada uma vez por mês. Crie um `vector` de referências a `Funcionario` para armazenar os diversos objetos de funcionário. Em um loop, calcule a folha de pagamento de cada `Funcionario` (polimorficamente), e adicione um bônus de R$ 100,00 ao valor da folha de pagamento se o mês atual for o do aniversário do `Funcionario`.

21.13 ***Hierarquia Forma***. Implemente a hierarquia `Forma` projetada no Exercício 20.7 (que é baseada na hierarquia da Figura 20.3). Cada `FormaBidimensional` deverá conter a função `retArea` para calcular a área da forma bidimensional. Cada `FormaTridimensional` deverá ter funções-membro `retArea` e `retVolume` para calcular a área e o volume, respectivamente, da forma tridimensional. Crie um programa que use um `vetor` de ponteiros `Forma` para objetos de cada classe concreta na hierarquia. O programa deverá imprimir o objeto ao qual cada elemento `vetor` aponta. Além disso, no loop que processa todas as formas no `vetor`, determine se cada forma é uma `FormaBidimensional` ou uma `FormaTridimensional`. Se a forma for uma `FormaBidimensional`, mostre sua área. Se a forma for uma `FormaTridimensional`, mostre sua área e seu volume.

21.14 ***Projeto: gerenciador de tela polimórfico usando a hierarquia Forma.*** Desenvolva um pacote gráfico básico. Use a hierarquia `Forma` implementada no Exercício 21.13. Limite-se a formas bidimensionais, como quadrados, retângulos, triângulos e círculos. Interaja com o usuário. Permita que o usuário especifique a posição, o tamanho, a forma e os caracteres de preenchimento a serem usados no desenho de cada forma. O usuário pode especificar mais de uma da mesma forma. Ao criar cada forma, coloque um ponteiro `Forma *` para cada novo objeto `Forma` em um array. Cada classe `Forma` agora deverá ter sua própria função-membro `desenhar`. Escreva um gerenciador de tela polimórfico que atravesse o array, enviando mensagens `desenhar` a cada objeto no array para formar uma imagem na tela. Redesenhe a imagem da tela toda vez que o usuário especificar uma forma adicional.

21.15 ***Hierarquia de herança Pacote.*** Use a hierarquia de herança `Pacote` criada no Exercício 20.9 para criar um programa que mostre a informação de endereço e calcule os custos de remessa para vários `Pacotes`. O programa deverá conter um `vector` de ponteiros `Pacote` para objetos das classes `PacoteDoisDias` e `PacoteNoturno`. Percorra o `vetor` para processar os `Pacotes` polimorficamente. Para cada `Pacote`, chame funções *get* para obter a informação de endereço do emissor e do destinatário, depois imprima os dois endereços conforme apareceriam em etiquetas de correspondência. Além disso, chame a função-membro `calculaCusto` de cada `Pacote` e imprima o resultado. Acompanhe o custo de entrega total para todos os `Pacotes` no `vetor` e mostre esse total quando o loop terminar.

21.16 ***Programa bancário polimórfico usando a hierarquia Conta.*** Desenvolva um programa bancário polimórfico usando a hierarquia `Conta` criada no Exercício 20.10. Crie um `vetor` de ponteiros `Conta` para objetos `ContaPoupança` e `ContaCorrente`. Para cada `Conta` no `vector`, permita que o usuário especifique um valor a ser sacado da `Conta` usando a função-membro `debitar` e um valor a ser depositado na `Conta` usando a função-membro `creditar`. Ao processar cada `Conta`, determine seu tipo. Se uma `Conta` for uma `ContaPoupança`, calcule o valor dos juros devidos à `Conta` usando a função-membro `calculaJuros`, depois some os juros ao saldo da conta usando a função-membro `creditar`. Depois de processar uma `Conta`, imprima o saldo atualizado da conta, obtido chamando a função-membro da classe-base `retSaldo`.

Fazendo a diferença

21.17 ***Classe abstrata EmissaoCarbono: polimorfismo.*** Usando uma classe abstrata com apenas funções virtuais puras, você pode especificar comportamentos semelhantes de classes possivelmente divergentes. Governos e empresas do mundo inteiro estão cada vez mais preocupadas com as emissões de carbono (liberações anuais de dióxido de carbono na atmosfera) de prédios que consomem vários tipos de combustíveis para obter calor, veículos que consomem combustíveis para obter potência, e coisas desse tipo. Muitos cientistas culpam esses gases do efeito estufa pelo fenômeno chamado aquecimento global. Crie três classes pequenas não relacionadas por herança — classes `Predio`, `Carro` e `Bicicleta`. Dê a cada classe alguns atributos e comportamentos apropriados exclusivos que ela não tenha em comum com as outras classes. Escreva uma classe abstrata `EmissaoCarbono` com apenas um método virtual puro `retEmissaoCarbono`. Faça com que cada uma de suas classes herde dessa classe abstrata e implemente o método `retEmissaoCarbono` para calcular uma emissão de carbono apropriada para essa classe (verifique em alguns sites que explicam como calcular a emissão de carbono). Escreva uma aplicação que crie objetos de cada uma das três classes, coloque ponteiros para esses objetos em um `vetor` de ponteiros `EmissaoCarbono` e depois percorra o `vetor` chamando polimorficamente o método `retEmissaoCarbono` de cada objeto. Para cada objeto, imprima informações de identificação e sua emissão de carbono.

Capítulo 22

Templates

Por trás daquele padrão externo, as formas sombrias tornam-se mais claras a cada dia. É sempre a mesma forma, apenas muito numerosa.
— Charlotte Perkins Gilman

Todo homem de talento vê o mundo por um ângulo diferente do de seus colegas.
— Havelock Ellis

...nossa individualidade especial, diferenciada de nossa humanidade genérica.
— Sr. Oliver Wendell Holmes

Objetivos

Neste capítulo, você aprenderá:

- A usar templates de função para criar, convenientemente, um grupo de funções relacionadas (sobrecarregadas).
- A distinguir entre templates de função e especializações de template de função.
- A usar templates de classe para criar grupos de tipos relacionados.
- A distinguir entre templates de classe e especializações de template de classe.
- A sobrecarregar templates de função.
- A entender as relações entre templates, friends, herança e membros `static`.

Conteúdo

22.1 Introdução
22.2 Templates de função
22.3 Sobrecarga de templates de função
22.4 Templates de classe
22.5 Parâmetros não tipo e tipos default para templates de classe
22.6 Notas sobre templates e herança
22.7 Notas sobre templates e friends
22.8 Notas sobre templates e membros `static`
22.9 Conclusão

Resumo | Terminologia | Exercícios de autorrevisão | Respostas dos exercícios de autorrevisão | Exercícios

22.1 Introdução

Neste capítulo, discutiremos um dos recursos de reutilização de software mais poderosos da linguagem C++, ou seja, os **templates**. Os **templates de função** e os **templates de classe** possibilitam a especificação, com um único segmento de código, de uma gama inteira de funções relacionadas (sobrecarregadas) — chamadas de **especializações de template de função** —, ou uma gama inteira de classes relacionadas — chamadas **especializações de template de classe**. Essa técnica é chamada de **programação genérica**.

Podemos escrever um único template de função para uma função de classificação de arrays, e então fazer com que C++ gere automaticamente especializações de template de função separadas que classifiquem arrays `int`, arrays `float`, arrays de `string` e assim por diante. Apresentamos os templates de função no Capítulo 15. Apresentaremos argumentos e um exemplo adicional neste capítulo.

Podemos escrever um template de classe única para uma classe pilha, e então fazer com que C++ gere especializações de template de classe separadas, tais como uma classe pilha de `int`, uma classe pilha de `float`, uma classe pilha de `string` e assim por diante.

Note a distinção entre templates de função e especializações de template: os templates de função e os templates de classe são como estênceis com os quais traçamos formas; as especializações de template de função e as especializações de template de classe são como os traçados separados que têm todos a mesma forma, mas poderiam ter sido desenhados, por exemplo, com cores diferentes.

Neste capítulo, apresentaremos exemplos de um template de função e um template de classe. Também consideraremos as relações entre templates e outras características de C++, tais como sobrecarga, herança, friends e membros `static`. O projeto e os detalhes dos mecanismos de template discutidos aqui baseiam-se no trabalho de Bjarne Stroustrup apresentado em seu artigo 'Tipos parametrizados para C++' — publicado em *Proceedings of the USENIX C++ Conference* defendida em Denver, Colorado, em outubro de 1988.

Observação sobre engenharia de software 22.1

A maioria dos compiladores em C++ requer que a definição completa de um template apareça no arquivo de código-fonte do cliente que usa o template. Por esse motivo, e por facilidade de utilização, os templates normalmente são definidos nos arquivos de cabeçalho, que são então incluídos (`#include`) nos arquivos de código-fonte apropriados do cliente. Para os templates de classe, isso significa que as funções-membro também são definidas no arquivo de cabeçalho.

22.2 Templates de função

Funções sobrecarregadas são normalmente usadas na execução de operações *semelhantes* ou *idênticas* em tipos de dados diferentes. Se as operações são *idênticas* para cada tipo, elas podem ser expressas mais compacta e convenientemente usando-se templates de função. Inicialmente, você escreve uma única definição do template da função. Baseado nos tipos de argumentos fornecidos explicitamente ou deduzidos das chamadas para essa função, o compilador gera funções separadas no código-fonte (ou seja, especializações de template de função) para tratar cada chamada de função apropriadamente. Em C, essa tarefa pode ser executada usando-se **macros** criadas a partir da diretiva `#define` do pré-processador (ver Capítulo 13). Porém, macros apresentam a possibilidade de haver sérios efeitos colaterais, e não possibilitam ao compilador executar uma verificação de tipo. Os templates de função fornecem uma solução compacta como as macros, mas possibilitam uma verificação de tipo completa.

Dica de prevenção de erro 22.1

Templates de função, como macros, possibilitam a reutilização de software. Mas, diferentemente das macros, templates de função ajudam a eliminar muitos tipos de erros por causa do escrutínio da verificação de tipo completa de C++.

Todas as **definições de templates de função** começam com a palavra-chave `template` seguida por uma lista de **parâmetros de template** para o template de função incluída entre os **sinais de maior e menor** (< e >); cada parâmetro de template que representa um tipo deve ser precedido pelas palavras-chave `class` ou `typename`, como em

```
template< typename T >
```

ou

```
template< class ElementType >
```

ou

```
template< typename BorderType, typename FillType >
```

Os parâmetros de template de tipo de uma definição de template de função são usados para especificar os tipos dos argumentos da função, especificar o tipo de retorno da função e declarar variáveis dentro da função. A definição da função vem a seguir, e se parece com qualquer outra definição de função. As palavras-chave `typename` e `class`, usadas para especificar parâmetros de template de função, na realidade significam 'qualquer tipo fundamental ou tipo definido pelo usuário'.

Erro comum de programação 22.1

Não colocar a palavra-chave `class` (ou `typename`) antes de cada parâmetro de template de tipo de um template de função é um erro de sintaxe.

Exemplo: template de função `printArray`

Na Figura 22.1, examinaremos o template de função `printArray`, nas linhas 7-14. O template de função `printArray` declara (linha 7) um único parâmetro de template `T` (`T` pode ser qualquer identificador válido) para o tipo do array a ser impresso pela função `printArray`; `T` é chamado de **parâmetro de template de tipo**, ou parâmetro de tipo. Você verá parâmetros de template não tipo na Seção 22.5.

```
1  // Fig. 22.1: fig22_01.cpp
2  // Usando templates de função.
3  #include <iostream>
4  using namespace std;
5
6  // Definição do template de função printArray
7  template< typename T >
8  void printArray( const T * const array, int count )
9  {
10    for ( int i = 0; i < count; i++ )
11       cout << array[ i ] << " ";
12
13    cout << endl;
14 } // fim do template de função printArray
15
16 int main()
17 {
18    const int aCount = 5; // tamanho do array a
19    const int bCount = 7; // tamanho do array b
20    const int cCount = 6; // tamanho do array c
```

Figura 22.1 Especializações de template de função do template de função `printArray`. (Parte 1 de 2.)

```
21
22     int a[ aCount ] = { 1, 2, 3, 4, 5 };
23     double b[ bCount ] = { 1.1, 2.2, 3.3, 4.4, 5.5, 6.6, 7.7 };
24     char c[ cCount ] = "HELLO"; // 6ª posição reservada para o caractere nulo
25
26     cout << "Array a contém:" << endl;
27
28     // chama especialização de template de função de inteiros
29     printArray( a, aCount );
30
31     cout << "Array b contém:" << endl;
32
33     // chama especialização de template de função de doubles
34     printArray( b, bCount );
35
36     cout << "Array c contém:" << endl;
37
38     // chama especialização de template de função de caracteres
39     printArray( c, cCount );
40  } // fim do main
```

```
Array a contém:
1 2 3 4 5
Array b contém:
1.1 2.2 3.3 4.4 5.5 6.6 7.7
Array c contém:
H E L L O
```

Figura 22.1 Especializações de template de função do template de função `printArray`. (Parte 2 de 2.)

Quando o compilador detecta uma chamada de função `printArray` no programa cliente (por exemplo, linhas 29, 34 e 39), o compilador usa suas capacidades de resolução de sobrecarga para encontrar uma definição da função `printArray` que melhor corresponde à chamada de função. Nesse caso, a única função `printArray` com o número apropriado de parâmetros é o template de função `printArray` (linhas 7-14). Considere a chamada de função na linha 29. O compilador compara o tipo do primeiro argumento de `printArray` (`int *` na linha 29) com o primeiro parâmetro do template da função `printArray` (`const T * const` na linha 8), e deduz que substituir o parâmetro de tipo `T` por `int` tornaria o argumento consistente com o parâmetro. Depois, o compilador substitui `int` por `T` por toda a definição do template, e compila uma especialização de `printArray`, que pode exibir um array de valores `int`. Na Figura 22.1, o compilador cria três especializações de `printArray` — uma que espera um array `int`, uma que espera um array `double` e uma que espera um array `char`. Por exemplo, a especialização de template de função para o tipo `int` é

```
void printArray( const int * const array, int count )
{
   for ( int i = 0; i < count; i++ )
         cout << array[ i ] << " ";

   cout << endl;
} // fim da função printArray
```

Assim como os parâmetros de função, os nomes dos parâmetros de template precisam ser exclusivos dentro de uma definição de template. Os nomes de parâmetro de template não precisam ser exclusivos por diferentes templates de função.

A Figura 22.1 demonstra o template de função `printArray` (linhas 7-14). O programa começa declarando o array `int a` de cinco elementos, o array `double b` de sete elementos e o array `char c` de seis elementos (linhas 22-24, respectivamente). Depois, o programa imprime cada array chamando `printArray` — uma vez com um primeiro argumento `a` do tipo `int *` (linha 29), uma vez com um primeiro argumento `b` do tipo `double *` (linha 34) e uma vez com um primeiro argumento `c` do tipo `char *` (linha 39). A chamada na linha 29, por exemplo, faz com que o compilador deduza que `T` é `int`, e instancie uma especialização de template de função `printArray` para a qual o parâmetro de tipo `T` é `int`. A chamada na linha 34 faz com que o compilador deduza que `T` é `double` e instancie uma segunda especialização de template de função `printArray`, para a qual o parâmetro de tipo `T` é `double`. A chamada na linha 39 faz com que o compilador deduza que `T` é `char`, e instancie uma terceira especialização de template de função `printArray`, para a qual o parâmetro de tipo `T` é `char`. É importante observar que, se `T` (linha 7) representa um tipo definido pelo usuário (o que não acontece na Figura 22.1), é preciso haver um operador de inserção de stream sobrecarregado para esse tipo; caso contrário, o primeiro operador de inserção de stream na linha 11 não será compilado.

Erro comum de programação 22.2

Se um template for chamado com um tipo definido pelo usuário, e se esse template usa funções ou operadores (por exemplo, ==, +, <=) com objetos desse tipo de classe, então essas funções e operadores precisam ser sobrecarregados para o tipo definido pelo usuário. Esquecer de sobrecarregar esses operadores causa erros de compilação.

Nesse exemplo, o mecanismo de template evita que você precise escrever três funções sobrecarregadas separadas com protótipos

```
void printArray( const int * const, int );
void printArray( const double * const, int );
void printArray( const char * const, int );
```

que utilizam o mesmo código, exceto pelo tipo `T` (conforme usado na linha 8).

Dica de desempenho 22.1

Embora os templates ofereçam benefícios de reutilização de software, lembre-se de que múltiplas especializações de template de função e especializações de template de classe são instanciadas em um programa (no tempo de compilação), apesar de os templates serem escritos apenas uma vez. Essas cópias podem consumir uma memória considerável. Porém, isso normalmente não é um problema, pois o código gerado pelo template tem o mesmo tamanho do código que você teria escrito para produzir as funções sobrecarregadas separadas.

22.3 Sobrecarga de templates de função

Templates de função e sobrecarga estão intimamente relacionados. As especializações de template de função geradas a partir de um template de função têm o mesmo nome, de modo que o compilador usa a resolução de sobrecarga para invocar a função apropriada.

Um template de função pode ser sobrecarregado de vários modos. Podemos fornecer outros templates de função que especifiquem o mesmo nome da função, mas parâmetros de função diferentes. Por exemplo, o template de função `printArray` da Figura 22.1 poderia ser sobrecarregado com outro template da função `printArray` com parâmetros adicionais `lowSubscript` e `highSubscript` para especificar a parte do array a ser impressa (ver Exercício 22.4).

Um template de função pode também ser sobrecarregado fornecendo outras funções não template com o mesmo nome da função, mas com argumentos de função diferentes. Por exemplo, o template de função `printArray` da Figura 22.1 poderia ser sobrecarregado com uma versão não template que imprimiria especificamente um array de string de caracteres em um formato organizado, em colunas (ver Exercício 22.5).

O compilador executa um processo de correspondência para determinar qual função chamar quando uma função é chamada. Primeiro, o compilador tenta achar e usar uma correspondência precisa, na qual os nomes da função e os tipos de parâmetro são consistentes com aqueles da chamada da função. Se isso falhar, o compilador verificará se há um template de função disponível que possa ser usado para gerar uma especialização de template de função com uma correspondência precisa de nome da função e tipos de parâmetros. Se tal template de função for encontrado, o compilador produzirá e usará a especialização de template de função apropriada. Se não, o compilador produzirá uma mensagem de erro. Além disso, se houver múltiplas correspondências para a chamada de função, o compilador considerará que a chamada é ambígua e produzirá uma mensagem de erro.

Erro comum de programação 22.3

Um erro de compilação ocorrerá se nenhuma definição de função correspondente puder ser achada para uma chamada de função em particular, ou se houver múltiplas correspondências que o compilador considere ambíguas.

22.4 Templates de classe

É possível compreender o que é uma 'pilha' (estrutura de dados na qual inserimos itens em uma ordem e os recuperamos na ordem inversa, ou seja, 'último a entrar, primeiro a sair'), independentemente do tipo dos itens que estão sendo colocados na pilha.

Porém, para instanciar uma pilha, um tipo de dados deve ser especificado. Isso cria uma oportunidade maravilhosa de reutilização de software. Necessitamos de meios de descrever a noção de uma pilha genericamente e instanciar classes que sejam versões dessa classe genérica para tipos específicos. Esse recurso é fornecido por templates de classe em C++.

Observação sobre engenharia de software 22.2

Os templates de classe incentivam a reutilização de software, possibilitando que sejam instanciadas versões de classes genéricas para tipos específicos.

Templates de classe são chamados de **tipos parametrizados** porque exigem um ou mais parâmetros de tipo para especificar como personalizar um template de uma 'classe genérica' para formar uma especialização de template de classe específica.

Para produzir diversas especializações de template de classe, basta escrever uma definição de template de classe. Toda vez que você necessita de uma nova especialização de template de classe, usa uma notação concisa, simples, e o compilador escreve o código-fonte para a especialização de que você necessita. Um template de classe `Stack`, por exemplo, poderia se tornar, desse modo, a base para se criar muitas classes `Stack` (pilha) (como '`Stack` de `double`', '`Stack` de `int`', '`Stack` de `char`', '`Stack` de `Funcionario`' etc.) usadas em um programa.

Criação do template de classe `Stack< T >`

Observe a definição do template de classe `Stack` na Figura 22.2. Seria muito parecida com uma definição de classe convencional, não fosse pelo fato de ser precedida pelo cabeçalho (linha 6)

```
template< typename T >
```

para especificar que esta é uma definição de template de classe com o parâmetro de tipo `T` indicando o tipo da classe de `Stack` a ser criada. Você não precisa usar especificamente o identificador `T` — qualquer identificador válido pode ser utilizado. O tipo de elemento a ser armazenado nessa `Stack` é mencionado genericamente como `T` em todo o cabeçalho de classe de `Stack` e nas definições das funções-membro. Mostraremos em breve como `T` se associa a um tipo específico, tal como `double` ou `int`. Devido ao modo como esse template de classe é projetado, existem duas restrições para tipos de dados não fundamentais usados com essa `Stack` — eles precisam ter um construtor default (que seria usado na linha 44 para criar o array que armazena os elementos da pilha), e seus operadores de atribuição precisam copiar corretamente os objetos para a `Stack` (linhas 56 e 70).

```
1  // Fig. 22.2: Stack.h
2  // Template da classe Stack.
3  #ifndef STACK_H
4  #define STACK_H
5
6  template< typename T >
7  class Stack
8  {
9  public:
10    Stack( int = 10 ); // construtor default (tamanho da Stack 10)
11
12    // destrutor
13    ~Stack()
14    {
15       delete [] stackPtr; // desaloca espaço interno para Stack
16    } // fim do destrutor de ~Stack
17
18    bool push( const T & ); // coloca um elemento na Stack
19    bool pop( T & ); // retira um elemento da Stack
20
21    // determina se a Stack está vazia
22    bool isEmpty() const
23    {
24       return top == -1;
25    } // fim da função isEmpty
```

Figura 22.2 Template de classe `Stack`. (Parte 1 de 2.)

```
26
27       // determina se a Stack está cheia
28       bool isFull() const
29       {
30          return top == size - 1;
31       } // fim da função isFull
32
33    private:
34       int size; // # de elementos na Stack
35       int top; // local do elemento no topo (-1 significa vazia)
36       T *stackPtr; // ponteiro para representação interna da Stack
37    }; // fim da template de classe Stack
38
39    // template do construtor
40    template< typename T >
41    Stack< T >::Stack( int s )
42       : size( s > 0 ? s : 10 ), // valida tamanho
43          top( -1 ), // Stack inicialmente vazia
44          stackPtr( new T[ size ] ) // aloca memória para elementos
45    {
46       // corpo vazio
47    } // fim do template de construtor da Stack
48
49    // coloca elemento na Stack;
50    // se tiver sucesso, retorna true; se não, retorna false
51    template< typename T >
52    bool Stack< T >::push( const T &pushValue )
53    {
54       if ( !isFull() )
55       {
56          stackPtr[ ++top ] = pushValue; // coloca item na Stack
57          return true; // push bem-sucedido
58       } // fim do if
59
60       return false; // push malsucedido
61    } // fim do template de função push
62
63    // remove elemento da Stack;
64    // se tiver sucesso, retorna true; se não, retorna false
65    template< typename T >
66    bool Stack< T >::pop( T &popValue )
67    {
68       if ( !isEmpty() )
69       {
70          popValue = stackPtr[ top-- ]; // remove item da Stack
71          return true; // pop bem-sucedido
72       } // fim do if
73
74       return false; // pop malsucedido
75    } // fim do template de função pop
76
77    #endif
```

Figura 22.2 Template de classe `Stack`. (Parte 2 de 2.)

As definições de função-membro de um template de classe são templates de função. Cada uma das definições de função-membro que aparecem fora da definição do template de classe começa com o cabeçalho

```
template< typename T >
```

(linhas 40, 51 e 65). Assim, cada definição é semelhante a uma definição de função convencional, mas o tipo de elemento `Stack` sempre é listado genericamente como o parâmetro de tipo `T`. O operador binário de resolução de escopo é usado com o nome do template de classe `Stack< T >` (linhas 41, 52 e 66) para unir cada definição de função-membro ao escopo do template de classe. Nesse caso, o nome de classe genérico é `Stack< T >`. Quando `doubleStack` é instanciado como o tipo `Stack<double>`, a especialização de template de função do construtor `Stack` usa `new` para criar um array de elementos do tipo `double` para representar a pilha (linha 44). A instrução

```
stackPtr( new T[ size ] );
```

na definição de template de classe `Stack` é gerada pelo compilador na especialização de template de classe `Stack<double>` como

```
stackPtr( new double[ size ] );
```

Criação de um controlador para testar o template de classe `Stack< T >`

Agora, vamos considerar o controlador (Figura 22.3) que exercita o template de classe `Stack`. O controlador começa instanciando o objeto `doubleStack` de tamanho 5 (linha 9). Esse objeto é declarado como da classe `Stack< double >` (diz-se '`Stack` de `double`'). O compilador associa o tipo `double` ao parâmetro de tipo `T` no template de classe para produzir o código-fonte de uma classe `Stack` do tipo `double`. Embora os templates ofereçam benefícios de reutilização de software, lembre-se de que várias especializações de template de classe são instanciadas em um programa (em tempo de compilação), embora o template seja escrito apenas uma vez.

```
1  // Fig. 22.3: fig22_03.cpp
2  // Programa de teste do template de classe Stack.
3  #include <iostream>
4  #include "Stack.h" // Definição de template de classe Stack
5  using namespace std;
6
7  int main()
8  {
9     Stack< double > doubleStack( 5 ); // tamanho 5
10    double doubleValue = 1.1;
11
12    cout << "Colocando elementos na doubleStack\n";
13
14    // colocar 5 doubles na doubleStack
15    while ( doubleStack.push( doubleValue ) )
16    {
17       cout << doubleValue << ' ';
18       doubleValue += 1.1;
19    } // fim do while
20
21    cout << "\nPilha está cheia. Impossível colocar " << doubleValue
22       << "\n\nRetirando elementos da doubleStack\n";
23
24    // retira elementos da doubleStack
25    while ( doubleStack.pop( doubleValue ) )
26       cout << doubleValue << ' ';
27
28    cout << "\nPilha está vazia. Impossível retirar\n";
29
30    Stack< int > intStack; // tamanho default 10
31    int intValue = 1;
32    cout << "\nColocando elementos na intStack\n";
33
34    // colocar 10 inteiros na intStack
35    while ( intStack.push( intValue ) )
36    {
37       cout << intValue++ << ' ';
38    } // fim do while
39
40    cout << "\nPilha está cheia. Impossível colocar " << intValue
41       << "\n\nRetirando elementos da intStack\n";
42
43    // retira elementos da intStack
44    while ( intStack.pop( intValue ) )
45       cout << intValue << ' ';
46
47    cout << "\nPilha está vazia. Impossível retirar" << endl;
48 } // fim do main
```

Figura 22.3 Programa teste da classe de template `Stack`. (Parte 1 de 2.)

```
Colocando elementos na doubleStack
1.1 2.2 3.3 4.4 5.5
Pilha está cheia. Impossível colocar 6.6

Retirando elementos da doubleStack
5.5 4.4 3.3 2.2 1.1
Pilha está vazia. Impossível retirar

Colocando elementos na intStack
1 2 3 4 5 6 7 8 9 10
Pilha está cheia. Impossível colocar 11

Retirando elementos da intStack
10 9 8 7 6 5 4 3 2 1
Pilha está vazia. Impossível retirar
```

Figura 22.3 Programa teste da classe de template `Stack`. (Parte 2 de 2.)

As linhas 15-19 chamam `push` para colocar os valores `double` 1.1, 2.2, 3.3, 4.4 e 5.5 na `doubleStack`. O loop `while` termina quando o controlador tenta fazer um `push` de um sexto valor na `doubleStack` (que está cheia, pois mantém um máximo de cinco elementos). A função `push` retorna `false` quando não é capaz de colocar um valor na pilha.[1]

As linhas 25-26 chamam `pop` em um loop `while` para remover os cinco valores da pilha (observe, na saída da Figura 22.3, que os valores são retirados — `pop` — na ordem 'último a entrar, primeiro a sair'). Quando o controlador tenta retirar um sexto valor, a `doubleStack` está vazia, de modo que o loop `pop` termina.

A linha 30 instancia a pilha de inteiros `intStack` com a declaração

```
Stack< int > intStack;
```

(diz-se '`intStack` é uma `Stack` de `int`'). Nenhum tamanho é especificado, então o tamanho default, `10`, é usado, conforme especificado no construtor default (Figura 22.2, linha 10). As linhas 35-38 fazem um loop e chamam `push` para colocar valores na `intStack` até que esta esteja cheia, depois as linhas 44-45 fazem um loop e chamam `pop` para remover valores da `intStack` até que ela esteja vazia. Mais uma vez, observe na saída que os valores são retirados na ordem 'último a entrar, primeiro a sair'.

Criação de templates de função para testar o template de classe `Stack< T >`

Observe que o código na função `main` da Figura 22.3 é quase idêntico ao das manipulações de `doubleStack` nas linhas 9-28, e as manipulações de `intStack` nas linhas 30-47. Isso apresenta outra oportunidade de uso de um template de função. A Figura 22.4 define o template de função `testStack` (linhas 10-34) para realizar as mesmas tarefas de `main` na Figura 22.3 — `push` de uma série de valores em uma `Stack< T >` e `pop` dos valores de uma `Stack< T >`. O template de função `testStack` usa o parâmetro de template `T` (especificado na linha 10) para representar o tipo de dado armazenado na `Stack< T >`. O template de função usa quatro argumentos (linhas 12-15) — uma referência a um objeto do tipo `Stack< T >`, um valor do tipo `T` que será o primeiro valor a ser colocado (`push`) na `Stack< T >`, um valor do tipo `T` usado para incrementar os valores colocados na `Stack< T >` e uma `string` que representa o nome do objeto `Stack< T >` para saída. A função `main` (linhas 36-43) instancia um objeto do tipo `Stack< double >` chamado `doubleStack` (linha 38) e um objeto do tipo `Stack< int >` chamado `intStack` (linha 39), e usa esses objetos nas linhas 41 e 42. O compilador deduz o tipo de `T` para `testStack` a partir do tipo usado para instanciar o primeiro argumento da função (ou seja, o tipo usado para instanciar `doubleStack` ou `intStack`). A saída da Figura 22.4 corresponde exatamente à saída da Figura 22.3.

1 A classe `Stack` (Figura 22.2) fornece a função `isFull`, que você pode usar para determinar se a pilha está cheia antes de tentar uma operação push. Isso evitaria o possível erro de colocar algo em uma pilha cheia. Conforme discutiremos no Capítulo 24, se a operação não pudesse ser completada, a função `push` 'lançaria uma exceção'. Você pode escrever um código para 'obter' essa exceção, e depois decidir como lidar com ela de forma adequada na aplicação. A mesma técnica pode ser usada com a função `pop` quando é feita uma tentativa de retirar um elemento de uma pilha vazia.

```
// Fig. 22.4: fig22_04.cpp
// Programa de teste de template da classe Stack. Função main usa um template
// de função para manipular objetos do tipo Stack< T >.
#include <iostream>
#include <string>
#include "Stack.h" // Definição de template da classe Stack
using namespace std;

// template de função para manipular Stack< T >
template< typename T >
void testStack(
   Stack< T > &theStack, // referência a Stack< T >
   T value, // valor inicial a ser colocado
   T increment, // incrementa para valores seguintes
   const string stackName ) // nome do objeto Stack< T >
{
   cout << "\nColocando elementos na " << stackName << '\n';

   // coloca elemento na Stack
   while ( theStack.push( value ) )
   {
      cout << value << ' ';
      value += increment;
   } // fim do while

   cout << "\nPilha está cheia. Impossível colocar " << value
      << "\n\nRetirando elementos da " << stackName << '\n';

   // retira elementos da pilha
   while ( theStack.pop( value ) )
      cout << value << ' ';

   cout << "\nPilha está vazia. Impossível retirar" << endl;
} // fim do template de função testStack

int main()
{
   Stack< double > doubleStack( 5 ); // size 5
   Stack< int > intStack; // tamanho default 10

   testStack( doubleStack, 1.1, 1.1, "doubleStack" );
   testStack( intStack, 1, 1, "intStack" );
} // fim do main
```

```
Colocando elementos na doubleStack
1.1 2.2 3.3 4.4 5.5
Pilha está cheia. Impossível colocar 6.6

Retirando elementos da doubleStack
5.5 4.4 3.3 2.2 1.1
Pilha está vazia. Impossível retirar

Colocando elementos na intStack
1 2 3 4 5 6 7 8 9 10
Pilha está cheia. Impossível colocar 11

Retirando elementos da intStack
10 9 8 7 6 5 4 3 2 1
Pilha está vazia. Impossível retirar
```

Figura 22.4 Passando um objeto de template `Stack` a um template de função.

22.5 Parâmetros não tipo e tipos default para templates de classe

O template de classe `Stack` da Seção 22.4 usou apenas um parâmetro de tipo no cabeçalho do template (Figura 22.2, linha 6). Também é possível usar **parâmetros de template não tipo**, que podem ter argumentos default e são tratados como `consts`. Por exemplo, o cabeçalho de template poderia ser modificado para usar um parâmetro `int elements` da seguinte forma:

```
template< typename T, int elements > // elementos de parâmetro não tipo
```

Depois, uma declaração como

```
Stack< double, 100 > valoresVendasMaisRecentes;
```

poderia ser usada para instanciar (no tempo de compilação) uma especialização de template de classe `Stack` com 100 elementos de valores `double`, chamada `valoresVendasMaisRecentes`; essa especialização de template de classe seria do tipo `Stack< double, 100 >`. A definição de classe, então, poderia conter um dado-membro `private` com uma declaração de array, como

```
T stackHolder[ elements ]; // array para manter conteúdo de Stack
```

Além disso, um parâmetro de tipo pode especificar um **tipo default**. Por exemplo,

```
template< typename T = string > // default para string de tipo
```

poderia especificar que uma `Stack` contém objetos `string` por default. Depois, uma declaração como

```
Stack<> descriçoesCargo;
```

poderia ser usada para instanciar uma especialização de template de classe `Stack` com `strings` chamados `descriçoesCargo`; essa especialização de template de classe seria do tipo `Stack< string >`. Os parâmetros de tipo default precisam ser os parâmetros mais à direita (final) na lista de parâmetros de tipo de um template. Ao se instanciar uma classe com dois ou mais tipos default, se um tipo omitido não for o parâmetro de tipo mais à direita na lista de parâmetros de tipo, então todos os parâmetros de tipo à direita desse tipo também precisam ser omitidos.

Dica de desempenho 22.2

Quando for apropriado, especifique o tamanho de uma classe contêiner (como uma classe de array ou uma classe de pilha) no tempo de compilação (possivelmente por meio de um parâmetro de template não tipo). Isso elimina o overhead do tempo de execução do uso de `new` para criar o espaço dinamicamente.

Observação sobre engenharia de software 22.3

Especificar o tamanho de um contêiner em tempo de compilação evita o erro potencialmente fatal no tempo de execução se `new` for incapaz de obter a memória necessária.

Nos exercícios, você deverá usar um parâmetro não tipo para criar um template para nossa classe `Array` do Capítulo 19. Esse template permitirá que objetos `Array` sejam instanciados com um número especificado de elementos de um tipo especificado no tempo de compilação em vez de criar espaço para os objetos `Array` em tempo de execução.

Em alguns casos, pode não ser possível usar um tipo em particular com um template de classe. Por exemplo, o template `Stack` da Figura 22.2 requer que os tipos definidos pelo usuário que serão armazenados em uma `Stack` ofereçam um construtor default e um operador de atribuição que copie objetos de modo apropriado. Se um tipo definido pelo usuário em particular não funcionar com nosso template `Stack`, ou se ele exibir processamento personalizado, você poderá definir uma **especialização explícita** do template de classe para um tipo em particular. Vamos supor que queiramos criar uma especialização explícita `Stack` para `Funcionario`. Para fazer isso, forme uma nova classe com o nome `Stack<Funcionario>`, da seguinte forma:

```
template<>
class Stack< Funcionario >
{
    // corpo da definição de classe
};
```

A especialização explícita `Stack<Funcionario>` é um substituto completo para o template de classe `Stack` que é específico do tipo `Funcionario` — ele não usa nada do template de classe original, e pode até mesmo ter membros diferentes.

22.6 Notas sobre templates e herança

Templates e herança se relacionam de várias maneiras:

- Um template de classe pode ser derivado de uma especialização de template de classe.
- Um template de classe pode ser derivado de uma classe não template.
- Uma especialização de template de classe pode ser derivada de uma especialização de template de classe.
- Uma classe não template pode ser derivada de uma especialização de template de classe.

22.7 Notas sobre templates e friends

Vimos que funções e classes inteiras podem ser declaradas como `friends` de classes não template. Com templates de classe, a relação de friend pode ser estabelecida entre um template de classe e uma função global, uma função-membro de outra classe (possivelmente uma especialização de template de classe) ou ainda uma classe inteira (possivelmente, uma especialização de template de classe).

Ao longo desta seção, supomos que tenhamos definido um template de classe para uma classe chamada `X` com um único parâmetro de tipo `T`, como em

```
template< typename T  > class X
```

Sob essa hipótese, é possível transformar uma função `f1` em uma friend de cada especialização de template de classe instanciada a partir do template de classe para a classe `X`. Para fazer isso, use uma declaração de relação de friend como

```
friend void f1();
```

Por exemplo, a função `f1` é uma friend de `X< double >`, `X< string >` e `X< Funcionario >` etc.

Também é possível transformar uma função `f2` em uma friend somente de uma especialização de template de classe com o mesmo argumento de tipo. Para fazer isso, use uma declaração de friend como

```
friend void f2( X< T > & );
```

Por exemplo, se `T` é um `float`, a função `f2( X< float > & )` é uma friend da especialização de template de classe `X< float >`, mas não uma friend da especialização de template de classe `X< string >`.

Você pode declarar que uma função-membro de outra classe é uma friend de qualquer especialização de template de classe gerada a partir do template de classe. Para fazer isso, a declaração `friend` precisa qualificar o nome da função-membro da outra classe usando o nome de classe e o operador binário de resolução de escopo, como em:

```
friend void A::f3();
```

A declaração torna a função-membro `f3` da classe `A` uma friend de cada especialização de template de classe instanciada a partir da template de classe anterior. Por exemplo, a função `f3` da classe `A` é uma friend de `X< double >`, `X< string >` e `X< Funcionario >` etc.

Assim como uma função global, a função-membro de outra classe pode ser uma friend de apenas uma especialização de template de classe com o mesmo tipo de argumento. Uma declaração de friend como

```
friend void C< T >::f4( X< T > & );
```

para determinado tipo `T`, como `float`, transforma a função membro da classe `C`

```
C< float >::f4( X< float > & )
```

em uma função da especialização de template *apenas* de classe `X< float >`.

Em alguns casos, é desejável transformar o conjunto de funções-membro da classe em friends de um template de classe. Nesse caso, uma declaração de friend como

```
friend class Y;
```

transforma cada função-membro da classe `Y` em uma friend de cada especialização de template de classe produzida a partir do template de classe `X`.

Por fim, é possível transformar todas as funções-membro de uma especialização de template de classe em friends de outra especialização de template de classe com o mesmo argumento de tipo. Por exemplo, uma declaração de friend como

```
friend class Z< T >;
```

indica que, quando uma especialização de template de classe é instanciada com um tipo em particular para `T` (como `float`), todos os membros de `class Z< float >` se transformam em friends da especialização de template de classe `X< float >`.

22.8 Notas sobre templates e membros `static`

E os dados-membro `static`? Lembre-se de que, com uma classe não template, uma cópia de cada dado-membro `static` é compartilhada entre todos os objetos da classe, e o dado-membro `static` deve ser inicializado no escopo de namespace global.

Cada especialização de template de classe instanciada a partir do template de classe tem sua própria cópia de cada dado-membro `static` do template de classe; todos os objetos dessa especialização compartilham um único dado-membro `static`. Além disso, assim como nos dados-membro `static` de classes não template, os dados-membro `static` das especializações de template de classe devem ser definidos e, se necessário, inicializados no escopo de namespace global. Cada especialização de template de classe recebe sua própria cópia das funções-membro `static` do template.

22.9 Conclusão

Este capítulo apresentou um dos recursos mais poderosos de C++ — templates. Você aprendeu como usar templates de função para permitir que o compilador produza um conjunto de especializações de template de função que represente um grupo de funções sobrecarregadas relacionadas. Também discutimos sobre como sobrecarregar um template de função para criar uma versão especializada de uma função que trate do processamento do tipo de dado em particular de uma maneira que difira das outras especializações de template de função. Em seguida, você aprendeu sobre templates de classe e especializações de template de classe. Você viu exemplos de como usar um template de classe para criar um grupo de tipos relacionados que realizem processamentos idênticos em diferentes tipos de dados. Por último, você aprendeu sobre algumas das relações entre templates, friends, herança e membros `static`. No próximo capítulo, discutiremos muitas das capacidades de E/S de C++, e demonstraremos vários manipuladores de stream que realizam diversas tarefas de formatação.

Resumo

Seção 22.1 Introdução

- Templates permitem que especifiquemos uma faixa de funções relacionadas (sobrecarregadas) — denominadas especializações de template de função —, ou uma faixa de classes relacionadas — chamadas de especializações de template de classe.

Seção 22.2 Templates de função

- Para usar especializações de template de função, você escreve uma única definição de template de função. Com base nos tipos de argumento fornecidos nas chamadas para essa função, C++ gera especializações separadas para lidar com cada tipo de chamada de modo apropriado.
- Todas as definições de template de função começam com a palavra-chave `template` seguida por parâmetros de template delimitados por sinais < e >; cada parâmetro de template que represente um tipo deve ser precedido pela palavra-chave `class` ou `typename`. As palavras-chave `typename` e `class` usadas para especificar parâmetros de template de função significam 'qualquer tipo fundamental ou tipo definido pelo usuário'.

- Os parâmetros de tipo de definição de template são usados para especificar os tipos de argumentos para a função, especificar o tipo de retorno da função e declarar variáveis na função.
- Assim como os parâmetros de função, os nomes dos parâmetros de template precisam ser exclusivos dentro de uma definição de template. Os nomes de parâmetro de template não precisam ser exclusivos em diferentes templates de função.

Seção 22.3 Sobrecarga de templates de função

- Um template de função pode ser sobrecarregado de vários modos. Podemos fornecer outros templates de função que especifiquem o mesmo nome de função, mas parâmetros de função diferentes. Um template de função pode também ser sobrecarregado fornecendo-se outras funções não template com o mesmo nome de função, mas parâmetros de função diferentes. Se as versões template e não template coincidirem em uma chamada, a versão não template será usada.

Seção 22.4 Templates de classe

- Templates de classe fornecem os meios para descrever uma classe genericamente e instanciar classes que são versões específicas dessa classe genérica para um tipo.
- Templates de classe são chamados de tipos parametrizados; eles requerem parâmetros de tipo para especificar como personalizar um template de classe genérico para formar uma especialização de template de classe específica.
- Para usar especializações de template de classe, você escreve um template de classe. Quando você precisa de uma nova classe para um tipo específico, o compilador escreve o código-fonte para a especialização de template de classe.
- Uma definição de template de classe se parece com uma definição de classe convencional, mas ela é precedida por `template< typename T >` (ou `template< class T >`) para indicar que é uma definição de template de classe. O parâmetro de tipo `T` se comporta como um placeholder do tipo de classe a ser criada. O tipo `T` é mencionado ao longo do cabeçalho de classe e das definições de funções-membro como um nome de tipo genérico.
- As definições de funções-membro fora de um template de classe começam cada uma com o cabeçalho `template<typename T>` (ou `template<class T>`). Então, cada definição de função se assemelha a uma definição de função convencional, a não ser que os dados genéricos na classe sejam sempre listados genericamente como parâmetros do tipo `T`. O operador binário de resolução de escopo é usado com o nome do template de classe para amarrar cada definição de função-membro ao escopo do template de classe.

Seção 22.5 Parâmetros não tipo e tipos default para templates de classe

- É possível usar parâmetros não tipo no cabeçalho de um template de classe ou de função.
- Você pode especificar um tipo default para um parâmetro de tipo na lista de parâmetros de tipo.
- Uma especialização explícita de um template de classe sobrepõe um template de classe para um tipo específico.

Seção 22.6 Notas sobre templates e herança

- Um template de classe pode ser derivado de uma especialização de template de classe. Um template de classe pode ser derivado de uma classe não template. Uma especialização de template de classe pode ser derivada de uma especialização de template de classe. Uma classe não template pode ser derivada de uma especialização de template de classe.

Seção 22.7 Notas sobre templates e friends

- Funções e classes inteiras podem ser declaradas como friends de classes não template. Com templates de classe, os tipos óbvios de friends possíveis podem ser declarados. A relação de friend pode ser estabelecida entre um template de classe e uma função global, uma função-membro de outra classe (possivelmente uma especialização de template de classe) ou até uma classe inteira (possivelmente uma especialização de template de classe).

Seção 22.8 Notas sobre templates e membros `static`

- Cada especialização de template de classe tem sua própria cópia de cada dado-membro `static`; todos os objetos dessa especialização compartilham esse dado-membro `static`. Esses dados-membro precisam ser definidos e, se necessário, inicializados no escopo de namespace global.
- Cada especialização de template de classe recebe uma cópia das funções-membro `static` do template de classe.

Terminologia

`class`, palavra-chave em um parâmetro de tipo de template 706
definição de template de função 706
definições de templates de classe 706
especialização de template de classe 705
especialização explícita 714
especializações de template de função 705
`friend` de um template 845
função-membro de uma especialização de template de classe 845
macro 705
parâmetro de template de tipo 706
parâmetro de tipo 834
parâmetros de template 706
parâmetros de template não tipo 714
programação genérica 705

sinais < e > 706
sobrecarga de um template de função 837
template, palavra-chave 706
templates 705
templates de classe 705
templates de função 705
tipo default 714
tipos parametrizados 709
typename, palavra-chave 706

Exercícios de autorrevisão

22.1 Indique quais das sentenças a seguir são *verdadeiras* e quais são *falsas*. Em caso de sentenças *falsas*, justifique sua resposta.

a) Os parâmetros de template de uma definição de template de função são usados para especificar os tipos dos argumentos da função, para especificar o tipo de retorno da função e declarar variáveis dentro da função.

b) As palavras-chave `typename` e `class` usadas com um parâmetro de tipo de template significam especificamente 'qualquer tipo de classe definido pelo usuário'.

c) Um template de função pode ser sobrecarregado por outro template de função com o mesmo nome de função.

d) Os nomes de parâmetros de template entre definições de template precisam ser exclusivos.

e) Cada definição de função-membro fora de um template de classe precisa começar com um cabeçalho de template.

f) Uma função `friend` de um template de classe precisa ser uma especialização de template de função.

g) Se várias especializações de template de classe são geradas a partir de um único template de classe com um único dado-membro `static`, cada uma das especializações de template de classe compartilha uma única cópia do dado-membro `static` do template de classe.

22.2 Preencha os espaços em cada uma das sentenças:

a) Templates nos permitem especificar, com um único segmento de código, uma faixa inteira de funções relacionadas, chamadas ______, ou uma faixa inteira de classes relacionadas, chamadas ______.

b) Todas as definições de template de função começam com a palavra-chave ______, seguida por uma lista de parâmetros de template delimitada por ______.

c) Todas as funções relacionadas geradas a partir de um template de função têm o mesmo nome, de modo que o compilador usa a resolução de ______ para chamar a função apropriada.

d) Os templates de classe também são chamados de tipos ______.

e) O operador ______ é usado com um nome de template de classe para unir cada definição de função-membro com o escopo do template de classe.

f) Assim como dados-membro `static` de classes não template, os dados-membro `static` das especializações de template de classe também devem ser definidos e, se necessário, inicializados no escopo de ______.

Respostas dos exercícios de autorrevisão

22.1 a) Verdadeiro. b) Falso. As palavras-chave `typename` e `class`, nesse contexto, também permitem um parâmetro de tipo de um tipo fundamental. c) Verdadeiro. d) Falso. Os nomes de parâmetros de template entre templates de função não precisam ser exclusivos. e) Verdadeiro. f) Falso. Ela poderia ser uma função não template. g) Falso. Cada especialização de template de classe terá sua própria cópia do dado-membro `static`.

22.2 a) especializações de template de função, especializações de template de classe. b) `template`, sinais < e >. c) sobrecarga. d) parametrizados. e) resolução binária de escopo. f) namescape global.

Exercícios

22.3 ***Template de função de Selection Sort.*** Escreva uma função `selectionSort` (ver Apêndice F para obter informações sobre essa técnica de classificação). Escreva um programa controlador que insira, classifique e imprima um array de `int` e um array de `float`.

22.4 ***Intervalo de array de impressão.*** Sobrecarregue o template de função `printArray` da Figura 22.1 de modo que ele use dois outros argumentos inteiros, a saber, `int lowSubscript` e `int highSubscript`. Uma chamada a essa função imprimirá apenas a parte designada do array. Valide `lowSubscript` e `highSubscript`; se um deles estiver fora do intervalo ou se `highSubscript` for menor ou igual a `lowSubscript`, a função sobrecarregada `printArray` deverá retornar 0; caso contrário, `printArray` deverá retornar o número de elementos impressos. Depois, modifique `main` para exercitar as duas versões de `printArray` sobre os arrays `a`, `b` e `c` (linhas 22-24 da Figura 22.1). Não se esqueça de testar todas as capacidades das duas versões de `printArray`.

22.5 ***Sobrecarga de template de função.*** Sobrecarregue o template de função `printArray` da Figura 22.1 com uma versão não template que imprima um array de strings de caracteres em um formato organizado, em colunas.

22.6 ***Sobrecarga de operador em templates.*** Escreva um template simples para a função predicado `isEqualTo` que compare seus dois argumentos do mesmo tipo com o operador de igualdade (==), e retorne `true` se eles forem iguais e `false` se eles forem diferentes. Use esse template de função em um programa que chame `isEqualTo` apenas com uma série de tipos fundamentais. Agora, escreva uma versão separada do programa que chama `isEqualTo` com um tipo de classe definido pelo usuário, mas não sobrecarrega o operador de igualdade. O que acontece quando você tenta executar esse programa? Agora, sobrecarregue o operador de igualdade (com a função operador) `operator==`. O que acontece quando você tenta executar esse programa?

22.7 ***Template de classe Array.*** Use um parâmetro não tipo de template `int númeroDeElementos` e um parâmetro de tipo `tipoElemento` para ajudar a criar um template para a classe `Array` (figuras 19.6 e 19.7) que desenvolvemos no Capítulo 19. Esse template permitirá que objetos `Array` sejam instanciados com um número especificado de elementos de um tipo de elemento especificado no tempo de compilação.

Escreva um programa com template de classe `Array`. O template pode instanciar um `Array` de qualquer tipo de elemento. Sobreponha o template com uma definição específica para um `Array` de elementos `float` (`class Array<float>`). O driver deverá demonstrar a instanciação de um `Array` de `int` pelo template, e deverá mostrar que uma tentativa de instanciar um `Array` de `float` usa a definição fornecida na `class Array<float>`.

22.8 Faça a distinção entre os termos 'template de função' e 'especialização de template de função'.

22.9 O que é mais semelhante a um estêncil: um template de classe ou uma especialização de template de classe? Explique.

22.10 Qual é a relação entre templates de função e sobrecarga?

22.11 Por que você usaria um template de função no lugar de uma macro?

22.12 Que problema de desempenho pode resultar do uso de templates de função e de templates de classe?

22.13 O compilador realiza um processo de correspondência para determinar qual especialização de template de função deve chamar quando uma função é chamada. Sob quais circunstâncias uma tentativa de fazer uma correspondência resulta em um erro de compilação?

22.14 Por que é apropriado referir-se a um template de classe como um tipo parametrizado?

22.15 Explique por que um programa em C++ usaria a instrução

```
Array< Funcionario > listaTrabalhador( 100 );
```

22.16 Reexamine a resposta a que você chegou no Exercício 22.15. Explique por que um programa em C++ usaria a instrução

```
Array< Funcionario > listaTrabalhador;
```

22.17 Explique o uso da seguinte notação em um programa em C++:

```
template< typename T > Array< T >::Array( int s )
```

22.18 Por que você usaria um parâmetro não tipo com um template de classe para um contêiner como um array ou uma pilha?

22.19 Suponha que um template de classe tenha o cabeçalho

```
template< typename T > class Ct1
```

Descreva as relações de friend estabelecidas colocando cada uma das seguintes declarações `friend` dentro desse template de classe. Os identificadores que começam com 'f' são funções, aqueles que começam com 'C' são classes, aqueles que começam com 'Ct' são templates de classe e `T` é um parâmetro de tipo de template (ou seja, `T` pode representar qualquer tipo fundamental ou tipo de classe).

a) `friend void f1();`
b) `friend void f2( Ct1< T > & );`
c) `friend void C2::f3();`
d) `friend void Ct3< T >::f4( Ct1< T > & );`
e) `friend da classe C4;`
f) `friend da classe Ct5< T >;`

22.20 Suponha que o template de classe `Funcionario` tenha um dado-membro `static contador`. Suponha que três especializações de template de classe sejam instanciadas a partir do template de classe. Quantas cópias do dado-membro `static` existirão? Como o uso de cada uma será restringido (se houver restrição)?

Entrada e saída de streams

Capítulo 23

Consciência... não se apresenta para ela mesma fatiada em pequenos pedaços... Um 'rio' ou um 'córrego' são metáforas por meio das quais ela é mais naturalmente descrita.
— **William James**

Objetivos

Neste capítulo, você aprenderá:

- A usar entrada/saída de stream orientada a objeto em C++.
- A formatar entrada e saída.
- A hierarquia de classes de E/S de stream.
- A usar manipuladores de stream.
- A controlar o alinhamento e o preenchimento.
- A determinar o sucesso ou o fracasso das operações de entrada/saída.
- A unir os streams de saída aos streams de entrada.

Conteúdo

23.1 Introdução

23.2 Streams

23.2.1 Streams clássicos *versus* streams-padrão

23.2.2 Arquivos de cabeçalho da biblioteca **iostream**

23.2.3 Classes e objetos de entrada/saída de streams

23.3 Saída de streams

23.3.1 Saída de variáveis **char ***

23.3.2 Saída de caracteres usando a função-membro **put**

23.4 Entrada de streams

23.4.1 Funções-membro **get** e **getline**

23.4.2 Funções-membro **peek**, **putback** e **ignore** de **istream**

23.4.3 E/S segura quanto ao tipo

23.5 E/S não formatada com **read**, **write** e **gcount**

23.6 Introdução a manipuladores de streams

23.6.1 Base do stream de inteiros: **dec**, **oct**, **hex** e **setbase**

23.6.2 Precisão em ponto flutuante (**precision**, **setprecision**)

23.6.3 Largura de campo (**width**, **setw**)

23.6.4 Manipuladores de stream de saída definidos pelo usuário

23.7 Estados de formato do stream e manipuladores de stream

23.7.1 Zeros à direita e pontos decimais (**showpoint**)

23.7.2 Alinhamento (**left**, **right** e **internal**)

23.7.3 Preenchimento (**fill**, **setfill**)

23.7.4 Base do stream de inteiros (**dec**, **oct**, **hex**, **showbase**)

23.7.5 Números em ponto flutuante; notações científica e fixa (**scientific**, **fixed**)

23.7.6 Controle de maiúsculas/minúsculas (**uppercase**)

23.7.7 Especificação do formato booleano (**boolalpha**)

23.7.8 Inicialização e reinicialização do estado original com função-membro **flags**

23.8 Estados de erro do stream

23.9 Vinculação de um stream de saída a um stream de entrada

23.10 Conclusão

Resumo | *Terminologia* | *Exercícios de autorrevisão* | *Respostas dos exercícios de autorrevisão* | *Exercícios*

23.1 Introdução

As bibliotecas-padrão de C++ fornecem um extenso conjunto de recursos de entrada/saída. Neste capítulo, abordaremos uma gama suficiente de recursos para executar as operações de E/S mais comuns e avaliar os demais recursos. Alguns dos recursos apresentados aqui já foram discutidos anteriormente; agora, forneceremos uma discussão mais completa. Muitos dos recursos de E/S descritos são orientados a objeto. Esse estilo de E/S faz uso de outras características de C++, tais como referências, sobrecarga de funções e sobrecarga de operadores.

Como veremos, C++ usa E/S **seguras quanto ao tipo**. Cada operação de E/S é executada de maneira sensível ao tipo dos dados. Se uma função de E/S foi adequadamente definida para tratar um tipo de dado em particular, então aquela função-membro é chamada para tratar aquele tipo de dado. Se não existe uma correspondência entre o tipo real dos dados e a função para manipular aquele tipo de dado, o compilador gera uma mensagem erro. Desse modo, dados impróprios não podem se mover 'furtivamente' pelo sistema (como pode acontecer em C, o que permite alguns erros bastante sutis e estranhos).

Os usuários podem especificar como realizar E/S para objetos de tipos definidos pelo usuário ao sobrecarregar o operador de inserção (entrada) de stream (<<) e o operador de extração (saída) de stream (>>). Essa **extensibilidade** é um dos recursos mais valiosos de C++.

Observação sobre engenharia de software 23.1

Use a E/S no estilo de C++ exclusivamente em programas em C++, embora a E/S no estilo de C esteja disponível para programadores em C++.

Dica de prevenção de erro 23.1

A E/S em C++ é segura quanto ao tipo.

Observação sobre engenharia de software 23.2

C++ permite um tratamento comum da E/S para tipos predefinidos e tipos definidos pelo usuário. Essa semelhança facilita o desenvolvimento e a reutilização de software.

23.2 Streams

A E/S em C++ ocorre em **streams**, que são sequências de bytes. Em operações de entrada, os bytes fluem de um dispositivo (por exemplo: um teclado, uma unidade de disco ou uma conexão de rede) para a memória principal. Em operações de saída, os bytes fluem da memória principal para um dispositivo (por exemplo: uma tela de monitor, uma impressora, uma unidade de disco ou uma conexão de rede).

Uma aplicação associa significado aos bytes. Os bytes podem representar caracteres no padrão ASCII, formato interno de dados brutos, imagens gráficas, voz digitalizada, vídeo digital ou qualquer outro tipo de informações que uma aplicação possa vir a requerer.

O trabalho dos mecanismos de E/S do sistema é mover bytes de dispositivos para a memória e vice-versa, de uma maneira consistente e confiável. Tais transferências frequentemente envolvem movimento mecânico, tal como a rotação de um disco ou uma fita, ou mesmo o digitar em um teclado. Normalmente, o tempo que essas transferências consomem é enorme se comparado ao tempo que o processador leva para manipular dados internamente. Desse modo, operações de E/S exigem planejamento e afinação cuidadosa para garantir o máximo desempenho.

C++ fornece tanto recursos de E/S de 'baixo nível' como de 'alto nível'. Recursos de E/S de baixo nível (isto é, **E/S não formatada**) especificam que um número de bytes deve ser transferido de um dispositivo para a memória, ou da memória para um dispositivo. Em tais transferências, o byte individual é o item de interesse. Tais recursos de baixo nível fornecem transferências em alta velocidade e em grande volume, mas esses recursos não são particularmente convenientes.

As pessoas preferem uma visão de nível mais alto da E/S (ou seja, **E/S formatada**), na qual os bytes são agrupados em unidades significativas, tais como inteiros, números em ponto flutuante, caracteres, strings e tipos definidos pelo usuário. Esses recursos orientados a tipos são satisfatórios para a maioria das operações de E/S, exceto para processamento de arquivos em grandes volumes.

Dica de desempenho 23.1

Use E/S não formatada para obter melhor desempenho durante o processamento de arquivos de grande volume.

Dica de portabilidade 23.1

O uso de E/S não formatada pode levar a problemas de portabilidade, pois os dados não formatados não são portáveis em todas as plataformas.

23.2.1 Streams clássicos *versus* streams-padrão

No passado, as **bibliotecas clássicas de stream** permitiam entrada e saída de `char`s. Como um `char` normalmente ocupa um byte, ele só pode representar um conjunto limitado de caracteres (como aqueles no conjunto de caracteres ASCII). Porém, muitas linguagens utilizam alfabetos que contêm mais caracteres do que um `char` de byte único pode representar. O conjunto de caracteres ASCII não oferece esses caracteres; o **conjunto de caracteres Unicode**®, sim. Unicode é um extenso conjunto internacional de caracteres que representa a maior parte dos idiomas 'comercialmente viáveis' do mundo, símbolos matemáticos e muito mais. Para obter mais informações sobre o Unicode, visite <`www.unicode.org`>.

C++ inclui as **bibliotecas-padrão de stream**, que permitem aos desenvolvedores montar sistemas capazes de realizar operações de E/S com caracteres Unicode. Para essa finalidade, a linguagem C++ inclui um tipo de caractere chamado **`wchar_t`**, que pode armazenar caracteres Unicode de 2 bytes. O padrão em C++ também recriou as classes stream C++, que processavam apenas `char`s, como templates de classe com especializações separadas para processar caracteres dos tipos `char` e `wchar_t`, respectivamente. Neste livro, usamos o tipo `char` de templates de classe.

23.2.2 Arquivos de cabeçalho da biblioteca iostream

A biblioteca `iostream` de C++ oferece centenas de recursos de E/S. Vários arquivos de cabeçalho contêm partes da interface da biblioteca.

A maioria dos programas em C++ inclui o arquivo de cabeçalho `<iostream>`, que declara serviços básicos necessários para todas as operações de E/S de streams. O arquivo de cabeçalho `<iostream>` define os objetos `cin`, `cout`, `cerr` e `clog`, que correspondem ao stream-padrão de entrada, o stream-padrão de saída, o stream-padrão de erros sem buffer e o stream-padrão de erros com buffer, respectivamente (`cerr` e `clog` serão discutidos na Seção 23.2.3). São fornecidos tanto os serviços de E/S não formatada como a formatada.

O cabeçalho `<iomanip>` declara serviços úteis para executar operações de E/S com os chamados **manipuladores de streams parametrizados** assim como `setw` e `setprecision`. O cabeçalho `<fstream>` declara serviços importantes para operações de processamento de arquivo controladas pelo usuário.

As implementações de C++ geralmente contêm outras bibliotecas relacionadas a E/S, que fornecem recursos específicos do sistema, tais como controlar dispositivos especiais para E/S de áudio e vídeo.

23.2.3 Classes e objetos de entrada/saída de streams

A biblioteca `iostream` contém muitos templates para tratar uma grande variedade de operações de E/S. Por exemplo, o template de classe `basic_istream` suporta as operações de entrada de stream, o template de classe `basic_ostream` suporta as operações de saída de stream e o template de classe `basic_iostream` suporta as operações de entrada e saída de stream. Cada template tem uma especialização de template predefinida, que permite a E/S de `char`. Além disso, a biblioteca `iostream` fornece um conjunto de `typedef`s que oferece aliases para essas especializações de template. O especificador `typedef` declara sinônimos (aliases) para tipos de dados previamente definidos. Às vezes, os programadores usam `typedef` para criar nomes de tipo mais curtos ou mais legíveis. Por exemplo, a instrução

```
typedef Card *CardPtr;
```

define um nome de tipo adicional, `CardPtr`, como um sinônimo para o tipo `Card *`. Criar um nome usando `typedef` não cria um tipo de dado; `typedef` cria apenas um nome de tipo que pode ser usado no programa. A Seção 10.6 abordou `typedef` em detalhes. O `typedef istream` representa uma especialização de `basic_istream` que permite a entrada de `char`. Da mesma forma, o `typedef ostream` representa uma especialização de `basic_ostream`, que permite a saída de `char`. Além disso, o `typedef iostream` representa uma especialização de `basic_iostream`, que permite tanto a entrada quanto a saída de `char`. Usaremos esses `typedef`s ao longo de todo este capítulo.

Hierarquia de template de E/S e sobrecarga de operadores

Os templates `basic_istream` e `basic_ostream` derivam, por meio de herança simples, do template base `basic_ios`.[1] O template `basic_iostream` deriva, por meio de herança múltipla, dos templates `basic_istream` e `basic_ostream`. O diagrama de classes UML da Figura 23.1 resume essas relações de herança.

A sobrecarga de operadores fornece uma notação conveniente para executar entrada/saída. O operador de deslocamento à esquerda (<<) é sobrecarregado para designar saída de stream, e é chamado de operador de inserção no stream. O operador de deslocamento

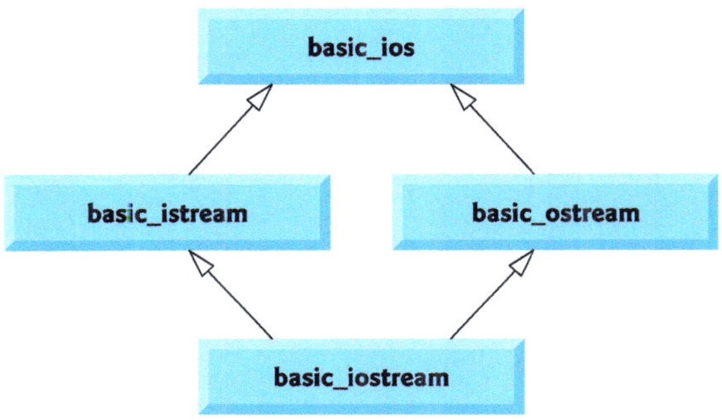

Figura 23.1 ■ Parte da hierarquia de template de E/S de stream.

1 Este capítulo discute os templates apenas no contexto das especializações de template para E/S de `char`.

à direita (>>) é sobrecarregado para designar entrada de stream, e é chamado de operador de extração de stream. Esses operadores são usados com os objetos stream-padrão `cin`, `cout`, `cerr` e `clog` e, comumente, com objetos stream definidos pelo usuário.

Objetos stream-padrão cin, cout, cerr e clog

O objeto predefinido `cin` é uma instância de `istream`, e diz-se que é 'vinculado' (ou conectado) ao dispositivo de entrada-padrão, que normalmente é o teclado. O operador de extração de stream (>>), usado como no comando a seguir, faz com que um valor para a variável inteira `grade` (assumindo-se que `grade` tenha sido declarada como uma variável `int`) seja lido de `cin` para a memória:

```
cin >> grade; // dados "fluem" na direção das setas
```

O compilador determina o tipo de dado de `grade` e seleciona o operador de extração de stream sobrecarregado mais apropriado. Supondo que `grade` tenha sido declarada devidamente, o operador de extração de stream não exige informação adicional de tipo (como acontece, por exemplo, na E/S em estilo C). O operador >> é sobrecarregado para entrar com itens de dados de tipos fundamentais, strings e valores de ponteiro.

O objeto predefinido `cout` é uma instância de `ostream`, e diz-se que é 'vinculado' ao dispositivo de saída-padrão, normalmente a tela do monitor de vídeo. O operador de inserção de stream (<<), conforme usado no comando seguinte, faz com que o valor da variável inteira `grade` seja enviado da memória para o dispositivo-padrão de saída:

```
cout << grade; // dados "fluem" na direção das setas
```

O compilador determina o tipo de dados de `grade` (supondo que `grade` tenha sido declarada devidamente) e seleciona o operador de inserção de stream apropriado. O operador << é sobrecarregado para enviar dados de tipos fundamentais, strings e valores de ponteiro.

O objeto predefinido `cerr` é uma instância de `ostream`, e diz-se que é 'vinculado' (ou conectado) ao dispositivo de erro-padrão, que normalmente é a tela. As saídas para o objeto `cerr` não são colocadas em **buffer**, significando que cada inserção de stream para `cerr` faz com que sua saída apareça imediatamente — isso é apropriado para notificar um usuário prontamente a respeito dos erros.

O objeto predefinido `clog` é uma instância da classe `ostream`, e diz-se que é 'vinculado' ao dispositivo de erro-padrão. As saídas para `clog` são colocadas em um **buffer**. Isso significa que cada inserção em `clog` pode fazer com que sua saída seja mantida em um buffer até que ele esteja cheio ou até que seja esvaziado. Manter em buffer é uma técnica de melhoria de desempenho de E/S discutida nos cursos de sistemas operacionais.

Templates de processamento de arquivo

O processamento de arquivos em C++ usa os templates de classe **`basic_ifstream`** (para entrada em arquivo), **`basic_ofstream`** (para saída em arquivos) e **`basic_fstream`** (para entrada/saída em arquivos). Cada template de classe tem uma especialização de template predefinida que habilita a E/S de `char`. Por exemplo, o `typedef` **`ifstream`** representa uma especialização de `basic_ifstream` que habilita a entrada de `char` a partir de um arquivo. De modo semelhante, `typedef` **`ofstream`** representa uma especialização de `basic_ofstream` que habilita a saída de `char` para um arquivo. Além disso, `typedef` **`fstream`** representa uma especialização de `basic_fstream` que habilita a entrada de `char` de (e saída para) um arquivo. O template `basic_ifstream` herda de `basic_istream`, `basic_ofstream` herda de `basic_ostream` e `basic_fstream` herda de `basic_iostream`. O diagrama de classes UML da Figura 23.2 resume as diversas relações de herança das classes relacionadas a E/S. A hierarquia de classes de E/S de stream completa oferece a maioria dos recursos de que você precisa. Consulte a referência da biblioteca de classes para o seu sistema C++ para obter informações adicionais de processamento de arquivo.

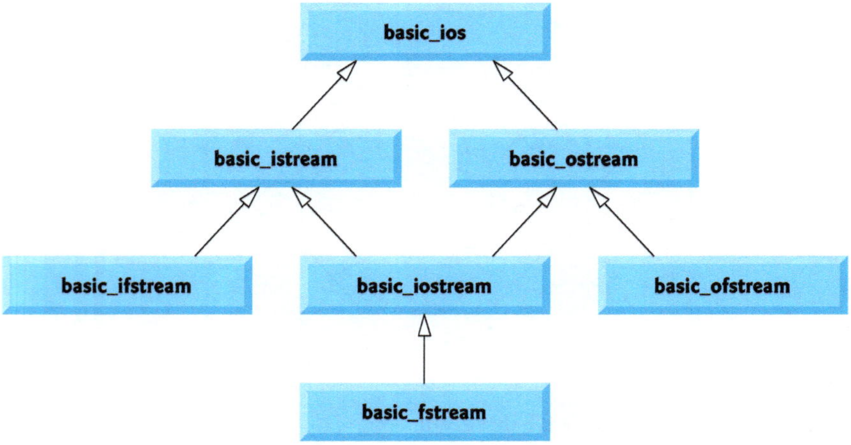

Figura 23.2 ■ Parte da hierarquia de templates de E/S de stream mostrando os principais templates de processamento de arquivos.

23.3 Saída de streams

Os recursos de saída formatada e não formatada são fornecidos por `ostream`. Os recursos incluem saída de tipos de dados-padrão com o operador de inserção de stream (<<); saída de caracteres por meio da função-membro `put`; saída não formatada por meio da função-membro `write` (Seção 23.5); saída de inteiros em formatos decimal, octal e hexadecimal (Seção 23.6.1); saída de valores de ponto flutuante com diversas precisões (Seção 23.6.2), com pontos decimais forçados (Seção 23.7.1), em notação científica e em notação fixa (Seção 23.7.5); saída de dados justificada em campos de larguras designadas (Seção 23.7.2); saída de dados em campos preenchidos com caracteres especificados (Seção 23.7.3); e saída de letras maiúsculas em notação científica e notação hexadecimal (Seção 23.7.6).

23.3.1 Saída de variáveis char *

C++ determina os tipos de dados automaticamente — uma melhoria em relação a C. Esse recurso às vezes 'atrapalha'. Por exemplo, suponha que queiramos imprimir o endereço armazenado em um ponteiro `char *`. O operador << foi sobrecarregado para gerar um `char *` como uma string terminada em nulo. Para imprimir o endereço, você pode converter o `char *` para um `void *` (isso pode ser feito em qualquer variável de ponteiro). A Figura 23.3 demonstra a impressão de uma variável `char *` em formatos de string e endereço. O endereço imprime como um número hexadecimal (base 16), o que poderia diferir nos computadores. Para descobrir mais sobre números hexadecimais, leia o Apêndice C. Falaremos mais sobre o controle das bases dos números na Seção 23.6.1 e na Seção 23.7.4.

```
// Fig. 23.3: Fig23_03.cpp
// Imprimindo o endereço armazenado em uma variável char *.
#include <iostream>
using namespace std;

int main()
{
   const char *const palavra = "novamente";

   // mostra valor de char *, depois mostra valor de char *
   // static_cast para void *
   cout << "Valor de palavra é: " << palavra << endl
      << "Valor de static_cast< void * >( palavra ) é: "
      << static_cast< void * >( palavra ) << endl;
} // fim do main
```

```
Valor de palavra é: novamente
Valor de static_cast< void * >( palavra ) é: 00428300
```

Figura 23.3 ■ Impressão do endereço armazenado em uma variável `char *`.

23.3.2 Saída de caracteres usando a função-membro put

Podemos usar a função-membro `put` para enviar caracteres. Por exemplo, a instrução

```
cout.put( 'A' );
```

mostra um único caractere `A`. As chamadas a `put` podem ser propagadas em cascata, como na instrução

```
cout.put( 'A' ).put( '\n' );
```

que envia a letra `A` seguida por um caractere de nova linha (newline). Assim como <<, a instrução anterior é executada dessa maneira, pois o operador ponto (.) associa da esquerda para a direita, e a função-membro `put` retorna uma referência ao objeto `ostream` (`cout`) que recebeu a chamada `put`. A função `put` também pode ser chamada com uma expressão numérica que representa um valor ASCII, como na instrução a seguir

```
cout.put( 65 );
```

que também envia `A`.

23.4 Entrada de streams

Agora, vamos considerar o stream de entrada. Os recursos de entrada formatada e não formatada são fornecidos por `istream`. O operador de extração de stream (>>) normalmente ignora **caracteres em branco** (tais como espaços em branco, caracteres de tabulação e newlines) no stream de entrada; mais à frente, veremos como mudar esse comportamento. Depois de cada entrada, o operador de extração de stream retorna uma referência ao objeto de stream que recebeu a mensagem de extração (por exemplo, `cin` na expressão `cin >> grade`). Se essa referência for usada como uma condição (por exemplo, em uma condição de continuação de loop da estrutura `while`), a função do operador de conversão `void *` sobrecarregada do stream é chamada implicitamente para converter a referência a um valor de ponteiro não nulo ou ao ponteiro nulo com base no sucesso ou fracasso da última operação de entrada. Um ponteiro não nulo converte para o valor `bool true` para indicar o sucesso, e o ponteiro nulo converte para o valor `bool false` para indicar fracasso. Quando é feita uma tentativa de leitura após o final de um stream, o operador de conversão `void *` sobrecarregado do stream retorna o ponteiro nulo para indicar o fim de arquivo.

Cada objeto de stream contém um conjunto de **bits de estado** para controlar o estado do stream (ou seja, formatando, definindo estados de erro etc.). Esses bits são usados pelo operador de conversão `void *` sobrecarregado do stream para determinar se deve-se retornar um ponteiro não nulo ou o ponteiro nulo. A extração de stream faz com que o **`failbit`** do stream seja definido se os dados do tipo errado forem inseridos, e faz com que o **`badbit`** do stream seja definido se a operação falhar. As seções 23.7 e 23.8 discutem os bits de estado do stream com detalhes, depois mostram como testar esses bits após uma operação de E/S.

23.4.1 Funções-membro get e getline

A função-membro **`get`** sem argumentos insere um caractere do stream designado (incluindo caracteres de espaço em branco e outros caracteres não gráficos, como a sequência de teclas que representa o fim de arquivo) e o retorna como o valor da chamada de função. Essa versão de `get` retorna `EOF` (end of file) quando o fim de arquivo é encontrado no stream.

Uso de funções-membro eof, get e put

A Figura 23.4 demonstra o uso de funções-membro `eof` e `get` no stream de entrada `cin` e da função-membro `put` no stream de saída `cout`. O programa imprime, em primeiro lugar, o valor de `cin.eof()` — ou seja, `false` (`0` na saída) — para mostrar que o

```cpp
// Fig. 23.4: Fig23_04.cpp
// Usando as funções-membro get, put e eof.
#include <iostream>
using namespace std;

int main()
{
   int character; // use int, pois char não pode representar EOF

   // pede que o usuário digite a linha de texto
   cout << "Antes da entrada, cin.eof() é " << cin.eof() << endl
      << "Digite uma sentença seguida por fim de arquivo:" << endl;

   // use get para ler cada caractere; use put para exibi-lo
   while ( ( character = cin.get() ) != EOF )
      cout.put( character );

   // mostra caractere de fim de arquivo
   cout << "\nEOF nesse sistema é: " << character << endl;
   cout << "Após a entrada de EOF, cin.eof() é " << cin.eof() << endl;
} // fim do main
```

```
Antes da entrada, cin.eof() é 0
Digite uma sentença seguida por fim de arquivo:
Testando as funções-membro get e put
Testando as funções-membro get e put
^Z

EOF nesse sistema é: -1
Após a entrada de EOF, cin.eof() é 1
```

Figura 23.4 ■ Funções-membro `get`, `put` e `eof`.

fim de arquivo não ocorreu em `cin`. O usuário insere uma linha de texto e pressiona *Enter*, seguido pelo fim de arquivo (*<Ctrl>-z* em sistemas Microsoft Windows, *<Ctrl>-d* em sistemas UNIX e Macintosh). A linha 15 lê cada caractere, que a linha 16 envia para `cout` usando a função-membro `put`. Quando o fim de arquivo é encontrado, a estrutura `while` termina, e a linha 20 mostra o valor de `cin.eof()`, que agora é `true` (`1` na saída), para mostrar que o fim de arquivo foi definido em `cin`. Esse programa usa a versão da função-membro `istream get` que não utiliza argumentos e retorna o caractere que está sendo inserido (linha 15). A função `eof` retorna `true` somente depois da tentativa de leitura que o programa faz após o último caractere no stream.

A função-membro `get` com um argumento de referência de caractere insere o próximo caractere do stream de entrada (mesmo que este seja um caractere de espaço em branco), e o armazena no argumento de caractere. Essa versão de `get` retorna uma referência ao objeto `istream` para o qual a função-membro `get` está sendo chamada.

Uma terceira versão de `get` usa três argumentos — um array de caracteres, um limite de tamanho e um delimitador (com o valor padrão `'\n'`). Essa versão lê caracteres do stream de entrada. Ou ela lê um a menos do que o número máximo especificado de caracteres e termina ou termina assim que o delimitador é lido. Um caractere *null* é inserido para terminar a string de saída no array de caracteres usado como um buffer pelo programa. O delimitador não é colocado no array de caracteres, mas permanece no stream de saída (o delimitador será o próximo caractere lido). Assim, o resultado de um segundo `get` consecutivo é uma linha vazia, a menos que o caractere delimitador seja removido do stream de entrada (possivelmente com `cin.ignore()`).

Comparando cin e cin.get

A Figura 23.5 compara a entrada usando extração de stream com `cin` (que lê caracteres até que um caractere de espaço em branco seja encontrado) e a entrada usando `cin.get`. A chamada para `cin.get` (linha 22) não especifica um delimitador, de modo que o caractere padrão `'\n'` é utilizado.

```
1  // Fig. 23.5: Fig23_05.cpp
2  // Comparando entrada de uma string por meio de cin e cin.get.
3  #include <iostream>
4  using namespace std;
5
6  int main()
7  {
8     // cria dois arrays de char, cada um com 80 elementos
9     const int SIZE = 80;
10    char buffer1[ SIZE ];
11    char buffer2[ SIZE ];
12
13    // use cin para inserir caracteres em buffer1
14    cout << "Digite uma sentença:" << endl;
15    cin >> buffer1;
16
17    // mostra conteúdo de buffer1
18    cout << "\nA string lida com cin foi:" << endl
19       << buffer1 << endl << endl;
20
21    // use cin.get para inserir caracteres em buffer2
22    cin.get( buffer2, SIZE );
23
24    // mostra conteúdo de buffer2
25    cout << "A string lida com cin.get foi:" << endl
26       << buffer2 << endl;
27 } // fim do main
```

```
Digite uma sentença:
Comparando entrada de string com cin e cin.get

A string lida com cin foi:
Comparando

A string lida com cin.get foi:
 entrada de string com cin e cin.get
```

Figura 23.5 ■ Entrada de uma string usando `cin` com extração de stream em comparação com a entrada usando `cin.get`.

Uso da função-membro getline

A função membro **getline** opera de modo semelhante à terceira versão da função-membro `get` e insere um caractere nulo após a linha no array de caracteres. A função `getline` remove o delimitador do stream (ou seja, lê o caractere e o descarta), mas não o armazena no array de caracteres. O programa da Figura 23.6 demonstra o uso da função-membro `getline` para inserir uma linha de texto (linha 13).

```
1  // Fig. 23.6: Fig23_06.cpp
2  // Inserindo caracteres usando a função-membro getline de cin.
3  #include <iostream>
4  using namespace std;
5
6  int main()
7  {
8     const int SIZE = 80;
9     char buffer[ SIZE ]; // cria array de 80 caracteres
10
11    // insere caracteres no buffer por meio da função getline de cin
12    cout << "Digite uma sentença:" << endl;
13    cin.getline( buffer, SIZE );
14
15    // mostra conteúdo do buffer
16    cout << "\nA sentença digitada é:" << endl << buffer << endl;
17 } // fim do main
```

```
Digite uma sentença:
Usando a função-membro getline

A sentença digitada é:
Usando a função-membro getline
```

Figura 23.6 ■ Inserindo dados de caractere com a função-membro `getline` de `cin`.

23.4.2 Funções-membro peek, putback e `ignore` de `istream`

A função-membro **ignore** de `istream` lê e descarta um número designado de caracteres (o padrão é um), ou termina ao encontrar um delimitador designado (o padrão é `EOF`, que faz com que `ignore` salte para o final do arquivo ao fazer a leitura de um arquivo).

A função-membro **putback** coloca o caractere anterior obtido por um `get` de um stream de entrada de volta nesse stream. Essa função é útil para aplicações que varrem um stream de entrada à procura de um campo que comece com um caractere específico. Quando esse caractere é inserido, a aplicação retorna o caractere ao stream, de modo que o caractere pode ser incluído nos dados de entrada.

A função-membro **peek** retorna o próximo caractere de um stream de entrada, mas não remove o caractere do stream.

23.4.3 E/S segura quanto ao tipo

C++ oferece E/S segura quanto ao tipo. Os operadores << e >> são sobrecarregados para que aceitem dados de tipos específicos. Se dados inesperados forem processados, diversos bits de erro serão definidos, os quais o usuário poderá testar para determinar se uma operação de E/S teve sucesso ou não. Se o operador << não tiver sido sobrecarregado para um tipo definido pelo usuário, e você tentar inserir ou enviar o conteúdo de um objeto desse tipo definido pelo usuário, o compilador informará que houve um erro. Isso permite que o programa 'permaneça no controle'. Discutiremos esses tipos de erro na Seção 23.8.

23.5 E/S não formatada com read, `write` e gcount

A entrada/saída não formatada é realizada usando-se as funções-membro **read** e **write** de `istream` e `ostream`, respectivamente. A função-membro `read` insere bytes em um array de caracteres na memória; a função-membro `write` envia bytes de um array de caracteres. Esses bytes não são formatados de nenhuma forma. Eles são inseridos ou enviados como bytes brutos. Por exemplo, a chamada

```
char buffer[] = "FELIZ ANIVERSÁRIO";
cout.write( buffer, 10 );
```

envia os primeiros 10 bytes de `buffer` (incluindo caracteres nulos, se houver, o que causaria o término da saída com `cout` e `<<`). A chamada

```
cout.write( "ABCDEFGHIJKLMNOPQRSTUVWXYZ", 10 );
```

mostra os 10 primeiros caracteres do alfabeto.

A função-membro `read` insere um número designado de caracteres em um array de caracteres. Se um número designado de caracteres menor for lido, `failbit` é definido. A Seção 23.8 mostra como determinar se `failbit` foi definido. A função-membro **`gcount`** informa o número de caracteres lidos pela última operação de entrada.

A Figura 23.7 demonstra as funções-membro `read` e `gcount` de `istream` e a função-membro `write` de `ostream`. O programa insere 20 caracteres (de uma sequência de entrada maior) no array `buffer` com `read` (linha 13), determina o número de caracteres inseridos com `gcount` (linha 17) e envia os caracteres em `buffer` com `write` (linha 17).

```
1  // Fig. 23.7: Fig23_07.cpp
2  // E/S não formatada usando read, gcount e write.
3  #include <iostream>
4  using namespace std;
5
6  int main()
7  {
8     const int SIZE = 80;
9     char buffer[ SIZE ]; // cria array de 80 caracteres
10
11    // usa função read para entrar com caracteres no buffer
12    cout << "Digite uma sentença:" << endl;
13    cin.read( buffer, 20 );
14
15    // usa funções write e gcount para mostrar caracteres do buffer
16    cout << endl << "A sentença digitada foi:" << endl;
17    cout.write( buffer, cin.gcount() );
18    cout << endl;
19 } // fim do main
```

```
Digite uma sentença:
Usando as funções-membro read, write e gcount
A sentença digitada foi:
Usando as funções read, write
```

Figura 23.7 ■ E/S não formatada usando as funções-membro `read`, `gcount` e `write`.

23.6 Introdução a manipuladores de streams

C++ oferece diversos **manipuladores de streams** que realizam tarefas de formatação. Os manipuladores de stream oferecem capacidades como definir larguras de campo, definir precisão, definir e remover a definição do estado de formato, definir o caractere de preenchimento nos campos, esvaziar streams, inserir uma newline no stream de saída (e esvaziar o stream), inserir um caractere nulo no stream de saída e ignorar o espaço em branco no stream de entrada. Esses recursos serão descritos nas próximas seções.

23.6.1 Base do stream de inteiros: dec, oct, hex e setbase

Inteiros normalmente são interpretados como valores decimais (base 10). Para mudar a base em que os inteiros são interpretados em um stream, insira o manipulador **`hex`** para definir a base para hexadecimal (base 16) ou insira o manipulador **`oct`** para definir a base como octal (base 8). Insira o manipulador **`dec`** para retornar a base do stream para decimal. Esses são manipuladores cujas definições permanecem valendo.

A base de um stream também pode ser mudada por meio do manipulador de stream **`setbase`**, que obtém um argumento inteiro de `10`, `8` ou `16` para definir a base como decimal, octal ou hexadecimal, respectivamente. Como `setbase` usa um argumento, ele é chamado de manipulador de stream parametrizado. O uso de `setbase` (ou qualquer outro manipulador parametrizado) requer a inclusão do arquivo de cabeçalho `<iomanip>`. O valor base do stream permanece o mesmo até que seja mudado explicitamente; as configurações de `setbase` são 'pegajosas'. A Figura 23.8 demonstra os manipuladores de stream `hex`, `oct`, `dec` e `setbase`.

```
// Fig. 23.8: Fig23_08.cpp
// Usando manipuladores de stream hex, oct, dec e setbase.
#include <iostream>
#include <iomanip>
using namespace std;

int main()
{
   int number;

   cout << "Digite um número decimal: ";
   cin >> number; // insere número

   // usa o manipulador de stream hex para mostrar número hexadecimal
   cout << number << " em hexadecimal é: " << hex
      << number << endl;

   // usa manipulador de stream oct para mostrar número octal
   cout << dec << number << " em octal é: "
      << oct << number << endl;

   // usa manipualdor de stream setbase para mostrar número decimal
   cout << setbase( 10 ) << number << " em decimal é: "
      << number << endl;
} // fim do main
```

```
Digite um número decimal: 20
20 em hexadecimal é: 14
20 em octal é: 24
20 em decimal é: 20
```

Figura 23.8 ■ Manipuladores de stream **hex**, **oct**, **dec** e **setbase**.

23.6.2 Precisão em ponto flutuante (precision, setprecision)

Podemos controlar a **precisão** dos números em ponto flutuante (ou seja, o número de dígitos à direita do ponto decimal) usando o manipulador de stream `setprecision`, ou a função-membro **precision** de `ios_base`. Uma chamada a um deles define a precisão de todas as operações de saída subsequentes, até a próxima chamada de definição de precisão. Uma chamada para a função-membro `precision` sem argumentos retorna a definição de precisão atual (é isso o que você deve usar para restaurar a precisão original depois que uma definição 'pegajosa' não for mais necessária). O programa da Figura 23.9 usa a função-membro `precision` (linha 22) e o manipulador `setprecision` (linha 31) para imprimir uma tabela que mostra a raiz quadrada de 2, com a precisão variando de 0 a 9.

```
1  // Fig. 23.9: Fig23_09.cpp
2  // Controlando a precisão dos valores de ponto flutuante.
3  #include <iostream>
4  #include <iomanip>
5  #include <cmath>
6  using namespace std;
7
8  int main()
9  {
10    double root2 = sqrt( 2.0 ); // calcula a raiz quadrada de 2
11    int places; // precisão, varia de 0-9
12
13    cout << "Raiz quadrada de 2 com precisões 0-9." << endl
```

Figura 23.9 ■ Precisão de valores de ponto flutuante. (Parte 1 de 2.)

```
      << "Precisão definida pela precisão da função-membro "
      << "precision:" << endl;

   cout << fixed; // usa notação de ponto fixo

   // mostra raiz quadrada usando a precisão da função ios_base
   for ( places = 0; places <= 9; places++ )
   {
      cout.precision( places );
      cout << root2 << endl;
   } // fim do for

   cout << "\nPrecisão definida pelo manipulador de stream "
      << "setprecision:" << endl;

   // define precisão para cada dígito, depois mostra raiz quadrada
   for ( places = 0; places <= 9; places++ )
      cout << setprecision( places ) << root2 << endl;
} // fim do main
```

```
Raiz quadrada de 2 com precisões 0-9.
Precisão definida pela precisão da função-membro ios_base:
1
1.4
1.41
1.414
1.4142
1.41421
1.414214
1.4142136
1.41421356
1.414213562
Precisão definida pelo manipulador de stream setprecision:
1
1.4
1.41
1.414
1.4142
1.41421
1.414214
1.4142136
1.41421356
1.414213562
```

Figura 23.9 ■ Precisão de valores de ponto flutuante. (Parte 2 de 2.)

23.6.3 Largura de campo (`width`, `setw`)

A função-membro `width` (da classe base `ios_base`) define a largura do campo (ou seja, o número de posições de caractere em que um valor deve ser enviado ou o número máximo de caracteres que devem ser recebidos), e retorna a largura anterior. Se os valores enviados forem menores que a largura do campo, **caracteres de preenchimento** ou apenas **preenchimento** serão inseridos. Um valor maior que a largura preparada não será cortado — o número inteiro será impresso. A função `width` sem argumento retorna o valor atual.

Erro comum de programação 23.1

A definição da largura se aplica apenas à próxima inserção ou extração (ou seja, ela não é 'pegajosa'); depois disso, a largura é definida implicitamente como 0 (ou seja, entrada e saída serão realizadas com valores-padrão). Supor que a definição de largura é aplicável a todas as saídas subsequentes é um erro lógico.

Erro comum de programação 23.2

Quando um campo não for suficientemente amplo para lidar com as saídas, as saídas serão impressas com a largura necessária, o que pode gerar saídas confusas.

A Figura 23.10 demonstra o uso da função-membro `width` na entrada e na saída. Na entrada de um array `char`, um máximo de alguns caracteres a menos do que a largura será lido, pois é feita uma provisão para o caractere nulo ser colocado na string de entrada. Lembre-se de que a extração de stream termina quando um espaço em branco não inicial é encontrado. O manipulador de stream `setw` também pode ser usado para definir a largura do campo.

[*Nota:* quando o usuário recebe o pedido de entrada da Figura 23.10, ele deve inserir uma linha de texto e pressionar *Enter*, seguido pelo fim de arquivo (<*Ctrl*>-*z* nos sistemas Microsoft Windows e <*Ctrl*>-*d* nos sistemas UNIX e Macintosh).]

```
// Fig. 23.10: Fig23_10.cpp
// Demonstrando a função-membro width.
#include <iostream>
using namespace std;

int main()
{
   int widthValue = 4;
   char sentence[ 10 ];

   cout << "Digite uma sentença:" << endl;
   cin.width( 5 ); // entra com apenas 5 caracteres da sentença

   // define largura do campo, depois mostra caracteres com base nessa largura
   while ( cin >> sentence )
   {
      cout.width( widthValue++ );
      cout << sentence << endl;
      cin.width( 5 ); // insere mais 5 caracteres da sentença
   } // fim do while
} // fim do main
```

```
Digite uma sentença:
This is a test of the width member function
This
   is
     a
   test
      of
      the
      widt
          h
        memb
           er
          func
           tion
```

Figura 23.10 ■ Função-membro `width` da classe `ios_base`.

23.6.4 Manipuladores de stream de saída definidos pelo usuário

Você pode criar seus próprios manipuladores de stream.[2] A Figura 23.11 mostra a criação e o uso de novos manipuladores de stream não parametrizados `bell` (linhas 8-11), `carriageReturn` (linhas 14-17), `tab` (linhas 20-23) e `endLine` (linhas 27-30). Para manipuladores de saída, o tipo de retorno e o parâmetro devem ser do tipo `ostream &`. Quando a linha 35 insere o manipulador `endLine` no stream de saída, a função `endLine` é chamada, e a linha 29 envia a sequência de escape `\n` e o manipulador `flush` para o stream de saída-padrão `cout`. De modo semelhante, quando as linhas 35-44 inserem os manipuladores `tab`, `bell` e `carriageReturn` no stream de saída, suas funções correspondentes `tab` (linha 20), `bell` (linha 8) e `carriageReturn` (linha 14) são chamadas, o que, por sua vez, envia diversas sequências de escape.

```
1  // Fig. 23.11: Fig23_11.cpp
2  // Criando e testando manipuladores de stream não parametrizados
3  //  definidos pelo usuário
4  #include <iostream>
5  using namespace std;
6
7  // manipulador bell (usando sequência de escape \a)
8  ostream& bell( ostream& output )
9  {
10    return output << '\a'; // emite bipe do sistema
11 } // fim do manipulador bell
12
13 // manipulador carriageReturn (usando sequência de escape \r)
14 ostream& carriageReturn( ostream& output )
15 {
16    return output << '\r'; // emite carriage return
17 } // fim do manipulador carriageReturn
18
19 // manipulador de tab (usando sequência de escape \t)
20 ostream& tab( ostream& output )
21 {
22    return output << '\t'; // emite tab
23 } // fim do manipulador tab
24
25 // manipulador endLine (usando sequência de escape \n e
26 // função-membro flush)
27 ostream& endLine( ostream& output )
28 {
29    return output << '\n' << flush; // emite fim de linha tipo endl
30 } // fim do manipulador endLine
31
32 int main()
33 {
34    // usa manipuladores tab e endLine
35    cout << "Testando o manipulador tab:" << endLine
36       << 'a' << tab << 'b' << tab << 'c' << endLine;
37
38    cout << "Testando os manipuladores carriageReturn e bell:"
39       << endLine << "..........";
40
41    cout << bell; // usa manipulador bell
42
43    // usa manipuladores carriageReturn e endLine
44    cout << carriageReturn << "-----" << endLine;
45 } // fim do main
```

```
Testando o manipulador tab:
a	b	c
Testando os manipuladores carriageReturn e bell:
-----.....
```

Figura 23.11 ■ Manipuladores de stream não parametrizados definidos pelo usuário.

2 Você também pode criar os seus próprios manipuladores de stream parametrizados. Esse conceito está além do propósito deste livro.

23.7 Tipos de formato do stream e manipuladores de stream

Diversos manipuladores de stream podem ser usados para especificar os tipos de formatação a serem realizados durante as operações de E/S de stream. Os manipuladores de stream controlam as definições do formato de saída. A Figura 23.12 lista cada manipulador de stream que controla o estado original de determinado stream. Todos esses manipuladores pertencem à classe `ios_base`. Mostraremos exemplos da maioria desses manipuladores de stream nas próximas seções.

Manipulador de stream	Descrição
`skipws`	Salta caracteres de espaço em branco em um stream de entrada. Esse valor é reiniciado com o manipulador de stream `noskipws`.
`left`	Alinha a saída à esquerda em um campo. Os caracteres de preenchimento aparecem à direita, se for preciso.
`right`	Alinha a saída à direita em um campo. Os caracteres de preenchimento aparecem à esquerda, se for preciso.
`internal`	Indica que o sinal de um número deve ser alinhado à esquerda em um campo, e a magnitude de um número deve ser alinhada à direita nesse mesmo campo (ou seja, os caracteres de preenchimento aparecem entre o sinal e o número).
`dec`	Especifica que os inteiros devem ser tratados como valores decimais (base 10).
`oct`	Especifica que os inteiros devem ser tratados como valores octais (base 8).
`hex`	Especifica que os inteiros devem ser tratados como valores hexadecimais (base 16).
`showbase`	Especifica que a base de um número deve ser enviada antes do número (um 0 inicial para octais; um 0x ou 0X inicial para hexadecimais). Esse valor é reiniciado com o manipulador de stream `noshowbase`.
`showpoint`	Especifica que os números em ponto flutuante devem ser enviados com um ponto decimal. Isso é usado normalmente com `fixed` para garantir certo número de dígitos à direita do ponto decimal, mesmo que sejam zeros. Esse valor é reiniciado com o manipulador de stream `noshowpoint`.
`uppercase`	Especifica que as letras maiúsculas (ou seja, X e A até F) devem ser usadas em um inteiro hexadecimal, e que a letra maiúscula E deve ser usada ao representar o valor de ponto flutuante em notação científica. Esse valor é reiniciado com o manipulador de stream `nouppercase`.
`showpos`	Especifica que números positivos devem ser precedidos por um sinal de mais (+). Esse valor é reiniciado com o manipulador de stream `noshowpos`.
`scientific`	Especifica saída de um valor de ponto flutuante em notação científica.
`fixed`	Especifica a saída de um valor de ponto flutuante em notação de ponto fixo com um número específico de dígitos à direita do ponto decimal.

Figura 23.12 ■ Manipuladores de stream de `<iostream>` para controle de estado original.

23.7.1 Zeros à direita e pontos decimais (showpoint)

O manipulador de stream **`showpoint`** força um número em ponto flutuante a ser enviado com seu ponto decimal e zeros à direita. Por exemplo, o valor de ponto flutuante `79.0` é impresso como `79` sem usar `showpoint` e como `79.000000` (ou com a quantidade de zeros especificada pela precisão atual) usando `showpoint`. Para reiniciar o valor de `showpoint`, envie o manipulador de stream **`noshowpoint`**. O programa na Figura 23.13 mostra como usar o manipulador de stream `showpoint` para controlar a impressão de zeros à direita e pontos decimais para valores de ponto flutuante. Lembre-se de que a precisão-padrão de um número em ponto flutuante é 6. Quando nem o manipulador de stream `fixed` nem o `scientific` forem usados, a precisão representará o número de dígitos significativos a serem exibidos (ou seja, o número total de dígitos a serem exibidos), e não o número de dígitos a serem exibidos após o ponto decimal.

```
// Fig. 23.13: Fig23_13.cpp
// Controle da impressão de zeros à direita e pontos decimais
// nos valores de ponto flutuante.
#include <iostream>
using namespace std;

```

Figura 23.13 ■ Controle da impressão de zeros à direita e pontos decimais nos valores de ponto flutuante. (Parte 1 de 2.)

```
int main()
{
   // exibe valores double com formato de stream-padrão
   cout << "Antes de usar showpoint" << endl
      << "9.9900 imprime como: " << 9.9900 << endl
      << "9.9000 imprime como: " << 9.9000 << endl
      << "9.0000 imprime como: " << 9.0000 << endl << endl;

   // mostra valor double após showpoint
   cout << showpoint
      << "Depois de usar showpoint" << endl
      << "9.9900 imprime como: " << 9.9900 << endl
      << "9.9000 imprime como: " << 9.9000 << endl
      << "9.0000 imprime como: " << 9.0000 << endl;
} // fim do main
```

```
Antes de usar showpoint
9.9900 imprime como: 9.99
9.9000 imprime como: 9.9
9.0000 imprime como: 9

Depois de usar showpoint
9.9900 imprime como: 9.99000
9.9000 imprime como: 9.90000
9.0000 imprime como: 9.00000
```

Figura 23.13 ■ Controle da impressão de zeros à direita e pontos decimais nos valores de ponto flutuante. (Parte 2 de 2.)

23.7.2 Alinhamento (`left`, `right` e `internal`)

Os manipuladores de stream `left` e `right` permitem que os campos sejam alinhados à esquerda com caracteres de preenchimento à direita ou alinhados à direita com caracteres de preenchimento à esquerda, respectivamente. O caractere de preenchimento é especificado pela função-membro `fill` ou pelo manipulador de preenchimento parametrizado `setfill` (que discutiremos na Seção 23.7.3). A Figura 23.14 usa os manipuladores `setw`, `left` e `right` para alinhar à esquerda e à direita os dados inteiros em um campo.

```
// Fig. 23.14: Fig23_14.cpp
// Alinhamento à esquerda e à direita com manipuladores de stream left e right.
#include <iostream>
#include <iomanip>
using namespace std;

int main()
{
   int x = 12345;

   // mostra x alinhado à direita (padrão)
   cout << "Padrão é alinhado à direita:" << endl
      << setw( 10 ) << x;

   // usa manipulador left para mostrar x alinhado à esquerda
   cout << "\n\nUsa std::left para alinhar x à esquerda:\n"
      << left << setw( 10 ) << x;

   // usa manipulador right para mostrar x alinhado à direita
   cout << "\n\nUsa std::right para alinhar x à direita:\n"
      << right << setw( 10 ) << x << endl;
} // fim do main
```

Figura 23.14 ■ Alinhamento à esquerda e à direita com manipuladores de stream `left` e `right`. (Parte 1 de 2.)

```
Padrão é alinhado à direita:
     12345
Usa std::left para alinhar x à esquerda:
12345
Usa std::right para alinhar x à direita:
     12345
```

Figura 23.14 ■ Alinhamento à esquerda e à direita com manipuladores de stream `left` e `right`. (Parte 2 de 2.)

O manipulador de stream `internal` indica que o sinal de um número (ou a base, ao usar o manipulador de stream `showbase`) deve ser alinhado à esquerda dentro de um campo, que a magnitude do número deve ser alinhada à direita e que os espaços intermediários devem ser preenchidos com o caractere de preenchimento. A Figura 23.15 mostra que o manipulador de stream `internal` especifica o espaçamento interno (linha 10). Observe que `showpos` força o sinal de adição a ser impresso (linha 10). Para reiniciar o valor de `showpos`, envie o manipulador de stream `noshowpos`.

```
1  // Fig. 23.15: Fig23_15.cpp
2  // Impressão de um inteiro com espaçamento interno e sinal de +.
3  #include <iostream>
4  #include <iomanip>
5  using namespace std;
6
7  int main()
8  {
9     // mostra valor com espaçamento interno e sinal de +
10    cout << internal << showpos << setw( 10 ) << 123 << endl;
11 } // fim do main
```

```
+       123
```

Figura 23.15 ■ Impressão de um inteiro com espaçamento interno e sinal de adição.

23.7.3 Preenchimento (`fill`, `setfill`)

A **função-membro `fill`** especifica o caractere de preenchimento a ser usado com campos alinhados; se nenhum valor for especificado, espaços serão usados para preenchimento. A função `fill` retorna o caractere de preenchimento anterior. O **manipulador `setfill`** também define o caractere de preenchimento. A Figura 23.16 demonstra o uso da função-membro `fill` (linha 30) e do manipulador de stream `setfill` (linhas 34 e 37) para definir o caractere de preenchimento.

```
1  // Fig. 23.16: Fig23_16.cpp
2  // Uso da função-membro fill e do manipulador de stream setfill para mudar o
3  // caractere de preenchimento de campos maiores que o valor impresso.
4  #include <iostream>
5  #include <iomanip>
6  using namespace std;
7
8  int main()
9  {
10    int x = 10000;
11
12    // display x
13    cout << x << " impresso como int alinhado à direita e à esquerda\n"
14       << "e como hexa com alinhamento interno.\n"
15       << "Usando o caractere de preenchimento padrão (espaço):" << endl;
16
17    // mostra x com a base
18    cout << showbase << setw( 10 ) << x << endl;
```

Figura 23.16 ■ Uso da função-membro `fill` e do manipulador de stream `setfill` para mudar o caractere de preenchimento de campos maiores que os valores sendo impressos. (Parte 1 de 2.)

```

   // mostra x com alinhamento à esquerda
   cout << left << setw( 10 ) << x << endl;

   // mostra x como hexa com alinhamento interno
   cout << internal << setw( 10 ) << hex << x << endl << endl;

   cout << "Usando diversos caracteres de preenchimento:" << endl;

   // mostra x usando caracteres preenchidos (alinhamento à direita)
   cout << right;
   cout.fill( '*' );
   cout << setw( 10 ) << dec << x << endl;

   // mostra x usando caracteres preenchidos (alinhamento à esquerda)
   cout << left << setw( 10 ) << setfill( '%' ) << x << endl;

   // mostra x usando caracteres preenchidos (alinhamento interno)
   cout << internal << setw( 10 ) << setfill( '^' ) << hex
      << x << endl;
} // fim do main
```

```
10000 impresso como int alinhado à direita e à esquerda
e como hexa com alinhamento interno.
Usando o caractere de preenchimento padrão (espaço):
     10000
10000
0x    2710

Usando diversos caracteres de preenchimento:
*****10000
10000%%%%%
0x^^^^2710
```

Figura 23.16 ■ Uso da função-membro `fill` e do manipulador de stream `setfill` para mudar o caractere de preenchimento de campos maiores que os valores sendo impressos. (Parte 2 de 2.)

23.7.4 Base do stream de inteiros (dec, oct, hex, showbase)

C++ oferece os manipuladores de stream **dec**, **hex** e **oct** para especificar que os inteiros devem ser exibidos como valores decimal, hexadecimal e octal, respectivamente. As inserções de stream usarão decimal como padrão se nenhum desses manipuladores for usado. Com a extração de stream, os inteiros prefixados com `0` (zero) são tratados como valores octais, inteiros prefixados com `0x` ou `0X` são tratados como valores hexadecimais e todos os outros inteiros são tratados como valores decimais. Quando uma base em particular é especificada para um stream, todos os inteiros nesse stream são processados usando-se essa base até que uma base diferente seja especificada, ou até que o programa termine.

O manipulador de stream **showbase** força a saída da base de um valor inteiro. Números decimais são enviados como padrão, números octais são enviados com um `0` inicial, e números hexadecimais são enviados com um `0x` ou um `0X` no início (conforme discutimos na Seção 23.7.6, o manipulador de stream `uppercase` determina qual a opção a ser escolhida). A Figura 23.17 demonstra o uso do manipulador de stream `showbase` para forçar um inteiro a ser impresso nos formatos decimal, octal e hexadecimal. Para reiniciar o valor de `showbase`, envie o manipulador de stream **noshowbase**.

```
// Fig. 23.17: Fig23_17.cpp
// Usando manipulador de stream showbase.
#include <iostream>
using namespace std;

int main()
```

Figura 23.17 ■ Manipulador de stream `showbase`. (Parte 1 de 2.)

```
{
   int x = 100;

   // use showbase para mostrar base numérica
   cout << "Imprimindo inteiros precedidos por sua base:" << endl
      << showbase;

   cout << x << endl; // imprime valor decimal
   cout << oct << x << endl; // imprime valor octal
   cout << hex << x << endl; // imprime valor hexadecimal
} // fim do main
```

```
Imprimindo inteiros precedidos por sua base:
100
0144
0x64
```

Figura 23.17 ■ Manipulador de stream `showbase`. (Parte 2 de 2.)

23.7.5 Números em ponto flutuante; notações científica e fixa (`scientific`, `fixed`)

Manipuladores de stream `scientific` e `fixed` controlam o formato de saída dos números em ponto flutuante. O manipulador de stream `scientific` força a saída de um número em ponto flutuante a ser exibida em formato científico. O manipulador de stream `fixed` força um número em ponto flutuante a ser exibido em um número específico de dígitos (conforme especificado pela função-membro `precision` ou pelo manipulador de stream `setprecision`) à direita do ponto decimal. Sem usar outro manipulador, o valor do número em ponto flutuante determina o formato de saída.

A Figura 23.18 demonstra a exibição dos números em ponto flutuante em formatos fixo e científico usando manipuladores de stream `scientific` (linha 18) e `fixed` (linha 22). O formato de expoente em notação científica poderia diferir em diferentes compiladores.

```
1  // Fig. 23.18: Fig23_18.cpp
2  // Exibindo valores de ponto flutuante nos formatos-padrão do sistema,
3  // científico e fixo.
4  #include <iostream>
5  using namespace std;
6
7  int main()
8  {
9     double x = 0.001234567;
10    double y = 1.946e9;
11
12    // mostra x e y no formato-padrão
13    cout << "Mostrado no formato-padrão:" << endl
14       << x << '\t' << y << endl;
15
16    // mostra x e y no formato científico
17    cout << "\nMostrado no formato científico:" << endl
18       << scientific << x << '\t' << y << endl;
19
20    // mostra x e y no formato fixo
21    cout << "\nMostrado formato fixo:" << endl
22       << fixed << x << '\t' << y << endl;
23 } // fim do main
```

```
Mostrado no formato-padrão:
0.00123457     1.946e+009
Mostrado no formato científico:
1.234567e-003   1.946000e+009
Mostrado no formato fixo:
0.001235       1946000000.000000
```

Figura 23.18 ■ Valores de ponto flutuante mostrados nos formatos-padrão, científico e fixo.

23.7.6 Controle de maiúsculas/minúsculas (uppercase)

O manipulador de stream **uppercase** envia um X ou um E maiúsculo com os valores inteiros hexadecimais ou com valores de ponto flutuante em notação científica, respectivamente (Figura 23.19). O uso do manipulador de stream `uppercase` também faz com que todas as letras em um valor hexadecimal sejam maiúsculas. Como padrão, as letras para valores hexadecimais e os expoentes nos valores de ponto flutuante em notação científica aparecem em minúsculas. Para reiniciar o valor de `uppercase`, envie o manipulador de stream **nouppercase**.

```
// Fig. 23.19: Fig23_19.cpp
// Manipulador de stream uppercase.
#include <iostream>
using namespace std;

int main()
{
   cout << "Imprimindo letras maiúsculas em expoentes de" << endl
      << "notação científica e valores hexadecimais:" << endl;

   // usa std:uppercase para mostrar letras maiúsculas; usa std::hex e
   // std::showbase para mostrar valor hexadecimal e sua base
   cout << uppercase << 4.345e10 << endl
      << hex << showbase << 123456789 << endl;
} // fim do main
```

```
Imprimindo letras maiúsculas em expoentes de
notação científica e valores hexadecimais:
4.345E+010
0X75BCD15
```

Figura 23.19 ■ Manipulador de stream `uppercase`.

23.7.7 Especificação do formato booleano (boolalpha)

C++ oferece o tipo de dado `bool`, cujos valores podem ser `false` ou `true`, como uma alternativa preferida ao estilo antigo de usar 0 para indicar `false` e não zero para indicar `true`. Uma variável `bool` armazena 0 ou 1 como padrão. Porém, podemos usar o manipulador de stream **boolalpha** para definir o stream de saída para exibir valores `bool` como as strings "`true`" e "`false`". Use o manipulador de stream **noboolalpha** para definir o stream de saída para exibir valores `bool` como inteiros (ou seja, o valor-padrão). O programa da Figura 23.20 demonstra esses manipuladores de stream. A linha 11 mostra o valor `bool` que a linha 8 define em `true` como um inteiro. A linha 15 usa o manipulador `boolalpha` para exibir o valor `bool` como uma string. As linhas 18-19, então, mudam o valor de `bool` e usam o manipulador `noboolalpha`, de modo que a linha 22 pode exibir o valor `bool` como um inteiro. A linha 26 usa o manipulador `boolalpha` para exibir o valor `bool` como uma string. Tanto `boolalpha` quanto `noboolalpha` são opções 'pegajosas'.

Boa prática de programação 23.1

Exibir valores `bool` *como* `true` *ou* `false` *em vez de não zero ou* 0*, respectivamente, torna as saídas do programa mais claras.*

```
1  // Fig. 23.20: Fig23_20.cpp
2  // Demonstrando os manipuladores de stream boolalpha e noboolalpha.
3  #include <iostream>
4  using namespace std;
5
6  int main()
7  {
8     bool booleanValue = true;
```

Figura 23.20 ■ Manipuladores de stream `boolalpha` e `noboolalpha`. (Parte 1 de 2.)

```

   // mostra booleanValue true padrão
   cout << "booleanValue é " << booleanValue << endl;

   // mostra booleanValue depois de usar boolalpha
   cout << "booleanValue (depois de usar boolalpha) é "
      << boolalpha << booleanValue << endl << endl;

   cout << "troca booleanValue e usa noboolalpha" << endl;
   booleanValue = false; // muda booleanValue
   cout << noboolalpha << endl; // usa noboolalpha

   // mostra booleanValue false padrão depois de usar noboolalpha
   cout << "booleanValue é " << booleanValue << endl;

   // mostra booleanValue depois de usar boolalpha novamente
   cout << "booleanValue (depois de usar boolalpha) é "
      << boolalpha << booleanValue << endl;
} // fim do main
```

```
booleanValue é 1
booleanValue (depois de usar boolalpha) é true

troca booleanValue e usa noboolalpha

booleanValue é 0
booleanValue (depois de usar boolalpha) é false
```

Figura 23.20 ■ Manipuladores de stream `boolalpha` e `noboolalpha`. (Parte 2 de 2.)

23.7.8 Inicialização e reinicialização do estado original com função-membro `flags`

Ao longo da Seção 23.7, usamos manipuladores de stream para mudar as características do formato de saída. Agora, vejamos como fazer com que o formato de um stream de saída volte a seu estado-padrão depois de ter executado várias manipulações. A função-membro **`flags`** sem um argumento retorna as configurações de formato atuais como um tipo de dados **`fmtflags`** (da classe `ios_base`), que representa o **estado original**. A função-membro `flags` com um argumento `fmtflags` define o estado original conforme especificado pelo argumento, e retorna as configurações do estado anterior. As configurações iniciais do valor que `flags` retorna podem diferir nos diversos sistemas. O programa da Figura 23.21 usa a função-membro `flags` para salvar o estado do formato original do stream (linha 17) e depois restaurar as configurações de formato originais (linha 25).

```
1  // Fig. 23.21: Fig23_21.cpp
2  // Demonstrando a função-membro flags.
3  #include <iostream>
4  using namespace std;
5
6  int main()
7  {
8     int integerValue = 1000;
9     double doubleValue = 0.0947628;
10
11    // mostra valor de flags, valores int e double (formato original)
12    cout << "O valor da variável flags é: " << cout.flags()
13       << "\nImprime int e double no formato original:\n"
14       << integerValue << '\t' << doubleValue << endl << endl;
15
16    // usa função flags de cout para salvar formato original
```

Figura 23.21 ■ Função-membro `flags`. (Parte 1 de 2.)

```
    ios_base::fmtflags originalFormat = cout.flags();
    cout << showbase << oct << scientific; // muda formato

    // mostra valor de flags, valores int e double (novo formato)
    cout << "O valor da variável flags é: " << cout.flags()
       << "\nImprime int e double em um novo formato:\n"
       << integerValue << '\t' << doubleValue << endl << endl;

    cout.flags( originalFormat ); // restaura formato

    // mostra valor de flags, valores int e double (formato original)
    cout << "O valor restaurado da variável flags é: "
       << cout.flags()
       << "\nImprime valores no formato original novamente:\n"
       << integerValue << '\t' << doubleValue << endl;
} // fim do main
```

```
O valor da variável flags é: 513
Imprime int e double no formato original:
1000      0.0947628

O valor da variável flags é: 012011
Imprime int e double em um novo formato:
01750     9.476280e-002

O valor restaurado da variável flags é: 513
Imprime valores no formato original novamente:
1000      0.0947628
```

Figura 23.21 ■ Função-membro `flags`. (Parte 2 de 2.)

23.8 Estados de erro do stream

O estado de um stream pode ser testado por meio de bits na classe `ios_base`. Em breve, na Figura 23.22, mostraremos como testar esses bits.

O **`eofbit`** é definido para um stream de entrada depois que o fim de arquivo é encontrado. Um programa pode usar a função-membro `eof` para determinar se o fim de arquivo foi encontrado em um stream após uma tentativa de extrair dados além do final do stream. A chamada

```
cin.eof()
```

retorna `true` se o fim de arquivo foi encontrado em `cin`; caso contrário, ela retorna `false`.

O `failbit` é definido para um stream quando um erro de formato ocorre no stream e nenhum caractere é inserido (por exemplo, quando você tenta ler um número e o usuário digita uma string). Quando esse tipo de erro ocorre, os caracteres não são perdidos. A função-membro **`fail`** informa se uma operação de stream falhou. Normalmente, é possível recuperar-se de tal erro.

```
// Fig. 23.22: Fig23_22.cpp
// Testando estados de erro.
#include <iostream>
using namespace std;

int main()
{
   int integerValue;

   // mostra resultados de funções cin
   cout << "Antes de uma operação de entrada com problema:"
```

Figura 23.22 ■ Testando estados de erro. (Parte 1 de 2.)

```
      << "\ncin.rdstate(): " << cin.rdstate()
      << "\n    cin.eof(): " << cin.eof()
      << "\n   cin.fail(): " << cin.fail()
      << "\n    cin.bad(): " << cin.bad()
      << "\n   cin.good(): " << cin.good()
      << "\n\nEspera-se um inteiro, mas digite um caractere: ";

   cin >> integerValue; // entra valor de caractere
   cout << endl;

   // mostra resultados de funções cin após entrada com problema
   cout << "Após uma operação de entrada com problema:"
      << "\ncin.rdstate(): " << cin.rdstate()
      << "\n    cin.eof(): " << cin.eof()
      << "\n   cin.fail(): " << cin.fail()
      << "\n    cin.bad(): " << cin.bad()
      << "\n   cin.good(): " << cin.good() << endl << endl;

   cin.clear(); // limpa stream

   // mostra resultados de funções cin após limpar cin
   cout << "Depois de cin.clear()" << "\ncin.fail(): " << cin.fail()
      << "\ncin.good(): " << cin.good() << endl;
} // fim do main
```

```
Antes de uma operação de entrada problemática:
 cin.rdstate(): 0
 cin.eof(): 0
cin.fail(): 0
 cin.bad(): 0
cin.good(): 1

Espera-se um inteiro, mas digite um caractere: A

Após uma operação de entrada problemática:
 cin.rdstate(): 2
 cin.eof(): 0
cin.fail(): 1
 cin.bad(): 0
cin.good(): 0

Depois de cin.clear()
cin.fail(): 0
cin.good(): 1
```

Figura 23.22 ■ Testando estados de erro. (Parte 2 de 2.)

O `badbit` é definido para um stream quando ocorre um erro que resulta em perda de dados. A função-membro **bad** informa se uma operação de stream falha. Em geral, essas falhas sérias são irrecuperáveis.

O **`goodbit`** é definido para um stream se nenhum dos bits `eofbit`, `failbit` ou `badbit` for definido para o stream.

A função-membro **good** retorna `true` se todas as funções `bad`, `fail` e `eof` retornarem `false`. As operações de E/S deveriam ser realizadas apenas em streams 'bons'.

A função-membro **`rdstate`** retorna o estado de erro do stream. Chamar `cout.rdstate`, por exemplo, devolveria o estado do stream, que poderia então ser testado por uma instrução `switch` que examinaria `eofbit`, `badbit`, `failbit` e `goodbit`. A maneira preferida de testar o estado de um stream é usar funções-membro `eof`, `bad`, `fail` e `good` — usar essas funções não exige que você esteja familiarizado com os bits de status específicos.

A função-membro `clear` é usada para restaurar o estado de um stream, tornando-o 'bom' novamente, de modo que a E/S possa prosseguir nesse stream. O argumento-padrão de `clear` é `goodbit`, de modo que a instrução

```
cin.clear();
```

apague `cin` e defina `goodbit` para o stream. A instrução

```
cin.clear( ios::failbit )
```

define o `failbit`. Você pode querer fazer isso quando tiver problemas ao realizar a entrada em `cin` com um tipo definido pelo usuário. O nome `clear` pode parecer impróprio nesse contexto, mas é correto.

O programa da Figura 23.22 demonstra as funções-membro `rdstate`, `eof`, `fail`, `bad`, `good` e `clear`. [*Nota:* os valores reais enviados podem diferir nos diferentes compiladores.]

A função-membro `operator!` de `basic_ios` retorna `true` se `badbit` estiver definido, se `failbit` estiver definido ou se ambos estiverem definidos. A função-membro `operator void *` retorna `false(0)` se `badbit` estiver definido, se `failbit` estiver definido ou se ambos estiverem definidos. Essas funções serão úteis no processamento de arquivos quando uma condição `true/false` estiver sendo testada sob o controle de uma instrução de seleção ou de repetição.

23.9 Vinculação de um stream de saída a um stream de entrada

Aplicações interativas geralmente envolvem um `istream` de entrada e um `ostream` de saída. Quando uma mensagem de orientação aparece na tela, o usuário responde digitando os dados apropriados. Obviamente, o pedido precisa aparecer antes que a operação de entrada prossiga. Com o buffering de saída, as saídas só aparecem quando o buffer está cheio, quando as saídas são esvaziadas explicitamente pelo programa ou automaticamente, no final do programa. C++ oferece a função-membro `tie` para sincronizar (ou seja, 'juntar') a operação de um `istream` e um `ostream`, garantindo assim que as saídas apareçam antes de suas entradas subsequentes. A chamada

```
cin.tie( &cout );
```

junta `cout` (um `ostream`) a `cin` (um `istream`). Na realidade, essa chamada em particular é redundante pois C++ realiza essa operação automaticamente para criar o ambiente de entrada/saída padrão de um usuário. Porém, o usuário juntaria outros pares `istream`/`ostream` explicitamente. Para separar um stream de entrada, `inputStream`, de um stream de saída, use a chamada

```
inputStream.tie( 0 );
```

23.10 Conclusão

Neste capítulo, resumimos o modo como C++ executa entrada/saída usando streams. Você aprendeu sobre as classes e objetos de E/S de stream, bem como sobre a hierarquia de classes do template de E/S de stream. Discutimos as capacidades de saída formatada e não formatada de `ostream` executadas pelas funções `put` e `write`. Você viu exemplos em que usamos as capacidades de entrada formatada e não formatada de `istream` por meio das funções `eof`, `get`, `getline`, `peek`, `putback`, `ignore` e `read`. Em seguida, discutimos os manipuladores de stream e funções-membro que realizam tarefas de formatação — `dec`, `oct`, `hex` e `setbase` na exibição de inteiros; `precision` e `setprecision` no controle da precisão de ponto flutuante; e `width` e `setw` na definição da largura de campo. Você também aprendeu sobre manipuladores de `iostream` de formatação adicional e funções-membro — `showpoint` na exibição do ponto decimal e zeros à direita; `left`, `right` e `internal` para alinhamento; `fill` e `setfill` para preenchimento; `scientific` e `fixed` na exibição de números em ponto flutuante em notação científica e fixa; `uppercase` no controle de maiúsculas/minúsculas; `boolalpha` para especificar formato booleano; e `flags` e `fmtflags` para reiniciar o estado original.

No próximo capítulo, apresentaremos o tratamento de exceção, que permite que você lide com certos problemas que podem vir a ocorrer durante a execução do programa. Demonstraremos as técnicas básicas de tratamento de exceção, que constantemente permitem que um programa continue a ser executado como se nenhum problema tivesse sido encontrado. Apresentaremos, também, diversas classes que a biblioteca-padrão de C++ oferece para tratar de exceções.

Resumo

Seção 23.1 Introdução

- Operações de E/S são realizadas de maneira sensível ao tipo dos dados.

Seção 23.2 Streams

- A E/S em C++ ocorre em streams. Um stream é uma sequência de bytes.
- Os mecanismos de E/S movem os bytes dos dispositivos para a memória e vice-versa de modo eficiente e confiável.
- C++ oferece recursos de E/S de 'baixo nível' e de 'alto nível'. Os recursos de E/S de baixo nível especificam que os bytes devem ser transferidos do dispositivo para a memória, ou da memória para o dispositivo. A E/S de alto nível é realizada com os bytes agrupados em unidades significativas, como inteiros, strings e tipos definidos pelo usuário.
- C++ oferece operações de E/S não formatada e E/S formatada. A E/S não formatada é rápida, mas processa dados brutos, que são difíceis de serem utilizados. A E/S formatada processa dados em unidades significativas, mas exige um tempo extra de processamento, o que pode degradar o desempenho.
- O arquivo de cabeçalho `<iostream>` declara todas as operações de E/S de stream.
- O cabeçalho `<iomanip>` declara os manipuladores de stream parametrizados.
- O cabeçalho `<fstream>` declara as operações de processamento de arquivo.
- O template `basic_istream` admite operações de entrada de stream.
- O template `basic_ostream` admite operações de saída de stream.
- O template `basic_iostream` admite operações de entrada e saída de stream.
- Cada um dos templates `basic_istream` e a `basic_ostream` deriva do template `basic_ios`.
- O template `basic_iostream` deriva dos templates `basic_istream` e `basic_ostream`.
- O objeto `istream cin` está ligado ao dispositivo de entrada-padrão, normalmente o teclado.
- O objeto `ostream cout` está ligado ao dispositivo de saída-padrão, normalmente a tela.
- O objeto `ostream cerr` está ligado ao dispositivo de erro-padrão, normalmente a tela. As saídas em `cerr` não são mantidas em buffer; cada inserção em `cerr` aparece imediatamente.
- O objeto `ostream clog` é ligado ao dispositivo de erro-padrão, normalmente a tela. As saídas para `clog` são mantidas em buffer.
- O compilador em C++ determina tipos de dados para a entrada e para a saída automaticamente.

Seção 23.3 Saída de streams

- O padrão é exibir os endereços em formato hexadecimal.
- Para imprimir o endereço em uma variável de ponteiro, converta o ponteiro em `void *`.
- A função-membro `put` envia um caractere. As chamadas para `put` podem ser propagadas em cascata.

Seção 23.4 Entrada de streams

- A entrada de stream é realizada com o operador de extração de stream `>>`, que salta automaticamente os caracteres de espaço em branco no stream de entrada e retorna `false` após o fim de arquivo ser encontrado.
- A extração de stream faz com que `failbit` seja definido para entrada imprópria e `badbit` seja definido se a operação falhar.
- Diversos valores podem ser inseridos usando-se a operação de extração de stream em um cabeçalho de loop `while`. A extração retorna `0` quando o fim de arquivo é encontrado ou quando ocorre um erro.
- A função-membro `get` sem argumentos insere um caractere e retorna o caractere; `EOF` é retornado se o fim de arquivo for encontrado no stream.
- A função-membro `get` com um argumento de referência de caractere insere o próximo caractere do stream de entrada e o armazena no argumento de caractere. Essa versão de `get` retorna uma referência ao objeto `istream` para o qual a função-membro `get` está sendo chamada.
- A função-membro `get` com três argumentos — um array de caracteres, um limite de tamanho e um delimitador (com valor-padrão newline) — lê caracteres do stream de entrada até um máximo de limite — 1 caractere ou até que o delimitador seja lido. A string de entrada termina com um caractere nulo. O delimitador não é colocado no array de caracteres, mas permanece no stream de entrada.
- A função-membro `getline` opera como a função-membro `get` de três argumentos. A função `getline` remove o delimitador do stream de entrada, mas não o armazena na string.
- A função-membro `ignore` salta o número especificado de caracteres (o padrão é 1) no stream de entrada; ela termina se o delimitador especificado for encontrado (o delimitador-padrão é `EOF`).
- A função-membro `putback` coloca o caractere anterior obtido por um `get` em um stream de volta nesse stream.
- A função-membro `peek` retorna o próximo caractere de um stream de entrada, mas não extrai (remove) o caractere do stream.
- C++ oferece E/S segura quanto ao tipo. Se dados inesperados forem processados pelos operadores << e >>, diversos bits de erro serão definidos, e poderão ser testados para determinar se uma operação de E/S teve sucesso ou não. Se o operador << não tiver sido sobrecarregado para um tipo definido pelo usuário, um erro de compilação será informado.

Seção 23.5 E/S não formatada com `read`*,* `write` *e* `gcount`

- A E/S não formatada é realizada com as funções-membro `read` e `write`. Elas inserem bytes na memória ou os retiram dela, começando em um endereço de memória designado.
- A função-membro `gcount` retorna o número de caracteres inseridos pela operação `read` anterior nesse stream.
- A função-membro `read` insere um número especificado de caracteres em um array de caractere. `failbit` é definido se menos do que o número especificado de caracteres for lido.

Seção 23.6 Introdução a manipuladores de streams

- Para mudar a base em que os inteiros são impressos, use o manipulador `hex` para definir a base em hexadecimal (base 16), ou `oct` para definir a base em octal (base 8). Use o manipulador `dec` para reiniciar a base em decimal. A base permanece igual até que seja alterada explicitamente.
- O manipulador de stream parametrizado `setbase` também define a base na saída de inteiros. `setbase` utiliza um argumento inteiro de `10`, `8` ou `16` para definir a base.
- A precisão de ponto flutuante pode ser controlada com o manipulador de stream `setprecision`, ou com a função-membro `precision`. Ambos definem a precisão para todas as operações de saída subsequentes até a próxima chamada de definição de precisão. A função-membro `precision` sem argumento retorna o valor de precisão atual.
- Os manipuladores parametrizados exigem a inclusão do arquivo de cabeçalho `<iomanip>`.
- A função-membro `width` define a largura do campo e retorna a largura anterior. Os valores mais estreitos do que o campo são preenchidos com caracteres de preenchimento. A configuração da largura de campo só se aplica para a próxima inserção ou extração; a largura do campo é definida em `0` implicitamente (valores subsequentes serão impressos em um tamanho tão grande quanto necessário). Os valores mais amplos do que um campo serão impressos em sua totalidade. A função `width` sem argumentos retorna a configuração de largura atual. O manipulador `setw` também define a largura.
- Para a entrada, o manipulador de stream `setw` estabelece um tamanho máximo de string; se uma string maior for inserida, a linha maior será dividida em partes que não sejam maiores do que o tamanho designado.
- Você pode criar seus próprios manipuladores de stream.

Seção 23.7 Tipos de formato do stream e manipuladores de stream

- O manipulador de stream `showpoint` força um número em ponto flutuante a ser enviado com um ponto decimal e com o número de dígitos significativos especificado pela precisão.
- Os manipuladores de stream `left` e `right` fazem com que os campos sejam alinhados à esquerda com caracteres de preenchimento à direita, ou alinhados à direita com caracteres de preenchimento à esquerda.
- O manipulador de stream `internal` indica que o sinal de um número (ou base, quando o manipulador de stream `showbase` estiver sendo usado) deve ser alinhado à esquerda dentro de um campo, sua magnitude deve ser alinhada à direita e espaços intermediários devem ser preenchidos com o caractere de preenchimento.
- A função-membro `fill` especifica o caractere de preenchimento a ser usado com os manipuladores de stream `left`, `right` e `internal` (o espaço é o padrão); o caractere de preenchimento anterior é retornado. O manipulador de stream `setfill` também define o caractere de preenchimento.
- Os manipuladores de stream `oct`, `hex` e `dec` especificam que os inteiros devem ser tratados como valores octais, hexadecimais ou decimais, respectivamente. A saída de inteiros é feita em decimal como padrão, se nenhum desses bits for definido; extrações de stream processam os dados na forma em que eles são fornecidos.
- O manipulador de stream `showbase` força a impressão da base de um valor inteiro.
- O manipulador de stream `scientific` é usado para imprimir um número em ponto flutuante em formato científico. O manipulador de stream `fixed` é usado para imprimir um número em ponto flutuante com a precisão especificada pela função-membro `precision`.
- O manipulador de stream `uppercase` imprime um `X` ou um `E` maiúsculos para inteiros hexadecimais e para valores de ponto flutuante em notação científica, respectivamente. Os valores hexadecimais aparecem em letras maiúsculas.
- A função-membro `flags` sem argumentos retorna o valor `long` das configurações de estado original atuais. A função `flags` com um argumento `long` define o estado original especificado pelo argumento.

Seção 23.8 Estados de erro do stream

- O estado de um stream pode ser testado por meio dos bits na classe `ios_base`.
- O `eofbit` é definido para um stream de entrada depois que o fim de arquivo é encontrado durante uma operação de entrada. A função-membro `eof` informa se o `eofbit` foi definido.
- O `failbit` de um stream é definido quando ocorre um erro de formato. A função-membro `fail` informa se uma operação de stream falha; normalmente, é possível recuperar-se desses erros.
- O `badbit` de um stream é definido quando ocorre um erro que resulta em perda de dados. A função-membro `bad` informa se essa operação de stream falha. Essas falhas sérias normalmente são irrecuperáveis.
- A função-membro `good` retorna `true` se todas as funções `bad`, `fail` e `eof` retornam `false`. As operações de E/S devem ser realizadas apenas em streams 'bons'.
- A função-membro `rdstate` retorna o estado de erro do stream.
- A função-membro `clear` restaura o estado de um stream em 'bom', de modo que a E/S possa prosseguir.

Seção 23.9 Vinculação de um stream de saída a um stream de entrada

- C++ oferece a função-membro `tie` na sincronização de operações `istream` e `ostream`, a fim de garantir que as saídas apareçam antes das entradas subsequentes.

Terminologia

bad, função-membro de basic_ios 742
badbit 726
basic_fstream, template de classe 724
basic_ifstream, template de classe 724
basic_ios, template de classe 855
basic_iostream, template de classe 723
basic_istream, template de classe 723
basic_ofstream, template de classe 724
basic_ostream, template de classe 723
bibliotecas clássicas de stream 722
bibliotecas-padrão de stream 722
bits de estado 726
boolalpha, manipulador de stream 739
buffer 724
caractere em branco 726
caracteres de preenchimento 731
clear, função-membro de basic_ios 743
dec, manipulador de stream 737
E/S não formatada 722
E/S seguras quanto ao tipo 721
eof, função-membro de basic_ios 878
eofbit 741
estado original 740
fail, função-membro de basic_ios 741
failbit 726
fill, função-membro de basic_ios 736
fixed, manipulador de stream 738
flags, função-membro de ios_base 740
fmtflags 740
fstream 724
gcount, função-membro de basic_istream 729
get, função-membro de basic_istream 726
getline, função-membro de basic_istream 728
good, função-membro de basic_ios 742
goodbit 742
hex, manipulador de stream 737
ifstream 724
ignore, função-membro de basic_istream 728
internal, manipulador de stream 736
iostream 723
istream 723
left, manipulador de stream 735
manipuladores de stream 729
manipuladores de streams parametrizados 723
noboolalpha, manipulador de stream 739
noshowbase, manipulador de stream 737
noshowpoint, manipulador de stream 734
noshowpos, manipulador de stream 736
nouppercase, manipulador de stream 739
oct, manipulador de stream 737
ofstream 724
ostream 723
peek, função-membro de basic_istream 728
precisão 730
precision, função-membro de ios_base 731
preenchimento 731
putback, função-membro de basic_istream 728
rdstate, função-membro de basic_ios 742
read, função-membro de basic_istream 728
right, manipulador de stream 735
scientific, manipulador de stream 738
setbase, manipulador de stream 729
setfill, manipulador de stream 736
showbase, manipulador de stream 737
showpoint, manipulador de stream 734
showpos, manipulador de stream 736
streams 722
tie, função-membro de basic_ios 743
typedef 723
Unicode®, conjunto de caracteres 722
uppercase, manipulador de stream 739
wchar_t 722
width, manipulador de stream 731
write, função-membro de basic_ostream 728

Exercícios de autorrevisão

23.1 Preencha os espaços em cada uma das sentenças:

a) Entrada/saída em C++ ocorre como ____ de bytes.
b) Os manipuladores de stream que formatam o alinhamento são _______, _______ e _______.
c) A função-membro _______ pode ser usada para definir e restaurar o estado original.
d) A maioria dos programas em C++ que realiza E/S deve incluir o arquivo de cabeçalho _______, que contém as declarações exigidas em todas as operações de E/S de stream.
e) Ao usar manipuladores parametrizados, o arquivo de cabeçalho _______ deve ser incluído.

f) O arquivo de cabeçalho _______ contém as declarações exigidas no processamento de arquivo.

g) A função-membro _______ de `ostream` é usada para executar a saída não formatada.

h) As operações de entrada são admitidas pela classe _______.

i) Saídas de stream de erro-padrão são direcionadas para os objetos de stream _______ ou _______.

j) Operações de saída são admitidas pela classe _______.

k) O símbolo para o operador de inserção de stream é _______.

l) Os quatro objetos que correspondem aos dispositivos-padrão no sistema são _______, _______, _______ e _______.

m) O símbolo para o operador de extração de stream é _______.

n) Os manipuladores de stream _______, _______ e _______ especificam que os inteiros devem ser exibidos em formatos octal, hexadecimal e decimal, respectivamente.

o) O manipulador de stream _______ faz com que números positivos apareçam com um sinal de mais.

23.2 Indique quais das sentenças a seguir são *verdadeiras* e quais são *falsas*. Em caso de alternativas *falsas*, justifique sua resposta.

a) A função-membro de stream `flags` com um argumento `long` define a variável de estado `flags` como seu argumento e retorna seu valor anterior.

b) O operador de inserção de stream << e o operador de extração de stream >> são sobrecarregados para tratar de todos os tipos de dados-padrão — incluindo strings e endereços de memória (apenas inserção de stream) — e todos os tipos de dados definidos pelo usuário.

c) A função-membro de stream `flags` sem argumentos reinicia o estado original do stream.

d) O operador de extração de stream >> pode ser sobrecarregado com uma função operador que utilize uma referência `istream` e uma referência a um tipo definido pelo usuário como argumentos e retorne uma referência `istream`.

e) O operador de inserção de stream << pode ser sobrecarregado com uma função operador que utilize uma referência `istream` e uma referência a um tipo definido pelo usuário como argumentos e retorne uma referência `istream`.

f) É padrão que a entrada com o operador de extração de stream >> sempre pule os caracteres iniciais de espaço em branco no stream de entrada.

g) A função-membro de stream `rdstate` restaura o estado atual do stream.

h) O stream `cout` normalmente é conectado à tela de vídeo.

i) A função-membro de stream `good` retorna `true` se todas as funções-membro `bad`, `fail` e `eof` retornarem `false`.

j) O stream `cin` normalmente está conectado à tela de vídeo.

k) Se um erro irrecuperável ocorrer durante uma operação de stream, a função-membro `bad` retornará `true`.

l) A saída para `cerr` não é mantida em buffer, e a saída para `clog` é mantida em buffer.

m) O manipulador de stream `showpoint` força os valores de ponto flutuante a serem impressos com os seis dígitos de precisão-padrão, a menos que o valor da precisão tenha sido mudado; nesse caso, os valores de ponto flutuante imprimem com a precisão especificada.

n) A função-membro `put` de `ostream` imprime o número de caracteres especificado.

o) Os manipuladores de stream `dec`, `oct` e `hex` afetam apenas a próxima operação de saída de inteiro.

p) O padrão é que os endereços de memória sejam exibidos como inteiros `long`.

23.3 Para cada um dos itens a seguir, escreva uma única instrução que realize a tarefa requerida.

a) Imprimir a string "`Digite seu nome: `".

b) Usar um manipulador de stream que faz com que o expoente em notação científica e as letras nos valores hexadecimais sejam impressos em letras maiúsculas.

c) Imprimir o endereço da variável `myString` do tipo `char *`.

d) Usar um manipulador de stream para garantir que os valores de ponto flutuante imprimam em notação científica.

e) Imprimir o endereço na variável `integerPtr` de tipo `int *`.

f) Usar um manipulador de stream de modo que, quando valores inteiros são impressos, a base inteira para valores octais e hexadecimais seja exibida.

g) Imprimir o valor apontado por `floatPtr` de tipo `float *`.

h) Usar a função-membro de stream para definir o caractere de preenchimento como `'*'` para impressão em larguras de campo maiores que os valores sendo impressos. Repita essa instrução com um manipulador de stream.

i) Imprimir os caracteres `'O'` e `'K'` em uma instrução com a função `put` de `ostream`.

j) Obter o valor do próximo caractere a entrar sem extraí-lo do stream.

k) Incluir um único caractere na variável `charValue` de tipo `char`, usando a função-membro `get` de `istream` de duas maneiras diferentes.

l) Incluir e descartar os próximos seis caracteres no stream de entrada.

m) Usar a função-membro `read` de `istream` para incluir 50 caracteres no array de `char line`.

n) Ler 10 caracteres no array de caracteres `name`. Parar de ler os caracteres se o delimitador `'.'` for encontrado. Não remover o delimitador do stream de entrada. Escrever outra instrução que realize essa tarefa e remova o delimitador da entrada.

o) Usar a função-membro `gcount` de `istream` para determinar o número de caracteres inseridos no array de caracteres `line` pela última chamada à função-membro `read` de `istream`, e imprimir esse número de caracteres usando a função-membro `write` de `ostream`.

p) A saída `124`, `18.376`, `'Z'`, `1000000` e `"String"`, separada por espaços.

q) Imprimir a configuração de precisão atual usando uma função-membro do objeto `cout`.

r) Incluir um valor inteiro na variável `int months` e um valor de ponto flutuante na variável `float percentageRate`.

s) Imprimir `1.92`, `1.925` e `1.9258` separados por tabulações e com `3` dígitos de precisão usando um manipulador de stream.

t) Imprimir o inteiro `100` em octal, hexadecimal e decimal usando manipuladores de stream, separados por tabulações.

u) Imprimir o inteiro `100` em decimal, octal e hexadecimal separados por tabulações usando o manipulador de stream para mudar a base.

v) Imprimir `1234` alinhado à direita em um campo de `10` dígitos.

w) Ler caracteres no array de caracteres `line` até que o caractere `'z'` seja encontrado, até um limite de `20` caracteres (incluindo um caractere nulo de finalização). Não extraia o caractere delimitador do stream.

x) Usar variáveis inteiras `x` e `y` para especificar a largura de campo e a precisão usadas para exibir o valor `double 87.4573`, e exibir o valor.

23.4 Identifique os erros em cada uma das instruções a seguir e explique como corrigi-los.

a) `cout << "Valor de x <= y é: " << x <= y;`

b) A instrução a seguir deverá imprimir o valor inteiro de `'c'`.

```
cout << 'c';
```

c) `cout << ""Uma string entre aspas"";`

23.5 Para cada um dos itens a seguir, mostre a saída.

a)
```
cout << "12345" << endl;
cout.width( 5 );
cout.fill( '*' );
cout << 123 << endl << 123;
```

b) `cout << setw( 10 ) << setfill( '$' ) << 10000;`

c) `cout << setw( 8 ) << setprecision( 3 ) << 1024.987654;`

d) `cout << showbase << oct << 99 << endl << hex << 99;`

e) `cout << 100000 << endl << showpos << 100000;`

f) `cout << setw( 10 ) << setprecision( 2 ) << scientific << 444.93738;`

Respostas dos exercícios de autorrevisão

23.1 a) streams. b) `left`, `right` e `internal`. c) `flags`. d) `<iostream>`. e) `<iomanip>`. f) `<fstream>`. g) `write`. h) `istream`. i) `cerr` ou `clog`. j) `ostream`. k) `<<`. l) `cin`, `cout`, `cerr` e `clog`. m) `>>`. n) `oct`, `hex` e `dec`. o) `showpos`.

23.2 a) Falso. A função-membro de stream `flags` com um argumento `fmtflags` define a variável de estado `flags` como seu argumento e retorna as configurações de estado anteriores. b) Falso. Os operadores de inserção e de extração de stream não são sobrecarregados para todos os tipos definidos pelo usuário. Você precisa fornecer as funções-membro específicas sobrecarregadas para sobrecarregar os operadores de stream para usá-las com cada tipo definido pelo usuário que você criar. c) Falso. A função-membro de stream `flags` sem argumentos retorna as configurações atuais de formato como um tipo de dado `fmtflags`, que representa o estado original. d) Verdadeiro. e) Falso. Para sobrecarregar o operador de inserção de stream `<<`, a função operador sobrecarregada precisa usar uma referência `ostream` e uma referência a um tipo definido pelo usuário como argumentos e retornar uma referência `ostream`. f) Verdadeiro. g) Verdadeiro. h) Verdadeiro. i) Verdadeiro. j) Falso. O stream `cin` é conectado à entrada-padrão do computador, que normalmente é o teclado. k) Verdadeiro. l) Verdadeiro. m) Verdadeiro. n) Falso. A função-membro `put` de `ostream` imprime seu argumento de caractere único. o) Falso. Os manipuladores de stream `dec`, `oct` e `hex` definem o estado original de saída para inteiros para a base especificada até que a base seja mudada novamente ou o programa termine. p) Falso. O padrão é que os endereços de memória sejam exibidos em formato hexadecimal. Para exibir endereços como inteiros `long`, o endereço deve ser convertido em um valor `long`.

23.3 a) `cout << "Digite seu nome: ";`

b) `cout << uppercase;`

c) `cout << static_cast< void * >( myString );`

d) `cout << scientific;`

e) `cout << integerPtr;`

f) `cout << showbase;`

g) `cout << *floatPtr;`

h) `cout.fill( '*' );`

`cout << setfill( '*' );`

i) `cout.put( 'O' ).put( 'K' );`

j) `cin.peek();`

k) `charValue = cin.get();`

`cin.get( charValue );`

l) `cin.ignore( 6 );`

m) `cin.read( line, 50 );`

n) `cin.get( name, 10, '.' );`

`cin.getline( name, 10, '.' );`

o) `cout.write( line, cin.gcount() );`

p) `cout << 124 << ' ' << 18.376 << ' ' << "Z " << 1000000 << " String";`

q) `cout << cout.precision();`

r) `cin >> months >> percentageRate;`

s) `cout << setprecision( 3 ) << 1.92 << '\t' << 1.925 << '\t' << 1.9258;`

t) `cout << oct << 100 << '\t' << hex << 100 << '\t' << dec << 100;`

u) `cout << 100 << '\t' << setbase( 8 ) << 100 << '\t' << setbase( 16 ) << 100;`

v) `cout << setw( 10 ) << 1234;`

w) `cin.get( line, 20, 'z' );`

x) `cout << setw( x ) << setprecision( y ) << 87.4573;`

23.4 a) *Erro:* A precedência do operador `<<` é mais alta que a de `<=`, o que faz com que a instrução seja avaliada indevidamente, e também cause um erro de compilação.

Correção: Coloque parênteses em torno da expressão `x <= y`.

b) *Erro:* Em C++, os caracteres não são tratados como inteiros pequenos, como acontece em C.

Correção: Para imprimir o valor numérico para um caractere no conjunto de caracteres do computador, o caractere precisa ser convertido em um valor inteiro, como a seguir:

`cout << static_cast< int >( 'c' );`

c) *Erro:* Caracteres de aspas não podem ser impressos em uma string, a menos que seja usada uma sequência de escape.

Correção: Imprima a string da seguinte maneira:

`cout << "\"Uma string entre aspas\"";`

23.5 a)
```
12345
**123
123
```
b) `$$$$$10000`

c) `1024.988`

d) `0143`

`0x63`

e) `100000`

`+100000`

f) `4.45e+002`

Exercícios

23.6 Escreva uma instrução para cada um dos itens a seguir:

a) Imprimir o inteiro 40000 alinhado à esquerda em um campo de 15 dígitos.

b) Ler uma string em uma variável de array de caracteres `state`.

c) Imprimir 200 com e sem sinal.

d) Imprimir o valor decimal 100 em formato hexadecimal precedido por `0x`.

e) Ler caracteres para o array `charArray` até que o caractere `'p'` seja encontrado, até um limite de 10 caracteres (incluindo o caractere nulo de finalização). Extraia o delimitador do stream de entrada e descarte-o.

f) Imprimir `1.234` em um campo de 9 dígitos com zeros iniciais.

23.7 ***Inclusão de valores decimal, octal e hexadecimal.*** Escreva um programa para testar a entrada de valores inteiros em formatos decimal, octal e hexadecimal. Imprima cada inteiro lido pelo programa nos três formatos. Teste o programa com os seguintes dados de entrada: `10`, `010`, `0x10`.

23.8 ***Impressão de valores de ponteiro como inteiros.*** Escreva um programa que imprima valores de ponteiro, usando conversões para todos os tipos de dados inteiros. Quais imprimem valores estranhos? Quais causam erros?

23.9 ***Impressão com larguras de campo.*** Escreva um programa que teste os resultados de impressão do valor inteiro `12345` e do valor de ponto flutuante `1.2345` em campos de diversos tamanhos. O que acontece quando os valores são impressos em campos que contêm menos dígitos do que os valores?

23.10 ***Arredondamento.*** Escreva um programa que imprima o valor `100.453627` arredondado até o mais próximo dígito, décimo, centésimo, milésimo e décimo de milésimo.

23.11 Escreva um programa que aceite uma string do teclado e determine o tamanho da string. Imprima a string em uma largura de campo que seja o dobro do tamanho da string.

23.12 ***Conversão de Fahrenheit em Celsius.*** Escreva um programa que converta temperaturas Fahrenheit inteiras de `0` a `212` graus em temperaturas Celsius em ponto flutuante com `3` dígitos de precisão. Use a fórmula

```
celsius = 5.0 / 9.0 * ( fahrenheit - 32 );
```

para realizar o cálculo. A saída deverá ser impressa em duas colunas alinhadas à direita e as temperaturas Celsius devem ser precedidas por um sinal para valores positivos e negativos.

23.13 Em algumas linguagens de programação, as strings são incluídas delimitadas por aspas ou apóstrofos. Escreva um programa que leia as três strings `suzy`, `"suzy"` e `'suzy'`. As aspas e os apóstrofos são ignorados ou lidos como parte da string?

23.14 ***Leitura de números de telefone usando um operador de extração de stream sobrecarregado.*** Na Figura 19.5, os operadores de extração e inserção de stream foram sobrecarregados para a entrada e saída de objetos da classe `PhoneNumber`. Reescreva o operador de extração de stream para realizar a seguinte verificação de erro na entrada. A função `operator>>` precisará ser reimplementada.

a) Inclua o número de telefone inteiro em um array. Verifique se o número apropriado de caracteres foi inserido. Deve haver um total de 15 caracteres lidos para um número de telefone no formato `(11) 5555-1212`. Use a função-membro `clear` de `ios_base` para definir o `failbit` de entrada imprópria.

b) O código de área e a central não começam nem com `0` nem com `1`. Teste o primeiro dígito das partes do código de área e troque partes do número de telefone para ter certeza de que nenhum comece com `0` ou com `1`. Use a função-membro `clear` de `ios_base` para definir `failbit` de entrada imprópria.

c) O dígito do meio de um código de área costumava ser limitado a `0` ou a `1` (embora isso tenha mudado recentemente). Teste o dígito do meio para ver se é um valor `0` ou `1`. Use a função-membro `clear` de `ios_base` para definir `failbit` de entrada imprópria. Se nenhuma das operações acima resultar na definição de `failbit` no caso de uma entrada imprópria, copie as três partes do número de telefone nos membros `areaCode`, `exchange` e `line` do objeto `PhoneNumber`. Se `failbit` tiver sido definido na entrada, faça o programa imprimir uma mensagem de erro e termine em vez de imprimir o número do telefone.

23.15 ***Classe Point.*** Escreva um programa que realize cada uma das seguintes tarefas:

a) Cria uma classe definida pelo usuário `Point` que contenha os dados-membro inteiros privados `xCoordinate` e `yCoordinate`, e declare funções operador sobrecarregadas de inserção e extração de stream como `friends` da classe.

b) Defina as funções operador de inserção e extração de stream. A função operador de extração de stream deverá determinar se os dados inseridos são válidos e, caso não sejam, devem definir o `failbit` para indicar a entrada imprópria. O operador de inserção de stream não deverá ser capaz de exibir o ponto depois que houver um erro de entrada.

c) Escreva uma função `main` que teste a entrada e a saída da classe definida pelo usuário `Point` usando os operadores de extração e inserção de stream sobrecarregados.

23.16 ***Classe Complex.*** Escreva um programa que realize cada uma das tarefas:

a) Cria uma classe definida pelo usuário `Complex` que contém os dados-membro inteiros privados `real` e `imaginary` e declara as funções operador sobrecarregadas de inserção e extração de stream como `friends` da classe.

b) Define as funções operador de inserção e de extração de stream. A função operador de extração de stream deverá determinar se os dados inseridos são válidos e, caso não sejam, deve definir `failbit` para indicar a entrada imprópria. A entrada deverá ter a forma

$$3 + 8i$$

c) Os valores podem ser negativos ou positivos, e é possível que um dos dois valores não seja fornecido; nesse caso, o dado-membro apropriado deve ser definido em 0. O operador de inserção de stream não deve ser capaz de exibir o ponto se tiver ocorrido um erro de entrada. Para valores imaginários negativos, um sinal de subtração deverá sem impresso no lugar de um sinal de adição.

d) Escreve uma função `main` que testa a entrada e a saída da classe `Complex` definida pelo usuário, utilizando os operadores sobrecarregados de extração e de inserção de stream.

23.17 ***Impressão de uma tabela de valores ASCII.*** Escreva um programa que use uma estrutura `for` para imprimir uma tabela de valores ASCII para os caracteres no conjunto de caracteres ASCII de `33` a `126`. O programa deverá imprimir os valores decimal, octal, hexadecimal e o valor de caractere para cada caractere. Use os manipuladores de stream `dec`, `oct` e `hex` para imprimir os valores inteiros.

23.18 Escreva um programa para mostrar que o `getline` e as funções-membro `istream` de `get` terminam a string de entrada com um caractere nulo de finalização de string. Além disso, mostre que `get` deixa o caractere delimitador no stream de entrada, enquanto `getline` extrai o caractere delimitador e o descarta. O que acontece com os caracteres não lidos no stream?

Capítulo 24

Tratamento de exceções

É uma questão de bom-senso escolher um método e experimentá-lo. Se ele falhar, admita-o francamente, e tente outro. Mas, acima de tudo, tente alguma coisa.
— Franklin Delano Roosevelt

Se eles estão correndo e não olham para onde estão indo, tenho de sair de algum lugar e apanhá-los.
— Jerome David Salinger

Nunca esqueço um rosto, mas, no seu caso, vou abrir uma exceção.
— Groucho Marx

Objetivos

Neste capítulo, você aprenderá:

- O que são exceções, e quando usá-las.
- A usar `try`, `catch` e `throw` para detectar, tratar e demonstrar exceções, respectivamente.
- A processar exceções não capturadas e inesperadas.
- A declarar novas classes de exceção.
- Como o desempilhamento permite que exceções não capturadas em um escopo sejam capturadas em outro escopo.
- A ser capaz de processar falhas de `new`.
- Usar `auto_ptr` para evitar perdas de memória
- A entender a hierarquia-padrão das exceções.

Conteúdo

24.1 Introdução
24.2 Visão geral do tratamento de exceção
24.3 Exemplo: tratando uma tentativa de divisão por zero
24.4 Quando o tratamento de exceção deve ser usado
24.5 Indicação de uma exceção
24.6 Especificações de exceção
24.7 Processamento de exceções inesperadas
24.8 Desempilhamento
24.9 Construtores, destrutores e tratamento de exceções
24.10 Exceções e herança
24.11 Processamento de falhas de new
24.12 Classe auto_ptr e alocação dinâmica de memória
24.13 Hierarquia de exceções da biblioteca-padrão
24.14 Outras técnicas de tratamento de erros
24.15 Conclusão

Resumo | *Terminologia* | *Exercícios de autorrevisão* | *Respostas dos exercícios de autorrevisão* | *Exercícios*

24.1 Introdução

Neste capítulo, apresentaremos o **tratamento de exceção**. Uma **exceção** é uma indicação de um problema que ocorre durante a execução de um programa. O nome 'exceção' indica que o problema ocorre com pouca frequência — se a 'regra' é que uma instrução normalmente seja executada corretamente, então a 'exceção à regra' é que ocorra um problema. O tratamento de exceção permite que você crie aplicações que possam resolver (ou tratar das) exceções. Em muitos casos, o tratamento de uma exceção permite que um programa continue a ser executado como se nenhum problema tivesse sido encontrado. Um problema mais grave poderia impedir que um programa continuasse sua execução normal em vez de exigir que o programa avisasse ao usuário de sua existência antes de terminar de uma maneira controlada. Os recursos apresentados neste capítulo permitem que você escreva programas **robustos** e **tolerantes a falhas**, que possam lidar com problemas que venham a surgir e continuem sua execução ou terminem de forma controlada. O estilo e os detalhes do tratamento de exceção em C++ são baseados em parte no trabalho de Andrew Koenig e Bjarne Stroustrup, apresentado em seu artigo "Exception Handling for C++ (revised)" — Tratamento de exceção para C++ (revisto).[1]

Dica de prevenção de erro 24.1

O tratamento de exceção ajuda a aumentar a tolerância de um programa a falhas.

Observação sobre engenharia de software 24.1

O tratamento de exceção oferece um mecanismo-padrão para processar erros. Isso é especialmente importante quando se trabalha em um projeto com uma grande equipe de programadores.

Começaremos com uma visão geral dos conceitos de tratamento de exceção, e depois demonstraremos suas técnicas básicas. Mostraremos essas técnicas por meio de um exemplo que demonstrará o tratamento de uma exceção que ocorre quando uma função tenta dividir por zero. Depois, discutiremos as questões adicionais do tratamento de exceção, por exemplo, o tratamento de exceções que ocorrem em um construtor ou destrutor, e como devem ser tratadas as exceções que ocorrem quando o operador `new` deixa de alocar memória em um objeto. Concluiremos o capítulo apresentando diversas classes que a biblioteca-padrão de C++ oferece para o tratamento de exceções.

24.2 Visão geral do tratamento de exceção

A lógica do programa testa, constantemente, as condições que determinam como a execução do programa prossegue. Considere o pseudocódigo a seguir:

1 Koenig, A. e B. Stroustrup, "Exception Handling for C++ (revised)", *Proceedings of the Usenix C++ Conference*, p. 149–176 São Francisco, abril de 1990.

```
Realizar uma tarefa
Se a tarefa anterior não foi executada corretamente
    Realizar o processamento do erro
Realizar próxima tarefa
Se a execução da função não executa corretamente
    Realizar o processamento do erro
...
```

Nesse pseudocódigo, começamos realizando uma tarefa. Depois, testamos se essa tarefa foi executada corretamente. Se não, realizamos o processamento do erro. Caso contrário, continuaremos com a próxima tarefa. Embora essa forma de tratamento de erro funcione, misturar a lógica do programa com a lógica do tratamento de erro pode tornar o programa difícil de ser lido, modificado, mantido e depurado — especialmente no caso de aplicações grandes.

Dica de desempenho 24.1

Se os problemas potenciais ocorrem com pouca frequência, misturar a lógica do programa com a lógica de tratamento de erro pode atrapalhar o desempenho de um programa, pois ele precisa (potencialmente, com frequência) realizar testes para determinar se a tarefa foi executada corretamente e se a próxima tarefa poderá ser realizada.

O tratamento de exceção permite que você remova o código de tratamento de erro da 'linha principal' da execução do programa, o que aumenta a inteligibilidade do programa e torna mais fácil sua modificação. Você pode decidir tratar de quaisquer exceções que escolher — todas as exceções, todas as exceções de certo tipo ou todas as exceções de um grupo de tipos relacionados (por exemplo, tipos de exceção que pertençam a uma hierarquia de herança). Essa flexibilidade reduz a probabilidade de que erros sejam omitidos e, portanto, torna um programa mais robusto.

Linguagens de programação que não admitem o tratamento de exceção fazem com que os programadores normalmente adiem o código de processamento de erro ou, às vezes, se esqueçam de incluí-lo. Isso resulta em produtos de software menos robustos. C++ permite que você cuide do tratamento de exceção com facilidade, desde o início de um projeto.

24.3 Exemplo: tratando uma tentativa de divisão por zero

Consideremos um exemplo simples de tratamento de exceção (figuras 24.1 e 24.2). A finalidade desse exemplo é mostrar como impedir um problema aritmético comum — a divisão por zero. Em C++, a divisão por zero usando aritmética de inteiros normalmente faz com que um programa termine prematuramente. Na aritmética de ponto flutuante, algumas implementações de C++ permitem a divisão por zero quando o infinito positivo ou negativo é exibido como `INF` ou `-INF`, respectivamente.

Nesse exemplo, definiremos uma função chamada `quotient`, que recebe dois inteiros informados pelo usuário e divide seu primeiro parâmetro `int` por seu segundo parâmetro `int`. Antes de realizar a divisão, a função converte o valor do primeiro parâmetro `int` para o tipo `double`. Depois, o segundo valor do parâmetro `int` é promovido ao tipo `double` para o cálculo. Assim, a função `quotient`, na realidade, realiza a divisão usando dois valores `double` e retorna um resultado `double`.

Embora a divisão por zero seja permitida na aritmética de ponto flutuante, para o propósito desse exemplo vamos tratar qualquer tentativa de dividir por zero como um erro. Assim, a função `quotient` testa seu segundo parâmetro para garantir que não seja zero antes de permitir que a divisão prossiga. Se o segundo parâmetro for zero, a função usará uma exceção para indicar a quem chamou que houve um problema. Quem chama (`main`, nesse exemplo) poderá, então, processar a exceção e permitir que o usuário digite dois novos valores antes de chamar a função `quotient` novamente. Desse modo, o programa poderá continuar a executar mesmo depois que um valor impróprio for digitado, tornando, assim, o programa mais robusto.

O exemplo consiste em dois arquivos. `DivideByZeroException.h` (Figura 24.1) define uma classe de exceção que representa o tipo do problema que poderia ocorrer no exemplo, e `fig24_02.cpp` (Figura 24.2) define a função `quotient` e a função `main` que a chama. A função `main` contém o código que demonstra o tratamento da exceção.

Definição de uma classe de exceção para representar o tipo de problema que poderia ocorrer

A Figura 24.1 define a classe `DivideByZeroException` como uma classe derivada da classe `runtime_error` da biblioteca-padrão (definida no arquivo de cabeçalho `<stdexcept>`). A classe `runtime_error` — uma classe derivada da classe `exception` da

```
// Figura 24.1: DivideByZeroException.h
// Class DivideByZeroException definition.
#include <stdexcept> // arquivo de cabeçalho stdexcept contém runtime_error
using namespace std;

// Objetos DivideByZeroException devem ser disparados por funções
// ao detectar exceções de divisão por zero
class DivideByZeroException : public runtime_error
{
public:
   // construtor especifica mensagem de erro padrão
   DivideByZeroException()
      : runtime_error( "tentou dividir por zero" ) {}
}; // fim da classe DivideByZeroException
```

Figura 24.1 ■ Definição da classe `DivideByZeroException`.

```
// Figura 24.2: Fig24_02.cpp
// Um exemplo simples de tratamento de exceção que verifica
// exceções de divisão por zero.
#include <iostream>
#include "DivideByZeroException.h" // Classe DivideByZeroException
using namespace std;

// realiza divisão e dispara objeto DivideByZeroException se
// ocorrer a exceção de divisão por zero
double quotient( int numerator, int denominator )
{
   // dispara DivideByZeroException se tentar dividir por zero
   if ( denominator == 0 )
      throw DivideByZeroException(); // termina função

   // retorna resultado da divisão
   return static_cast< double >( numerator ) / denominator;
} // fim do quociente da função

int main()
{
   int number1; // numerador especificado pelo usuário
   int number2; // denominador especificado pelo usuário
   double result; // resultado da divisão

   cout << "Digite dois inteiros (fim de arquivo para terminar): ";

   // permite que o usuário digite dois inteiros para dividir
   while ( cin >> number1 >> number2 )
   {
      // bloco try contém código que poderia disparar exceção e
      // código que não deve ser executado se houver exceção
      try
      {
         result = quotient( number1, number2 );
         cout << "O quociente é: " << result << endl;
      } // fim do try
      catch ( DivideByZeroException &divideByZeroException )
      {
```

Figura 24.2 ■ Exemplo de tratamento de exceção que dispara exceções nas tentativas de divisão por zero. (Parte 1 de 2.)

```
40             cout << "Houve exceção: "
41                << divideByZeroException.what() << endl;
42          } // fim do catch
43
44          cout << "\nDigite dois inteiros (fim de arquivo para terminar): ";
45       } // fim do while
46
47       cout << endl;
48    } // fim do main
```

```
Digite dois inteiros (fim de arquivo para terminar): 100 7
O quociente é: 14.2857

Digite dois inteiros (fim de arquivo para terminar): 100 0
Houve exceção: attempted to divide by zero

Digite dois inteiros (fim de arquivo para terminar): ^Z
```

Figura 24.2 ■ Exemplo de tratamento de exceção que dispara exceções nas tentativas de divisão por zero. (Parte 2 de 2.)

biblioteca-padrão (definida no arquivo de cabeçalho `<exception>`) — é a classe base padrão de C++ que representa erros no tempo de execução. A classe `exception` é a classe base padrão de C++ para todas as exceções. (A Seção 24.13 discutirá a classe `exception` e suas classes derivadas com detalhes.) Uma classe de exceção típica que deriva da classe `runtime_error` define apenas um construtor (por exemplo, as linhas 12-13) que passa uma string de mensagem de erro para o construtor `runtime_error` da classe base. Cada classe de exceção que deriva direta ou indiretamente de `exception` contém a função `virtual` `what`, que retorna a mensagem de erro de um objeto de exceção. Você não precisa derivar uma classe de exceção personalizada, como `DivideByZeroException`, das classes de exceção padrão fornecidas por C++. Porém, fazer isso permite que você use a função `virtual what` para obter uma mensagem de erro apropriada. Usaremos um objeto dessa classe `DivideByZeroException` na Figura 24.2 para indicar quando é feita uma tentativa de dividir por zero.

Demonstração do tratamento de exceção

O programa na Figura 24.2 usa o tratamento de exceção para envolver o código que poderia disparar uma exceção de 'divisão por zero' e tratar dessa exceção, caso ela ocorra. A aplicação permite que o usuário digite dois inteiros, que são passados como argumentos para a função `quotient` (linhas 10-18). Essa função divide seu primeiro parâmetro (`numerator`) por seu segundo parâmetro (`denominator`). Supondo que o usuário não especifique `0` como o denominador da divisão, a função `quotient` retorna o resultado da divisão. Porém, se o usuário digitar `0` para o denominador, a função `quotient` dispara uma exceção. Na saída do exemplo, as duas primeiras linhas mostram um cálculo bem-sucedido, mas as duas linhas seguintes mostram um cálculo que falhou devido a uma tentativa de divisão por zero. Quando a exceção ocorre, o programa informa ao usuário sobre o erro e pede que ele digite dois novos inteiros. Depois de discutirmos o código, consideraremos as entradas do usuário e o fluxo de controle de programa que geram essas saídas.

Delimitação do código em um bloco `try`

O programa começa pedindo ao usuário que digite dois inteiros. Os inteiros são digitados na condição do loop `while` (linha 29). A linha 35 passa os valores à função `quotient` (linhas 10-18), que divide os inteiros e retorna um resultado, ou **dispara uma exceção** (ou seja, indica que houve um erro) em uma tentativa de divisão por zero. O tratamento da exceção é preparado para situações em que a função que detecta um erro é incapaz de tratar dele.

C++ oferece **blocos `try`** para permitir o tratamento da exceção. Um bloco `try` consiste na palavra-chave **`try`** seguida por chaves (`{}`) que definem um bloco de código em que as exceções poderiam ocorrer. O bloco `try` delimita instruções que poderiam causar exceções e instruções que devem ser puladas caso haja uma exceção.

Um bloco `try` (linhas 33-37) delimita a chamada da função `quotient` e a instrução que mostra o resultado da divisão. Nesse exemplo, como a chamada da função `quotient` (linha 35) pode disparar uma exceção, delimitamos essa chamada de função em um bloco `try`. Delimitar a instrução de saída (linha 36) no bloco `try` garante que a saída ocorrerá somente se a função `quotient` retornar um resultado.

Observação sobre engenharia de software 24.2

Exceções podem aflorar por meio do código mencionado explicitamente em um bloco `try`, por meio de chamadas para outras funções e por meio de chamadas de função profundamente aninhadas iniciadas pelo código em um bloco `try`.

Definição de um tratador de `catch` para processar uma `DivideByZeroException`

As exceções são processadas por **tratadores de `catch`** (também chamados **tratadores de exceção**), que capturam e tratam de exceções. Ao menos um tratador de `catch` (linhas 38-42) precisa vir imediatamente após cada bloco `try`. Cada tratador de `catch` começa com a palavra-chave **`catch`** e especifica entre parênteses um **parâmetro de exceção** que representa o tipo de exceção que o tratador de `catch` pode processar (`DivideByZeroException`, nesse caso). Quando uma exceção ocorre em um bloco `try`, o tratador de `catch` executado é aquele cujo tipo corresponde ao tipo da exceção que ocorreu (ou seja, o tipo no bloco `catch` corresponde exatamente ao tipo de exceção disparada, ou é uma classe base dela). Se um parâmetro de exceção inclui um nome de parâmetro opcional, o tratador de `catch` pode usar esse nome de parâmetro para interagir com a exceção capturada no corpo do tratador de `catch`, que é delimitado por chaves (`{` e `}`). Um tratador de `catch` normalmente informa um erro ao usuário, registra-o em um arquivo, termina o programa de modo controlado e tenta alternar a estratégia para realizar a tarefa que falhou. Nesse exemplo, o tratador de `catch` simplesmente informa que o usuário tentou dividir por zero. Depois, o programa solicita que o usuário digite dois novos valores inteiros.

Erro comum de programação 24.1

É um erro de sintaxe colocar código entre um bloco `try` e seus tratadores de `catch` correspondentes ou entre seus tratadores de `catch`.

Erro comum de programação 24.2

Cada tratador de `catch` pode ter somente um único parâmetro — especificar uma lista separada por vírgula com parâmetros de exceção é um erro de sintaxe.

Erro comum de programação 24.3

É um erro lógico capturar o mesmo tipo em dois tratadores de `catch` diferentes após um único bloco `try`.

Modelo de término do tratamento de exceção

Se houver uma exceção como resultado de uma instrução em um bloco `try`, este expira (ou seja, termina imediatamente). Em seguida, o programa procura o primeiro tratador de `catch` que possa processar o tipo de exceção que ocorreu. O programa localiza o `catch` correspondente comparando o tipo da exceção disparada com o tipo do parâmetro de exceção de cada `catch` até que o programa encontre uma correspondência. Uma correspondência ocorre se os tipos forem idênticos ou se o tipo da exceção disparada for uma classe derivada do tipo do parâmetro de exceção. Quando há uma correspondência, o código contido no tratador de `catch` correspondente é executado. Quando um tratador de `catch` termina de processar, alcançando sua chave direita correspondente (`}`), a exceção é considerada tratada, e as variáveis locais definidas dentro do tratador de `catch` (incluindo o parâmetro de `catch`) saem do escopo. O controle do programa não retorna ao ponto em que ocorreu a exceção (conhecido como **ponto de disparo**), pois o bloco `try` expirou. Em vez disso, o controle retorna à primeira instrução (linha 44) após o último tratador de `catch` depois do bloco `try`. Isso é conhecido como **modelo de término do tratamento de exceção**. [*Nota:* algumas linguagens usam o **modelo de retomada do tratamento de exceção**, ao qual, após uma exceção ser tratada, o controle retorna imediatamente após o ponto de disparo.] Assim como em qualquer outro bloco de código, quando um bloco `try` termina, as variáveis locais definidas no bloco saem do escopo.

Erro comum de programação 24.4

Erros lógicos podem ocorrer se você supuser que, após uma exceção ser tratada, o controle retornará à primeira instrução após o ponto de disparo.

Dica de prevenção de erro 24.2

O tratamento de exceção permite que um programa continue a ser executado (em vez de terminar) depois de haver lidado com um problema. Isso ajuda a garantir o tipo de aplicação robusta que contribui com a chamada computação de missão crítica, ou computação de negócio crítico.

Se o bloco `try` completar sua execução com sucesso (ou seja, se não houver exceções no bloco `try`), então o programa ignorará os tratadores de `catch` e o controle do programa continuará com a primeira instrução após o último `catch` depois desse bloco `try`.

Se uma exceção ocorrer em um bloco `try` que não tiver um tratador de `catch` correspondente, ou se uma exceção ocorrer em uma instrução que não esteja em um bloco `try`, a função que contém a instrução terminará imediatamente, e o programa tentará localizar um bloco `try` delimitador na função que a chamou. Esse processo é chamado de **desempilhamento**, e será discutido na Seção 24.8.

Fluxo de controle do programa quando o usuário digita um denominador não zero

Considere um fluxo de controle quando o usuário digita o numerador `100` e o denominador `7` (ou seja, as duas primeiras linhas de saída da Figura 24.2). Na linha 13, a função `quotient` determina que o `denominator` não é igual a zero, de modo que a linha 17 realiza a divisão e retorna o resultado (`14.2857`) à linha 35 como um `double`. O controle do programa, então, continua sequencialmente a partir da linha 35, de modo que a linha 36 mostra o resultado da divisão — a linha 37 termina o bloco `try`. Como o bloco `try` foi concluído com sucesso e não disparou uma exceção, o programa não executa as instruções contidas no tratador de `catch` (linhas 38-42), e o controle continua na linha 44 (a primeira linha de código após o tratador de `catch`), que pede que o usuário digite mais dois inteiros.

Fluxo de controle do programa quando o usuário digita um denominador zero

Agora, consideremos um caso mais interessante, em que o usuário digita o numerador `100` e o denominador `0` (ou seja, a terceira e quarta linhas da saída da Figura 24.2). Na linha 13, `quotient` determina que o `denominator` é igual a zero, o que indica uma tentativa de dividir por zero. A linha 14 dispara uma exceção, que representamos como um objeto da classe `DivideByZeroException` (Figura 24.1).

Para disparar uma exceção, a linha 14 usa a palavra-chave **`throw`** seguida por um operando que representa o tipo de exceção a disparar. Normalmente, uma instrução `throw` especifica um operando. (Na Seção 24.5, discutiremos como usar uma instrução `throw` sem o operando.) O operando de um `throw` pode ser de qualquer tipo. Se o operando for um objeto, nós o chamamos de **objeto de exceção** — nesse exemplo, o objeto de exceção é um objeto do tipo `DivideByZeroException`. Porém, um operando `throw` também pode assumir outros valores, como o valor de uma expressão que não resulta em um objeto (por exemplo, `throw x > 5`), ou o valor de um `int` (por exemplo, `throw 5`). Os exemplos neste capítulo focalizam exclusivamente o disparo de objetos de exceção.

Erro comum de programação 24.5

Tenha cuidado ao disparar (com `throw`) o resultado de uma expressão condicional (`?:`) — regras de promoção poderiam fazer com que o valor fosse de um tipo diferente do esperado. Por exemplo, ao disparar um `int` ou um `double` da mesma expressão condicional, o `int` é promovido a `double`. Assim, um tratador de `catch` que captura um `int` nunca seria executado com base em tal expressão condicional.

Como parte do disparo de uma exceção, o operando de `throw` é criado e usado para inicializar o parâmetro no tratador de `catch`, o que discutiremos em breve. Nesse exemplo, a instrução `throw` na linha 14 cria um objeto da classe `DivideByZeroException`. Quando a linha 14 dispara a exceção, a função `quotient` termina imediatamente. Portanto, a linha 14 dispara a exceção antes que a função `quotient` possa realizar a divisão na linha 17. Esta é uma característica central do tratamento da exceção: uma função deve disparar uma exceção *antes* que surja uma oportunidade de erro.

Como delimitamos a chamada a `quotient` (linha 35) em um bloco `try`, o controle do programa entra no tratador de `catch` (linhas 38-42) que vem imediatamente após o bloco `try`. Esse tratador de `catch` serve como tratador de exceção para a exceção de divisão por zero. Em geral, quando uma exceção é disparada dentro de um bloco `try`, ela é capturada por um tratador de `catch` que especifica o tipo que corresponde à exceção disparada. Nesse programa, o tratador de `catch` especifica que ele captura objetos `DivideByZeroException` — esse tipo corresponde ao tipo de objeto disparado na função `quotient`. Na realidade, o tratador de `catch` captura uma referência ao objeto `DivideByZeroException` criado pela instrução `throw` da função `quotient` (linha 14). O objeto de exceção é mantido pelo mecanismo de tratamento de exceção.

Dica de desempenho 24.2

Capturar um objeto de exceção por referência elimina a sobrecarga de copiar o objeto que representa a exceção disparada.

Boa prática de programação 24.1

Associar cada tipo de erro no tempo de execução a um objeto de exceção com nome apropriado aumenta a inteligibilidade do programa.

O corpo do tratador de `catch` (linhas 40-41) imprime a mensagem de erro associada retornada pela chamada da função `what` da classe base `runtime_error`. Essa função retorna a string que o construtor `DivideByZeroException` (linhas 12-13 na Figura 24.1) passou ao construtor da classe base `runtime_error`.

24.4 Quando o tratamento de exceção deve ser usado

O tratamento de exceção foi projetado para processar **erros síncronos** que ocorrem quando uma instrução é executada. Exemplos comuns desses erros são os subscritos de array fora do intervalo, o overflow aritmético (ou estouro, ou seja, um valor fora do intervalo representável de valores), a divisão por zero, os parâmetros de função inválidos e a alocação de memória sem sucesso (devido à falta de memória). O tratamento de exceção não é projetado para processar erros associados a **eventos assíncronos** (por exemplo, términos de E/S de disco, chegadas de mensagem da rede, cliques do mouse e toques de tecla), que ocorram em paralelo e sejam independentes do fluxo de controle do programa.

Observação sobre engenharia de software 24.3

Incorpore sua estratégia de tratamento de exceção em seu sistema desde o princípio. Pode ser difícil incluir um tratamento de exceção eficaz depois que um sistema já tiver sido implementado.

Observação sobre engenharia de software 24.4

O tratamento de exceção oferece uma técnica única, uniforme, para o processamento de problemas. Em grandes projetos, isso ajuda os programadores a entender o código de processamento de erro uns dos outros.

Observação sobre engenharia de software 24.5

Evite usar o tratamento de exceção como uma forma alternativa de fluxo de controle. Essas exceções 'adicionais' podem 'atrapalhar' as exceções de tipo de erro genuínas.

Observação sobre engenharia de software 24.6

O tratamento de exceção permite que componentes de software predefinidos comuniquem problemas a componentes específicos da aplicação, que poderão, então, processar os problemas de uma maneira específica da aplicação.

O mecanismo de tratamento de exceção também é útil para processar problemas que ocorrem quando um programa interage com elementos de software, como funções-membro, construtores, destrutores e classes. Em vez de tratar de problemas internamente, tais elementos de software em geral usam exceções para notificar programas quando ocorrem problemas. Isso permite que você implemente o tratamento de erro personalizado em cada aplicação.

Dica de desempenho 24.3

Quando não ocorrem exceções, o código de tratamento de exceção fica pouco ou nada sujeito à penalidade no desempenho. Assim, os programas que implementam tratamento de exceção operam de modo mais eficiente do que os programas que misturam código de tratamento de erro com lógica do programa.

Observação sobre engenharia de software 24.7

Funções com condições de erro comuns devem retornar `0` *ou* `NULL` *(ou outros valores apropriados) em vez de disparar exceções. Um programa que chame tal função pode verificar o valor de retorno para determinar o sucesso ou o fracasso da chamada de função.*

Aplicações complexas normalmente consistem em componentes de software predefinidos e componentes específicos da aplicação que usam componentes predefinidos. Quando um componente predefinido encontra um problema, esse componente precisa de um mecanismo para comunicar o problema ao componente específico da aplicação — o componente predefinido não pode saber com antecedência como cada aplicação processa os problemas que podem vir a ocorrer.

24.5 Indicação de uma exceção

É possível que um tratador de exceção, ao receber uma exceção, decida que não pode processá-la, ou que pode processá-la apenas parcialmente. Nesses casos, o tratador da exceção pode adiar seu tratamento (ou talvez uma parte dele) para outro tratador de exceção. De qualquer forma, você pode fazer isso **indicando a exceção** por meio da instrução

```
throw;
```

Independentemente do fato de um tratador poder ou não processar (mesmo que parcialmente) uma exceção, o tratador pode indicá-la para processamento adicional fora do tratador. O próximo bloco `try` delimitador detecta a exceção indicada, a qual um tratador de `catch` listado após esse bloco `try` delimitador tenta tratar.

Erro comum de programação 24.6

Executar uma instrução `throw` *vazia fora de um tratador de* `catch` *chama a função* `terminate`*, que abandona o processamento da transação e termina o programa imediatamente.*

O programa da Figura 24.3 demonstra a indicação de uma exceção. No bloco `try` de `main` (linhas 29-34), a linha 32 chama a função `throwException` (linhas 8-24). A função `throwException` também contém um bloco `try` (linhas 11-15), do qual a instrução `throw` na linha 14 dispara (com `throw`) uma instância da classe `exception` da biblioteca-padrão. O tratador `catch` da função `throwException` (linhas 16-21) captura essa exceção, imprime uma mensagem de erro (linhas 18-19) e indica a exceção (linha 20). Isso termina a função `throwException` e retorna o controle à linha 32 no bloco `try...catch` de `main`. O bloco `try` termina (de modo que a linha 33 não é executada), e o tratador de `catch` em `main` (linhas 35-38) captura essa exceção e imprime uma mensagem de erro (linha 37). [*Nota:* como não usamos os parâmetros de exceção nos tratadores de `catch` desse exemplo, omitimos os nomes de parâmetro de exceção e especificamos apenas o tipo da exceção a ser capturado (linhas 16 e 35).]

```
 1 // Figura 24.3: Fig24_03.cpp
 2 // Demonstrando a indicação da exceção.
 3 #include <iostream>
 4 #include <exception>
 5 using namespace std;
 6 
 7 // dispara, captura e indica a exceção
 8 void throwException()
 9 {
10    // dispara a exceção e a captura imediatamente
11    try
12    {
13       cout << "  Função throwException dispara uma exceção\n";
14       throw exception(); // gera exceção
15    } // fim do try
16    catch ( exception & ) // trata da exceção
17    {
18       cout << "  Exceção tratada na função throwException"
19          << "\n  Função throwException indica exceção";
20       throw; // indica exceção para realizar mais processamento
21    } // fim do catch
22 
23    cout << "Isso também não deve ser impresso\n";
24 } // fim da função throwException
25 
26 int main()
27 {
28    // dispara exceção
29    try
30    {
31       cout << "\nmain chama função throwException\n";
32       throwException();
33       cout << "Isso não deve ser impresso\n";
34    } // fim do try
35    catch ( exception & ) // trata da exceção
36    {
37       cout << "\n\nExceção tratada em main\n";
38    } // fim do catch
39 
40    cout << "Controle do programa continua após captura em main\n";
41 } // fim do main
```

```
main chama função throwException
   Função throwException dispara uma exception
   Exceção tratada na função throwException
   Função throwException indica exceção

Exceção tratada em main
Controle do programa continua após captura em main
```

Figura 24.3 ■ Indicando uma exceção.

24.6 Especificações de exceção

Uma **especificação de exceção** opcional (também chamada **lista de `throw`**) enumera uma lista de exceções que uma função pode disparar. Por exemplo, considere a declaração de função

```
int algumaFunção( double valor )
   throw ( ExceçãoA, ExceçãoB, ExceçãoC )
{
   // corpo da função
}
```

Nessa definição, a especificação de exceção, que começa com a palavra-chave `throw` imediatamente após o parêntese final da lista de parâmetros da função, indica que a função `algumaFunção` pode disparar exceções dos tipos `ExceçãoA`, `ExceçãoB` e `ExceçãoC`. Uma função pode disparar apenas exceções dos tipos indicados pela especificação ou exceções de qualquer tipo derivado desses tipos. Se a função dispara (com `throw`) uma exceção que não pertence a um tipo especificado, o mecanismo de tratamento de exceção chama a função **`unexpected`**, que termina o programa.

Uma função que não oferece uma especificação de exceção pode disparar (`throw`) qualquer exceção. Colocar `throw()` — uma **especificação de exceção vazia** — após a lista de parâmetros de uma função indica que a função não dispara exceções. Se a função tentar disparar uma exceção com `throw`, a função `unexpected` é chamada. A Seção 24.7 mostra como a função `unexpected` pode ser personalizada chamando a função **`set_unexpected`**. [*Nota:* alguns compiladores ignoram as especificações de exceção.]

Erro comum de programação 24.7

Disparar uma exceção que não foi declarada na especificação de exceção de uma função causa uma chamada à função `unexpected`.

Dica de prevenção de erro 24.3

O compilador não gerará um erro de compilação se uma função tiver uma expressão `throw` para uma exceção não listada na especificação de exceção da função. Um erro só ocorre quando essa função tenta disparar essa exceção no tempo de execução. Para evitar surpresas no tempo de execução, verifique seu código cuidadosamente para assegurar que as funções não disparem exceções não listadas em suas especificações de exceção.

Observação sobre engenharia de software 24.8

Geralmente, recomenda-se que você não use especificações de exceção a menos que esteja sobrepondo uma função-membro da classe base que já tenha uma especificação de exceção. Nesse caso, a especificação de exceção é exigida na função-membro da classe derivada.

24.7 Processamento de exceções inesperadas

A função `unexpected` chama a função registrada com a função `set_unexpected` (definida no arquivo de cabeçalho `<exception>`). Se nenhuma função tiver sido registrada dessa maneira, a função `terminate` é chamada automaticamente. Os casos em que a função `terminate` é chamada incluem:

1. O mecanismo de exceção não consegue encontrar um `catch` correspondente de uma exceção disparada.
2. Um destrutor tenta disparar (`throw`) uma exceção durante o desempilhamento.
3. É feita uma tentativa de indicação de uma exceção quando não existe uma exceção sendo tratada.
4. Uma chamada à função `unexpected` tem como padrão a chamada à função `terminate`.

(A Seção 15.5.1 do documento-padrão de C++ discute vários casos adicionais.) A função **`set_terminate`** pode determinar que a função chame quando `terminate` for chamado. Caso contrário, `terminate` chama **`abort`**, que termina o programa sem chamar os destrutores de quaisquer objetos restantes da classe de armazenamento automática ou estática. Isso poderia ocasionar a perda de recursos quando um programa termina prematuramente.

Erro comum de programação 24.8

Abortar um componente do programa devido a uma exceção não capturada poderia deixar um recurso — como um stream de arquivo ou um dispositivo de E/S — em um estado em que outros programas são incapazes de adquirir o recurso. Isso é conhecido como **perda de recurso**.

As funções `set_terminate` e `set_unexpected` retornam, cada uma, um ponteiro para a última função chamada por `terminate` e `unexpected`, respectivamente (0, na primeira vez em que cada uma é chamada). Isso permite que você salve o ponteiro para função de modo que ele possa ser restaurado mais tarde. As funções `set_terminate` e `set_unexpected` usam como argumentos ponteiros para funções com tipos de retorno `void` e sem argumentos.

Se a última ação de uma função de término definida pelo programador não sair de um programa, a função `abort` será chamada para terminar a execução do programa depois que as outras instruções da função de término definida pelo programador tiverem sido executadas.

24.8 Desempilhamento

Quando uma exceção é disparada, mas não é capturada em um escopo específico, a pilha da chamada de função é 'desempilhada', e é feita uma tentativa de capturar (`catch`) a exceção no próximo bloco `try...catch` mais externo. Desempilhar a pilha da chamada de função significa que a função em que a exceção não foi capturada termina, todas as variáveis locais nessa função são destruídas e o controle retorna à instrução que chamou essa função originalmente. Se um bloco `try` delimita essa instrução, é feita uma tentativa de capturar essa exceção. Se um bloco `try` não delimitar essa instrução, o desempilhamento ocorre novamente. Se nenhum tratador de `catch` capturar essa exceção, a função `terminate` é chamada para terminar o programa. O programa da Figura 24.4 demonstra o desempilhamento.

```
// Figura 24.4: Fig24_04.cpp
// Demonstrando o desempilhamento.
#include <iostream>
#include <stdexcept>
using namespace std;

// function3 dispara erro em tempo de execução
void function3() throw ( runtime_error )
{
   cout << "Na função 3" << endl;

   // no bloco try, ocorre desempilhamento, retorna o controle a function2
   throw runtime_error( "runtime_error em function3" ); // não imprime
} // fim da função3

// function2 chama function3
void function2() throw ( runtime_error )
{
   cout << "function3 é chamada dentro de function2" << endl;
   function3(); // ocorre desempilhamento, controle retorna a function1
} // fim da função2

// function1 chama function2
void function1() throw ( runtime_error )
{
   cout << "function2 é chamada dentro de function1" << endl;
   function2(); // ocorre desempilhamento, retorna o controle a main
} // fim da função1

```

Figura 24.4 ■ Desempilhamento. (Parte 1 de 2.)

```
30 // demonstra desempilhamento
31 int main()
32 {
33    // chama function1
34    try
35    {
36       cout << "function1 é chamada dentro de main" << endl;
37       function1(); // chama function1 que dispara runtime_error
38    } // fim do try
39    catch ( runtime_error &error ) // trata erro em tempo de execução
40    {
41       cout << "Ocorreu exceção: " << error.what() << endl;
42       cout << "Exceção tratada em main" << endl;
43    } // fim do catch
44 } // fim do main
```

```
function1 é chamada dentro de main
function2 é chamada dentro de function1
function3 é chamada dentro de function2
Na função 3
Ocorreu exceção: runtime_error in function3
Exceção tratada em main
```

Figura 24.4 ■ Desempilhamento. (Parte 2 de 2.)

Em `main`, o bloco `try` (linhas 34-38) chama `function1` (linhas 24-28). Em seguida, `function1` chama `function2` (linhas 17-21), que por sua vez chama `function3` (linhas 8-14). A linha 13 de `function3` dispara um objeto `runtime_error`. Porém, como nenhum bloco `try` delimita a instrução `throw` na linha 13, o desempilhamento acontece — `function3` termina na linha 13, e depois retorna o controle à instrução em `function2` que chamou `function3` (ou seja, linha 20). Como nenhum bloco `try` delimita a linha 20, o desempilhamento ocorre novamente — `function2` termina na linha 20 e retorna o controle à instrução em `function1` que chamou `function2` (ou seja, a linha 27). Como nenhum bloco `try` delimita a linha 27, o desempilhamento ocorre mais uma vez — `function1` termina na linha 27 e retorna o controle à instrução em `main` que chamou `function1` (ou seja, a linha 37). O bloco `try` das linhas 34-38 delimita essa instrução, de modo que o primeiro tratador de `catch` correspondente, localizado após esse bloco `try` (linhas 39-43), captura e processa a exceção. A linha 41 usa a função `what` para mostrar a mensagem de exceção. Lembre-se de que a função `what` é uma função `virtual` da classe `exception`, que pode ser sobreposta por uma classe derivada para retornar uma mensagem de erro apropriada.

24.9 Construtores, destrutores e tratamento de exceções

Em primeiro lugar, discutiremos uma questão que já mencionamos, mas que ainda não foi resolvida satisfatoriamente: o que acontece quando um erro é detectado em um construtor? Por exemplo, como o construtor de um objeto deve responder quando `new` falha porque não conseguiu alocar a memória exigida para armazenar a representação interna desse objeto? Como o construtor não pode retornar um valor para indicar o erro, temos de escolher um meio alternativo para indicar que o objeto não foi construído de modo apropriado. Uma técnica que pode ser usada nesse caso é a de retornar o objeto construído de maneira não apropriada e esperar que quem o utilize faça os testes apropriados para determinar se ele está em um estado inconsistente. Outra técnica que pode ser usada é definir uma variável fora do construtor. A alternativa preferida é exigir que o construtor dispare, com `throw`, uma exceção que contenha a informação de erro, oferecendo uma oportunidade ao programa de tratar da falha.

Antes que uma exceção seja disparada por um construtor, os destrutores são chamados para quaisquer objetos membros como parte do objeto sendo construído. Os destrutores são chamados em cada objeto automático construído em um bloco `try` antes que uma exceção seja disparada. Assim, garante-se que o desempilhamento foi completado no ponto em que um tratador de exceção inicia sua execução. Se um destrutor chamado como resultado do desempilhamento disparar uma exceção, a função `terminate` é chamada.

Se um objeto tem objetos membros, e se uma exceção for disparada antes que o objeto mais externo esteja completamente construído, então os destrutores serão executados nos objetos membros que tenham sido construídos antes da ocorrência da exceção. Se um array de objetos tiver sido parcialmente construído enquanto uma exceção ocorria, somente os destrutores para os objetos construídos no array serão chamados.

Uma exceção poderia impedir a operação do código que normalmente liberaria um recurso (como a memória ou um arquivo), causando assim uma perda de recurso. Uma técnica para resolver esse problema é inicializar um objeto local para adquirir o recurso. Quando ocorre uma exceção, o destrutor desse objeto é chamado e pode liberar o recurso.

Dica de prevenção de erro 24.4

Quando uma exceção é disparada a partir do construtor de um objeto que é criado em uma expressão `new`*, a memória alocada dinamicamente para esse objeto é liberada.*

24.10 Exceções e herança

Diversas classes de exceção podem ser derivadas de uma classe-base comum, conforme discutimos na Seção 24.5, quando criamos a classe `DivideByZeroException` como uma classe derivada da classe `exception`. Se um tratador `catch` capturar um ponteiro ou uma referência a um objeto de exceção de um tipo da classe-base, ele também poderá capturar (com `catch`) um ponteiro ou uma referência a todos os objetos de classes que sejam derivadas publicamente dessa classe-base — isso oferece processamento polimórfico de erros relacionados.

Dica de prevenção de erro 24.5

O uso da herança com exceções permite que um tratador de exceção capture com `catch` *os erros relacionados com uma notação concisa. Uma técnica é capturar cada tipo de ponteiro ou referência a um objeto de exceção da classe derivada individualmente, mas uma técnica mais concisa é capturar ponteiros ou referências aos objetos de exceção da classe base. Além do mais, capturar ponteiros ou referências aos objetos de exceção da classe derivada individualmente pode causar erros, especialmente se você se esquecer de testar explicitamente um ou mais dos tipos de ponteiro ou de referência da classe derivada.*

24.11 Processamento de falhas de new

O padrão em C++ especifica que, quando o operador new falha, ele dispara (com `throw`) uma exceção `bad_alloc` (definida no arquivo de cabeçalho <new>). Nesta seção, apresentaremos dois exemplos de falha de new. O primeiro usa a versão de new que dispara uma exceção `bad_alloc` quando new falha. O segundo usa a função `set_new_handler` para tratar de falhas de new. [*Nota:* os exemplos nas figuras 24.5 e 24.6 alocam grandes quantidades de memória dinâmica, o que pode fazer com que seu computador se torne lento.]

new disparando bad_alloc em caso de falha

A Figura 24.5 demonstra new disparando `bad_alloc` em caso de falha ao alocar a memória solicitada. A estrutura `for` (linhas 16-20) dentro do bloco `try` deve se repetir por 50 vezes e, a cada passada, deve alocar um array de 50.000.000 valores `double`. Se new falhar e disparar uma exceção `bad_alloc`, o loop termina e o programa continua na linha 22, onde o tratador de `catch` captura e processa a exceção. As linhas 24-25 imprimem a mensagem `"Ocorreu uma exceção:"`, seguida pela mensagem retornada da versão de `exception` da classe-base para a função `what` (ou seja, uma mensagem específica da exceção definida pela implementação, como `"Allocation Failure"` no Microsoft Visual C++). A saída mostra que o programa realizou apenas quatro iterações do loop antes que new falhasse e disparasse a exceção `bad_alloc`. Sua saída poderia diferir com base na memória física, no espaço disponível em disco para a memória virtual em seu sistema e no compilador que você estiver usando.

```
1 // Figura 24.5: Fig24_05.cpp
2 // Demonstrando padrão new disparando bad_alloc quando a memória
3 // não pode ser alocada.
4 #include <iostream>
5 #include <new> // classe bad_alloc é definida aqui
6 using namespace std;
```

Figura 24.5 ■ new disparando `bad_alloc` em caso de falha. (Parte 1 de 2.)

```
int main()
{
   double *ptr[ 50 ];

   // visa cada ptr[i] em um grande bloco de memória
   try
   {
      // aloca memória para ptr[ i ]; new dispara bad_alloc em caso de falha
      for ( int i = 0; i < 50; i++ )
      {
         ptr[ i ] = new double[ 50000000 ]; // pode disparar exceção
         cout << "ptr[" << i << "] aponta para 50.000.000 new doubles\n";
      } // fim do for
   } // fim do try
   catch ( bad_alloc &memoryAllocationException )
   {
      cerr << "Ocorreu a exceção: "
         << memoryAllocationException.what() << endl;
   } // fim do catch
} // fim do main
```

```
ptr[0] aponta para 50.000.000 new doubles
ptr[1] aponta para 50.000.000 new doubles
ptr[2] aponta para 50.000.000 new doubles
ptr[3] aponta para 50.000.000 new doubles
Ocorreu uma exceção: bad allocation
```

Figura 24.5 ■ new disparando bad_alloc em caso de falha. (Parte 2 de 2.)

new retornando 0 em caso de falha

Nas versões antigas de C++, o operador new retornava 0 quando deixava de alocar memória. O padrão em C++ especifica que os compiladores compatíveis com o padrão podem continuar a usar uma versão de new que retorna 0 em caso de falha. Para isso, o arquivo de cabeçalho <new> define o objeto **nothrow** (do tipo nothrow_t), que é usado da seguinte forma:

```
double *ptr = new( nothrow ) double[ 50000000 ];
```

A instrução anterior usa a versão de new que não dispara exceções bad_alloc (ou seja, nothrow) para alocar um array de 50.000.000 doubles.

Observação sobre engenharia de software 24.9

Para tornar os programas mais robustos, use a versão de new *que dispare exceções* bad_alloc *em caso de falha.*

Tratamento das falhas de new *usando a função* set_new_handler

Um recurso adicional para tratar das falhas de new é a função set_new_handler (originada no arquivo de cabeçalho-padrão <new>). Essa função usa como argumento um ponteiro para uma função que não usa argumentos e retorna void. Esse ponteiro aponta para a função que será chamada se new falhar. Isso oferece a você uma técnica uniforme para tratar de todas as falhas de new, independentemente do local do programa em que falha ocorre. Quando set_new_handler registra um **handler new** no programa, o operador new não dispara bad_alloc na falha; em vez disso, ele deixa o tratamento do erro para a função do tratador de new.

Se new alocar memória com sucesso, ele retornará um ponteiro para essa memória. Se new falhar ao alocar memória e set_new_handler não registrou uma função de handler de new, então new dispara uma exceção bad_alloc. Se new deixar de alocar memória e uma função do tratador de new tiver sido registrada, essa função será chamada. O padrão em C++ especifica que a função do tratador de new deve realizar uma das seguintes tarefas:

1. Tornar disponível uma quantidade maior de memória ao excluir outra memória alocada dinamicamente (ou ao dizer ao usuário que feche outras aplicações) e retornar ao operador new para tentar alocar memória novamente.
2. Disparar uma exceção do tipo bad_alloc.
3. Chamar a função abort ou exit (ambas encontradas no arquivo de cabeçalho <cstdlib>) para terminar o programa.

A Figura 24.6 demonstra set_new_handler. A função customNewHandler (linhas 9-13) imprime uma mensagem de erro (linha 11), e depois chama abort (linha 12) para terminar o programa. A saída mostra que o loop repetido quatro vezes antes de new ter falhado e chamado a função customNewHandler. Sua saída pode ser diferente, com base na memória física, no espaço disponível em disco para a memória virtual em seu sistema e em seu compilador.

```
1  // Figura 24.6: Fig24_06.cpp
2  // Demonstrando set_new_handler.
3  #include <iostream>
4  #include <new> // protótipo da função set_new_handler
5  #include <cstdlib> // protótipo da função abort
6  using namespace std;
7
8  // trata de falha de alocação da memória
9  void customNewHandler()
10 {
11    cerr << "customNewHandler foi chamada";
12    abort();
13 } // fim da função customNewHandler
14
15 // usando set_new_handler para lidar com falha na alocação de memória
16 int main()
17 {
18    double *ptr[ 50 ];
19
20    // especifica que customNewHandler deve ser chamado em caso
21    // de falha de alocação de memória
22    set_new_handler( customNewHandler );
23
24    // visa cada ptr[i] em um grande bloco de memória; customNewHandler será
25    // chamada em caso de falha de alocação de memória
26    for ( int i = 0; i < 50; i++ )
27    {
28       ptr[ i ] = new double[ 50000000 ]; // pode disparar exceção
29       cout << "ptr[" << i << "] aponta para 50.000.000 new doubles\n";
30    } // fim do for
31 } // fim do main
```

```
ptr[0] aponta para 50.000.000 new doubles
ptr[1] aponta para 50.000.000 new doubles
ptr[2] aponta para 50.000.000 new doubles
ptr[3] aponta para 50.000.000 new doubles
customNewHandler foi chamada
Essa aplicação solicitou que o Runtime a termine de um modo incomum.
Favor contatar a equipe de suporte da aplicação para obter mais informações.
```

Figura 24.6 ■ set_new_handler especificando a função a ser chamada quando new falha.

24.12 Classe auto_ptr e alocação dinâmica de memória

Uma prática de programação comum é alocar memória dinâmica, atribuir o endereço dessa memória a um ponteiro, usar o ponteiro para manipular a memória e desalocar a memória com `delete` quando esta não for mais necessária. Se houver uma exceção depois da alocação de memória bem-sucedida, porém antes da execução da instrução `delete`, uma perda de memória ocorrerá. O padrão em C++ oferece o template de classe `auto_ptr` no arquivo de cabeçalho `<memory>` para lidar com essa situação.

Um objeto da classe `auto_ptr` mantém um ponteiro para a memória alocada dinamicamente. Quando um destrutor de objeto `auto_ptr` é chamado (por exemplo, quando um objeto `auto_ptr` perde o escopo), ele realiza uma operação `delete` em seu dado-membro ponteiro. O template de classe `auto_ptr` fornece operadores sobrecarregados `*` e `->`, de modo que um objeto `auto_ptr` pode ser usado simplesmente como uma variável de ponteiro regular. A Figura 24.9 demonstra um objeto `auto_ptr` que aponta para um objeto alocado dinamicamente, da classe `Integer` (figuras 24.7 e 24.8).

```
// Figura 24.7: Integer.h
// Definição da classe Integer.

class Integer
{
public:
   Integer( int i = 0 ); // Construtor default de Integer
   ~Integer(); // Destrutor de Integer
   void setInteger( int i ); // funções para definir Integer
   int getInteger() const; // função para retornar Integer
private:
   int value;
}; // fim da classe Integer
```

Figura 24.7 ■ Definição da classe `Integer`.

```
// Figura 24.8: Integer.cpp
// Definições de função-membro de Integer.
#include <iostream>
#include "Integer.h"
using namespace std;

// Construtor default de Integer
Integer::Integer( int i )
   : value( i )
{
   cout << "Construtor para Integer " << value << endl;
} // fim do construtor de Integer

// Destrutor de Integer
Integer::~Integer()
{
   cout << "Destrutor para Integer " << value << endl;
} // fim do construtor de Integer

// define valor de Integer
void Integer::setInteger( int i )
{
   value = i;
} // fim da função setInteger

// retorna valor de Integer
```

Figura 24.8 ■ Definições de função-membro da classe `Integer`. (Parte 1 de 2.)

```
int Integer::getInteger() const
{
   return value;
} // fim da função getInteger
```

Figura 24.8 ■ Definições de função-membro da classe `Integer`. (Parte 2 de 2.)

A linha 15 da Figura 24.9 cria o objeto `ptrToInteger` de `auto_ptr` e o inicializa com um ponteiro para um objeto `Integer` alocado dinamicamente que contém o valor 7. A linha 18 usa o operador `->` sobrecarregado de `auto_ptr` para chamar a função `setInteger` no objeto `Integer` que `ptrToInteger` gerencia. A linha 21 usa o operador `*` sobrecarregado de `auto_ptr` para desreferenciar `ptrToInteger`, e depois usa o operador ponto (`.`) para chamar a função `getInteger` no objeto `Integer`. Assim como um ponteiro normal, os operadores sobrecarregados `->` e `*` de `auto_ptr` podem ser usados para acessar o objeto para o qual o `auto_ptr` aponta.

Como `ptrToInteger` é uma variável local automática em `main`, `ptrToInteger` é destruído quando `main` termina. O destrutor de `auto_ptr` força um `delete` do objeto `Integer` apontado por `ptrToInteger`, que, por sua vez, chama o destrutor da classe `Integer`. A memória que `Integer` ocupa é liberada, independentemente de como o controle sai do bloco (por exemplo, por uma instrução `return` ou por uma exceção). O mais importante é que usar essa técnica pode impedir perdas de memória. Por exemplo, suponha que uma função retorne um ponteiro apontado para um objeto. Infelizmente, o chamador da função que recebe esse ponteiro poderia não excluir (`delete`) o objeto, resultando assim em uma perda de memória. Porém, se a função retornar um `auto_ptr` para o objeto, este será excluído automaticamente quando o destrutor do objeto `auto_ptr` for chamado.

```
1  // Figura 24.9: Fig24_09.cpp
2  // Demonstrando auto_ptr.
3  #include <iostream>
4  #include <memory>
5  using namespace std;
6
7  #include "Integer.h"
8
9  // usa auto_ptr para manipular objeto Integer
10 int main()
11 {
12    cout << "Criando um objeto auto_ptr que aponta para um Integer\n";
13
14    // "aponta" para auto_ptr no objeto Integer
15    auto_ptr< Integer > ptrToInteger( new Integer( 7 ) );
16
17    cout << "\nUsando o auto_ptr para manipular o Integer\n";
18    ptrToInteger->setInteger( 99 ); // usa auto_ptr para definir valor Integer
19
20    // usa auto_ptr para obter valor Integer
21    cout << "Integer após setInteger: " << ( *ptrToInteger ).getInteger()
22 } // fim do main
```

```
Criando um objeto auto_ptr que aponta para um Integer
Construtor para Integer 7

Usando o auto_ptr para manipular o Integer
Integer após setInteger: 99

Destrutor para Integer 99
```

Figura 24.9 ■ Objeto `auto_ptr` gerenciando dinamicamente a memória alocada.

Somente um `auto_ptr` de cada vez pode possuir um objeto alocado dinamicamente, e o objeto não pode ser um array. Usando esse operador de atribuição ou um construtor de cópia sobrecarregado, um `auto_ptr` pode transferir a posse da memória dinâmica que ele gerencia. O último objeto `auto_ptr` que mantém o ponteiro na memória dinâmica excluirá a memória. Isso torna `auto_ptr` um mecanismo ideal para retornar a memória alocada dinamicamente ao código-cliente. Quando o `auto_ptr` perde o escopo no código-cliente, o destrutor de `auto_ptr` exclui a memória dinâmica.

Erro comum de programação 24.9

Visto que objetos `auto_ptr` transferem a posse da memória quando são copiados, eles não podem ser usados com as classe contêiner da biblioteca-padrão, por exemplo, `vector`. Classes contêiner normalmente fazem cópias dos objetos. Isso faz com que a posse de um elemento do contêiner seja transferida para outro objeto, que poderia então ser acidentalmente excluído quando a cópia perdesse o escopo. A biblioteca `Boost.Smart_ptr` fornece recursos de gerenciamento de memória semelhantes a `auto_ptr`, que não podem ser usados com contêineres.

24.13 Hierarquia de exceções da biblioteca-padrão

A experiência tem mostrado que as exceções funcionam bem em diversas categorias. A biblioteca-padrão de C++ inclui uma hierarquia de classes de exceção, algumas delas listadas na Figura 24.10. Conforme discutimos inicialmente na Seção 24.3, essa hierarquia é encabeçada pela classe-base `exception` (definida no arquivo de cabeçalho `<exception>`), que contém a função `virtual what` cujas classes derivadas podem ser sobrepostas para emitir mensagens de erro apropriadas.

Algumas das classes derivadas instantâneas da classe-base `exception` são `runtime_error` e `logic_error` (ambas definidas no cabeçalho `<stdexcept>`), cada qual com diversas classes derivadas. Também derivadas de `exception` são as exceções disparadas por operadores C++ — por exemplo, `bad_alloc` é disparada por `new` (Seção 24.11), `bad_cast` é disparada por `dynamic_cast` (Capítulo 21) e `bad_typeid` é disparada por `typeid` (Capítulo 21). Incluir `bad_exception` na lista de `throw` de uma função significa que, se houver uma exceção inesperada, a função `unexpected` poderá disparar `bad_exception` em vez de terminar a execução do programa (como padrão) ou chamar outra função especificada por `set_unexpected`.

Erro comum de programação 24.10

Colocar um tratador de `catch` que captura um objeto da classe-base antes de um `catch` que captura um objeto de uma classe derivada dessa classe-base é um erro lógico. A classe base `catch` captura todos os objetos das classes derivadas dessa classe-base, de modo que a classe derivada `catch` nunca será executada.

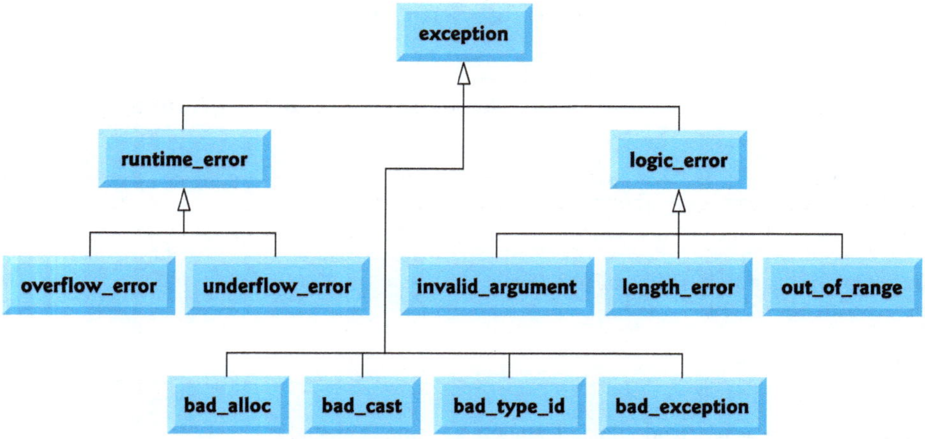

Figura 24.10 ■ Algumas das classes de exceção da biblioteca-padrão.

A classe `logic_error` é a classe-base de várias classes de exceção-padrão que indicam erros na lógica do programa. Por exemplo, a classe `invalid_argument` indica que um argumento inválido foi passado a uma função. (A codificação apropriada pode, naturalmente, impedir que argumentos inválidos cheguem até uma função.) A classe `length_error` indica que um comprimento maior que o tamanho máximo permitido para o objeto sendo manipulado foi usado para esse objeto. A classe `out_of_range` indica que um valor, como um subscrito de um array, excedeu seu intervalo de valores permitidos.

A classe `runtime_error`, que usamos rapidamente na Seção 24.8, é a classe-base de várias outras classes de exceção-padrão que indicam erros no tempo de execução. Por exemplo, a classe `overflow_error` descreve um **erro de overflow aritmético** (ou seja, o resultado de uma operação aritmética é maior que o maior número que pode ser armazenado no computador), e a classe `underflow_error` descreve um **erro de underflow aritmético** (ou seja, o resultado de uma operação aritmética é menor que o menor número que pode ser armazenado no computador).

Erro comum de programação 24.11

As classes de exceção não precisam ser derivadas da classe `exception`, de modo que capturar o tipo `exception` não é garantia de capturar (`catch`) todas as exceções que um programa poderia encontrar.

Dica de prevenção de erro 24.6

Para capturar todas as exceções potencialmente disparadas em um bloco `try`, use `catch(...)`. Um ponto fraco da captura de exceções desse tipo é que o tipo da exceção capturada é desconhecido no tempo de compilação. Outro é que, sem um parâmetro nomeado, não há como se referir ao objeto de exceção dentro do tratador da exceção.

Observação sobre engenharia de software 24.10

A hierarquia-padrão de `exception` é um bom ponto de partida para a criação de exceções. Você pode criar programas que podem disparar (`throw`) exceções-padrão, disparar exceções derivadas das exceções-padrão ou disparar suas próprias exceções não derivadas das exceções-padrão.

Observação sobre engenharia de software 24.11

Use `catch(...)` para realizar a recuperação que não depende do tipo de exceção (por exemplo, liberar recursos comuns). A exceção pode ser indicada para alertar tratadores de `catch` delimitadores mais específicos.

24.14 Outras técnicas de tratamento de erros

Nos capítulos anteriores, discutimos várias maneiras de lidar com situações excepcionais. A seguir, resumiremos estas e outras técnicas de tratamento de erro:

- Ignore a exceção. Se há uma exceção, o programa pode falhar como resultado da exceção não capturada. Isso é devastador em produtos de software comerciais e em softwares de missão crítica para uso específico, mas, para o software desenvolvido para as suas próprias finalidades, é comum que você ignore muitos tipos de erros.
- Aborte o programa. Isso, naturalmente, impede que o programa seja executado até o fim e produz resultados incorretos. Para muitos tipos de erros, isso é apropriado, especialmente para erros não fatais, que permitem que um programa seja executado até o fim (potencialmente, fazendo-o pensar que o programa funcionou corretamente). Essa estratégia é imprópria em aplicações de missão crítica. Problemas de recursos também são importantes aqui — se um programa obtém um recurso, ele deve liberar esse recurso antes do término do programa.
- Defina os indicadores de erro. O problema com essa técnica é que os programas podem não verificar esses indicadores de erro em todos os pontos em que os erros poderiam ser preocupantes. Outro problema é que o programa, depois de processar o problema, poderia não limpar os indicadores de erro.
- Teste a condição de erro, emita uma mensagem de erro e chame `exit` (em `<cstdlib>`) para passar um código de erro apropriado ao ambiente do programa.

- Certos tipos de erros possuem capacidades dedicadas a tratá-los. Por exemplo, quando o operador `new` falha ao alocar memória, uma função `new_handler` pode ser chamada para tratar do erro. Essa função pode ser personalizada fornecendo um nome de função como argumento para `set_new_handler`, conforme discutimos na Seção 24.11.

24.15 Conclusão

Neste capítulo, você aprendeu a usar o tratamento de exceção para lidar com erros em um programa. Você aprendeu que o tratamento de exceção permite que você remova o código de tratamento de erro da 'linha principal' da execução do programa. Demonstramos o tratamento de exceção no contexto de um exemplo de divisão por zero. Também mostramos como usar os blocos `try` para delimitar o código que pode disparar uma exceção, e como usar tratadores de `catch` para lidar com exceções que possam vir a surgir. Você aprendeu a disparar e a indicar exceções, e também como tratar de exceções que ocorrem nos construtores. O capítulo também abordou o processamento de falhas de `new`, a alocação dinâmica de memória com a classe `auto_ptr` e a hierarquia de exceções da biblioteca-padrão.

Resumo

Seção 24.1 Introdução

- Uma exceção é uma indicação de um problema que ocorre durante a execução de um programa.
- O tratamento de exceção permite que você crie programas que possam resolver problemas que ocorrem em tempo de execução — normalmente, permitindo que os programas continuem a ser executados como se nenhum problema tivesse sido encontrado. Problemas mais sérios podem exigir que um programa notifique o usuário sobre o problema antes de terminar de uma maneira controlada.

Seção 24.2 Visão geral do tratamento de exceção

- O tratamento de exceção permite que você remova o código de tratamento de erro da 'linha principal' da execução do programa, o que aumenta a inteligibilidade do programa e facilita sua manutenção.

Seção 24.3 Exemplo: tratando uma tentativa de divisão por zero

- A classe `exception` é a classe-base-padrão de C++ para exceções. A classe `exception` oferece a função virtual `what`, que retorna uma mensagem de erro apropriada e pode ser sobreposta nas classes derivadas.
- A classe `runtime_error` (definida no cabeçalho `<stdexcept>`) é a classe-base-padrão de C++ para representar erros em tempo de execução.
- C++ usa o modelo de término do tratamento de exceção.
- Um bloco `try` consiste na palavra-chave `try` seguida por chaves (`{}`) que definem um bloco de código em que as exceções podem vir a ocorrer. O bloco `try` delimita as instruções que poderão causar exceções e as instruções que não devem ser executadas caso haja exceções.
- Pelo menos um tratador de `catch` deve vir imediatamente após um bloco `try`. Cada tratador de `catch` especifica um parâmetro de exceção que representa o tipo da exceção que o tratador de `catch` pode processar.
- Se um parâmetro de exceção incluir um nome de parâmetro opcional, o tratador de `catch` pode usar esse nome de parâmetro para interagir com um objeto de exceção capturado.
- O ponto no programa em que ocorre uma exceção é chamado de ponto de disparo.
- Se uma exceção ocorre em um bloco `try`, esse bloco expira, e o controle do programa é transferido para o primeiro `catch` em que o tipo do parâmetro de exceção corresponda ao da exceção disparada.
- Quando um bloco `try` termina, as variáveis locais definidas no bloco saem do escopo.
- Quando um bloco `try` termina devido a uma exceção, o programa procura o primeiro tratador de `catch` que corresponde ao tipo da exceção que ocorreu. Uma correspondência ocorre se os tipos forem idênticos ou se o tipo da exceção disparada for uma classe derivada do tipo do parâmetro de exceção. Quando há uma correspondência, o código contido dentro do tratador de `catch` correspondente é executado.
- Quando um tratador de `catch` termina seu processamento, o parâmetro de `catch` e as variáveis locais definidas dentro do tratador de `catch` saem do escopo. Quaisquer tratadores de `catch` restantes que correspondam ao bloco `try` são ignorados, e a execução é retomada na primeira linha de código após a sequência `try...catch`.
- Se não há exceções em um bloco `try`, o programa ignora o(s) tratador(es) de `catch` para esse bloco. A execução do programa é retomada com a instrução seguinte à sequência `try...catch`.
- Se uma exceção que ocorre em um bloco `try` não tiver um tratador de `catch` correspondente, ou se uma exceção ocorre em uma instrução que não faz parte de um bloco `try`, a

função que contém a instrução termina imediatamente, e o programa tenta localizar um bloco `try` delimitador na função que chamou. Esse processo é denominado desempilhamento.

- Para disparar uma exceção, use a palavra-chave `throw` seguida por um operando que represente o tipo da exceção a ser disparada. O operando de um `throw` pode ser de qualquer tipo.

Seção 24.4 Quando o tratamento de exceção deve ser usado

- O tratamento de exceção deve ser aplicado em erros síncronos, que ocorrem quando uma instrução é executada.
- O tratamento de exceção não foi projetado para processar erros associados a eventos assíncronos, que ocorrem paralela e independentemente do fluxo de controle do programa.

Seção 24.5 Indicação de uma exceção

- O tratador de exceção pode deixar o tratamento da exceção (ou talvez uma parte dela) para outro tratador de exceção. De qualquer forma, o tratador consegue isso ao indicar a exceção.
- Subscritos de array fora do intervalo, overflow aritmético, divisão por zero, parâmetros de função inválidos e alocações de memória sem sucesso são exemplos comuns de exceção.

Seção 24.6 Especificações de exceção

- Uma especificação de exceção opcional enumera uma lista de exceções que uma função pode disparar. Uma função só pode disparar exceções dos tipos indicados pela especificação de exceção ou exceções de qualquer tipo derivado desses tipos. Se a função dispara uma exceção que não pertence a um tipo especificado, a função `unexpected` é chamada e o programa termina.
- Uma função sem especificação de exceção pode disparar qualquer exceção. A especificação de exceção vazia `throw()` indica que uma função não dispara exceções. Se uma função com uma especificação de exceção vazia tentar disparar uma exceção, a função `unexpected` é chamada.

Seção 24.7 Processamento de exceções inesperadas

- A função `unexpected` chama a função registrada com a função `set_unexpected`. Se nenhuma função tiver sido registrada dessa maneira, a função `terminate` é chamada automaticamente.
- A função `set_terminate` pode especificar a função a ser chamada quando `terminate` é chamada. Caso contrário, `terminate` chama `abort`, que termina o programa sem chamar os destrutores dos objetos que são declarados como `static` e `auto`.
- Cada uma das funções `set_terminate` e `set_unexpected` retorna um ponteiro para a última função chamada por `terminate` e `unexpected`, respectivamente (0, na primeira vez em que cada uma é chamada). Isso lhe permite salvar o ponteiro da função de modo que possa ser restaurado mais tarde.
- As funções `set_terminate` e `set_unexpected` utilizam como argumentos ponteiros para funções com tipos de retorno `void` e nenhum argumento.
- Se uma função de término definida pelo programador não encerrar um programa, a função `abort` será chamada depois que a função de término definida pelo programador tiver sido executada.

Seção 24.8 Desempilhamento

- Desempilhar a pilha de chamada de função significa que a função em que a exceção não foi capturada termina, todas as variáveis locais nessa função são destruídas e o controle retorna à instrução que chamou essa função originalmente.

Seção 24.9 Construtores, destrutores e tratamento de exceções

- Exceções disparadas por um construtor fazem com que os destrutores sejam chamados para quaisquer objetos construídos como parte do objeto sendo construído antes que a exceção seja disparada.
- Cada objeto automático construído em um bloco `try` é destruído antes que uma exceção seja disparada.
- O desempilhamento termina antes que um tratador de exceção comece a ser executado.
- Se um destrutor chamado por causa do desempilhamento disparar uma exceção, `terminate` é chamada.
- Se um objeto tiver objetos membros, e se uma exceção for disparada antes que o objeto externo seja completamente construído, então os destrutores serão executados nos objetos membros que forem construídos antes da ocorrência da exceção.
- Se um array de objetos tiver sido parcialmente construído quando ocorrer uma exceção, somente os destrutores dos objetos do elemento do array construído serão chamados.
- Quando uma exceção é disparada a partir do construtor de um objeto que foi criado em uma expressão `new`, a memória alocada dinamicamente para esse objeto é liberada.

Seção 24.10 Exceções e herança

- Se um tratador de `catch` capturar um ponteiro ou uma referência a um objeto de exceção de um tipo de classe-base, ele também pode capturar um ponteiro ou referência a todos os objetos de classes derivadas publicamente dessa classe-base — isso permite o processamento polimórfico de erros relacionados.

Seção 24.11 Processamento de falhas de `new`

- O documento padrão de C++ especifica que quando o operador `new` falha, ele dispara uma exceção `bad_alloc` (definida no arquivo de cabeçalho `<new>`).
- A função `set_new_handler` usa como argumento um ponteiro de uma função que não usa argumentos e retorna `void`. Esse ponteiro aponta para a função que será chamada se `new` falhar.

- Quando `set_new_handler` registra um tratador de `new` no programa, o operador `new` não dispara `bad_alloc` na falha; em vez disso, ele deixa o tratamento do erro para a função tratadora de `new`.
- Se `new` consegue alocar memória com sucesso, um ponteiro é retornado para essa memória.
- Se houver uma exceção após uma alocação de memória bem-sucedida, porém antes que a instrução `delete` seja executada, uma perda de memória poderá ocorrer.

Seção 24.12 Classe* `auto_ptr` *e alocação dinâmica de memória

- A biblioteca-padrão de C++ oferece o template de classe `auto_ptr` para lidar com perdas de memória.
- Um objeto da classe `auto_ptr` mantém um ponteiro para a memória alocada dinamicamente. O destrutor de um objeto `auto_ptr` realiza uma operação `delete` no dado-membro ponteiro de `auto_ptr`.
- O template de classe `auto_ptr` oferece os operadores sobrecarregados * e -> para que um objeto `auto_ptr` possa ser usado exatamente como uma variável de ponteiro normal. Um `auto_ptr` também transfere a posse da memória dinâmica que ele gerencia por meio de seu construtor de cópia e operador de atribuição sobrecarregado.

Seção 24.13 Hierarquia de exceções da biblioteca-padrão

- A biblioteca-padrão de C++ inclui uma hierarquia de classes de exceção. Essa hierarquia é encabeçada pela classe-base `exception`.
- As classes derivadas instantâneas da classe base `exception` são `runtime_error` e `logic_error` (ambas definidas no cabeçalho `<stdexcept>`), cada uma com diversas classes derivadas.
- Diversos operadores disparam exceções-padrão — o operador `new` dispara `bad_alloc`, o operador `dynamic_cast` dispara `bad_cast` e o operador `typeid` dispara `bad_typeid`.
- Incluir `bad_exception` na lista de disparo de uma função significa que, se ocorrer uma exceção inesperada, a função `unexpected` poderá disparar `bad_exception` em vez de terminar a execução do programa ou chamar outra função especificada por `set_unexpected`.

Terminologia

`abort`, função 762
`auto_ptr`, template de classe 768
`bad_alloc`, exceção 765
`bad_cast`, exceção 770
`bad_exception`, exceção 770
`bad_typeid`, exceção 770
`catch`, tratadores 757
`catch`, palavra-chave 757
desempilhamento 758
disparando uma exceção 756
erro de overflow aritmético 771
erro de underflow aritmético 771
erros síncronos 759
especificação de exceção 762
especificação de exceção vazia 762
eventos assíncronos 759
exceção 753
`exception`, classe 754
`<exception>`, arquivo de cabeçalho 755
indicando a exceção 760
`invalid_argument`, exceção 771
`length_error`, exceção 771
`logic_error`, exceção 770
`<memory>`, arquivo de cabeçalho 768
modelo de retomada do tratamento de exceção 757
modelo de término do tratamento de exceção 757
`new`, tratador 766
`nothrow`, objeto 766
objeto de exceção 758
`out_of_range`, exceção 771
`overflow_error`, exceção 771
parâmetro de exceção 757
perda de recurso 763
ponto de disparo 757
programa robusto 753
programa tolerante a falhas 753
`runtime_error`, exceção 754
`set_new_handler`, função 765
`set_terminate`, função 762
`set_unexpected`, função 762
`<stdexcept>`, arquivo de cabeçalho 892
`terminate`, função 760
`throw` 758
`throw`, palavra-chave 758
`throw`, lista de 762
tratadores de exceção 757
tratamento de exceção 753
`try`, bloco 756
`try`, palavra-chave 756
`underflow_error`, exceção 771
`unexpected`, função 762
`what`, função virtual da classe `exceção` 755

Exercícios de autorrevisão

24.1 Liste cinco exemplos comuns de exceções.

24.2 Dê alguns motivos pelos quais as técnicas de tratamento de exceção não devem ser usadas no controle convencional do programa.

24.3 Por que as exceções são apropriadas para lidar com erros produzidos pelas funções de biblioteca?

24.4 O que é uma 'perda de recurso'?

24.5 Se nenhuma exceção é disparada em um bloco `try`, para onde o controle prossegue depois que o bloco `try` completa sua execução?

24.6 O que acontece se uma exceção for disparada fora de um bloco `try`?

24.7 Explique a principal vantagem e a principal desvantagem de usar `catch(...)`.

24.8 O que acontece se nenhum tratador de `catch` corresponder ao tipo de um objeto disparado?

24.9 O que acontece se vários tratadores combinarem com o tipo do objeto disparado?

24.10 Por que você especificaria um tipo de classe-base como o tipo de um tratador de `catch`, e depois dispararia objetos dos tipos da classe derivada?

24.11 Suponha que um tratador de `catch` com uma correspondência exata com um tipo de objeto de exceção esteja disponível. Sob quais circunstâncias um tratador diferente seria executado para os objetos de exceção desse tipo?

24.12 O disparo de uma exceção deve causar o término do programa?

24.13 O que acontece quando um tratador de `catch` dispara uma exceção?

24.14 o que a instrução `throw;` faz?

24.15 Como você restringe os tipos de exceção que uma função pode disparar?

24.16 O que acontece se uma função disparar uma exceção de um tipo não permitido pela especificação de exceção da função?

24.17 O que acontece com os objetos automáticos que foram construídos em um bloco `try` quando esse bloco dispara uma exceção?

Respostas dos exercícios de autorrevisão

24.1 Memória insuficiente para satisfazer uma solicitação `new`, subscrito de array fora dos limites, overflow aritmético, divisão por zero, parâmetros de função inválidos.

24.2 (a) O tratamento de exceção foi projetado para lidar com situações que ocorrem com pouca frequência, que normalmente resultam no término do programa, de modo que os escritores de compilador não precisam implementar o tratamento de exceção para que eles funcionem de modo ideal. (b) O fluxo de controle com estruturas de controle convencionais geralmente é mais claro e mais eficiente que aquele com exceções. (c) Pode haver problemas porque a pilha está aberta quando ocorre uma exceção, e os recursos alocados antes da exceção podem não ser liberados. (d) As exceções 'adicionais' fazem com que seja mais difícil para você tratar de um grande número de casos de exceção.

24.3 É improvável que uma função de biblioteca realize um processamento de erro que atenda às necessidades exclusivas de todos os usuários.

24.4 Um programa que termina bruscamente poderia deixar um recurso em um estado no qual outros programas não poderiam adquiri-lo, ou o próprio programa poderia não conseguir readquirir um recurso 'perdido'.

24.5 Os tratadores de exceção (nos tratadores de `catch`) para esse bloco `try` são pulados, e o programa continua a ser executado após o último tratador de `catch`.

24.6 Uma exceção disparada fora de um bloco `try` faz com que uma chamada termine (com `terminate`).

24.7 A forma `catch(...)` captura qualquer tipo de exceção disparada em um bloco `try`. Uma vantagem é que todas as exceções possíveis serão capturadas. Uma desvantagem é que o `catch` não tem parâmetro, de modo que não pode referenciar informações no objeto disparado e não pode saber a causa da exceção.

24.8 Isso faz com que a busca por uma correspondência continue no próximo bloco `try` delimitador, se houver um. Com a continuação desse processo, por fim será determinado que não existe tratador no programa que corresponda ao tipo do objeto disparado; nesse caso, `terminate` é chamada e, automaticamente, chama `abort`. Uma função `terminate` alternativa pode ser fornecida como um argumento para `set_terminate`.

24.9 O primeiro tratador de exceção correspondente após o bloco `try` é executado.

24.10 Porque esta é uma boa maneira de capturar (com `catch`) os tipos de exceções relacionados.

24.11 Um tratador da classe base capturaria objetos de todos os tipos da classe derivada.

24.12 Não, mas isso termina o bloco em que a exceção foi disparada.

24.13 A exceção será processada por um tratador de `catch` (se houver um) associado ao bloco `try` (se houver um) delimitando o tratador de `catch` que causou a exceção.

24.14 Ela indica a exceção se aparecer em um tratador de `catch`; caso contrário, a função `unexpected` é chamada.

24.15 Fornecendo uma especificação de exceção listando os tipos de exceção que a função pode disparar.

24.16 A função `unexpected` é chamada.

24.17 O bloco `try` expira, fazendo com que os destrutores sejam chamados em cada um desses objetos.

Exercícios

24.18 Liste as diversas condições excepcionais que ocorreram ao longo deste capítulo. Cite o máximo de condições excepcionais adicionais que você puder. Para cada uma dessas exceções, descreva resumidamente como um programa normalmente trataria da exceção, usando as técnicas de tratamento de exceção discutidas aqui. Algumas exceções típicas são divisão por zero, overflow aritmético, subscrito de array fora do limite, falta de espaço no armazenamento livre etc.

24.19 Sob quais circunstâncias você não forneceria um nome de parâmetro ao definir o tipo do objeto que será apanhado pelo tratador?

24.20 Um programa contém a instrução

```
throw;
```

Onde você normalmente esperaria encontrar tal instrução? E se essa instrução aparecesse em uma parte diferente do programa?

24.21 Compare o tratamento de exceção com os vários outros esquemas de processamento de erros discutidos no texto.

24.22 Por que as exceções não devem ser usadas como forma alternativa de controle de programa?

24.23 Descreva uma técnica para tratar de exceções relacionadas.

24.24 ***Disparando exceções de um catch.*** Suponha que um programa dispare uma exceção, e o tratador de exceção apropriado comece a ser executado. Agora suponha que o próprio tratador de exceção dispare a mesma exceção. Isso cria uma recursão infinita? Escreva um programa para justificar a sua resposta.

24.25 ***Captura de exceções da classe derivada.*** Use a herança para criar várias classes derivadas de `runtime_error`. Depois, mostre que um tratador de `catch` que especifica a classe-base pode capturar (`catch`) exceções da classe derivada.

24.26 ***Disparando o resultado de uma expressão condicional.*** Dispare o resultado de uma expressão condicional que retorna um `double`, ou um `int`. Forneça um tratador `int catch` e um tratador `double catch`. Mostre que somente o tratador `double catch` é executado, independentemente de `int` ou `double` ser retornado.

24.27 ***Destrutores de variável local.*** Escreva um programa que demonstre que todos os destrutores de objetos construídos em um bloco são chamados antes de uma exceção ser disparada desse bloco.

24.28 ***Destrutores de objeto-membro.*** Escreva um programa que demonstre que os destrutores de objeto-membro são chamados somente naqueles objetos membros que foram construídos antes que ocorresse uma exceção.

24.29 ***Captura de todas as exceções.*** Escreva um programa que demonstre vários tipos de exceção sendo capturados com o tratador de exceção `catch(...)`.

24.30 ***Ordem dos tratadores de exceção***. Escreva um programa que demonstre que a ordem dos tratadores de exceção é importante. O primeiro tratador correspondente é aquele que é executado. Tente compilar e executar seu programa de duas maneiras diferentes, para mostrar que dois tratadores diferentes são executados com dois efeitos diferentes.

24.31 ***Construtores que disparam exceções.*** Escreva um programa que mostre um construtor passando informações sobre falhas do construtor a um tratador de exceção após um bloco `try`.

24.32 ***Indicação de exceções.*** Escreva um programa que demonstre a indicação de uma exceção.

24.33 ***Exceções não capturadas.*** Escreva um programa que demonstre que uma função com seu próprio bloco `try` não precisa capturar cada erro possível gerado dentro do `try`. Algumas exceções podem passar e ser tratadas em escopos mais externos.

24.34 ***Desempilhamento.*** Escreva um programa que dispare (`throw`) uma exceção a partir de uma função profundamente aninhada e ainda faça com que o tratador de `catch` após o bloco `try`, que delimita a cadeia de chamadas, capture a exceção.

TABELAS DE PRECEDÊNCIA DOS OPERADORES

Apêndice A

Os operadores são apresentados em ordem decrescente de precedência, de cima para baixo (figuras A.1 e A.2).

Operador C	Tipo	Associatividade
`()`	parênteses (operador de chamada de função)	esquerda para a direita
`[]`	subscrito de array	
`.`	seleção de membro via objeto	
`->`	seleção de membro via ponteiro	
`++`	pós-incremento unário	
`--`	pós-decremento unário	
`++`	pré-incremento unário	direita para a esquerda
`--`	pré-decremento unário	
`+`	mais unário	
`-`	menos unário	
`!`	negação lógica unária	
`~`	complemento sobre bits unário	
`(` *tipo* `)`	coerção unária ao estilo de C	
`*`	Desreferência	
`&`	endereço	
`sizeof`	determina o tamanho em bytes	
`*`	multiplicação	esquerda para a direita
`/`	divisão	
`%`	módulo	
`+`	adição	esquerda para a direita
`-`	subtração	
`<<`	deslocamento sobre bits para a esquerda	esquerda para a direita
`>>`	deslocamento sobre bits para a direita	
`<`	relacional menor que	esquerda para a direita
`<=`	relacional menor que ou igual a	

Figura A.1 ■ Tabela de precedência de operadores em C. (Parte 1 de 2.)

<table>
<tr><th>Operador C</th><th>Tipo</th><th>Associatividade</th></tr>
<tr><td>></td><td>relacional maior que</td><td></td></tr>
<tr><td>>=</td><td>relacional maior que ou igual a</td><td></td></tr>
<tr><td>==</td><td>relacional igual a</td><td>esquerda para a direita</td></tr>
<tr><td>!=</td><td>relacional não igual a</td><td></td></tr>
<tr><td>&</td><td>AND (E) sobre bits</td><td>esquerda para a direita</td></tr>
<tr><td>^</td><td>OR (OU) exclusivo sobre bits</td><td>esquerda para a direita</td></tr>
<tr><td>|</td><td>OR (OU) inclusivo sobre bits</td><td>esquerda para a direita</td></tr>
<tr><td>&&</td><td>AND (E) lógico</td><td>esquerda para a direita</td></tr>
<tr><td>||</td><td>OR (OU) lógico</td><td>esquerda para a direita</td></tr>
<tr><td>?:</td><td>condicional ternário</td><td>direita para a esquerda</td></tr>
<tr><td>=</td><td>atribuição</td><td>direita para a esquerda</td></tr>
<tr><td>+=</td><td>atribuição com adição</td><td></td></tr>
<tr><td>-=</td><td>atribuição com subtração</td><td></td></tr>
<tr><td>*=</td><td>atribuição com multiplicação</td><td></td></tr>
<tr><td>/=</td><td>atribuição com divisão</td><td></td></tr>
<tr><td>%=</td><td>atribuição com módulo</td><td></td></tr>
<tr><td>&=</td><td>atribuição com AND sobre bits</td><td></td></tr>
<tr><td>^=</td><td>atribuição com OR exclusivo sobre bits</td><td></td></tr>
<tr><td>|=</td><td>atribuição com OR inclusivo sobre bits</td><td></td></tr>
<tr><td><<=</td><td>atribuição com deslocamento sobre bits para a esquerda</td><td></td></tr>
<tr><td>>>=</td><td>atribuição com deslocamento para a direita com sinal</td><td></td></tr>
<tr><td>,</td><td>vírgula</td><td>esquerda para a direita</td></tr>
</table>

Figura A.1 ■ Tabela de precedência de operadores em C. (Parte 2 de 2.)

Operador C++	Tipo	Associatividade
::	resolução de escopo binária	esquerda para a direita
::	resolução de escopo unária	
()	parênteses (operador de chamada de função)	esquerda para a direita
[]	subscrito de array	
.	seleção de membro via objeto	
->	seleção de membro via ponteiro	
++	pós-incremento unário	
--	pós-decremento unário	
typeid	informação de tipo no tempo de execução	
dynamic_cast<*tipo*>	coerção com verificação de tipo no tempo de execução	
static_cast<*tipo*>	coerção com verificação de tipo no tempo de compilação	
reinterpret_cast<*tipo*>	coerção para conversões fora do padrão	
const_cast<*tipo*>	coerção de const	
++	pré-incremento unário	direita para a esquerda
--	pré-decremento unário	
+	mais unário	
-	menos unário	

Figura A.2 ■ Tabela de precedência de operadores em C++. (Parte 1 de 2.)

<table>
<tr><th>Operador C++</th><th>Tipo</th><th>Associatividade</th></tr>
<tr><td>!</td><td>negação lógica unária</td><td></td></tr>
<tr><td>~</td><td>complemento unário sobre bits</td><td></td></tr>
<tr><td>(tipo)</td><td>coerção unária em estilo de C</td><td></td></tr>
<tr><td>sizeof</td><td>determina tamanho em bytes</td><td></td></tr>
<tr><td>&</td><td>endereço</td><td></td></tr>
<tr><td>*</td><td>desreferência</td><td></td></tr>
<tr><td>new</td><td>alocação dinâmica de memória</td><td></td></tr>
<tr><td>new[]</td><td>alocação dinâmica de array</td><td></td></tr>
<tr><td>delete</td><td>desalocação dinâmica de memória</td><td></td></tr>
<tr><td>delete[]</td><td>desalocação dinâmica de array</td><td></td></tr>
<tr><td>.*</td><td>ponteiro para membro via objeto</td><td>esquerda para a direita</td></tr>
<tr><td>->*</td><td>ponteiro para membro via ponteiro</td><td></td></tr>
<tr><td>*</td><td>multiplicação</td><td>esquerda para a direita</td></tr>
<tr><td>/</td><td>divisão</td><td></td></tr>
<tr><td>%</td><td>módulo</td><td></td></tr>
<tr><td>+</td><td>adição</td><td>esquerda para a direita</td></tr>
<tr><td>-</td><td>subtração</td><td></td></tr>
<tr><td><<</td><td>deslocamento sobre bits para a esquerda</td><td>esquerda para a direita</td></tr>
<tr><td>>></td><td>deslocamento sobre bits para a direita</td><td></td></tr>
<tr><td><</td><td>relacional menor que</td><td>esquerda para a direita</td></tr>
<tr><td><=</td><td>relacional menor que ou igual a</td><td></td></tr>
<tr><td>></td><td>relacional maior que</td><td></td></tr>
<tr><td>>=</td><td>relacional maior que ou igual a</td><td></td></tr>
<tr><td>==</td><td>relacional igual a</td><td>esquerda para a direita</td></tr>
<tr><td>!=</td><td>relacional não igual a</td><td></td></tr>
<tr><td>&</td><td>AND (E) sobre bits</td><td>esquerda para a direita</td></tr>
<tr><td>^</td><td>OR (OU) exclusivo sobre bits</td><td>esquerda para a direita</td></tr>
<tr><td>|</td><td>OR (OU) inclusivo sobre bits</td><td>esquerda para a direita</td></tr>
<tr><td>&&</td><td>AND (E) lógico</td><td>esquerda para a direita</td></tr>
<tr><td>||</td><td>OR (OU) lógico</td><td>esquerda para a direita</td></tr>
<tr><td>?:</td><td>condicional ternário</td><td>direita para a esquerda</td></tr>
<tr><td>=</td><td>atribuição</td><td>direita para a esquerda</td></tr>
<tr><td>+=</td><td>atribuição com adição</td><td></td></tr>
<tr><td>-=</td><td>atribuição com subtração</td><td></td></tr>
<tr><td>*=</td><td>atribuição com multiplicação</td><td></td></tr>
<tr><td>/=</td><td>atribuição com divisão</td><td></td></tr>
<tr><td>%=</td><td>atribuição com módulo</td><td></td></tr>
<tr><td>&=</td><td>atribuição com AND (E) sobre bits</td><td></td></tr>
<tr><td>^=</td><td>atribuição com OR (OU) exclusivo sobre bits</td><td></td></tr>
<tr><td>|=</td><td>atribuição com OR (OU) inclusivo sobre bits</td><td></td></tr>
<tr><td><<=</td><td>atribuição com deslocamento sobre bits para a esquerda</td><td></td></tr>
<tr><td>>>=</td><td>atribuição com deslocamento para a direita com sinal</td><td></td></tr>
<tr><td>,</td><td>Vírgula</td><td>esquerda para a direita</td></tr>
</table>

Figura A.2 ■ Tabela de precedência de operadores em C++. (Parte 2 de 2.)

Conjunto de caracteres ASCII

B

Conjunto de caracteres ASCII										
	0	1	2	3	4	5	6	7	8	9
0	nul	soh	stx	etx	eot	enq	ack	bel	bs	ht
1	lf	vt	ff	cr	so	si	dle	dc1	dc2	dc3
2	dc4	nak	syn	etb	can	em	sub	esc	fs	gs
3	rs	us	sp	!	“	#	$	%	&	‘
4	(	)	*	+	,	-	.	/	0	1
5	2	3	4	5	6	7	8	9	:	;
6	<	=	>	?	@	A	B	C	D	E
7	F	G	H	I	J	K	L	M	N	O
8	P	Q	R	S	T	U	V	W	X	Y
9	Z	[	\	]	^	_	’	a	b	c
10	d	e	f	g	h	i	j	k	l	m
11	n	o	p	q	r	s	t	u	v	w
12	x	y	z	{	|	}	~	del		

Figura B.1 ■ Conjunto de caracteres ASCII.

Os dígitos à esquerda da tabela são os dígitos da esquerda do equivalente decimal (0-127) do código do caractere, e os dígitos no topo da tabela são os dígitos da direita do código do caractere. Por exemplo, o código de caractere para “F” é 70, e o código de caractere para “&” é 38.

SISTEMAS NUMÉRICOS

C

Apêndice

Aqui estão apenas os números ratificados.
— **William Shakespeare**

Objetivos

Neste apêndice, você aprenderá:

- A entender os conceitos básicos dos sistemas numéricos, como base, valor posicional e valor de símbolo.
- A entender como trabalhar com números representados nos sistemas numéricos binário, octal e hexadecimal.
- A abreviar números binários como números octais, ou números hexadecimais.
- A converter números octais e números hexadecimais em números binários.
- A converter números decimais em seus equivalentes binário, octal e hexadecimal, e vice-versa.
- A entender a aritmética binária e como os números binários negativos são representados usando a notação de complemento de dois.

Conteúdo

C.1 Introdução
C.2 Abreviação de números binários como números octais e hexadecimais
C.3 Conversão de números octais e hexadecimais em números binários
C.4 Conversão de binário, octal ou hexadecimal em decimal
C.5 Conversão de decimal em binário, octal ou hexadecimal
C.6 Números binários negativos: notação de complemento de dois

Resumo | Terminologia | Exercícios de autorrevisão | Respostas dos exercícios de autorrevisão | Exercícios

C.1 Introdução

Neste apêndice, apresentaremos os principais sistemas de numeração utilizados pelos programadores, especialmente quando estão trabalhando em projetos de software que exigem muita interação com hardware em 'nível de máquina'. Projetos como estes incluem sistemas operacionais, software de redes de computadores, compiladores, sistemas de bancos de dados e aplicações que exigem alto desempenho.

Quando escrevemos um inteiro como 227 ou –63 em um programa, supõe-se que o número esteja no **sistema de numeração decimal (base 10)**. Os **dígitos** no sistema de numeração decimal são 0, 1, 2, 3, 4, 5, 6, 7, 8 e 9. O menor dígito é 0, e o maior, 9 — um a menos que a **base** 10. Internamente, os computadores usam o **sistema de numeração binário (base 2)**. O sistema de numeração binário tem apenas dois dígitos, ou seja, 0 e 1. Seu menor digito é 0, e seu maior, 1 — um a menos que a base 2.

Como veremos, os números binários tendem a ser muito maiores que seus equivalentes decimais. Os programadores que trabalham em linguagens assembly e com linguagens de alto nível, como C, que permitem que eles desçam ao 'nível da máquina', acham complicado trabalhar com números binários. Assim, outros dois sistemas de numeração — o **sistema de numeração octal (base 8)** e o **sistema de numeração hexadecimal (base 16)** — são populares, principalmente porque tornam conveniente a abreviação de números binários.

No sistema de numeração octal, os dígitos variam de 0 a 7. Tanto o sistema de numeração binário quanto o sistema octal possuem menos dígitos que o sistema decimal, e por isso seus dígitos são os mesmos que seus correspondentes do sistema decimal.

O sistema hexadecimal apresenta um problema porque ele exige dezesseis dígitos — o menor dígito é 0, e o maior dígito tem valor equivalente a 15 (um a menos que a base 16). Por convenção, usamos as letras de A a F para representar os dígitos correspondentes aos valores decimais de 10 a 15. Dessa forma, em hexadecimal podemos ter números como 876, consistindo apenas de dígitos semelhantes aos decimais, números como 8A55F, consistindo em dígitos e letras, e números como FFE, consistindo apenas em letras. Ocasionalmente, um número hexadecimal é grafado como uma palavra comum do nosso vocabulário, como FACE ou FADA — isso pode parecer estranho aos programadores acostumados a trabalhar com números. Os dígitos dos sistemas de numeração binário, octal, decimal e hexadecimal estão resumidos nas figuras C.1 e C.2.

Cada um desses sistemas de numeração usa **notação posicional** — cada posição na qual um dígito é escrito possui um **valor posicional** diferente. Por exemplo, no número decimal 937 (o 9, o 3 e o 7 são chamados de **valores dos símbolos** ou valores dos algarismos), dizemos que o 7 é escrito na posição das unidades, o 3 é escrito na posição das dezenas e o 9 é escrito na posição das centenas. Cada uma dessas posições é uma potência da base (base 10), e essas potências começam em 0 e aumentam em 1 à medida que nos movemos para a esquerda no número (Figura C.3).

Para números decimais maiores, as próximas posições à esquerda seriam a posição dos milhares (10 elevado à terceira potência), a posição das dezenas de milhar (10 elevado à quarta potência), a posição das centenas de milhar (10 elevado à quinta potência), a posição dos milhões (10 elevado à sexta potência), a posição das dezenas de milhões (10 elevado à sétima potência) e assim por diante.

No número binário 101, dizemos que o 1 da extremidade da direita está escrito na posição da unidade, o 0 está escrito na posição do dois e o 1 da extremidade esquerda está escrito na posição do quatro. Cada uma dessas posições é uma potência da base (base 2), e essas potências começam em 0 e aumentam de 1 em 1 à medida que nos movemos para a esquerda no número (Figura C.4). Assim, $101 = 1 * 2^2 + 0 * 2^1 + 1 * 2^0 = 4 + 0 + 1 = 5$.

Dígito binário	Dígito octal	Dígito decimal	Dígito hexadecimal
0	0	0	0
1	1	1	1
	2	2	2
	3	3	3
	4	4	4
	5	5	5
	6	6	6
	7	7	7
		8	8
		9	9
			A (valor decimal 10)
			B (valor decimal 11)
			C (valor decimal 12)
			D (valor decimal 13)
			E (valor decimal 14)
			F (valor decimal 15)

Figura C.1 ■ Dígitos dos sistemas numéricos binário, octal, decimal e hexadecimal.

Atributo	Binário	Octal	Decimal	Hexadecimal
Base	2	8	10	16
Dígito mais baixo	0	0	0	0
Dígito mais alto	1	7	9	F

Figura C.2 ■ Comparando os sistemas binário, octal, decimal e hexadecimal.

Valores posicionais no sistema de numeração decimal			
Dígito decimal	9	3	7
Nome da posição	Centenas	Dezenas	Unidades
Valor posicional	100	10	1
Valor posicional como potência da base (10)	10^2	10^1	10^0

Figura C.3 ■ Valores posicionais no sistema de numeração decimal.

Valores posicionais no sistema de numeração binário			
Dígito binário	1	0	1
Nome da posição	Quatro	Dois	Um
Valor posicional	4	2	1
Valor posicional como potência da base (2)	2^2	2^1	2^0

Figura C.4 ■ Valores posicionais no sistema de numeração binário.

Para números binários mais longos, as próximas posições à esquerda seriam a posição do oito (2 elevado à terceira potência), a posição do dezesseis (2 elevado à quarta potência), a posição do trinta e dois (2 elevado à quinta potência), a posição do sessenta e quatro (2 elevado à sexta potência) e assim por diante.

No número octal 425, dizemos que o 5 está escrito na posição das unidades, o 2 está escrito na posição do oito e o 4 está escrito na posição do sessenta e quatro. Veja que cada uma dessas posições é uma potência da base (base 8), e que essas potências começam em 0 e aumentam de 1 em 1 à medida que nos movemos para a esquerda no número (Figura C.5).

Para números octais mais longos, as próximas posições à esquerda seriam a posição do quinhentos e doze (8 elevado à terceira potência), a posição do quatro mil e noventa e seis (8 elevado à quarta potência), a posição do trinta e dois mil, setecentos e sessenta e oito (8 elevado à quinta potência) e assim por diante.

No número hexadecimal 3DA, dizemos que o A está escrito na posição das unidades, o D está escrito na posição do dezesseis e o 3 está na posição do duzentos e cinquenta e seis. Cada uma dessas posições é uma potência da base (base 16), e essas potências começam em 0 e aumentam de 1 em 1 à medida que nos movemos para a esquerda no número (Figura C.6).

Para números hexadecimais mais longos, as próximas posições seriam a posição do quatro mil e noventa e seis (16 elevado à terceira potência), a posição do sessenta e cinco mil, quinhentos e trinta e seis (16 elevado à quarta potência) e assim por diante.

Valores posicionais no sistema de numeração octal			
Dígito decimal	4	2	5
Nome da posição	Sessenta e quatro	Oito	Um
Valor posicional	64	8	1
Valor posicional como potência da base (8)	8^2	8^1	8^0

Figura C.5 ■ Valores posicionais no sistema de numeração octal.

Valores posicionais no sistema de numeração hexadecimal			
Dígito decimal	3	D	A
Nome da posição	Duzentos e cinquenta e seis	Dezesseis	Um
Valor posicional	256	16	1
Valor posicional como potência da base (16)	16^2	16^1	16^0

Figura C.6 ■ Valores posicionais no sistema de numeração hexadecimal.

C.2 Abreviação de números binários como números octais e hexadecimais

O principal uso dos números octais e hexadecimais em computação é feito na abreviação de representações binárias longas. A Figura C.7 destaca o fato de que números binários longos podem ser expressos de uma forma concisa em sistemas de numeração com bases maiores que a do sistema de numeração binário.

Um relacionamento particularmente importante com o sistema de numeração binário, que tanto o sistema de numeração octal quanto o hexadecimal possuem, é que suas bases (8 e 16, respectivamente) são potências da base do sistema de numeração binário (base 2). Examine o número binário com 12 dígitos a seguir e seus equivalentes em octal e hexadecimal. Veja se você pode determinar como esse relacionamento torna conveniente a expressão de números binários como números octais e hexadecimais. A resposta vem após os números.

Número binário	Equivalente octal	Equivalente hexadecimal
100011010001	4321	8D1

Número decimal	Representação binária	Representação octal	Representação hexadecimal
0	0	0	0
1	1	1	1
2	10	2	2
3	11	3	3
4	100	4	4
5	101	5	5
6	110	6	6
7	111	7	7
8	1000	10	8
9	1001	11	9
10	1010	12	A
11	1011	13	B
12	1100	14	C
13	1101	15	D
14	1110	16	E
15	1111	17	F
16	10000	20	10

Figura C.7 ■ Equivalentes em decimal, binário, octal e hexadecimal.

Para ver como o número binário pode ser facilmente convertido em um número octal, simplesmente divida o número binário de 12 dígitos em grupos de três bits consecutivos cada um e escreva aqueles grupos sobre os dígitos correspondentes do número octal, como se segue:

```
100     011     010     001
4       3       2       1
```

Observe que o dígito octal escrito sob cada grupo de três bits corresponde exatamente ao equivalente octal daquele número binário de 3 dígitos, de acordo com o que mostra a Figura C.7.

O mesmo tipo de relacionamento pode ser observado na conversão de números do sistema binário em hexadecimal. Divida o número binário de 12 dígitos em grupos de quatro bits consecutivos cada um e escreva aqueles grupos sobre os dígitos correspondentes do número hexadecimal, como se segue:

```
1000    1101    0001
8       D       1
```

O dígito hexadecimal que você escreveu sob cada grupo de quatro bits corresponde exatamente ao equivalente hexadecimal daquele número binário de quatro dígitos, como mostra a Figura C.7.

C.3 Conversão de números octais e hexadecimais em números binários

Na seção anterior, vimos como converter números binários em seus equivalentes octais e hexadecimais, formando grupos de dígitos binários e simplesmente reescrevendo esses grupos como seus valores octais e hexadecimais equivalentes. Esse processo pode ser usado na ordem inversa para produzir o número binário equivalente a um número octal ou hexadecimal dado.

Por exemplo, o número octal 653 é convertido em binário simplesmente ao escrevermos o 6 como seu número binário equivalente de 3 dígitos, 110, o 5 como seu binário de 3 dígitos equivalente, 101, e o 3 como seu binário de 3 dígitos equivalente, 011, para formar o número binário de 9 dígitos 110101011.

O número hexadecimal FAD5 é convertido em binário simplesmente ao escrevermos o F como seu número binário equivalente de 4 dígitos, 1111, o A como seu binário de 4 dígitos equivalente, 1010, o D como seu binário de 4 dígitos equivalente, 1101, e o 5 como seu binário de 4 dígitos equivalente, 0101, para formar o número binário de 16 dígitos 1111101011010101.

C.4 Conversão de binário, octal ou hexadecimal em decimal

Estamos acostumados a trabalhar em decimal, e por isso é frequentemente útil converter um número binário, octal ou hexadecimal em decimal para que tenhamos uma noção do que o número 'realmente' vale. Nossos diagramas na Seção C.1 expressam os valores posicionais em decimais. Para converter um número em decimal, a partir de outra base, multiplique o equivalente decimal de cada dígito por seu valor posicional, e some esses produtos. Por exemplo, o número binário 110101 é convertido no decimal 53, de acordo com o que mostra a Figura C.8.

Para converter o octal 7614 no decimal 3980, aplicamos a mesma técnica, dessa vez usando os valores posicionais octais apropriados, como mostra a Figura C.9.

Para converter o hexadecimal AD3B no decimal 44347, aplicamos a mesma técnica, dessa vez usando os valores posicionais hexadecimais apropriados, como mostra a Figura C.10.

Conversão de um número binário em decimal						
Valores posicionais	32	16	8	4	2	1
Valores dos símbolos	1	1	0	1	0	1
Produtos	1*32=32	1*16=16	0*8=0	1*4=4	0*2=0	1*1=1
Soma	= 32 + 16 + 0 + 4 + 0 + 1 = 53					

Figura C.8 ■ Conversão de um número binário em decimal.

Conversão de um número octal em decimal				
Valores posicionais	512	64	8	1
Valores dos símbolos	7	6	1	4
Produtos	7*512=3584	6*64=384	1*8=8	4*1=4
Soma	= 3584 + 384 + 8 + 4 = 3980			

Figura C.9 ■ Conversão de um número octal em decimal.

Conversão de um número hexadecimal em decimal				
Valores posicionais	4096	256	16	1
Valores dos símbolos	A	D	3	B
Produtos	A*4096=40960	D*256=3328	3*16=48	B*1=11
Soma	= 40960 + 3328 + 48 + 11 = 44347			

Figura C.10 ■ Conversão de um número hexadecimal em decimal.

C.5 Conversão de decimal em binário, octal ou hexadecimal

As conversões da Seção C.4 são consequências naturais das convenções da notação posicional. A conversão do sistema decimal no sistema binário, octal ou hexadecimal também segue essas convenções.

Suponha que desejemos converter o número decimal 57 em sistema binário. Começamos escrevendo os valores posicionais das colunas, da direita para a esquerda, até alcançarmos a coluna cujo valor posicional seja maior que o número decimal. Não precisamos daquela coluna, portanto a descartamos. Assim, escrevemos inicialmente:

Valores posicionais:	64	32	16	8	4	2	1

A seguir, descartamos a coluna com valor 64, restando:

Valores posicionais:	32	16	8	4	2	1

A seguir, trabalhamos a partir da coluna da extremidade esquerda em direção à direita. Dividimos 57 por 32 e observamos que há uma vez 32 em 57, com resto 25, portanto escrevemos 1 na coluna 32. Dividimos 25 por 16 e observamos que há uma vez 16 em 25, com resto 9 e escrevemos 1 na coluna 16. Dividimos 9 por 8 e observamos que há uma vez 8 em 9, com resto 1. As duas próximas colunas produzem quocientes com resto zero quando divididas por seus valores posicionais, portanto escrevemos 0s nas colunas 4 e 2. Finalmente, dividindo 1 por 1 obtemos 1, portanto escrevemos 1 na coluna 1. Isso leva a:

Valores posicionais:	32	16	8	4	2	1
Valores dos símbolos:	1	1	1	0	0	1

e assim o valor decimal 57 é equivalente ao binário 111001.

Para converter o número decimal 103 em sistema octal, começamos escrevendo os valores das colunas até alcançarmos a coluna cujo valor posicional seja maior que o número decimal. Não precisamos dessa coluna, portanto a descartamos. Assim, escrevemos inicialmente:

Valores posicionais:	512	64	8	1

A seguir, descartamos a coluna com valor 512, restando:

Valores posicionais:	64	8	1

Depois, trabalhamos a partir da coluna da extremidade esquerda em direção à direita. Dividimos 103 por 64 e observamos que há uma vez 64 em 103, com resto 39, portanto escrevemos 1 na coluna 64. Dividimos 39 por 8 e observamos que há quatro vezes 8 em 39, com resto 7 e escrevemos 4 na coluna 8. Finalmente, dividimos 7 por 1 e observamos que há sete vezes 1 em 7, não ficando resto algum, portanto escrevemos 7 na coluna 1. Isso leva a:

Valores posicionais:	64	8	1
Valores dos símbolos:	1	4	7

e assim o valor decimal 103 é equivalente ao octal 147.

Para converter o número decimal 375 em sistema hexadecimal, começamos escrevendo os valores das colunas até alcançarmos a coluna cujo valor posicional seja maior que o número decimal. Não precisamos dessa coluna, portanto a descartamos. Assim, escrevemos inicialmente:

Valores posicionais:	4096	256	16	1

A seguir, descartamos a coluna com valor 4096, restando:

Valores posicionais:	256	16	1

Depois, trabalhamos a partir da coluna da extremidade esquerda em direção à direita. Dividimos 375 por 256 e observamos que há uma vez 256 em 375, com resto 119, portanto escrevemos 1 na coluna 256. Dividimos 119 por 16 e observamos que há sete vezes 16 em 119, com resto 7, e escrevemos 7 na coluna 16. Finalmente, dividimos 7 por 1 e observamos que há sete vezes 1 em 7, não ficando resto algum, portanto escrevemos 7 na coluna 1. Isso leva a:

Valores posicionais:	256	16	1
Valores dos símbolos:	1	7	7

e assim o valor decimal 375 é equivalente ao hexadecimal 177.

C.6 Números binários negativos: notação de complemento de dois

A análise deste apêndice concentrou-se nos números positivos. Nessa seção, explicaremos como os computadores representam números negativos usando a **notação em complemento de dois**. Em primeiro lugar, explicaremos como é formado o complemento de dois de um número binário, e depois mostraremos por que ele representa o **valor negativo** de determinado número binário.

Considere um equipamento com inteiros de 32 bits. Suponha

```
int valor = 13;
```

A representação em 32 bits do `valor` é

```
00000000 00000000 00000000 00001101
```

Para formar o negativo de `valor`, formamos inicialmente o **complemento de um**, aplicando o **operador de complemento sobre bits** de C (~):

```
complementoDeUmDeValor = ~valor;
```

Internamente, `~valor` é agora `valor` com cada um de seus bits invertidos — os uns se tornam zeros e os zeros se tornam uns, como segue:

```
valor:
00000000 00000000 00000000 00001101
~valor (ou seja, complemento de um de valor):
11111111 11111111 11111111 11110010
```

Para formar o complemento de dois de `valor`, simplesmente adicionamos um ao complemento de um de `valor`. Assim,

```
O complemento de dois de valor é:
11111111 11111111 11111111 11110011
```

Agora, se isso é realmente igual a –13, devemos ser capazes de adicionar o binário 13 a ele e obter o resultado 0. Vamos tentar fazer isso:

```
 00000000 00000000 00000000 00001101
+11111111 11111111 11111111 11110011
------------------------------------
 00000000 00000000 00000000 00000000
```

O bit transportado (vai um) da coluna da extremidade esquerda é descartado, e realmente obtemos zero como resultado. Se adicionássemos o complemento de um de um número ao próprio número, o resultado seria todo 1s. O segredo de se obter um resultado todo em zeros é que o complemento de dois vale 1 a mais que o complemento de um. A adição de 1 faz que cada coluna resulte em zero, transportando o valor 1 para a próxima coluna. O valor é transportado para a esquerda, de uma coluna para outra, até que seja descartado do bit da extremidade esquerda, e o número resultante fique todo consistindo em zeros.

Na verdade, os computadores realizam uma subtração como

```
x = a - valor;
```

adicionando o complemento de dois de `valor` a `a` como se segue:

```
x = a + (~valor + 1);
```

Suponha que `a` seja 27 e `valor` seja 13, como antes. Se o complemento de dois de `valor` for realmente o negativo de `valor`, adicionar seu complemento de dois a `a` deverá produzir o resultado 14. Vamos tentar fazer isso:

```
a (isto é, 27)      00000000 00000000 00000000 00011011
+(~valor + 1)      +11111111 11111111 11111111 11110011
                   ------------------------------------
                    00000000 00000000 00000000 00001110
```

que é realmente igual a 14.

Resumo

- Quando escrevemos um inteiro como 19 ou 227 ou –63 em um programa, o número é automaticamente considerado como se estivesse no sistema de numeração decimal (base 10). Os dígitos no sistema de numeração decimal são 0, 1, 2, 3, 4, 5, 6, 7, 8 e 9. O menor dígito é 0, e o maior dígito é 9 — um a menos que a base 10.
- Internamente, os computadores usam o sistema de numeração binário (base 2). O sistema de numeração binário tem apenas dois dígitos, que são 0 e 1. Seu menor dígito é 0, e seu maior dígito é 1 — um a menos que a base 2.
- O sistema de numeração octal (base 8) e o sistema de numeração hexadecimal (base 16) se tornaram populares principalmente porque são convenientes para exprimir números binários de uma forma abreviada.
- Os dígitos do sistema de numeração octal variam de 0 a 7.
- O sistema de numeração hexadecimal apresenta um problema porque exige dezesseis dígitos — o menor dígito com valor 0, e o maior dígito com um valor equivalente a 15 em decimal (um a menos que a base 16). Por convenção, usamos as letras A a F para representar os dígitos hexadecimais correspondentes aos valores decimais de 10 a 15.
- Cada sistema de numeração usa notação posicional — cada posição na qual um dígito é escrito tem um valor posicional diferente.
- Um relacionamento importante que tanto o sistema de numeração octal quanto o sistema de numeração hexadecimal possuem com o sistema binário é que as bases dos sistemas octal e hexadecimal (8 e 16, respectivamente) são potências da base do sistema de numeração binário (base 2).
- Para converter um número octal em um número binário, simplesmente substitua cada dígito octal pelo binário equivalente de três dígitos.
- Para converter um número hexadecimal em um número binário, simplesmente substitua cada dígito hexadecimal pelo binário equivalente de quatro dígitos.
- Por estarmos acostumados a trabalhar com números decimais, frequentemente é útil converter um número binário, octal ou hexadecimal em decimal para termos uma noção maior do que o número 'realmente' vale.
- Para converter um número de outra base em um número decimal, multiplique o equivalente decimal de cada dígito por seu valor posicional e some os produtos.
- Os computadores representam números negativos usando a notação em complemento de dois.
- Para formar o negativo de um valor, forme inicialmente seu complemento de um aplicando o operador de complemento sobre bits de C (~). Isso inverte os bits do valor. Para formar o complemento de dois de um valor, simplesmente adicione um ao complemento de um do valor.

Terminologia

base 782
conversões 786
complemento de um 788
dígitos 782
notação de complemento de dois 788
notação de complemento de um 788
notação posicional 782
operador de complemento sobre bits (~) 788
sistema de numeração binário 782
sistema de numeração decimal 782
sistema de numeração hexadecimal 782
sistema de numeração octal 782
valor negativo 788
valor posicional 782
valores dos símbolos 782

Exercícios de autorrevisão

C.1 Preencha os espaços em cada uma das sentenças:

a) As bases dos sistemas de numeração decimal, binária, octal e hexadecimal são _______, _______, _______ e _______, respectivamente.

b) O valor posicional do dígito mais à direita de qualquer número em binário, octal, decimal ou hexadecimal é sempre _______.

c) O valor posicional do dígito à esquerda do dígito mais à direita de qualquer número em binário, octal, decimal ou hexadecimal é sempre igual à _______.

C.2 Responda quais das sentenças a seguir são *verdadeiras* e quais são *falsas*. Em caso de alternativas *falsas*, justifique sua resposta.

a) Um motivo popular para o uso do sistema numérico decimal é que ele forma uma notação conveniente para a abreviação dos números binários simplesmente ao substituir um dígito decimal por grupo de quatro bits.

b) O dígito mais alto em qualquer base é um a mais que a base.

c) O dígito mais baixo em qualquer base é um a menos que a base.

C.3 Em geral, as representações decimal, octal e hexadecimal de determinado número binário contêm (mais/menos) dígitos do que o número binário contém.

C.4 A representação (octal/hexadecimal/decimal) de um valor binário grande é a mais concisa (das alternativas apresentadas).

C.5 Preencha os valores que faltam no diagrama de valores posicionais para as quatro posições mais à direita em cada um dos sistemas numéricos indicados:

decimal	1000	100	10	1
hexadecimal	...	256	...	...
binário	...	...	...	...
octal	512	...	8	...

C.6 Converta o binário 110101011000 em octal e em hexadecimal.

C.7 Converta o hexadecimal FACE em binário.

C.8 Converta o octal 7316 em binário.

C.9 Converta o hexadecimal 4FEC em octal. [*Dica:* primeiro, converta 4FEC em binário, e depois converta esse número binário em octal.]

C.10 Converta o binário 1101110 em decimal.

C.11 Converta o octal 317 em decimal.

C.12 Converta o hexadecimal EFD4 em decimal.

C.13 Converta o decimal 177 em binário, em octal e em hexadecimal.

C.14 Mostre a representação binária do decimal 417. Depois, mostre o complemento de um de 417 e o complemento de dois de 417.

C.15 Qual o resultado da soma de um número e seu complemento de dois?

Respostas dos exercícios de autorrevisão

C.1 a) 10, 2, 8, 16. b) 1 (a base elevada à potência zero). c) A base do sistema numérico.

C.2 a) Falso. O sistema hexadecimal é que faz isso. b) Falso. O dígito mais alto em qualquer base é um a menos que a base. c) Falso. O dígito mais baixo em qualquer base é zero.

C.3 Menos.

C.4 Hexadecimal.

C.5

decimal	1000	100	10	1
hexadecimal	4096	256	16	1
binário	8	4	2	1
octal	512	64	8	1

C.6 Octal 6530; Hexadecimal D58.

C.7 Binário 1111 1010 1100 1110.

C.8 Binário 111 011 001 110.

C.9 Binário 0 100 111 111 101 100; Octal 47754.

C.10 Decimal 2+4+8+32+64=110.

C.11 Decimal 7+1*8+3*64=7+8+192=207.

C.12 Decimal 4+13*16+15*256+14*4096=61396.

C.13 Decimal 177

em binário:

```
256 128 64 32 16 8 4 2 1
128 64 32 16 8 4 2 1
(1*128)+(0*64)+(1*32)+(1*16)+(0*8)+
(0*4)+(0*2)+(1*1)
10110001
```

em octal:

```
512 64 8 1
64 8 1
(2*64)+(6*8)+(1*1)
261
```

em hexadecimal:

```
256 16 1
16 1
(11*16)+(1*1) (B*16)+(1*1)
B1
```

C.14 Binário:

```
512 256 128 64 32 16 8 4 2 1
256 128 64 32 16 8 4 2 1
(1*256)+(1*128)+(0*64)+(1*32)+(0*16)+
(0*8)+(0*4)+(0*2)+(1*1)
110100001
```

Complemento de um: 001011110
Complemento de dois: 001011111

Verificação: Número binário original + seu complemento de dois

```
110100001
001011111
---------
000000000
```

C.15 Zero.

Exercícios

C.16 Algumas pessoas argumentam que muitos de nossos cálculos seriam mais fáceis no sistema de numeração de base 12 porque 12 é divisível por muito mais números do que 10 (para base 10). Qual é o menor dígito na base 12? Qual pode ser o maior símbolo para o dígito da base 12? Quais são os valores posicionais das quatro posições da direita de qualquer número no sistema de numeração da base 12?

C.17 Complete a tabela de valores posicionais a seguir para as quatro posições da direita em cada um dos sistemas de numeração indicados:

decimal	1000	100	10	1
base 6	...	...	6	...
base 13	...	169	...	...
base 3	27	...	...	...

C.18 Converta o binário 100101111010 em octal e em hexadecimal.

C.19 Converta o hexadecimal 3A7D em binário.

C.20 Converta o hexadecimal 765F em octal. (*Dica:* primeiro, converta 765F em binário, depois converta o número binário em octal.)

C.21 Converta o binário 1011110 em decimal.

C.22 Converta o octal 426 em decimal.

C.23 Converta o hexadecimal FFFF em decimal

C.24 Converta o decimal 299 em binário, em octal e em hexadecimal.

C.25 Mostre a representação binária do decimal 779. Depois, mostre o complemento de um de 779 e o complemento de dois de 779.

C.26 Mostre o complemento de dois do valor inteiro –1 em uma máquina com inteiros de 32 bits.

Programação de jogos: solução de Sudoku

D

D.1 Introdução

Em 2005, o jogo de Sudoku tornou-se popular no mundo inteiro. Agora, quase todo jornal importante publica um quebra-cabeça de Sudoku diariamente. Os jogadores de jogos portáteis permitem que você jogue a qualquer hora, em qualquer lugar, e criam quebra-cabeças por demanda, com vários níveis de dificuldade.

Um **quebra-cabeça Sudoku** é uma grade de 9 × 9 (ou seja, um array bidimensional) em que os dígitos de 1 a 9 aparecem uma única vez em cada linha, em cada coluna e em cada uma das nove grades de 3 × 3. Na grade parcialmente completada de 9 × 9 da Figura D.1, a linha 1, a coluna 1 e a grade de 3 × 3 no canto superior esquerdo do tabuleiro contêm os dígitos de 1 a 9 uma única vez. Usamos as convenções de numeração de linha e coluna de array bidimensional de C, mas estamos ignorando a linha 0 e a coluna 0, em conformidade com as convenções da comunidade do Sudoku.

O Sudoku típico oferece muitas células preenchidas e muitos espaços, normalmente arrumados em um padrão simétrico, como é comum em palavras cruzadas. A tarefa do jogador é preencher os espaços para completar o quebra-cabeça. Alguns são fáceis de resolver; alguns são muito difíceis, exigindo estratégias de solução sofisticadas.

	1	2	3	4	5	6	7	8	9
1	5	1	3	4	9	7	6	2	8
2	4	6	8						
3	7	9	2						
4	2								
5	9								
6	3								
7	8								
8	1								
9	6								

Figura D.1 ■ Grade de 9 × 9 do Sudoku parcialmente completada. Observe as nove grades de 3 × 3.

Discutiremos diversas estratégias de solução simples e sugeriremos o que fazer quando estas falharem. Também apresentaremos técnicas para programar criadores e solucionadores de Sudoku em C. Infelizmente, o padrão em C não inclui capacidades gráficas e de GUI (graphical user interface, interface gráfica do usuário), de modo que nossa representação do tabuleiro não será tão elegante quanto poderíamos torná-la em Java e em outras linguagens de programação que admitem essas capacidades. Você pode querer retornar aos programas de Sudoku depois de ler o Apêndice E: programação de jogos usando a biblioteca de C Allegro. Allegro, que não faz parte do padrão C, oferece capacidades que o ajudarão a acrescentar gráficos e até mesmo sons em seus programas de Sudoku.

D.2 Deitel Sudoku Resource Center

Verifique nosso **Sudoku Resource Center** em <`www.deitel.com/sudoku`>. Ele contém downloads tutoriais, livros, e-books e outros itens que o ajudarão a dominar o jogo. Acompanhe a história do Sudoku desde a sua origem no século oitavo até os tempos modernos. Faça o download gratuito do Sudoku em vários níveis de dificuldade, entre em disputas de jogos diárias para ganhar livros de Sudoku e receba diariamente um jogo de Sudoku para postar em sua página na web. Adquira excelentes recursos para iniciantes — aprenda as regras do Sudoku, receba dicas para solucionar amostras dos quebra-cabeças, aprenda as melhores estratégias de solução e adquirir solucionadores de Sudoku gratuitos — basta digitar o quebra-cabeça de seu jornal ou site de Sudoku favorito e adquirir uma solução imediata; alguns solucionadores do Sudoku oferecem até mesmo explicações detalhadas, passo a passo. Adquira jogos de Sudoku para dispositivos móveis, que podem ser instalados em telefones celulares, dispositivos Palm®, players Game Boy® e dispositivos habilitados com Java. Alguns sites de Sudoku possuem temporizadores, sinalizam quando um número incorreto é inserido na grade e oferecem dicas. Compre camisetas e canecas estampadas com Sudoku, participe de fóruns de jogadores, adquira planilhas de Sudoku vazias, que podem ser impressas, e adquira jogos portáteis — um deles oferece um milhão de quebra-cabeças em cinco níveis de dificuldade. Faça o download gratuito do software criador de Sudoku. E, para os que não têm problemas de coração, experimente resolver Sudokus especialmente difíceis com reviravoltas intricadas, um Sudoku circular e uma variante do quebra-cabeça com cinco grades entrelaçadas. Assine nosso boletim gratuito, o *Deitel® Buzz Online*, para receber notificações das atualizações de nosso Sudoku Resource Center e de outros Deitel Resource Centers em <`www.deitel.com`>, que oferecem jogos, quebra-cabeças e outros projetos de programação interessantes.

D.3 Estratégias de solução

Chamamos a uma grade de 9 × 9 de Sudoku de array `s`. Examinando todas as células preenchidas na linha, coluna e grade de 3 × 3 que inclui uma célula vazia em particular, o valor para essa célula pode se tornar óbvio. Logicamente, a célula `s[1][7]` na Figura D.2 *precisa* ser 6.

	1	2	3	4	5	6	7	8	9
1	2	9	3	1	8	7	_	5	4
2									
3									
4									
5									
6									
7									
8									
9									

Figura D.2 ■ Determinando o valor de uma célula após a verificação de todas as células preenchidas na mesma linha.

De forma menos lógica, para determinar o valor de `s[1][7]` na Figura D.3, você precisa obter dicas da linha 1 (ou seja, os dígitos 3, 6 e 9 já foram usados), coluna 7 (ou seja, os dígitos 4, 7 e 1 já foram usados) e da grade superior direita de 3 × 3 (ou seja, os dígitos 9, 8, 4 e 2 já foram usados). Aqui, a célula vazia `s[1][7]` *precisa* ser 5 — o único número que ainda não apareceu na linha 1, na coluna 7 ou na grade de 3 × 3 superior direita.

	1	2	3	4	5	6	7	8	9
1			3			6	_		9
2								8	
3							4		2
4									
5									
6							7		
7							1		
8									
9									

Figura D.3 ■ Determinando o valor de uma célula após verificação de todas as células preenchidas na mesma linha, coluna e grade de 3 × 3.

Singletons

As estratégias discutidas até aqui podem facilmente determinar os dígitos finais de algumas células abertas, mas você normalmente terá de se empenhar profundamente. A coluna 6 da Figura D.4 mostra células com valores já determinados (por exemplo, `s[1][6]` é um 9, `s[3][6]` é um 6 etc.) e as células que indicam o conjunto de valores (que chamamos de 'possíveis') que, nesse momento, ainda são possíveis para essa célula.

	1	2	3	4	5	6	7	8	9
1						9			
2						2 7			
3						6			
4						4			
5						2 7			
6						2 5 7			
7						8			
8						3			
9						1			

Figura D.4 ■ Notação que mostra os conjuntos completos de valores possíveis para células abertas.

A célula `s[6][6]` contém 257, indicando que somente os valores 2, 5 ou 7 poderão, eventualmente, ser atribuídos a essa célula. As outras duas células abertas na coluna 6 — `s[2][6]` e `s[5][6]` — são ambas 27, indicando que *somente* os valores 2 ou 7 poderão, eventualmente, ser atribuídos a essas células. Assim, `s[6][6]`, a única célula na coluna 6 que lista 5 como valor possível restante, *precisa* ser 5. Chamamos esse valor 5 de **singleton**. Assim, podemos dar à célula `s[6][6]` um 5 (Figura D.5), simplificando um pouco o quebra-cabeça.

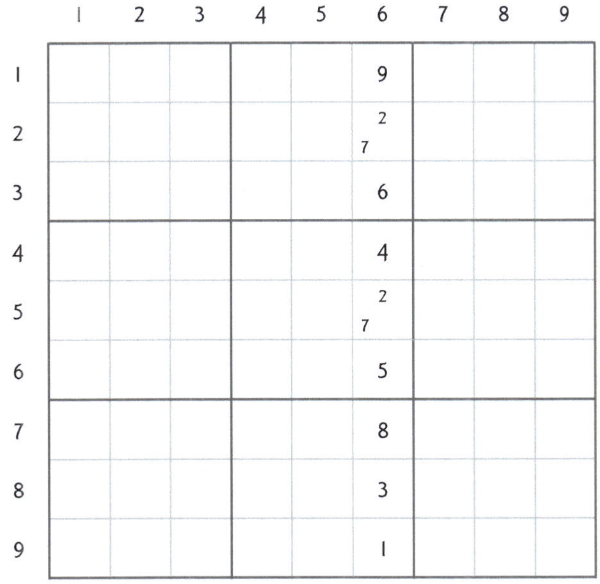

Figura D.5 ■ Dando à célula s[6][6] o valor singleton 5.

Duplas

Considere a grade de 3 × 3 superior direita na Figura D.6. As células tracejadas já poderiam ser confirmadas ou poderiam ter listas de valores possíveis. Observe as **duplas** — as duas células `s[1][9]` e `s[2][7]` que contêm apenas as duas possibilidades 1 e 5. Se `s[1][9]` se tornar 1, por fim, então `s[2][7]` *precisa* ser 5; se `s[1][9]` se tornar 5, por fim, então `s[2][7]` *precisa* ser 1. Assim, entre eles, essas duas células definitivamente 'gastarão' o 1 e o 5. Assim, o 1 e o 5 podem ser eliminados da célula `s[3][9]` que contém os valores possíveis 1357, de modo que podemos reescrever seu conteúdo como 37, simplificando um pouco mais o quebra-cabeça. Se, originalmente, a célula `s[3][9]` tivesse contido apenas 135, então eliminar o 1 e o 5 nos permitiria forçar a célula para o valor 3.

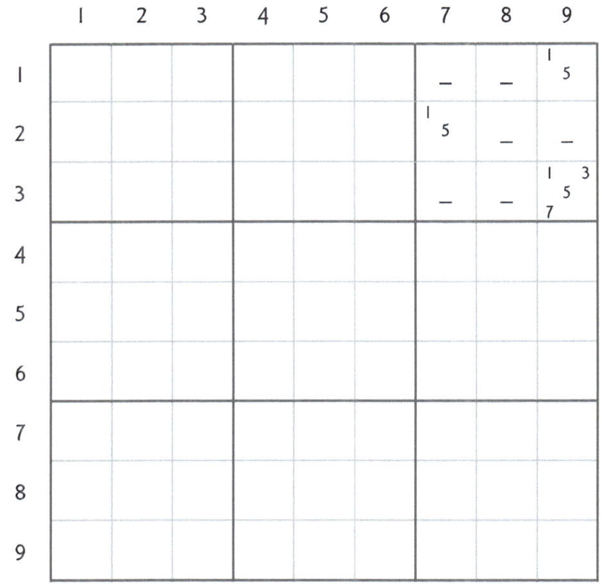

Figura D.6 ■ Uso de duplas para simplificar um quebra-cabeça.

Duplas podem ser mais sutis. Por exemplo, suponha que duas células de uma linha, coluna ou grade de 3 × 3 tenham listas possíveis de 2467 e 257, e que nenhuma outra célula nessa linha, coluna ou grade de 3 × 3 mencione 2 ou 7 como um valor possível. Então, 27 é uma **dupla oculta** — uma daquelas duas células precisa ser 2, e a outra precisa ser 7, de modo que todos os dígitos diferentes de 2 e 7 podem ser removidos das listas possíveis dessas duas células (ou seja, 2467 torna-se 27 e 257 torna-se 27 — criando um par de duplas — simplificando um pouco o quebra-cabeça).

Triplas

Considere a coluna 5 da Figura D.7. As células tracejadas já poderiam estar confirmadas ou poderiam ter listas de valores possíveis. Observe as **triplas** — as três células contendo exatamente as mesmas três possibilidades 467, a saber, as células `s[1][5]`, `s[6][5]` e `s[9][5]`. Se uma dessas três células finalmente se tornar 4, então as outras serão reduzidas a duplas de 67; se uma dessas três células finalmente se tornar 6, então as outras serão reduzidas a duplas de 47; se, por fim, uma dessas três células se tornar 7, então as outras serão reduzidas a duplas de 46. Entre as três células contendo 467, uma precisa ser 4, uma precisa ser 6 e uma precisa ser 7. Assim, o 4, 6 e 7 podem ser eliminados da célula `s[4][5]` que contém os possíveis 14567, de modo que podemos reescrever seu conteúdo como 15, simplificando um pouco o quebra-cabeça. Se a célula `s[4][5]` tivesse originalmente 1467, então a eliminação do 4, do 6 e do 7 nos permitiria forçar o valor 1 nessa célula.

As triplas podem ser mais sutis. Suponha que uma linha, coluna ou grade de 3 × 3 contenha células com listas possíveis de 467, 46 e 67. Claramente, uma dessas células precisa ser 4, uma precisa ser 6 e uma precisa ser 7. Assim, 4, 6 e 7 podem ser removidos de todas as outras listas possíveis nessa linha, coluna ou grade de 3 × 3.

As triplas também podem ser ocultas. Suponha que uma linha, coluna ou grade de 3 × 3 contenha as listas possíveis 5789, 259 e 13789, e que nenhuma outra célula nessa linha, coluna ou grade de 3 × 3 mencione 5, 7 ou 9. Então, uma dessas células precisa ser 5, uma precisa ser 7 e uma precisa ser 9. Chamamos 579 de **tripla oculta,** e todos os possíveis diferentes de 5, 7 e 9 podem ser excluídos dessas três células (ou seja, 5789 torna-se 579, 259 torna-se 59 e 13789 torna-se 79), simplificando um pouco mais o quebra-cabeça.

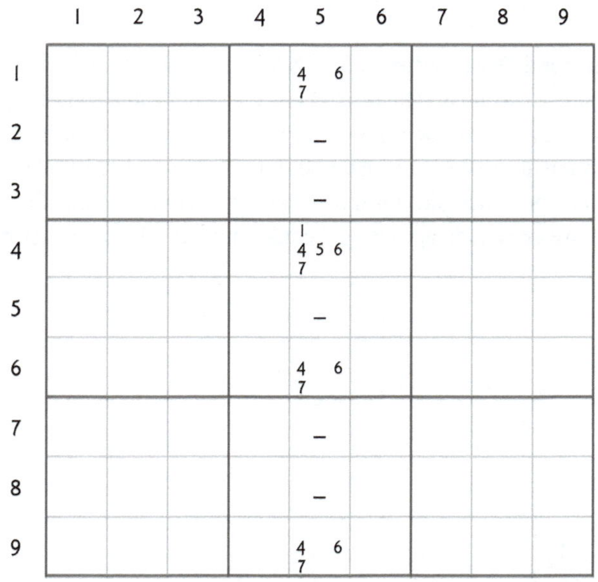

Figura D.7 ■ Uso de triplas para simplificar um quebra-cabeça.

Outras estratégias de solução do Sudoku

Existem muitas outras estratégias para solucionar um jogo de Sudoku. Aqui estão dois dos muitos sites que recomendamos em nosso Sudoku Resource Center (<`www.deitel.com/sudoku`>), que o ajudarão a se aprofundar no assunto:

`www.sudokuoftheday.com/pages/techniques-overview.php`

`www.angusj.com/sudoku/hints.php`

D.4 Programação de soluções para o Sudoku

Nesta seção, sugerimos como programar solucionadores de Sudoku. Usamos diversas técnicas. Algumas podem parecer pouco inteligentes, mas se elas podem solucionar Sudokus mais rapidamente que qualquer ser humano, então talvez elas sejam, de certa forma, inteligentes.

Se você resolveu nossos exercícios do Passeio do Cavalo (exercícios 6.24, 6.25 e 6.29) e os das Oito Rainhas (exercícios 6.26 e 6.27), já terá executado diversas técnicas de solução de problemas pela força bruta e pela heurística. Nas próximas seções, sugerimos estratégias de solução do Sudoku por força bruta e heurística. Você deverá tentar programá-las, além de criar e programar suas próprias estratégias. Nosso objetivo é, simplesmente, deixá-lo acostumado ao Sudoku, e a alguns de seus desafios e estratégias de solução de problema. Enquanto isso, você ficará mais confortável com a manipulação de arrays bidimensionais e com estruturas de iteração aninhadas. Não tentamos produzir estratégias ideais, de modo que, quando você analisá-las, pensará em como poderá melhorá-las.

Programação de uma solução para Sudokus 'fáceis'

As estratégias que mostramos — eliminar possibilidades com base nos valores já confirmados na linha, coluna e grade de 3 × 3 de uma célula, e simplificar um quebra-cabeça usando singletons, duplas (e duplas ocultas) e triplas (e triplas ocultas) — às vezes, são suficientes para solucionar um quebra-cabeça. Você pode programar as estratégias e depois repeti-las até que todos os 81 quadrados sejam preenchidos. Para confirmar que o quebra-cabeça preenchido é um Sudoku válido, você pode escrever uma função para verificar se cada linha, coluna e grade de 3 × 3 contém os dígitos de 1 a 9 uma única vez. Seu programa deverá aplicar as estratégias em ordem. Cada uma delas força um dígito em uma célula, ou simplifica um pouco o quebra-cabeça. Assim que qualquer uma das estratégias funcione, retorne ao início de seu loop e reaplique as estratégias em ordem. Quando uma estratégia não funcionar, experimente uma outra. Para Sudokus 'fáceis', essas técnicas devem gerar uma solução.

Programação de uma solução para Sudokus mais difíceis

Para Sudokus mais difíceis, seu programa eventualmente alcançará um ponto onde ainda terá células não confirmadas com listas de possibilidades, e nenhuma das estratégias simples que discutimos funcionará. Se isso acontecer, primeiro salve o estado do tabuleiro, e então gere o próximo movimento escolhendo aleatoriamente um dos valores possíveis para qualquer uma das células restantes. Depois, reavalie o tabuleiro, enumerando as possibilidades restantes para cada célula. Depois, experimente as estratégias básicas novamente, repetindo-as até que ou o Sudoku seja resolvido ou até que as estratégias parem de funcionar, ponto em que você poderá testar outra jogada aleatória novamente. Se você chegar a um ponto em que ainda existam células vazias, mas nenhum dígito possível para pelo menos uma dessas células, o programa deverá abandonar essa tentativa, restaurar o estado do tabuleiro que você salvou e iniciar a técnica aleatória novamente. Continue examinando até que uma solução seja encontrada.

D.5 Criação de novos quebra-cabeças de Sudoku

Em primeiro lugar, consideremos as técnicas de criação de Sudokus de 9 × 9 prontos e válidos, com os 81 quadrados preenchidos. Então, iremos sugerir como esvaziar algumas das células para criar quebra-cabeças que as pessoas possam tentar resolver.

Métodos de força bruta

Quando os computadores pessoais apareceram no final da década de 1970, eles processavam dezenas de milhares de instruções por segundo. Os computadores desktop de hoje normalmente processam *bilhões* de instruções por segundo, e os supercomputadores mais velozes do mundo podem processar *trilhões* de instruções por segundo! As técnicas de força bruta que poderiam ter exigido meses de computação na década de 1970 agora podem produzir soluções em segundos! Isso encoraja as pessoas que precisam de resultados rapidamente a programar técnicas de força bruta simples, além da obtenção de soluções mais imediatas do que se fosse preciso gastar tempo no desenvolvimento de estratégias de solução de problema 'inteligentes' e mais sofisticadas. Embora nossas técnicas de força bruta possam parecer pesadas, elas gerarão soluções mecanicamente.

Para fazer uso dessas técnicas, você precisará de algumas funções utilitárias. Crie a função

```
int validSudoku( int sudokuBoard[ 10 ][ 10 ] );
```

que recebe um tabuleiro de Sudoku como um array bidimensional de inteiros (lembre-se de que estamos ignorando a linha 0 e a coluna 0). Essa função deverá retornar 1 se um tabuleiro completo for válido, 2 se um tabuleiro parcialmente completo for válido e 0 se o tabuleiro inteiro for inválido.

Uma técnica de força bruta completa

Uma das técnicas de força bruta consiste simplesmente em selecionar todas as substituições possíveis dos dígitos de 1 a 9 em cada célula. Isso poderia ser feito com 81 estruturas `for` aninhadas, cada uma realizando um loop de 1 a 9. O número de possibilidades (9^{81}) é tão grande que você poderia dizer que não vale a pena tentar. Mas a vantagem dessa técnica é que, eventualmente, você terá encontrado *todas* as soluções possíveis, algumas das quais podendo aparecer mais cedo, por sorte.

Uma versão ligeiramente mais inteligente dessa técnica de força bruta seria verificar cada dígito a ser posicionado para ver se ele deixa o tabuleiro em um estado válido. Se isso acontecer, então prossiga colocando um dígito na próxima célula. Se o dígito que você estiver tentando colocar deixar o tabuleiro em um estado inválido, experimente todos os outros oito dígitos, em ordem. Se um deles funcionar, então prossiga para a célula seguinte. Se nenhum deles funcionar, então retorne à célula anterior e experimente seu próximo valor. As estruturas `for` aninhadas podem tratar disso automaticamente.

Técnica de força bruta com permutações de linha selecionadas aleatoriamente

Cada linha, coluna e grade de 3 × 3 em um Sudoku válido contêm uma permutação dos dígitos de 1 a 9. Existem 9! Ou seja, 9 × 8 × 7 × 6 × 5 × 4 × 3 × 2 × 1 = 362.880) dessas permutações. Escreva uma função

```
void permutations( int sudokuBoard[ 10 ][ 10 ] );
```

que receba um array bidimensional de 10 × 10, e na parte de 9 × 9 dele, que corresponde a uma grade de Sudoku, preencha cada uma das nove linhas com uma permutação selecionada aleatoriamente dos dígitos de 1 a 9.

Este é um modo de gerar uma permutação aleatória dos dígitos de 1 a 9: para o primeiro dígito, simplesmente escolha um dígito aleatório de 1 a 9; para o segundo dígito, use um loop para gerar repetidamente um dígito aleatório de 1 a 9 até que um dígito *diferente* do primeiro seja selecionado; para o terceiro dígito, use um loop para gerar repetidamente um dígito aleatório de 1 a 9 até que um dígito diferente dos dois primeiros seja selecionado; e assim por diante.

Depois de colocar, aleatoriamente, nove permutações selecionadas nas nove linhas de seu array `Sudoku`, execute a função `validSudoku` no array. Se ela retornar 1, você terá terminado. Se retornar 0, basta fazer o loop novamente, gerar outras nove permutações aleatoriamente selecionadas dos dígitos de 1 a 9 nas nove linhas sucessivas do array `Sudoku`. O processo simples gerará Sudokus válidos. A propósito, essa técnica garante que todas as linhas sejam permutações válidas dos dígitos de 1 a 9, de modo que você deve incluir uma opção à sua função `validSudoku` que a faça verificar somente as colunas e as grades de 3 × 3.

Estratégias de solução heurísticas

Quando estudamos o Passeio do Cavalo nos exercícios 6.24, 6.25 e 6.29, desenvolvemos uma heurística do tipo 'esperar antes de tomar uma decisão'. Para relembrar, uma heurística é uma diretriz. Ela 'soa satisfatória', e parece ser uma regra razoável a seguir. Ela é programável, de modo que nos dá um meio de direcionar um computador para tentar resolver um problema. Mas as técnicas heurísticas não garantem o sucesso, necessariamente. Para problemas complexos como a solução de um quebra-cabeça de Sudoku, o número de posicionamentos possíveis dos dígitos 1-9 é enorme, de modo que o que esperamos ao usar uma heurística razoável é que ela evite desperdiçar tempo com possibilidades inúteis e, em vez disso, focalize em tentativas de solução que, muito mais provavelmente, gerarão sucesso.

Uma heurística de solução do Sudoku do tipo 'esperar antes de tomar uma decisão'

Desenvolvamos uma heurística do tipo 'esperar antes de tomar uma decisão' para solucionar Sudokus. Em qualquer ponto na solução do Sudoku, poderemos categorizar o tabuleiro listando em cada célula vazia os dígitos de 1 a 9 que ainda sejam possibilidades em aberto para essa célula. Por exemplo, se uma célula contém 3578, então a célula eventualmente terá de se tornar 3, 5, 7 ou 8. Ao tentar solucionar um Sudoku, alcançamos um beco sem saída quando o número de dígitos possíveis a serem colocados em uma célula vazia se torna zero. Assim, considere a seguinte estratégia:

1. Associe a cada quadrado vazio uma lista de possibilidades com os dígitos que ainda podem ser colocados nesse quadrado.
2. Caracterize o estado do tabuleiro simplesmente contando o número de possíveis posicionamentos para o tabuleiro inteiro.
3. Para cada posicionamento possível em cada célula vazia, associe o contador que caracterizaria o estado do tabuleiro após esse posicionamento.
4. Então, coloque o dígito específico no quadrado vazio específico (de todos os restantes) que deixe a contagem do tabuleiro mais alta (no caso de um empate, escolha aleatoriamente). Esta é uma das chaves para 'esperar antes de tomar uma decisão'.

Heurística da antecipação

Isso é simplesmente um adorno para a heurística de 'manter suas opções abertas'. No caso de um empate, antecipe mais uma colocação. Coloque o dígito específico no quadrado específico cujo posicionamento subsequente deixe a contagem do tabuleiro mais alta após dois movimentos.

Criação de um Sudoku com células vazias

Quando seu programa gerador de Sudoku estiver funcionando, você deverá ser capaz de gerar muitos Sudokus válidos rapidamente. Para formar um quebra-cabeça, salve a grade resolvida e, depois, esvazie algumas células. Um modo de fazer isso é esvaziar células escolhidas aleatoriamente. Uma observação geral é que os Sudokus tendem a se tornar mais difíceis à medida que as células vazias aumentam (existem exceções para isso).

Outra técnica é esvaziar as células de modo a deixar o tabuleiro resultante simétrico. Isso pode ser feito programaticamente, ao se escolher aleatoriamente uma célula a ser desocupada, e então esvaziar sua 'célula reflexiva'. Por exemplo, se você esvaziar a célula superior esquerda `s[1][1]`, poderia esvaziar a célula inferior esquerda `s[9][1]` também. Essas reflexividades são calculadas ao se apresentar a coluna, mas determinando a linha ao se subtrair a linha inicial de 10. Você também poderia fazer as reflexividades subtraindo de 10 a linha e a coluna da célula que você está esvaziando. Logo, a célula reflexiva para `s[1][1]` seria `s[10-1][10-1]` ou `s[9][9]`.

Um desafio de programação

Os Sudokus publicados em geral têm exatamente uma solução, mas ainda é satisfatório solucionar qualquer Sudoku, até mesmo aqueles que possuem várias soluções. Desenvolva um meio de demonstrar que um jogo de Sudoku específico tem *exatamente uma* solução.

D.6 Conclusão

Este apêndice sobre solução e programação de Sudoku apresentou muitos desafios. Não deixe de verificar nosso Sudoku Resource Center (<`www.deitel.com/sudoku/`>) em busca de diversos recursos na Web que o ajudarão a dominar o Sudoku e a desenvolver várias técnicas para a escrita de programas que criam e solucionam os jogos de Sudoku existentes.

ÍNDICE REMISSIVO

Símbolos

-- operador 65, 66, 212
- operador de menos 66
!= operador de igualdade 32, 33, 571
"w" modo de abertura de arquivo 353
flag 306
operador de pré-processador 21, 419
operador de pré-processador 419
#define 415
#elif 419
#endif 419
#error 419
#if 419
#pragma 419
#undef 419
% caractere em um especificador de conversão 59, 297, 302
% operador de módulo 29, 125
%% especificador de conversão 303
%= operador de módulo com atribuição 65
%c especificador de conversão 122, 301, 310
%d especificador de conversão 122
%E especificador de conversão 300, 309
%e especificador de conversão 300, 309
%f especificador de conversão 72, 122
%g especificador de conversão 309
%hd especificador de conversão 122
%hu especificador de conversão 122
%i especificador de conversão 309
%ld especificador de conversão 122
%Lf especificador de conversão 122
%lf especificador de conversão 122
%lu especificador de conversão 122
%n especificador de conversão 302
%p especificador de conversão 211, 302
%s especificador de conversão 283, 308, 312
%u especificador de conversão 122, 298
%X especificador de conversão 310
& e * operadores de ponteiro 211
& operador AND sobre bits 330
& operador de endereço 26
& para declarar referência 451
em uma lista de parâmetros 452
&& operador 95, 119, 134
&= operador AND sobre bits com atribuição 334
* caractere de supressão de atribuição 313
* operador de multiplicação 28, 59
*= operador de multiplicação com atribuição 66
. operador de membro de estrutura 322
. operador ponto 323
.h extensão de nome de arquivo 486
/ operador de divisão 59
// comentário em única linha 21, 530
/= operador de divisão com atribuição 66
:: (operador binário de resolução de escopo) 492, 557
::, operador unário de resolução de escopo 457
? 49
?: operador condicional 49, 66, 134
\' sequência de escape, caractere de aspas simples 308
\" sequência de escape, caractere de aspas duplas 308
\? sequência de escape 308
\\ sequência de escape, caractere de barra inversa (contrabarra) 21
\\ sequência de escape, caractere de barra inversa (contrabarra) 308
\0 sequência de escape, caractere nulo 171
\a sequência de escape, caractere de alerta 21, 308
\b sequência de escape 308
\f sequência de escape 259
\f sequência de escape, form-feed 308
\n sequência de escape 259
\n sequência de escape, newline 21, 308
\r sequência de escape 259
\r sequência de escape, carriage-return 308
\t sequência de escape 259
\t sequência de escape, tabulação horizontal 308
\t, tabulação horizontal 22
\v sequência de escape 259, 308
^ operador OR exclusivo sobre bits 330, 343
^= operador de atribuição sobre bits OR exclusivo 336
| operador OR inclusivo sobre bits 330
| pipe 425
|| 174
|= operador de OR inclusivo sobre bits com atribuição 336
~ complemento de um sobre bits 330
~, operador de complemento sobre bits 335
+ flag 305
+ flag 306
+ operador unário de mais 66
++ operador 65, 79, 66, 212
+= operador de adição com atribuição 63, 66, 571
< operador menor que 32
< símbolo de redirecionamento de entrada 425
<< operador de deslocamento à esquerda 330
<< operador de inserção de fluxo 445
<<= operador de deslocamento à esquerda com atribuição 336
<= operador de menor ou igual 32
= operador de atribuição 66
-= operador de subtração com atribuição 66
== operador de igualdade 32, 98, 571
> operador de maior que 32
-> operador de ponteiro de estrutura 32
> símbolo de saída redirecionada 426
>= operador de maior ou igual 32
>> operador de deslocamento à direita 330
>> símbolo de acréscimo de saída 426
>>= operador de deslocamento à direita com atribuição 336

Numéricos

0 especificador de conversão 25, 26, 370, 309
0X 306, 734
0x 306, 734
' blocos de montagem' 464
#define, diretiva de pré-processador 165, 415, 604, 705
#endif, diretiva de pré-processador 506
#error, diretiva de pré-processador 418
#ifdef, diretiva de pré-processador 418
#ifndef, diretiva de pré-processador 418
#ifndef, diretiva de pré-processador 506
#include, diretiva de pré-processador 163, 415, 447
#line, diretiva de pré-processador 419
#pragma, diretiva do processador 418
#undef, diretiva de pré-processador 419
%p, especificador de conversão 309
π 50, 137
(float) 69
(zero), flag 307
.h, arquivos de cabeçalho 446
.NET, plataforma 8
__DATE__, constante simbólica predefinida 421
__FILE__, constante simbólica predefinida 420
__LINE__, constante simbólica predefinida 421
__STDC__, constante simbólica predefinida 420
__TIME__, constante simbólica predefinida 420
_Complex XC
"copiar-e-colar", técnica 743
"FairTax" 112
"inicialização dupla" de objetos-membro 536
"manufatura", seção do computador 4
"partes padronizadas e intercambiáveis" 464
"saindo" de qualquer extremo de um array 684
"valor do lixo" 53
<algorithm>, arquivo de cabeçalho 447
<assert.h> 124, 420
<bitset>, arquivo de cabeçalho 447
<cassert>, arquivo de cabeçalho 447
<cctype>, arquivo de cabeçalho 447
<cfloat>, arquivo de cabeçalho 447
<climits>, arquivo de cabeçalho 447
<cmath>, arquivo de cabeçalho 447
<cstdio>, arquivo de cabeçalho 447
<cstdlib>, arquivo de cabeçalho 447, 757
<cstring>, arquivo de cabeçalho 447
<ctime>, arquivo de cabeçalho 447
<Ctrl> c 434
<Ctrl>-z 727
<ctype.h>, arquivo de cabeçalho 260, 124, 419
<deque>, arquivo de cabeçalho 447
<errno.h> 124
<exception>, arquivo de cabeçalho 447, 754, 762, 910
<float.h> 124
<fstream>, arquivo de cabeçalho 447
<functional>, arquivo de cabeçalho 447
<iomanip>, arquivo de cabeçalho 446, 723, 729
<iostream>, arquivo de cabeçalho 444
<iostream>, arquivo de cabeçalho 729, 730
<iostream>, cabeçalho de fluxo de entrada/saída 444
<iterator>, arquivo de cabeçalho 447
<limits.h>, arquivo de cabeçalho 124
<limits>, arquivo de cabeçalho 447<limits.h>, arquivo de cabeçalho 332
<list>, arquivo de cabeçalho 447
<locale.h> 124
<locale>, arquivo de cabeçalho 447
<map>, arquivo de cabeçalho 447
<math.h>, arquivo de cabeçalho 86, 115, 124
<memory>, arquivo de cabeçalho 447, 768
<new>, arquivo de cabeçalho 766
<queue>, arquivo de cabeçalho 447
<set>, arquivo de cabeçalho 447
<setjmp.h> 124
<signal.h> 124, 434
<sstream>, arquivo de cabeçalho 447
<stack>, arquivo de cabeçalho 447
<stdarg.h> 124, 426
<stddef.h> 124
<stddef.h>, cabeçalho 210
<stdexcept>, arquivo de cabeçalho 447, 754, 910
<stdio.h>, arquivo de cabeçalho 21, 90, 124, 135, 268, 297, 352, 419
<stdlib.h>, arquivo de cabeçalho 124, 125, 264, 415, 430, 440, 447
<string.h>, arquivo de cabeçalho 124
<string.h>, cabeçalho 271
<string>, arquivo de cabeçalho 447, 567
<string>, arquivo de cabeçalho 582
<time.h> 124
<typeinfo>, arquivo de cabeçalho 447, 698
<utility>, arquivo de cabeçalho 447
<vector>, arquivo de cabeçalho 447
0
0 inicial 734
0x e 0X iniciais (hexadecimal) 734, 737
18C
18CarbonFootprint, classe abstrata: polimorfismo 736
217

A

a modo de abertura de arquivo 355
a.out 11, 17
a+ modo de abertura de arquivo 355
ab modo de abertura de arquivo 355
ab modo de abertura de arquivo binário 432
ab+ modo de abertura de arquivo 355
ab+ modo de abertura de arquivo binário 432
abordagem de blocos de montagem 7, 445
abort, função 420, 420, 523, 762, 757
abortar um programa 771
'abortaria' 56
'abortaria'56
abreviações como em inglês 5
abrindo um arquivo 353
abstração 116, 107, 148
abstração de dados 636, 560, 685
Abstract Base Classes 702
Abstract Data Type (ADT) 561
ação 18, 21, 32, 35, 46, 47, 48, 59, 52, 55, 56, 70, 59
ação orientada 463
acessador 482
acessibilidade de membro da classe básica em classe derivada 771
acesso a dados-membro da classe non-static e funções-membro 559
acesso a membros private de uma classe 480
acesso aos dados do chamador 537
acesso inválido à memória 434
achando o valor mínimo em um array 206
ações (computadores realizam) 18
ações 22, 32, 26, 37, 45, 48, 49, 53, 55, 56, 70, 59, 73
acumulador 206, 209, 250
Ada Lovelace 88
Ada, linguagem de programação 2, 8, 9, 14, 15, 16
adiamento indefinido 233, 246
adição 4
adjust_sample XVII
ADT (Abstract Data Type) Tipo abstrato de dado 560
agregação 511
Air Traffic Control Project (Projeto para controle de tráfego aéreo) 671
alarme 22
alerta (\a) 22
álgebra 28-32, 36-37
algoritmo 45, 53
  insertion sort LXIV
  merge sort LXVII
  selection sort LX
algoritmo completo 47
algoritmo de classificação 223
algoritmo natural 116
algoritmo rise-and-shine 46
alias 451
  para o nome de um objeto 624
  para uma variável (referência) 453
alinhado à direita 88, 303
alinhamento à direita 297, 734, 734, 736
alinhamento à esquerda 90, 297, 736
alinhamento à esquerda e à direita com manipuladores de fluxo left e right 735
alinhando 357
alinhando inteiros à direita 304
alinhando inteiros à direita em um campo 304
alinhando strings à esquerda em um campo 305
Allegro 2, II, V, VI
allegro.h III, IV
allegro_init II, IV
allegro_message IV
allegro-config, programa III
alocação 576
alocação de memória 124
alocação de memória 447
alocação de memória dinâmica 447, 907
alocação dinâmica de memória 321, 436
alocando array de inteiros dinamicamente 583
alternativas de plano de imposto 112
ALU 4, 13, 15, 17
amarrando um fluxo de saída a um fluxo de entrada 743
ambiente 9
American National Standards Committee on Computers and Information Processing 6
American National Standards Institute (ANSI) 2, 3, 6, 15

amizade concedida, não tomada 549
amizade não simétrica 549
amizade não transitiva 549
amostra digital XVI
análise de dados de pesquisa 180, 184
análise de projeto de sistemas estruturados 9
análise de textos 292
análise de um documento de requisitos 468
análise e projeto orientados a objetos (OOAD) 464
Analytical Engine 88
AND 330
animação no Allegro IX
animando mapas de bits IX
aninhados 60
aninhamento (de instruções) 82
aninhamento 60
aninhamento de instrução de controle 47
ANSI 2
ANSI C 215
ANSI C, documento padrão 12
apêndice de sistemas numéricos 788
aperfeiçoamento da classe `Date`, exercício 532
aperfeiçoamento da classe `Rectangle`, exercício 532
aperfeiçoamento da classe `Time`, exercício 532, 532
aplicação robusta 758, 758
aplicações cliente/servidor distribuídas 4
apontando um ponteiro de classe derivada para um objeto da classe básica 790
apóstrofo ('), caractere 308
Apple Computer 4, 13
apresentação de caracteres 447
área de um círculo 77
`argc` 428, 432-440
argumento (de uma função) 115, 146
argumento 21, 28, 36, 37, 416-417, 419, 352, 353, 355
argumento de função-membro 475
argumento default 455, 456, 519
argumento para uma função 475
argumentos 416
argumentos da linha de comando 428, 429
argumentos default com construtores 516
argumentos mais à direita (final) 455
argumentos passados para construtores de objeto membro 645
`argv` 428
aritmética 4, 11, 13, 15, 17
aritmética de inteiros 568
aritmética de ponteiro 217, 217, 219, 291
aritmética de ponto flutuante 603
armazenamento alocado dinamicamente 693
armazenamento automático 133, 161
armazenamento secundário 14
arquivo 351,
arquivo binário 432
arquivo de acesso aleatório 360, 363
arquivo de acesso seqüencial 352
arquivo de cabeçalho 120, 444, 476, 486, 506, 602, 679
  `<ctype.h>` 259
  `<exception>` 447, 754
  `<fstream>` 447
  `<functional>` 447
  `<iomanip>` 446
  `<iostream>` 446
  `<iterator>` 447
  `<limits>` 447
  `<list>` 447
  `<locale>` 447
  `<memory>` 447, 768
  `<queue>` 447
  `<set>` 447
  `<sstream>` 447
  `<stack>` 447
  `<stdexcept>` 447, 754, 770
  `<string>` 447, 476
  `<typeinfo>` 447, 698
  localização 489
  nome delimitado por < e > 489
  nome delimitado por aspas (" ") 489
arquivo de cabeçalho definido pelo programador 447
arquivo de código-fonte 486
arquivo de entrada padrão 352
arquivo de implementação 577
arquivo de saída padrão 352
arquivo de texto 432
arquivo de transação 449
arquivo mestre 376
arquivo objeto 822
arquivo objeto pré-compilado 606
arquivo seqüencial 352, 352
arquivo temporário 433
arquivos de cabeçalho no "estilo antigo" 447
array 161, 684
array armazenado 323
array automático 173
array bidimensional 252, 232, 797, 795
array bruto 577
array com múltiplos subscritos 188, 190
array com subscrito duplo 188, 190
array com subscrito duplo 249
array de caracteres 1, 172
array de inteiros 568
array de ponteiros 232, 240, 241, 242, 243, 171
  para funções 241
array de strings 232
array de strings 280
array de único subscrito 216, 223
array dinâmico 436
array multidimensional 196, 197
`Array`, classe 685
`Array`, definição de classe com operadores sobrecarregados 685, 709
`Array`, função-membro de classe e definições de função `friend` 686
`Array`, programa de teste de classe 688
arrays 161
arrays estáticos, automaticamente inicializados em zero 173
arredondado 59
arredondamento 48, 167, 297, 887
arredondando para infinito negativo XCVII
arredondando para zero XCVII
árvore 36, 209, 323, 400
árvore binária 400, 400
ASCII (American Standard Code for Information Interchange) 90, 275, 724
ASCII 275
ASCII, conjunto de caracteres 90
aspas 27, 308
assemblers 5
assembly, linguagem 5
`assert`, macro 420
assinatura 546, 589
assinaturas de operadores de incremento pré-fixado e pós-fixado sobrecarregados 590
associações (na UML) 464
associatividade 30, 34, 67, 162, 211, 336
associatividade da direita para a esquerda 30, 67
associatividade não alterada pela sobrecarga 570
asterisco (*) 28
asteriscos iniciais 293
AT&T 9
`at`, função-membro de `string` 707
`atexit`, função 430, 430
`atof`, função 264
`atoi`, função 264
`atol`, função 265
atravessando uma árvore binária 402
atribuição de membro default 526
atribuição sobre membro 526, 568
atribuindo endereços de objetos de classe básica e derivada para ponteiros de classe base e derivada 787
atribuindo objetos de classe 527
atribuindo strings de caracteres para objetos `String` 589
atributo 463, 22
  na UML 463, 22
`auto` 132
auto-atribuição 533, 586
auto-documentação 25, 32416
avaliação em curto circuito 97

B

B 6
Babbage, Charles 88
`bad`, função-membro 878
`bad_alloc`, exceção 766
`badbit` do fluxo 724
banco de dados 351
base 782
base do fluxo 729
base especificada para um fluxo 737
BASIC (Beginner's All-Purpose Symbolic Instruction Code) 88
`basic_fstream`, template 731
`basic_ifstream`, template 731
`basic_ios`, template 721
`basic_iostream`, classe 856
`basic_iostream`, template 721
`basic_istream`, template 729
`basic_ofstream`, template 731
`basic_ostream`, classe 856
BCPL 6
Beginner's All-Purpose Symbolic Instruction Code (BASIC) 88
Bell Laboratories 78, 7
biblioteca de entrada/saída padrão (`stdio`) 268
biblioteca de template padrão (STL) 561, 693
biblioteca de tratamento de caracteres 259

biblioteca de tratamento de sinal 434
biblioteca de utilitários gerais (`stdlib`) 264
biblioteca padrão, classe `string` 605
bibliotecas de classes 9, 513, 652
bibliotecas de fluxo clássicas 722
bibliotecas de fluxo padrão 729
bibliotecas padrão 10
binário (base 2), sistema de numeração 782
binário 259
binário-para-decimal, problema de conversão 77
binários, operadores aritméticos 59
binary digit (dígito binário) 350
bit 350
bits de erro 728
bits de estado 733
bits de status 878
`blit` VII
Blitting IV
bloco 21, 50, 119, 477
bloco de dados 280
bloco de montagem aninhado 101
bloco externo 135
bloco interno 135
blocos de montagem empilhados 101
Bohm, C. 46
Booch, Grady 464465
`bool`, tipo primitivo (C++) 449
`boolalpha`, manipulador de fluxo 739
`break` 80, 88, 89, 3291, 92, 94
`bubble sort` 179, 196, 209, 222, 237
bubble sort com chamada por referência 221, 222
buffer de esvaziamento 724
buffering 743
buffering da saída 743
busca 253
busca binária 145, 189, 184206
busca de árvore binária 404, 408, 411, 4122
busca em uma lista encadeada 143
busca linear 145, , 206
busca recursiva em uma lista 412
byte 350, 371

C

C 5, 12
C ambiente 10
C biblioteca padrão, documentação 6
C biblioteca-padrão 6, 9, 119, 124, 179
C padrão 2, 207, 797, 932
C Resource Center 9
C#, linguagem de programação 88
C, ambiente de desenvolvimento 9
C, compilador 20
C, documento padrão (INCITS/ISO/IEC 9899-1999) 6
C, linguagem 6
C, linguagem de programação 6
C, pré-processador 10, 21, 415
C, programa e exemplo de execução para o problema de média da classe com repetição controlada por sentinela 55
C, programa e exemplo de execução para o problema de média da turma com repetição controlada por contador 54
C, programa e exemplo de execução para o problema de resultados de exame 65
C++ 140
C++ biblioteca-padrão 465
  `<string>`, arquivo de cabeçalho 476
  arquivos de cabeçalho 465
  classe `string` 476
  local do arquivo de cabeçalho 486
C++ Resource Center 7
C++, linguagem de programação 9
C++, palavras-chave 449
C1X 18
cabeça de uma fila 395, 320
cabeçalho 21, 119, 120, 415, 444
cabeçalho da biblioteca padrão 123
cabeçalho de argumentos variáveis `stdarg.h` 425
cabeçalho de entrada/saída padrão (`stdio.h`) 21
cabeçalho de fluxo de entrada/saída (`<iostream>`) 446
cabeçalho de função 214, 239, 264
cabeçalho personalizado 124
cabeçalhos da biblioteca padrão 151, 415
calculador de batimento cardíaco 78, 503
Calculador de Índice de Massa Corporal (Test Drive) 18
calculadora de emissão de carbono 43
calculando a soma dos elementos de um array 162
cálculos 3, 26, 31
cálculos matemáticos 88
cálculos monetários 86
`calloc` 436
campainha audível 308
campo 350
campo de bit 337, 339
campo de bit não nomeado 334
campo de bit não nomeado com largura zero 336
campo justificado 725
campos maiores do que valores sendo impressos 871
capacidades de E/S de baixo nível 744
capturando erros relacionados 904
caractere 350
caractere de aspas (“) 22
caractere de escape 21, 308
caractere de espaço em branco 58, 49, 724, 859, 860
caractere de form-feed (`\f`) 308
caractere de preenchimento 508, 729, 730, 736, 871
caractere de supressão de atribuição * 308
caractere NULL de término 171, 208, 308
caractere nulo (`'\0'`) 171, 172, 217, 231, 262, 263, 410, 729
caracteres de controle 262
caracteres de preenchimento 730, 734, 735, 737
caracteres de varredura 309
caracteres delimitadores 279
caracteres especiais 262
caracteres literais 297
caracteres nulos no término 263, 263, 273
carregador 11
carregamento 11
carregando um programa na memória 250
carriage return (`'\r'`) 259
carry, bit 788
cartas de cobrança 293
`case, label, 135`
`case`, rótulo 91, 92,
caso(s) básico(s) 132
cast, função do operator 574
`catch(...)` 771
`catch`, bloco correspondente 757
`catch`, cláusula (ou tratador) 897, 903
`catch`, palavra-chave 757
`catch`, todas as exceções 771
`catch`, tratador 756
`catch`, um objeto de classe básica 910
cauda de uma fila 320, 320
`cc`, comando de compilação 11
`ceil`, função 116
Celsius 321
`cerr` (erro padrão sem buffer) 723, 721
chamada 118
chamada de função 474
  overhead 448
chamada de uma função 115, 475
chamada por referência 124, 209, 212, 213, 215, 219, 221, 32345
chamada por valor 124, 212, 215, 216, 243, 32345
chamador 123
chamando funções 124
chamando uma função 115, 118
`char *` 257
`char **` 264
`char` 122, 257
char 90
`char`, tipo primitivo 90
`CHAR_BIT`, constante simbólica 332
chave à esquerda ({) 21
chave da direita (}) 21, 22
chave de busca 184
chave de registro 350
chaves ({}) 68
chegada de mensagem da rede 759
ciclo de execução de instrução 205
`cin` (stream de entrada padrão) 445, 445, 721, 723
`cin.clear` 878
`cin.eof` 724, 741
`cin.get`, função 860
`cin.tie`, função 743
`Circle`, classe que herda da classe `Point` 786
circunferência de um círculo 77
circunflexo (^) 373
clareza 2, 452
clareza do programa 14
`class`, palavra-chave 450, 461, 705
classe abstrata 676, 672, 693
classe `Array` 685
classe básica 615, 617, 731
classe básica abstrata 660, 676, 676
classe básica `catch` 910
classe básica direta 615
classe `Complex` 750
classe concreta 676
classe contêiner 513, 536, 583, 714
classe de armazenamento 132
classe de armazenamento de um identificador 132
classe de iteração 549, 678
classe de pilha 718

classe de proxy 513, 600, 602
classe derivada 615, 617, 731, 771
  indireta 813
classe derivada `catch` 910
classe derivada concreta 803
classe derivada indireta 654
classe genérica 32709
classe `HugeInt` 722
classe `Polynomial` 726
classe `RationalNumber` 725
classe, template 718, 837
  `auto_ptr` 907
  definição 32709
  escopo 710
  especialização 718, 32709
  especialização explícita 845
  `Stack` 32709, 710
classe-base indireta 615, 617
classes 9, 443, 446, 447
  atributo 474
  construtor 483
  construtor default 483, 485
  convenção de nomeação 481
  dados-membro 471, 477
  definição 472
  definindo um construtor 485
  definindo uma função-membro 472
  função- membro 472
  implementações de função-membro em um arquivo de código-fonte separado 491
  instância 478
  interface 489, 490
  interface descrita por protótipos de função 490
  objeto de 471
  programador de código cliente 493
  programador de implementação 493
  `public`, serviços 473
  serviços 472
classes básicas protegidas *versus* privadas 658
classes de exceção derivadas da classe básica comum 904
classes de exceção padrão 910
classes de processamento de arquivo 856
classes de reuso 463
classes matemáticas 568
classes proprietárias 652
classes
  `auto_ptr` 907
  `exception` 754
  `invalid_argument` 910
  `runtime_error` 754, 903
  `string` 567
  `vector` 705
classificação 179
classificação da seleção 176
classificação de array, função 718
classificando strings 447
classificando um array com o bubble sort 179
`clear`, função de `ios_base` 878
`clear_bitmap` IV
`clear_to_color` IV
cliente 712, 713
cliente de um objeto 481
cliente de uma classe 464
cliente/servidor, computação 4
clock 129
`clog` (erro padrão em buffer) 723, 721
COBOL (COmmon Business Oriented Language) 88
código de função não modificável 511
código de linguagem de máquina 10
código de processamento de erro 891
código fonte 513, 771
código fonte de uma classe 513
código legado 216
código Morse 353
código Morse internacional 293
código objeto 5, 10, 486, 513
código objeto de uma classe 513
código portável 6, 12, 445
código-cliente 781
códigos numéricos 212
coeficiente 726
coerção de argumentos 122
colchetes (`[]`) 161, 132, 323
colocando na pilha 123
coluna 188
comando composto 59
comando de ação 67
comando de seleção dupla 47, 70
comando de seleção múltipla 47, 88
comandos de controle 47
comandos executáveis 445
combinação de classes `Time` e `Date`, exercício 532
combinação de teclas de fim de arquivo 425
comentário 20, 443445
comissão 200
comissão de vendas, problema 74
`CommissionEmployee`, classe, arquivo de cabeçalho 811
`CommissionEmployee`, classe, arquivo de implementação 812
`CommissionEmployee`, classe, com dados `protected` 749
`CommissionEmployee`, classe, programa de teste 737
`CommissionEmployee`, classe, representa um funcionário que recebe porcentagem das vendas brutas 734
`CommissionEmployee`, classe, usa funções-membro para manipular seus dados `private` 757
Communications of the ACM 46
comparação de strings 271
comparação de uniões 328
comparações de ponteiro 219
compilação 10
compilação condicional 417, 421
compilador 5, 9, 12, 20, 21, 24, 25
compilador de otimização 134
compilando programa com múltiplos arquivos-fonte 494
compilar 10s
complemento de dois, notação 788, 788
complemento de um 335
`complex` XC
`Complex`, classe 633, 720, 750
  definições de função-membro 721
  exercício 633
`complex.h` XC
complexidade exponencial 143
componentes (software) 7
componentes reutilizáveis 10
comportamento de um objeto 463
comportamentos na UML 463
composição 511, 645, 617, 732
composição como alternativa à herança 617
comprimento 576
computação 2
computação conversacional 26
computação de missão crítica 758
computação distribuída 4
computação interativa 26
computação para negócio crítico 758
computação pessoal 4
computador 2
computador pessoal 3, 4
comutativo 677
concatenação de string 350
concatenação de strings 271
condição 32, 80
condição de continuação de loop 80, 83, 84, 325, 326
condição simples 107
condições de erro 124
conexão de rede 744
conjunto de caracteres 42, 90, 257, 285, 350
conjunto de varredura 311, 312
conjunto de varredura invertido 312
`const` 215, 216, 217, 219, 223, 232, 637, 681
const 431
`const`, função-membro 636
`const`, função-membro em um objeto `const` 640
`const`, função-membro em um objeto não-`const` 640
`const`, objeto 636, 640
`const`, objetos e funções-membro `const` 640
`const`, palavra-chave 176, 448
`const`, ponteiro684
`const`, qualificador 215
`const`, qualificador antes de especificador de tipo na declaração de parâmetros 452
`const`, qualificador de tipo 176
`const`, versão de `operator[ ]` 598
constante 364
constante de caracteres 218, 257, 308
constante de enumeração 340
constante de string 310
constante em tempo de execução LIX
constante inteira 220
constante simbólica 90, 166, 415, 416, 418
constantes de enumeração 132, 340
constantes simbólicas de teclado, Allegro X
constantes simbólicas pré-definidas 419
construído de dentro para fora 650
construtor 483
  argumentos default 618
  conversão 598, 574, 709
  cópia 693
  default 483
  definição 483

em um diagrama de classes UML 486
explicit 709
lista de parâmetros 481
nomeação 481
protótipo de função 490
único argumento 598, 574, 708, 709, 710
construtor chamado recursivamente 693
construtor de classe básica 763
construtor de conversão 598, 574, 709
construtor de cópia 528, 649, 691, 693, 586
construtor de cópia default 649
construtor de único argumento 598, 599, 597, 603, 604
construtor default 483, 485, 516, 536, 691, 693, 700, 711
fornecido pelo compilador 483
fornecido pelo programador 483
construtor default do objeto membro 544
construtores e destrutores chamados automaticamente 521
construtores lançando exceções 776
construtores não podem ser virtual 826
construtores não possuem tipos de retorno 490
consumo de memória 677
contador 53, 70
contador de loop 83
contando notas por letra 88
contas a receber 109
contêiner 447
conteúdo dinâmico 7
continuações 704
continue 9380, 91, 94, 104, 32105
continue, comando (depurador) CVIII
continue, comando do depurador CXXII
contrabarra (barra invertida) (\) 417
contrabarra (barra invertida) (\) 21, 308
controlando a impressão de zeros finais e pontos decimais para doubles 734
controle do programação 45
conversão de infixo para pós-fixo 409
conversão dinâmica 660
conversão entre tipos fundamentais 598
por cast 574
conversão explícita 59
conversão implícita 59, 589, 597, 598, 600
por construtores de conversão 598
conversão implícita imprópria 597
convertendo 598
entre tipos definidos pelo usuário e tipos internos 598
letras minúsculas 447
letras minúsculas em maiúsculas 124
número binário em decimal 930
número hexadecimal em decimal 930
número octal para decimal 930
convertendo de Fahrenheit para Celsius 887
convertendo uma string para maiúsculas usando um ponteiro não constante para dados não constantes 217
cópia 124
cópia de membro default 693
cópia de string 350
cópia de strings 271
cópia não incrementada de um objeto 704
cópia sobre membro 585
cópia temporária 59
copiando uma string usando notação de array e notação de ponteiro 230
corpo 21, 37
corpo de função 473
corpo de uma definição de classe 473
corpo de uma função 39
corpo do while 52
correção 121
cos, função 116
cosseno 116
cosseno trigonométrico 116
cout (<<) (o stream de saída padrão) 723, 721
cout (objeto de stream de saída padrão) 445
cout.put 725
cout.write 729
cozinhando com ingredientes mais saudáveis 294
CPU 4, 14
create_bitmap IV
CreateAndDestroy, classe
definição 522
definições de função-membro 522
crescimento da população mundial 139
criando e atravessando uma árvore binária 404
criando novos tipos de dados 445, 560, 561
criando sentenças 290
criptografia 78
crivo de Eratóstenes 206
cubo de uma variável usando a chamada por referência 213
cubo de uma variável usando a chamada por valor 212

D

dados (jogo de cassino) 129, 153
dados 3
dados- membro de 471, 477, 478, 507
private 510
dados-membro de uma classe 464
data 124
Date, classe 532, 646, 590
Date, classe, exercício 502
Date, definição de classe 646
Date, definição de classe com operadores de incremento sobrecarregados 700
Date, definições de função-membro de classe 646
Date, função-membro de classe e definições de função friend 701
Date, modificação de classe 669
Date, programa de teste de classe 703
DBMS 351
DEC PDP-11 6
dec, manipulador de fluxo 729, 734, 737
decimal (base 8), sistema numérico 782
decimal (base-8), sistema numérico 734
decimal 32110, 266, 275
decisão 22, 3231, 37, 49
decisão lógica 3
decisões (feitas por computadores) 2
decisões 22, 32, 31
declaração de classe direta 601
declaração de uma função 490
declarações 24, 25
declarando uma função-membro static const 560
decomposição 117
decoração do nome 459
decrementando um ponteiro 226
decremento 80, 324, 212227
default para decimal 737
default, caso 88, 89, 91
definição da estrutura 323
definição da precisão 730
definição de classe 472
definição de função 476
definição de largura 730
definição de template 461
definição de template de função 705
definições de formato originais 740
definindo o valor de um dado-membro private 575
definindo um construtor 483
definindo uma classe 472
definindo uma função-membro de uma classe 472
Deitel Buzz Online, boletim 13
delete [] (desalocação dinâmica de array) 684
delete 586, 586, 907, 909
delete, comando do depurador CXXII
delete, operador 576, 826
delimitador (com valor default '\n') 859
delimitador default 728
demonstrando template de classe Stack 32709, 710
DeMorgan, leis 32111
Departamento de Defesa (DOD) 88
dependência de máquina 46, 322, 561
depth de uma árvore binária 411
depuração 12, 46
depurador 418
dequeue 395
dequeue, operação 561
derivando uma classe a partir de outra 511
desalocação 576
desalocando memória 321, 682, 907
descritor de arquivo 352
'descubra o número', exercício 155
desempenho 8, 447
desempilhamento 753, 762, 763, 776
desenhando gráficos 110
desenvolvimento de classe 685
desligando um fluxo de entrada de um fluxo de saída 743
deslocamento 125
deslocamento 353, 695
deslocamento de arquivo 358
desreferenciando um ponteiro 211
desreferenciando um ponteiro void * 228
destrutivo 28
destrutor 521, 744
chamado na ordem inversa dos construtores 522
não recebe parâmetros e não retorna valor 521
objeto-membro 917
sobrecarga 521

destrutor de classe derivada 826
destrutor em uma classe derivada 763
destrutor não virtual 699
destrutores chamados na ordem contrária 763
destrutores de objeto membro 774
destrutores de variável local 917
desvio 253
desvio incondicional 436
determinando dinamicamente a função a executar 670
determinando o comprimento das strings 271
diagnósticos 124
diagnósticos que auxiliam na depuração do programa 447
diagrama de classes (UML) 474
diâmetro de um círculo 77
dicionário 377
diferenciação entre maiúsculas e minúsculas 24, 52
dígito 42, 782
dígitos decimais 350
dígitos significativos 734
dilema entre tempo/espaço 219
diretiva de pré-processador 10, 415, 415, 419, 444
  `#define` 507
  `#endif` 507
  `#ifndef` 506
disco 10, 11
disco rígido 3, 9
dispositivo de armazenamento secundário 10
dispositivo de entrada 4
dispositivo de saída 4
dispositivos 11, 13
distância entre dois pontos 157
divergência de tipo 216
`DivideByZeroException` 897
dividir e conquistar 114, 116
divisão 4, 29
divisão inteira 29, 59
divisão por zero 11, 56, 434
divisão por zero é indefinida 561
divisas (« e ») na UML 486
`do...while`, instrução de repetição 47
`do/while`, instrução de repetição 93
`do...while`, exemplo de instrução 93
dobro para Sudoku 939, 795
documentando o programa 20
dois pontos (`:`) 649
`double` 115, 122
`double`, tipo primitivo 86
downcasting 670, 798
dual-core, processador 4
dump 252
dump do computador 252
dupla contrabarra (`\\`) 22
duração 132, 133
duração do armazenamento 132, 173
duração do armazenamento automático 133, 173
duração do armazenamento de um identificador 132
duração do armazenamento estático 133
`dynamic_cast` 698, 910

E

E comercial (&) 25, 21, 27, 36, 37
'é igual a' 32
E/S de alto nível 722
E/S de tipo seguro 721
E/S de vídeo 723
E/S formatada 722
E/S não formatada 722, 723, 728
E/S não formatada usando as funções-membro `read`, `gcount` e `write` 729
EBCDIC (Extended Binary Coded Decimal Interchange Code) 275
Eclipse 9
economizar armazenamento 337
editor 9, 257
efeito colateral 134, 448
efeitos colaterais 124, 163, 705
elemento de um array 161
elemento fora do intervalo 584
elementos 161
elevando um inteiro a uma potência inteira 145
eliminação de duplicatas 200, 205, 404, 411
emacs 9
embaralhando e distribuindo cartas 670
empilhamento de estrutura de controle 48
empilhamento de instrução de controle 47
`Employee`, arquivo de cabeçalho de classe 804
`Employee`, arquivo de implementação de classe 805
`Employee`, classe 646
`Employee`, definição de classe com um dado-membro estático para rastrear o número de objetos `Employee` na memória 661
`Employee`, definição de classe mostrando composição 648
`Employee`, definições de função membro da classe, incluindo construtor com uma lista de inicializador de membro 648
`Employee`, definições de função-membro da classe 661
`Employee`, programa de driver de hierarquia de classes 815
`Empregado`, classe (exercício) 502
`empty`, função-membro de `string` 707
encadeando operações de inserção de stream 445
encapsulamento 463, 482, 505, 509, 525
`END_OF_MAIN` IV
endentação 58, 49, 62
endereço 463
endereço de um campo de bit 336
`endl`, manipulador de stream 445
engenharia de software 84, 114, 224, 469, 489
  encapsulamento 483
  interface separada da implementação 489
  ocultação de dados 480, 481
  reuso 486, 489
  set e *get*, funções 481
`enqueue` 395
enqueue 561
enqueue, operação 561
Enter, tecla 90, 445
entrada de fluxo 721, 724
entrada de uma linha de texto 732
entrada de uma string na memória 447
entrada de uma string usando `cin` com extração de fluxo em comparação com a entrada usando `cin.get` 727
entrada padrão 25, 268, 425
entrada/saída (E/S) 721
entrada/saída, operadores 250
`enum` 132, 340
enumeração 132, 340, 341
`EOF` 90, 259, 724, 728
`eof`, função-membro 724, 741, 878
`eofbit` de fluxo 741
erro de compilação 25
erro de compilação 97
erro de diferença por um 83
erro de formato 741
erro de linker 429
erro de overflow 561
erro de overflow, aritmético 771
erro de runtime 11, 208
erro de sintaxe 25, 25, 51, 66, 98
erro de underflow, aritmético 771
erro detectado em um construtor 903
erro em tempo de compilação 25
erro em tempo de execução 12
erro fatal 11, 37, 56, 211
erro lógico fatal 51
erro lógico não fatal 51
erro não fatal 14, 42, 121, 771
erro padrão (`cerr`) 297
erro padrão 352
erro síncrono 897
erros 11
escalando 125
escalar 176
escalares 267
escalável 166
escopo 419
escopo de arquivo 135, 511
escopo de bloco 135
  variável 519
escopo de classe 509, 511
escopo de um identificador 132, 133, 133, 134
escopo local 512
escrevendo o texto equivalente de um valor de cheque 352
espaçamento interno 702
espaçamento vertical 49, 100
espaço 41, 308
espaço em branco 34
espaço em branco 41, 313, 729
espaço em disco 904, 757
espaços para preenchimento 736
especialização de template de função 705
especialização explícita de uma classe, template 845
especificação de exceção 762
especificação de exceção vazia 762
especificações de conversão 297
especificador de acesso 573, 479, 652
  `private` 479
  `protected` 506
  `public` 573, 571
especificador de conversão 25, 27, 297

e/E 298
para scanf 370
especificador de conversão c 308
especificador de conversão f 300
especificador de conversão g (ou G) 300
especificador de conversão n 302
especificador de conversão s 308
especificador puro 676
especificadores de classe de armazenamento 132
especificadores de conversão de inteiro 298
especificadores de conversão de ponto flutuante 299, 300, 309
estado coerente, 498, 507,433
estado constante 495,
estado de erro de um fluxo 724, 741
estado do formato 729 740
estático 132, 512
estouro de pilha 123
estratégias de solução simples para o Sudoku 252, 797
estrutura 265, 323
estrutura de auto-referência 321, 320
estrutura de controle com única entrada/saída 48
estrutura de dados 321
estrutura de dados linear 323, 400
estrutura de seleção 32
estrutura em sequência 46, 48
estrutura for aninhada 233
estruturas 320
estruturas de controle 46
estruturas de dados estáticas 436
estruturas dinâmicas de dados 161, 209, 320
estudo de caso: classe Date 700
esvaziando buffer de saída 445
Euler 203
é-um, relacionamento (herança) 615, 634, 661
evento 445
evitando repetir código 618
ex 116
examinando dados 512
exceção de classe básica 909
exceção de ponto flutuante 434
exceção não listada na especificação de exceção 762
exceções não apanhadas 776
exceções
bad_alloc 904
bad_cast 910
bad_exception 910
bad_typeid 910
length_error 910
logic_error 910
out_of_range 910
overflow_error 910
underflow_error 771
exception, classe 754, 909
what, função virtual 754
excluindo a memória alocada dinamicamente 586
excluindo um nó de uma lista 395
exclusão de árvore binária 412
exclusão na lista encadeada 329
execução 11
execução condicional de diretivas do pré-processador 417
execução seqüencial 46
executável 22
exemplo de conta de poupança 86
exemplo de enumeração 341
exemplo de escopo 136
exemplo de tratamento de exceção que lança exceções nas tentativas de divisão por zero 893
exemplos de herança 616
exemplos de recursão
ao contrário 145
busca binária 145
busca linear 145
classificação da seleção 146
elevando um inteiro a uma potência inteira 145
exclusão de lista encadeada 146
Factorial, função 145
Fibonacci, função 145
impressão de entradas do teclado ao contrário impressão de um array 145
impressão de um array ao contrário 145
impressão de uma entrada de string do teclado impressão de uma lista encadeada ao contrário 175
impressão de uma string ao contrário 145
145
inserção de árvore binária 146
inserção em lista encadeada 146
main recursivo 145
máximo divisor comum 145
multiplicação de dois inteiros 145
oito rainhas 145
pesquisa em uma lista encadeada 146
quicksort 144
soma de dois inteiros 145
soma dos elementos de um array 145
Torres de Hanói 145
travessia de labirinto 145
travessia de uma árvore binária em ordem 146
travessia pós-ordenação de uma árvore binária 145
travessia pré-ordenação de uma árvore binária 175
valor mínimo em um array 145
verificando se uma string é um palíndromo 145
visualizando a recursão 145
exercício de limericks 290
exercício de modificação do sistema de folha de pagamento 702
exercício de programa bancário polimórfico usando a hierarquia Conta 703
exercícios avançados de manipulação de strings 257, 291
exibição 11
exibição de uma árvore binária 413
exibindo o valor de uma união nos dois tipos de dados membro 329
exibindo um inteiro unsigned em bits 330
exit e atexit, funções 430
exit, função 430, 521, 757, 771
EXIT_FAILURE 430
EXIT_SUCCESS 430
exp, função 116
expansão de uma macro 416
explicit, construtor 709
explicit, palavra-chave 709
expoente 726
exponenciação 31
expressão 88, 120
expressão condicional 49, 50, 508, 758
expressão de controle em um switch 91
expressão de ponteiro 219
expressão inteira constante 92
expressões aritméticas 226
expressões com tipo misto 122
expressões de atribuição 226
expressões de coerção 417
downcast 670, 798
expressões de comparação 226
Extended Binary Coded Decimal Interchange Code (EBCDIC) 275
extensão do nome de arquivo
h 486
extensibilidade 781
extensibilidade da C++ 681
extern 132, 429

F

f ou F para um float 432
fabs, função 116
Fahrenheit, temperaturas 321
fail, função-membro 741
failbit de fluxo 724, 729, 741
falando com um computador 3
falhas irrecuperáveis 742
false 3232
false 739
false, valor booleano (C++) 449
falta de segmentação 28, 216
fase de carga 11
fase de compilação 10
fase de edição 9, 11
fase de execução 11
fase de inicialização 57
fase de ligação 11
fase de pré-processamento 10
fase de processamento 57, 58
fase de término 54
fator de escala 125, 129
fatorial 78, 109
fatorial de (n!) 132
fatorial, função 132, 157
faxina no término 521
FCB 352, 353
fclose, função 354
fenv.h LXXX
feof, função 354, 365
fgetc, função 352, 320
fgets, função 268, 352
Fibonacci, função 141
Fibonacci, funções 140
Fibonacci, série 140, 156
FIFO (First-In First-Out) 395, 561
fila 209, 32320, 320, 320, 321, 551
fila de espera 561
FILE 353
File Control Block (FCB) 352, 353

FILE, estrutura 352
FILE, ponteiro 352
filho 400
filho da direita 400
filho da esquerda 400
fill, função-membro 734, 871
fill, função-membro de ios_base 878
'fim da entrada de dados' 73
fim de arquivo 90, 741
First-In First-Out (FIFO) 395, 561
fixed, manipulador de fluxo 734, 873
flag de espaço 306
flag, valor 55
flags 297, 366, 306
flags, função-membro de ios_base 876
float 432
float 57, 58, 59, 115
floor, função 116
fluxo 357, 352
fluxo de bytes 720
fluxo de controle 35
fluxo de controle de uma chamada de função virtual 694
fluxo de entrada 721,
fluxo de entrada padrão (cin) 297, 723
fluxo de entrada padrão (stdin) 11
fluxo de erro padrão (stderr) 11
fluxo de erro padrão em buffer 723
fluxo de erro padrão sem uso de buffer 723
fluxo de esvaziamento 729
fluxo de saída padrão (cout) 297
fluxo de saída padrão (stdout) 11
fluxograma 46, 68
fluxograma da estrutura de sequência da C 46
fluxograma da instrução de repetição do...while 94
fluxograma da instrução de repetição while 52
fluxograma da instrução if/else de seleção dupla 49
fluxograma mais simples 101
fluxograma não estruturado 125
fmod, função 116
fmtflags, tipo de dados 740
folha de pagamento, arquivo de cabeçalho da classe 702
folha de pagamento, arquivo de implementação da classe 703
fopen, função 353
for, componentes do cabeçalho 83
for, instrução de repetição 47, 322, 943
força bruta exaustiva, técnica 943
forçando um ponto decimal 734
forçando um sinal de adição 736
forma de linha reta 33
formando quebra-cabeças de Sudoku 792
formatando 726
formato de números de ponto flutuante em notação científica 739
formato de saída de números de ponto flutuante 737
formato exponencial 298
formato tabular 163
formato universal de hora 605
formatos monetários 447
FORTRAN (FORmula TRANslator) 88
fprintf, função 352
fputc, função 352
fputs, função 352, 371
frações 532
fread, função 352, 361
free, função 321
frente de uma fila 395, 561
friend 569, 718, 845
friend de classe, template 845
friend, função 549, 570, 732
friend, funções para melhorar o desempenho 549
friends não são funções-membro 549
friends podem acessar membros private da classe 549
fscanf, função 352
fseek, função 362
função 6, 10, 21, 103, 115, 447, 466
  argumento 115, 128, 475
  cabeçalho 118, 119, 473
  chamada 115, 118
  chamada e retorno 132
  chamador 115
  corpo 119, 146
  escopo 135
  escopo do protótipo, 135
  invocando 115, 118
  lista de parâmetros 476
  lista de parâmetros vazia 542
  múltiplos parâmetros 476
  nome 145, 163, 176
  parâmetro 145, 474, 475
  parênteses vazios 471, 474, 473
  pilha de chamada 123
  protótipo 118, 120, 121, 135, 32451, 490
  retorno de 115, 116
  retorno de um resultado 481
  sobrecarga 458
  variável local 477
função auxiliar 514
função chamada, 115
função chamadora 473, 500
função de acesso 612
função de biblioteca 6
função de máximo definida pelo programador 120
função de predicado 328, 513
função de término definida pelo programador 763
função definida pelo programador 120
função do operador de coerção sobrecarregado 589
função exponencial 116
função não recursiva 140
função no Sudoku 206
função repetitiva 144
função sobrecarregada 717, 718
função utilitária 124
  demonstração 614
  para o Sudoku 943
função virtual pura 676, 680
função, sobrecarga de modelo 719
função, template 461, 705, 708
  especialização 461
  max 469
  min 469
função-membro 472, 562
  chamada 480, 568
  chamadas normalmente concisas 509
  chamadas para objetos const 536
  definida em uma definição de classe 508
  implementação em um arquivo fonte separado 500
  que não usa argumentos 509
função-membro automaticamente inserida em linha 508
função-membro de classe básica redefinida em uma classe derivada 761
função-membro não-const 536
função-membro não-const chamada em um objeto const 536
função-membro não-const em um objeto não-const 536
função-membro não-static 535, 551
função-membro não-static 560
função-membro operator[] sobrecarregada 588
função-membro
  parâmetro 474
funções C padrão 7
funções da biblioteca de tratamento de caracteres 259
funções da biblioteca matemática 124, 157, 445
funções de biblioteca de entrada/saída 447
funções de busca da biblioteca de tratamento de strings 271
funções de comparação de string 273, 273, 350
funções de conversão de string 264, 264
funções de manipulação de string da biblioteca de tratamento de strings 270, 212, 271
funções de memória da biblioteca de tratamento de strings 280
funções do operador 571
funções do operador de atribuição 586
funções para manipular dados nos contêineres da biblioteca padrão 437
fwrite 352, 361, 362

G

gcc, comando de compilação 11
gcount, função de istream 729
generalidades 660
gênero neutro 18, 295
geração de número aleatório 232, 348
gerador de palavras cruzadas 294
gerando labirintos aleatoriamente 249
gerando os valores a serem colocados nos elementos de um array 167
gerando um quebra-cabeças do Sudoku 943
gerenciador de tela polimórfico 660
gerenciador de tela polimórfico usando hierarquia Shape (projeto) 702
gerenciamento de memória dinâmico 209, 576
get de um valor 481
get e *set*, funções 481
get, função-membro 726, 726
get, put e eof, funções-membro 726
getc 417
getchar 269, 269, 352, 377, 417
getchar() 352

getline, função de cin 728
getline, função do arquivo de cabeçalho
string 476, 499
gets 39
GFX_AUTODETECT VI
GFX_AUTODETECT_FULLSCREEN VI
GFX_AUTODETECT_WINDOWED VI
GFX_SAFE VI
GFX_TEXT VI
global 492
Global Warming Facts Quiz 193
global, construtores de objeto 523
global, escopo 523
global, escopo de namespace 556, 716
global, função 715
global, função friend 574
global, função não-friend 569
global, função para sobrecarregar um operador 571
global, variável 134, 135, 136, 223, 328, 429, 455
GNU GCC 4.3 xxvii
good, função de ios_base 746
goodbit, do fluxo 742
goto 437
goto, eliminação 46
goto, instrução 47, 135, 437, 437
goto, programação sem, 47
gráfico de barras 110, 169
gráficos 207, 726
gráficos de tartaruga 202
gráficos no Allegro 207, 932
gravando em um arquivo 355

H

handle de nome 511
sobre um objeto 511
handle de objeto 512
handle de ponteiro 511
handle de um objeto 512
handle implícita 511
hardware 2, 3, 5
hardware, independência 6
hardware, plataforma 6
hardware, registradores 133
heap 576
herança 463, 506, 511, 615, 617, 655, 659, 715
herança de implementação *versus* interface 679
herança de implementação 679
herança de implementação 679
herança de interface 802
herança de interface *versus* herança de implementação 679
herança múltipla 615, 617, 705
herança simples 615
heurística 204
heurística de acessibilidade 204, 205
heurística de lookahead para solucionar o Sudoku 792
heurística para manter suas opções abertas 792
hex, manipulador de stream 729, 746, 751
hexadecimal (base 16), sistema numérico 729
hexadecimal (base-16), número 725, 729, 734, 751
hexadecimal 110, 259, 266, 297, 303
hierarquia de classes 615, 676, 826
hierarquia de classes de exceção 770
hierarquia de dados 350
hierarquia de escalonamento da biblioteca padrão 909
hierarquia de forma mais rica 656
hierarquia de formas 676
hierarquia de herança 659, 670
hierarquia de herança de alunos 617
hierarquia de herança para universidade CommunityMembers 616
hierarquia de herança quadrilátera 656
hierarquia de promoção 122
hipotenusa de um triângulo retângulo 153
histograma 110, 169
história do Sudoku 932
HugeInt, classe 609
HugeInteger, exercício de classe 533

I

IBM Corporation 8, 14
IBM Personal Computer 4
identificador(es) 24, 415
if, instrução 3232
if, instrução de seleção 3232, 47, 48
if...else, instrução de seleção 47, 49, 50
ifeelse, instrução de seleção 47
ignore 604
ignore, função de istream 728
imagem 11
imagem executável 11
impedindo que arquivos de cabeçalho sejam incluídos mais de uma vez 507
impedindo que objetos de classe sejam copiados 587
impedindo que um objeto de classe seja atribuído a outro 587
impedindo vazamento da memória 753
implementação de um membro, mudanças de função 509
implementando uma classe proxy 568
Implementation, definição de classe 600
implicitamente virtual 670
implícitas, conversões definidas pelo usuário 589
impondo a privacidade com criptografia 78
impressão de histograma 169
impressora 11
impressora 744
imprimindo árvores 79213
imprimindo caracteres 262
imprimindo caracteres 291
imprimindo com larguras de campo 750
imprimindo datas em diversos formatos 292
imprimindo entradas do teclado ao contrário 145
imprimindo faixa do array 718
imprimindo números positivos e negativos com e sem o flag + 306
imprimindo o endereço armazenado em uma variável char * 725
imprimindo um array 145, 206
imprimindo um array ao contrário 145
imprimindo um inteiro com espaçamento interno e sinal de mais 736
imprimindo um quadrado 77
imprimindo um quadrado vazio 77
imprimindo uma entrada de string do teclado ao contrário 145
imprimindo uma lista encadeada ao contrário 146
imprimindo uma string ao contrário 145, 206
imprimindo uma string um caractere por vez usando um ponteiro não constante para dados constantes 217
imprimindo uma tabela de valores ASCII 750
imprimindo valores de ponteiro como inteiros 750
INCITS/ISO/IEC 9899-1999 (documento padrão C) 6
incluindo cabeçalhos 115
incrementado 212218
incremento 323
incremento de um ponteiro 227
incremento de uma variável de controle 30
incremento de uma variável de controle 33, 84
independência de máquina 6
indicador de fim de arquivo 258, 286
índice (ou subscrito) 162
índice de massa corporal (IMC) 18
calculadora 18
indireção 209, 212
indireção dupla (ponteiro para um ponteiro) 328
informação volátil 3
informatização dos registros de saúde 348, 503
inicialização de variável 279
inicializador 164
inicializador de membro 539, 547, 586
inicializador de membro para um dado-membro const 551
inicializador de objeto membro 544
inicializando array 164
inicializando com uma instrução de atribuição 541
inicializando estruturas 32322
inicializando os elementos de um array com uma lista inicializadora 164
inicializando os elementos de um array com zeros 163
inicializando para um estado coerente 507
inicializando uma constante de um tipo de dado interno 540
inicializando uma referência 453
inline, função 448, 448, 509, 572, 537
calculando o volume de um cubo 448
inline, palavra-chave 448
inorder 402
inOrder, travessia 404
inserção em uma árvore binária 145
inserção na lista encadeada 329
inserindo caracteres e strings 271
inserindo caracteres literais 297
inserindo dados com uma largura de campo 288
inserindo dados de caractere usando membro cin, função getline 729
inserindo e excluindo nós em uma lista 459
inserindo valores decimais, octais e hexadecimais 745
instância de uma classe 478
instanciando um objeto de uma classe 464
instrução 10
instrução 21, 46, 471

instrução *add* 251
Instrução auxiliada por computador (IAC) 159
Instrução auxiliada por computador (IAC) 159, 194
Instrução auxiliada por computador (IAC): Níveis de dificuldade 159
Instrução auxiliada por computador (IAC): Reduzindo fadiga do aluno 159
Instrução auxiliada por computador (IAC): Variando os tipos de problemas 159
instrução auxiliada por computador 158
instrução de atribuição 26
instrução de carga 252
instrução de controle aninhada 60
instrução de controle com única entrada/saída 101
instrução de desvio 252
instrução de repetição 46, 52, 472
instrução de seleção simples 47
instrução if 34,
instrução `if`...`else` aninhada 61, 62
instrução ilegal 434
instrução vazia 51
instruções de controle com única entrada/saída 48
instruções de desvio 252
`int` 21, 118
`Integer`, definição de classe 768
`IntegerSet`, classe 564
integridade de uma estrutura de dados interna 561
inteiro 21, 22
inteiro decimal não sinalizado 298
inteiro decimal sinalizado 298
inteiro hexadecimal 211
inteiro hexadecimal não sinalizado 298
inteiro longo 432
inteiro não sinalizado 394
inteiro octal não sinalizado 298
inteiros deslocados e escalados, produzidos por `1 + rand() % 6` 125
inteiros imensos 612
inteiros prefixados com `0` (octal) 2125
inteiros prefixados com `0x` ou `0X` (hexadecimal) 2125
interceptação 434
interceptando um sinal interativo 435
interface 463, 489, 659
interface de herança 670, 679
interface de uma classe 584
interface separada da implementação 489
`Interface`, definição de classe 602
`Interface`, definições de função-membro da classe 602
`internal`, manipulador de fluxo 735, 736
International Standards Organization (ISO) 2
Internet 3, 5
interpretador 6
interrupção 434
`invalid_argument`, classe 771
inventário 377
invocando uma função-membro não-`const` em um objeto `const` 535
`ios_base`, classe 734
`ios_base`, classe básica 745
irmão 400
`isalnum`, função 259, 262
`isalpha`, função 259, 262
`iscntrl`, função 259, 262
`isdigit`, função 259, 262
`isgraph`, função 259, 262
islower 261
`islower`, função 217, 259, 261
ISO 2
`isprint`, função 259, 262
`ispunct`, função 259, 262
`isspace`, função 259, 262
`istream` 856
`istream`, classe
`peek`, função 728
`istream`, função-membro `ignore` 574
`isupper`, função 260, 261, 262
ISV (vendedor de software independente) 445, 822
`isxdigit`, função 268, 259
itens de dados de saída de tipo fundamental 724
iterador 678

J

Jacobson, Ivar 465465
Jacopini, G. 46
Java 7, 9, 207, 32615
jogadores 203, 533
jogando 155
jogando uma moeda 155
jogo de azar 129
jogo de cartas 232232
jogo de dados 125, 202
jogo de dados 129
jogos de cartas 246
jogos de Sudoku para dispositivos móveis 932
juros compostos 86, 109
justificação de tipo 292

K

Kernighan, B. W. 6, 12
KIS ("keep it simple") 12
Koenig, Andrew 753

L

label (rótulo) especificador de acesso
`private:` 479
`public:` 573
label 135,
labirintos de qualquer tamanho 249
lado esquerdo de uma atribuição 505, 577
Lady Ada Lovelace 88
lançamento de dados 129
lançando dois dados 132
lançando exceções a partir de um `catch` 776
lançando o resultado de uma expressão condicional 776
lançando um dado de seis lados 6000 vezes 127
lançando um `int` 758
lançando uma exceção 756
largura de campo 106, 297, 363, 365, 308, 729, 730
largura de um campo de bit 403, 336
largura definida em 0 implicitamente 730
Last-In-First-Out (LIFO) 123, 390
ordem 837, 711
`left`, manipulador de stream 734, 735
legibilidade 20, 47, 82, 117
lei de Moore 11
lendo caracteres com `getline` 500
lendo uma linha de texto 500
`length`, função-membro da classe `string` 495
`length_error`, exceção 771
letra maiúscula 24
letra maiúscula 447
letra minúscula 42, 124, 447
letras 350
letras maiúsculas 51, 124
liberando a memória alocada dinamicamente 576
LIFO (Last-In, First-Out) 151, 390
ordem 837, 711
ligação 11
limite da unidade de armazenamento 336
limite de crédito, problema 74
limites de crédito 109
limites de tamanho de inteiro, 124, 447
limites de tamanho de ponto flutuante 124, 447
limites do tipo de dado numérico 447
linguagem de alto nível 6
linguagem de máquina 5, 10
linguagem de programação Pascal 8
linguagem de programação procedural 463
linguagem extensível 465, 474561
linguagem natural de um computador 6
linguagem orientada a objetos 11, 472
linguagem portável 12
linguagem sem tipo 7
linha de fluxo 52
linha de texto 726
linha em branco 444
linha final 444
linhas 229
linhas de fluxo 46
link (ponteiro em uma estrutura autorrefenciada) 320
linker 11, 22, 429
Linux 4, 9, 11, 425
lista de argumentos de comprimento variável 425, 426
lista de inicializador de membro 539, 540, 542, 543
lista de inicializadores de array 165
lista de parâmetros 118, 132, 476, 477
lista de parâmetros de template 461
lista de parâmetros para uma função 476
lista de parâmetros vazia 454
lista inicializadora 167
lista interligada 209, 32320, 320, 322
lista separada por vírgulas 83
literal 21, 26
literal de string 208, 262, 263
`-lm`, opção da linha de comando para usar a biblioteca matemática 86
Load 251
locais de memória 212
localização 124
localização 28
`log`, função 116

log10, função 116
$log_2 n$, comparações 483
logic_error, exceção 771
Logo, linguagem 202
long 92, 122
long double 122, 432
long int 122, 168, 432
loop 52, 82
loop contador 82
loop controlado por contador 61
loop infinito 52, 59, 84
looping 82
looping controlado por contador 61
Lord Byron 88
Lovelace, Ada 88
lvalue ("left value") 98, 162, 453, 524, 578, 580
lvalue modificável 580, 584, 597
lvalue não modificável 597

M

Mac OS X 4
Macintosh 727
macro 124, 415, 416, 705
macro com argumentos 416
macro, definição 416
macro, expansão 417
macro, identificador 416
macros 705
macros definidas em stdarg.h 426
macros
  complex XC
magnitude 745
magnitude alinhada à direita 745
main 444
main recursivo 145
main() 21
mainframe 2
maior de dois números 73
maiúsculas iniciais (camel case) 473
make 430
make, programa III
makefile 430, 438
malloc 321, 436
manipulação de bits 343
manipulação de ponteiro 818
manipulação de textos 202
manipulação perigosa de ponteiros 818
manipulações de dados sobre bits 330
manipulador de fluxo 729, 733, 736
manipulador de fluxo fixo 734
manipulador de fluxo showbase 737
manipulador de stream parametrizado 729, 729, 732
manipuladores de fluxo 445
  boolalpha 739
  boolalpha e noboolalpha 740
  dec 729
  endl (end line) 445
  fixed 732
  hex 729
  internal 736
  left 735
  noboolalpha 739
  noshowbase 737
  noshowpoint 735
  noshowpos 734, 736
  nouppercase 734, 739
  oct 729
  right 735
  scientific 732
  setbase 729
  setfill 508, 736
  setprecision 730
  setw 730
  showbase 737
  showpoint 734
  showpos 736
manipuladores de fluxo definidos pelo usuário, não parametrizados 733
manipuladores de stream de estado de formato 741
manutenção de software 8
mapa de bits IV, V, VI
Máquina de Turing 46
marcador de fim de arquivo 351, 352
máscara 331, 331
máximo 75
máximo divisor comum 145
maximum 120
mecanismos de busca de código e sites de código xxviii
média 180
média 30
média aritmética 30
média áurea 140
mediana 180
membro 32320
membro da estrutura (.), operador 323, 323, 328
membro private da classe básica 732
membros 32320
membros de herança de uma classe existente 615
memchr 282
memchr, função 280, 282
memcmp, função 280, 282
memcpy, função 280, 281
memmove, função 32281, 282
memória 3, 11, 13, 27
memória alocada dinamicamente 627, 528, 586, 826, 907
  alocando e desalocando armazenamento 521
memória dinâmica 907
memória principal 4
memória virtual 755, 757
memset, função 280, 282
menor privilégio de acesso 216
mensagem (envio a um objeto) 472
mensagem 21, 463, 568
mensagem de erro 11
mensagem de prompting 743
método 464
Microsoft Visual Studio 10
modelo ação/decisão 22, 48
modelo de entrada/saída formatada 360
modelo de retomada do tratamento de exceção 757
modelo de software 252
modelo de término do tratamento de exceção 757
modificação do sistema de folha de pagamento 702
modificações no simulador simpleton 205
modificador de tamanho 298
modificando a classe GradeBook (exercício) 502
modo 180, 244
modo de abertura de arquivo 353, 355
modo de acesso default para classe private 480
modos de arquivo binários 432
módulo 114
módulo objeto 515
mouse 3
m-por-*n*, array 183
múltiplas inclusões de um arquivo de cabeçalho 506
multiplicação 28
multiplicação de dois inteiros 145
múltiplos de um inteiro 77
multiprocessadores 5
multitarefa 88
mutantes 482
mutilação de nome 459
  para permitir vinculação de tipo seguro 459

N

n 301
n! 132
name, função da classe type_info 698
não destrutivo 28
new 585
new chama o construtor 576
new falha 767, 772
new retornando 0 na falha 766
new, lançando bad_alloc na falha 765
new, operador 576
new, tratador de falhas 706
new_handler, função 766
newline (\n) 21, 36, 32, 208, 262, 263, 264, 308, 466, 744
nível de precedência mais alto 30
nível dos operadores 29
nó de substituição 412
nó folha 400
nó pai 400
nó raiz de uma árvore binária 400, 213
noboolalpha manipulador de fluxo 739
nome 10
nome 81, 162
nome de arquivo 11
nome de classe definido pelo usuário 563
nome de função 237
nome de função mutilado 547
nome de membro (campo de bit) 337
nome de membro do campo de bit 337
nome de tag de estrutura 323, 32321
nome de um array 161
nome de uma classe definida pelo usuário 473
nome de uma variável 28
nome de uma variável de controle 81
nome de variável com múltiplas palavras 25
nome de variável
  argumento 473
  parâmetro 473
nome do array é o mesmo que o endereço do primeiro elemento do array 175

nome em subscrito usado como um *rvalue* 583
nome qualificado 643
nomes em uma especificação de sistema 464
nomes significativos 477
nós 456, 322
`noshowbase`, manipulador de fluxo 734, 737
`noshowpoint`, manipulador de fluxo 735
`noshowpos`, manipulador de fluxo 734, 736
`noskipws`, manipulador de fluxo 734
notação científica 299, 725, 873
notação de array 230
notação de complemento de um 788
notação de infixo 409
notação de ponteiro 215, 219, 220
notação de ponteiro/deslocamento 228
notação de ponteiro/subscrito 228
notação de subscrito 266
notação de subscrito de array 171, 195
notação exponencial 298, 300
notação fixa 725, 734, 873
notação hexadecimal 725
notação pós-fixada 489
notação posicional 782
`nothrow`, objeto 766
`nothrow_t`, tipo 766
`nouppercase`, manipulador de fluxo 734, 739
novos manipuladores de fluxo 745
`NULL` 129, 210, 228, 232, 353, 321, 322
`NULL`, ponteiro 436
número aleatório 125
número binário 110
número de ponto flutuante 54, 57, 69
número de ponto flutuante em notação científica 873
número de posição 162
número octal 730, 737
número perfeito 155
número primo 155
número real 6
números binários negativos 788
números complexos 633, 720
números decimais 737
números pseudoaleatórios 128

O

Object Management Group (OMG) 465
objeto (ou instância) 463
objeto 7, 9, 471
objeto automático 903
objeto automático local 521
objeto de exceção 758
objeto de fluxo de entrada padrão (`cin`) 445
objeto de fluxo de saída padrão (`std::cout`) 445
objeto de saída padrão (`cout`) 723
objeto de uma classe derivada 659, 661
objeto de uma classe derivada é instanciado 654
objeto grande 452
objeto host 544
objeto local automático 521
objeto sai do escopo 521
objeto temporário 574
objetos contêm apenas dados 511
`oct`, manipulador de fluxo 729, 734, 737
octal (base 8), sistema numérico 729, 734
octal 110, 266, 266, 298
ocultação de dados 480, 482
ocultação de informações 135, 221, 463, 560
ocultando dados `private` dos clientes 513
ocultando detalhes da implementação 549, 568
ocultando uma representação de dados interna 561
offset 229, 364, 695
Oito Rainhas 145, 205, 206, 795
Oito Rainhas: técnica da força bruta 205
OMG (Object Management Group) 465
OOAD (Object-Oriented Analysis and Design) 464
OOD (Object-Oriented Design) 463, 463
OOP (Object-Oriented Programming) 463, 464, 615
opção "sticky" 508
operação (UML) 463, 474
operação comutativa 572
operação de fluxo, falha 741
operação de sincronismo de um `istream` e um `ostream` 743
operações aritméticas 226, 242, 171
operações de inserção de stream por concatenação 445
operações de load/store 251
operações de transferência de controle 252
operações que podem ser realizadas sobre dados 561
operador += sobrecarregado 594
operador << sobrecarregado 572
operador AND (&) sobre bits 330, 331, 343
operador binário 26, 29
operador binário de resolução de escopo (`::`) 492, 500, 420
operador condicional (`?:`) 49, 70
operador condicional ternário (`?:`) 570
operador de adição com atribuição (+=) 64
operador de adição com atribuição sobrecarregado (+=) 590
operador de atribuição (=) 26, 568, 674
operador de atribuição (=) sobrecarregado 691, 586, 589
operador de atribuição = 526, 530
operador de chamada de função () 589, 695
operador de chamada de função () sobrecarregado 589
operador de complemento (~) 330
operador de complemento sobre bits (~) 335, 343, 788
operador de conversão 57, 59, 140, 598, 708
  `(float)` 59
operador de conversão 598
operador de decremento (`--`) 65
operador de desigualdade (`!=`) 581
operador de desigualdade sobrecarregado 583, 585
operador de deslocamento à direita (>>) 330, 347, 568
operador de deslocamento à direita (>>) 603
operador de deslocamento à direita sobre bits (>>) 568
operador de deslocamento à esquerda (<<) 330, 343, 568, 723
operador de deslocamento à esquerda sobre bits (<<) 568
operador de desreferenciação (*) 212, 323
operador de endereço (&) 25, 125, 147, 171, 212, 210, 211, 241, 243, 244, 674
operador de exponenciação 86
operador de extração de fluxo >> ("obter de") 445, 445, 568, 572, 583, 721, 724
operador de igualdade (==) 685
operador de igualdade sobrecarregado (==) 583, 587
operador de incremento (++) 65
operador de incremento 589
operador de incremento pós-fixado sobrecarregado 590, 594
operador de incremento pré-fixado sobrecarregado 590, 594
operador de incremento sobrecarregado 590
operador de indireção (*) 125, 211, 212
operador de inserção no fluxo << ("colocar em") 445, 445, 445, 568, 572, 583, 721, 725
operador de membro da estrutura e operador de ponteiro da estrutura 32323
operador de negação (NOT) lógica (`!`) 95, 97
operador de negação sobrecarregado 589
operador de OR inclusivo sobre bits (`|`) 330, 343
operador de OR lógico (`||`) 95, 334
operador de parênteses (`()`) 31
operador de pós-decremento 65
operador de pós-incremento 65
operador de pré-decremento 65
operador de pré-incremento 65
operador de resolução de escopo (`::`) 492, 618, 642
operador de resto (%) 28, 29, 116
operador de seleção de membro (`.`) 505, 552, 671, 908
operador de seleção de membro seta (`->`) 505
operador de seta (`->`) 533
operador de subscrito de array (`[]`) 583
operador de subscrito sobrecarregado 584, 588
operador lógico AND (&&) 95, 95, 330
operador OR exclusivo sobre bits (^) 330, 343
operador ponto (`.`) 32342, 505, 512, 530 533, 671, 908
operador `sizeof` aplicado a um nome de array retorna o número de bytes no array 224
operador ternário 49, 134
operador unário 59, 66, 210
operador unário de resolução de escopo (`::`) 457
operador unário `sizeof` 224
operadores 77
  << (operador de inserção de fluxo) 445
  `delete` 576
  `new` 576
  ponto (`.`) 474
  resolução de escopo binário (`::`) 492
  resolução de escopo unário (`::`) 457
  seleção de membro (`.`) 512
  seta de seleção de membro (`->`) 512
  `sizeof` 511
  `typeid` 698
operadores AND sobre bits, OR inclusivo sobre bits, OR exclusivo sobre bits e complemento sobre bits 330

operadores aritméticos 28
operadores aritméticos de atribuição 64
  +=, -=, *=, /= e %= 78
operadores binários sobrecarregados 570
operadores de atribuição sobre bits 336
operadores de atribuição
  =, +=, -=, *=, /= e %= 67
operadores de decremento 589
operadores de deslocamento sobre bits 343
operadores de igualdade 3232, 33
operadores de igualdade e relacionais 228
operadores de incremento e decremento pós-fixados 65
operadores de incremento e decremento pré-fixados 65
operadores de inserção e extração de fluxo sobrecarregados 574
operadores multiplicativos 59
operadores que podem ser sobrecarregados 569
operadores relacionais 323
operadores sobre bits 330
operadores unários sobrecarregados 570
operando 26, 210
operator!, função-membro 575, 878
operator!= 587
operator() 607
operator, função-membro void* 878
operator, palavra-chave 572
operator[]
  versão const 588
  versão não-const 588
operator+ 569
operator++ 592, 597
operator++(int) 592
operator<< 573, 584
operator= 586
operator== 587
operator>> 573, 584
ordem 45, 46
ordem de avaliação dos operadores 30
ordem de avaliação dos operandos 142
ordem dos operandos dos operadores 142
ordem dos tratadores de exceção 776
ordem em que construtores e destrutores são chamados 523
ordem em que destrutores são chamados 523
orientação a objetos 463
ostream, classe 723
otimizações sobre constantes 535
out_of_range, exceção 771
outro problema de else pendurado 76
overflow 434, 759
overflow, aritmético 561, 897
overflow_error, exceção 771
overhead de uma chamada de função extra 587
overhead em tempo de execução 818
override de uma função 670

P

Package, exercício de hierarquia de herança 656
Package, hierarquia de herança 656, 702
pacote gráfico 703
pacotes em uma rede de computadores 395
padrão de asteriscos alternados 35
padrões de impressão 88
página lógica 308
palavra reservada 35
palavra-chave 35
palavras cruzadas 207, 797
palavras-chave
  acrescentadas no C99 35
  catch 757
  class 461, 473, 706
  const na lista de parâmetros de função 448
  explicit 598
  inline 448
  palavras-chave em C++ 449
  private 479
  public 473, 479
  tabela de palavras-chave 449
  template 706, 706
  throw 758
  try 756
  typedef 723
  typename 450, 706
  void 473
palíndromo 206
par de parênteses mais interno 30
paralelogramo 616
parâmetro 116, 474, 476
parâmetro de exceção 757
parâmetro de função 214, 216, 220
parâmetro de função como uma variável local 477
parâmetro de operação na UML 477
parâmetro de ponteiro 214
parâmetro de referência 451, 453
parâmetro de referência constante 452
parâmetro de template 705, 711
parâmetro de template nãode tipo 714
parâmetro de tipo 461, 705, 32709, 714
parâmetro de tipo formal 461, 461
parâmetro de uma função 116
parâmetro na UML 477
parênteses () 31, 34
parênteses aninhados 29
parênteses aninhados 29, 31
parênteses redundantes 323
parênteses vazios 473, 474, 476
partes fracionárias 52
Pascal, Blaise 8
passagem de parâmetros 216
passagem por referência 212, 450, 32451
  com parâmetros de referência 32451
passagem por valor 451
passando argumentos por valor e por referência 32451
passando arrays e elementos individuais de array às funções 175
passando objetos grandes 452
passando um argumento do array 175
passando um array 175
passando um objeto por valor 528
Passeio do Cavalo 203, 795
Passeio do Cavalo Tour: técnicas de força bruta 204
Passeio do Cavalo: teste do passeio fechado 205
PDP-11 7
peek, função de istream 728
perda de dados 742
perda de recursos 762, 763
persistência 4
pesquisa 167
pesquisa binária 184, 185, 186, 187, 155, 132
pesquisa linear 184, 134, 132
pesquisando 184, 186
pesquisando strings 275
pesquisando uma árvore binária 405
Pig Latin, exercício 290
pilha 123, 209, 323, 320, 390, 837, 710
pilha de chamada de função 219
pilha de execução do programa 123
pilha-de-float, classe 718
pilha-de-int, classe 718
pilha-de-string, classe 718
pilhas implementadas com arrays 560
piping 425
Plauger, P.J. 445
Point, classe 750
Point, classe representa um par de coordenadas *x*-*y* 783
polimorfismo 653, 659, 660
polimorfismo como uma alternativa à lógica de switch 702
polimorfismo e referências 692
polinômio 3[illegible]
polinômio de segundo grau 36
Polynomial, classe 613
ponteiro 209, 210, 213
ponteiro constante 219, 220, 228, 654
ponteiro constante para dados constantes 216, 220
ponteiro constante para dados não-constantes 216, 219
ponteiro da estrutura (->), operador 323, 323, 324, 328
ponteiro de classe básica para um objeto de classe derivada 326
ponteiro de função 242, 243, 254, 693, 586,
ponteiro de posição de arquivo 358, 361
ponteiro genérico 227
ponteiro não constante para dados constantes 216, 218, 219
ponteiro não constante para dados não constantes 216
ponteiro nulo (0) 413
ponteiro para a estrutura 32323
ponteiro para ponteiro (indireção dupla) 328
ponteiro para um objeto 510
ponteiro para uma função 237
ponteiro para void (void *) 227, 321
ponteiro suspenso 586
ponteiro *vtable* do objeto 694
ponteiros para armazenamento alocado dinamicamente 553, 586
ponteiros para funções 237
ponto de lançamento 757
ponto decimal 725, 734
ponto flutuante 297, 722, 725, 730
ponto-e-vírgula (;) 21, 32, 473
pop 390, 391, 712
pôquer 246
pôquer de cinco cartas 246
portabilidade 7, 12, 25

posição de um 782
posição do dois 927
pós-incremento 64
pós-incremento 704
pós-ordenação 400
postOrder, travessia 404
potência 114
pow (power), função 31, 86, 86, 114
precedência 29, 37, 162, 211
precedência de operadores aritméticos 30
precedência dos operadores 29
precedência não alterada pela sobrecarga 569
precisão 59, 297, 298, 299, 725, 727
precisão de números de ponto flutuante 730
precisão default 59, 300
precision, função 730
precision, função de ios_base 730
preenchimento 337
preenchimento com caracteres especificados 725
pré-incrementando 65
pré-incremento 589
pré-incremento *versus* pós-incremento 65
pré-ordem 400
preOrder, travessia 403
pré-processador 10, 151
primeiro argumento implícito 535
primeiro refinamento 55, 61
princípio do menor privilégio 133, 135, 178, 215, 216, 220, 223, 227, 513, 535
printArray, template de função 706
printf 297, 352
private static, dado-membro 557
private, classe básica 655
private, dados da classe básica não podem ser acessados pela classe derivada 627
private, especificador de acesso 473
private, herança 615, 618, 664
private, membros de uma classe básica 618
privilégios de acesso 27, 216
probabilidade 125
problema de juros simples 75
problema de média da turma 53, 55
problema de palavra com número de telefone 377
problema de palíndromo 34
problema do array com subscrito duplo 196
problema do else pendurado 76
problema do maior número 41
problema do menor número 50
problema do pagamento de horas extras 91
problema dos resultados de exame 63
procedimento 45
processador multi-core 4
processador quad-core 4
processamento de arquivo 744, 856
verificação de erro 365
processamento de exceção polimórfico 904
processamento de strings 171
processamento de strings, função 124
processamento de textos 262
processando uma fila 413
product 39
programa 4
programa bancário polimórfico usando a hierarquia Conta 703
programa com múltiplos arquivos-fonte 147, 149, 429, 430
processo de compilação e ligação 493
programa controlador 487
programa de lançamento de dados usando arrays no lugar de switch 170
programa de adição que exibe a soma de dois números 530
programa de análise de dados de pesquisa 181
programa de análise de pesquisa de alunos 167
programa de classificação de múltiplas finalidades usando ponteiros de função 237
programa de combinação de arquivo 376
programa de computador 3
programa de conta bancária 32367
programa de conversão métrica 293
programa de distribuição de cartas 232
programa de jogo de pôquer 566
programa de lançamento de dados 170
programa de número de telefone 290
programa de pesquisa de alunos 167
programa de processamento de transação 366
programa editor 9
programa em geral 659, 702
programa específico 659
programa executável 22
programa gerenciador de tela 660
programa objeto 22
programa para simular o jogo de dados 130
programa Stack 467
programa tradutor 5, 6
programação de jogos xxviii, 2, II
programação em linguagem de máquina 250
programação estruturada 2, 3, 86, 8, 20, 35, 46, 46, 436
programação genérica 7923, 705
programação orientada a objetos (OOP) 529, 472, 464, 506, 615, 3, 7, 116
programação orientada a objetos 4
programação polimórfica 676, 678, 695
programador 4
programador de código do cliente 489
programador de computador 3
programador de implementação de classes 493
programando criadores de quebra-cabeças do Sudoku 161, 797
programando solucionadores de quebra-cabeças do Sudoku 161, 797, 795
programas portáveis 6
programas tolerantes a falhas 890
projeto de um sistema 464
projeto orientado a objetos (OOD) 463, 549
projeto orientado a objetos 9
projetos de programação xxviii
promoção 59, 60
promoção de tipos primitivos 60
prompt 25
propagando chamadas de função-membro 533, 536, 658
propagando operações de inserção de stream 445
protected 618
protected, classe básica 654
protected, dados da classe básica podem ser acessados pela classe derivada 753
protected, especificador de acesso 506
protected, herança 615, 615, 654
protótipo de função 86, 214, 216, 239, 490, 549
nomes de parâmetro opcionais 491
ponto-e-vírgula no final 473
protótipo de função para printf 426
pseudocódigo 45, 47, 65
public static, função-membro 557
public static, membro de classe 557
public, classe básica 651
public, especificador de acesso 473, 500
public, herança 615, 618
public, interface 501
public, membro de uma classe derivada 618
public, palavra-chave 473, 500
public, serviços de uma classe 500
pulando caracteres de espaço em branco 734
pulando o espaço em branco 729
push 390, 394, 711
put, função-membro 725, 708
putback, função de istream 728
putchar 268, 352
puts 269, 377

Q

quadro de pilha 123
quantidade de operandos de um operador 570
quicksort 176

R

r, modo de abertura de arquivo 355
r+, modo de abertura de arquivo 355, 356
radianos 116
raio 77
raise 434
raiz quadrada 116, 730
rand 126
RAND_MAX 125, 129
randomizando 128
Rational Software Corporation 465
Rational, exercício de classe 532
RationalNumber, classe 613
razão áurea 140
rb, modo de abertura de arquivo 356
rb, modo de abertura de arquivo binário 432
rb+, modo de abertura de arquivo 356
rb+, modo de abertura de arquivo binário 432
rdstate, função de ios_base 742
read, função de istream 728
read, função-membro 728
readkey IX
realizando uma tarefa 471
reatribuindo uma referência 453
recuperação de erros 741
recursão 132, 144
avaliação recursiva 139
chamada recursiva 132, 132
chamadas recursivas ao método fibonacci 140
definição recursiva 132

etapa de recursão 132
função recursiva 137
função recursiva `gcd` 156
função recursiva `power` 155
versus iteração 144
recursão infinita 140, 585
recurso de software 464
recursos para o aluno xxvi
recursos para o instrutor de *Java How to Program, 8/e* xxvii
rede de computadores 4
rede local (LAN) 4
redirecionamento da entrada de um arquivo 425
redirecionamento da entrada ou saída 297
referência 722
referência a constante 586
referência a um dado-membro `private` 524
referência a um `int` 32451
referência a um objeto 505
referência a uma constante 454
referência a uma variável automática 454
referência local não inicializada causa erro de sintaxe541
referenciando um valor diretamente 209
referenciando um valor indiretamente 209
referências devem ser inicializadas 454
referências não resolvidas 430
referências penduradas 454
refinamento sucessivo 55, 232
refinamentos sucessivos top-down 232,
`register` 132, 133, 210
registro 219, 350, 352
registro de ativação 123, 146
regra de aninhamento 101
regra de empilhamento 101
regras de operador 31
regras de promoção 122
reinventando a roda 8, 141, 445
relacionamento hierárquico entre função de chefe e trabalhador 115
relacionamentos de herança das classes relacionadas a E/S 724
relançamento de uma exceção 760
relançando exceções 776
repetição 116
repetição controlada por contador 53, 80, 83
repetição controlada por contador com a instrução `for` 83
repetição controlada por sentinela 56, 57, 80
repetição definida 53, 80
repetição indefinida 55, 80
representação `<double>` temporária 86
representação de dados 561
representação por array com subscrito duplo de um baralho de cartas 249
reproduzindo animações em formato `.fli` no Allegro LII
reproduzindo arquivos MIDI no Allegro LI
requisitos 163, 464
requisitos de desempenho163
Resource Centers `<www.deitel.com/ResourceCenters.html>` 3
restaurando o estado de um fluxo para 'bom' 545
resto 116
resumo da programação estruturada 101
retângulo 46
`retângulo`, exercício de classe 33
reticências (`...`) em um protótipo de função 426
retirada de uma pilha 123
retornando indicadores de erro do exercício das funções *set* da classe `Time` 534
retornando um resultado 21
retornando uma referência a um dado-membro `private` 524
retornando uma referência de uma função 454
retorno de uma função 115, 116
`return 0` 20
`return` 211
`return`, instrução 118, 481
reuso 464, 486, 530
reuso do software 445, 615, 705, 708, 32709, 710
reutilização 705, 711
reutilização do software 6, 116, 224, 430
reutilizando componentes 11
revelando a pilha de chamada de função 762
`rewind` 433
Richards, Martin 6
`right`, manipulador de fluxo 734, 735
Ritchie, D. 6, 13
RTTI (Runtime Type Information) 660, 699, 701
Rumbaugh, James 464, 465
Runtime Type Information (RTTI) 447, 660, 699, 701
`runtime_error`, classe 760, 772, 776
`what`, função 897
rvalue ("right value") 98, 453, 578, 580

S

saída de caracteres 725
saída de fluxo 721
saída de inteiros 724
saída de letras maiúsculas 725
saída de tipos de dados padrão 725
saída de um valor de ponto flutuante 734
saída de uma função 22
saída de valores de ponto flutuante 725
saída de variáveis `char *` 725
saída em buffer 731
saída não formatada 725, 724
saída padrão 425
saída para string na memória 447
saída sem uso de buffer 731
saídas acumuladas 445
`SalesPerson`, definição da classe 513
`SalesPerson`, definições da função-membro da classe 514
`SavingsAccount`, classe 564
`SavingsAccount`, classe 564
scanf 297
`scanf`, função 28
`scientific`, manipulador de fluxo 734, 732
seção 'administrativa' do computador 4
seção de "recepção" do computador 3
seção de "remessa" do computador 3
seção de 'depósito' do computador 4
Seção especial: Exercícios avançados de manipulação de string 290, 291, 292, 294
Seção especial: Montando seu próprio compilador 79213
`SEEK_CUR` 365
`SEEK_END` 365
SEEK_SET 365
`SEEK_SET` 365
segundo refinamento 55, 56, 62
segurança 528
seleção de uma substring 589
semente 129
semente da função `rand` 128
seno 116
seno trigonométrico 116
separação de strings em tokens 270
sequência de escape 21, 27, 308, 321
serviços de uma classe 481
servidor 4
set de um valor 431
set e *get*, funções 481
set, função 536
`set_new_handler`, especificando a função a chamar quando `new` falha 757
`set_new_handler`, função 764, 765
`set_terminate`, função 762
`set_unexpected`, função 762
seta apontadora (`->`), operador 32342
`setbase`, manipulador de fluxo 729
`setfill`, manipulador de fluxo 508, 734, 871
`setprecision`, manipulador de fluxo 730
`setw` 508
`setw`, manipulador de fluxo 723 730
`Shape`, exercício de hierarquia 702
`Shape`, hierarquia 702
`Shape`, hierarquia de classe 630, 660
`short` 92, 122
`showbase`, manipulador de fluxo 734, 737
`showpoint`, manipulador de fluxo 734
`showpos`, manipulador de fluxo 734, 736
`SIGABRT` 434
`SIGFPE` 434
`SIGILL` 434
`SIGINT` 434
`signal` 434
`signal.h` 434
`SIGSEGV` 434
`SIGTERM` 434
símbolo 51, 47
símbolo de ação 46, 70
símbolo de decisão 48, 47
símbolo de inserção de saída >> 426
símbolo de losango 48, 49, 52
símbolo de pequeno círculo 47, 59
símbolo de pipe (|) 425
símbolo de redirecionamento de entrada < 425
símbolo de redirecionamento de saída > 426
símbolo de retângulo 47, 64
símbolo elipse 47
símbolos de conectores 47
símbolos especiais 350

Simpletron 320
Simpletron Machine Language (SML) 250, 355
Simpletron, simulador 250, 252, 254
Simula 10
simulação 124, 125, 232
simulação baseada em software 250, 252
simulação de supermercado 411
simulação para embaralhar e distribuir cartas 232, 233, 32325
simulador de computador 251
simulador de vôo 702
simulando chamada por referência 212
sin, função 116
sinais < e > em templates 461, 705
sinal alinhado à esquerda 734
sinal de atenção interativo 434
sinal de mais 736
sinal de mais, + (UML) 474
sinal de menos, – (UML) 483
sinal de porcentagem (%) 28
singleton para Sudoku 939, 795
sinking sort 178
sintaxe de inicializador de membro 539
sintaxe do inicializador de classe básica 746
sistema baseado no Microsoft Windows 4
sistema controlado por menus 242
sistema de gerenciamento de banco de dados (DBMS) 351
sistema de reservas de passagens aéreas 202
sistema de software de comando e controle 88
sistema numérico na base (16) 266, 734
sistema numérico na base (8) 266, 734
sistema numérico na base (8) 266, 734
sistema numérico octal (base 8) 782
sistema operacional 6, 27
sistemas de composição 262
sistemas de processamento de transação 360
sistemas operacionais de memória virtual 9
situação de missão crítica 771
size_t 224, 271, 271
sizeof, operador 224, 224, 32321, 362, 320, 321, 419, 609, 654
skipws, manipulador de fluxo 734
SML 250, 252, 254, 255
SMS Language 295
'sneakernet' 4
sobrecarga 445, 458
  << e >> 460
  definições de função 458
  operadores 460
  uma função-membro 609
sobrecarga de função 721
sobrecarga de operador 445, 469, 568, 721
  operadores de decremento 589
  operadores de incremento 589
sobrecarga de operador nos templates 717
sobrecarga de operador unário 570, 681
sobrecarga de um operador como uma função não membro, não-friend 572
sobrecarga do operador [] 584
sobrecarga do operador de adição (+) 569
sobrecarga do operador unário ! 575
sobrecarregando + 571
sobrecarregando += 571
sobrecarregando a resolução 837
sobrecarregando funções de template 719
sobrecarregando operador binário < 604
sobrecarregando operador de chamada de função () 589, 720
sobrecarregando operador de incremento pós-fixado 589, 594
sobrecarregando operadores binários 604
sobrecarregando operadores de decremento pré-fixados e pós-fixados 590
sobrecarregando operadores de incremento pré-fixados e pós-fixados 590
sobrecarregando operadores de inserção e extração de fluxo 573, 583, 584, 590, 594
sobrecarregando um operador de atribuição 571
software 2, 3
software comercial 88
software de layout de página 262
software embalado 652
software frágil 755
software frágil ou quebradiço 635
software reutilizável 8
solicitação de término 434
solicitando um serviço de um objeto 472
soma de dois inteiros 145
soma de números 53
soma dos elementos de um array 145, 202
somar um inteiro a um ponteiro 226, 242
sons no Allegro 207, 932
sort, função 718
Spam Scanner 295
sprintf 268, 270
sqrt, função 116
srand 122
sscanf 268, 270
Stack 32709
Stack, template de classe, 32709, 714
Stack<double> 710, 711
stack<int> 711
Stack<T> 710, 711
Standard Library
  arquivos de cabeçalho 447
Standard Library, classes de exceção 910
Standard Library, documentação 6
static 133, 134, 171
static, array 164
static, dado-membro 556, 556, 846
static, dado-membro acompanhando número de objetos de uma classe 559
static, dados-membro economizam armazenamento 556
static, função-membro 556
static, membro 556
static, objeto local 523, 522
std::cin (objeto de fluxo de entrada padrão) 445
std::cout (objeto de fluxo de saída padrão) 445
std::endl, manipulador de fluxo 445
stderr (o dispositivo de erro padrão) 11, 352
stdin (fluxo de entrada padrão) 11, 268, 352
stdout (fluxo de saída padrão) 11, 352, 355
Store 251
strcat, função 270, 272, 272
strchr, função 275
strcmp, função 273, 212, 432
strcpy, função 271
strcspn, função 271, 275, 276
strerror 284
string 21, 262
string 705
string constante 231
string de controle de formato 25, 26, 297, 298, 315, 318
string é um ponteiro 311
string terminada em nulo 232, 725
string vazia 481
string, classe 567, 568, 705, 707
  a partir da Standard Library 447
  at, função-membro 707
  length, função-membro 495
  substr, função-membro 591, 707
string, objeto
  string vazia 481
  valor inicial 481
strlen, função 284, 283, 283
strncat, função 271, 272
strncmp, função 273, 212
strncpy, função 283
Stroustrup, B. 11, 718, 890
Stroustrup, Bjarne 7
strpbrk 276
strpbrk, função 271, 276
strrchr, função 271, 277
strspn, função 271, 277
strstr, função 271, 278
strtod, função 264, 266, 266
strtok, função 271, 279, 279
strtol, função 264, 266, 266
strtoul, função 264, 267
struct 161, 323
sub-árvore da direita 400
subárvore esquerda 400
subclasse 615
sublinhado (_) 29
subscrito 162, 205
subscrito de array duplo 720
subscrito de array fora da faixa 773
subscrito de ponteiro 228
substr, função-membro da classe string 591, 707
substring 589
substring, comprimento 589
subtração 4
subtraindo dois ponteiros 227
subtraindo um inteiro de um ponteiro 226
subtraindo um ponteiro de outro 226
Sudoku 252, 797, 795, 943
  array 792
  array bidimensional 252, 797, 795, 943
  célula 252, 797
  coluna 943
  duplo 939, 795
  duplo oculto 939
  estratégias 939

estratégias de solução 794
estratégias de solução simples 252, 797
estrutura de iteração aninhada 795
formando quebra-cabeças 792
fóruns de jogadores 793
função 943
função utilitária 943
gerando um quebra-cabeças 943
grade de 3 por 3 252, 797, 9798, 939, 799, 943
grade de 9 por 9 252, 797, 9798
heurística de antecipação para resolver o Sudoku 792
heurística para manter suas opções abertas 792
história 932
jogadores 9793
jogos para dispositivos móveis 793
linha 943
numeração de coluna 252, 797
numeração de linha 252, 797
planilhas 932
programando criadores de quebra-cabeças 252, 797
programando solucionadores de quebra-cabeças 252, 797, 795
programas 252, 793
quebra-cabeças 252, 797
recursos do iniciante 9798
Resource Center 252, 793, 793, 795
singleton 939, 795
software criador de quebra-cabeças 793
solucionador 793
técnica da força bruta exaustiva 943
técnica de heurística para a solução do problema 795, 792
técnica de solução de problema pela força bruta 802, 303
timer 932
triplo oculto 795
tutoriais 793
Sudoku Resource Center 252, 793, 795
`sum` 49
superclasse 615
supercomputador 3
`switch`, instrução de seleção múltipla 47, 88, 90
com `break` 90
lógica 676

T

tabela 188
tabela de arquivo aberta 352
tabela de precedência de operadores 919
tabela verdade 107
tabulação 21, 22, 41, 47, 58, 308, 308
tabulação horizontal (`\t`) 22, 259
tabulação vertical (`'\v'`) 259
tabuleiro de xadrez 77
tamanho de palavra fixo 561
`tan` 116
tangente 116
tangente trigonométrica 116
tartaruga e a lebre 247
tecla Enter 11, 26
tecla return 11, 250
teclado 3, 23, 25, 268, 443, 722, 725
técnica de código vivo xxiii, 2
técnica de solução de problema pela força bruta 795, 943
tela 3, 12
tela de vídeo 744, 721
tela virtual VII
template 718
template da função de selection sort 718
template, função 461, 705
`template`, palavra-chave 461, 705
templates e friends 718
templates e herança 718
tempo 124
tempo compartilhado 9
tempo de execução quadrático LX
tem-um, relacionamento 615, 543
tentativa errônea de inicializar uma constante de um tipo de dados interno pela atribuição 644
terminando 121
terminando a execução 561
terminando um programa 757
`terminate`, função 760, 762
término anormal do programa 434
término da instrução (`;`) 21
término de E/S de disco 897
término do programa 523
testando bits de estado após uma operação de E/S 724
testando estados de erro 741
Test-Drive: Calculadora de emissão de carbono 18
texto de substituição 166, 416
The Twelve Days of Christmas 90
`this`, ponteiro 551, 553, 559, 571, 586
`this`, ponteiro usado explicitamente 551
`this`, ponteiro usado implícita e explicitamente para acessar membros de um objeto 654
Thompson, Ken 6
`throw()`, especificação de exceção 762
`throw`, exceções derivadas das exceções padrão 762
`throw`, exceções não derivadas das exceções padrão 762
`throw`, exceções padrão 762
`throw`, lista 762
`throw`, palavra-chave 758
`throw`, uma expressão condicional 758
`TicTacToe`, exercício de classe 634
`tie`, um fluxo de entrada para um fluxo de saída 743
til, caractere (~) 521
`Time`, classe 531
`Time`, classe com funções-membro `const` 535
`Time`, classe contendo um construtor com argumentos default 519
`Time`, definição de classe 506
`Time`, definição de classe modificada para permitir chamadas de função-membro em cascata 553
`Time`, definições de função-membro de classe 508
`Time`, definições de função-membro de classe, incluindo funções-membro de `const` 326
`Time`, definições de função-membro de classe, incluindo um construtor que usa argumentos 520
`Time`, modificação de classe 564
timer no Sudoku 794
tipagem de dados 6
tipo 28
tipo de dados 560
tipo de dados derivado 32320
tipo de estrutura 523
tipo de retorno 223, 473
`void` 473, 481
tipo default para uma instrução de tipo 714
tipo definido pelo usuário 474, 598
tipo do ponteiro `this` 551
tipo do valor de retorno 117, 120
tipo parametrizado 32709, 717
tipo, parâmetro de template 705
tipos de dados agregados 219
tipos de dados na UML 499
tipos de dados padrão 224
tipos de parâmetros 223
tipos definidos pelo usuário 463
tipos primitivos
`bool` (C++) 449
tmpfile 433
token 271, 420
tokens 279
tokens na ordem inversa 290
`tolower` 259, 261, 315
top 55
top-down, refinamentos sucessivos 55, 57, 70, 71
topo de uma pilha 320
Torres de Hanói 145, 190
total 53
`toupper` 217 259, 261
tradução 5
transferência de controle 46
transferências de controle 255
trapezóide 617
tratador de exceção 756
tratamento de exceção 447, 890
tratamento de sinal 435
tratando arrays de caracteres como strings 208
travessia de árvore binário por ordem de nível 407, 413, 413
travessia de labirinto 145, 249
travessia pós-ordenação de uma árvore binária 145
travessia pré-ordenação de uma árvore binária 145
triplas pitagóricas 110
`tripleByReference` 469
`tripleCallByValue` 469
triplo para Sudoku 941, 795
trocando valores LX, LXIV
`true`, valor booleano (C++) 449
truncado 55
`try`, bloco 756, 760, 903
`try`, expiração do bloco 757
`try`, palavra-chave 756
`type_info`, classe 698
`typedef` 323, 324
`typedef fstream` 731
`typedef ifstream` 731
`typedef iostream` 729
`typedef istream` 729
`typedef ofstream` 731

typedef ostream 729
typedef, palavra-chave 729
typeid 770
typeid, operador 698
typename 705
typename, palavra-chave 461, 705

U

UML (Unified Modeling Language) xxviii, 463, 464, 474
  atributo 474
  construtor em um diagrama de classes 486
  diagrama de classes 474
  divisas (« e ») 486
  operação pública 474
  sinal de adição (+) 474
  sinal de subtração (–) 483
  tipo String569
  tipos de dados 479
UML Partners 465
underflow_error, exceção 771
unexpected, função 762, 770
Unicode 271
Unicode, conjunto de caracteres 722
unidade central de processamento (CPU) 4
unidade de armazenamento secundário 4
unidade de disco 744
unidade de entrada 3
unidade de memória 3
unidade de processamento 4
unidade de saída 4
unidade lógica 4
unidade lógica e aritmética (ALU) 4
unidades 'isoladas' 4
Unified Modeling Language (UML) 463, 464
union 328, 329, 330, 346
UNIX 5, 7, 90, 425, 727
unload_datafile XLVII
unsigned 122
unsigned int 122, 122, 327
unsigned long int 432
unsigned long, inteiro 321, 432
unsigned short 122
unsigned, inteiro 432
uppercase, manipulador de fluxo 734, 737, 739
usando um template de função 461
USENIX C++ Conference 718
uso explícito do ponteiro this 654
utilização de memória 337

V

va_arg 427
va_end 427
va_list 427
va_start 427
validação 494
valor 25, 28, 162
valor absoluto 116, 151
valor de chave 148
valor de deslocamento 129
valor de ponto flutuante na notação científica 739
valor de sentinela 55
valor de sentinela 55, 56, 58, 69
valor de uma variável 28
valor do símbolo 782
valor do sinal 55
valor final 52
valor final de uma variável de controle 80, 82
valor inicial de uma variável de controle 80, 103
valor mínimo em um array 145
valor negativo 792
valor posicional 782, 783
valores de ponto flutuante exibidos em formato default, científico e fixo 732
valores posicionais no sistema numérico decimal 783
vantagem da herança 655
variáveis 29
variável 29
variável automática 133, 135, 147
variável automática 454
variável de controle 80, 83
  incremento 80
  nome 80
  valor inicial 80
variável de escopo de classe oculta 529
variável de estrutura 321, 323
variável de ponteiro 210, 211, 768
variável externa 134
variável global de acesso 544
variável local 116, 134, 135, 173, 477
variável local 457
varrendo imagens 3
vazamento de memória 576, 768, 774
  impedindo 768
vector, classe 578
vendedor de software independente (VSI) 446, 513, 652, 696
verbos em uma especificação de sistema 463
verdadeiro 3236
verificação de erro (no processamento de arquivo) 365
verificação de intervalo 577
verificação de limites 169
verificação de limites de array 169
verificação de tipo 121, 705
verificação de validade 494
verificador de phishing 378
verificando a proteção 293
verificar se uma string é um palíndromo 145
versão padrão da C 5
vi 9
vinculação 132
vinculação com código objeto de uma classe 513
vinculação de tipo seguro 351, 459
vinculação de um identificador 132
vinculação dinâmica 660, 671, 818, 822
vinculação estática 671
vinculação externa 429
vinculação interna 430
vinculação tardia 671
vínculos 322
violação de acesso 27, 258, 308
violação de acesso à memória 216
violações de segmentação 434
vírgula (,), operadores 83, 85, 143, 674
virtual, chamada de função 695
virtual, destruidor 699
virtual, função 660, 670, 693, 695
virtual, ilustração de chamada de função 694
virtual, tabela de função (*vtable*) 693
visão geral das Boas práticas de programação xxv
visão geral das Dicas de portabilidade xxvi
visão geral das Observações de engenharia de software xxvi
visão geral dos Erros comuns de programação xxv
Visual Basic 8
Visual C#, linguagem de programação 8
Visual C++ 2008 xxvii
Visual C++ 2010 xxvii
Visual C++ Express Edition LXXIX Visual Studio 10
Visual C++ xxviii, 8
visualizando a recursão 145, 191
void * (ponteiro para void) 227, 32281, 321
void, palavra-chave 473, 491
volatile, qualificador de tipo 431
volume de um cubo 448
vtable 693, 695
vtable, ponteiro 695

W

w, modo de abertura de arquivo 356
w+, modo de abertura de arquivo 356
w+, modo de atualização de arquivo 356
wb, modo de abertura de arquivo 356
wb, modo de abertura de arquivo binário 432
wb+, modo de abertura de arquivo 356
wb+, modo de abertura de arquivo binário 432
wchar_t, tipo de caractere 729
what função virtual da classe exception 754, 897, 904
while, instrução de repetição 51, 51, 56, 74
width member, função 730
width, função-membro da classe ios_base 730
Windows 425, 434
World Wide Web (WWW) 4
wrapper do pré-processador 506
Write 252
write, função de ostream 725, 728

X

x 302
xadrez 203

Z

zerésimo elemento 162
zeros e uns 350
zeros finais 300, 734, 734